영(英) · 미(美) · 한(韓)

침례교회사

A History of Baptist Churches
in England, America and Korea

김승진 지음

침례신학대학교출판부

추천의 글 (I)

허 긴 박사
침례신학대학교 총장 역임
역사신학 · 교회사 교수 역임

역사적으로 침례교는 16세기 유럽의 종교개혁운동의 일환으로 스위스와 남부 독일에서 발생한 재침례교 운동(Anabaptist Movement)과 매우 밀접한 관계 속에서 발생했습니다. 그렇지만 재침례교 운동은 재침례교도들(Anabaptists)의 신앙적 과격성 때문에 로마가톨릭 교회와 주류 종교개혁가들로부터 많은 핍박을 받아 종국에는 유럽 땅에서 제대로 뿌리를 내리지 못했습니다. 이들과 유사한 신앙을 가졌던 침례교인들(Baptists)은 영국 땅에서 일반침례교회와 특수침례교회라는 이름으로 명맥을 유지하였습니다.

그러나 침례교의 신율적(神律的)이며 체험적(體驗的)인 영성신앙은 영국사회의 두터운 보수주의 정치체제와 종교적으로는 전통주의, 경건주의 및 합리주의 등 계몽주의적 반동(啓蒙主義的 反動)을 충분히 극복할 수 없었습니다. 침례교인들은 17세기에 영국의 왕실과 영국국교회로부터 박해와 탄압을 많이 받는 대상이 되었고, 영국사회에서 정치 · 경제 · 교육 · 직장 등 다방면에서 적극적인 참여와 활동이 원천적으로 배제되었습니다.

침례교인들은 종국에는 신앙의 자유를 얻기 위해 생사를 무릅쓰고 대서양의 험악한 파고를 넘어 미지의 땅인 신대륙으로 종교적인 피난의 길을 떠나지 않을 수 없었습니다. 그들이 정착한 새로운 신세계 미국은 유럽사회가 가지고 있던 기득권의 횡포가 거의 없는 축복의 땅이요 기회의 땅이었습니다. 미합중국의 헌법정신인 "개인 · 자유 · 평등"은 바로 침례교인들이 영국에서 목숨을 바치며 추구하고자 했던 핵심적인 신앙가치였습니다. 그것은 침례교인들의 "체험적인 신앙과 양심의 자유"를 기본으로 하는 신앙원리의 본질이요 이상이었습니다. 미국 땅에서 침례교회를 처음 세웠던 이민자들은 지식적 사회적 경제적 기반이 턱없이 부족한 약자(弱者)들이었지만, 200여 년이 지난 오늘날에 미국의 남침례교 총회(Southern Baptist Convention)는 교인수와 교회수에 있어서 전세계에서 가장 큰 프로테스탄트(개신교) 교단으로 폭발적인 성장과 발전을 이룩하였습니다. 그 비결은 무엇이며 우리는 어디서 그것을 찾을 수 있을까요?

한국의 기독교는 19세기의 미국 장로교와 감리교의 한국선교로 신앙과 교회 성장의 기틀을 잡아 왔으며, 그 후 오늘에 이르기까지 한국사회에서 한국 기독교의 기층세력으로 성장과 발전을 거듭해 왔습니다. 한국의 침례교는 1889년에 펜윅(Malcolm C. Fenwick) 선교사의 한국선교로 시작되었으며, 본격적인 성장 · 발전은 1950년에 발발한 6 · 25전쟁 와중에 시작된 미국 남침례교의 한국선교와 후원으로 오늘과 같은 발전을 이룩해 왔습니다.

아직도 장로교와 감리교가 주도하고 있는 한국 기독교의 풍토와 또한 불교와 무교의 기복신앙과 종교적 심성(心性)을 심저(心底)에 깊이 깔고 있는 한국 기독교의 신앙 콘텍스트는, 신약성서적 영성신앙과 양심의 자유와 "개인 · 자유 · 평등"을 신앙과 교회 성장의 원리로 하는 침례교의 신앙생리와는 "풍토와 궁합"이 잘 맞지 않는 적지 않은 난제들을 안고 있습니다.

김승진 교수는 방대한 「영 · 미 · 한 침례교회사」(英 · 美 · 韓 浸禮敎會史, *A History of Baptist Churches in England, America and Korea*)의 저술에서 자신의 신앙과 지식과 체험에서 얻은 신념(信念)으로 사실(史實)에 입각한 자료들을 면밀히 검토하면서 "있는 그대로의 역사"를 잘 피력해 주고 있습니다. 그의 중단 없는 끈기와 탐구열로 방대한 자료들을 분석 연구하면서, 영국과 미국과 한국에서 침례교회가 어떻게 성장하고 발전해 왔는가를 생생하게 증언해 주고 있습니다. 그의 단절 없는 학구열에 다시 한번 더 큰 박수를 보냅니다.

침례교회를 비롯해서 자유교회운동(Free Church Movement)에 속한 교회들의 역사와 신앙과 삶에 관심을 가지신 목회자들과 신학자들과 신학생들 그리고 평신도 지도자들과 성도들에게 이 책을 기꺼이 추천하오니 일독을 권합니다. 감사합니다.

2016년 8월 5일

추천의 글 (II)

권혁봉 목사
벧엘침례교회 원로목사
침례신학대학교 교수 역임
수도침례신학교 학장 역임

김승진 교수는 추천자가 사랑하는 많은 제자들 가운데 한 사람입니다. 1980년대 초에 추천자가 침례신학대학교 강의실 교단에서 "종교철학"과 "비교종교학" 등을 강의했을 때, 신앙적인 헌신과 지적인 호기심을 가지고 저의 강의를 열심히 듣고 필기하던 신학생 전도사 김승진의 모습이 눈에 선합니다. 이제 그도 같은 학교의 교수로서 20여 년을 봉직하고 은퇴를 앞두고 있다니 세월의 빠름을 실감합니다.

추천자는 김 교수가 "침례신문"이나 「뱁티스트」 지 등에 기고한 글들을 꼼꼼하게 읽으며 혼자서 "아멘!" 소리를 발할 때도 있고 어떤 글들은 스크랩을 해서 보관을 하기도 합니다. 그가 정년을 앞두고 내어놓는 그 자신의 학문일대(學問一代)의 「영(英) · 미(美) · 한(韓) 침례교회사」(*A History of Baptist Churches in England, America and Korea*)는 대작이면서 동시에 명작입니다.

추천자가 평소에 늘 안타까왔던 일들 중 하나는 침례교회에 교적(教籍)을 두고 신앙생활을 잘 해오던 성도가 다른 지역으로 이사를 갈 경우에 아무 생각 없이 침례교회를 떠나는 것을 바라보는 일이었습니다. "왜 그럴까? 애지중지(愛之重之) 침례교인으로 키웠건만 떠날 때는 왜 침례교인의 명찰(名刹)을 떼어 버릴까?" 지금 추천자는 교파제일주의를 강조하고자 하는 것이 아닙니다. 침례교회라는 이름이 성경에는 없지만, 그 주장하고 믿는 바가 가장 성경적인 교회인데 어디로 간단 말입니까? 단언컨대 그 성도는 침례교회, 즉 신약성서적 교회(New Testament Church)가 말하고 실천하고 있는 진리의 맛을 몰랐기 때문일 것입니다.

무릇 모든 교회사(教會史)가 성경에는 없습니다. 교회사는 성경이 다루는 주제가 아닙니다. 성경은 단지 교회를 이야기하고 있지 교회사를 거론하지 않습니다. 사실 교회사를 거론할 수 없는 것은 성경이 기록될 당시에는 2,000년의 교회역사는 없었기 때문입니다.

그런데 김승진 교수가 집필한 본서는 침례교회사를 학문적 입장에서 명쾌하게 요약 설명하되, 침례교회의 정체성(正體性, Identity)를 밝히기 위해 안간힘을 쓰고 있음을 보여주고 있습니다. 이미 김 교수에 의해 출간되었던 「근원적 종교개혁: 16세기 성서적 아나뱁티스트들의 역사와 신앙과 삶」(2011)과 「종교개혁가들과 개혁의 현장들: 아직도 미완성인 종교개혁」(2015)을 통해서도, 본 추천인은 그 동안 몰랐던 새로운 역사지식을 많이 얻었고 여러 종교개혁가들과 아나뱁티스트 지도자들의 신앙과 순교적 삶을 통해서 많은 도전을 받았습니다. 이번에 본서의 방대한 원고들을 전체적으로 훑어보면서 참으로 많은 유익을 주는 책이라는 것을 절감할 수 있었습니다.

책 홍수·정보 홍수 시대에 잡다한 책들을 잠시 옆으로 제처두고 이 한 권만을 책상에 두어도 교회사 전반을 이해하는데 족하리라 믿어, 마음껏 일독 그리고 다독을 권하며 추천하는 바입니다. 예수 그리스도의 교회를 섬기는 목회자들과 선교사들, 신학생들, 그리고 평신도 지도자들과 성도들이 구신약 성경 66권을 신앙생활의 교과서로 여긴다면 이 책을 좋은 참고서라고 생각하여 정독했으면 합니다.

끝으로 김승진 교수를 위시해서 모든 교회사 연구자들을 향한 한 가지 염려가 있습니다. 그것은 교회의 사(史)를 주목하다가 교회의 혼(魂, 진리, 생명, 정신)을 잃어버리지 않을까 하는 노파심(老婆心)입니다. 본서를 추천하는 글을 쓰게 된 영광을 하나님께 돌리며 저자이면서 저의 제자인 김승진 교수의 노고를 치하하며 책의 출간을 축하합니다. 이 책을 통해서 독자들은 침례교회의 역사와 신앙과 삶에 대해 많은 것을 이해하게 되는 계기가 되기를 기원드립니다. 감사합니다.

2016년 8월 2일

추천의 글 (III)

조효훈 박사
산호세 한인침례교회 원로목사
기독교한국침례회 총회장 역임
침례신학대학교 역사신학 · 교회사 교수 역임

역사책은 창작(創作)이 될 수 없습니다. 아무리 새로 나왔어도 역사책은 묵은 사건들에 대한 정직한 기록이어야 하기 때문입니다. 그러므로 참 역사학자는 독자의 구미(口味)를 너무 의식하거나 자신이나 자신이 좋아하는 단체를 두호(斗護)할 생각으로 집필하지 않습니다. 사료(史料)의 진위를 엄하게 다루어 사심 없이 글을 쓰는 것이 역사학자가 가져야 할 최소한의 학문적 자세입니다.

이 책의 저자 김승진 박사는 전형적인 역사학자입니다. 그는 최고 수준의 대학교에서 사학(史學)을 전공하였고 대학원부터는 교회사(敎會史)를 전공하였으며, 그 분야에서 20년 이상 교수를 해 온 신망 높은 역사학자입니다. 그가 쓴 「영 · 미 · 한 침례교회사」에서 몇 가지 괄목할만한 점들을 몇 가지 지적해 봅니다.

첫째로, 이 책은 대작(大作)입니다. 이 책은 영국 침례교회사와 미국 침례교회사와 한국 침례교회사를 포함하고 있기 때문에, 세 권의 책으로도 낼 수도 있는 큰 부피의 방대한 책입니다. 세 나라의 침례교 역사의 내용을 김승진 박사가 한 권에 맞추어 넣은 대걸작입니다. 상호 불가분의 관계를 지니고 있는 영국, 미국, 한국, 이 세 나라의 침례교회사의 흐름을 일관된 패러다임(paradigm)에 맞추어 서술하였다는 점에서 이 책의 가치는 높이 평가됩니다. 즉 이 책 한 권에서 독자들은 세 나라의 침례교회 역사를 손쉽게 대조해 볼 수도 있고 서로 연결지어 일목요연하게 그 역사의 흐름을 파악할 수 있습니다. 이 책은 침례교 역사의 대동맥(大動脈)이라고도 볼 수 있습니다.

둘째로, 저자 김승진 박사는 다루기 힘든 사재(史材)들을 부드럽게 엮었다는 점을 지적하고 싶습니다. 어떤 면에서 인류역사는 인간들끼리 싸워서 이기고 지고, 살리고 죽이고, 사랑하고 미워하는 사건들의 기록입니다. 종교인들의 역사도 예외는 아닙니다. 기독교 역사도 그렇고 침례교 역사도 전혀 예외가 될 수는 없습니다. 종교의 자유와 지역교회(local church)의 독립성과 지치권을 강조하고 신앙적인 양심을 위해 선한 투쟁을 많이 해 온 부류의 기독교인들이 바로 침례교인들(Baptists)입니다. 그런 역사를 다루다가 본의 아니게 어느 한 쪽에 치우치기가 아주 쉬운 법인데, 김 박사는 침착하게 공정한 침례교 역사를 기록하였습니다.

셋째로, 김승진 박사는 한국침례교회를 다룸에 있어서 대단한 지성적인 담력을 보여주고 있습니다. 역사의 장면에 등장한 인물들이 살아 있는 동안에 그들이 관여했던 일들을 적는 것은 보통 어려운 일이 아닙니다. 책을 추천하는 이 사람이 1970년에 쓴 박사학위논문을 출판하지 못했던 것도 바로 그런 이유 때문이었습니다. 이 사람 자신이 교단분열 당시에 그 일에 깊이 관여하였기 때문에, 그 내용을 담은 철학박사(Ph.D.) 학위논문이 출판되지 못하고 출신학교인 남침례신학원(Southern Baptist Theological Seminary)과 침례신학대학교 도서관에 사장되어 있는 것입니다. 한국침례교 총회의 분열에 관여했던 많은 분들이 타계한 현재도, 그 일에 관여했던 분들이 상당수 생존해 계시고 그 자손들이 교단 요직에서 활동하고 있기 때문에, 그들을 언급한다는 것은 매우 조심스러운 일입니다. 역사학자로서 그러한 어려운 국면을 과감하게 기록한 김 박사의 학적인 담력은 높이 평가되어야 할 것입니다.

넷째로, 이 책은 침례교단의 시대적인 조명등(照明燈)임에 틀림없습니다. 이 책은 성서적인 교단으로 자부하던 침례교회의 정체성을 역사적 문헌으로 제대로 조명해 주고 있습니다. 수백 년 동안 복음과 함께 고난을 받아 오던 침례교회가 비성서적인 요인을 다분히 품고 있는 한국의 주류교단들과 합류함으로써 교단정체성이 사실상 붕괴된 이 때에, 이 책은 한국의 침례교단 정체성의 재확립에 크게 도움이 될 것임을 추천인은 확신합니다.

추천자는 직제를 포함한 여러 면에서 정도(正道)를 이탈한 한국침례교단이 성서적인 교단으로 환원되고 회복되는데 이 책이 큰 역할을 할 것이라고 믿습니다. 그래서 바른 신앙으로 살기 원하는 많은 한국기독교인들에게 이 책을 성심껏 권하고 싶고, 특히 침례교단에서 목회를 하거나 선교를 하거나 교편을 잡기 원하는 사람들에게는 이 책을 필독서(必讀書)로 강력히 추천하고 싶습니다. 감사합니다.

2016년 8월 4일

머 리 말

저자 **김승진** 박사
침례신학대학교
역사신학 · 교회사 교수/철학박사/목사

역사를 가장 간단하게 정의한다면, "사실들(facts)과 그 사실들에 대한 해석(interpretation)"이라고 표현할 수 있겠습니다. 무엇보다도 역사는 사실들에 근거해야 합니다. 사실들이란 "실제로 일어났던 일들"이라는 뜻입니다. 그렇기 때문에 사실들은 정확해야 하고 신뢰할만해야 합니다. 정확하지도 않고 신뢰할만 하지도 않은 사실들에 근거하여 기록된 역사는 결코 건전한 역사라고 말할 수 없습니다. 또한 사실들만을 연대별로 나열해 놓았다고 해서 자연히 역사가 되는 것은 아닙니다. 그것은 연대기(chronicle, chronology)일뿐입니다. 사실들에 근거하지 않고 해석만 해 놓은 것은 역사가 될 수 없습니다. 그러한 것은 역사가 아니라 신화(myth, mythology)일뿐입니다.

사실들에 대한 적절한 해석이 있어야 역사가 되는 것입니다. 그런데 해석이라고 하는 것이 결코 쉬운 일이 아닙니다. 해석에는 역사가의 주관적인 판단과 주관적인 추리와 주관적인 가치관 등이 개입됩니다. 따라서 역사가가 객관적이고 편파적이지 않은 입장에서 판단하고 추리하고, 건전한 가치관에 입각하여 해석을 해야 건전한 역사가 되는 것입니다.

"정확하고 신뢰할만한 사실들"(accurate and reliable facts)에 근거하여 "객관적이고 편파적이지 않은 역사가"(objective and impartial historian)가 기록한 역사라야 건전한 역사(sound history)라고 말할 수 있습니다. 역사를 기록함에 있어서 가장 중요한 것은 사실들과 역사가의 해석입니다. 그런데 문제는 역사가가 감정이 없는 냉혈동물(bloodless animal)이 아닌 이상 항상 객관적이지도 않고 공정하지도 않다는 점입니다. 그렇기 때문에 하나의 사실을 놓고도 다양한 해석들이 나오는 것입니다. 그래서 "역사는 하나의 개연성(蓋然性, a probability)일뿐이다"라는 말이 있습니다. 그래서 모든 기록된 역사는 "하나의 역사"(A History of ......)인 것입니다. "그 역사"(The History of ......)는 어쩌면 전지전능하신 하나님께서만 쓰실 수 있는 역사일 것입니다.

「영 · 미 · 한 침례교회사」도 "하나의 역사"일뿐입니다. 침례교회들의 역사에 관해서 필자 개인이 쓴 하나의 역사(A History of Baptist Churches)입니다. 가능한 한 객관적이고 편파적이지 않은 입장을 취하고자 노력은 했지만, 전적으로 객관적일 수 없었고 전적으로 편파적이지 않을 수 없었다는 것이 필자의 솔직한 고백입니다. 정확하고 신뢰할만한 사실들에 근거하려고 노력은 했지만, 이미 사실들을 취사선택하는 순간에 필자의 선입관과 주관이 개입되는 것을 피할 수 없었다는 점을 인정하지 않을 수 없습니다. 그렇다고 해서 역사 쓰기를 포기할 수는 없습니다. 필자의 편파적인 선입견이나 편견은 다른 역사 집필자들에 의해 교정될 것을 기대합니다. 그렇기 때문에 역사를 쓴다는 것은 하나님과 역사 앞에서 겸손해지지 않고서는 감당할 수 없는 거룩한 작업이라고 생각합니다.

본서는 모두 4부로 구성되어 있습니다. 제1부의 제목은 "종교개혁운동과 침례교회"입니다. 본서에서 강조하고 있는 점들 가운데 하나는 초창기 침례교운동도 종교개혁기(1517-1648)의 마지막 시기인 1609년에 시작된 또 다른 종교개혁운동이었다는 사실입니다. 1517년에 마르틴 루터가 95개조를 비텐베르크 성 교회(Castle Church, *Schlosskirche*, Wittenberg) 현관문에 게시함으로써 종교개혁운동이 시작된 것으로 많은 역사가들은 간주하고 있습니다.

그런데 루터와 쯔빙글리와 깔뱅 그리고 영국국교회 지도자들, 즉 16세기 주류종교개혁가들의 개혁(Mainstream Reformation)은 그 당시 그 지역의 세속권력가들의 후원을 입어 성취한 개혁이었기 때문에 "관료후원적 종교개혁"(Magisterial Reformation, 정부주도형 종교개혁, 제도권 개혁)이라고 부릅니다. 이들은 교회와 국가권력이 결탁된 시교회(City Church) 혹은 국가교회(State Church)의 형태를 띤 교회를 지향했습니다. 이들은 1,000여 년 동안 지속되어 온 로마가톨릭 교회의 신앙행습이었던 유아세례(Infant Baptism)의 전통을 끊어내지 못하고 그것을 견지했습니다.

그들에게 도전했던 사람들이 바로 성서적 아나뱁티스트들(Biblical Anabaptists)이었습니다. 이들은 오직 신앙고백을 분명하게 하는 신자들에게만 뱁티즘을 베풀고 그리고 교회란 그렇게 뱁티즘 받은 신자들로 이루어져야 한다는 확신을 가졌습니다. 그래서 그들은 유아세례를 반대하고 신자의 뱁티즘(Believer's Baptism)을 시행하면서 교회는 어디까지나 세속권력과는 무관한 순수한 신앙인들의 공동체가 되어야 할 것을 주장하였습니다. 그래서 이들은 "프로테스탄트들에 대항한 프로테스탄트들"(Protestants against Protestants)이라고도 불리우는 것입니다. 16세기 당시로서는 이들의 신약성서적인 주장은 너무나 과격한 것이어서 이들의 개혁운동은 "근원적 종교개혁"(Radical Reformation)이라고 불리웁니다. 이들은 근대적인 의미의 자유교회운동(Free Church Movement)의 원천이 되었던 개혁가들이었습니다.

그래서 성서적 아나뱁티스트들은 로마가톨릭 교회로부터는 물론 프로테스탄트 주류 종교개혁가들로부터도 이단시되었고 유럽 내에서 엄청난 핍박을 받았습니다. 그러다 보니 성서적 아나뱁티스트들은 세상이나 세속국가에 대해서 부정적이거나 적대적인 태도를 취하게 되었고 핍박을 피해 도망을 다니다 보니, 세상 속으로 침투하여 적극적으로 세상의 빛과 소금의 역할을 감당하기보다는 현실도피적이고 은둔적인 신앙생활을 할 수밖에 없었습니다.

초창기 침례교인들은 이러한 성서적 아나뱁티스트들의 소극적이고 지나치게 평화주의적인(extremely pacifistic) 체질을 극복하고자 하였습니다. 침례교인들은 세상과 세속정부를 긍정하며 그 속에서 빛을 발하고 짠맛을 내고자 하는 적극적인 신앙의 자세를 가졌습니다. 성서적 아나뱁티스트들과 그들의 후예인 메노나이트들이 "평화"(Peace)에 신앙생활의 강조점을 두었다면, 침례교인들은 "영혼구원"(Soul Winning)과 "선교"(Missions)에 강조점을 두었습니다.

제1부에서는 16세기 종교개혁운동을 전체적으로 개관하면서 초창기 침례교운동이 가졌던 특징에 관해서 살펴 보았습니다. 또한 침례교인들이 강조해서 믿고 있는 신앙의 내용과 다른 프로테스탄트 교파들과 구별되는 신앙과 신앙행습을 "침례교인들의 신앙적 정체성"이란 제목으로 설명하였습니다.

그리고 침례교회의 기원에 관한 몇 가지 학설들을 비교하며 설명하였습니다. 특히 침례교회 전승설(Baptist Church Successionist Theory)은 역사적 사실들에 근거한 학술적인 이론이 아니라, 그것은 마치 하나의 믿음이요 바램이요 억측이라는 점을 비판적으로 지적하였습니다.

제2부에서는 "영국 침례교회사"를 개관하였습니다. 영국의 일반침례교회와 특수침례교회의 태동과 발전의 과정을 살펴보았고, 양 교회들이 공표하였던 신앙고백들의 내용을 설명하였습니다. 특수침례교 지도자들이 결성한 최초의 해외선교단체인 "침례교선교협회"(Baptist Missionary Society)와 근대선교운동의 아버지라는 별명을 얻은 윌리암 캐리(William Carey)의 생애와 그의 인도 선교사역 등을 다루었습니다.

특수침례교회가 1813년에는 침례교연맹(BU, Baptist Union)이라는 이름으로 총회적인 조직을 갖추게 된 과정, 1891년에는 침례교연맹이 일반침례교회, 특히 뉴커넥션 일반침례교회와 합병을 이루었던 과정, 그리고 현재 영국을 대표하는 침례교 총회인 "영국침례교연맹"(BUGB, Baptist Union of Great Britain)의 조직과 활동 그리고 그 현황 등에 관해서 살펴보았습니다.

제3부에서는 "미국 침례교회사"를 개관하였습니다. 영국인들에 의해 태동한 침례교회는 영국국교회(Anglican Church, Episcopal Church)가 국가교회로서 터를 잡고 있는 영국 땅에서

는 큰 발전을 이루지 못했습니다. 그런데 하나님께서는 미국 땅에 세워진 침례교회를 향해서 엄청난 복을 내려 주셨습니다.

그것은 미국 연방헌법(Federal Constitution, 1789)과 제1차 수정헌법(The First Amendment, 1791)에서 헌법적 규정으로 법제화된 "교회와 국가의 분리"(Separation of Church and State), 그리고 "모든 사람들을 위한 종교의 자유"(Religious Freedom for All) 원리가 현실화 되면서 이루어진 결과로 볼 수 있습니다. 미국 땅에서 비로소 침례교회, 특히 남부지방의 침례교회가 엄청나게 풍성한 열매를 맺게 되었습니다. 그래서 남침례교 총회는 교회수로나 교인수로 볼 때 전 세계적으로 최대의 프로테스탄트 교단이 되었습니다.

미국 최초의 전국총회인 일반선교총회(GMC, General Missionary Convention, 1814), 침례교회의 남북 분열과 남침례교 총회(SBC, Southern Baptist Convention, 1845)의 태동, 남침례교 신앙고백, 협동 프로그램(Cooperative Program, 1925), 미국 내에 존재하는 각종 침례교 그룹들 등에 관해 살펴보았습니다.

제4부는 "한국 침례교회사"를 개관하였습니다. 침례교 최초의 선교사 말콤 펜윅과 한반도 및 만주지역에서의 초창기 선교활동, 엘라 씽 기념선교회(Ella Thing Memorial Mission)와 최초의 침례교회들, 동아기독교 선배들이 일제의 신사참배 강요에 결연히 항거하며 강제적인 교단 해체(1944년 5월 10일)라는 폭거를 당하기까지 교단 차원에서 저항했던 순교자적인 신앙, 동아기독교의 남침례교 해외선교부(FMB, Foreign Mission Board)와의 제휴, 남침례교 선교사들의 한국 땅에서의 선교활동, 포항총회와 대전총회로 약 10년 동안 총회가 분열되었던 상황, 양 총회가 합동을 이룬 후에 찾아온 "침례교의 계절," 오늘날 기독교한국침례회 산하의 각 기관의 현황 등에 관해서 살펴보았습니다.

그리고 마지막 장, "침례교회 400여 년의 역사: 회고와 전망"에서는 한국 침례교회가 침례교 정체성을 어떻게 갖추어 가야 할 것인지 그리고 한국 침례교회가 앞으로 해결해야 할 과제들에 관해서 필자의 견해를 제시하였습니다.

"침례교 역사와 신앙에는 두 개의 황금줄(two golden threads)이 있다"는 말이 있습니다. 그것은 "선교를 향한 열정"(enthusiasm for the missions)과 "종교의 자유를 위한 열망"(aspiration for the religious freedom)입니다. 침례교인들은 예수님이 이 땅에 오신 첫 번째 사명, 즉 영혼구원(soul winning, 눅 19:10, "인자의 온 것은 잃어버린 자를 찾아 구원하려 함이니라")을 매우 강조하며 실천해 왔습니다. 침례교인들은 "선교하는 사람들"(People of Missions)입니다. 최초의 본격적인 프로테스탄트 선교사 윌리암 캐리(William Carey)를 신앙의 선배로 모시고 있습니다. 그래서 본서에서는 제7장에서 그 분에 관해서 많은 지면을 할애하여 비교적 상세하게 그의 생애와 인도에서의 선교사역을 다루었습니다.

동시에 침례교인들은 국가교회 체제를 부정하고 거부했기 때문에 어느 곳에서나 기득권 세력(Establishment)으로부터 적지 않은 핍박을 받았습니다. 그래서 침례교인들은 교회로부터 세속국가권력의 입김을 차단하기 위해서 힘썼고 "모든 사람들을 위한 종교의 자유"(Religious Freedom for All)을 위해 치열하게 투쟁했습니다. 초창기 영국침례교 지도자들(제4장)과 미국 침례교 지도자들(제10장과 제12장)의 종교의 자유를 위한 투쟁을 비중 있게 다루었습니다. 동시에 침례교인들은 인간이 만든 신조(신경, Creed)를 거부하는 "신앙고백들의 사람들"(People of the Confessions)입니다. 그래서 영국의 침례교신앙고백들(제6장)과 미국의 침례교신앙고백들(제14장과 제19장)에 많은 지면을 할애했습니다.

또한 침례교인들은 개인주의자들(Individualists)이지만 동시에 "협동하는 사람들"(People of Cooperation)입니다. 협동을 전제로 하는 건전한 개인주의(Sound Individualism)를 지향해 왔습니다. 본서에서 필자는 제18장에서 미국 남침례교인들이 고안해 낸 협동 프로그램(Cooperative Program, 1925년)의 제도와 현황을 소개하면서, 장차 우리 한국 침례교단에서도 그러한 제도를 도입하여 시행할 것을 간절히 호소하였습니다.

선교하는 사람들인 침례교인들은 개인적으로도 열심히 전도하고 선교해야 하지만, 지역교회들의 연합된 자원과 잠재력을 가지고 총회적인 차원에서 협동함으로 세계선교, 국내교회개척, 신학교육, 각종 구제사역 등을 감당할 수 있어야 하겠습니다. 그러기 위해서는 지역교회들 간에, 지역교회들과 지방회 간에, 그리고 지역교회 목회자들과 총회 지도자들 간에, "신뢰"(Trust)를 형성하고 회복하는 것이 가장 시급한 급선무라고 생각합니다.

본서가 빛을 보게 된 데에는 많은 분들의 도움과 기여가 있었습니다. 무엇보다도 필자를 가르쳐 주시고 지도해 주신 많은 스승님들이 계셨습니다. 필자는 대학교를 졸업한 후 25살에 예수님을 극적으로 만나서 비로소 믿음생활을 시작하게 되었는데, 그 때로부터 하나님께서는 훌륭한 크리스천 스승님들을 많이 만나게 해 주셨습니다. 그 분들의 가르치심과 조언과 충고가 필자를 현재의 모습으로 빚어 주었다고 생각합니다. 저의 모든 스승님들께 이 책을 헌정해 드리고 싶습니다. 물론 궁극적으로 필자에게 최고의 스승은 바로 예수 그리스도이십니다. 필자에게 새로운 생명(영원한 생명, 영생)과 새로운 삶(삶의 의미와 목적)을 주셨습니다. 나의 구주요 주님 되시는 예수님께 감사를 드리고 찬양과 영광을 올려 드립니다.

기꺼이 추천의 글을 써 주시고 격려를 아끼지 않으신 허긴 목사님, 권혁봉 목사님 그리고 조효훈 목사님께 큰 감사를 드립니다. 또한 남편을 위해서 기도와 격려를 아끼지 않은 아내 안수아에게도 사랑한다는 말과 함께 감사의 마음을 표현하고 싶습니다. 필자는 주덕(주님 덕분)과 안덕(안수아 덕분)으로 삽니다. 본서의 출간을 위해서 여러 모로 힘써 주신 침례신학대학교 출판부장 유재성 교수님, 편집장 이정훈 주임님, 그리고 편집과 출판을 위해서 실무적으로 많은 수고를 해주신 청림기획 김동덕 사장님께 감사를 드립니다.

본서가 침례교회와 침례교 신앙과 침례교 역사를 더 깊이 있게 알고자 하시는 모든 분들께 좋은 안내서가 되었으면 좋겠습니다. 또한 침례교 목회와 사역을 감당하고 있는 목회자들과 선교사들과 기관 봉사자들에게는 본서를 통해서 침례교 사역자로서의 자부심과 긍지를 가질 수 있게 되기를 바랍니다.

예수 그리스도께서 이 땅 위에 세우고자 의도하셨던 교회(마 16:18, "내가 이 반석 위에 '내 교회'를 세우리라," "주는 그리스도시요 하나님의 아들이시니이다"라는 베드로의 분명한 신앙고백 위에 세워진 교회), 신약성서에 등장하고 있는 세속에 물들지 않은 순수한 신자들의 공동체인 교회, 십자가 죽으심과 부활하심 그리고 성령의 강림하심으로 이 땅 위에 세워진 교회, 이러한 교회를 이루고자 꿈꾸시는 모든 분들께, 본서가 그 꿈을 이루는데 작으나마 요긴한 도움이 될 수 있으면 좋겠습니다.

필자는 감히 말합니다. 오늘날 한국 개신교 기독교계에서는 "제2의 종교개혁운동이 일어나야 한다"는 말이 많이 나오고 있고, "개혁된 교회는 반복적으로 개혁되어야 한다"는 말을 자주 합니다만, 한국의 개신교(프로테스탄트) 교회가 특정 종교개혁가들이나 위대한 신학자들이 말하는 교회가 아니라, 예수 그리스도께서 지상에 세우고자 의도하셨던 교회, 신약성서가 말하고 있는 교회 즉 신약성서적 교회로 회복되지 않고서는, 결코 제2의 종교개혁은 성취될 수도 없고 온전하게 개혁된 교회는 이루어질 수도 없다고 생각합니다. "신약성서적 교회"(New Testament Church)란 회개하고 예수 믿어 영적인 출생(spiritual birth, 중생 rebirth, born-again, regeneration)을 경험한 자들의 공동체, 쉽게 말해서 신자의 뱁티즘을 받은 신자들의 교회(Believers' Church by Believer's Baptism)입니다.

본서를 읽으시는 모든 분들의 가정과 사역 위에 하나님의 은혜와 보살피심이 늘 함께 하기를 기원드립니다. "오직 우리 주 곧 구주 예수 그리스도(Our Lord AND Savior Jesus Christ)의 은혜와 그를 아는 지식에서 자라가라. 영광이 이제와 영원한 날까지 그에게 있을지어다"(벧후 3:18). 아멘! 감사합니다.

2016년 8월 1일

주덕(主德) 김승진(金勝鎭) 배(拜)

차 례

추천의 글 (I) (허긴 박사) / 3

추천의 글 (II) (권혁봉 목사) / 5

추천의 글 (III) (조효훈 박사) / 7

머리말 (저자 김승진 박사) / 9

제 1 부 ··· 종교개혁운동과 침례교회

제1장 16세기 종교개혁운동과 초창기 침례교운동 ··· 33

I. 16세기 종교개혁운동 개관 ··· 34

1. 관료후원적 종교개혁 ··· 35
2. 근원적 종교개혁 ··· 36
3. 반종교개혁 (로마가톨릭 교회의 자체개혁) ··· 42
4. 초창기 침례교운동과 그 성격 ··· 43

II. 자유교회 전통 속에 있는 침례교회 ··· 48

제2장 침례교인들의 신앙적 정체성 ··· 57

1. 성경 ··· 57
2. 구원 ··· 59
3. 교회 ··· 60
4. 우주적 교회와 지역교회 ··· 62
5. 뱁티즘과 주의 만찬 ··· 63
6. 교회와 국가의 분리 (국교체제의 교회에 대한 반대) ··· 65
7. 영혼의 유능성과 모든 신자들의 제사장 직분 ··· 68

8. 지역교회의 독립성과 자치권 ······ 69
9. 그리스도 중심적인 민주적 회중주의와 협동 ······ 70
10. 성령침례와 성령충만 ······ 71
11. 영혼구원과 선교 ······ 75

제3장 침례교회의 기원 ······ 79
I. 침례교회들의 전승설 ······ 79
II. 성서적 가르침들의 계속설 ······ 82
III. 아나뱁티스트 영향설 ······ 83
IV. 영국 분리주의 파생설 ······ 85

제 2 부 ··· 영국 침례교회사

제4장 영국 일반침례교회의 태동과 발달 ······ 93
I. 일반침례교회의 태동과 초창기 지도자들 ······ 93
1. 존 스마이드 ······ 93
2. 최초의 침례교회 ······ 95
3. 토마스 헬위즈 ······ 97
4. 토마스 그랜탐 ······ 99
II. 초창기 일반침례교회 지도자들의 종교의 자유를 위한 투쟁 ······ 100
1. 스튜어트 왕조 시대의 종교적 상황 ······ 100
2. 존 스마이드의 종교자유 사상 ······ 103
3. 토마스 헬위즈의 "불법의 신비에 관한 간략한 선언" ······ 106
4. 레오나르드 부셔의 "종교의 평화: 양심의 자유를 위한 탄원" ······ 108
5. 존 머턴의 "겸손한 간청" ······ 109
III. 일반침례교회의 쇠퇴와 뉴 커넥션 일반침례교회의 대두 ······ 112
1. 일반침례교회의 쇠퇴 ······ 112
2. 매튜 캐핀 ······ 114
3. 댄 테일러와 뉴 커넥션 일반침례교회 ······ 116

제5장 영국 특수침례교회의 태동과 발달 ········ 123

I. 특수침례교회의 태동과 초창기 지도자들 ········ 123
1. 제이엘제이(JLJ) 교회와 특수침례교회 ········ 123
2. 존 스필즈버리 ········ 124
3. 키핀 원고와 최초의 침수례 ········ 127
4. 지방회와 전국총회의 결성 ········ 128
5. 초창기 특수침례교회의 지도자들 ········ 130

II. 존 길의 극단적 칼빈주의와 특수침례교회의 쇠퇴 ········ 140
1. 18세기 영국교회의 영적인 상황 ········ 141
2. 존 길의 생애와 주요 저작들 ········ 142
3. 존 길의 신학사상 ········ 146
4. 존 길의 "극단성"에 관한 논란 ········ 153
5. 에필로그 ········ 158

III. 앤드류 풀러와 특수침례교회의 부흥 ········ 160
1. 앤드류 풀러의 생애 ········ 160
2. 「만민이 받을만한 복음」 ········ 162
3. 앤드류 풀러의 신학 ········ 164
4. 에필로그 ········ 169

제6장 영국 침례교회의 신앙고백들 ········ 173

I. 일반침례교회의 주요 신앙고백들 ········ 174
1. "30개 회중들의 신앙과 실천"(1651) ········ 174
2. "참 복음 신앙"(1654) ········ 175
3. "표준신앙고백"(1660) ········ 176
4. "정통신조"(1679) ········ 177

II. 특수침례교회의 주요 신앙고백들 ········ 180
1. "제1차 런던 신앙고백"(1644) ········ 180
2. "미들랜드 지방회 신앙고백"(1655) ········ 183
3. "소머셋 신앙고백"(1656) ········ 185
4. "제2차 런던신앙고백"(1677) ········ 187

제7장 윌리암 캐리와 근대선교운동의 발흥 193

I. 윌리암 캐리의 출생과 성장 194
II. 목회자로의 부르심 195
1. 청년기의 시련 195
2. 물턴 침례교회 195
3. 레스터의 하비래인 침례교회 196
III. 세계선교를 위한 호소 198
1. 동역자들에 대한 설득 198
2. 노스햄프턴 침례교지방회 차원의 호소 198
IV. 근대선교운동의 대헌장: 「질문서」 200
V. 선교지 인도를 향한 출발 준비 202
1. 토마스 박사와의 만남 202
2. 가족들에 대한 설득 203
VI. 초창기 정착의 힘겨운 과정 204
1. 인도 도착 204
2. 정착을 위한 노력과 시련 205
VII. 세람포어 미션의 창립과 선교사역 207
1. 번역사역 207
2. 후배 선교동역자들과의 합류 208
3. 세람포어 미션 209
4. 첫 개종자 크리쉬나 팔 209
5. 포트 윌리암 대학 교수직 211
6. 화재사건과 복구 212
VIII. 전인적 선교사역: 반기독교적인 악습에 대한 도전 213
1. 유아살해 213
2. 조혼과 일부다처 제도 214
3. 과부의 화장(사티) 215
IX. 윌리암 캐리의 인도 선교사역이 주는 교훈 217
X. 에필로그 220

제8장 찰스 스펄전과 하강논쟁 ···· 223
I. 스펄전의 삶과 사역 ···· 224
1. 성장과 구원체험 ···· 224
2. 목회사역 ···· 225
II. 19세기 후반기의 영국과 영국교회의 상황 ···· 226
1. 빅토리아 여왕 시대 ···· 226
2. 신신학의 유입 ···· 227
3. 침례교연맹의 통합 노력 ···· 227
III. 하강논쟁의 전개과정 ···· 229
1. 예비적인 사건들 ···· 229
2. 「칼과 흙손」에 실린 로버트 쉰들러의 글들 ···· 230
3. 「칼과 흙손」에 실린 찰스 스펄전의 글들 ···· 232
4. 스펄전의 탈퇴 편지와 "하강논쟁에 대한 단상" ···· 236
5. 침례교연맹의 탈퇴 수락과 징계 결의 ···· 238
6. 스펄전의 신앙고백 ···· 240
IV. 하강논쟁의 결말 ···· 241
V. 에필로그 ···· 243

제9장 침례교연맹의 결성과 발전 ···· 245
I. 침례교연맹(BU)의 결성 ···· 246
II. 침례교선교협회 ···· 247
III. 사회적인 문제들 ···· 248
IV. 침례교연맹의 활성화 ···· 250
V. 침례교연맹과 뉴 커넥션 일반침례교회들의 합병 ···· 252
VI. 오늘날 영국침례교연맹(BUGB)의 주요 기관들과 사역들 ···· 254

제 3 부 ··· 미국 침례교회사

제10장 미국 침례교회의 태동과 발전 ······ 261
I. 신대륙에서의 초창기 선교 ······ 262
1. 반종교개혁과 로마가톨릭 교회에 의한 선교 ······ 262
2. 프로테스탄트들에 의한 선교 ······ 263
II. 로저 윌리암즈와 그의 사상 ······ 265
1. 성장과 교육 ······ 265
2. 로저 윌리암즈와 미국 최초의 침례교회 ······ 266
3. 로저 윌리암즈의 신학사상 ······ 272
4. 에필로그 ······ 276
III. 초창기의 미국 침례교회들 ······ 278
1. 동북부지방 ······ 278
2. 중부지방 ······ 278
3. 남부지방 ······ 279

제11장 제1차 대각성운동과 침례교회의 확산 ······ 281
I. 제1차 대각성운동 ······ 281
1. 배경 ······ 281
2. 대표적인 지도자들 ······ 282
3. 결과 ······ 283
II. 침례교회의 성장과 확산 ······ 283
1. 동북부지방 ······ 284
2. 중부지방 ······ 285
3. 남부지방 ······ 285
III. 분리침례교회와 정규침례교회의 영성 ······ 286

제12장 미국 침례교지도자들의 종교의 자유를 위한 투쟁 ······ 289
I. 종교의 자유를 위한 투쟁 ······ 290
1. 헌법적 보장 ······ 290

2. 투쟁의 근거 ········ 291
3. 정치인들의 입법활동 ········ 293
II. 아이작 백커스와 종교의 자유를 위한 그의 기여 ········ 295
1. 성장과 사역을 위한 준비 ········ 295
2. 종교의 자유를 위한 투쟁 ········ 299
3. 교회와 국가의 분리에 관한 백커스의 주장 ········ 305
4. 아이작 백커스의 공헌 ········ 306
III. 존 리랜드와 종교의 자유를 위한 그의 기여 ········ 310
1. 사역을 위한 준비와 목회활동 ········ 310
2. 버지니아 침례교 주총회 산하의 일반위원회 ········ 314
3. "양도할 수 없는 양심의 권리" ········ 321
4. 존 리랜드의 공헌 ········ 324

제13장 제2차 대각성운동과 일반선교총회의 결성 ········ 327
I. 제2차 대각성운동 ········ 327
1. 배경 ········ 328
2. 대표적인 지도자들 ········ 329
3. 결과 ········ 330
II. 남부지역의 침례교지도자 리차드 퍼만 ········ 331
1. 지도자로서의 준비 ········ 331
2. 찰스턴 제일침례교회 담임목사 ········ 335
3. 교단의 지도자 ········ 341
4. 교육촉진자 ········ 345
5. 에필로그 ········ 349
III. 미국 최초의 침례교 전국총회 ········ 350
1. 일반선교총회(GMC)의 결성 ········ 350
2. 협회체제와 총회체제 ········ 352
3. 협회체제로의 전환 ········ 353
IV. 반선교운동 ········ 354
1. 배경 ········ 354
2. 대표적인 지도자들과 사례들 ········ 355

3. 결과 357

제14장 미국의 침례교 신앙고백들 359

1. "필라델피아 신앙고백"(1742) 360
2. "뉴 햄프셔 신앙고백"(1833) 363
3. "침례교인의 신앙과 메시지"(1925) 366
4. "침례교인의 신앙과 메시지"(1963) 368
5. "가정" 항목의 첨가(1998)와 "침례교인의 신앙과 메시지"(2000) 371

제15장 미국 침례교회의 남북분열과 남침례교 총회의 태동 375

I. 19세기 초 미국 남부지역의 상황 375
1. 정치구조 376
2. 사회 및 경제체제 376
3. 종교적인 풍토 377
II. 노예문제와 남북의 분열 378
1. 노예문제의 초기 발단 380
2. 침례교 노예폐지운동 380
3. 중립을 지키려는 노력 381
4. 분열의 위기 382
III. 남침례교 총회 창립의 산파 윌리암 존슨 383
1. 지도자로서의 준비 384
2. 목회자와 교단 지도자 385
3. 존슨의 신앙과 총회조직에 대한 철학 388
4. 에필로그 391
IV. 남침례교 총회의 결성 392
1. 버지니아 주 침례교인들의 제안 392
2. 남침례교 총회의 태동 394

제16장 지계석주의 운동과 그 신앙적 잔재 ········· 397

I. 시대적 배경 ········· 398

II. 대표적인 주창자들 ········· 400

1. J. R. 그레이브스 ········· 400
2. J. M. 펜들턴 ········· 402
3. A. C. 데이턴 ········· 404

III. 지계석주의의 역사관: 침례교회 전승설 ········· 405

IV. 지계석주의 교회론 ········· 408

1. 교회의 신적인 기원 ········· 408
2. 지역교회만의 교회 개념 ········· 408
3. 가시적인 교회와 하나님의 왕국 ········· 410
4. 지역교회의 행정 ········· 411
5. 강단 교류 ········· 412
6. 이방인 침례 ········· 413
7. 극단적인 폐쇄만찬 ········· 415

V. 지계석주의 신앙의 잔재 ········· 416

제17장 남침례교 총회와 여성목사 안수 ········· 419

I. 최근 남침례교 내의 여성목사 안수 ········· 421

1. 목사안수를 받은 최초의 여성 ········· 421
2. 목사안수를 받은 여성들 ········· 422
3. 수잰 코일 목사의 안수 ········· 424

II. 여성안수에 대한 남침례교 총회 내의 찬반논쟁 ········· 426

1. 캔자스 시티 연차총회 ········· 426
2. 여성안수에 대한 찬반 논쟁 ········· 428
3. 몰리 마샬 교수의 주장 ········· 431

III. 급변하고 있는 세상 ········· 432

1. 고등교육을 받은 여성들이 많아졌다 ········· 433
2. 다양한 영적인 필요는 다양한 목회를 기다리고 있다 ········· 433
3. 여권신장운동의 영향을 받고 있다 ········· 434

4. 여성목사 안수를 시행하는 다른 기독교 교단들의 영향을 받고 있다 ····· 435
5. 변화된 콘텍스트가 기존의 성경해석에 도전을 주고 있다 ····· 436
IV. 에필로그 ····· 437

제18장 협동 프로그램(CP): 남침례교 사역들의 생명줄 ····· 441
I. 협동 프로그램의 기원 ····· 442
1. 협동에의 반발과 극복 ····· 442
2. 실행위원회의 발족과 7,500만불 모금운동 ····· 443
II. 협동 프로그램의 태동 ····· 446
III. 협동 프로그램의 탁월성 ····· 448
IV. 협동 프로그램의 발전 ····· 450
V. 에필로그 ····· 452

제19장 21세기 남침례교 신앙고백: "침례교인의 신앙과 메시지"(2000) ····· 455
1. 성경 ····· 456
2. 하나님 ····· 458
3. 인간 ····· 461
4. 구원 ····· 464
5. 은혜에 대한 하나님의 목적 ····· 466
6. 교회 ····· 467
7. 침례와 주의 만찬 ····· 473
8. 주일 ····· 476
9. 하나님의 왕국 ····· 478
10. 종말 ····· 479
11. 전도와 선교 ····· 479
12. 교육 ····· 482
13. 청지기 직분 ····· 484
14. 협동 ····· 485
15. 기독교 질서와 사회 질서 ····· 487
16. 평화와 전쟁 ····· 489

17. 종교의 자유 492
18. 가정 493

제20장 미국 내 주요 침례교단들과 침례교인들 497

I. 미국침례교회들(ABCUSA) 498
1. 교단명칭의 변경 498
2. 신학의 자유주의화 499
3. 근본주의 운동 500
4. 주요 기관들 501
II. 제7일 침례교인들(SDB) 502
III. 애팔라치아 산맥 주위의 침례교인들 504
1. 원시 침례교인들(Primitive Baptists) 504
2. 옛정규 침례교인들(Old Regular Baptists) 506
IV. 알미니안 침례교인들 507
1. 자유의지 침례교인들(Free Will Baptists) 508
2. 일반침례교인들의 일반연합회(GAGB) 509
V. 독립 침례교인들 510
1. 세계침례교친교회(WBF) 512
2. 국제성서침례교친교회(BBFI) 513
3. 남부지역침례교친교회(SBF) 514
VI. 북침례교로부터 연유한 근본주의 침례교인들 515
1. 정규 침례교회들의 일반연합회(GARBC) 516
2. 미국 보수주의 침례교연합회(CBAmerica) 517
VII. 남침례교로부터 연유한 지계석주의 침례인들 517
1. 미국침례교연합회(ABA) 518
2. 미국침례교선교연합회(BMAA) 519
VIII. 아프리칸-아메리칸(흑인) 침례교인들 519
1. 미합중국 국내침례교총회(NBCUSA) 521
2. 미국 국내침례교총회(NBCA) 521
3. 진보국내침례교총회(PNBC) 522
IX. 최근 남침례교 총회 내에서 형성된 침례교인들 523

1. 침례교인들의 연맹(AB) 524
2. 협동침례교친교회(CBF) 525
3. 버지니아 주 남침례교보수주의자들 주총회(SBCV)와 텍사스 주 남침례교인들 주총회(SBTC) 527
X. 남침례교 총회(SBC)의 주요기관들: 21세기를 대비한 조직개편 528
1. 조직개편의 배경 528
2. 5대 사역들 529
3. 에필로그 533

제 4 부 ··· 한국 침례교회사

제21장 말콤 C. 펜윅 선교사와 엘라 씽 기념선교회 537
I. 말콤 C. 펜윅의 생애와 사역 538
1. 선교사로서의 준비 538
2. 펜윅의 개종체험과 신앙 539
3. 선교사로의 부르심 542
4. 한반도 입국과 정착 544
5. 캐나다와 미국 방문 및 선교사훈련학교 재학 547
II. 엘라 씽 기념선교회 549
III. 펜윅 선교사의 초기사역 552

제22장 대한기독교회 시대(1906-1921) 557
I. 대한기독교회의 태동 557
II. "대한기독교회 교규"의 주요내용 559
III. 대한기독교회 시대의 국내외 선교 사역 562
1. 국내지역 선교 사역 562
2. 북방지역 선교 사역 564
3. 울릉도지역 선교 사역 566
4. 2대 감목의 임명과 교권파동 567

5. 원산역 신약성서, "복음찬미," "만민됴흔긔별"의 발간 ······ 570
6. 일제의 포교계 제출 강요와 교단의 대응 ······ 573

제23장 동아기독교회 시대(1921–1933)와 동아기독대 시대(1933–1940) ······ 575

I. 동아기독교회 시대(1921-1933) ······ 576
1. 교단 명칭의 변경 ······ 576
2. "달편지"의 발행과 배포 ······ 577
3. 교회의 수난과 순교자들 ······ 579
4. 학교공교육 거부조치 ······ 583
II. 동아기독대 시대(1933-1940) ······ 585
1. 교단 명칭 변경과 일제의 침략야욕 ······ 585
2. 신사참배의 강요와 교회의 수난 ······ 586
3. 펜윅 선교사 부부의 서거 ······ 589

제24장 동아기독교 시대(1940–1949) ······ 595

I. 동아기독교와 미국 남침례교 간 협력제휴의 배경 ······ 596
1. 신사참배에 대한 동아기독교의 격렬한 항거와 교단해체 ······ 596
2. 해방 후 교단 재건을 위한 노력 ······ 600
3. "역사적인" 제36차 강경 대화회 ······ 601
4. "대한기독교회"의 분립과 이탈 ······ 603
5. 해방 후 북한지역의 동아기독교 ······ 604
II. 남침례교 해외선교부와의 접촉 ······ 606
1. 접촉의 배경 ······ 606
2. 우태호 목사와 "원산사건" ······ 607
3. 양 교단 간의 협력제휴를 위한 모색 ······ 611
III. 동양총무 제임스 코덴의 방한 ······ 613
1. 제임스 코덴의 방한과 제휴가능성 타진 ······ 613
2. 대한기독교침례회로의 명칭 변경 ······ 615

제25장 해방 직후의 한국 침례교회: 대한기독교침례회 시대(1949–1952)와 대한기독교침례회연맹 총회 시대(1952–1959) …… 617

I. 대한기독교침례회 시대(1949-1952) …… 617

1. 최초의 남침례교 선교사 존 애버내티 부부 …… 617
2. 제40차 점촌 총회와 남침례교 선교사역의 시작 …… 619
3. 남침례교 선교사들의 초창기 사역 …… 620
4. 남침례교 총회와의 선교적 제휴가 갖는 의의 …… 626

II. 대한기독교침례회연맹 총회 시대(1952-1959) …… 627

1. 제42차 칠산 총회와 교단 명칭의 변경 …… 627
2. 한국침례교선교회(KBM)의 결성 …… 628
3. 타교단 목회자들의 전입 …… 631
4. 대한기독교침례회연맹 총회 당시의 선교사역들 …… 633
5. 남침례교회의 청소년기관들의 도입 …… 637

제26장 총회분열 시대(1959–1968): 포항총회와 대전총회 …… 639

I. 총회분열의 과정 …… 640

1. 세 부류의 목회자들 …… 640
2. 안대벽 목사에 대한 한국침례교선교회의 불신임 …… 641
3. 총회와 한국침례교선교회 간의 공방 …… 644
4. "총회수습대책위원회"의 결성과 위원회 모임 …… 649
5. 제49차 대전총회 …… 651
6. 제49차 포항총회 …… 652

II. 분열 이후의 포항총회 …… 653

1. 해외 선교단체들과의 제휴 …… 653
2. 대한침례회신학교 …… 655
3. 안대벽 목사에 대한 포항총회의 불신임 …… 656

III. 분열 이후의 대전총회 …… 658

1. 반쪽 총회와의 선교협력 …… 658
2. 새로운 세력으로 부상한 신학교파 …… 660
3. 침례교 부흥사들의 등장 …… 663

제27장 한국침례회연맹 총회 시대(1968-1976) ······ 667
I. 총회합동을 위한 모색과 추진 ······ 668
II. 역사적인 제58차 교단합동 총회 ······ 669
III. 총회합동 이후의 한국침례회연맹 총회 ······ 671
1. 정과 1기 졸업생 총회장의 등장 ······ 671
2. 교단비상대권과 "교단발전위원회" ······ 672
3. 변혁을 위한 몸부림 ······ 673
IV. 한-루이지애나 연합전도대회(1970-1975) ······ 675
V. "프로그램 기초기획"(Program Base Design) ······ 676

제28장 기독교한국침례회 시대(1976-현재) ······ 679
I. "침례교의 계절:" 대도시지역에서의 활발한 교회개척 ······ 679
II. 1980년대의 한미연합전도대회 ······ 682
III. 1980년대의 "침례교 계절"의 주요 사건들 ······ 684
1. 올림픽 경기대회 기간 동안의 전도활동 ······ 684
2. 1989년 한국에서의 침례교선교 100주년 기념사업 ······ 686
3. 1990년 제16차 침례교세계대회 개최 ······ 688

제29장 기독교한국침례회 산하기관들의 발전 ······ 691
1. 침례신학대학교 ······ 691
2. 국내선교회 ······ 700
3. 해외선교회 ······ 703
4. 침례병원 ······ 706
5. 교회진흥원 ······ 708
6. 군경선교회 ······ 714
7. 전국여선교연합회 ······ 716
8. 전국남선교연합회 ······ 719
9. 교역자복지회 ······ 720
10. "침례신문"과 「뱁티스트」 ······ 720

제30장 침례교회 400여 년의 역사: 회고와 전망 ······ 725

I. 종교개혁운동의 일환으로 발생한 침례교회: "침례교회 전승설"의 극복 ······ 725
II. 16세기 주류종교개혁운동의 한계 ······ 731
III. 침례교 정체성의 확립 ······ 747
IV. 앞으로 해결해야 할 과제들 ······ 750

참고자료 ······ 759

단행본: 1차 자료 ······ 759
단행본: 2차 자료 ······ 760
논문 ······ 777
신문과 잡지 기사, 서신, 보고서, 회의록, 총회자료, 기타 ······ 782
온라인자료 ······ 785

제 1 부

종교개혁운동과 침례교회

제 1 장 16세기 종교개혁운동과 초창기 침례교운동

제 2 장 침례교인들의 신앙적 정체성

제 3 장 침례교회의 기원

제1장

16세기 종교개혁운동과 초창기 침례교운동

유럽의 중세시대(590-1517)는 경제적으로는 토지를 중심으로 하는 봉건주의체제, 정치적으로는 신성로마제국에 의한 통치, 신학적으로는 스콜라주의 신학체계, 교회적으로는 교황을 정점으로 해서 유럽의 모든 교회들이 하나가 되어 있던 무척 안정된 사회(society of stability)였다.[1] 그러나 두 세기에 걸친 십자군 전쟁(The Crusade, 1095-1291)을 겪으면서 유럽사회의 기저는 서서히 흔들리기 시작했으며, 유럽의 지식인들이 희랍의 고전들을 재발견하고 접하면서 14-15세기에 르네상스(Renaissance, 문예부흥, 재생, 재창조) 운동이 일어나게 되었고, 유럽사회는 점차 중세 봉건사회의 틀을 깨뜨리고 근대사회로 변모하기 시작하였다.[2]

16세기 유럽에서 전개되었던 종교개혁운동은 바라보는 각도에 따라 다양하게 해석될 수 있는 사건이었다. 로마가톨릭 교회의 관점에서 보면, 그것은 중세적 안정(medieval stability)을 깨뜨린 사건이었고, 이단적이고 분리주의적이고 마귀적인 운동이었다.[3]

그러나 프로테스탄트들은 하나님께서 부패하고 타락한 교회를 더 이상 방관하실 수 없어서, "때가 차매" 하나님께서 예비하셨던 개혁가들을 동원하여 당시의 교회를 개혁하셨던 사건으로 이해한다. 다시 말해서 종교개혁 운동은 기독교 역사상 반드시 일어나야 했던 필연적인 사건이었으며, 부패하고 타락한 교회를 하나님께서 구원시키신 사건이었다.[4]

그런데 프로테스탄트 교회들 가운데에서도, 종교개혁을 바라보는 관점에 따라 그 해석을 약간씩 달리하고 있다. 특히 한국의 개신교회는 루터를 비롯해서 깔뱅과 쯔빙글리 그리고 영국국교회 등 주류 종교개혁(Mainstream Reformation)의 관점에서만 종교개혁을 이해하는 경향이 없지 않다. 다른 말로 하면 16세기 당시, 로마가톨릭 교회와 주류 종교개혁가들

---

1) Earle E. Cairns, *Christianity through the Centuries* (Grand Rapids: Zondervan Publishing House, 1996), 224.

2) 김승진, "자유교회 전통의 관점에서 본 종교개혁사 개관," 「복음과 실천」 37집 (2006년 봄): 105.

3) Cairns, *Christianity through the Centuries,* 267-79.

4) 김승진, "자유교회 전통의 관점에서 본 종교개혁사 개관," 106.

로부터 이단시 되어 핍박받았던 "근원적 종교개혁가들"(Radical Reformers), 특히 "성서적 아나뱁티스트들"(Biblical Anabaptists)의 개혁활동에 대해서는 활발한 연구가 이루어지지 않고 있는듯 하다.

본장에서는 16세기 종교개혁운동을 전체적으로 조망하고, 근원적 종교개혁이 추구했던 개혁의 이상을 살펴본다. 그리고 근원적 종교개혁가들 가운데에서 성서적 아나뱁티스트들은 어떤 특징을 가진 개혁가들이었는지를 검토해 본다. 종교개혁운동에서 이들의 역할이 20세기에 들어와 재조명되고 재평가되고 있다.

또한 침례교운동 역시도 종교개혁운동의 일환이었다는 관점에서 초창기 침례교운동의 성격에 대해서 살펴본다. 일반적으로 종교개혁기라고 하면 루터가 95개조를 비텐베르크 성교회(Castle Church, Schlosskirche)에 게시한 해(1517)로부터 로마가톨릭 군대와 프로테스탄트 군대 간의 종교전쟁인 30년전쟁(Thirty Years War, 1618-1648) 후 맺어진 베스트팔리아 평화협정(Peace of Westphalia, 1648)의 해까지로 잡고 있는데, 이렇게 볼 때 1609년부터 시작된 침례교운동 역시도 종교개혁운동의 범주에 포함시켜야 한다는 것이 필자의 견해이다. 초창기 침례교운동이 갖는 특징에 대해서 살펴본다.

I. 16세기 종교개혁운동 개관[5)]

미국 하바드대학교의 교회사 교수였던 조지 윌리암스(George Hunston Williams) 박사는 그의 방대한 저작 「근원적 종교개혁」(*The Radical Reformation*)에서 16세기의 종교개혁운동을 크게 세 흐름으로 분류하였다.[6)] 일단 그가 사용한 용어를 영어로 표현하면 Magisterial Reformation과 Radical Reformation 그리고 Counter Reformation이다. 아직 우리나라 기독교계에서 Magisterial Reformation이란 용어가 공식적인 학술용어로 번역되지 않고 있는 것 같은데, 학자에 따라서는 "제도권개혁" 혹은 "정부주도형 종교개혁" 혹은 "주류종교개혁" 등으로 부르고 있다.

그러나 이러한 용어들은 영어단어의 원의미를 제대로 전달해 주지 못하고 있다. "Magisterial" 이란 단어는 "magistrate," "magistracy"와 같은 단어와 어원을 함께 하는데, 그 뜻은 "관리, 관

5) 제1장의 I 부분은 「복음과 실천」 제37집 (2006년 봄)에 실린 필자의 논문, "자유교회 전통의 관점에서 본 종교개혁사 개관"의 내용을 일부 수정하고 보완한 것이다. 김승진, 「종교개혁가들과 개혁의 현장들: 아직도 미완성인 종교개혁」 (서울: 나침반출판사, 2015), 19-28 참조.

6) George H. Williams, *The Radical Reformation* (Philadelphia: Westminster Press, 1962).

료, 공무원, 행정장관, 세속정치인, 세속권력가" 등의 의미를 지니고 있다. 그래서 필자는 Magisterial Reformation을 (크리스천) 세속관료들의 정치적인 후원을 입은 종교개혁이라는 의미에서 "관료후원적 종교개혁"으로 번역하였다. 그리고 필자는 Radical Reformation을 "근원적 종교개혁"으로, Counter Reformation을 "반종교개혁" 혹은 "로마가톨릭 교회의 자체개혁"으로 번역하여 사용하고 있다.

1. 관료후원적 종교개혁

"관료후원적 종교개혁"은 앞에서 지적한 바대로 세속(물론 크리스천이었겠지만) 정치인들의 후원을 입은 종교개혁, 다른 말로 하면 정치와 종교가 협력하고 결탁해서 성취한 종교개혁이라는 의미를 담고 있다. 이러한 범주에 드는 대표적인 개혁의 흐름은 루터교회(Lutheran Church), 쯔빙글리와 깔뱅 그리고 존 낙스의 개혁교회(Reformed Church), 그리고 영국국교회(Anglican Church, 오늘날 미국에서는 Episcopal Church로, 한국에서는 성공회로 불리운다–필자 주) 등이다.

루터의 경우에는 삭소니 주의 선제후 현자 프레드릭(Elector Frederick the Wise)과 헷세주의 필립(Philip of Hesse)이, 쯔빙글리의 경우에는 취리히(Zuerich) 시의회의 정치 지도자들이, 깔뱅의 경우에는 제네바(Geneva) 시의회의 정치 지도자들이, 그리고 영국국교회의 경우에는 당시의 영국의 왕 헨리 8세(Henry VIII, 1491-1547)와 그의 자녀들(에드워드 6세, 피의 여왕 메리, 엘리자베스 1세)이 종교개혁을 후원했거나 주도하였다.

관료후원적 종교개혁자들은 크리스천 세속 정치인들과 실력자들의 후원을 입었기 때문에, 기본적으로 정치와 종교 그리고 국가와 교회의 일치를 추구할 수밖에 없는 한계를 태생적으로 가지고 있었다. 이것이 유럽의 기독교와 미국의 기독교의 근본적인 차이이다.

미국은 최초의 연방헌법(Federal Constitution, 1789년)과 수정헌법 제1조(The First Amendment, 1791년)[7]에서 종교의 자유 그리고 교회와 국가의 분리를 선언하고 있었기 때문에, 자연히 미국의 기독교는 교파형 기독교(Denominational Christianity)의 형태를 가지게 되었다. 그런데 전통적으로 유럽의 기독교는 대체로 시교회(City Church) 혹은 국가교회(State Church) 혹

---

7) 미국 수정헌법 제1조(The First Amendment): "의회는 국교의 제정에 관하여 그리고 자유스러운 종교적인 활동을 금지하기 위하여 어떠한 법도 만들어서는 안 된다. 동시에 표현(말)의 자유, 언론 출판의 자유, 집회결사의 자유, 정부에 탄원할 수 있는 자유 등을 금지하는 법을 만들어서는 안 된다" (Congress shall make no law respecting an establishment of religion, or prohibiting the free exercise thereof, or abridging the freedom of speech or of the press, or the right of the people peaceably to assemble and to petition the government for the redress of grievances). First_Amendment_to_the_United_States_Constitution, [온라인자료] http://en.wikipedia.org/wiki/First_Amendment_to_the_United_States_Constitution, 2015년 11월 7일 접속.

은 교구교회(Parish Church)의 형태를 지니고 있다. 다시 말하면 국교체제의 기독교(National Christianity) 전통을 강하게 가지고 있다.

루터교회는 독일과 덴마크 그리고 노르웨이, 핀란드, 스웨덴 등 스칸디나비아 반도의 국가들에서 국교적 지위를 유지하고 있고, 존 낙스(John Knox, c.1514-1572)에 의해 개혁된 스코틀랜드 개혁교회, 즉 장로교회는 그 나라의 국교가 되었다. 영국국교회는 영국의 왕이 교회의 수장(head of the church)이 되어 있다.

이것은 규모의 차이는 있겠지만, 중세시대 로마가톨릭 교회가 유럽의 모든 세속국가들과 밀접하게 결탁되어 있었던 것과 별반 다르지 않다. 특히 이탈리아, 프랑스, 스페인, 폴란드 등의 국가에는 헌법상 종교의 자유가 보장되어 있긴 하지만, 실제에 있어서는 로마가톨릭 교회가 국교와 같은 지위를 누리고 있다.

관료후원적 종교개혁가들과 그들의 교회들은 모두 로마가톨릭 교회의 유아 밥티스마(유아세례, Infant Baptism)[8] 전통을 그대로 계승하고 있다. 이것은 정치와 종교의 합일과도 깊이 연관되어 있다. 즉 어린 아이가 출생을 하면 그 지역을 관장하는 행정관청에 "호적신고"를 하고, 동시에 그 행정관청의 관할 하에 있는 교구교회에 유아 밥티스마를 받으면서 "교적신고"를 하는 것이다. 이런 의미에서 중세 시대에는 유아 밥티스마가 국가와 교회를 잇는 연결고리 역할을 하였던 것이다. 또한 유아 밥티스마를 받은 어린아이들의 명단을 가지고 있던 교구교회나 수도원에서는 그 명단이 인두세 세금을 거두어들일 때 중요한 근거가 되었다.

"한 목자 아래 한 양떼"(One Flock under One Shepherd), 즉 교황 한 사람 밑에 유럽의 모든 주민들이 한 양떼가 되어 있던 중세적 이념이 유아 밥티스마라고 하는 끈끈한 전통을 통해서 지탱되고 있었던 것이다. 관료후원적 종교개혁가들은 로마가톨릭 교회를 개혁하기는 했지만, 국가와 교회의 연결고리를 끊어내지 못한 한계를 가지고 있었다. 그들이 개혁해 낸 교회들은, 교회가 세속국가의 정치권력으로부터 분리되어 있었던 신약성서적 교회(New Testament Church)와는 근본적으로 성격을 달리하고 있었다.

2. 근원적 종교개혁

조지 윌리암스 박사는, 16세기 종교개혁 당시에 교회는 어디까지나 예수 믿는 신자

8) 세례나 침례라는 용어 대신에 "밥티스마"(baptisma) 혹은 "뱁티즘"(Baptism)이란 낱말을 사용한 이유는 개념의 혼란을 피하기 위함이다. 세례나 침례라는 한자어에는 이 의식의 형식개념이 내포되어 있는데, 이러한 여러 가지 형식들을 포괄하는 의미로 "밥티스마" 혹은 "뱁티즘"이라고 하는 헬라어 음역단어를 사용하였다. 일본어 성경에는 "밥티스마"라는 용어를 사용하고 있다.

(believers)들의 공동체여야 하고, 따라서 중세 800년-1000년 동안의 로마가톨릭 교회의 전통이었던 유아 밥티스마는 성경적이지 못한 인간적인 고안(human invention)이어서 하나님 앞에 가증한 것이며, 교회와 국가 혹은 종교와 정치는 분리되어야 한다고 주장했던 개혁가들의 종교개혁을 Radical Reformation이라고 명명하였다.[9)]

우리나라에서는 이 단어를 일반적으로 "급진적 종교개혁"이라고 번역하고 있고, 그들 중 Anabaptists를 "재세례파"라는 말로 표현하고 있다. 그런데 "급진적"이라는 말은 대체로 부정적이고 전투적이고 파괴적인 뉴앙스를 갖는 단어이다. 천진난만한 성서적 아나뱁티스트들(naive Biblical Anabaptists)에게는 "급진적"이라는 말이 필자는 별로 적절하지 않다고 생각한다. "급진적"이라는 말은 일부 "신령주의자들"(Spiritualists), 즉 쯔비카우 예언자들이나 독일농민전쟁이나 뮌스터폭동 사건에 개입했던 극단적인 종말론자들에게나 어울리는 말이다.

Radical이라는 단어에 "급진적" 혹은 "과격한"이란 의미가 내포되어 있긴 하지만, 보다 정확한 문자적인 의미는 "근원적"이라는 뜻이다. 영어에서 Radical이란 단어는 Root(뿌리, 根, 근원)라는 단어와 어원을 같이 하고 있다. 기본적으로 근원적 종교개혁가들은 교회의 뿌리인 신약성서 시대의 교회를 "회복"(restitution)하고자 하였다.

윌리암스 박사도 성서적 아나뱁티스트들과 신령주의자들과 복음적 이성주의자들이 권위의 원천이 무엇이냐에 따라 약간씩 신앙의 강조점이 다르기는 했지만, "믿음의 뿌리를 찾아가고자 했다"(cutting back to that root)는 점에서, 위의 세 그룹이 의견을 같이하고 있다고 말하고 있다. 바로 이런 점이 그들의 개혁을 "근원적 종교개혁"이 되게 했다고 말하였다.[10)]

윌리암스 박사에 의하면, 관료후원적 종교개혁가들과 근원적 종교개혁가들은 교회개혁에 대한 근본적인 전제가 달랐다고 진단하였다. 전자는 "개혁"(*reformatio*)이라는 개념을 전제로 하여, 개혁의 대상이 되는 당시의 로마가톨릭 교회를 개혁하고자 했던 사람들이었고, 후자는 "회복"(*restitutio*)이라는 보다 근원적인 개념을 전제로 하여, 신약성서에 제시되어 있는 교회 즉 세속권력과 결탁하기 이전의 순수했던 신자들의 교회를 회복하여 16세기에 재현하고자 했던 사람들이었다는 것이다.[11)]

---

9) William R. Estep, *Renaissance and Reformation* (Grand Rapids: William B. Eerdmans Publishing Company, 1986), 197.

10) G. H. Williams and A. M. Mergal, *Spiritual and Anabaptist Writers* (Philadelphia: Westerminster Press, 1957), 22. "Though Anabaptists, Spiritualists, and Evangelical Rationalists differed among themselves as to what constituted the root of faith and order and ultimate source of divine authority among them (the New Testament, the Spirit, the Reason), all three groupings within the Radical Reformation agreed in cutting back to that root and in freeing church and creed of what they regarded as the suffocating growth of ecclesiastical tradition and magisterial prerogative. Precisely this makes theirs a 'Radical Reformation.'"

16세기 당시의 유럽 기독교계에서는, 유아 밥티스마 전통을 부정하고, 오직 신자들 즉 신앙을 고백하는 자들에게만 밥티스마를 베풀고, 세속정치 권력과는 무관한 순수한 신앙공동체를 추구했던 운동은 너무나 "과격한"(radical) 것이었다. 그러나 성서적 아나뱁티스트들이 16세기에 추구했던 신앙공동체가, 바로 신약성경이 보여주는 초대 기독교의 교회 모습이었다.

다시 말해서 "초대교회"(Early Church) 혹은 "신약성서적 교회"(New Testament Church)는 세속정치에 물들지 않은 교회였고, 세속정치 권력으로부터 핍박을 받으면서도 세상과 타협하지 않았고, 오직 예수 그리스도만을 머리로 하고 그 분만을 따랐던 신자들의 공동체였다. 이러한 교회를 회복하고자 했던 것이 성서적 아나뱁티스트들의 꿈이자 믿음이었다. 그들은 단순히 16세기의 로마가톨릭 교회를 개혁하는데 만족할 수 없었다.

그러나 수십 세기 동안 유아 밥티스마 전통을 이어왔던 로마가톨릭 교회와 그러한 전통을 여전히 답습했던 관료후원적 종교개혁가들의 입장에서는, 유아 밥티스마의 유효성을 부정하며 오직 신자들에게만 밥티스마를 베풀어야 한다고 주장하는 무리들은, 당시 유럽사회의 영적인 기저를 뒤흔드는 "과격한" 사람들로 보였다. 이 말은 뒤집어서 표현하면, 근원적 종교개혁가들의 관점에서 볼 때는, 관료후원적 종교개혁가들의 종교개혁이 충분히 과격하지 않았다는 것이다. 그래서 근원적 종교개혁가들은 16세기로부터 300여 년 동안 로마가톨릭 교회로부터는 물론 관료후원적 종교개혁가들과 이들을 후원했던 세속 권력가들로부터 엄청난 박해를 받아야 했다.

근원적 종교개혁가들은 관료후원적 종교개혁가들이 로마가톨릭 교회의 교황제도와 교권체제 그리고 그로 말미암은 교리적 도덕적 부패 등을 개혁하려고 했지만, 적지 않은 부분에서 중세 로마가톨릭 교회의 모습을 여전히 계승하고 있었다고 본 것이다. 다른 말로 하면 근원적 종교개혁가들의 눈에는 루터교회와 개혁교회 그리고 영국국교회는 여전히 유아세례라는 로마가톨릭적 잔재를 견지하고 있었고, 교회와 국가와의 관계에 있어서는 구약적이고 신정정치적(theocratic)어서, 신약성서적 교회의 모습으로 충분히 돌아가지 않았다고 보았다.

그래서 근원적 종교개혁을 "종교개혁 속의 종교개혁"(The Reformation in the Reformation), 혹은 "항의자들에 대항한 항의자들"(Protestants against Protestants)이라고 불리우는 것이다. 특히 이들은 정치권력이나 부유한 자들의 후원을 받지 못한 무산대중(The Have-nots)의 개혁이었기 때문에, "종교개혁의 좌파들"(Leftwings of the Reformation),[12] "종교개혁의 서자

11) Williams, *The Radical Reformation,* "Introduction," xxvi.

12) Clause-Peter Clasen, *Anabaptism: A Social History, 1525-1618* (Ithaca, NY.: Cornell University Press, 1972).

들"(Stepchildren of the Reformation),[13] "종교개혁의 볼세비키들"(*Bolsheviki* of the Reformation)[14] 이라고 불리웠다. 그들은 또한 루터로부터는 경멸적인 어조로 "광신자들"(*Die Schwaermer*, The Hot-tempered)이라고 불리우기도 하였다.

더 나아가서 조지 윌리암스 박사는 근원적 종교개혁가들을 크게 세 부류(아나뱁티스트들, 신령주의자들, 복음적 이성주의자들)로 분류하고 있다. 오늘날 한국의 기독교계에서는 이러한 분류에 대한 이해 부족으로 인해, 각 부류에 대해 혼동을 일으키고 있다. 우리나라에서는 "재세례파"라고 하면 매우 부정적인 뉘앙스를 풍기는 사람들로 잘못 인식되고 있다. 물론 근원적 종교개혁가들(Radical Reformers) 중 일부의 사람들(신령주의자들, Spiritualists)은 지나치게 성령의 직통계시를 강조하여 너무 주관적이고 종말론적이고 폭력적인 경우도 없지는 않았다.

그러나 모든 근원적 종교개혁가들을 무턱대고 광신자들, 시한부 종말론자들, 사회질서를 어지럽히는 자들, 무정부주의자들, 뮌스터 폭동(Muenster Revolt)에 가담했던 자들 그리고 방탕자들(Libertines)로 간주하는 것은, 근원적 종교개혁에 대한 전체적인 이해가 없거나 부족한 데서 생긴 오해이다. 성서적 아나뱁티스트들을 지나치게 주관적이고 종말론적인 신령주의자들과 혼동해서는 안 된다.

조지 윌리암스 박사는 근원적 종교개혁가들(Radical Reformers)을 크게 세 부류로 분류하고 있다. 성서적 아나뱁티스트들(Biblical Anabaptists)과 신령주의자들(Spiritualists)과 복음적 이성주의자들(Evangelical Rationalists)이 바로 그것이다.[15] 이들에 대한 구분의 근거는 "신앙생활에 있어서 무엇이 권위(authority)인가?" 하는 점이었다.

윌리암스 박사는 위의 분류를 보다 자세하게 세분하였다. 아나뱁티스트들을 혁명적(Revolutionary) 아나뱁티스트들, 명상적(Contemplative) 아나뱁티스트들, 복음적(Evangelical, 혹은 성서적 Biblical) 아나뱁티스트들로 나누었고, 그리고 신령주의자들을 혁명적(Revolutionary) 신령주의자들, 이성적(Rational) 신령주의자들, 복음적(Evangelical) 신령주의자들 등으로 구분하였다.[16] 이상의 근원적 종교개혁가들을 크게 대별하여 성서적 아나뱁티스트들, 신령주의자들, 복음적 이성주의자들로 분류하여 설명한다.

13) Leonard Verduin, *The Reformers and Their Stepchildren* (Grand Rapids: William B. Eerdmans Publishing Company, 1964).

14) Preserved Smith, *The Age of Reformation* (New York: Henry Holt, 1920).

15) William R. Estep, *The Anabaptist Story: An Introduction to Sixteenth-century Anabaptism* (Grand Rapids: William B. Eerdmans Publishing Company, 1996), 21-4.

16) Williams and Mergal, *Spiritual and Anabaptist Writers*, 28-38.

1) 성서적 아나뱁티스트들

"성서적 아나뱁티스트들"(Biblical Anabaptist)[17]에게 있어서 주된 권위는 바로 성서, 특히 신약성서(New Testament)였다. 이들은 지상에 존재하는 가시적인 교회(visible church)를 매우 중요시하였으며, 가시적인 교회의 회원이 되기 위해서는 예수님을 믿는 신자(believer)가 되는 것이 전제조건이었고, 자신의 신앙을 밥티스마를 통해서 고백해야 했다. 이들은 오히려 지나치게 성서에 집착하는 "천진난만한 성서주의자들"(naive biblicists)이었다.

초창기의 성서적 아나뱁티스트들은 쯔빙글리의 개혁에 동참했었던 제자들이었다.[18] 그들은 쯔빙글리의 제자훈련 모임인 예언모임(Prophecy Meeting)에서 성경을 연구하면서 유아세례가 성경적이지 않은 인간적인 전통에 근거한 의식이라는 결론에 도달하였고 뱁티즘은 오직 신자들에게만 베풀어야 한다고 주장하였다. 그런데 취리히 시의회 의원들의 후원을 입으며 개혁활동을 하던 쯔빙글리는 그들의 눈치를 살피며 유아세례의 전통을 고집하였다. 결국 제자들은 스승인 쯔빙글리와 결별을 하였고, 1525년 1월 21일에 신자의 뱁티즘(believer's baptism)을 행하며 종교개혁운동에 새로운 물꼬를 텄다.

콘라드 그레벨(Conrad Grebel), 펠릭스 만쯔(Felix Manz), 마이클 자틀러(Michael Sattler), 게오르게 블라우락(George Blaurock) 등의 스위스 형제단(Swiss Brethren)과, 발타자르 휩마이어(Balthasar Huebmaier), 한스 뎅크(Hans Denck), 필그람 마르펙(Pilgram Marpeck), 제이콥 후터(Jacob Hutter) 그리고 메노 시몬스(Menno Simons) 등이 이에 해당되는 사람이었다. 이들은 성서의 가르침을 충실히 따르려고 했던 그리스도인들이었다.

이들은 로마가톨릭 당국과 관료후원적 종교개혁가들로부터 극심한 핍박을 받으면서도, 순수한 사도적 신앙 즉 세속정치에 의해 때 묻지 않은 신앙을 견지하고자 했으며, 자신들

---

17) 우리나라에서는 이들을 "재세례파"로 부르고 있는데, 실제로 이들은 살수례나 세례를 베풀었던 사람들도 아니었고, 간혹 침수례를 베풀기는 했지만 물을 머리 위에 붓는 관수례(affusion)을 주로 행했던 사람들이다. 이들은 유아세례를 반대하며 "신자들"(believers)에게 밥티스마를 베풀어야 한다는 것을 강조하였지, 밥티스마의 형식에 대해서는 비교적 자유스러웠다. 따라서 필자는 이들을 영어식 발음대로 "아나뱁티스트" 혹은 "성서적 아나뱁티스트"(Biblical Anabaptists)로 부르고 있다. 이들은 스위스형제단(Swiss Brethren), 모라비아 재산공유 공동체, 화란의 메노 시몬스(Menno Simons)와 그의 후예들인 메노나이트들(Mennonites), 제이콥 후터(Jacob Hutter)와 그의 후예들인 후터라이트들(Hutterites), 그리고 제이콥 아만(Jacob Ammann)과 그의 후예들인 아미쉬들(Amish)인데, 이들은 신령주의자들과 이성주의자들과는 구별되어야 할 필요가 있다.

18) 이들은 쯔빙글리의 제자들이었으나 유아 밥티스마 문제로 스승과 견해를 달리하면서 결국 서로 갈라서게 되었다. 1525년 1월 21일, 게오르게 블라우락이 콘라드 그레벨에게 신앙고백에 근거한 뱁티즘을 달라고 "요청"했을 때, 관수례에 의한 뱁티즘을 베풂으로 근대적인 의미의 자유교회 운동(Free Church Movement)이 시작되었다. 이들은 "스위스형제단"(Swiss Brethren)이라고 불리운다. 쯔빙글리는 이들을 "*Wiedertaeufer*" (Rebaptizers, Anabaptists)라고 조롱조로 힐난하였고, 취리히 시당국에서는 유아 밥티스마를 받았음에도 불구하고 또 다시 밥티스마를 베풀거나 받는 자들을 범법자로 간주하여 체포하고 정죄하였다. Estep, *The Anabaptist Story*, 13-5.

의 신앙을 위해 로마가톨릭 교회와 관료후원적 종교개혁가들로부터 기꺼이 핍박을 감내하며 순교하기를 각오한 신자들이었다. 오늘날 이들의 "직접적인 역사적 후예들"에는 메노나이트들(Menonnites), 후터라이트들(Hutterites), 그리고 아미쉬들(Amish) 등이 있다.

또한 이들의 "간접적인 신앙적 후예들"에는 침례교인들(Baptists), 퀘이커교도들(Quakers, Religious Society of Friends), 그리스도의 교회(Church of Christ), 크리스천 교회(Christian Church), 그리스도 안에서의 형제들 교회(Brethren in Christ Church) 그리고 제자들(Disciples)이라 불리우는 교회들 등이 있다. 성서적 아나뱁티스트들은 근대적인 의미의 자유교회운동(Free Church Movement) 혹은 신자들의 교회운동(Believers' Church Movement)의 원천이 되었던 사람들이다.

2) 신령주의자들

"신령주의자들"(Spiritualists, 성령파)은 신앙생활의 권위를 성령(Holy Spirit)님께 두었다. 성경 말씀보다도 성령님의 조명과 직통계시를 보다 더 중요한 권위로 인정하면서 역동적인 신앙을 중요시하였다. 자연히 이들은 지상의 가시적인 교회에 대해서는 별로 관심을 두지 않았고, 위기적인 시한부 종말론에 집착하고 있었다. 따라서 이들의 신앙은 자칫 감정주의(emotionalism)와 신비주의(mysticism)와 극단적 주관주의(extreme subjectivism)에 빠지곤 하였다.

또 이들 중 일부는 당시의 피압박계층이었던 농민들이 폭동이나 전쟁을 일으킬 때 선두에 서서 지휘하기도 하였고, 무력을 동원하여 이 지상에 천년왕국을 건설하고자 기도하기도 하였다. 독일 농민전쟁(German Peasants' War, 1524-1525)이나 뮌스터 폭동사건(Muenster Revolt, 1534-1535)도 이런 부류의 시한부 종말론에 빠졌던 극단적인 신령주의자들에 의해 자행된 불미스러운 사건이었다.

이 부류에 속하는 신령주의자들로는 토마스 뮌처(Thomas Muenzer, 1490-1525), 니콜라스 스토르크(Nicholas Storch)와 같은 쯔비카우 예언자들(Zwickau Prophets), 카스파르 폰 스벵크펠트(Carspar von Schwenckfeld), 세바스챤 프랭크(Sebatian Frank), 그리고 뮌스터 폭동의 주역이었던 얀 마티스(Jan Matthys)와 레이던의 존(John of Leyden) 등이 있었다.

3) 복음적 이성주의자들

"복음적 이성주의자들"(Evangelical Rationalists)은 신앙생활에서 인간의 이성(reason)을 권위로 생각했던 사람들이다. 성경말씀이나 기독교의 주요교리들 가운데서, 이성으로 수용할 수 있는 것들만 받아들이는 자들이었다. 따라서 이들은 전통적인 기독교 신론인 삼위일체론을 부인하는 자들(Anti-trinitarians, 반삼위일체론자들)이었고, 성서에 등장하는 초자연적인 내용들을 받아들일 수 없는 자들이었다.

대표적인 복음적 이성주의자들은 파우스투스 소치누스(Faustus Socinus), 마이클 세르베투스(Michael Servetus), 후안 드 발데스(Juan de Valdes), 세바스티안 카스텔리오(Sebastian Castellio), 게오르게 비안드라타(George Biandrata) 등이었다. 이들은 18세기의 이신론자(理神論者, Deists)들과 19세기말의 신학적 자유주의자((神學的 自由主義者, Theological Liberals)들의 출현을 스스로 예고하는 자들이었다.

3. 반종교개혁(로마가톨릭 교회의 자체개혁)

반종교개혁(Counter Reformation)이란 프로테스탄트 종교개혁운동에 대한 로마가톨릭 교회의 대응이자 반작용이었다. 로마가톨릭 교회 내에서도 양식 있는 신학자들과 성직자들 사이에서 교회 내의 구조적인 부패와 성직자들의 부도덕에 대해 염려하는 사람들이 있었다. 특히 신애회(信愛會, Oratory of Divine Love)에 속해 있던 야코포 사돌레토(Jacopo Sadoleto), 레지날드 폴(Reginald Pole), 지안 피에트로 카라파(Gian Pietro Caraffa) 등은 당시의 방만했던 수도원들에 대한 개혁과 교회 내부의 정화를 주장하였고 프로테스탄트 개혁운동의 확산을 차단해야 한다는 목소리를 내었다.[19] 특히 지안 피에트로 카라파는 나중에(1555년) 교황(敎皇)으로 선출되어 바울 4세(Pope Paul IV, 1476-1555-1559)로 즉위하였다.

교회 개혁의 필요성을 절감하고 있던 교황 바울 3세(Pope Paul III, Alessandro Farnese, 1468-1534-1549)는 콘타리니(Contarini)를 위원장으로 하여 9명의 위원들로 개혁위원회(Reform Commission)를 구성하였는데, 동 위원회는 1537년에 "교회의 개혁을 위한 제언"(Advice concerning the Reform of the Church)이라는 보고서를 제출하였다. 동 보고서에 의하면, 교황청이 지나치게 세속화되어 있음과, 교황과 추기경들, 그리고 고위직에 있는 성직자들이 뇌물거래, 면죄부(免罪符, Indulgence)의 오용과 남용, 교회법령의 무시, 축첩과 성적인 문란 등의 부정 행위들을 범하고 있다고 하면서, 이를 즉각 중단할 것을 촉구하였다.

더 나아가서 교황 바울 3세는 제19차 공의회(Ecumenical Council)를, 1545년 12월에 이탈리아 북부의 작은 도시 트렌트(Trent)에서 소집하여, 크게 3차례에 걸쳐 회의를 진행하였다(1545-1547, 1551-1552, 1562-1563).[20]

트렌트 종교회의는 중세 로마가톨릭 신학을 재확인하면서, 프로테스탄트 종교개혁운동

19) Estep, *Renaissance and Reformation*, 270-86.
20) Ibid., 278-81.

의 불법성을 부각시켰고, 동시에 로마가톨릭 교회의 성직자들의 도덕성을 회복하여, 새로운 시대를 적극적인 자세로 맞이하고자 하였다. 결국 반종교개혁운동은 프랑스, 스페인, 이탈리아 등지의 로마가톨릭 교회를 더욱 공고히 하였고, 폴란드의 기독교를 로마가톨릭 교회로 복귀시키는데 성공하였다. 동시에 유럽 내에서 잃어버린 로마가톨릭 세력을 회복하기 위해 눈을 해외로 돌려, 아시아와 아프리카와 남아메리카 등지에 많은 선교사들을 파견하는 등 해외선교 활동에 박차를 가하였다.

4. 초창기 침례교운동과 그 성격

1) 초창기 침례교운동

영국 분리주의자들(English Separatists, 영국국교회를 뛰쳐나와 독립된 교회를 이루었던 신자들)의 교회였던 게인즈보로 교회(Gainsborough Church)의 담임목사 존 스마이드(John Smyth)와 그의 교우들은, 영국국교회와 왕실로부터의 핍박을 피해 1607년에 네델란드 암스테르담으로 집단이주를 하였다. 암스테르담에서 빵공장을 운영하던 메노나이트 교인인 얀 문터(Jan Munter)라는 사람이 이들에게 긍휼을 베풀어 자신의 빵공장에서 기거하며 신앙생활을 할 수 있도록 배려하였다. 이들은 주위에 있던 네델란드의 아나뱁티스트들(워터랜더파 메노나이트들, Waterlaender Mennonites)의 신앙행습, 특히 신자들에게만 뱁티즘을 베풀고 그렇게 뱁티즘을 받은 신자들로 교회를 이루는 모습을 지켜보면서, 신약성서가 말하는 참 교회(*Rechte Kirche*, True Church)의 의미를 심각하게 생각하게 되었다.[21]

그들은 신자의 뱁티즘(Believer's Baptism) 원리와 함께, 민주적 회중정치에 의한 행정(Democratic Congregational Polity), 유아세례를 부정하고 신자에게만 뱁티즘을 베풀며(not Infant Baptism, but Believer's Baptism only), 중생을 경험한 신자들만으로 교회회원을 이루는 교회(Regenerate Church Membership), 국가권력과는 무관한 순수한 영적인 신앙공동체로서의 교회(Separation of Church and State) 등의 원리에 입각하여 1609년에 최초로 침례교회를 창립하였다. 즉 17세기초에 영국으로부터 피신해 온 영국 분리주의자들에 의해 네델란드 암스테르담 땅에서 신약성서의 가르침에 따른 교회를 회복하고자 하는 믿음으로 새로운 기독교 운동인 침례교운동(Baptist Movement)이 시작된 것이다.

종교개혁은 16세기 전반기 동안에만 일어난 운동이라고는 볼 수 없다. 침례교 운동은 기본적으로 성서적 아나뱁티스트들에 의해 시작된 자유교회운동이라는 큰 물줄기에 속하

21) H. Leon McBeth, *The Baptist Heritage: Four Centuries of Baptist Witness* (Nashville: Broadman Press, 1987), 32-5.

여 이제는 매우 큰 지류를 형성하고 있는 운동이다. "자유교회"(Free Church)라 함은 국가 혹은 세속 권력으로부터 자유한 교회(시교회 혹은 국가교회가 아닌 교회)를 말하고, 예수 그리스도를 인격적으로 체험적으로 만나 구원받은 사람이 자신의 자유의사에 따라 자발적으로 자신이 섬길 교회를 택하는 교회를 말한다. 이런 의미에서 성서적 아나뱁티스트들(Bibilical Anabaptists)은 근대적인 의미의 자유교회운동의 원천이 된 사람들이었다.

그런데 16-17세기 당시 대다수의 성서적 아나뱁티스트들은 세상이나 세속국가에 대해서 부정적이고 적대적인 태도를 취하였다. 왜냐하면 그것들이 유아세례 전통을 부정하는 자신들을 핍박하였기 때문이다. 따라서 아나뱁티스트들은 교인이 세속국가의 공무원이 되려 하거나 세속국가의 공무원이 교인이 되려고 할 때 그들을 곱지 않은 시선으로 바라보았다. 또한 그들은 무기를 소지하는 문제나 전쟁에 참전하는 문제에 대하여 극단적인 평화주의자(Extreme Pacifist)의 입장을 취하였다. 세속법정에서 맹세(Oath)를 하는 것도 부정적으로 보았다. 또 일부는 재산의 사유를 부정하였고, 재산공유 집단공동체인 "형제촌"(*Bruederhof*)을 형성하기도 하였다.

침례교인들은 이러한 면에서 성서적 아나뱁티스트들의 삶의 방식이 지나치게 은둔적이고 탈세상적(extremely seclusive and other-worldly)이라고 보았으며, 좋게 말하면 지나치게 평화주의적(extremely pacifistic)이라고 보았다. 침례교인들은 세상이나 세속국가에 대해서 빛과 소금이 되어야 한다는 적극적인 태도를 취하였고, 정당한 목적을 위한 방어적인 전쟁에 대해서는 적극적이고 긍정적인 입장을 취하였다. 맹세에 대해서도 침례교인들은 그것을 하나님의 전능하심과 도우심을 전제로 하여 겸손하게 최선을 다하겠다는 다짐으로 이해하였다. 이렇게 볼 때 침례교인들은 성서적 아나뱁티스트들의 신앙과 실천을 신약성서의 가르침에 따라 한 단계 업그레이드시킨 사람들이었다고 볼 수 있다.[22)]

종교개혁시대(1517-1648)를 일반적으로 루터의 95개조(Ninety-five Theses, 1517)의 게시로부터 30년 전쟁 후의 베스트팔리아 평화조약(Peace of Westphalia, 1648)의 때까지로 잡는다면, 1609년에 시작된 침례교운동 역시도 종교개혁운동의 범주에 포함시켜야 한다고 필자는 생각한다. 한 때(19세기 중반부터 20세기 초반까지) 미국 남부지방의 침례교인들 사이에서 "지계석주의"(Landmarkism) 운동이 유행했었는데, 이 운동의 주창자들은 예수 그리스도가 세우신 교회가 바로 침례교회였으며, 그 분이 받고 베푸신 침수례(Immersion Baptism)가 교회역사 상 끊임없이 계속되어 왔다고 주장하였다.

---

22) 김승진, 「근원적 종교개혁: 16세기 성서적 아나뱁티스트들의 역사와 신앙과 삶」 (대전: 침례신학대학교 출판부, 2011)의 "제10장 아나뱁티스트들과 뱁티스트들(침례교인들)"의 내용을 일부 수정하고 보완한 것이다.

이를 "침례교회 전승설"(Baptist Church Successionism)이라고 부르는데, 이 학설에 의하면 침례교회는 종교개혁 이전에도 존재해 왔기 때문에 프로테스탄트 교회가 아니라고 하였다. 20세기초까지도 이 학설이 침례교인들 사이에서는 통설이었는데, 오늘날에는 전세계 침례교 신학계에서나 역사학계에서 객관적이고 건전한 이론으로 인정을 받지 못하고 있는 실정이다.

성서적 아나뱁티스트운동을 비롯한 근원적 종교개혁이 종교개혁운동의 일환으로 이해되어야 하듯이, 아나뱁티스트들을 넘어서는 침례교운동 역시도 종교개혁운동의 한 지류로 이해되어야 마땅하다. 침례교회 역시 종교개혁운동의 한 결실이며, 따라서 프로테스탄트 교회(개신교회)들 가운데 하나이고, 유아세례와 국가교회체제를 거부하는 자유교회운동에서 큰 흐름을 형성하고 있는 교회인 것이다.

2) 초창기 침례교운동의 성격[23)]

17세기초에 시작된 초창기 침례교운동(Early Baptist Movement) 역시 종교개혁운동의 일환이었지만, 루터나 쯔빙글리나 깔뱅이나 영국국교회 개혁가들 등 주류종교개혁가들(관료후원적 종교개혁가들, Magisterial Reformers)의 개혁운동과는 근본적으로 그 성격을 달리하고 있다. 그것을 정리하면 다음과 같다.

첫째로, 침례교운동 역시 마르틴 루터에 의해 시작된 종교개혁운동의 산물이었다는 점이다. 유아세례 전통을 계승하고 국교체제의 기독교를 지향했던 루터나 깔뱅이나 쯔빙글리를 넘어서는 개혁을 성서적 아나뱁티스트들이 주창했다면, 침례교운동은 세상과 세속정부에 대해 적대적이고 소극적이었던 성서적 아나뱁티스트들을 넘어서서, 보다 더 신약성서적인 교회를 지향했던 운동이었다고 평가할 수 있다. 100여 년 전까지는 침례교회 전승설(Baptist Church Successionism)이 영국과 미국의 침례교회에서 통설로 인정되었지만 이제는 학술적인 이론으로서는 이미 폐기된 학설이다.

예수님이 지상에 세우셨던 교회가 침례교회였으며, 그 교회가 초대교회 때부터 로마가톨릭 교회가 지배했던 중세시대를 거쳐 역사 상에 지속적으로 존속해 왔고, 따라서 그 교회는 프로테스탄트 교회가 아니다는 주장(침례교회 전승설)은 역사적 문헌적 증거에 근거한 이론이라고 볼 수 없다. 침례교회는 종교개혁시대(1517-1648)의 말미인 17세기 초에 영국 분리주의자들에 의해서 네델란드 암스테르담에서 시작되었는데, 예수 그리스도께서 지

23) 이 부분은 박영철 박사 정년퇴임기념논문집 발간위원회, 「사랑에 목숨을 걸고: 복음과 교회의 영광을 위하여」, 선목 박영철 박사 정년퇴임기념논문집 (대전: 침례신학대학교출판부, 2014)에 실린 필자의 글, "영국의 일반 및 특수 침례교회 개척자들"의 내용 중 결론 부분(246-9 쪽)을 일부 수정하고 보완한 것이다.

상에 세우고자 하셨던 신약성서적인 교회(New Testament Church)를 이상으로 하여 그러한 교회를 회복하고자 하는 비전을 가지고 시작되었다.

둘째로, 침례교운동은 일종의 대중운동(大衆運動, mass movement)이었다는 점이다. 루터교회나 개혁교회는 루터나 멜랑크톤, 그리고 쯔빙글리와 깔뱅과 존 낙스 같은 위대한 개혁가나 개혁신학자에 의해 창도된 개혁운동이었다면, 침례교회는 신약성서에서 예수 그리스도께서 의도하셨던 교회의 참 모습을 발견해내고, 그것을 17세기 당시에 회복 혹은 재현하려고 했던 평범한 사람들의 대중적인 개혁운동이었다.

그들이 암스테르담으로 피신을 와서 유럽 대륙에서 발생했던 성서적 아나뱁티스트들(메노나이트들)과 접촉을 했고 신앙적인 교류를 했던 것을 부인할 수 없었지만, 그 이전에 이미 영국에서는 윌리암 틴데일에 의해 번역된 영어 신약성경(NT, 1525)이나 "위대한 성경"(The Great Bible, 1539)이나 킹 제임스 버전 영어성경(KJV, 1611)이 지성인들 사이에서 두루 읽혀지고 있었다. 신약성경에서 계시된 교회와 당시 영국국교회의 모습을 비교해 보고, 참으로 예수 그리스도를 따르는 신앙생활을 하려면 영국국교회를 떠나 독립된 교회를 이루어야 한다는 확신을 하게 된 평범한 사람들(분리주의자들)에 의해 침례교회는 지상에 탄생하게 된 것이다.

"제3장 침례교회의 기원"에서 상세하게 다루겠지만, 성서적 아나뱁티스트들(Biblical Anabaptists)은 쯔빙글리의 제자들로서 유럽 대륙, 특히 스위스와 남부유럽에서 개혁운동을 시작하였다면, 침례교인들(Baptists)은 영국국교회를 뛰쳐나온 분리주의자들이 핍박을 피해 네델란드 암스테르담으로 집단이주하여 이곳에서 신약성서적 교회를 재현하고자 하는 이상을 가지고 시작한 새로운 종교개혁운동 혹은 새로운 기독교운동이었다. 아나뱁티스트 교회가 유럽산(European product)이었다면, 침례교회는 암스테르담에서 세워진 영국산(English product)이었다.

셋째로, 침례교운동은 처음부터 지역교회의 자치권과 민주적 회중정치의 원리에 입각하여 시작되었다는 점이다. 스마이드 일행이 암스테르담에서 아나뱁티스트들의 "신자의 뱁티즘" 행습을 보고 그것을 채택하기 이전에, 이미 그들은 게인즈보로 교회라고 하는 분리주의자들의 교회를 이루었는데, 이 교회는 영국국교회로부터 뛰쳐나온 독립된 자치적인 회중(independent and autonomous congregation)이었다. 스마이드를 담임목사로 청빙한 것도, 암스테르담으로 집단이주할 것을 결정한 것도, "신자의 뱁티즘"을 채택하여 새로운 교회를 시작한 것도, 회중의 자치적인 결정에 의한 것이었다.

엄밀하게 말하면 신약성서에는 지역교회(Local Church) 위에 군림하면서 그 교회를 지휘하거나 통치하거나 치리하는 상부기관들이 존재하지 않았다. 시대와 지역을 초월하는 모든 신자들의 공동체인 우주적 교회(Universal Church) 개념이 없었던 것은 아니지만, 지상에 지방회니 노회니 연합회니 선교단체니 연회니 총회니 하는 기구들이 없었다. 오늘날 지역교회들 간의 교제와 협력을 위하여 이러한 기구들의 필요성을 부인하지는 않지만, 그러한 기구들은 어디까지나 지역교회와 그 사역을 돕기 위해서 존재해야 하는 것이었다.

침례교운동은 처음부터 지역교회를 중심으로 "그리스도 중심적인 민주적 회중정치"(Christ-centered Democratic Congregationalism)를 원칙으로 하는 교회행정으로 시작되었다. 침례교운동은 처음부터 예수 그리스도를 교회의 궁극적인 주인이자 유일한 중보자로 믿는 믿음에서 시작되었으며, 따라서 성직계급제도(Priestly Hierachy)나 성직자중심주의(Sacerdotalism)를 배격하였다. 남녀를 불문하고 모든 교회회원들이 주인의식을 가지고 성령님의 인도하심에 따라 각종 사역의 수행을 위해 적극적인 참여를 하도록 권장했던 운동이었다.

넷째로, 침례교운동은 종교의 자유와 교회와 국가의 분리(국교체제의 교회가 아닌 자유교회 Free Church)를 기본적인 원칙으로 삼았다. 교회는 어디까지나 "신자들의 영적인 공동체"(Spiritual Body of Believers)여야 한다는 확신에서 시작되었다. 이것은 네델란드 아나뱁티스트들의 영향이었을 수도 있겠지만, 무엇보다도 신약성경에서 발견해 낸 신앙원리였다. 교회와 국가가 긴밀하게 결탁되었던 로마가톨릭 교회의 유산인 유아세례 전통을 초창기 침례교 개척자들은 과감하게 배격하였고, 교회는 세속국가나 권력기관과는 무관한 신약성서적 교회, 다시 말하면 콘스탄틴 황제의 밀라노 칙령(Edict of Milan, 313) 이전의 순수했던 그리스도의 신부로서의 교회, 세속권력과 무관한 무정치적(無政治的, apolitical)인 교회를 회복하고자 하였던 것이다.

초창기 침례교 개척자들은 "모든 사람들을 위한 종교의 자유"(Religious Freedom for All)를 이상으로 하여, 세속권력자들은 인간 내면의 종교나 신앙이나 양심의 문제에 관여해서는 안 된다고 주장하였다. 초창기 침례교인들은 오직 예수 그리스도만이 죄사함과 구원을 받는 유일한 길(the only way)임을 고집스럽게 믿었지만, 동시에 불신자들과 다른 종교인들을 포함하여 모든 사람들에게도 종교의 자유를 누릴 권리를 가진다고 믿었다.

다섯째로, 대륙의 아나뱁티스트들에 의해 "자유교회"(Free Church) 혹은 "신자들의 교회"(Believers' Church) 운동이 1525년 1월 21일에 이미 시작이 되었지만, 초창기 침례교운동은 그것을 더욱 뚜렷한 새로운 종교개혁운동의 한 물줄기로 정착시켰다는 점이다. 단순하게 교회를 유아세례(Infant Baptism)를 베푸는 교회와 신자들에게만 뱁티즘(Believer's Baptism)을 베푸는 교회로 양분한다면, 침례교회는 메노나이트교회와 함께 후자를 대변하는 대표적인 교회가 되었다.

뱁티즘도 처음에는 아나뱁티스트들의 관습을 따라 관수례(灌水禮, Affusion, 뱁티즘 받는 자의 머리 위에 물을 붓는 의식)를 베풀었지만, 특수침례교회에서는 1641년부터, 일반침례교회에서는 1650년경부터, 예수 그리스도의 "죽으심과 장사되심과 부활하심"(Death, Burial, Resurrection, 롬 6:3-5; 골 1:12 등), 즉 복음의 내용을 그림처럼 가장 잘 완벽하게 상징해 주는 침수례(浸水禮, Immersion, 뱁티즘 받는 자의 몸 전체를 물 속에 잠그는 의식)를 채택하여 오늘날까지 이어 오고 있다.

초창기 침례교인들은 성서적 아나뱁티스트들처럼 뱁티즘은 인지능력이 없는 갓난 아기나 어린 아이나 불신자들에게는 베풀지 않고, 오직 예수 그리스도를 인격적으로 만나 분명한 신앙고백을 하는 신자들(Professing Believers)에게만 베풀었고, 그렇게 침례받은 중생한 신자들로 교회회원을 삼는 교회(Regenerate Church Membership)를 이루는 신약성서적인 원칙을 지켰다.

초창기 침례교인들은 주의 만찬(Lord's Supper)도 신자들(참예자들)을 위해서 십자가 상에서 살이 찢기시고 피를 흘리신 예수 그리스도의 구속사역에 대한 상징(symbol) 혹은 기념(memorial)의 의미로 이해하였다. 다시 말하면 침례에 죄사함의 능력이 있다고 믿거나, 주의 만찬에서 떡과 포도주에 예수 그리스도가 육체적으로나 영적으로 임재한다고 믿거나 성례를 통해서 하나님의 은혜가 전달된다고 믿는 "성례전주의"(Sacramentalism)의 입장을 배격하고, 성례는 단지 형식일뿐이고 상징일뿐이고 기념일뿐이라고 믿는 "성례형식주의"(Sacramentarianism)의 입장을 취하였다. 초창기 침례교인들은 떡과 포도주는 십자가 상에서 찢기시고 흘리신 예수 그리스도의 살과 피를 상징할뿐이고, 주의 만찬 예식에서 성령님을 모신 신자인 참예자들이 그 떡과 그 포도주를 "바로 나를 위해" 2,000여 년 전에 찢기시고 흘리신 예수님의 살과 피로 "간주한다"(regard)고 믿었다. 침례 의식이나 주의 만찬 의식에 구원하는 신비한 능력이 있다고 보지 않았고, 의식 그 자체를 하나님의 은혜가 전달되는 통로로 여기지도 않았다.

II. 자유교회 전통 속에 있는 침례교회

자유교회(Free Church)는 국가교회(혹은 시교회)와 반대되는 개념이다. 교회가 국가교회(State Church)로 변모하게 된 시발점은 로마제국의 황제 콘스탄틴이 313년에 "밀라노 칙령"(Edict of Milan)을 발표하여 기독교를 공인하고 기독교인들에게 신교의 자유를 허락하면서부터였다. 이는 한편에서는 기독교회나 복음이 로마제국을 정복했다고 긍정적으로 평가할 수 있는 사건이었지만, 다른 한편에서는 기독교회가 세속권력과 결탁하여 타락(Fall of the Church)의 첫걸음을 내디딘 사건이었다고도 평가할 수 있다. 그리스도의 신부로서의 교회가 국가권력과 바람이 난 것이다.

군사적 정치적 통일을 이룬 콘스탄틴 황제로서는 아직도 로마제국이 정신적으로 영적으로 통일을 이루지 못하고 있었는데, 당시 급성장하고 있던 기독교 세력에게 손을 뻗쳐 제국의 재통일이라는 자신의 세속적인 목적을 위해 교회를 끌어들인 것이다. 그래서 역사가들은 이를 "콘스탄틴의 공생"(共生, Constantine Symbiosis)라고 부른다. 국가가 교회와 공생을 하면서 서로 도움을 주고받게 되었다는 의미이다. 어떤 이들은 "국가와 교회의 결혼"(結婚, Marriage)라고도 하고 "종합"(綜合, Synthesis)라고도 하고 "합금"(合金, Amalgamation)이라고도 한다.

380년에는 데오도시우스 1세(Theodosius I) 황제는 기독교를 로마제국의 국교로 선언하고 기독교를 유일한 합법적인 종교로 인정을 하였다. 313년 이전에는 기독교가 로마제국으로부터 핍박을 받는 불법적인 종교였으나, 380년 이후부터는 기독교만이 로마제국의 비호를 받는 합법적인 종교이고 그 이외의 모든 종교들은 불법적인 종교가 되었다. 이제 기독교는 다른 종교인들을 핍박하는 권력을 소유하게 된 것이다. 이는 신약성서적 교회(NT Church)로부터의 큰 일탈이었다. 그 후 중세 1,000여 년 동안 유럽의 모든 국가들은 교황청의 교황을 정점으로 하는 로마가톨릭 교회를 그들의 국교로 여겼다. 그래서 중세의 유럽을 대변하는 말이 생겼는데, "한 목자 아래 한 양떼"(One Flock under One Shepherd)라는 말이다. "한 목자"는 로마교황청의 교황을 가리키고, "한 양떼"는 유럽에 살고 있던 모든 주민들을 가리킨다.

그리고 16세기에 종교개혁운동이 일어났지만, 주류 종교개혁가들(관료후원적 종교개혁가들-루터, 쯔빙글리, 깔뱅, 영국왕과 영국국교회 지도자들)은 세속권력가들의 후원을 입어 종교개혁을 이루었기 때문에, 그들이 세운 교회 역시 국가와의 관계를 단절하지 못하고 국가교회 혹은 시교회 형태의 교회가 되었다. 실제로 루터교회(Lutheran Church)는 독일, 덴마크, 노르웨이, 스웨덴, 핀란드 등의 국교가 되었고, 개혁교회(Reformed Church, 장로교회)는 스코틀랜드의 국교가 되었으며, 영국국교회(Anglican Church, 성공회 Episcopal Church)는 영국의 국교가 되었다. 쟝 깔뱅의 개혁사상은 제네바 교회뿐 아니라 제네바 시를 통치하는 신앙적인 가르침이자 정치이념이 되었다.

국가교회 체제의 교회는 대체로 유아세례(Infant Baptism) 전통을 견지하였다. 갓난아기가 태어나면 육체적 출생과 함께 국가교회의 교구교회(Parish Church)에서 유아세례를 받음으로써 그 교회에 속하게 되었다. 갓난 아기의 부모들이 세속국가의 행정관청에 "출생신고"를 함과 동시에 그 갓난 아기가 교구교회에 유아세례를 받도록 함으로써 "교적신고"를 하는 양상이었다.

이러한 행습에 도전을 했던 개혁가들이 바로 "근원적 종교개혁가들"(Radical Reformers)이었는데, 대표적인 사람들이 "성서적 아나뱁티스트들"(Biblical Anabaptists)이었다. 이들은 유아세례 전통을 반대하면서 뱁티즘은 오직 회개하고 예수 믿은 신자들, 다시 말하면 신앙고백을 분명히 하는 신자들(Professing Believers)에게만 베풀어야 하고, 동시에 교회는 예수 믿는 신자들로 이루어진 공동체(Believers' Church by Believer's Baptism)이어야 한다고 주장하였다. 이들은 로마가톨릭 교회로부터는 물론 주류 프로테스탄트 개혁가들(관료후원적 종교개혁가들)로부터도 혹독한 핍박을 받았다. 성서적 아나뱁티스트들은 국가와 교회의 분리를 주장하며 신약성서에 계시되어 있는 순수한 신자들의 교회를 회복해야 한다고 주장하였다.

결론부터 말하면 침례교회는 "자유교회" 혹은 "신자들의 교회"(Believers' Church)의 신앙적 전통 속에 있는 대표적인 교회이다. 오직 예수 그리스도를 향한 신앙고백을 분명히 하는 거듭난 신자들에게만 뱁티즘을 베풀었던 성서적 아나뱁티스트들은 근대 자유교회운동(Modern Free Church Movement)의 원천(분수령)이 되었던 사람들이었다. 침례교인들은 성서적 아나뱁티스트들을 직접적인 역사적 조상으로 보지는 않지만, 그들이 가졌던 신자의 뱁티즘에 의한 신자들의 교회(Believers' Church by Believer's Baptism), 교회와 국가의 분리(Separation of Church and State, 국교체제의 교회에 대한 배척), 신약성서적 교회로의 회복(Restitution to the New Testament Church), 헌신된 제자도(Dedicated Discipleship, Nachfolge Christi), 양심과 신앙의 자유(Freedom of Conscience and Faith) 등을 추구한다는 점에서는 그들과 매우 유사한 신앙을 가지고 있다.

침례교회는 오직 거듭난 신자들로 교회회원을 삼는 교회이다(regenerate church membership). 따라서 유아세례(infant baptism)나 밥티스마에 의한 중생(regenerational baptism, 중생의 뱁티즘-뱁티즘 받으면 중생하게 된다는 주장)을 인정하지 않는다. 오직 하나님의 은혜로 그리고 믿음으로 구원을 받는다고 믿으며, 신앙을 고백하는 성인에게만 밥티스마를 베푼다(believer's baptism, adult baptism, 여기서 성인이란 19-20세 이상의 어른을 의미하지 않고 스스로 책임 있는 신앙적인 결단을 할 수 있는 나이를 의미한다). 교회는 어디까지나 예수님을 믿는 신자들로 구성되는 영적인 공동체이고(spiritual body of believers in Christ), 교회는 국가나 세속정치로부터 분리된다(separation of church and state). 지역교회 자체는 독립적이고 자치적인 그리스도의 몸(independence and autonomy of the local church)이기 때문에, 회중들에 의한 민주주의적 정치(congregational democratic polity)를 이상으로 하고 있다.[24)]

24) 김승진, 「침례교회와 역사: 침례교회사의 주요 논제들」(대전: 침례신학대학교출판부, 2005), 243.

또한 침례교회는 자발성(voluntarism)을 신앙생활에 매우 중요한 요소로 보며, 따라서 그리스도 안에서의 자유(freedom in Christ)를 중요한 가치로 여긴다. 일반적으로 침례교인들은 "신앙문제에 있어서의 영혼의 유능성"(the competency of the soul in religion)을 강조한다.[25] 비록 인간이 아담의 죄로 인해 타락해서 인간의 선행이나 의지로 결코 스스로를 구원할 수는 없지만, 자유하신 하나님의 형상대로 피조된 인간은 비록 죄악에 물들고 깨어진 자유의지이긴 하지만, 성령님의 역사하심과 도우심을 힘입어 복음 앞에서 "예!" 혹은 "아니오!"라고 대답할 수 있는 최소한의 능력(ability to say "yes" or "no")은 가지고 있다고 본다. 미국 사우스웨스턴 침례신학원의 침례교회사 교수였던 레온 맥베스(H. Leon McBeth) 박사는 우리가 즐겨 부르고 있는 복음성가, "주님 뜻대로 살기로 했네(X3). 뒤돌아 서지 않겠네"(I have decided to follow Jesus(X3). No turning back, no turning back)라는 찬송에 대해, 비록 그 가사는 매우 짧지만 침례교 신앙을 잘 표현하고 있다고 설명하였다.[26]

"예수님을 따르기로 결정했네"(I have decided to follow Jesus). 결정할 수 있는 능력, 결단할 수 있는 능력, 예수님을 마음 속에 영접하기로 결심할 수 있는 능력, 다시 말해서 신앙적인 문제에 대해 하나님의 도우심을 힘입어 "스스로 결정할 수 있는 능력"(power to decide)이 인간에게는 내재해 있다는 것이다. 믿음이 단순히 지식적인 동의(assensus)에 그치지 않고 의지적인 결단(*fides*)까지도 포함되어야 비로소 "구원하는 믿음"(saving faith), "살아있는 믿음"(living faith)이라고 말할 수 있다는 것이다.

구원하는 믿음, 다시 말해서 지식(知)과 감정(情)과 의지(意), 즉 전인격적으로 예수님을 믿는 믿음을 가져야 영적으로 거듭날 수 있고 영생을 얻을 수 있다고 침례교인들은 믿고 있다. 따라서 침례교인들은 믿음을 매우 적극적인 개념으로 이해한다. 은혜를 베푸시는 주체는 하나님이시고, 믿음의 주체는 인간이다. 인간이 하나님의 은혜를 힘입어 믿는 것이다. 물론 궁극적으로 회개케 하시는 분도 하나님이시고 믿게 하시는 분도 하나님이시지만, 회개하고 믿는 주체는 사람이다. 사람이 회개하지 않고 사람이 예수 그리스도를 믿지 않고는 구원받을 길이 없다. 성경은 "주 예수를 믿으라 그리하면 너와 네 집이 구원을 얻으리라"(행 16:31)고 명령하고 있고 약속하고 있다. 인간이 하나님의 은혜를 힘입어 예수님을 "믿을 수 있으니까" "주 예수를 믿으라"고 명령하지 않았겠는가? 믿는 것은 "믿는 것"이지, "믿어지는 것"이나 "믿게 되는 것"이 아니다. 성경 어디에도 "믿는다"는 말을 수동태로 사용하고 있지 않다.

---

25) Ibid.

26) H. Leon McBeth, "하나님은 영혼의 유능성과 모든 신자들의 제사장 직분의 원리를 주셨다," Charles W. Deweese, ed., 「21세기 속의 1세기 신앙」(*Defining Baptist Distinctives*), 김승진 역 (대전: 침례신학대학교 출판부, 2005), 107-21.

교회는 신약의 산물(Product of New Testament)이다. 예수 그리스도의 십자가 사건과 부활 사건의 유산이다. 교회의 탄생일은 사도행전 2장의 오순절날이다. 예수님이 약속하셨던 대로 예루살렘 마가의 다락방에서 기도하고 있던 120여 명의 제자들에게 성령님이 강림하심으로, 그리고 그 제자들이 그 성령님을 마음 속에 모심으로 지상에 최초로 교회(예루살렘 교회)가 탄생했다. 교회는 하나의 신비이다. 하나님께서 만세 전부터 계획하고 계셨던 것인데, "때가 차매"(갈 4:4) 예수님을 이 세상에 보내시고, 결국에는 십자가에 못박혀 죽으셨던 예수님이 부활하시고 승천하신 후 오순절날(행 2:1-4)에 성령을 보내시어 지상에 교회라고 하는 신령한 기관(spiritual institution)을 탄생시키셨다.

구약시대에는 지상에 교회가 존재하지 않았다. 물론 구약성경에 장차 오실 메시야이신 예수 그리스도와 장차 지상에 설립될 교회에 대한 예언(prophecy)과 모형(type)과 그림자(shadow)와 암시(hint)가 기록되어 있는 것은 사실이다. 사도행전 7장에서 스데반의 설교 가운데, 이스라엘 백성들이 광야에서 40년 동안 유리방황했던 때를 회상하며 "광야교회"(the assembly in the desert, 행 7:38, 사실 한글성경에서 "광야교회"라고 번역한 것에는 문제가 없지 않고 "광야총회"나 "광야회집"이라는 의미이다–필자 주)란 말을 사용하긴 했지만, 구약시대의 이스라엘 민족공동체를 신약성서적인 의미의 교회라고 볼 수는 없다. 이런 의미에서 교회는 신약성서적이어야 한다.

따라서 우리 그리스도인들은 구약성경을 해석할 때 각별한 조심을 할 필요가 있다. 신약성서적인 관점에서, 다시 말해서 예수 그리스도의 십자가 사건을 통해서, 구약성서를 보아야 구약성서를 올바르게 해석할 수 있다. 유대교를 믿는 유대인 신학자가 보는 구약과 그리스도교를 믿는 그리스도인 신학자가 보는 구약은 같을 수가 없다. 구약은 어찌 보면 선민의식에 사로잡혀 있던 유대인들의 실패의 역사이다. 그래서 구약성경은 "저주에 대한 경고"(말 4:6, "그가 아비의 마음을 자녀에게로 돌이키게 하고 자녀들의 마음을 그들의 아비에게로 돌이키게 하리라. 돌이키지 아니하면 두렵건대 내가 와서 저주로 그 땅을 칠까 하노라 하시니라")로 막을 내리고 있다.

전혀 새롭게 출발해야 했다. "의로운 해"(Righteous Sun, 말 4:2)가 떠올라야 했다. 그래서 하나님께서 인간의 몸을 입고 이 땅에 오신 것이다. 성육신(成肉身, incarnation)하신 것이다. 태양이 중천에 떠오르면 밤을 밝히던 야등들은 빛을 잃어 버린다. 구약의 야등들은 신약의 태양, 예수 그리스도 앞에서 더 이상 빛을 발할 수 없다. 예수 그리스도의 십자가 죽으심과 부활하심의 유산으로 그리고 성령님의 강림하심으로, 이 지상에 교회가 비로소 출현한 것이다.

교회가 신약의 산물이라고 할 때, 구약성서보다는 신약성서에 우선적인 권위를 두고 교회론을 정립해야 신학적인 오류를 피할 수 있다. 예수 그리스도와 신약성서를 통하지 않고 곧바로 구약성서를 해석하기 때문에 많은 기독교적인 이단들이 발생하고 있다. 기독교는 기독(基督), 즉 그리스도를 믿는 종교이다. 그리스도는 구약성서에는 암시적으로 비유적으로 소개되고 있지만, 신약성서와 복음서들에서는 이 땅에 성육신하신 그 분의 삶과 가르침이 생생하게 소개되고 있다.

관료후원적 종교개혁가들(Magisterial Reformers, 주류 종교개혁가들 Mainstream Reformers)은 바로 이러한 점에서 신약성서적 교회로 당시의 교회를 회복시키는데 철저하지도 완전하지도 못했다. 그래서 그들의 개혁은 "아직도 미완성인 종교개혁"[27]이 되고 말았다. 프랭클린 리텔은 필립 샤프(Philip Schaff)를 인용하면서, 관료후원적 개혁가들(Magisterial Reformers)과 근원적 개혁가들(Radical Reformers) 간의 기본적인 교회 개념의 차이를 이렇게 평가하고 있다:

> (관료후원적) 개혁가들은 "성서에 의해서" 옛 교회를 개혁하려고 하였지만, 근원적 개혁가들은 "성서로부터" 새 교회를 세우려고 시도하였다(The reformers aimed to reform the old Church "by the Bible"; the radicals attempted to build a new Church "from the Bible").[28]

관료후원적 종교개혁가들은 "성서를 가지고"(with the Bible) 당시의 로마가톨릭 교회를 개혁(reform)은 했지만, 그들이 개혁한 교회가 충분히 "성서로"(to the Bible) 돌아가게 하지는 못했다. 다시 말해서 신약성서적 교회로의 파격적인 회복(restitution) 혹은 철저한 환원(restoration)을 하지는 못하였던 것이다. 여기에 루터와 쯔빙글리와 칼빈 등 주류개혁가들의 종교개혁의 한계가 있었던 것이다. 이것은 그들이 "16세기라는 시대의 아들들"(sons of the 16th century)이었다는 한계이기도 하다.

관료후원적 종교개혁가들의 의식 속에는 로마가톨릭적인 잔재들과 구약성서적인 요소들이 상당히 많이 남아 있었다. 신정정치적인(theocratic) 개혁을 이루고자 했던 것이라든지, 유아 밥티스마를 구약의 할례와 연결시킨 것이라든지, 주의 만찬에서 로마가톨릭의 "성례전주의"(sacramentalism)적인 요소를 여전히 부분적으로 간직하고 있는 것이 바로 그것이다. 그러다 보니 그들은 중세의 로마가톨릭 교회와 신약성서적 교회 사이에서 어정쩡한 타협을 이루고 있는 것이다.

콘스탄틴에 의한 기독교의 공인(313년)과 그로 말미암은 "정치와 종교의 종합"(synthesis),

27) 김승진, "제9장 아직도 미완성인 종교개혁," 「종교개혁가들과 개혁의 현장들: 아직도 미완성인 종교개혁」 (서울: 나침반출판사, 2015), 319-49. 본서 제30장 II 참조.

28) Franklin Hamlin Littell, "Introduction: A Working Definition of 'Anabaptist,'" *The Anabaptist View of the Church* (Boston: Starr King Press, 1958), xviii.

"국가와 교회의 공생"(symbiosis)을 교회 타락의 시발점(始發点)으로 보았던 성서적 아나뱁티스트들의 역사적 안목은 정확한 것이었다. 유아세례가 국가와 교회의 연결고리 역할을 하였던 것이다. 교회는 더 이상 신자들만의 공동체가 아니라 불신자들까지도 함께 공존하는 기구가 되어버린 것이다. 세상과 교회의 담이 허물어져 버렸고 교회는 점차 세속화되어 계급과 지위와 세속적 명예와 부와 권력을 향유하기 위한 다툼의 장이 되어 버렸다. 교회당(church building)은 으리으리한 자태를 가지게 되었으나, 정작 예수님이 세우셨던 순수한 참 교회(true church, *Rechte Kirche*, 마 16:16-18)의 모습은 사라져 버렸다.

종교개혁기에, 참 교회는 신자들만으로 구성되어야 하며 교회의 구성원이 되기 위해서는 신자들에게만 베푸는 밥티스마를 받아야 한다고 주장했던 성서적 아나뱁티스트들이야말로, 당시의 교회를 신약성서적인 교회로 회복시키고자 했던 용감한 사람들이었다. 그들은 로마가톨릭 교회는 물론이요 관료후원적 종교개혁가들로부터도 "이단자들"(heretics)라는 낙인이 찍혔으며 그들의 성서적 신앙으로 말미암아 핍박과 죽음을 당해야 했다. 그들은 800-1000년 동안 교회 내에서 관습적으로 행해져 왔던 유아세례 전통에 대해 과감하게 도전장을 던진 사람들이었다.

1525년 1월 21일 밤에 펠릭스 만쯔(Felix Manz)의 집에서 콘라드 그레벨(Conrad Grebel)이 게오르게 블라우라크(George Blaurock)에게 "그의 신앙고백에 근거하여" 물을 머리에 부음으로써 행했던 신자의 밥티스마는 근대적인 의미의 자유교회 운동(Free Church Movement) 혹은 신자들의 교회 운동(Believers' Church Movement)의 원천이 되었다.

이들 성서적 아나뱁티스트들이 침례교회의 직접적인 조상이라고 볼 수는 없다고 할지라도, 이들이 침례교회의 신앙과 영성에 끼친 영적 감화력은 결코 과소평가될 수 없다고 필자는 생각한다. 이들이 네델란드와 영국 땅에 은밀히 잠입하여 아나뱁티스트 신앙을 유포하였을 것이고, 이들의 신앙적 영향력은 당시 영국 땅에서 일고 있던 청교도운동(Puritanism)과 분리주의 운동(English Separatism)에 불을 지피는 역할을 하였을 것이다.

자유교회 전통의 관점에서 볼 때, 루터와 깔뱅과 쯔빙글리 그리고 영국국교회 등의 주류종교개혁(Mainstream Reformation)은 당시의 교회를 충분히 신약성서적 교회로 회복시키지 못하고 그 양자 사이에서 적절한 타협을 이루고 있는 "반(半)혁명적 종교개혁"(Half-revolutionized Reformation) 혹은 "과도기적 종교개혁"(Transitional Reformation)이었다고 진단할 수 있다. 16-17세기 유럽 땅 어느 곳에서도 핍박의 위협 없이 편안하게 예배를 드릴 수 없었던 아나뱁티스트들의 신앙이, 오늘날 교회와 국가의 분리, 신앙과 양심의 자유, 신앙인들의 공동체로서의 교회 등과 같은 복음주의적 기독교 신앙가치로 인정받고 있음을 볼 때, 시대를 앞서 살아가는 사람들이 받는 핍박은 결코 하나님 앞에서 헛되지 않다는 사실을 역사적 교훈으로 받게 된다. 20

세기 이후 성서적 아나뱁티스트들의 역사는 비로소 "이제는 말할 수 있는 이야기"(Now it can be told Story)가 되었다.

침례교 신앙의 특징이나 침례교회의 특징을 한 마디로 단정적으로 정의하는 것은 쉬운 일이 아니다. 17세기초 유럽대륙의 한 모퉁이(네델란드와 영국)에서 시작된 침례교운동은 처음부터 정형화된 신학체계에서 연유한 것이 아니었다. 기본적으로 그들은 분리주의자들(Separatists)이었다. 기존의 신학과 교리체계나 교권체제로부터 뛰쳐나와서 스스로 성경에서 발견한 신앙원리와 생활원리를 따르고자 추구했던 사람들이었다.

영국국교회(Anglican Church, 오늘날의 성공회)가 비록 로마 교황청과 로마가톨릭 교회로부터 분리되어 프로테스탄트 교회이긴 했지만, 여전히 로마가톨릭적인 잔재를 가지고 있었다. 신약성서적인 관점에서 볼 때 영국국교회가 성서적이지 못한 신앙행습들을 가지고 있었던 점을 비판하면서, 예수 그리스도를 진정으로 따르고자 하는 자들은 영국국교회와는 분리된 새로운 신앙공동체를 이루어야 할 것을 주장했던 사람들이 침례교인들이었다. 따라서 초창기 침례교인들은 미리 정해 놓은 신학체계나 교리체계를 가지고 있지 않았다. 단지 그들은 성경, 특히 신약성경이 가르치는 신앙과 삶의 원리를 발견하고 그 원리에 충실하고자 했던 사람들이다.

또한 앞에서 살펴본 것처럼 기본적으로 침례교회는 자유교회운동(Free Church Movement)의 흐름 속에 있는 교회이다. 자유교회란, 무엇보다도 교회는 세속국가와 국가권력으로부터 자유해야 한다는 전제에서 출발한 교회다. 다른 말로 하면 국교체제의 기독교가 아니라 국가의 개입이나 간섭을 배제하고 오직 성령님의 인도를 받고 머리되신 예수 그리스도의 통치를 받는 교회이다. 이렇게 되기 위해서는 교회는 어디까지나 신자들의 공동체이어야 하며, 따라서 유아세례(infant baptism)를 부정하고 신자들에게만 밥티스마를 베푸는(believer's baptism) 교회를 가리킨다. 예수 그리스도를 개인적으로 믿고 자신의 자유의사에 따라 자기가 섬길 교회를 선택하는 교회라는 의미이다.

이를 다른 말로 하면 침례교회는 회원교회(Membership Church)이다. 유아세례를 행하는 전통의 교회는 일반적으로 국가교회(State Church) 혹은 교구교회(Parish Church)의 체제 속에 있던 교회였다. 따라서 유아세례를 받은 자녀들은 자신의 의사와는 상관없이 비자발적으로(involuntarily) 부모가 속해 있던 교회의 회원이 되었다. 유아세례는 대표적인 대리종교(proxy religion)의 한 모습인데, 신약성서는 대리종교를 배격한다. 부모가 믿음을 가졌거나 교회에 속해 있다는 이유로 구원받을 필요성에 대해 아무런 의식도 없는 갓난아기나 어린 아이에게 뱁티즘을 베푸는 것은 신약성서적이지 않다. 유아세례는 교회와 국가 혹은 종교와 정치를 연결하는 고리역할을 하였다. 아기가 태어나면 행정관청에 "출생신고"를 하고 동시에 그 행정관청과 긴밀히 연결되어 있는 국교체제의 교구교회에서 유아세례를 받음으로 "교적신고"를 하였던 것이다.

그러나 자유교회에서는 영적 출생의 경험, 즉 예수 그리스도를 믿음으로 말미암는 중생(regeneration)을 강조한다. 그리고 자신의 자발성(voluntarism)에 근거하여 자신이 소속하고 섬길 교회에 가입하여 회원이 되는 것을 강조한다. 따라서 침례교인들은 신조(Creed)나 신경을 배격하면서 신앙고백(Confession)을 강조했던 사람들이다. 침례교회의 역사 속에서 침례교인들은 다양한 신앙고백을 만들어 내었다. 신앙고백이 시대마다 지역마다 조금씩 달랐기 때문에 침례교 신앙 속에는 다양성(diversity)을 내포하지 않을 수 없었다. 예를 들면 성경이 하나님의 말씀인 것을 기본적으로 인정을 하면서도 무오성, 영감성, 성경해석 등에 관하여 침례교인들에 따라 다양한 입장을 취하기도 하였다. 침례나 주의 만찬에 관해서도 시대에 따라 장소에 따라 강조점이 조금씩 달랐다. 침례교 신앙은 획일화된 교리체계나 인간이 만들어낸 신조를 배격하다보니 자연히 다양성을 기저에 깔고 있는 것이다.

제2장

침례교인들의 신앙적 정체성

앞 장에서 언급한대로 기독교에는 통일성(unity)과 함께 다양성(diversity)이 함께 존재한다. 모든 건강한 교회들과 그리스도인들은 그리스도 안에서 하나이면서 동시에 이 지상에서는 다양하게 각 교파와 각 교회가 독특한 특징을 가지고 존재하고 있는 현실도 받아들여야 한다. 그것은 마치 국군(國軍) 안에 육군과 해군과 공군과 해병대가 존재하는 것과 같다. 모든 군대가 나라를 사랑하고 나라를 외적으로부터 지키는 국방의 의무를 감당하는 국군이라는 점에서는 통일성을 갖지만, 각 군대는 어디에서 싸우느냐에 따라 군복부터가 다르다. 훈련의 강조점이 다르기도 하고 작전이 다르기도 하다. 이런 점에서 육군, 해군, 공군, 해병대는 다양성을 가진다.

하나님 나라에서도 마찬가지다. 본고에서는 통일성의 가치와 함께 침례교 신앙이 다른 교파 교회들의 신앙과 어떻게 다른지 그리고 침례교인들이 특별히 강조해서 믿고 있는 신앙의 내용이 무엇인지를 항목별로 나누어 살펴본다. 필자는 침례교인들은 다음과 같은 신앙적인 정체성을 가지고 있다고 생각한다.

1. 성경

침례교인들은 구신약(Old Testament and New Testament) 성경 66권을 최종적이며 유일한 권위라고 믿는다. 교리나 전통이나 헌법이나 어떤 탁월한 지도자(개혁가나 신학자나 목회자)의 신학적인 체계가 성경의 권위를 대신할 수는 없다고 믿는다. 침례교인들은 인간들이 만들어낸 신조들(Creeds)를 배격하며, 일정한 시대에 일정한 지역에서 한시적으로 유효한 신앙고백들(Confessions)을 만들어서 진술해 왔다. 침례교인들은 "그 책의 사람들"(People of THE BOOK)이다. "그 책" 즉 성경만을 최종적인 권위로 여기며 그 가르침에 순종하고자 하는 사람들이다.

침례교인들은 인간들이 만들어 낸 신조들을 배격하는 "비신조의 사람들"(Non-creedal People)이다. 신조 혹은 신경이란 "너희는 이렇게 이렇게 믿어야 한다"고 당위(must)를 규정한 강제성 있는 글귀이다. 일반적으로 침례교회에서는 주일예배나 공예배에서 "사도신경"(Apostles' Creed)을 암송하지 않는다. 초대교부들이 약 4세기경에 지중해 연안에서 만들었다고 간주되는 사도신경이, 성경처럼 시대와 장소를 초월하여 오늘날 대전에 사는 그리스도인들의 영혼을 구속한다는 것은 구신약 성경만을 유일한 권위로 믿는 신앙을 훼손하는 것이다. 사도신경은 영감받은 무오한 하나님의 말씀이 아니다. 인간들이 복음의 내용과 삼위일체 하나님에 관해서 잘 요약해서 진술한 글귀이긴 하지만, 사도신경은 성경도 아니고 성경과 대등한 권위를 가지는 글귀도 아니다. 그것은 인간의 발명품(human invention)일뿐이다. 사도신경을 열두 제자들이 한 문장씩 썼다는 전설적인 이야기도 전해져 내려오고 있지만 이 주장에 문헌적인 역사적 증거가 전혀 없다. 사도신경 자체에 오류가 있다거나 신학적인 문제가 있어서라기보다 인간들의 글귀에 항구성 있는 성경적인 권위를 덧입히는 것은 상대적으로 성경의 권위를 실추시키는 것이기 때문이다.

신앙고백이란 "우리는 이러이러한 것들을 (강조해서) 믿는다"는 인간적인 신앙진술(human statement of faith)이다. 따라서 그것은 오류가 있을 수도 있는 것이고, 따라서 차후에 수정할 수도 있는 것이고, 그 당대에 그 지역의 사람들이 자신들의 믿는 바를 진술한 것이다. 신앙고백은 시대와 장소를 넘어서서 모든 그리스도인들의 영혼을 속박하는 것이 아니다. 침례교인들은 신조 혹은 신경을 배격하지만 신앙고백들을 작성하여 대내외에 선포해 왔다. 침례교인들은 "신앙고백들의 사람"(People of Confessions of Faith)이다. 신앙고백은 무오류성, 영원성, 지역적인 보편성, 시간적인 계속성, 강제성 등을 주장하거나 강요하지 않는다.

침례교인들은 위대한 개혁가나 신학자나 교회지도자 등 어떤 걸출한 인물이 만들어낸 신학체계나 교리적 진술에 최종적인 권위를 부여하지 않는다. 특정 교단총회가 만들어낸 헌법이나 법규가 교회들과 교인들을 구속한다고도 믿지 않는다. 오직 구신약 성경 66권만이 신자들의 신앙과 삶의 규범이라고 믿는다.

또한 침례교인들은 창세기로부터 요한계시록까지 하나님은 자신의 뜻을 점진적으로 계시하셨다(점진적 계시, Progressive Revelation)고 믿는다. 구약은 옛 약속이고 신약은 새 약속인데, 구약과 신약의 가르침이 서로 충돌할 때에는 보다 최근의 계시요 새로운 약속인 신약성경이 구약성경에 비하여 보다 더 우선적인 권위(Priority of the New Testament over the Old Testament)를 갖는다고 믿는다. 10년 전에 한 약속과 1년 전에 한 약속이 충돌한다면 당연히 1년 전에 한 약속이 더 우선적인 권위를 가지는 것이 아닌가? 그리고 1년 전에 한 약속의 관점에서 10년 전에 한 약속을 재해석해야 하는 것이 아닌가?

구신약 성경 66권 모두가 하나님의 말씀이긴 하지만, 성경해석에 있어서 신약이 구약보다 더 우선적인 권위를 가진다는 것에 관한 예를 하나 든다면 다음과 같다. 침례교인들은 구약성서의 "십계명"(출애굽기 20:1-17)보다 신약성서의 "예수님의 새 계명"(마태복음 22:37-40)이 더 중요하다고 믿는다. 예수님도 자신의 새 계명인 하나님 사랑과 이웃 사랑, "이 두 계명이 온 율법과 선지자의 강령이니라"(마 22:40)라고 말씀하셨다. 예수님의 새 계명만 제대로 지킨다면 구약의 십계명은 자연히 지켜지게 될 것이다. 이를 달리 표현하면 예수님의 새 계명인 하나님 사랑과 이웃 사랑이 십계명을 포괄하고 있고 포용하고 있는 것이다. 십계명은 율법이지만 예수님의 새 계명은 복음이다. 침례교인들은 신약성서적 교회를 추구하며, 구약의 율법이 아니라 신약의 복음을 믿는 사람들이다.

침례교인들은 주일학교나 교회학교나 성경공부반을 통한 새신자 양육과 제자훈련의 중요성을 인식하고 실천해야 한다고 믿는다. "성경의 사람들"인 침례교인들은 성경을 신앙생활의 유일하고도 최종적인 권위로 믿는다. 그래서 성령님의 인도하심에 따라 성경을 읽고 묵상하고 공부하고 성경말씀에 순종하고 실천하고자 애쓴다. 침례교인들은 교회가 제공하는 성경공부 프로그램이나 제자훈련 프로그램에 적극적으로 참여하여 성경을 배우고, 헌신된 제자가 되기 위해 훈련을 받아야 한다고 믿는다.

2. 구원

침례교인들은 구원은 오직 회개하고 예수를 믿음으로써 받게 된다고 믿는다. 여기서 "회개"(repentance)란 돌이키는 것이다. 불신앙으로부터, 죄로부터, 세상을 사랑하는 마음으로부터 예수 그리스도를 향해 돌이키는 것이다. 유턴(U-Turn)하는 것을 의미한다. 여기서 "믿음"(belief)이란 나의 모든 죄를 담당하시고 나를 대신하여 십자가에서 못박혀 돌아가시고 3일만에 부활하여 다시 살아나신 예수 그리스도를 나의 마음 속에 "나의 구주요 나의 주님으로"(My Savior AND My Lord) 모셔들이는(receive) 것을 의미하고 그 분께 나의 인생을 전폭적으로 맡기는(trust) 것을 의미한다.

고린도전서 15:1-4의 말씀처럼, 복음이란 "성경대로 그리스도께서 우리 죄를 위하여 죽으셨고" 또한 "장사지낸 바 되셨다가 성경대로 사흘만에 다시 살아나셨다"는 기쁜 소식이다. 예수 그리스도의 십자가 죽음과 부활을 진심으로 믿을 때 죄사함을 받게 되고, 영생을 얻게 되고, 구원을 받게 된다. 필자는 예수 그리스도의 십자가 죽음과 부활은 죄인들을 구원하기 위한 하나님의 경륜으로서, 연속된 하나의 사건이지 분리된 두 사건이 아니라고 생각한다. 십자가 죽음만의 복음도 아니요 부활만의 복음도 아니다. "십자가 죽음과 부활의 복음"(Gospel of Crucifixion AND Resurrection)이다. 십자가 죽음 없는 부활이 있을 수 없고 부활 없는 십자가 죽음도 있을 수 없다. 침례교인들은 십자가에 못박혀 죽으셨고 다시 살아나셨고 지금도 살아계신 예수 그리스도를 진심으로 마음 속으로 영접하여 믿을 때, 죄사함을 받고 구원을 받고 영생을 얻는다고 믿는다.

침례교인들은 성경에 관한 지식이 많다고 해서, 어떤 교회의식에 참여했다고 해서 죄사함 받고 구원받는다고 생각하지 않는다. 침례나 주의 만찬 그 자체가 구원을 준다고 믿지 않는다. 침례나 주의 만찬이 구원을 완성시킨다고도 믿지 않는다. 침례교인들은 회개하고 예수 믿어 죄사함받고 구원받은 자가 신앙의 고백으로서 침례를 받고 주의 만찬에 참예하는 것이라고 믿는다. 필자는 주의 만찬은 예수 그리스도의 십자가 죽음이 좀 더 강조된 교회의식이고, 침례는 예수 그리스도의 부활이 좀 더 강조된 교회의식이라고 생각한다. 필자는 십자가 죽음을 경시하고 부활만을 지나치게 강조하는 신앙도, 그리고 부활을 경시하고 십자가 죽음만을 지나치게 강조하는 신앙도 둘 다 건강한 신앙이라고 생각하지 않는다. 침례교인들은 "성경대로" 죽으셨고 "성경대로" 다시 살아나신 예수 그리스도를 "나의 구주요 나의 주님으로"(My Savior AND My Lord) 믿을 때, 죄사함을 받고 구원을 받고 영생을 얻는다고 믿는다.

3. 교회

침례교인들은 교회(Church)란 교회당(Church Building)과 구별되며, "예수 그리스도를 믿은 신자들의 공동체"라고 믿는다. 신약성서에는 교회당을 교회라고 말한 적이 없다. 한국교회에서 많은 목회자들과 성도들이 교회당이라고 써야 할 곳을 교회라고 쓰는 경우가 적지 않은 것 같다. 예를 들면 결혼예식의 장소는 ○○ 교회당이지 ○○ 교회가 아니다. 교회와 교회당을 혼용하거나 구별하지 않고 사용하는 것은 신학적인 타락이다. 침례교인들은 신앙고백을 할 수 없는 불신자나 유아에게 침례를 베풀어서는 안 되고 오직 신자에게만 베풀어야 한다고 믿는다(신자의 뱁티즘, Believer's Baptism). 침례교인들은 교회는 그리스도로 말미암아 거듭난 신자들로 교회회원을 삼아야 한다고 믿는다(Regenerate Church Membership).

개혁교회 전통에서는 교회를 "(예정받고) 택함받은 자들의 공동체"라고 정의하는데, 문제는 "누가 예정받고 택함받은 자인가" 하는 점이다. 에베소서 1:3-7에서 "곧 창세 전에 그리스도 안에서 우리를 택하사 … 그 기쁘신 뜻대로 우리를 예정하사 예수 그리스도로 말미암아 자기의 아들들이 되게 하셨으니"라는 말씀이 칼빈주의자들에 의해 자주 인용되곤

한다. 개혁교회(Reformed Church)에서는 성도들의 어린 자녀들도 예정받고 택함받은 자들로 간주하여 그들에게 유아세례를 베풀고, 일정한 연령에 이르렀을 때 입교(入敎)의 과정을 거쳐서 교회로 영입을 하고 있다. 그러나 성경 어디에도 유아세례나 입교라는 말이 사용된 적이 없다.

개혁교회에서는 심지어 "장차 믿게 될 자들"도 예정받고 택함받은 자들로 여겨서 교회로 간주하기도 한다. 필자는 "한국크리스천신문" 제114호에서 어느 칼빈주의자 논설위원장이 쓴 다음과 같은 글을 읽은 적이 있다. Q & A란에서 어떤 성도가 이런 질문을 하였다: "일반적으로 그리스도를 믿는 사람이라면 교회에 가는데, 교회란 무엇인가요?" 논설위원장의 답변은 다음과 같았다: "교회의 근본적인 의미는 '창세 전 그리스도를 통해서 믿기로 작정된 모든 자들'이예요. 이것은 과거, 현재, 미래 전체를 포함하는 의미로서 선택받은 모든 자들을 가리켜요. 즉, 이미 구원받은 자들, 현재 구원받고 신앙생활을 하는 자들, 앞으로 믿게 될 자들 모두를 포함하는 것이지요…."[29]

"앞으로 믿게 될 자들"은 아직 예수 그리스도를 믿은 자들이 아니다. 그들은 아직 예수 그리스도를 믿지 않고 있으니 여전히 불신자들이요 죄인들이요 그래서 전도대상자들이다. 불신자들과 죄인들 그리고 전도대상자들을 신약성서적인 교회라고 말할 수는 없다.

바로 앞에서 인용했던 에베소서 1장의 말씀에서 1절과 2절에 의하면 사도 바울은 "에베소에 있는 성도들과 그리스도 예수 안에 있는 신실한 자들"에게 편지하면서 이들이 예정받고 택함받은 자들이라고 말하고 있는 것이다. 그러니까 예수 그리스도를 믿은 신자들이 하나님의 은혜에 감격하여 자신들이 예정받았고 택함받았다고 고백하는 것이지, 아직 예수를 믿지 않은 갓난 아기나 어린 아이, 그리고 아직 예수를 믿지 않고 있는 불신자까지를 예정받았고 택함받았다고 말하고 있는 것이 아니다. 이들은 모두 구원받지 못한 전도대상자일 뿐이다. 따라서 교회를 "택함받은 자들의 공동체"라고 정의하면 교회의 개념이 모호해져 버린다. 침례를 통해서 자신의 신앙을 분명하게 고백한 예수 믿은 신자들의 공동체가 신약성서가 말하는 참 교회이다.

요한복음 9장에는 날 때부터 맹인된 자의 이야기가 등장한다. 예수님이 땅에 침을 뱉어 진흙을 이겨 그의 눈에 바르시고 실로암 못에 가서 씻으라고 말씀하셨을 때, 그는 순종하여 그의 밝은 눈으로 만물을 보게 되는 기적을 체험하였다. 일정한 시간이 흐른 후에 예수님이 그를 찾아오셔서 물으셨다: "네가 인자를 믿느냐?" 그가 대답하기를 "주여, 그가 누구시오니이까? 내가 믿고자 하나이다"(요 9:36)라고 말하였다. 이 때 예수님께서 이렇게 말씀하셨다: "네가 그를 보았거니와 지금 너와 말하는 자가 그이니라." 그러자 비로소 맹인이

29) "한국크리스천신문," 제114호, 2015년 10월 29일.

었다가 보게 된 사람이 "주여, 내가 믿나이다"(요 9:38)라고 고백하였다. 그의 진술 "내가 믿고자 하나이다"는 신앙고백이 아니다. "주여, 내가 믿으려고 합니다, 내가 믿겠습니다, 내가 믿고 싶습니다"라는 진술은 마음의 문이 열려 있는 상태이기는 하지만, 아직 믿음의 결단을 하지는 않은 상태다. 아직은 불신의 상태요 죄인인 상태요 죄사함받거나 구원받은 상태가 아니다. "내가 믿나이다"라는 진술이 신앙고백이다. "내가 믿습니다, 내가 믿었습니다, 내가 믿고 있습니다"라는 진술은 믿음의 결단을 한 상태인 것이다. 침례교인들은 "내가 믿고자 하나이다"라고 진술하는 사람을 교회로 간주하지 않는다. 그러한 진술을 하는 사람에게 침례를 베풀지 않는다. "주여, 내가 믿나이다"라고 고백하는 신자에게 침례를 베풀며, 그러한 고백을 침례라는 행동으로 표현하는 신자를 교회로 받아들인다.

개혁교회 전통에서 자주 쓰는 말인데, 가시적 교회(visible church)와 비가시적 교회(invisible church) 개념에서 말하는 교회는 "택함 받은 자들의 공동체"(The Elect)라는 개념이 강하다. 그런데 문제는 누가 택함받은 자들이라는 말인가? 침례교회에서 자주 사용하는 용어인 지역교회(local church)와 우주적 교회universal church) 개념에서는 예수 믿은 자들, 즉 신앙고백을 분명히 한 자들이 "택함을 받았다"고 고백할 수 있다. 모든 신자들(the believers)은 택함받은 자들(the elect)이지만, 택함받은 자들이 모두 신자들인 것은 아니다.

위의 Q & A에서 봤던 것처럼 교회를 택함받은 자들의 공동체라고 정의할 때, "장차 택함받을 자들"까지도 교회로 간주하는 경향이 있는 것 같다. 교회를 이렇게 정의하니까 갓난아기나 어린 아이에게 유아세례를 베푸는 것이 정당화되고 있는 것이다. "장차 택함받을 자들"과 "장차 믿게 될 자들"도 (비가시적) 교회로 간주한다는 말인데, 그들은 아직도 여전히 예수 믿지 않는 자들, 즉 불신자들(unbelievers)이고 교회방문자들(visitors)이고 교회의 손님들(guests)이고, 그래서 전도대상자들(prospects)인 것이다. 그들은 교회당(church building) 안에 들어와서 함께 예배를 드리고 함께 교제에 참여하고 함께 기독교적인 활동에 열심을 낸다고 할지라도 아직은 교회(church)가 아닌 것이다. 교회는 회개하고 예수 믿어 영적인 출생(spiritual birth, 거듭남, born-again)을 경험한 자들의 공동체라는 것이 침례교인들의 교회관이다.

4. 우주적 교회와 지역교회

침례교인들은 교회에는 우주적 교회와 지역교회가 있다고 믿는다. "지역교회"(Local Church)란 지상에서 일정한 지역을 중심으로 모이는 예수 믿는 신자들의 교제요 공동체를 말한다. 회개하고 예수를 믿어 죄사함받고 구원받고 영생을 얻은 신자가 신앙고백에 근거한 침례를 받아들어가는 공동체가 지역교회다. 지역교회는 신자들의 신앙생활의 터전이다. 중생(regeneration)과 칭의(justification)는 예수 믿은 신자가 개인적으로 얻는 것이지만, 성화(sanctification)는 교회라고 하는 신앙공동체 속에서 신자들이 서로 교제하며 서로 격려하여 공동체적으로 이루어 가는 것이다. 지역교회의 머리는 예수 그리스도이고 "너희(신자들)는 그리스도의 몸이요 지체의 각 부분이다"(고전 12:27).

지역교회는 다른 교회들과의 관계에 있어서 상호 독립적(independent)이며 동시에 자치적(autonomous)이다. 침례교인들은 교제와 협력을 위하여 지방회와 총회가 필요하다고는 여기지만, 이러한 기관들이 지역교회 위에 군림하여 지역교회의 문제에 개입하거나 간섭하거나 치리하거나 권력을 행사해서는 안 된다고 믿는다. 지방회나 총회 차원의 사업에 동참하는 것은, 위나 외부로부터의 강요나 강제의 방법에 의해서가 아니라 지역교회들의 자발적인 참여(voluntary participation)의 방법에 의해 이루어져야 한다고 믿는다.

"우주적 교회"(Universal Church)란 시간과 공간을 초월해서 존재하는 예수 믿는 모든 신자들(all the believers)의 공동체다. 신약성경에는 지역교회에 관한 언급이 대부분이지만, 교회론을 주로 다루고 있는 에베소서 같은 곳에서는 우주적 교회 개념도 언급하고 있다. 지역을 초월하고 시간을 초월하는 천상적인 교회 개념이라고 말할 수 있다.

쟝 깔뱅과 개혁교회에서는 교회를 가시적 교회(Visible Church)와 비가시적 교회(Invisible Church)로 구분하여 설명하고 있다. 가시적 교회는 지역교회를 가리키고 비가시적 교회는 우주적 교회를 가리키는 것 같으나, 사실 엄격히 말하면 지역교회도 가시적이지만은 않다. 지역교회의 "교회당"(church building)은 가시적이지만, 예수 믿은 신자들의 교제(fellowship) 혹은 공동체(community)는 항상 가시적이라고 말할 수 없다. 성도들이 교회당이나 가정집에 모여서 기도회나 성경공부나 예배를 할 때에는 그 공동체가 가시적일 수 있지만, 성도들이 흩어지는 순간부터는 가시적이지 않다. 세상 속에 흩어져서 사랑을 실천하고 있는 신자들 가운데에는 눈에 보이지 않게 활동하는 사람들도 많이 있기 때문이다.

5. 뱁티즘과 주의 만찬

침례교인들은 "죽음과 장사와 부활"(death and burial and resurrection)을 상징하는 성서적인 뱁티즘의 방식인 침수례(Immersion)에 의한 침례를 베풀어야 한다고 믿는다. 로마서 6장 3절-5절에 의하면, "무릇 그리스도 예수와 합하여 뱁티즘을 받은 우리는 그의 죽으심과 합하여 뱁티즘을 받은 줄을 알지 못하느냐? 그러므로 우리가 그의 죽으심과 합하여 뱁티즘을 받음으로 그와 함께 장사되었나니, 이는 아버지의 영광으로 말미암아 그리스도를 죽은 자가운데서 살리심과 같이 우리로 또한 새 생명 가운데서 행하게 하려 함이라. 만일 우리가 그의 죽으심과 같은 모양으로 연합한 자가 되었으면 또한 그의 부활과 같은 모양으로 연합한 자가 되리라"고 말씀하고 있다. 성서가 말하는 기독교 뱁티즘은 "죽고 장사되고 부활하는" 것을 상징하는 것이지 "씻고 말려주는"(wash and dry) 것을 상징하는 것이 아니다. 세례를 약례(略禮)라고 하는데, 상징을 약식화하면 상징하고자 하는 원뜻이 왜곡되거나 파괴되어 버린다.

예를 들면 미국의 국기를 성조기(The Stars and Stripes)라고 하는데, 몇 개의 별과 몇 개의 줄이 그려져 있는가? 파랑 바탕에 흰 별 50개와 빨간 줄 7개와 하얀 줄 6개, 모두 13개의 줄이 그려져 있다. 50개의 별(stars)은 현재 미국에 속해 있는 50개 주를 상징하고 있고, 13개의 줄(stripes)은 미국이 건국되었을 때 존재했던 13개 주를 상징하고 있다. 그러니까 현재의 미국과 초창기의 미국의 모습을 성조기는 상징적으로 보여주고 있는 것이다. 그런데 미국국기에서 별을 25개만 그리고 줄을 6개만 그린다면 (물론 멀리서 보면 미국국기인 것을 알아볼 수 있는 것은 사실이지만) 25개의 별과 6개의 줄은 무엇을 의미해 주는가? 이처럼 상징(symbol)을 약식화하면 상징이 의미하고자 했던 원래의 뜻이 파괴되어 버리는 것이다.

침례교회에서는 예수 그리스도의 "죽음과 장사와 부활" 그리고 신자들 역시 예수 그리스도와 연합하여 옛 사람이 죽었고 장사지낸 바 되었고 새 사람으로 부활했다는 사실을 가장 잘 상징해 주는 침수례의 방식으로 뱁티즘을 베푼다. 만약 미래의 어느 날 재림하신 예수님이 한국교회에서 행해지고 있는 유아세례와 세례를 보신다면 의아해 하지 않으시겠는가? 자신이 의도하지 않았던 뱁티즘의 방식을 보시고 신기해 하지 않으실까?

침례교인들은 주의 만찬(Lord's Supper)도 상징적인 의미로 예수 그리스도의 십자가 죽음을 상징하고(symbolize) 기념하는(memorialize) 의미로 베풀어야 한다고 믿는다. 따라서 신앙고백에 근거한 신자의 뱁티즘을 받은 신자들에게 주의 만찬의 떡과 잔이 베풀어져야 한다고 믿는다. 루터교회에서는 "공재설(Consubstantiation)의 입장에서 떡과 포도주에 예수 그리스도가 실제로(real presence) 그리고 육체적으로(physical presence) 임재해 있다고 믿는다. 개혁교회(장로교회)에서는 "영적 임재설"(Spiritual Presence)의 입장에서 실제적으로나 육체적으로 임하는 것이 아니라 예수 그리스도가 영적으로 떡과 포도주에 임재해 계신다고 믿는다. 그래서 그리스도의 영이 임재한 떡과 포도주는 거룩해져 있다고 생각해서 주의 만찬을 거룩할 성(聖) 자를 써서 성만찬(Sacred Supper, 성찬, 성찬식)이라고 부른다. 성만찬 후 남은 떡과 포도주는 그리스도의 영이 임했던 떡과 포도주이기 때문에 함부로 다루거나 쓰레기통에 버리지 않고 땅에 파묻는다고 한다.

그러나 그리스도의 영이나 성령은 인격체이신데, 무생물이자 비인격체인 떡과 포도주에 영적으로 임재하시는가? 예수 그리스도가 무생물이자 비인격체인 떡과 포도주에 육체적이든 영적이든 임재하여 거룩하게 되고 그것들이 영적인 양식이 된다고 믿는 것은, 화체설(Transubstantiation Theory, 로마가톨릭 교회에서는 사제가 기도하면 떡과 포도주가 실제로 예수님의 살과 피로 변한다고 믿는다-필자 주)이 그러하듯 일종의 신앙적인 미신이다.

성령께서는 떡과 포도주에 임하는 것이 아니라 예수 믿은 신자들에게 임하셔서(예수님을 진정으로 믿는 순간부터 성령은 신자들의 마음 속에 이미 임해 계신다-필자 주) 그 떡과 그 포도주를 나를 위해 십자가 상에서 찢기신 예수님의 살과 십자가 상에서 흘리신 예수님의 피로 "간주"(regard)하는 것이다. 그래서 주의 만찬에 참예하면서 2,000년 전에 "나를 위해서" 그리고 "나를 대신해서" 십자가 상에서 고난을 받으신 예수님을 영적으로 만나는 것이다. 공재설이나 영적 임재설은 떡과 포도주를 통해서 하나님의 은혜가 전이된다는 "성례전주의"(sacramentalism)에 근거하고 있기 때문에 로마가톨릭 교회의 화체설과 별반 다르지 않다. 그러나 성례는 형식일뿐이고 상징일뿐이고 기념일뿐이라는 "성례형식주의"(sacramentarianism)에 입각한 해석이 신약성서적인 것이고 그것이 진정 영적인(spiritual) 것이다.

우리나라 기독교에서는 예수님께서 교회에 위임하신 두 가지 의식에 대하여 성서에서 사용된 용어를 사용하지 않고 인간이 만들어 낸 신학적인 명칭을 사용하고 있다. Baptism에 대한 성서적인 용어는 "침례"이고 Lord's Supper에 대한 성서적인 용어는 "주의 만찬"이다. "세례"나 "유아세례"나 "성찬"이나 "성만찬"과 같은 신학적인 용어보다 성서적인 용어를 사용하는 것이 보다 더 성서적이지 않은가?

6. 교회와 국가의 분리(국교체제의 교회에 대한 반대)

침례교인들은 교회와 국가는 분리되어야 한다고 믿는다. 다른 말로 하면 세속권력과 결탁된 시교회(City Church)나 국가교회(State Church)를 배격한다. 교회는 세속권력과 무관한 예수믿은 신자들의 영적인 공동체(Spiritual Body of Believers in Christ)여야 한다고 믿는다. 침례교인들은 세속권력과 교회가 결탁을 선언했던 313년의 밀라노 칙령 이전의 교회 즉 신약성서적 교회(New Testament Church)를 이상으로 한다. 신약성서에 등장하는 그리스도인들은 유대교 지도자들과 로마제국의 권력가들로부터 엄청난 핍박을 받았다. 신약성서적 교회는 세속국가 권력과 무관한 교회였고 도리어 핍박을 받았던 교회였다. 신약성서에 등장하는 교회들은 국가교회나 시교회 체제의 교회가 아니었다. 회개하고 예수 믿은 신자들로 이루어진 순수한 신앙공동체, 달리 말하면 성령님을 각자의 마음 속에 모신 성령공동체였다.

로마제국의 콘스탄틴 황제(Emperor Constantine, c.272-306-337)가 기독교를 공인하며 기독교인들을 향해 신교의 자유를 선언했던 밀라노 칙령(Edict of Milan, 313)은, 한 편에서는 기독교회가 로마제국을 정복했다는 긍정적인 측면도 있기는 하지만, 다른 한 편에서는 기독교회가 세속정치권력과 결탁을 하고 야합을 해서 그리스도의 신부로서의 순수성을 상실했다는 부정적인 측면도 있다. 교회가 세상권력과 결탁하면서 교회의 타락(Fall of the Church)이 본격적으로 시작된 것이다.

이를 교회사학자들은 콘스탄틴의 "공생"(共生, Constantine Symbiosis)라고 부른다. 학자에 따라서는 교회와 국가의 "종합"(綜合, synthesis), "결혼"(結婚, marriage), "합금"(合金, amalgamation)이라는 용어를 쓰기도 한다. 그 후 380년에는 데오도시우스 1세 황제(Emperor Theodosius I, 347-379-395)가 니케아 신조를 믿는 기독교를 로마제국의 국교로 선언하였다. 그러면서 기독교는 이제 유일하게 합법적인 로마제국의 종교가 되었고 다른 종교들을 불법으로 간주하여 그들을 핍박하는 위치에 서게 되었다. 교회는 세속국가 권력과 공생하는 교회가 되었는데, 이는 신약성서적 교회로부터 크게 일탈한 교회였다.

앞에서 살펴본대로 16세기에 종교개혁운동이 일어났지만 루터와 쯔빙글리와 깔뱅 같은 주류종교개혁가들(Mainstream Reformers, 관료후원적 종교개혁가들, Magisterial Reformers)은 세속권력가들의 후원을 입어서 개혁을 이루었기 때문에, 그들이 지상에 세운 교회들은 여전히 교회와 시 혹은 교회와 국가가 연합된 형태의 교회가 되고 말았다. 실제로 루터교회(Lutheran Church)는 독일, 덴마크, 노르웨이, 스웨덴, 핀란드의 국교가 되었고, 장로교회(Presbyterian Church)는 제네바의 시교가 되었으며 스코틀랜드의 국교가 되었고, 영국국교회(Anglican Church)는 영국과 영연방에 속한 나라들의 국교가 되었다. 로마가톨릭 교회(Roman Catholic Church)는 이탈리아, 프랑스, 스페인, 폴란드 등의 나라에서 국교적 지위를 가지고 있었다. 따라서 이처럼 관료후원적 종교개혁가들이 세웠던 교회들은 세속권력과 무관했거나 오히려 세속권력으로부터 핍박을 받았던 신약성서적인 교회의 모습을 충분히 회복하지 못한 한계를 가지고 있었던 것이다.

미국을 건국했던 건국조상들(Founding Fathers)은 유럽에서 발생했던 끔찍한 종교전쟁들이 새로운 공화국에서는 결코 일어나서는 안 되겠다는 생각을 했다. 같은 하나님을 믿는 로마가톨릭 진영과 프로테스탄트 진영 간에 여러 차례에 걸쳐서 종교전쟁들(두 차례에 걸친 카펠전투, 쉬말칼덴 전쟁, 30년전쟁 등)이 있었는데, 미국의 건국조상들은 이러한 종교전쟁들이 일어난 배경에는 특정 기독교 종파가 특정국가의 국교가 되어 있었기 때문이라는 자각을 하게 되었다. 더 이상 국가는 특정 종교와 끈끈한 유대를 가져서는 안 되겠다고 생각한 것이다.

교회와 국가의 분리, 다시 말하면 국가가 특정종교를 박해하거나 편애하지 않아야 한다거나 교회문제에 개입하거나 간섭하지 않아야 한다는 것을 헌법적인 규정으로 처음 제정했던 것은 1791년에 공포된 미국의 제1차 수정헌법(The First Amendment)이었다. 연방헌법(Federal Constitution, 1789) 제6조에서는 공무원이 되고자 하는 자에게 종교가 테스트(test)가 되어서는 안 된다는 규정을 두고 있었다: (미연방헌법 제6조), "미국 내에서 공직이나 공적인 재단에 공무원이 되고자 하는 자에게 그 자격요건으로서 어떠한 종교적인 시험도 요구해서는 안 된다"[30] 그러나 그것은 공무원들에게만 해당되는 것이었고 "모든 사람들을 위한"(for all) 종교의 자유에까지는 아직 미치지 못하였다. 그래서 제임스 매디슨(James Madison) 같은 정치인이 앞장 서서 제1차 수정헌법을 제출하여 미국 연방의회에서 통과가 되었다: (제1차 수정헌법), "의회는 국교의 제정에 관하여 그리고 자유스러운 종교적인 활동을 금지하기 위하여 어떠한 법도 만들어서는 안 된다…."[31]

이 때 미국의 침례교 지도자들을 비롯해서 국가권력으로부터 종교의 자유를 지켜내고자 했던 기독교지도자들이 그를 적극적으로 후원하며 그의 입법활동을 도왔다. 비로소 제1차 수정헌법을 통해서 미국의 기독교는 세속권력의 개입과 간섭으로부터 자유하게 되었다. 이는 교회와 국가와의 관계에서 미국의 교회들은 밀라노 칙령(313) 이전의 교회의 모습을 회복할 수 있는 환경을 갖게 된 것이다.

침례교인들은 국가교회나 시교회 체제의 기독교를 반대하고 "교회와 국가의 분리"(Separation of Church and State)를 주장해 왔다. 이 원칙은 "모든 사람들을 위한 종교의 자유"(Religious Freedom for All)가 제대로 향유되기 위한 전제조건이었다. 더 이상 국가권력이 종교나 교회 문제에 간섭하거나 개입하는 것을 배격한다는 것이며, 교회가 국가나 시로부터 박해나 불이익을 받아서도 안 되지만 동시에 보호나 특혜 혹은 편애를 받아서도 안 된다는 것이다. 침례교인들은 신약성서에는 국교회(state church)나 시교회(city church)라는 개념 자체가 존재하지 않았다고 믿는다.

30) "United States Constitution," Wikipedia, [온라인자료] https://en.wikipedia.org/wiki/United_States_Constitution, 2015년 11월 7일 접속. "No religious test shall ever be required as a qualification to any office or public trust under the United States".

31) "First Amendment to the United States Constitution," Wikipedia, [온라인자료] https://en.wikipedia.org/wiki/First_Amendment_to_the_United_States_Constitution, 2015년 11월 7일 접속. "Congress shall make no law respecting an establishment of religion, or prohibiting the free exercise thereof, ..."

7. 영혼의 유능성과 모든 신자들의 제사장 직분

침례교인들은 중생하기(거듭나기) 위해서는 "개인적으로" 예수 그리스도를 만나는 체험을 해야 한다고 믿는다. 침례교인들은 예수 그리스도의 복음을 들었을 때, 성령님의 감동을 통해서 최소한 "예" 혹은 "아니오"라고 말할 수 있는 능력(ability to say "Yes" or "No")이 있다고 믿는다. 자유하신 하나님께서 인간에게 주신 "자유의지"로 인해 인간은 하나님의 구원으로의 초청에 긍정적으로 반응할 수도 있고 부정적으로 반응할 수도 있다고 믿는다. 성령님의 인도하심을 따라 긍정적으로 반응하는 것이 곧 믿음인 것이다.

침례교인들은 "생각할 수 있는 능력"(ability to think), "판단할 수 있는 능력"(ability to judge), "선택할 수 있는 능력"(ability to choose) 그래서 "복음 앞에서 긍정적이든 부정적이든 반응할 수 있는 능력"(ability to respond affirmatively or negatively before the Gospel), "결단할 수 있는 능력"(ability to decide)이 인간에게는 있다고 보는 것이다. 이를 침례교에서는 "종교문제에 있어서의 영혼의 유능성"(Competency of the Soul in Religion)이라고 말한다.

미국의 장로교 목사인 제임스 케네디(James Kennedy) 박사가 "국제전도폭발 III"라는 개인전도 프로그램을 개발했는데 우리나라 기독교계에도 그 교재가 번역되어 소개되었다. 이 프로그램의 최대 장점은 전도대상자에게 충분한 시간을 가지고 복음의 내용을 자세하게 설명해 준다는 점이다. 성경말씀을 인용하기도 하고 예화를 들기도 하고 전도자의 개인간증을 활용하기도 해서 예수 그리스도의 복음을 이해하기 쉽게 전한다는 점이다. 그리고 복음을 들은 전도대상자에게 다음과 같은 결신질문을 한다: "당신은 (혹은 김 자매님은) 이 영생의 선물을 받기 원하십니까?" "예" 혹은 "아니오"라고 답변할 수 있도록 질문을 던지는 것이다. 결정 혹은 결단을 촉구하는 질문인 것이다. 전도폭발 훈련 프로그램도 인간에게는 영혼의 유능성이 있다는 것을 전제로 기획된 것이라고 볼 수 있다.

"하나님 아래에서 종교문제에 관한 한 인간영혼이 유능성을 가진다는 교리"(doctrine of the soul's competence in religion under God)야말로 침례교인들에게 가장 특징적인 역사적 중요성을 갖는다. 이 교리는 모든 침례교 신앙의 특징들을 떠받히는 기초가 된다. 이것은 "하나님 아래에서의 유능성"(competence under God)이지 "인간의 자기충족성(human self-sufficiency)이라는 의미에서의 유능성"이 아니다. 죄인 각자의 개인적인 결단에 의한 회개와 믿음, 신자의 침례에 의한 신자들의 교회, 지역교회의 독립성과 자치권, 그리스도 중심적인 민주적 회중주의, 지방회와 총회 사역에의 자발적인 참여와 협동 등이 "영혼의 유능성"을 믿는 믿음에 근거하고 있다.

침례교인들은 "영혼이 유능성"을 믿기에 "모든 신자들의 제사장 직분"(Priesthood of All

Believers)을 믿는다. 제사장은 하나님과 백성 사이에 "다리를 놓는 자"(bridge-builder)다. 이 원리는 로마가톨릭 교회의 성직계급제도(priestly hierarchy)나 성직자중심주의(sacerdotalism)에 대항하는 종교개혁운동의 중요한 기치였다. 성직자들만이 제사장이 아니라, 모든 예수 믿는 신자들이 어떠한 직업을 가지고 있든 하나님의 뜻을 이루기 위해 그리고 하나님의 영광을 위해 성심성의껏 일한다면 누구나 성직자이고 그 직업은 성직이 된다는 의미였다.

오늘날 침례교회에서 이 원리는 "모든 교회회원들이 목회자다"라는 의미이다. 예수님을 믿어 신자가 되고 교회회원이 된 자들이 성령님의 인도를 받고 담임목사의 지도를 받아 교회의 목회사역에 기꺼이 자발적으로 동참하는 것을 의미한다. 침례교인들은 모든 교회회원들이 예수 그리스도의 구주되심(saviorhood)과 주님되심(lordship)을 믿고 따르되, 책임감과 주인의식을 가지고 담임목사의 목회를 적극적으로 돕는 사역자들이 되어야 한다고 믿는다.

8. 지역교회의 독립성과 자치권

에베소서를 비롯하여 일부 서신서들에서 "우주적 교회"(Universal Church)가 언급되어 있기는 하지만, 사도행전과 대다수의 서신서들에 등장하는 신약성서적 교회(New Testament Church)는 "지역교회"(Local Church)를 가리킨다. 일정한 지역이나 도시에 세워진 예수 믿는 신자들의 공동체인 것이다. 신약성서에 등장하는 예루살렘 교회, 안디옥 교회, 갈라디아 교회들, 골로새 교회, 고린도 교회, 로마 교회 등은 지상에 세워진 지역교회들이었다. 지역교회는 상호 독립적(independent)이었고 자치적(autonomous)이었다. 그 자체로 예수 그리스도를 머리로 하는 "하나의 그리스도의 신령한 몸"(A Spiritual Body of Christ)이었다. 1,000명이 모이는 교회도 하나의 그리스도의 몸이요 10명이 모이는 교회도 하나의 그리스도의 몸이다. 사명과 책임의 차이는 있겠지만 교회의 본질에 있어서는 1,000명이 모이는 교회나 10명이 모이는 교회나 각각 하나의 독립된 교회(a independent church)요 하나의 그리스도의 몸(a body of Christ)이다. 침례교인들은 각 지역교회는 상호 평등하다고 믿는다. 예수 그리스도가 못박혀 죽으신 십자가 형틀은 평평한(even) 땅 위에 세워졌다고 믿기 때문이다.

그러나 교회들 간의 교제를 위하여, 그리고 하나의 지역교회가 감당할 수 없는 대규모적인 선교나 교육 사역을 수행하기 위해서는 현실적으로 지역교회들을 묶어주는 지방회와 총회가 필요하다는 것을 부정할 수는 없다. 그렇지만 침례교인들은 교회들의 연합이나 모임을 또 다른 교회로 여기지는 않는다. 교제와 협력을 위하여 지방회와 총회가 존재해 왔지만, 그것들은 엄밀히 말하면 참석자 개인들의 모임이지 그 자체가 교회는 아니다. 그래서 남침례교에서는 지방회나 총회의 참석자를 "사신"(messenger)이라고 부른다. 심부름꾼이라는 뜻이다. 다시 말하면 지역교회의 대표로서 참석하는 것이 아니라 개인 자격으로 참석하는 것이다.

이것이 의미하는 것은 지방회나 총회에서 참석자가 어떤 결정을 하기 위해 투표를 했더라도, 교회의 대표가 아니라 개인 자격으로 투표에 참여했기 때문에, 그 결정이 지역교회를 당연히 구속하는 것은 아니라는 뜻이다. 만약 참석자가 교회의 대표 자격으로 지방회나 총회에서 투표하여 어떤 결정을 하였다면, 그 결정은 당연히 지역교회를 구속할 것이다. 그렇게 되면 지역교회의 독립성과 자치권은 훼손을 받게 될 것이다. 지방회나 총회에서 어떤 결정이 있었다고 하더라도, 그 결정을 받아들일 것인지의 여부는 지역교회가 최종적으로 심의하고 결정한다는 것이 침례교 회중주의의 행정방식이다.

오늘날 한국의 침례교회에서 지방회나 총회에 참석하는 자를 "대의원"(delegate)이라고 부르는데, 이 말은 교회의 대표성을 내포하고 있기 때문에 썩 적절하지 못한 용어라고 필자는 생각한다. 개인 자격임을 가리키는 용어("사신," messenger)를 사용해야 한다고 생각한다.

9. 그리스도 중심적인 민주적 회중주의와 협동

침례교인들은 지역교회의 정치와 행정은 "그리스도 중심적인 민주적 회중주의"(Christ-centered Democratic Congregationalism)의 원칙에 따라야 한다고 믿는다. 사람들만의 다수결에 의한 결정이 아니라, 교회의 머리되시는 예수 그리스도를 중심으로 하여 교회회원들이 성령님의 인도를 받으며 하나님의 뜻을 찾기 위해 간절히 기도하며 결정하고 운영해야 한다고 믿는다. "침례교회는 개교회주의다"라는 표현이 사용되기도 하는데, 개교회주의라는 말은 개교회이기주의(local church egoism)라는 의미가 내포되어 있기 때문에, "침례교회는 지역교회 자치주의다"라는 말이 더 정확한 표현이라고 필자는 생각한다. 침례교인들은 각 지역교회는 자치권(autonomy)을 갖는다고 믿는다. 지역교회는 오직 예수 그리스도의 주권 아래에서 "스스로"(auto) "규범"(norm)이 된다. 각 지역교회는 "스스로 통치하는 유기체"(a self-governing organ)이다.

따라서 지역교회 이외의 어떠한 외부의 개인이나 단체나 지방회나 총회나, 심지어 시나 국가도 지역교회의 일에 간섭하거나 개입하거나 직접적인 영향력을 행사할 수 없다. 침례교인들은 지역교회의 결정은 외부기관의 재가나 동의를 필요로 하지 않으며 그 자체로서 최종적이라고 믿는다. 왜냐하면 하나님 아래에서 지역교회의 회중(사무총회나 사무처리회, business meeting)보다 더 높은 권위를 가지는 기관들은 존재하지 않는다고 믿기 때문이다. 결국 지방회나 총회는 지역교회의 사역을 돕고 섬기기 위해 존재하는 기관이다. 지역교회 혼자의 힘만으로는 할 수 없는 큰 사역을 수행하기 위해 지방회나 총회는 “종된 리더십”(Servant-leadership)을 발휘하는 것이다.

침례교인들은 외부기관들의 간섭을 받지 않고, 오직 교회의 머리되시고 주인되시는 예수 그리스도만을 바라보며 자신의 지역교회 문제를 자율적으로 결정하고(self decision-making) 운영해야 한다고 믿는다. 하나님이 통치하시는 신적인 민주주의(Theo-democraticism)에 의해 교회는 자치적으로 운영되어야 한다고 믿는다. 그렇지만 동시에 침례교인들은 “협동하는 사람들”(People of Cooperation)이라는 점도 매우 강조할 필요가 있다. 침례교인들은 지역교회 하나의 능력이나 자원으로 감당할 수 없는 대규모 사역(교회개척, 해외선교, 신학교육, 대규모의 구제 등)을 위해서 지방회나 총회를 통한 협동사역에 자발적으로 그리고 적극적으로 참여해야 한다고 믿는다. 침례교인들은 지역교회의 “자치”(autonomy)와 지방회나 총회를 통한 지역교회들의 “협동”(cooperation)은 상호 배치되는 가치가 아니라고 믿는다.

10. 성령침례와 성령충만

오늘날 한국교회는 오순절주의(Pentecostalism) 신앙으로 인해 성령론에 있어서 적지 않은 혼란을 겪고 있다. 성령과 관련한 표현이 다양하게 많다: “구원받는다,” “성령받는다,” “성령의 인침을 받는다,” “성령님이 내주하신다,” “성령침례를 받는다,” “성령체험을 한다,” “성령충만을 받는다” 등. 오순절 신앙에서는 구원은 받았어도 성령을 받지 않았을 수도 있다고 주장한다. 그래서 구원받은 후에 다시 성령을 받아야 한다고 주장한다. 그러나 예수님을 “나의 구주요 나의 주님으로” 진정으로 믿었다면 성령을 안 받았을 수 있겠는가? 엄밀하게 말하면 예수님을 나의 마음 속에 영접한다는 말은 예수님의 영을 모셔들인다는 말이 아닌가? 예수의 영이 바로 진리의 영이시고 거룩한 영이신 성령님이 아닌가? 예수님은 부활 승천하셔서 지금 하나님 우편에 계신다. 침례교인들은 누구든지 진정으로 예수를 믿었다면 이미 성령을 받은 것이라고 믿는다.

로마서 8장 9절에는 “만일 너희 속에 하나님의 영이 거하시면 너희가 육신에 있지 아니하고 영에 있나니 누구든지 그리스도의 영이 없으면 그리스도의 사람이 아니라”고 말씀하고 있다. 14절과 15절에서는 “무릇 하나님의 영으로 인도함을 받는 사람은 곧 하나님의 아들이라. 너희는 다시 무서워하는 종의 영을 받지 아니하고 양자의 영을 받았으므로 우리가 아빠 아버지라고 부르짖느니라”고 말씀하고 있다. 하나님의 영, 그리스도의 영, 양자의 영은 모두 성령 하나님을 가리키는 말이 아닌가? 또한 고린도전서 12장 3절에서는 "그러므로 너희에게 알리노니 하나님의 영으로 말하는 자는 누구든지 예수를 저주할 자라 하지 아니하고 또 성령으로 아니하고는 누구든지 예수를 주시라 할 수 없느니라"고 말씀하고 있다.

아마도 1세기 고린도 교회에도 예수를 믿었으나 성령을 받아야 한다고 주장했던 사람들이 있어서 교회가 혼란에 빠졌던 것 같다. 사도 바울은 고린도 교회를 향하여 이렇게 한탄하듯 질문하고 있다: "너희는 너희가 하나님의 성전인 것과 하나님의 성령이 너희 안에 계시는 것을 알지 못하느냐?"(고전 3:16); "너희 몸은 너희가 하나님께로부터 받은 바 너희 가운데 계신 성령의 전인 줄을 알지 못하느냐? 너희는 너희 자신의 것이 아니라. 값으로 산 것이 되었으니 그런즉 너희 몸으로 하나님께 영광을 돌리라"(고전 6:19-20).

예수를 믿은 신자들은 성령을 마음 속에 이미 모신 자들이고, 그래서 성령을 모시고 있는 신자의 몸은 성령의 전인 것이다. 예수를 믿었으나 성령을 받지 못했다는 말은 어불성설인 것이다. 예수를 믿은 자는 양자의 영(Spirit of Adoption), 즉 성령을 받아서 하나님의 아들과 하나님의 딸이 된 것이고, 그 혹은 그녀는 천지만물을 창조하시고 소유하고 계신 하나님을 "아빠 아버지"라고 부를 수 있는 특권을 이미 소유하고 있는 것이다.

예수를 믿었으나 성령을 받아야 한다는 주장을 "후속교리"(subsequent theory) 혹은 "두 번째 축복교리"(second blessing theory)라고 한다. 예수를 믿어 구원받은 후 "후속적으로"(subsequently) 성령을 받아야 한다는 것이고, 예수 믿고 구원받는 것은 첫 번째 축복이고 성령받는 것을 두 번째 축복이라는 것이다. 침례교인들은 후속교리나 두 번째 축복교리를 배격한다. 성령은 인격체이셔서 분할할 수 없는 분이시다. 예수를 믿을 때 30%의 성령을 주시고, 방언과 같은 육체적인 체험을 할 때 또 30%의 성령을 주시고, 성령침례를 받을 때 또 30%의 성령을 주시는 것이 아니다. 성령님은 인격체이시기 때문에 분할판매하시는 분이 아니다. 예수님을 진정으로 믿어 죄사함받고 구원받았다면 100% 성령을 받은 것이다. 그리고 예수 믿은 신자의 몸은 성령님이 거하시는 성령의 전(Temple of the Spirit)이 된 것이다.

"성령침례"(Spirit Baptism)라는 단어에 대해서도 적지 않은 혼란이 있다. 단도직입적으로 말하면, 침례교인인 필자는 예수님을 진정으로 믿을 때 성령을 받는 것이고 그리고 동시에 성령침례를 받는 것이라고 믿는다. 사도 바울은 고린도전서 12장 12절과 13절에서 "몸은 하나인데 많은 지체가 있고 몸의 지체가 많으나 한 몸임과 같이 그리스도도 그러하니라. 우리가 유대인이나 헬라인이나 종이나 자유인이나 다 한 성령으로 침례를 받아 한 몸이 되었고 또 다 한 성령을 마시게 하셨느니라"라고 말씀하고 있다. 지체들의 다양성과 몸의 통일성을 말하고 있는데, 다양한 배경을 가진 죄인들이 "다 한 성령으로 침례를 받아 한 몸이 되었다"는 것이다. 여기서 "한 몸"은 교회, 특히 우주적 교회를 의미한다.

죄인이 교회가 되려면 어떻게 해야 하는가? 회개하고 예수를 믿어야 한다. 그것을 "다 한 성령으로 침례를 받았다"고 말하고 있는 것이다. 다시 말하면 다양한 배경을 가진 죄인들이 예수를 진정으로 믿는 순간 "'풍덩'하고 성령의 강물 속으로 빠져서" 교회가 된다는 것이다. 고린도전서 12장에서 말하는 "성령침례"는 방언이나 진동이나 뒤로 넘어짐 등 어떤 "육체적 체험"(physical experience)이나 "느낌"(feeling)을 말하고 있는 것이 아니라, 죄인이 회개하고 예수를 믿어서 교회(한 몸)가 된다는 "사실"(fact)을 "성령으로 침례를 받았다"라고 표현하고 있는 것이다.

남침례교 신앙고백인 "침례교인의 신앙과 메시지"(2000년판)에서 "성령침례"(Spirit Baptism)라는 개념과 관련하여 오순절 성령신학을 단호하게 배격하는 내용의 문장을 첨가하였다: "그 분(성령-필자 주)은 중생의 순간에 신자 각자를 그리스도의 몸(교회-필자 주) 속으로 침례(성령침례-필자 주)를 베푸신다"(At the moment of regeneration He baptizes every believer into the Body of Christ).[32] 남침례교인들의 2000년판 신앙고백에서는 어떤 죄인이 예수님을 진정으로 믿는 순간에 그 분의 피의 능력으로 죄사함 받고 거듭나는 것(중생)이며, 거듭나는 순간에 그 신자는 성령을 받게 되어 우주적 교회의 한 부분이 된다는 것이고, 그것이 바로 성령침례를 받는 것이라고 분명하게 진술하고 있다. 오순절 신앙이 주장하는 후속교리나 제2의 축복교리(the second blessing theory)를 단호히 배격하고 있다.

예수님께서 사도행전 1장 4절과 5절에서, "사도와 함께 모이사 그들에게 분부하여 이르시되, 예루살렘을 떠나지 말고 내게서 들은 바 아버지께서 약속하신 것을 기다리라. 요한은 물로 침례를 베풀었으나 너희는 몇 날이 못 되어 성령으로 침례를 받으리라 하셨느니라"고 예언하셨다. 그리고 예수님은 요한복음 14장 26절에서, "보혜사 곧 아버지께서 내 이름으로 보내실 성령 그가 너희에게 모든 것을 가르치고 내가 너희에게 말한 모든 것을 생각나게 하리라"고 예언하셨다(사도 요한이 성령강림에 관하여 예언하신 말씀들: 요 14:16-17; 15:26; 16:7; 16:3; 20:22-23).

이러한 예언들이 성취된 내용이 사도행전 2장 1절-4절에 기록되어 있다: "오순절 날이 이미 이르매 그들이 다같이 한 곳에 모였더니, 홀연히 하늘로부터 급하고 강한 바람같은 소리가 있어 그들이 앉은 온 집에 가득하며, 마치 불의 혀처럼 갈라지는 것들이 그들에게 보여 각 사람 위에 하나씩 임하여 있더니, 그들이 다 성령의 충만함을 받고 성령이 말하게 하심을 따라 다른 언어들로 말하기를 시작하니라."

---

32) Douglas K. Blount and Joseph D. Wooddell, ed., *Baptist Faith and Message 2000: Critical Issues in America's Largest Protestant Denomination* (Lanham, NY: Rowman & Littlefield Publishers, Inc., 2007), 204.

"아버지께서 약속하신 것"–성령이다. "성령으로 침례를 받으리라"–오순절 날 성령받게 될 것에 대한 예언이다. "보혜사 곧 아버지께서 내 이름으로 보내실 성령"–마찬가지로 제자들이 오순절 날 받게 될 성령이다. 사도행전 2장 1절-4절에서는 성령침례를 받았다는 말씀이 없다. "그들이 다 성령의 충만함을 받았다"(행 2:4)는 말씀이 기록되어 있을뿐이다. 필자는 이 구절을 다음과 같이 이해하면 "성령으로 침례를 받으리라"(행 1:5)는 말씀이 더욱 선명하게 드러난다고 생각한다.

사도행전 2장 4절의 말씀에서 "성령을 받되"라는 구절을 삽입해서 "그들이 다 (성령을 받되) 성령의 충만함을 받고"라고 이해하면 그 뜻이 분명해진다. 다시 말해서 오순절 날 예수님의 제자들에게는 성령을 받은 것과 성령의 충만함을 받은 것이 동시적으로 이루어졌다는 말이다. 따라서 "성령으로 침례를 받으리라"는 예언은 "성령을 받았다"는 말씀으로 성취된 것이다. 성령을 받고 동시에 성령의 충만함을 받은 상태에서 제자들은 "다른 언어들로 말하기를 시작하였다." "성령으로 침례를 받으리라"라는 예언은 성령의 충만함을 받을 것을 의미하는 것도 아니요 다른 언어들로 말할 것도 의미하는 것이 아니라, 성령을 받을 것을 의미하는 예언이었던 것이다. 요한복음 14장의 "보혜사 성령"에 관한 예언과 사도행전 1장 5절의 "성령으로 침례를 받으리라"는 예언은 동일한 것이며, 그 예언이 사도행전 2장에서 제자들이 성령을 받음으로써 성취가 된 것이다.

요약하면 이렇게 정리할 수 있다. 예수를 진정으로 믿으면 죄사함과 구원을 받는 것이고 동시에 "성령을 받는 것"이다. 그리고 성령을 받는 동시에 "성령으로 침례를 받아" 교회(한 몸, 우주적 교회라고 해석할 수 있다–필자 주)의 일원이 되는 것이다. 성령을 받는 순간 하나님의 소유권의 표시인 "성령의 인침"을 받게 되는 것이고, 계속적으로 신자의 마음속에 "성령은 내주하신다." 결국 "성령을 받는다, 성령침례를 받는다, 성령의 인침을 받는다, 성령이 내주하신다"는 말은 예수를 진정으로 믿을 때 신자의 마음 속에서 일어나는 영적 체험과 내적 변화를 설명하는 표현인 것이다.

세계적인 침례교 부흥사인 빌리 그래함 목사도 이런 말을 하고 있다: "수년 동안 성경을 연구해 본 결과, 나는 모든 그리스도인의 삶에 오직 한번 성령침례(only one baptism with Holy Spirit)가 있는 것을 확신하게 되었습니다. 그것은 바로 회심(conversion, 개종)의 순간에 일어나는 것입니다."[33]

그러면 이제 성령과 관련하여 남아있는 한 가지 명령은 무엇인가? 그것은 바로 "오직 성령으로 충만함을 받으라"(엡 5:18)는 명령이다. "성령충만"이란 성령님에 의해 지배되거나 통치되는(controled and governed by the Holy Spirit) 상태인데, 이를 달리 표현하면 "내가 나

33) Billy Graham, *The Holy Spirit* (Dallas: Word, 1988) 62.

의 주인이 아니라 성령님이 나의 주인이 되시는 상태"이다. 그렇게 되려면 내 마음의 보좌를 온전히 성령님께 내어드려야 한다. 성령충만할 때 성령의 권능을 힘입게 되어 능력있는 신앙생활을 할 수 있게 되고, 하나님의 말씀에 순종할 수 있게 되고, 하나님만을 의지하며 기도할 수 있게 되고, 예수님의 새 계명 즉 하나님 사랑과 이웃 사랑을 몸으로 실천할 수 있게 되고, 불신자를 대할 때 불쌍히 여기는 견딜 수 없는 마음이 생겨 전도하게 되고, 역경 속에서도 성령님의 도우심을 힘입어 승리하는 삶을 살 수 있게 된다.

오순절 계통에서는 성령을 단순히 능력(power)이나 영향력(influence) 혹은 적극적인 가능성(positive ability) 등 비인격적인 힘인 것처럼 설명하는 경우를 종종 보는데, 우리가 잊지 말아야 할 사실은 성령님은 인격이심과 동시에 신성(deity)을 가지신 삼위일체 하나님이라는 사실이다. "침례교인의 신앙과 메시지"(2000)에서는 "성령은 완전한 신성을 가지신 하나님의 영이시다"(The Holy Spirit is the Spirit of God, fully divine)라고 진술하고 있다. 오순절 목사들의 설교를 듣다 보면, 성령침례라는 말과 성령충만이라는 말을 상호 혼용하는 경우를 종종 듣게 되는데, 이 두 가지 용어를 분명히 구별하여 사용하여야 한다. "성령침례"는 예수 믿는 순간 성령의 강물 속으로 풍덩 빠져서 교회가 되는 것을 의미하고, "성령충만"은 계속적으로 반복적으로 성령님이 신자들의 마음 속에서 주인이 되어 있는 상태를 의미한다.

침례교인들은 성령침례를 받으려고 발버둥칠 것이 아니라(이미 예수 믿는 순간 성령을 받았고 성령침례를 받은 것이다), 성령충만 받기를 사모하며 성령님의 인도하심을 받는 삶을 살려고 노력해야 한다. 침례교회에서는 "성령침례"(spirit baptism)를 받은 신자(believer)에게 "물침례"(water baptism)를 베풀어서 교회의 회원이 되게 하는 것이다. 그리고 신앙생활을 하면서 성화를 이루기 위하여 반복적으로 "성령충만"(being filled with Holy Spirit)을 받도록 노력하고 몸부림쳐야 하는 것이다.

11. 영혼구원과 선교

침례교인들은 "전도하고 선교하는 사람들"(People of Evangelism and Missions)이다. 침례교인들은 영혼구원(전도)과 선교를 지역교회와 신자들이 감당해야 할 가장 우선적이고 긴박한 사명이라고 믿는다. 예수님도 이 땅에 오신 가장 우선적인 목적을 이렇게 단순하게 말씀하셨다: "인자의 온 것은 잃어버린 자를 찾아 구원하려 함이니라"(눅 19:10). 사실 16세기 주류종교개혁가들(관료후원적 종교개혁가들)은 프로테스탄트 종교개혁운동으로 로마가톨릭 교회를 개혁하면서 유럽 내에서 일정한 세력과 영역을 확보하게 되었는데, 그것을 지키고 확산시키고 그리고 프로테스탄트 신학체계를 형성하는 일에만 주력하였지 유럽 밖의 잃어버려진 영혼들에 대한 선교에 대해서는 적극적이지 못하였다. 그리고 그들은 예수님의 지상명령(마 28:19-20)은 1세기 사도시대에 이미 성취된 것으로 여겼다.[34)]

프로테스탄트들에 의한 세계선교가 본격적으로 시작된 것은 1792년에 영국 침례교 목사 윌리암 캐리(William Carey)에 의해 최초의 개신교 해외선교단체인 "침례교선교협회"(Baptist Missionary Society)가 결성되면서부터였다. 그는 같은 해 봄에 「질문서」(*An Enquiry into the Obligation of Christians to Use Means for the Conversion of the Heathen*)라는 책을 출판하였는데, 이 책은 "근대선교운동의 대헌장"(Magna Charta of Modern Missionary Movement)이 되었다. 윌리암 캐리에게는 "근대선교운동의 아버지"(Father of Modern Missionary Movement)라는 별명이 붙게 되었고, 실제로 그는 1793년초에 당시 영국의 식민지였던 인도의 캘커트(Kolkata) 지역으로 가서 일평생 선교사역에 주력하였다.

그의 선교활동이 영국과 미국 등에 알려지면서 각 교단에서는 많은 해외선교단체들이 만들어졌고, 미국에서는 "해외선교를 주목적으로 한" 최초의 침례교 전국총회인 일반선교총회(GMC, General Missionary Convention, 3년차 총회, Triennial Convention)가 1814년에 결성되었다. 윌리암 캐리의 선교활동은 19세기를 "프로테스탄트 세계선교를 위한 위대한 세기"(The Great Century for the Protestant World Mission)가 되게 하였다.

윌리암 캐리는 1792년 봄에 침례교지방회 예배에서 "하나님으로부터 위대한 일들을 기대하라, 하나님을 위하여 위대한 일들을 시도하라"(Expect Great Things from God, Attempt Great Things for God)는 주제로 설교한 적이 있다. 또한 1834년에 독일 땅에 최초의 침례교회를 세웠고 스위스와 네델란드 등 유럽의 인근 국가들에 복음을 증거하고 침례교회를 세웠던 요한 게르하르드 옹켄(Johann Gerhard Onken)은 "침례교인은 누구나 선교사이다"(*Jeder Baptist Ein Missionar*, Every Baptist A Missionary)라는 유명한 말을 남겼다.[35)]

"침례교인들의 성경귀절"(phrases of the Baptists)이라는 말이 있는데, 요한복음 3:16과 마태복음 28:18-20을 가리킨다. 침례교인들은 "그러므로 너희는 가서 모든 족속으로 제자를 삼으라"는 예수님의 유언(The Great Commission, 지상명령)을 매우 심각하게 받아들이고 실천하는 사람들이다. 동시에 "누구든지 예수를 믿기만 하면 멸망치 않고 영생을 얻는다"는 확신을 가지고 있는 사람들이다. 예수 그리스도를 "나의 구주요 나의 주님"(My Savior AND My Lord)으로 믿는 침례교인들은 잃어버려진 영혼들을 주님께로 인도하여 영생을 얻도록

34) 김승진, "1. 16세기 주류 종교개혁운동의 한계," "제9장 아직도 미완성인 종교개혁," 「종교개혁가들과 개혁의 현장들」, 329-30.

35) 김승진, "Johann Gerhard Oncken과 19세기 유럽침례교운동을 위한 그의 기여," 「복음과 실천」 제55집, (2015년 봄): 163-92.

하는 사역을 가장 시급한 급선무라고 여긴다. 근대선교운동의 문을 열었던 윌리암 캐리와 요한 게르하르트 옹켄 같은 사람들을 신앙적인 선배로 모시고 있는 침례교인들은 전도와 선교를 향한 열정으로 충만하여 영혼구원과 선교를 위해서 헌신해야 한다.

또한 침례교인들은 지역교회가 행하는 전도와 선교도 중요시해야 하지만, 지방회나 총회 차원에서 지역교회들이 협동(cooperation)함으로 대규모적인 하나님의 영적 비즈니스(God's Spiritual Business)를 행하는 사람들이다. 기독교한국침례회에 속한 침례교회들도 예산의 약 10%정도씩을 자발적으로 총회로 보내어, 협동 프로그램(Cooperative Program)을 통해 해외선교, 국내 교회개척, 신학교육, 구제 등의 사역을 총회적인 차원에서 힘있게 감당할 수 있어야 하겠다.

제3장

침례교회의 기원

침례교회는 언제 어디에서 시작되었는가에 대해서는 시대에 따라 다양한 학설들이 전개되어 왔다. 20세기의 처음 한 세대까지만(1930년경) 해도 미국 침례교회에서는 침례교회는 개신교회(Protestant Church)가 아니며, 종교개혁의 산물이 아니라 예수님이 이 지상에 세우셨던 교회가 1900여 년의 역사 속에서 면면히 이어져 왔다는 주장이 통설이었다. 그러나 이러한 주장은 믿음일 수는 있지만, 학술적이고 문헌적인 증거가 부족해 오늘날에는 침례교 역사학계에서 가치있는 학설로 인정을 받지 못하고 있다.

로버트 토벳(Robert G. Torbet)은 그의 저서 「침례교인들의 역사」(*A History of the Baptists*)에서 전승설(Successionist Theory), 아나뱁티스트 영혈설(Anabaptist Spiritual Kinship Theory), 영국 분리주의자 후예설(English Separatist Descent Theory) 등으로 구분하여 침례교회의 기원에 관한 학설들을 설명하고 있는데,[36] 본서에서는 미국 사우스웨스턴 침례신학원(Southwestern Baptist Theological Seminary, Fort Worth, Texas) 교수를 역임했던 레온 맥베스(H. Leon McBeth) 박사의 구분에 따라 설명을 하고자 한다.[37]

I. 침례교회들의 전승설 (Succession of Baptist Churches)[38]

이 학설은 이 땅 위에 세워지고 조직화된 침례교회가 기독교 역사 전 과정을 통하여 여러 세대를 거쳐 계속적으로 지상에 존속되어 왔다는 주장이다(The Succession of Organized

36) Robert G. Torbet, *A History of the Baptists* (Valley Forge, PA: Judson Press, 1982).
37) H. Leon McBeth, *The Baptist Heritage: Four Centuries of Baptist Witness* (Nashville, TN: Broadman Press, 1987).
38) 제3장의 내용은 침례교 신학총서 집필위원회, 「침례교 신학총서」 (서울: 요단출판사, 2016), 552-66 참조.

Baptist Churches through the Ages).[39] 간단히 말해서 예수님께서 이 지상에 세우셨던 교회가 바로 침례교회였으며, 이 교회는 지난 2,000여 년 동안 로마가톨릭 교회의 테두리와 역사 밖에서 계속적으로 명맥을 유지해 왔다는 것이다. 이 견해는 침례교회의 기원을 원시기독교(Primitive Christianity)로 소급하여 추적하고 있다.

따라서 이 학설은 "제이제이제이 이론"(JJJ Theory)이라고도 불리운다. 예수(Jesus)님께서 침례 요한(John the Baptist)으로부터 요단강(Jordan River)에서 침례(immersion)를 받으심으로써 침례교회는 시작되었으며, 오순절날 성령이 강림함으로 시작되었던 교회는 다름 아닌 침례교회라는 것이다(행 2:37-42). 예수님께서 "내가 이 반석 위에 내 교회를 세우리니 음부의 권세가 이기지 못하리라"(마 16:18)고 말씀하시며 지상에 세우셨던 교회가 바로 침례교회였다는 것이다. 따라서 침례교회는 종교개혁 이전에도 존재해 왔기 때문에, 종교개혁의 산물이라고도 볼 수 없으며, 따라서 개신교회(Protestant Church)라고도 볼 수 없다는 것이다.

기독교회의 역사 속에는 신약성서적인 교회의 모습을 유지하려 애씀으로써, 로마가톨릭 교회라는 주류에 합류하기를 꺼려하거나, 형식화되고 관료화되었던 기득권 체제에 항거하고 도전했던 분파들(sects, dissidents, non-conformists)이 존재해 왔다. 4세기의 도나티스트들(Donatists), 11세기의 알비파들(Albigenes, "Cathari"), 12세기의 왈도파들(Waldenses), 그리고 16세기 종교개혁기의 아나뱁티스트들(Anabaptists)처럼 기득권 체제로부터 핍박을 받으며 "피흘린 발자취"(trail of blood)를 남겼던 그리스도인들이, 비록 그 명칭은 시대에 따라 달랐지만 그들이 모두 침례교인들이었다는 주장이다.

특히 1931년에 「피흘린 발자취」(*The Trail of Blood*)[40]라는 소책자를 출간한 제이 엠 캐롤(J. M. Caroll)은 "기독교 역사에 의하면… 침례교인들은 예수 그리스도 이후 끊어지지 않은 교회들의 연결고리를 가지고 있다"[41]고 말하면서 1900여 년에 걸친 교회지도(church map, 교회가 분열되고 분화된 내용을 마치 지도처럼 그림으로 그렸다-필자 주) 위에 붉은 점을 찍어 순교의 피를 흘렸던 그리스도인들을 묘사하고 있는데, 이들이 "침례교인"(Baptist)이라는 이름을 사용한 것은 아니라고 할지라도 이들 순교자들 모두는 침례교인들이라고 주장하였다. 로마가톨릭 교회 밖에서 순수한 신약성서적인 신앙을 추구했던 모든 참된 그리스도인들이, 그들에게 붙여졌던 명칭 여하를 불문하고 바로 침례교인들이라는 것이다.

이렇게 볼 때 전승설은 "침수례의 전승"(Succession of Immersion Baptism)을 중요한 기반

39) Ibid., 58-60.
40) J. M. Carroll, *The Trail of Blood* (n.p.: n.p., 1931).
41) McBeth, *The Baptist Heritage*, 59.

으로 삼고 있다. 오늘날 우리가 베풀고 받고 있는 "침례"와 예수님이 침례 요한으로 받았던 "침례" 그리고 예수님과 제자들이 베풀었던 "침례" 사이에는 눈에 보이지 않는 연결고리가 있다고 상정하는 것이다. 나에게 침례를 베풀었던 목사님, 그 목사님에게 침례를 베풀었던 목사님, 또 그 목사님에게 침례를 베풀었던 목사님… 이렇게 2000여 년을 거슬러 올라가면 바로 예수님과 침례 요한에게까지 소급하여 올라가게 된다는 것이다.

"그러므로 너희는 (가서 모든 민족을 제자로 삼아) 아버지와 아들과 성령의 이름으로 침례를 베풀어라"(마 28:19)라는 예수님의 유언도 지키지 않고 따르지 않는 교회들은 예수 그리스도의 제자들이라고 볼 수 없고 인간적인 사교단체(human fellowship societies)에 불과하다는 것이다. 마치 로마가톨릭 교회가 베드로의 수사도권(Head-apostleship, 교황권)의 전승을 교회의 역사적 정통성의 근거로 여기듯이, 전승설을 믿는 침례교인들은 "침수례의 전승"을 침례교회의 역사적 정통성의 근거로 삼았던 것이다. 그래서 이 학설은 단순하게 "전승설"(Successionist Theory)이라고도 불리운다.

이러한 주장은 캐롤 이외에도 아담 테일러(Adam Taylor),[42] 오처드(G. H. Orchard),[43] 그레이브스(J. R. Graves),[44] 크램프(J. M. Cramp),[45] 레이(D. B. Ray),[46] 존 크리스천(John T. Christian)[47] 등이 전승설에 입각하여 침례교 역사를 서술하였다.

결국 전승설은 가정이나 추측, 그리고 바램에 근거한 학설이다. 다른 말로 하면 역사적 문헌적 증거나 사료에 근거한 학설이 아니라는 것이다. 신앙적인 확신일 수는 있지만 학문적인 논리는 결여된 주장인 것이다. 그러나 전승설은 침례교회의 교세가 타 개신교단들에 비해 상대적으로 취약했던 시절에, 그리고 교단들 상호 간에 성장을 위한 경쟁이 심했던 시절에, 침례교인들에게 교단적인 자긍심과 충성심 그리고 역사적 정통성을 심어주는데 중요한 역할을 했던 주장이었다.

---

42) Adam Taylor, *The History of the English General Baptists* (1818).

43) G. H. Orchard, *A Concise History of Baptists in England* (1838).

44) J. R. Graves는 19세기 중반 미국 남침례교총회 내에서 "지계석주의"(Ladmarkism) 운동을 주도했던 지도자인데, 그는 철저하게 "침례교회들의 전승설"의 사관에 입각하여 자신의 신학과 운동을 전개했던 사람이다.

45) J. M. Cramp, *Baptist History: From the Foundation of the Christian Church to the Close of the Eighteenth Century*.

46) D. B. Ray, *Baptist Succession: A Handbook of Baptist History* (1883).

47) John T. Christian, *A History of the Baptists* (1922).

II. 성서적 가르침들의 계속설 (Continuation of Biblical Teachings)

이 학설은 전자(침례교회들의 전승설)처럼 "조직화된"(organized) 침례교회들이 지상에 계속적으로 존재해 왔다고는 주장하지 않지만, 오늘날의 침례교인들이 가지고 있는 신앙과 신앙행습 그리고 교리와 신학 등의 "성서적 가르침들"(Biblical Teachings)이, 초대교회 이후 신실한 그리스도인들에게 지속되어 왔다는 주장이다.[48] 다시 말해서 성서, 특히 신약성서의 가르침을 최종의 권위로 여기며 그 가르침에 따라 살아가려고 노력했던 그리스도인들이, 기록된 교회역사 밖에서 현실적으로 존재해 왔다는 것이다. 이렇게 볼 때 신약성서 시대로부터 현재까지, 앞에서 언급했던 소위 말하는 분파들(dissenting groups, 도나티스트들, 왈도파들, 알비파들, 아나뱁티스트들 등)을 통해서 오늘날 침례교회의 "성서적 가르침들"이 계속적으로 이어져 왔다는 견해이다.

이러한 주장을 하는 대표적인 학자들은 토마스 크로스비(Thomas Crosby),[49] 조셉 아이비미(Joseph Ivimey),[50] 데이비드 베네딕트(David Benedict),[51] 토마스 아미티지(Thomas Armitage),[52] 리차드 쿡(Richard Cook),[53] 앨버트 뉴만(Albert H. Newman),[54] 헨리 베더(H. C. Vedder)[55] 등이다.

그러나 신약성서적인 가르침 혹은 침례교적인 가르침이 교회역사 속에 계속적으로 존재해 왔다는 그 자체가 침례교회의 기원을 설명해 주기에는 문제가 없지 않다. 어떤 사상이나 개념, 그리고 그 영향력이 특정 교단의 역사적 발생 혹은 기원이 될 수는 없는 것이다. 지상에 존재하는 유형적 교회의 기원을 설명해 주려면, 성서적 가르침들이 아니라 실제로 존재했던 교회들이 역사적 연결고리를 가져야 하는 것이다.

---

48) McBeth, *The Baptist Heritage*, 56.
49) Thomas Crosby, *History of the English Baptists* (1738-1740).
50) Joseph Ivimey, *History of English Baptists* (1812-1830).
51) David Benedict, *A General History of the Baptist Denomination in America and Other Parts of the World* (1813).
52) Thomas Armitage, *A History of the Baptists* (1887).
53) Richard Cook, *The Story of Baptists in All Ages and Countries* (1884).
54) Albert Newman, *A History of Baptist Churches in the United States* (1894).
55) Henry C. Vedder, *A Short History of the Baptists* (1892).

III. 아나뱁티스트 영향설 (Anabaptist Influence)

이 학설은 침례교회의 기원을 종교개혁 시대(16세기)에 등장했던 성서적 아나뱁티스트들(Biblical Anabaptists)의 영향과 밀접한 관계를 가진다고 보는 견해(The Influence of Biblical Anabaptist Theory)이다. 이러한 견해를 주장하는 학자들은 침례교회가 영국의 분리주의(English Separatism) 운동으로부터 유래했다고 할지라도, 유럽대륙에서 발생한 아나뱁티스트 운동과 영국 땅으로 은밀히 잠입해 들어온 대륙의 아나뱁티스트들의 활동이, 영국 땅에서 분리주의 운동의 길을 열었다고 본다.[56] 이 학설은 아나뱁티스트 영혈설(Anabaptist Spiritual Kinship Theory)[57]이라고도 불리운다. 즉 침례교인들은 16세기 유럽 대륙에서 발생했던 아나뱁티스트들과 영적인 혈연관계에 있고, 그들을 직접적이고 역사적인 조상들로 간주한다는 것이다.

앞 장에서 언급했던대로 프로테스탄트 종교개혁운동을 큰 범주로 분류하면, 관료후원적 종교개혁(Magisterial Reformation)과 근원적 종교개혁(Radical Reformation)으로 나눌 수 있다. 전자의 대표적인 개혁가들은 마르틴 루터, 울리히 쯔빙글리, 쟝 깔뱅, 그리고 영국 국교회의 지도자들이다. 기본적으로 이들은 자신들의 개혁 사상에 공감을 했던 당시의 세속 권력가들, 즉 관료들의 후원을 입어서 개혁을 완성시켜 나간 개혁가들이다.

루터는 삭소니(Saxony) 주의 정치가 현자 프레드릭(Fredrick the Wise)의 후원을 입었고, 쯔빙글리는 취리히(Zurich) 시의회의 의원들, 그리고 깔뱅은 제네바(Geneva) 시의회 의원들의 정치적 후원과 도움으로 개혁을 이루어 갔다. 영국국교회는 영국의 국왕 헨리 8세(Henry VIII)에 의해 로마 가톨릭교회와의 관계를 단절하고 영국 고유의 독자적인 교회를 이끌어 갔던 것이다.

따라서 관료후원적 종교개혁은 기본적으로 종교와 정치 그리고 교회와 국가 간의 유대를 전제로 하는 국교체제(state church)를 이루면서 시작된 개혁이었다. 따라서 이들 개혁가들은 수백년 동안 로마 가톨릭교회 내에서 행해져 왔던 유아세례(Infant Baptism) 전통을 견지하였다.

이에 비해 근원적 종교개혁가들은 신약성서가 가르치는 참 교회는 예수 그리스도를 믿는 신자들(believers)만으로 구성되는 영적 공동체(spiritual community)이어야 하며, 따라서 교회와 국가 그리고 종교와 정치는 분리되어야 한다고 주장하였다. 따라서 이들은 뱁티즘은 어디까지나 신자들(believers)에게만 베풀어져야 하며, 신자들은 신앙고백의 수단으로 뱁

56) McBeth, *The Baptist Heritage*, 52.
57) Torbet, *A History of Baptists*, 19-20.

티즘을 받아 교회회원이 된다고 믿었다. 이들은 유아세례가 성서적이지 않고 인간이 고안해낸 종교적 발명품(human religious invention)에 불과하다고 간주하였다.

근원적 종교개혁가들은 극단적인 신비주의자들(extreme Spiritualists)로부터 극단적인 이성주의자들(extreme Rationalists)에 이르기까지 다양한 그룹들이 있었지만, 이들 가운데에서 성경만을 최종적인 권위로 인정하면서 지상에 가시적인 신자들의 교회(visible believers' church)를 세우고자 했던 자들을 "성서적 아나뱁티스트들"(Biblical Anabaptists)이라고 부른다. 유럽 대륙, 특히 스위스 지역에서 시작된 바로 이러한 성서적 아나뱁티스트들을 침례교인들의 조상으로 간주해야 한다는 주장이 아나뱁티스트 영향설이다.[58]

사우스웨스턴 침례신학원의 역사신학 교수였던 윌리암 이스텝(William R. Estep) 박사는, 침례교회는 "영국의 분리주의자들을 아버지로 하고 대륙의 성서적 아나뱁티스트들을 어머니로 하여 탄생하였다"고 주장하였다.[59] 그의 주장을 "이중 조상설"(Dual Parentage Theory)이라고 부를 수 있을 것이다.

성서적 아나뱁티스트들과 뱁티스트들(침례교인들) 사이에는 차이점과 유사점이 동시에 존재하는데, 아나뱁티스트 영향설을 주장하는 학자들은 유사점에 보다 큰 비중을 두고 논리를 전개하였다. 특히 영국 일반침례교의 창시자로 간주되는 존 스마이드(John Smyth)가 영국에서의 종교적인 탄압을 피하여 게인즈보로 교회(Gainsborough Church)를 이끌고 네델란드 암스테르담으로 이주했는데, 이 학설을 주장하는 학자들은 이들이 네델란드의 아나뱁티스트들(메노나이트들) 가운데 온건파인 워터랜더(Waterlanders)파 교인들과 실제적인 접촉을 하며 영향을 주고 받았음에 촛점을 맞추었다.[60]

아나뱁티스트 영향설을 주장하는 대표적인 학자들은 언더우드(A. C. Underwood),[61] 어니스트 페인(Ernest A. Payne),[62] 제임스 모스텔러(James D. Mosteller),[63] 윌리암 이스텝(William R. Estep),[64] 마이클 왓츠(Michael R. Watts),[65] 캘빈 파터(Calvin Pater),[66] 글렌 스타쎈(Glen H.

58) 이 학설은 Robert G. Torbet이 지칭한 "아나뱁티스트 영혈설"(Anabaptist Spiritual Kinship Theory)과는 뉴앙스를 약간 달리하고 있다. Torbet은 "아나뱁티스트 영혈설" 속에 McBeth가 분류하고 있는 "성서적 가르침들의 계속설"(Continuation of Biblical Teachings)의 개념을 상당 부분 포함하고 있다. "아나뱁티스트 영혈설"에서는 도나티스트들, 노바티안들, 헨리시안들, 페트로브루시안들, 왈도파들 등도 아나뱁티스트들과 함께 침례교의 조상들로 간주하고 있다. Torbet, *A History of the Baptists*, 19-20.

59) William R. Estep, *The Anabaptist Story,* 271-3.

60) Ibid., 283-303.

61) A. C. Underwood, *A History of English Baptists* (1956).

62) Ernest A. Payne, "Contacts between Mennonites and Baptists," *Foundations*, 39-55.

63) James D. Mosteller, "Baptists and Anabaptists," *The Chronicle*, January 1957, July 1957.

64) William R. Estep, "Anabaptists and the Rise of English Baptists," "On the Origin of English Baptists."

65) Michael R. Watts, *The Dissenters* (1978).

66) Calvin A. Pater, *Karlstadt as the Father of the Anabaptist Movement* (1984).

Stassen),[67] 로니 클리버(Lonnie D. Kliever)[68] 등이 있다.

20세기에 들어오면서 근원적 종교개혁에 관한 관심이 증대되어 많은 자유교회 전통(Free Church Tradition)의 학자들이 *Mennonite Quarterly Review*(*MQR*)와 같은 학술지에 아나뱁티스트들과 침례교회를 포함한 자유교회의 전통들 그리고 그들의 역사에 관한 논문들을 집필하면서, 이들 양자 간의 관계에 관한 논의가 활발하게 진행되고 있기는 하지만, 아나뱁티스트 영향설은 아직 소수파의 견해에 불과하다. 대륙의 아나뱁티스트들을 침례교회의 조상으로 간주하기에는 문헌적 사료가 부족하고 역사적 연결고리가 분명치 않은 한계가 있다.[69] 또한 오늘날 성서적 아나뱁티스트들을 "직접적인 역사적 조상들"(Direct Historical Ancestors)로 여기고 있는 기독교 교파들이 있는데, 메노나이트들(Mennonites)과 후터라이트들(Hutterites) 그리고 아미쉬(Amish) 등이다. 메노나이트들은 스위스 취리히에서 시작된 "스위스 형제단"(Swiss Brethren, 콘라드 그레벨, 게오르게 블라우락, 펠릭스 만쯔 등)과 네델란드 신학자 메노 시몬즈(Menno Simons)를, 후트라이트들은 제이콥 후터(Jacob Hutter)를, 아미쉬들은 제이콥 아만(Jacob Ammann)을 그들의 직접적인 신앙의 조상으로 여기고 있다.

Ⅳ. 영국 분리주의 파생설 (Outgrowth of English Separatism)

이 학설은 침례교회는 영국의 분리주의 운동으로부터 파생되었다고 보는 견해이다. 침례교회는 17세기초에 영국국교회(Anglican Church, 혹은 Episcopal Church, 성공회)를 떠나서 참 교회를 추구했던 분리주의자들(Separatists)을 직접적인 믿음의 조상으로 하며, 신자의 뱁티즘과 회중정치원리를 핵심적인 신앙원리로 수용했던 신자들을 그 조상으로 한다는 견해이다. 침례교회의 기원을 분리주의 운동이 꽃을 피움으로써(flowering of Separatism) 이룩된 결과로 보며, 따라서 1600년대 이전에 영국 땅에서 아나뱁티스트들의 존재나 영향력은 미미했다고 보는 견해이다. 영국 분리주의자 후예설(English Separatist Descent Theory)[70]라고도 불리운다.

이 학설은 아나뱁티스트 영향설과는 달리 아나뱁티스트들과 침례교인들 사이의 유사성보다는 차이성을 강조하며, 침례교 신앙과 실천의 특징들이 유럽 대륙에서 기원한 아나뱁

67) Glen H. Stassen, "Anabaptist Influence in the Origin of the Particular Baptists" (1962).

68) Lonnie D. Kliever, "General Baptist Origins: The Question of Anabaptist Influence" (1962).

69) 이와 관련해서는 김승진, "침례교회의 기원과 관련한 아나뱁티스트 영혈설에 대한 비평적 고찰," 「침례교회와 역사」 (대전: 침례신학대학교출판부, 2005), 41-73 참조.

70) Torbet, *A History of the Baptists,* 20-1.

티스트들이 아니라 영국 땅에서 발생한 분리주의운동(Separatist Movement) 자체 안에 내재해 있다는 점을 강조한다.

1534년에 영국왕 헨리 8세(Henry VIII)에 의해 영국 땅에 소재한 교회들이 로마 교황청과 결별하면서 영국 왕을 머리로 하는 영국국교회가 태동하였는데, 이 교회는 그의 아들 에드워드 6세(Edward VI)에 의해 개신교 방향으로, 그리고 그의 큰 딸 "피의 여왕" 메어리(Mary "the Blood")에 의해 로마가톨릭의 방향으로 치닫다가, 둘째 딸 엘리자베스(Elizabeth) 여왕에 의해 양 극단을 조화하고 타협하는 선에서 "중도노선"(*via media*)을 취하게 되었다. 엘리자베스 여왕은 1563년에 "39개조"(Thirty-nine Articles)를 발표하면서 오늘날의 성공회의 기틀을 놓았다.

16세기말부터 영국 땅에 영어로 번역된 성경이 활발하게 보급되기 시작하면서, 의식 있는 신앙인들이 성경을 읽으며 신약성서 시대의 참 교회의 모습과 당시의 영국국교회의 모습을 서로 비교하게 되었고, 여전히 로마가톨릭적인 잔재를 많이 가지고 있던 영국국교회에 대하여 개혁과 정화를 요구하는 목소리들이 있었다. 그리고 일부 과격한 사람들은 영국국교회는 구제할 수 없는 적그리스도의 교회요 배도한 교회이기 때문에 예수 그리스도를 진정으로 따르고자 하는 신자들은 영국국교회를 떠나야 한다고까지 주장하게 되었다. 전자를 "청교도들"(Puritans)이라고 불렀고 후자를 "분리주의자들"(Separatists)이라고 불렀다. 침례교회는 바로 신약성서적인 참 교회를 이루기 위하여 영국국교회를 뛰쳐나온 분리주의자들을 그 조상으로 하는 교회라고 하는 것이 "영국 분리주의 파생설"(Outgrowth of English Separatism) 혹은 "영국 분리주의자 후예설"(English Separatist Descent Theory)이다.

이 학설을 최초로 주장했던 선구자는 미국 남침례신학원(Southern Baptist Theological Seminary)의 교회사 교수이자 총장이었던 윌리암 휫짓(William H. Whitsitt) 박사였다.[71] 그는 1893년에 "침례교 역사에 관한 한 가지 질문: 아나뱁티스트들이 영국 땅에서 1641년 이전에 침수침례를 베풀었는가?"(A Question in Baptist History: Whether the Anabaptists in England Practised Immersion before the Year 1641?)이라는 논문을 발표하면서, 당시의 통설이었던 전승설을 비판하였다.

그는 영국 침례교의 각종 초기문헌들을 학자적인 자세로 연구하면서, 1641년 이전에는 영국 땅에서 침수례가 이루어진 흔적이 없음을 발견하고, 본격적인 의미의 침례교회는 1641년 이후에 영국 땅에서 기원하였고 따라서 침례교회의 역사는 400년에도 미치지 못함을 솔직하게 진술하였다. 이러한 주장은, 침례교회는 예수님이 세우신 교회요 1900여 년의

---

71) Walter B. Shurden, *Not A Silent People: Controversies That Have Shaped Southern Baptists* (Macon, GA: Smyth & Helwys Publishing, Inc., 1995), 9-17.

역사를 지닌 교단이라는 자부심을 가지고 있던 당시의 침례교 목회자들로부터 강한 반발을 불러일으켰고, 결국에는 총회의 압력에 의해 휫짓 박사는 1898년에 총장직은 물론 교회사 교수의 직까지 사임할 수밖에 없었다. 결국 그는 시대를 앞서 살았던 예언자와 같은 인물이었기에 당대의 목회자들의 몰이해로 인해 쓸쓸한 여생을 지낼 수밖에 없었다.

그러나 그의 주장은 20세기 후반에 들어오면서 비로소 양식 있는 학자들과 목회자들의 이해와 후원을 받게 되었고, 오늘날에는 침례교 사학계에서 통설 혹은 다수설의 지위를 얻게 되었다(그가 주장했던 "1641년"에 대해서는 최근의 연구결과에 의해 수정되고 있다). 영국 분리주의 파생설의 입장에 있는 학자들은, 윌리암 휫짓을 비롯해서 헨리 덱스터(Henry M. Dexter),[72] 윌리암 휫틀리(W. T. Whitley),[73] 윈스랍 허드슨(Winthrop S. Hudson),[74] 노만 마링(Norman H. Maring),[75] 키이스 스프룽거(Keith L. Sprunger),[76] 존 세익스피어(John Shakespeare),[77] 챔플린 버라쥐(Champlin Burrage),[78] 윌리암 맥라우플린(William G. McLoughlin)[79] 그리고 레온 멕베스(H. Leon McBeth) 등이 있다.

이 학설은 오늘날 침례교 신학계와 역사학계에서 통설로 인정되고 있으며, 구체적으로 영국 땅에 존재했던 분리주의 교회들이 모체가 되어 영국의 일반침례교회와 특수침례교회로 발전하였음을 학술적으로 문헌적으로 입증해 주는 학설이다. 특히 옥스퍼드 대학교 내의 리전트 파크 대학(Regent's Park College)의 역사신학 교수였던 베링턴 화이트(Barrington R. White) 박사를 비롯해서 영국의 침례교 교회사학자들은, 침례교회는 유럽 대륙의 산물이 아니라(즉 아나뱁티스트들의 영향이 아니라는 의미임-필자 주), 섬나라인 영국의 산물(English Product)임을 강하게 주장하고 있다.[80]

필자는 아나뱁티스트들과 침례교인들 사이에는 적지 않은 신앙적인 유사성이 있다고 생각한다. 무엇보다도 교회는 어디까지나 신자들(believers)의 공동체이어야 하며, 따라서 뱁티즘은 유아나 불신자가 아닌 신자에게만 베풀어야 한다는 점은 매우 중요한 유사점이라 하겠다. 다시 말해서 자유교회(Free Church) 혹은 신자들의 교회(Believers' Church) 전통을 공유하고 있다는 점에서, 아나뱁티스트들과 침례교인들은 결코 멀지 않은 혈연관계를 형성

72) Henry M. Dexter, *The True Story of John Smyth* (1881).
73) W. T. Whitley, *History of British Baptists* (1923).
74) Winthrop S. Hudson, "Baptists Were Not Anabaptists," *The Chronicle*, (1953).
75) Norman H. Maring, "Notes from Religious Journals,"
76) Keith L. Sprunger, *Dutch Puritanism* (1982).
77) John H. Shakespeare, *Baptist and Congregational Pineers* (1906).
78) Champlin Burrage, *The Early English Dissenters in the Light of Recent Research* (1912).
79) William G. McLoughlin, *New England Dissent, 1630-1833* (1971).
80) B. R. White, *The English Baptists of the Seventeenth Century* (London: Baptist Historical Society, 1983), 21-57.

하고 있는 것이다. 특히 네델란드 암스테르담으로 피신했던 존 스마이드 목사와 그의 추종자들이, 주위에 있던 메노나이트 교회들로부터 유형 무형의 신앙적 영향을 입었던 것을 부인할 수는 없다. 그러나 필자는 영향을 받은 것과 역사적 연관관계를 가지는 것과는 엄연히 구별되어야 한다고 생각한다.

전세계 침례교인들을 하나로 묶어주는 국제기구가 있는데, "침례교세계연맹"(BWA, Baptist World Alliance)이다.[81] 1905년에 영국침례교 지도자들에 의해 런던에서 창립되어, 약 5년 정도마다 한번씩 각 나라와 교단의 침례교인들이 개최지를 바꾸어 가며 한 자리에 모인다. 일종의 침례교 선교축제와 전세계 침례교인들의 교제의 장인 것이다.

그런데 2010년에 개최될 예정이었던 제20차 "침례교세계대회"(BWC, Baptist World Congress)가 1년 앞당겨져서 2009년에 네델란드 암스테르담에서 열렸다. 그 이유는 그 해가 침례교 탄생 400주년이 되는 해였기 때문이었다. 1609년 암스테르담에서 태동한 침례교회의 역사를 축하하고 그 유산을 되새기며, 다섯 번째 세기를 향한 꿈과 비젼을 나누기 위한 목적을 가지고 있었다. 전 세계 침례교 지도자들이 침례교회가 지상에 태동하게 된 때를 1609년으로 보고 있는 것이다.

또한 사우스웨스턴 침례신학원(SWBTS)의 침례교회사 교수였던 레온 맥베스(H. Leon McBeth) 박사에 의해 1987년에 출판된 침례교회사 책의 영어제목은 *The Baptist Heritage* (「침례교 유산」)인데, 그 부제가 *Four Centuries of Baptist Witness*(「침례교 증언의 4세기」)이다.[82] 침례교 역사를 4세기, 즉 400년으로 보고 있는 것이다. 맥베스 교수 역시 17세기초에 시작된 새로운 기독교운동인 침례교운동(Baptist Movement)을 종교개혁의 산물로 보고 역사를 서술한 것이다.

교회사에서 루터가 95개조를 비텐베르크 성 교회(Castle Church, Wittenberg)에 게시했던 해로부터 30년 전쟁 후 베스트팔리아 평화조약이 체결되었던 해까지를 종교개혁기(1517-1648)로 잡는다면,[83] 필자는 1609년부터 시작된 침례교운동(Baptist Movement)은 종교개혁운동의 범주에 포함되어야 하고, 침례교회 역시 프로테스탄트 교회들 가운데 하나라고 보아야 한다고 생각한다.

아나뱁티스트들이 강조했던 "모인" 교회(Gathered Church), 신자의 뱁티즘(Believer's Baptism),

81) Study and Research Division, Baptist World Alliance, *We Baptists* (Franklin, TN: Providence House Publishers, 1999). 조직 자체의 명칭은 "침례교세계연맹"(BWA, Baptist World Alliance)이지만, 5년마다 열리는 침례교인들의 모임 자체는 "침례교세계대회"(BWC, Baptist World Congress)라고 불리운다.

82) H. Leon McBeth, *Baptist Heritage: Four Centuries of Baptist Witness* (Nashville: Broadman Press, 1987).

83) Cairns, *Christianity through the Centuries*, 267-354. Cairns의 책을 비롯해서 거의 대다수의 교회사개론 책들이 종교개혁사의 시기를 1517년-1648년, 약 130여 년으로 잡고 있다.

그리스도를 따르는 삶(*Nachfolge Christi,* following after Christ), 즉 그리스도를 향한 헌신적인 제자도, 양심과 신앙의 자유, 그리고 교회와 국가의 분리 등의 신앙원리는 신약성서가 가르치는 내용임과 동시에, 침례교회가 소중히 간직하고 있는 신앙원리이다. 그러나 필자는 침례교회의 기원과 관련하여 근원적인 뿌리를 찾고자 할 때에는, 역사적인 연결고리가 확실한 영국의 분리주의 운동에서 찾아야 한다고 생각한다.

다음 장에서 설명하겠지만, 영국 일반침례교회의 모체가 되었던 분리주의자들의 교회인 게인즈보로 교회(Gainsborough Church), 영국 특수침례교회의 모체가 되었던 또 다른 분리주의자들의 교회인 제이엘제이 교회(JLJ Church) – 이러한 분리주의자 교회들로부터 연유한 신자들(Separatist Believers)이 “신자의 뱁티즘”과 “회중주의 정치원리”를 중심으로 이룩한 교회들이 바로 오늘날의 침례교회들의 원 뿌리인 것이다.

제2부

영국 침례교회사

제4장 영국 일반침례교회의 태동과 발달

제5장 영국 특수침례교회의 태동과 발달

제6장 영국 침례교회의 신앙고백들

제7장 윌리암 캐리와 근대선교운동의 발흥

제8장 찰스 스펄전과 하강논쟁

제9장 침례교연맹의 결성과 발전

제4장

영국 일반침례교회의 태동과 발달

초창기 영국의 침례교회는 두 가지 원천, 즉 두 부류의 분리주의자 교회들로부터 유래하였다. 첫 번째 분리주의자 교회는 게인즈보로 교회(Gainsborough Church)인데, 존 스마이드(John Smyth)가 담임목사로 부임한 후 영국 왕실의 종교적 탄압을 피해 네델란드 암스테르담으로 이주했다가 그곳에서 1609년경에 일반침례교회로 창립이 된 무리이다. 이들은 네델란드의 아나뱁티스트(메노나이트)들의 영향을 적지 않게 받았고 따라서 알미니우스주의(Arminianism)의 구원론, 즉 누구든지 회개하고 예수 그리스도를 믿으면 구원받는다는 구원관에 입각하여 교회를 시작하였다.

두 번째 분리주의자 교회는 제이엘제이 교회(JLJ Church)인데, 이 교회로부터 1638년에 특수침례교회가 창립이 되었다. 이들 역시 유아세례를 반대하고 뱁티즘은 오직 신앙을 고백하는 신자들에게만 베풀어져야 한다는 믿음으로 교회를 이루었으며, 이들은 칼빈주의(Calivinism)의 구원론, 즉 오직 하나님께서 예정하시고 선택하신 사람들만 구원을 받게 된다는 구원관에 입각하여 교회를 시작하였다.

I. 일반침례교회의 태동과 초창기 지도자들

1. 존 스마이드

침례교회에는 창시자가 없다고 주장하는 사람들도 있지만 그렇지 않다. 이러한 주장은 전승설의 입장에서 하는 말이다. 예수님이나 침례 요한이 침례교회의 창시자이니 후대의 어떤 역사적인 인물을 침례교회의 창시자로 이야기 하는 것은 어불성설일 수밖에 없을 것이다. 그러나 침례교회에도 창시자가 있다. 비록 루터(Luther)나 칼빈(Calvin)처럼 이름난 위대한 인물로 평가받을 수는 없을지 모르지만, 초창기 지도자 존 스마이드(John Smyth, c. 1570-1612)에 의해 침례교회가 창립되었다. 그는 1607년에 박해를 피해 일단의 분리주의자들(게인즈보로 교회 교인들)을 이끌고 네덜란드 암스테르담으로 이주해 갔다가, 1609년에 그 곳에서 최초로 침례교회를 창립한 인물이다.[1] 그는 "근대 침례교회의 창설자"(Founder of the Modern Baptist Church), "침례교 역사의 분수령(the Fountainhead of Consecutive Baptist History)에 서 있는 자,"[2] 혹은 "침례교의 길을 연 개척자"(Baptist Pathfinder)[3] 등으로 불리우고 있다.[4]

스마이드의 생애 중 출생과 어린 시절의 성장과정 등에 대해서는 별로 알려진 것이 없다.[5] 그는 케임브리지 대학교의 크라이스트 대학(Christ's College)에 입학하여 공부했으며 1590년에 학사학위를 받았다. 졸업 후 그는 대학원에 진학을 했고, 정식 교수는 아니었지만 1598년까지 그곳에서 학생들을 가르친 것으로 알려져 있다. 1594년 34세의 나이에 영국국교회의 목회자로 안수를 받았지만, 이미 대학시절 그는 당시 분리주의 사상을 가지고 있던 프란시스 존슨(Francis Johnson) 교수에게서 배우면서 개혁적인 사상을 주입받게 되었다.[6] 1598년에 대학원을 중도에 떠나게 되었는데, 그렇게 했던 가장 중요한 이유는 영국국교회에 순응할 수 없었던 자신의 분리주의적인 신앙 때문이었다.

스마이드는 영국국교회 교도로부터 청교도로, 분리주의자로, 침례교인으로, 그리고 불확실하기는 하지만 메노나이트로 변신을 거듭하였고, 각 기간에 상응하는 글을 남겼다. 영국국교회 교도로서 쓴 글은 남아 있는 것이 없고, 청교도 기간 동안 썼던 글로서는 시편 22장의 내용을 중심으로 한 설교문인 "밝은 새벽별"(The Bright Morning Starre, 1603)과 주기도문을 칼빈주의적인 관점에서 해설한 "참 기도의 패턴"(A Paterne of True Prayer, 105)이 있다.[7]

1) H. Leon McBeth, *Baptist Heritage: Four Centuries of Baptist Witness* (Nashville: Broadman Press, 1987), 32.
2) A. C. Underwood, *A History of the English Baptists* (London: Kingsgate Press, 1947), 45.
3) James E. Tull, *Shapers of Baptist Thought* (Valley Forge: Judson Press, 1972), 9.
4) McBeth, *The Baptist Heritage*, 32.
5) 존 스마이드의 생애에 관한 저술로는 다음과 같은 것이 있다: W. T. Whitley (ed.), *The Works of John Smyth, Fellow of Christ's College*, 1594-98, 2 vols. (London: Kingsgate Press, 1915); W. H. Burgess, *John Smyth the Se-Baptist, Thomas Helwys, and the First Baptist Church in England with Fresh Light upon the Pilgrim Fathers' Church* (London: James Clarke & Co., 1911); Thomas Piggot, *The Life and Death of John Smyth* (No place of publication or publisher named, 1613).
6) Underwood, *A History of the English Baptists*, 34.
7) James Leo Garrett, Jr., *Baptist Theology A Four-Century Study* (Macon, GA: Mercer University Press, 2009), 24.

스마이드가 분리주의자로서 교회론에 관해 글들을 썼는데, "가시적 교회에 관한 원리들과 추론들"(Principles and Inferences concerning the Visible Church"(1607), "분리주의 교회들의 차이들"(The Differences of the Churches of the Separation, 1608), "유사점들, 견책들, 관찰들"(Paralleles, Censures, Observations, 1609) 등이 있다.[8)]

침례교회를 창립한 후에 침례교인으로서 유아세례의 관행을 비판한 글이 "야수의 성격"(The Character of the Beast, 1609)이며, 암스테르담에서 최초로 창립된 최초의 침례교회의 신앙고백인 "20개조항의 간략한 신앙고백"(Short Confession of Faith in 20 Articles, 1609)이 남아 있다.[9)] 이 신앙고백에서 스마이드는 알미니우스 구원론의 관점에서 진술하고 있으며, 원죄 개념을 부인하였고 은혜는 모든 사람들에게 제공되어야 하지만 어떤 사람들에 의해서 거부될 수도 있다고 하였다. 그는 메노나이트들의 교회출석 혹은 주의 만찬 참여 금지(Ban)의 행습을 반대하였다.

스마이드가 자기 자신에게 베푼 뱁티즘(Se-baptism)에 회의를 품고 결국 침례교회를 떠나서 메노나이트 교회에 가입신청을 해놓은 상태에서 쓴 글들이 남아 있는데, "유아세례에 대한 반론"(Argumenta contra baptismum infantum, 라틴어로 쓴 글)과 "그의 잘못들을 철회하고 진리를 확증하도록 요구하는 존 스마이드의 마지막 책"(The Last Booke of John Smyth, Called the Retraction of His Errours, and the Confirmation of the Truth) 등이 그것이다.[10)] 스마이드는 유아세례를 단호하게 부정했으며, 뱁티즘은 오직 중생한 신자가 신앙고백에 근거하여 자발적으로 뱁티즘 받기를 요청할 때 베풀어져야 한다고 주장하였다(신자의 뱁티즘, believer's baptism). 뱁티즘의 방식은 당시 성서적 아나뱁티스트들의 일반적인 관행이었던, 머리 위에 물을 붓는 "관수례"(灌水禮, affusion)를 유지하였다.

2. 최초의 침례교회

당시 미들랜드 지역의 게인즈보로(Gainsborough, Lincolnshire)에 영국 국교회를 떠난 분리주의자들이 교회를 이루어 모이고 있었다. 담임목회자가 공석인 상황에서 존 스마이드(John Smyth)는 몇 차례 설교 요청을 받고 예배에 참석하여 설교를 하였다. 결국 게인즈보로 교회는 1606년에 스마이드를 담임목회자로 청빙하였고, 스마이드는 자신과 비슷한 신앙을 가지고 있는 그 교회의 청빙을 수락하고 담임목사로 취임하게 되었다.

8) Ibid., 24-25.
9) Ibid., 25.
10) Ibid., 26.

그러나 그 교회는, 그가 취임하기 전에 이미 내부적으로 두 부류의 성도들로 내분을 겪고 있었는데, 결국에는 새로운 담임목사인 스마이드를 따르는 사람들(Thomas Helwys, John Murton 등)과 존 로빈슨(John Robinson)을 따르는 사람들(William Brewster, William Bradford 등)로 나누어지게 되었다.[11] 후자의 그룹은 게인즈보로 서쪽에 위치한 스크루비(Scrooby)에서 모였기 때문에 "스크루비파"라고 불리웠다. 이들은 윌리엄 브루스터가 살던 집인 스크루비 대저택(Scrooby Manor)에서 모여 예배를 드렸다.

이 두 무리는 핍박을 피해서 고국을 떠나 1607년경에 피난길에 오르지 않을 수 없었는데, 스마이드 그룹은 네델란드 암스테르담(Amsterdam)으로, 로빈슨 그룹은 네덜란드 라이덴(Leyden)으로 이주하여 정착을 하게 되었다. 로빈슨 그룹에 속했던 윌리엄 브루스터와 윌리암 브래드포드, 그리고 이들의 추종자들은 1620년 메이플라우어(The Mayflower) 호를 타고 신대륙으로 건너가서 필그림 조상들(Pilgrim Fathers)이 되어 미국의 역사를 개척하는 청교도들이 되었다.

1607년 암스테르담에 도착한 스마이드 그룹은 빵공장을 경영하고 있던 얜 문터(Jan Munter) 부부의 사랑과 배려에 힘입어 그들의 빵공장에 기거하며 새로운 환경에 적응을 해 나갔다. 암스테르담 렘브란트 광장(Rembrandtplein) 근처에는 Bakkersstraat(Baker's Street, 빵공장거리 혹은 빵집거리)이라는 도로 이름이 남아 있는데, 얜 문터 부부와 영국으로부터 피난을 온 분리주의자들의 흔적을 보여주고 있다. 스마이드 그룹은 아마도 얜 문터 부부가 출석하고 있던 "숨겨진" 메노나이트 교회("Hidden" Mennonite Church, Singelkerk)의 교인들과 교제하며 신앙적인 영향을 주고 받았을 것이다. 오늘날 이 교회당의 복도 벽면에 걸려 있는 게시판에는 1608년에 영국인 존 스마이드와 토마스 헬위즈가 그 교회의 교사로 봉사를 했다는 흔적으로 그 이름들이 적혀 있다.[12]

1609년에 존 스마이드는 오직 신앙고백을 하는 신자들에게만 뱁티즘(believer's baptism)을 베풀고, 하나님의 교회는 그렇게 뱁티즘을 받은 신자들(baptized believers)로 이루어져야 한다는 확신에 근거하여 최초의 침례교회를 세웠다. 그리고 이들은 메노나이트들의 구원관이었던 알미니우스주의 구원론(일반속죄설)에 입각하여 "누구든지 예수 그리스도를 믿으면 구원받는다," "예수 그리스도는 모든 사람들을 위하여 십자가에서 돌아가셨다"는 교리에 입각하여 교회를 시작하였다. 그래서 이 무리들은 후대 사람들에 의해 일반침례교회(General

---

11) Bill J. Leonard, *Baptist Ways: A History* (Valley Forge, PA: Judson Press, 2003), 23.

12) "숨겨진" 메노나이트 교회는 징겔길 452번지 (Singel Road 452, 1017 AW Amsterdam, Netherland)에 위치하고 있는데, 징겔교회(Singelkerk)라고도 불리웠다. 복도의 벽면에 붙어 있는 이 게시판이 1608년에 붙여졌는지 후대에 붙여졌는지는 확인이 되지 않는다. 아마도 후대에 게시되었을 가능성이 크다고 필자는 생각한다.

Baptist Church)라고 불리운다. 근대적인 의미의 침례교회가 최초로 영국인 분리주의 신자들에 의해 네덜란드 땅 암스테르담에서 세워지게 된 것이다.[13]

그런데 이 때 존 스마이드는 자기 스스로의 신앙고백에 근거하여 자신의 머리 위에 물을 붓는 관수례(affusion)를 베풀었는데, 이를 "자기 뱁티즘"(Se-baptism)이라고 부른다. 그리고 그는 자신의 추종자들의 신앙고백을 확인한 후 그들의 머리 위에도 물을 부어주어 뱁티즘을 베풀었다. 최초의 영국 일반침례교회에서는 뱁티즘의 형식보다는 뱁티즘의 내용이 보다 더 중요하다고 여겼는데, 예수 믿는 신자들, 다시 말하면 예수 그리스도에 대한 신앙을 분명하게 고백하는 신자들에게만 뱁티즘을 베풀었던 것이다.

이듬 해인 1610년초부터 존 스마이드는 자기 스스로에게 뱁티즘을 베풀었던 "자기 뱁티즘"(Se-baptism)의 유효성에 대해 의심을 가지고 영적인 번민과 방황을 시작하였다. 자신에게 뱁티즘을 베풀어 준 사람이 없었다는 사실에 대해 심각한 고민을 하였던 것이다. 결국 자신이 스스로에게서 받은 뱁티즘은 "역사적인 연속성"(historical succession)이 결여된 것이라고 생각하였고, 주위에서 목격하며 교제해 왔던 메노나이트 교회(Mennonite Church)야말로 올바른 뱁티즘의 전승을 가진 참 교회라는 인식을 하게 되었다. 결국 그는 자신이 설립한 최초의 침례교회를 해체하고 모두 메노나이트 교회로 들어가자는 제안을 하였다. 이 때 이러한 존 스마이드의 제안에 강하게 반발했던 사람이 토마스 헬위즈(Thomas Helwys)였다.

헬위즈와 그의 추종자들은 새롭게 조직된 교회가 예수 그리스도에 관한 확실한 신앙고백 위에 세워졌기 때문에 별 문제가 없다고 주장하며 결국 존 스마이드와 그의 추종자들을 향해서 징계처분을 내리게 되었다. 교회로부터 축출당한 이들은 메노나이트 교회에 입회 청원서를 제출하였으나 즉각 수용되지를 못하고 대기 상태로 머물러 있었는데, 그러한 와중에 존 스마이드는 폐결핵을 앓다가 1612년 8월 10일에 이 세상을 떠나고 말았다. 남아있던 스마이드의 추종자들은 결국 1615년 1월 21일에 메노나이트 교회로 흡수되었다.[14] 신자의 뱁티즘을 회복하며 침례교회를 창립한 사람은 존 스마이드였지만, 침례교회를 본격적인 궤도 위에 올려 놓은 사람은 토마스 헬위즈였다.

3. 토마스 헬위즈

토마스 헬위즈(Thomas Helwys, c.1550-c.1615)의 가문은 13세기까지 거슬러 올라가서 그 조상을 추적할 수 있을 정도로 상당한 부와 전통을 가진 명문가였다. 그는 아버지 에드

13) McBeth, *The Baptist Heritage*, 34-7.
14) Ibid., 38.

먼드(Edmund)와 어머니 마가렛(Margaret) 사이에서 노팅검(Nottingham) 시의 브록스토우 홀(Broxtowe Hall)에서 출생하였다.[15] 그는 1593년 1월에 법학을 공부하기 위해 런던 그레이즈 인(Gray's Inn)에 입학을 하였고, 1595년 12월에 조앤 에쉬모어(Joan Ashmore) 자매와 결혼을 하였다. 대학교육을 받은 후 그는 집안의 농장을 경영하면서 개혁적인 신앙을 탐구하기 시작하였고, 결국 게인즈보로 교회에 담임목사로 부임한 존 스마이드를 만나 신앙적인 동지의식을 함께 나누면서 자신의 운명을 개혁적인 신앙의 물결에 의탁하였다.[16]

헬위즈는 스마이드를 추종하는 게인즈보로 성도들 가운데 대표적인 평신도 지도자였다. 1607년에 성도들이 핍박을 피해 네덜란드로 이주하였을 때, 기꺼이 자신의 재산을 내어놓으며 그들의 신앙적인 순례를 위해 재정적인 지원을 아끼지 않았다. 1609년 침례교회가 최초로 창립될 때 스마이드로부터 신앙고백에 근거한 뱁티즘을 최초로 받는 영광을 얻었다. 그런데 몇 개월 후 스마이드가 자신이 스스로에게 베풀었던 뱁티즘(Se-baptism)에 회의를 느끼며 교회를 해체하고 메노나이트 교회로 들어가자고 제안했을 때, 헬위즈는 자신의 영적인 지도자 스마이드의 주장과 태도에 동의할 수 없었다. 결국 토마스 헬위즈는 침례교회를 떠나려는 스마이드와 대다수의 성도들을 징계처분하는데 앞장을 서게 되었다.

헬위즈와 그의 추종자들은 1611년에 “암스테르담에 남아 있는 영국 사람들의 신앙의 선언”(Declaration of Faith of English People Remaining at Amsterdam)이라는 신앙고백을 발표하였다.[17] 그들은 존 스마이드가 포기한 침례교 신앙원리를 계속 고수할 것을 천명하였고, 아직 침수례를 주장하지는 않았지만 오직 신자들에게만 뱁티즘을 베풀어야 한다고 주장하였다. 분리주의자들이었을 때 가졌던 칼빈주의적인 경향을 떠나서 인간의 자유의지를 존중하는 입장을 취하였고 구원받은 영혼도 은혜로부터 떨어질 수도 있다는 점을 진술하였다. 제이콥 알미니우스의 일반속죄설(General Atoenement) 혹은 무제한 속죄설(Unlimited Atonement)의 입장을 취한 것이다. 그들은 교회의 직분자들 즉 설교하는 장로(목사)와 안수집사들을 회중 스스로가 선출한다는 점을 강조하였다.

그리스도를 따르는 성도들이 핍박을 피하기 위해 타국에 거주하고 있는 것이 옳지 않다고 생각한 헬위즈는, 1611년 혹은 1612년에[18] 자신을 따르는 소수의 교우들을 이끌고 영

15) 토마스 헬위즈의 가문과 성장과정에 대해서는 다음과 같은 저술을 통해서 자세히 살펴볼 수 있다: Walter H. Burgess, "The Helwys Family, with Pedigree," *Transactions of the Baptist Historical Society*, III (1912-13), 18-30; Walter H. Burgess, *John Smyth the Se-baptist, Thomas Helwys and the First Baptist Church in England* (London: James Clarke & Co., 1911); W. T. Whitley, *Thomas Helwys of Gray's Inn and Broxtowe Hall, Nottingham* (London: Kingsgate Press, n.d.); W. T. Whitley, *A History of British Baptists* (London: Kingsgate Press, 1932).

16) McBeth, *The Baptist Heritage*, 102-3.

17) Ibid., 38.

국 땅으로 다시 돌아와, 런던 테임즈 강 런던교(London Bridge) 북쪽에 위치한 스피탈필드(Spitalfield) 지역에서 계속해서 모임을 가졌다.[19] 이렇게 하여 영국 땅에 최초의 침례교회가 토마스 헬위즈와 그 추종자들에 의해 세워지게 되었다. 영국 런던 땅에 정착을 한 이들은, 영국 왕실과 영국국교회로부터 잔혹한 핍박이 계속해서 가해지고 있었지만, 이에 굴하지 않고 열심히 전도를 하고 교회를 개척하였다. 영국의 일반침례교회는 1624년에는 5개의 교회로 그리고 1650년에는 47개의 교회로 급성장을 이루게 되었다.

4. 토마스 그랜탐

17세기 후반에 영국 일반침례교회에서 가장 큰 영향력을 행사했던 지도자들 가운데 한 사람은 토마스 그랜탐(Thomas Grantham, 1634-1692)이었다. 그는 링컨셔(Lincolnshire) 지역에서 일반침례교회들의 "사자"(messenger, 일종의 국내선교사 역할을 했던 직책이다–필자 주)로 활동하였다. 그는 다른 신앙을 가진 자들과의 신학적인 논쟁에 적극적으로 관여하며 침례교신앙을 옹호하였고, 찰스 2세 치하에서 핍박받던 일반침례교인들을 대변하여 그들의 신앙을 변증하는 글들을 많이 집필하였다.[20] 특히 그의 저서 「원시 기독교」(*Christianismus Primitivus*, 1678)[21]는 602페이지에 달하는 방대한 조직신학적 저술로서 당시 일반침례교회가 강조했던 교리들을 처음으로 집대성한 것이다. 이 저서는 제1권 기독교변증학(Christian Apologetics), 제2권은 기독교교리와 교회론(Christian Doctrine and Ecclesiology), 제3권은 기독교윤리(Christian Ethics), 제4권은 침례교논쟁들(Baptist Polemics) 등 4권으로 구성되어 있다.[22]

그랜탐은 이 책에서 교회는 신자들로 구성되는 모인 교회(gathered church)이어야 하며, 침수례에 의한 신자의 뱁티즘을 받은 자들로 교회회원을 삼아야 한다고 주장했다.[23] 일반침례교회에서는 정확히 언제부터 침수례(immersion)가 행해지기 시작했는지 알려져 있지 않지만, 그랜탐은 1678년에 출판된 이 책에서 침수례를 강조하고 있다. 또한 침례 집례자

18) 남침례교의 대표적인 침례교 역사학자인 H. Leon McBeth 박사는 자신의 저서에서 1611년으로 적고 있고, 최근 *Baptist Ways: A History*라는 책을 쓴 Bill J. Leonard 박사는 이 책에서 1612년으로 적고 있다. McBeth, *The Baptist Heritage*, 102; Leonard, *Baptist Ways: A History*, 26.

19) Roger Hayden, *English Baptist History and Heritage* (Didcot, U.K.: Baptist Union of Great Britain, 1990), 28-33.

20) Samuel E. Hester, "Advancing Christianity to Its Primitive Excellency: The Quest of Thomas Grantham, Early English General Baptist" (Th.D. dissertation, New Orleans Baptist Theological Seminary, 1972), 8-32.

21) 이 책의 부제는 *The Ancient Christian Religion in Its Nature, Certainty, Excellency, and Beauty*이다. Garrett, *Baptist Theology*, 42.

22) Ibid.

23) Ibid., 43.

가 침례받은 새신자들에게 안수(laying of hands on the baptized)를 행하는 것을 매우 강조하였다.[24] 또한 그는 침례교인들이 세속정부에 대항하여 소란이나 폭동을 일으키는 것을 금하였고 신앙양심에 거스리지 않는 한 세속정부의 관리들에게 순종할 것을 강조하였다.

그랜탐은 예배 시에 전면적인 회중찬송을 도입하는 것에 대해서 소극적이었다. 그 당시의 일반침례교회 지도자들처럼 그는 시편찬송이나 영적인 찬송을 개인적으로 부르는 것을 허용하면서도, 세속적인 유행풍조가 무분별한 회중찬송을 통해서 교회로 침투해 들어오는 것을 경계하였다. 악기의 사용에 대해서도 찬성하지 않았고, 여자들은 교회 내에서 잠잠해야 했기에 찬양은 오직 남자들만 불러야 한다고 주장하였다.[25]

II. 초창기 일반침례교회 지도자들의 종교의 자유를 위한 투쟁[26]

1. 스튜어트 왕조 시대의 종교적 상황

"나는 영국과 결혼하였노라"고 선언하며 영국의 왕으로 즉위했던 엘리자베스 여왕(Elizabeth I, 1533-1558-1603)은 평생 독신으로 지내며 부강한 영국과 하나된 영국국교회를 이루기 위해 각별한 노력을 기울였다. 그녀는 자신의 남동생(에드워드 왕, Edward VI, 1547-1553)과 자신의 언니(메리 여왕, Mary the Blood, 1553-1558)로 말미암아 겪었던 영적인 혼란을 수습하기 위해, "중도노선"(*via media*)을 선포하며 로마가톨릭과 프로테스탄트의 양극단을 조화시키기 위해 타협적인 정책을 펼침으로써 "엘리자베스의 해결"(Elizabethan Settlement)을 도모하고자 하였다. 그러나 그녀의 타협적인 중도노선 정책은 문제를 해결하기보다는 오히려 더 많은 혼란을 내부적으로 잉태하고 있었다.

엘리자베스 여왕이 직계후손이 없이 죽자 왕위계승에 어려움이 생겼다. 결국 헨리 7세(Henry VII, 1485-1509)의 증손자이고 엘리자베스 여왕의 5촌 조카뻘이 되는 스코틀랜드의 왕 제임스 6세(James VI)를 영국 왕으로 모시면서, 그를 제임스 1세(James I, 1603-1625)로 칭하였다. 그가 스코틀랜드의 왕으로 재임하고 있을 당시, 그곳은 존 낙스(John Knox) 등에 의한 종교개혁으로 말미암아 장로교회가 국교와 같은 지위를 누리고 있었다.

---

24) Ibid.

25) McBeth, *The Baptist Heritage*, 93.

26) 제4장의 II 부분은 「복음과 실천」 35집 (2005년 봄)에 게재되었던 필자의 논문, "스튜어트 왕조시대 영국 침례교 지도자들의 종교의 자유를 위한 투쟁"을 수정하고 보완한 것이다.

따라서 스코틀랜드의 왕이 영국 왕으로 즉위하게 되자 여러 기독교 분파들이 각자의 입장에서 낙관적인 기대를 가지게 되었다. 특히 장로교 지도자들의 기대가 컸는데, 영국에서도 장로교회가 국교적 지위를 누릴 수 있게 되기를 소망하였다. 로마가톨릭 교회에서도 이러한 전환기를 통해서 헨리 8세(Henry VIII, 1509-1547)의 통치기간 이전까지 누렸던 기득권을 회복하기 원하였다. 이단시되고 있던 여러 분파들 역시 종교적인 관용의 시대가 도래할 것을 기대하였다. 그러나 영국 내에서 자신의 정치적인 입지가 견고하지 못하다고 느끼고 있던 제임스 1세 왕로서는, 기존의 종교권력인 영국국교회(Anglican Church)와 그 지도자들과 손을 잡지 않을 수 없었다.

개신교 계통의 지도자들이 영국 국교회 이외의 타종파들에 대한 관용을 호소하는 "1,000인의 탄원서"(Millenary Petition)를 왕에게 올리기도 했지만 수용되지 않았다. 결국 제임스 1세의 종교정책은 오직 영국국교회만이 합법적인 종교이고, 따라서 나머지 모든 분파들은 이단시되었으며 핍박의 대상이 되었다. 단지 제임스 1세는 왕실 주도 하에 새롭게 성경을 번역하여 출판케 했는데, 그것이 오늘날까지 영어권에서 가장 많이 사용되어 온 "킹제임스 번역본"(KJV, King James Version, 권위역, Authorized Version, 1611년) 성경이다.

1625년에 제임스 1세가 죽자 그 아들인 찰스 1세(Charles I, 1625- 1649)가 즉위하였다. 찰스 1세는 부왕보다 더 완고하게 왕권신수설(Divine Right of Kingship)을 믿고 있었으며 자신의 왕권을 전횡하였다. 그는 프랑스와 전쟁을 개시하면서 의회의 승인 없이 독단적으로 전쟁수행자금을 쓰려고 했을 때 의회와 충돌하였다. 결국 의회는 왕의 과세를 허용하는 대신, "권리청원"(Petition of Rights)[27]을 작성하여 의회의 권한을 인정받았다. 그러나 찰스 1세의 전제정치는 의회와 지속적인 갈등을 일으켰고, 심지어는 의회를 강제로 폐쇄시켜서 11년 동안 의회 없는 정치를 펼치기도 했다. 1640년에 부득이 소집되었던 의회조차 해산시켜 버려 결국 단기의회(Short Parliament)가 되고 말았다.

그 즈음에 개신교 신앙을 가진 자들이 의회에 많이 진출하게 되었고, 그들은 왕권에 맞서서 그 세력을 결집하였다. 특히 올리버 크롬웰(Oliver Cromwell, 1599-1658)이 의회의 지도자로 등장하였고, 의회세력을 중심으로 정예병인 "신규병 군대"(New Model Army)[28]를 조직하여 왕 휘하의 군대와 대결하였다. 이것이 소위 말하는 영국의 내전(Civil War, 1642-1651년)이

27) "권리청원"(Petition of Right, 1628년)은 1215년의 "대헌장"(Magna Carta)과 1688년의 "권리장전"(Bill of Right)과 함께 영국헌정사의 3대 중요문서들 중 하나가 되었다. 이 문서는 평화 시의 계엄선포, 군대의 민가숙영, 자의적 과세, 불법적인 인신 구속과 투옥 등을 금지하는 것을 주요 골자로 하고 있다. 차하순, 「서양사총론」, 2, 586.

28) "신규병 군대"(New Model Army)에는 청교도 신앙과 개신교 신앙을 가진 자들이 대거 참여하였고, 이들은 전투를 할 때 찬송가를 부르며 진군했으며, 엄격한 도덕율에 따라 자기 절제와 검소한 생활태도를 견지하였다. Ibid., 587-9.

요, 또한 청교도혁명(Puritan Revolution, 1649)이다. 런던을 본거지 하는 의회파(Parliamentarians, Roundheads, 단발파)는 옥스퍼드를 본거지로 하는 왕당파(Royalists, Cavaliers, 기사파)와 대치하였고, 마스턴 무어(Marston Moor) 전투, 내스비(Nasby) 전투 등에서 왕당파를 격퇴하여 전세를 역전시켰다. 결국 영국 왕 찰스 1세는 체포되어 1649년 1월 화이트홀 궁전(Whitehall Palace) 앞마당에서 도끼에 목이 잘리는 처형을 당하면서 비운을 맞았다. 비록 일시적이긴 했지만 왕정을 종식시키는 청교도 혁명이 일어난 것이다.

이제 정치의 중심이 의회로 옮겨지게 되었고 공화정(Commonwealth, 1649-1660)이 시작되었다. 그런데 올리버 크롬웰이 의회의 강력한 지지를 받아 1653년에는 자신이 "호국경"(Lord Protector)이라는 칭호를 가지면서 권력을 독점하여 독재적인 정치를 자행하였다. 그렇지만 그는 종교적인 관용정책을 취했기 때문에 영국국교회 이외의 분파들과 개신교도들이 비교적 자유롭게 신앙생활과 전도활동을 할 수 있게 되었다. 침례교회도 이 시기에 급속한 수적 성장을 이룰 수 있었다. 1658년에 올리버 크롬웰이 세상을 떠나자, 그 아들 리차드 크롬웰(Richard Cromwell, 1659-1660)이 호국경의 지위에 올랐으나 그는 그 능력이 아버지에 미치지 못하였다. 그는 우유부단한 성격을 가지고 있었으며 그의 재임기간 중에 정치적인 혼란과 사회적인 불안이 가중되었다.

대부분의 영국인들은 올리버 크롬웰의 독재체제와 지나치게 엄격한 청교도 윤리의 강요에 싫증을 느끼며 왕이 다스리던 시대를 동경하며 왕의 복귀를 희망하였다. 이것이 소위 말하는 왕정복고(Royal Restoration, 1660년)이다. 프랑스 땅에서 은둔 중에 있던, 처형된 찰스 1세의 아들 찰스 2세(Charles II, 1660-1685)는 1660년에 영국인들의 환호를 받으며 귀국하여 왕좌에 앉게 되었다. 이듬해에 그는 부왕을 시해했던 자들을 처형하고 올리버 크롬웰의 묘를 파헤쳐 그를 다시 사형에 처하였다.

그런데 그의 치세 동안에 큰 재앙들이 자주 일어났다. 1665년에는 흑사병이 유행하여 6개월 동안 약 10만 명의 주민들이 사망했고, 1666년에는 런던에 대화재가 발생하여 13만 채의 가옥과 교회당이 소실되었다. 찰스 2세의 초기 10년 통치기간 동안 의회에는 영국국교회 교도들이 많이 진출해 있었다. 따라서 영국국교회 이외의 분파들에 대해서는 종교의 자유가 허락되지 않았다. 오히려 1661년 이후 일련의 종교법령들을 제정하여 영국국교회 이외의 기독교도들을 탄압하였다. 이것이 "클래런던 법령"(Clarendon Codes)[29]이다. 찰스 2세의 치세 동안에는 영국국교회 이외의 분파들의 기독교적 활동이 왕명과 영국 국법에 저촉을 받는 범죄행위가 되어 처벌이 되었다.

---

29) 클래런던 법령(Clarendon Codes)에는 Corporation Act(1661), Act of Uniformity(1662), Conventicle Act(1664), Five Miles Act(1665), Test Act(1673) 등이 있다. McBeth, *The Baptist Heritage*, 115-6.

찰스 2세가 세상을 떠나자 그의 동생인 제임스 2세(James II, 1685-1688)가 왕위에 즉위하였다. 그는 로마가톨릭 신자였으며 영국을 다시 로마가톨릭 국가로 회귀시키려 하였다. 그는 로마가톨릭 부흥정책을 공개적으로 거론하며 추진하였는데 적지 않은 로마가톨릭 신자들을 왕실과 정부의 고위직에 임명하였다. 또한 왕은 메리 베아트리스(Mary Beatrice, 1658-1718)를 왕비로 맞았는데 그녀는 독실한 로마가톨릭 신자였다. 이러한 제임스 2세의 친가톨릭 정책은 백성으로부터는 물론이고 영국국교회와 그 지도자들로부터 거센 저항을 받게 되었다.

결국 영국국교도 정치지도자들이 제임스 2세에 저항하며 네덜란드의 통치자인 오렌지 공 윌리암(William of Orange, 1672-1702)[30]을 초청하여 영국 왕으로 옹립하고자 했을 때, 제임스 2세는 프랑스로 은밀히 망명을 하여 유혈사태는 일어나지 않았다. 그래서 이 무혈혁명은 명예혁명(Revolution of Glory, 1688)이라고 불리운다. 윌리암 3세로 즉위한 그는 같은 해에 "권리장전"(Bill of Rights)을 승인하였다.[31] 영국 왕은 영국국교회의 신자이어야 하며 영국국교회의 수장임을 못 박았다.

그리고 이듬해 제임스 2세 왕은 "용인법"(Act of Toleration, 1689년, 관용법)에 서명을 함으로써 영국국교회 이외의 프로테스탄트 분파들에게 신앙의 자유를 허용하였다. 그러나 이 법은 국교체제를 전제로 하고 있었고, 타 기독교 신앙에 대해 "참아준다," "묵인한다," "너그럽게 보아준다"는 의미인 용인(toleration)이라는 단어를 사용함으로써, 단지 소극적인 의미의 종교적인 자유를 허용했던 법이다. 그렇지만 침례교회와 그 지도자들은 그동안 눈물과 피로 얼룩진 핍박을 받아 왔으나, 1689년에 공포된 용인법으로 말미암아 영국 땅에서 비교적 자유로운 신앙생활을 위한 기틀이 마련되었다.

2. 존 스마이드의 종교자유 사상

종교의 자유에 관한 존 스마이드의 견해는 자신의 신앙적인 방랑과 편력만큼이나 점진

30) 오렌지 공 윌리암(William of Orange)은 제임스 2세의 사위이기도 하였다. 그는 의회에 의해 윌리암 3세(William III)로 호칭이 되었고 왕비 메리는 메리 2세(Mary II, 1662-1694)로 호칭되어 부부가 공동으로 통치하는 형식을 취하게 되었다. 그러나 이 때로부터 정치적인 실권은 의회의 수중에 들어오게 되었고 왕은 오늘날처럼 상징적인 존재, 의전적인 존재, 외국들과의 관계에서 영국을 대표하는 존재로 남게 되었고, 영국은 입헌군주국이 되었다.

31) "권리장전"(Bill of Rights)은 미국의 "연방헌법"(1791년)과 프랑스의 "인간과 시민의 권리선언"(1789년)에 큰 영향을 주었는데, 그 규정의 골자는 다음과 같다: ① 영국 왕은 영국국교회에 속한다, ② 왕은 법 집행을 정지시키지 못한다, ③ 의회의 동의 없이는 징세할 수 없다, ④ 의회 내에서 발언의 자유(freedom of speech)는 보장된다, ⑤ 국민은 청원권을 가지며, 과도한 벌금과 보석금 및 잔인한 처벌을 받지 않는다, ⑥ 의회 회기는 자주 갖는다. 차하순, 「세계사총론」 2, 595.

적인 변화의 양상을 보이고 있다. 그는 영국국교회 대학에서 신학적인 훈련을 받아 영국국교회의 목회자로 안수를 받았고, 그 후 청교도와 분리주의자의 신앙을 가지게 되었으며, 네덜란드 암스테르담으로 건너와서는 메노나이트들의 신앙적 목회적 영향을 받았고, 결국에는 침례교회를 최초로 세운 침례교회 창시자가 되었다. 그 후 자신에게 스스로 베풀었던 뱁티즘(Se-baptism)에 대해 회의를 느끼며 자신이 세웠던 교회를 해체해 버리고 메노나이트 교회로 들어가자고 제안하는 등 그의 신앙사상은 역동적인 변신을 거듭하였다.

1605년 그가 게인즈보로 교회의 목회직에 취임하기 전에 썼던 글, "참 기도의 형태"(A Paterne [sic] of True Prayer)[32]에는 아직 침례교적인 정교분리에 관한 내용이 등장하지 않고 있다. 그는 신앙심 좋은 왕(godly prince)이 교회를 보살펴야 하며 종교문제에서 관용적인 정책(toleration)은 하나님의 왕국을 세워 가는데 위험한 것이라는 내용을 피력하고 있다. 그는 또 이렇게 말하고 있다: "세속 정치인(the magistrate)이 말씀에 따라서 하나님을 향한 예배를 드리도록 하는 규정을 법으로 만들고 그에 따라 실행하는 것이… 하나님의 왕국을 세워 가는데 올바른 방법이다."[33] 그는 더 나아가 "세속 정치인은 그리스도의 왕국을 확대해 나가는데 탁월한 수단이 되며… 신앙심 좋은 세속 정치인이 무력을 동원하여(by sword) 믿음과 참 종교를 세우고 유지해야 한다"[34]고 주장하고 있다.

1609년에 쓴 "야수의 성격"(The Character of the Beast)이란 글에서는 약간의 뉘앙스를 달리하는 내용이 등장하고 있다. 이때는 이미 스마이드가 신자의 뱁티즘의 원리를 받아들이고 침례교회를 세운 이후의 일이었다. 이 글에서 그는 갓난 아기들이나 어린 아이들에게 뱁티즘을 베푸는 것은 성경적이지 못하며 신앙고백을 하는 신자들에게만 베풀어야 한다는 점을 역설하고 있을 뿐 아니라, 종교문제에 관한 한 세속 정치인은 어떤 역할을 해야 하는지에 관해서 자신의 이전 견해를 약간 수정하고 있는 듯한 표현을 읽을 수 있다. 교회에서의 세속정치인들의 권위에 관하여는, "이 문제에 대하여는 지금까지 많은 질문들이 제기되어 왔는데, … 우리로서는 답변하기가 곤란하다"[35]면서 말꼬리를 흐리고 있다. 그렇지만 그는 영적인 권위와 세속적인 권위, 이 양자는 근본적으로 마찰을 일으키는 것이 아니며, 궁극적으로 세속적인 권위 역시 하나님의 영광을 드높이는데 기여해야 한다는 점을 결론적으로 언급하고 있다.[36]

---

32) Whitley, *The Works of John Smyth*, I., 67-247. H. Leon McBeth, *English Baptist Literature on Religious Liberty to 1689* (New York: Arno Press, 1980), 22.

33) Whitley, *The Works of John Smyth*, I., 159.

34) Ibid., 161.

35) Ibid., 572.

36) Ibid.

1610년에 스마이드가 썼던 "간략한 신앙고백"(A Short Confessions of Faith, 1610)[37]에 이르면, 정치와 종교, 국가와 교회에 대한 그의 견해는 큰 변화를 보이고 있다. 그 당시 스마이드와 그의 추종자들은 메노나이트들의 신앙에 큰 영향을 받고 있는 상황이었고, 결국 그들의 교회에 가입하고자 자신들의 믿는 바를 위의 신앙고백에 담았다. 이 신앙고백을 쓸 당시 스마이드는 기본적으로 세속정치에 관한 한 메노나이트의 입장을 수용하고 있는데, 35조항의 진술이 이 사실을 적절히 설명해 주고 있다:

> 세상적인 권위나 세속 정치인은 국토와 정치생활을 보존하고 선한 자들을 보상하며 악한 자들을 징벌하기 위해서 하나님께서 제정하신 필요불가결한 제도이다. 세속 정치인들이 주님의 말씀에 배치되는 정치를 하지 않는 한, 우리는 하나님의 말씀에 사로잡혀서 그들을 두려워하고 존경하며 그들의 명령에 순종해야 한다. 우리는 그들을 위해서 기도해야 하며 합리적인 행정을 펼치는 세속 정치인들에게 감사해야 한다. 동시에, 주저함이 없이 그들에게 복종하여 공물과 세금도 바쳐야 한다. 그런데 세속적인 권위의 이 직분은 주 예수님이 자신의 영적인 왕국, 즉 신약성서적인 교회 안에서 부여한 것이 아니며 자신의 교회직분과 직접 연관되는 것이 아니다.
>
> 예수님은 자신의 제자들이나 추종자들을 세상의 왕이나 왕자나 세속 정치인으로 부르지 않으셨으며, 그러한 직분을 떠맡으라고 명령하지 않으셨으며, 세상적인 방법으로 세상을 다스리도록 하지 않으셨다…. (하늘로부터 들려온 음성에 순종하여) 제자들은 비무장과 무기 불사용의 삶, 다시 말해서 그 분의 십자가를 지는 족적을 따르고 추구하며 살도록 부름을 받았다.[38]

1612년 8월 스마이드는 이 세상을 떠났는데, 그의 추종자들은 이미 토마스 헬위즈와 그의 추종자들로부터 제명처분을 받은 상태에서 메노나이트 교회에 가입하기 위해 대기를 하고 있었다. 스마이드의 추종자들은 그가 생존 시에 써 놓은 신앙고백을 정리하여 그의 사후에 102개 조항의 신앙고백, "참 기독교에 관한 제안과 결론"(Propositions and Conclusions concerning True Christian Religion, Containing a Confession of Faith of Certain English People, Living at Amsterdam, 1612-1614)[39]을 발표하였다. 이 신앙고백은 스마이드가 죽음을 예견하고 쓴 글이었기 때문에 양심의 자유, 종교의 자유, 교회와 국가와의 관계, 그리고 세속 정치인에 대한 교회의 입장 등에 관한 그의 성숙한 견해를 담고 있다.

---

37) 이 신앙고백은 메노나이트들의 한 자유주의적인 분파인 워터랜더파(Waterlanders) 신앙고백을 거의 필사한 것이었다. 1580년 워터랜더파 메노나이트 교도인 Hans de Ries와 Lubbert Gerrits이 만들었던 신앙고백에서 19개조와 22개조를 삭제한 후, 약간의 자구수정을 거쳐서 작성한 것이다. William L. Lumpkin, *Baptist Confessions of Faith* (Valley Forge: Judson Press, 1969), 102.

38) Ibid., 111-2.

39) Ibid., 123-42. 이 신앙고백은 스마이드의 추종자들이 1615년 1월 20일, 메노나이트 교회의 교인으로 가입하는데 결정적인 역할을 하였다.

존 스마이드가 자신이 창립한 최초의 침례교회를 떠날 수밖에 없었지만, 그는 자신의 인생을 정리하면서 본연의 인간이 하나님으로부터 받은 양심의 자유와 종교의 자유를 부르짖었고, 세속 정치인이 영적 공동체의 영적 권위에 도전하는 것을 과감하게 반대하는 신앙고백을 작성하였다. "각 사람의 양심에 따라 자유롭게 믿도록 내버려 두라!" "오직 그리스도만이 교회와 양심의 입법자다!" "세속 정치인은 단지 세속적인 범죄들에만 관여하라!"는 등의 주장은 17세기초의 상황으로서는 전통과 기존질서에 도전하는 이단적인 발언이었지만, 오늘날 민주주의 국가에서는 헌법적인 보장을 받고 있는 당연한 주장인 것이다. 양심과 종교의 자유, 정치와 종교의 분리 등의 현대적인 침례교 신앙의 규범을 주장했던 침례교회의 창시자에게서 시대를 400여 년 앞서 살았던 예언자적 모습을 보게 된다.

3. 토마스 헬위즈의 "불법의 신비에 관한 간략한 선언"

런던교 북쪽지역에 있는 스피탈필드(Spitalfield)에 정착한 헬위즈는 1612년에 매우 중요한 글을 발표하였다.[40] "불법의 신비와 관한 간략한 선언"(A Short Declaration of the Mystery of Iniquity)이라는 글이다. 이 글은 당시의 영국 왕 제임스 1세(King James I)에게 헌정한 것으로 완전한 신앙의 자유를 요구하는 내용을 담고 있었다. 그는 글의 표지에 아래와 같은 글을 자필로 적고 자신의 도장을 찍어서 왕에게 봉헌하였다:

> 오 왕이시여, 들으소서. 불쌍하기 그지없는 사람을 무시하지 마십시요. 이 사람의 불평 섞인 요청을 귀하에게 드립니다. 왕은 죽을 수밖에 없는 사람이고 하나님이 아닙니다(The King is a mortal man, and not God). 그렇기 때문에 귀하는 당신의 백성들의 불멸의 영혼을 지배할 권력과 그들의 영혼을 구속할 법률이나 규정을 만들 권력, 그리고 그들 위에 영적인 권력자들을 세울 권력을 가지고 있지 않습니다. 만약 왕께서 영적인 문제를 다룰 권력자들을 세우거나 법률들을 만들 권위를 가지고 있다면, 왕께서는 불멸하는 하나님(immortal God)이지 죽을 수밖에 없는 사람(mortal man)이 아닙니다. 오! 왕이시여, 귀하께서는 순종해야 할 하나님을 향하여 죄를 범하도록 하는 유혹자들의 유혹을 받지 마소서. 몸과 생명과 물질로 귀하에게 복종하고자 하는 귀하의 불쌍한 백성들을 학대하지 마소서. 그들의 생명을 이 땅에서 거두어 가지 마소서. 하나님께서 왕이신 귀하를 구원하소서.[41]

---

40) 학자에 따라서는 토마스 헬위즈가 영국으로 귀환하여(1611년 혹은 1612년) 영국 국교회의 상황과 영국 국교회에 순응하지 않는 분파들(Non-conformers, Dissenters, Sects, 혹은 Separatists)에 대한 박해를 목격한 후 이 글을 썼다는 주장도 있고, 이미 네덜란드에서 써 놓았던 글을 영국으로 돌아와서 발표한 것이라는 주장도 있다.

41) Helwys, from the flyleaf of *The Mystery of Iniquity* (London: Kingsgate Press, 1935), xxv. McBeth, *English Baptist Literature on Religious Liberty to 1689*, 31.

"왕은 사람이지 하나님이 아니다"라는 선언이 헬위즈의 탄원을 요약한 말이기도 하다. 그는 사람인 왕이 하나님이 주장해야 할 영적인 일에 세속적인 권력으로 개입하지 말 것을 간절히 호소하고 있다. 영적인 과실에 대해 세속적인 징벌을 가하는 것은 정당하지 않음을 헬위즈는 이렇게 주장하고 있다: "어느 누구도 신약성서의 영적인 규정을 위반했다고 해서 사형이나 투옥과 같은 형벌로 벌을 받아서는 안 됩니다. 그러한 위반은 영적인 검과 징계(spiritual sword and censures)의 방법으로만 벌 받아야 합니다."[42]

헬위즈가 쓴 글에 "교회와 국가의 분리"라는 용어를 명시적으로 사용하고 있지는 않지만, 여러 곳에서 그러한 취지의 주장을 하고 있다. 왕은 교회문제에 개입해서도 안 되고 개입할 필요도 없음을 강조하였다. 그는 반복해서 왕은 영국국교회의 감독들이 휘두르고 있는 세속적인 권력(civil power)을 거두어들여야 한다고 주장하였다.[43] 확실히 헬위즈는 세속적인 영역과 영적인 영역이 별개로 존재하고 있음을 확실하게 깨닫고 있었던 것같다. 이 두 영역은 상호 적대적일 필요는 없지만 분명히 구별되어야 한다고 주장하였다. "가이사의 것은 가이사에게, 하나님의 것은 하나님께"(눅 20:25)라는 성경구절이 두 영역의 구분을 증명하고 있다고 설명하였다.

헬위즈는 침례교인들에게만 신앙의 자유를 줄 것을 주장한 것이 아니라 모든 사람들을 위한 종교적인 자유(religious freedom for all)를 요구하였다: "이단자든, 터키인이든, 유대인이든, 그 어떤 사람이든, 지상의 권력(earthly power, 세속적 권력)으로 영적인 문제들(spiritual matters)에 관해 그들을 벌 주려 해서는 안 됩니다."[44] 크리스천들은 물론이요 모슬렘인들이나 유대인들, 다시 말해서 모든 인간들에게는 자신들의 소신에 따라 자신들의 절대자를 섬길 자유가 있음을 천명하였다.

헬위즈는 왕의 권력의 한계를 적시하면서도 세속적인 일들에 대해서는 왕이 최종적인 권위를 가지고 있음을 인정하였다. 따라서 침례교인들은 건전한 시민으로서 왕실과 국가에 대한 의무와 책임을 다 할 것을 다짐하기도 하였다. 그렇지만 왕은 "이 세상 왕국에 속해 있기 때문에 교회로부터는 손을 떼십시요. 우리 주 왕께서는 관여할 바가 아닙니다"[45]라고 단호하게 말하였다.

헬위즈는 글을 마무리하면서 이미 자신의 글이 미칠 파장을 예감했었는지 비장한 각오를 피력하고 있다. 비록 자신이 왕실과 영국국교회의 압박에 못 이겨 네덜란드 땅으로 도

42) Helwys, from the flyleaf of *The Mystery of Iniquity*, xxv, "The principal matters handled in the Booke," 쪽 표시 없음.
43) Ibid., 58-9.
44) Ibid., 69.
45) Ibid., 40.

피한 적이 있었지만, 이제 더 이상 핍박을 피해 도주하지 않을 것을 천명하였다. 그는 자신의 글로 인해 투옥과 화형까지도 받을 각오를 하고 있었고, 그를 추종하던 동료 침례교인들도 신앙의 지조를 지키기 위해 고난을 당할 준비를 하고 있었다.[46] 비록 그가 이러한 글을 써서 대외적으로 발표하는 것이 그 당시 상황에서는 바위에 계란 치기와 같은 바보스러운 행위였을지 모르지만, 종교의 자유를 위한 그의 주장과 이상(理想)은 오늘날 거의 모든 자유국가에서 헌법적인 보장으로 실현되고 있는 것이다.

4. 레오나르드 부셔의 "종교의 평화: 양심의 자유를 위한 탄원"

레오나르드 부셔(Leonard Busher)의 생애에 관한 자료는 극히 제한되어 있어서 그가 어디서 출생했는지 어디에서 공부했는지 명확하게 알 수가 없다.[47] 그의 이름도 "Leonard Busher," "Mark Leonard Busher," "Mr. Mark, Leonard Busher" 등으로 표기되고 있는데, "Mark" 라는 이름은 뱁티즘을 받았을 때 주어진 크리스천 이름일 가능성이 많다. 휘틀리(Whitley)는 그가 네덜란드인일 가능성이 많은 것을 증명하려고 하였지만,[48] 일반적으로는 네덜란드로 피신 갔던 영국인으로 간주되고 있다.

부셔가 1614년에 출판한 글, "종교의 평화: 양심의 자유를 위한 탄원"(Religion's Peace: A Plea for Liberty of Conscience)은 종교의 자유라는 주제에 대해서만 집중적으로 다루고 있는 글이라는 점에서 중요한 의미를 가지고 있다.[49] 부셔는 책의 서두에서 그의 글을 쓰는 목적을 이렇게 기술하고 있다:

> 전하와 의회가 자신이 출생하면서 가지게 되었던 종교를 옹호하고, 따라서 다른 신앙을 가졌다는 이유로 불과 칼로 그들을 집요하게 핍박하는데 대해서, 본인은 제가 믿는 바를 전하와 의회에 말씀드리는 것이 옳다고 생각하며 그렇게 하는 것이 나의 의무라고도 생각합니다. 저는 겸손한 마음으로 말씀드립니다. 어떤 왕이나 백성도 단지 출생에 의해서, 예수 그리스도에 의해 하나님께서 받으시는 참 복음의 종교를 가졌다고 말할 수는 없다고 생각합니다.[50]

---

46) Ibid., 212.

47) 레오나르드 부셔의 생애에 관해 논하고 있는 대표적인 글은 다음과 같다: Champlain Burrage, *The English Dissenters in the Light of Recent Research 1550-1641*, I (Cambridge: University Press, 1912), 276-80; W. T. Whitley, "Leonard Busher, Dutchman," *Transactions of the Baptist Historical Society*, I (1908-09), 107-13.

48) Whitley, "Leonard Busher, Dutchman," 110.

49) McBeth, *The Baptist Heritage*, 104.

50) Edward Bean Underhill, *Tracts on Liberty of Conscience, 1614-1661*, 15.

다시 말해서 부셔는 기독교 신앙이란 하나님에 대한 개인적이고 영적인 반응의 문제이지, 단지 육체적 출생(physical birth)에 의해 우연히 만나게 되는 운명적 사건이 아니라는 것이다. 영적인 출생(spiritual birth), 즉 거듭남(rebirth)은 하나님의 말씀과 성령의 역사로 말미암아 일어나는 사건임을 강조하고 있다.[51] 크리스천 부모로부터 말미암은 육체적 출생이 영적인 신분이나 삶을 보장해 주는 것이 아님을 역설하였고, 위로부터 하나님으로부터 성령님으로 말미암은 영적인 출생의 체험이 있어야 하나님의 자녀가 되고 "하나님의 나라"에 들어갈 수 있다는 점을 역설한 것이다.

이러한 주장은 바로 요한복음 1:13의 말씀을 반영하고 있다고 하겠다: "이는 혈통으로나 육정으로나 사람의 뜻으로 나지 아니하고 오직 하나님께로서 난 자들이니라."[52] 즉 기독교 신앙이란 죄인이 복음 앞에서 하나님의 말씀과 성령의 역사를 통해서 (외부적인 압력이나 관습이나 내면적인 압박을 받음이 없이) 개인적으로 자유롭게 예수 영접의 결단을 하는 것이라는 점을 강조하고 있는 것이다.

부셔에게 있어서 종교의 자유는 왕의 기분에 따라 자의적으로 허용되거나 주어질 성격의 것이 아니었다. 그것은 하나님께서 인간에게 부여하신 양도할 수 없는 천부적인 권리였다.[53] 다음과 같은 조단(W. K. Jordan)의 언급은 부셔와 그의 글 "종교의 평화"가 인간의 양심과 종교의 자유를 위해 어떠한 기여를 했는지 잘 요약해 주고 있다: "여기서 우리는 자신들의 그룹(their own group)만 종교의 자유를 용인 받으려는 어떤 분파의 구차스런 간구가 아니라, 모든 사람들(for all)을 위한 종교의 자유를 추구하는 사려 깊고 고상한 요구를 엿볼 수 있다."[54]

5. 존 머턴의 "겸손한 간청"

존 머턴(John Murton, 1583-1626)의 생애에 관한 정보 역시 초창기 침례교 지도자들처럼 충분하지 않다. 그는 1583년에 분리주의자들이 모여 살았던 링컨셔 게인즈보로(Gainsborough, Lincolnshire)에서 출생하였다.[55] 자연히 그는 스마이드가 담임목회를 하고 있던 교회에 출

51) Ibid., 16.

52) 「종교의 평화」에는 약 240여 개의 성경구절들이 인용되고 있는데, 그 중에 약 200개가 신약성경의 말씀들이다.

53) McBeth, *The Baptist Heritage*, 104.

54) Wilbur K. Jordan, *The Development of Religious Toleration in England* (London: George Allen and Unwin, Ltd., 1932-40), 2 vol., 298.

55) 그의 출생연도가 정확히 언급된 자료는 없지만, 1609년에 결혼을 하고 제출한 혼인신고서에 자신의 나이를 25세라고 표기하고 있어, 역산하면 1583년에 출생한 것으로 보인다. Walter H. Burgess, *John Smyth*

석을 하게 되었고, 그와 함께 네덜란드 피난길에 동행했던 것으로 보인다. 1609년 암스테르담에서 스마이드가 신자의 뱁티즘이 베풀었을 때, 머턴은 토마스 헬위즈와 함께 뱁티즘을 받고 최초의 침례교회의 일원이 되었다.

그러나 메노나이트 교회로의 가입문제로 스마이드와 헬위즈 사이에 갈등이 생겼을 때, 그는 헬위즈 편에 가담하여 침례교회를 지키는데 일조를 하였다. 1611년 혹은 1612년 그와 그의 아내는 핍박받을 것을 무릅쓰고 헬위즈와 함께 영국 땅으로 돌아와 침례교회의 명맥을 유지하였다. 버제스(Burgess)에 의하면 머턴은 헬위즈의 "최측근 조력자"(chief helper)였으며 헬위즈가 투옥이 되었을 때에는 "헬위즈의 망토가 머턴에게 떨어졌다"(The mantle of Helwys fell on Murton)고 기록하고 있다.[56)]

종교의 자유와 관련하여 머턴은 두 개의 글을 남기고 있다. 1615년에 쓴 "대화의 방식으로 답변한 반대주장들"(Objections Answered by Way of Dialogue)과 1620년에 쓴 "겸손한 간청"(A Humble Supplication)이 그것이다.[57)] 전자의 글은 1662년에 약간의 수정을 거친 후에 새로운 제목, 「정죄받고 저주받는 종교에 대한 핍박」(*Persecution for Religion Judg'd and Condemn'd*)으로 출간되었다.

"대화의 방식으로 답변한 반대주장들"은 글의 제목이 암시하고 있는 대로 종교적인 관용에 반대하는 주장들에 대해 조목조목 답변을 하면서 종교의 자유를 관철하려는 목적으로 쓴 책이다.[58)] 이 책은 크게 두 부분으로 구분되는데, 첫째 부분은 독자들에게 편지를 쓰는 듯한 형식을 취하고 있다. 이 글을 왜 쓰는가, 종교적인 핍박이 왜 부당한가, 그리고 종교의 자유는 왜 지켜져야 하는가 하는 점들을 적고 있다. 둘째 부분은 세 사람의 등장인물을 동원하여 서로 대화를 하는 형식을 빌어 왜 종교의 자유가 필요불가결한 것인지를 역설하고 있다. 종교의 자유를 반대하는 "반기독교인"(Anti-Christian), 그것을 옹호하는 "기독교인"(Christian), 그리고 종종 두 사람의 대화에 끼어 들어서 두 사람의 대화에 찬 물을 끼

---

the Se-Baptist, Thomas Helwys, and the First Baptist Church in England with Fresh Light upon the Pilgrim Fathers' Church, 297. McBeth, *English Baptist Literature on Religious Liberty to 1689*, 48.

56) Burgess, *John Smyth the Se-Baptist, Thomas Helwys, and the First Baptist Church in England with Fresh Light upon the Pilgrim Fathers' Church*, 297.

57) 그 당시에 영국에서 출간된 책들의 제목이 그러하듯이 이 두 권의 책도 책의 내용을 요약하는 긴 제목을 가지고 있다. 전자의 책제목은 *Objections Answered by Way of Dialogue, Wherein Is Proved, ,,,,, That No Man Ought to be Persecuted for His Religion, so He Can Testifie His Allegiance by the Oath, Appointed by Law*이고, 후자의 책제목은 *A Most Humble Supplication of Many of the King's Majesty's Loyal Subjects, Ready to Testify All Civil Obedience by the Oath of Allegiance, or Otherwise, and that of Conscience; to Divine and Human Testimonies*이다. 이 책들은 Underhill이 편집한 *Tracts on Liberty of Conscience and Persecution*, 1614-1661, 83-231에 수록되어 있다.

58) 실제로 이 책은 종교적 관용의 위험성을 주장한 글인 John Robinson의 *Of Religious Communion Private and Publique* (London: No Publisher name, 1614)에 대하여 구체적으로 반박하고 있는 내용이다.

얽기도 하고 서로를 흥분시키기도 하는 "무관심자"(Indifferent)가 그들이다.

세 사람의 대화 부분에서, 머턴은 종교의 자유는 혼란과 무질서를 낳게 된다는 주장에 대하여 강력하게 반박하면서 오히려 그 반대의 효과가 있을 것임을 강변하고 있다. 각 종교에 자유를 부여해 주는 것이 거기에 속한 자들로 하여금 국가에 대한 충성심을 유발하는 최선의 길이라고 역설하고 있다.[59] 머턴 역시 종교의 자유를 부르짖었던 다른 침례교 지도자들처럼, 종교적인 핍박은 위선의 열매를 맺게 된다고 주장하고 있다. 이러한 위선은 영적인 악취를 풍길뿐만 아니라 정치적인 역기능을 낳게 된다고 하였다.[60]

"대화의 방식으로 답변한 반대주장들" 역시 정치와 종교, 국가와 교회의 분리를 명시하고 있다: "지상의 권위는 지상의 왕들에게 속해 있다. 그러나 영적인 권위는 한 분이신 영적인 왕, 즉 왕들 중의 왕에게 속해 있다"(Earthly authority belongeth to earthly kings; but spiritual authority belongeth to that one spiritual King who is KING OF KINGS).[61]

1620년에 빛을 보게 된 "겸손한 간청"(A Humble Supplication) 역시 머턴이 종교의 자유를 부르짖었던 대표적인 글이다. 글의 내용은 위의 글과 대동소이 하지만, 종교문제와 관련해서는 강제(compulsion)가 시행되기 전에 먼저 설득(persuasion)이 시행되어야 하며, "어떠한 인간적인 법도 내면적인 은혜가 없이는 마음 속 깊은 곳에서 좋은 그리스도인을 만들어 낼 수 없다"[62]고 주장하고 있다.

이 "겸손한 간청"이라는 글이 어떻게 작성되었는지는 미국 침례교회의 창시자 로저 윌리암즈(Roger Williams)의 글, 「핍박의 피 비릿내 나는 속성」(*The Bloudy Tenent of Persecution for Cause of Conscience Discussed in a Conference between Peace and Truth*)에 잘 소개되고 있다.[63] 윌리암즈에 의하면 머턴은 종교적인 확신범으로 런던 뉴게이트(Newgate) 감옥에 갇혀 있었다. 그는 우유를 작은 막대기에 묻혀서 자신의 종교의 자유에 관한 확신을 종이에 쓴 후, 자신을 면회 온 사람들에게 은밀히 주었고, 성도들은 그 종이를 촛불에 그을려서 글씨와 글의 내용을 알아보았고, 그러한 글들이 모여서 책으로 만들어지게 되었다고 전하고 있다. 감옥에 갇혀 있던 목자가 자신의 사랑하는 양들에게 이러한 방법으로 가르치고 목양을 했던 것이다.[64]

---

59) Ibid., 114.
60) Ibid., 139.
61) Ibid., 134.
62) Ibid., 185-6.
63) 로저 윌리암즈는 법관 에드워드 코우크(Sir Edward Coke)의 법정비서로 근무하면서 종교적인 문제로 인해 이단자로 기소된 사람들이 재판을 받는 모습들을 여러 차례 목격하였다. 아마 존 머턴(John Murton)의 재판 시에 법정에 있었을 것이고, 또한 그의 이단성의 증거물인 「겸손한 간청」의 제작 경위에 관해서도 알게 되었을 것이다. McBeth, *The Baptist Heritage*, 106.

침례교인들은 특별히 자유(freedom)를 사랑하고 존중하는 신앙인들이다. 양심의 자유와 신앙(혹은 종교)의 자유에 대한 확신은 침례교 신앙의 기초를 이루고 있다. 그리고 침례교인들은 이러한 자유가 "모든 사람들에게"(for all) 평등하게 보장되도록 하기 위해서는 국가와 교회, 정치와 종교는 분리(separation)되어야 한다고 믿는다. 다른 말로 하면 국교(state church) 혹은 국가종교(state religion)는 인정되어서는 안 된다고 믿는 것이다. 침례교인들은 특정 교회나 특정 종교가 정부의 세속권력에 의해서 부당하게 박해를 받아서도 안 되지만, 또한 특별한 비호를 받아서도 안 된다고 믿어 왔다. 국가는 어디까지나 국민들의 세속적인 삶의 영역에 관여해야 하는 것이고, 교회는 어디까지나 영적인 삶의 영역에 관여해야 하는 것이라고 믿는다. 따라서 전자는 때때로 강제력(force)을 동원할 수도 있지만, 후자는 설득(persuasion)과 자발적인 참여(voluntary participation)에 호소해야 하는 것이다.

양심의 자유와 종교의 자유는 오늘날 대다수의 민주국가의 헌법에 구체화되어 있다.[65] 이처럼 헌법적인 보장을 받기까지 무수히 많은 신앙인들이 눈물과 피를 흘렸는데, 특히 초창기 영국 침례교 지도자들의 희생이 컸음을 살펴보았다. 필자는 존 스마이드, 토마스 헬위즈, 레오나르드 부셔, 존 머턴 등 이들의 피눈물 섞인 호소가 침례교인들의 영혼 속에 지금도 잠재해 있다고 생각한다. 한국의 침례교인들도 이들의 신앙적인 모본을 본받아 양심과 신앙의 자유를 통제하며 훼손하고자 하는 세력들을 향하여 담대히 항거할 수 있어야 하겠다. 자유는 거저 공짜로 주어지는 것이 아니기 때문이다(Freedom is not free).

III. 일반침례교회의 쇠퇴와 뉴 커넥션 일반침례교회의 대두

1. 일반침례교회의 쇠퇴

"하나님의 절대주권"과 "인간의 책임"이라는 신학적 주제를 영국 침례교 역사의 문맥에서 살펴볼 때, 우리에게 주는 역사적 교훈은 매우 생생하다. 왜냐하면 영국의 침례교회는 두 원천에서 시작되어 두 물줄기를 이루며 발전해 왔기 때문이다. 영국의 일반침례교회(General Baptist Church)는 알미니우스주의의 구원론, 즉 예수님은 모든 사람들을 위해서 십

64) Ibid.

65) 1987년 10월에 개정 확정된 대한민국 헌법 제19조는 "모든 국민은 양심의 자유를 가진다"고 규정하고 있고, 제20조 1항은 "모든 국민은 종교의 자유를 가진다"고 했으며, 2항은 "국교는 인정되지 아니하며 종교와 정치는 분리된다"고 선언하고 있다. "대한민국 헌법," [온라인자료] http://www.koreahouston.org/law/law-basic.htm, 2005년 1월 20일 접속.

자가에 돌아가셨으며 누구든지 예수님을 "믿기만 하면" 구원받는다고 하는 구원론에서 시작된 교회였고, 특수침례교회(Particular Baptist Church)는 칼빈주의의 구원론, 즉 예수님은 오직 선택된 자들을 위해서 십자가에 돌아가셨으며 결국 선택된 자들만이 예수님을 "믿게 되어" 구원을 받는다고 하는 구원론에서 시작된 교회였다.[66] 다시 말해서 전자는 인간의 책임을 강조하는 신학의 편에 서 있는 교회였고 후자는 하나님의 절대주권을 강조하는 신학의 편에 서 있는 교회였다.

그런데 이 두 교회가 영국의 왕실과 국교회로부터 핍박을 받고 있을 당시에는, 모두 강렬한 생명력을 가지고 활발한 성장과 발전을 이루었으나, 1689년에 용인법(Act of Toleration)이 공표된 이후 1700년대 전반기 약 50년 동안은 영적인 침체기를 맞이하게 되었다. 영국의 침례교 신학자인 로빈슨(H. Wheeler Robinson)은 18세기의 첫 반세기는 "침례교 역사에 있어서 가장 정체되고 무기력한(the most stagnant and lethargic) 시대였다"[67]고 진단하였고, 오웬(J. M. G. Owen)은 침례교 역사의 "빙하기"(the glacial epoch)라고까지 말하였다.[68] 실제로 1715년에 146개였던 일반침례교회의 수가 1750년에는 65개로 감소되었으며, 220개였던 특수침례교회의 수가 같은 기간에 146개로 감소된 것만을 보아도 영국침례교회의 두 물줄기를 이루었던 양 교회의 영적 침체가 얼마나 심각하였던가를 충분히 짐작할 수 있다.[69] 일반침례교회의 쇠퇴는 더욱 심각하였다.

알미니우스주의 구원관에 입각하여 세워진 일반침례교회는 18세기 전반기에 신학적인 자유주의(theological liberalism) 사상에 젖어 들었다. 적지 않은 일반침례교회들이 예수 그리스도의 신성(deity)과 속죄관(view of atonement)에 있어서 성서로부터 멀어지기 시작하였다. 인간의 자유의지와 책임성을 강조하는 신학이 빠져버릴 수 있는 함정이 바로 그것이었다. "예수 그리스도께서는 모든 사람들을 위해 십자가에 돌아 가셨다"는 알미니우스주의 교리는, "모든 사람들"을 강조하다보니까 궁극적으로 "예수를 믿든지 믿지 않든지 상관 없이" 누구나 구원받게 된다는 만인구원설(Universalism, 보편구원설)로 전락해 버릴 위험성이 있는 것이다.

이는 결국 예수 그리스도의 십자가 사건의 구속적인 의미를 희석시키게 되고, 따라서 예수님의 보혈로 말미암는 속죄의 참 의미가 애매모호해질 수 있는 것이다.[70] 따라서 예수 그리스도를 훌륭한 선생님 혹은 인간들의 모범 정도로 생각하는 자유주의적 신학과 신앙으

66) McBeth, *The Baptist Heritage*, 154.
67) H. Wheeler Robinson, *Baptists in Britain*, 20. McBeth, *The Baptist Heritage*, 153에서 재인용.
68) J. M. G. Owen, ed., *Records of an Old Association*, 37. McBeth, *The Baptist Heritage*, 153에서 재인용..
69) McBeth, *The Baptist Heritage*, 172-3.
70) Ibid., 155.

로 전락해 버릴 수 있는 것이다. 18세기초 영국에서 이와 같은 신학을 전개했던 대표적인 신학자들은 매튜 캐핀(Matthew Caffyn, 1628-1714), 윌리암 바이들러(William Vidler, 1758-1816)였다.[71]

2. 매튜 캐핀

매튜 캐핀(Matthew Caffyn, 1628-1714)은 1640년대에 옥스포드대학교 학생으로서 침례교인이 되었는데 비국교도(non-conformist)라는 이유로 인해서 퇴학을 당하게 되었다. 대학교육도 맛보았고 명석한 두뇌와 재력을 가지고 있었기 때문에 그는 일반침례교인들의 일반총회(GAGB, General Assembly of General Baptists)에서 "사신"(messenger)으로서 활동하며 영향력 있는 인물이 되었다.[72] 자신의 인간적인 명석함 때문이었는지 그는 삼위일체 하나님 개념에 대해서 의심하기 시작하였고 그리스도의 신성에 대해서도 의문을 품게 되었다.

결국 그는 아나뱁티스트 멜키오르 호프만(Melchior Hofman)의 기독론 즉 "그리스도의 천상적인 몸"(Celestial Body of Christ)[73] 개념을 수용하는 쪽으로 경도되었고, 더 나아가서는 파우스투스 소치누스(Faustus Socinus)의 반삼위일체론으로 빠져들게 되었다.[74] 언더우드(Underwood) 박사는 이러한 그의 변신을 "우리 주님의 인성의 실재를 부인하다가 결국에는 그 분의 신성까지도 부정하게 되었다"(He passed from denying the reality of Our Lord's Human Nature to a denial of His Deity)[75]고 설명하였다.

1679년에 토마스 몽크(Thomas Monck)가 "정통신조"를 작성했던 목적들 가운데 하나는 캐핀의 기독론을 경계하기 위함이었다. 몽크는 5년 전에 「새로운 단성론자들의 암적인 실수에 대한 치유」(*A Cure for the Cankering Error of the New Eutychians*)라는 책을 썼다. 그는 그리스도가 동정녀 마리아의 육체를 취하지 않았다거나 다윗의 혈통으로부터 온 것이 아니라고 하는 가르침을 명백한 이단이라고 주장하였다. 그러한 가르침은 호프만의 "천상적인 몸"(celestial flesh)과 발렌타인의 영지주의(Valentinian Gnosticism)에까지 소급한다고 하

71) Ibid., 156.

72) Ibid.

73) "그리스도의 천상적인 몸"(Celestial Body of Christ) 개념은 멜키오르 호프만이 주장했던 것으로 성육신하신 인간 예수는 마리아의 몸 속에서 잉태되고 출산되기는 했지만, 마리아의 영향은 별로 받지 않고 하나님 아버지로부터 직접 오셨다는 점을 강조하는 이론이다. 마치 물이 파이프를 통과하듯이 예수는 마리아를 파이프처럼 통과하여 이 땅에 오셨다는 것이다. 이는 당시 로마가톨릭 교회에 마리아숭배(Mariolatry)가 만연해 있던 상황에서, 성육신 사건에서 마리아의 역할을 축소하고자 하는 의도에서 주장되었다. 김승진, 「근원적 종교개혁: 16세기 성서적 아나뱁티스트들의 역사와 신앙과 삶」, 238-40 참조.

74) Garrett, *Baptist Theology*, 44.

75) A. C. Underwood, *A History of English Baptists* (London: Carey Kingsgate Press, 1956), 127.

였다.

또한 캐핀의 주장은 예수의 인성이 신성에 의해 흡수되었다고 하는 단성론자 유티케스(Eutiches)의 주장과 다를 바가 없다고 몽크는 주장하였다.[76] 그러면서 몽크는 캐핀과 그의 추종자들이 예수 그리스도가 죄가 없으신 것은 마리아와 상관없이 하나님으로부터 직접 오셨기 때문이며 따라서 예수의 신성만을 지나치게 강조한다고 비판하였다.

캐핀의 기독론을 비판했던 또 다른 인물은 메이드스톤(Maidstone)의 목사 조셉 라이트(Joseph Wright)였다. 그는 1686년에 캐핀이 예수 그리스도의 인성뿐 아니라 신성까지도 부정하고 있다고 비판하면서 그를 일반침례교인들의 일반총회(GAGB)로부터 축출하여야 한다고 주장하였다.[77] 그러나 캐핀은 자신의 신학적인 입장을 교묘하게 변호하면서 자신은 성서의 권위에 순복하며 예수를 "하나님임과 동시에 인간"(both as God and man)으로 간주한다고 변명하였다. 결국 총회에서는 캐핀의 편을 들며 그의 혐의를 면제해 주었고 라이트에 대해서는 사랑이 없는 목회자로 정죄하였다. 자신을 정죄하려고 했던 시도가 실패로 돌아가자 캐핀은 더욱 의기양양해져서 공개적으로 자신의 견해를 피력하였다.

1693년에 캐핀를 향한 신학적인 비난이 다시 일기 시작했다. 이번에도 총회에서는 대다수가 그의 무혐의에 찬성표를 던졌고 도리어 그를 비판했던 자들이 이단적인 사람들로 몰리게 되었다. 결국 1696 총회에서는 캐핀을 비난하고 총회의 행태를 비판하는 사람들이 총회를 뛰쳐나와 자신들만의 총회인 "일반침례교인들의 일반연합회"(General Association of General Baptists)를 조직하였다.[78] 결국 분열의 초점이 되었던 인물이 캐핀이었고 일시적이나마 일반침례교회는 교단적인 분열의 아픔을 겪게 되었다.

정통적인 기독론을 취했던 사람들은 옛 총회를 "캐핀파"(Caffynites)라고 부르며, "우리가 뛰쳐나오게 된 이단사상에 대해 일반총회(General Assembly)가 철저히 회개하기까지, 우리는 주님의 만찬에서 그들 중 누구와도 떡과 잔을 함께 나누지 않을 것이며 어느 누구도 우리들 가운데서 설교하지 못하도록 할 것이다"[79]라는 강경한 입장을 취하였다.

캐핀이 죽은 후 1731에 가서야 비로소 일반침례교인들의 일반총회(General Assembly)와 일반연합회(General Association)는 히브리서 6장 1-2절의 여섯 가지 원리에 입각해서 재결합하게 되었다. 그러나 양 진영은 재결합이라는 대의를 위해서 신학적인 타협을 하지 않을 수 없었다. 일반침례교인들은 교리적인 일치를 희생하면서 교단적인 연합을 이루게 되었

76) Garrett, *Baptist Theology*, 44.

77) McBeth, *The Baptist Heritage*, 156.

78) Ibid., 157.

79) W. T. Wheatley, ed., *Minutes of the General Assembly of the General Baptist Churches in England*, 1:84. McBeth, *Baptist Heritage*, 157에서 재인용.

고, 결국에는 영적인 활력까지도 상실하게 되었다. 휘틀리(Wheatley) 박사에 의하면 이와 같은 교단 내의 갈등들은 "일반침례교인들이 세상을 향한 영향력을 행사할 기회를 잃게 되었으며, 1731년에 재결합을 이루어냈지만 그들은 과거의 상처에만 사로잡혀서 자신들의 이상을 잊어버리게 되었고, 새 시대의 새로운 필요에 대해서는 눈을 감아버리고 말았다"[80]고 진단하였다.

3. 댄 테일러와 뉴 커넥션 일반침례교회

교회와 교단의 영적인 침체는 신학의 침체로부터 말미암는다고 해도 지나친 말이 아니다. 영국의 일반침례교회가 "영적인 빙하기"(spiritual glacial epoch) 상황을 겪고 있었을 때, 하나님께서는 새로운 지도자를 세우셔서 당대의 그리스도인들을 다시 말씀의 반석 위에 세우셔서 성령충만한 교회와 교단으로 회복시키셨다. 영국 일반침례교회의 영적 부흥을 위해 하나님께서는 댄 테일러를 찾아내 세우셨다.[81]

1) 댄 테일러

댄 테일러(Dan Taylor, 1738-1816)는 1738년 12월 17일 요크셔의 핼리팩스(Halifax, Yorkshire)에서 석탄광부의 아들로 태어났다.[82] 신앙심이 깊은 가정은 아니었지만 그가 16살 때에 영국국교회에서 입교절차를 받았다. 그는 어린 시절 책읽기를 좋아하는 지적인 호기심이 많았던 소년이었다. 그는 요한 웨슬레의 설교에 귀를 기울이기도 했다. 20살이 되었을 때 그는 감리교 신자가 되었고 한 때는 감리교 설교자로서 활동하기도 하였다. 그는 요한 웨슬레(John Wesley)의 부흥운동으로부터 큰 은혜를 체험하고 하나님 나라를 위한 말씀의 종으로 쓰임받기를 기도하였다.

그런데 1762년경에 댄 테일러는 성경을 깊이 연구하다가 유아세례가 성서적이지 않을 수 있다는 의심을 하게 되었고, 결국에는 뱁티즘이란 예수 그리스도를 향해 신앙을 고백하는 신자들에게만 베풀어야 한다(believer's baptism)는 사실을 체험적으로 깨닫게 되었다. 더 나아가서 그는 뱁티즘의 신약성서적인 형식은 머리 위에 물을 뿌리는 관수례(灌水禮, affusion)가 아니라 전신을 물 속에 담그는 침수례(浸水禮, immersion)라는 것을 확신하게 되었다. 그는 유아세례 전통을 지키고 있던 감리교회를 떠나야 하겠다는 결심을 굳혀가고 있었다.

80) W. T. Wheatley, *A History of British Baptists*, 174.
81) Leonard, *Baptist Ways: A History*, 96.
82) McBeth, *The Baptist Heritage*, 160.

테일러는 25살이 된 1763년 2월 16일에 노팅검셔(Nottinghamshire)에 있는 갬스톤(Gamston) 침례교회에서 자신의 신앙고백에 근거한 침례를 받고 침례교인으로서의 새로운 삶과 사역을 시작하였다.[83] 그는 자신이 섬기던 감리교회의 성도들을 설득하여 침례교회로 전환하였고, 일반침례교회의 링컨셔 침례교지방회(Lincolnshire Baptist Association)의 회원교회로 가입을 하였다. 그러나 댄 테일러는 당시의 일반침례교회가 겪고 있던 영적인 침체와 냉담함에 대해서 그리고 목회자들의 영적인 나태와 열정의 부족함에 대해서 크게 실망했다. 하지만 그는 이러한 현실에 좌절하지 않고 설교를 통해 일반침례교 신자들의 회개와 영적인 재충전을 촉구하며 심령부흥운동을 주도하였다.

댄 테일러는 자신이 섬기는 침례교회가 보다 더 정통적인 기독론을 가지도록 이끌었으며, 교회회원의 조건으로서 신자 개개인에게 안수를 행하는 관습을 버렸고, 예배 시에 여성신자들이 찬양을 부르는 것을 독려하였고, 성도들로 하여금 영혼구원을 위한 전도활동에 열정을 갖도록 인도하였다. 그의 이러한 목회활동은 자연스럽게 기존의 일반침례교 목회자들과의 사이에 갈등의 불씨가 되었다.[84]

2) 뉴 커넥션 일반침례교회(New Connection of General Baptist Church)

테일러가 내걸었던 구호는 "신앙과 실천에 있어서 원시기독교를 재현하자!"는 것이었다.[85] 무엇보다도 그는 당시 일반침례교회 내에 만연하고 있던 만인구원설(Universalism), 즉 예수님이 모든 사람들을 위해 피를 흘렸으니 예수를 믿든 믿지 않든 상관 없이 누구나 구원받게 된다고 하는 주장을 타파하기 위해 힘썼다. 구원은 오직 믿음으로 말미암는 것이며 사람을 거듭나게 하시는 분은 궁극적으로 성령님이심을 강조하였다.

동시에 그는 일반침례교회에서 "침수례"(침례, Immersion)를 분명하게 회복시킨 지도자였다.[86] 뱁티즘 의식의 내용, 즉 "오직 신자들에게만" 침례를 베풀어야 한다는 것도 중요하지만, 이에 못지 않게 뱁티즘 의식의 형식, 즉 "침수례"(침례, Immersion)를 베풀어야 한다는 것도 역시 중요하다고 역설하였다. 왜냐하면 침례 그 자체에 복음의 핵심적인 내용이 담겨 있기 때문이라는 것이었다. 회개하고 예수 믿은 신자는 예수 그리스도와 연합하여 그와 함께 죽고 장사지낸 바 되고 그와 더불어 새로운 삶(부활의 삶)을 산다고 하는 신앙고백이 침례 의식 속에 그림처럼 묘사되어 있다는 것이었다. 더 나아가서 침례는 단순히 중생의 상징일뿐만 아니라 그리스도의 몸으로서의 지역교회(local church)에 가입하기 위한 필요불

83) Ibid., 161.

84) Ibid.

85) Leonard, *Baptist Way: A History*, 97.

86) McBeth, *The Baptist Heritage*, 163-4.

가결한 의무요 교회회원의 전제조건임을 강조하기도 하였다.

댄 테일러와 그를 추종하던 동역자들은 1770년 6월 6일을 기해 런던의 화이트채플(Whitechapel, London)에서 모여 뉴 커넥션 일반침례교회라는 새로운 교단을 창립하였다. 그들은 교단창립과 더불어 "종교의 항목들"(Articles of Religion)이라는 간단명료한 신앙고백을 채택하여 자신들이 강조해서 믿는 신앙의 내용을 구체화 하였다.

3) 신앙고백 "종교의 항목들"(The Articles of Religion)

이것은 단지 6개의 항목들로 구성된 짧막한 신앙고백이다: (1) 인간의 타락, (2) 도덕적 율법의 성격과 항구적인 준수의무, (3) 그리스도의 인격과 사역, (4) 믿음으로 말미암는 구원, (5) 성령님에 의한 중생, (6) 뱁티즘.[87] 이 신앙고백은 전체적인 기독교 교리체계를 구축하고자 하는 의도로 만들어졌다기보다는, 당시의 일반침례교회가 겪고 있던 교리적인 해이에 대처하기 위한 것이었고, 뉴커넥션 일반침례교회가 추구하는 신앙의 내용을 집약하는 것이었다.

한편에서는 아리우스주의(Arianism)와 소치누스주의(Socinianism)를 피하고 다른 한편에서는 극단적인 반율법주의(extreme antinomianism)를 극복하고자 하는 것이었다.[88] 교회론을 제외하고는 요한 웨슬레의 신학과 신앙의 영향력이 배어 있는 신앙고백이었다. 처음 5년 동안에 뉴 커넥션 일반침례교회 교단에 가입하고자 하는 목회자와 교회는 이 신앙고백에 서명을 했어야 했다.

이 신앙고백에 의하면, 비록 인간들이 죄를 범하여 영적으로 죽은 상태가 되었지만, 그들은 "도덕적인 능력"(moral ability)을 가지고 있는데, 이것은 율법을 지킬 수 있는 능력이 아니라 하나님의 은혜로 복음을 받아들일 수 있는 능력을 가리킨다고 하였다:

> 우리는 믿는다. 인간은 하나님의 형상을 따라 바르게 지어졌고, 자연적이든 도덕적이든 모든 무질서로부터 자유하며, 창조주 하나님의 뜻과 명령을 완벽하게 순종할 수 있다. 그러나 역시 죄를 범할 수도 있다…. 인간의 성품 역시 타락하였다. 그의 마음은 부패하였고 그의 영혼의 능력은 약화되었다. 그리스도에 의해 자유하게 될 때까지 그와 그의 후손들은 사탄의 포로가 되었다.[89]

---

87) Lumpkin, *Baptist Confession of Faith*, 340-4.

88) McBeth, *The Baptist Heritage*, 163.

89) Lumpkin, *Baptist Confessions of Faith*, 342-3. 제1조항. "We believe, that man was made upright in the image of God, free from all disorder natural and moral; capable of obeying perfectly the will and command of God his Maker; yet capable also of sinning.... His nature also became depraved; his mind was defiled; and the powers of his soul weakened, that both he was, and his posterity are, captive of Satan till set at

3조항 "그리스도의 인격과 사역"에서는 "우리 주 예수 그리스도의 인성과 신성이 한 위격 안에서 연합되어 있다"(Our Lord Jesus Christ is God and man, united in one person)고 강조하고 있고, "그 분은 모든 사람들의 죄를 위한 충분한 속죄를 위해 고난을 받으셨다"(He suffered to make a full atonement for all the sins of all men)고 진술함으로써 알미니우스주의 구원론의 입장을 분명히 하고 있다.[90] 더 나아가서 선행이 따르지 않는 믿음으로는 칭의를 얻을 수 없다고 단언함으로써 믿음을 매우 적극적으로 이해하였다. 열매 없는 믿음과 행함 없는 믿음은 죽은 믿음이며, 결국 구원얻는 믿음이 될 수 없음을 지적하였다: "우리는 확실히 믿는다. 선행의 열매를 맺지 못하는 믿음은 칭의의 수단이 될 수 없다"(Though we firmly believe, that no faith is the means of justification, but that which produces good works).[91]

또한 당시 일반침례교회에 만연해 있던 "보편구원설"(Universal Salvation), 즉 예수 그리스도가 모든 사람들을 위해 십자가에서 피를 흘리셨으니 궁극적으로 모든 사람들이 (믿든 믿지 않든 상관없이) 구원받게 된다는 주장에 대해 이 신앙고백은 분명한 입장을 진술하고 있다. 오직 믿음으로만(by faith alone) 구원받게 된다는 것이다. 동시에 모든 사람들에게 복음이 제시되어야 하고 모든 사람들을 구원으로 초청해야 한다는 점을 강조하고 있다. 복음을 들은 자들 가운데 누구든지 예수를 믿으면(믿음으로 반응하기만 하면) 구원을 받게 된다고 진술하고 있다(that they may, in this way alone, that is, by faith be possessed of this salvation).[92]

그런데 인간이 믿음으로 구원받는 것이지만, 인간이 중생하고 성화되기 위해서는 믿음 이전에 성령님의 감동하심과 역사하심이 있어야 함을 "종교의 항목들"은 강조하고 있다:

> 우리는 믿는다. 성경이 우리에게 확신시켜 주듯이, 우리는 믿음으로 의롭게 되고, 하나님의 자녀가 되고, 정결케 되고 성화된다. 그런데 한 인간이 예수님을 믿게 될 때(그 이전에 그렇게 되는 것은 아니다), 하나님의 영(the Spirit of God)에 의해서 그는 자신의 영 안에서 거듭나거나 거듭 새롭게 되는 것이다[93]

마지막 여섯 번째 조항, "뱁티즘"(On Baptism)에서는 뱁티즘을 받는 것은 예수를 믿은

---

liberty by Christ."

90) Ibid., 343. 제3조항.

91) Ibid.

92) Ibid., 제4조항, "믿음으로 말미암는 구원."

93) Ibid., 343-4. 제5조항, "성령님에 의한 중생." "We believe, that, as the scriptures assure us, we are justified, made the children of God, purified and sanctified by faith; that when a person comes to believe in Jesus (and not before) he is regenerated or renewed in his soul, by the Spirit of God."

신자의 의무이며, 동시에 뱁티즘은 침수례의 방식으로 이루어져야 하며, 침례를 받지 않고는 교회의 회원이 될 수 없다고 분명하게 진술하고 있다:

> 우리는 믿는다. 회개를 하고 복음을 믿는 자들 모두는 교회(의 상태)로 들어가기 위해서 물 속에서 침수례의 방식으로 뱁티즘을 받는 것은 필수불가결한 의무이다. 그러한 의식에 순종하지 않고서는 어느 누구도 교회로 영입되어서는 안 된다[94]

오직 신자에게만 뱁티즘을 베풀고(believer's baptism only), 침수례에 의한 뱁티즘만을 베풀며(immersion baptism only) 그리고 "중생한 자들로 교회회원을 삼는 교회"(regenerate church membership)를 이루고자 하는 강렬한 의지를 이 신앙고백에서 읽을 수 있다. 침례의 의미가 단순히 구원받았음을 고백하는데 그치지 않고, 교회를 향한 헌신, 침례를 받음으로 교회라는 공동체에 적극적으로 참여하여 신자들의 교제 속으로 들어가겠다는 헌신, 그리고 예수 그리스도의 제자로서의 삶(discipleship)을 시작하겠다는 헌신에까지 그 의미를 확대하고 있는 것이다.

당시의 일반침례교회나 특수침례교회에서는 침수례를 원칙으로 하지만 교회회원권은 뱁티즘의 형식에 구애됨이 없이 살수례(sprinkling)나 관수례(affusion)를 받은 사람들에게도 허용하는 "열린 교회회원권"(open membership)이 일반적인 관례였다.[95] 그런데 뉴 커넥션 일반침례교회에서는 교회란 예수를 믿고 그 믿음을 침수례(immersion)로 고백한 신자들로 구성된다고 하는 "닫힌 교회회원권"(closed membership), 다시 말해서 불신자나 신앙고백이 분명하지 않은 자는 물론이고 침수례를 받지 않은 사람도 교회회원에서 배제하는 엄격한 교회관을 염두에 두고 있었던 것이다.

댄 테일러에 의해 주도되었던 뉴 커넥션 일반침례교회 운동이, 영국의 침례교 교단에 영적인 갱신운동을 일으켰고 성서적인 구원교리와 침례의식의 참 의미를 회복시켰으며, 영국의 침례교인들이 영적인 활력을 되찾는데 큰 기여를 하였다. 1770년 이 운동이 시작될 당시에는 7개 교회가 동참했고 교인수는 약 1,000명 정도에 불과했는데, 1786년에는 31개 교회에 2,357명의 회원으로 확산되었다.[96]

또한 테일러는 예배에서 찬양이 차지하는 역할의 중요성을 강조하여 회중찬송을 격려하였으며, 어린이들을 위한 신앙문답서를 만들기도 하였고, 주일학교를 위한 공과를 편찬

94) Ibid., 344. 제6조항, "뱁티즘." "We believe, that it is the indispensable duty of all who repent and believe the gospel, to be baptized, by immersion in water, in order to be initiated into a church state; and that no person ought to be received into the church without submission to that ordinance".

95) McBeth, *The Baptist Heritage*, 163.

96) Ibid., 164.

하여 어린이들과 청소년들의 성경교육에도 힘을 쏟았다. 1797년에는 「일반침례교잡지」(*The General Baptist Megazine*, 후에는 *The Baptist Repository*로 개칭됨)이라는 기독교신문을 발행하여 대외적인 홍보에도 큰 관심을 기울였다.[97]

그러나 이 운동은 초기의 열정을 지속적으로 이어가지는 못하였다. 지도자들의 부족, 적절한 지도자 훈련의 부족, 초기 열정의 점차적인 상실 등의 이유 때문에 이 운동 역시 점차 그 활력을 상실하게 되었다. 17세기에 일반침례교회는 신학적인 문제와 갱신되지 못한 낡아빠진 교회행습 그리고 활력있는 새로운 지도자들을 배출하지 못함으로 인해서 양적인 성장을 이루지 못했다. 1770년의 뉴 커넥션 일반침례교회의 분리는 옛 일반침례교회에 조종(弔鐘, death knell)을 울리는 결과를 낳았고 한 두 세대 후에는 영적으로나 양적으로 겨우 명맥만을 유지하게 되었다.[98] 결국 뉴 커넥션 일반침례교회를 포함하여 영국의 일반침례교회는 1891년에 특수침례교회의 후신인 영국침례교연맹(BUGB, Baptist Union of Great Britain)으로 흡수 합병되었다.[99]

97) Ibid.
98) Ibid., 170.
99) Ibid.

제5장
영국 특수침례교회의 태동과 발달

영국의 침례교회는 두 가지 원천에서 시작되었다. 일반침례교회가 발전하여 특수침례교회가 된 것이 아니라, 이 양 교회는 처음부터 그 출발점을 달리하였고 특수침례교회는 일반침례교회가 발생한 지 약 한 세대 후에 지상에 출현하였다. 특수침례교회(Particular Baptist Church)는 칼빈주의 구원론, 즉 예수님은 오직 선택된 자들을 위해서 십자가에 돌아가셨으며 결국 선택된 자들만이 구원을 받는다고 하는 구원론에서 시작된 교회였다. 다시 말해서 하나님의 절대주권을 강조하는 신학의 편에 서 있는 교회였다.[100]

특수침례교인들은 하나님의 예정을 우선적으로 강조하면서도 인간이 하나님이 베푸시는 은혜에 적극적으로 반응해야 한다는 점도 무시하지 않았다. 동시에 뱁티즘은 예수 그리스도를 믿고 신앙을 고백하는 신자들에게만 베풀어야 한다(신자의 뱁티즘, Believer's Baptism)고 믿었으며, 따라서 유아세례(Infant Baptism, Pedo-baptism)는 인간들의 발명품(human invention)이며 성서적인 계시가 아니라고 믿었다.

I. 특수침례교회의 태동과 초창기 지도자들

1. 제이엘제이(JLJ) 교회와 특수침례교회

영국 특수침례교회의 모체가 되었던 교회는 1616년에 헨리 제이콥(Henry Jacob)이 개척했던 분리주의자들의 교회인 제이엘제이(JLJ) 교회였다.[101] 제이엘제이(JLJ)는 초창기에 이

100) 김승진, 「침례교회와 역사: 침례교회사의 주요 논제들」, 107-8.
101) Leonard, *Baptist Ways: A History*, 28-9.

교회를 담임했던 세 목사의 이름에서 유래하였다. 헨리 제이콥(Henry Jacob)과 존 래쓰랍(John Lathrop) 그리고 헨리 제씨(Henry Jessey)의 성(姓)에서 첫 글자를 따서 후대의 사람들에 의해 그러한 교회이름이 붙여졌다.[102] 비록 이 분리주의자들의 교회는 영국국교회를 떠나 온 교회이긴 했어도, 일반침례교회와는 달리 영국국교회에 대하여 그렇게 적대적이지는 않았고 보다 온건한 입장을 취하고 있었다.

제이엘제이(JLJ) 교회는 두 차례에 걸쳐서 큰 홍역을 치루었다. 교회가 점차 숫적인 증가를 이루게 되면서 당시만 해도 영국국교회 이외의 교회들은 불법적인 회중으로 간주되었기 때문에 공개적인 예배가 허용되지 않았다. 특히 "영국국교회와 그 교회의 예배의식을 인정할 것인가 말 것인가" 하는 문제로 제이엘제이 교회 신자들 간에 분쟁이 일기 시작하였다. 결국 1633년 9월 12일에 사무엘 이턴(Samuel Eaton), 마크 루커(Marke Luker), 리차드 블런트(Richard Blunt) 등의 인도를 받아 17명의 교인들이 제이엘제이(JLJ) 교회를 떠나고 말았다.[103] 이들은 보다 간결한 예배와 신약성서적인 신앙생활을 추구하며 자신들이 몸 담았던 교회를 떠난 것이다.

두 번째의 홍역은 5년 후인 1638년에 일어났다. 존 래쓰랍 목사가 1634년에 담임목사직을 사임한 후, 약 3년 동안 영적 지도자가 없는 공백상태가 지속되다가, 1637년에 헨리 제씨 목사가 부임해 왔지만, 교회는 불안정했고 내부적인 분열상태가 이어졌다. 1638년에는 존 스필즈버리(John Spilsbury), 윌리암 키핀(William Kiffin) 등을 비롯해서 6명의 핵심 회원들이 교회를 떠나게 되었다.[104] 이들이 교회를 떠나게 된 근본 동기는 유아세례 의식 때문이었다. 이들은 신약성서를 연구하면서, 뱁티즘은 오직 신앙을 고백하는 신자들(professing believers only)에게만 베풀어야 한다는 확신을 이미 가지고 있었던 것이다.

2. 존 스필즈버리

존 스필즈버리(John Spilsbury, 1593-c.1668)의 인적인 사항들에 대해서는 거의 알려진 것이 없다. 그의 초상화도 전해지지 않고 있다. 대학공부를 했는지, 했다면 어디에서 누구로부터 배웠는지 알 수 없다. 그가 어떤 경로를 통해서 분리주의 신앙을 가지게 되었는지, 어떻게 분리주의자들의 교회인 제이엘제이(JLJ) 교회에서 신앙생활을 하게 되었는지도 알 수 없다. 단지 우리가 아는 것은 1633년에 그 교회에서 교인들 간에 "유아세례가 성서적이

102) McBeth, *The Baptist Heritage*, 42.
103) Ibid., 43.
104) Ibid., 44.

냐 합당한 것이냐" 하는 문제로 심각한 갈등이 있었다는 사실이다. 결국 유아들에게 뱁티즘을 베푸는 것을 반대했던 사무엘 이턴(Samuel Eaton), 마르크 루커(Marke Luker), 리챠드 블런트(Richard Blunt) 등을 비롯해서 모두 17명의 교인들이 1633년 9월 12일에 그 교회를 떠났다.[105)]

또한 5년 후인 1638년에도 제이엘제이 교회는 비슷한 문제로 내분을 겪었는데, 6명의 교인들이 유아세례를 반대하면서 그 교회를 떠났다. 이 때 존 스필즈버리가 중심이 되어 이전에 떠나온 교인들을 규합하여 1638년 6월 8일에 새로운 교회를 형성했는데, 그것이 최초의 특수침례교회다.[106)] 이들은 제이엘제이(JLJ) 교회가 그러했던 것처럼 칼빈주의 구원론인 제한속죄론(Limited Atonement)과 신자들에게만 뱁티즘을 베푼다는 원칙(Believer's Baptism)을 가지고 런던교(London Bridge) 남쪽의 써덕(Southwark) 지역에서 새 교회를 시작하였다.

이들이 1638년에 교회를 개척할 때부터 침수례(immersion)를 베풀었는지에 관해서는 문헌적인 증거가 없어서 알 수가 없다. 단지 "키핀 원고"(Kiffin Manuscript)라는 회의록에 의하면 1641년에 스필즈버리의 교회에서 최초로 신자의 뱁티즘과 침수례에 의한 뱁티즘이 시행된 것을 확인할 수 있다.[107)]

스필즈버리는 "침수례의 전승"(Succession of Immersion, 침수례가 예수님과 사도들로부터 계속해서 이어져 내려 왔어야 한다는 주장-필자 주)이라는 것이 가능하지도 않고 필요하지도 않다고 보았다. 그는 오직 성경의 권위에 의지하여 신약성서적인 교회를 회복할 수 있고 설교와 주의 만찬을 행할 수 있다고 보았다. 그는 사도들에 의한 침례의 역사적인 연속성에 대해서는 신경을 쓰지 않았으며 그가 설립한 새 교회에서 침례 행습을 시작하였다.

스필즈버리는 윌리암 키핀과 함께 초창기 특수침례교회의 발전에 중심적인 역할을 하였다. 교회를 새롭게 시작한 지 6년 후인 1644년에는 런던에 7개의 특수침례교회가 존재했던 것이 확인된다. 왜냐하면 7개의 교회가 연합하여 최초의 특수침례교 신앙고백서인 "제1차 런던신앙고백"(The First London Confession, 1644)을 채택하고 발표했기 때문이다.[108)] 스필즈버리는 이 신앙고백을 기초할 때 깊이 관여하였다.

스필즈버리는 1643년에 "뱁티즘의 합법적인 주체에 관한 소논문"(A Treatise Concerning the Lawfull Subject of Baptisme, [sic])이라는 글을, 1646년에는 "하나님의 의식, 성도의 특권"(God's Ordinance, The Saint's Privilege)이라는 글을 발표했는데, 이 두 글에서 교회에 맡

---

105) Leonard, *Baptist Ways: A History*, 29.

106) Ibid.

107) Robert G. Torbet, *A History of the Baptists* (Valley Forge, PA: Judson Press, 1982), 42-3; McBeth, *The Baptist Heritage*, 45-6.

108) McBeth, *The Baptist Heritage*, 47.

기신 "성서에 기반을 둔 두 가지 성례들"(the two scripturally-based sacraments, 뱁티즘과 주의 만찬-필자 주)에 관하여 상세하게 진술하였다. 이러한 글들에서 그는 영아들이나 유아들은 뱁티즘과 주의 만찬의 주체가 될 수 없으며, 오직 자신이 죄인임을 깨달아 회개하고 예수 그리스도를 믿은 자들, 즉 신자들만이 합법적인 주체가 될 수 있음을 분명하게 제시하였다.[109)]

스필즈버리는 자신을 이단자로 취급하는 사람들을 향해서 자신의 신앙적인 입장을 밝힌 "10개 조항들로 이루어진 개인적인 신앙고백"(A Personal Confession of Ten Articles)을 1643년에 발표하였다.[110)] 아마도 이 글이 "제1차 런던신앙고백"(1644)의 기초가 되었을 것이다. 이 10개 조항의 신앙고백에서는 칼빈주의 구원론과 후대의 특수침례교인들이 강조해서 믿었던 신앙의 내용이 잘 표현되어 있다. 몇 가지만 살펴보면 다음과 같다:

> 첫 번째 조항에서 그 분은 유일하신 하나님(only one God)이심과 성부 성자 성령으로 존재하시는 삼위일체 하나님이심을 밝히고 있다….
>
> 세 번째 조항에서는 하나님은 세상을 창조하시기 전부터 타락한 자들 중에서 특정한 수만큼의 인간들(some certain number of fallen creatures)을 택해 놓으시고 그들을 자신의 아들을 통해서 영생으로 이끄신다고 고백하고 있다….
>
> 여섯 번째 조항에서는 성경이 하나님의 말씀이며, 사람으로 하여금 하나님의 성령에 감동을 받아 하나님과 사람을 섬기도록 하는 유일한 권위요 충분한 규범이라는 점을 강조하였다….
>
> 아홉 번째 조항은 세속 공무원들(civil magistrates)도 하나님으로부터 권위를 부여받았고 악한 행위를 하는 자들을 징벌하기 위해서 정의의 칼이 그들에게 맡겨져 있으며, 그리스도인들은 세속사와 관련해서는 그들에게 순종해야 한다고 고백하고 있다….[111)]

특수침례교인들은 대륙의 아나뱁티스트들의 영향을 받았던 일반침례교인들에 비해서 대정부관(對政府觀)에 있어서 보다 더 적극적이고 긍정적인 입장을 취하고 있음을 보여주는 대목이다.

스필즈버리는 갓 태어난 연약한 특수침례교회가 핍박의 상황 속에서도 잘 보존되어 자라갈 수 있도록 신학적 교리적인 기초를 놓는데 큰 기여를 하였다. 비록 그가 칼빈주의 구원론을 받아들이기는 했지만, 유아세례를 부정하고 오직 신자들에게만 뱁티즘을 베풀어야 한다는 것을 주장했으며, 그렇게 뱁티즘 받은 신자들로 교회 공동체를 형성해야 한다고 하

109) Tom Nettles, "Chapter 6, John Spilsbury (1593-1662/68)," *The Baptists: Key People Involved in Forming A Baptist Identity* (Fearn, Scotland: Christian Focus Publications, 2005), 113.

110) Ibid., 121-2.

111) Ibid.

는 원칙을 분명히 세웠다. 짐 레니한(Jim Renihan)은 스필즈버리가 후대 교회에 끼친 영향력을 이렇게 말하고 있다: "그는 특수침례교 운동의 내부와 외부에서 큰 존경을 받았다. 그의 글들뿐 아니라 그의 지도력은 이제 막 도약하기 시작했던 교회들에게 정체성과 방향성을 제공했다는 것은 결코 과장된 말이 아니다."[112)]

영국 특수침례교회는 1644년에 런던에서 7개의 교회로 증가하였고, 이 7개의 교회들이 모여 특수침례교회의 최초의 신앙고백인 "제1차 런던신앙고백"(The First London Confession, 1644)을 채택하기에 이르렀다.[113)] 특수침례교회는 1644년에는 7개 교회, 1689년에는 최소한 107개 교회(전국총회 결성 시에 107개 교회로부터 사신들이 참석하였음), 1715년에는 220개 교회로 숫적인 성장을 이루었다.

3. 키핀 원고와 최초의 침수례

영국 특수침례교회가 초창기부터 주로 행했던 뱁티즘의 형식은 침수례(immersion)인데, 그것이 정확하게 언제부터 시행되었는지에 대해서는 논란의 여지가 없지 않다. 1638년 존 스필즈버리가 침례교회를 시작할 때 이미 침수침례를 베풀었으리라는 추측을 하는 학자들도 없지 않고, 심지어 1633년의 교회분쟁의 홍역을 치를 때 제이엘제이 교회를 떠난 신자들이 침수례를 행했을 것이라고 말하는 학자도 없지는 않다. 그러나 제이엘제이 교회의 회의록에 다음과 같은 내용이 기록되어 있는데, 영국에서 최초로 침수례가 이루어진 문헌적 증거라고 볼 수 있다. 이를 "키핀 원고"(Kiffin Manuscripts)라고 부른다:

> 화란어를 알고 있었던 리차드 블런트 씨(Mr. Richard Blunt)를 화란으로 파송하여 메노나이트들(Mennonites)의 신자의 뱁티즘(Believer's Baptism)과 침수례(Immersion)를 견학토록 하였다. 그가 화란에서 침수례를 받고 돌아 왔는지는 확실하지 않으나, 1641년에 블런트 씨(Mr. Blunt)는 블랙록 씨(Mr. Blalock)에게 침수례를 베풀었고, 이 두 사람이 53명의 다른 사람들에게 침수례를 베풀었다.[114)]

최초의 침수례(침례, Immersion)에 관한 문헌적 증거에 의하면, 리챠드 블런트(Richard Blunt)가 블랙록(Blalock)이라는 신자에게 1641년에 침수례를 베풀었고, 그리고 이들이 같은

112) James Renihan, "John Spilsbury," Michael Haykin, ed., *The British Particular Baptists* (Springfield, MO: Particular Baptist Press, 1998), 37.

113) Torbet, *A History of the Baptists*, 42-3.

114) McBeth, *The Baptist Heritage*, 45에서 재인용. Leonard, *Baptist Ways: A History*, 29-30.

날 53명의 신자들에게 침수례를 베풀었다는 것이다. 짐작컨대 리챠드 블런트는 네델란드에서 어떤 메노나이트 지도자나 신자로부터 침수례를 받고 영국 땅으로 돌아왔을 가능성이 많아 보인다. 그가 침수례를 받지 않은 상태에서는 다른 신자에게 침수례를 베풀기는 곤란했을 것이기 때문이다. 이날 침수례를 받은 53명의 신자들 가운데에는 존 스필즈버리도 포함되어 있었으리라 생각한다.

존 스필즈버리는 "뱁티즘의 전승"(Baptismal Succession)이 가능하지도 않고 필요하지도 않다고 생각했던 것 같다. 단지 믿음으로 그리고 예수 그리스도의 이름으로 뱁티즘을 받는 것이 중요하지, 누구에게서 뱁티즘을 받느냐 하는 것은 주된 관심사가 아니었다. 그는 뱁티즘의 역사적 전승과는 상관없이 자신의 교회에서 신앙고백의 수단으로 뱁티즘을 베푸는 것을 중요한 신앙행습으로 채택했던 것이다. 그리고 뱁티즘의 방식은 침수례(침례)를 택하였다. 1644년에 7개의 런던 특수침례교회들이 "제1차 런던신앙고백"을 채택했는데, 여기에서 제자들, 다시 말하면 신앙고백을 분명히 하는 신자들에게만 뱁티즘을 베풀어야 하며 또한 성서적인 뱁티즘의 형식은 침수례(Immersion)라고 규정하였다.

> XXXIX(39) 항: 뱁티즘은 그리스도에 의해 제정된 신약성서적인 의식인데, 오직 신앙을 고백하는 사람들이나 제자들에게만 베풀어져야 한다(only upon persons professing faith, or that are Disciples.....).
>
> XL(40) 항: 이 의식을 집행하는 성서적인 방법과 형식은 전신을 물 속으로 잠기게 하거나 빠뜨리는 것이다(to be dipping or plunging the whole body under water.....).[115]

4. 지방회 및 전국총회의 결성

분리주의자들의 교회로부터 파생된 침례교회는 기본적으로 영국국교회와 같은 조직이나 획일화에 대한 혐오감을 가지고 있다. 다시 말해서 초창기 침례교인들은 본성적으로 개인주의자들(Individualists)이었다. 침례교인들은 성경의 권위 아래에서 그리고 예수 그리스도의 주님되심(Lordship of Christ)을 전제로 하여, 신앙생활에서 자유(freedom)를 누리고자 하는 사람들이었다. 따라서 협력을 전제로 하는 건전한 개인주의(sound individualism), 신적인 민주주의(theo-democraticism), 자원주의(voluntarism), 독립성(independence), 자치권(autonomy), 자유(freedom), 다양성(diversity), 영혼의 유능성(competency of the soul in religion) 등의 단어는 침례교인들의 신앙적인 체질을 잘 설명해 주는 용어들이다. 그렇지만 초창기 영국의

115) Lumpkin, *Baptist Confessions of Faith*, 167.

침례교인들은 이러한 체질을 훼손받지 않는 범위 내에서 교회들 상호 간의 협력과 교제를 위해서 지방회나 전국총회를 구성하였다.[116]

일반침례교회는 보다 중앙집권적인 총회체제를 형성한 반면에, 특수침례교회는 지역교회의 독립성과 자치권을 지방회나 총회를 통한 협력보다 더 강조하였다. 다시 말해서 지방회나 총회에 의해 지역교회의 활동에 제약을 받는 것에 대해 무척 민감하게 반응하였다. 지방회(Association)와 총회(General Assembly)의 필요성을 부정하지는 않았지만, 그러한 연합기관들은 어디까지나 지역교회들을 돕기 위해서 존재하는 것이지 지역교회들 위에 군림하여 정치적인 영향력을 행사한다거나 지역교회들의 문제에 개입하거나 간섭하는 것에 대해서는 완강하게 저항하였다.

따라서 자연히 특수침례교회에서는 전국적인 차원에서 강력한 중앙집권적인 총회체제를 갖추는 것에 대해서 별로 적극적이지 않았다.[117] 동시에 특수침례교회 전통에서는 지방회나 총회에서는 교회적 기능(churchly function), 즉 침례나 주의 만찬이나 징계 등을 수행하지 않았고 단지 교제와 협동만을 강조하였다.

런던에서 특수침례교회가 7개로 성장하게 되자, 1644년에 이들 교회들이 연합하여 "제1차 런던신앙고백"(The First London Confession)을 채택함으로 교회들 간의 협력을 도모하였다. 그 후 수년 이내에 런던, 미들랜드(Midlands), 웨일즈(Wales), 아일랜드(Ireland) 등지에 지방회가 조직이 되었다. 1652년 아빙돈(Abingdon) 지방회가 첫 모임을 가지면서, 지방회 결성의 목적을 다음과 같이 세 가지로 요약하였다: 1) 상호 권징을 위하여, 2) 논쟁적인 문제의 해결을 위하여, 3) 목회사역의 효과적인 상호협력을 위하여.[118]

그리고 1689년에 영국에서 용인법(Act of Toleration)이 공포되었을 때, 107개 특수침례교회들로부터 파송받은 "사신들"(messengers)이 런던에 모여 전국총회를 결성하였다. 이 모임에서 "제2차 런던신앙고백"(The Second London Confession, 1677)을 일부 수정하여 특수침례교회 전국총회의 공식적인 신앙고백으로 채택하였는데, 이를 "총회 신앙고백"(Assembly Confession, 1689)이라고 불렀다. 1692년 이후에는 매년 두 번씩 전국적인 규모의 총회가 모였는데, 영국 동남부 지역 런던(London)과 영국 서남부 지역에 위치한 도시 브리스톨(Bristol)에서 번갈아 가며 모였다. 이 두 도시는 초창기 영국 특수침례교회의 중심지들이 되었다.[119]

그러나 총회의 개최는 원활하지도 지속적이지도 못했다. 일정 지역을 중심으로 구성된 지방회가 침례교 지역교회들(local churches) 간의 교제와 협력의 주된 장으로 간주되었다.

116) Torbet, *A History of the Baptists*, 43-5.
117) Ibid., 97-8.
118) McBeth, *The Baptist Heritage*, 97-8.
119) Ibid., 97.

특히 웨일즈를 포함하는 서부지역에서는 서부침례교지방회(Western Baptist Association)가 브리스톨 총회와 유사한 역할을 감당하였다.[120] 구심체가 결여된 영국의 침례교인들은 사역에 있어서 "비버처럼 분주했지만"(busy as beavers), 고립상태에서 "수달처럼 비사교적이었다"(unsociable as otters).[121] 보다 더 강력한 전국적인 특수침례교회들과 목회자들의 총회는 1813년에 가서야 "침례교연맹"(Baptist Union)이라는 이름으로 재결성이 되었다.

5. 초창기 특수침례교회의 지도자들

1) 윌리암 키핀

윌리암 키핀(William Kiffin, 1616-1701)은 1616년에 런던에서 태어났는데, 웨일즈 출신 가문의 혈통(Welsh Descent)을 이어받았다. 그가 9살 때인 1625년 6월에 양 부모가 한꺼번에 전염병에 감염되어 세상을 떠났고, 자신도 감염이 되어 죽을 고비를 넘겼으나 다행히 회복이 되었다.[122] 부모를 잃은 어린 나이의 키핀에게는 험악한 세상사가 너무 힘에 겨웠다. 그는 생존을 위해서 닥치는대로 일을 하였다. 양조장에서도 일했고 장갑을 짜서 파는 일도 마다하지 않았다. 15살 때인 1631년에는 갈급한 심령을 가졌던 키핀이 퓨리탄 신앙을 가진 설교자들로부터 많은 은혜를 받았으며, 이듬해에는 분리주의자였던 존 굳윈(John Goodwin) 목사에게서 복음을 듣고 회심의 체험을 하게 되었다.

키핀은 22살 되던 해인 1638년에 헨리 제이콥(Henry Jacob)이 1616년에 설립했던 분리주의자들의 교회인 제이엘제이(JLJ) 교회에 회원이 되었다. 그 당시 담임목사는 존 래스롭(John Lathrop)이었다. 그 때 유아세례 문제로 교회에 분쟁이 생겼고 유아세례 관행에 반대하는 교인들이 교회를 떠났을 때, 키핀은 왜 교회를 떠나간 사람들은 신자들에게만 뱁티즘을 베풀어야 한다고 주장했는지를 진지하게 탐구하게 되었다. 드디어 24살 때인 1640년에 그도 역시 몇 명의 추종자들과 함께 그 교회를 떠나 런던의 데본셔 스퀘어(Devonshire Square)에서 새로운 침례교회를 개척하였다.[123]

키핀은 1692년 은퇴할 때까지 52년 동안 담임목사로서 그 교회만을 섬겼다. 그는 목회 사역을 감당하면서도 1643년에 양모(羊毛) 사업에 손을 대 큰 돈을 벌어 보기도 하였는데, 많은 재물이 그의 갈급한 영혼을 채워주지는 못하였다. 그는 하나님이 공급해 주시는 재물

---

120) Ibid., 291.

121) Ernest A. Payne, *The Baptist Union: A Short History* (London: Carey Kingsgate Press, Limited, 1958), 79.

122) Nettles, "Chapter 7, William Kiffin (c. 1616-1701)," *The Baptists: Key People Involved in Forming A Baptist Identity,* 129.

123) Ibid., 132.

로 고아들을 비롯해서 가난하고 병들고 힘든 삶을 살아가는 사람들을 도우며 그들에게 용기를 북돋아 주었다.

1642년에 그는 써덕(Southwark)에서 영국국교회 성직자 다니엘 피틀리(Daniel Featley)를 상대로 뱁티즘과 관련한 신학논쟁을 벌였는데, 이를 계기로 그는 침례교 목회자로서의 이미지를 당당하게 대내외에 각인시켰다. 1644년에 채택된 "제1차 런던신앙고백"에 키핀의 이름이 자신의 동역자 토마스 페이션스(Thomas Patience)와 함께 맨 먼저 언급되어 있는 것을 볼 때, 그는 그 신앙고백이 채택될 시점에 런던의 7개 침례교회들 가운데에서 중요한 역할을 감당하고 있었음을 짐작케 한다.[124] 그는 1646년에는 동역자 한서드 놀리스(Hanserd Knollys)와 함께 코벤트리에 있는 홀리 트리니티(Holy Trinity) 교회에서 공개토론회를 가졌는데, 영국국교회 성직자들을 대항하여 유아세례가 왜 비성서적인지를 역설하였다.

키핀은 특수침례교 내에서도 뜨거운 신학논쟁을 벌였는데, 그 상대는 천로역정을 썼던 침례교 목사 존 번연(John Bunyan, 1628-1688)이었다.[125] 번연은 "열린 교회회원권"(Open Membership)과 "열린 주의 만찬관"(Open Lord's Supper)을 주장하였는데, 키핀은 동역자이자 12년 인생 후배의 그러한 견해를 강하게 비판하며 반대하였다. 그는 침례를 받은 자들에게만 교회회원권을 허락하고 주의 만찬에 참여토록 하는 것은 성경말씀에 대한 단순한 순종이라고 주장하였다.

키핀은 신자의 뱁티즘(Believer's Baptism)을 베푸는 것은 신자들의 교회(Believers' Church)를 이루는 전제조건이 되기 때문이며, 신자의 뱁티즘에 자발적으로(voluntarily) 순종하지 않는 자들은 그리스도의 몸과 피를 상징하는 주의 만찬 예식에 참여할 자격을 갖추지 못한 것이라고 주장하였다. 키핀은 번연이 주장하는 "열린 교회회원권"과 "열린 주의 만찬관"은 스스로 성경의 가르침을 무시하고 거부하는 것이며, 그렇게 되면 안전하지도 않고 해로운 결과를 낳게 된다고 경고하였다. 특수침례교회의 초창기에 있었던 두 사람 간의 논쟁은 번연의 조기 사망으로 인해 결국 키핀의 승리로 귀결되었다.

특수침례교회의 초창기 지도자 윌리암 키핀은 격랑이 휘몰아쳤던 영국사회에서 특수침례교회가 분명하고도 안정적인 정체성을 확립하여 발전해 나가는데 큰 기여를 하였다. 그는 프로테스탄트 종교개혁운동의 핵심적인 원리인 "오직 성경"(*sola scriptura*)을 붙들고 이 원리를 그리스도인의 개인적인 삶뿐만 아니라 교회생활에도 실천하도록 격려하였다. 그는 성경을 단순히 오류없는 하나님의 말씀으로만 보지 않았고, 그것이 실제생활에서 성도들의

124) Lumpkin, *Baptist Confessions of Faith*, 156.
125) Nettles, "Chapter 7, William Kiffin (c. 1616-1701)," *The Baptists: Key People Involved in Forming A Baptist Identity*, 138-42.

잘못된 인격과 생활습관을 교정할 수 있어야 한다고 주장하였다.

키핀에 의하면 교회는 무엇보다도 예수 믿는 신자들, 즉 영적인 출생을 경험한 자들의 공동체로서 사랑과 교제의 장이 되어야 한다고 역설하였다. 또한 신앙고백을 통해서 지방회 내의 다른 침례교회들과 공통된 신앙을 공유하는 것의 중요성을 강조하였으며, 그것이 서로를 격려하고 이단적인 가르침으로부터 스스로를 보호하는 장치가 될 수 있다고 주장하였다. 영국 침례교 역사학자인 조셉 아이비미(Joseph Ivimey)는 키핀이 약 60여 년 동안 초창기 특수침례교회의 발전을 위해 헌신적으로 봉사했던 것을 상기하며, "그야말로 '특수침례교인들의 아버지'라는 존경스러운 칭호를 받기에 충분한 자격이 있는 것 같다"(He seems to be entitled to the honorable appellation of the FATHER OF THE PARTICULAR BAPTISTS)[126]고 진술하였다.

키핀은 1692년에 담임목회직에서 은퇴를 하였고, 1701년 12월 29일 향년 86살의 나이에 이 세상을 떠나 런던 스피탈필드(Spitalfield) 북쪽에 위치한 번힐 필즈 공원묘지(Bunhill Fields Burial Ground)에 안장되었다. 이곳에는 살아 생전에 자신과 치열한 신학논쟁을 벌였던 존 번연과 퀘이커 신앙운동의 창시자인 조지 폭스(George Fox, 1624-1691) 등 비국교도들(비순응파들, Non-conformists)이 다수 잠들어 있는 곳이다. 키핀은 잠들었지만 그가 스필즈버리와 함께 세운 특수침례교회는 영국국교회 외에 영국에서 가장 활발하게 하나님 나라의 확장을 위해 사역하는 중심적인 프로테스탄트 교회가 되었다.

2) 토마스 콜리어

특수침례교회는 칼빈주의 구원론에 입각하여 태동한 교회라고 했는데, 그러한 구원론이 영국의 서부지방에서는 적지 않은 반발을 사게 되었다. 특수침례교회 내에서 일어난 알미니우스주의 운동이라고도 볼 수 있는데 그 대표적인 인물이 토마스 콜리어(Thomas Collier, c.1615-c.1691)였다. 그는 서부침례교지방회(Western Baptist Association)에서 강력한 발언권을 가지고 있었고, "서부지방의 침례교 사도"(The Baptist Apostle to the West)라는 별명으로 불리웠다. 그는 출생연도도 명확하지 않고 공적인 교육도 제대로 받은 적이 없는 인물이었지만, 예수 그리스도의 은혜를 감격적으로 체험한 사람이었다. 그는 침례교 설교자로 세움을 받아 영국의 여러 도시들(York, Westbury, Somerset 등)을 순회하며 복음을 증거하였고 적지 않은 전도와 설교의 열매들을 거두었다.

콜리어는 칼빈주의자들이 도르트 종교회의(Synod of Dort, 1618-1619)에서 결정한 "튤

126) Joseph Ivimey, *A History of the English Baptists*, vol. II (London, 1811-1830), 296.

립"(TULIP) 신앙체계를 비판하면서 항론파들(Remonstrants)의 주장을 어느 정도 옹호하는 입장을 취하였다. 콜리어는 1678년에 자신의 개인적인 신앙고백("A Confession of Faith, Published on Special Occasion")을 발표하였다. 이 신앙고백에서 그는 복음설교의 기초가 되는 원칙 세 가지를 제시하였다: "1) 소수의 (택함받은) 사람들에게 구원을 제공하기 위해서 (많은 사람들을) 영벌에 빠뜨려서는 안 된다; 2) 인간 각자에게는 (하나님께서 부여해 주신) 자유의지가 있다; 3) 참 신자들도 배도할 가능성에 열려 있다."[127]

콜리어는 비록 자신도 특수침례교회에 속한 목회자이긴 하지만, "튤립" 신앙체계가 복음적인 신앙으로부터 지나치게 우편향되어 있음을 비판하였다. 1689년에 런던에서 모인 특수침례교 총회가 1677년의 제2차 런던신앙고백을 "총회 신앙고백"(Assembly Confession)으로 채택을 했을 때, 이에 반발하여 소머셋침례교지방회에서는 콜리어의 지도력 아래 1691년에 새로운 신앙고백을 채택하였는데, "짧은 신앙고백"(A Short Confession) 혹은 "신앙의 간략한 진술"(A Brief Narrative of Faith)이다. "소머셋신앙고백"이라고도 불리우는데, 이것은 1656년에 발표된 소머셋신앙고백과는 전혀 별개의 것이다.

"짧은 신앙고백"은 "칼빈주의로부터 괄목할만하게 벗어나 있는"(the remarkable current away from Calvinism)[128] 모습을 보여주고 있다. 이 신앙고백의 신학에는 일반침례교회가 강조하는 요소들과 특수침례교회가 강조하는 요소들이 함께 혼재해 있다. "누구든지 예수 믿으면 구원받는다," "누구나 믿을 자유가 있다," "신자들일지라도 배도할 수 있고 따라서 자신들의 구원을 잃어버릴 수도 있다"는 등의 표현은 전자에 해당하고, "인간의 의지는 타락으로 인해 치명적인 손상을 입었다," "인간을 향한 하나님의 작정은 불가피한 것이다," "오직 하나님만이 인간에게 믿겠다고 하는 의지를 주실 수 있다"는 등의 표현은 후자에 해당한다.[129]

결국 콜리어는 극단적 칼빈주의(Hyper-calvinism)의 경직성(硬直性)을 완화하고자 했고 나름대로 자신의 복음적인 구원론을 정립하고자 하는 노력을 경주했다고 볼 수 있다. 또한 "짧은 신앙고백"에서는 맨 마지막으로 유아들(infants)의 구원문제를 긍정적으로 다루고 있는 점이 특이하다. 비록 유아세례를 반대하기는 했지만, "우리는 실제적인 죄를 범하지 않고 죽은 유아들에 대해서는 하나님께서 그들을 영벌에 처하도록 작정하지는 않으셨다고 믿는다"[130]고 고백하고 있다.

127) Garret, *Baptist Theology*, 81.

128) Lumpkin, *Baptist Confessions of Faith*, 334.

129) McBeth, *The Baptist Heritage*, 68. Lumpkin, *Baptist Confessions of Faith*, 336-9.

130) Lumpkin, *Baptist Confessions of Faith*, 339. "We believe, that God hath not decreed the reprobation of any infants, dying before the commission of actual sin."

3) 존 번연

「천로역정」(*The Pilgrim's Progress*)의 저자로 잘 알려진 존 번연(John Bunyan, 1628-1688)의 정확한 출생 날자는 알려져 있지 않지만, 그가 태어난 지 얼마 되지 않아 영국국교회에서 유아세례를 받았던 날자는 1628년 11월 30일이었다. 베드포드(Bedford) 근처의 엘스토우(Elstow)라는 마을에서 가난한 철제수리공(tinker)의 아들로 태어났다. 초등학교 교육만을 받은 후 16살의 나이로 올리버 크롬웰이 이끄는 의회파 군대(Roundheads)에 입대를 하여 영국의 내전(English Civil War, 1642-1651)에 참전하였다.[131]

번연이 3년 간의 군복무를 마친 후 고향으로 돌아와서 결혼을 한 이후에는 신앙적인 문제에 관심을 갖기 시작하였다. 처음에는 영국국교회의 교구교회에 출석했다가 베드포드에 있던 비순응파(non-conformists, 비국교도들, 분리주의자들) 교회인 베드포드 모임(Bedford Meeting)에 참석하였고 가끔 설교까지 하는 임무를 맡았다.

프랑스에서 도피 중이던 찰스 2세(Charles II, 1630-1660-1685)가 왕위에 오르면서 왕정복고(Royal Restoration, 1660)가 이루어지자, 비국교도들에 대한 박해가 다시 시작되었다. 하나님의 말씀을 설교하기를 포기하지 않았던 번연은 12년 동안(1660-1672) 감옥생활을 해야 했다. 이 기간 동안 그는 「천로역정」과 함께 자전적인 신앙회고록 「죄인들의 괴수에게 주어진 풍성한 은혜」(*Grace Abounding to the Chief of Sinners*, 1666)를 집필하였다.[132] 1676년도에는 두 번째로 투옥되었다. 「천로역정」은 두 번째로 출감한 이후에 제1부는 1678년에, 제2부는 1684년에 책으로 출간되었다. 그는 비록 충분한 공교육을 받지는 못했지만 많은 독서를 통해서 자신의 정신적 영적 성장을 도모하였다. 그는 평소에 성경말씀을 묵상했던 내용과 설교들을 모아서 책들을 냈는데 거의 60권의 저작물들을 남겼다.

번연의 초기 저작들은 "내적인 빛"(Inner Light)을 주장하는 퀘이커교도들의 신앙을 비판하면서, 육체를 입고 인간으로 이 땅에 오신 하나님의 아들 예수 그리스도와 그 분의 죽으심, 장사되심, 부활하심, 승천하심 등을 집중적으로 다루었다. 그의 마지막 저작들은 대언자, 중보자, 대제사장으로서의 예수 그리스도의 역할에 대해서 많이 할애를 하였다.[133]

번연의 저작물들에는 성경의 진리와 능력과 적절성에 대한 그의 헌신적인 태도가 담겨있다. 그의 성경해석에는 문자적(literal) 해석과 모형적(typological) 해석이 적절히 혼합되어 있다. 번연은 "온건한 칼빈주의자" 진영이라기보다는 "엄격한 칼빈주의자"와 "반율법주의자" 진영에 속한다고 알려져 있다.[134] 그의 선택교리에 의하면 하나님께서는 어떤 사람들(택함

---

131) William H. Brackney, *A Genetic History of Baptist Thought: With Special Reference to Baptists in Britain and North America* (Macon, GA: Mercer University Press, 2004), 107.

132) Ibid., 108.

133) Garret, *Baptist Theology*, 68.

받은 자들)에게는 영생을 허락하시는 것으로, 그리고 또 다른 어떤 사람들(택함 받지 못한 자들)은 하나님께서 그들의 마음을 완악한대로 내버려 두셔서 하나님의 심판을 받아 멸망할 것으로 작정하셨다고 하였다.

앞에서 언급한대로 번연은 초창기 영국 침례교회의 교회론 신학에 자신의 뚜렷한 족적을 남겼는데, 17세기 당시에는 그의 주장이 별로 환영을 받지는 못하였지만 19세기에 와서는 오히려 많은 교회들이 그의 주장을 수용하게 되었다. 그것은 바로 "열린 주의 만찬관"(Open Lord's Supper, 개방 만찬관 Open Communion)과 "열린 교회회원권"(Open Membership, 개방 회원권) 문제였다. 번연은 꼭 침례를 받아야만 교회의 회원이 되고 주의 만찬에 참여할 수 있다는 주장은 성경적 근거가 희박하다고 주장하였다. 예수 그리스도를 진정으로 믿었으면 하나님의 자녀인 것이고, 하나님의 자녀이면 누구나 교회의 회원이 될 수도 있고 주의 만찬에도 참여할 수도 있다는 것이다. 침례를 받지 않았다고 교회회원이 될 수도 없고 주의 만찬에 참예할 수도 없다고 하는 정책은, 사랑의 공동체여야 할 교회에서 성도들 간에 오해와 미움과 분쟁을 야기하게 된다고 주장하였다.[135]

번연은 주의 만찬을 "그리스도의 왕국에 있는 것들을 함께 나누는 교제"(fellowship in the things of the Kingdom of Christ)라고 정의하였다.[136] 교회회원에게 있어서 본질적인 것은 성도됨(sainthood)이나 거룩함(holiness)인 것이지 물침례(water-baptism) 그 자체가 아니라고 주장하였다. 그는 성령침례(Spirit Baptism, 여기서 성령침례는 회개하고 예수 그리스도를 믿음으로써 얻게 되는 회심체험, 즉 죄사함 받고 구원 받는 체험을 가리킨다-필자 주)가 중요한 것이지, 물침례가 신앙생활의 시작이나 출발이라는 주장에 반대하였다. 진정한 내면적 영적 체험(성령침례)이 중요한 것이지 외면적 물리적 체험(물침례)이 중요한 것이 아니라는 주장이었다.

물침례가 어떤 신자가 예수 그리스도와 연합하여 함께 죽고 장사지낸 바 되고 부활했다는 자신의 믿음을 확증해 주는 것이기는 하지만, 어떤 신자가 물침례를 받지 않았다고 해서 주의 만찬을 받지 못하도록 금지해서는 안 된다고 번연은 주장하였다. 사랑의 공동체이어야 하는 교회에서는 유아세례를 받았다고 하더라도 그가 진정으로 예수를 믿었다면 그가 주의 만찬에 참여하지 못하도록 하는 것은 옳지 않다고 주장했고, 따라서 교회에서 "분리의 벽"(wall of division)을 만들어는 안 된다고 하였다.[137]

17세기 당시에는 "닫힌 주의 만찬관"(Closed Lord's Supper)과 "닫힌 교회회원권"(Closed Church Membership)이 주류를 형성하고 있었던 견해였기 때문에, 번연의 주장은 특수침례교 목회자들

134) Ibid., 69.

135) Nettles, "Chapter 7, William Kiffin (c. 1616-1701)," *The Baptists: Key People Involved in Forming A Baptist Identity*. 138-42.

136) Garret, *Baptist Theology*, 70.

137) Ibid.

사이에서 큰 호응을 받지는 못하였다. 그러나 19세기말에 특수침례교 전국총회인 침례교연맹(Baptist Union)과 뉴 커넥션 일반침례교회가 1891년에 합병을 할 수 있었던 중요한 이유들 중의 하나가, 당시 양 진영에서 많은 교회들이 "열린 주의 만찬관"에 대해서 열려 있는 태도를 가졌고 또 실제로 그러한 정책을 택하고 있던 교회들이 적지 않았기 때문에 가능했던 것이다.[138]

4) 벤자민 키취

벤자민 키취(Benjamin Keach, 1640-1704)는 버킹엄셔(Buckinghamshire)에서 태어나서 어린 시절에는 양복점에서 재단사로 일했다. 그는 10대 초반에 복음을 접하게 되어 15살 때에 신자의 침례(believer's immersion)를 받았고 18살 때부터 설교를 하였다. 그는 윈슬로(Winslow)에 있는 일반침례교회에서 목회를 하다가, 1668년에 런던 써덕(Southwark)에 있는 특수침례교회인 호슬리다운(Horsleydown) 침례교회로 부임하여 이 세상을 떠날 때까지 36년 동안(1668-1704) 담임목사로 봉사하였다.[139] 이 교회는 나중에 극단적 칼빈주의자 존 길(John Gill)이 목회하였고, 후에는 "설교의 황태자"(Prince of Preaching)라는 별명을 얻은 찰스 스펄전(Charles Spurgeon) 목사의 인도에 따라 뉴 파크 스트리트(New Park Street) 침례교회가 되었다가 메트로폴리탄 태버너클(Metropolitan Tabernacle) 교회가 되었다.[140]

일반침례교회에서 목회를 하고 있던 키취가 칼빈주의적 특수침례교 목사로 방향전환을 하게 된 데에는 한서드 놀리스(Hanserd Knollys, 1599-1691)의 영향이 적지 않았다.[141] 키취는 인간의 전적인 타락과 함께 구원사역에서의 그리스도의 역할을 매우 강조하였으며 특히 제한속죄설 교리(doctrine of limited atonement)를 고집스럽게 견지하였다. 또한 그는 퀘이커 교도들과 로마가톨릭 교인들과 제7일 침례교인들(Seventh-day Baptists)의 안식일 가르침을 비판하였다.[142]

키취가 일반침례교 목회자일 때 「어린이의 교사」(*The Child's Instructor*)라는 책을 출간했는데, 여기에서 뱁티즘에 대한 침례교의 입장, 다시 말해서 "뱁티즘은 성서적인 방법인 침수례(immersion)이어야 하며 오직 신자(believer)에게만 베풀어야 하고 신앙고백을 분명하게 할 수 없는 갓난 아이나 어린 아이에게 베풀어서는 안 된다(anti-pedobaptism)"는 주장을 했다가 체포되어 벌금형을 받았고 그의 몸이 형틀에 채워지는 고통을 당하였다. 그는 「키

138) McBeth, *The Baptist Heritage*, 306-7.

139) Brackney, *A Genetic History of Baptist Thought*, 116.

140) Garret, *Baptist Theology*, 83.

141) Brackney, *A Genetic History of Baptist Thought*, 116.

142) Benjamin Keach, *The Jewish Sabbath Abrogated, or the Sunday Sabbatarians Confuted* (London, 1700). Garret, *Baptist Theology*, 83-4에서 재인용.

취의 신앙문답」(*Keach's Catechism*)으로 알려진 소책자를 발간하여 어린이들을 주님께로 인도하고자 노력하였다. 키취는 「성경의 비유와 은유」(Parables and Metaphors of Scripture)를 비롯해서 모두 43권의 저작물을 남겼다.[143]

키취는 자신의 저작물들을 통해서 주로 세 영역들에서 신학적으로 크게 기여하였다: 1) 침례교 교회론, 2) 칼빈주의적 구원론, 3) 회중찬송.[144] 키취가 쓴 소책자 「참 교회의 영광과 권징의 실천」(*The Glory of a True Church and Its Discipline Display'd*)[145]은 성서적인 참 교회가 무엇인가를 진지하게 추구하고 있는데, 그래서 이 저술은 "(침례교적인) 교회정치를 집중적으로 다루고 있는 최초의 칼빈주의적인 (침례교) 소논문"이라는 평가를 받고 있다.[146]

이 저술에서 키취는 성서적인 참 교회는 예수 그리스도 안에서 중생을 경험한 신자들, 즉 영적인 출생을 한 자들로 이루어진 공동체라는 점을 분명히 밝히고 있다. 따라서 그는 뱁티즘이 베풀어져야 할 대상(subject)은 오직 신자(only believer)이어야 한다는 점을 역설하고 있다. 예수 그리스도의 지상명령(The Great Commission, 마 28:18-20)에는 4가지 유언명령이 나오는데, "가라(go)," "제자를 삼으라(make disciples)," "침례를 베풀어라(baptize)," "가르쳐 지키게 하라"(teach to obey)는 모두 갓난 아기나 어린 아이나 불신자들에게가 아니라 예수 그리스도의 성인 제자들(adult disciples)에게 주신 명령들이라고 주장하였다.

특히 벤자민 키취는 뱁티즘과 관련하여 특이한 주장을 하고 있는데, 아마도 당시의 관례에 대하여 신학적인 의미를 부여한 것이 아닌가 생각한다. 그는 갓 침례받은 새신자들의 머리에 침례를 베푼 자가 "안수"(laying on of hands)를 해 주는 것을 교회의식으로 주장하고 있다는 점이다.[147]

이러한 의식에 관해서는 당시 영국의 침례교신앙고백에는 침묵을 하고 있었는데, 1689년의 "총회 신앙고백"(Assembly Confession, 1677년의 "제2차 런던신앙고백"을 총회에서 수용한 것이다–필자)이 벤자민 키취의 아들 엘리아스 키취(Elias Keach)에 의해 미국으로 도입되어 미국 최초의 지방회 차원의 신앙고백인 필라델피아 침례교신앙고백(Philadelphia Baptist Confession)

143) Garret, *Baptist Theology*, 83.

144) Ibid., 84.

145) Benjamin Keach, *The Glory of a True Church and Its Discipline Display'd* (1688), BBM/-Angus, microfilm pub. no. 5855, reel 1, item 16. Garret, *Baptist Theology*, 84에서 재인용.

146) Michael A. G. Haykin, *Kiffin, Knollys and Keach: Rediscovering Our English Baptist Heritage* (Leed, UK: Reformation Today Trust, 1996), 83.

147) Benjamin Keach, Laying on of Hands upon Baptized Believers, as Such, Proved an Ordinance of Christ....(1689), EBBM, reel 17, item 13. Garret, *Baptist Theology*, 84에서 재인용. 키취는 그런 주장을 하면서 사도행전 8장 16-17절과 19장 6절을 근거 성구로 인용하고 있다.

으로 채택될 때에 "침례받은 자들에 대한 안수"와 "시편찬송"라는 두 규정이 추가되었다.148) 이런 점에서 키취는 윌리암 키핀의 "닫힌 주의 만찬관"(Closed Lord's Supper)에 동의하면서도, 주의 만찬에 참여하기 위한 전제조건으로서 침례만이 아니라 "침례 후 안수"까지 받은 신자여야 한다는 주장을 하여 키핀의 주장을 넘어서고 있다.149)

키취는 5권의 저작물들을 통해서 "무조건적인 칭의"(unconditional justification)을 비롯한 자신의 칼빈주의적 구원론을 역설하고 있다.150) 키취에게 있어서 칭의는 그리스도의 의(義)가 전이(imputation of Christ's Righteousness)됨으로써 말미암는 것이며 그리스도의 제사장적인 직분에 의해 성취된다고 하였다. 그리스도의 능동적인 순종인 "율법의 성취"(fulfillment of the law)를 통해서 그리고 그 분의 수동적인 순종인 "형법적 대속으로서의 죽음"(death as penal substitution)을 통해서 죄인이 의롭다고 일컬음을 받는다고 하였다. 키취는 중생은 전적으로 하나님께서 역사하심으로써 이루어지는 일이며 죄인은 단지 믿음으로 하나님의 역사하심에 수동적으로 기다려야 한다고 하였다.151) 키취는 "박스터주의"(Baxterianism)라고 알려진 청교도 지도자 리챠드 박스터(Richard Baxter, 1615-1691)의 칭의론을 비판했는데, 박스터는 "오직 믿음으로"(sola fide)라는 종교개혁운동의 기치를 수정하여 "행함이 있는 믿음으로"(fide cum opera) 의롭게 된다는 주장을 하였기 때문이었다.152)

벤자민 키취가 침례교역사뿐 아니라 기독교역사에서 두드러진 업적을 남긴 영역은 바로 예배학(worship)과 찬송가학(hymnody)이었다. 17세기 당시 영국에서는 영국국교회는 물론 기독교 분파들의 예배에서도 회중찬송이 일반화되지 않은 상황이었다. 예배에서 찬송은 전문적인 성악가만 부를 수 있었고 그것도 시편의 내용에 곡조를 붙여서 부르는 찬송이 예외적으로 허용이 되었다. 특히 여성이 자신의 목소리로 찬송을 부른다는 것은 매우 불경스러운 모습으로 비춰졌다.

이런 상황에서 키취는 1673년에 호슬리다운 침례교회의 예배에 과감하게 회중찬송을 도입했고 특히 주의 만찬을 마무리하면서 찬송을 불렀는데, 그 성경적인 근거로 마태복음 26장 30절("이에 그들이 찬미하고 감람산으로 나아가니라")을 인용하였다. 그는 "영국인 회중의 정기예배에 회중찬송을 도입을 했던 첫 번째 인물이 되었다."153) 1691년부터는 키취

148) McBeth, *The Baptist Heritage*, 241.

149) David A. Copeland, *Benjamin Keach and the Development of Baptist Traditions in Seventeenth-Century England*, Studies in Religion and Society 48 (Lewiston, NY: Edwin Mellen, 2001), 56-60.

150) *The Marrow of True Justification* (1692), *The Everlasting Covenant* (1693), *Christ Alone the Way to Heaven* (1698), *The Display of Glorious Grace* (1698), *A Medium betwixt Two Extremes* (1698). Copeland, *Benjamin Keach and the Development of Baptist Traditions in Seventeenth-Century England*, 30-43.

151) Garret, *Baptist Theology*, 86.

152) Brackney, *A Genetic History of Baptist Thought*, 117.

목사의 교회에서 매주일 예배에서 공식적으로 찬송을 불렀는데, 특수침례교회들 사이에서조차도 약 10년 동안 적지 않은 논란이 되었다.

공식적인 예배에서 회중 전체가 한 목소리로 함께 찬송을 부른다고 하는 것은 그 당시로는 너무나 획기적이고 충격적인 사건이었기 때문에 이러한 파격적인 행습에 정면으로 반대하는 인물도 있었다. 보석상을 경영했던 부유한 아이삭 말로우(Isaac Marlow, 1649-1719)는 회중찬송의 해악에 관하여 다음과 같이 열거하면서 비판하였다:

> 첫째로, 미리 작곡된 찬송은 미리 작성된 기도를 읽는 것처럼 "형식주의"(formalism)를 부추긴다. 둘째로, 신약성서 시대에 찬송이 불려진 것은 예외적으로 허용된 "특별한 영적 은사"(extraordinary spiritual gift)인데, 이제 더 이상 그러한 은사는 존재하지 않는다. 셋째로, 회중찬송을 하게 되면 불신자들도 동참하게 될 터인데, 그렇게 되면 교회의 순수성을 더럽히게 된다. 넷째로, 초대교회에서는 오직 "독창"만이 행해졌다. 다섯째로, 여성들이 회중찬송을 부르게 되면, 여성들은 교회에서 잠잠하라 그리고 남성들을 가르치거나 남성들에게 권위를 행사하지 말라는 바울 사도의 교훈을 거스리는 것이다(고전 14:34; 딤전 2:11-12).[154]

벤자민 키취는 「하나님을 향한 예배에서 교정되어야 할 흠결」(*The Breach Repaired in God's Worship: or, Singing of Psalms, Hymns, and Spiritual Songs, Proved to Be an Ordinance of Jesus Christ*)이라는 저술에서 회중찬송의 당위성을 주장하였다.[155] 그는 찬송은 피조물들의 도덕적인 의무임과 동시에 특히 하나님께서 명령하신 의식(ordinance)이라고 주장하였다. 그는 구약성서에서 천사들을 향한 찬양들도 있었고, 다윗의 시편들 대부분이 하나님을 향한 찬양의 가사들이었음을 지적하였다.

그는 신약성서에서도 찬양을 강조하고 있는 성경귀절들(엡 5:19; 골 3:16; 약 5:13)을 열거하면서 "시와 찬송과 신령한 노래들"로 하나님께 영광을 돌리는 것은 예배의 중요한 요소가 되어야 한다고 역설하였다. 신약성서 시대에 행해지던 설교와 기도와 예언과 성경해

---

153) Garret, *Baptist Theology*, 86.

154) Murdina D. MacDonald, "London Calvinistic Baptists, 1689-1727: Tension within a Dissenting Community under Toleration" (D. Phil. diss., University of Oxford, 1982), 53-4. Ibid., 87에서 재인용. 17세기 당시의 찬송행습과 관련하여 발표된 연구논문들은 다음과 같다: Robert H. Young, "History of Baptist Hymnody in England from 1612 to 1800" (Ph.D. diss., University of Southern California, 1959); James Patrick Carnes, "The Famous Mr. Keach: Benjamin Keach and His Influence on Congregational Singing in Seventeenth Century England" (M.A. thesis, North Texas State University, 1981); Carry Edward Spann, "The Seventeenth Century English Baptist Controversy concerning Singing" (M.C.M. thesis, Southwestern Baptist Theological Seminary, 1965).

155) Benjamin Keach, 「하나님을 향한 예배에서 교정되어야 할 흠결」(*The Breach Repaired in God's Worship: or, Singing of Psalms, Hymns, and Spiritual Songs, Proved to Be an Ordinance of Jesus Christ*) (London, 1691), British Museum photocopy, no. 1018, g21. Garret, *Baptist Theology*, 88에서 재인용.

석이 키취 자신의 시대에까지 계속되어 온 것처럼 하나님을 향한 찬양 역시 계속되어야 한다고 주장했으며, 교회회원이 되기 위해 교회에서 자신들의 개종체험을 간증하는 것처럼 여성들도 찬양을 부르는 것이 아무런 문제가 되지 않는다고 역설하였다.

키취는 적지 않은 논란들에도 불구하고 영국의 특수침례교회뿐 아니라 여타 영국의 많은 교회들에게 회중찬송의 문을 열도록 기여하였고, "영국 찬송가학의 아버지"(Father of English Hymnody)라는 별명이 붙여진 아이작 와츠(Isaac Watts, 1674-1748)나 6,000여곡의 찬송시들을 쓴 찰스 웨슬레(Charles Wesley, 1707-1788)와 같은 찬양사역자들이 등장하는데 디딤돌의 역할을 하였다.

II. 존 길의 극단적 칼빈주의와 특수침례교회의 쇠퇴[156)]

앞에서 일반침례교회의 영적인 침체가 알미니우스주의 구원관이 극단으로 치우침으로 신학적 자유주의(theological liberalism)에 빠짐으로써 온 것임을 살펴보았는데, 특수침례교회 역시 18세기에 들어오면서 영적인 쇠퇴의 길에 들어서게 되었다. 이렇게 된 가장 큰 이유는 신학이 극단적인 방향으로 치달아 "극단적인 칼빈주의"(Hyper-calvinism)로 흘렀기 때문이었다. 하나님의 절대주권과 하나님의 예정 및 선택을 지나치게 강조하다보니 결국 결정론(determinism)과 숙명론(fatalism)으로 전락하고 만 것이다. 인간의 자유의지와 인간의 선택이 무시되다 보니 인간의 잠재력과 가능성이 경시될 수밖에 없었다. 더 나아가서는 그러한 경향성은 율법폐기론(antinomianism)을 낳게 되어 인간의 책임성 있는 도덕생활을 약화시키게 되었다.

당시의 대표적인 극단적 칼빈주의 침례교 신학자는 세 사람의 John, 즉 존 스켑(John Skepp. d. 1721), 존 브라인(John Brine, 1703-1765) 그리고 존 길(John Gill, 1696-1771)이었다. 이들 중 성서의 각 책들을 주석하고 「교리신학체계」*The Body of Doctrinal Divinity*(1767), 「실천신학체계」*The Body of Practical Divinity*(1770) 등을 비롯하여 많은 책을 저술했던 존 길의 극단적인 칼빈주의가 그 당시 영국의 특수침례교회에 영적인 침체를 가져올 정도로 큰 영향을 미쳤다.[157)]

156) 제5장 II 부분은 김승진, "영국침례교의 대표적인 칼빈주의자 John Gill: 그의 생애와 신학사상," 「복음과 실천」 제51집 (2013년 봄호): 131-56에 게재되었던 글을 일부 수정하고 보완한 것이다.
157) Lumpkin, *Baptist Confessions of Faith*, 176.

1. 18세기 영국교회의 영적인 상황

1689년은 영국의 교회역사에서 중요한 전기가 되었던 해였다. "용인법"(Toleration Act)이 제정 공포된 것이다. 1688년 영국의 시민혁명인 "명예혁명"(Revolution of Glory)이 일어났을 때, 당시 왕이었던 제임스 2세(James II, 1633-1685-1688-1701)에게는 피신을 할 수 있는 퇴로가 마련되었고, 그의 사위와 딸이었던 오렌지의 윌리암(William of Orange)와 메리(Mary)가 네델란드로부터 돌아와서 윌리암 3세(William III, 1689-1702)로 왕위에 즉위하였다. 백성들의 기본권을 규정한 "권리장전"(Bill of Rights, 1688)이 공포되었고 이듬 해에 "용인법"(Act of Toleration)이 제정 공포되었다. 비로소 영국에서 영국국교회 이 외의 다른 기독교 종파들에게도 소극적인 의미에서나마 종교의 자유가 부여된 것이다. 당시 영국의 국교회에 대하여 비순응파(Non-conformist)요 이단적인 분파(sect, dissent)로 간주되었던 침례교인들에게도 전도와 예배의 자유가 허용되었다.

313년 밀라노 칙령에 의해 로마제국에서 기독교에 대한 신앙의 자유가 선포되었을 때도 그러했지만, 용인법은 영국의 침례교회에 긍정적인 결과와 함께 부정적인 결과를 동시에 낳았다. 긍정적인 결과라 함은 비로소 불법적인 이단이라는 딱지를 떼고 떳떳하게 공개적으로 예배를 위해 모이고 전도할 수 있게 되었다는 것이요, 부정적인 결과라 함은 투옥과 순교 등의 핍박이 사라짐으로 인해서 이제 더 이상 영국의 침례교인들은 신앙을 지키기 위해 "자기 목숨보다 예수님을 더 뜨겁게 사랑하는" 믿음의 자세를 점차 잃어가기 시작했다는 것이다. 역설적이게도 종교적인 관용(religious toleration)은 도덕적인 냉담과 교리적인 해이와 영적인 무관심을 낳게 되었다.[158] 그래서 18세기 처음 반 세기는 침례교 역사에서 영적인 "빙하기"(glacial epoch)가 되었다.[159]

18세기는 혁명의 시대였고, 그러한 혁명을 가능케 했던 정신적 철학적 이념인 계몽주의의 시대였다. "계몽주의"(*Aufklaerung*, Enlightenment)란 무엇보다도 인간, 특히 인간의 이성의 소중함을 깨닫고 강조했던 사조였다. 이제 국가가 아니라 국민인 개인이 더 소중했고, 교회나 성경의 가르침보다는 인간의 내면에서 울리는 이성의 명령이 더 큰 호소력을 가지게 되었다. 하나님이 아니라 인간이 우주의 주인으로 여겨지는 시대가 도래한 것이다.

따라서 전통적인 기독교 신앙이 큰 시험대에 오르게 되었다. 인간의 이성으로 이해하거나 받아들일 수 없는 기독교와 성경의 가르침인 초자연이나 기적은 신앙의 영역에서 제

158) Timothy George, "4. John Gill," Timothy George and David S. Dockery, ed., *Baptist Theologians* (Nashville: Broadman Press, 1990), 85.
159) McBeth, *The Baptist Heritage,* 153.

자리를 잡기가 곤란하게 되었다. 이신론(理神論, Deism), 더 나아가서는 회의론(懷疑論, Skepticism)과 무신론(無神論, Atheim)이 점차 유행하게 되었다. 과학계에서는 창조론보다는 진화론이 더욱 자연스럽게 받아들여지게 되었다.

이러한 현상은 영국 침례교회들 가운데 알미니우스주의 구원론에 입각했던 일반침례교회에서 더욱 심각하였다. 이 교회는 하나님의 절대주권보다는 인간의 책임과 반응을 더 많이 강조했기 때문이었다. 18세기에 접어들면서 대다수의 일반침례교회는 신학적인 자유주의(Theological Liberalism)와 만인구원론(Universalism)에 빠지게 되어 영적인 침체를 경험하게 되었다. 예수님이 인류 모두의 죄를 짊어지시고 이미 십자가를 지셨으니 예수를 믿든 믿지 않든 궁극적으로 모든 사람들이 구원을 받게 된다는 것이었다. 결국 예수님의 신성과 십자가 속죄사역의 의미를 훼손시키는 신학적인 해이 혹은 타락이 자행된 것이다.[160] 결국 적지 않은 일반침례교회들이 자유주의, 아리우스주의, 이성주의, 인본주의, 유니테리안주의 등으로 물들여지고 있었고 이러한 탈신앙적인 사조는 특수침례교회에도 서서히 침투해 들어오고 있었다.

존 길(John Gill)의 출현은 이와 같은 영국의 영적인 상황과 무관하지 않았다. 영국의 교회들이 영적으로나 현실적으로 나사가 풀린듯한 상태에 빠져 있었을 때, 느슨해져 있던 나사를 조여맬 수 있는 장치가 필요하였다. 길(Gill)은 그 장치를 철두철미한 칼빈주의 신학체계에서 찾았고, 이 체계에 입각한 "정통신학의 강력한 옹호자"(a powerful advocate of orthodoxy)[161]로서 등장하였다.

2. 존 길의 생애와 주요 저작들

1) 생애

존 길(John Gill)은 아버지 에드워드 길(Edward Gill)과 어머니 엘리자베스(Elizabeth)로부터 1697년 11월 23일에 노스햄프턴셔의 케터링(Kettering, Northamptonshire)에서 태어났다. 그의 아버지는 양모(wool) 매매업에 종사하고 있었고, "은혜와 경건과 거룩한 대화의 사람"[162]으로 정평이 나 있었으며, 케터링 침례교회에서 안수집사로 교회를 섬기는 신실한 사람이었다. 아들 길은 어릴 때부터 독서와 공부하는 것을 좋아했다. 초등학교 시절에 이

160) Ibid., 155.

161) Robert W. Oliver, "1. The Lagacy of John Gill," *History of the English Calvinistic Baptists, 1771-1892* (Edinborough, UK: Banner of Truth Trust, 2006), 4.

162) George, "4. John Gill," 78.

미 기초 라틴어와 희랍어를 공부하여 10살경에는 희랍어 원어성경을 읽을 수 있었다. 그는 독학으로 문법책과 사전을 뒤지며 히브리어 공부도 게을리 하지 않았다.

길(Gill)은 12살이 되었을 때 케터링 침례교회[163]의 담임목사였던 윌리암 월리스(William Wallis)의 설교에 큰 감동을 받아 죄인된 자신의 모습을 깊이 깨닫게 되었다. 그는 죄 없으신 예수 그리스도께서 자신의 죄 문제를 십자가 상에서 이미 해결해 주신 사실에 큰 감동을 받았다. 자신의 무가치함과 함께 그리스도 안에서 하나님의 긍휼과 은혜를 풍성하게 체험하였다. 그가 19살이 되었을 때인 1716년 11월 1일(목)에 그는 교회 앞에서 공개적으로 자신의 신앙을 고백하면서 신자의 침례(believer's immersion)를 받았다.

길(Gill)은 다음 주일날인 11월 4일 주일예배 시에 교회회원으로 헌신하였고 당일날 저녁예배 시에 이사야 53장을 주석하면서 자신의 구원체험을 간증하였다. 그 다음 주일 저녁예배 시에는 고린도전서 2장 2절, "내가 너희 중에서 예수 그리스도와 그가 십자가에 못 박히신 것 외에는 아무 것도 알지 아니하기로 작정하였음이라"는 말씀을 본문으로 교인들에게 복음의 진리를 설교하였다.[164] 영적인 어린 아이였음에도 불구하고 하나님께서는 일찌감치 길(Gill)을 말씀의 사역자로 사용하시며 훈련을 시키셨다.

1718년 21살의 나이에 길(Gill)은 순회설교를 하던 중에 만난 여인인 엘리자베스 메거스(Elizabeth Megus) 양과 결혼하였다. 그녀가 세상을 떠난 1764년까지 46년 동안 "안정과 기쁨과 거룩과 사랑의 본"[165]이 되는 부부관계를 유지하였고 서로 목회사역을 위한 좋은 동반자가 되었다. 그들은 1남 2녀의 자녀를 두었는데, 13살된 딸 아이 하나가 세상을 떠나 그녀를 그들의 가슴에 묻어야 했다.

케터링 침례교회에서 잠시 동안 부목사로 사역한 후, 길(Gill)은 런던 써덕(Southwark)에 있는 호슬리다운(Horsleydown) 침례교회[166]의 담임목사로 부름을 받았다. 이 교회는 1672년에 벤자민 키취(Benjamin Keach) 목사에 의해 개척된 교회로서 당시에는 그의 사위인 벤자민 스틴톤(Benjamin Stinton)이 담임목회사역을 감당하고 있었다. 1719년 9월 13일에 회중의 대다수가 찬성투표를 하여 길(Gill)을 새로운 담임목사로 청빙하였다. 그런데 반대투표를 던졌던 일

163) 케터링 침례교회는 나중에 Andrew Fuller가 담임목사로 사역하였으며, 1792년에 침례교선교협회(BMS, Baptist Missionary Society)가 이 교회에서 조직되어 영국 특수침례교회의 해외선교 사역의 구심체가 된 유서깊은 교회다. Torbet, *A History of the Baptists*, 82-3.

164) Tomas J. Nettles, *The Baptists: Key People Involved in Forming a Baptist Identity* (Fearn, Scotland: Christian Focus Publications, 2005), 197.

165) Ibid.

166) 이 교회는 후대에 "설교의 황태자"(Prince of Preaching)라는 별명을 얻은 Charles Haddon Spurgeon(1834-1892)이 이어받아 크게 부흥하였으며 Metropolitan Tabernacle로 개명되었다. McBeth, *The Baptist Heritage*, 176-8, 303.

부의 교인들이 당시의 관례를 무시하고 여성교인들에게도 투표권을 부여하여 투표했기 때문에 그러한 결정이 내려졌다고 하면서 격렬하게 반대하였다.[167] 결국 교회는 분열의 아픔을 겪게 되었고, 길(Gill)을 지지하는 교인들끼리 따로 모여 취임식을 개최할 수밖에 없었다.

1720년 3월 22일에 길(Gill)은 몇 집사들과 함께 안수를 받고 호슬리다운 침례교회의 담임목사로 취임하게 되었다. 크리플게이트(Cripplegate) 침례교회에서 시무하던 존 스켑(John Skepp) 목사의 사회로, 길(Gill)을 그 교회에 강력하게 추천했던 친구 존 노블(John Noble) 목사의 격려로, 길(Gill)은 교인들의 재신임을 받아 취임하게 되었다. 그는 그 교회의 강단을 52년 동안 지키면서 말씀을 증거하였고, 수많은 저술을 집필하였다.

설교가로서 길(Gill)의 명성은 침례교단을 넘어서서 널리 알려지게 되었다. 길(Gill)의 가르치는 사역 가운데 주목할만한 것은 1729년부터 그레이트 이스트치프(Great Eastcheap)에서 수요일 저녁마다 교파를 초월하여 참석자들에게 했던 강의였다. 27년 동안 지속된 수요저녁강의는 수강자들에게 큰 도전과 은혜를 끼쳤으며, 그 강의내용들을 정리하고 편집하여 출판한 것이 그의 주요 저작물들이 되었다.

1748년에는 이러한 길(Gill)의 목회사역과 저술 업적을 기려서 애버딘대학교의 메리스칼대학(Marischal College, University of Aberdeen)에서 그에게 명예신학박사(Doctor of Divinity) 학위를 수여하였다. 독학으로 공부하며 강의를 하고 활발한 저술활동을 한 침례교 목회자요 설교가에게 큰 명예가 주어진 것이다.[168]

52년 동안 한 교회를 섬기면서 수많은 설교와 Dr. Voluminous("방대한 저술의 박사"라는 뜻-필자 주)라는 별명을 얻을 만큼 많은 저술의 업적을 남긴 존 길(John Gill)은 74세를 일기로 1771년 10월 14일에 이 세상을 떠났다. 죽음을 맞기 전에 그는 조카(John Gill of Saint Albans)에게 칼빈주의자로서의 자신의 삶과 사역을 집약한듯한 의미심장한 말을 남겼다:

> 나는 나 자신의 구원을 위해서, 하나님의 자유하고 절대주권적이고 영원하고 불변하는 사랑과 견고하고 영원한 은혜의 언약과 삼위일체 하나님께 전적으로 의지하노라. 나 자신의 의나 내 안에 있는 어떤 것이나 성령님의 영향으로 내가 이룩한 업적에 의지하지 않노라. 내 소망의 근거로서 하나님의 값없는 은혜와, 그리스도의 피와, 의를 통해서 나에게 흘러온은혜의 축복만을 의지하노라.[169]

---

167) Garrett, *Baptist Theology*, 94.

168) Gill은 자신에게 명예신학박사 학위가 수여되자 너무나 감사한 나머지, "나는 그것을 생각해 본 적도 없고, 산 적도 없고, 추구한 적도 없었다"(I neither thought it, bought it, nor sought it)고 말했다고 한다. Oliver, "1. The Legacy of John Gill," 4.

169) John Gill, *A Collection of Sermon and Tracts* (Streamwood, Ill.: Primitive Baptist Library, 1981), reprint of the 1814 London edition, 1: xxxii. Nettles, *The Baptists*, 228에서 재인용.

2) 주요 저작들

길(Gill)은 그의 생애 동안 "10,000 페이지 이상의" 저작물들을 출판하였다고 알려져 있다. 그는 본격적인 조직신학 책을 저술한 첫 번째 침례교 목사였으며, 무엇보다도 성경 전체를 절 단위로(verse-by-verse) 주석하여 출판을 한 첫 번째 침례교 설교가가 되었다. 그의 저술들 가운데 중요한 것들만을 정리하면 다음과 같다.

「메시야에 관한 구약성서의 예언들」(*The Prophecies of the Old Testament Respecting the Messiah*, 1728), 「캔티클이라고 불리우는 솔로몬의 아가서 주석」(*An Exposition of the Book of Solomon's Song Commonly Called Canticles*, 1728), 「진술되고 입증된 삼위일체교리」(*The Doctrine of the Trinity Stated and Vindicated*, 1731), 「하나님과 진리에 관한 주장」(*The Cause of God and Truth*, 1735-1738),[170] 세 권으로 출간된 「신약성서주석」(*Exposition of the New Testament*, 1746-1748), 두 권으로 출간된 「구약의 예언서 주석」(*An Exposition of the Books of the Old Testament*, 1757-1758), 네 권으로 출간된 「구약성서주석」(*Exposition of the Old Testament*, 1763-1766) 등이 있다.[171]

그리고 자신의 칼빈주의적인 교리체계를 집대성한 두 권으로 된 「교리신학체계」(*A Body of Doctrinal Divinity*, 1769)와 그리스도인의 구체적인 삶과 목회사역을 다룬 「실천신학체계」(*A Body of Practical Divinity*, 1770)가 있다. 이 두 책은 1839년에 런던에서 한 권으로 편집이 되어 「교리와 실천 신학체계」(*A Complete Body of Doctrinal and Practical Divinity*)로 출간되었고, 1984년 미국에서 다시 인쇄되어 출판되었다.[172] 그리고 호슬리다운 침례교회를 재정비하며 작성했던 12개 항목의 신앙고백서 "신앙과 실천의 선언"(Declaration of Faith and Practice, 1729)이 있다. 그의 설교들과 신앙 에세이들을 모은 「설교와 소책자 총서」(*A Collection of Sermons and Tracts*(1814)[173])가 두 권으로 출판되었다.

170) John Gill, *The Cause of God and Truth* (Grand Rapids: Baker, 1980), reprint of 1855 London edition.

171) Garrett, *Baptist Theology*, 94; Olin C. Robison, "The Legacy of John Gill," *Baptist Quarterly*, 24 (1971): 112. 신약과 구약 성경 전체에 관한 Gill의 주석은 1980년에 미국에서 다시 인쇄되어 6권으로 출판되었다. John Gill, *Gill's Commentaries* (Grand Rapids: Baker Book House, 1980), reprint of the 1852-1854 London edition.

172) John Gill, *A Complete Body of Doctrinal and Practical Divinity* (Paris, Ark.: Baptist Standard Bearer, 1984), reprint of the 1839 London edition.

173) John Gill, *A Collection of Sermons and Tracts*, 2 vols (Streamwood, Ill.: Primitive Baptist Library, 1981), reprint of the 1814 London edition.

3. 존 길의 신학사상

1) 성경

길(Gill)에게 있어서 성경은 권위의 원천이었다. 자신의 신앙과 삶과 목회활동 전부가 권위 그 자체인 성경으로부터 연유하였다. 그의 설교는 성경을 책별로, 장별로, 절별로 주석하고 강해하여 이루어졌다. 무엇보다도 그는 로마가톨릭 교회가 성경보다도 교회와 그 전통을 권위로 간주하는 것에 대해서 신랄하게 비판하였으며,[174] 로마가톨릭 교회가 사용하는 "라틴 벌게이트"(Latin Vulgate)에는 "수많은 오류와 잘못이 있는" 것으로 지적하였다.[175]

길(Gill)이 호슬리다운 침례교회에 부임하자마자 일어났던 교회의 분쟁과 혼란을 수습한 후 맨 먼저 한 일은, 12개 항목으로 구성된 "신앙과 실천의 선언"(Declaration of Faith and Practice, 1729)이라는 간략한 신앙고백의 채택이었다. 이 신앙고백의 첫 번째 조항이 바로 성경에 관한 것이었다. 여기서 길(Gill)은 비록 간략하지만 성경에 관한 자신의 확신을 명료하게 진술하였다: "우리는 구약과 신약 성경이 하나님의 말씀이며 신앙과 실천의 유일한 규범임을 믿는다."[176] "제2차 런던신앙고백"(1677)과 "총회 신앙고백"(Assembly Confession, 1689)의 성경에 관한 자세하고 장황한 진술과 비교하면 매우 간략한 고백이긴 하지만, 이 짧은 문장 속에 길(Gill)은 성경에 관한 자신의 확신을 간단명료하게 담았다.

그는 「교리신학체계」(*A Body of Doctrinal Divinity,* 1769)에서 자신의 성경관을 보다 자세하게 피력하였다. 그는 성경이 하나님으로부터 말미암은 신적 권위를 가진 책이라는 점을 강조하였다. 부쉬(Bush)와 네틀즈(Nettles)는 "하나님의 속성에 관해 진술된 모든 것이 거룩한 성경으로부터 나온 것이고 또한 증명된 것이기 때문에, 길(Gill)은 성경의 신적인 권위를 입증하는데 있어서 단호하였다"[177]고 기술하였다.

길(Gill)은 「교리신학체계」에서 네 가지 소제목 하에 성경과 관련하여 설명하고 있다: "첫째로, 성경의 신적인 권위, 둘째로 성경의 완전성(perfection) 혹은 완전한 적절성(complete adequacy), 셋째로, 성경의 명료성(clarity) 혹은 확실성(perspicuity), 넷째로, 계시, 특히 하나님으로부터 말미암은 기록된 계시의 필요성(necessity of written revelation from God)."[178] 성경을 하나님의 "말씀"(word)이라고 했을 때, 하나님께서 친히 목소리를 내어 말씀을 하셨다

174) George, "4. John Gill," 87.

175) L. Russ Bush and Tomas J. Nettles, *Baptists and the Bible* (Chicago: Moody Press, 1981), 106

176) Robison, "The Legacy of John Gill," *Baptist Quarterly*, 24 (1971): 113-5에서 재인용.

177) Bush and Nettles, *Baptists and the Bible*, 105.

178) Ibid.

거나 자신의 손가락으로 성경을 기록하셨다는 의미가 아니라, 성경의 기자들이 "하나님으로부터 인도함을 받고 받아쓰고 영감을 받았다"(directed, dictated, and inspired by God)[179]는 의미라고 해석하였다.

그는 외경(Apocrypha)이나 위경(spurious writings)을 성경에서 배제하였으며, 66권의 성경만이 기록된 하나님의 말씀으로 간주하였다. 동시에 그는 소위 말하는 "기계적 영감설"을 주장하지는 않았으나, 성경의 기자들이 하나님의 도구가 되어 하나님의 뜻을 기록된 말씀으로 계시하였다고 보았다. 길(Gill)은 성경의 기자들이 각자의 인간적인(human) 성품을 간직한 채로 성경을 기록하였지만, 그렇다고 해서 성경 본문의 신적인(divine) 성격을 희생시키지 않았음을 강조하였다.[180] 그는 원어로 기록된 원성경은 오류가 없음(infallibility)을 믿었으며, 성경은 그 자체 안에 비진리(untruth)를 가지고 있지 않다고 주장하였다.[181]

2) 교회와 교회의식들

길(Gill)은 영국 특수침례교회의 전통적인 교회론을 견지하였다. 1729년의 신앙고백인 "신앙과 실천의 선언" 제11항목에서 교회론을 다루고 있는데, 침례와 주의 만찬에 관해 자세히 설명하면서 교회회원의 자격을 규정하고 있다. 여기서 그는 지역교회를 "신앙고백을 하고 아버지와 아들과 성령의 이름으로 침례를 받은 자들"(baptized by immersion)이란 표현으로 교회회원의 범위를 규정하였다. 지역교회는 중생한 사람들, 부르심을 받은 자들, 진짜 성도들(real saints), 그리스도 안에 있는 신자들, 구원받은 자들, 신적인 것들에 대한 이해력을 가진 자들(those knowledgeable of divine things)로서, 체험적으로 예수 그리스도를 만나고 신앙고백에 근거하여 침례를 받은 자들이라고 하였다.[182] 이에 비해 길(Gill)은 영국국교회는 적지 않은 문제점을 가지고 있음을 비판하였고, 영국국교회가 성경을 일탈한 교리와 전통을 가지고 있음을 지적하면서, 신약성서적 가르침에 충실한 침례교회의 탁월성을 설명하였다.[183]

---

179) Ibid.

180) George, "4. John Gill," 86-7.

181) Bush and Nettles, *Baptists and the Bible*, 109.

182) Garret, *Baptist Theology*, 101.

183) Ibid. Gill은 영국국교회를 다음과 같이 비판하였다: 영국국교회는 (1) "인간의 법"에 근거한 인간적인 헌법을 가지고 있다. (2) "회중적인" 교회가 아니라 "국가" 교회이다. (3) 오직 신자들만을 회원으로 인정하는 것이 아니라 "모든 백성들"을 회원으로 간주한다. (4) 부패하고 불완전한 교리를 가지고 있다. (5) 침례와 주의 만찬을 올바르게 집례하지 않고 있다. (6) 성경에서 언급되지 않은 직분자들을 가지고 있다. (7) 그리스도를 머리로 삼는 것이 아니라 일시적인 직분자(왕이나 여왕)를 머리로 삼고 있다. (8) 적절한 교회권징이 부족하다. (9) 이교적이고 유대적이고 교황적인 의식이나 예배절차를 가지고 있다. (10) 수많은 반대가 제기되고 있는 공동기도서(Book of Common Prayer)를 사용하고 있다. (11) 핍박을

길(Gill)은 신약성경 로마서 6장의 가르침대로 예수 그리스도의 죽으심과 장사되심과 부활하심을 "상징적으로" 보여줄 수 있는 침수례(immersion) 방식을 강하게 주장하였다. 동시에 유아세례의 행습을 비판하였는데, 그것이 로마가톨릭 체제의 하나의 기둥이라고 하였다. 프로테스탄트들 가운데 유아세례 전통을 견지하고 있는 교단들이 있는데 그것은 적을 옹호하고 비호하는 결과가 된다고 그는 혹평하였다.

또한 주의 만찬 역시 침례처럼 예수 그리스도의 십자가 죽음과 부활을 "상징"해 주는 의식으로 간주했으며, 오직 침례를 받은 자에게만 주의 만찬이 베풀어져야 한다는 폐쇄만찬의 입장을 취하였다: "통회하는 죄인들과 참 신자들 그리고 회개와 신앙의 고백에 근거하여 침례를 받은 자들만이 이 의식에 참여토록 허용되어야 한다."[184)]

3) 삼위일체 하나님

길(Gill)이 본격적으로 활동하던 18세기 중반은 계몽주의 사조가 머리를 들고 있었고 따라서 인간의 존엄성과 이성의 역할이 중요시 되던 시대였다. 따라서 영국 기독교계에서는 하나님의 삼위일체성(Trinitarianism)이 적지 않은 도전을 받고 있었다. 그래서 1719년 3월에 장로교회와 회중교회와 침례교회의 지도자들이 삼위일체 교리를 신조로서 채택하기 위한 결정을 하기 위하여 솔터즈 홀(Salter's Hall)에서 토론회를 가졌다.[185)] 이 토론회 모임에 15명의 일반침례교 지도자들과 16명의 특수침례교 지도자들이 참석을 했는데, 14명의 일반침례교 지도자들과 2명의 특수침례교 지도자들이 그 결정에 반대를 하였다. 일반침례교 지도자 대다수가 삼위일체 교리를 신조화하는 것에 반대를 하였고, 2명의 특수침례교 지도자들까지도 합세를 하였던 것이다.[186)] 이러한 사실은 그 당시의 침례교 지도자들 사이에서 성서적인 신론과 삼위일체론에 대한 확신이 얼마나 결핍되어 있었는지를 잘 보여주는 사례라 하겠다.

이러한 풍조에 대하여 길(Gill)은 완강한 입장을 취하였다. 하나님은 절대주권을 가지신 분이고 우주를 통치하시는 분이어야 했다. 삼위 안에 계신 한 하나님(one God in three Persons)에 대한 분명한 믿음을 가지는 것은 침례교인의 당연한 자세였다. 그는 1731년에 발표한 "삼위일체를 방어하는 논문"(Treatise on the Defense of the Trinity)과 「교리신학체계」에서 하나님의 삼위일체성을 강하게 변호하였다:

행했던 교회다.

184) John Gill, "Declaration of Faith and Practice," 제11항목. Robison, "The Legacy of John Gill," 115에서 재인용. Nettles, *The Baptists*, 212.

185) McBeth, *The Baptist Heritage*, 156.

186) Nettles, *The Baptists*, 206-7.

> 삼위일체 교리는 종종 사색(speculation)의 주제로 전락했으며, 그것을 믿어야 하는 것인지 믿지 않아도 되는 것인지 그 중요성을 상실하였으며, 단지 신비스럽고 호기심을 불러일으킬뿐 진지하게 탐구할 필요가 없게 되었다. 그 문제와 씨름하기보다는 초연해 있는 것이 더 낫다는 인식이 만연하고 있다. 그러나 슬프도다! (삼위일체) 교리는 우리 구원의 전체와 복음의 모든 교리와 성도들의 체험 등과 필연적으로 연관된 것이다.[187]

길(Gill)은 창조와 섭리와 구속사역에서 하나님의 "삼위"(three persons)가 "일체" 하나님(one triune God)과 어떻게 연관되는지를 보여주었다. 구원의 섭리에서 선택은 아버지 하나님이, 구속은 아들 하나님이 하신 일이고, 성화는 성령 하나님이 하시는 일임을 구별하여 설명하였다. 4세기의 갑바도기아 교부들의 주장처럼 아버지 하나님은 잉태하게 하셨고(begetting), 아들 하나님은 잉태되셨고(begotten), 그리고 영이신 하나님에 의해 숨이 불어 넣어지셨다(breathed)고 하였다.[188] 그는 삼위일체 하나님 교리를 약화시키거나 부인하는 것은 초대교회 당시의 아리우스주의(Arianism, 그리스도의 신성을 부정하거나 약화시킨 주장-필자 주)와 군주신론(Monarchianism, 단일신론-삼위일체 교리가 형성되기 전에 하나님의 통일성을 지나치게 강조했던 이단적인 교리-필자 주)의 이단적인 가르침을 다시 불러들이는 것이라고 주장하였다.

길(Gill)은 아들 하나님 즉 예수 그리스도의 중보자(mediator)로서의 역할을 강조하였다. 예수 그리스도는 "유일무이하시고도" "영원하신" 중보자로서 하나님과 인간 간의 화해와 십자가 죽음으로 인하여 하나님께 드린 만족(satisfaction)과 중보기도와 은혜 언약의 확실한 통로 역할을 하셨다고 주장하였다. 예수 그리스도는 신성과 인성, 두 성품을 동시에 가지신 두 번째 위격(the second person)이시라고 하였다.[189]

4) 구원과 은혜 교리

기본적으로 길(Gill)의 구원론은 유럽 칼빈주의자들의 대회였던 도르트 종교회의(1618-1619년)에서 결정된 신학체계에 기반을 두고 있었다. 튤립(TULIP)으로 잘 알려진 "칼빈주의 5대 원리"가 그것이다:

> (1) 인간은 전적으로 타락했기 때문에 성령님의 중생케 하시는 역사를 떠나서는 스스로를 구원할 수 없다(인간의 전적인 타락, Total Depravity of Man),

187) John Gill, *A Complete Body of Doctrinal and Practical Divinity* (Paris, Ark.: Baptist Standard Bearer, 1984), reprint of the 1839 London edition, 138.
188) George, "4. John Gill," 89.
189) Garrett, *Baptist Theology*, 96-7.

(2) 인간을 향한 하나님의 선택과 유기는 무조건적인 것이고 절대적인 것이다(무조건적 선택, Unconditional Election),

(3) 그리스도의 죽으심은 온 세상의 죄를 용서하기에 충분하지만, 속죄의 범위는 오직 선택받은 사람들에게만 한정된다(제한속죄설, Limited Atonement),

(4) 하나님의 부르심은 실제로 유효하기 때문에, 하나님의 은혜는 궁극적으로 인간의 저항으로 방해받지 않는다(불가항력적인 은혜, Irresistible Grace),

(5) 하나님에 의해 부르심을 받아 중생한 성도들은 믿음과 은혜에서 결코 떨어지지 않도록 하나님께서 끝까지 지키신다(성도의 견인, Perseverance of the Saints).[190]

이러한 구원론과 관련한 칼빈주의 신학체계는 영국 장로교인들에 의해 채택된 "웨스터민스트 신앙고백"(1647)과 영국 회중교도들의 "사보이 선언"(Savoy Declaration, 1658), 그리고 영국 특수침례교회 성도들의 신앙고백들("제1차 런던신앙고백" 1644, "제2차 런던신앙고백" 1677, "총회신앙고백" Assembly Confession 1689) 등에서 계속 이어졌다. 특수침례교회에 몸담아 왔던 길(Gill)도 이러한 신앙전통을 이어받았다고 볼 수 있으며, 특히 계몽주의 사조로 말미암은 이신론(Deism)과 유니테리안주의(Unitarianism) 그리고 극단적인 알미니우스주의(extreme Arminianism)와 신학적인 자유주의(theological liberalism) 등의 공격을 받고 있던 당시 영국 기독교계에서, 칼빈주의 5대 원리를 붙드는 것이야말로 자신은 물론 특수침례교회를 신앙적으로 지켜내는 보루라고 생각하였다.[191]

거의 모든 칼빈주의자들의 주장이 그러하듯이, 길(Gill) 역시 인간의 회개와 믿음보다도 하나님의 예정과 선택을 더 우선시하였다. 칭의를 설명할 때도 믿음으로 의롭게 된다기보다도 하나님의 일방적인 은혜로 인해 죄인이 의롭게 되기 때문에 비로소 그에게 믿음이 주어지는 것이라고 하였다. 다시 말해서 길(Gill)에게는 믿음은 하나님에 의해 값없이 일방적으로 주어지는 선물이지 인간이 자유의지를 가지고 의도적으로 결정하거나 결단하는 반응일 수 없다는 것이었다. 인간은 전적으로 타락한 존재여서 책임적으로 그러한 반응을 할 능력을 가지고 있지 않다고 보았던 것이다. 호슬리다운 침례교회에서 1729년에 채택했던 신앙고백, "신앙과 실천의 선언"에서는 여러 항목에 걸쳐서 이러한 그의 칼빈주의적 구원론 신앙이 진술되어 있다:

190) John T. McNeill, *The History and Character of Calvinism* (London: Oxford University Press, 1967), 265.

191) 당시 일반침례교회의 지도자였던 토마스 그랜탐(Thomas Grantham)은 TULIP 체계를 "잔인하고 영혼을 집어삼키는 칼빈주의 교리들"(cruel and soul-devouring doctrines of Calvinism)이라고 혹평을 하였으며, 다니엘 휘트비(Daniel Whitby)는 그의 저서 「5대 원리에 관한 강화」(*Discourses on the Five Points*)에서 칼빈주의 신학체계에 대하여 신랄하게 비판하였다. George, "4. John Gill," 90.

제3항목: 세상이 시작되기 전에 하나님께서는 일정한 수의 사람들(a certain number of men)을 선택하셔서 영원한 구원으로 이끄시는데, 하나님은 자신의 자유로운 은혜로, 자신의 기뻐하시는 뜻에 따라, 이와 같은 은혜로운 계획에 따라, 예수님으로 말미암는 입양을 예정하셨다(He did predestinate to the adoption of children by Jesus).....

제6항목: 우리는 그리스도가 자신의 피를 흘리심으로 말미암아 이룩한 영원한 속죄는 특별하고 특수하다(special and particular)고 믿는다. 그것은 오직 하나님의 선택을 받은 자들, 즉 그리스도의 양들만을 위하여 의도적으로 계획된 것이다. 그들만이 특별하고 특수한 선택의 축복을 향유하게 되는 것이다.

제7항목: 하나님께서 택하신 자들의 칭의(justification)는 오직 그리스도의 의가 그들에게 전가되어서(imputed) 이루어진 것이지, 그들이 행한 의로운 행위(any works of righteousness)에 기인하는 것이 아니라고 믿는다. 그들이 과거나 현재 그리고 장차 범하게 되는 모든 죄와 과오들에 대한 용서가 하나님의 풍성한 은혜에 따라 오직 그리스도의 피로 말마암아 이루어진다.

제8항목: 우리는 중생, 회심, 성화 그리고 믿음은 인간의 자유의지나 능력의 행위(an act of man's free-will and power)로 말미암은 것이 아니라, 하나님의 전능하시고 유효하시고 불가항력적인 은혜(the mighty, efficacious and irresistible grace of God)로 말미암은 것이라고 믿는다.

제9항목: 우리는 아버지에 의해 선택되고 아들에 의해 구속받고 성령에 의해 성화된 모든 사람들이 확실하게 궁극적으로 견인될(certainly and finally persevere) 것이라고 믿는다. 다시 말하면 그들 중 아무도 멸망당하지 않고 영원한 생명을 견지하게 될 것이다.[192]

특히 길(Gill)은 칭의 개념을 설명하면서 "영원한 칭의"(eternal justification)라는 표현을 사용하고 있는데, 이러한 면이 그의 신학이 "극단적 칼빈주의"라고 비판받는 이유들 가운데 하나이다.[193] 이는 쉽게 말해서 죄인이 의롭다고 인정을 받게 되는 것은 그가 믿음을 갖게 되는 때가 아니라 하나님의 선택을 받게 되는 때라는 것이다. 그리고 하나님의 선택을 받게 되는 것은 "곧 창세 전에 그리스도 안에서 우리를 택하사"(엡 1:4)라는 구절에서 보듯이 "창세 전" 즉 시간이 창조되기 이전의 영원에서 이루어지기 때문에 "영원한 칭의"라는 것이다. 따라서 죄인이 의롭게 되는 것이 역사 속에서 죄인 개인의 사적인 결정에 근거한다는 주장은, 하나님의 예정과 선택 교리를 잘못 이해하는 것이고 시간을 초월해 계시는 하나님의 자유스러운 은혜베풂의 역사와도 조화를 이룰 수 없다는 것이다. 길(Gill)에 의하면 칭의와 구원의 시작과 끝은 전적으로 하나님의 손에 달렸다는 것이다.

192) John Gill, "Declaration of Faith and Practice," Robison, "The Legacy of John Calvin," 113-5에서 재인용.
193) George, "4. John Gill," 91-2.

길(Gill)은 "영원한 칭의" 개념을 그의 조직신학 저술인 「교리신학체계」에서 상세하게 전개하였다.[194] 무엇보다도 그는 믿음에 대한 칭의의 우선성을 강조하였다. 믿음은 칭의의 결과이지 원인이 아니라는 것이다: "우리가 의롭게 되는 이유는 우리가 믿음을 가졌기 때문이 아니고, 우리가 믿음을 가지게 되는 이유는 우리가 의롭게 되었기 때문이다."[195] 이러한 그의 주장은 종교개혁가들이 주장했던 이신칭의의 가르침을 벗어나 있는 것이었다. 칭의와 구원에 있어서 하나님의 주도권을 지나치게 강조함으로 인해서 "구원의 서정"(*ordo salutis*)에 있어서 길(Gill)은 회개(repentance)와 믿음(belief)과 회심(conversion)보다도 칭의(justification)를 앞세운 것이다.[196]

시간 속에서 일어나는 개인적인 믿음의 결단과는 상관없이 창세 전에 이미 하나님께서 선택하기로 예정한 사람을 의롭게 하신다는 것은 온건한 칼빈주의자들로부터도 적지 않은 비판을 받았다. 영국 특수침례교회의 신앙고백인 "제2차 런던신앙고백"(1677)에서는 이러한 극단적인 주장에 대한 수정조치를 이미 마련해 놓고 있었다:

> 하나님께서 영원의 때로부터 모든 택자들을 의롭게 하셨고 그리스도께서 때가 이르매 그들의 죄를 위해 죽으셨고 그들을 의롭게 하기 위해 다시 살아나셨다. 그럼에도 불구하고 성령님께서 적절한 때에 실제로 그들로 하여금 그리스도를 믿도록 역사하실 때까지는 그들이 개인적으로 의롭게 되는 것이 아니다(God did from all eternity decree to justify all the Elect, and Christ did in the fullness of time die for their sins, and rise again for their Justification; Nevertheless they are not justified personally, untill the Holy Spirit does in due time actually apply Christ unto them).[197]

믿음으로 말미암는 칭의가 역사와 시간을 벗어나서 "창세 전에" 영원 속에서 하나님의 일방적인 작정으로 이루어진다고 하는 길(Gill)의 "영원한 칭의" 주장은, "종교적인 문제에 있어서의 영혼의 유능성"(competency of the soul in religion), 인간의 자유의지, 영혼의 자유, 복음에 대한 책임적이고도 개인적인 반응 등을 강조하는 오늘날의 침례교 신앙에서 볼 때에는 적지 않은 무리가 있었고 정상적인 칼빈주의 신앙을 넘어서 있었다고 보지 않을 수

---

194) 2권 5장에서 칭의를 "하나님 안에서 이루어지는 영원하고 즉각적인 행위들 가운데 하나"(one of the eternal and immanent acts in God)라고 말하고 있으며, 6권 8장에서는 칭의는 "신자 개인의 양심에서 종결된다"(It terminates in the conscience of a believer)고 설명하고 있다. Ibid., 91.

195) John Gill, *The Doctrine of God's Everlasting Love to His Elect, and Their Eternal Union with Christ* (London: n.p., 1752), 40. George, "4. John Gill," 92에서 재인용.

196) Gill은 "구원의 서정"(*ordo salutis*)과 관련하여 다음의 단어들을 소제목으로 삼아 순서적으로 배치하였다: 용서, 칭의, 입양, 중생, 유효한 부르심(effectual calling), 회심, 성결, 견인. Gill, *A Body of Doctrinal Divinity*, 6권 7장-15장. Garrett, *Baptist Theology*, 97에서 재인용.

197) Lumpkin, *Baptist Confessions of Faith* , 266.

없다.

4. 존 길의 "극단성"에 관한 논란

길(Gill)의 신학이 "극단적 칼빈주의인가 그렇지 않은가"하는 것은 그의 당대와 사후에 학자들에 의해 다양하게 평가되고 주장되어 왔다. 사실 "극단적이냐 아니냐" 하는 것은 상대적 개념이다. 어떤 기준점에서 바라보느냐에 따라 극단적인 것일 수도 있고 온건한 것일 수도 있고 정상적인 것일 수도 있을 것이다. 튤립(TULIP) 체계 자체만으로도 그 곳에 인간의 자유의지가 끼어들 여지가 거의 없다는 점에서 극단적인 칼빈주의라고도 말할 수 있을 것이다. 게레트(Garrett) 박사는 "극단적 칼빈주의"를 다음과 같이 규정함으로써 판단의 기준을 제시하고 있다:

(1) 하나님께서 "인간타락 이전에" 어떤 사람은 구원받도록 선택을 하시고 어떤 사람은 유기되도록 결정하셨다고 하는 하나님의 영원한 작정(타락전 예정론, supralapsarianism)
(2) 성부 성자 성령 하나님 사이에서 아들을 통해 택함 받은 자들을 속죄하시겠다고 하는 영원한 언약(속죄의 언약, covenant of redemption)
(3) 영원 전에 일어나지만 시간 안에 나타나는 택함 받은 자들의 칭의(영원한 칭의, eternal justification)
(4) 은혜는 항거할 수 없기 때문에 은혜는 오직 택함 받은 자들 이외에는 제공될 수 없다는 원리(은혜의 비일반적인 제공, no general offers of grace)
(5) 그리스도인의 삶에서 도덕적 율법의 역할을 지나치게 과소평가하는 태도(반율법주의, antinomianism)[198]

길(Gill)의 신학이 일반적으로 극단적 칼빈주의라고 인정을 받고 있지만, 그러나 목회자와 설교가로서 그가 영혼구원과 전도의 필요성을 매우 강조했다는 점을 들어 그를 극단적 칼빈주의자들의 범주에 포함시키는 것은 그를 올바르게 평가하는 것이 아니라고 주장하는 학자들도 적지 않다.[199]

---

198) Garrett, *Baptist Theology*, 89.

199) Timothy George, Tomas J. Nettles, Curt Daniel, George M. Ella 등과 같은 학자들은 존 길(John Gill)의 신학이 후대의 침례교회에 긍적적인 영향을 미쳤다고 하면서 그에 대해 우호적인 입장을 취하고 있다. Garret, *Baptist Theology*, 100; George M. Ella, "John Gill and the Charge of Hyper-calvinism," *Baptist Quarterly*, 36 (Oct. 1995): 160-77.

1) 타락전 예정론

칼빈주의 예정론과 관련하여 하나님께서 인간의 선택과 유기의 결정을 인간의 타락(*lapsus*) 이전에 하셨느냐 이후에 하셨느냐에 따라 "타락전 예정론"(supralapsarianism)과 "타락후 예정론"(infralasarianism)으로 구분하고, 전자를 보다 더 보수적이고 극단적인 입장으로 간주하고 있다. 전자는 하나님의 선택과 유기의 결정이 인간의 최초 타락과 무관하게 이루어진다는 것이며 하나님의 절대주권을 더욱 강조하는 주장이라고 볼 수 있다. 이에 비해 후자는 인간의 타락으로 인해 인간은 죄용서와 구원의 필요성을 갖게 되었는데, 하나님께서 어떤 사람들은 구원하기로, 어떤 사람들은 유기하기로 결정하신다는 것이다.

앞 장에서 언급한대로 길(Gill)이 "영원한 칭의"를 언급하며 한 인간의 회개와 믿음 이전에 하나님께서 이미 구원받도록 예정한 자들을 (믿음 여부와 상관없이) 의롭다고 인정하신다고 한다면, 길(Gill)의 칭의론과 구원론은 성경은 물론이요 온건한 칼빈주의의 가르침을 벗어난 극단적인 견해라고 하지 않을 수 없다. 이런 점에서 그는 타락전 예정론자이며 동시에 극단적 칼빈주의자로 간주되고 있다.[200)]

"오직 믿음으로 의롭게 된다"고 하는 신약성경의 가르침에 근거해서 볼 때, 필자는 타락전 예정론이나 타락후 예정론이나 별반 차이가 없다는 생각을 한다. 칼빈주의 신학체계 내에서 논란이 되고 있는, 지나치게 관념적인 언어적 유희와 탁상공론적인 사변적 추론이 아닌가 생각한다.

2) 반율법주의

반율법주의란 "그리스도께서 죄의 형벌을 모두 담당하셨고 율법의 요구를 다 이루셨다면, 은혜 아래 있는 자들에게는 도덕적인 율법에의 순종이 더 이상 요구되지 않는다"[201)]는 주장이다. 길(Gill)이 하나님의 예정과 선택 그리고 칭의와 구원이 인간의 책임적인 반응인 믿음과 무관하게 오직 하나님의 절대주권적인 결정에 의해서만 이루어진다고 주장했기 때문에 그는 반율법주의자라는 비판이 거세게 제기되었다. 인간의 영원한 운명을 오직 하나님께서만 주관하시는 것이라면 인간에게 도덕적인 율법이나 윤리를 더 이상 기대할 필요가 없다는 것이다. 인간의 무책임성과 숙명론적인 인생관을 조장한다는 것이다.

길(Gill)의 극단적 칼빈주의 신학을 비판했던 침례교 교회사학자 토마스 아미티지(Thomas Armitage)는 "그는 타락전 예정론자였으며, 반율법주의자로부터 구별되기 어려운

200) Peter Naylor, Robert Oliver, Robert Sheehan, Peter Toon 등과 같은 학자들은 비판적인 입장에서 존 길(John Gill)을 극단적 칼빈주의를 주장하는 대표자라고 말하고 있다. Ella, "John Gill and the Charge of Hyper-calvinism," 160-1.

201) George, "4. John Gill," 92.

자였다"고 주장하며, 당시 대표적인 극단적 칼빈주의자요 반율법주의자였던 크리스프(Crisp)의 설교들을 그가 출판했던 점을 중요한 이유로 들었다.[202] 로버트 세이무어(Robert E. Seymour)는 길(Gill)이 뒷걸음을 치면서, 해서는 안 될 일임에도 불구하고 그리스프(Crisp)의 반율법주의를 용납하였고, 타락전 예정론과 타락후 예정론 모두를 옹호하는듯한 애매한 입장을 취하였다고 비판하면서, 길(Gill)의 신학은 "차갑고 추상적이며" 영국 특수침례교회를 시들게 하는 효과를 가져 왔으며, 당시의 종교적인 냉담을 극복하는 데에 아무런 기여를 하지 못했다고 혹평하였다.[203]

그러나 길(Gill)이 반율법주의자이어서 그리스도인들에게 실제의 삶 속에서 도덕적 윤리적 책임을 질 필요가 없다는 입장을 취했다는 비판은 적절하지 않은 것 같다. 비록 그가 극단적인 칼빈주의 신학체계를 강하게 취하고 있었다고 하더라도, 목회자와 설교가의 입장에서 성도들과 목회자들에게 강력한 윤리적인 메시지를 적지 않게 선포했기 때문이다. 그의 설교들 가운데 "복음에 의해 뒷받침되는 율법"(The Law Established by the Gospel, 1756) 이나 "그리스도의 손 안에 있는 율법"(The Law in the Hand of God, 1761) 등에서 길(Gill)은 그리스도인의 도덕적인 규범과 실천을 매우 강조하고 있다.[204] 또한 그의 저서 「실천신학체계」에는 그리스도인의 현실적인 삶과 관련하여 수많은 도덕적인 교훈을 강조하고 있다.

길(Gill)은 그리스도인의 삶에서 선행의 중요성을 과소평가하려는 유혹에 대해 강하게 저항하였다. 앨런 셀(Alan P. F. Sell)은 길(Gill)의 언급을 직접 인용하며 그를 옹호하였다: "나는 삶과 대화의 규범으로서 하나님의 율법을 제쳐두려는 생각을 혐오한다…. 의를 위해 그리스도를 믿는 자들은 누구나 필요한 경우에 선한 일들을 지속적으로 유지하는 일에 각별히 유의해야 한다고 나는 끊임없이 확언한다."[205]

3) 영혼구원을 위한 비적극적인 태도

길(Gill)이 극단적인 칼빈주의 신학체계를 옹호했기 때문에 그에게는 언제나 영혼구원이나 전도나 선교에 적극적인 태도를 취하지 못했다는 비판이 제기되었다. 실제로 길(Gill)은 한 영혼의 구원은 하나님의 절대주권적인 예정과 선택에 의해 이루어지는 것이지 그 영혼이 주체적이고 의지적인 결단인 회개와 믿음을 통해서 이루어지는 것이 아니라는 점을 강

---

202) Garret, *Baptist Theology*, 104.

203) Robert E. Seymour, "John Gill: Baptist Theologian, 1697-1771" (Ph.D. dissertation, University of Edinborough, 1954), 91-4, 310-1.

204) Ella, "John Gill and the Charge of Hyper-calvinism," 171.

205) Alan P. F. Sell, *The Great Debate: Calvinism, Arminianism and Salvation* (Grand Rapids, Mich.: Baker Book House, 1983), 79. George, "4. John Gill," 92에서 재인용.

조하였던 것이 사실이다. 다른 말로 하면 하나님께서는 복음을 들은 모든 사람들을 무차별적으로 부르시는 것이 아니라, 하나님의 예정 속에 있는 사람들만을 제한적으로 특별히 구원시키기 때문에, 전도와 설교를 통해서 무차별적으로 복음을 제시하는 것(offering the Gospel indiscriminately)은 부질없는 일이라는 것이다.

극단적인 칼빈주의의 원조라고 볼 수 있는 장로교회 목사 조셉 후씨(Joseph Hussey, 1660-1726)는, "하나님의 선택을 믿는다고 주장하면서 모든 사람들에게 그리스도를 제시하는 사람은 아직 '반쪽짜리 칼빈주의자'(a half-hearted Calvinist)에 불과하다"고 말한 바 있다.[206] 길(Gill)은 토비아스 크리스프(Tobias Crisp)와 함께 후씨(Hussey)를 "대단한 경건과 학문의 사람들이며, 그리스도의 교회에서 오랫 동안 우뚝 서서 더 많이 유용하게 쓰임받을 인물들"[207]이라고 찬사를 보낸 바 있다. 길(Gill)은 그들의 극단적 칼빈주의의 입장을 옹호하고 견지하고 있었던 것이다.

모든 사람들에게 무차별적으로 복음을 제시하는 것은 부질없는 일이라는 길(Gill)의 주장은, 비록 인간이 복음을 들어도 죄로 인하여 육체적으로나 영적으로나 도덕적으로 심히 부패하여 무능하기 때문에 죄인인 인간에게 책임적인 반응을 기대할 수 없다는 생각이 깔려 있었다. 그리고 설사 전도자나 설교자가 복음을 제시한다고 하더라도, 그것은 궁극적으로 성령 하나님께서 제시하시는 것이지 인간이 제시하는 것이 아니라고 하였다.[208] 성령 하나님께서 복음과 함께 선택받은 자들에게 은혜를 베푸시고 선택받은 자들은 그 은혜를 거부할 수 없다는 것이다.

이러하다 보니 자연히 길(Gill)에게는 설교를 듣는 자들에게 회개를 촉구하는 면이 부족하였고 초청없는 설교를 할 수밖에 없는 한계를 가졌다.[209] 죄인들을 향하여 믿음의 결단을 촉구하는 초청이 부족하다 보니 실제적으로는 예수 그리스도의 지상명령을 등한시하는 결과를 가져 왔다고 볼 수 있다. 그러나 다른 한편, 길(Gill)을 옹호하는 입장에 서 있는 학자들은 그가 영혼구원에 결코 소홀하지 않았고 목회자들에게 구령(soul winning) 설교의 중요성을 강조하였다고 주장하였다. 네틀즈(Nettles)에 의하면, 길(Gill)은 회개의 필요성과 믿는 결단의 필요성을 강조하는 "의무-회개"(duty-repentance)와 "의무-믿음"(duty-faith)을 거부하지 않았고 복음 설교의 필요성과 긴박성을 역설하였다며 반론을 제기하였다.[210]

---

206) George, "4. John Gill," 93에서 재인용.

207) Gill, *A Collection of Sermons and Tracts*, 2:81, George, Ibid.에서 재인용.

208) Ella, "John Gill and the Charge of Hyper-calvinism," 168-9.

209) Joseph Ivimey, *A History of the English Baptists* (London: Printed for the Author), 3:440, 448-50.

210) Thomas J. Nettles, *By His Grace and for His Glory* (Grand Rapids, Mich.: Baker Book House, 1986), 89-106.

존 길(John Gill)에 대하여 부정적인 평가를 내리는 학자들은 주로 그의 신학이 경직된 극단적 칼빈주의(rigid Hyper-calvinism)의 입장을 취하고 있고 또한 당시의 특수침례교회가 그의 신학적인 영향으로 인해 영적인 침체에 빠지게 되었으며 교단 차원에서 영적인 활력을 상실하게 되었다는 점을 지적하였다. 이에 반하여 그에 대한 긍적적인 평가를 내리는 학자들은 그의 방대한 저술들을 검토하면서 그동안 그가 적지 않은 오해를 받아왔으며 그의 진면목이 공정하게 재평가되어야 한다고 주장하였다. 확실히 길(Gill)은 18세기 영국 특수침례교회의 지도자로서 양 극단의 대립된 역사적 평가를 받는 인물이 되었다.

무엇보다도 길(Gill)이 공적인 교육을 제대로 받은 인물이 아니었음에도 불구하고, 담임목사로서의 중차대한 목회적 책임을 감당하면서도 그가 엄청나게 많은 저술들을 남겼다는 점에서 그의 근면과 학문적인 열정에 머리가 숙여진다. 52년 동안 한 교회를 담임목회자로 꾸준히 섬겼다는 점과 27년 동안 초교파적으로 목회자들을 위한 수요저녁강의(Great Eastcheap Lectures)를 지속하였다는 점, 설교와 강의를 준비하는데 철저했다는 점, 그래서 그것들이 책이나 신앙적인 에세이로 출판될 수 있었다는 점에서 위대한 목회자와 저술가의 면모를 보여주었다. 특히 구신약 성경 전체에 대한 주석을 남겼다고 하는 것은 침례교 선배로서 존경받을만한 큰 업적을 남겼다고 하겠다.

길(Gill)이 그토록 경직된 극단적 칼빈주의 신학을 견지했던 것은 그 당시 영적으로 교리적으로 나태해지기 시작했던 영국의 침례교단의 영성을 곧추 세우기 위함이었다. 인본주의, 이신론, 극단적인 알미니우스주의, 신학적 자유주의, 무신론적인 계몽주의 사상 등이 침례교회에까지 침투해 들어오고 있을 때, 신학적인 정통성과 교리적인 견고성을 지키려던 그의 열정이 극단으로 치우친 것이 아닌가 생각된다.

특히 "영원한 칭의"라는 용어에서 볼 수 있듯이, 그의 신학사상이 지나치게 하나님의 절대주권과 하나님의 예정 및 선택에 치우쳐 있는 것은 성서의 가르침 가운데 한 쪽만을 지나치게 강조한 것이라 생각된다. 성경에는 하나님의 절대주권 못지 않게 인간의 자유의지와 책임적인 반응이라는 또 다른 한 쪽도 강조하고 있기 때문이다. 죄인이 예수 그리스도로 말미암아 죄용서를 받고 의롭게 되고 구원받는 것은 "하나님의 은혜로" 그리고(AND) "(인간의 회개와) 믿음으로" 말미암기 때문이다: "너희는 그 은혜에 의하여 믿음으로 말미암아 구원을 받았으니 이것은 너희에게서 난 것이 아니요 하나님의 선물이라. 행위에서 난 것이 아니니 이는 누구든지 자랑하지 못하게 함이라"(엡 2:8-9).

5. 에필로그

존 길은 앤드류 풀러가 목회했던 케터링(Kettering)에서 출생하였고 1719년부터는 런던 근교 써덕(Southwark)에 있는 호슬리다운(Horsleydown) 침례교회에서 50년 이상을 목회했던 영적 거인이었다. 그는 너무나 철저하게 하나님을 절대주권(sovereignty)을 가지신 분으로 믿었기 때문에, 영생으로의 선택은 영원 전부터 정해진 것이고 신자의 신앙이나 인내에 의존하는 것은 아니라고 주장하였다. 하나님은 "영원 전부터" 구원받을 자들과 유기되어 버릴 자들을 이미 예정해 놓았다는 것이다. 한 인간의 영원한 운명은 절대주권적인 하나님이 결정하는 것이고 그 결정은 인간의 노력에 의해 변경될 수 없다는 것이다.[211)]

극단적 칼빈주의의 최대의 약점은 하나님의 절대주권을 지나치게 강조한 나머지 인간의 책임성과 자유의지 그리고 잠재력 혹은 가능성을 무시하고 있다는 점이다. 중생하지 못한 인간은 전혀 영적으로 선한 일(nothing spiritually good)을 할 수 없다는 것이다. 따라서 회개할 수도 없고, 기도할 수도 없고, 믿음을 가질 수도 없고, 영적으로 선한 일을 행할 수 없다는 것이다. 그러한 것은 오직 하나님의 은혜의 선물이지 인간이 획득할 수 있는 것이 아니라는 것이다. 중생하지 못한 자들이 할 수 있는 유일한 것은 단지 하나님의 은혜의 역사를 기다리는 것뿐이라는 것이다.[212)]

따라서 아무나 예수를 믿을 수 있는 것도 아니고 믿음이 불신자들의 의무 사항도 아니며, 단지 믿음에는 "증표"(warrant)가 필요하다는 것이다. "증표"란 하나님께서 구원하기로 예정한 어떤 영혼을 향한 특별한 사랑의 증거라는 것이다. 그러한 증표를 가진 자라야 스스로 선택받은 자로 간주할 수 있고 동시에 구원하는 믿음(saving faith)을 소유할 수 있다는 것이다.[213)]

극단적 칼빈주의는 종종 율법과 복음을 예리하게 구분하면서 이 양자를 서로 적대적인 관계에 놓는다. 불신자들은 율법의 언약 속에 있는 자들이고, 하나님께서 예정하여 선택한 자들은 복음과 은혜 속에 있는 자들임을 엄격히 구분한다. 이것이 지나쳐서 반율법주의 혹은 율법폐기론에까지 이르는 경우도 있다. 신자들은 더 이상 율법의 요구 아래 있지 않고 오직 은혜 아래 있기 때문에, 신앙생활에 의무를 가지거나 책임을 질 일이 별로 없다는 식이다. 바로 이러한 율법과 은혜의 이원주의(dichotomy)가 극단적 칼빈주의가 낳는 반율법주의(antinomianism)인 것이다.[214)]

---

211) Ibid., 177.

212) Tull, "Andrew Fuller: Theologian of Baptist Missionary Advance," 81.

213) Ibid.

극단적 칼빈주의는 매우 엄격하게 예수님은 오직 선택받은 자들만을 위해(for the elect only) 돌아가셨음을 강조한다. 다른 말로 하면 하나님은 그리스도를 통한 구원사역을 통해서 선택받지 못한 사람들을 위해서는 아무런 대책을 세워놓지 않으셨다는 것이다. 그리고 그러한 속죄는 대속적인(substitutionary) 성격임을 강조한다. 선택받은 자들이 범했던 죄의 빚을 예수님이 대신 갚으셨다는 것이고, 따라서 그들의 죄가 예수님께 전가(imputation)되고 예수님의 의가 그들에게 전가되었다는 것이다. 그리스도는 선택받은 자들의 죄를 짊어지셔서 스스로 죄가 되셨고 죄인들을 대신하여 예수님이 벌을 받으신 것은 예수님에게 전가된 죄 때문이라는 것이다. 따라서 선택받은 자들은 그리스도의 공로를 힘입어 구원을 마치 자신들의 권리로서 요구할 수 있다는 것이다. 구원이란 선택받은 자들의 특권이라는 것이다.[215]

이러한 신학적인 틀 속에서는 영혼구원을 위한 전도의 노력이 무의미해진다. 전도에 관한 설교나 불신자들의 구원을 위한 기도나, 전도와 선교를 위한 최선의 전략은 하나님의 절대주권에 대한 도전이 될 수밖에 없는 것이다. 인간이 최선을 다하는 노력이 도리어 악으로 간주되는 체계인 것이다. 결국 교회의 강단은 불신자들의 회개를 촉구하는 설교가 점차 자취를 감추게 되고, 초청이 없는 설교(non-invitational sermon)가 만연하게 되는 것이다. 따라서 교회는 새롭게 구원받은 영혼들로 인한 기쁨과 환희를 상실하게 되고, 또한 신자들의 책임있는 도덕적 영적인 삶이 고갈된다.

18세기 당시의 영국 특수침례교회가 그러한 영적인 상태에 빠졌다. 결국 교회는 초청과 결단이 없어지게 되었고 전도의 열정은 상실되었고, “최선을 다하는”(doing the best) 인간의 노력이 인정받지 못하는 교회로 전락하게 되었고, 그 결과 영국 특수침례교회는 전반적으로 영적인 침체를 경험하게 되었다. 교회의 숫자 면에서도 일반침례교회는 1715년에 146개이었던 것이 1750년에는 65개로 줄었고, 특수침례교회는 220개에서 146개로 감소하였다.[216]

인간의 자유의지를 강조하는 알미니우스주의 구원론에 입각한 영국의 일반침례교회가 대체적으로 반삼위일체론(anti-trinitarianism), 만인구원설(Universalism), 신학적 자유주의(theological liberalism)라는 신학적 함정에 빠지게 되었듯이, 하나님의 절대주권을 강조하는 칼빈주의 구원론에 입각한 영국의 특수침례교회가 또다른 극단으로 흘러 극단적 칼빈주의(Hyper-calvinism)의 함정에 빠지게 된 것은 오늘날 우리에게 의미있는 역사적 교훈을 던져 주고 있다.

---

214) Ibid.

215) Ibid., 82.

216) McBeth, *The Baptist Heritage*, 172-3.

특히 신학이 지나치게 보수화 한다든지 극단적 칼빈주의로 치닫게 되면, 우리의 신앙이 숙명주의(fatalism), 반율법주의(anti-nomianism), 적극성이 결여된 수동적인 신앙, 초청과 헌신적 결단이 없는 예배로 전락될 위험이 있을 수도 있다는 경고는, 존 길(John Gill)의 삶과 신학을 통해서 반면교사로서 얻게 되는 소중한 교훈이다. 그의 신학과 신앙이 앤드류 풀러(Andrew Fuller)를 비롯한 복음전도적 칼빈주의자들(Evangelistic Calvinists)에 의해 수정되지 않았다면, 윌리암 캐리(William Carey)에 의해 본격화된 근대 개신교 세계선교운동이 일어날 수 없었을 것이다.

III. 앤드류 풀러와 특수침례교회의 부흥[217)]

이러한 영국 특수침례교회 내의 극단적 칼빈주의 신앙에 대하여 도전장을 제시하며 나섰던 인물이 바로 앤드류 풀러였다. 그는 1785년 「만인이 받을만한 복음」(*Gospel Worthy of All Acceptation*)이라는 저술을 출판하면서, 극단적 칼빈주의 신학체계의 비복음성을 비판하였으며, 복음전도적 혹은 복음적 칼빈주의(Evangelistic or Evangelical Calvinism)의 기치를 들고 교회의 영적인 부흥을 부르짖었다.

1. 앤드류 풀러의 생애

앤드류 풀러(Andrew Fuller, 1754-1815)는 영국 캠브리지셔에 있는 위켄(Wicken, Cambridgeshire)이란 곳에서 1754년 2월 5일 출생하였다.[218)] 아버지 로버트 풀러(Robert Fuller)는 농부였으며 부모가 비국교도 신앙전통을 가지고 있던 침례교도들이었다. 세 아들 가운데 막내로 태어난 앤드류는 공교육으로는 오직 초등학교 수준의 교육을 받았을뿐이다. 아버지의 농사일을 도우며, 틈틈이 친구들의 책을 빌려서 읽으며 성장해 가던 앤드류가, 자신의 미래 인생과 영원에 관해서 심각하게 생각하기 시작했던 것은 14살 때였다.[219)] 그는 매우 민감한 영혼을 소유하고 있었으며 때때로 기독교 진리에 대해서 사색하며 고민하기도 하였다.

217) 제5장의 III 부분은 「하나님의 주권과 인간의 자유」(대전: 침례신학대학교 출판부, 2003)에 게재되었던 필자의 논문, "근대선교운동을 위한 복음적 신학의 제공자 앤드류 풀러(Andrew Fuller)"를 일부 수정하고 보완한 것이다.

218) Doyle L. Young, "The Place of Andrew Fuller in the Developing Modern Missions Movement," Ph.D. dissertation, Southwestern Baptist Theological Seminary, Fort Worth, Texas, 1981, 103.

219) Ibid., 104.

그가 출석했던 교회의 강단은 좀처럼 불신자들을 향한 복음적인 설교나 영혼구원을 위한 결단을 촉구하는 설교가 선포되지 않았다. 극단적 칼빈주의(Hyper-calvinism) 신앙을 견지하고 있던 교회였던 것이다. 존 번연(John Bunyan)의 「천로역정」(*Pilgrim's Progress*)과 「죄인의 괴수에게 임한 풍성한 은혜」(*Grace Abounding to the Chief of Sinners*)를 읽으며 그는 "눈물을 흘릴만큼 큰 감동을 받았으며 영원한 영혼구원의 교리가 나에게 흥미로운 관심을 끌게 되었다"[220]고 술회하였다. 15살이 되었을 때, 홀로 산책을 하면서 자신의 죄성과 앞으로 자신에게 닥칠 영원한 심판에 대해서 생각하며, 두려움과 공포감에 빠지기도 하였다.[221]

영적인 방황과 갈등 끝에 앤드류는 1769년 가을, 거의 16살이 되어가던 무렵, 자신이 예수 그리스도의 보혈의 은혜로 죄사함을 받고 구원을 받았음을 확신하기에 이르렀다:

> 내가 기억하기로는, 나는 물에 빠진 사람과도 같이 도움을 얻기 위해 백방으로 발버둥쳤으며, 아니 나의 목숨을 건지기 위해 지푸라기라도 잡으려 하였다. 나는 하나님의 자비하심에 그리고 죄인들의 구주에게 어떤 희망이 있지 않을까 생각하였다. 그러나 하나님의 자비는 이미 선택받은 자들에게만 베풀어진다는 생각에 이르자 나는 자신이 없었다. 이러한 마음 상태 속에서 나는 서서히 욥의 결심을 생각하게 되었다: "그 분이 나를 죽였으나 나는 그 분만을 믿으리라." 나는 잠시 숨을 멈추고 이 말을 반복해서 되뇌어 보았다. 이 말을 반복하면 할수록 소망의 빛이 비추이기 시작하는 것 같았고 어떤 결심이 서는 것 같 았다. 내가 만약 믿기만 하면, 나의 소멸될 영혼을 주 예수 그리스도에게 던지기만 하면, 죄 용서를 받게 되고 내 영혼이 깨끗하게 될 것이라는 확신이 들었다.[222]

20살이 되던 해인 1775년 5월에 앤드류는 소햄(Soham) 침례교회의 담임목사로 세움을 받았다. 그는 목사로 안수를 받기 전에 자신의 신앙과 목회관 정립을 위하여 여러 신학서적들을 탐독하였다. 존 번연(John Bunyan)과 랄프 어스킨(Ralph Erskine, *A Gospel Catechism for Young Christians; or, Christ All in All in Our Complete Redemption*)을 비롯해서 당시의 극단적 칼빈주의 신학의 대표자였던 존 길(John Gill)의 「하나님의 목적과 진리」(*Cause of God and Truth*), 「교리신학체계」(*Body of Doctrinal Divinity*) 등을 읽으며 극단으로 치우친 신학의 위험성과 오류를 깨닫기도 하였다.[223]

1782년, 앤드류가 28살 되던 해에 그는 노스햄프턴셔(Northamptonshire)에 소재한 케터링

---

220) John Ryland, *The Life and Death of the Rev. Andrew Fuller* (Philadelphia: American Baptist Publication Society, 1816), 9.

221) Young, "The Place of Andrew Fuller in the Developing Modern Missions Movement," 106.

222) Ryland, *The Life and Death of the Rev. Andrew Fuller*, 13.

223) E. F. Clipsham, "Andrew Fuller and Fullerism: A Study in Evengelical Calvinism," *Baptist Quarterly*, vol. 20, no. 2 (April 1963): 108.

(Kettering) 침례교회의 부름을 받고 사역지를 옮기게 되었다. 약 150명 정도의 교인으로 구성된 이 교회에서 그는 임종 시까지 33년간 목회사역을 감당하며 많은 저술을 출판하였다. 특히 그는 침례교선교협회(BMS, Baptist Missionary Society)의 초대 총무로서 윌리암 캐리(William Carey, 1761-1834)의 선교사역을 후원하는 역할을 감당하였다. 더 나아가 1770년대 이후 노스햄프턴 침례교지방회(Northampton Baptist Association)를 중심으로, 전도와 선교에 관심을 가진 동역자들과 협력하며, 특수침례교회에 극단적인 칼빈주의의 철족쇄를 허물고 영적인 부흥과 선교적인 각성을 불러일으키는데 큰 역할을 감당하였다. 대표적인 동역자들을 열거하면 로버트 홀 2세(Robert Hall, Jr., 1728-1791, *Help to Zion's Travellers*, 1781), 존 라일랜드 2세(John Ryland, Jr.), 존 수트클리프(John Sutcliff), 사무엘 피어스(Samuel Pearce), 윌리암 캐리(William Carey) 등이 있었다.[224)]

그의 신학적인 성취와 선교적인 업적을 높이 평가했던 미국의 프린스턴대학교(당시에는 College of New Jersey)에서는, 1798년에 그에게 명예신학박사(D.D.) 학위를 수여하고자 하였지만, 자신의 지적인 수준으로는 감당할 수 없노라고 하면서 사양하였다. 1805년에는 예일대학교에서도 같은 학위를 수여하고자 했을 때, 그는 같은 이유에서 겸양의 미덕을 보였지만 결국 명예신학박사 학위를 받았다.[225)]

앤드류 풀러는 젊은 시절에 폐결핵을 앓았던 적이 있었는데, 결국 1815년 5월 7일 61세의 나이에 같은 질병으로 이 세상을 떠나 하나님 품에 안겼다. 죽음의 순간까지도 그에게는 구원받은 확신이 함께 하였다. 죽음을 맞이하기 직전에 써놓은 유언장에 "나는 평온한 마음으로 영원을 향해 달려갈 수 있다. 어서 오시옵소서 주 예수님"이라는 기록을 남겼다.[226)]

2. 「만인이 받을만한 복음」

앤드류 풀러는 목회와 선교후원 등의 활동을 하면서 부지런히 많은 단편적인 글들을 썼다. 그의 저술들 가운데 자신의 구원신학을 피력하고 또한 당시의 극단적인 비복음적 신학에 대한 비판의 내용을 담고 있는 저술로서 대표적인 것이 「만인이 받을만한 복음」(*Gospel Worthy of All Acceptation*)이다.

224) James E. Tull, "Andrew Fuller: Theologian of Baptist Missionary Advance," *Shapers of Baptist Thoughts* (Macon, Ga: Mercer University, 1984), 83-4.

225) Phil Roberts, "Andrew Fuller," Timothy George and David S. Dockery, ed. *Theologians of Baptist Tradition* (Nashville: Broadman & Holman Publishers, 2001), 37.

226) Ibid.

앤드류 풀러는 소햄(Soham) 침례교회를 목회하면서 이미 극단적 칼빈주의 신앙의 병폐를 경험적으로 잘 알고 있었고, 이때부터 이와 관련한 책을 저술할 것을 계획하여 1781년부터 붓을 들기 시작하였다. 「만인이 받을만한 복음」(1785, 1801)은 18세기에 출판된 기독교 서적 가운데 가장 큰 영향력을 미쳤던 책이었다. 이 저술은 특수침례교회의 나아갈 방향을 바꾸어 놓은 책이었고, 설교의 내용과 형식을 변화시킨 책이었고, 극단적 칼빈주의의 경직성(硬直性, rigidity)을 타파하고 온건한 보수주의 신학을 정립한 책이었다. 종국에는 근대선교운동을 위한 신학적 이념을 제공해 준 책이 되었고, 19세기 침례교 성장의 발판 역할을 한 책이 되었다.[227] 페인(E. A. Payne)은 이 책을 "침례교인들에 관한 한, 국내와 해외에서 전도의 길을 닦아준(clearing the path for evangelism), 획기적인(epoch making), 생명을 주는(life giving) 책"이라고 평가하였다.[228]

앤드류 풀러는 이 책에서 기본적으로 구원이란 하나님의 선물로서 한 개인에게 주어지는 것이며 피조물인 인간 편의 공로로 얻는 것이 아님을 명시하고 있다. 이런 의미에서 그는 복음주의자이며 동시에 온건한 칼빈주의자라고 말할 수 있다.

하나님의 은혜가 선행적으로 역사하지만 풀러가 다루고자 했던 두 가지 중요한 주제는 "그리스도를 믿는 것이 죄인의 의무(duty)인가 아닌가" 그리고 "모든 피조 인간들에게 복음을 선포하는 것이 교회의 의무(duty)인가 아닌가" 하는 점이었다.[229] 풀러가 결론적으로 강조하고자 했던 내용은 이 두 가지 물음에 대하여 "의무다"는 점이었다.

이 책의 제2부의 부제인 "그리스도를 믿는 것이 복음을 듣거나 들을 기회를 가진 모든 사람들의 의무라는 점을 증명하기 위한 논증"(Arguments to Prove that Faith in Christ is the Duty of All Men Who Hear, or Have Opportunity to Hear, the Gospel)이 이 책의 성격을 단적으로 잘 설명해 주고 있다.[230] 극단적 칼빈주의의 신학체계에서는 죄인이 예수를 믿을 수도 없고 그러한 의무도 없었다. 하나님께서 은혜와 자비로 선택을 해 주고 그렇게 선택받은 자들은, 자연히 그리고 기껏해야 수동적으로 믿게 되는 것이다. 거기에는 의지적 결단도, 의무 개념도 게재될 수 없었다. 앤드류 풀러는 회개하고 예수 그리스도를 믿는 것은 "죄인 각자의 의무"(duty of each sinner)이며, 동시에 교회가 모든 사람들을 향해 복음의 나팔을 불어야 하는 것이 "교회의 의무"(duty of the church)라는 점을 부각시켜 자신의 구원

227) McBeth, *The Baptist Heritage*, 182.

228) E. A. Payne, *Congregational Quarterly*, July 1943, 227. E. F. Clipsham, "Andrew Fuller and Fullerism: A Study in Evangelical Calvinism," *Baptist Quarterly*, vol. 20, no. 5 (January 1964): 214에서 재인용.

229) Tull, "Andrew Fuller: Theologian of Baptist Missionary Advance," 85.

230) Andrew Fuller, *The Gospel Worthy of All Acceptation and The Gospel Its Own Witness* (n. p.: Sovereign Grace Publishers, 1961), 23.

신학을 전개했던 것이다.

풀러는 신약성서의 내용을 탐구하면서 복음이 모든 사람들에게 자유롭게 제시되었고, 동시에 복음을 들은 모든 사람들은 자유롭게 복음에 대해 반응하도록 초청받았음을 직시하였다. 구원이란 하나님의 선물로서 피조물 편의 어떤 공로도 없이 각 개인에게 주어지는 것이지만, 그 선물을 받도록 초청되었다는 점을 풀러는 강조하였다. 이러한 풀러의 입장에 대해 아서 커비(Arthur Kirby)는 이렇게 평가하였다:

> 인류의 구원에 있어서 하나님의 은혜와 인간의 책임 간의 관계를 결정짓는 문제는 칼빈주의 논쟁의 핵심적인 사안이다. 풀러는 자신의 교단에서 오랫 동안 언급되지 못했던 내용을 분명하게 보았는데, 그것은 이 양면성을 동시에 강조할 필요성에 관한 것이었다. 후자(인간의 책임)를 희생하며 전자(하나님의 은혜)만을 강조함으로써 경직된 극단적 칼빈주의(stiff Hyper-calvinism)를 낳게 되었고, 이러한 신학은 18세기 후반기의 특수침례교회들을 마비시켰다고 하였다. 또한 인간의 책임만을 지나치게 강조하는 것은 알미니우스주의(Arminianism)나 인본주의(Humanism)로 선회하게 되는 것이다. 그는 이 양면성을 동시에 강조함으로써 서로 균형을 이루려고 노력했기 때문에, 풀러에게는 "복음적 칼빈주의자"(Evangelical Calvinist)라는 이름이 제대로 붙여지게 되었다.[231]

3. 앤드류 풀러의 신학

1) 풀러 신학의 강조점

앤드류 풀러의 신학은 변증적인 요소가 강하다. 당시 영국 기독교계에서 유행하던 알미니우스주의, 극단적 칼빈주의, 반율법주의, 소시니안주의(Socinianism), 이신론(Deism) 등에 대하여 성서적인 복음을 지키고자 하는 동기에서 그의 신학을 전개하였다. 비록 그가 신학을 본격적으로 전공했던 신학자라고는 볼 수 없다고 해도 그의 저술에서 강조해서 주장하고 있는 내용은 충분히 신학적이다. 풀러주의(Fullerism)이란 말이 생길만큼 그의 신학적 진술은 충분히 검토를 요하는 내용을 가지고 있다.

a. 하나님의 숨겨진 뜻과 계시된 뜻[232]

풀러는 반율법주의의 폐해를 드러내 보여 주기 위해서, 반율법주의자들은 하나님의 계시된 뜻을 하나님의 숨겨진 뜻으로 대치시키고 있다고 비판하고 있다. 반율법주의자들은

231) Arthur H. Kirby, "Andrew Fuller-Evangelical Calvinist," *Baptist Quarterly*, vol. 15, no. 5 (January 1954): 197.
232) Tull, *Shapers of Baptist Thought*, 92-3.

성서에서 하나님께서 계시하신 하나님의 뜻보다도 인간이 충분히 이해할 수 없는 하나님의 선택에 더 많은 관심을 갖는다고 꼬집고 있다. 사도 바울의 경우를 예로 들면서 바울은 인류 구원의 역사를 이루기 위해서 하나님께서 계시하시는 뜻을 붙잡고자 혼신의 노력을 기울였음을 지적하고 있다. 복음이란 성서를 통해서 하나님께서 계시하신 뜻에 따라 모든 사람들에게 선포되어야 하며, 사람들은 성서에 계시된 복음의 내용을 충분히 이해한 후에 복음의 초청에 의지적으로 반응해야 함을 강조하였다.

b. 계시론[233)]

풀러는 하나님의 계시된 뜻은 모든 사람들이 그 분의 뜻을 듣고 행할 책임을 가진다는 점을 반복적으로 강조하고 있다. 풀러 역시 일반계시의 개념을 말하고 있다. 창조질서를 통해서 보여주시는 하나님의 역사하심이 하나님의 존재와 능력을 보여주고 있다고 말하고 있다. 로마서 1장에서 사도 바울이 말하고 있듯이, 하나님의 영원한 능력과 신성이 창조세계에서 분명히 드러나 있으며, 이러한 계시는 인간들이 하나님을 찬양하고 예배해야 할 이유가 된다는 점을 강조하고 있다. 그러나 인간의 이성은 죄악으로 부패해 있기 때문에, 일반계시를 통해서 드러난 하나님에 관한 지식을 쉽게 왜곡할 수 있는 가능성이 있기 때문에, 보다 완전한 계시가 필요했다는 것이다. 이러한 계시가 곧 성서를 통해서 우리에게 제시되었다고 풀러는 믿고 있다.

풀러는 확실히 자연이나 양심을 통해 보여지는 일반계시보다도 성서와 예수 그리스도를 통해 보여지는 특별계시를 매우 강조하였다. 자연에서의 하나님의 역사하심은 하나님의 존재와 창조적인 능력을 보여주시고, 성서의 계시는 하나님의 성품과 인간을 향한 하나님의 뜻을 보다 구체적으로 보여 주신다고 발하였다. 인간 이성만으로는 하나님께서 계시해주시는 내용들을 완전히 이해할 수 없기 때문에 성령의 도우심과 인도하심에 항상 의존해야 함을 강조하였다. 그러나 동시에 성서에 드러나 있는 하나님의 진리는 이성과 전혀 상반되는 것이 아님을 지적하고 있다. 성령님의 도우심을 입는 이성은 성서에 계시된 하나님의 진리를 발견할 수 있다고 하였다.

성서의 계시 가운데 가장 핵심되는 것은 인간의 구속(human redemption)을 위한 하나님의 원대한 계획과 장엄한 성취이며, 그 성취의 한 가운데에 예수 그리스도가 계심을 풀러는 강조하였다. 예수 그리스도는 하나님이 인간의 모습으로 인간들에게 오신 특별계시이며, 그 분의 십자가 죽음과 부활이 하나님의 원대한 구원계획의 성취였음을 선명하게 드러내었다.

233) Ibid., 93-5.

c. 구속론[234)]

풀러는 구속론을 설명하면서 먼저 예수 그리스도를 하나님의 영원한 아들이시고, 신성의 두 번째 위격이시고, 신성과 인성을 가지시되 이 두 가지 성품이 뒤섞이지 않으신 분이시고, 하나님-인간(신인, God-man)이심을 강조하였다. 다시 말해서 칼케돈 기독론(Chalcedonian Christology)에 충실한 입장을 보이고 있는 것이다. 이러한 입장을 밝히고 있는 데에는 이신론(Deism)이 주장하는 구원개념에 대해 효과적인 비판을 가하기 위함이었다.

이신론자들(Deists)은 하나님 아버지를 복수심을 가진 엄격한 폭군으로 설정하면서 하나님의 율법을 어긴 자들에 대해 완전한 보상을 요구하시는 분으로 간주하고 있다고 풀러는 비판하였다. 또한 그들은 아들 예수 그리스도는 극단적인 고난의 대가를 치르면서 이와 같은 아버지의 진노로부터 사람들을 건지기 위해 희생되신 속죄제물로 여겼다는 것이다. 그러나 풀러는 이와 같은 이신론적 구속론을 비판하면서 하나님께서 우리 인간들을 구원하신 첫 번째 이유는 하나님의 사랑임을 강조하였다: "하나님의 사랑이 공의의 방법을 통해 역사하신 것이다. 먼저 그의 외아들을 희생제물로 드리신 것이고 이것은 정해진 수단을 통해 하나님의 마음을 온통 쏟아 부으신 것이다."[235)]

풀러의 구속론은 매우 복음적이며 복음전도적이다. 그는 일곱 가지로 자신의 구원론을 요약하였다:

① 예수 그리스도로 말미암지 않고는 영생을 얻는 길이 없다.
② 영생을 향유하려는 자는 그것을 얻기 위해 그리스도께 나아와야 한다.
③ 복음을 들은 자는 누구나 생명을 얻기 위해 그 분께 나아와야 하는 것이 그리스도의 계시된 뜻이다.
④ 인간의 타락으로 말미암아 어떤 사람도 생명을 얻기 위해 스스로 그리스도께 달려나올 수 없다.
⑤ 사람들이 생명을 얻기 위해 그리스도에게 나아올 수 없을 정도만큼 사람들은 타락했다.
⑥ 우리가 그리스도께 나아오기 위해서는 하나님의 통치는 의로우시며 그 분의 법은 선하고 우리는 본질 상 잃어버린 바된 존재라는 확신이 필요하다.
⑦ 우리가 그리스도께 나아가기 위해서는 특별한 하나님의 섭리가 절대로 필요

234) Ibid., 95-7.
235) Fuller, *The Calvinistic and Socinian Systems Examined and Compared as to Their Moral Tendency, Complete Works of the Rev. Andrew Fuller*, vol. 2, 154. Tull, *Shapers of Baptist Thought*, 95에서 재인용.

하다.[236)]

이상의 요약을 검토해 보면 풀러의 구속론에는 복음적인 요소와 칼빈주의적인 요소가 공존하고 있음을 살필 수 있다. 처음 세 가지는 복음적이고 복음전도적인데 비해, 나머지 네 가지는 하나님의 절대주권과 특별한 역사하심의 필요성을 강조한 칼빈주의 구원론이다. 여섯 번째 요약은 반율법주의에 대한 반론으로 제기된 내용이기도 하다.

d. 폐쇄 만찬론

풀러는 회중정치적인 교회행정에 대한 확고한 믿음을 가지고 있었고, 엄격한 권징을 통해 도덕적으로 그리고 교리적으로 교인들을 훈련시켰다. 이를 위해 그는 침례는 오직 신자들에게만 베풀어야 한다는 신자의 침례(believer's immersion)를 주장하였으며, 따라서 이렇게 침례를 받은 자들에게만 주의 만찬이 베풀어져야 한다는 입장을 견지하였다. 아직 침례를 받지 않은 자들에게까지 주의 만찬을 베푸는 것은 주의 만찬에 담긴 의미를 희석시키는 결과가 된다고 우려하였다.

1799년에 발간했던 「원시교회의 권징」(*The Discipline of the Primitive Churches Illustrated and Enforced*)에서, 그는 신약성서적인 뱁티즘과 주의 만찬관을 분명히 피력하였다.[237)] 이러한 그의 주장으로 말미암아 침례교선교협회(Baptist Missionary Society)의 선교사들은 선교지에서 "엄격한 폐쇄만찬"(strict closed communion)의 전통을 이어갔다.

e. 종말론

풀러는 1799년에 자신의 신학적 담론을 새로운 영역인 종말론 쪽으로 전개해 나갔다. 같은 해 연말에 윌리암 캐리에게 보낸 서신에서 그는 "나는 일찌기 예언들에 깊이 심취해 본 적이 없었다"고 썼다.[238)] 1815년에 「계시록에 대한 주석담화」(*Expository Discourses on the Apocalypse*)라는 책을 출판했는데, 그는 "종말의 영광"(Latter-Day Glory)을 바라보고 후천년설의 입장을 지지하는 내용을 담았다. 18세기의 감리교운동의 영적 부흥과 각성, 각종 선교단체들의 조직과 그러한 조직의 확대, 세계선교활동의 활성화, 전반적인 교회의 부흥 등과 같은 당대 기독교계의 낙관적인 풍향이 풀러로 하여금 후천년설의 입장을 취하게 하였다. 그 당시에는 예수 그리스도의 통치가 전세계적으로 편만하게 이루어질 것에 대한 기

236) Ibid., vol. 1, 667-9.
237) Timothy George and David S. Dockery, ed. *Theologians of the Baptist Tradition*, 45.
238) Ibid.

대로 충일해 있었다.

2) 풀러 신학의 특징

앤드류 풀러는 18세기 말과 19세기 초의 영국 특수침례교회 내에 만연해 있던 극단적 칼빈주의(Hyper-calvinism)에 제동을 검과 동시에, 다른 한편으로는 계몽주의 철학사조의 영향을 강하게 받고 있던 이신론(Deism)의 침투에 대해서도 일침을 놓았다. 풀러는 이러한 교회 내부의 양면적인 신학적 공격에 대항하여 복음적인 성서적 기독교신학을 형성하는데 크게 기여를 하였다. 풀러의 신학이 후대에 끼친 공로는 다음과 같이 정리할 수 있다.

첫째로, 그의 전 신학체계는 하나님의 성품과 목적이 쉽게 헤아릴 수 없는 신비함에 싸여 있음을 예민하게 인지하면서, 겸손한 자세로 하나님의 계시에 의존하고 있다는 점이다.[239] 기독교를 이성적인 종교로 만든다든지 기독교의 신비나 기적을 제거하려고 한다든지 하는 모든 시도는, 결국 창조주 하나님의 권위에 도전하려고 하는 인간의 오만이라고 하였다. 그렇다고 풀러는 이성의 가치를 격하시키지 않았다. 인간은 하나님께서 알려지기를 원하시는 만큼만 하나님을 발견할 수 있으며, 하나님께서 스스로를 드러내시려고 하는 만큼만 인간이 이성을 발휘하여 이해하려는 자세를 가질 것을 역설하였다.

둘째로, 풀러 신학의 가장 큰 특징은 그의 인간 이해에 있었다. 인간은 창조주 하나님과의 관계성 속에서 정의되어야 의미가 있는 것인데, 인간은 신적 존재(a god)일 수도 없으며 그렇다고 단순한 자동기계장치(a mere automation)일 수도 없다고 보았다. 인간은 숨을 한번 쉬는데도 하나님을 의지해야 하는 보잘 것 없는 피조물이면서, 동시에 다른 피조물들과는 비교가 되지 않을 정도로 위신과 책임을 지닌 창조의 영광 그 자체라고 보았다. 하나님의 형상으로 지음받았기 때문에 비록 타락했을지라도 하나님께 응답할 수 있는 존재요, 여전히 하나님의 사랑의 대상이 되는 존재요, 창조주 하나님으로부터 큰 기대를 한 몸에 받고 있는 존재라는 것이다. 인간의 의지는 자유함(free)과 동시에 예속됨(enslaved)이라고 보았다. 인간의 예속됨은 도덕적 종됨(moral slavery)이며, 그렇기 때문에 그것은 불운 때문이 아니라 인간의 실수로 인한 것이라고 보았다.[240]

셋째로, 풀러 신학은 인간 선행에 의한 구원의 쟁취를 주장하는 펠라기우스주의(Pelgianism)를 배격했을뿐 아니라, 숙명론과 결정론으로 흘러버리는 극단적 칼빈주의의 오류를 비판하면서, 하나님의 절대주권과 인간의 책임적인 반응 사이의 긴장(緊張, tension)에 적절한 균

239) E. Clipsham, "Andrew Fuller and Fullerism: A Study in Evangelical Calvinism," *Baptist Quarterly*, vol. 20, no. 6 (April 1064): 274.

240) Ibid., 274-5.

형을 이루고 있다.[241] 그는 유기의 책임을 하나님께 돌리지 않고 인간의 태만과 교만과 무지 그리고 고의적인 불신앙적인 거역에 돌리고 있다는 점에서 극단적 칼빈주의의 함정을 극복하려고 하였다. 그리고 구원받은 성도들과 교회에 전도와 선교의 사명을 고취시켰다는 점에서, 근대선교운동에 신학적인 기초를 제공하였다고 하겠다.

넷째로, 풀러 신학은 구원론을 교회론과 종말론 등과 긴밀히 연관지어 설명하였다는 점이다.[242] 교회란 철저하게 구속받은 자들의 공동체이며 신자들의 교제임을 강조하였고, 따라서 교회는 그 본질에 있어서 선교하는 공동체(a missionary community)라는 것이었다. 교회의 존재 이유는 세상을 향한 하나님의 사랑을 보여주는데 있음을 주장하였다. 선교가 단순히 교회사역의 일부분이 아니라 교회의 본질 가운데에서도 가장 핵심적인 부분임을 강조하였다. 선교적인 부르심에 대해 게으름을 피우는 것은 결국 교회의 영적인 죽음임을 경고하기도 하였다. 동시에 풀러는 예수님의 재림(parousia)을 그리스도의 구속사역 가운데 가장 중요한 부분으로 그리고 구원의 절정으로 이해했으며, 세상을 향한 선교사역에 부끄러움이 없는 신부가 신랑을 맞이하는 종말론적 사건으로 이해하였다.

4. 에필로그

개신교 최초의 해외선교단체가 1792년 10월달에 앤드류 풀러가 사역하고 있던 케터링(Kettering) 침례교회의 과부 성도 마르사 월리스(Mrs. Martha Wallis) 부인의 집에서 창설되었다고 하는 것은 개신교 근대선교운동에서 차지하는 앤드류 풀러의 위치를 잘 말해 준다. 이 날 드려진 헌금액은 13파운드 2실링 6펜스이었는데, 비록 많지 않은 금액이었지만 근대선교운동의 도화선에 당겨진 불꽃이 되었다. 참석자들은 협회의 이름을 침례교선교협회(Baptist Missionary Society)[243]로 정하고 1793년 1월 10일의 모임에서 의사 존 토마스(John Thomas) 부부와 윌리암 캐리(William Carey) 부부를 선교사로 임명을 하였고, 같은 해 6월 13일에 그들은 인도를 향한 항해를 시작하였다. 그것은 "위대한 모험"(a great adventure)의 출발이었다.

침례교선교협회는 5명의 자문위원회(advisory committee)와 총무를 두기로 하였고 앤드류 풀러를 첫 번째 총무로 선출하였다. 처음 발족한 선교협회는 회장이나 부회장 직분을 두지 않았기 때문에, 풀러는 선교협회의 모든 행정업무와 재정업무 등 모든 일을 도맡아

241) Ibid., 275.
242) Ibid., 276.
243) 정식 이름은 "Particular Baptist Society for the Propagation of the Gospel among the Heathen"이었다. Ibid.

돌보아야 할 책임을 지고 있었는데, 1815년 5월 7일 하나님의 부르심을 받을 때까지 23년 동안 협회의 총무 일을 감당하였다. 풀러는 Doyle Young의 표현대로, "또 다른 근대선교운동의 아버지"[244]로 인정을 받아야 할만큼, 침례교선교협회의 탄생과 성장과 안정적인 발전을 위해 큰 기여를 했던 인물이었다.

윌리암 캐리가 해외선교의 가능성을 본 비전의 소유자였다면 풀러는 그 비전이 실현되어지도록 했던 실천가였다. 풀러가 없었다면 침례교선교협회의 탄생이 불가능했을 것이고 특히 초창기 어려웠던 시절에 살아남기가 어려웠을 것이다.[245] 또한 풀러의 지속적인 후원과 협력이 뒤따라 주지 않았다면 윌리암 캐리의 인도선교 사역이 풍성한 열매를 맺기도 힘들었을 것이다.

앤드류 풀러는 침례교선교협회를 위한 행정을 도맡아 감당하였다. 윌리암 캐리가 인도의 선교현장에서 실제 선교사역에 매진하는 동안, 풀러는 영국에서 침례교선교협회의 행정적인 일을 돌보면서 선교사역을 조망하며 감독하는 일을 맡았다. 그러나 선교업무와 관련하여 수시로 캐리와 교신을 하면서 현장에서 발생하는 개별적인 사안들에 대해 캐리의 판단과 결정을 존중하는 입장을 취하였다. 5명으로 구성된 자문위원회가 선교사역을 통제하는 것이 아니라 특별한 경우가 아니고서는 선교사들이 스스로를 통제하도록 하는 정책을 취하였다.[246] 그러나 선교사들 간의 인간관계 상의 갈등이 발생했을 경우에 풀러는 당사자들에게 따끔한 충고를 아끼지 않았다. 그리고 풀러는 수시로 인도에서 활동 중인 선교사들에게 선교헌금 기부자들에게 감사의 편지들을 써서 보내는 일에 게을리 하지 않도록 조언을 하였다.[247]

풀러는 선교사들이 인도 내의 예민한 현실 정치문제에 개입하는 것에 대해 조심할 것을 주문하였다. 풀러는 캐리에게 보낸 편지 속에서 "선교사들은 자신의 선교사역에만 한정해서 업무를 봐야지 정치에 간섭하려 해서는 결코 안 된다"[248]고 조언하였다. 기독교로 개종한 인도인들이 엄격한 카스트제도(caste system)를 타파하고자 성급하게 나서려고 했을 때에도, 비록 그것이 기독교의 형제 사랑의 원칙에 정면으로 배치되는 악한 관습이자 제도이긴 하지만 서서히 때를 보아가며 교정해 나가야 한다고 하였다. 비록 카스트제도를 폐기하지 않은 인도인이라 할지라도 그가 진정으로 예수를 믿었다면 주의 만찬 예식에 참여토록

244) Doyle L. Young, "The Place of Andrew Fuller in the Developing Modern Missions Movement," 267.

245) Ibid.

246) Doyle Young, "Andrew Fuller and the Modern Mission Movement," 19.

247) Andrew Fuller's Letter to the Brethren at Serampore, May, 1809. Doyle Young, "Andrew Fuller and the Modern Misison Movement," 19에서 재인용.

248) Fuller's Letter to Carey, October 11, 1796. Ibid., 20.

허용되어야 한다는 입장을 취하였다.[249]

침례교선교협회를 위한 행정인으로서 풀러가 가장 고심했던 일 가운데 하나는, 협회를 외부의 간섭과 참견으로부터 방어하는 일이었다. 협회가 탄생할 당시에는 런던의 영향력 있는 교회들이 침례교선교협회의 선교사역에 별 관심을 갖지 않았다. 그러나 인도선교가 제 궤도를 찾고 협회의 선교후원사업이 활기를 찾게 되자, 대형 교회들이 관심을 갖기 시작했고 해외선교 사역에 관여하기 시작하였다. 특히 협회 사무실을 런던으로 이전하자는 움직임이 일기도 했었는데, 풀러는 선교협회가 교단정치에 휘말릴 위험이 있음을 실감하고는 런던의 실력있는 목회자들에 의해서 협회가 좌지우지되는 것을 차단하였다.[250]

해외선교의 후원자로서 가장 중요한 사역은 선교사 후보자의 선발문제이었다. 풀러에게 있어서 선교사 후보의 가장 중요한 자질은 실력이나 지성이나 배경이 아니라 사람 됨됨이였다. 1796년에 풀러가 캐리에게 쓴 편지 가운데 이런 내용이 있다: "나는 재정의 결핍을 두려워하지 않습니다…. 우리가 더 많은 선교사들을 파송하지 못하는 것은 돈이 부족해서가 아닙니다. 최적의 인품을 지닌 인물을 찾지 못해서 입니다…. 적당치 못한 사람들을 파송하기보다는 좀 시간을 두고 기다리는 것이 차라리 좋겠습니다."[251]

앤드류 풀러는 캐리의 인도선교 사역을 위한 선교헌금의 모금을 위해서도 희생적인 수고를 아끼지 않았다. 풀러의 동역자인 존 라일랜드 2세(John Ryland, Jr.)는 "그가 선교헌금 모금을 위해 수년 동안 일년 중 약 1/4을 교회방문 여행에 할애했다"[252]고 술회하였다. 그는 아일랜드, 스코틀랜드, 웨일즈는 물론 잉글랜드의 많은 지역들을 돌아다니며 선교기금 조성을 위해 말을 타고 여행을 하였다.

이러한 노력의 대표적인 예는 1805년 6월 17일부터 8월 14일까지, 다섯 번에 걸친 스코틀랜드 여행들 중 세 번째 여행을 했었는데, 약 60일 동안 1,300마일을 말과 수레를 타고 다녔고 약 50번에 걸친 설교를 한 끝에 1,300파운드를 모금하였다.[253] 1마일 당 1파운드의 선교헌금을 조성하자는 자신의 계획을 성취한 것이다. 그는 선교라고 하는 영적인 사역에 현실적인 투자는 필요 불가결한 요소임을 너무나도 잘 알고 있었고, 인도 선교가 지속적으로 이루어지기 위해서는 선교후원(mission support)이 무엇보다 중요한 일임을 뼈저리게 알고 있었다.

앤드류 풀러는 하나님의 절대주권을 강조하는 칼빈주의적인 신학을 견지하면서도, 인간

249) Ibid.
250) Ibid., 21.
251) Fuller's Letter to Carey, August 6, 1796. Ibid., 21에서 재인용.
252) Ibid., 26.
253) Ibid.

을 하나님의 형상대로 지음 받은 책임적인 존재로 이해하였고, 구원에 있어서 인간의 결단(decision)을 중요시했다는 점에서 극단적 칼빈주의를 극복하였다. 인간에게 복음을 듣고 믿어야 할 "책임"이 있음을 강조하였고 예수님의 은혜로 구속받은 신자들의 공동체인 교회 역시 영혼구원의 "책임"이 있음을 강조하였다는 점에서 프로테스탄트 근대선교운동의 신학을 제공하였다고 하겠다.

목회자요 신학자요 선교행정가였던 앤드류 풀러는 연구실 책상 앞에 앉아서만 신학을 한 인물이 아니었다는 점에서 그의 신학은 강력한 설득력을 가진다. 신학은 교회와 목회 그리고 선교에 직접 간접의 도움을 줄 수 있는 실천적인 신학이어야 한다는 점을 풀러는 몸으로 보여 주었다. 프로테스탄트(개신교) 근대선교운동의 장을 열었던 인물로서 윌리암 캐리가 "근대선교운동의 아버지"라는 별명을 얻었다면, 앤드류 풀러는 "근대선교운동의 어머니"라는 별명으로 세계침례교 역사에서 자리매김이 되어야 하겠다.

제6장

영국 침례교회의 신앙고백들

침례교인들은 "신앙고백들의 사람들"(People of the Confessions)이다. 그들은 영국에서나 미국에서 여러 가지 다양한 신앙고백들을 발표하였다. 이를 달리 표현하면 침례교인들은 "비신조들의 사람들"(People of Non-creeds)이다. 신조(신경, Creed)란 인간들이 만든 글귀임에도 불구하고 그 글귀에 성경적인 권위를 부여한 글을 의미한다. 그래서 그 글귀에 무오류성, 영감성, 항구성, 강제성을 부여한다. 그 대표적인 신조가 바로 "사도신경"(The Apostles' Creed)이다.

침례교인들은 일반적으로 공예배에서 사도신경을 암송하지 않는다. 그 내용이 성서적이지 않아서가 아니라, 인간들이 만든 글귀에 성경적 권위를 부여하여 후대의 사람들로 하여금 다른 지역에서 그것을 반복적으로 암송하게 하는 것은 결국 그 글귀가 사람들의 영혼을 제약한다고 믿기 때문이다. 우리의 영혼이 성경 안에서 자유해야지 인간들이 요약해서 만들어낸 글귀 안에서 자유한다는 것은 결국 우리의 영혼이 그 글귀에 속박을 당하게 되고 성경의 권위에 손상을 입히게 되는 결과가 되는 것이다.

"신앙고백"(Confession)이란 일정한 시대에 일정한 지역의 신자들이 "우리는 이렇게 이렇게 믿습니다"라고 진술한 것이다. "신조"가 당위(must)를 규정하고 있다면, "신앙고백"은 단지 진술(statement)일뿐이다. 그렇기 때문에 오류가 있을 수도 있고 그래서 다음 세대에나 다른 지역에서 그것을 수정할 수도 있다고 믿는다. 그것이 침례교인들의 신앙과 신앙생활의 안내자 역할을 할 수는 있겠지만 침례교인들의 영혼을 속박해서는 안 된다고 생각한다. 영국의 일반침례교회와 특수침례교회의 신자들은 다양한 신앙고백을 채택하고 발표하였다. 이들의 신앙고백들 가운데 몇 가지 의미 있는 주요 신앙고백들의 배경과 내용을 살펴본다.

I. 일반침례교회의 주요 신앙고백들

1. "30개 회중들의 신앙과 실천"(1651)

"30개 회중들의 신앙과 실천"(The Faith and Practice of the Thirty Congregations, 1651)은 1651년에 미들랜드 지역에 산재해 있던 30개의 일반침례교회들이 연합하여 채택하여 공포한 신앙고백인데 모두 75개 조항으로 구성되어 있다. 윌리암 럼프킨(William Lumpkin)은 "한 교회 이상의 일반침례교회들의 관점을 대변하는 최초의 일반침례교 신앙진술이었다는 점에서 이 신앙고백은 중요하다"[254]고 말하고 있다. 이 신앙고백은 기본적으로는 토마스 헬위즈가 작성했던 "암스테르담에 남아 있는 영국 사람들의 신앙의 선언"(A Declaration of Faith of English People Remaining at Amsterdam, 1611)과 본질적으로 유사하다.[255] 모든 인간들이 아담의 죄로 말미암아 아담이 겪었던 죽음을 피할 수 없다는 점에서 칼빈주의적인 요소를 가지고도 있지만, 기본적으로는 알미니우스주의 구원론에 입각해 있다.

특히 제4-16조항에서는 인간의 자유의지를 강조하고 있어서, 럼프킨(Lumpkin)은 "영혼의 유능성이라는 침례교 교리에 대한 개척자적인 진술"(a pioneer statement of the Baptist doctrine of soul competency)[256]이라고 말하고 있다. 또한 이 신앙고백은 45-75조항에 걸쳐서 당시 미들랜드 지역에서 활발한 활동을 하고 있던 퀘이크 교도들의 신앙을 비판하는 내용을 담고 있다.

제48조항에서는 뱁티즘의 방식으로 침수례(immersion)를 암시하는 규정을 가지고 있는 점으로 보아, 1641년부터 이미 침수례를 행하고 있던 특수침례교회의 영향을 받고 있다고 볼 수 있다: "제48조항: 그리스도의 죽음과 그의 부활과 승천을 [생각할 때에] 뱁티즘의 방식과 형식은 (전신을) 물 속으로 집어넣는 침례를 받아야 한다; 마 3:6."[257]

---

254) Lumpkin, *Baptist Confessions of Faith*, 173.

255) Ibid.

256) Ibid. "영혼의 유능성"(Soul Competency in Religion)은 20세기초에 미국 남침례신학원 총장이었던 멀린스(Edgar Young Mullins)가 침례교 신앙의 특징을 설명하면서 사용한 용어이다. 인간은 복음 앞에서나 예수 그리스도 앞에서 마음 문을 열고 "예"(yes) 혹은 "아니오"(no)라고 답변할 수 있는 능력을 가지고 있다고 보는 견해이다. 즉 인간은 하나님으로부터 받은 자유의지로 인해서, 성령님의 도우심으로 복음에 (긍정적이든 부정적이든) 반응할 수 있는 능력, 결정할 수 있는 능력, 영접 혹은 거부할 수 있는 능력을 가졌다는 주장이다: 요 1:12, 계 3:20 등. Edgar Young Mullins, *The Axiom of Religion: A New Interpretation of the Baptist Faith* (Philadelphia: Judson Press, 1908), 44-69.

257) Lumpkin, *Baptist Confessions of Faith*, 182. "48. That the way and manner of baptising, both before the death of Christ, and since his resurrection and ascension, was to go into the water, and to be baptised; Matth. 3:6."

비록 침례를 받는 것이 교회회원 됨의 전제조건으로는 규정하고 있지는 않지만, 미들랜드 지역의 일반침례교회들에서는 이 신앙고백이 채택되던 1651년 당시에 뱁티즘의 방식을 침수례로 행하고 있었음을 암시하고 있다.

주의 만찬은 그리스도의 고난에 대한 "기념"(memorial)이라는 점을 명시하였다.[258] 이 신앙고백에서는 회중이 목회자들의 목회활동 비용과 현실적인 생활을 책임져야 하며 동시에 목회자들은 자족하는 지혜를 가져야 한다는 점을 강조하고 있다.[259]

2. "참 복음 신앙"(1654)

"참 복음 신앙"(The True Gospel Faith, 1654)은 모두 30개 조항들로 구성되어 있다. 이 신앙고백은 초창기 일반침례교회의 지도자였던 토마스 러버(Thomas Lover)에 의해서 1654년에 작성되었고 점차 일반침례교회의 목회자들과 교회들에게 확산이 되었다.[260] 당시 런던 지역에 퀘이커 운동이 활발하게 확산되고 있던 상황이었기 때문에 이 신앙고백의 성격은 기본적으로 "부분적으로 변증적이었고 부분적으로 선교적이었다"(partly apologetic and partly missionary).[261]

그리스도께서 십자가에 못박혀 죽으심은 "첫번째 언약 하에 모든 사람들, 즉 각 사람의 죄를 위함"(for the sins of all men under the first Covenant, indeed for every man)[262]이라고 규정함으로써 알미니우스주의 구원론에 입각하고 있다. 뱁티즘의 방식으로 침수례(immersion)를 규정하고 있고, 동시에 신자의 침례(believer's immersion)는 참 교회 회중을 구성하는데 필수적이라고 진술하고 있다. 특히 이 신앙고백에서는 모든 침례받은 신자들에게 안수를 베풀어야 한다(That God gives his Spirit to believers dipped through the prayer of faith and laying on of hands)[263]는 점을 처음으로 규정하고 있는데, 이 행습에 대해서는 일반침례교회 내에서 그 당시에 적지 않은 논란이 일기도 했다.

이 신앙고백에서는 목사와 집사, 즉 두 직분론을 가르쳤던 존 스마이드(John Smyth)와는 대조적으로, 세 직분론을 규정하고 있는데 오늘날 국내선교사나 교단 지도자 혹은 교회개척자를 의미하는 사신들(messengers)과 목사들(pastors)과 교사들(teachers)을 교회직분으로

258) Ibid., 183. 제53조항.
259) Ibid., 184-5. 제59-61조항.
260) Ibid., 189-90.
261) Ibid., 189.
262) Ibid., 192-3. 제2-4조항.
263) Ibid., 194. 제12조항.

규정하고 있다.[264]

3. "표준신앙고백"(1660)

올리버 크롬웰(Oliver Cromwell, 1599-1653-1658)이 의회를 중심으로 호국경(護國警, Lord Protector)의 칭호를 가지고 통치했을 때, 그는 침례교를 비롯한 분파들(sects)에 대해 비교적 관대한 정책을 취했다. 그러나 그의 아들 리차드(Richard Cromwell, 1658-1660)가 호국경으로 즉위하면서 영국사회는 큰 혼란을 겪게 되었고, 결국 백성들은 왕정의 복고(Royal Restoration)를 열망하게 되어 프랑스에 망명 중이던 찰스 2세(Charles II, 1660-1685)가 1660년에 다시 왕위에 앉게 되었다. 결국 찰스 1세(Charles I, 1625-1649) 왕을 1649년에 참수함으로써 이룩했던 청교도 혁명(Puritan Revolution)은 실패로 돌아가고 말았다. 이러한 상황에서 침례교도들에 대한 핍박이 격심하게 되었는데, 그들은 뮌스터 폭동사건의 후예들이나 연관자들로 오해받기도 하였다.

일반침례교인들의 일반총회(GAGB, General Assembly of General Baptists)에서는 1660년 3월에 런던에서 모임을 갖고 침례교인들에 대한 비방과 오해에 대응하기 위하여 25개 조항들의 신앙고백을 채택하였다. 미들랜드나 웨일즈 지방의 침례교 지도자들보다도 주로 런던과 그 근교 지역의 침례교 목사들 약 40명이 새로운 신앙고백에 서명하였다. 이 신앙고백은 6월에 찰스 2세에게 헌정되었다. 1663년에 일부의 내용이 수정되고 더 많은 사람들의 서명을 받아 "일반침례교인들의 표준신앙고백"(Standard Confession of General Baptists)로 명명되었다. 1678년에 토마스 그랜탐에 의해 다시 수정되어 1691년에 일반침례교인들의 일반총회에서 승인을 받았다.[265]

럼프킨은 이 신앙고백이 "온건하게 알미니우스적인"(mildly Arminian)[266] 것으로 진단하였다. 구원론의 기조가 일반속죄(general atonement)에 뿌리를 내리고 있다. "믿는다"는 것은 "복음의 진리에 동의하는 것"(to assent to the truth of the gospel)이며 "그리스도 안에는 죄 씻음과 영생이 있다는 것을 신뢰하는"(to trust that there is remission of sins and eternal life to be had in Christ) 것임을 강조하고 있는데, 다른 한 편 믿음은 하나님에 의해 주어지는 것이라는 표현이 발견되지 않는다.[267]

---

264) Ibid. 제22조항.
265) Garrett, *Baptist Theology*, 37.
266) Lumpkin, *Baptist Confessions of Faith*, 221.
267) Ibid., 226. 제6조항.

또한 유아세례를 받지 않은 갓난 아기가 죽는다고 하더라도 하나님의 율법을 범한 것이 아니기 때문에, 첫번째 사망을 당할뿐 지옥에서 영원한 형벌(eternal punishment in Hell)을 당하지는 않는다고 규정하고 있다.[268]

특히 제24조항에서는 "모든 사람이 종교나 예배의 문제에 있어서 양심의 자유를 가져야 한다는 것이 이와 같은 복음의 때에 하나님의 뜻이고 하나님의 마음이다"[269]라고 규정하면서, 세속 국가권력이 압력이나 핍박으로 성도들에게 강요(coersion)를 하는 것은 매우 부적절한 것임을 강조하였다. 예수님이 가르치신 황금율(Golden Rule, 마 7;12)과 알곡과 거라지의 비유(parable of wheat and tares, 마 13:29-30, 38-39)에 근거하여, 종교문제에 있어서의 절대적인 양심의 자유를 명백하게 진술하고 있다.[270]

또한 이 신앙고백은 국가의 세속적인 통치를 인정하면서 그러한 통치는 백성들의 민사적이고 현실적인 일들에서만 이루어져야 하고, 영적인 일이나 인간의 내면의 문제에는 관여해서는 안 된다고 하였다. 그리고 교회의 영적인 지도자들을 "장로들 혹은 목사들"(Elders or Pastors)이라고 표현하면서 장로와 목사를 동일한 직분의 일군, 즉 "그 분의 교회를 두루 살피고 양육하는"(to oversee and feed his Church) 목회자로 간주하고 있음을 보여주고 있다.[271]

4. "정통신조"(1679)

장로교회의 지도자들이 1646년에 "웨스트민스터 신앙고백"(Westminster Confession)을 채택하여 칼빈주의적 신앙을 체계화하여 대내외에 공포하였고, 런던에 있는 특수침례교회의 지도자들도 이 신앙고백과 그 형식을 많이 참고하여 1677년에 칼빈주의적인 신앙을 담은 "제2차 런던신앙고백"(The Second London Confession)을 발표하였다. 이에 미들랜드 지역의 일반침례교 지도자들 54명이 1679년에 "정통신조"(The Orthodox Creed, 1679)를 채택하여 발표하였다. 침례교 신앙고백에서 "신조"(Orthodox)라는 용어를 사용한 것도 특이하고, "정통"(Creed)이라는 용어를 사용한 데에도 특별한 의도가 있었던 것 같다.

당시 버킹검셔 지역의 지도자요 사신(messenger)이었던 토마스 몽크(Thomas Monck)라는 일반침례교 목사가 초안을 작성하였는데, 그 제목을 살펴보면 그 의도의 일면을 짐작할 수

268) Ibid., 228. 제10조항.
269) Ibid., 232. 제24조항. "It is the will, and mind of God, in these gospel times, that all men should have the free liberty of their own conscience in matters of Religion, or Worship."
270) Ibid., 233. 제24조항, 제25조항.
271) Ibid., 229, 제15조항.

있다: "정통신조, 즉 로마(가톨릭 교회)의 오류들과 이단적인 가르침에 대항하여, 기독교의 근본적인 (신앙)항목들에서 모든 참 프로테스탄트들을 연합시키고 지지할 에세이인, 프로테스탄트 신앙고백."[272)]

"정통신조"는 일반침례교 지도자들에 의해 서명된 신앙고백이기는 했지만, 그 목적은 초대교회의 교부들이 주장했던 신앙을 전수하고 중세 로마가톨릭 교회의 그릇된 가르침을 배제하여, 특수침례교회는 물론 여러 교파들을 아우르는 프로테스탄트 신앙을 진술하여 대통합을 이루고자 하는 의도가 있었던 것이다. 그래서 신앙고백의 본문에서도 언급되고 있지만,[273)] 그들이 니케아 신조와 아타나시우스 신조 그리고 사도신경 등의 합법적인 계승자들이 될 것을 선언하고 있다. 따라서 초대교회 당시의 네 번에 걸친 공의회들이나 교부들의 가르침을 긍정적으로 평가하면서, 일반침례교회가 다른 프로테스탄트 교회들과 어깨를 나란히 하는 또 하나의 "정통"(orthodox) 교회임을 선언하고 있다.[274)]

따라서 모두 50개 조항들로 구성된 "정통신조"에는 알미니우스주의적인 신앙진술과 함께 칼빈주의적인 신앙에 대해서도 상당한 분량을 할애하고 있다. 제9조항(예정과 선택), 제10조항(내버려둠 혹은 유기), 제12조항(거룩한 섭리), 제14조항(인간의 타락과 죄 그리고 심판), 제15조항(원죄), 제16조항(은혜의 새 언약), 제36조항(견인) 등에서는 칼빈주의적인 취향이 물씬 풍긴다.[275)] 그러나 제18조항(모든 인류를 위하여 죽으신 그리스도), 제20조항(인간 안에 있는 자유의지), 제22조항(복음적인 회개), 제26조항(성화와 선행) 등에서는 죄인이 마음문을 여는 결단을 하고 예수 그리스도를 믿음으로 마음 속에 영접하여야 한다는 점을 강조하고 있다.[276)]

"정통신조"는 매튜 캐핀(Matthew Caffyn, 1628-1715) 등이 주장하던 멜키오르 호프만의 기독론을 거부하면서 니케아 신조가 강조하는 기독론을 진술하고 있다. 예수 그리스도는 "하나님의 아들"이며 "참 하나님"이며, 성부와 성령과 "동일하게 같으며 동일한 본질이며 동일하게 영원하다"(coequal, coessential, and coeternal)는 점을 강조하고 있다.[277)] 칼케돈 신조에서 강조하고 있듯이, 그 분의 신성과 인성은 연합되어 있지만 섞여 있는 것은 아니라(united,

272) Ibid., 297. "An Orthodox Creed, or A Protestant Confession of Faith, Being an Essay to Unite and Confirm All True Protestants in the Fundamental Articles of the Christian Religion, against the Errors and Heresies of Rome."

273) Ibid., 326. 제38조항. "보통 니케아 신조, 아타나시우스 신조, 사도신경 등으로 불리우고 있는 세 가지 신조들을 전적으로 수용해야 하고 믿어야 한다"(The three creeds, viz. Nicene creed, Athanasian creed, and the Apostle's creed. as they are commonly called, ought thoroughly to be received and believed).

274) Brackney, *A Genetic History of Baptist Thought,* 23.

275) Lumpkin, *Baptist Confessions of Faith,* 302-8.

276) Ibid., 310, 312-3, 316.

277) Ibid., 300-1.

but not mixed)고 진술하고 있다.[278]

아직 영국에서 침례교를 비롯한 분파들에게 신앙생활의 자유가 허용되지 않는 상황이었기 때문에,[279] "정통신조"에서는 제46조항 "양심의 자유"(Of Liberty of Conscience) 항목을 두어, 주 예수 그리스도는 "유일한 양심의 주님"(only Lord of Conscience)이심을 규정하고 있다: "무조건적인 신앙과 절대적이고 맹목적인 순종을 요구하는 것은 양심의 자유와 이성을 파괴하는 것이다."[280]

"정통신조"는 루터와 깔뱅 등 관료후원적 종교개혁가들이 종교개혁의 기치로 삼았던 개혁적인 신앙인 회개와 믿음, 이신칭의, 양자됨과 성화[281] 등에 대해 진술하고 있다. 그리고 영국의 청교도들이 강조했던 크리스천 안식일 준수와 기도 그리고 금식에 관한 규정도 두고 있다.[282] 또한 "우주적 교회" 개념으로서 "유일하고 거룩한 보편교회"(one holy catholic church)라는 항목을 두었고,[283] 지역교회는 예수 그리스도의 죽음과 부활 그리고 새로운 생명으로 살아가는 것을 상징하는 침례를 받은 신자들로 이루어지며, 지역교회의 영적인 지도자로 세 가지 직분을 규정하고 있다: "감독들, 즉 사신들"(Bishops, or Messengers), "장로들, 즉 목사들"(Elders, or Pastors) 그리고 "집사들, 즉 가난한 자들을 두루 살펴보는 자들"(Deacons, or Overseers of the poor).[284]

일반침례교회들이 강조해 왔던 침례받은 자들에 대한 안수(laying on of hands on the baptized)[285]와 결혼은 믿음을 가진 한 남자와 한 여자가 주님 안에서 이루어져야 함에 관해서도 규정하고 있다.[286] 세속정부의 필요성과 그리스도인이 공무원으로 국가와 사회를 위해 일하는 것에 대해서 긍정적인 입장을 취하고 있다.[287]

---

278) Ibid., 298-301

279) 영국에서 국교반대론자들(nonconformists, 비순응파)에게도 소극적이나마 신앙생활의 자유가 허락된 것은 명예혁명이 일어난 이듬 해인 1689년에 "용인법"(Act of Toleration, 신교자유령)이 발표됨으로써 비로소 가능하게 되었다.

280) Lumpkin, *Baptist Confessions of Faith,* 331-2. 46조항. "And the requiring of an implicit faith, and an abolute blind obedience, destroys liberty of conscience, and reason."

281) Ibid., 313-7. 제22조항-제26조항.

282) Ibid., 327-9. 제40조항-제42조항.

283) Ibid., 318-9. 제29조항과 제30조항.

284) Ibid., 319-20. 제31조항.

285) Ibid., 320-1. 제32조항.

286) Ibid., 332. 제47조항.

287) Ibid., 331. 제45조항.

II. 특수침례교회의 주요 신앙고백들

1. "제1차 런던신앙고백"(1644)

"제1차 런던신앙고백"(The First London Confession, 1644)은 런던에 소재한 7개의 특수침례교회들[288]이 연합하여 1644년에 발표한 신앙고백이다. 특수침례교회가 처음 태동한 것이 1638년이니까 6년만에 7개 교회로 성장한 특수침례회들이 연합하여 신앙고백을 발표하였던 것이다. 모두 53개 조항들로 이루어졌으며 1646년, 1651년, 1652년, 1653년에 수정, 축소, 혹은 증보되어 출판되었다.

신앙고백의 제목(The Confession of Faith, of those Churches which are commonly 〈though falsely〉 called Anabaptists)[289]에서 알 수 있듯이, 이들 특수침례교회들은 자신들이 대륙의 아나뱁티스트들, 특히 뮌스터 폭동사건으로 인해서 유럽 전역에서 악명 높은 이단자들이요 무정부주의자들이요 신비적 종말론자들로 잘못(falsely) 오해를 받고 있는 것을 해소하고자 이 신앙고백을 발표하였다. 적극적으로는 지상에 출현한 지 6년 정도밖에 되지 않은 특수침례교회들이 성서적인 신앙을 소유한 자들이며 세속정부를 인정할뿐만 아니라 세속정부가 수행하는 각종 행정조치에 긍정적으로 순응하는 자들임을 선포하는 것이었고, 또한 새신자들을 위한 체계적인 신앙교육의 자료로서 사용할 목적으로 선포되었다. 각 조항에 대한 제목을 달지 않고 있어서 조직신학적인 교리체계를 엄격하게 갖추고는 있지 않다.

이 신앙고백은 특수침례교회의 신앙체계인 칼빈주의 신앙을 비교적 온건하게 진술하였다. "택함 받은 자들"(the elect)이란 단어가 등장하고 있기는 하지만 의외로 그 빈도는 그리 많지 않다:

> 제5조항: 모든 인간은 타락하여 죄와 범죄로 인해 모두 죽었고 범법함으로 인해 위대하신 하나님의 영원한 진노에 처하게 되었다. 그러나 하나님께서 영원한 사랑으로 사랑하시는 택함받은 자들은 자신 때문이나 자신의 공로 때문이 아니라 예수 그리스도로 말미암은 자유스러운 은혜와 자비의 하나님에 의해서만 속죄받고 일으키심을 받고 구원을 받는다….
>
> 제21조항: 그리스도 예수는 자신의 죽음으로 오직 택함받은 자들만을 위하여 구원과 화해를

288) 7개 교회들 중에서 각 교회마다 2-3명의 대표들이 서명을 하였다: (1) William Kiffin, Thomas Patience, (2) John Spilbery, George Tipping, Samuel Richardson, (3) Thomas Skippard, Thomas Munday, (4) Thomas Gunne, John Mabbatt, (5) John Webb, Thomas Killcop, (6) Paul Hobson, Thomas Goare, (7) Joseph Phelpes, Edward Heath. Lumpkin, *Baptist Confessions of Faith,* 156.

289) Ibid., 153.

가져오셨다….

제22조항: 믿음은 하나님의 성령에 의하여 택함받은 자들의 마음 속에서 역사하시는 하나님의 선물이다. 그러므로 그들은 성경의 진리를 보게 되고 알게 되고 믿게 된다….[290]

선택교리가 복음은 모든 사람들에게 선포되어야 하며 예수 그리스도를 믿음으로써 구원을 받게 된다는 진술에 의해 균형을 이루고 있다: 제21조항, "그리스도 예수는 자신의 죽음으로 오직 택함받은 자들만을 위하여 구원과 화해를 가져 오셨다…. 구원은 오직 그 분의 이름을 믿음으로써만 얻을 수 있다."[291] 그렇지만 기독론을 다루고 있는 12개 조항들에서는 알미니우스주의의 구원론을 간접적으로 부인하는 표현을 읽을 수 있다.[292] 유기(reprobation)와 관련된 진술은 등장하지 않는다.

교회는 그리스도께서 지상에 세운 영적인 왕국인데, 가시적인 성도들의 무리라고 정의하고 있다. 비가시적인 혹은 우주적인 교회에 관해서는 적극적인 언급이 보이지 않는다:

제33조항: 그리스도는 지상에 교회라고 하는 영적인 왕국을 가지고 계신다. 그 분은 특별한 기업으로서 그 교회를 그 자신에게로 사셨고 구속하였다. 우리에게 가시적인 그 교회는 말씀과 하나님의 영에 의해 세상으로부터 부르심을 받아 분리된 가시적인 성도들의 무리이다. 그들은 복음에 대한 가시적인 신앙고백으로서 침례를 받아 주님께 연합되었고 교회의 머리요 왕이신 그리스도께서 명령하신 의식들에 실제로 참여함으로써 상호 동의에 의해 연합되었다.[293]

무엇보다도 침례교 신앙고백들 가운데 최초로 침수례(immersion) 방식에 의한 뱁티즘을 생생하게 표현하고 있다. 제39조항은 오직 신앙고백을 분명하게 하는 신자에게만 베풀어야 한다는 신자의 뱁티즘(believer's baptism)을, 제40조항은 뱁티즘의 성서적인 방식이 침수례(immersion baptism)임을 규정하고 있다:

제39조항: 뱁티즘은 그리스도에 의해 주어진 신약성서의 의식인데, 오직 신앙을 고백하는 자들 즉 신앙고백에 관하여 가르침을 받은 제자들에게 뱁티즘이 베풀어져야 한다.

제40조항: 이 의식을 집례하는 방법과 방식에 관하여 성경은 전신을 물 속으로 잠기게 하거나 빠뜨리거나 해야 한다고 주장한다. 그것은 표지인데 의미하고자 하는 바를 답변해 주는 표지이어야 한다. 첫째로, 그것은 그리스도의 피로 온 영혼을 씻는 것이며, 둘

290) Ibid., 158. 제5조항, 162. 제21조항, 제22조항.
291) Ibid., 162. 제21조항.
292) Ibid., 146.
293) Ibid., 165. 제33조항.

> 째로, 그것은 성도들이 죽음과 장사와 부활에 관심을 갖게 하는 것이며, 셋째로, 그것은 우리의 믿음을 보증하는 것으로서 몸은 물 속에서 장사지낸 바 되고 다시 일어나서 부활의 날에 성도들의 몸이 그리스도의 능력으로 일으킴을 받아 그리스도와 함께 통치하는 것을 의미한다.[294]

이상하게도 주의 만찬과 관련해서는 특별한 규정을 가지고 있지 않다. 그것의 신학적인 의미, 예를 들면 상징인지 영적인 임재인지 등에 관해 침묵하고 있다. 단지 "orderly Communion"(제44조항), "Christian communion"(제46조항) 등의 표현으로 주의 만찬식의 집례에 관해서만 진술하고 있다.[295]

1644년판 "제1차 런던 신앙고백"에서는 "영의 양식을 먹이고 치리를 하고 봉사를 하고 그분의 교회를 세우기 위하여"(for the feeding, governing, servong, and building up His Church) 교회의 직분자들을 네 가지로 규정하고 있다: "목사들(Pastors), 교사들(Teachers), 장로들(Elders), 집사들(Deacons)."[296] 그러나 1646년판과 그 이후의 수정판에서는 "목사들과 교사들"이 삭제되어 있고 단지 두 가지, "장로들과 집사들"만을 교회의 공적인 직분자들로 명기되어 있다. 여기서 "장로들"(Elders)은 교회의 영적인 지도자들, 다시 말해서 오늘날의 목회자들을 의미하는 용어로 사용되었다. 그러한 직분자들은 회중에 의해 선출되었고 그리스도에 의해 임명되었다.

세속정부와 그 관리들을 대하는 태도에 관하여 48조항으로부터 53조항까지 걸쳐서 상당히 장황하게 진술하고 있다. 아마도 그 당시 침례교인들이 신앙의 자유를 허락받지 않은 상태에서 핍박을 받고 있었기 때문이 아니었던가 싶다. 기본적으로 일반침례교인들과는 달리 특수침례교인들은 세속정부에 대해 적대적인 테도를 가지고 있지 않았다. 그래서 이 신앙고백에서는 세속정부의 관리들도 하나님에 의해 거룩하게(divinely) 임명되었기 때문에 그들에게 순종해야 하며, 가이사의 것은 가이사에게 하나님의 것은 하나님께 드려야 한다고 진술하고 있다.[297]

---

294) Ibid., 167. 제39조항: "That Baptisme is an Ordinance of the New Testament, given by Christ, to be dispensed only upon persons professing faith, or that are Disciples, or taught, who upon profession of faith, ought to be baptized." 제40조항: "The way and manner of the dispensing of this Ordinance the Scripture holds out to be dipping or plunging the whole body under water; it being a signe, must answer the thing signified, which are these: first, the washing the whole soule in the bloud of Christ; Secondly, that interest the Saints have in the death, burial, and resurrection; thirdly, together with a confirmation of our faith, that as certainly as the body is buried under water, and riseth againe by the power of Christ, in the day of the resurrection, to reigne with Christ."

295) Ibid., 168. 제44조항과 제46조항.

296) Ibid., 166. 제36조항.

297) Ibid., 169-71. Garrett, *Baptist Theology*, 56.

"제1차 런던신앙고백"(1644)은 침례교회 역사 상 매우 의미있는 족적을 남겼다. 침수례(immersion)가 가장 적합한 성서적인 뱁티즘임을 선언한 최초의 침례교 신앙고백이라는 점 뿐 아니라, 침례교인들이 신앙의 자유(현실적으로는 1689년에 얻게 되었지만)를 획득하도록 선전하는데 효과적인 수단이 되었다. 이 신앙고백은 "특수침례교회가 확산되어 가는 초기 단계에서 교리적인 표준을 제공해 주었고,"[298] "침례교 역사에서 주된 표지판들 중의 하나가 되었다(one of the chief landmarks of the Baptist history)."[299] 미국 북침례교 학자인 해롤드 브라운(Harold Brown) 교수는 "그것은 오늘날 침례교인들이 귀하게 여기는 교리들을 실제적으로 구체화시킨"[300] 신앙고백이라고 평가하였다.

2. "미들랜드 지방회 신앙고백"(1655)[301]

미들랜드 지역은 원래 일반침례교회들이 많이 개척되어 확산된 곳이었다. 1651년에 이 지역에 소재한 30개 일반침례교회들이 신앙고백("30개 회중들의 신앙과 실천")을 채택하여 발표하였다.[302] 1655년에 특수침례교회들이 미들랜드침례교지방회를 조직하려고 했을 때 교회는 14개밖에 없었고 더군다나 7개의 교회들만이 지방회 조직에 적극적으로 참여하고자 하였다.[303]

런던침례교지방회의 격려를 받아 이 지역에 특수침례교 지방회를 조직하고 동시에 신앙고백을 채택하는데 앞장선 사람은 평신도 지도자였던 다니엘 킹(Daniel King)이었다. 또한 그 당시 미들랜드 지역에서는 퀘이커 교도들이 그 세력을 확장하려고 많은 노력을 경주하고 있었다. 1654년에 케이커교의 창시자 조지 폭스(George Fox)가 이 지역으로 와서 워윅셔의 비데슬리(Biddesley, Warwickshire)에서 침례교 지도자들과 신학논쟁을 벌이기도 하였고 이 지역에서 케이커 교도들의 대회를 개최하기도 하였다.

이러한 상황에서 이 지역의 특수침례교 목회자들이 다니엘 킹의 호소에 귀를 기울이게 되었고, 7개 교회의 대표들이 지방회를 결성함과 동시에 신앙고백의 채택을 위한 예비모임

298) B. R. White, "The Doctrine of the Church in the Particular Baptist Confession of 1644," *Journal of Theological Studies*, n.s. 19 (October 1968): 570.

299) Vedder, *A Short History of the Baptists*, 211.

300) Harold Brown, "The History of Baptists in England to 1644," *The Chronicle* 8 (January 1945): 14.

301) Lumpkin, *Baptist Confessions of Faith,* 198. "1655년 셋째달의 셋째날에 워윅에서 모인 사신들에 의해 만장일치로 결의된 신앙과 질서의 16개 조항들"(Sixteen Articles of Faith and Order Unanimously Assented to by the Messengers Met at Warwick, the 3rd Day of the 3rd Month, 1655).

302) Ibid., 171-88. "30개 회중들의 신앙과 실천"(The Faith and Practice of the Thirty Congregations, 1651).

303) Ibid., 195.

을 1655년 5월 3일에 워윅(Warwick, Warwickshire)에서 가지게 되었다.[304] 6월 26일 두 번째 모임을 모레톤(Moreton-in-the-Marsh)에서 가지면서 16개 조항들로 구성된 "미들랜드 지방회 신앙고백"(The Middleland Association Confession, 1655)을 채택하고 지방회를 결성하였다.[305]

비록 짤막하고 간결한 신앙고백이기는 하지만 칼빈주의적인 색채가 농후하며, 그 내용은 1644년의 "제1차 런던신앙고백"의 영향을 적지 않게 받고 있지만 표현은 독창적이다. 이 신앙고백의 주 목적은 변증적(apologetic)이라기보다는 교훈적(instructional)이고, 자신들이 강조하며 믿고 있는 신앙이 어떠함을 설명하는 내용이다.[306]

예수 그리스도는 오직 택함받은 자들을 위하여 십자가를 지셨으며, 인간은 전적으로 타락하여 스스로를 구원할 수 없으며, 믿음은 택함을 받은 자들에게 예비된 하나님의 선물이며, 따라서 일반속죄(general atonement)를 믿는 자들의 주장에 동의하지 말 것을 경고하고 있다:

> 제7조항: 예수 그리스도는 때가 차매 육체를 입고 여자에게서 태어났으며, 완전하게 의로우신데 그 분의 피로 택함을 받은 자들을 하나님께로 구속하시기 위하여 그들을 위하여 자신을 주셨다(Jesus Christ..... gave Himself for the elect, to redeem them to God by His blood). 요 10:15; 엡 5:25-27; 계 5:9.
>
> 제8조항: 모든 사람들은 그리스도에 의해 깨움을 받기까지 죄로 인하여 죽었다-엡 2:1; 그러므로 누구도 스스로를 구원하기 위한, 믿을 능력을 가지고 있지 않다-요 15:5. 그런데 믿음은 하나님의 공짜 선물인데, 그리스도가 죽은 자들 가운데에서 일어나심과같이 (죄인들의) 영혼 속에서 하나님께서 크신 능력으로 역사하신다-엡 1:19. 그러므로 하나님께서 모든 사람들에게 능력을 주셔서 구원받도록 믿게 하신다고 주장하는 자들의 주장에 동의하지 말라(Therefore consent not with those who hold that God hath given power to all men to believe to salvation).[307]

침례를 받을 대상자는 그리스도를 믿을뿐 아니라 변화된 인격과 삶의 "열매"(fruits)를 보여 주는 자이어야 함을 규정하고 있는 것이 참신하다:

> 제13조항: 그리스도에 대한 신앙을 고백하고 자신들의 열매를 보이는 자들 모두가 침례를 받을 적절한 대상이다. 마 28:18-19 (That all those who profess faith in Christ, and make

304) Ibid., 196. 7개 교회들은 4개의 군, Warwickshire, Gloucestershire, Oxfordshire, Derbyshire에 산재해 있었다.
305) Ibid.
306) Ibid., 197.
307) Ibid., 199.

the same appear by their fruits, are the proper subjects of Baptism).

제14조항: 이렇게 뱁티즘을 베푼다는 것은 살수례가 아니라 몸을 물 속에 담그는(침수례를 의미한다-필자 주) 것이며, 그리스도의 죽음과 장사와 부활을 대변하는 것이다. 롬 6:3-4; 골 2:1; 행 8:38-39 (That this baptizing is not by sprinkling, but dipping of the persons in the water, representing the death, burial, and resurrection of Christ).[308]

침례를 받기 전에 개종의 외면적인 증거인 "열매"(fruits)를 요구하고 있는 점은 메노 시몬즈를 비롯한 대륙의 아나뱁티스트들의 뱁티즘 개념인 "제자도로서의 신자의 뱁티즘"(believer's baptism as discipleship)을 연상시킨다.

3. "소머셋 신앙고백"(1656)

소머셋은 영국의 남서부 브리스톨(Bristol) 시의 남쪽에 위치하고 있는 군(county)이다. 이 지역에는 "영국 서부지역의 특수침례교 사도"(the Particular Baptist Apostle to the West of England)라는 별명을 가진 토마스 콜리어(Thomas Collier)에 의해 복음이 왕성하게 증거되었고 교회들이 세워졌다. 그는 평신도 설교가로서 특별한 은사와 능력을 가지고 있었다. 그는 서부와 서남부 지역을 순회하며 설교하였고, 특히 1649년까지는 그 지역의 교회들에게 "일반서신"(General Epistles)을 써서 신앙적인 격려를 아끼지 않았다.[309] 그는 그 지역의 교회들을 돌보는 사신(messenger, 일종의 국내선교사다-필자 주)이 되었다.

1653년 11월 6일-7일에 이 지역 교회들의 대표자들이 처음으로 모였는데, 당시에 큰 논란이 되었던 침례받은 새신자들에 대한 안수문제를 주제로 토의하였다. 1656년 9월 5일-6일에는 브릿지워터(Bridgewater)에서 모임을 갖고 "소머셋 신앙고백"(The Somerset Confession, 1656)[310]을 채택하였다. 그 집필자는 토마스 콜리어였다. "소머셋 신앙고백"을 채택하게 된 배경에는 특수침례교회에 대한 오해를 해소하고 동시에 그 지역의 일반침례교회들과 특수침례교회들을 연합시켜 보려는 의도가 있었다. 또한 그 지역에 창궐하던 케이커교도들의 전도운동이 침례교회로 침투해 들어오는 것을 차단하기 위한 의도가 있었다.

특수침례교회에 대한 오해란 이 지역의 특수침례교회들은 런던의 특수침례교회들과는 같지 않으며 신앙의 내용도 같지 않다고 하는 오해였다. 이에 대한 해명이 필요했고 동시

308) Ibid.

309) Brackney, *A Genetic History of Baptist Thought*, 21. Lumpkin, *Baptist Confessions of Faith*, 200.

310) 이 신앙고백의 제목은 "소머셋 군과 그 주변지역 군들에 있는 그리스도의 교회들의 신앙고백"(A Confession of the Faith of Several Churches of Christ in the County of Somerset, and of some Churches in the Counties neer adjacent"이다. Lumpkin, *Baptist Confessions of Faith*, 203.

에 침례교회가 일반침례교회와 특수침례교회로 나누어져 있는 현실을 안타까와 하며 양 교회의 화목과 화합을 도모하고자 하였다.[311] 따라서 자연히 이 신앙고백은 경직된 칼빈주의 신앙체계를 많이 완화하고 있다. "제1차 런던신앙고백"의 핵심 주제들을 견지하면서도, 그것과는 독립되고 독창적인 표현을 사용하고 있으며 그 내용 중 상당 부분을 생략하고 있다.

칼빈주의적인 신앙은 제9조항, 제10조항, 제11조항, 제15조항 등에 잘 드러나 있다: "하나님은 창세 전에 어떤 사람들을 택정하시고 선택하셔서 때가 되면 그들을 부르시고 의롭다 하시고 성화시키시고 영광스럽게 하신다"(9조항), "하나님으로부터 택하심을 받아, 부르심 받고 의롭다고 인정받은 자들은 최후의 순간에 그 분으로부터 떨어지지 않는다"(11조항), "그리스도 예수는 자신의 사람들의 죄를 짊어지시고 십자가 상에서 자신의 몸을 드리셨다"(제15조항).[312]

그런데 제24조항과 제30조항 등에서는 알미니우스적인 신앙이 진술되어 있기도 하다: "죽은 행실을 회개하고 하나님을 향한 믿음을 가진 자는 침례를 받는 것이 모든 남자나 여자의 의무이다"(제24조항), "반기독교적인 배교나 영적인 바벨론 포로의 시대에, … 올바른 예배를 드리고 예수 그리스도의 교회에 소속하는 것은 전적으로 우리의 자유다"(제30조항).[313]

이 신앙고백에서 특별히 눈길을 끄는 것은, 이것이 토마스 콜리어의 전도와 설교를 향한 열정이 반영된 것이라고 볼 수 있겠는데, 교회의 세계선교를 위한 책임과 의무를 매우 강조하고 있다는 점이다. 윌리암 캐리의 프로테스탄트 근대선교운동이 본격화되기 약 150년 전에 소머셋 지방회 교회들이 이러한 신앙진술을 하고 있다는 점이 놀랍다:

> 제34조항: 그리스도께서 명령하신 의식이 그러하듯이, 그 분의 교회는 그 분의 권위로 전 세계를 향해 복음을 선포하도록, 그리스도의 영을 통해 적절하게 은사를 받고 자격을 받은 그러한 형제들을 파송해야 할 의무가 있다. 행 13:1-3, 11:22, 8:14.[314]

더 나아가서는 다른 영국 침례교신앙고백들 가운데에서는 찾아볼 수 없는 독특한 내용

---

311) Brackney는 소머셋 신앙고백과 정통신조(Orthodox Creed)를 "중간자적인 신앙고백의 전통"(A Mediating Confessional Tradition)의 범주에 넣고 있다. 이 두 신앙고백은 일반침례교회와 특수침례교회 양자를 아우르며 통합을 모색하기 위한 신앙고백이었다고 분석하고 있다. Brackney, *A Genetic History of Baptist Thought*, 21-6.

312) Lumpkin, *Baptist Confessions of Faith*, 205-6.

313) Ibid., 209, 212.

314) Ibid., 212-13. 제34조항: "That as it is an ordinance of Christ, so it is the duty of his church in his authority, to send forth such brethren as are fitly gifted and qualified through the Spirit of Christ to preach the gospel to the world."

은, 유대인들(Jews)을 향한 사랑어린 관심을 가지고 그들의 개종을 기대하며 기도해야 할 것을 강조하고 있다는 점이다: "믿는 이방인들인 우리가 아직도 이스라엘에 남아 있는 자들의 무지몽매함에 대해 모르고 있어서는 안 되고, … 그들을 향한 사랑과 긍휼의 마음을 가져야 하고, 하나님께서 그들을 부르실 것을 기대하며 그들을 위해 기도해야 하는 것이 우리의 의무이다. 그들의 개종은 우리에게 죽음으로부터의 생명이기 때문이다."[315]

"소머셋 신앙고백" 역시 뱁티즘은 침수례이어야 하는데 이 의식에는 세 가지 의미가 내포되어 있음을 진술하고 있다. 침례를 받는 것이 교회회원이 되는 전제조건임이 암시적으로 묘사되어 있다:

> 제24조항: 죽은 행실을 회개하고 하나님을 향한 믿음을 가진 자는 침례를 받는 것이 모든 남자나 여자의 의무이다. 즉 주 예수 그리스도의 이름으로 혹은 성부와 성자와 성령의 이름으로 물 속에 빠뜨려지거나 장사지내져야 한다(dipped or buried under the water, 롬 6:3-4, 골 2:12). 이 의식은 죄가 완전히 씻어졌음(a washing away of sin, 행 22:16)과, 그리스도 안에서 그들이 예수와 함께 죽었고 장사지낸 바 되었고 부활했음(their death, burial, and resurrection with Christ, 롬 6:5; 골 1:12)과, 그들이 가시적인 교회나 그리스도의 몸에 심겨졌음(being thus planted in the visible church or body of Christ, 고전 12:3)을 의미하고 대변하는 것이다.[316]

4. "제2차 런던신앙고백"(1677)

"제1차 런던신앙고백"이 채택되었던 1644년과 "제2차 런던신앙고백"이 채택되었던 1677년 사이에는 영국의 정치사에서 격변의 파도가 휘몰아쳤던 시기였다. 왕당파와 의회파 간에 치열한 내전(Civil War, 1642-1651)이 벌어져 청교도혁명(Puritan Revolution)이 일어났고, 그 결과 왕 찰스 1세(Charles I, 1600-1649)가 1649년에 참수형에 처해지게 되었다. 이어서 권력을 장악한 의회파의 수장 올리버 크롬웰(Oliver Comwell, 1599-1659)이 호국경(Lord Protector, 1653-1658)이 되어 독재적인 권력을 휘둘렀다.

올리버 크롬웰이 죽자 그의 아들이 리차드 크롬웰이 호국경에 올랐으나 그의 지도력은 크게 떨어졌고 금욕적 생활을 강요받던 영국인들은 오히려 왕정시대를 그리워하게 되었고, 결국에는 프랑스에서 망명생활을 하던 찰스 2세(Charles II, 1630-1685, 찰스 1세의 아들)를 귀환케 하여 1660년에 영국의 왕으로 즉위한 왕정복고(Royal Restoration)가 이루어졌다.

---

315) Ibid., 213. 제35조항.
316) Ibid., 209. 제24조항.

결국 프로테스탄트 청교도들에 의해 실행되었던 혁명(퓨리탄 혁명, Puritan Revolution)은 실패로 돌아갔고 영국은 다시 왕실이 지배하고 통치하는 옛 모습으로 돌아가고 말았다. 그러나 올리버 크롬웰이 다스리던 시절 동안에는 침례교회를 비롯한 프로테스탄트 교회들에게 신교와 포교의 자유가 어느 정도 허용되었기 때문에 짧은 기간 동안 침례교회를 비롯한 프로테스탄트 교회들은 급성장하는 호기를 맞기도 하였다. 그 대표적인 결실들 가운데 하나가 1646년에 장로교 지도자들에 의해 개혁교회 전통의 대표적인 신앙고백인 "웨스트민스터 신앙고백"(Westminster Confession)이 공포된 것이었다.

그러나 찰스 2세가 왕위에 복귀하면서 또 다시 영국국교도 이외의 프로테스탄트들에 대한 박해가 재개되었다. 그는 1661년-1665년에 일련의 종교탄압법령인 "클래런던 법령"(Clarendon Code)을 제정 공포하였다. 통합령(Corporation Act, 1661), 통일령(Act of Uniformity, 1662), 비밀집회령(Conventicle Act, 1664), 5마일법(Five-Mile Act, 1665) 등이 그것이었고, 이어서 시험법(Test Act, 1673)이 연쇄적으로 공포되면서 영국국교도 이외의 분파들에 대한 종교탄압이 이어졌다.[317] 이러한 상황 속에서 영국의 특수침례교회 지도자들은 자신들의 복음적인 신앙을 대내외에 공포하고자 1677년에 "제2차 런던신앙고백"(The Second London Confession)을 채택하였다.

"제2차 런던신앙고백"의 가장 중요한 특징들 가운데 하나는 신앙고백의 항목들 가운데 "제1장 성경"(Chap. I, Of the Holy Scriptures)[318]을 맨 처음에 놓고 있다는 점이다. 이전의 침례교 신앙고백들은 거의 "하나님"(신론)을 서두에 놓거나 특정한 항목 없이 일련번호를 매겨 신앙고백을 진술하였었다. 성경이라는 항목을 붙여 맨 처음에 놓았다는 것은 침례교 신앙에서 차지하는 성경의 위치가 얼마나 중요한 것인지를 강조한 것이기도 하고, 또한 그 뒤에 등장하는 모든 신앙항목들이 성경에 기초하고 있음을 암시적으로 강조하는 것이기도 하다. 하나님도, 예수 그리스도도, 성령도, 교회도, 종말도, 그리스도인의 삶도 모두 성경에 기초하여 고백하는 것임을 말하고 있는 것이다. 이러한 순서배열은 아마도 1644년에 공포

317) McBeth, *The Baptist Heritage*, 115-6. 클래렌던 법령(Clarendon Code) 가운데 "통합령"(Corporation Act)은 영국국교회 즉 성공회에 순응하지 않는 사람은 누구도 공직에 취임할 수 없다는 법령이어서, 침례교인들은 원천적으로 공무원이 될 수 없는 불이익을 감수할 수밖에 없었다. "통일령"(Act of Uniformity)은 모든 영국의 목회자들은 영국국교회의 교리들을 믿어야 하며 그것의 예식서에 따라 예배를 인도해야 한다는 법령이었다. 그렇게 하기를 거부하는 자들은 목회직에서 배제되었다. 침례교 장로교 회중교회 독립파 등의 목회자들은 "배제"(Rejection)의 십자가를 져야 했다. "집회령"(Conventicle Act)은 당국으로부터 정식 허락을 받지 않고 가족들 이외에 5명 이상의 사람들이 집회를 가지거나 예배를 드리게 되면 벌금형에 처해지게 되는 법령이었다. "5마일법"(Five-Mile Act)은 목회직을 박탈당한 목회자는 그 지역에서 5마일 이내에서는 설교나 교육이나 심지어는 거주를 할 수 없다는 법령이었다. "시험법"(Test Act)은 고위공직자들은 영국국교회 방식에 따라 행해지는 주의 만찬에만 참예해야 한다는 법이다. 이것은 로마가톨릭 화체설 미사에 참예하는 것을 금지하기 위한 것이었다.

318) Lumpkin, *Baptist Confessions of Faith*, 248.

된 웨스트민스터 신앙고백으로부터 받은 영향일 수도 있을 것이다.[319)]

성경 항목에서 첫 번째 문장은 다음과 같다: "성경은 모든 구원하는 지식과 믿음과 순종을 위한 유일하게 충분하고도 확실하고도 무오한 규범이다."[320)] 성경에 대해서 "무오한" (오류 없는, infallible)이라는 낱말이 사용된 것도 침례교신앙고백들 가운데에서는 "제2차 런던신앙고백"이 최초다. "외경"(Apocrypha)은 하나님의 영감을 받았다고 볼 수 없기 때문에 정경(Canon)에 포함될 수 없으며 따라서 하나님의 교회에서 권위를 가질 수 없다고 선언하고 있다.

또한 "성경의 권위는 당연히 믿어야 하는 것인데, 그것은 어떤 사람이나 교회의 증언에 의존하는 것이 아니라 저자이신 하나님에 전적으로 의존하는 것이며, 따라서 그것은 하나님의 말씀이기 때문에 받아들여야 한다"[321)]고 말하고 있다.

"제2차 런던신앙고백"이 칼빈주의 구원론에 입각하여 설립된 특수침례교회의 신앙고백인만큼 그러한 신앙색채를 강하게 진술하고 있다. "제2장 하나님과 삼위일체"(Chap II, 1, Of God and of the Holy Trinity) 항목에서는 "주님 우리 하나님은 유일하게 살아계시며 참이신 하나님이시며, 본질에 있어서 그 분은 스스로 존재와 완전함에 있어서 무한하시다"[322)]라고 진술하고 있다. 하나님은 삼위로 존재하시는 한 분 하나님이시며 절대주권을 가지고 계신 분임을 강조하고 있다.

"제3장 하나님의 법령"(Chap. III, 3, Of God's Decree)에서는 "예수 그리스도를 통하여 어떤 사람들과 천사들을 영생으로 예비하거나 예정하셨고…, 다른 사람들을 자신들의 죄 가운데 행하여 공의로운 심판을 받도록 내버려 두셨다"[323)]고 진술하고 있다. 최초 인류의 타락과 인간들과 천사들의 범죄가 하나님의 섭리 속에 포함되기는 하지만, 그러나 하나님은 "죄를 만드신 분도 아니요 죄를 승인하시는 분도 아니며 그럴 수도 없다"[324)]고 선언하고 있다.

이 신앙고백에서 특기할 것은 담임목사(pastor)에 해당하는 직분의 명칭을 "감독 혹은

---

319) Garret, *Baptist Theology*, 74.

320) Lumpkin, *Baptist Confessions of Faith*, 248. 제1장 성경의 1. "The Holy Scripture is the only sufficient, certain, and infallible rule of all saving Knowledge, Faith, and Obedience."

321) Ibid., 250. 제1장 성경의 4: "The Authority of the Holy Scripture for which it ought to be believed dependeth not upon the testimony of any man, or Church; but wholly upon God the Author thereof; therefore it is to be received, because it is the Word of God."

322) Ibid., 252. "The Lord our God is but one only living, and true God; whose subsistence is in and of himself, infinite in being, and perfection."

323) Ibid., 254. "Some men and Angels are predestinated, or foreordained to Eternal Life, through Jesus Christ.....; Others being left to act in their sin to their just condemnation."

324) Ibid., 257. "God neither is nor can be the author or approver of sins."

장로의 직분"(the office of Bishop, or Elder)(Chap. XXVI, 9, Of the Church)이라고 명기하고 있으며, 그 직분은 궁극적으로는 그리스도에 의해 임명되고 성령님에 의해 부르심을 받는 것인데, 교회 자체의 보통투표에 의해 선출된다고 진술하고 있다.[325)]

뱁티즘과 관련해서는 "하나님께 대한 회개와 우리 주 예수님을 향한 믿음과 순종을 실제로 고백하는 사람들이 이 의식의 유일하게 적절한 대상이다"[326)](Chap. XXIX, 2, Of Baptism)라고 진술함으로써 불신자들이나 유아들에 대한 뱁티즘을 배제하고 있다. 뱁티즘의 형식에 대해서는 "침수례, 즉 사람을 물 속에 빠뜨리는 것이 이 의식을 적절하게 수행하는데 필수적이다"[327)]라고 진술하면서 수침자들은 예수 그리스도의 죽으심과 부활하심에 연합하여 그 분과 교제하는 표시라고 말하고 있다.

"제2차 런던신앙고백"에서는 대륙의 아나뱁티스트들이 주장해 왔던 두 가지 교리들, 즉 맹세 반대(no oath)와 세속국가에서의 공직수임 반대(no civil magistracy)에 대해서는 무척 단호하게 거부하는 입장을 취하고 있다. "합법적인 맹세는 종교적인 예배의 한 부분이며 그 맹세를 통해서 사람은 진리와 공의와 심판을 선언하는 것이다"(Chap. XXIII, 1, Of Lawful Oaths and Vows)라고 진술하고 있다.[328)] 진리를 확증하기 위한 합법적인 맹세는 성경이 보장하는 것이며, "머뭇거림이나 정신적인 유보 없이" 단호하게 이루어져야 한다고 하였다.

단지 로마가톨릭 교황청이 요구하는 독신맹세나 가난맹세나 무조건적인 순종맹세 등은 미신적인 것이며 그리스도인들에게 스스로를 감금해 버리는 죄의 올무가 되는 것이라고 주장하고 있다.[329)]

또한 세속국가의 공무원들(Chap. XXIV, 2, Of the Civil Magistrate)은 하나님의 작정으로 인해서 공직을 수임 맡은 사람들이며, 따라서 "그리스도인들이 그러한 직에 부르심을 받았다면 세속공무원의 직을 떠맡아서 수행하는 것이 합법적인 것이다"라고 진술하고 있다.[330)] 그리스도인들은 "정당하고도 필요불가결한 전쟁들"(just and necessary wars)에서 군사적인

---

325) Ibid., 287. "The way appointed by *Christ* [sic] for the Calling of any person, fitted, and gifted by the Holy *Spirit* [sic], unto the Office of Bishop, or Elder, in a Church, is, that he be chosen thereunto by the common suffrage of the Church itself;"

326) Ibid., 291. "Those who do actually profess repentance towards God, faith in, and obedience, to our Lord Jesus, are the only proper subjects of this ordinance."

327) Ibid. "Immersion, or dipping of the person in water, is necessary to the due administration of this ordinance."

328) Ibid., 282. "A lawful Oath is a part of religious worship, wherein the person swearing in Truth, Righteousness, and Judgment."

329) Ibid., 283.

330) Ibid., 283-4. "It is lawful for Christians to Accept and Execute the office of a Magistrate, when called thereunto;"

임무를 수행할 수도 있으며, "우리는 왕들과 권위를 가진 자들을 위해서 간구와 기도를 해야 하는데, 그 이유는 그들 밑에서 우리는 모든 경건과 정직 가운데 조용하고 평화스러운 삶을 영위할 수 있기 때문이다"라고 말하고 있다.[331)]

"제2차 런던신앙고백"은 미국의 침례교회 역사에서도 의미있는 신앙고백이 되었다. 이 신앙고백은 1689년 런던에서 개최된 특수침례교회 총회에서 "총회 신앙고백"(Assembly Confession)이라는 이름으로 채택이 되었다. 이것이 벤자민 키취(Benjamin Keach)와 그의 아들 엘리아스 키치(Elias Keach)에 의해 일부가 수정되어 미국으로 도입이 되었다. 1707년에 최초로 결성된 필라델피아 침례교지방회(Philadelphia Baptist Association)에 의해 이 신앙고백이 채택되었는데, 1742년에 미국 최초의 침례교지방회 차원의 신앙고백인 "필라델피아 신앙고백"이 되었다. 이 때 "침례받은 신자들에 대한 안수"와 "시편찬송"에 관한 두 규정들이 필라델피아 신앙고백 속에 첨가되었다.[332)]

331) Ibid., 284. "we ought to make supplications and prayers for Kings, and all that are in Authority, that under them we may live a quiet and peaceable life, in all godliness and honest."
332) McBeth, *The Baptist Heritage*, 241-2.

제7장

윌리암 캐리와 근대선교운동의 발흥

침례교 사역자로서 필자는 침례교 신앙의 많은 좋은 점들에 대해 감사와 함께 긍지를 가지고 있다.[333] 그러나 무엇보다도 침례교인으로서의 자긍심은 기독교 역사에서 소위 "근대선교운동의 아버지"(The Father of Modern Missionary Movement)라는 별명을 가졌던 인물이 바로 침례교인이라는 사실이다. 인도에서 선교사역을 감당했던 영국의 침례교 선교사 윌리암 캐리가 바로 그 분이다. 1793년, 그가 선교사로 파송을 받아 대서양을 남하하여 아프리카 남단의 희망봉을 돌아 인도양을 거슬러 올라가 인도의 동북부 캘커타에 도착했을 당시의 기독교, 특히 개신교 기독교는 선교에 잠을 자고 있던 때였다.

윌리암 캐리가 수행했던 40여 년 동안의 인도(India) 선교사역은 단순히 인도라는 한 지역의 선교에 그친 것이 아니고, 그의 영향으로 인해서 거의 모든 개신교 교단들과 선교단체들이 세계선교에 눈을 뜨게 되었다는 점이다. 비로소 기독교가 유럽과 미국만의 종교가 아니라 세계의 종교가 되는 길을 열었다는 점에서, 윌리암 캐리의 선교가 갖는 역사적 의미는 중차대하다고 하겠다. 선교역사학자 케네스 라투렛(Kenneth Latourette)이 19세기를 프로테스탄트들의 세계선교를 위한 "위대한 세기"(The Great Century .of Protestant World Mission)[334] 라고 명명했는데, 그 시발점이 된 것이 바로 윌리암 캐리의 인도선교였다.

333) 침례교 신앙의 특징에 관해서는 김승진, "한국 침례교와 미국의 남침례교," 「한국 침례교 신앙의 특징」 (대전: 침례신학대학교출판부, 2000) 참조.

334) Kenneth Scott Latourette, *The 19th Century in Europe*, vol. I & II, *The 19th Century Outside Europe*, vol. III (Grand Rapids, MI: Zondervan Publishing House, 1958).

I. 윌리암 캐리의 출생과 성장[335)]

윌리암 캐리(William Carey, 1761-1834)는 1761년 8월 17일, 영국의 중남부 지역인 노스햄프턴셔의 주민 800여 명 정도의 작은 농촌 마을 폴러즈퍼리(Paulerspury, Northamptonshire)에서 태어났다.[336)] 아버지 에드먼드 캐리(Edmund Carey)와 어머니 엘리자베스(Elizabeth) 사이에서 태어난 다섯 자녀들 중 첫째였다. 윌리암이 태어났을 때는, 요한 웨슬레(John Wesley)가 58세의 나이로 영국 성도들의 심령부흥을 위해 본격적인 활동을 벌이고 있던 때였고, 조지 휫필드(George Whitefield)가 초교파적인 부흥집회를 인도하기 위해 신대륙을 향해 여섯 번째로 항해를 준비하던 때였다.

윌리암은 성경뿐 아니라 탐험이나 과학이나 역사와 관련된 책들을 많이 읽었다. 존 번연의 「천로역정」(*Pilgrim's Progress*)을 읽으며 순례자의 고난과 환희를 어렴풋이나마 이해하였을 것이다. 특히 어린 윌리암의 마음을 사로잡았던 책은 당시 영국사회에서 베스트 셀러들 가운데 하나였던 「쿡 선장의 마지막 항해 일지」(*Journal of Captain Cook's Last Voyages*)였다.[337)] 이 책은 윌리암으로 하여금 섬나라 영국 너머 광대한 바다가 있고 바다를 건너면 또 다른 세상이 있음을 일깨워 주었다.

특히 아버지의 동생이자 윌리암의 삼촌이었던 피터 아저씨(Uncle Peter)가 들려준 항해 이야기와 이국생활에 대한 설명은 캐리로 하여금 마음의 창을 세계로 향해 열도록 하였다. 피터 삼촌은 영국 군대에 입대한 후 대서양을 항해하기도 했으며, 캐나다에 주둔하여 프랑스 군대와의 전투에 참전하기도 했었다. 가족들과의 연락이 오랫 동안 단절된 후에 갑자기 고향으로 돌아온 그는 명석한 조카 윌리암을 특별히 사랑하여, 자신의 항해 모험담과 외국생활의 경험담을 들려주었고 그에게 미래를 향한 꿈을 심어 주었다.

그래서 모험심이 많았던 윌리암은 시골마을의 골목대장을 하면서 꼬마 졸병들로부터 "콜럼버스"(Columbus)라는 별명으로 불리웠다.[338)] 어린 시절부터 이미 윌리암 캐리는 넓은 바다와 광대한 세계를 향해 열린 마음을 가지고 있었다. 러벨(R. H. Lovell)은 "그 당시 캐리는 세계(world)라는 말의 참 의미를 이미 알고 있었다"[339)]라고 말하였다.

---

335) 제7장의 I-IV 부분은 「복음과 실천」 제33집 (2004년 봄)에 게재되었던 필자의 논문, "근대선교운동의 아버지 윌리암 캐리: 선교를 위한 준비"를 일부 수정하고 보완한 것이다.

336) Mark Galli, "The Man Who Wouldn't Give Up," *Christian History* (April 1992), 8.

337) McBeth, *The Baptist Heritage*, 184.

338) Timothy George, *Faithful Witness: The Life and Mission of William Carey*, 5.

339) S. Pearce Carey, *William Carey, D.D., Fellow of Linnaean Society* (New York: George H. Doran Company, 1923), 44.

II. 목회자로의 부르심

1. 청년기의 시련

침례의 성서적인 의미를 충분히 이해한 후, 자신의 삶을 주님께 온전히 헌신하겠다는 각오로 침례를 받은 윌리암 캐리는, 곧 이어 불신자들을 긍휼히 여기며 기회가 주어질 때마다 복음을 증거하였다. 영국 국교회에서 명목상의 신앙생활만을 영위해오던 부모와 형제들 그리고 가까운 친지들에게도 예수 그리스도의 복음을 증거하며 구원으로 초대하였다.

그러나 윌리암과 부인 도로시("돌리") 사이의 신혼가정에 큰 시련이 닥쳐왔다. 윌리암의 구둣방 수입으로는 여유있는 생활을 영위하기가 어려웠고, 특히 그들 사이에 태어난 첫딸 앤(Ann)이 2살이 되지 못해 열병을 앓다가 세상을 등지고 만 것이다. 윌리암 캐리 역시 같은 열병으로 거의 죽을 지경에까지 이르렀었는데, 이로 인해 그의 머리카락이 다 빠져 버려 평생 동안 대머리로 살아야 했고, 영국에서 생활할 때에는 항상 가발을 쓰고 다녀야 했다.[340] 엎친 데 덮친 격으로 아내 도로시의 언니의 남편, 즉 윌리암의 손위 동서 토마스 올드(Thomas Old)가 갑자기 세상을 떠남으로써 처형과 그녀의 네 자녀들을 돌아보아야 하는 처지가 되었다.

이러한 연속적인 시련들 속에서도 캐리는 꿀맛같은 하나님의 말씀을 경험하며 위로를 받았고, 성경을 연구하고 가르치는 일에 보람을 누리고 있었다. 그의 불타는 열망은 예수 그리스도를 더 많이 아는 것이었고 그리고 그 분을 더 많이 알리는 것이었다.

2. 물턴침례교회

하나님을 향한 사랑과 영혼구령의 열정을 가지고 있던 윌리암 캐리를 하나님은 숨어 있도록 내버려두지 않으셨다. 하나님은 윌리암 캐리를 복음의 사역자로 세우시기 위해 존 수트클립(John Sutcliff)이라는 바나바를 준비하셨다. 수트클립은 캐리의 인품과 은사를 이해하고 그를 자신이 목회하는 올리(Olney) 침례교회로 인도하였다. 이 교회는 1672년에 존 번연(John Bunyan)에 의해 개척된 교회로서 1775년 수트클립이 부임한 이후 크게 성장하여

340) 윌리암 캐리의 초상화는 대머리의 모습을 그린 것만이 남아 있는데, 1793년 인도선교사로 파송을 받아 대서양을 항해하면서 자신의 가발을 바다에 던져 버렸는데, 더 이상 외모에 신경쓰지 않고 오직 선교에만 헌신할 것을 다짐했다고 한다. George, *Faithful Witness: The Life and Mission of William Carey*, "Five Months at Sea," 86-90.

700여명의 좌석을 가진 교회당을 갖출 정도로 부흥하였다.[341]

수트클립은 지방회의 목사들을 초청한 자리에서 윌리암이 시험적으로 설교를 하도록 주선하였다. 그가 어떤 설교를 어떻게 했는지는 알 수 없으나, 선배 목사들이 봤을 때에는 아직 윌리암이 안수를 받기에는 부족한 점이 많았던지 그는 퇴짜를 맞았다. 아마 제대로 된 신학교육을 받지 못했던 것이 중요한 이유였을 것이다. 그러나 그는 실망하지 않고 말씀공부와 어학공부에 정진하였다. 드디어 1787년 8월 1일에 그의 나이 26살 때에 선배 목사들의 축복 속에 안수를 받고 물턴(Moulton) 침례교회의 담임목사로 세움을 받았다.

윌리암 캐리는 목자의 심정을 가지고 시골 마을의 가난한 성도들의 심령과 삶을 돌보았다. 물턴에서의 목회사역도 경제적으로 쪼들리기는 마찬가지였다. 그러나 하나님은 윌리암과 도로시(돌리) 부부에게 세 아들, 펠릭스(Felix), 윌리암(William), 피터(Peter)를 선물로 주시면서 그 가정을 축복해 주셨다. 비록 가난했을지라도 도로시의 결혼생활 가운데 가장 행복했던 시절은 바로 물턴에서의 목회 기간이었을 것이다. 도로시 역시 공개적으로 신앙을 고백한 후, 1787년 10월에 자신의 남편에게서 신자의 침례를 받으면서 주님께 더욱 헌신할 것을 다짐하였다.[342]

물턴 사역을 감당하면서 윌리암 캐리는 제임스 쿡(James Cook)이 남긴 자서전적인 항해일지를 읽고 큰 감동을 받았다. 남태평양의 여러 섬들의 이름을 처음으로 대하게 되었고, 지구 저 편에 다양한 인종의 사람들이 복음을 듣지 못한 채 살아가고 있다는 사실에 충격을 받았다. 제임스 쿡은 1779년 하와이 케알라케쿠아 만(Kealakekua Bay)에서 원주민들에 의해 살해되었는데, 이 사실도 윌리암으로서는 큰 충격으로 다가왔을 것이다. 그는 추후에 이렇게 적고 있다: "쿡 선장의 항해일지는 선교를 나의 마음에 품도록 했던 첫 번째 동기가 되었다."[343]

3. 레스터의 하비래인 침례교회

하나님은 캐리를 더 크게 쓰시고자 그를 도시 교회로 불러내셨다. 1789년 2월경부터 레스터(Licester) 시에 소재한 하비래인(Harvey Lane) 침례교회는 캐리를 새 담임목사 후보로 마음에 품고 기도하고 있었다. 그러나 물턴의 사랑하는 양들을 버리고 떠나는 것이 마음에 내키지 않았든지, 그는 아버지에게 이런 편지를 쓰면서 기도를 요청하였다: "제 마음은 둘

341) Ibid., 17.
342) Mark Galli, "The Man Who Wouldn't Give Up," 10.
343) Eustace Carey, *Memoir of William Carey*, 37.

로 나누어져 있습니다. 제가 세속적인 것만을 생각한다면 주저없이 떠날 것입니다. 그러나 이곳의 형편을 생각하면, … 어떻게 해야 할지 잘 모르겠습니다."[344]

그러나 하비래인 침례교회가 만장일치로 그를 새 담임목사로 결정했다는 소식을 접하자 캐리는 용기를 가지고 결단할 수 있었다. 1789년 5월 7일 그는 물턴 교회를 사임하고 새로운 사역지를 향해 이삿짐을 쌌다. 사례비는 약간 많아졌지만 도로시는 또 임신을 하고 있었고, 그는 목회사역을 감당하면서 구두 만드는 일과 야학을 인도하는 일을 계속해야만 했다.

아직 28살의 청년 목사에게는 도시 교회의 목회가 힘겨웠다. 하비래인 침례교회는 내부적으로 교리적인 논쟁에 휘말려 갈등을 겪고 있었다. 그것은 율법폐기론(antinomianism)과 관련된 문제였다.[345] 도덕적인 율법들(moral laws)이 은혜의 시대에 사는 성도들을 더 이상 구속할 수 없다고 믿는 사람들과 그렇지 않다고 주장하는 사람들 간의 갈등이었다. 그것은 다른 말로 하면 그 당시 유행하던 극단적 칼빈주의(Hyper-calvinism) 신앙의 문제이기도 했다. 인간의 운명이 절대주권을 가지신 하나님에 의해 예정적으로 정해져 있다고 믿는 사람들에게는, 인간의 책임적인 결단이나 최선을 다하는 도덕적인 행위가 별 의미가 없다고 여겼던 것이다.

결국 교회의 심각한 내분을 해결하기 위해 캐리는 중대한 결단을 내렸다. 일단 교회를 해체하고 새 교회가 정한 헌장과 신앙에 동조하는 신자들로 교회를 새롭게 시작한다는 선언이었다. 교회의 핵심적인 평신도 지도자들도 담임목사의 과감한 제안에 동의하였다. 결국 그들은 "신약성서에 따라 엄격하고 신실한 치리의 전통을 세우기 위하여"[346] 새로운 교회헌장에 공개적으로 서명을 하고 이에 동의하는 성도들로부터 서명을 받았다. 일부 나태한 신자들은 교회를 떠나는 아픔을 겪기도 했지만, 많은 신자들이 통회와 자백의 기도를 드렸고 결국 캐리의 지도력에 순응해 주어 목회에 새로운 출발을 하는 계기가 되었다.

---

344) Ibid., 61.
345) George, *Faithful Witness: The Life and Mission of William Carey*, 27.
346) Ibid.

III. 세계선교를 위한 호소

1. 동역자들에 대한 설득

하비레인(Harvey Lane) 침례교회가 안정기에 들어가면서 윌리암 캐리는 동료 목사들과의 교제의 폭을 넓히는 데 관심을 가졌고, 지방회 차원의 협력을 통해 선교에 관한 자신의 이상을 구체화하고자 노력하였다. 1791년 봄 새로운 헌장에 입각한 새로운 교회로서의 출발을 기념하는 예배에 동료 목사들을 초청하였다. 앤드류 풀러(Andrew Fuller), 존 라일랜드 2세(John Ryland Jr.), 존 수트클립(John Sutcliffe)이 참석을 했고, 캐리보다 5살 아래인 장래가 촉망되는 청년 목사 사무엘 피어스(Samuel Pearce)가 설교를 맡았다.

이들 동역자들은 그동안 영국의 특수침례교회를 지배하고 있던 극단적 칼빈주의 신앙과 반율법주의에 반기를 들면서, 회개를 하고 예수를 믿는 것은 죄인의 의무이며 복음을 담대히 모든 족속들에게 증거하고 전파하는 것은 교회의 책임이라는 사실을 확신하고 증거하였다. 특히 앤드류 풀러는 「모든 사람들이 받을만한 복음」(*The Gospel Worthy of All Acceptation*)이란 저술을 통해, 존 길(John Gill)의 극단적인 칼빈주의 신학을 비판하며 복음적이고(evangelical) 복음전도적인(evangelistic) 칼빈주의 신앙을 피력하였다. 이 책에 담긴 풀러의 신학은 윌리암 캐리의 선교운동에 이념과 철학의 기초를 제공해 주었다. 윌리암 캐리는 동역자들의 선교적인 열정을 반영하고 당시 세계에 대해 자신이 틈틈이 수집한 자료들을 정리하여 「질문서」(An Enquiry)라는 책을 저술하였다.

2. 노스햄프턴셔 침례교지방회 차원의 호소

한편 윌리암 캐리는 기회가 주어질 때마다 지방회 차원에서 동료 목사들에게 세계선교의 당위성과 급박성에 대하여 호소하였다. 1786년에 노스햄프턴셔(Northamptonshire) 침례교지방회의 목회자 친교모임(Ministers' Fraternal Meeting)에서 있었던 일이다.[347] 캐리는 한 가지 주제를 제시하며 함께 토론할 것을 제안하였는데, 그것은 사도들에게 유언의 말씀으로 주셨던 예수님의 지상명령(마 28:19-20)은 오늘날의 교회에도 여전히 유효한가 하는 것이었다. 물론 캐리의 의중은 예수님의 유언이 당연히 당시의 교회들과 성도들에게 유효하다는

347) Iain H. Murray, "William Carey: Climbing the Rainbow," *Evangelical Review of Theology*, vol. 17, no. 3 (July 1993): 359.

점을 역설하고자 했던 것이다.

그런데 사회를 맡았던 존 라일랜드 1세(John Ryland the Senior) 목사는 "여보게 젊은이, 자리에 앉게. 앉으라니까. 하나님이 이방인들을 개종하기를 기뻐하신다면, 그 분은 자네나 나의 도움 없이도 그 일을 행하실 걸세. 그렇지 않다면 또 다른 오순절 방언은사의 역사가 있어야 할 걸세!"라고 말하며 핀잔을 주었다는 일화가 있다.[348] 존 라일랜드 1세 역시 당시의 운명론적인 극단적 칼빈주의 신앙에 젖어 있었던 목사였다. 캐리는 이에 굴하지 않고 이방인들의 영혼을 구원하는 선교사역에 교회와 교회의 지도자들은 예수님의 명령에 전폭적으로 순종해야 한다는 소신을 확산시켜 나갔다.

1792년 5월 30일, 노스햄프턴셔(Northamptonshire) 지역의 침례교 목회자들이 노팅엄(Nottingham)에 소재한 프라이어 레인(Friar Lane) 침례교회에서 지방회 정기모임으로 모였다. 24개 교회로부터 17명의 목사들이 참석하였고 그 지역의 "천사"(The Angel) 여관에서 이틀을 머물면서 3일 동안 지방회의 회무를 논의하기도 하였고 하나님의 말씀을 들으며 심신을 새롭게 하였다.[349]

수요일 새벽 6시에 새벽기도회를 마치고 아침식사 교제를 한 후, 오전 10시에 폐회예배로 모였다. 설교자는 캐리로 내정되어 있었다. 성경 본문은 이사야 54장 2-3절("네 장막터를 넓히며 네 처소의 휘장을 아끼지 말고 널리 펴되 너의 줄을 길게 하며 너의 말뚝을 견고히 할지어다. 이는 네가 좌우로 퍼지며 네 자손은 열방을 얻으며 황폐한 성읍들로 사람 살 곳이 되게 할 것임이니라")이었다.

설교의 대지는 두 가지였다. 첫째는 "하나님으로부터 위대한 일들을 기대하라"(Expect Great Things from God)였고, 둘째는 "하나님을 위하여 위대한 일들을 시도하라"(Attempt Great Things for God)였다. "하나님으로부터"와 "하나님을 위하여"라는 구절은 원래의 설교에는 없었고 후대의 사람들에 의해 삽입이 되었다고 하지만,[350] 결국 내용은 그러한 의미였다. 먼저 교회와 구원받은 성도들은 세계선교를 위한 하나님의 위대한 비전을 하나님으로부터 받아야 함을 역설하였고, 동시에 그들은 하나님의 기대에 부응하기 위해 위대한 일들을 힘써 시도해야 함을 주장하였다. 물론 이 경우에도 교회와 성도들이 하나님의 능력을 의지하고 성령의 충만을 받아야 하는 것은 당연한 것이었다. 캐리는 이사야 선지자의 경고와 권면의 말씀을 신약적으로 적용하여, 하나님께서 교회를 회복시키실 것이며 회복된 교회를 통해서 세상 모든 민족들이 구원에 동참하는 것을 기대하신다는 사실을 생생하게 증거하

348) McBeth, *The Baptist Heritage*, 185.

349) Iain H. Murray, "William Carey: Climbing the Rainbow," 360.

350) George, *Faithful Witness: The Life and Mission of William Carey*, 32.

였다.

참석했던 거의 모든 목사들이 은혜받고 도전받았지만, 세계선교를 위한 구체적인 논의는 하지 못한 채 모임의 모든 순서를 마무리하려 하였다. 마쉬만(Marshman)은 이렇게 적고 있다: "캐리는 사회를 보고 있던 앤드류 풀러에게 다가가서 그의 옷소매를 당기며, 당황한 어조로 '이렇게 끝낼 겁니까? 선배님, 이번에도 아무런 조치 없이 이렇게 끝낼 작정이세요?'(Is there nothing again going to be done, sir?)라고 말하였다."[351]

이 순간은 기독교회의 역사, 특히 세계선교의 역사에서 매우 중요한 모멘트였다. 어찌 보면 경험 없고, 철없고, 예의 없는 젊은 후배 목사의 불안정하고 광신적인 행동이었을지 모르지만, 노스햄프턴셔 침례교지방회 목사들은 캐리의 제안을 진지하게 받아들였다. 모든 일정을 빨리 마치고 귀갓길을 재촉할 수도 있었겠지만, 그들은 세계선교를 위한 중요한 한 가지 결정을 한 후, 회의의 모든 순서를 종결하였다. 앤드류 풀러의 동의안이 가결되었다: "결의 – 이방인들에게 복음을 증거하기 위한 선교협회를 구성하기 위하여 케터링(Kettering)에서 모일 다음 목회자들의 회의 때까지 하나의 계획안을 마련할 것을 결의한다."[352]

이로써 근대선교운동의 문을 연 침례교선교협회(Baptist Missionary Society)의 결성을 위한 초석이 만들어졌다. 조지 스미스(George Smith)는 이렇게 적고 있다: "그 날 비로소 원대하고 하나님을 영화롭게 하고 선교지향적인 '희망의 신학'이 교회에 위탁되었다"(Nothing less than a grand, God-glorifying, mission-oriented 'theology of hope' was entrusted to the church that day).[353]

IV. 근대선교운동의 대헌장: 「질문서」

1792년은 근대선교운동에 있어서 여러 모로 중요한 의미를 갖는 해였다. 캐리의 "위대한 일들을 기대하라, 위대한 일들을 시도하라"는 설교가 6월 1일에 있었고, 4개월 후 10월 2일에 케터링(Kettering) 침례교회의 과부 성도 마르사 월러스(Martha Wallace)의 집에서 해외선교를 위한 특수침례교회의 자발적인 선교단체, "침례교선교협회"(BMS, Baptist Missionary Society)가 결성이 되었다. 그리고 이런 일들이 있기 전, 1792년 이른 봄에는 캐리의 선교신

---

351) John Clark Marshman, *The Life and Times of Carey, Marshman, and Ward: Embracing the History of the Serampore Mission I:15.* George, *Faithful Witness: The Life and Mission of William Carey*, 33에서 재인용.

352) McBeth, *The Baptist Heritage*, 185.

353) George Smith, *The Life of William Carey, Shoemaker and Missionary*, 227.

학과 구체적인 선교전략을 담은 「질문서」(*An Enquiry*)가 출판되었다.[354)]

캐리는 이미 물턴 목회사역을 시작하면서 성서 속에서 발견한 선교에 대한 하나님의 뜻을 글로 쓸 것을 생각하고 있었다. 구둣방을 겸업하면서 벽에 세계지도를 붙여놓기도 하였고, 쓰다 남은 가죽들을 오려서 각 대륙의 모양을 만들어 보기도 하였다. 그는 단지 지도만을 바라본 것이 아니라 지도 속에 살고 있는 이방인들을, 잃어버려진 영혼들로 그래서 찾아내야 하는 영혼들로 생각하며 선교의 꿈을 키워갔다. 그리고 틈틈이 당시의 세계인구와 기독교인들의 숫자, 구원받아야 할 영혼들의 숫자를 구체적으로 수집하고 분석하기도 했으며, 선교해야 할 지역의 문화와 관습 등에 대해서도 연구를 하였다. 이 소책자는 서론과 다섯 개의 장으로 구성되어 있다.

확실히 이 「질문서」(*An Enquiry*)는 근대선교운동을 촉발시킨 대헌장(Magna Carta)이요, 선교사를 위한 선교의 지침서(Guide)요, 19세기를 선교를 위한 "위대한 세기"로 만든 선언문(Manifesto)이었다.[355)] 조지 스미스(George Smith)는 이 소책자를 이렇게 평가하였다:

> 「질문서」는 그 자체로서 문헌적인 가치를 지니고 있다. 당시 세계에 관한 통계학과 지리학에 기여한 책이며, 대학을 졸업한 사람도 제대로 쓸 수 없을 만큼 교양 넘치는 글이고 완벽한 글이다. 서른 살도 되지 않았고 구두장이에 불과했던 케리가 가졌던 것과 같은 동기로 그러한 글을 쓸 수 있는 사람은 아무도 없었을 것이다. 그는 전 세계를 조망하고 있었고, … 정확성을 가지고 그 결과를 예측하고 있었다. 그의 글은 오늘날의 지성인들도 찬탄하지 않을 수 없는 탁월한 글이다.[356)]

---

354) McBeth, *The Baptist Heritage*, 185. 「질문서」(*An Enquiry*)는 87 페이지로 이루어진 소책자로서 버밍햄(Birmingham) 시에 사는 토마스 폿츠(Thomas Potts) 집사의 재정지원(10파운드)을 받아, 레스터(Leicester)에 사는 앤 아일랜드(Ann Ireland)라고 하는 여성출판업자에 의해 발간되었다. 가격은 그 당시의 화폐단위로 1실링 6펜스였다. 책의 앞표지에 적힌 원래의 책제목은 꽤 길어서 제목 자체만 보아도 책의 전체적인 내용을 짐작할 수 있다: 「이방인들의 개종을 위하여 그리스도인들이 다양한 수단들을 사용할 의무에 관한 질문서, 세계 여러 나라들의 종교적인 상태, 이전의 성공적인 선교활동들, 미래의 선교활동들의 가능성 등에 관한 고려, 윌리암 케리 지음」(*An Enquiry into the Obligations of Christians, to Use Means for the Conversion of the Heathens, In Which the Religious State of the Different Nations of the World, the Success of Former Undertakings, and the Practicability of Further Undertakings, Are Considered, by William Carey*). George, *Faithful Witness: The Life and Mission of William Carey*, 부록 An Enquiry, E. 1.

355) McBeth, *The Baptist Heritage*, 185: George, *Faithful Witness: The Life and Mission of William Carey*, 21-2.

356) George Smith, *The Life of William Carer, Shoemaker and Missionary*, vi.

V. 선교지 인도를 향한 출발 준비[357)]

1. 토마스 박사와의 만남

1792년은 개신교 근대선교운동에 있어서 중요한 의미를 가지는 해였다. 「질문서」가 출간된 것이 1792년 봄이었다.[358)] 또한 캐리가 노스햄프턴(Northampton) 침례교지방회 석상에서 목회자들에게 "위대한 일들을 기대하라, 위대한 일들을 시도하라"(Expect Great Things, Attempt Great Things)는 주제로 해외선교 의식을 고취했던 것이 6월 1일이었다.[359)] 그리고 앤드류 풀러가 목회하던 케터링(Kettering) 침례교회의 과부성도 마르싸 월러스 자매(Martha Wallace)의 집에서 "침례교선교협회"(BMS)를 결성했던 것이 10월 2일이었다.[360)]

침례교선교협회가 결성된 지 얼마 후에 협회 앞으로 편지 1통이 당도하였다. 인도 벵갈지역에서 의사로 개업했던 적이 있는 존 토마스(John Thomas) 박사가 보내 온 편지였다. 토마스는 당시 영국에 체류하면서 벵갈지역 선교를 위한 모금활동을 하고 있었고 자신을 도와서 함께 사역할 동역자들을 찾고 있었다. 그러던 차에 침례교선교협회가 창립되었다는 소식을 듣고 편지를 보내온 것이었다.[361)]

선교협회에서는 토마스 박사에게 1793년 1월 10일에 예정되어 있는 임원 모임에 참석해 줄 것을 요청하였다. 앤드류 풀러(Andrew Fuller), 존 라일랜드 2세(John Ryland, Jr.), 레이놀드 호그(Reynold Hogg), 존 수트클리프(John Sutcliff) 등 협회 임원들과 함께 윌리암 캐리는 케터링(Kettering)에서 토마스 박사와 극적인 만남을 가지게 되었다. 캐리와 토마스는 선교라고 하는 공통관심사로 인해 쉽게 친구가 될 수 있었다. 캐리와 선교협회 임원들은 인도에 관해서 쉴 새 없이 질문을 퍼부었다.

인도의 종교적 상황, 인도인들의 극심한 가난과 영적인 갈급함, 쉽게 허물어질 수 없는 불평등한 카스트 신분제도, 인도인들의 반기독교적이고 비인간적인 악습들 등에 관해 들으면서, 캐리는 인도인들을 향한 연민의 정을 억누를 수 없었다. 캐리는 스스로 결심을 굳힌 후 침례교선교협회 임원들에게 힘주어 말하였다: "제가 인도로 가겠습니다. 제가 가면 여기 남아 있는 여러분들은 저를 후원해 주십시오."[362)]

---

357) 제7장의 V-IX 부분은 「복음과 실천」 제47집 (2011년 봄)에 게재된 필자의 논문, "William Carey의 인도 선교사역"을 일부 수정하고 보완한 것이다.

358) Smith, *The Life of William Carer, Shoemaker and Missionary*, 74.

359) Ibid.

360) Ibid.

361) Kellsye Finnie, 「윌리암 캐리」, 김명희 역 (서울: 죠이선교회출판부, 1995), 44.

2. 가족들에 대한 설득

인도선교를 결심한 캐리에게는 해결해야 할 과제가 남아 있었다. 자신이 담임목회 사역을 하고 있던 레스터(Leicester) 시의 하비래인(Harvey Lane) 침례교회 성도들은, 평소에 선교에 관한 설교를 자주 들었고 선교의식이 많이 고취되어 있기 때문에, 담임목사의 결정을 별 무리 없이 이해해 주리라 생각되었다. 문제는 아내 도로시의 동의를 얻고 아버지의 허락을 받는 일이었다. 아내인 도로시(Dorothy "Dolly" Plackett)는 자신이 태어난 마을에서 40km 이상을 벗어난 적이 없었다. 특히 그녀의 성격은 소심했고 겁이 많았다. 무엇보다도 아내는 네 번째 아이를 임신 중이었고 5월경에는 출산을 할 예정이었다.[363] 캐리의 이야기를 듣고 난 아내의 반응은 예상했던대로였다:

> 도대체 그게 무슨 소리예요? 이제 얼마 있으면 아이를 해산해야 하는데 나더러 인도에 가자니 당신 제 정신이에요? 맙소사! 아니, 당신이 지금 영국에서 하는 일도 모자라서 그래요? 그리고 우리 아이들을 좀 생각해 보세요. 펠릭스, 윌리암, 피터, 이 아이들이 인도에서 풍토병이라도 걸리면 어떻게 할 거예요? 이미 아이 둘을 땅에 묻었는데 또 다시 아이들을 잃으라는 말인가? … 그리고 항해라니요? 엄청난 바다를 조그만 배를 타고 건너야 하다니, 난 너무 무서워요. 그렇게는 못해요. 생각만 해도 몸서리가 쳐진다구요![364]

캐리는 모든 것을 하나님의 손에 맡기자고 했지만 도로시의 태도는 단호했다. 이제는 아버지 차례였다. 그는 아버지에게 다음과 같은 내용의 편지를 써서 동의를 구했다:

> 존경하는 아버지께
> 복음의 진수는 오직 하나님을 위한 삶을 사는 것입니다. 바울은 "형제들아, 내가 하나님의 모든 자비하심으로 너희를 권하노니 너희 몸을 하나님이 기뻐하시는 거룩한 산 제사(제물)로 드리라. 이는 너희가 드릴 영적 예배니라"고 했습니다. 거룩한 일에 살아있는 제물로 드려지는 헌신이야말로 그리스도인의 위대한 사명이겠지요…. 저는 동인도에 있는 벵갈(Bengal)로 힌두인들(the Hindus)을 위한 선교사로 갈 것을 임명받았습니다.

362) Ibid., 46.

363) 도로시 "돌리" 플레킷은 윌리암 캐리보다 6살 연상이었다. 그리고 그녀는 정식학교를 다닌 적이 없었던 일자무식이었다. 그녀는 결혼식을 마치고 혼인서약을 할 때 영어로 싸인을 할 수 없어서 단지 X라고 표시를 했다고 한다. 결혼 후 캐리의 도움을 받으며 글공부를 하였다고 한다. McBeth, *The Baptist Heritage*, 186.

364) Janet and Geoff Benge, 「윌리암 캐리」, 안정임 역 (서울: 도서출판 예수전도단, 2010), 80-1.

> 사랑하는 아버지,
> 저는 아버지께서 주님을 위하여 가장 힘들겠지만 영광스럽고 중요한 일을 감당할 수 있도록 저를 복종케 해 주시기를 희망합니다. 이 일은 누군가는 감당해야 할 일입니다. 제가 감당해야 할 희생이 많겠지요. 무엇보다도 사랑하는 가족들과 많은 친애하는 친구들과 헤어져야만 한다는 것입니다. 그러나 저는 주님이 부르신 사명을 이루기 위하여 달려갈 준비를 하고 있습니다. 저는 이미 나의 손으로 쟁기를 꼭 붙잡았습니다(But I have set my hands to the plough).
>
> 1793년 1월 17일 레스터에서,
> 아들의 본분을 다하고자 애쓰는 윌리암 드림[365]

캐리의 여동생 폴리가 나중에 전해 준 말에 의하면, 그 편지를 읽은 아버지가 크게 화를 내며 이렇게 소리질러 말했다고 한다: "윌리암이 정신이 나간 게 아니냐! 영국에서 해야 할 사명을 제쳐두고 도대체 어디로 간다는 게냐? 아내하고 아이들은 어쩌고?"[366] 캐리의 아버지 역시 윌리암이 인도로 가겠다고 계속 고집을 부린다면, 다시는 아들을 보지 않겠노라고 엄포를 놓았다고 한다.

VI. 초창기 정착의 힘겨운 과정

1. 인도 도착

항해 중에 역풍을 만나 목적지와 반대방향으로 항해를 하기도 했고, 거센 비바람으로 인해 풍랑을 겪기도 했고, 작열하는 태양볕에 열병을 앓기도 했지만, 캐리는 앞으로 펼쳐질 선교사역으로 인해 가슴이 설레었다. 선상에서 틈나는대로 토마스로부터 벵갈어를 배웠다. 항해 중 어느 날 밤에 캐리는 갑판에 올라가 평소에 항상 머리에 쓰고 다녔던 가발을 벗어 인도양 바다 속에 던져 버렸다. 하나님께 헌신한 선교사로서 이제 더 이상 외모에 연연할 필요를 느끼지 않았기 때문이었다. 드디어 1793년 11월 14일, 다섯 달 동안의 항해 끝에 토마스와 캐리 가족 일행은 캘커타(Calcutta, 꼴까따) 항구에 당도하였다.[367]

캐리에게 있어 인도는 사랑스러운 자녀와 같았지만,[368] 인도는 캐리에게 그렇게 사랑스

365) Carey's letter to his Father, Leicester, January 17, 1793; George, *Faithful Witness: The Life and Mission of William Carey*, 74.
366) Janet and Geoff Benge, 「윌리암 캐리」, 82-3.
367) George, *Faithful Witness: The Life and Mission of William Carey*, 91.

러운 곳이 되지 못했다. 영국 동인도회사가 경제권을 장악하고 있던 캘커타 지역은 선교사들에 대해 냉담하거나 적대적이었다. 인도땅에 도착한 캐리와 그의 일행은 마치 불법체류자처럼 취급을 받으며 두려움과 불안감을 가지고 생활해야 했다. 그렇지만 캐리는 자신이 인도땅을 자신의 발로 밟고 있다는 사실이 꿈만 같았다.

캐리의 눈 앞에는 영국에서는 볼 수 없었던 온갖 희한한 모습들이 펼쳐졌다. 시장에 가면 한번도 본 적이 없는 과일들과 야채들이 땅바닥에 널려 있었고, 검은 피부의 인도 여인들이 "사리"라고 하는 화려한 빛깔의 긴 옷을 입고 여유롭게 길을 거닐고 있었다. 남자들은 머리에 터반을 두르고 "파자마"라고 불리우는 품이 넓은 면바지를 입고 있었다. 캐리는 자신이 마치 환상 속의 모험담에 나오는 주인공처럼 느껴지기도 했다.[369]

2. 정착을 위한 노력과 시련

토마스 박사는 다른 배로 먼저 떠나보낸 부인과 딸을 수소문하여 그리 어렵지 않게 찾을 수 있었다. 그런데 인도에 도착한 지 두 주만에 벌써 재정이 바닥나고 있었다. 결국 토마스 박사와 캐리는 가족들을 이끌고 캘커타에서 보트를 타고 50km 정도 후글리 강(Hooghly River)을 거슬러 올라가서 벤델(Bendel)이라는 포르투갈인 동네로 거처를 옮겼다. 집 한 채를 세내어 캐리의 여섯 식구와 처제 키티(Kitty, Catherine)가 한 방을 쓰고, 토마스 가족이 한 방을, 그리고 토마스가 과거에 전도했던 현지인 람 보슈(Ram Boshu)는 뒷채에 딸린 작은 방을 혼자 쓰기로 하였다. 비록 누추하고 불편하고 모기가 극성을 부리는 곳이긴 했지만, 캐리는 후글리 강을 오르내리며 인도인들에게 인사를 건네고 얼굴을 익히며 말을 틀 수 있어서 너무나 행복했다. 언젠가 이들에게 예수 그리스도의 복음을 증거할 수 있을 것이기 때문이었다.[370]

캐리의 가족은 머물 집도 없고 가진 돈도 별로 없는 상태였다. 캐리 가족의 딱함을 곁에서 지켜 본 현지인 람 보슈가 거처를 알선해 주었다. 캘커타 북쪽 마니크톨라(Manicktolla)라는 곳이었는데, 그 곳은 늪지대로 말라리아를 옮기는 모기들이 우글거리는 곳이었다. 마니크톨라에 온 지 얼마 되지 않아 도로시와 펠릭스와 윌리암 2세는 이질에 걸려 몇일 동안 계속해서 설사를 해야 했다.[371] 캐리를 둘러싼 상황은 우울감과 절망감만을 안겨 주었

368) Finnie, 「윌리암 캐리」, 58.
369) Janet and Geoff Benge, 「윌리암 캐리」, 126-8.
370) Ibid. 134.
371) Ibid., 136-7.

지만, 자신을 신뢰하셔서 쓰고자 하시는 신실하신 하나님을 바라볼 때 불편하고 어려운 환경은 별 문제가 되지 않았다. 그는 1794년 1월 17일 일기에 이렇게 썼다:

> 저녁 무렵에 나는 하나님의 부요하심과 약속에 대한 신실하심을 느꼈다. 나는 모든 근심을 하나님께 내어 맡길 수 있었다…. 하나님은 모든 것을 알고 계시고 선교에 깊은 관심을 가지고 계신다. 나는 설사 내 생명을 잃어버린다고 할지라도 나에게 이런 일이 맡겨진 것으로 기뻐하고 기뻐하리라.[372]

캐리는 순다르반즈의 데바타(Debhatta, Sundarbans)에 가면 3년 동안 무료로 농사를 지을 수 있는 땅이 있다는 소식을 들었다. 그 곳은 캘커타에서 동쪽으로 64km 정도 떨어져 있는 곳인데, 갠지스강의 지류가 흐르는 늪 지대였다. 그는 또다시 가족들을 이끌고 3일 동안 배를 타고 그 곳에 도착하였다. 그는 얼기설기 대나무들을 엮어서 임시 거처를 만들었다.

그런데 그 곳에는 소금채취업을 하는 찰스 쇼트(Charles Short)라는 영국인이 살고 있었는데, 영국인들이 자기 마을에 왔다는 소식을 듣고 그들을 반겨 주었다. 그는 크리스천도 아니었고 캐리의 선교사역에 적극적으로 협조하는 사람도 아니었지만, 따뜻한 마음씨를 가지고 있던 사람이었다. 그는 도로시의 여동생인 캐써린(Catherine, Kitty)에게 호감을 가졌고, 결국 두 사람은 서로 사랑하게 되어 1794년 11월 15일에 결혼식을 올렸다.[373]

캐리는 데바타가 마음에 들었다. 생활거처에 어느 정도 안정을 얻게 된 캐리는 정글지역을 개간하여 경작할 땅을 확보하였고, 땅 한 쪽 구석에 울타리를 세워 정원을 만들고 거기에다 야채를 심었다. 가끔 출현하는 호랑이가 무서워서 마을을 떠났던 원주민들이, 총을 가진 영국인들이 와서 사는 것을 보고 다시 돌아왔다. 캐리는 그들에게 복음을 전하기도 하고 예배에 함께 참석할 것을 권하기도 하였다. 비로소 캐리는 자신이 선교사로서의 사명을 감당하고 있다는 뿌듯함을 느끼게 되었다.

데바타에서 비교적 안정된 일상생활을 하며 선교사역에 매진하고 있던 캐리에게 편지가 1통 배달되었다. 말다(Malda)에 있는 토마스로부터 온 것이었는데, 무드나바티(Mudnabatty)에 있는 인디고 공장 감독 자리에 캐리를 추천하였다는 내용이었다. 소유자인 조지 우드니(George Udny)씨가 연봉 250파운드를 지급할 것을 약속하였다는 것이다.[374] 이 금액이면 가족들의

372) Finnie, 「윌리암 캐리」, 62.

373) George, *Faithful Witness: The Life and Mission of William Carey,* 101.

374) A. Dakin, *William Carey: Shoemaker, Linguist, Missionary* (Nashville: Broadman Press, n. d.), 51. "인디고"란 식물로부터 채취하여 만드는 일종의 염색약이다.

생계는 물론 선교사역에도 큰 보탬이 되는 금액이었다. 무엇보다도 우드니씨는 독실한 크리스천으로서 캐리의 선교사역을 적극적으로 후원하고자 하는 사람이었다. 캐리는 이 제안이 하나님의 섭리와 도우심임을 확신하며, 볏짚으로 된 덮개밖에 없는 작은 배를 타고 480km의 뱃길을 3주일 동안 가야 하는 여정을 개의치 않았다.

말다에서 북쪽으로 50km 정도 떨어진 무드나바티는 캐리의 초창기 인도 선교사역에서 중요한 곳이 되었다. 안정적인 일터와 상당한 수입이 보장되었다. 인도 원주민들과 접촉할 수 있는 기회도 많았고 그들에게 복음을 증거할 수도 있었다. 더욱이 그는 이곳에서 벵갈어를 공부하며 쪽복음을 번역하기도 하였다. 주일날이면 캐리의 직장 동료들뿐만 아니라 회교도들과 힌두교도들도 캐리의 설교를 들으러 왔고, 오후가 되면 인근마을에 가서 노방전도를 하기도 하였다. 캐리는 처음에는 인도의 신과 인도인들의 신앙을 주제 삼아 이야기를 나누다가 점차 그리스도로 말미암는 구원의 메시지로 대화를 이끌어 갔다. 캐리는 말다(Malda)에 유럽인들을 위한 침례교회를 설립하였다.[375]

무드나바티에서 항상 좋은 일만 생기지 않았다. 다섯 살된 아들 피터가 설사와 구토를 하다가 열병에 걸려 시름시름 앓다가 눈을 감았다. 셋째 아들의 죽음은 도로시의 마음에 큰 상처를 안겨 주었다. 결국 아버지 때문에 아들이 죽은 것이라고 생각하며 도로시는 남편을 원망했다.[376] 그러한 상황 속에서 무드나바티에서 1796년 1월에 또다른 아들 막내 조나단(Jonathan)이 태어났다. 이제 여동생 캐써린도 함께 하지 않아, 도로시의 정신상태는 점차 황폐해지기 시작했다.

VII. 세람포어 미션의 창립과 선교사역

1. 번역사역

무드나바티에 온 지 2년째 되던 해부터 캐리는 산스크리트어(Sanscrit) 공부의 필요성을 절실히 느꼈다. 산스크리트어는 인도의 귀족계급에서 통용되는 말이었고 인도에서 통용되는 모든 방언들 가운데에서 단연 으뜸인 언어였기 때문이다. 인도의 고전들이 이 언어로 기록되었다.[377] 또한 힌두 사람들과 대화를 하고 힌두어로 설교를 할 수 있도록 힌두어도

375) Finnie, 「윌리암 캐리」, 71.

376) George, *Faithful Witness: The Life and Mission of William Carey,* 108.

377) 산스크리트어는 기원 전 1,000년 경에 인도에서 사용하던 고대언어였다. 라틴어, 영어, 그리스어, 독일

열심히 공부했다. 동시에 성경을 벵갈어로 번역하는 작업을 꾸준히 진행하였다. 1797년초 선교보고서에 캐리는 "드디어 신약성경이 벵갈어로 번역되어 나왔습니다. 이것은 다이아몬드보다도 더 귀한 보물입니다"[378]라고 썼다.

신약성경을 인쇄하기 위한 활자들을 영국으로부터 들여온다면 4,000파운드의 돈이 필요했다. 성경 인쇄는 실현불가능한 꿈만 같았는데, 1797년말경에 인도 최초로 활자 주물공장이 캘커타에 세워졌고, 또 누가 중고 인쇄기를 46파운드에 팔겠다고 나섰다. 우드니(Udny)씨는 이 소식을 듣고, 그 인쇄기를 사서 캐리에게 기증해 주었다.[379]

신약성서를 벵갈어로 번역하여 인쇄한 것은 캐리의 선교사역에서 큰 획을 긋는 쾌거였다. 이제 벵갈어를 이해하는 인도의 토착민들이 스스로 하나님의 말씀을 읽을 수 있게 된 것이다. 캐리는 인도 6개 방언으로 구신약 전권을, 24개 방언으로 신약을, 그리고 10개 방언으로 성경의 일부를 번역하였다.[380]

2. 후배 선교동역자들과의 합류

또 한 가지 반가운 소식은 침례교선교협회에서 캐리와 토마스를 이어 두 번째 선교사인 존 파운틴(John Fountain)을 파송해 주었다. 그는 캐리의 고향에서 가까운 곳인 러틀랜드(Rutland) 출신이었는데, 1796년 9월에 인도에 도착하였다.[381] 또 다른 선교사들 일행도 인도땅을 밟았다. 윌리암 워드(William Ward), 조슈아 마쉬만(Joshua Marshman)과 그의 아내 한나(Hannah)와 두 자녀들, 다니엘 브런드선(Daniel Brundson), 윌리암 그랜트(William Grant)와 그의 아내와 두 자녀들, 그리고 파운틴 선교사의 약혼녀인 메어리 티드(Miss Mary Tidd)양 등이 미국 여객선 크라이티어리온(Criterion)호를 타고 1799년 10월 5일에 인도에 당도하였다.[382]

이들은 영국의 동인도회사가 관장하는 캘커타에 도착하기 전에 작은 보우트를 갈아타고, 덴마크 영(領)인 세람포어(Serampore)로 들어왔다. 그들은 기독교에 우호적이었던 덴마

어와 같은 유럽의 언어들도 산스크리트어에 어원을 두고 있었다. 벵갈어도 산스크리트어에서 파생된 말이 많았다. 산스크리트어를 알게 되면 벵갈어 단어의 의미를 이해하기가 훨씬 쉬워진다. Janet and Geoff Benge, 「윌리암 캐리」, 173.

378) Finnie, 「윌리암 캐리」, 76.

379) Ibid. 77.

380) Paul E. Pierson, 「선교학적 관점에서 본 기독교 선교운동사」, 임윤택 역 (서울: 기독교문서선교회, 2009), 432.

381) George, *Faithful Witness: The Life and Mission of William Carey*, 115.

382) Dakin, *William Carey: Shoemaker, Linguist, Missionary*, 56.

크 총독 바이 대령(Colonel Bie)의 보호를 받았다. 그런데 그랜트 선교사는 인도에 도착한 지 3주도 안 되어 열병을 앓다가 하나님 품에 안겼다.

이 당시 캐리가 경영하던 인디고 공장이 계속된 폭우를 동반한 악천후로 인해서 큰 어려움을 겪게 되었고, 소유주 우드니씨도 사업을 접겠다는 결단을 하였다. 캐리는 아직 인디고 사업허가증의 유효기간이 3년이나 남아 있었기 때문에 캘커타에서 동남쪽으로 20km 떨어져 있는 키더푸르(Khidurpur)에 있는 인디고 공장을 인수하였다. 그런데 때마침 동료선교사들이 대거 입국했다는 소식을 접하고는, 이제 그들과 함께 본격적인 선교사역을 감당할 때가 되었다고 생각했다.

3. 세람포어 미션

결국 캐리는 키더푸르에서의 인디고 사업을 처분하기로 결단하고, 자유로운 선교활동이 보장된 세람포어(Serampore)에서 동료들과 함께 선교사역에 전념하기로 재헌신하였다. 그와 가족들은 1800년 1월 10일에 삶과 사역의 닻을 세람포어에 내렸다.[383] 세람포어는 영국령인 캘커타로부터는 배로 2시간 거리에 있었던 덴마크 영(領) 마을이었다. 그 곳을 통치하던 덴마크 총독(Danish Governor) 바이 대령(Colonel Bie)은 기독교와 기독교선교에 대해서 매우 호의적인 사람이었다.

캐리는 선교사들이 공동체적인 가족생활을 하면서 서로 협력하는 선교공동체를 구상하였다. 그래서 그는 600파운드를 지불하고 꽤 큰 집을 장만하였다.[384] 선교사 가족들이 각각 사용할 수 있는 방들, 예배실, 식당, 인쇄실 등을 마련하였다. 선교사 가족들은 각각 독립된 생활공간이 주어졌지만, 식사만은 모두 한 자리에 모여 함께 하도록 하였다. 토요일 저녁에는 모두가 한 자리에 모여 허심탄회하게 대화를 하면서 사랑의 교제를 돈독하게 나누었다. 그리고 각 가정에서 벌어들이는 수입은 모아서 공동으로 관리하도록 하였다. 이렇게 하여 1800년에 세람포어 미션(Serampore Mission)이 창립되었다.[385]

4. 첫 개종자 크리쉬나 팔

1800년도에 캐리에게 있어서 무엇보다도 기쁘고 보람 있었던 일은 최초의 개종자를 얻

383) Finnie, 「윌리암 캐리」, 84.
384) Dakin, *William Carey: Shoemaker, Linguist, Missionary*, 58.
385) Ibid., 58-9.

었다는 사실이었다. 선교사로서 인도에 들어온 지 7년이 지났고 그동안 부지런히 복음을 전하고 설교를 해 왔었다. 그런데 기독교에 대해 호의적인 태도를 취하는 현지인들은 많았지만, 예수 그리스도를 마음 속으로 영접하는 결단(decision)을 하는 사람은 한 사람도 없었던 것이 캐리의 마음을 안타깝게 했다. 개종자를 얻지 못한 선교사는 스스로를 무능한 자, 나태한 자, 열매를 맺지 못하는 자로 자책할 수 있었다. 그런데 하나님께서 한 영혼을 만나게 해 주셨다. 크리쉬나 팔이라는 인도인이었다.[386)]

세람포어에 사는 크리쉬나 팔(Krishna Pal)은 목수였다. 그가 어느 날 자녀들을 데리고 후글리(Hooghli) 강에 목욕을 하러 갔다가 강둑에서 미끌어져 어깨뼈가 어긋나는 사고를 당하였다. 그는 맏아들에게 근처에 있는 선교사 집에 가서 도움을 청하라고 지시하였다. 때마침 캐리를 방문하기 위해 온 토마스 박사가 소년의 이야기를 듣고, 캐리와 조슈아 마쉬만과 함께 달려갔다. 그들은 크리쉬나 팔을 나무판에 묶어 놓고 토마스 박사가 어깨뼈를 제자리에 맞추어 주었다. 통증이 완화되자 토마스 박사가 그에게 예수 그리스도의 복음을 증거하였다.

이튿날 캐리가 크리쉬나 팔의 집을 심방하게 되었는데, 고쿨(Gokul)이라는 친구를 초대해 두고 있었다. 캐리는 그들에게 예수 그리스도의 십자가 죽음 속에 감추인 하나님의 사랑에 관해 이야기해 주었다. 결국 1800년 12월 22일에 크리쉬나 팔과 고쿨은 기독교로 개종하겠다는 의사를 분명하게 밝혔다.[387)]

캐리로서는 가장 기쁘고 행복한 날이었다. 지난 7년 간의 노력이 결실을 맺어 드디어 2명의 인도인이 예수 그리스도를 따르는 제자가 된 것이다. 1800년 12월 28일, 신앙고백에 근거한 신자의 침례가 인도 땅에서 최초로 베풀어졌는데, 수침자는 크리쉬나 팔과 캐리의 큰 아들 펠릭스였다. 캐리는 이렇게 선교보고서를 작성하였다:

> 12월 29일: 어제는 큰 기쁨의 날이었습니다. 첫 힌두인인 크리쉬나와 나의 아들 펠릭스에게 침례를 베풂으로써 궁가(the Gunga-힌두교의 신들 가운데 하나-필자 주)를 부끄럽게 했으니 행복했습니다. 어떤 사정이 있어 고쿨과 두 여인에 대한 침례는 연기되었습니다. 그러나 담대하게 혼자 걸어나온 크리쉬나의 모습은 우리 모두를 크게 기쁘게 했습니다. 침례식과 주의 만찬식에서 그가 매우 기뻐하였습니다. 우리 집 앞 대문 앞에 강이 흐르는데, 그것은 그레이브센드(Gravesend)에 있는 테임즈 강처럼 넓다고 생각합니다. 우리는 오전에 침례식을 행하려 했는데 조수가 밀려 들어와 오후 1시까지 연기할 수밖에 없었습니다. 침례식은 영어설교 후에 거행되었습니다. 총독님과 많은 수의 유럽인들이 참석을 했습니다. 워드(Ward) 형제가 요

386) Ibid., 60.
387) Janet and Geoff Benge, 「윌리암 캐리」, 196-7.

> 한복음 5장 39절을 본문으로 "성경을 상고하자"는 제목으로 영어로 설교했습니다. 우리는 강변으로 갔는데, 내가 벵갈어로 찬송을 부른 후에 짧막한 설교를 하였습니다. 나는 먼저 내 아들에게, 그리고 크리쉬나에게 침례를 베풀었습니다. 4시 30분에 나는 주의 만찬 예배를 인도하였습니다. 마음을 시원케 해 주는 시간이었습니다(a time of real refreshing it was).[388]

1803년초에는 브라만 계급에 있던 한 청년이 예수를 믿었다. 그 해에 그 청년이 크리쉬나 팔의 딸과 결혼을 함으로써 인도 최초로 그리스도인 부부가 탄생하게 되었다.[389] 크리쉬나의 개종으로 인해 세람포어 미션의 선교활동은 활력을 얻게 되었다. 1810년경에는 개종자가 300여 명으로 늘어났다.[390] 성경번역 및 수정작업도 많은 진전이 있었다. 1801년 3월 5일에 벵갈어로 개정 번역된 신약성경이 인쇄되어 나왔는데, 캐리는 영국 침례교선교협회의 상임총무 앤드류 풀러와 영국왕 조지 3세와 덴마크 왕에게 벵갈어 성경을 보내주었다.[391]

세람포어 미션 선교공동체에 또다시 슬픈 일이 발생했다. 서양인들에게 잘 맞지 않는 기후나 풍토 탓이었을까? 1800년 8월 20일에 젊은 선교사 존 파운틴이 이질에 걸려 하나님 품에 안겼다. 브런드선(Brundson) 선교사가 1801년 7월 3일에 세상을 떠났고, 석달 후에는 토마스 박사마저 그의 뒤를 따랐다. 이제는 7명의 선교사들 중 3명만 남아서 함께 협력하여야 했다.

윌리암 캐리(William Carey)와 윌리암 워드(William Ward)와 조슈아 마쉬만(Joshua Marshman), 이 세 사람은 그 후 23년 동안 팀을 이루어 동고동락하였다. 이들은 "세람포어의 삼총사"(Serampore Triumvirate)라는 별명을 얻었다.[392] 워드(Ward)는 출판 및 인쇄사역으로, 마쉬만(Marshman)은 설교사역으로, 캐리(Carey)는 번역사역으로 업무를 분담하여 전념하면서 선교의 열매를 맺어 갔다.[393]

5. 포트 윌리암 대학 교수직

캐리의 인생과 선교사로서의 사역에서 가장 큰 행운은 그가 대학 교수직을 제안받았다는 사실이었다. 대학교의 문은 커녕 공적인 교육으로는 초등학교밖에 다닌 적이 없는 캐리

388) Dakin, *William Carey: Shoemaker, Linguist, Missionary,* 61-2.
389) Finnie, 「윌리암 캐리」, 94.
390) Pierson, 「선교학적 관점에서 본 기독교 선교운동사」, 432.
391) Ibid.
392) Ibid., 94-5.
393) McBeth, *The Baptist Heritage,* 187.

를 포트 윌리암 대학(Fort William College)이 교수로 초청을 한 것이다. 1801년에 캘커타의 총독 웰즐리(Lord Wellesley, Governor-General) 경이 총독부 신임 직원들과 동인도회사 직원들의 자녀들에게 고등교육을 제공하고자 이 대학을 설립하였다.[394]

이들이 인도의 역사와 문화를 습득하고 인도사회에 재빨리 적응할 수 있는 지식을 제공받을 필요가 있었던 것이다. 학장에는 데이비드 브라운(David Brown) 목사가 임명되었다. 브라운 학장은 산스크리트어와 벵갈어를 잘 가르칠 수 있는 사람을 수소문하며 찾았으나 좀처럼 구할 수가 없었다. 그런데 벵갈어로 번역된 성경책을 본 순간, 이것을 번역한 사람이면 충분히 인도 고유의 언어들을 유럽인들에게 가르칠 수 있으리라는 생각이 들어, 캐리에게 교수직을 제안한 것이다.

캐리는 대학교수직을 가지는 것이 인도에 온 원래 목적인 선교활동에 어떤 영향을 미칠 것인지를 고민하였다. 대학 교수직은 선교에 도움이 되면 되었지 결코 장애가 되지 않을 것이라는 확신이 들어 그 제안을 수락하였다. 대학 교수직을 가지면서 캐리의 일주일 일과가 무척 분주해졌다. 월요일 오후나 화요일 아침부터 목요일 저녁까지는 캘커타에 위치한 대학 캠퍼스를 지켜야 했고, 주말에는 세람포어에서 복음을 전하고 예배를 준비하며 선교공동체를 보살펴야 했다. 캐리는 1831년까지 무려 30년 가까이 포트 윌리암 대학의 교수직을 가지고 있었다.[395] 그가 현실적인 재정문제에 억매이지 않고 다양한 선교사역을 감당할 수 있었던 것은 이 교수직 때문이었다고 해도 과언이 아니다.

더 나아가서 캐리는 교육선교 사역에 더욱 매진하게 되었는데, 1818년에 세람포어 대학(Serampore College)을 설립하였다. 처음에는 37명의 학생으로 시작했는데, 19명은 인도인 그리스도인들이었고 나머지는 힌두교인들이었다.[396] 1821년에는 그리이스의 이오나(Iona) 양식의 건물을 지어 헌당하였다.

6. 화재사건과 복구

캐리의 선교사역과 관련하여 빼놓을 수 없는 사건은 세람포어 미션 건물의 화재였다. 1812년 3월 11일 오후, 포트 윌리암 대학에서 캐리는 동료교수들과 점심식사를 하고 있었는데, 갑자기 선교동역자 윌리암 워드가 식당으로 뛰어 들어와 세람포어 미션 건물에 불이 났다는 사실을 알려 주었다. 화재현장을 목격한 캐리는 할 말을 잃었다. 단 하루만에 지난

394) Dakin, *William Carey: Shoemaker, Linguist, Missionary*, 64.
395) Ibid., 65.
396) George, *Faithful Witness: The Life and Mission of William Carey*, 148.

수년 간 수고한 결정체들이 불타 버리고 만 것이다. 인쇄기는 말할 것 없고 다국어사전 초고, 시크교 소개 원고, 텔루그어 문법 원고, 인쇄 중이던 10가지 성경번역본, 캐리와 조슈아 마쉬만이 지난 6년 동안 완성한 힌두교 종교서적 번역본, 손으로 만든 아시아 각국 언어의 인쇄활자들, 많은 양의 인쇄용 종이뭉치 등이 불타 버린 것이다.[397]

그러나 그 자리에 주저앉아 절망해 버릴 캐리가 아니었다. 그는 다른 선교사들과 함께 잿더미 가운데에서도 건질 수 있는 것들을 건져내어서 새 출발을 다짐하였다. 약 6개월 후에는 영국 침례교선교협회에도 이 사실이 알려지게 되어, 세람포어 미션의 인쇄소 화재사건은 영국의 교회들과 성도들 사이에서 큰 화젯거리와 기도제목이 되었다.

화재소식이 전해지자 두 달만에 영국의 침례교회들과 국교회 그리고 각 교파의 교회들로부터 화재복구를 위한 헌금이 쏟아져 들어오기 시작하였다.[398] 바로 전화위복이 이를 두고 하는 말이었다. 캐리는 인쇄소 내부를 수리하고 새 인쇄기들을 들여와 더욱 활발한 문서선교 활동을 전개할 수 있었다.

VIII. 전인적 선교사역: 반기독교적 악습에 대한 도전

캐리의 인도 선교사역은 단순히 복음을 증거해 그 영혼을 구원시키는 것에 국한되지 않았다. 그는 인도에 도착한 이후 상식적인 인간으로서는 도저히 상상할 수 없는 악습들이 인도 땅에서 벌어지고 있는 것을 보고 큰 충격을 받았다. 그것은 인도의 전통적인 관습, 비인간적인 삶의 태도가 빚어낸 불행이었다. 궁극적으로 그것은 우상숭배와 남존여비 사상으로 인한 잘못된 전통이었다. 그는 전인적 선교사역(Holistic Mission Works)에 관심을 가졌다. 캐리는 인도인들의 반기독교적인 악습을 퇴치하고 혁파하였고, 법과 제도를 개혁하여 인도인들이 인간다운 삶을 살 수 있도록 하는 데에도 큰 기여를 하였다.

1. 유아살해

캐리는 인도에 도착한 지 얼마 되지 않아 1794년에 말다(Malda) 근처에서 경악스러운 일을 경험하였다. 희생제물로 드려진 아이의 시신이 흰개미떼에 의해 먹혀진 모습을 목격한 것이다. 또한 매년 겨울이 되면 사가 멜라(Saga Mela, 바다와 만나는 후글리 강의 하구)

397) Janet and Geoff Benge, 「윌리암 캐리」, 222-3.
398) Ibid., 225.

에 있는 소고르섬(Isle of Saugor)에서는 어른들이 흙제방에서 어린 아이들을 강을 향해 던져 악어의 밥이 되게 하는 것이었다.[399] 인도인들은 이렇게 하는 것이 영혼의 죄에 대한 댓가를 지불하는 것이고, 육신의 열매를 갠지스강에 바쳐 가장 성스러운 희생제물을 자신들의 신에게 드리는 것으로 여겼던 것이다. 어떤 경우에는 장애인으로 태어난 아이라든지 병약한 아이를 그대로 방치하여 죽게 하는 일들도 있었다.

웰즐리 총독도 유아살해(infanticide)가 행해지는 현실에 대해 개탄해 하며 캐리에게 실태를 파악하도록 요청하였다. 캐리는 이러한 잔인한 악습에 대해 구체적인 사례들을 들어가며 웰즐리 경에게 보고를 했고 법적으로 시정할 수 있는 방도를 찾아달라고 호소하였다. 결국 1802년에 총독부에서는 유아살해를 금지하는 법령을 공포하였다.

2. 조혼과 일부다처 제도

특히 인도에서는 여성들에 대한 차별이 격심했다. 여성들은 철저한 자기부정 속에 남편에게 복종하는 삶만이 유일한 존재이유라고 생각하였다. 샤쿤달라 나라심한(Shakundala Narasimhan)은 그 당시 인도 여성의 존재에 대해 이렇게 말하고 있다:

> 날 때부터 질식당하거나 독약 처방되며 어린 나이에 시집을 가고, 지참금에 굶주린 시댁 사람들에게 가사용품처럼 매도되며, 정절과 종교라는 이름으로 격리되며, 마지막에는 가문의 영예를 높이기 위해 태워지거나 불길한 과부로 거리낌을 당하며, 압박의 짐이 여자의 일생의 여러 단계를 차지하고, 나면서 죽을 때까지 여성을 향한 멸시로 점철된 태도가 꼬리를 문다.[400]

집안에 딸이 태어나면 그 딸을 안전하게 지키고 가문의 명예를 지키는 가장 좋은 방법은 어린 나이에 결혼을 시키는 것이었다. 그래서 소녀들에게는 유년기나 사춘기가 없었다. 신체적으로 성인이 되기 전에 그리고 정신적으로 스스로 인격을 형성하기 전에, 시집을 가서 임신을 하게 되어 어린 나이에 어머니가 되었다.

조혼(early marriage)이 성행했던 것은 일부다처(polygamy) 제도가 관습화 되었기 때문이었다. 딸을 낳으면 재산이 되었는데, 어린 딸을 부잣집의 첩으로 출가를 시키면 일정한 지참금(dowery)을 받을 수 있기 때문이었다. 브라만 계급의 부잣집으로 시집을 가게 되면 신

399) Ibid., 214.

400) Ruth and Vishal Mangalwadi, 「윌리암 캐리와 성경의 문명개혁 능력」, 김정훈 역 (서울: 예영커뮤니케이션, 1996), 33.

분상승을 기대할 수도 있었다. 그러나 조혼풍습은 여성으로 하여금 교육을 받을 수 있는 기회를 박탈하였고, 여성의 지적 문화적 성장을 빼앗아 갔으며, 여성을 의존적인 존재로 전락시켰다.

캐리는 오랜 세월 동안 형성된 전통적인 관습이 하루 아침에 개선될 수는 없다는 것을 잘 알고 있었다. 그래서 그는 교육만이 악습을 퇴치할 수 있다고 확신하였다. 어린 여성들에게 교육을 받을 수 있는 기회를 제공하고자 하였고, 성경 교육과 기독교적인 가르침을 통해서 인도인들의 의식을 깨우치고자 하였다.

인도여성의 교육을 위해서는 세람포어 미션의 한나 마쉬만(Hannah Marshman) 선교사가 기여한 바가 컸다. 한나 선교사는 남편(Joshua Marshman)의 선교사역을 내조하면서도 유럽인들과 선교사들의 자녀교육을 위해 기숙학교(Boarding School)을 시작하여 큰 성과를 거두었다. 이 학교를 기반으로 하여 인도의 소녀들을 위한 학교를 개설하였다. 1819년에 캘커타 침례교여학교위원회를 설치하고 소녀들을 위한 미션스쿨을 세웠다. 1820년에서 1830년 사이에 세람포어 미션은 벵갈 지역에 여성을 위한 근대교육의 혁명을 시작하는데 주도적인 역할을 담당하였다.[401] 1929년에 가서야 비로소 조혼이 법적으로 금지되었다.[402]

3. 과부의 화장(사티)

말로만 들었던 사티의 현장을 처음 보았을 때 캐리는 경악스러움과 동시에 분노를 느꼈다. "사티"(*sati*)란 남편이 죽어 그 시신이 화장될 때 그의 미망인이 화장터에서 남편을 끌어안고 함께 화장을 당하는 관습이었다. 1799년 어느 날 저녁, 윌리암 캐리는 나오제라이(Naojerai)에서 사티의 잔인함을 목격한 후, 앤드류 풀러에게 다음과 같은 내용의 보고서를 보냈다:

> 우리는 수많은 사람들이 강가에 모여 있는 것을 보았습니다. 제가 "왜 모였느냐"고 물었더니, 그들은 "죽은 남자의 시신을 태우기 위해서"라고 말했습니다. 그래서 "그 남자의 아내도 그와 함께 죽느냐"고 질문했더니 "그렇소"라고 말하며 그녀를 가리켰습니다. 그녀는 거대한 나무 장작더미 옆에 서 있었고 그 더미 꼭대기에는 남편의 시신이 뉘여져 있었습니다…. 저는 그것이 그녀의 선택인지 아니면 다른 부당한 영향력에 의해 강요되었는지를 물었습니다. 그들은 완전히 자발적인 행동이었다고 대답했습니다….
>
> 저는 그 과부에게 생명을 버리지 말라고 권유하며, 아무 것도 두려워하지 말고 화장당하는

401) Ibid., 43.

402) Dakin, *William Carey: Shoemaker, Linguist, Missionary*, 77.

> 것을 거절해도 어떤 악한 일도 따르지 않으리라고 말했습니다. 그러나 아주 침착한 태도로 그녀는 그 장작더미 위에 올라가 손을 편 채로 춤을 추었습니다. 마치 영혼의 가장 깊은 고요함 속에 있는듯한 모습이었습니다….
> 그녀는 돌면서 사탕과자를 사람들에게 뿌렸는데, 사람들은 그것을 아주 거룩한 음식처럼 받아 먹었습니다. 이것이 끝나자 그녀는 남편의 시체 옆에 누워서 한 팔을 남편의 목 밑으로 넣고 다른 한 팔은 목 위로 둘렀습니다. 마른 코코아 잎과 다른 재료들이 그들 위로 꽤 높이 쌓여졌을 때, 그 꼭대기에 "기"(Ghee, 액체 버터)를 뿌렸습니다. 대나무 두 대를 그 위로 덮어서 아래로 단단히 묶은 후, 바짝 말라서 잘 타기 쉬운 그 더미에 불을 붙이자 즉시로 맹렬히 타올랐습니다. 불이 붙자마자 사람들은 일제히 "시바"를 외치며 환호를 했습니다. 사람들의 외치는 소리 때문에 그 과부가 신음을 하거나 크게 울었을지라도 들을 수 없었습니다. 게다가 압착기의 지렛대처럼 그녀를 누르고 있던 대나무 더미 때문에 그 과부는 팔을 휘젓거나 몸부림치는 것도 불가능했습니다….
> 우리는 더 이상 지켜보는 것을 견딜 수가 없어서 그 살인에 대해 큰 소리로 반대하면서, 그리고 우리가 목격한 일에 대해 경악하면서 그들을 떠났습니다.[403]

인도인들에게 사티는 과부가 죽은 남편에게 보답할 수 있는 최고의 헌신이었고, 자신의 희생적인 행위를 통하여 시댁가문을 영예롭게 하는 것이었다. 그리고 자신을 사티의 희생제물로 드리면 앞뒤 일곱 세대의 가족들을 천국으로 데리고 갈 수 있다고 믿었다. 그리고 사티를 행한 여인에게는 "사티-마타"(*sati-mata*)로 신격화된다고 믿었으며, 최후로는 "파티브라타"(*pativrata*)로 여겨지게 된다고 믿었다.[404] 그런데 사티의 또 다른 피해자는 아이들이었다. 아버지와 함께 어머니마저 화장을 당하면서 아이들은 졸지에 부모 없는 고아로 전락해 버리고 마는 것이었다.

1802년에 웰즐리 총독이 캐리에게 사티의 현황에 대해 구체적인 사례들을 조사할 것을 위촉하였는데, 그는 캘커타 주변 50km 반경에서 발생한 438건의 미망인 화장사례를 보고하였다. 그러나 웰즐리리 경은 임기만료로 귀국하게 되었고 사티가 법적으로 금지되기에는 4반세기의 세월이 더 흘러야 했다.

1829년 12월 4일, 캐리와 세람포어 미션 공동체의 가족들에게 환호성이 터져 나왔다. 총독 카벤디쉬 벤팅크 경(Lord Cavendish Bentinck)은 약 1년 동안의 검토 끝에 벵갈법 17조항에 의해 사티를 불법적인 범죄행위라고 선포하였다. 총독부에서는 12월 5일에 전령사를

403) Ruth and Vishal Mangalwadi, 「윌리암 캐리와 성경의 문명개혁 능력」, 37-8.

404) "파티브라타"(*pativrata*)는 최고의 헌신자에게 붙여진 칭호였다. 슈디타트바(Shuddhitatva)는 "파티브라타"를 이렇게 설명하고 있다: "여자의 모든 행동은 남편과 동일해야 한다. 남편이 행복하면 아내도 행복해야 하고, 남편이 슬프면 아내도 슬퍼야 하며, 남편이 죽으면 아내도 죽어야 한다 이런 아내가 파티브라타로 불려지게 된다." Ibid., 36.

보내어, 캐리에게 법조문을 벵갈어로 번역해 달라고 요청해 왔는데 그 날은 주일이었다.[405] 주일예배를 준비하던 캐리는 방문자의 갑작스런 출현에 처음에는 조금 언짢아 했지만, 그 내용을 읽어보고는 뛸 듯이 기뻤다. 그는 주일 낮예배 설교를 다른 선교사에게 부탁하고 곧 바로 번역작업에 들어갔다. 왜냐하면 번역이 몇 분이라도 늦어지면 또 다른 사티의 희생자가 생길지 모르기 때문이었다.

IX. 윌리암 캐리의 인도 선교사역이 주는 교훈들

200여 년 전에 개신교 근대선교운동의 문을 연 선교사 윌리암 캐리와 그의 선교사역은 오늘날 우리 그리스도인 사역자들과 선교사들에게 어떤 교훈들을 주고 있는가?

첫째로, 하나님의 부르심에 대한 흔들림 없는 확신과 피선교지 영혼들에 대한 사랑이다. 당시 영국의 특수침례교회에는 극단적인 칼빈주의(Hyper-calvinism), 즉 하나님께서 구원받을 자들과 유기될 자들을 이미 예정해 놓으셨다는 신학이 지배하고 있었다. 그래서 인간의 최선을 다하는 노력을 부질없는 것으로 여겨서, 결국은 결정론(determinism), 숙명론(fatalism), 율법폐기론(antinomianism) 등이 만연해 있었다. 그러나 캐리는 궁극적으로 구원시키시는 분은 하나님일지라도, 한 영혼을 구원하기 위해서는 전도와 선교를 향한 인간의 헌신적 희생적 노력이 있어야 한다고 믿었다. 바로 그 일을 위하여 하나님께서 자신을 부르셨다는 확신을 가지고 있었다.

19세기는 제국주의 시대였고 식민지 쟁탈의 시대였다. 강대한 식민지지배 국가는 피식민지 백성을 수탈의 대상으로만 여겼고, 피식민지의 자원을 본국의 근대화 산업화의 수단으로 여기던 때였다. 영국인들이 보기에는 인도인들은 피부도 검고 더러웠고, 소들을 숭상하여 소들과 더불어 살아가고, 밥을 손으로 퍼먹는 미개한 사람들이었다. 따라서 영국인들은 인도인들을 인간으로 취급하지 않았다. 그런데 캐리는 인도인들 역시 하나님의 사랑의 대상이고 구원받아야 할 영혼으로 생각하여, 그들을 구원하기 위해 인도땅으로 달려 왔던 것이다. 그에게는 인도인 영혼들에 대한 뜨거운 사랑이 있었기에 초창기 고통스러운 삶을 견뎌낼 수 있었다. 그리스도인 사역자와 선교사에게는 하나님의 부르심에 대한 확신에 흔들림이 없어야 하고, 피선교지 주민들의 영혼에 대한 뜨거운 사랑을 품고 있어야 한다.

둘째로, 하나님의 절대주권에 대한 믿음과 오직 예수 그리스도만이 유일한 구원의 길이

---

405) Finnie, 「윌리암 캐리」, 121-2.

라는 확신이다. 캐리는 기독교 선교는 삼위일체 하나님의 은혜로운 목적에 뿌리를 두고 있다는 것을 확신하였다. 그는 힘들고 어려운 때일수록 "하나님을 믿었다." 하나님께서 하나님의 목적을 이루신다는 믿음을 가지고 하나님의 종으로서 최선을 다 했지만, 궁극적으로 열매 맺게 하시는 분은 하나님이심을 믿었다. 그리스도인 사역자와 선교사가 "하나님을 믿지 않고" 하나님의 일을 하겠다는 것은 언어도단이다.

동시에 캐리는 예수 그리스도만이 길이요 진리요 생명이심(요 14:6)을 믿었다. 그 분을 통하지 않고는 구원에 이를 수도 없고 천국에 들어갈 수도 없다는 것을 믿었다. 인도는 다신교 사회였고 범신론적인 전통이 강한 나라였다. 인도인들은 수많은 신들을 섬기는 민족이었다. 그러나 캐리는 인도인들의 종교와 종교성을 인정은 했지만, 오직 예수 그리스도만이 "구원자요 주님이심"(The Savior AND the Lord))에 대해 한 치의 의심도 없었다. 캐리는 종교혼합주의(syncreticism)에 물들지 않았고, 오늘날 유행하는 종교다원주의(pluralism)나 만인구원설(universalism)에 자신의 양심을 팔지 않았다. 인도인들의 신들이나 종교가 그들을 구원할 수 없다는 확신을 가졌고, 오직 예수 그리스도에 대한 개인적인 믿음만이 구원에 이르는 길임을 믿었다. 그리스도인 사역자와 선교사는 이러한 고집스러운 순전한 믿음을 가지고 있어야 한다.

셋째로, 성경의 권위에 대한 믿음이다. 캐리는 인도인들이 구원받기 위해서는 자기들의 언어로 하나님의 말씀인 성경을 읽어야 한다고 확신하였다. 따라서 성경의 번역과 출판과 배부는 캐리의 선교활동에 있어서 가장 우선적으로 중요한 사역이었다. 인도인들을 복음화하는 세 가지 기초는 복음선포(proclamation)와 성경번역(translation)과 교육(education) 즉 학교설립이었다. 캐리는 왜 이렇게 성경 중심의 선교에 집착했을까? 하나님의 말씀에는 살아 있는 능력, 구원하는 능력이 있음을 확신하였기 때문이다. 오늘날에도 그리스도인 사역자와 선교사에게는 하나님의 말씀인 성경의 권위에 대한 확신이 절실하게 요구된다.

넷째로, 토착화에 대한 지혜로운 전략이다. 캐리에게 있어서 토착화(contextualization)란 복음의 본질을 상실하지 않은 채, 복음을 피선교지 영혼들에게 호소력 있게 증거하는 전략이었다. 인도인들의 심성과 영성, 그들의 언어와 삶, 그들의 역사와 종교, 그들의 피 속에 흐르고 있는 종교성 등을 존중하면서도, 십자가에서 이루신 예수 그리스도의 구속의 은총을 확실하게 증거하는 전략인 것이다. 다른 말로 하면 인도와 인도인이라는 콘텍스트(context)를 기본적으로 고려하면서 복음을 증거했던 것이다. 캐리는 오늘날 소위 말하는 문화간 의사소통(cross-cultural communication)의 개척자였다. 그는 토착민들(the natives)을 전도해서 그들을 양육하고 그들로 하여금 토착민 교회(natives' church)를 이끌어 가도록 하는 전략을 세웠다. 오늘날의 그리스도인 사역자와 선교사에게도 기독교 진리를 타협 없이 증거하면서도, 선교현장의 콘텍스트를 충분히 고려하는 지혜를 가지는 것이 절실하게 요구되고 있다.

다섯째로, 전인적인 선교(holistic mission)이다. 캐리는 인도땅에 당도한 이후 영국에서 볼 수 없었던 비인간적이고 비상식적이고 반기독교적인 악습과 전통을 직접 목격하고 엄청난 충격을 받았다. "예수 믿으면 구원받습니다. 회개하십시오. 영생을 얻으십시요"를 외치는 것만으로는 반쪽짜리 복음을 전하는 것이라는 것을 캐리는 체험적으로 알았다. 그래서 캐리는 인도 땅에서 수백년 동안 자행되어 온 악습들에 대해서 눈감지 않았고 침묵하지 않았다.

캐리는 사회를 뒤집으려 한 혁명가는 아니었다. 그렇지만 예수 그리스도의 복음에는 개인뿐 아니라 사회를 뒤집는 혁명을 일으킬 수 있는 살아있는 능력(living power)이 잠재해 있는 것이다. 복음으로 인하여 변화받고 참 자유를 경험한 영혼은, 그래서 성령님의 지배와 인도를 받는 영혼은, 성령님께서 미워하시고 슬퍼하시는 악습과 제도를 혁파하는 도구가 되는 것이다. 개종(conversion)과 제자도(discipleship), 신앙(faith)과 가치관(view of value), 믿음(belief)과 거룩한 삶(holy life)은 분리될 수 없는 것이다. 그리스도인 사역자와 선교사는 "복음은 사람을 변화시키지만 변화된 사람은 세상을 변화시킨다"는 믿음을 가져야 한다.

여섯째, 선교협력 공동체의 형성과 선교현장에서의 초교파적인 교제이다. 캐리의 인도 선교활동이 비로소 결실을 맺기 시작한 것은, 그가 후배 선교사들과 세람포어에서 가족적인 공동체를 형성하여 협력하면서부터였다. 특히 "세람포어 삼총사"라고 일컬어지는 캐리와 워드와 마쉬만 간의 선교업무의 분담과 협력은 선교사역의 효율성을 높였다. 뿐만 아니라 다른 교단들과 다른 선교단체들로부터 파송된 선교사들과도 선교현장에서 상호 협력하고 교제함으로써 소위 말하는 에큐메니칼 운동의 정신을 실천하였다. 캐리는 예수 그리스도의 지상명령(Great Commission)을 따르는 한, 교단과 신학과 교리를 초월해서 누구와도 협력하고자 하는 마음을 가졌다.

선교나 사역의 현장에서까지 교리논쟁, 보수와 진보의 갈등, 자기교파에 대한 독선적인 자세 등은 선교와 사역 활동에 전혀 도움을 주지 못한다는 것을 그리스도인 사역자와 선교사는 명심할 필요가 있다. "본질적인 것에는 일치를, 비본질적인 것에는 자유를, 모든 것들에는 사랑을" 가져야 한다는 것은 특히 선교와 사역의 현장에서 명심해야 할 교훈이다.

일곱째, 선교현장과 파송단체와의 상호협력이다. 선교에 있어서 현장(field)과 본부(headquarter)와의 막힘없는 소통은 필수적이다. 또한 선교후원자들의 지속적인 기도와 끊이지 않는 재정적인 지원은 열매맺는 선교사역을 위한 필수조건이다. 캐리가 "근대선교운동의 아버지"라면 캐리를 후원했던 침례교선교협회의 상임총무인 앤드류 풀러는 "근대선교운동의 어머니"라고 말할 수도 있겠다. 풀러의 선교후원(mission support)의 활동이 있었기 때문에 캐리는 인도에서 역경을 물리치고 승리할 수 있었다. 7년 동안 단 1명의 개종자도 얻지 못하는 상황 속에서도 풀러는 인내하며 하나님을 믿었고 캐리를 믿어 주었다.

현장과 본부 사이의 원활한 소통과 이해 그리고 상호협력 관계의 형성은 선교사역에서 매우 중요한 요소이다. 선교사는 파송단체와 후원자들에 대해 언제나 감사한 마음을 가져야 하고, 선교현장의 소식을 진솔하게 성심성의껏 보고해야 한다. 선교사와 본부 및 후원자들 사이에는 든든한 신뢰관계가 형성되어 있어야 한다.

X. 에필로그

1834년 6월 9일, 캐리는 72세를 일기로 하나님 품에 안겼다. 그는 유언대로 두 번째 부인 샬롯트 에밀리아 루모어(Charlotte Emilia Rumohr) 곁에 영원히 잠들었다.[406] 인도땅에 들어온 지 41년만이었다. 그는 단 한 차례도 모국을 방문하지 않고 선교사로서의 삶을 인도인들과 함께 하며 자신의 시신을 인도땅에 묻었다. 당시 그의 죽음은 그리스도인들만의 슬픔이 아니라 힌두인들, 무슬림들, 인도의 토착민들, 영국과 덴마크 총독과 관리들 모두의 슬픔이었다. 장례식 기간 동안 덴마크 국기가 반기로 게양되었다. 아이작 왓츠(Isaac Watts)의 찬송시에서 인용한 묘비명이 캐리의 삶을 그대로 묘사해 주는 듯 했다:

> 비천하고 불쌍하고 보잘 것 없는 벌레같은 제가
> 당신의 친절한 팔에 안깁니다.
> (A wretched, poor and helpless worm,
> On Thy kind arms I fall).[407]

개신교 근대선교운동의 문을 열었던 사람이 침례교 목사였다는 사실 앞에 침례교인들

406) 윌리암 캐리는 세 번 결혼을 했는데, 첫 번째 부인은 캐리보다 6살이 많았던 Dorothy "Dolly" Plackett인데 캐리가 20살일 때인 1781년 6월에 결혼식을 하였고 1807년 캐리가 46세일 때 세상을 떠났다. 두 번째 부인은 Charlotte Emilia Rumohr인데, 1808년에 캐리와 결혼하여 결혼생활 13년만인 1821년에 세상을 떠났다. 그녀는 덴마크 귀족가문 출신이었으나 어린 시절 집에 불이 나서 화상으로 인해 다리를 저는 장애인이었으나, 7개 국어에 능통하여 캐리의 번역사역에 큰 힘이 되었고 매우 행복한 결혼생활을 영위했다고 한다. 세 번째 부인은 Grace Hughes인데, 남편을 여의고 10년 동안 독신으로 지내다가 1822년 61세의 캐리와 결혼하여 캐리의 노후의 삶에 동행해 주었고, 노환을 잘 돌보아 주었다고 한다. Janet and Geoff Benge, 「윌리암 캐리」, 49; George, *Faithful Witness: The Life and Mission of William Carey,* 159-61.

407) Dakin, *William Carey: Shoemaker, Linguist, Missionary,* 83.

은 큰 자부심과 함께 선교를 향한 투철한 사명감과 부담감을 가져야 한다. 캐리의 설교처럼 우리 침례교인들은 “하나님으로부터 위대한 일들을 기대하고, 하나님을 위하여 위대한 일들을 시도하는” 선교의 사람들이 되어야 하겠다.

제8장

찰스 스펄전과 하강논쟁

2013년 10월말 우리나라 프로테스탄트 기독교계에서는 큰 홍역을 치렀다. 세계교회협의회(WCC, World Council of Churches) 제10차 총회가 부산에서 개최되면서, 그것을 주최하는 측과 반대하는 측간의 치열한 공방이 이어졌기 때문이다. WCC 가입여부를 놓고 국내 최대의 개신교 교단인 대한예수교장로회가 1959년에 합동측과 통합측으로 분열되었기 때문에, 한국땅에서 WCC 총회를 개최하는 것은 한국기독교계, 특히 장로교단에서는 뜨거운 감자와도 같은 사건이었다.

개최를 적극적으로 지지하는 교단들[408]은 그것이 에큐메니칼 정신을 구현하는 기회라고 보았고, 개최를 반대하는 교단들은 WCC의 신학노선이 자유주의 사상, 종교다원주의, 보편속죄론(Universal Atonement), 용공주의, 전도 및 개종 금지원칙 등을 표방하고 있어서 복음적인 기독교 신앙을 일탈하고 있으며 보수적인 기독교 신앙을 위협하는 것으로 보았다.[409]

이와 유사한 상황이 지금으로부터 120여 년 전에 영국의 침례교단인 침례교연맹(Baptist Union)에서 발생하였다. 물론 19세기 후반부의 영국 상황과 21세기 초의 한국 상황, 그리고 기존의 복음적인 교회를 위협하는 신학적인 조류들의 양상은 여러 모로 많이 달랐지만, 그

408) 우리나라에서 WCC와 그것의 한국지부인 NCCK에 가입하고 있는 교단은 9개로서 대한예수교장로회(통합), 기독교대한감리회, 한국기독교장로회, 한국구세군, 대한성공회, 기독교대한복음교회, 한국정교회, 기독교대한하나님의 성회, 기독교한국루터회 등이 있고, 한국YMCA전국연맹을 비롯한 5개의 연합기구가 회원으로 가입되어 있다. 권대익 기자, "개신교와 천주교의 화합에 나서겠다," 창립 90주년 한국기독교교회협의회 김영주 총무와의 대담 기사, 2014년 1월 8일자 한국일보 제25면.

409) 최덕성, 「신학충돌: 기독교와 세계교회협의회」(서울: 본문과 현장 사이, 2012). WCC 총회 개최를 대다수의 보수적이고 복음적인 한국교회에 큰 위협이 된다고 본 최덕성 교수는 이 책에서 WCC가 표방하는 신앙노선들을 다음과 같이 열거하며 비판하고 있다: 종교다원주의, 종교대화주의, 종교혼합주의, 사회구원지상주의, 용공주의, 개종전도 금지주의, 로마가톨릭주의, 가시적 교회일치주의, 신앙고백형식주의, 성경불신주의 등.

러한 위협에 온 몸으로 항거했던 인물이 런던 메트로폴리탄 태버너클 교회의 침례교 목사 찰스 스펄전이었다.

본 장에서는 스펄전 목사의 삶과 사역, 그리고 19세기 후반기의 영국 기독교와 침례교단의 상황 등을 간단히 조망한 후, 그가 침례교연맹을 탈퇴하면서까지 그 당시의 침례교단의 영적 및 교리적 "하강"(Downgrade)을 비판하고 저항했던 과정을 검토해 보고, 결론적으로 하강논쟁의 중심에 서 있었던 스펄전 목사와 그의 행동을 어떻게 평가할 것인지를 진단해 보고자 한다.

I. 스펄전의 삶과 사역[410)]

1. 성장과 구원체험

찰스 스펄전(Charles Haddon Spurgeon, 1834-1892)은 1834년 6월 19일에 켈비돈(Kelvedon, Essex)에서 아버지 존 스펄전(John Spurgeon)과 어머니 엘리자(Eliza)의 첫째 아들로 태어났다.[411)] 아버지와 할아버지는 회중교회 목사였는데 태어나면서부터 자연스럽게 찰스는 청교도 전통의 가문에서 신앙적인 영향을 받으며 성장하였다. 경제적인 어려움과 두 번째 아이의 임신으로 인해서 찰스는 18개월 되었을 때 스탬분(Stambourne, Essex)에 있는 할아버지 제임스(James) 목사님댁으로 보내어졌다. 그는 그 곳에서 조부모의 보호를 받으며 유년시절을 보내게 되었는데, 6살이 되어서야 콜체스터(Colchester)에 있는 부모의 집으로 돌아올 수 있었다.[412)]

어린 시절부터 글 배우기와 책 읽기를 즐겨했던 찰스는 보통 아이들을 능가하는 지적인 조숙함을 보였다. 서가에 꽂혀 있던 존 번연의 「천로역정」(*The Pilgrim's Peogress*)과 리차드 백스터의 「개혁교회 목사」(*The Reformed Pastor*)와 같은 책을 어린 나이에 읽고 큰 감명을 받았다.[413)] 그런데 십대 사춘기 시절이 되었을 때 그에게도 영적인 위기가 찾아왔다. 하나님의 존재에 대해 회의하기도 하였고, 자신이 범한 크고 작은 죄로 인해 죄책감에 시

410) 제8장은 「복음과 실천」 제53호 (2014년 봄): 127-55에 게재된 필자의 논문, "Charles Spurgeon과 하강논쟁"을 일부 수정하고 보완한 것이다.

411) Lewis A. Drummond, *Spurgeon: Prince of Preachers* (Grand Rapids: Kregel Publications, 1992), 74.

412) Arnold A. Dallimore, *Spurgeon: A New Biography* (Edinborough: Banner of Truth, 1985), 4.

413) Lewis A. Drummond, "Charles Haddon Spurgeon," *Theologians of the Baptist Tradition*, Timothy George and David S. Dockery, eds. (Nashville: B & H Publishers, 2001), 116-7.

달리기도 하였고, 구원의 밧줄을 잡기 위해 몸부림치기도 하였다.

15살 때 어느 눈보라치던 몹시 추운 주일날, 찰스는 강추위를 피해 얼떨결에 어느 원시감리교회(Primitive Methodist Chapel)에 들어가게 되었고 그 교회의 주일예배에 참석하게 되었다.[414] 눈이 너무 많이 쌓여 담임목사도 교회당에 올 수 없었던 상황에서 어느 평신도 지도자가 투박하면서도 직설적인 설교를 하였다. 찰스는 성령의 감동을 받아 예수 그리스도를 마음 속에 영접하는 결단을 하였다.

그 후 그는 성경을 읽고 공부하면서, 신앙고백을 분명히 할 수 있는 자에게만 뱁티즘을 베푸는 "신자의 침례"(immersion by believer's baptism)가 성경적임을 확신하였다. 그의 어머니의 생일이기도 했던 1850년 5월 3일, 16살의 찰스는 캔틀로우(W. W. Cantlow) 목사로부터 라크 강(River Lark)에서 침례를 받았고, 캠브리지에 있는 성 안드류 침례교회(St. Andrew Baptist Church, Cambridge)의 회원이 되었다.[415] 회중교회의 영적인 가문에서 찰스는 침례교인으로 거듭나게 되었고 평생토록 침례교 목회자로 사역하였다.

2. 목회사역

찰스가 콜체스터와 런던에서 초중고 교육을 받았지만, 공적인 교육기관에서 대학교육이나 신학교육을 제대로 받지는 않았음이 분명하다. 그러나 그 자신의 서재에는 12,000여 권의 장서들이 있었음을 감안할 때, 다양한 분야의 많은 책들을 읽으며 독학으로 자신의 신앙과 신학을 정립해 나갔다고 보아야 할 것 같다. 추수할 일꾼을 찾으시는 하나님은 매우 일찍 그를 하나님 나라의 일꾼으로 부르셨다. 1851년 가을 17살의 나이에 찰스는 워터비치(Waterbeach)라는 작은 마을에 있는 침례교회에 담임목사로 부임하였다. 그의 목회사역과 설교를 향한 열정이 런던에까지 알려지게 되면서, 2년 후인 19살 때에는 런던 써덕(Southwark)에 위치한 유서깊은 교회인 뉴 파크 스트리트 침례교회(New Park Street Baptist Church)에서 그를 담임목사로 청빙을 하였다.[416] 그는 이 교회를 약 40년 동안 담임목사로 섬겼다.

스펄전이 부임했을 당시에는 약 80여 명의 교인들이 그의 첫 설교를 들었는데, 1년이 지나자 약 1,000여 명의 사람들로 교회당이 가득 채워졌다. 그의 탁월한 설교로 인하여 짧

414) Ibid., 117.

415) Dallimore, *Spurgeon: A New Biography*, 25-6. Drummond, "Charles Haddon Spurgeon," 119.

416) 이 교회는 존 리폰(John Rippon), 벤자민 키치(Benjamin Keach), 존 길(John Gill) 등의 침례교 지도자들과 선배들이 담임목회를 했던 교회다. Drummond, "Charles Haddon Spurgeon," 119.

은 기간 동안에 교회는 폭발적인 성장을 이룬 것이다. 그래서 그 교회는 서레이 가든즈 뮤직홀(Surrey Gardens Music Hall)을 빌어서 예배를 드리다가, 3,600석의 좌석을 가진 메트로폴리탄 테버너클(Metropolitan Tabernacle) 교회당을 1861년 3월 18일에 봉헌하였는데, 나중에는 2,000여 명을 더 수용할 수 있도록 증축하였다.[417]

스펄전의 목회사역을 통해서 약 200여 개의 새로운 교회들이 개척되었고, "목사 대학"(Pastor's College)를 통해 목회지도자들을 양성하고 훈련했는데 지금은 스펄전대학(Spurgeon's College)으로 발전하였다. 스톡웰 고아원(Stockwell Orphanage)은 가난하고 헐벗은 고아들을 보살피고 양육하는 사역을 감당하였다. 그가 남긴 수많은 설교집들과 저술들은 오늘날까지도 많은 그리스도인들에게 하나님의 나라를 향한 꿈과 도전을 주고 있다.[418]

II. 19세기 후반기의 영국과 영국교회의 상황

1. 빅토리아 여왕 시대

19세기 후반기는 영국에서는 빅토리아 여왕이 제위하던 시대(Victorian Era, 1819-1837-1901)였다.[419] 빅토리아 시대의 영국은 그 당시 전 세계에서 가장 안정되고 번영을 누리던 나라였고, "영국의 평화"(Pax Britannica)를 구가하던 국가였다. 당시 영국은 가장 앞선 대의민주주의의 토대 위에 산업혁명의 결실을 누리던 경제대국과 세계중심국가의 지위를 누리고 있었다.[420] 글래드스톤(Gladstone)과 디즈레일리(Disraeli)와 같은 탁월한 정치인들이 등장하여 정치적인 안정을 도모하였고 국제관계에 있어서도 세계질서를 선도하고 있었다. 지구상 여러 대륙에 식민지를 개척하여 영연방(British Commonwealth)을 건설하였고 이른 바 "해가 지지 않는 나라"라는 별명을 얻게 되었다.[421]

---

417) Dallimore, *Spurgeon: A New Biography*, 93. 이 교회당은 1898년에 한 차례 화재로 불탔고 그 자리에 새로 지었던 교회당도 제2차 세계대전 당시인 1941년에 독일 전투기의 공습을 받아 파괴되었다. 현재의 교회당은 처음 건물의 전면 대리석 주랑(portico)을 살려서 약 800석 정도의 규모로 1957년에 봉헌되었다.

418) Drummond, "Charles Haddon Spurgeon," 120.

419) "Victorian Era," *Wikipedia*, [온라인자료] http://en.wikipedia.org/wiki/Victorian_era, 2014년 1월 11일 접속.

420) Ibid.

421) 차하순, 「새로 쓴 서양사총론 2」 (서울: 탐구당, 2003), 911. "영연방"(British Commonwealth)이란 한 때 영국의 식민지였다가 독립한 국가들의 연합체인데, 캐나다, 오스트랄리아, 인도, 남아프리카공화국, 나이지리아 등 5대양 6대주에 걸쳐서 53개국으로 형성되어 있다.

19세기 영국은 사회개혁의 시대였다. 이미 영연방에서 노예제도를 철폐하였고(1833-1838), 감옥개혁을 시도하였고, 공교육체제를 도입하였다. 비국교도들(비순응파, Non-conformists)의 신앙의 자유를 제한했던 시험법(Test Act)과 합병법(Corporation Act)이 1828년에 폐기되면서, 침례교인들도 공직을 가질 수 있게 되었고, 옥스퍼드나 캠브리지와 같은 명문대학에도 진학할 수 있는 길이 열렸다. 각 교파들은 전국적인 조직을 형성하였다.

2. 신신학의 유입

19세기 중반기에 유럽사회에 큰 충격을 안겼던 중요한 사건들 가운데 하나는 찰스 다윈(Charles Darwin, 1809-1882)이 「종의 기원」(*Origin of Species*, 1859)이라는 책을 출간한 것이었다.[422] 기본적으로 유럽사회는 오랜 세기 동안 기독교의 가치관에 기반을 두고 있었다. 자연히 대다수 유럽인들의 마음 속에는 우주 만물은 하나님에 의해 창조되었고 하나님의 섭리에 따라 운행된다고 하는 창조론(Creationism)이 뿌리 깊게 자리잡고 있었다.

그런데 다윈은 적자생존(適者生存)과 자연도태(自然淘汰)의 과정을 통해서 종이 생존하고 발전한다는 가설을 내놓았다. 일정한 환경 속에서 더 유리하게 태어난 종이 생존경쟁에서 살아남게 되고 동시에 적자생존의 싸움에서 이기기 위하여 더 유리한 종으로 진화한다는 것이었다. 다윈의 진화론은 생물학 분야뿐 아니라 인문학과 사회학 분야에도 적용이 되었고 신학계에도 적지 않은 영향을 미치게 되었다.

성경을 하나님으로부터 영감받은 하나님의 말씀으로 이해하기보다는 성경 역시 다른 책들처럼 인간들에 의해 씌어진 책으로 보면서, 성경본문을 탐구하고 분석하고 비판하는 풍조가 일기 시작하였다. 특히 독일을 중심으로 율리우스 벨하우젠(Julius Bellhausen, 1844-1918) 등이 구약성경에 대한 고등비평(Higher Criticism)을 본격적으로 시도하였다. 자연히 성경의 권위는 도전받게 되었고 당연히 받아들여 왔던 성경의 기자들(writers)에 대해 의심이 제기되었다. 이러한 풍조가 19세기 후반부에 영국의 신학계에까지 침투하면서 자유주의 신학, 즉 신신학(New Theology)의 영향이 영국의 교회와 침례교회에 스며들기 시작하였다.

3. 침례교연맹의 통합 노력

앞에서 언급했던 것처럼 영국의 침례교회는 처음부터 두 가지 원천에서 시작되어 두

422) 이 저술의 완전한 제목은 *On the Origin of Species by Means of Natural Selection, or the Preservation of Favored Races in the Struggle for Life*이다. Ibid., 868.

물줄기를 형성하여 성장해 왔다. 알미니우스주의적 구원론에 입각한 일반침례교회(1609, 1611)와 제한속죄설의 칼빈주의적 구원론에 입각한 특수침례교회(1638)가 그것이었다. 그런데 19세기에 들어와서 특수침례교회는 체제를 재정비하면서, 칼빈주의적인 신앙을 가진 모든 교회들과 교육기관들과 선교단체들을 총괄하는 새로운 조직을 1813년에 형성하게 되었는데, 그것이 침례교연맹(Baptist Union)[423]이었다.

1832년에는 또다시 조직을 개편하면서 "'복음적'이라 불리우는 정서에 동의하는 침례교회 목회자들과 교회들의 연맹"(a union of Baptist ministers and churches who agree in the sentiments usually denominated 'evangelical')[424]이라고 스스로를 정의하였다. 이렇게 모호한 표현을 사용한 데에는 그 당시 일반침례교회의 영적인 기강을 쇄신하였던 뉴 커넥션 일반침례교회들(New Connection General Baptist Churches)[425]과의 교류와 그들의 영입을 위한 목적이 있었다. 페인에 의하면 "'복음적'이라는 기독교 신앙의 이해로 인해 양 전통의 교단이 하나임을 느끼도록"[426] 하기 위함이었다고 말하고 있다.

19세기 후반기에 접어들면서 두 전통의 침례교회들 사이에서는 하나가 되고자 하는 여론이 일기 시작하였다. 특수침례교회에서는 극단적인 칼빈주의 운동으로 인한 교단적인 상처를 경험하였고 일반침례교회에서는 신학적 자유주의와 만인구원론의 병폐를 깨닫게 되면서, 칼빈주의나 알미니우스주의나 극단으로 치달을 때에는 병적인 신앙을 낳게 된다는 공감대가 형성이 된 것이다.

침례교연맹(Baptist Union)에서는 "복음적"(evangelical)이라는 말에도 양 전통의 화해와 하나됨을 방해하는 요소가 있다고 여겨서, 1873년에는 침례교연맹에 회원으로 가입하기 위한 조건으로서 "신자들의 침례(immersion of believers)가 유일한 기독교 뱁티즘임을 동의하기만 하면 된다"[427]는 목적진술을 채택하였다. 결국 두 전통의 교단을 하나로 통합하기 위해서 침례교연맹은 칼빈주의적 신앙의 정체성과 교리적인 순수성을 희석시키는 조처를 취한 것이다.

---

423) "침례교연맹"(Baptist Union)이라는 명칭은 일반적으로 불리우던 이름이었는데, 1873년에 가서야 비로소 교단의 공식적인 명칭이 되었다. Ernest A. Payne, *The Baptist Union: A Short History* (London: Carey Kingsgate Press, Ltd., 1958), 1.

424) Ibid., 4.

425) 웨슬레의 부흥운동에서 은혜를 체험하고 신자의 침례가 성서적임을 깨달은 댄 테일러(Dan Taylor)는 일반침례교회에 가입하게 되었는데, 교단 내의 영적인 침체와 교리적인 일탈을 안타까와 하며 영적인 쇄신운동을 일으켜서 뉴커넥션 일반침례교회(New Connection of General Baptists)라는 교단을 창립하였다. 그는 "종교의 항목들"(The Articles of Religion)이라는 짤막한 신앙고백을 만들어 원시기독교 신앙의 회복을 주창하였다. McBeth, *The Baptist Heritage*, 158-65.

426) Payne, *The Baptist Union*, 4.

427) Ibid.

III. 하강논쟁의 전개과정

1. 예비적인 사건들

하강논쟁이 본격적으로 시작되기 전에 이미 침례교연맹 내에서는 복음적인 침례교신앙으로부터 일탈하는 사건들이 몇 차례 있었다. 당시 노팅검(Nottingham)에 소재한 영향력 있던 교회인 맨스필드 로드 침례교회(Mansfield Road Baptist Church)의 담임목사 사무엘 콕스(Samuel Cox)가 1877년에 「세상의 구주: 그리스도는 모든 사람들의 구주이신가?」(*Salvator Mundi: Or Is Christ the Savior of All Men?*)라는 책을 출판하였다.[428]

콕스는 이 책에서 구원관에 있어서 "더 큰 소망"(the larger hope)을 가져야 한다는 견해를 피력하였는데, 여기서 그는 불신자들이 받게 될 영원한 형벌(eternal punishment)을 부정하였고, 예수 그리스도가 모든 사람들을 위해 십자가에 못박혀 죽으셨으니 예수를 믿든 믿지 않든 상관없이 모든 사람들이 궁극적으로 구원을 받게 된다는 만인구원론(Universalism, 보편구원론)을 옹호하였다. 그는 1873년에 뉴 커넥션 일반침례교회 교단의 총회장을 역임하였고, 1883년에는 상기 책의 후속편인 「더 큰 소망」(*The Larger Hope*)을 출간하였다.[429]

진화론적인 사고와 고등비평의 풍조가 영국의 복음적인 기독교계에 다양한 경로를 통해 침투해 들어왔다. 1883년 침례교연맹 연차총회 석상에 존 페이지-호프스(John Page-Hopps)라고 하는 유니테리안 목사가 설교자로 내정되어 설교하였다.[430] 그는 레스터(Leicester) 시에 소재한 뉴 커넥션 일반침례교 대학을 졸업한 사람인데, 만인구원론을 주장하여 참석자들의 심기를 불편하게 하였다. 스펄전은 그 모임의 현장에 있지는 않았지만 친구로부터 그 소식을 전해 듣고 침례교연맹 지도부의 처사에 대해 강한 불만을 토로하였다.

또 다른 사건은 하강논쟁 당시 침례교연맹의 상임총무였던 사무엘 해리스 부스(Samuel Harris Booth) 목사와 관련된 일이었다. 스펄전과 부스는 절친한 관계였고 편지도 자주 교환하며 심중에 있는 은밀한 이야기도 함께 나누는 사이였다. 사건 당시에 부스는 런던 남부 베컨햄(Beckenham)에 소재한 엘름 로드 침례교회(Elm Road Baptist Church)의 담임목사로 재직하고 있었다. 그는 리전트 파크 대학의 졸업생인 블룸필드(W. E. Bloomfield)를 부목사로 채용하였는데 그의 설교에 교리적인 문제가 있다고 판단되어 그를 해임시킨 일이

---

428) Dennis M. Swanson, "The Down Grade Controversy and Evangelical Boundaries: Some Lessons from Spurgeon's Battle for Evangelical Orthodoxy," 6. [온라인자료] http://www.narnia3.com/articles/ETS%202001.pdf, 2014년 1월 9일 접속.

429) Ibid.

430) Ibid., 6-7.

있었다. 그런데 부목사에게 동정적이었던 지방회 목사 세 사람이 포함된 조사위원회에서는 그는 교리적으로 문제될 것이 없다는 결론을 냈고, 교회에서는 그의 해임을 번복하여 그를 다시 채용하였다. 결국 담임목사였던 부스가 도리어 1885년에 그 교회를 사임할 수밖에 없었다.

그 사건 후 부스 목사는 침례교연맹의 상임총무로 선임이 되었고, 스펄전과 자주 만나 블룸필드 목사 사건뿐 아니라 연맹 내의 목회자들이 가지고 있던 신학적인 문제와 교리적인 문제에 관하여 우려하며 상의를 하였다. 드루몬드는 이렇게 진술하고 있다:

> 부스는 스펄전에게 블룸필드 목사와 관련된 엘름 로드 침례교회의 문제뿐만 아니라 침례교연맹 전체에 만연해 있던 심각한 신학적인 문제들을 토로하였다. 부스는 스펄전에게 단호하게 대처해야 한다고 분명히 호소하였다…. 부스는 정통 기독교로부터 이탈한 사람들에 의해 설교된 이단적인 교리에 관하여 스펄전에게 이야기하였을 것이고 그러한 설교자들의 이름까지 언급하였을 것이다.[431]

이처럼 하강논쟁은 공백상태에서 발생한 사건이 아니었다. 이미 수년 혹은 수십년 전부터 침례교연맹 소속 교회들과 목회자들 사이에 내재해 있던 신학적 신앙적인 문제와 갈등이 마치 화산이 폭발하듯이 외부적으로 분출된 사건이었다.

2. 「칼과 흙손」에 실린 로버트 쉰들러의 글들

"하강"(Downgrade)이라는 낱말이 공식적으로 처음 사용된 것은 스펄전에 의해서가 아니었다. 스펄전의 가까운 친구이자 동역자였던 로버트 쉰들러(Robert Shindler)가 1887년 3월과 4월에 메트로폴리탄 태버너클 교회의 월간전도지인 「칼과 흙손」(*The Sword and the Trowel*)[432]에 "하강"(Downgrade)이라는 제목의 글을 게재하면서 사용되기 시작한 말이었다. 처음에는 익명으로 실린 글이었지만 나중에 쉰들러가 필자인 것이 밝혀졌다. 또한 스펄전이 그 글의 입장을 전폭적으로 지지한다는 입장을 진술하기도 하였다.[433]

---

431) Drummond, *Spurgeon: Prince of Preachers*, 670-71.

432) 인터넷 Google Homepage에서 The Spurgeon Archive를 치고 들어가면 하강논쟁과 관련하여 「칼과 흙손」(*The Sword and Trowel*)에 게재되었던 모든 영어원고들이 월별로 일목요연하게 정리되어 있다. "흙손"은 부삽을 의미한다. 본 논문에서는 여기서 제시된 원자료들을 인용하였다.

433) Robert Shindler, "The Down Grade," *The Sword and the Trowel* (March 1887), 1. [온라인자료] http://www.spurgeon.org/s_and_t/dg01.htm, 2013년 12월 15일 접속. 스펄전은 "이 소논문에 진지하게 주목할 것이 요구된다. 우리는 목이 부러질 정도의 속력으로 언덕을 내려가고 있다"(Earnest attention is requested for this paper. We are going down hill at breakneck speed)는 글을 각주에 남겼다.

1887년 3월달에 실린 글에서 쉰들러는 영국 프로테스탄트 교단들의 역사를 간단하게 언급하였다. 그는 1662년 통일령(Act of Uniformity)이 내려진 이후 청교도주의가 급격하게 쇠퇴하기 시작하였고, 비국교도 교회들(non-conformist churches)이 점차 신학적인 오류에 빠져들게 되었다고 진단하였다. 이러한 현상은 특히 영국의 장로교회 내에서 심각하게 일어나게 되었는데, 특수침례교회 역시 초창기에 가졌던 순수한 칼빈주의 신앙을 저버리면서 점차 신학적인 변질을 겪게 되었다고 하였다:

> 칼빈주의를 저버린 사람들은 자신들이 하나님의 아들의 신성과, 그리스도의 대속적인 죽음 및 의롭다 하심에 대한 믿음과, 인간의 전적인 타락에 관한 교리와, 거룩한 갱신의 필요와 성령님의 은혜스러운 사역의 필요성을 부정하게 되리라고는 꿈도 꾸지 않았을 것이다…. 그러나 꿈을 꾸었든 꾸지 않았든 이러한 결과는 현실이 되었다.[434]

쉰들러는 비국교도 교회들이 원죄와 그리스도의 대속적인 죽음을 부정하고 그를 단지 모범적인 인간으로 보는 소치너스주의(Socinianism)라는 신학적 자유주의에 빠지게 되었고, 알미니우스주의를 선호해서 칼빈주의를 저버림으로써 그들 교단들은 "하강의 국면에 빠지게 되었다"(got on the downgrade)고 진단하였다. 이러한 현상은 침례교연맹에 속한 교회들과 목회자들에게도 심각할 정도로 침투해 들어와 있다고 지적하였다: "이런 저런 통로들을 통해서 처음에는 목회자들부터 그리고 다음으로는 교회들이 '하강하고 있으며' 어떤 경우에는 그 하강의 속도가 매우 빠르며 결과적으로는 처참한 지경에 이르고 있다"[435]

4월에 발표된 두 번째 글에서도 쉰들러는 "하강"(Down Grade)이라는 동일한 제목을 사용하였는데, 청교도주의가 퇴락해 가고 있는 현실을 역사적으로 조망하였다. 특히 그는 교회지도자들이 정통적인 신앙을 저버리고 자유주의적 신신학(新神學, New Theology)에 빠져들고 있음을 한탄하였다. 이렇게 된 첫 번째 원인은 성경의 권위를 저버린 데에 있다고 지적하였다:

> 길을 잃고 방황하게 되는 첫 번째 단계는 거룩한 성경의 신적인 영감에 대한 적절한 믿음이 결핍될 때이다. 사람이 항상 하나님의 말씀의 권위에 순복하고 있으면 그 가르침에 반대되는 정서를 가질 수 없을 것이다…. 그러나 성경의 영감과 권위에 대해 의심하거나 대수롭지 않게 생각하게 되면, 그는 자신을 인도할 지도(map)를 잃어버리는 것이고 자신을 붙잡아 줄 닻(anchor)을 잃어버리는 것이다…. 목회자들과 기독교회들이 성경은 신앙과 실천의 권위 있고

434) Ibid., 2-3.
435) Ibid., 4.

> 오류 없는 규범으로서 하나님에 의해서 주어진 것이라는 진리에 견고히 서 있으면, 그들은 올바른 길에서 결코 벗어나 방황하지 않는다. 그러나 이와 반대로, 이성을 계시보다 드높이거나 계시를 설명하는 잣대로 이성을 사용할 때, 결과적으로 온갖 종류의 오류와 해악이 발생하게 된다.[436]

쉰들러는 칼빈주의적 교리체계와 성경의 권위에 대한 높은 인식 사이에는 깊은 상관관계가 있다고 말하면서, "성경의 권위에 헌신하고 있는 대다수의 많은 사람들은 교리에 있어서 다소간 칼빈주의적이었다"[437]고 진술하고 있다. 「칼과 흙손」 같은 호의 "주"(The Notes)란에서 스펄전은 이와 관련하여 이렇게 부연하고 있다: "우리는 신학체계로서 칼빈주의보다는 중심적인 복음적 진리들(the central evangelical truths)에 더 많은 관심을 가지고 있다. 그러나 우리는 칼빈주의가 그 자체 안에 보수주의적 힘을 가지고 있어서 사람들로 하여금 진리를 강하게 붙드는데 도움을 준다고 믿는다."[438]

쉰들러와 스펄전은 성경에 대한 높은 인식이 하나님의 절대주권을 강조하는 칼빈주의적 신학체계와 손을 맞잡고 있다고 보았다. 또한 그들은 성경의 권위보다 인간 이성을 앞세우기 시작할 때, 그리스도인들과 교회는 영적인 하강(spiritual downgrade)을 맞이할 수밖에 없다고 주장하였다.

3. 「칼과 흙손」에 실린 찰스 스펄전의 글들

쉰들러의 글들로 인해 촉발된 비국교도 교회들의 신앙적 영적 "하강" 비판을 곁에서 지켜보던 스펄전은, 1887년 여름이 되자 스스로 펜대를 잡고 더욱 예리하게 침례교회들 사이에 만연해 있는 신학적인 문제들을 지적하였다. 그는 8월부터 「칼과 흙손」에 매달 연속적으로 자신의 글을 게재하면서 하강논쟁을 더욱 심화시켰다.

1) "하강에 관한 또 다른 말"(Another Word Concerning the Down Grade)

「칼과 흙손」 1887년 8월호에 실린 스펄전의 첫 번째 글의 제목은 "하강에 관한 또 다른 말"이었다. 첫 문단부터 글의 내용이 쉰들러의 그것보다도 더 날카로왔고 비판적이었다:

---

436) Shindler, "The Down Grade," *The Sword and the Trowel*, 4, [온라인자료] http://www.spurgeon.org/s_and_t/dg02.htm, 2013년 12월 15일 접속.

437) Ibid.

438) Ibid.

> 복음을 사랑하는 자라면 시대가 악하다는 것을 자신으로부터 감출 수 없다. 우리는 인간의 자연적인 소심함과 시대의 경고와 고통으로 말미암아 생긴 허약함을 과소평가하려고 하지만, 우리가 확신하는 바는 현재 많은 교회에서 일어나고 있는 사태가 겉으로 드러난 것에 비해 훨씬 더 악화되어 있고 신속하게 "하강"(downgrade)하고 있다는 점이다…. 그들은 얼마나 멀리까지 떠나가고 있는가? 어떤 교리가 포기될 것인가? 어떤 다른 진리가 능멸의 대상이 될 것인가? 하나의 새로운 종교가 창도되었다. 분필이 치즈가 아니듯이 그것은 더 이상 기독교가 아니다(A new religion has been initiated, which is no more Christianity than chalk is cheese). 이 종교는 도덕적인 진실을 결하고 있으며, 옛 신앙을 약간 개선해 놓은 것처럼 위장을 하고 있으며, 복음적인 설교를 위해 세워진 강대상들을 빼앗고 있다. 속죄는 조롱을 당하고 있고, 성경의 영감은 비웃음을 사고 있고, 성령은 하나의 영향력인 것처럼 격하되고 있고, 죄에 대한 형벌은 허구로, 부활은 신화로 전락하고 있다. 우리의 신앙을 대적하는 자들이 우리가 그들을 형제라고 부를 것을 기대하고 있고 우리로 하여금 그들과 연합(confederacy)을 유지하게 하려 하고 있다![439]

스펄전은 많은 사람들이 교회를 "연극장"(play-house)으로 전락시키고 있다고 비난하면서 연극장의 세속적인 가치와 기술이 주님의 거룩한 성소를 침범하도록 용인하고 있다고 하였다. 많은 교회들이 더 이상 기도하는 모임들을 가지고 있지 않으며, 따라서 영적인 열정은 사그라들고 있고, 회중은 줄어들고 있고, 복음을 향한 열망은 급속도로 사라져 가고 있다고 스펄전은 한탄하였다. 그의 냉소적인 비유가 섞인 비난은 멈추지 않는다: "슬프도다! 많은 사람들이 청교도 이후 세대(post-Puritan generation)를 병들게 하는 독배를 마시고 있다. 너무나 많은 목회자들이 '현대사상'(modern thought)이라는 형태를 지닌 '다른 복음'(another gospel)의 코브라와 위험한 장난을 치고 있다."[440]

스펄전은 참 신자들이라면 신신학을 주창하는 사람들이 활동하고 있는 단체들과의 관계를 단절하는 것이 현명하다고 역설하였다. 말씀의 진리가 신신학과 너무나 심각하게 타협하고 있기 때문에 참 그리스도인이라면 고린도후서 6장 17절의 말씀을 진지하게 고려해야 한다고 역설하였다: "너희는 그들 중에서 나와서 따로 있고 부정한 것을 만지지 말라."[441]

스펄전의 첫 번째 글은 당시 영국의 복음적인 교회들을 향해서 폭탄을 던진 격이었다. 당시 복음적인 진영에서는 협력, 연합, 조화, 조직의 재편성 등을 모색하고 있었는데, 그의 목소리는 참 신자들이라면 분리주의자들(Separatists)이 되어야 한다는 외침이었다. 영국 특수침례교회들의 연합체이며 뉴 커넥션 일반침례교회와의 연합을 모색하고 있던 침례교연

439) Charles Spurgeon, "Another Word Concerning the Down Grade," *The Sword and the Trowel* (August 1887), 1, [온라인자료] http://www.spurgeon.org/s_and_t/dg03.htm, 2013년 12월 15일 접속.

440) Ibid., 2.

441) Ibid.

맹으로서는, 스펄전의 외침은 너무나 황당한 것이었고 너무나 부담스러운 것이었다.

2) "잡다한 비평가들과 질문자들에 대한 우리의 답변"(Our Reply to Sundry Critics and Enquirers)

스펄전의 첫 번째 글이 공개되자 그의 주장에 대해 공감을 하고 지지를 하는 사람들이 있었던 반면에, 그의 "하강" 비판에 대해 부적절하다며 반대하는 사람들도 있었다. 아마도 그는 자신의 주장에 대해 비판하는 사람들이 의외로 많은 것에 대해 놀랐고 실망하였을 것이다. 그래서 스펄전은 「칼과 흙손」 9월호에 "잡다한 비평가들과 질문자들에 대한 우리의 답변"이라는 글을 게재하면서 자신의 주장을 천명하였다.

스펄전을 반대하는 사람들은 그의 주장에 구체성이 결여되어 있고 전반적으로 모호하다(vague)고 비판하였다. 또한 그들은 그가 그 당시 신장병(kidney ailments)을 앓고 있어서 강단에도 정기적으로 서지 못하는 상황이었기 때문에, 그의 주장은 심각한 병을 가진 자의 병적인 외침이라고 일축하며 그를 향해 인신공격을 하기도 하였다. 이러한 비판에 대한 스펄전의 입장은 단호하였다:

> 집에 강도들이 들었다. 벽들은 무너지고 있다. 그런데 침대에 누워 있는 착한 사람들은 따스함을 즐기고 있고 머리가 부스러져 버릴 것에 대한 두려움 때문에 아래층으로 내려가 강도들을 대면하려 하지 않는다. 심지어 그들은 겁을 너무 많이 먹고 있어서 '도둑이야!'라고 소리치지도 못하고 있다….
> 성경을 믿는 사람들과 성경을 뛰어넘으려고 하는 사람들 사이에는 큰 간격이 벌어져 있다. 영감(inspiration)과 인간의 사색(speculation)은 평화롭게 공존할 수 없다. 타협이 설 자리는 없다. 우리는 성경의 영감을 견지하면서 동시에 그것을 거부할 수 없다. 우리는 속죄(atonement)를 믿으면서 동시에 그것을 부인할 수 없다. 우리는 타락의 교리를 주장하면서 동시에 영적인 삶의 진화에 대해 말할 수 없다. 우리는 회개하지 않는 자들의 심판을 인식하면서 동시에 '더 큰 소망'의 교리를 기대할 수 없다. 이 길이든 저 길이든 한 길을 택하여 가야만 한다. 결단은 시간의 덕목이다(Decision is the virtue of the hour). 우리가 우리의 길을 선택했다면 우리는 다른 길을 가고 있는 자들과 동행할 수 없다.[442]

스펄전은 침례교회들이 교리적으로 일탈을 하고 있기 때문에 침례교연맹이 중심이 되어 복음적인 신앙을 밝혀주는 교단 차원의 신앙진술이나 신앙고백을 채택할 것을 요구하였다. 그러나 침례교연맹의 입장은 소속 교회들이 모두 복음적인 신앙을 가지고 있고, 그

442) Charles Spurgeon, "Our Reply to Sundry Critics and Enquirers," *The Sword and the Trowel* (September 1887), 3, [온라인자료] http://www.spurgeon.org/s_and_t/dg04.htm, 2013년 12월 15일 접속.

러한 신앙진술이나 신앙고백은 침례교인들의 양심을 속박하는 부정적인 영향을 끼칠 수도 있다고 생각하였다. 그러한 신앙진술은 침례교인들이 혐오하는 신조주의(Creedalism)를 조장하게 될 위험이 있다고 보았던 것이다.

아마도 보다 직접적인 이유는 스펄전이 주장하는 신앙진술을 만들게 되면 침례교연맹의 지도부에서는 뉴 커넥션 일반침례교인들을 포용하여 수용하는 데에 큰 지장을 초래할 것이라고 생각했던 것 같다. 교단의 지도자들은 스펄전의 칼빈주의적 신앙이라는 이상(理想)과 교단의 화합(和合)이라는 현실 간에는 큰 간격이 있다고 생각했던 것 같다. 그러나 스펄전은 타협하기를 거부했고 연맹으로부터의 탈퇴까지도 고려하고 있었다:

> 좁은 길을 가기로 한 자들은 좁은 길을 고집하게 하라 그들의 선택으로 인해 고난을 받도록 하라. 그러나 동시에 넓은 길을 가고자 희망하는 것은 어리석음 그 자체다. 그리스도와 벨리알이 어찌 함께 하겠는가?
> 여기까지 우리는 왔고 잠시 쉬고 있다. 이스라엘 백성이 무엇을 해야 할 것인지를 알기 위해서 그러했던 것처럼, 많은 사람들이 한 마음이 되어 주님을 바라보며 기다리자. 분노가 아니라, 의심이나 분열의 정신이 아니라, 경성하는 마음과 결단으로, 견고한 믿음으로 우리의 입장을 고수하자. 우리가 진심으로 참여하고자 하지 않는 교제에 가식적으로 친한 척하며 끼어들지 말자. 우리 마음 속에 불일 듯 하는 확신을 숨기지 말자. 이 시대는 위기에 빠져 있다. 신자 개인의 책임은 각자가 져야 할 짐이다. 그렇지 않으면 배도자가 될 것이다. 각자가 있어야 할 곳과 가야 할 길을 주님께서 각자에게 밝히 보여 주실 것이다.[443]

3) "입증된 사례"(The Case Proved)

1887년 10월호 「칼과 흙손」에 스펄전이 세 번째로 게재한 글의 제목은 "입증된 사례"(The Case Proved)였다. 이 글에서는 그동안 자신이 썼던 글들에 대해서 그가 받았던 편지들과 들었던 구두의 견해들을 요약하고 정리하여 제시하였다. 크게 두 종류의 사람들로 구분할 수 있었다.

첫 번째는 하강논쟁이 치열하게 전개되는 것을 지켜보면서 이제는 그 풍랑을 잠재우고자 하는 사람들이었다. 스펄전은 그들을 "존경하는 친구들"(esteemed friends)이라고 부르면서, "전투에 갑자기 끼어들어 전쟁의 원인 요소는 없다고 선언하는 사람들"이며 "'평화로다 평화로다' 하고 외치기를 계속하는 사람들"[444]이라고 하였다. 두번째 부류는 그 당시의 절망적인 영적인 상황에 대한 스펄전의 진단에 대해 공감을 나타내는 사람들이었다. 스스로

443) Ibid., 4.
444) Charles Spurgeon, "The Case Proved," *The Sword and the Trowel* (October, 1887), 1, [온라인자료] http://www.spurgeon.org/s_and_t/dg05.htm, 2013년 12월 15일 접속.

복음주의자라고는 하지만 신신학에 타협을 하고 있든가 거짓 가르침에 빠져 있는 사람들의 특별한 예들을 그들은 편지나 대화를 통해 지적해 주었다.

스펄전은 "정통적인 신앙을 견지하고 있는 형제들이 침례교연맹에 남아서 그것(신신학 혹은 자유주의 신앙을 가리킴 – 필자 주)을 주장하며 가르치는 자들과 연합을 이룰 수 있는가?"라는 질문을 던지면서, 쉐필드(Sheffield)에서 개최될 침례교연맹 연차총회를 앞두고 자신의 결연한 입장을 분명히 하였다:

> 우리에게 한 가지 사실은 분명하다. 우리가 견지하고 있는 것과 반대되는 입장을 가르치는 자들은 어떠한 연맹 모임에서도 우리를 만날 수 없으리라는 점이다. 타협이 가능한 영역들은 많이 있는 것은 사실이지만, 그러나 가식적으로 교제에 참여하는 것은 배도의 행위(an act of treason)인 것이다. 매우 유감된 일이지만, 우리는 우리가 진심으로 사랑하고 마음 속 깊이 존경하는 사람들(침례교연맹에 속한 사람들을 암시한다–필자 주)과의 회합에 참여하기를 삼갈 것이다. 왜냐하면 우리가 주님 안에서 주의 만찬을 함께 나눌 수 없는 사람들과 연합(confederacy)을 이룰 수는 없기 때문이다.[445]

그러나 쉐필드에서 열린 침례교연맹 연차총회에서는 스펄전이 제기했던 문제에 대해서는 거론조차 되지 않았다. 침례교연맹에서는 공식적인 대응을 자제하고 있었던 것이다.

4. 스펄전의 탈퇴 편지와 "하강논쟁에 대한 단상"

「칼과 흙손」 1887년 9월호와 10월호에서 이미 침례교연맹으로부터의 탈퇴를 암시했던 스펄전은 드디어 1887년 10월 28일 날짜로 당시 침례교연맹의 상임총무(general secretary)였던 사무엘 부스(Samuel Harris Booth)에게 다음과 같은 내용의 편지를 써서 보냈다:

> 사랑하는 친구에게
> 나는 침례교연맹의 총무인 자네에게 그 회(that society)로부터 탈퇴하는 것을 공표하게 되었네. 매우 유감스러운 일이지만 나로서는 선택할 다른 대안이 없네. 탈퇴의 이유에 대해서는 「칼과 흙손」 11월호에 자세히 제시하겠네. 자네는 내가 여기서 중복해서 탈퇴를 밝히는 것을 이해해 주리라고 생각하네. 누군가를 나에게 보내어서 재고를 요청하는 일은 없기를 바라네. 나는 이미 오랫 동안 고민해 왔고, 하루에도 수십 번이나 내가 결코 너무 일찍 떠나는 것이 아니라고 하는 사실을 확인했네. 결코 어떤 사적인 충동이나 악감이 나에게 작용한 것이 아님을 덧붙여야 하겠네. 나는 개인적으로 내가 원했던 것 이상으로 많은 존경을 받아 왔네. 내

445) Ibid.

나름대로 최정상의 자리에서 내가 이런 조처를 취하는 것이네. 나는 더 좋은 것을 기대했기 때문에 오랫 동안 탈퇴를 연기해 왔다는 것을 알아 주게. 항상 자네에게 따뜻한 마음이 함께 하기를.

스펄전 씀.[446]

상임총무 부스에게 밝히고 있듯이 스펄전은 이미 오래 전부터 침례교연맹으로부터의 탈퇴를 고려해 온 것 같다. 아마도 늦어도 1885년도부터 약 3년 이상 동안 침례교회들의 신학적 신앙적 일탈을 목격하고는, 자유주의나 신신학 그리고 만인구원론(Universalism)에 물들어 있는 침례교 목회자들과는 교제의 끈을 끊어버리는 것이 오히려 하나님을 더 기쁘시게 하는 것이라는 생각을 해 왔던 것 같다. 그는 부스에게 보낸 탈퇴 편지를 쓰기 전에 이미 11월호에 실을 원고를 써 놓았으리라고 생각된다.

"하강논쟁에 대한 단상"(A Fragment Upon the Down Grade Controversy)이 그 제목이었다. 그는 "이 때까지 우리의 많은 독자들이 하강논쟁으로 인하여 많이 시달려 왔을 것이다"[447]라고 글문을 열었는데, 스펄전 자신의 감정도 논쟁으로 인해서 많이 소진되었음을 피력하였다. 그렇지만 그에게 흔들림 없는 확신은 "이미 알려진 명명백백한 오류와 짝하는 것은 죄에 빠지는 것이다"(Fellowship with known and vital error is paticipation in sin)[448]라는 점이었다:

알기 쉽게 말해서 우리는 이러한 것들을 기독교적인 연합들(Christian Unions)이라고 부를 수 없다. 그것들은 악과의 공범자들로 보인다. 하나님 앞에서 그들은 다른 모습일 수 없다. 우리 내면 깊숙한 곳에서 이것은 하나의 슬픈 진리(a sad truth)라는 생각이 든다.[449]

침례교연맹을 탈퇴한 후에는 어떻게 되는 것인가라는 주위 사람들의 질문에 대해서 스펄전은 담담하게 자신의 소신을 밝히고 있다:

지난 달에 많은 사람들이 우리에게 질문하였다. "우리는 어떻게 할 것인가? 이에 대해서 우리는 각자가 하나님의 인도하심에 따라 스스로 행동해야 한다는 것 이외에는 어떠한 답도 가지고 있지 않다. 우리는 지난 달의 글에서 우리의 행동노선을 암시하였다. 우리는 단번에 그리

446) John F. MacArthur, Jr., *Ashamed of the Gospel: When the Church Becomes Like the World* (Wheaton, IL: Crossway Books, 1993), 211-2.
447) Charles Spurgeon, "A Fragment upon the Down Grade Controversy," *The Sword and the Trowel* (November 1887), 1, [온라인자료] http://www.spurgeon.org/s_and_t/dg06.htm, 2013년 12월 15일 접속.
448) Ibid., 2.
449) Ibid.

> 고 단호하게 침례교연맹으로부터 탈퇴하는 것이다(We retire at once and distinctly from the Baptist Union). 침례교회란 각자 스스로 구성되었고 자율적으로 운영되는 교회이다. 침례교연맹은 단지 그렇게 구성된 교회들이 자발적으로 참여하여 이루어진 연합체일뿐이다. 교회나 개인이 그것으로부터 탈퇴하는 것은 단순한 일이다. 연맹은 현재 상태로는 누구를 치리할 수 있는 힘도 가지고 있지 않다. 왜냐하면 어떠한 교리적인 기반을 가지고 있지 않기 때문이고, 침례만이 합당한 뱁티즘의 방식이라고 인정하는 한, 어떠한 형태의 신앙과 불신앙도 용인될 수 있기 때문이다.[450]

마지막으로 스펄전이 침례교연맹을 탈퇴한 후에 새로운 교단을 창단할 것이라는 소문이 떠돌고 있음을 알았는지, 이에 대해서 "지금 있는 교단들만으로도 충분하다"(There are denominations enough)[451]고 단호하게 답변을 하면서, 인위적이고 인간적인 조직이 아니라 "그리스도 안에서 하나가 된 사람들"의 영적인 모임이 참 그리스도인의 교제가 됨을 역설하면서 원고를 마무리하였다.[452]

5. 침례교연맹의 탈퇴 수락과 징계 결의

프랑스 동남부 해안 마을 멍뚱(Mentone)에서 심신을 쉬며 요양을 하고 있던 스펄전은 1887년 11월 23일에 동역자인 맥키 목사(Rev. Mackey)에게 편지를 보냈다: "침례교연맹의 지도부를 향한 나의 사적인 불만으로 인해서 내가 연맹을 떠나는 것은 전적으로 내 책임입니다. 내가 연맹을 향해서 반복해서 요청했던 요망사항들이 전혀 받아들여지지 않았습니다. 이제 내 입장은 분명합니다. 침례교연맹을 떠나는 것 이 외에는 다른 대안이 없습니다."[453]

부스 상임총무와 맥키 목사에게 보내온 스펄전의 탈퇴 편지에 관해서 12월 13일에 침례교연맹협의회(Council of the Baptist Union)가 모여 대책을 논의하였다. 이 협의회는 약 100명의 침례교연맹 지도자들로 이루어진 회의체였다. 그 날 80명이 모여서 회의를 개회하였다. 그들 중 대다수는 스펄전 목사가 자신이 속해 있는 침례교연맹과 소속 목회자들에 대해서 무차별적인 비난을 서슴지 않은 것에 대해 격분했으며 교단을 탈퇴하겠다는 일방적인 통보에 대해서도 심히 못마땅해 했다.

무엇보다도 스펄전 목사가 침례교연맹을 비난할 때 확실한 정보와 믿을만한 증거에 입각해서 한 것이 아니라는 점에 분노하였다. 정통적인 기독교 교리를 떠난 사람들이 누구인

450) Ibid., 3.
451) Ibid.
452) Ibid.
453) MacArthur, *Ashamed of the Gospel,* 213.

지, 보편속죄론을 설교하는 목회자들이 누구인지, 스펄전은 그 명단을 제시하지 않고 있었던 것이다. 스펄전이 제기했던 공격과 비난의 대상이 불분명하고 모호하였다는 것이었다.

앞에서 언급했던 것처럼 스펄전과 부스 총무는 사적인 대화와 편지교환을 통해서 침례교연맹 내의 안타까운 영적인 상태에 관해서 의견을 교환했고 부스 총무는 그러한 상태에 빠진 목회자들의 명단까지도 편지에서 함께 나누었을 것이다. 그러나 그는 스펄전 목사에게 그러한 정보에 관해서 "공식적인 것은 아니며 대외비로 해 줄 것"(not official but in confidence)[454]을 요청하였다.

스펄전 역시 그러한 요청에 대해 친구이자 동역자로서 의리를 지키기 위해 자신이 비밀리에 알게 된 정보를 공개하지 않은 것이었다. 여기에서 부스 총무의 우유부단함을 엿볼 수 있다. 침례교연맹협의회에서 부스 총무가 스펄전 목사의 진심을 알고 있었다면, 그가 궁지에 몰려 있는 스펄전 목사를 변호해 주면서 연맹 내의 신앙적인 일탈에 대해 앞장서서 증언을 했어야 하는데 그렇게 하지를 않은 것이다.

1888년 1월 13일에 침례교연맹협의회에서 선출한 네 사람의 대표들 중 세 사람이 메트로폴리탄 태버너클 교회당에서 스펄전을 만났다. 상임총무 사무엘 부스, 전임 총회장 제임스 컬로스(James Culross), 신임 총회장 존 클리포드(John Clifford)가 그들이었다. 스펄전의 심정을 가장 잘 이해할 것 같았던 알렉산더 맥클래런(Alexander Maclaren)도 대표로 선출이 되었는데, 그는 몸이 불편하다는 이유로 참석하지 않았다. 그들 세 사람은 스펄전에게 탈퇴를 재고해 줄 것을 요청하였다.

스펄전은 침례교연맹의 헌장이 이단자들을 조사하거나 제거할 수 있는지를 문의하였고, 동시에 침례교연맹이 복음적인 교리적 신앙진술을 채택할 것을 제안하였다. 그러나 그들은 그 문의에 대한 답변을 거절하였고 또한 신앙진술의 채택 제안을 거부하였다. 결국 그 모임에서 대화는 결실 없이 무산되고 말았다.

닷새 후인 1888년 1월 18일에 전체 침례교연맹협의회가 다시 모였다. 세 사람의 대표들이 스펄전 목사를 만나 대화했던 내용을 보고한 후, 먼저 스펄전의 탈퇴를 수용하는 안건에 대해 결의하였고, 이어서 침례교연맹과 소속 목회자들의 명예를 훼손한 그의 행동들에 대해서 징계(censure) 결의를 하였다. 100명 가운데 오직 5명만이 징계 결의에 반대를 하였다. 협의회는 다음과 같은 결의안을 통과시켰다:

> 침례교연맹협의회는 스펄전 목사가 탈퇴 전후로 침례교연맹을 대항하여 행했던 비난들이 너무나 과중했던 것에 인식을 같이 합니다. 비난들이 연맹 전체를 염두에 두고 행해졌고, 그(스

454) Drummond, *Spurgeon: Prince of Preachers*, 697.

> 펄전을 가리킴-필자 주)와 못지 않게 진리를 사랑하는 형제들을 의심토록 자극하였습니다. 스펄전 목사가 자신이 혐의를 두었던 사람들의 이름을 대기를 거절하였고 그것을 입증할만한 증거들을 제시하기를 거부하였습니다. 협의회가 판단하건데 그는 그러한 비난들은 행하지 말았어야 했습니다.[455)]

결국 스펄전은 침례교연맹으로부터 징계까지 받으며 탈퇴를 당할 수밖에 없었다. 자신이 몸 담아 왔고 적지 않은 기부금으로 기여해 왔던 런던침례교지방회(London Baptist Association)로부터도 떠나지 않을 수 없었다.[456)] 비록 그가 자신을 지지했던 동역자들에게 침례교연맹을 떠나지 말고 교단에 남을 것을 부탁하기까지 했지만, 너무나 적은 숫자의 목회자들만이 교단탈퇴라는 행동을 함께 했던 사실로 인해서도 적지 않은 상처를 받았을 것이다.

6. 스펄전의 신앙고백

침례교연맹과 런던침례교지방회를 탈퇴한 스펄전은 같은 마음을 가진 목회자들과 함께 "형제애 연맹"(Fraternal Union)이라는 비공식적인 모임을 결성하였고, 1891년에는 "스펄전의 신앙고백"(Mr. Spurgeon's Confession of Faith) 혹은 "스펄전의 신앙선언"(Mr. Spurgeon's Manifesto)이라는 것을 채택하였다. 이 신앙의 선언에 함께 서명을 했던 사람들은 스펄전을 포함하여 모두 30명이었다. 이 신앙선언은 자신이 속한 교단 지도부를 향해 비판과 비난을 퍼부을 수밖에 없었던 스펄전의 신앙적인 입장이 무엇이었는지를 잘 보여주고 있다:

> 아래에 서명을 한 우리는 "형제애연맹"(Fraternal Union)으로 연합되어 있으며, 많은 사람들이 계시의 진리(Truths of Revelation)를 느슨하게 붙들고 있는 것을 바라보며 고통과 슬픔에 잠겨 있다. 우리는 원래 주어진대로 모든 성경의 축자적인 영감(Verbal Inspiration of All Holy Scripture)을 확고하게 믿는다. 우리에게 성경은 단순히 하나님의 말씀을 포함하고(contain) 있는 것이 아니라 하나님의 말씀 그 자체이다. 처음부터 끝까지 우리는 그것을 받아들이고 믿고 끊임없이 설교한다. 우리에게 구약은 신약 못지 않게 영감받은 말씀이다. 성경책은 하나의 유기적인 전체이다. 구약성경에 대해서는 회의적인 입장을 취하면서 신약성경을 경외하는 것은 우리에게는 어리석어 보인다. 그 둘은 함께 서거나 함께 무너져야 한다. 우리는 그리스도께서 "모세와 모든 예언자들"에 관하여 확증하신 것을 받아들인다. 소위 고등비평학에서 주장

455) MacArthur, *Ashamed of the Gospel*, 218.

456) 스펄전은 런던침례교지방회를 탈퇴한 후 서레이미들섹스 침례교지방회(Surrey-Middlesex Baptist Association)에 가입하였다. Drummond, "Charles Haddon Spurgeon," 135.

하는 것들에 대해서는 관심을 두지 않는다.
우리는 "은혜의 교리들"(the doctrines of grace)로 알려진 진리들을 주장한다. 아버지 하나님의 선택하시는 사랑, 그의 아들 예수 그리스도의 화해적이고 대속적인 희생, 성령에 의한 중생, 그리스도의 의의 전가, 믿음으로 말미암는 (단번에 이루시는) 죄인의 칭의, 성령님의 활동적인 내주하심으로 말미암아 새로운 생명으로 살고 은혜로 성장하는 삶, 우리 주 예수님의 대제사장적인 중보기도, 마태복음 25:46에서 주님이 "그들은 영벌에 들어가리라"고 하신 말씀대로 구주를 거부하는 모든 자들이 받게 될 소망 없는 영원한 형벌 등이, 우리가 판단컨대 계시된 근본적인 진리들(revealed and fundamental truths)이다. 우리의 소망은 영광 중에 오실 주 예수님의 개인적이고 전천년설적인 재림(the Personal Pre-millenial Return of the Lord Jesus in Glory)이다.[457]

IV. 하강논쟁의 결말

침례교연맹과 런던침례교지방회를 탈퇴한 스펄전은 격심한 고립감과 소외감을 쉽게 떨쳐버릴 수 없었을 것이다. 정서적으로는 자신의 입장에 동조를 했던 사람들도 교단을 떠날 수는 없다는 현실적인 부담감을 가지지 않을 수 없었을 것이다. 침례교단을 떠난 후에도 그는 여러 차례에 걸쳐서 「칼과 흙손」에 자신의 글을 발표하면서 침례교연맹 내의 "하강" 현상을 비판하였고 동시에 자신의 입장을 변호하였다. 이로 인해 그의 마음은 영적인 침체를 겪게 되었고, 그의 육체는 류마티스 관절염과 통풍(gout)으로 병들어 갔다.

결국 스펄전은 교단 탈퇴 약 4년 후인 1892년 1월 31일에 단지 58세의 나이로 이 세상을 떠나 하나님 품에서 안식하게 되었다. 그를 지지했던 사람들도, 그에게 징계의 아픔을 주었던 사람들도, 그의 때 이른 죽음 앞에서는 숙연해지지 않을 수 없었다. "설교의 황태자"(Prince of Preaching)라는 칭송을 받을만큼 교단을 초월하여 인정을 받았던 위대한 침례교 설교가였고 당시 세계최대의 교회 메트로폴리탄 태버너클 교회의 담임목사였던 찰스 스펄전의 죽음은 많은 사람들을 아쉬움에 빠뜨렸다.

"하강논쟁"은 19세기 후반기에 일기 시작했던 현대주의(Modernism), 신학적 자유주의(Theological Liberalism), 고등비평(Higher Criticism)으로 인한 성경의 권위와 위상의 추락 등의 신앙적 신학적 하강 조류를 거슬러서 스펄전이 담대하게 항거했던 운동이었다. 그는 무엇보다도 성경의 신적인 영감성(divine inspiration)과 무오류성(inerrancy)을 지켜내기 위해 자신의 전부를 바쳤다.

침례교연맹이라는 울타리 안에서 교회들과 목회자들이 연합을 이루는 일보다도, 특수침

457) "Mr. Spurgeon's Confession of Faith," *The Sword and the Trowel* (August 1891), 1.

례교회가 애당초 가지고 있던 칼빈주의 전통과 복음적인 신앙을 지켜내는 일을 더욱 중요하게 생각하였다. 비진리 안에서의 교제보다는 진리 안에서의 고독을 선택했던 것이다. 이런 점에서 복음적인 진리를 향한 스펄전의 고독한 투쟁에 관해서는 아무리 높게 평가한다고 해도 부족하다고 하겠다.

그러나 다른 한편, 자신이 생각했던 진리체계를 지키기 위한 스펄전의 방법이 최선의 것이었는가 하는 점은 짚고 넘어가야 하겠다. 자신이 섬기고 있던 메트로폴리탄 태버너클의 월간전도지인 「칼과 흙손」이라는 매체를 통해서 침례교연맹을 비판하고 비난하고 공격했던 것이 적절했었는가 하는 점이다. 결국 메트로폴리탄 태버너클과 침례교연맹 간의 대결구도 속에서 경건과 전도의 목적으로 사용되었어야 할 교회의 월간전도지가 영적 전투와 교단정치의 도구로 이용되었다는 점이 아쉽다. 그리고 자신이 몸담고 있던 교단인 침례교연맹과 일부 동료 목회자들을 비진리와 야합하고 있는 사람들로 매도하였고, 구체적인 증거를 제시하지도 않은 채 불특정 다수를 무차별적으로 비난했던 것은 결국 스스로 무덤을 파는 행위였지 않았나 생각된다.

당시 교인수에 있어서는 세계 최대 교회를 이끄는 지도자로서, 교단보다도 더 큰 재력과 영향력을 가진 교회의 담임목사로서, 교단을 섬기고자 하는 겸허한 자세를 가질 수는 없었을까? 꼭 비판과 비난의 방법만이 유일한 대안이었을까? 동역자들을 버리고 교단을 떠나는 것이 능사이었을까? 교단 내에서 전체 침례교회를 사랑하고 섬기는 마음을 가질 수는 없었을까? 장기적인 안목을 가지고 교단 내에서 부흥운동을 일으킨다든지, 목회자들의 재교육과 훈련을 주도한다든지, 설교와 문서사역을 통해서 자신이 옳다고 믿는 바를 확산시켜 나가는 방법을 사용할 수는 없었을까?

비록 스펄전이 극단적 칼빈주의(Hyper-calvinism)를 반대하기는 했지만, 초대형 교회의 목사로서 근본주의자적인 의식(Fundamentalist Mind)을 가진 것은 아니었나 생각한다. 자신과 다른 생각을 가진 자들에 대해서 공격적이고 전투적이고 배타적인 태도로 비판을 하며, 자기만이 옳다고 생각하여 정의를 독점해 버리는 자세를 가진 것은 아니었을까 하는 생각도 든다. 진리를 지키는 것 못지 않게 사랑을 실천하는 것도 기독교지도자가 지녀야 할 중요한 덕목인 것을 어느 누구도 부인하지 못할 것이다.

결국 "하강논쟁"의 결말은 1887년 11월에 스펄전 목사가 침례교연맹을 탈퇴하는 것으로 마무리 되었다. 동시에 런던침례교지방회(London Baptist Association)의 교제로부터도 단절되었다. 일부 지도자들이 그를 다시 복귀시키고자 하는 노력을 기울이기도 했지만 이미 상황은 훨씬 악화되어 있었다. 이제는 신학적인 문제가 아니라 인간적인 문제가 더욱 심각해졌다. 스펄전을 심정적으로 지지했던 목회자들도 힘 있는 교단 지도자들의 눈치를 볼 수밖에 없었고 스펄전을 옹호하는 발언을 할 엄두를 낼 수 없었다. 도리어 1888년에는 침례교연맹은 스펄전을 향해 교단을 해친 데에 대한 책임을 물어 더욱 단호한 징계조치를 내리기까지 하였다.

V. 에필로그

"하강논쟁"은 특수침례교회의 신앙적 전통을 가진 스펄전 목사와 일반침례교회의 신앙적 전통을 가진 존 클리포드 총무 간의 논쟁이었다고 보면, 결국은 양 교회 전통의 신학적 신앙적 갈등이 두 사람 간의 논쟁을 통해 표출된 것으로 보인다. 칼빈주의 신앙과 알미니우스주의 신앙 간의 갈등이 19세기 말 영국 침례교단에서 재연된 것이다.

스펄전은 복음전도를 영국사회를 위한 유일한 희망으로 보았다면, 클리포드는 영국사회의 개혁을 위해 보다 적극적인 대사회 참여와 봉사를 강조하였다. 이러한 입장의 차이가 논쟁을 더욱 격화시켰다고 볼 수 있겠다. 무엇보다도 스펄전의 건강상태가 갑작스럽게 악화되었던 것도 논쟁의 한 가지 원인이었을 것이라고 진단하는 사람도 있다. 스펄전은 육체적 정서적 피로와 연약함으로 인해 신경질적인 반응을 보일 수밖에 없었고, 자신이 몸담고 있던 교단을 대하는 그의 태도는 비관적으로 변해 갔다는 것이다.[458]

"하강논쟁"은 스펄전 목사 개인과 침례교연맹 양자 모두에게 깊은 상처를 남겼다. 침례교연맹과 런던침례교지방회를 탈퇴한 후, 스펄전은 자신의 여생을 인간적인 고독감과 소외감으로 시달려야 했다. 최근 영국 침례교 역사학자 페인(Payne)은 "침례교연맹은 하강논쟁으로 말미암아 몹시 흔들렸으나 그러나 와해되지는 않았다"(The Baptist Union emerged from the Down Grade Controversy shaken but not shattered)[459]고 진술하였다.

하강논쟁으로 인한 상처와 그 상처의 회복을 통해서 결국 1891년에 뉴 커넥션 일반침례교회를 비롯한 영국의 침례교회들이 침례교연맹(BU, Baptist Union)으로 흡수합병되어 영국침례교연맹(BUGB, Baptist Union of Great Britain)으로 재탄생하게 되었다.

19세기 중후반 시대를 풍미하며 세계 최대의 초대형교회를 이룰만큼 수많은 영혼들을 주님께로 인도했고 그의 탁월한 설교를 통해서 많은 영혼들에게 풍성한 말씀의 꼴을 먹이며 그들의 신앙적 영적 성장과 성숙을 도모했던 스펄전의 공로에 대해서는 결코 과소평가되어서는 안 될 것이다.

---

458) Ibid., 305.
459) Payne, *The Baptist Union: A Short History*, 144.

제9장

침례교연맹의 결성과 발전

18세기의 처음 반세기가 영국의 침례교회로서는 영적인 빙하기와 같았다면, 19세기는 매우 고무적인 시기가 되었다. 침례교회들은 성장과 발전을 이루어 전국적인 총회조직을 결성하였고, 각종 목회 프로그램들을 시도하였고, 해외선교사업에 박차를 가하였다. 영국의 역사에서 두 명의 여왕이 통치하던 시기에 부국강병을 이루었는데, 첫 번째 여왕이 엘리자베스 1세(Elisabeth I, 1559-1603)였고 두 번째 여왕이 빅토리아(Victoria, 1837-1901)였다. 19세기 후반기 영국은 빅토리아 여왕의 시대(Victorian Era)였다. 이 때는 영국이 산업혁명으로 인해 수많은 공장들이 세워지고 농촌인구가 대도시로 몰려들었으며, 산업과 상업이 크게 융성하여 자본주의 경제체제가 형성되었다. 영국의 침례교 신학자 휘틀리(W. T. Whitley)는 "빅토리아 여왕의 시대에 침례교회의 신앙 원리가 대영제국의 모든 지역들에 확실하게 뿌리를 내리고 있었다"[460]고 진단하였다.

특히 1828년에 시험법(Test Act)과 통합법(Corporation Act) 등이 폐기됨으로써, 침례교인들에게도 종교의 자유가 허용되면서 그들이 공무원 사회로 진출할 수도 있게 되었고, 옥스포드나 캠브리지 대학교에 진학할 수 있는 길도 열리게 되었다. 19세기에 들어서면서 영국의 침례교회들은 교단적인 통합을 이루어야 할 필요성을 강하게 느끼고 있었다.

결국 특수침례교회들은 1813년에 침례교연맹(BU, Baptist Unioin)을 결성하여 교단의 각종 목회 및 선교활동들을 총회적인 차원에서 통합하였다.[461] 동시에 1891년에 침례교연맹은 영국의 일반침례교회와 뉴 커넥션 일반침례교회를 흡수 합병함으로써, 영국침례교연맹(BUGB, Baptist Union of Great Britain)이라는 명칭으로 명실공히 하나된 총회가 되었다.[462]

460) W. T. Whitley, *A History of British Baptists* (London: Charles Griffin & Company, 1923), 281.
461) McBeth, *The Baptist Heritage*, 292.
462) Ibid., 293

I. 침례교연맹(BU)의 결성[463]

영국의 특수침례교인들은 1813년에 모든 교회들과 목회자들을 통합하여 전국적인 조직을 이룸으로써 발전을 위한 큰 발걸음을 내디뎠다. 특수침례교회들은 체질적으로 각 지역교회의 자치와 독립을 선호하여 전국적인 조직을 형성하는데 소극적이었다. 남부지방의 동쪽인 런던(London)과 서쪽인 브리스톨(Bristol)에서 번갈아 가며 총회를 개최하였지만 모임의 열기는 뜨겁지 않았다. 1800년대에 들어서자 각종 선교협회들의 활발한 활동에 고무되면서, 특수침례교회들도 전국적인 규모의 조직을 결성할 필요를 느끼기 시작했다.

1811년에 조셉 아이비미(Joseph Ivimey, 1773-1834)는 "번영을 위해 필수불가결한 연맹"(Union Essential to Prosperity)[464]이란 글을 발표하였는데, 이 글에서 그는 연맹을 결성함으로써 얻게 되는 유익들에 대해 설명을 하고 그러한 목표를 향한 구체적인 전략들을 내놓았다. 그는 전국적인 규모의 연맹을 결성한다고 하더라도 지역교회의 독립성이 훼손되거나 타협될 이유가 없다는 점을 역설하였다. 이러한 주장에 동조하고 나선 인물이 존 리폰(John Rippon, 1751-1836)이었다. 이 두 사람은 새로운 전국조직인 침례교연맹(Baptist Union)을 결성하는데 산파의 역할을 했던 인물들이었다.

1813년 6월에 특수침례교회의 지도자들 46명은 런던에 모여 침례교연맹을 결성하였다. 이 전국총회의 목적은 "침례교 선교활동을 격려하고 지원하는 것을 우선적인 목적으로 삼아, 일반적으로는(in general) 그리스도의 뜻을 이루어 드리고 특수적으로는(in particular) 침례교단의 목적을 성취하는 데"에 두었다.[465] 침례교연맹은 기독교교육, 주일학교, 시골교회 설교자 파송, 개척교회 지원 및 새 교회당 건축비 지원 등의 사역을 감당해 나갔다. 1832년과 1863년에 침례교연맹은 조직을 재정비하여 보다 많은 특수침례교회들과 목회자들이 총회에 관심을 가지고 협력할 수 있도록 도모하였다.[466]

1863년 이전부터 많은 뉴 커넥션 일반침례교회들도 침례교연맹과의 협력을 의도적으로 시도해 왔는데, 결국 이러한 노력이 1891년에 결실을 맺게 되어 양 교회들은 침례교연맹(Baptist Union of Great Britain)으로 합병 통합되었다. 이러한 합병이 가능했던 것은 침례교연맹이 신학적으로 엄격한 칼빈주의의 입장을 완화하였고 동시에 폐쇄만찬과 공개만찬 양자를 모두 수용한다는 폭넓은 아량을 가졌기 때문이었다.[467]

463) 제9장은 「복음과 실천」 제59집 (2016년 봄)에 게재된 필자의 논문, "침례교연맹의 태동과 전개"를 수정하고 보완한 것이다.

464) Joseph Ivimey, *A History of English Baptists*, 4 vols. (London: n.p., 1811-1830), 4:122 f.

465) Ernest A. Payne, *The Baptist Union: A Short History* (London: Carey Kingsgate Press Limited, 1959), 21.

466) McBeth, *The Baptist Heritage*, 292.

II. 침례교선교협회

윌리암 캐리의 인도선교사역을 후원하기 위해 설립된 "침례교선교협회"(BMS, Baptist Missionary Society, 1792)는 영국의 침례교인들에게는 해외선교의 구심체로서 존재해 왔다. 인도의 선교현장에서는 윌리암 캐리(William Carey)와 윌리암 워드(William Ward) 그리고 조슈아 마쉬만(Joshua Marshman) 등이 세람포어 미션(Serampore Mission)를 결성하여 서로 긴밀하게 협력하며 선교적 사명을 감당하고 있었다.[468]

침례교선교협회에서는 1800년 이전까지는 9명의 해외선교사들을 파송했을뿐이었다. 그러나 직접전도, 성경번역, 청소년 교육사역, 인쇄물에 의한 문서선교 등 이들이 피땀 흘리며 시도했던 선교사역은 19세기를 "위대한 세기"로 명명하게 된 기반이 되었다. 침례교선교협회는 어떤 영역보다도 성서번역과 인쇄물에 의한 문서선교사역에서 탁월한 결실을 맺었다.

그러나 1813년에 세람포어 미션 건물에 화재가 발생하여 그동안 번역해 놓은 성경들과 문서들이 불타버렸다. 한편에서는 뼈아픈 손실이었지만 또 다른 한편에서는 이 화재사건이 전화위복의 계기가 되었다. 이 사실이 본국의 침례교회들에게 알려지자 해외선교에 대한 관심이 거의 모든 침례교회들과 침례교인들 사이에 불붙기를 시작했고, 자발적으로 드려진 선교헌금이 예상을 초월하여 증가하였다.[469]

단지 2개월 안에 세람포어 미션의 화재로 인한 손실이 충분히 복구될 수 있는 경비가 마련되었다. 인쇄기계는 물론 성경번역과 문서선교를 위한 모든 장비들이 다시 갖추어질 수 있었다. 휫틀리(William T. Wheatley) 박사는 "침례교인들의 호응이 너무나 좋아서 이제 침례교선교협회의 구심점이 노스햄프턴셔로부터 영국으로 바뀌었다. 이제 협회는 지역적인 기반에 머물지 않고 전국적인 기반을 갖게 되었다"[470]고 분석하였다.

그러나 침례교선교협회에도 가슴 아픈 일이 찾아왔다. "세람포어 논쟁"(Serampore Controversy)라고 불리우는 사건이 발생했는데, 원로급 선교사들과 젊은 선교사들 사이의 세대차로 인한 갈등이었다.[471] 1792년 침례교선교협회가 결성된 이후 계속해서 이 선교협회의 총무로 봉사하던 앤드류 풀러(Andrew Fuller, 1754-1815)가 1815년에 세상을 떠나자, 지도력의 공백이 찾아오게 된 것이다.

동시에 전국적인 후원을 얻기 위해 협회의 본부를 런던으로 이전하면서 갈등이 심화되

467) Ibid., 293.
468) McBeth, *The Baptist Heritage*, 187.
469) Ibid., 296.
470) Ibid., 253.
471) Ibid., 297.

었다. 풀러는 파송된 선교사들을 신뢰하는 친구들처럼 혹은 동역자들처럼 인간미 넘치는 관계를 형성하고 있었고, 가능한대로 선교현장의 기대와 요구에 따라 선교정책을 입안했었는데, 새로운 젊은 지도자들은 사람보다는 사업을 중요하게 생각하였고, 명령하는 듯한 자세로 현장의 선교사들을 지휘하려고 하였다.

결국 1827년에는 침례교선교협회와 세람포어 미션은 서로 분열되었다. 결과적으로 영국 침례교회들 사이에는 두 개의 해외선교기관이 존재하게 되었고 서로 경쟁하는 관계에 있게 되었다. 세람포어 미션을 후원하는 사람들은 "세람포어 미션 후원협회"(The Society in Aid of the Serampore Mission)라는 선교후원단체를 만들었다.[472]

분열의 아픔은 1837년에, 세람포어 미션의 삼총사 중 마지막 남은 조슈아 마쉬만(Joshua Marshman)의 시신이 땅에 묻히면서 비로소 치유되기 시작했다. 오늘날 영국의 침례교회는 국내선교와 해외선교를 위한 두 기관을 두고 있는데, 영국침례교연맹(BUGB)이 전자를, 침례교선교협회(BMS)가 후자를 감당하는 양대 기둥이라고 할 수 있다.

III. 사회적인 문제들

19세기 후반기의 영국은 산업화와 도시화로 인해 각종 사회적인 문제들(Social Issues)이 발생하였고 영국의 침례교회들은 이러한 문제들과 씨름을 할 수밖에 없었다. 휘틀리(W. T. Whitley) 교수는 "침례교 지도자들은 '항의'만을 반복적으로 해댔지 사회적인 질병들을 치유하기 위한 적극적인 노력을 경주하지는 못했다"고 진단하였다.[473] 그러나 노예제도의 문제와 주류절제의 문제에 있어서만은 침례교 지도자들은 한 목소리를 냈고, 문제를 근원적으로 해결하는데 크게 기여하였다.

미국에서는 남북전쟁(Civil War, 1861-1865)까지 치루면서 아브라함 링컨 대통령에 의해 노예해방령이 선포되었지만, 영국에서는 이보다 한 세대 전에 의원들의 입법활동을 통해서 영연방 국가들에서 노예제도를 철폐하였다. 1830년대에 영연방에 속한 나라들은 노예제도의 비인격성과 비기독교적 비도덕적 속성을 충분히 인지하고 그것의 해체를 위한 목소리를 높였다.[474] 윌리암 캐리의 인도선교 동역자였던 윌리암 워드(William Ward)는 시종일관 비인간적이고 비기독교적인 노예제도에 대하여 비판하였다.

472) Ibid., 298.

473) Ibid., 289.

474) Torbet, *A History of the Baptists*, 117-28.

특히 자마이카(Jamaica)에서 선교사로 활동하던 영국 침례교 선교사 윌리암 닙(William Knibb, 1803-1845)은 흑인들의 인권을 옹호하기 위한 인권운동가가 되었다.[475] 그는 영국으로 건너와 노예제도 철폐를 위한 자신의 신념을 의회지도자들과 공무원들과 백성들에게 때로는 웅변으로 때로는 설득으로 설명하였다. 결국 1833년 영국의 의회는 영연방 내에서는 앞으로 5년 이내에 노예제도를 전면적으로 철폐한다고 하는 법안을 통과시켰다. 윌리암 닙은 해방된 흑인 노예들이 자유인으로서 스스로를 세상에 적응하며 살아갈 수 있도록 배려하기도 하였다.

흑인노예의 전면적인 해방을 법제화하는데 성공했던 영국의 침례교 지도자들은, 대서양 건너편에 있는 미국 땅에서 여전히 죄악된 제도가 성행하고 있는데 대해서 안타까와 하고 있었다. 1833년에 영국의 침례교 지도자들은 미국에 있는 침례교인들을 향해 노예제도의 철폐(abolition of the slavery system)와 관련하여 서신들을 보냈다. 1833년 12월 31일에는 침례교연맹(Baptist Union)에서 미국의 침례교 전국총회인 일반선교총회(GMC, General Missionary Convention)에 장문의 공식적인 편지를 보냈는데, 여기에는 노예제도를 저주하는 내용이 포함되어 있었다: "노예제도는 … 폐기되어야 할 죄이며 결코 용납될 수 없는 악이다."[476]

나아가서 영국의 침례교연맹은 1834년에 프란시스 콕스(Francis A. Cox)와 제임스 호비(James Hoby)를 미국으로 파송하여 "니그로 해방이라는 신성한 목적을 촉진하기 위하여"[477] 미국의 침례교회들을 순회 방문토록 하였다. 이들의 노력이 현저한 성과를 거두지는 못하였지만, 노예제도는 폐지되어야 한다고 하는 영국 침례교인들의 의사는 충분히 전달되었다.

미국에서 노예제도를 폐지하는데에는 영국에 비해 한 세대, 약 30여 년의 세월이 더 필요했다. 결국 미국의 북부지방에서는 노예제도를 철폐해야 한다는 여론이 형성되기 시작하였지만, 남부지방에서는 목화재배를 위한 대형농장의 경영을 위해서는 흑인 노예들의 노동력이 필요불가결했기 때문에, 노예제도의 부도덕성을 알고 있었으면서도 그 제도에 집착하지 않을 수 없었다. 그래서 침례교를 비롯해서 감리교와 장로교 그리고 각종 교단에서 노예제도 철폐에 대한 의견의 차이로 인해 교단이 남과 북으로 분열하는 사태가 발생한 것이다. 침례교에서는 1845년 남부지방의 침례교 지도자들이 조지아 주 어거스타(Augusta)에서 독립된 총회를 개최함으로써 남침례교 총회(Southern Baptist Convention)가 출범하였다.[478]

19세기 중엽 영국에서 일어난 또 다른 사회적인 이슈는 주류사용(acoholic beverages) 문

475) McBeth, *The Baptist Heritage*, 300.

476) A. T. Foss and E. Matthews, *Facts for Baptist Churches* (Utica: American Baptist Free Mission Society, 1850), 18.

477) Ibid., 297.

478) 김승진, "제9장, 미남침례교 총회의 형성과정," 「침례교회와 역사: 침례교회사의 주요 논제들」, 287-313.

제였다. 공장과 탄광 노동자들은 피곤한 삶을 달래기 위해 많은 술을 마셨고 거리에는 알코홀 중독자들이 어슬렁거렸다. 침례교 목회자들은 주류의 과다사용이 영국인들의 도덕성을 마비시킨다고 보았고 이에 대한 개혁을 부르짖었다. 어떤 영국 침례교 지도자들은 철저한 전면금주(total abstinence)를 주장하기도 하였다.

이와 같은 사회적 문제를 제기했던 대표적인 영국침례교 지도자는 찰스 스토벨(Charles Stovel)이었다. 그는 1852년에 「과도한 노동력을 착취하는 죄」(*The Sin of Exacting Excessive Labour*)라는 제목의 책을 출판하였는데, 여기서 그는 노동자들에게 주당 40시간을 초과하여 노동하도록 하지 말아야 할 것을 역설하였다.[479] 더 나아가서 그는 가정과 건강, 영적인 행복(spiritual well-being) 그리고 사회의 선을 이루기 위해서는 과다한 근무시간에 제한을 가하여야 한다고 주장하였다.

스토벌은 「무절제의 악과 관련한 교회의 의무」(*The Duty of the Church in Relation to the Evils of Intemperance*)라는 저술에서, 무절제로 말미암은 폐해를 비판하면서 교회가 도덕적인 이슈들에 대해서 침묵하지 말고 목소리를 높여야 한다는 점을 역설하였다.[480] 그는 아편거래와 침략전쟁 그리고 부패한 정부 등에 대해서도 비판의 목소리를 높였다.

Ⅳ. 침례교연맹의 활성화

창립 당시부터 칼빈주의적인 구원론과 회중주의적 행정 원칙을 강조해 온 침례교연맹은 1832년까지는 가입회원들의 수 면에서나 재정확충의 금액 면에 있어서 어려움을 면치 못하였다. 많은 교회들이 1792년에 설립된 침례교선교협회(BMS)를 후원하고 있었기 때문에 침례교연맹을 향한 교단정신(denominational spirit)은 아직 불타오르지 않고 있었다. 지역교회의 독립성에 대한 강조로 인해서 많은 교회들이 교단과 의미 있는 협력관계를 형성하지 못하고 있었다. 1832년에 와서야 침례교연맹은 조직을 재정비하고 새로운 출발을 할 수 있었다.[481]

런던 근교 첼시(Chelsea) 지역의 목회자 조셉 벨처(Joseph Belcher)는 1832년 침례교연맹의 신임총무로서 조심스럽게 통계자료보고서를 작성하였는데, 그 보고서는 같은 해 7월달

479) Charles Stovel, *The Sin of Exacting Excessive Labour* (London: n. p., 1852), 1.

480) Charles Stovel, *The Duty of the Church in Relation to the Evils of In temperance* (London: n. p., 1859), 14.

481) Payne, *The Baptist Union*, 43: Briggs, "Evangelical Ecumenism: The Amalgamation of General and Particular Baptists in 1891," 105.

「뱁티스트 메가진」(*Baptist Megazine*)에 게재되었다. 그는 1790년도와 1832년도의 특수침례교회들의 숫자를 비교하였는데, 42년 동안 교회수가 3배 증가했다고 결론지었다. 벨처에 의하면 1832년도 영국 내 특수침례교회들의 수는 910개로 계수되었다.[482] 침례교연맹은 벨처 총무의 정확한 현실분석과 미래를 향한 희망찬 비전으로 인해 새로운 활력을 가질 수 있었다.

침례교연맹 창립 50주년이 된 1863년에는 또 다른 조직개편이 있었고, 그 이후로 연맹은 많은 교회들과 목회자들로부터 큰 호응을 받으면서 발전의 기틀을 마련하였다. 침례교연맹은 아직도 여전히 침례교선교협회의 그늘 아래에 놓여 있기는 했지만, 점차 특수침례교회들의 구심체적인 역할을 감당하게 되었다. 1877년에는 침례교연맹이 국내선교사역을 감당하던 국내선교협회(Home Mission Society)를 흡수하였고, 특수침례교기금(Particular Baptist Fund, 1717)과 침례교건축기금(Baptist Building Fund, 1824)을 관리하게 되었다.[483]

열정을 가진 유능한 총무들이 침례교연맹의 발전을 위해 헌신하였다: 조셉 벨처(Joseph Belcher, 1832-1840), 윌리암 머치(William H. Murch, 1834-1846), 존 하워드 힌톤(John Howard Hinton, 1841-1866), 제임스 밀라드(James H. Millard, 1863-1877) 그리고 사무엘 해리스 부스(Samuel Harris Booth, 1877-1879, 1883-1898) 등.[484] 특히 사무엘 부스는 침례교연맹에서 월급을 받는 최초의 상근 전임자가 되었다. 휫틀리 박사는 1863년이야말로 침례교연맹이 교단생활의 구심점 역할을 하기 시작한 해가 되었다고 진술하였다.[485]

댄 테일러(Dan Taylor, 1738-1816) 목사에 의해 창도되었던 뉴 커넥션 일반침례교회들(New Connection of General Baptist Churches, 1770)은 처음부터 영혼구원과 선교에 적극적인 입장을 취하였다. 이들은 특수침례교회 내에서 시작된 해외선교활동, 즉 침례교선교협회(BMS, 1792)의 활동에 동참하기를 원하여 헌금까지 보내고자 하였으나 정중하게 사양하겠다는 답변을 받은 적이 있었다.[486]

그런데 많은 뉴 커넥션 일반침례교회들은 1863년 이전부터 침례교연맹과도 연대하기를 원하였다. 침례교연맹으로서도 더 많은 회원들을 확보하여 조직의 확대를 도모하고 있던 상황이었다. 그런데 가장 큰 걸림돌은 신학적인 차이였다. 침례교연맹이 설립 초부터 견지

482) Payne, *The Baptist Union*, 62.

483) McBeth, *The Baptist Heritage*, 293.

484) Payne, *The Baptist Union*, 262.

485) Whitley, *A History of British Baptists*, 318. McBeth, *The Baptist Heritage*, 293에서 재인용.

486) 뉴 커넥션 일반침례교회에서는 침례교선교협회의 해외선교 활동에 동참하는 것이 거부되자, 자체적인 해외선교기관인 "일반침례교 해외선교부"(Foreign General Baptist Mission)를 1816년에 설립하였다. 이 기관에서 가장 활발하게 활동했던 대표적인 선교사는 제임스 페그스(James Peggs)였는데, 그는 인도의 벵갈만 일대의 오리야스 족속(Oriyas)에게 선교하였다. McBeth, *The Baptist Heritage*, 295.

해 오고 있던 신학적 입장은 칼빈주의 구원론과 지역교회의 독립과 자치 그리고 회중주의적 민주주의 행정이었다. 그런데 뉴 커넥션 일반침례교회들을 수용하기 위해서는 특수속죄설(Particular Atonement, 제한속죄설)의 입장에 수정을 가하지 않을 수 없었다. 결국 1873년에 침례교연맹은 엄격한 칼빈주의(Strict Calvinism)의 입장을 보다 완화하였고, 주의 만찬관에 있어서도 폐쇄만찬(closed communion)뿐만 아니라 개방만찬(open communion)도 수용하는 입장으로 전환하였다.[487)]

이 때로부터 침례교연맹은 특수침례교회의 칼빈주의적 신앙전통이라는 신앙고백적 입장 대신에, 구원론에 있어서 차이가 있다고 하더라도 더 많은 침례교회들을 포용하고자 하는 기능적인 입장을 취하게 되었다. 이 때 침례교연맹이 채택한 "원리의 선언"(Declaration of Principle)에 이러한 입장의 단면을 읽을 수 있다: "이 연맹에서는 각각의 지역교회는 그리스도의 법들을 해석하고 집행할 자유가 있다는 사실과, 신자들에 대한 침수례(immersion)가 유일한 크리스천 뱁티즘이라는 사실이 충분히 인식되고 있다."[488)]

결국 침례교연맹에 회원으로 가입하기 위한 조건으로서 칼빈주의 구원론이든 알미니우스주의 구원론이든 상관없이 "신자의 침례"(believer's immersion baptism)가 유일한 크리스천 뱁티즘임을 동의하고 실천하기만 하면 된다는 입장을 취하게 되었다. 이러한 조처는 침례교연맹이 회원교회들의 숫적인 증가라는 목적을 이룰 수는 있었으나 특수침례교회로서의 영적인 유대감과 신앙적인 통일성을 훼손시키는 결과를 초래하였다. 결국 침례교연맹은 뉴 커넥션 일반침례교회들을 영입하기 위해서 자신들의 칼빈주의적 신앙의 정체성과 교리적 순수성을 희석시킨 것이다. 이러한 조처는 전장에서 살펴본 것처럼 19세기말 침례교연맹 내에서 일어난 치명적으로 불미스러운 사건인 "하강논쟁"(Downgrade Controversy)을 촉발시키게 된 하나의 중요한 원인이 되었다.

V. 침례교연맹과 뉴 커넥션 일반침례교회들의 합병

일반침례교회와 특수침례교회는 처음부터 구원론에 있어서 그 연원을 달리하여 태동한 교회들이었다. 따라서 양 교회 간에는 시기나 분쟁이나 박탈감과 같은 나쁜 감정들이 존재

487) Ibid., 293-4.

488) Payne, *The Baptist Union*, 4. "In this Union it is fully recognized that every separate church has liberty to interpret and administer the laws of Christ, and that the immersion of believers is the only Christian baptism."

하지는 않았다. 구원론 신학에 차이는 있었지만 신앙고백을 분명하게 하는 신자에게만 뱁티즘을 베풀고, 교회는 어디까지나 예수 믿은 신자들, 즉 영적으로 거듭난 신자들로 구성되어야 한다는 교회론에 있어서는 양 교회의 신앙고백이 거의 일치하고 있었다. 따라서 양 교회는 서로 강단교류를 하기도 하였고 교인들도 다른 쪽의 교회로 옮겨가는 경우도 없지 않았다.

앞에서 살펴본대로 1832년부터 뉴 커넥션 일반침례교회들 중 일부는 침례교선교협회의 해외선교활동에 협력하기도 하였고 침례교연맹에 가입하여 활동하기도 하였다. 심지어 뉴 커넥션 일반침례교회 출신이었던 목사들이 침례교연맹의 총회장 직분을 맡기도 하였다. 파이크(J. G. Pike) 목사는 1842년에, 야베즈 번즈(Jabez Burns) 목사는 1850년에, 존 클리포드(John Clifford) 목사는 1888년에 총회장으로 봉사하였다.[489)]

19세기의 영국사회는 200여 년 전인 17세기와는 많이 변모해 있었다. 1688년에는 시민들에 의해 명예혁명(Revolution of Glory)이 일어나 의회 중심의 민주주의가 시행되었고, 왕은 "군림은 하지만 통치는 하지 않는" 국가가 되었다. 영국사회에서는 계몽주의 사조가 유행하여 경험주의적 철학혁명이 일어났다. 일찍이 영국에서는 산업혁명이 일어나 유럽의 다른 나라들에 비해 경제적인 부를 더 누리게 되었고, 원자재들의 확보를 위해서 식민지 개척에 주력하였다. 빅토리아 여왕(1819-1837-1901)은 63년 7개월 동안 왕좌에 머무르면서 대영제국(British Empire)을 이루어 세력의 확장과 사회의 통합을 성취해 갔다.

이러한 사회적 분위기에 편성하여 특수침례교 지도자들도 침례교회들을 하나의 교단으로 통합하고자 하는 노력을 경주하였다. 결국 1891년 6월 25일날 4시간에 걸친 토론 끝에 155대 39의 표 차이로 침례교연맹과 뉴 커넥션 일반침례교회와의 합병이 결정되었다. 브릭스(Briggs) 박사는 양 교회의 합병을 "합금"(amalgamation)이라는 표현을 쓰고 있다.[490)]

언더우드(Underwood) 박사는 합병이 이루어질 수 있었던 요인을 세 가지로 정리하였다: (1) 특수침례교회 내에서 칼빈주의 구원론이 계속적으로 퇴조하였다는 점, (2) 양 교회들 내에서 개방만찬(open communion) 행습이 점증하고 있었다는 점, (3) 침례교연맹이 활성화되고 발전하여 양 교회들로 하여금 공통의 교제와 협력의 발판이 형성되고 있었다는 점.[491)]

결국 침례교연맹이 뉴 커넥션 일반침례교회를 흡수합병하는 수순을 밟았다. 뉴 커넥션 일반침례교회들은 해체되었고 과거 특수침례교지방회였던 지방회들(associations)에 분산되

489) Briggs, "Evangelical Ecumenism: The Amalgamation of General and Particular Baptists in 1891," 105.
490) Ibid., 160-79.
491) Underwood, *A History of English Baptists*, 202. McBeth, *The Baptist Heritage*, 306-7에서 재인용.

어 가입되었다. 일반침례교 해외선교부(Foreign General Baptist Mission)가 침례교선교협회(BMS)에 합병되었고 각종 기금들도 통합되었다. 양 교회에서 운영하던 교육기관들(신학교들과 대학들)도 지역에 따라 합병되어 침례교연맹 산하에 들어오게 되었다. 해체와 합병의 과정에서 주도적인 역할을 했던 인물은 "하강논쟁"의 당사자들 중 한 사람이었고, 뉴 커넥션 일반침례교회 출신으로서 침례교연맹의 총회장과 상임총무를 역임했던 존 클리포드(John Clifford, 1836-1923)였다.

일부 극단적 칼빈주의 구원론을 옹호하던 교회들은 침례교연맹을 탈퇴하여 독자적인 교단을 구성하였는데, "엄격 특수 침례교회들"(Strict and Particular Baptist Churches)로 불리우게 되었다.[492] 그러나 대세를 거스릴 수는 없었다. 페인(Payne) 박사는 "놀랍게도 어렵지 않게 그리고 우호적으로 교단이 전체로서 하나가 되어야 한다는 마음으로 옛 구분들은 사라지게 되었다"[493]고 평가하고 있다. 신학적으로는 뉴 커넥션 일반침례교회의 일반속죄론 쪽으로 기울어지게 되었고, 기구적으로는 특수침례교회의 침례교연맹의 기구로 침례교회들이 귀속되었다.

양 교회가 침례교연맹으로 통합된 후, 1899년의 통계에 의하면 잉글랜드와 웨일즈와 스코틀랜드와 아일랜드에 모두 2,697개 침례교회들과 355,218명의 침례교인들이 있었다. 그 전년도에는 한 해 동안 16,805명의 신자들이 침례를 받았던 것으로 보고되었다.[494]

VI. 오늘날 영국침례교연맹(BUGB)의 주요 기관들과 사역들

옥스퍼드 대학교에서 남쪽으로 약 15km, 런던에서 서쪽으로 약 50km 지점에 디드콧(Didcot, Oxfordshire)이라는 소읍이 있다. 이 곳에 3층짜리 벽돌 건물 "뱁티스트 하우스"(Baptist House, 129 Broadway, OX11 8RT, UK)가 있는데, 영국 침례교 본부다. 이 건물에 해외선교를 전담하는 침례교선교협회(BMS)와 국내선교와 관련된 제반 사역들을 담당하는 영국침례교연맹(BUGB)이 사무실을 공유하고 있다.

1792년에 앤드류 풀러(Andrew Fuller), 존 수트클립(John Sutcliff), 윌리암 캐리(William Carey) 등에 의해 창립된 침례교선교협회의 원래 이름은 "이방인들에게 복음을 선포하기 위

492) P. Toon, "English Strict Baptists," *Baptist Quarterly* 21.1 (January 1965): 30-6: John Cargill, "Strict and Particular Baptists," [온라인자료] http://www.the-faith.org.uk/spb.html, 2015년 12월 23일 접속.

493) Payne, *The Baptist Union*, 147. "With remarkable ease and amity, the older distinctions passed from the mind of the denomination as a whole."

494) *The Baptist Union Handbook*, 1899, 147. McBeth, *The Baptist Heritage,* 307에서 재인용.

한 특수침례교협회"(Particular Baptist Society for the Propagation of the Gospel among the Heathen)였는데, 2000년부터는 "침례교선교협회 세계선교"(BMS World Mission)로 변경하였다. 현재 약 40개국에 약 350여 명의 선교사를 파송하고 있다.[495]

1891년 통합 이후 침례교연맹의 공식적인 명칭은 "영국침례교연맹"(BUGB, Baptist Union of Great Britain)인데, 잉글랜드와 웨일즈에 있는 침례교회들의 연합체이다. 스코틀랜드와 아일랜드에 있는 침례교회들은 별도의 조직을 갖추고 있다.[496] 2013년부터는 영국침례교연맹이 비공식적으로 "함께하는 침례교인들"(Baptists Together)이라는 별칭으로 불리우고 있다.

2013년 9월에 린 그린(Lynn Green) 목사가 투표 없이 기립박수에 의해 상임총무로 선출되었는데, 그는 최초의 여성 상임총무가 되었다. 연차침례교총회(Annual Baptist Assembly)는 매년 5월에 개최되는데, 2015년-2016년 총회장 선거에서도 여성인 제니 엔트리칸(Jenni Entrican) 목사가 총회장으로 선출이 되어 현재 연맹을 섬기고 있다. 현재 영국침례교연맹에는 약 2,150개의 교회들과 약 140,000명의 침례교인들이 회원으로 가입되어 있다.[497]

2001년 이후 영국침례교연맹에는 13개의 지방회들이 소속되어 있다.[498] 영국침례교연맹과 관련을 맺고 있는 고등교육기관으로는 Bristol Baptist College, Northern Baptist College, Regent's Park College(Oxford), Scottish Baptist College, South Wales Baptist College, Spurgeon's College 등이 있고, 유럽침례교연맹(European Baptist Federation)에서 후원하고 있는 침례신학원인 국제침례신학연구센터(IBTSC, International Baptist Theological Study Center)와 협력하고 있다.[499]

이 연구센터(신학원)는 1949년에 스위스 뤼쉴리콘(Rueschlikon)에 세워졌던 국제침례신학원(IBTS, International Baptist Theological Seminary)이었는데, 1997년에 체코공화국의 수도 프라하로 캠퍼스를 옮겼다가 2014년에 네델란드 암스테르담으로 이전한 후 교명을 변경하였다. 이 연구센터(신학원)에서는 교수들이 영어로 강의를 하기 때문에 유럽의 여러나라 침례교 학생들과 전세계로부터 침례교사역자로 훈련받기 원하는 학생들이 공부를 할 수 있는 신학교육기관이다.

---

495) "BMS World Mission," Wikipedia, [온라인자료] http://en.wikipedia.org/wiki/BMS_World_Mission, 2015년 5월 1일 접속.

496) Ibid. 스코틀랜드에서는 Baptist Union of Scotland라는 교단명으로, 아일랜드에서는 Irish Baptist Networks라는 교단명으로 불리운다.

497) Ibid.

498) Ibid. Central, East Midlands, Eastern, Heart of England, London, North Western, Northern, South Eastern, South Wales, South West, Southern Counties, West of England, Yorkshire Baptist Association.

499) "Baptist Together," Wikipedia, [온라인자료] http://www.baptist.org.uk/Groups/220658/Colleges.aspx, 2015년 12월 29일 접속.

영국침례교연맹의 핵심기관들 가운데 하나는 일 년에 두 차례 모이는 "침례교연맹협의회"(Baptist Union Council)인데, 각 지방회와 각 위원회와 각 대학으로부터 파송받은 위원들과 전국 침례교회 지도자들을 포함해서 약 80여 명으로 구성된 협의체이다. 영국침례교연맹에 속한 교회들의 공통된 주요사안들을 토론 심의하고 연맹의 장기발전계획을 논의하고 다음 해 5월에 개최할 연차총회를 준비하는 일을 감당하고 있다.[500)]

영국침례교연맹은 다른 침례교 기관들과도 긴밀한 협력관계를 형성하고 있다: 침례교선교협회 세계선교(BMS World Mission), 침례교세계연맹(Baptist World Alliance), 유럽침례교연맹(European Baptist Federation), 앵그스 도서관과 문서보관실(Angus Library and Archive), 침례교보험사(Baptist Insurance Company), 은퇴침례교목회자주택협회(Retired Baptist Ministers Housing Society) 등.[501)]

영국침례교연맹은 1908년에 침례교역사협회(Baptist Historical Society)를 창설하여 침례교 역사자료의 발굴과 보존, 그리고 침례교 신앙과 역사와 관련한 논문들을 발표해 오고 있는데, 대표적인 학술지가 계간으로 발간되는 *Baptist Quarterly*다. "앵그스 도서관과 문서보관소"(Angus Library and Archive)는 옥스퍼드 대학교 리전트파크 대학의 지하실에 있다. 윌리암 캐리의 인도선교 자료들을 위시해서 역사적 가치가 있는 각종 사료들과 문서들이 이곳에 보관되어 있다.

영국침례교연맹은 교단을 초월하여 이루어지고 있는 에큐메니칼 운동에도 참여하고 있는데, Churches Together in England, Churches Together in Britain and Ireland, Conference of European Churches, 그리고 세계교회협의회(WCC, World Council of Churches)에 회원으로 동참하고 있다.[502)] 이런 점에서 영국침례교연맹은 초교파적인 기독교단체들에 대해서 무척 개방적임과 동시에 신학적으로는 어느 정도 자유주의 쪽으로 경도되어 있다고 볼 수 있다.

필자는 2004년도에 영국 옥스퍼드에서 안식년 연구휴가를 가졌다. 그 당시 런던을 방문했을 때, 일반침례교회가 정착했던 런던교(London Bridge) 북쪽의 스피탈필드(Spitalfield) 지역과 특수침례교회가 태동했던 런던교 남쪽의 써덕(Southwark) 지역의 거리를 걸었던 적이 있었다. 역사적인 상상력이 발동되어 17세기의 초창기 침례교인들이 핍박과 감시의 눈길을 피하면서 전도를 위해 거리를 조심스럽게 걸었을 모습이 필자의 눈과 귀에 들리고 보이는

500) "Baptists Together," Wikipedia, [온라인자료] http://www.baptist.org.uk/Groups/220797/Council.aspx, 2015년 12월 29일 접속.

501) "Baptists Together," Wikipedia, [온라인자료] http://www.baptist.org.uk/Groups/263704/Other_Baptist_Groups.aspx, 2015년 12월 29일 접속.

502) "Baptist Together," Wikipedia, [온라인자료] http://en.wikipedia.org/wiki/Baptists_Together, 2015년 4월 29일 접속.

듯 했고 들리는듯 했다.

그러면서 영국의 침례교인들과 미국의 침례교인들 그리고 한국의 침례교인들이 뭔가 영적으로 서로 연결되는듯한 감동을 느꼈다. 침례교회가 미국 땅에서 엄청난 부흥과 발전을 이루었지만, 그 출발은 영국 땅에서 시작되었다. 이런 의미에서 한국의 침례교 지도자들이 하나님께서 허락하시면 영국침례교연맹과의 교제와 협력에도 전향적인 태도를 취해야 할 것이라고 생각한다. 무엇보다도 영국의 침례교회가 가진 신앙과 역사에 대하여 숙지할 필요가 있다.

일반침례교회와 특수침례교회라는 두 가지 신앙적 전통을 가지고 있던 영국 침례교회가 1891년에 영국침례교연맹(Baptist Union of Great Britain)으로 통합된 과정과 결과는 필자에게는 무척 큰 감동으로 다가온다. 250여 년 이상 서로 다른 전통과 역사를 가진 교회들이 연합을 이루었다고 하는 것은 성령님의 역사가 아니고서는 불가능한 일이었을 것이다. 양쪽 모두 인내했고 양보했으며 그리스도 안에 있는 아가페 사랑으로 연합을 성취시켰다. 신앙적 신학적 전통보다는 하나님의 사랑 안에서 함께 나누는 교제와 협력을 더 중요한 가치로 여겼기 때문에 가능하였을 것이라 생각한다.

필자는 기독교한국침례회가 미국 남침례교 총회와 제휴하여 협력해 온 것이 그 동안의 역사였지만, 그 관계는 배타적이거나 독점적일 필요는 없다고 생각한다. 최근 들어 남침례교 선교사들이 한국의 선교현장에서 대부분 철수한 마당에, 그리고 한국의 침례교회가 선교를 받던 교회로부터 이제는 전 세계를 향해 선교를 하는 교회로 탈바꿈한 마당에, 우리의 시선을 미국만이 아니라 전 세계를 향해 열어야 한다고 생각한다. 그래서 영국은 물론 유럽의 침례교회들과도 교제와 협력과 인적인 교류를 하는, 보다 적극적인 태도를 가져야 한다고 생각한다.

제3부

미국 침례교회사

제10장 미국 침례교회의 태동과 발전

제11장 제1차 대각성운동과 침례교회의 확산

제12장 미국 침례교지도자들의 종교의 자유를 위한 투쟁

제13장 제2차 대각성운동과 일반선교총회의 결성

제14장 미국의 침례교 신앙고백들

제15장 미국 침례교회의 남북분열과 남침례교 총회의 태동

제16장 지계석주의 운동과 그 신앙적 잔재

제17장 남침례교 총회와 여성목사 안수

제18장 협동 프로그램(CP): 남침례교 사역들의 생명줄

제19장 21세기 남침례교 신앙고백:
"침례교인의 신앙과 메시지"(2000)

제20장 미국 내 주요 침례교단들과 침례교인들

제10장

미국 침례교회의 태동과 발전

스페인의 동북부에 위치한 대도시 바르셀로나에 가면 항구에 약 60여 미터 높이의 첨탑을 볼 수 있는데, 그 첨탑 끝에는 어떤 남자가 오른 팔을 들어 그 손끝으로 대서양을 가리키고 있는 모습의 상(像, statue)을 볼 수 있다. 탐험가요 항해가인 크리스토퍼 콜럼버스(Christopher Columbus, 1451-1506)를 기념하는 콜럼버스 기념탑(Columbus Monument)이다. 모험심이 많았던 그는 좀 엉뚱한 생각을 했던 것 같다. 인도와 중국을 가기 위해서 지금까지는 육로로 동쪽을 향해 여행해야 했는데, 만약 지구가 평평하지 않고 둥글다면 배를 타고 서쪽을 향해 항해해도 인도와 중국에 당도할 수 있을 것이라 생각했던 것 같다.

그래서 이탈리아 제노아 출신인 콜럼버스는 스페인 왕실의 재정적인 후원을 힘입어 3척의 선단을 꾸려서 1492년에 범선의 닻을 올리고 돛을 펼쳤다. 8월 3일에 항구를 떠난 배들은 10월 12일에 어느 섬의 해변가에 당도하였다. 오늘날 캐리비안 해(海)의 과나하니(Guanahani)섬이었다. 콜럼버스는 자신들이 인도에 도착한 것으로 믿었다. 그 후 세 차례나 비슷한 항로를 따라서 항해를 했는데, 그는 자신이 죽기까지 그 곳을 인도로 생각했다고 한다.

그 후 이탈리아 피렌체 출신의 아메리고 베스푸치(Amerigo Vespuchi, 1451-1512)가 비슷한 항로를 따라 항해했는데, 그가 도착한 곳이 인도가 아니라는 사실을 알아차리고 그 사실을 1503년에 발표하였다. 4년 후에 독일의 지리학자가 콜롬버스가 발견했던 땅을 "아메리고"(Amerigo, 라틴어로는 Americus)라고 명명할 것을 제안하였고, 결국 추후에 아메리카(America)라는 이름으로 불려지게 되었다.[1] 유럽인들은 이것을 "신대륙의 발견"이라고 불렀지만, 신대륙 아메리카에는 이미 오래 전부터 사람들(American Indians)이 살고 있었다.

1) 차하순, 「새로 쓴 서양사 총론 1」 (서울: 탐구당, 2002), 504-5.

I. 신대륙에서의 초창기 선교

1. 반종교개혁과 로마가톨릭 교회에 의한 선교

반종교개혁(Counter-reformation)이란 프로테스탄트 종교개혁운동에 대한 로마가톨릭 교회의 대응이자 반작용이었다. 로마가톨릭 교회 내에서도 양식 있는 신학자들과 성직자들 사이에서 교회 내의 부패와 부도덕에 대해 염려하는 사람들이 있었다. 특히 신애회(神愛會, Oratory of Divine Love)에 속해 있던 야코포 사돌레토(Jacopo Sadoleto), 레기날드 폴(Reginald Pole), 지안 피에트로 카라파(Gian Pietro Carafa) 등은 당시의 방만했던 수도원들에 대한 개혁과 교회 내부의 정화 및 프로테스탄트 개혁운동의 확산을 차단해야 한다는 목소리를 내었다.[2] 특히 추후에 카라파(1476-1559)는 교황으로 선출되어 바울 4세(1555-1559)라는 교황명으로 교황직을 수행하였다.

교회 개혁의 필요성을 절감하고 있던 교황 바울 3세(Paul III, 1468-1534-1549, Alessandro Farnese)는 콘타리니를 위원장으로 하여 9명의 위원들로 개혁위원회(Reform Commission)를 구성하였는데, 동 위원회는 1537년에 "교회의 개혁을 위한 제언"(Advice concerning the Reform of the Church)이라는 보고서를 제출하였다.[3] 동 보고서에 의하면 교황청이 지나치게 세속화되어 있음과, 교황과 추기경들, 그리고 고위직에 있는 성직자들이 뇌물거래, 면죄부의 오용과 남용, 교회법령의 무시, 축첩(蓄妾)과 성적인 문란 등의 부정행위들을 범하고 있다고 하면서 이를 즉각 중단할 것을 촉구하였다.

더 나아가서 바울 3세는 제19차 공의회(Ecumenical Council)를 1545년 12월에 이탈리아 북부의 트렌트(Trent)에서 소집하여 크게 3차례에 걸쳐 회의를 진행하였다(1545-1547, 1551-1552, 1562-1563).[4] 트렌트 종교회의는 중세 로마 가톨릭 신학을 재확인하면서 프로테스탄트 종교개혁운동의 불법성을 부각시켰고, 동시에 로마가톨릭 교회의 성직자들의 도덕성을 회복하여 새로운 시대를 적극적인 자세로 맞이하고자 하였다. 결국 반종교개혁운동은 프랑스, 스페인, 이탈리아 등지의 로마 가톨릭 교회를 더욱 공고히 하였고 폴란드의 기독교를 로마가톨릭 교회로 복귀시키는데 성공하였다. 동시에 유럽 내에서 잃어버린 가톨릭 세력을 회복하기 위해 눈을 해외로 돌려, 아시아와 아프리카와 남아메리카 등지에 많은 선교사들을 파

2) William R. Estep, *Renaissance and Reformation* (Grand Rapids, MI: William B. Eerdmans Publishing Company, 1986), 270-86.

3) 김승진, "자유교회 전통의 관점에서 본 종교개혁사 개관," 「복음과 실천」 제37집 (2006년 봄): 118.

4) Estep, *Renaissance and Reformation.*, 278-81.

견하는 등 해외선교 활동에 박차를 가하였다.

1550년대 이후 로마가톨릭 교회에서는 반종교개혁운동의 일환으로 신대륙을 향한 활발한 선교활동을 전개하였다. 기존에 존재해 왔던 선교단체인 "프란시스칸 교단"(Franciscan Order)와 "도미니칸 교단"(Dominican Order)이 주축이 되었고, 특히 16세기에 대두한 신생의 선교단체인 "예수회"(*Jesuits*, Society of Jesus)는 매우 공격적인 선교운동을 전개하였다. 예수회의 창시자였던 이그나티우스 로욜라(Ignatius Loyola, 1491-1556)은 「영적 훈련」(*The Spiritual Exercises*)이란 저술로 선교지원자들을 독려하였고, 자신도 생명을 무릅쓴 헌신적인 선교활동에 투신하였다.[5] 그는 "예수회"라는 선교단체를 통해서 로마가톨릭 교회 내에 교황과 가톨릭 체제를 옹호하는 선교투사들을 훈련하고 조직화 하였다.

로마가톨릭의 신대륙 선교는 영력과 함께 무력을 동원하여 전개해 나갔다. 선교사들은 "정복자"(콩퀴스타도르, Conqistadore)라고 하는 무장들을 앞세우며 토착 원주민들을 정복해 나갔으며, 피정복 원주민들에게 삶의 터전과 삶의 수단을 제공하며 그들을 가톨릭적 삶의 체제 속으로 영입하였다. 그들은 엔코미엔다(Encomienda) 혹은 하시엔다(Hacienda)라고 하는 집단촌락을 형성하여 아메리칸 인디안들을 교화하고 삶의 대책을 세워 주면서 기독교적인 문화를 토착민들에게 심어주었다.

"정복자들"은 로마가톨릭 선교사들과 협력하며 멕시코의 아즈텍크(Aztek) 문명과 파라과이의 잉카(Inca) 문명을 무너뜨리고 원주민들을 로마가톨릭 교인들로 개종시켜 나갔다. 북아메리카 지방으로는 플로리다 주와 멕시코만 일대, 그리고 미국의 서남부 지역, 즉 텍사스와 뉴 멕시코와 아리조나 그리고 캘리포니아 지역으로 로마가톨릭 선교사들을 파송해 교회를 세우고 로마가톨릭 체제를 이루어 나갔다.

2. 프로테스탄트들에 의한 선교

북아메리카 지역에 프로테스탄트들(개신교인)에 의한 선교가 시작된 것은 로마가톨릭 교회에 비해 약 2세대 이후부터였다. 1607년에 식민지 최초의 영국인 정착촌인 제임스타운(Jamestown)이 버지니아 주 동해안 제임스 강 하구에 세워졌는데, 이곳은 17세기 당시 영국 이민자들이 미국 땅으로 들어가는 관문과도 같은 역할을 하는 곳이 되었다. 영국인들은 제임스타운 북쪽에 윌리암즈버그(Williamsburg)라는 마을을 개척하고, 이곳에 영국의 식민지 총독부와 식민정부(colonial government)를 수립하였다. 따라서 자연히 이 지역에서 국교적

5) Ibid., 276.

지위를 누리게 된 교회는 영국국교회였다.

북아메리카 대륙에 본격적인 개신교 선교가 이루어진 것은 1620년이었다. 영국의 분리주의자들의 교회였던 게인즈보로 교회(Gainsborough Church)가 분열하여, 일부는 네덜란드의 암스테르담(Amsterdam)으로 이주하여 영국인들에 의한 최초의 침례교회가 되었다. 나머지 일부("스크루비파")는 게인즈보로 서쪽에 위치한 스크루비(Scrooby)에서 예배와 교제의 모임을 갖다가 1607년경에 네델란드 라이덴(Leyden)으로 이주한 후, 1620년에 메이 플라워(May Flower) 호를 타고 먼 항해를 하여 미국 땅에 도착하였다. 이들이 신대륙을 개척한 개신교 퓨리탄들(Puritans, 청교도들)로서 바로 필그림 조상들(Pilgrim Fathers)이 된 것이다.[6]

초대 총독이 되었던 윌리암 브래드포드(William Bradford, c.1590-1657), 초창기 회중교회 목사가 된 윌리암 브루스터(William Brewster, 1568-1644) 등은 보스턴 근교 플리머스(Plymouth)에 당도하여 신대륙에서의 개척자 생활을 시작하였다.[7] 이들은 퓨리탄 이민자들이 혹독한 환경을 믿음으로 극복하며 새로운 땅에서 새로운 삶을 개척하도록 독려하고 이끌었다.

이들 퓨리탄들은 미국 땅의 동북부 지방인 뉴 잉글랜드(New England) 지역에 국가와 교회가 연합된 형태의 회중교회(Congregational Church)를 세워, 신정정치(theocracy)의 이상을 실현하고자 하였다. 당시의 회중교회는 영국정부와 영국국교회에 대하여 온건한 입장을 취하고 있었으며, 유아세례 행습을 답습하였고 정치와 종교가 타협하고 연합하는 국가교회를 이루었다.[8] 자연히 회중교회는 매사추세츠 식민정부(Messachussetts Bay Colony)에서 국교적인 지위를 누리게 되었고, 회중교회 교인이 아니면 공무원이 될 수 없었으며 선거권과 피선거권을 가질 수 없었다. 회중교회 이외의 분파들이나 종교들은 그 곳에서 자유로운 신앙생활이 허용되지 않았다. 이에 분연히 일어나 항거했던 사람이 바로 로저 윌리암즈(Roger Williams)였다.[9]

---

6) Bill J. Leonard, *Baptist Ways: A History* (Valley Forge, PA: Judson Press, 2003), 71.
7) Ibid.
8) H. Leon McBeth, *Baptist Heritage: Four Centuries of Baptist Witness* (Nashville: Broadman Press, 1987), 124.
9) Ibid.

II. 로저 윌리암즈와 그의 사상[10)]

1. 성장과 교육

로저 윌리암즈(Roger Williams)가 언제 출생하였는지, 그의 청소년 시절은 어떠했는지에 관해서는 정확한 정보가 없다.[11)] 일반적으로 1603년경에 아버지 제임스 윌리암즈(James Williams)와 어머니 앨리스 펨버톤(Alice Pemberton) 사이에서 런던 근교에서 출생한 것으로 알려져 있다. 아버지는 소규모의 양복점을 운영하는 중류계급에 속하는 사람이었지만 영국국교회인 세인트 세펄커(St. Sepulchre) 교회에 열성적으로 출석했던 신실한 교인이었다. 자연히 윌리암즈도 어린 시절에 온 가족들과 함께 영국국교회 교인으로서 성장하였다.

청소년이 되었을 때 로저 윌리암즈의 영특함이 타인들의 눈에 띄기 시작했는데, 영국 왕실의 대법원장까지 역임했던 에드워드 코우크(Sir Edward Coke)의 시선을 사로잡았다. 코우크 법관은 로저를 자신의 서기로 채용하여 일하게 하면서 기꺼이 그의 고등교육을 위한 후원자가 되었다. 1623년 로저 윌리암즈는 코우크 법관의 후원을 힘입어 Cambridge 대학교의 펨브로우크 대학(Pembroke College)에 등록을 하였다.[12)] 그의 신분이나 가정 형편에서는 엄청난 교육적 혜택이었다. 대학원 과정에도 진학을 했으나 18개월 후에는 학업을 포기하고 Cambridge를 떠났는데, 그 이유는 종교적인 갈등과 불만 때문이었을 것이다. 그는 대학과 대학원 시절을 거치면서 이미 비국교도들의 청교도주의(Puritanism) 사상에 물들어 있었던 것이다.

대학을 졸업한 후 영국국교회의 목사로 안수를 받았지만 선뜻 국교회의 목회직을 수락할 수 없었던 데에는 청소년기의 이러한 신앙적인 경험 때문이었다. 로저 윌리암즈는 에쎅스 군(Essex County)에 소재한 윌리암 마샴(Sir William Masham) 가문의 채플린이 되었다.[13)] 그 곳에서 사역하면서 상류 집안의 여인과 사랑에 빠졌으나 결국 실패로 끝나고 심각한 질병으로 몸져 눕게 되었다.[14)] 이 때 수개월 동안 그의 병간호를 맡았던 메어리 바나드

10) 제10장 II 부분은 「복음과 실천」 제31집 (2003년 봄)에 게재되었던 필자의 논문, "Roger Williams와 종교의 자유를 위한 그의 기여"를 수정하고 보완한 것이다.

11) 1666년 런던의 대화재로 인해서 윌리암즈 가족들이 출석하고 있던 St. Sepulchre 교구의 모든 기록문서들이 불타버렸기 때문이었다. McBeth, *The Baptist Heritage*, 124.

12) Jimmy D. Neff, "Roger Williams: Pious Puritan and Strict Separationist," *Journal of Church and State*, vol. 38, no. 3 (Summer 1996): 532.

13) McBeth, *The Baptist Heritage*, 125.

14) 로저 윌리암즈는 자신보다는 훨씬 높은 상류층의 여인 Jane Whally를 뜨겁게 사랑하였으나 결혼승락을 받아내는데 실패를 하고 격심한 마음의 상처와 함께 육체적인 질병으로 몸져 눕게 되었다. McBeth, *The*

(Mary Barnard)라는 소박한 가문 출신의 목사 딸과 정이 들었고, 그들은 1629년 12월 15일에 결혼식을 올렸다.[15)]

2. 로저 윌리암즈와 미국 최초의 침례교회

1) 분리주의자

로저 윌리암즈는 결혼을 할 당시에 이미 청교도를 넘어서서 투철한 분리주의자(staunch Separatist)가 되어 있었다. 신약성서와 당시의 영국국교회의 현실 사이에 큰 괴리를 발견한 그는 점점 더 성경말씀에서 당대를 향하신 하나님의 뜻을 깨달아 알기를 원했고, 그렇게 하기 위해서 성경 특히 신약성경의 메시지를 탐독하며 연구하였다. 그는 드디어 신약성서에 비추어 볼 때 영국국교회는 거짓 교회(false church)이기 때문에, 참 그리스도인(true Christians)이라면 그 교회를 떠나야 한다는 확신을 가지게 되었다.[16)] 분리주의자로서의 확신을 가지고 있던 그로서는, 영국 땅에서 자신의 입지를 세울 여지는 좁을 수밖에 없었다.

때마침 1630년에 신대륙으로부터 목회초청이 날아들었다. 처음에는 먼 곳으로부터의 초청에 당황하였으나 점차 그것을 하나님의 부르심으로 인식하게 되었다. 결국 그는 영국 땅에 대한 미련을 털어 버리고 아내와 함께 브리스톨(Bristol)로 달려가 라이언(Lyon) 호에 자신들의 인생과 미래를 실었다. 1630년 12월 1일에 있었던 모험이었다. 그리고 엄동설한 속에서 두 달이 넘는 항해를 한 끝에 1631년 2월 5일에 보스턴 항에 당도하였다.[17)]

당시 영국인들의 이민사회에서 중요한 구심점 역할을 하고 있던 보스턴(Boston) 교회는 로저 윌리암즈에게 성경교사의 직분(직분은 교사였지만 실제 사역은 담임목회자의 일이었다-필자 주)을 맡도록 요청하였다. 그 교회는 그 지역에서 기득권을 향유하고 있던 회중교회(Congregational Church)였다. 그러나 윌리암즈는 교회의 호의에 냉담한 반응을 보였다. 교회가 청교도들의 공동체이긴 했지만 윌리암즈 자신의 신앙과 비교할 때, 충분히 영국국교회로부터 분리되어 있지 않았기 때문이었다.

윌리암즈는 1631년 4월 12일에 보스턴 북쪽 근교에 위치한 살렘(Salem) 교회의 담임목사로 부임하였다. 그 교회는 투철한 분리주의 사상을 가진 목회자를 환영하였다. 보스턴시 당국은 그러한 목회자를 청빙한 살렘(Salem) 교회에 압력을 가하였다. 결국 윌리암즈는

Baptist Heritage, 125.

15) Ibid., 125-6.

16) Carl J. Diemer Jr., "Roger Williams: Testing the Fruits of Religious Freedom," *The Lord's Free People in a Free Land*, ed. William R. Estep (Fort Worth, TX: Evans Press, 1976), 11.

17) McBeth, *The Baptist Heritage*, 126.

그 해 여름에 그 곳을 떠날 수밖에 없었고, 랄프 스미스(Ralph Smith) 목사가 담임하고 있던 보스턴 남쪽 플리머스(Plymouth) 교회의 부목사로 부임하게 되었다.

1631년-1633년, 약 2년 동안 그는 플리머스 교회에서 설교를 하기도 했고 성경을 가르치기도 했으며, 동시에 농사일에 땀을 흘리기도 했고, 더 나아가 그 지역의 인디언 원주민들인 나랑간셋 인디안들(The Narangansetts Indians)과 접촉하며 물물교환을 하기도 하였다. 그는 인디언들의 언어를 배우는데 남다른 호기심을 가졌고, 1632년에는 그들 부족들의 영혼구원에 관심을 가지고 인디언들을 향한 선교활동을 시도하기도 하였다.[18)]

윌리암즈의 과격하고 급진적인 사상이 설교와 성경공부에 드러나면서 플리머스(Plymouth) 교회의 지도자들은 당혹감을 감출 수 없었다. 특히 그 교회의 장로로 시무하고 있던 윌리암 브루스터(William Brewster)와의 신앙적인 갈등이 심화되어서, 결국 그는 1633년에 플리머스를 떠나 다시 살렘(Salem)으로 돌아왔다. 여전히 보스턴 시 당국의 따가운 눈총이 있었지만, 살렘(Salem) 교회를 다시 담임하면서 종교의 자유와 정치적인 민주주의 사상을 가다듬는 기회로 삼았다.

1635년 10월, 윌리암즈는 보스턴 법정으로부터 소환명령을 받았다. 그가 평소에 주장해왔고 가르쳐 왔던 네 가지 내용에 대해서 해명하고 법관들의 질문에 답변을 해야 한다는 것이었다:

> 기소된 윌리암즈의 네 가지 주장은 다음과 같았다: 첫째로, 우리가 영국 왕으로부터 특허장(charter)을 받았다고 해서 우리 토지는 우리의 것이 아니다. 인디언 원주민들이 토지의 참 소유주들이다. 우리는 전매특권에 의해 토지를 받은 것에 대해 회개하여야 한다. 둘째로, 하나님을 예배하는 행위로써 사악한 사람이 맹세를 하고 기도를 히는 것은 합법적인 것이 아니다. 셋째로, 영국에 있는 국교회의 목회자들의 말씀에 귀를 기울이는 것은 합법적인 것이 아니다. 넷째로, 세속정부 관리들의 권력은 단지 육체와 물질에, 그리고 인간의 외부적인 것(outward state of men)에만 행사되어야 한다.[19)]

윌리암즈의 확신에 찬 답변들은, 당시의 매사추세츠만 식민정부나 회중교회 지도자들의 관점에서 볼 때에는, 안정된 현 상태를 뒤집어 엎으려는 혁명적인 이단사상이며 반역죄에 해당되는 것이었다. 결국 보스턴 법정은 이러한 이단자가 매사추세츠만 식민정부에 거주하는 것 자체를 금하는 결정을 내렸는데, 1636년 봄까지 추방령의 집행을 연기하면서 겨울 동

18) Ibid.
19) James E. Tull, "Roger Williams: Apostle of Religious Liberty," *Shapers of Baptist Thought* (Macon, GA: Mercer University Press, 1984), 33.

안 자신의 이단사상을 철회할 기회를 주었다. 그러나 윌리암즈가 여전히 추종자들과 함께 비밀집회를 가지고 있었고 자신의 과격한 견해를 설교한다는 사실이 당국에 알려지면서, 당국은 1636년 1월에 그를 체포하여 영국행 배에 강제로 실어 추방시키려 하였다.

그런데 어떤 이유에서인지는 알 수 없으나 매사추세츠만 식민정부의 주지사였던 존 윈스랍(John Winthrop)은 이러한 계획을 은밀히 윌리암즈에게 알려주었고, 그는 약 20여명의 추종자들과 함께 남쪽 광야로 도망을 칠 수 있었다. 뉴 잉글랜드(New England) 지방의 겨울 혹한은 도망자들을 동상과 죽음으로 몰아갈 수 있었지만, 윌리암즈가 사귀어 놓았던 나랑간셋(Naranganset) 인디언들이 그들을 숨겨주고 보호해 주었다. 그들이 당도한 곳이 오늘날 로드 아일랜드 주의 프라비던스(Providence, Rhode Ireland) 지역이었다.

2) 미국 침례교회의 창설자

로저 윌리암즈에게 추방은 새로운 땅을 개척할 기회였다. 오늘날 로드 아일랜드(Rhode Ireland) 주에 있는 프라비던스 대농장(Providence Plantation)으로의 "도망"은 도피가 아니라 도전이었다. 사실 자신의 종교적 이상과 정치적인 꿈을 실천해 볼 수 있는 좋은 기회였다. 그래서 그는 매사추세츠만 식민정부(Massachusetts Bay Colony)의 관할이 미치지 않는 남부 지역 그 곳을 Providence라고 이름지었다. "하나님의 섭리" 가운데 인도하심을 받은 땅이라는 의미였을 것이다.

윌리암즈와 혹한의 "도망"에 동참했던 추종자들은 아직 영국으로부터 새로운 식민주(colony)의 개척을 허락 받기도 전, 1636년 6월 16일에 그들 자신의 공동체를 위한 협약을 체결하였다. "그러한 약속들과 협약들은 더 많은 수의 가정들이 참여한다고 해도 적용되어질 것이며, … 그리고 그들은 오직 민사적인 문제들(civil things)에만 적용되어진다"[20]고 규정함으로써, 새로운 식민정부는 민주주의, 종교의 자유, 그리고 교회와 국가의 분리 원칙에 근거하여 세울 것을 다짐하였다.

프라비던스 대농장에 정착한 후 처음 3년 동안 윌리암즈와 추종자들은 스스로를 여전히 살렘(Salem) 교회의 회원들로 간주하며 분리주의자들의 예배를 드렸다. 1639년 3월 16일 이전의 어느 날 그들은 신대륙에서 최초의 침례교회를 세웠다. 주지사 윈스랍(Winthrop)은 이 사건을 이렇게 기록하고 있다:

20) Joseph M. Dawson, *Baptists and the American Republic* (Nashville: Broadman Press, 1956), 34. McBeth, *The Baptist Heritage*, 130에서 재인용.

> Providence에서 사태는 더 악화되었다. Scott이란 사람의 아내이고 Hutchinson 부인의 여동생이 작년에 Providence에 살려고 왔는데 그녀는 아나뱁티스트 신앙에 물들어 있었다. 윌리암즈는 그녀의 인도를 받아 공개적인 신앙고백을 하도록 격려를 받았고, 그에 따라 Salem에서 온 가난하고 늙은 사람(a poor man late of Salem) Holyman에게서 재침례를 받았다(rebaptized). 그리고 나서 윌리암즈는 그와 약 10여 명의 사람들에게 재침례를 베풀었다. 그들은 또한 유아들에게 뱁티즘 베푸는 것을 거부하였고 그리고 관리들을 세우려 하지 않았다(They also denied the baptizing of infants, and would have no magistrates).[21]

여기서 허친슨(Hutchinson) 부인은 1637년에 보스턴으로부터 추방당했던 앤 허친슨(Anne Hutchinson)이고, 스캇(Scott)이란 사람은 리챠드 스캇(Richard Scott)이고, 그의 아내는 캐서린 스캇(Catherine Scott)을 가리킨다. 그리고 홀리만(Holyman은 살렘(Salem)에서 함께 도망쳐 온 평신도 이지키엘 홀리만(Ezekiel Holliman)이다. 유아세례의 거부는 침례교 신앙을 지키겠다는 뜻이고, "관리들을 세우려 하지 않았다"는 표현은 세속정부의 관리가 종교적인 문제에 관여하지 않도록 했다는 의미일 것이다.[22]

이를 요약해서 정리하면, 로저 윌리암즈는 캐서린 스캇(Catherine Scott)이란 여인의 인도를 받아 신앙고백을 하였고, 평신도 지도자 이지키엘 홀리만(Ezekiel Holliman)으로부터 침례를 받았으며, 곧 이어 윌리암즈는 홀리만(Holliman)과 추종자들에게 역시 신앙고백에 근거한 침례를 베풀었다는 것이다. 동시에 이 교회는 신앙고백을 할 수 없는 유아들에게 뱁티즘 베푸는 것을 거부했으며, 정치와 종교가 분리되는 원리에 따라 양심과 종교의 자유를 보장한다는 것이었다. 미국에서 최초로 침례교회가 창립이 된 것이다. 오늘날 개신교 최대의 교단이 된 침례교회는 1639년 봄에 10여 명의 도망자들에 의해 프라비던스(Providence, RI)에서 태동을 한 것이다.[23]

3) 구도자(Seeker)

그러나 윌리암즈가 자신이 개척했던 침례교회에 몸을 담았던 것은 몇 달이 되지 못했다. 윌리암즈를 인도하여 신앙고백을 하도록 했던 여인의 남편인 리챠드 스캇(Richard Scott)

---

21) *Winthrop's Journal: History of New England 1630-1649*, 1:279. McBeth, *The Baptist Heritage*, 131에서 재인용.

22) Ibid.

23) 현재에도 이 교회가 Providence시 downtown에 있는데, 교회의 이름은 The First Baptist Church in America(미국제일침례교회)이고, 지금의 교회당 건물은 1775년에 건립되었다. 현재 북침례교인 American Baptist Churches in U.S.A. 교단에 속해 있다. 이 교회가 창립 350주년을 기념하여 1982년에 교회의 역사책을 펴냈는데, 이 책에서는 "1638년 가을에" 최초의 교회가 창립되었다고 기술하고 있다. J. Stanley Lemons, *The First Baptist Church in America* (n.p.: Charitable Baptist Society, 1988), 17.

이 나중에는 퀘이커교도가 되었는데, 38년 후에 그 당시의 사건을 회고하며 이렇게 말하였다: "나는 침례교인으로서 그 분(윌리암즈)과 약 4개월 동안 동행하였다…. 그때 그 분은 그 공동체와의 관계를 끊으면서 그 배경과 이유에 대해 공개적으로 선언하였다. 그들의 침례가 사도에 의해 베풀어진 것이 아니기 때문에 올바른 것일 수 없다고 말하였다."[24)]

또한 주지사 윈스랍(Winthrop)은 1639년 7월에 쓴 글에서 이런 기록을 남기고 있다:

> Providence에서 사태는 옛 방식에 따라 진행되었다. 윌리암즈와 그 추종자들은 몇 달 후에 성급하게 침례를 받았으며 다른 모든 사람들과의 교제를 단절하였다. 지금 그는 자신이 받은 두 번째 뱁티즘(his second baptism)에 대해 의심하게 되었는데, 그 이유는 그것의 권위를 사도들로부터, 아니면 영국의 목회자들(그는 이들의 권위는 병들었다고 여겼지만)로부터 끌어올 수 없었기 때문이다. 그래서 그는 (예상대로) 자신이 사도가 될 것을 기대하며 그리고 자기 아내를 제외하고는 모든 사람들과의 교제를 끊음으로써, 그런 식으로 자신을 저버렸다(he bent himself that way). 이제 그는 모든 방문객들에게 설교도 하고 함께 기도도 한다. 그의 추종자들 중 일부가 그를 떠나기도 했고 그들이 갔었던 곳으로부터 돌아오기도 했다.[25)]

윌리암즈는 자신이 받고 주었던 침례에 대해서 신뢰감을 상실한 것으로 보인다. 침례의 방식보다는 그것의 권위에 대해서 의심을 하였다. 그는 교회의식이 효력을 갖기 위해서는 그것이 사도들에게까지 끊어지지 않은 연속성(unbroken succession)을 가져야 한다는 견해를 가졌다. 연속성이 단절되면 의식의 효력은 상실된다고 여겼던 것이다. 그러니까 그는 홀리만(Holliman)에게는 그러한 유효한 침례의 권위가 없었고 따라서 그 권위를 자기에게 전달해 줄 수도 없었다고 생각했다.

윌리암즈는 후에 이런 말을 남기고 있다: "내 영혼이 그리스도 예수를 고백하는 어떤 현존하는 교회에서 안식할 수 있다면 나는 기꺼이 그 교회에 가입하겠다."[26)] 그러나 그는 그러한 확신을 가질 수 없었고 그의 여생 동안 어느 교회에도 적을 두지 않은 채 "구도자"(Seeker)로서 지냈다. 사도적 연속성(apostolic succession)이란 생각이 그의 마음을 지배함으로써 그는 현실의 가시적인 교회와 그 교회가 집례하는 의식에 대해서 그 유효성(validity)을 인정할 수 없었다. 이런 의미에서 그는 신앙적 완벽주의자(perfectionist)였다고도 평가할 수 있겠다.

---

24) Henry Melville King, *The Baptism of Roger Williams*, 102. McBeth, *The Baptist Heritage*, 131-2에서 재인용.

25) *Winthrop's Journal: History of New England 1630-1649*, 1:309. McBeth, *The Baptist Heritage*, 132에서 재인용.

26) Ibid.

4) 정치지도자

윌리암즈와 뉴포트(Newport) 침례교회 목사였던 존 클라크(John Clark)는 그들의 새 식민정부가 영국 왕실로부터 특허장(charter)을 얻을 필요가 있음을 느꼈다. 왜냐하면 매사추세츠만 식민정부와의 경계선이 선명하지 않아 분쟁의 소지가 있었고 언제든지 그들로부터 공격받을 위험도 있었기 때문이었다. 윌리암즈는 영국이 내전을 겪고 있던 시기인 1643년에 영국으로 건너갔다.

윌리암즈는 당시 런던에 체류하면서 두 권의 저서를 출간하였다. 첫 번째 책은 「미국언어를 위한 열쇠」(*A Key into the Language of America*)[27]인데, 그것은 신대륙의 인디언들, 특히 나랑간셋(Narrangansett) 인디언들의 언어를 위한 입문서였다. 이 책에서 그는 인디언들의 사고방식과 생활습성 등을 서술하면서 인디언들도 구원받아야 할 영혼들임을 역설하였다. 당시 영국인들은 대체로 인디언들이란 신대륙 이민자들을 위협하고 공격하는 짐승과 같은 야만인들이기 때문에 그들을 쳐서 박멸해야 한다고 생각했었는데, 윌리암즈는 그들 역시 구원받아야 할 인간으로 대했다는 점에서 윌리암즈의 선교정신을 읽을 수 있다.

두 번째 책은 「핍박의 피비릿내 나는 속성」(*The Bloudy Tenent of Persecution* [sic])인데, 이것은 종교의 자유 문제에 관하여 보스턴 교회의 존 카턴(John Cotton) 목사와 논쟁하는 과정에서 나온 작품이었다.[28] 그런데 1643년의 영국인들은 아직 로저 윌리암즈가 주장해 온 종교의 완전한 자유에 관하여는 아직 마음이 열려 있지 않은 상태였다. 그 책은 환영받기보다는 오히려 영국의회 하원으로부터 불량도서로 지목되어서 불태워 처분하라는 지시를 받았다. 윌리암즈는 1644년 3월 14일에 특허장을 받고 로드 아일랜드(Rhode Island) 주의 주민들로부터 열렬한 환영을 받으며 귀환하였다.

7년이 지난 후 로드 이일렌드 식민정부에 위기가 닥쳤다. 로저 윌리암스의 정적이었던 윌리암 코딩턴(William Coddinton)이 관할 내의 아퀴드넥(Aquidneck) 섬의 통치자로 임명받기 위해서 영국 왕실에 정치적인 로비를 하고 있었다.[29] 이 문제를 해결하기 위해서 존 클라크(John Clark) 목사와 윌리암즈는 영국 왕실의 재신임을 얻기 위해 1651년에 다시 영국을 방문하였다. 특히 이 기간에는 비국교도들에게 호의적인 태도를 보였던 올리버 크롬웰(Oliver Cromwell, 1599-1658)이 실권을 장악하고 있었고 그는 로저 윌리암즈를 선대하였다. 런던에 머무르며 윌리암즈는 지난 번에 서둘러 성급하게 썼던 책을 재검토해서 1652년에 「더 지독하게 피비릿내 나는 속성」(*The Bloody Tenent Yet More Bloody*)라는 제목으로 다시 출판하였

27) Roger Williams, *A Key into the Language of America*, ed. John J. Teunissen and Everlyn J. Hinz (Detroit: Wayne State University Press, 1973).

28) Diemer, "Roger Williams: Testing the Fruits of Religious Freedom," 13.

29) Ibid.

다. 그의 두 번째 책은 8년이 경과한 크롬웰(Cromwell) 치하의 영국 사람들로부터 큰 환영을 받았다.[30]

특허장은 쉽게 떨어지지 않았다. 그는 Clark 목사로 하여금 로드 아일랜드(Rhode Island) 식민정부의 안정성을 확보하기 위해 애쓰도록 맡긴 채 그를 영국 땅에 남겨두고, 1653년에 허전한 마음을 추스르며 미국으로 돌아왔다. 결국 Clark 목사는 1663년 7월 8일에 영국 왕 찰스 2세(Charles II)로부터 새로운 특허장은 받게 되었는데, 이것은 미국 식민정부로서는 이제까지 가장 민주적인 정치를 보장하는 특허장이었다.

1654년에 윌리암즈는 프라비던스 대농장(Providence Plantation)의 주민들에 의해 로드 아일랜드 식민정부의 총독으로 선출되었고, 그는 이 식민정부가 민주정치의 이상을 실현하고 모든 사람들을 위한 종교의 자유가 실천되는 주로 만들기 위해 노력하였다. 후대의 사람들은 이를 "거룩한 실험"(Holy Experiment)라고 불렀다. 1657년에 그는 모든 공직으로부터 은퇴하였다.[31]

3. 로저 윌리암즈의 신학사상

1) 신론(God)

1603년에 제임스 1세가 영국 왕으로 즉위하면서 스튜어트(Stuart) 왕조가 시작된 이후, 영국국교회의 부정과 부패를 목격하면서 교회의 정화를 외치는 청교도들(Puritans)이 등장하였다. 청교도들은 대체로 쟝 깔뱅의 신학과 신앙을 소유하고 있었고 그의 신학의 핵심은 하나님의 절대주권이었다. "예정," "선택," "언약" 등의 개념들은 기본적으로 하나님의 절대주권을 전제로 해서 언급되는 것이었다.

윌리암즈도 칼빈주의 신학에 심취해 있었던 청교도들 중의 한 사람이었다. 하나님이 왕 중의 왕이라면, 존 카턴(John Cotton)이나 어떤 세속정부의 관리들도 인간의 양심이나 신앙 문제에 개입할 수 없는 것이었다. 그는 강요된 믿음(coerced faith), 양심 조작(manipulation of conscience), 신앙문제에 있어서의 강제성(compulsion)을 용납할 수 없었다. 절대주권을 가지신 하나님이 시공을 초월하여 자유하시고, 자신이 최고의 걸작으로 만드신 인간들이 자유를 향유하기를 원하시기 때문에, 세속정부 관리들이나 인간들에 의해 그 자유가 침해당하게 해서는 안 된다고 하는 것이 윌리암즈의 확신이었다.

---

30) Ibid.

31) Edwin S. Gaustad, *Roger Williams: Prophet of Liberty* (NewYork: Oxford University Press, 2001), "Chronology," 131-2.

교회사가인 리로이 무어 2세(LeRoy Moore, Jr.)는 "한 사람의 인간으로서 그리고 그의 모든 저작물들의 기초로서 윌리암즈를 이해하는 열쇠는 여호와 하나님의 절대적인 주권에 대한 전적인 신뢰에 있다"고 설명하였다.[32] 그렇기 때문에 인간중심적인(anthropocentric) 계몽주의 사상가들과는 달리, 윌리암즈의 양심과 종교의 자유는 하나님 중심주의(theocentricism)에 뿌리를 두고 있다고 하겠다.[33]

2) 교회론(Ecclesiology)

로저 윌리암즈의 교회이해는 그를 추방하는데 앞장섰던 보스턴교회의 청교도 목사 존 카턴(John Cotton)의 그것과는 근본적으로 달랐다. 신정정치를 이상으로 삼았던 카턴(Cotton)은 구약의 이스라엘을 뉴 잉글랜드(New England)와 동일시하였다. 그는 매사추세츠만 식민정부를 이스라엘로, 그리고 인디언들을 아말렉 족속(the Amalekites)으로 보았다. 그러나 로저 윌리암즈는 새 이스라엘은 하나님의 백성, 즉 인종과 언어와 국적에 상관없이 신생(new birth)을 경험한 거듭난 사람들로 보았던 것이다.[34]

따라서 그는 인디언들을 아말렉 족속이 아니라 하나님의 자비와 은혜를 받아야 할 인간들로 보았던 것이다. 다시 말해서 새 이스라엘은 예수 그리스도의 보혈의 능력으로 죄사함을 받은 사람들의 무리, 즉 신약성서가 말하는 교회라는 것이다. 카턴(Cotton) 목사의 교회 이해가 구약성서에 근거하고 있었다면 윌리암즈의 그것은 철저히 신약성서에 근거하고 있었다.

윌리암즈는 기본적으로 교회란 예수 믿는 자들의 공동체이며 이 공동체의 회원이 되기 위해서는, 첫째 회개하고 예수를 믿어야 하고, 둘째 그 믿음의 고백방법으로 침례를 받아야 한다고 믿었다. 믿음이 없고 그 믿음을 고백할 수 없는 유아들에게 뱁티즘을 베푸는 것은 무익한 짓이라고 보았으며, 따라서 그는 오직 신자의 침례(believer's baptism)만이 신약성서의 가르침임을 확신하였다. 교회는 어디까지나 영적인 공동체(spiritual community)여야 한다는 것이었다.

윌리암즈의 표현들 가운데 교회를 신비적이요 우주적이요 비가시적인 것으로 묘사한 경우가 많은 것이 사실이다. 그래서 적지 않은 학자들이 윌리암즈의 교회론이 지나치게 신

---

32) LeRoy Moore, Jr., "Religious Liberty: Roger Williams and the Revolutionary Era," *Church History*, 34 (March 1965): 59.

33) Jimmy D. Neff, "Roger Williams: Pious Puritan and Strict Separationist," *Journal of Church and State*, vol. 38, no. 3 (Summer 1996): 538.

34) William R. Estep, *Revolution within the Revolution* (Grand Rapids, Mi: Wm. B. Eerdmans Publishing Company, 1990), 72.

비적이며 따라서 자신이 창립했던 최초의 침례교회에서도 4개월을 견디지 못하고 "구도자"(seeker)의 길로 들어섰다고 말하기도 한다. 스위트(William Warren Sweet) 박사는 "윌리암즈는 내면적인 체험을 강조했고, 그에게는 참 교회란 중생한 자들로 구성된 비가시적인 실체였다. 중생(Regeneration)은 물리적인 형태를 갖지 않는 내면적인 체험이었다. 그렇기 때문에 윌리암즈에게 있어서 가시적인 교회는 별로 중요하지 않았다"(The visible Church was, to Williams, of slight importance)[35]라고 쓰고 있다.

윌리암즈에게는 이상주의자(idealist)와 같은 면이 없지 않았다. 자신이 받았고 베풀었던 침례에 대해서 사도적 권위가 계승되지 않았다고 생각해서 고민하였다. 결국 그는 기독교적인 믿음에서 떠난 적은 없지만 지상의 침례교회를 떠나 남은 생애 동안 어느 교회에도 적을 두지 않았다. 자신이 진정으로 성서적이라고 확신하는 교회를 만날 수 없었기 때문이었다.

그러나 자신이 이상적으로 여겼던 참 교회를 발견할 수는 없었지만 지상의 가시적인 교회를 전혀 배제한 것은 아니었다. 신약성서에서 사용된 교회에 대한 비유들, 즉 "그리스도의 신부," "새 이스라엘," "그리스도 예수의 왕국" 등의 용어를 인용하면서, 그는 교회가 특수적이면서 동시에 우주적이며(particularistic and universal), 실제적이면서 동시에 신비하다(realistic and mystical)고 말하기도 하였다.[36]

3) 교회와 국가의 분리(Separation of Church and State)

윌리암즈는 교회가 배교(apostasy)의 상태에 빠진 것은 로마제국의 콘스탄틴(Constantine) 황제가 기독교를 공인했던 시점(313년, The Edict of Milan)으로까지 소급한다고 하였다. 국가와 교회의 공생(共生, Constantine Symbiosis), 그것은 기독교 역사 상 최대의 재앙이었다는 것이다. 심지어 380년경 기독교가 로마제국의 국교로 인정이 되면서 교회는 이제 다른 종교인들을 야만인으로 규정하였고 신앙의 내용이 약간 다르다는 이유로 다른 종교인들과 그리스도인들을 핍박하고 처형하기까지 했던 것이다.

따라서 윌리암즈의 분리주의는 콘스탄틴 황제 이전의 기독교로 돌아가자는 것이며 참 교회를 이루기 위해서는 국교화된 영국국교회로부터 분리되어 나와야 한다는 것이며 국교화된 회중교회를 떠나야 한다는 것이었다. 그의 분리주의는 당연히 세속국가의 역할에 한계를 제시한 것이었다. 즉 세속국가와 관리들은 인간사의 세속적인 문제에만 관여하고 개입해야지, 인간들의 양심적인 문제나 영적이고 종교적인 문제에까지 통제하려 해서는 안

35) William W. Sweet, *Religion in Colonial America* (New York: Charles Scribner's Sons, 1942), 126.
36) Neff, "Roger Williams: Pious Puritan and Strict Separationist," 538.

된다는 것이었다.

윌리암즈는 교회와 (세속)국가는 각자 고유한 영역이 있음을 강조하였다. 이 사실을 선명하게 설명하기 위해서 모세가 하나님으로부터 받았던 십계명은 "두 개의 분리된 돌판들"에 새겨져 있었음을 주장하였다.[37] 첫번째 돌판에는 하나님과의 관계, 즉 영적(spiritual) 영역에 관계된 계명들이 기록되어 있고, 두번째 돌판에는 다른 인간들과의 관계, 즉 민사적(civil) 영역에 관계된 계명들이 기록되어 있는데, 이 두 돌판은 서로 분리되어 떨어져 있다는 것이다. 따라서 세속국가의 관리들의 관할권이 "첫번째 돌판"의 계명들에까지 이르러서는 안 되고 오직 "두번째 돌판"의 계명들에까지만 머물러 있어야 한다는 것이었다.[38]

교회와 국가의 분리를 논함에 있어서 윌리엄즈는 또 다른 비유를 사용하였다. 그것은 "바다 위에 떠 있는 배"(ship at sea)와 "항구에 정박해 있는 배"(ship at harbor)의 비유이다. 이 비유를 요약하면 배가 바다 위에 떠 있는 한, 배 안의 최고 권위자는 선장이고 선원들과 승객들을 포함해서 배 안에 있는 모든 사람들은 주지사나 왕이라 할지라도 선장의 명령에 순응해야 한다는 것이었다. 그러나 배가 항구에 정박해 있는 한, 배 안의 최고 권위자는 그 항구를 관장하는 세속 관리가 되고 배의 선장도 그의 명령에 순복해야 한다는 것이었다.[39] 다시 말해서 세속국가의 최고 권위는 왕이나 대통령이나 주지사이고, 교회의 최고 권위는 교회를 섬기도록 위임받은 목회자임을 분명히 설명하였다.

4) 영혼의 자유(Soul Liberty)

미국 최초의 침례교회의 350주년 기념사업으로 출판했던 교회역사책에서 저자는 "로저 윌리암즈와 그 침례교 개척자들은 그들의 새 교회와 그 지역에서의 정착을 위해서 '영혼의 자유'(soul liberty)를 핵심원리(guiding principle)로 선언하였다. '영혼의 자유'는 미국 제일침례교회를 특징짓는 상징어(by-word)가 되었으며…"라고 말하고 있다.[40]

윌리암즈에 의하면 모든 그리스도인들은 민사적인 문제들(civil matters)에 관한 한 심지어 불신 관리들에게도 순종을 해야 한다고 말하면서, 그러나 믿음의 문제들이나 예배 그리고 교회의 행정에 관한 문제들에 관해 그들에게 순종할 필요가 없다고 하였다. 그리스도인들은 기독교적인 확신에 있어서는 어떤 독재자에게도 굴복해서는 안 된다고 하였다.[41]

---

37) Stephen Phillips, "Roger Williams and the Two Tables of the Law," *Journal of Church and State*, vol. 38, no. 3 (Summer 1996): 559-65.

38) Ibid., Neff, "Roger Williams: Pious Puritan and Strict Separationist," 539.

39) Roger Williams, "Letter to the Town of Providence," January 1655, in *The Complete Works of Roger Williams*, 6: 278-9. Perry Miller, *Roger Williams* (Indianapolis, In: The Bobbs-Merrill Co., Inc., 1953), 225-6에서 재인용. McBeth, *The Baptist Heritage*, 135.

40) Lemons, *The First Baptist Church in America*, 9.

성도들이 핍박을 받고 처형을 당할 때, 그들은 "그들의 예언의 말씀과 어린 양의 피와 그들의 인내하는 고난과 자신의 죽음까지도 드리는 사랑 이외의 다른 무기로 싸워서는 안 된다"[42]고 윌리암즈는 말하였다. 다시 말해서 교회의 저항은 어디까지나 비폭력적이어야 하는데, 그러나 세속정부의 강압(civil coersion)에 대해서는 쉽게 굴복해서는 안 된다고 하였다. 신앙은 어디까지나 자발적으로 하나님 앞에 나아가는 것이어야 하지, 종교 지도자나 심지어 세속국가의 관리가 강압적인 방법을 동원하여 강요해서는 안 된다는 것이다.

따라서 신앙과 신행이 다르고 신앙생활의 강조점들이 다르다고 해서 신앙인이 다른 신앙인을 핍박하는 것은 기독교 진리의 탈을 쓴 위선(hypocrisy)이라고 하였다. 윌리암즈는 핍박(persecution)은 정당화될 수 없으며 핍박자는 영혼살인자라고 단언하였다.[43]

윌리암즈는 양심을 속박하는 것은 의사당을 훼손하거나 왕이나 황제의 목을 따는 것보다 더 큰 범죄라며 극언을 서슴지 않았고 한 영혼은 값진 보석처럼 귀한 것이라고 하였다. 그러면서 종교적인 관심사에서 영혼의 완전한 자유는 유대인들에게나, 터키인들에게나, 교황주의자들에게나, 또 다른 모든 종교인들에게도 허락되어야 한다고 주장하였다.[44] 결국 매사추세츠만 식민정부와 회중교회는 "자기들만"의 종교의 자유를 주장하였지만, 로저 윌리암즈는 "모든 사람들," 그리스도인들은 물론이요 비그리스도인들과 불신자들을 위해서도 양심과 종교의 자유는 보장되어야 할 것을 역설한 것이었다.

4. 에필로그

로저 윌리암즈는 1683년 약 80세의 일기를 마치고 이 세상을 떠났다. 로저 윌리암즈의 여러 가지 업적들[45] 가운데 그는 미국 역사에서 침례교회의 창설자로서의 의미보다는 로드 아일랜드 식민정부를 개척하고 그 곳의 총독으로서 민주적인 정치이상을 실현하려고 분투 노력했던 인물이라는 점에서 더 큰 의미를 갖는다. 특히 매사추세츠만 식민정부와는 다르게 로드 아일랜드 식민정부를 정치와 종교의 분리원칙에 따라 모든 사람들이 양심과

41) Tull, "Roger Williams: Apostle of Religious Liberty," 48.

42) Williams, "The Bloody Tenent Yet More Bloody," 147. Tull, "Roger Williams: Apostle of Religious Liberty," 48에서 재인용.

43) Ibid., 49.

44) Williams, *The Bloudy Tenent of Persecution*, 64. Tull, "Roger Williams: Apostle of Religious Liberty," 49에서 재인용.

45) McBeth 교수는 로저 윌리암즈에 대해 언급하면서 결론적으로 다음과 같이 그의 공헌들을 요약하고 있다: 1) 아메리칸 인디언들에 대한 선교사역, 2) 모든 사람들을 위한 종교의 자유, 3) 교회와 국가의 분리, 4) 민주주의 이념의 실현, 5) 미국 최초의 침례교회 설립. McBeth, *The Baptist Heritage*, 132-6.

종교의 자유를 누릴 수 있는 최초의 주가 되도록 실천했다는 점에서, 그는 종교의 자유를 위한 투쟁사에서 길이 남을 업적을 이루었다.

"정치와 종교의 분리"가 헌법에 명시된 것은 1791년에 채택된 제1차 수정헌법이 세계 역사 상 최초의 일이었다.[46] 미연방헌법을 기초하고 수정헌법을 통해 인간의 기본권을 확립시킨 건국조상들(Founding Fathers), 예를 들면 토마스 제퍼슨(Thomas Jefferson)이나 제임스 매디슨(James Madison) 같은 사람들은 대체로 하나님과 성경을 인정하기는 하되 초자연적인 내용들을 수용하기를 거부했던 이신론자들(Deists)이었다. 그들은 프랑스 혁명과 영국 시민혁명 사상의 영향을 입은 계몽주의자들이었고 인본주의자들이었으며 민주주의의 이상을 신봉했던 자유사상가들이었다.

이들보다 약 150여 년 앞서 살았던 로저 윌리암즈는 하나님의 절대주권을 확신하고 성서의 권위를 존중하는 철저한 청교도였는데, "교회와 국가의 분리"(separation of church and state)와 "모든 사람들을 위한 종교의 자유"(religious freedom for all)를 주장했다는 점에서 청교도주의를 넘어서는(beyond Puritanism) 신앙인이었다. 그렇기 때문에 그의 자유사상은 인본주의(humanism)가 아니라 하나님 중심주의(theocentricism)에 근거하고 있었다.

우리나라 상황에서도 "정치와 종교의 분리" 원칙은 헌법적인 보장을 받고 있음에도 종종 그것이 위협을 받고 있는 것이 현실이다. 한때 권위주의적인 군사정권 시대에 세속권력자들에 의해 기독교계가 사정의 대상이 되기도 하였고 일부 권력에 굶주린 교회지도자들이 세속권력에 아부하는 경우도 없지 않았다.

청와대 조찬기도회가 독재권력의 정당성을 옹호받기 위해 이용되기도 한 것이 사실이다. 불교성향의 대통령이 집권을 하였을 때에는 청와대에 불상이 세워지기도 하였고, 장로 대통령이 집권하였을 때에는 많은 그리스도인들이 정치에 참여하였으나 큰 불미스러운 불법사건이 터질 때마다 그 중심에는 기독교 지도자들이 포함되어 있기도 하였다. 특정 종교 단체의 신봉대상인 단군상이 역사적 인물인 것처럼 공립 초등학교에 세워지기도 하였고, 또 최근에는 열정을 가진 목회자에 의해 그것의 목이 잘리는 사태가 발생하기도 하였다.

앞으로 정치와 종교의 분리, 그에 따른 "모든 사람들을 위한" 종교의 자유가 한국 땅에서도 구체적으로 실현되어야 하겠는데, 약 350여 년 전의 인물인 로저 윌리암즈와 그의 하나님 중심적인 자유사상에서 직접 간접의 좋은 교훈을 받을 수 있으리라 생각한다.

---

46) 미합중국 제1차 수정헌법(The First Amendment)의 규정은 다음과 같다: "의회는 국교의 제정(an establishment of religion)에 관하여 그리고 자유스러운 종교활동을 금지하기 위하여 어떠한 법도 만들어서는 안 된다. 동시에 표현의 자유, 언론출판의 자유, 집회결사의 자유, 정부에 탄원할 수 있는 자유 등을 금지하는 법을 만들어서는 안 된다." Ibid., 282에서 재인용.

III. 초창기의 미국 침례교회들

1. 동북부지방

1539년 로저 윌리암즈에 의해 미국 땅에 최초의 침례교회가 설립된 후, 1644년에는 두 번째 교회로 존 클라크(John Clark)에 의해 제이침례교회(The Second Baptist Church)가 로드 아일랜드 주 뉴포트(New Port, RI)에 세워지게 되었고,[47] 1665년에는 보스턴 시에서 제일침례교회가 토마스 굴드(Thomas Gould)에 의해 개척이 되었다.[48] 특히 토마스 굴드는 1665년에 자신의 개인적인 신앙고백서를 작성하여 미국 최초의 신앙고백을 진술했다는 역사적 의의를 가지고 있다.

특히 토마스 굴드는 유아세례 의식이 성서적인 뒷받침이 없는 인간적인 고안물임을 이렇게 진술하였다: "유아세례는 공허한 것이며 뱁티즘의 참 의미를 무효화시키는 것이다."[49] 그가 자신의 갓난아이를 회중교회에 유아세례를 받도록 드리지 않았다는 이유로 출교를 당하게 되었는데, 이것이 보스턴 시에 최초의 침례교회를 세우는 동기가 되었다.

1682년에는 오늘날 메인 주 키터리(Kittery)에서 키터리 침례교회가 윌리암 스크리븐(William Screven)에 의해 설립되었다. 그런데 이 교회가 남침례교 역사에서 중요한 의미를 가지는 것은, 이 교회가 1696년에 사우스 캐롤라이나 주 찰스턴(Charleston, SC)으로 집단이주를 하여 남부 지방의 최초의 침례교회인 찰스턴 제일침례교회(First Baptist Church in Charleston)가 되었다는 사실이다.[50]

2. 중부지방

초창기 식민지 미국 땅에서 중부지방에는 특정한 지배적인 공식교단이 존재하지 않았다는 것은 중요한 의미를 가진다. 다시 말해서 이 지역에는 일찍부터 종교의 다양성이 인정되고 있었고 종교와 신앙의 자유가 어느 정도 용인되었다는 점이다. 이렇게 된 데에는 펜실베니아(Pennsylvania) 주를 개척했던 윌리암 펜(William Penn)의 영향력이 컸다.

윌리암 펜은 영국 땅에서 이단으로 취급받던 퀘어커 교도(The Quaker)로서 당시 종교적

---

47) Leonard, *Baptist Ways: A History*, 76.
48) Ibid., 79-80.
49) Ibid., 80.
50) Ibid., 116. McBeth, *The Baptist Heritage*, 143-4.

인 박해를 받던 많은 이민자들을 자신이 개척했던 식민지 주에서 집단거주를 할 수 있도록 배려를 했다.[51] 침례교회가 뉴 잉글랜드 지방에서 시작되었지만, 차츰 종교의 자유가 용인되었던 필라델피아(Philadelphia, "형제사랑"의 도시-필자 주) 근교에 많이 세워지게 되었고 식민지 시대에는 이곳이 침례교회들의 중심지 역할을 하게 되었다.

1684년에 펜실베니아 주 필라델피아 근교인 콜드 스프링에서 토마스 던건(Thomas Dungan)에 의해 콜드 스프링(Cold Spring) 침례교회가 세워졌고, 1688년에는 로우어 더블린(Lower Dublin)에 페니펙(Pennepeck) 침례교회가 엘리아스 키취(Elias Keach)에 의해 설립되었다.[52] 이 교회가 중추가 되어 필라델피아 근교에 수많은 침례교회들이 설립되었는데, 최초의 침례교지방회인 필라델피아 침례교지방회(Philadelphia Baptist Association)가 1707년에 결성되었다.

3. 남부지방

오늘날 미국의 남부지방에는 "성서띠"(Bible Belt)라는 말이 있을 정도로 수많은 침례교회들이 산재해 있지만, 미국이 건국될 당시에는 남부지방에 침례교회들이 많지 않았다. 왜냐하면 버지니아 주와 사우스 캐롤라이나 주 같은 남부지방에서는 영국국교회(Anglican Church, 오늘날 성공회, Episcopal Church-필자 주)가 일찍부터 주도권을 장악하여 국교적 지위를 누리고 있었기 때문이다.

앞에서 언급한대로 남부지방의 침례교회는 1696년에 메인 주 키터리에 있던 키터리(Kittery) 침례교회가 찰스턴으로 집단 이주하여 찰스턴 제일침례교회로서 정착하면서 점차 확산되기 시작하였다.[53] 특히 당시에 찰스턴은 항구도시로서 많은 영국인 이민자들이 남부지방으로 들어오는 관문의 역할을 하던 곳인데, 영국의 서부지역인 웨일즈 지방 사람들(The Welsh)이 대거 이민해 오면서 침례교회의 성장에 크게 기여를 하였다. 웨일즈 사람들은 신실한 믿음을 가진 침례교인들이 많았으며, 이들에게는 남다른 전도열(傳道熱)과 교육열(教育熱)이 있어서 교회를 이루고 교회 지도자들을 세우는데 크게 헌신하였다.[54]

남부지방에서는 노스 캐롤라이나 주의 샌디 크리크 침례교지방회(Sandy Creek Baptist Association, 1758)와 사우스 캐롤라이나 주의 찰스턴 침례교지방회(Charleston Baptist Association, 1751)가 중심이 되어, 주일학교 교육, 교회지도자 양성, 서부 개척지역으로의 선교사 파송

51) McBeth, Ibid., 145.
52) Ibid., 145-6.
53) Ibid., 147.
54) Ibid., 219.

등의 사역을 적극적으로 감당하여, 서부개척 시대에 많은 침례교회들을 미국의 남부와 서남부 지역에 설립하였다.

제11장

제1차 대각성운동과 침례교회의 확산

제1차 대각성운동(The First Great Awakening)은 미국이 영국식민지로부터 독립하기 전이었던 1730년대-1760년대에 일어났던 영적인 부흥운동이었다. 리차드 니버(H. Richard Niebur)는, "미국이 하나님을 향해 각성을 하게 되었는데, 결국은 그것은 미국 국민들 자체가 자의식을 각성하게 된 것이다. 미국에 살고 있던 사람들이 미국의 독립과 해방을 향해 영적인 눈을 뜨게 되었다. 제1차 대각성운동은 하나의 새로운 시작이었으며 국가적인 회심(national conversion)의 계기가 되었다"[55]고 진단하였다. 우리나라에서 일어났던 1907년 대부흥이 한국인들의 영적인 눈을 뜨게 하여 1919년 3·1 독립만세 사건의 배경이 되었던 것과 유사하다.

동시에 제1차 대각성운동이 주로 회중교회와 장로교회의 지도자들에 의해서 일어난 부흥운동이었지만, 이 운동으로 말미암아 가장 큰 혜택을 누린 교단은 침례교회였다. 회중교회의 "신광파"(New Lights) 중 일부의 지도자들이 성도들을 이끌고 침례교회로 전입을 하기도 하였고, 조지 휫필드의 부흥회에서 큰 은혜를 받았던 침례교인들이 전도와 교회개척에 헌신함으로, 침례교회가 영적으로나 양적으로 크게 성장하는 계기가 되었다.

I. 제1차 대각성운동

1. 배경

18세기에 들어오면서 미국사회는 점차 안정을 찾게 되었다. 이미 많은 이민자들이 유럽

---

55) H. Richard Niebuhr, *The Kingdom of God in America* (New York: Harper and Row, 1937), 124.

의 여러 나라에서 들어오게 되었고, 이민 2-3세대들이 조부모들과 부모들의 희생과 고생을 딛고 일어서서 비교적 안정된 삶을 누리고 있었다. 이에 반비례해서 영적으로는 이전 세대들에 비하여 나태와 침체에 빠지게 되었다. 현세적인 삶의 안락으로 인해 이들 신세대들은 하나님을 향해 매달리는 간절함을 서서히 잃어가고 있었다.

그런데 당시 유럽 땅에서는 독일에서 경건주의(Pietism) 운동이 일어나고 있었고, 영국에서 존 웨슬리(John Wesley)에 의한 부흥운동이 일어나고 있었다. 유럽에서 불고 있던 영적 쇄신운동의 바람이 신대륙을 향해서 불어오고 있었다.[56] 또한 미국의 광활한 땅에서 새로운 삶의 터전을 닦고 있던 이민자들은 대서양 건너편에 있던 영국 정부의 식민통치에 대한 부담을 느끼고 있었다. 영국을 비롯해서 여러 나라들로부터 이민을 온 백성들이었지만, 이제 새로운 땅에서 자신들이 뽑은 지도자들에 의한 자율적인 통치를 기대하게 되었다. 다시 말해서 영국 식민정부로부터의 독립과 해방을 모색하게 된 것이다. 영적인 해방과 정치적인 해방이 상호 연관을 맺으며 영적인 부흥을 갈망하게 된 것이다.[57]

2. 대표적인 지도자들

이러한 백성들의 염원에 불을 당긴 사람들이 당시 교회의 지도자들이었다. 뉴 저지(New Jersey) 지역에서 목회활동을 하던 네델란드 출신 개혁교회 목사 데오도르 프리링후이젠(Theodore Frelinghuysen, 1691-1747), 장로교회 목사요 오늘날 프린스턴 대학교의 전신인 통나무대학(Log College)를 설립했던 길버트 테난트(Gilbert Tennent, 1703-1764), 식민지 시대의 대표적인 칼빈주의 신학자요 목회자였던 조나단 에드워즈(Jonathan Edwards, 1703-1758), 그리고 영국에서 건너온 순회 설교자요 부흥사였던 조지 휫필드(George Whitefiled, 1714-1770) 등이 제1차 대각성운동(The First Great Awakening) 을 주도하였다.[58]

특히 조나단 에드워즈는 매사추세츠 주 노스햄프턴(Northampton, MA)에서 담임목회를 했는데, "진노하시는 하나님의 손 안에 든 죄인들"(Sinners in the Hands of an Angry God)이란 그의 설교는 수많은 사람들의 심령에 회개와 통회의 마음을 심어 주었다.[59] 또한 조지 휫필드는 존 웨슬리와 함께 신성 클럽(Holy Club)을 함께 하며 우정을 나누었으나, 서로 신학적인 견해 차이로 결별을 하여, 그는 칼빈주의 신앙의 부흥사로서 신대륙을 5차례나 방

---

56) McBeth, *The Baptist Heritage*, 200-1.
57) Ibid., 202.
58) Leonard, *Baptist Ways: A History*, 118.
59) McBeth, *The Baptist Heritage*, 202-3.

문하며 초교파적으로 전도 및 부흥집회를 인도하였다.

3. 결과

영국왕실의 식민지 통치를 받고 있던 미국인들은 제1차 대각성운동을 통해서 심령의 부흥을 경험했으며, 따라서 교회들과 그리스도인들의 숫적인 증가를 경험하게 되었다. 그런데 대각성운동이 확산되어 가면서 부흥운동 자체에 대한 논란이 일기 시작하였다. 일부의 지성적인 교회지도자들은 부흥운동이 지나치게 인간의 감정을 자극하는 피상적인 기독교 운동이라고 폄하하였다. 그래서 당시 각 교단은 대각성운동에 대하여 찬반으로 나뉘게 되었고 심지어 일시적이긴 했지만 교단이 분열하는 양상을 띠게도 되었다.

회중교회에서는 구광파(Old Lights)와 신광파(New Lights), 장로교회에서는 구측파(Old Sides)와 신측파(New Sides), 그리고 침례교회에서는 정규침례교인들(Regular Baptists)와 분리침례교인들(Separate Baptists) 등으로 분열하였다. 전자는 부흥운동에 반대하는 입장(anti-revival)이었고, 후자는 찬성하고 옹호하는 입장(pro-revival)이었다.[60]

제1차 대각성운동은 회중교회와 장로교회의 지도자들에 의해 시작된 부흥운동이었지만, 교세의 확충이라는 점에서 가장 큰 혜택을 보았던 교단은 바로 침례교회였다. 침례교인들이 연합집회에서 많은 은혜를 경험하며 재헌신하였고, 특히 적지 않은 신광파 회중교인들(New Light Congregationalists)이 분리침례교회로 이적해 옴으로 인해서 침례교회는 숫적인 성장을 이룰 수 있었다. 무엇보다도 아이작 백커스(Isaac Backus), 슈발 서턴즈(Shubal Stearns)와 같은 탁월한 회중교회 지도자들이 침례교회로 전입하면서, 침례교회가 발전하는데 큰 역할을 하였다.[61]

II. 침례교회의 성장과 확산

앞에서 언급했던 것처럼 제1차 대각성운동은 침례교회가 영적으로나 숫적으로 튼튼한 반석 위에 설 수 있는 계기가 되었다.[62] 은혜 받은 침례교회의 성도들이 전도와 교회개척

60) Ibid., 203-5.

61) Ibid., 203, 223-6.

62) 1700년에는 미국 땅에 침례교회가 약 20개 정도밖에 되지 않았는데, 독립선언서를 발표할 당시에는 (1776년) 미국 인구 264명 중 1명이 침례교인이었다고 하고, 1800년에는 53명 중 1명이 침례교인이었다고 한다. Leonard, *Baptist Ways: A History*, 113.

에 헌신하였고, 동시에 신자들에게만 뱁티즘을 베풀어야 하고 교회는 어디까지나 신자들의 공동체여야 한다는 사실에 공감했던 회중교인들이 침례교회로 전입함으로써 침례교회는 더 큰 힘을 얻게 되었다, 더 나아가 영국의 서남부 웨일즈 지방의 침례교인들(Welsh Baptists)이 미국의 남부지방으로 대량으로 이민을 와 미국의 침례교회로 들어오게 되었다.[63] 이들은 강렬한 전도열과 교육열을 가지고 있던 사람들이어서 교회를 부흥시키고 자녀들을 교육하는데 헌신적인 노력을 기울였다.

로버트 가드너(Robert G. Gardener)는 그의 저서 「초창기 미국의 침례교인들: 1639-1790년 동안의 통계적 역사」(*Baptists of Early America: A Statistical History, 1639-1790*)에서 초기 침례교인들과 침례교회들의 숫적인 증가상황을 이렇게 요약해 주고 있다: 교인수에 있어서 1700년에는 839명이었던 것이 1740년에는 3,142명으로, 그리고 1790년에는 67,490명으로 팽창하였고, 교회수에 있어서는 1700년에는 24개이었던 것이 1740년에는 60개로, 1790년에는 979개로 성장하였다.[64]

1. 동북부지방

미국의 동북부지방의 큰 도시들에는 대체로 정규침례교회(Regular Baptist Church)가 주류를 이루고 있었다. 메사츄세츠 주의 경우 1790년 경에 91개의 침례교회들 가운데에서 18개가 분리침례교회(Separate Baptist Church)였고 73개가 정규침례교회였다. 그런데 제1차 대각성운동을 거치면서 분리침례교인들이 열정적인 전도활동을 수행하여 많은 침례교회들이 뉴 잉글랜드 지역에 개척되었다.

특히 최초의 침례교회가 세워졌던 로드 아일랜드 주 프라비던스(Providence)에, 1764년에 최초의 침례교대학 "로드 아일랜드 침례대학"(Rhode Island Baptist College)이 설립되어 초창기 침례교 지도자들을 양성하는 크게 기여하였다.[65] 이 대학은 추후에 아이비 리그(Ivy League) 대학교들 가운데 하나인 브라운 대학교(Brown University)로 발전하였다. 그 당시 18세기 후반기 동북부 지역 침례교회의 지도자들 가운데 대표적인 인물은 헤제카이야 스미스(Hezekiah Smith, 1737-1805)였는데, 그는 "침례교 휫필드"(Baptist Whitefield)라는 별명으로 불리우기도 했던 목회자요 부흥사였다.[66]

---

63) McBeth, *The Baptist Heritage*, 200.

64) Robert G. Gardener, *Baptists of Early America: A Statistical History, 1639-1790* (Atlanta: Georgia Baptist Historical Society, 1983), 63.

65) McBeth, *The Baptist Heritage*, 209-10.

66) Ibid., 207.

2. 중부지방

뉴 저지, 펜실베니아, 메릴랜드 등의 중부지방의 주에서는 일찍부터 종교의 다양성이 용인되고 있었고 따라서 종교의 자유가 허용되고 있었다. 이러한 지역에서 침례교회는 비교적 자유로운 전도활동을 하였고, 따라서 필라델피아(Philadelphia)는 그 당시 침례교의 새로운 중심지가 되었다. 이 도시 근교에 엘리아스 키취(Elias Keach)가 개척했던 페니펙(Pennepeck) 침례교회가 중심이 되어, 1707년에는 미국 최초의 침례교지방회인 필라델피아 침례교지방회(Philadelphia Baptist Association)가 결성되었다.[67)]

이 지방회에서는 1742년에 지방회 차원의 최초의 침례교 신앙고백서인 "필라델피아 신앙고백"(Philadelphia Baptist Confession of Faith)을 채택하였는데, 이것은 1677년에 만들어졌던 "제2차 런던신앙고백"의 영향을 크게 받았던 신앙고백이었다. 복음적인 칼빈주의 신앙을 강조하는 신앙고백이었다.

18세기 후반 당시 이 지역에서 큰 영향력을 행사하며 침례교인들의 지도자로 두각을 드러냈던 인물은 모간 에드워즈(Morgan Edwards, 1722-1795)였다. 필라델피아 침례교지방회를 중심으로 교회개척을 비롯한 국내선교활동을 왕성하게 전개했던 목회자이면서 부흥사였다. 그는 더 나아가 당시의 초창기 침례교회의 소중한 역사자료들을 후세에 남긴 인물로도 기억되고 있다. 두 권으로 출판된 그의 「침례교 역사를 위한 자료들」(*Materials toward a History of the Baptists*)은 초창기 미국 침례교인들의 생활상은 물론 침례교회들의 전도 및 선교활동을 이해하는데 큰 도움을 주는 역사적 자료이다.[68)]

3. 남부지방

식민지 시대에는 미국의 남부 버지니아 주 윌리암즈버그(Williamsburg, VA)에 식민정부의 총독부가 자리잡고 있었다. 따라서 영국왕실의 비호를 받고 있던 영국국교회가 남부지방의 기득권 교회(established church, 국교회)였다. 제1차 대각성운동이 전개되면서 남부지방에서는 해안도시들(Richmond, Savannah, Charleston)에는 정규침례교회들이, 내륙의 개척지역이나 농촌지역에는 분리침례교회들이 많이 생겨나게 되었다. 특히 남부지방 노스 캐롤라이나 주에서는 슈발 스턴즈와 다니엘 마샬 등의 노력으로 분리침례교회들이 괄목할만하게 급성장하였다.[69)]

67) Ibid., 211.
68) Ibid., 212.

보스턴에서 출생한 슈발 스턴즈(Shubal Stearns, 1706-1771)는 코네티컷 주로 이주를 하면서 회중교회 회원이 되었는데, 조지 휫필드가 인도하는 부흥회에 참석하여 큰 은혜를 경험하고 신광파 회중교인(New Light Congregationalist)이 되었다. 1751년 45세의 나이에 신자의 침례(believer's baptism)를 받고 분리침례교인이 되었다. 다니엘 마샬(Daniel Marshal, 1706-1784)은 슈발 스턴즈의 매형이었는데, 부인이자 스턴즈의 여동생이었던 마르타 마샬(Martha Marshal)은 구령의 열정을 가지고 있던 여인이었다. 그 녀는 남편과 오빠를 도와 남부지방에 많은 침례교회들을 세워 나가는데 큰 역할을 감당했던 여걸이었다.

슈발 스턴즈 가족들은 버지니아 주에서 일시적으로 거주하였다가 남쪽으로 이주하여, 노스 캐롤라이나 주 샌디 크리크(Sandy Creek)에 정착을 하였고 이 곳에서 분리침례교회를 개척하였다. 샌디 크리크는 오늘날 란돌프 군 리버티(Liberty, Randolph County) 마을에 해당하는 곳이다. 샌디 크리크 침례교회는 남부지방의 분리침례교회들의 모(母) 교회. 조모(祖母) 교회, 증조모(曾祖母) 교회가 되었는데, 개척 당시에는 16명이었던 교회가 3년 후에는 606명의 교인들으로 급성장을 하였고, 더 나아가 남부지역 일대에 많은 지교회들을 개척하고 설립하였다. 샌디 크리크 침례교회는 17년 동안 42개교회를 설립하였고, 125명의 목회자들과 국내선교사들을 배출하는 제자양성 교회가 되었다.[70]

이렇게 개척된 침례교회들 중에 9개 교회들이 1758년에 샌디 크리크 침례교회를 중심으로 하여 샌디 크리크 침례교지방회(Sandy Creek Baptist Association)를 결성하였다. 이 지방회는 서부개척 시대에 황량한 서부지역에 많은 선교사들을 파송하여 교회를 개척하는 사역에 큰 역할을 감당하였다. 이 지방회는 1816년에 "신앙의 원리들"(The Principles of Faith)[71]이라는 일종의 신앙고백을 채택하였는데, 철저하게 격식을 갖춘 신앙고백은 아니었으나 온건한 칼빈주의의 입장을 취한 간략한 신앙고백이었다.

III. 분리침례교회와 정규침례교회의 영성

남부지방의 분리침례교회들(Separate Baptist Churches)은 정규침례교회들(Regular Baptist Churches)과는 구별되는 신앙의 특징을 보여주었다. 분리침례교인들은 예배를 드리면서 감정표현에 자유분방하였다. 설교자는 부흥회식의 설교를 하였고 성도들은 큰 소리를 내며

69) Leonard, *Baptist Ways: A History*, 120-1.

70) Ibid., 121.

71) Lumpkin, *Baptist Confessions of Faith*, 357-8.

아멘으로 화답하였다. 또한 기도를 할 때에는 통성기도를 하며 하나님 앞에 울부짖는 기도를 마다하지 않았다.

이들에게는 교육받은 목회자들에 대한 선호도가 그리 높지 않았다. 오히려 목회자가 많은 교육을 받으면 받을수록 스스로 교만해질 수 있음을 경계하였으며 목회자의 높은 학력을 오히려 부담스러워 했다. 또한 목회자가 정기적인 봉급을 받는 것에 대해서도 고운 시선으로 보지 않았다. 하나님께서 목회자의 현실적인 삶을 책임져 주신다는 사실을 확신하며 목회에만 헌신해 줄 것을 기대하였다.[72]

분리침례교회에서는 주일날 교회에 출석할 때에 복장에 대해서도 자연스러움과 자유스러움을 허용하였다. 주로 농촌지역에 분리침례교회들이 주로 자리잡고 있어서 그러했겠지만, 지나치게 격식을 갖춘 복장에 대해 오히려 불편해 하였다. 또한 분리침례교회에서는 특히 여성 성도들이 교회 내에서 활발한 활동과 적극적인 봉사를 하도록 장려하였다. 여성들이 여전도회 활동을 통해서 그리고 모금과 헌금에 앞장 서면서 교회의 성장과 부흥을 주도하였다.

분리침례교인들은 일반적으로 격식을 갖춘 신앙고백의 채택에 반대하였다. 이들은 성경의 최종적인 권위를 강조하였고, 인간들이 만들어 낸 글귀(신조나 격식화된 신앙고백)의 가치를 높게 평가하지 않았다.[73] 신앙고백을 채택하더라도 간단명료하게 자신들이 믿는 바를 진술하였다.

18세기 동안에 제1차 대각성운동으로 일시적으로 정규침례교회와 분리침례교회로 분열되어 있던 침례교회들은 연합을 도모하게 되었다. 양 교회의 가장 큰 차이점이었던 것으로 보이는 두 문제, 즉 교회 내에서의 여성들의 지위문제와 신앙고백의 채택문제가 두 교회의 연합을 어렵게 했던 난제였다. 그러나 양 교회는 1787년에 버지니아 주에서, 그리고 1788년에 노스 캐롤라이나 주에서 연합을 이루었다.[74]

남침례신학원(SBTS)의 교수를 역임했었고 조지아 주 메이콘(Macon, GA)에 소재한 머서대학교(Mercer University) 역사신학 교수로 재임했던 월터 셔던(Walter Shurden) 교수는, 정규침례교회의 전통과 분리침례교회의 전통이 남침례교 교단의 영성으로 합류해 있음을 다음과 같이 진술하고 있다: "오늘날 남침례교 내에는 정규침례교의 영성(Regular Baptist Spirituality)과 분리침례교의 영성(Separate Baptist Spirituality)이 공존하고 있는데, 마치 두 줄기 강물이 하나의 큰 강물을 이루듯이 이 두 가지 전통의 영성이 창조적인 균형을 이루며 남침례교

72) McBeth, *The Baptist Heritage*, 229-32.

73) Ibid.

74) Ibid., 232-4.

(SBC)에 흐르고 있다."[75]

월터 셔던 교수에 의하면 정규침례교의 영성은 찰스턴 침례교지방회의 전통이고, 분리침례교의 영성은 샌디 크리크 침례교지방회의 전통임을 전제하면서, 정규침례교의 영성(Regular Baptist Spirituality)은 "우아하고 근엄한 예배분위기, 질서정연한 신앙고백의 선호, 지방회의 권위 강조, 격식을 갖춘 찬송가 선호, 지식과 지성을 갖춘 목회자" 등을 특징으로 하며, 이러한 특징을 한 마디로 요약하면 "질서"(Order)라고 하였다.

그리고 분리침례교의 영성(Separate Baptist Spirituality)은 "부흥회식의 감정적인 예배분위기, 격식 있는 신앙고백 채택의 기피, 개교회의 자치권 강조, 복음성가 흑인영가 민요 등의 가락, 목회자의 지식이나 학력을 강조하지 않음" 등을 특징으로 하며, 이러한 특징을 한 마디로 요약하면 "열정"(Arder)이라고 하였다.[76] 남침례교 총회 내에는 "질서"를 강조하는 교회들과 "열정"을 강조하는 교회들이 다양하게 공존하고 있으며, 이들이 서로 균형을 이루며 교단의 전체적인 영성을 이끌고 있다.

---

75) Walter B. Shurden, "The Southern Baptist Sythesis: Is It Cracking?" *Baptist History and Heritage* (April 1981): 2-11.

76) McBeth, *The Baptist Heritage*, 234.

제12장

미국 침례교 지도자들의 종교의 자유를 위한 투쟁

미국 땅에서 중부지방에서만 종교의 다양성과 신앙의 자유가 용인되고 있었을뿐, 동북부지방에서는 회중교회(Congregational Church)가, 그리고 남부지방에서는 영국국교회(Anglican Church)가 그 지역에서 국교적 지위를 누리고 있었다. 그렇기 때문에 이 교회들 이외에는 다른 기독교 교파들이나 다른 종교들이 합법적인 지위를 가질 수도 없었고 자유롭게 예배를 드리거나 전도활동을 할 수도 없었다. 1791년 제1차 수정헌법(The First Amendment)이 공포되기까지 "모든 사람들을 위한 종교의 자유"(Religious Freedom for All)는 헌법적인 보장을 받을 수 없었다.[77]

"뉴 잉글랜드"(New England)라고도 불리웠던 동북부지역에서는 실제로는 1833년에 가서야 회중교회의 국교적인 지위가 철회되고 비로소 모든 종교들과 종파들에 대한 신앙의 자유가 인정되었다. 미국의 침례교인들은 국가권력이 영적인 일에 관여하는 것과 특정 종교나 특정 기독교 교파를 편애하거나 핍박하는 것을 반대하는 "교회와 국가의 분리"(Separation of Church and State)를 주장하였으며, "모든 사람들을 위한 종교의 자유"를 위해 투쟁해 왔던 사람들이다.

77) Robert G. Torbet, *A History of the Baptists*(Valley Forge, PA: Judson Press, 1973), 243.

I. 종교의 자유를 위한 투쟁

1. 헌법적 보장

미국 땅을 식민지로 다스리고 있던 영국의 왕실에서는 국교적 지위를 누리고 있던 영국 국교회와 그 지도자들의 후원을 강하게 받고 있었다. 따라서 오랜 세월 동안 여타의 기독교 교단들이 영국 땅에서 합법적인 예배행위와 전도활동을 할 수 없었다. 비록 로마가톨릭 교회와의 관계를 단절하고 영국왕(헨리 8세)이 영국의 모든 교회들의 머리가 되는 칙령(1534년, 수장령, Supremacy Act)을 발표하면서, 영국왕실이 인정했던 영국국교회만이 합법적인 종교로 인정을 받았다. 영국에서도 "모든 사람들을 위한 종교의 자유"가 허용될 때까지 무수한 사람들이 피를 흘려야 했고 박해를 받아야 했다. 특히 침례교인들의 희생이 컸다.

1688년 명예혁명(Glorious Revolution)이 일어나고 이듬 해에 권리장전(Bill of Rights, 1689)이 발표되면서, "용인법"(Act of Toleration, 신교자유령)이 공포됨으로써 비로소 영국국교회 이외의 기독교 교파들에게도 소극적이나마 종교의 자유가 용인되었다.[78] 이 법 역시 완전한 종교의 자유를 보장한 것이 아니라 "참아준다, 용인해 준다"는 소극적인 허용의 의미로 제정된 법이었다.

미국 땅에서 영국왕실로부터 독립된 국가를 이루자고 하는 여론이 형성되고 있을 때, 침례교인들은 혁명전쟁(The Revolutionary War, 1775-1783)에 적극적으로 동참하였다. 단순히 독립국가를 이루겠다는 의지만이 아니라 해방 후에 누리게 될 종교와 신앙의 자유를 기대하고 소망했기 때문이었다. 결국 미국 식민지 군대(Colonist Army)인 "민병대"(Militia, Minutemen)가 영국군을 격퇴하고 신대륙에 새로운 독립국가를 세울 수 있게 되었다.

그러나 1789년에 미국의 헌법인 연방헌법(Federal Constitution)이 공포되었을 때 침례교인들을 비롯해서 개신교도들은 크게 실망하였다. "국가의 공무원이 되고자 하는 사람들에게 그들의 종교가 시험(test)이 되어서는 안 된다"[79]는 짤막한 규정만 있었을 뿐, 종교의 자유에 대한 구체적인 언급이 없었다. 그 규정도 공무원이 종교에 따라 차별을 받거나 편애를 받아서는 안 된다는 내용을 담고 있기는 했지만 그것은 공무원들에게만 적용될 수 있는 규정이었다.

그래서 제임스 매디슨(James Madison)을 비롯하여 뜻을 함께 하는 사람들이 나서서 수

78) Estep, *Renaissance and Reformation,* 256.

79) William R. Estep, *Revolution within the Revolution: The First Amendment in Historical Context, 1612-1789* (Grand Rapids, MI: William B. Eerdmans Publishing Company, 1990), 170.

정헌법(Amendment)의 제정을 위해 힘을 썼다. 제1차-제10차 수정헌법을 제정 공포한 것이 1791년이었다. 이를 미국의 "권리장전"(Bill of Rights)라고 부르고, 이것이 종교의 자유를 비롯한 인간의 기본적인 권리들을 보장하는 헌법적인 근거가 되었다.[80)]

제1차 수정헌법(수정헌법 제1조)에는 국교제정 금지와 자유로운 종교적인 활동의 보장을 이렇게 규정하고 있다: "의회는 국교의 제정(an establishment of religion)에 관하여 그리고 자유스러운 종교적인 활동을 금지하기 위하여 어떠한 법도 만들어서는 안된다. 동시에 표현(말)의 자유(freedom of speech), 언론 출판의 자유, 집회결사의 자유, 정부에 탄원할 수 있는 자유 등을 금지하는 법을 만들어서는 안 된다."[81)]

2. 투쟁의 근거

미국 땅에 살면서 영국왕실의 식민지배를 받고 있던 사람들은 "식민지인들"(Colonists)이라고 불리웠는데, 이들의 정치 및 종교 지도자들이 비슷한 동기에서 영국인들의 통치에 저항하였다. 정치지도자들은 신대륙에서 민주적이고 공화적인 국가를 이루고자 하는 비전을 가지고 있었고, 종교지도자들은 완전한 종교의 자유가 보장된 새로운 국가를 이루고자 하는 열망을 가지고 있었다. 특히 세속국가권력으로부터 자유한 영성을 추구했던 침례교지도자들은 모든 사람들이 자유롭게 신앙생활을 영위할 수 있는 나라를 이루기 위해서 투쟁하였다. 다양한 요인들이 그들의 투쟁 배경이 되었다.

1) 제1차 대각성운동

제1차 대각성운동을 겪으면서 미국인들은 심령의 각성과 영혼의 자유를 경험하게 되었고, 동시에 대서양 저 쪽에 있는 영국왕실로부터 식민지 지배를 받고 있던 자신들의 처지에 대해서 심각한 자성을 하게 되었다. 그들 역시 하나님 앞에서 자유인으로서 당당하게 살고자 하는 열망을 가지게 된 것이다. 따라서 이들은 영국왕실로부터의 정치적인 해방을 추구했을뿐 아니라, 동시에 종교적인 자유를 쟁취하여 심령적인 해방을 얻고자 영국군을 대항하여 총칼을 들었던 것이다.

2) 계몽주의 운동

또한 이미 18세기 유럽대륙에서 일기 시작했던 계몽주의 운동(The Enlightenment Movement,

80) McBeth, *The Baptist Heritage*, 282-3.
81) Estep, *Revolution within the Revolution*, 170에서 재인용.

Aufklaerung)으로부터도 큰 영향을 입었다. 인간의 존엄성, 천부적인 인권의식, 민주주의·개인주의 의식 등에 대해 각성하고 있던 계몽주의자들은 영국의 명예혁명(Glorious Revolution, 1688년)과 프랑스 혁명(French Revolution, 1789년)을 성공시킨 사람들이었다.[82] 이러한 혁명은 왕정을 종식시키고 의회정치를 이루었으며, 주권이 왕에게 있는 것이 아니라 바로 국민에게 있음을 백성들에게 각성시켰다.

미국을 건국했던 조상들(Founding Fathers)은 대체로 이러한 계몽주의 사상에 크게 영향을 입었던 사람들이었고, 미국이라는 새로운 나라를 민주정(democraticism)과 공화정(republicanism)이 펼쳐지는 국가로 만들기를 염원하였다. 다시 말해서 모든 백성들이 자유와 평등을 누리며 행복하게 살 수 있는 나라를 이루고자 했던 것이다.

3) 영국침례교인들의 영향

또한 미국 땅에서 "모든 사람들을 위한 종교의 자유"(religious freedom for all)를 쟁취하고자 했던 동기는 바로 영국의 침례교인들의 영향 때문이었다. 1689년에 발표된 "용인법"(Act of Toleration, 신교자유령)이 비록 소극적인 의미의 자유를 규정하기는 했지만, 이러한 자유를 쟁취했던 영국의 침례교인들은 식민지에 살고 있던 미국의 동료 침례교인들을 자극했던 것이다.

4) 유럽에서 발생한 종교전쟁들

또한 미국의 건국조상들(Founding Fathers)은 유럽 땅에서는 여러 차례에 걸쳐서 종교전쟁들(religious wars)이 발생했다는 사실에 주목하였다. 쉬말칼덴 전쟁(Schmalkalden War, 1546-1552), 제1차 및 제2차 카펠 전투(The First & Second Kappel War, 1529, 1531), 30년 전쟁(Thirty-years War, 1618-1648) 등의 전쟁은 모두 세속국가가 특정 종교를 국교로 삼고 있었기 때문에 일어난 전쟁이었다. 주류 종교개혁운동으로 말미암아 프로테스탄트 교회들도 국가권력과 결탁을 하고 있었기 때문에, 국가의 군대를 동원하여 로마가톨릭 국가들에 대항하여 전쟁을 벌인 것이다.

종교전쟁들은 언제나 비참하고 참혹하였다. 같은 하나님을 믿으면서 자신들의 영토를 지키고 다른 종교를 믿는 나라의 영토를 빼앗고자 치열한 전투들을 치른 것이다. 계몽주의 사상을 가지고 민주공화국을 꿈꾸며 미국을 세웠던 건국조상들은 미국 땅에서는 유럽처럼 종교전쟁이 일어나서는 안 된다는 원칙을 가지고 있었다. 그러기 위해서는 국가가 교회나

82) McBeth, *The Baptist Heritage*, 254.

종교문제에 개입할 필요도 없고 개입해서도 안 된다고 생각하였다. 그들은 그것을 제1차 수정헌법으로 명문화 하여, 교회와 국가의 분리(Separation of Church and State)를 선언하였고 특정종교를 국교로 만들려는 사람들의 시도를 원천 봉쇄하였다.

5) 성경 말씀들

무엇보다도 미국의 크리스천들과 침례교인들은 자신들의 투쟁의 근거를 성경 말씀들 속에서 찾았다.[83] 자유하신 하나님께서는 인간들이 자유함 속에서 살기를 기대하신다는 사실을 성경에서 발견했던 것이다. 그리고 이들은 인간이 신앙의 자유를 참으로 누릴 수 있기 위해서는 정치와 종교는 분리되어 있어야 함을 깨달았다. 세속권력을 가진 국가가 특정 종교를 비호하거나 배척해서는 완전한 의미의 종교의 자유, 즉 "모든 사람들을 위한 종교의 자유"(Religious Freedom for All)는 성취될 수 없음을 알았다.

"너희가 내 말에 거하면 참 내 제자가 되고 진리를 알찌니 진리가 너희를 자유케 하리라"(요 8:31-32). "그러므로 아들이 너희를 자유케 하면 너희가 참으로 자유하리라"(요 8:36). "그런즉 가이사의 것은 가이사에게, 하나님의 것은 하나님께 바치라"(마 22:21). "몸은 죽여도 영혼은 죽이지 못하는 자들을 두려워 하지 말고, 오직 몸과 영혼을 능히 지옥에 멸하시는 자를 두려워 하라"(마 10:28). 이와 같은 성경 말씀들이 "모든 사람들을 위한 종교의 자유"를 위한 투쟁에서 신적인 권위의 역할을 했다고 볼 수 있다.

3. 정치인들의 입법활동

1) 토마스 제퍼슨

제3대 대통령을 지낸 토마스 제퍼슨(Thomas Jefferson, 1743-1801-1809-1826)은 일찍이 1785년도에 버지니아 주의회에 "버지니아 종교자유법안"(Bill for Establishing Religious Freedom in Virginia)을 제출하여 통과시킨 바 있다. 이 당시 침례교 지도자들이 제퍼슨 의원의 입법활동을 적극적으로 지원하여 성사시켰고, 제퍼슨으로서는 이 법안의 제출이 자신의 공적인 삶에서 중요한 업적으로 후대에 기억되기를 원하였다.

제퍼슨의 생가가 버지니아 서북부 지역 몬티첼로(Monticello, VA)에 있다. 한 쪽 모퉁이에 그 가문의 묘지가 있는데, 제퍼슨의 묘비명에는 세 가지 자신의 업적이 기록되어 있다. 묘비명에 기록된 자신의 업적이 후세인들에 의해 기억되기를 원하여 그가 유언을 했다고

83) Ibid., 255.

한다: "1) 버지니아 종교자유 법안을 제출한 자, 2) 미국독립선언서를 기초한 자, 3) 버지니아 대학교를 설립한 자."

제퍼슨은 자신이 첫째는 종교와 신앙의 자유를 위해 애쓴 정치인으로, 둘째는 미국의 해방과 독립국가 건설에 이바지했던 독립투사로, 셋째는 미국의 고등교육을 위해서 최초의 주립대학교를 창설한 교육자로 기억되기를 원했다.[84] 제퍼슨으로서는 미국 제3대 대통령 재임보다도 이상의 세 가지 기여를 했던 것을 더욱 감사하며 자랑스러워 했던 것같다. 특히 그는 미국이 채 건국되기도 전에 버지니아 주의회에 종교의 자유를 위한 자신의 정치철학을 법제화하는데 앞장 섰다.

2) 제임스 매디슨

미국 초창기 정치인들 가운데 그 당시 수정헌법의 제정을 위해 앞장 섰던 사람은 미국의 제4대 대통령을 역임했던 제임스 매디슨(James Madison, 1751-1809-1817-1836)이었다. 그는 특히 "연방헌법"(Federal Constitution, 1789)의 부족한 부분을 보완하기 위하여 수정헌법들을 제안했는데, 그가 제안한 "제1차 수정헌법"(The First Amendment, 1791)이 교회와 국가의 분리, 종교의 자유, 언론출판의 자유, 결사의 자유, 청원할 수 있는 자유 등을 규정하고 있다. 그는 이를 위해 당시의 침례교 지도자들로부터 조언과 격려를 받으며 법안 통과를 성사시켰다.

제임스 매디슨이 제안했던 제1차부터 제10차까지의 수정헌법들은 인간의 기본권의 보장을 규정하고 있는데, 이를 "미국의 권리장전"(American Bill of Rights)이라고 불리운다. 종교의 자유를 비롯한 인간의 기본권을 보장받기 위해서 노력한 사람들 가운데에는 당시 침례교지도자들의 눈에 보이지 않는 수고와 로비활동이 있었다. 이들의 신앙적인 확신이 정치인들의 마음을 움직여서 미국의 헌법에 반영되도록 했던 것이다. 모든 사람들의 종교의 자유를 위해 투쟁했던 대표적인 침례교 지도자들은 아이작 백커스와 존 리랜드였다.

---

84) Ibid., 279.

II. 아이작 백커스와 종교의 자유를 위한 그의 기여[85)]

1. 성장과 사역을 위한 준비

1) 출생의 배경

아이작 백커스(Isaac Backus, 1724-1806)는 1724년 1월 9일 코넥티컷주 노르위치(Norwich, Connecticut)에서 태어났다.[86)] 아버지 사무엘(Samuel)은 그 지역사회에서 유지로서 활동했던 사람이었고 증조 할아버지 윌리암 백커스 2세(William Backus, Jr.)가 1660년에 영국으로부터 신대륙으로 이민해 와서 정착했다. 아버지의 주업은 농사일이었지만 그 지역사회에서 정치적으로 경제적으로 큰 영향을 미쳤던 인물이었다.

아이작의 어머니 엘리자베스 트레이시(Elizabeth Tracy)는 플리머스 식민지(Plymouth Colony)의 윈슬로우(Winslow) 가문의 후손으로서 존 트레이시(John Tracy)의 딸이었다.[87)] 아이작은 어린 시절 어머니로부터 신앙적인 영향을 크게 받으면서 성장을 했다. 그런데 그가 16살 때인 1740년에 아버지가 홍역을 앓으며 갑자기 세상을 떠나자, 그의 어머니는 격심한 심적인 타격을 입어 신앙적으로도 침체를 겪게 되었다. 아이작은 그의 어머니를 회고하며 이렇게 적고 있다: "그녀는 1721년 경에 자신이 죄인임을 깨닫고 중생을 경험했었노라고 자녀들에게 말씀하시곤 했습니다."[88)] 약 1년 뒤 1741년에 제1차 대각성운동의 영적 부흥으로 인해 그녀는 두 번째 영적인 체험을 하게 되었다.

2) 중생과 소명의 체험

아이작 백커스의 조부모와 부모는 당시 뉴 잉글랜드 지역의 영적인 전통 속에서 신앙생활을 하고 있었다. 즉 그 당시의 기득권적인 질서(Standing Order)였던 회중교회 체제 속에서 명목 상의 그리스도인으로서 생활을 했다. 아이작이 예수 그리스도를 개인적으로 만나서 중생의 체험을 한 것은 그의 나이 17살 때인 1741년 8월 24일이었다.[89)]

같은 해 6월에 대각성운동의 물결이 노르위치와 그곳의 회중교회에 밀려왔다. 담임목

---

85) 제12장 II는 「복음과 실천」 제41집 (2008년 봄호)에 실린 필자의 논문, "Isaac Backus와 종교의 자유를 위한 그의 기여"를 일부 수정하고 보완한 것이다.

86) William R. Estep, *Revolution within the Revolution*, 98.

87) William G. McLoughlin, *Isaac Backus and the American Pietistic Tradition* (Boston: Little, Brown and Company, 1967), 2-3.

88) Ibid., 4.

89) Ibid., 14.

사였던 벤자민 로드(Benjamin Lord)는 조지 휫필드(George Whitefield)의 추종자였던 세 사람의 부흥사들을 초청하여, 사람들을 예수님께로 인도하고자 도모했다. 성령님의 역사로 인해 적지 않은 사람들이 구원에로의 초대에 응답했다. 남편의 갑작스런 죽음으로 인해 의기소침해 있던 아이작의 어머니 엘리자베스도 영적인 각성과 성령 충만을 경험했다.

아이작 역시 구원하시는 하나님의 은혜를 진지하게 그리고 조심스럽게 갈구했다. 그는 건초더미가 쌓여 있던 들판에서 풀을 베고 있을 때 경험했던 구원체험을 다음과 같이 서술하였다:

> 나는 거룩한 빛의 인도를 받아 그리스도가 얼마나 의로우신지를, 그 분의 은혜가 얼마나 자유하고 부요한지를 볼 수 있었다…. 하나님의 말씀과 하나님의 은혜의 약속이 바위보다 더 견고해 보였다. 내가 짊어지고 있던 무거운 짐은 사라져 버렸으며 나를 괴롭혔던 두려움은 날아가 버렸고, 그 순간 내가 경험했던 기쁨은 말로 이루 다 표현할 수 없는 것이었다.[90]

노르위치 회중교회의 담임목사였던 벤자민 로드는 비록 자신이 영적인 각성운동에 호의적이긴 했지만, 여전히 "중도언약"(Halfway Covenant)과 "세이브룩 플랫폼"(Saybrook Platform)[91]에 집착을 하고 있었다. 이것들은 당시 뉴 잉글랜드 지역의 회중교회들이 유아세례를 받은 자들도 교회회원으로 인정을 하는 신앙이었고, 세례나 주의 만찬 의식이 하나님의 은혜가 전달되는 통로이며 중생시키는 능력이 있는 것으로 간주하는 신학이었다. 신선하게 중생을 체험했던 백커스와 다른 개종자들은 이러한 회중교회의 전통에 대해 호감을 가질 수 없었지만, 일단 1742년에 노르위치 회중교회의 교회회원으로 가입했다.

그러나 이러한 신앙적인 갈등은 오래 가지 못했다. 약 2년 뒤 백커스와 그의 신광파(New Lights) 추종자들은 그 교회를 떠나서 1745년 10월에 분리회중교회(Separate Congregational Church)를 조직했다. 백커스와 추종자들은 자신들의 이러한 행위를 설명하면서 당시의 신광파의 특징적인 정서를 이렇게 서술하였다:

> 사람들이 개종을 확인해 줄 수 있는 만족스러운 증거도 없이 교회회원으로 영입되었다. 성도로서의 삶이 복음에 명백하게 배치됨에도 불구하고 많은 사람들이 정규 회원으로 인정을 받

90) Isaac Backus, *Isaac Backus on Church, State, and Calvinism: Pamphlets, 1754-1789*, ed. William G. McLoughlin (Cambridge: Belknap Press, 1968), 2-3.

91) "세이브룩 프랫폼"(Saybrook Flatform)이란 1708년 코넥티컷 회중교회에서 만들어진 일종의 신앙고백이다. 1648년에 만들어진 Cambridge Flatform을 대체하는 것으로서 신앙고백(Savoy 신앙고백을 재확인하는 내용을 담고 있다)과 15개조로 된 교회정치 원칙을 담고 있다. 메사츄세츠만 식민정부와 회중교회 사이의 긴밀한 정교일치의 원칙을 확인하고 있는 신앙고백이다. Donald M. Lake, "Saybrook Flatform," *Dictionary of the Christian Church* (Grand Rapids: Zondervan Publishing House, 1978), 881.

고 있었는데, 이는 도저히 참을 수 없는 일이었다. 담임목사는 여전히 세이브룩 플랫폼에 강하게 집착을 하고 있었다. 교회가 그를 담임목사로 모시기 전에 이미 우리 교회는 그것을 거부하기로 결정을 했는데도 말이다.[92]

그들은 담임목사가 참 경건의 영성과 체험적인 신앙에 대해 명료하게 설명해 주지 않는 것에 대해서도 불만이 없지 않았다. 제1차 대각성운동을 겪으면서 뉴 잉글랜드 지역의 회중교회 내에 이 운동에 적극적으로 동참하며 체험적인 신앙을 소유한 자들을 신광파(New Lights)라고 하고, 이 운동에 대해 소극적이거나 비판적인 태도를 취했던 자들을 구광파(Old Lights)라고 하는데, 점차 이 양자 사이에는 상호 돌이키기 힘든 괴리가 생기게 된 것이다. 결국 아이작 백커스와 그 추종자들은 기득권적 질서(Standing Order)에 순응할 수밖에 없었던 것이다.

초등교육밖에는 받지 못했던 아이작 백커스로서는 기존교회의 목회직을 감당하리라고는 상상할 수 없었는데, 1746년 9월에 그는 또 다른 신비스러운 체험을 하였다. 그것은 복음을 선포하라는 은밀한 내면적인 음성을 하나님으로부터 들었던 것이다.[93] 곧 이어 그는 신광파의 열정을 가지고 약 14개월 동안 코넥티컷 주, 로드 아일랜드 주, 동부 매사추세츠 주 등을 여행하면서 순회전도자(itinerant evangelist)로서 복음을 증거하였다.

결국 아이작 백커스는 매사추세츠 주 티티컷(Titicut, Massachusetts)에서 모이던 일단의 신광파 회중교도들과 제휴하면서 1748년 2월 16일에 티티컷 분리회중교회(Separate Congregational Church)를 설립하였고, 이어서 그는 4월 13일에 목사안수를 받아 이 교회의 담임목사가 되었다.[94] 교회는 단지 16명의 교인으로 시작하였으나, 오직 중생했음을 고백하는 자들만을 교회회원으로 인정한다는 원칙을 세웠다. 교회는 1년이 안 되어 숫적으로 3배로 증가했다. 이러한 갑작스런 숫적 증가로 인해서 그들은 구광파 회중교회 지도자들의 미움을 받게 되었고, 결국 이들은 새로 시작된 교회와 교인들을 향하여 교구교회당의 건축을 명목으로 500파운드의 세금을 부과했다. 백커스와 티티컷 분리회중교회 성도들이 세금 납부를 거부하자, 체포와 구금 그리고 재산압류의 조치가 내려지게 되었다.[95]

---

92) Alvah Hovey, *A Memoir of the Life and Times of the Rev. Isaac Backus* (Boston: Gould and Lincoln, 1859), 43. Tull, *Shapers of Baptist Thought*, 62에서 재인용.

93) Estep, *Revolution within the Revolution*, 104.

94) Tull, *Shapers of Baptist Theought*, 64-5.

95) 1748년 3월 31일에 티티컷 구광파 회중교회 교구에서는 백커스와 그의 교회를 향해 500파운드의 세금을 부과했다. 백커스는 자신의 교인들이 소속해 있지도 않은 교구의 교회당 건립을 위해 세금을 낼 수는 없다고 완강하게 거부했다. 담임목사인 백커스가 감옥으로 끌려갈 때 누군가가 그를 대신해서 세금을 내어줘서 감옥형은 겨우 면하게 되었다. 그런데 이 일로 인해 다른 성도들은 재산을 압류당하기도 하였고, 한 자매는 13개월 동안이나 감옥생활을 해야 했다. Estep, *Revolution within the Revolution*, 97.

3) 분리회중교도에서 분리침례교도로 이적

중생의 체험과 그 체험에 대한 고백을 교회회원의 자격으로 여겼던 티티컷 분리회중교회에서는 채 1년이 지나지 않아서 1749년에 열성적인 성도들 몇 사람이 심각한 교리적인 문제를 제기했다. 그것은 "유아세례의 성서적인 근거가 무엇인가" 하는 문제였다. 아직까지 그 교회에서는 중생의 체험을 강조하면서도 여전히 회중교회의 신앙행습이요 전통이었던 유아세례를 시행해 오고 있었던 것이다. 더욱이 티티컷 신광파 교회가 침례교회로 전향을 해 버린다면 더 이상 세금문제로 곤란을 겪을 필요가 없어지기 때문에, 이것은 현실적인 귀찮은 문제를 손쉽게 해결할 수 있는 방책이 되기도 했다. 그 당시 침례교회와 퀘이커교회 등 일부 교회는 일정한 조건을 충족하면 회중교회 당국으로부터 부과되는 세금을 감면받을 수 있었기 때문이다.

그러나 백커스로서는 그러한 현실적인 이익 때문에가 아니라 신약성서의 가르침이 무엇인가에 따라 자신의 교회를 인도하고 싶었다. 많은 고심 끝에 그는 유아세례는 중단되어야 할 의식이라는 결론에 도달하였다. 1751년 7월에 그는 유아세례에 대한 성서적인 증거를 발견할 수 없다는 결론을 내렸고, 중생의 체험과 유아세례는 한 교회 안에서 양립이 불가능한 것임을 확신하게 되었다. 이러한 확신에 이르자 그는 27살 되던 해인 1751년 8월 22일에 그 자신부터 자신의 신앙고백에 근거하여 침수례에 의한 뱁티즘(Baptism by Immersion)을 받았다.[96] 이 때 회중 가운데 6명의 성도들도 동시에 침례를 받았다.

유아세례 전통이 강한 교회 내에서 담임목사와 소수의 성도들이 침례를 받자 교회는 분쟁에 휩싸이게 되었다. 유아세례와 신자의 뱁티즘이 한 교회 안에 공존을 하게 된 것이다. 이렇게 되자 또 다른 문제가 제기되었다. "유아세례를 받았던 자들과 신앙고백에 근거하여 침수례를 받은 자들이 주의 만찬을 함께 받을 수 있는가"라는 문제였다. 또한 그동안 개방회원(open-membership)과 개방만찬(open-communion)의 입장을 취해 오던 담임목사가, 스스로 침례를 받은 후에는 더 이상 유아세례 베풀기를 거절함으로 인해서 갈등은 더욱 심화되었다. 교회의 분열은 불가피했다.

결국 1756년 1월 16일에 아이작 백커스는 티티컷 분리회중교회를 해체하고, 자신의 아내와 4명의 성도들과 함께 매사추세츠 주 미들보로(Middleborough, MA)에서 신자의 뱁티즘(believer's baptism)과 침수례(immersion baptism)에 근거하여 제일침례교회를 개척했다.[97] 드디어 백커스는 회중교도에서 분리회중교도(Separate Congregationalist)로, 그리고 분리회중교도에서 분리침례교도(Separate Baptist)로 변신을 한 것이다. 이러한 과정은 전적으로 아이작

96) Tull, *Shapers of Baptist Thought*, 65.
97) Ibid., 66.

백커스를 향하신 하나님의 계획이었고 인도하심이었다. 하나님은 성경말씀에 감동을 입은 한 사람의 회중교도를 불러내어 침례교 지도자로 우뚝 세우시고, 그로 하여금 종교의 자유를 위한 투사로 사용하신 것이다. 그는 자신의 남은 생애 동안 미들보로 제일침례교회의 담임목사로 봉사하면서 워런침례교지방회를 중심으로 사역의 범위를 점차 넓혀 나갔다.

2. 종교의 자유를 위한 투쟁

1) 면제법

회중교회와 정교일치의 연합을 이룬 매사추세츠만 식민정부(Messachusetts Bay Colony)는 지역의 주민들에게 종교세를 부과했다. 이 종교세(religious tax)는 회중교회와 이 교회의 사역만을 위해서 사용될 세금이었다. 처음에는 회중교회 이외의 교회들이나 목회자들은 이 종교세로부터 면제될 수 없었다. 뉴 잉글랜드 지역의 법에 의하면, 침례교인들을 비롯해서 모든 주민들은 법적인 보호를 받는 회중교회를 지원하기 위하여 종교세를 납부해야만 했다. 이 세금을 납부하지 않는 자들은 재산을 압류당하여 공매처분을 받거나 체포되어 철창신세를 져야만 했다.[98]

스터브리지(Sturbridge) 사례가 대표적인 경우이다. 서부 메사츄세츠에 소재한 마을인 이곳에서 침례교인들에 대하여 재정적인 착취가 행해졌다. 1748년에 분리침례교인들이 교회를 개척했고 동시에 종교세를 면제받을 수 있는 모든 조처를 취했다. 그런데 백커스에 의하면, "그들(침례교인들)은 모두 또 다시 그 마을의 회중교회 목사인 케일럽 라이스(Caleb Rice)에게 세금을 지불해야만 했다"[99]고 한다. 침례교인들이 세금납부를 지연하자 "그들은 전술한 침례교회의 장로인 데이비드 모르스(David Morse)에게 1파운드 1쉴링 4펜스에 해당하는 세금 대금으로 살진 소 한 마리를 압류해 갔다"고 백커스는 적고 있다.[100]

이러한 사례들은 당시에 다반사로 일어나고 있었다. 회중교도가 아닌 신자들까지도 회중교회를 위해 세금을 내어야 하는 것이 그 당시 뉴 잉글랜드 주들의 법이었다. 이러다가 1727년 이후 몇몇 주에서 "면제법"(Exemption Law)이 제정되기 시작했다.[101] 비회중교도들(Dissenters)이 일정한 조건들 하에서 종교세를 환불받을 수 있는 제도가 법제화된 것이다. 그런데 세금을 면제받기 위해서는 까다로운 조건들이 뒤따랐다.

---

98) McBeth, *The Baptist Heritage*, 256.

99) Isaac Backus, *A History of New England with Particular Reference to the Denomination of Christians Called Baptists* (Newton, Ma.: n. p., 1871), 2:94. McBeth, *The Baptist Heritage*, 256에서 재인용.

100) Ibid.

101) McBeth, *The Baptist Heritage*, 258.

그들은 자기가 회원으로 속한 교회에 정기적으로 출석하며 헌금을 해야 했고, 그리고 그 교회는 자신의 주거지로부터 5마일 이내에 위치해 있어야 했다. 또 그 교회가 그 지역 사회에서 튼튼히 세워져 있는 교회라는 증명서를 같은 교단의 세 교회들로부터 받아 와야 했다. 매사추세츠만 식민정부와 회중교회의 지도자들은 이 정도의 요구는 관대한 것이고 침례교인들이 더 많은 종교의 자유를 요구하는 것을 이해할 수 없다고 생각했다. 비회중교도들에 대한 관용을 규정한 이러한 법은 1728년, 1747년, 1753년, 1772년에 수차례 수정되었다.[102]

침례교인들은 특정 기득권교회(established church)를 위해 부과된 세금은 종교의 자유를 근본적으로 침해한다는 것을 근거로 세금 납부를 거부했다. 여러 차례에 거쳐서 법의 수정이 이루어졌어도 회중교회는 여전히 기득권을 향유하는 위치에 있었고, 비회중교회는 열등한 위치에서 국가교회를 지원해야 하는 법적인 의무를 지고 있었다. 이에 뉴 잉글랜드 지역의 침례교회들은 지방회를 결성하여 종교의 자유를 위한 조직적인 투쟁을 도모하였던 것이다.

2) 워런침례교지방회 산하의 고충처리위원회

그런데 필라델피아 지역에서는 침례교지도자들이 1707년에 이미 최초의 지방회를 조직하여 회원교회들 간의 화합과 결속력을 다져 오고 있었다. 뉴 잉글랜드 지역의 침례교회들이 종교세 문제로 곤란을 겪고 있는 모습을 지켜보던 필라델피아 침례교지방회에서는, 핵심 지도자들을 동북부지역으로 파송하여 침례교 동역자들을 돕고자 했다. 그리하여 1764년에 침례교 목회자 양성을 위한 교육기관으로 로드 아일랜드 침례대학교(Rhode Island Baptist College, 후에 Brown University가 됨-필자 주)를 설립하였고, 1767년 9월 8일에는 로드 아일랜드 주 워런(Warren, Rhode Island) 시에서 워런 침례교지방회(Warren Baptist Association)를 결성했다.[103]

워런 침례교지방회는 원래 지역교회들 간의 교제와 협력을 위해 그리고 지역교회들을 돕기 위해 설립되었다. 그런데 점차 기득권적 질서를 향한 투쟁을 위해 뉴 잉글랜드 침례교도들의 종교의 자유 획득을 위한 활동의 오른팔 역할을 감당하게 되었다. 1769년에는 지방회 산하에 "고충처리위원회"(Grievance Committee)를 조직하여, 종교세 문제로 인해 겪는 침례교회들의 고충사례를 수집하고, 매사추세츠 식민정부와 회중교회 당국의 부당한 조치에 대한 시정을 요구하는 일을 감당하도록 했다.[104] 2년 후 1771년에는 이 사역을 위해 아

102) Tull, *Shapers of Baptist Thought*, 70.
103) Timothy George and David S. Dockery, *Baptist Theologians* (Nashville: Broadman Press, 1990), 106.

이작 백커스가 총무로 임명이 되었다. 백커스는 수십 년 동안 이 위원회를 중심으로 하는 활동을 통해서, 교회와 국가 문제에 대한 뉴 잉글랜드 침례교도들의 양심이 되었고, 동시에 그들을 위한 용감한 대변인이 되었다.

3) 고충처리위원장으로서의 주요활동들

1772년부터는 백커스가 고충처리위원회의 위원장 직분을 감당하면서, 단순히 종교의 자유에 관하여 설교하고 계몽하는 기능을 넘어서서, 침례교인들과 자유를 사랑하는 성도들의 유익을 위해서 정부의 입법과정을 감독하는(monitoring) 역할까지 감당했다. 백커스는 두 가지 새로운 전략을 세웠다. 그 첫째는 침례교인들이 심각하게 종교의 자유를 침해당했을 때, 그것을 단순히 지방당국들(local authorities)에게만 호소할 것이 아니라, 식민지의 행정과 정책을 총괄하는 런던 당국에 직접 호소하는 것이었다.[105] 이러한 시도는 식민정부에게는 심각한 도전이 되었고, 신대륙 내에서 신속하게 고충문제를 처리토록 하는데 큰 압력으로 작용했다. 그러나 실제로 이러한 조치가 이루어진 적은 없었다. 두 번째 전략으로는 1773년에 침례교인들이 종교세 납부를 전면적으로 거부하는 운동을 벌였다. 동시에 백커스는 면제증서(exemption certificate)의 발급 신청 자체를 하지 않기로 단체행동을 주도했다. 이것은 종교의 자유를 획득하기 위한 일종의 시민불복종(civil disobedience) 운동이었다.[106]

1774년에 워런 침례교지방회에서는 아이작 백커스를 비롯해서 로드 아일랜드 침례대학교의 총장 제임스 매닝(James Manning) 그리고 뉴욕 제일침례교회 담임목사 존 가노(John Gano)를 제1차 대륙의회(The 1st Continental Congress)에 파견하여 종교의 자유를 위한 활동을 하도록 파견했다.[107] 제임스 매닝이 진정서를 미리 준비하기로 했다. 필라델피아에 도착한 이들은 먼저 매사추세츠 주 대표들을 만나서 침례교인들이 받아온 종교적인 핍박의 실태를 보고하고 그들의 협조를 구했다.

10월 12일 카펜터즈 홀(Carpenters Hall)에 모여서 약 4시간 동안 제임스 매닝이 진정서를 낭독하고 백커스가 그 내용에 대해 보충설명을 했다. 그러나 매사추세츠 주 대표들의 반응은 시큰둥했다. 로버트 트리트 페인(Robert Treat Paine)은, 침례교인들이 종교세 납부를 거부하는 것은 양심의 문제라고 주장하는 백커스의 의견을 정면으로 반박하면서, 그것은 양심의 문제라기보다는 정부에 푼돈 몇 푼을 내지 않으려는 수작일뿐이라고 단언했다. 사무엘 아담스(Samuel Adams)는, 불평은 일부 "광신자들"(enthusiasts)의 입에서만 나오는 것이

---

104) Ibid., 107.

105) McBeth, *The Baptist Heritage*, 263.

106) Ibid.

107) Estep, *Revolution within the Revolution*, 109-10.

지 정규 침례교인들(Regular Baptists)은 잠잠하지 않느냐고 하며 도리어 백커스와 그 일행을 윽박질렀다. 모임이 끝나갈 무렵에 존 아담스(John Adams)는 "매사추세츠 주에서 회중교회가 그동안 누려왔던 기득권을 포기하는 것을 기대하는 것은, 마치 태양계의 흐름을 바꾸고자 기대하는 것이나 진배없다"[108]고까지 주장했다. 백커스와 그 일행은 매사추세츠 주 대표들의 답변에서 높은 장벽을 느끼며 의기소침할 수밖에 없었다.

이런 종류의 수모를 당하면서도 뉴 잉글랜드 지역의 침례교인들은 식민지 주민들(the colonists)의 독립과 혁명의 의지에 적극적으로 동참했다. 그들은 혁명전쟁에서 기꺼이 피를 흘리고자 했던 애국자들이었다. 혁명전쟁은 영국왕실로부터의 단순한 해방일뿐 아니라, 이 전쟁을 승리로 이끎으로써 궁극적으로는 종교의 자유와 영혼의 해방을 쟁취하고자 하는 것이었다.

그래서 윌리암 맥라우플린(William McLoughlin)에 의하면, 아이작 백커스는 "이 혁명전쟁(Revolutionary War)은 두 가지 전선(two fronts)을 가지고 싸우는 것이다. 첫 번째 전선은 민사적인 자유(civil liberty)를 위하여 영국군대와 싸우는 것이고, 두 번째 전선은 종교적인 자유(religious liberty)를 위하여 국교제정입법자들과 싸우는 것이다"[109]라고 말하였다.

결국 연방헌법(Federal Constitution)과 제1차 수정헌법(The First Amendment)에는 종교의 자유와 국교제정의 금지가 명문화되어 있음에도 불구하고, 매사추세츠 주에서는 "모든 사람들을 위한 종교의 자유"와 교회와 국가의 분리가 현실적으로 실현되기 위해서는 더 오랜 세월이 필요했다. 1779년에 매사추세츠 주헌법이 제정이 되었는데 여전히 회중교회를 국교적 지위를 갖는 종교로 규정하였고, 제3항에서는 회중교회를 재정적으로 지원하기 위해서 강제적인 세금징수를 입법화했다. 1년여에 걸쳐 침례교인들이 치열하게 항의를 계속하였지만, 이 항은 1806년 백커스가 세상을 떠날 때에도 여전히 효력을 발휘하고 있었다. 1833년에 가서야 비로소 매사추세츠 주에서는 회중교회가 국교적 지위를 포기하게 되었는데, 이즈음에는 회중교회들이 거의 유니테리안(Unitarian)으로 전락한 뒤였다.[110]

4) 종교의 자유와 관련된 백커스의 주요저술들

비록 정규 고등교육을 받지 못한 아이작 백커스였지만, 그는 미국의 초창기 침례교 역사를 집대성했을뿐 아니라 수많은 작품들을 써서 당대의 지성인들과 침례교인들에게 신앙의식과 역사의식을 불러 일으켰다. 1770년경부터 집필하기 시작한 「뉴 잉글랜드 침례교 역

---

108) Joseph Martin Dawson, *Baptists and the American Republic* (Nashville: Broadman Press, 1956), 71.
109) McLoughlin, *Isaac Backus on Church, State, and Calvinism*, 13.
110) Estep, *Revolution within the Revolution*, 110-1

사」(*A History of New England, With Reference to the Denomination of Christians Called Baptists*)는 1777년, 1784년, 1796년에 3권으로 출간되었다. 조지 밴크로프트(George Bancroft)는 이 저술들을 염두에 두고, "(백커스는) 우리 뉴 잉글랜드 역사가들 가운데 가장 정확하게 역사를 서술하는 분으로서, 그의 작품은 천재성과 명쾌한 분별력과 철저한 정확성을 가지고 있다"[111]고 극찬했다.

매스턴(T. B. Maston) 박사는 백커스의 다른 저술들에 대해서 이러한 논평을 하였다:

> 그의 역사책만큼 방대하면서 그의 당대에 큰 영향력을 행사했던 작품들은 그가 쓴 수많은(37개의) 팜플렛들이다. 이것들은 광범하고 다양한 주제들을 다루고 있는데, 실제로는 대다수가 당대의 신학적이거나 실천적인 문제들을 취급하고 있다. 대부분은 침례교인들이 주장하는 진리들과 입장들을 선전하거나 변호하는 내용들이다…. 백커스가 쓴 소책자들은 당시의 재정적인 어려움과 수송 수단의 곤란에도 불구하고 광범하게 유포되었다. 그가 썼던 책들과 함께 이러한 팜플렛들로 인해 백커스는 많은 친구들을 얻었고 또한 다양한 봉사의 기회들을 가지게 되었다.[112]

백커스가 썼던 글들 가운데 7개가 종교의 자유라는 주제에 집중하고 있는데, 특히 다음의 3개가 국교체제의 해체를 주장하는 내용을 담고 있다. 1773년에 발표했던 "일반대중에게 종교의 자유를 호소함"(An Appeal to the Public for Religious Liberty)과 1778년에 공개했던 "정부와 자유를 묘사함"(Government and Liberty Described)과 1780년에 발표했던 "자의적 권력에 대항하여 매사추세츠 주의 백성들에게 호소함"(An Appeal to the People of the Messachusetts State against Arbitrary Power)이다. 이 작품들은 "종교의 자유"와 "교회와 국가의 분리"라는 주제와 관련하여 침례교인들의 입상을 공론화하고, 다른 비회중교회들의 그리스도인들에게 여론을 환기시키는데 큰 역할을 했던 글들이다.

첫 번째 글, "일반대중에게 종교의 자유를 호소함"이란 글은 "경건한 미국의 영적인 독립선언"(Pietistic America's Declaration of Spiritual Independence)[113]이라고 볼 수 있다. 이 글에서 백커스는 세속정부의 필요성을 긍정적으로 평가하고 있다. 그는 "참 정부의 본질 속에 참 자유와 완전한 자유를 방해하는 것이 존재한다고 상상하는 것은 위험스러운 오류이다"[114]라고

---

111) C. C. Goen, *Revivalism and Separatism in New England, 1740-1800* (New Haven: Yale University Press, 1962), 222-3에서 재인용.

112) T. B. Maston, *Ethical and Social Attitudes of Isaac Backus* (New Haven: Yale University Press, 1939). Goen, *Revivalism and Separatism in New England, 1740-1800*, 223에서 재인용.

113) McLoughlin, *Isaac Backus and the American Pietistic Tradition*, 127.

114) Ibid.

말하고 있다. 그는 교회와 국가는 근본에 있어서 차이점이 있음을 지적하고 있다:

> 교회적인 통치와 세속적인 통치에는 명백한 차이점과 분명한 한계가 있다. 교회는 '빛'과 '진리'로 무장하여, 불법의 진지를 분쇄하고 영혼들을 그리스도께로 그리고 교회로 인도한다. 그들은 그리스도의 통치를 받으며, 그리스도의 통치에 순응하기를 거부하는 자들을 주의 만찬에서 배제한다. 그러나 세속국가는 '칼'로 무장하여, 평화를 지키고 모든 사람들과 단체들의 민사적인 권리를 보호하며, 범법자들을 처벌한다.[115]

두 번째 글, "정부와 자유를 묘사함"이란 글에 대하여 윌리암 맥라우플린(William McLoughlin)은 이렇게 묘사하고 있다: "이 소책자는 백커스가 침례교인들을 위한 로비스트로서 썼던 글들 가운데 최선의 작품이고 탁월한 완성품이다…. 이 작품을 발표함으로써 당시 일반 대중들에게는 별로 알려지지 않았던 침례교단이 급속한 성장을 이루고 있음을 알리는 계기가 되었다."[116]

백커스가 자신의 입장을 주장했던 제1차적인 논거는 성경이었다. 성경에 언급되어 있는 예수님의 자유정신과 "하나님의 것은 하나님에게, 가이사의 것은 가이사에게"가 정교분리 주장의 핵심 논거였다. 동시에 백커스는 로저 윌리암즈(Roger Williams)와 존 클라크(John Clark)를 인용했다. 아마 백커스는 로저 윌리암즈의 "핍박의 피비릿내 나는 속성"(The Bloody Tenent of Bloody Persecution)과 존 클라크(John Clark)의 "뉴 잉글랜드로부터 온 나쁜 소식"(Ill News from New England)를 읽고 익히 알고 있었을 것이다.[117] 이들의 작품으로부터 자신의 종교의 자유 사상을 다듬어 갔다.

세 번째 글, "자의적 권력에 대항하여 매사추세츠 주의 백성들에게 호소함"이란 글에서 백커스는 지난 수 세대 동안 종교의 자유를 위해 싸워 온 침례교인들의 주장과 노력을 회고하면서 앞으로의 대책을 강구하고 있다. 특히 이 글에서 백커스는 세속정부 관리들의 권위는 민사적인 일들(civil things)에 한정하여 행사되어야 하고, 목회자들은 강제적인 세금징수(forced taxation)에 의해서가 아니라 자발적인 헌금(voluntary contributions)에 의해서 후원되어야 한다는 점을 강조하고 있다.[118]

---

115) Ibid., 128.

116) McLoughlin, *Isaac Backus on Church, State, and Calvinism*, 347.

117) McBeth, *The Baptist Heritage*, 133.

118) McLoughlin, *Isaac Backus on Church, State, and Calvinism*, 391.

3. 교회와 국가의 분리에 관한 백커스의 주장

스텐리 그렌츠(Stanley J. Grenz)에 의하면, 교회와 국가와의 관계와 관련하여 저술을 한 아이작 백커스의 작품들은 "보수적이면서 동시에 과격한"(conservative-radical)이라는, 다소 모순적인 특징을 가지고 있다고 지적하고 있다.[119] 백커스가 그 당시의 뉴 잉글랜드 신정정치 체제에 도전장을 내밀었다는 점에서는 과격한 것이었지만, 동시에 그러한 도전을 추진했던 이념과 동기는 보수적이었다고 본 것이다.

다시 말해서 그는 뉴 잉글랜드를 건설하고자 했던 초창기 개척자들의 비전을 회복하고자 했던 것이고, 이것은 마르틴 루터와 요한 칼빈과 같은 16세기의 종교개혁가들의 개혁사상을 이어받아 발전시키고자 했다는 점에서 보수적이었다는 것이다. 이러한 그의 보수성은 교회와 국가와의 관계에 있어서, 아나뱁티스트들의 입장이었던 양자 간의 배타적인 분리를 지양하고 있는 점에서, 그리고 로저 윌리암즈의 주장에 비해서도 양자 간의 보다 온건한 관계를 강조하고 있는 점에서 잘 드러나고 있다. 그래서 백커스는 교회와 국가의 분리를 주장하면서도, 양자 간의 "달콤한 조화"(sweet harmony)[120]를 강조하였던 것이다.

백커스에 의하면, 세속국가는 이미 인간들이 이 지상에 존재하여 생활하고 있는 한, 필요불가결한 기관이라는 입장을 취하고 있다. 하나님의 피조물로서 인간들은 국가라고 하는 체제 속에서 살아갈 수밖에 없는 존재들이다. 그런데 동시에 인간은 영적인 존재요 이성적인 존재임을 부인하지 않는다. 다른 말로 하면 자유(liberty)를 사랑하고 자유라는 가치를 추구하며 살아가는 존재라는 것이다. 그렇기 때문에 국가와 개인의 자유는 항상 상충하는 것이 아니고 양립할 수 없는 것이 아니라는 것이다. 이렇게 볼 때 백커스에 의하면 세속국가는 교회와 함께 하나님의 기관(the agent of God)이며, 백성이면 누구나 신앙인이든 비신앙인이든 국가의 권위에 순복해야 한다는 것이다.[121]

그러나 하나님께서 지상에 허락하신 통치의 영역에는 두 가지가 있다고 했다. 그 하나가 민사적(civil) 통치이고 다른 하나가 교회적(ecclesiastical) 통치이다. 이 양자는 서로 다른 기능과 수단 그리고 서로 다른 책임의 영역이 있다고 하였다: "사람들의 주요 관심사는 세 가지인데, 영혼(soul)과 육체(body)와 재산(estate)이다. 마지막 두 가지는 세속정치인들의 통치영역이고 처음 것은 그렇지 않다."[122]

119) Stanley J. Grenz, "Isaac Backus," Timothy George and David S. Dockery, ed. *Baptist Theologians* (Nashville: Broadman Press, 1990), 108.

120) Ibid., 112.

121) Ibid., 111.

122) Isaac Backus, *Policy as Well as Honesty Forbids the Use of Secular Force in Religious Affairs* (Boston: n.

백커스에 의하면 민사적인 영역에서의 통치는 '하나님의 은혜'에 근거하고 있지 않다는 점을 강조하고 있다. 종교는 입법자나 재판관이 하는 것처럼 다른 사람들을 지배할 권리를 제공하지는 않는다고 말하고 있다. 무엇보다도 두 통치 간의 차이점은 세속국가의 통치는 "겉으로 드러난 외면적인 행위"를 다스리는 것이고, 교회의 통치는 "내면적인 동기"를 다스린다는 것이다.

따라서 백커스에 의하면 세속국가는 종교적인 영역과 관련해서는 입법권을 발휘해서는 안 된다고 보았다. 왜냐하면 "예수님도 자신의 왕국은 지상적인 권력으로부터가 아니라 진리(truth)로부터 지원을 받는다고 말씀하셨기 때문"[123)]이라는 것이다. 그렇지만 이 두 영역은 상호 경쟁적이거나 배타적이지는 않다고 백커스는 말하고 있다. 양자 모두 하나님이 허락하시고 창립하신 기관이며, 양자 사이에는 "조화로운 관계"(harmonious relationship)를 가져야 한다고 했다.[124)]

세속국가가 교회의 일에 관여해서는 안 된다는 입장을 견지하면서도, 백커스는 도덕(morality)의 영역에 있어서 세속국가가 감당해야 할 책임이 있다는 점을 강조했다. 이것은 존 록크의 정치 사상과 계몽주의(Enlightenment) 사상의 영향을 받은 것이었다. 교회에서 요구하는 고유한 도덕이 있기는 하지만, 도덕은 교회만의 전유물은 아니라는 것이다. 정의, 평화, 자유, 사랑, 준법정신, 경성하며 살아가는 태도, 감사하며 사는 삶의 방식 등은 세속국가에서도 장려하고 권면해야 할 덕목이라는 것이다.[125)] 인간은 종교적 영적인 존재이면서 동시에 도덕적 이성적 존재이기 때문에, 도덕적 이성적 존재인 인간들을 잘 다스리기 위해서는 세속국가가 도덕의 영역에서도 통치의 기능을 발휘해야 한다는 것이다.

4. 아이작 백커스의 공헌

백커스가 가장 활발하게 활동했던 18세기 후반기는 미국 역사에서 가장 역동적인 시기였다. 영국 왕실의 통치를 받고 있던 식민지 주민들(colonists)은 수년 간의 혁명전쟁(Revolutionary War, 1775-1781)을 치루면서 영국 군대를 물리쳤고, 이어서 신생국가인 미합중국을 건설하기 위해서 연방헌법(Federal Constitution) 제정을 위시해서 국가의 골격을 형성하고 뼈대를 세우던 시대였다.

---

p., 1779). McLoughlin, *Isaac Backus on Church, State, and Calvinism*, 381에서 재인용.

123) Isaac Backus, *A Letter to a Gentleman* (n. p., 1771), 5. Grenz, "Isaac Backus," 112에서 재인용.

124) Grenz, "Isaac Backus," 112.

125) Backus, *A History of New England with Particular Reference to the Denomination of Christians Called Baptist*, 2:378. Grenz, "Isaac Backus," 113에서 재인용.

이 당시 기독교계에서도 국가의 탄생과 함께 각종 초교파적인 전국규모의 조직이 만들어졌고, 동시에 각 기독교단마다 전국적인 총회가 형성되었다.[126] 이러한 시기에 아이작 백커스는 침례교단을 위해서뿐만 아니라 미국 기독교계를 위해서도 종교의 자유를 위하여 결코 작지 않은 공헌을 했다.

제1차 대각성운동의 여파 속에서 회중교회의 명목 상의 교인이었던 백커스는 예수 그리스도를 체험적으로 만나 중생(regeneration)을 경험하였고, 그래서 기존의 회중교회로부터 뛰쳐나와 분리회중교회(Separate Congregation Church)를 이루었다. 더 나아가서 유아세례가 결코 신약성서적인 관행이 아님을 깨달았다. 그는 신자의 뱁티즘(believer's baptism)과 침수례에 의한 뱁티즘(immersion baptism)을 받음으로써 분리침례교인(Separate Baptist)이 되었다.

그 당시만 해도 침례교회는 여타 개신교단들처럼 생존을 위해 몸부림치던 군소교단에 불과했다. 그러한 침례교단에 활력을 불어넣고 침례교회를 당시의 미국 기독교계에서 당당한 위치를 차지할 수 있도록 침례교의 위상을 제고하였다는 점에서, 침례교회를 위한 백커스의 공로는 결코 과소평가할 수 없을 것이다. 그는 침례교회 운동을 종교개혁운동의 연장선 상에서, 16세기 개혁가들이 충분히 완수하지 못했던 개혁을 보다 신약성서적으로 완성시킨 교단으로 자리매김하는데 큰 기여를 했다.

마르틴 루터와 요한 칼빈과 같은 16세기의 주류 종교개혁가들(mainstream reformers, 관료후원적 종교개혁가들 Magisterial Reformers)이 가지고 있었던 개혁의 한계, 그것은 교회와 국가가 연합된 교회를 이룬 것이었다.[127] 즉 국교체제의 기독교를 형성했었다는 것이고, 그것은 동시에 중세 로마가톨릭 교회의 기독교왕국(Kingdom of Christianity, *corpus christianum*) 개념의 연장선상에 있는 것이었다. 그것은 동시에 구약성서적인 신정정치(theocracy)의 이념이었다. 백커스는 이러한 16세기 종교개혁의 한계를 극복하고 교회를 세속국가의 지배로부터 분리시키는데 중요한 역할을 감당했던 것이다.

일반적으로 영국의 청교도들(Puritans)과 분리주의자들(Separatists)은 로마가톨릭 교회를 적그리스도의(anti-christian) 세력으로 간주하여 왔고, 미국 뉴 잉글랜드 지방의 분리회중교도들도 비슷한 생각을 가지고 있었다. 그런데 백커스는 이러한 역사 해석에 동의하지 않았다. 그는 적그리스도의 세력이 단순히 로마가톨릭 교회와 교황만이 아니라, 국교체제를 고

126) 예를 들면 다음과 같은 초교파적인 기독교단체들이 만들어졌다: American Board of Commissioners for Foreign Missions(1810); American Bible Society(1816); American Sunday School Union(1824). 그리고 침례교회들은 최초로 전국총회를 결성하였다: General Missionary Convention of the Baptist Denomination in the United States for Foreign Missions(1814). McBeth, *The Baptist Heritage*, 343-4.

127) 그래서 이들을 "관료후원적 종교개혁가들"(Magisterial Reformers)라고 불리운다. 김승진, 「근원적 종교개혁: 16세기 성서적 아나뱁티스트들의 역사와 신앙과 삶」 (대전: 침례신학대학교출판부, 2011) 참조.

집하거나 특정종교에 기득권(establishment)을 부여하려는 세력 모두를 가리키는 것으로 해석했다.[128)]

교회와 국가의 연합(union of church and state)을 종교개혁의 발전과정에서 그 진전을 막는 방해물로 보았으며, 예수 그리스도께서 이 지상에 세우고자 했던 원시기독교(Primitive Christianity)의 순수함으로 돌아가고자 하는 운동을 차단하는 장벽으로 보았던 것이다. 그렇기 때문에 백커스는 연합된 교회와 국가의 해체, 즉 국교체제의 혁파야말로 종교개혁운동을 완성시키는 요체로 보았던 것이다.

백커스는 자신이 한 때 몸 담고 있었던 회중교회가 매사추세츠만 식민정부와 연합을 이루고 있었던 것이, 바로 신약성서적인 교회(New Testament Church)로의 완전한 회복을 저해하는 것이었음을 뼈저리게 느꼈던 것이다. 중생의 체험과 분리침례교도로의 전향은 이러한 자신의 역사인식의 동기였고 결과였다.

그는 교회는 어디까지나 신자들의 공동체여야 하며 따라서 교회와 국가는 분리되어야 한다는 가르침을 가지고 있던 침례교회야말로, "종교개혁으로 말미암은 교회들 가운데에서 가장 개혁적인 교회"(the most reformed of the Reformation churches)로 보았다.[129)] 그는 이러한 확신을 가지고 당시 멸시받고 소외당하던 군소교단이었던 침례교회를 미국 기독교계 내에서 당당한 위치를 갖는 개신교단으로 세우는 역할을 감당하였던 것이다.

"모든 사람들을 위한 종교의 자유"(religious freedom For all) 그리고 이의 완전한 실현을 위한 "교회와 국가의 분리"(separation of church and state)를 위해 투쟁했던 아이작 백커스의 공헌에 대해, 윌리암 맥라우플린(William McLoughlin)은 이렇게 묘사하고 있다:

> 미국의 사회적 지성적 역사에 대한 아이작 백커스의 공헌은 종교와 사회(religion and society)에 대한 복음적인 원리들을 이론적으로나 실제적으로 잘 해석한 데에 있었다. 이 원리들은 18세기 후반에 청교도주의(Puritanism)를 점차 대체해 나갔다. 특히 그는 교회와 국가의 분리라는 주제에 대해 경건주의적 혹은 복음주의적인 이론을 대변하기 위하여, 미국에서 가장 유능하게 그리고 효과적으로 글을 썼던 사람이었다. 이런 점에서 백커스는 로저 윌리암즈나 토마스 제퍼슨과 어깨를 나란히 할 자격을 가진 사람이었다.[130)]

"종교의 자유와 교회/국가의 분리는 뗄래야 뗄 수 없는 것이다."[131)] 완전한 종교의 자

---

128) Grenz, "Isaac Backus," 114.

129) Ibid., 115.

130) McLoughlin, *Isaac Backus on Church, State, and Calvinism,* 1.

131) James M. Dunn, "종교의 자유와 교회/국가의 분리는 뗄래야 뗄 수 없는 것이다," Charles W. Deweese, 「21세기 속의 1세기 신앙」, 김승진 역 (대전: 침례신학대학교출판부, 2005), 123.

유가 보장되기 위해서는 국가가 특정 종교나 특정 기독교 교파를 편애하거나 비호해서는 안된다. 국가와 종교 혹은 국가와 교회는 분리(separation)되어야 한다. 국가교회 체제가 존속하는 한, 그 사회에서는 완전한 종교의 자유를 실현할 수 없다. 뒤집어 말하면 국가와 교회가 분리되어야만 비로소 모든 사람들을 위한 종교의 자유는 제대로 보장될 수 있다. 18세기 후반기에 아이작 백커스는 이러한 확신을 가지고 뉴 잉글랜드 지역에서의 신정정치(theocracy) 체제의 타파를 위해서 헌신했다.

아이작 백커스의 개혁적인 사상과 종교의 자유를 위한 투쟁이 당시의 침례교인들을 한 마음으로 묶는데 큰 몫을 감당했다. 그러나 자신의 생애 동안(1724-1806)에는 그의 주활동 무대였던 매사추세츠 주에서 국가교회 체제를 해체시키지는 못했다. 가장 큰 이유들 중의 하나는 그 당시 그 지역에서 막강한 영향력을 행사하고 있던 정치지도자들이었던 존 아담스(John Adams)와 사무엘 아담스(Samuel Adams)가 투철하게 기득권적 질서를 옹호하였기 때문이고, 필립스 페이슨(Philips Payson), 찰스 촌시(Charles Chauncy)와 같은 목회자들 역시 강력하게 회중교회의 국교적 지위(establishment)를 방어하였기 때문이었다.[132]

그렇지만 그의 생애 동안 연방헌법(1789년)이 제정 공포되어 소극적이지만 종교의 자유 개념이 헌법에 명문화 되었고, 2년 후에 제정된 수정헌법(1791년)에서 종교의 자유와 교회와 국가의 분리가 규정되었다. 매사추세츠 주에서는 1833년에 가서야 비로소 법적으로 그리고 실제적으로 회중교회의 신정정치적 기득권 체제가 와해되었다.

오늘날 민주주의 국가에서는 국가와 교회, 정치와 종교의 분리가 헌법에 규정되어 있고 양심과 신앙의 자유가 너무나 당연시 되고 있지만,[133] 이러한 자유는 거저 공짜로 주어진 것이 아니다. 특히 많은 침례교인들과 그 지도자들이 오해와 편견과 핍박 속에서 눈물과 피를 흘리며 성취해 낸 고귀한 가치가 바로 오늘날 우리가 누리고 있는 신앙의 자유인 것이다. 자유를 향유하며 오늘을 사는 침례교인으로서 우리는 침례교 선배들의 눈물과 피 흘림을 기억하며, 국가권력이나 세상의 유혹에 위축되지 않는 신앙의 자유를 미래의 세대에까지 물려줄 수 있어야 하겠다.

132) Estep, *Revolution within the Revolution*, 118.

133) 우리나라 헌법에서도 이러한 내용을 규정하고 있다: "모든 국민은 양심의 자유를 가진다"(19조), "모든 국민은 종교의 자유를 가진다"(20조 1항), "국교는 인정되지 아니하며 종교와 정치는 분리된다"(20조 2항). "대한민국헌법," [온라인자료] http://www.koreahouston.org/laws/law-basic. htm, 2006년 1월 15일 접속.

III. 존 리랜드와 종교의 자유를 위한 그의 기여[134)]

1. 사역을 위한 준비와 목회활동

1) 사역을 위한 준비(1754-1776)

존 리랜드(John Leland, 1754-1841)는 1754년 5월 14일에 메사츄세츠주 그래프턴(Grafton, MA)에서 태어났다.[135)] 아버지 제임스(James)와 어머니 루시 워런(Lucy Warren) 리랜드 사이에서 9남매 중 하나로 출생하였다. 그의 조상들은 대대로 뉴 잉글랜드(New England) 지역에서 농사일이나 노동일을 하며 살았던 평범한 사람들이었다. 그는 어린 시절 공적인 교육의 혜택을 별로 받지 못하고 성장했지만, 시시때때로 성경이나 종교적인 서적들을 읽는 법을 배우며 하나님의 지혜를 키워나갔다.

어린 시절 그가 고통스럽게 겪었던 종교적인 체험은, 의도적이었든 우연적이었든 간에 당시 그 지역의 국교체제의 신앙행습에 도전하는 것이었다. 존이 4살 때인 어느 주일날 오후, 고향교회의 목사님이 가정을 심방했는데 어머니의 요청으로 목사님은 그에게 뱁티즘을 베풀고자 하였다. 아직 존에게는 신앙고백을 할 수 있는 믿음이 없었기 때문이었는지 왠지 모를 불안감 때문이었는지, 존은 집 밖으로 뛰쳐나가 도망을 쳤다. 결국 돌부리에 넘어져 코피를 흘리고 있을 때 그는 아버지의 손아귀에 붙잡혔고, 결국 그는 자신의 자발적인 의사와는 상관없는 강요된 뱁티즘(forced baptism)을 받게 되었다고 한다.[136)] 이러한 유쾌하지 않은 에피소드에 대해서 그는 후일에 이렇게 불평하였다: "나는 자발적인 (뱁티즘) 후보자가 아니었다. 어떤 완고하신 분이 내 의지에 역행하여 강요했던 것이다."[137)]

리랜드 자신에 의하면 그는 18살까지만 해도 방탕한 사춘기 소년(profligate youth)이었다고 한다.[138)] 18살 되던 해에 침례교 목사인 엘하난 윈체스터(Elhanan Winchester) 목사가 이웃 마을인 그로턴(Groton)에 와서 부흥회를 인도했는데, 리랜드는 "모든 죄악된 길을 버리겠다"[139)]고 하나님께 서원했을 때 개종(conversion)을 경험했다고 한다. 그러한 경험 이후

---

134) 제12장 III은 「복음과 실천」 제43집 (2009년 봄호)에 실린 필자의 논문, "John Leland와 종교의 자유를 위한 그의 기여"를 일부 수정하고 보완한 것이다.

135) McBeth, *The Baptist Heritage,* 213.

136) J. Bradley Creed, "John Leland, American Prophet of Religious Individualism," (Ph.D. dissertation, Southwestern Baptist Theological Seminary, Fort Worth, Texas, 1986), 8.

137) L. F. Greene, ed., *The Writings of the Late Elder John Leland, Including Some Events in His Life, Written by Himself, with Additional Sketches* (New York: G. W. Wood, 1845; reprint ed., New York: Arno Press & New York Times, 1969), 73.

138) Estep, *Revolution within the Revolution,* 157.

에도 그는 쉽사리 변하지 않은 옛사람의 성품으로 인해 자신이 진정으로 구원받은 크리스천인지의 문제를 놓고 심각하게 번민하기도 하였다.

그가 그래프턴 근처의 노스브릿지(Northbridge)에서 신자의 뱁티즘(believer's baptism)을 받은 것은, 20살이 되던 해인 1774년 6월이었다. 처음에는 정기적으로 출석하는 교회를 갖지 않았으나, "결국 그는 (주님께) 항복을 했고, 어떤 조건도 달지 않고 정신적인 유보나 회피 없이 목회사역을 위해 (자신의) 시간과 재능을 온전히 드리기로 결단하였다."[140]
1774년 가을에 그는 벨링햄(Bellingham) 침례교회에 회원가입을 했고, 이듬해에 이 교회로부터 설교면허(preaching licence)를 받았다. 1775년 10월에는 약 8개월 동안 버지니아주를 방문하였고, 돌아온 후 22살의 청년 리랜드는 1776년 9월 30일에 홉킨턴(Hopkinton) 출신의 샐리 드바인(Sally Devine) 양과 결혼을 하였다. 그들은 결혼 후 버지니아 주에다 신혼의 보금자리를 차렸다.11)

2) 버지니아 주에서의 목회사역(1776-1791)

결혼을 하자마자 리랜드가 남부지방으로 이주를 한 이유는 확실치 않지만, 컬페퍼(Culpepper) 카운티에 소재한 마운트 포니(Mount Poney) 침례교회의 담임목사로 취임한 것으로 미루어 볼 때, 목회초청을 받은 것이 주된 이유일 것이라고 생각된다. 그러나 리랜드의 성격은 한 교회에만 머물며 그 교회만을 위해 헌신하는 스타일이 아니었다. 그에게는 방랑자적인 기질이 있어서 한 곳에 안주하는데 만족할 수 없는 자유분방한 성품을 가지고 있었다. 그래서 그에게 적합한 사역은 여러 교회를 방문하며 부흥의 역사를 이루는 부흥사(evangelist)의 그것이었다. 당시의 대표적인 운송수단은 말이었고, 말을 타고 버지니아주와 노스 캐롤라이나주의 여러 교회들을 방문하여 설교하였다. 때때로 그는 "마치 옛 사도들처럼" 걸어서 여행을 해야 하는 상황을 맞기도 하였다고 술회하고 있다.[141]

종교의 자유 그리고 국가와 교회의 분리를 위한 투쟁가로 이미지가 새겨져 있는 존 리랜드이지만, 버지니아 주에 살면서 그가 가장 우선적으로 중요시했고 실천했던 일은 영혼구원이었다. 그는 구령의 열정에 사로잡혀 설교초청을 받는 곳마다 부흥회를 인도하며 전도대상자들을 주님께로 인도하였다. 그는 설교와 저술을 통해서, 성경을 해석함에 있어서 성령님의 영감 아래 개인들의 자유와 책임을 강조하였다. 영적인 문제들에 있어서 성경만이 그 출발점이었다. 감독들이나 종교법들, 법제화된 신조들, 그리고 권징에 있어서의 인간

139) Greene, *The Writings of the Late Elder John Leland*, 10.
140) Ibid.
141) Ibid.

적인 강제 등을 거부하고, 오직 성경의 권위만을 리랜드는 인정하였다.[142]

리랜드에게 있어서, 신조들이나 신앙고백들의 도움 없이 오직 성경만이 권위가 된다고 했을 때, 자연히 신약성서가 성서해석을 위한 일차적인 안내자가 되었다. 따라서 그는 유아세례를 인정하는 언약신학(covenant theology)을 거부하였고, 세속적 권위와 영적 권위가 뒤섞여 있는 구약성서적인 정체(polity)를 성경해석의 규범으로 삼지 않았다. 신약성서 어디에도 예수님이나 그의 제자들이 전도와 선교 그리고 목회 등 영적인 목적을 이루기 위해서, 세속적인 통치자들의 도움을 받거나 그들을 이용하려 한 적이 없었다는 것이다.15) 리랜드가 구약성서의 권위를 부정하지는 않았지만, 구약은 "오직 역사적인 것이고, 모형적인 것이며, 일시적인 것이고, 결국 국가교회의 조건에 상응하는 것"[143]이라고 치부하였다.

리랜드는 민주적 개인주의(democratic individualism)와 자유교회 이상(free church ideal)을 가지고 신약성서가 본으로 보여주고 있는 참 교회의 모습을 지상에 이루고자 노력했던 대표적인 인물이었다. 1740년대에 그 지역에서 침례교회는 6개에 불과했지만 1790년경에는 410개로 증가하였고, 1790년경 미국 내에는 65,233명의 침례교인들이 있었는데, 이들의 절반 이상이 남부지방에 살고 있었다.[144] 이러한 침례교회의 획기적인 부흥에 존 리랜드는 중요한 역할을 감당하였다.

3) 매사추세츠 주에서의 사역(1791-1841)

존 리랜드는 1791년 돌연 자신이 태어나고 성장했던 고향인 뉴 잉글랜드 지방으로 돌아갔다. 부흥사로서 그리고 종교의 자유를 쟁취하기 위한 정치적인 로비스트(political lobbyist)로서, 그는 버지니아 주에서 자신이 감당해야 할 사명을 충분히 감당했다고 생각했는지도 모른다. 또한 당시의 버지니아 주의 사회경제적인 상황과 리랜드의 자유사상 사이에는 심각한 갈등이 있었을 것으로 사료된다. 그것은 노예제도를 옹호하고자 했던 버지니아 주의 침례교 지도자들의 일반적인 정서와, 노예제도의 철폐를 주장해 왔던 자신의 입장이 쉽게 타협될 수 없었기 때문이었다.

동시에 회중교회가 국교적인 지위를 유지하면서 침례교회를 비롯한 타종파들이 부당하게 차별을 받고 있는 자신의 고향땅 뉴 잉글랜드 지방을 생각할 때, 그곳에서 남은 생애를

142) Creed, "John Leland, American Prophet of Religious Individualism," 55-6.

143) Greene, *The Writings of the Late Elder John Leland*, 199.

144) Creed, "John Leland, American Prophet of Religious Individualism," 33. 버지니아주에서의 초창기 침례교회의 역사에 관해서는 다음의 문헌들을 참조하시오. Reuben Edward Alley, *A History of Baptists in Virginia* (Richmond: Virginia Baptist General Board, 1973), 5-51; Robert A. Baker, *The Southern Baptist Convention and Its People, 1607-1972* (Nashville: Broadman Press, 1966), 37-9, 43-5, 52-4; Garnett Ryland, *The Baptists of Virginia, 1699-1926* (Richmond: Virginia Baptist Board of Missions and Education, 1955), 1-59.

던지며 더 크게 해야 할 일이 있을 것이라는 새로운 사명을 하나님으로부터 받았을 수도 있다. 교회와 국가의 분리라는 대의를 위해 투쟁해야 할 새로운 기회가 고향땅에서 자신을 기다리고 있으리라고 생각했을 것이다.145) J. M. Dawson 역시 이와 비슷한 견해를 밝히고 있다: "리랜드는 처음 버지니아주로 내려 왔을 때와 동일한 이유로 고향땅으로 돌아갔다. 그것은 바로 종교의 자유를 위해서 싸우기 위한 것이었다."146)

리랜드는 새롭게 출범하는 미합중국에서는, 유럽에서 겪었던 각종 종교전쟁의 피비릿내 나는 사태가 일어나서는 안 되겠다고 하는 인식을 가지고 있었다. 유럽 땅에서 종교전쟁들이 종종 발발하지 않을 수 없었던 것은 교회와 국가 그리고 종교와 정치가 서로 공생하고 서로 얽혀 있었기 때문이라고 그는 생각했다. 그는 신생 공화국에서는 뉴 잉글랜드 지방이 200여 년 이상 견지해 온 회중교회와 세속권력 간의 연합, 즉 신정정치적인 공화체제(theocratic commonwealth)를 타파하는 일이 무엇보다도 중요한 과업이라고 생각하였다.147)

리랜드가 아내와 8자녀들과 함께 처음 뉴잉글랜드 지역에 안착했던 곳은 커네티컷(Connecticut)주의 동남부 해안가에 위치한 뉴 런던(New London)이었다.148) 그리고 이듬해인 1792년에 메사츄세츠주의 서북부에 소재한 체샤이어(Cheshire)에 안착을 하였고 그는 남은 여생의 대부분을 이곳에서 보냈다.149) 복음을 증거하며 잃어버린 영혼들을 구원하는 일을 게을리 하지 않으면서, 뉴잉글랜드 지방의 국교체제 타파를 위해 글을 쓰기도 하였고 세속권력가들과 토론하기도 하였고 법과 정치 세계에 몸으로 부딪히기도 하였다. 특히 이미 이 지역에서 종교의 자유를 위해서 활발한 투쟁을 해오고 있던 아이작 백커스(Isaac Backus, 1724-1806)와도 짧은 기간 동안 협력하기도 하였다.

리랜드는 1841년 1월 8일에 노스 아담즈(North Adams)에서 마지막 설교를 하였고, 그곳에서 추운 겨울 날씨에 폐렴(pneumonia)을 앓은 후 1월 14일에 세상을 떠났다.150) 그의 무덤에는 자신이 생전에 써 두었던 묘비명이 새겨져 있다: "여기에 체샤이어가 고향인 존

145) Creed, "John Leland, American Prophet of Religious Individualism," 95.

146) J. M. Dawson, *Baptists and the American Republic* (Nashville: Broadman Press, 1956), 123.

147) 영국 분리주의자들의 교회인 Gainsborough Church의 일파인 Scrooby파 청교도들이 화란 Leyden으로 피신했다가 1620년경에 Mayflower호를 타고 신대륙 미국 땅으로 건너가 뉴 잉글랜드 지방에 회중교회(Congregational Church)를 세웠다. 이 교회는 그 지역의 세속 식민정부인 메사츄세츠만 식민정부(Messachusetts Bay Colony)와 손을 맞잡으며 국교적 지위를 누렸고, 타 종파들의 교인들에 대해서는 차별과 불이익을 주었다. 이러한 국교적 지위(establishment)는 1833년까지 계속되었다.

148) Edwin S. Gaustad, "The Backus-Leland Tradition," *Foundations: A Baptist Journal ofHistory and Theology*, vol. 2, no. 2 (April 1959): 132.

149) Creed, "John Leland, American Prophet of Religious Individualism," 42.

150) Ibid., 53.

리랜드의 몸이 놓여 있노라. 그는 67년 동안 경건의 진보를 위하여, 그리고 모든 사람들을 위한 민사적인 권리와 종교적인 권리를 확증하기 위하여 수고하였노라."[151]

이 묘비명은 그의 삶을 요약해 주는 의미있는 문귀이다. 정치적인 행동가(political activist)로서의 자신은 언제나 부차적인 것이고, 복음의 사역자(minister of the gospel)로서의 자신을 일차적인 것으로 여겼던 것이다. 리랜드의 자유사상, 건전한 개인주의 사상, 만인을 위한 종교의 자유, 정치와 종교의 분리, 국교체제의 타파 등의 사상과 행동은 결국 자신의 기독교적인 헌신으로 말미암은 결과였다는 사실을 웅변적으로 잘 말해 주고 있다.

2. 버지니아 침례교 주총회 산하의 일반위원회

1) 일반위원회의 구성과 활동

존 리랜드가 버지니아주에서 15년 동안(1776-1791) 종교의 자유를 위해 투쟁했을 때, 구심점이 되었던 기구는 버지니아주 침례교총회 산하에 있던 일반위원회(General Committee)였다. 이 위원회는 핍박과 차별 대우를 받고 있던 버지니아주 침례교인들을 보호하기 위한 정치적인 활동을 위해, 1784년에 조직되어 1799년까지 존속되었다.[152]

영국왕실은 미국땅에서의 효과적인 식민통치를 위해 버지니아주 윌리암즈버그(Williamsburg, VA)에 총독부를 두고 있었다. 따라서 종교적으로는 영국국교회(Anglican Church, Episcopal Church, 오늘날의 성공회)만이 합법적인 종교로 군림하고 있었고 그 이외의 기독교 종파들에게는 종교의 자유가 부여되고 있지 않았다. 버지니아주에서 침례교회들과 침례교인들에게 가해진 각종 차별대우와 불이익에 대항하여 투쟁한 대표적인 인물이 존 리랜드였고, 그는 일반위원회를 통하여 침례교인들의 종교적 자유의 신장을 위해 헌신하였다.

일반위원회가 초창기에 주도했던 대표적인 활동은 "침례교청원운동"(Baptist Petition Movement)이었다. 각 침례교회나 각 침례교지방회가 겪고 있는 종교적인 핍박이나 불이익을 취합하여 버지니아 주의회를 상대로 조직적인 대응을 하고자 만들어진 것이 바로 일반위원회였다. 수많은 청원내용들이 있었지만 크게 네 가지로 요약할 수 있다:

151) Estep, *Revolution within the Revolution*, 160. "Here lies the body of John Leland, of Cheshire, who labored 67 years to promote piety and vindicate the civil and religious rights of all men."

152) Creed, "John Leland, American Prophet of Religious Individualism," 97.

1) 영국국교회 성직자들에게 지불하기 위하여 침례교인들에게 종교세를 과징하는 것,
2) 예배나 성경공부를 위해 집회를 가지고자 할 때 집회장소를 등록해야 하는 것,
3) 각종 관료주의적 형식주의와 복잡한 절차를 거쳐야 하는 것,
4) 침례교 목사들이 주례한 결혼에 대하여 행정관청에서 그 합법성을 부정하는 것 등.[153)]

리랜드를 비롯한 침례교인들은 세속정부는 종교문제에 개입하지 말고 "그냥 내버려두라"(let alone)고 항상 주장하였다. 세속정부가 무슨 법을 만들어서 침례교인들을 괴롭히지도 말고, 또한 무슨 법을 만들어서 그들을 편애하려고도 하지 말라고 하였다. 세속정부는 단지 민사적인 일과 경제적인 문제 등에만 관심을 가지고, 신앙문제나 종교문제는 개인이나 교회에 맡겨두라고 하였다. 침례교인들에게는 이러한 주장이 너무나 성경적이고 실제적인 것이었지만, 영국국교회 전통에 젖어 있던 당시 버지니아주의 위정자들이 이해하기에는 너무나 과격한 주장이었다. 일반위원회의 집요한 주장과 적절한 법적 정치적인 대응으로 말미암아 버지니아 주의회에서는 침례교인들의 청원들에 대해서 진지한 태도를 보이기 시작했다. 침례교인들의 숫자가 날로 증가하고 있고 그들의 국가에 대한 충성심이 결코 과소평가될 수 없다는 것을 알고 있던 주의회에서는, 침례교인들의 조직적인 청원들이 상황의 변화를 위해 큰 영향력을 발휘하였다.

1770년대부터 국교체제를 유지하고자 했던 사람들과 종교의 자유를 주장했던 사람들의 견해 사이에서 타협점을 찾기 위해서, 종교에 대한 "일반사정"(general assessment)이라는 개념이 제시되곤 하였다. 모든 주민들에게 종교세를 징수하되, 그들이 낸 세금이 어떤 교파로 가게 할 것인지를 납부자들로 하여금 지정하도록 하자는 취지의 법이 일반사정법(General Assessment Bill)이었다. 침례교인들은 교회와 국가의 분리를 요구함에 있어서 결코 주저하지 않았고, 동시에 세속국가에 종교세를 바치는 것은 비록 그것이 침례교회에 귀속되도록 지정한다고 하더라도 신약성서의 가르침에 위배된다고 주장하였다.

종교문제에 대한 세속정부의 일반사정을 반대함에 있어서 침례교인들은 제임스 메디슨(James Madison)을 적극적으로 후원하였다. 메디슨은 1784년에 "인간의 종교적 권리들에 대한 청원과 항변"(A Memorial and Remonstrance on the Religious Rights of Man)이라는 글을 발표하였다.[154)] 그는 이 글에서 종교를 향한 세속정부의 일반사정(general assessment)에 반대하는 15가지 이유를 피력하였고 완전한 종교의 자유를 지지하는 내용을 담았다: "종교나 우리의 창조주를 향한 의무나 그러한 의무를 실행하는 방법은, 오직 신자 개개인의 이성과 확신과 양심에 따라 이루어져야 한다는 것은 기본이고 부인할 수 없는 진리이다."[155)]

153) McBeth, *The Baptist Heritage,* 175-6.
154) Ibid., 279.

메디슨이 "교회와 국가의 분리"라는 용어를 직접적으로 사용한 것은 아니지만, 종교는 세속정부의 영역으로부터 "온전히 면제되어야"(wholly exempt) 한다는 점을 역설한 것이었다.[156] 리랜드는 제임스 메디슨과 친분을 유지하며 서신교환을 자주하였는데, 그를 지지하는 침례교인들의 입장을 전달하기도 하였고 자신의 글 속에서 메디슨의 공화주의 사상과 신앙의 자유사상을 인용하여 쓰기도 하였다.

그 다음 해인 1785년은 종교의 자유와 관련하여 버지니아 주의회가 획기적인 발걸음을 내디딘 해였다. 토마스 제퍼슨(Thomas Jefferson)이 "버지니아주 종교자유법안"(Bill for Establishing Religious Freedom in Virginia)을 입법하여 제출하였고 그것이 의회에서 통과되는 쾌거가 이루어진 것이다.[157] 이 법안은 제임스 메디슨의 후원과 함께 버지니아주 침례교인들의 강렬한 지지 속에 채택이 되었다. 이 법안의 내용 중 일부는 다음과 같다:

> 전능하신 하나님께서는… (인간의) 정신을 자유롭게 창조하셨다…. 어떤 사람도 어떤 종교적인 예배나 예배처소나 목회사역을 지지하도록 강요받아서는 안 된다. 종교적인 의견이나 믿음 때문에 제한을 받거나 괴롭힘을 당하거나 부담을 느껴서도 안 되고, 신체적인 고난을 당해서도 안 된다. 모든 사람들은 종교문제에 있어서 자신의 의견을 자유롭게 진술할 수 있어야 하고 논쟁을 통해서 자신의 의견을 견지할 수 있어야 한다. 모든사람들은 (종교적인 의견을 진술했다고 해서) 자신들의 민사적인 능력(their civil capacities)이 영향을 받아서는 안 된다.[158]

2) 노예제도 철폐를 위한 리랜드의 고독한 투쟁

리랜드가 버지니아 침례교 주총회 산하의 일반위원회를 통해 종교의 자유와 교회와 국가의 분리를 위해서 투쟁했던 사실은 크게 부각된 반면에, 그가 일찍이 노예제도에 대해 그것의 철폐를 강력하게 주장했던 인물이었다는 사실은 별로 주목을 받지 못하였다. 리랜드는 제임스 메디슨과 토마스 제퍼슨 등과 교제하면서 유럽 땅에서 일고 있었던 계몽주의(Enlightenment) 사상, 즉 인간의 존엄성, 천부적인 인간의 기본권, 건전한 개인주의, 공화주의, 민주주의, 만민평등주의의 사상 등을 주입받고 있었다. 동시에 그는 복음전도자와 부흥사로서 한 영혼이 주님을 영접하여 거듭나는 사건의 중요성을 체험적으로 알고 있었다. 따

155) Robert Baylor Semple, *History of the Rise and Progress of the Baptists in Virginia* (Richmond: John O'Lynch, Printer, 1810), 120. McBeth, *The Baptist Heritage*, 279에서재인용.

156) Semple, *History of the Rise and Progress of the Baptists in Virginia*, 121. McBeth, *The Baptist Heritage*, 279.

157) McBeth, *The Baptist Heritage*, 279.

158) Reuben E. Alley, *A History of Baptists in Virginia* (Richmond: Virginia Baptist General Board, 1973), 372-3.

라서 그에게는 당시 인간 대접을 받지 못하고 재산의 일부처럼 취급되어 노예시장에서 사고 팔리는 상품과도 같은 흑인노예들에 대해 가슴 아픈 연민이 있었다.

당시 남부지방에서는 조면기(cotton gin)의 발명으로 인해 면화산업이 붐을 이루고 있었고, 대형농장(plantation)에서의 면화 재배를 위해서는 흑인노예들의 노동력이 필요불가결하였다. 버지니아 주에서도 예외는 아니었다. 침례교 지도자들 가운데 일부 선각자들이 노예제도의 비인간적인 면과 비기독교적인 면을 주창하며 반대하기도 했지만, 버지니아 주에서는 노예제도 자체에 대해 통일된 의견이 정립되지 않은 상황이었다. 버지니아 주 침례교인들 사이에서도 노예제도에 반대하는 연합된 입장을 가지지 못하고 있었다. 도리어 논쟁과 그로 말미암은 분쟁에 휘말리지 않기 위해서 노예제도라는 이슈에 대한 공개적인 논의를 회피하고 있는 실정이었다. 그러나 리랜드는 그러한 외교관적인 태도를 버리고 단호한 입장을 취하였다.

리랜드는 "노예제도는 엄청난 악을 잉태하고 있다"[159]라고 선언하면서, 1789년 8월 8일의 일반위원회 회의에서 다음과 같은 결의를 이끌어냈다:

> 노예제도는 (인간의) 자연적인 권리를 폭력적으로 탈취하는 것이고 공화정부와도 부조화를 이루는 것이다. 그러므로 우리 형제들에게 권하노니, 모든 입법조치를 통해 이 땅에서 이러한 무시무시한 악을 제하여 버리자. 우리의 존경하는 의회 의원들께서 위대한 희년(the great jubilee)을 선포하도록 하자. 이렇게 하는 것이 좋은 정책의 원리와 조화를 이루는 것이다.[160]

리랜드는 흑인 노예들도 다른 백인들과 똑같은 인간으로서의 기본권리들을 향유해야 하며 특히 그들도 종교문제에 있어서 양심의 자유를 가진다고 주장하였다. 그는 예배를 드리기 위해 특정장소에서 모일 수 있는 노예들의 권리를 옹호하였고, 백인들이나 노예 감독관들이 자신들의 노예들이 자신들의 예배에 참석한다고 회초리로 때리는 행위에 대해 비탄해 했다. 그는 크리스챤 노예들을 형제자매요 친구로 여겼다.[161] 리랜드는 노예제도는 단순히 경제적인 문제나 사회적인 문제가 아니라 "도덕적인" 문제요 "종교적인" 문제라고 역설하였다.

---

159) Greene, *The Writings of the Late Elder John Leland*, 96.

160) Semple, *History of the Rise and Progress of the Baptists in Virginia*, 79.

161) 흑인노예들의 문제를 진지하게 다룬 책들은 다음과 같다: James Essig, *The Bonds of Wickedness: American Evangelicals against Slavery, 1770-1808* (Philadelphia: Temple University Press, 1982); Robert S. Gardener, *Baptists of Early America: A Statistical History, 1639-1790* (Atlanta: Georgia Baptist Historical Society, 1983); Albert J. Raboteau, *Slave Religion: The "Invisible Institution" in the Antebellum South* (New York: Oxford University Press, 1978; Mecal Sobal, *Trabeling*[sic] *On: The Slave Journey to an Afro-Baptist Faith* (Westport, Conn.: Greenwood Press, 1979).

그러나 남부지방 사람들의 정서는 사뭇 달랐다. 남부지방의 침례교지도자들은 노예제도는 어디까지나 경제적인 문제이고 거기에 정치적인 문제가 배후에 도사리고 있었다고 보았다. 따라서 남부지방 사람들은 사회적인 이슈에 대해서 민감하게 반응하지 않았다. 이러한 태도는 남부지방 사람들의 정신구조상의 하나의 특징이라고 존 보울즈(John Boles)는 이렇게 말하고 있다: “개인주의적이고 개종중심적이고 지역적이고 반기구적인(individulistic, conversion-oriented, provincial, anti-institutional) 복음적인 남부지역 사람들은, 정치적이고 사회적인 문제에 대해서 상대적으로 별 관심을 가지지 않았다.”[162] 버지니아 주 침례교지도자들도 그러 하였다.

인간을 재산 취급하는 노예제도는 리랜드가 설교하고 있는 구원의 복음과도 배치되는 것이었다. 예수 그리스도 안에서 새롭게 거듭난 사람들은 정치인이든 농부든, 성직자든 평신도든, 여자든 남자든, 노예든 자유인이든, 모두 평등해야 하는 것이 복음의 정신이라고 그는 생각했다. 이러한 복음의 정신은 인간의 기본적인 자연의 권리와 인간정신을 고양시키는데 절대적으로 필요한 자유를 강조하는 민주주의 정신과도 합치하는 것이었다. 이런 점에서 리랜드의 자유정신과 건전한 개인주의 정신은, 유럽대륙에서 연유했던 계몽주의(Enlightenment)와 미국 땅에서 일어난 대각성운동(Great Awakening)의 적절한 조화 속에서 연유했다고 볼 수 있다.

3) 연방헌법과 제1차 수정헌법의 제정을 위한 리랜드의 기여

리랜드가 버지니아주에서 거주했던 시기(1776-1791)는 미국역사에서 가장 역동적인 격동의 기간이었다. 1775년부터 영국 왕실의 통치를 거부하는 혁명전쟁(Revolutionary War, 1775-1783)이 진행되고 있었고, 1776년 7월 4일에는 독립선언서(Declaration of Independence)가 선포되었고, 미국이 새로운 민주 공화국을 창건하고 연방헌법(Federal Constitution)을 제정(1787)하여 공포(1789)하였고, 이어서 연방헌법의 부족한 부분을 보완하는 수정헌법들을 제정(1789)하여 공포(1791)하였다.

1787년 미국 최초의 헌법인 연방헌법(Federal Constitution)이 그 모습을 드러내었을 때, 개신교인들, 특히 침례교인들은 경악했다. 헌법 속에 종교의 자유에 관한 규정이 거의 없었고 그나마 있다고 하더라도 너무나 적은 내용만을 담고 있었기 때문이었다. 침례교인들이 혁명전쟁에 적극적으로 참여한 데에는 영국으로부터의 정치적 자유를 획득하고자 했기

162) John B. Boles, *The Great Revival, 1787-1805: The Origins of the Southern Evangelical Mind* (Lexington: University of Kentucky Press, 1972), 194.

때문이기도 했지만, 더 이상 특정 교파나 종교로부터 핍박이나 불이익을 당하지 않는 영적인 자유의 나라를 건설하고자 했기 때문이었다.[163] 그런데 새로운 연방헌법에는 후자의 목적을 확실히 보장하는 규정을 담고 있지 않았던 것이다.

단지 연방헌법 6조에는 "미국 내에서 공직이나 공적인 재단에 공무원이 되고자 하는 자에게 그 자격요건으로서 어떠한 형태의 종교적인 시험(테스트)도 요구해서는 안 된다"[164] 라는 간단한 규정만을 두고 있을 뿐이었다. 사실 이 규정 역시 국교적 지위를 가지고 있던 종교인들, 즉 회중교회와 영국국교회의 지도자들이 볼 때에는 자신들의 기득권을 많이 양보해야 하는 규정이기도 했다. 그러나 이들 이외의 종교인들에게는 연방헌법 6조의 규정에 만족할 수 없었고, 종교의 자유와 관련하여 보다 적극적이고 구체적인 내용을 담은 규정이 있어야 한다고 생각했다.

새로운 헌법에 대한 반대의 목소리가 침례교 지도자들로부터 즉각 흘러나왔다. 버지니아 침례교주총회 일반위원회는 1788년 3월 7일에 모임을 갖고 다음의 질문을 심각하게 논의하였다: "최근에 공개적으로 모습을 드러낸 새로운 연방헌법은 종교의 자유를 안전하게 누릴 수 있도록 하기 위한 조치가 충분하게 이루어졌는가?"[165] 장시간의 진지한 연구와 토론의 결과, "일반위원회의 견해로는 그렇지 않다고 위원들이 만장일치로 동의하였다."[166]

이듬해인 1789년 초에 일반위원회는 리랜드를 지명하여 침례교인들의 이러한 입장을 조지 워싱턴(George Washington)에게 편지로 탄원할 것을 결의하였다. 리랜드가 1789년 8월 8일 날짜로 쓴 편지의 내용 중 일부는 이러하다:

> 한편으로는 효과적인 국가적 정부가 없이는 나라가 분열과 그로 말미암은 악에 빠질 수 있습니다. 그러나 다른 한편으로는 우리가 종교적인 억압에 노출되어 있다는 두려움을 떨쳐버릴 수 없습니다…. 이와 같은 불안한 마음 가운데에서도 우리는 (연방헌법이 제정된) 그 의도는 좋은 것이고 시련을 겪었던 믿을만한 친구(Washington 장군을 암시함-필자주)의 싸인을 받은 것이라는 생각을 할 때 위로를 받습니다. 종교적인 자유가 헌법에서 안정적인 보장을 받지 못한다면, 행정부에서는 확실히 모든 억압을 막아주실 것을 믿습니다. 왜냐하면 워싱턴 장군

---

163) Isaac Backus는 미국의 혁명전쟁(Revolutionary War, 1775-1783, 독립전쟁)에는 두 가지 전선(front)과 목적이 있었다고 술회하고 있다: "첫째 전선은 정치적인 자유(political freedom)를 쟁취하기 위해 영국 군대와 싸우는 것이었고, 둘째 전선은 영적인 자유(spiritual freedom)를 위해 국교제정입법자들과 싸우는 것이었다." McBeth, *The Baptist Heritage*, 260.

164) 연방헌법 제6조의 영문은 다음과 같다: "No religious test shall ever be required as aqualification to any office or public trust under the United States." [온라인자료] http://en.wikipedia.org/wiki/United_States_Constitution, 2009년 1월 20일 접속.

165) McBeth, *The Baptist Heritage*, 280.

166) Greene, *The Writings of the Late Elder John Leland*, 102.

과 같은 분(a Whashington)이 그 행정부를 이끌 것이기 때문이지요….[167]

일반위원회는 위원들이 비록 워싱턴이 종교의 자유를 옹호하는 사람이라는 것을 신뢰하기는 하지만, 헌법에 결함이 있다는 것을 여전히 믿고 있음을 상기하면서 워싱턴을 압박하였다. 워싱턴은 일반위원회에 답변을 하면서 자신은 연방헌법이 모든 사람들의 종교의 자유를 적절히 보호해 줄 것이라는 확신을 가지고 있으며, 자신도 영적인 학대(spiritual tyranny)와 모든 형태의 종교적인 핍박(every species of religious persecution)에 대비하는 효과적인 장벽을 설치하는 것을 지지한다고 하였다.[168] 제임스 메디슨도 처음에는 연방헌법이 종교의 자유를 적절히 보장해 주고 있다는 견해를 피력하였다. 1789년 1월에 쓴 글에서 그는 "일부 존경하는 시민들을 경악케 하는 심각한 위험요소들을 헌법에서 찾아볼 수 없다"[169]고 하였다.

그러나 1785년 버지니아 주의회에 종교자유법안(Bill for Establishing Religious Freedom in Virginia)을 제출한 바 있던 토마스 제퍼슨은 헌법에 심각한 누락(serious omissions)이 있다는 사실에 우려를 표명하였다. 당시 그는 프랑스 파리 주재 미국대사로 파견되어 있었기 때문에, 국외에서 자신의 의견을 글로 피력하였다. 새로 제정된 연방헌법에 대해 개괄적으로 찬사를 보낸 후에 그는 "이제 나는 별로 내키지는 않는 것을 추가적으로 진술하고자 합니다. 첫째로 종교의 자유, 언론의 자유 등 권리장전(a bill of rights)이 누락되어 있습니다. 권리장전은 지구 상의 모든 정부에 대항하여 국민들이 쟁취해야 하는 것입니다."[170]

버지니아 주 침례교인들은 제퍼슨의 글에 무척 고무되었다. 그들은 종교의 자유를 명확하게 보장하는 규정이 누락되었다는 것을 강하게 느끼며 연방헌법의 재가(ratification)를 거부하는 운동을 벌였다.[171] 리랜드는 버지니아 주 침례교인들이 연방헌법에 반대하는 내용의 글을 써서 메디슨에게 한 부를 보냈다.[172] 그는 10가지 반대이유들과 함께 권리장전이 결여되어 있고 특히 종교의 자유를 보장하는 명문화된 규정이 없다는 사실을 적시하였다.[173]

이 일 후에 리랜드와 메디슨은 몇 차례 만남의 기회를 가졌으며, 버지니아 주가 연방헌법을 재가(ratification)해야 할 필요성과 인간의 기본권들이 헌법에 명시되어야 한다는 당위

167) Ibid., 53. Estep, *Revolution within the Revolution,* 169에서 재인용.

168) Ibid.

169) Joseph M. Dawson, *Baptists and the American Republic,* 114에서 재인용.

170) McBeth, *The Baptist Heritage,* 281.

171) "재가"(ratification)란 연방의회가 제정한 헌법을 각 주의회에서 공적으로 수용할 것을 결의하는 절차이다. 주의회에서 재가 결의가 있어야만, 비로소 연방의회에서 제정된 헌법이 그 주에서 효력을 발휘하게 된다.

172) McBeth, *The Baptist Heritage,* 281. Alley, *A History of Baptists in Virginia,* 107.

173) Ibid.

성 등에 관해 치열한 토론과 대화가 두 사람 사이에 있었다. 결국 리랜드는 연방헌법의 재가를 위해서 침례교인들과 버지니아 주 주민들을 설득할 것을 약속하였고, 동시에 메디슨은 수정헌법(Amendments)의 형식을 빌어 권리장전을 연방헌법에 추가하기로 합의하였다.[174]

연방의회 의원으로서 메디슨은, 인간의 기본권을 보장하는 권리장전을 제정할 필요성을 역설하기 시작했고, 초대 대통령 워싱턴의 취임식 후 나흘이 되던 날인 1789년 5월 4일에 수정헌법 제1조로부터 제10조까지의 법안을 의회에 제출하였다. 2년 후인 1791년에 권리장전은 공포되어 오늘날까지 미국 백성들의 기본권을 보장해 주는 법적인 장치가 되었다.[175]

제1차 수정헌법은 종교의 자유가 명시되어 있고, 드디어 교회와 국가, 종교와 정치의 분리를 암묵적으로 내포하는 규정을 두고 있다: "의회는 국교의 제정(an establishment of religion)에 관하여 그리고 자유스러운 종교활동을 금지하기 위하여 어떠한 법도 만들어서는 안 된다. 동시에 표현의 자유, 언론출판의 자유, 집회결사의 자유, 정부에 탄원할 수 있는 자유 등을 금지하는 법을 만들어서는 안 된다."[176]

이로써 제1차 수정헌법은 200년 이상 미국인들의 종교의 자유를 보장하는 법적인 근거가 되었다. 이 헌법규정은 313년 콘스탄틴 황제에 의한 밀라노칙령(Edict of Milan)으로 기독교가 세속권력과 공생(symbiosis) 혹은 결탁해 온 역사의 궤도를 수정하는 규정이 되었고, 인류 역사상 최초의 헌법적 규정으로 채택된 것이다.

3. "양도할 수 없는 양심의 권리"

권리장전이 채택되고(1789) 그것이 공포되어(1791) 효력을 발휘하게 됨으로 인해서 드디어 버지니아주의 침례교인들은 만족할 수 있었다. 메디슨은 1789년 11월 20일에 워싱턴 대통령에게 쓴 편지에서, "침례교 지도자들 가운데 가장 핵심적인 한 사람(아마 존 리랜드를 암시한다고 사료됨-필자 주)이 저에게 편지하기를, 수정헌법들은 침례교인들 가운데 불평분자들을 완전히 만족시켰습니다. 이러한 만족감이 그들의 다음 행동들에서 드러나게 될 것입니다"[177]라고 썼다.

174) McBeth, *The Baptist Heritage*, 181-2.

175) 미국의 "권리장전"(Bill of Rights)이란 제1차 수정헌법부터 제10차 수정헌법까지를 통틀어서 부르는 이름이다.

176) 제1차 수정헌법(The First Amendment)의 영문은 다음과 같다: "Congress shall make no law respecting an establishment of religion, or prohibiting the free exercise thereof, or abridging the freedom of speech or of the press, or the right of the people peaceably to assemble and to petition the government for the redress of grievances." [온라인자료] http://en.wikipedia.org/wiki/United_States_Constitution#The_Bill_of_Rights_.282.E2.80.9310.29, 2009년 1월 20일 접속.

1791년 말까지 메사츄세츠와 커네티컷 주를 제외한 모든 주들은 권리장전을 재가(ratification)하였다. 오직 위의 두 주는 회중교회의 국교적 지위를 견지하기를 여전히 원했고, 교회와 국가의 분리 및 모든 사람들을 위한 종교의 자유를 보편적으로 받아들이려 하지 않았다. 이 일로 인해 리랜드는 자신의 고향땅에서 더 큰 일을 감당해야 할 사명감을 강하게 느꼈으리라 생각된다. 메사츄세츠주와 커네티컷주에서 권리장전을 재가하고 회중교회의 국교적 지위를 철회한 것은 1833년이었다. 권리장전이 공포된 지 42년만이었다.

리랜드는 1841년 세상을 떠날 때까지 50년 동안 자신의 고향땅인 뉴 잉글랜드 지역에서 복음을 증거하며 그곳에 완전한 종교의 자유가 실현되도록 각종 정치적인 로비활동을 벌였다. 동시에 여러 저술들을 통해 자신의 개인주의 사상과 민주주의 사상을 피력하였고, 종교의 자유와 국교체제의 철폐 등을 주장하였다.[178] 리랜드가 쓴 대표적인 저술인 "양도할 수 없는 양심의 권리"(Rights of Conscience Inalienable, 1791)[179]는 국교체제의 타파를 위해서 기울인 그의 노력과 모든 사람들을 위한 종교의 자유를 추구했던 그의 열정을 잘 보여주고 있다.

소논문과도 같은 이 글은 커네티컷 주 뉴 런던(New London)에서 1791년에 출판되었다. 이 글에서 리랜드는 종교란 자연적인 권리이며 개인과 하나님 사이의 양심의 문제이기 때문에 세속정부의 관할에 예속받지 않는다는 점을 부각시켜 설명하고 있다. 이 글은 다음과 같이 크게 여섯 대지로 작성되었다:

1. 외딴 섬의 비유에 근거한 일반적인 개관
2. 양심의 원리
   a. 정의
   b. 양심이 중요한 네 가지 이유
   c. 반대에 대한 반박
3. 국교체제의 다섯 가지 악
4. 국교체제의 다섯 가지 이유
5. 커네티컷 주의 국교체제에 대한 비판

---

177) Dawson, *Baptists and the American Republic,* 115.

178) "The Rights of Conscience Inalienable" 외에도 존 리랜드의 저술들 가운데 종교의 자유와 교회와 국가의 분리를 주장한 글들은 다음과 같다: "The Connecticut Dissenters' Strongbox"(1802), "The Flying Seraphim: An Address, Delivered at the Ordination of Rev. Lumon Burch, in the Great Nine Partners, June 15, 1806"(1806), "Politics Sermonized, Exhibited in Ashfield on July the 4th, 1806"(1806), "Van Tromp Lowering His Peak with a Broadside"(1806).

179) 이 글의 원 영어제목은 다음과 같다: "The Rights of Conscience Inalienable, and therefore Religious Opinions Not Cognizable by Law or, the High Flying Churchman Stripped of His Legal Robes Appears a Yaho."

6. 여섯 가지 결론적 진술[180]

리랜드에 의하면 양심(conscience)이란 상식(common sense)을 의미하는데, 그것은 전능하신 하나님께서 모든 사람들의 마음 속에 세워 놓으신 법정이라고 설명하였다.[181] 모든 사람은 각자가 하나님께 책임을 져야 하고 그렇기 때문에 모든 사람은 하나님을 섬김에 있어서 자유해야 한다고 하였다. 결국 종교는 하나님과 각 개인 간의 문제이며, 사람들의 종교적인 의견들은 세속정부의 판단대상이 될 수 없고 동시에 세상정부의 통제를 받을 필요가 없다는 것이다.[182]

리랜드는 초대기독교의 발전과정을 상기하면서, 왜 처음 3세기 동안 기독교는 세속권력의 비호가 없었음에도 불구하고, 복음의 세력이 급속도로 확산되어 그 이후의 역사에서는 찾아볼 수 없을 정도로 폭발적으로 급성장했을까라는 질문을 던지고 있다. 당시의 기독교는 세속법이나 세속권력의 도움을 받기는커녕, 도리어 오만한 군주들의 법들에 의해 방해를 받아가면서도 영광스럽게 발전해 나갔음을 지적하고 있다. 그렇다면 역으로 종교는 세속권력의 비호를 받거나 세속의 법적인 통제를 받게 되면 오히려 치명적인 상처를 받게 되는 것이 아닌가 하고 질문을 던지고 있다.[183]

이 글에서 리랜드는 국교체제가 갖는 치명적인 악들에 관해서 진술하고 있다. 무엇보다도 영감받지 못한 오류투성이인 인간들이, 자기 자신들의 의견들을 정통(orthodoxy)의 시험석으로 만들어서 그것들로 다른 사람들의 양심들을 재단하고 판단한다고 하였다.[184] 비국교도들에 대해서 관용이 베풀어지지 않는 곳에서는, 무지와 미신이 득세를 하거나 핍박이 활개를 친다고 하였다. 동시에 국교체제는 교회를 신적인 기관이 아닌 사람들의 피조물로, 순수한 종교를 국가통치의 원리로 변형시킨다고 하였고, 국가는 사람들로 하여금 기독교를 성경의 종교(Bible religion)가 아니라 국가의 속임수(trick of state)로 여기게 하는 경향이 있다고 비판하였다.[185] 리랜드의 이 소논문은 세 가지 핵심적인 요점을 제시하고 있다:

첫째로, 양심의 권리는 양도할 수 없는 것이기 때문에 세속국가의 허락이나 제한에 예속당하

180) Michael J. Hostetler, "Liberty in Baptist Thought: Three Primary Texts, 1614-1856," *American Baptist Quarterly*, vol. xv, no. 3 (September 1996): 249.

181) John Leland, "The Rights of Conscience Inalienable," Greene, *The Writings of the Late Elder John Leland*, 180.

182) Ibid., 181.

183) Ibid.

184) Ibid., 182.

185) Ibid., 183.

> 지 않는다. 둘째로, 세속법에 의해 종교를 국교체제화하여 기득권을 부여하면 결국에는 언제나 종교가 상처를 받는다. 셋째로, 국교체제를 옹호하고 견지하고자 하는 사람들의 실제적인 동기들은 종교를 이롭게 하자는 것이 아니라, 세속 통치자들의 권력을 지탱시키고자 하는 것이고 또한 야심 많은 성직자들의 지갑을 부풀리고자 하는 것이다.[186]

국가의 후원을 받지 못하면 기독교가 망할 것이라는 두려움을 가진 자들에게, 리랜드는 "인간적인 후원을 필요로 하는 것은 오류이고 오직 오류뿐이다"라고 하면서, 국교체제를 견지하려는 자들의 진정한 동기는, "다른 사람들에게 강압적인 명령을 내리고자 하는 것이고(dictate),··· 다른 사람들의 목에 고삐를 씌우고자 하는 것이다"라고 하였다.[187] 교회를 편애하기 위해 세속 정부를 이용함으로써, 콘스탄틴 황제는 기독교도들을 핍박했던 모든 황제들보다도 교회에 더 큰 해악을 끼쳤다고 진술하면서, 리랜드는 국교체제의 폐해를 비판하였다. 그는 다음과 같은 극단적인 표현까지 서슴지 않았다:

> 세속정부가 수학적 원리를 다루지 않는 것처럼 세속정부가 사람들의 종교적인 원리를 다루지 말아야 한다. 모든 사람들로 하여금 두려움 없이 자유롭게 말하게 하라. 자기가 믿는 원리들에 충실하도록 하게 하라. 자기 자신의 믿음에 따라 예배하게 하라. 한 하나님이든, 세 하나님이든, 혹은 스무 하나님이든, 하나님을 예배하게 하고, 동시에 하나님께 예배를 드리지 않겠다고 하면 예배드리지 않게 하라-\그런다고 해서 그가 다른 사람의 생명이나 자유나 재산을 해치는가?(If a man worships one God, three Gods, twenty Gods, or no God-\wherein does he injure the life or property of another). 정부는 단지 각자가 자신의 뜻대로 하도록 각자를 보호해 주도록 하라.[188]

4. 존 리랜드의 공헌

존 리랜드는 미국의 역사에서 가장 역동적인 격동기를 살았던 사람이다. 어린 시절에는 제1차 대각성운동을 경험했고 청년시절에는 유럽대륙으로부터 불어온 계몽주의 사상을 접했다. 현실적으로는 영국왕실의 식민통치를 거부하고 새로운 독립국가를 건설하기 위한 혁명전쟁(Revolutionary War, 1775-1783)을 겪었고, 신생 독립국가의 건설을 위해 연방헌법을 제정 공포하고 나라의 틀을 세우는 일을 지켜보았다. 이러한 격변 중에서도 그는 특히 침례교 목사요 부흥사로서 잃어버린 바 된 영혼들을 주님께로 인도하여, 그들에게 영생의 길

186) McBeth, *The Baptist Heritage,* 274.
187) Greene, *The Writings of the Late Elder John Leland,* 185.
188) Ibid., 184.

인 예수 그리스도를 소개하는 일을 무엇보다도 소중한 과업으로 여기며 하나님께서 부르시는 곳에서는 어디에서나 부흥회를 인도하였다.

미국이 독립국가를 이루기까지 펜실베니아 주를 비롯한 중부지역을 제외하고는 뉴 잉글랜드 지방과 남부지방에서는 종교의 다양성(diversity)과 관용(tolerance)이 인정되지 않고 있었다. 특히 메사츄세츠 주와 커네티컷 주에서는 회중교회(Congregational Church)가 국교적 지위를 누리고 있었고, 버지니아 주에서는 영국국교회(Anglican Church)가 다른 종파들의 자유로운 신앙생활을 방해 혹은 금지하고 있었다. 이와 같은 상황에서 리랜드는 버지니아 주에서 모든 사람들을 위한 종교의 자유를 위한 투쟁을 위해 자신의 젊음(22살-37살, 1776-1791)을 바쳤다. 이곳에서 그는 연방헌법과 제1차 수정헌법이 제정되어 종교의 자유와 정치와 종교의 분리가 헌법규정으로 정립되는데 큰 기여를 하였다.

자신의 남은 여생(1791-1841, 37살-87살)을 고향 땅 뉴 잉글랜드에서 지내면서, 제1차 수정헌법이 제정된 이후 42년 동안이나 여전히 국교체제를 유지하고 있던 메사츄세츠 주가 회중교회에 의한 국교체제를 타파하고(1833) 모든 사람들에게 종교의 자유를 부여하는 주의회의 결의를 이끌어 내는 과정을 리랜드는 살아 생전에 목격하였다. 이제 미국 땅 어디에서도 특정종교로 인해 기득권을 누리거나 불이익을 당하는 모습이 사라지게 된 것이다. 정치와 종교의 관계에 있어서 기독교가 313년 콘스탄틴 황제의 밀라노 칙령 이전의 참 교회의 모습을 회복할 수 있도록 하는 제도적 장치가 마련된 것이다. 자유교회적인 관점에서 볼 때 이것은 매우 의미심장한 사건이다.

리랜드의 종교자유 사상은 일차적으로는 그의 헌신된 기독교 신앙에서 연유하였다. 제1차 대각성운동(Awakening)으로 말미암은 분리침례교 신앙(Separate Baptist Faith) 덕분에 성경 이외의 일체의 인간적인 권위들을 배척하는 신앙이 그에게 참 자유를 가져다 주었다. 동시에 당시 유럽대륙으로부터 수입되기 시작했고 프랑스 혁명과 미국 건국의 이념으로서 역할을 했던 계몽주의(Enlightenment) 사상 역시 그에게 건전한 개인주의(sound Individualism), 민주주의, 휴머니즘, 인간의 기본권사상 등을 일깨워 주었고 그 자신에게 참 자유를 주었다. 리랜드가 종교의 자유를 위해서 자신의 몸과 생을 드려 투쟁할 수 있었던 것은 대각성운동과 계몽주의 사상에 대한 확신 때문이었다. 오늘날 종교의 자유를 만끽하고 있는 미국인들과 자유민주국가들의 백성들은 종교의 자유를 위해 투쟁했던 침례교 지도자 존 리랜드의 헌신적이고 희생적인 노력에 직·간접적으로 적지 않은 음덕을 입고 있다.

제13장

제2차 대각성운동과 일반선교총회의 결성

미국인들의 독립운동은 영국왕실의 지배로부터 벗어나 독립된 국가를 이루어 민주정치와 공화정치를 이루고자 했던 혁명전쟁(Revolutionary War, 1775-1783)이었다. 이 전쟁은 단순히 정치적인 독립을 추구했던 것만이 아니라, 당시 핍박받던 개신교 신자들에게는 완전한 종교의 자유를 획득하기 위해서 반듯이 치루어야 할 희생이기도 했다. 그러나 전쟁은 미국 땅에 너무나 큰 상처를 남겼다. 수많은 인명피해가 있었음은 물론이거니와 교회당들이 파괴되었고 교회 지도자들이 전쟁터에서 전사를 하거나 부상을 당했다. 영적인 피폐와 침체가 미국 땅에 찾아온 것이다.

이러한 상황에서 일어난 영적 부흥운동이 제2차 대각성운동(The Second Great Awakening)이었다. 이 운동 이후 많은 기독교 단체들이 전국적인 규모의 총회를 조직하기도 하였고, 각종 초교파적인 기독교 단체들과 선교단체들이 등장하기도 하였다. 새로운 독립국가가 나라의 터를 잡아가면서 기독교계도 각 교단마다 조직을 정비하고 국내선교는 물론 세계선교를 위한 체제를 갖추어 가고 있었다. 침례교회도 최초로 전국적인 조직인 일반선교총회(GMC, General Missionary Convention, "3년차 총회" Triennial Convention, 1814)를 결성하였다.

I. 제2차 대각성운동

제1차 대각성운동이 미국의 독립 이전의 식민지 시대에 일어났던 부흥운동(1730년대-1760년대)이었다면, 제2차 대각성운동은 미국이 영국의 식민지로부터 독립해서 새로운 민주공화국이요 여러 주들(States)을 아우르는 연방정부(Federal Government)를 세운 후에 일어난 부흥운동이었다.[189] 나라가 기틀을 다지면서 영적으로 미국의 크리스천들이 하나님 앞에서 새로운 결단과 헌신을 다짐했던 심령부흥운동이었다.

1. 배경

미국 혁명전쟁(Revolutionary War, 1775-1783)은 별 희생 없이 치루어진 전쟁이 아니었다. 수많은 미국 청년들이 영국으로부터의 완전 독립을 쟁취하기 위해서 피를 흘려야 했고, 전쟁 수행 중에 미국의 동부지역에는 엄청난 재산상의 피해가 있었다. 특히 수많은 교회당들이 전쟁의 참화로 파괴되고 훼손되었으며, 많은 교회지도자들이 전사하기도 했고 교회를 떠나야 했다. 이러한 와중에 성도들도 흩어지게 되었다. 미국의 기독교계가 현실적으로뿐 아니라 영적으로도 황폐와 침체를 경험하게 되었다.

미국이 영국군대를 물리치고 새 나라를 건설하려던 즈음에는, 영국만이 아니라 유럽의 다양한 국가들의 주민들이 새로운 삶의 터전을 찾아 대량으로 이민을 오게 되었다. 초창기 이민자들의 이민 동기는 주로 종교적인 이유로 핍박을 받던 사람들이 신앙의 자유를 찾아 신대륙으로 건너 왔었다. 그러나 이제는 이민의 동기가 다양해졌다. 어떤 이들은 새로운 기회의 나라에서 일확천금을 꿈꾸는 마음으로 건너오기도 했고, 서부개척으로 큰 농장이나 광산을 차지하려는 동기로 건너오기도 했다.[190]

다양한 민족들이 다양한 종교적인 배경을 가지고 다양한 동기로 새로운 공화국으로 이민을 들어오기 시작한 것이다. 이민자들 가운데에는 도덕적으로 건전하지 않은 사람들도 있었고, 세상적인 야심을 가지고 있던 사람들도 있었다. 따라서 이민자들의 급속한 증가로 인구가 갑자기 급팽창하면서 자연히 사회 기강도 해이해지게 되었다.

신대륙에 미국인들에 의한 새로운 정부가 들어서자 이제 미합중국의 영토는 대서양 연안의 동해안 13개주에 머물러 있지 않았다. "서부로! 서부로!"(To the West!) 영토를 확장해 나갔다. 1803년에는 프랑스가 차지하고 있던 미시시피 강 유역과 미국 중부의 광활한 평원지대의 영토를 미국정부가 사들이게 되었다("루이지애나 구입," Louisiana Purchase). 서부개척의 발판을 놓은 것이다.

또한 1804년-1806년에는 "루이스와 클라크의 탐험"(Lewis and Clark Expedition)이라고 해서, 이들 탐험팀이 미시시피 강으로부터 로키산맥을 넘어 태평양 연안의 서북부 해안까지를 성공적으로 탐험하여 길을 열었다. 이들 탐험팀은 여러 인디안 부족들과 때로는 전투를 치루기도 했고 또 때로는 그들과 타협하고 화친하면서 새로운 길을 연 것이다.

---

189) Leonard, *Baptist Ways: A History*, 158.
190) McBeth, *The Baptist Heritage*, 343.

그래서 1830년대에는 "명백한 운명"(Manifest Destiny)라는 말이 유행하였다.[191] "동해안으로부터 서해안까지"(from the east coast to the west coast), 즉 북아메리카 전체가 미합중국의 영토가 되는 것은 명백한 운명이라는 것이었다. 그래서 대륙횡단 철도를 단계적으로 가설하였고 서부 개척에 박차를 가하였다.

이러한 정책은 북미 대륙에서 이미 오랜 세월 동안 터를 닦고 살아왔던 인디안 부족들에게는 엄청난 생존의 위협이 되었다. 그러나 미국 정부군은 새로운 무기로 인정사정 볼 것 없이 인디안들을 학살하며 영토를 확장해 나갔다. 새로운 개척지들에는 교회가 필요했지만 훈련받은 목회자나 선교사는 턱 없이 부족했다. 이러한 지역들에는 강도들과 폭도들이 횡횡하기도 하였다.

그런데 19세기 초에는 유럽에서 한 때 유행했던 각종 사조들이 미국으로 건너오기 시작했다. 18세기 유럽 사상계를 풍미했던 계몽주의(啓蒙主義, Enlightenment), 이신론(理神論, Deism), 무신론(無神論, Atheism), 회의론(懷疑論, Agnosticism) 등의 사상이 유입되면서, 17세기 필그림 조상들(Pilgrim Fathers)의 복음적이고 금욕적인 기독교 신앙이 퇴색하기를 시작하였다.[192] 인간의 이성을 강조하고 인권의 소중함을 강조하는 사상은, 자연히 탈기독교, 세속주의, 인본주의적 불신앙 등을 낳게 되어 점차 미국인들의 심령은 침체에 빠지게 되었다.

2. 대표적인 지도자들

장로교 목사였던 제임스 맥그리디(James McGready, 1758-1817)는 당시만 해도 외딴 서부 지역이었던 켄터키(Kentucky) 주에서 부흥운동을 주도하였다. 띄엄띄엄 흩어져 산재해 있던 마을 사람들에게 복음을 전하기 위하여 그는 "캠프 미팅"(Camp Meeting)에 의한 부흥회를 시도하였다.[193] 인구가 분산되어 있었기 때문이 일정한 기간과 장소를 정해 놓고 사람들이 캠프를 쳐서 동거하면서 부흥회에 참석하도록 하는 방법이었다. 달구지나 마차가 주요 교통수단이었음을 생각할 때, 당시로서는 일정 기간의 캠프생활이 하나님의 말씀을 듣고 하나님께 가까이 다가가기 위한 좋은 기회였다.

제2차 대각성운동을 주도했던 주요 인물들 가운데 한 사람은, 조나단 에드워드의 외손자 티모시 드와이트(Timothy Dwight, 1752-1817)였다. 그는 그 시대의 영적인 부흥에 큰 기

191) Ibid.
192) Ibid., 343-4.
193) Leonard, *Baptist Ways: A History*, 158-9.

여를 했던 사람이었다. 회중교회 목사였던 그는 한 때 예일대학교(Yale University) 총장직을 수행하면서 동 대학교 학생들에게 심령부흥에 불을 지르는 역할을 하였다.

제2차 대각성운동의 대표적인 인물은 찰스 피니(Charles Finney, 1792-1875)였다.[194] 장로교 목사였으나 추후에 회중교회 목사로 전향을 했던 인물인데, 그는 변호사와 교수로서 사역하기도 하였다. 초창기 부흥운동 사역에서는 감정을 자극하는 부흥회식의 집회를 인도하기도 하였다.

찰스 피니의 부흥회를 "새로운 방법"(New Measure)이라고도 불렀는데, 그는 하나님께서 부흥을 내려 주시려면 인간들이 최선을 다해 사전에 철저하게 준비를 갖추어야 한다는 점을 강조하였다. 그래서 "애통하는 자리"(anxious seats)라는 것을 집회 앞자리에 만들어 놓고, 통성기도를 하며 죄를 회개하고 애통해 하는 사람들이 부흥회의 분위기를 인도하였다. 설교자의 말씀에 "아멘! 할렐루야!"로 화답하는 것도 이들의 몫이었다. 일종의 아멘 부대였다.

이처럼 찰스 피니의 초기사역은 심령부흥에 초점을 맞추었고 따라서 자연히 감정을 자극하는 집회였으나, 그의 후기사역은 구제활동, 금주운동, 노예제도 폐지운동 등 보다 윤리적이고 제도개혁적인 운동으로 승화되어 갔다. 단순히 심령의 변화만이 아니라 삶의 변화가 열매로서 나타나야 함을 강조하게 된 것이다. 제1차 대각성운동은 하나님의 절대주권을 강조하는 강력한 칼빈주의적 부흥운동이었다면, 제2차 대각성운동은 인간의 책임과 최선을 다하는 준비 그리고 각종 사회제도의 개혁 등을 강조하는 부흥운동이었다.

3. 결과

제2차 대각성운동의 결과 새 나라를 건설한 미국 국민들은 다시 한번 하나님 앞에 마음과 몸을 드리는 계기가 되었다. 그들은 영혼구원의 소중함을 강조함과 동시에 도덕재무장, 제도개혁, 자선사업 등을 활성화하는 기회로 삼았다.

동시에 국가의 기틀이 잡혀가면서 각종 기독교단에서는 전국적인 총회를 구성하게 되었으며, 초교파적인 기독교 단체들이 결성되기 시작하였다. 그 대표적인 것을 예로 든다면, 최초의 초교파적인 해외선교단체인 "미국해외선교위원회"(American Board of Commissioners for Foreign Missions, 1810), 초교파적인 성경 출판 및 보급기관인 미국성서공회(American Bible Society, 1816), 초교파 주일학교 기구인 미국주일학교연맹(American Sunday School Union, 1824) 등이다.[195] 그리고 침례교단에서는 1814년에 최초로 침례교 전국총회가 결성

194) Bruce Shelley, 「현대인을 위한 교회사」(서울: 크리스챤 다이제스트, 1995), 491-2.

195) McBeth, *The Baptist Heritage*, 344.

이 되었는데, 일반선교총회(GMC, General Missionary Convention, "3년차 총회," Triennial Convention)가 그것이다.[196]

II. 남부지역의 침례교지도자 리차드 퍼만[197]

1. 지도자로서의 준비

1) 어린 시절

리차드 퍼만(Richard Furman, 1755 1825)는 1755년 10월 9일, 뉴욕 주 이소퍼스(Esopus)에서 아버지 우드 퍼만(Wood Furman)과 어머니 레이철 브로드헤드(Rachel Brodhead)에게서 태어났다. 이미 형 죠시아(Josiah)와 누나 사라(Sarah)가 앞서 태어나 성장하고 있었다. 리차드가 태어난 지 몇 달 되지 않아 퍼만 가족들은 사우스 캐롤라이나 주 하이 힐즈(High Hills)로 이주하였다.

남부지방으로 이주해 온 이들은 한 곳에 빨리 정착하지 못하고 해안지대로 내려가 살기도 했는데, 이런 와중에 리차드는 초등학교 시절 공교육을 체계적으로 받을 수 있는 기회를 갖지 못하였다. 그의 전기 작가였던 Harvey T. Cook은 "소년의 교육은 전적으로 가정에서 이루어졌으며, 그는 의무감이 강했고 잘 순종하는 성격을 가졌기 때문에 강요받음이 없이 교육이 이루어지게 되었다"[198]고 기술하였다.

학교 선생님의 경험을 가졌던 아버지와 경건한 어머니에게서 리차드는 공교육이 줄 수 없었던 훌륭한 가정교육을 받았던 것이다. 시와 역사와 여행 등이 리차드가 좋아했던 과목이요 주제였다. 11살이 되었을 때 그는 호머의 일리아드(Iliad)를 읽고 큰 감명을 받았으며 그 대서사시의 첫 번째 책을 거의 외울 정도였다고 한다.[199]

사춘기 소년으로 성장해 가면서 리차드는 "아버지로부터 여러 분야의 수학을 배웠는데, 그 중의 하나는 측량에 적용할 수 있었던, 이론 및 실제 삼각법(Theoretical and Practical Trigonometry)이었다."[200] 소년 리차드는 단 기간 동안 어떤 유능한 가정교사를 통해서 라

196) Ibid., 344-6.

197) 제13장의 II 부분은 「복음과 실천」 제27집 (2000년 가을호)에 실린 필자의 논문, "리차드 퍼만(Richard Furman)의 생애와 사역"을 수정하고 보완한 것이다.

198) Harvey T. Cook, *Biography of Richard Furman* (Greenville, SC: The Baptist Courier, 1913), 2.

199) James A. Rogers, *Richard Furman: Life and Legacy* (Macon, GA: Mercer University Press, 1985), 3.

200) Cook, *Biography of Richard Furman*, 3.

틴어를 공부했으나 어떤 알 수 없는 이유로 인해 중단하였다.

해안지대에서 사는 동안에 리차드는 "어떤 탁월한 교양을 갖춘 영국 숙녀로부터 가르침을 받았다. 그녀는 리차드의 성숙을 위해서 많은 수고를 하였는데, 그에게는 그러한 선생을 만난 것이 큰 행운이었다."[201] 결국 리차드는 아버지로부터, 그리고 가정교사들로부터, 무엇보다도 자신의 배우고자 하는 열정으로 인하여 지적, 교양적, 신앙적인 성장과 성숙을 이루어 갔다.

2) 개종과 안수

퍼만 가족이 1770년 5월에 산티의 하이 힐즈(High Hills of Santee)로 다시 돌아왔을 때, 그들은 가까운 곳에 교회가 없어 은혜의 양식을 정기적으로 공급받을 수 없는 상황이었다. 이 때 콩가리(Congaree)로부터 조셉 리이즈(Joseph Reese) 목사가 부정기적으로 순회하면서 예배를 인도해 주었다.[202] 그는 3일에 걸친 야외부흥회(open air revival meeting)를 인도하기 위해 가끔 하이 힐즈를 방문하곤 했는데, 그의 사역 가운데 가장 큰 열매들 중의 하나는 리차드를 영국국교회 교인으로부터 분리침례교인(Separate Baptist)으로 개종시킨 사건이었다.[203] 침착하고 지성적인 성품을 가졌던 리차드는 부흥회식의 감정적인 설교를 했던 리이즈 목사에게서 쉽게 감동을 받을 수는 없었다. 그러나 성령께서는 그의 개종을 이미 준비하고 계셨다.

영국 국교회에서 성장했던 리차드는 태어나자마자 유아세례를 받았고 그것이 성경적인 것으로 알고 있었다. 그런데 성경에 의하면 예수를 믿고 거듭나는 것이 침례를 받는 전제조건이라는 리이즈 목사의 설교를 듣고 그는 처음으로 그 문제에 관해서 진지하게 탐구하기 시작하였다. 성경을 펴놓고 믿음과 침례에 관해 몇 달 동안 씨름을 한 결과 그는 하나님의 뜻이 무엇인지를 깨달아 알 수 있었다.[204] 리이즈 목사가 하이 힐즈를 다시 찾아왔을 때 그는 기꺼이 침례를 받겠노라고 초청에 응하였다. 리차드가 겪었던 신앙적인 갈등에 관하여 전기 작가는 이렇게 기록하였다:

---

201) Ibid.

202) Ibid. 16. 조셉 리이즈 목사는 하이 힐즈로부터 서쪽으로 15마일 떨어진 콩가리 침례교회 담임목사였다. 영국 국교회의 신앙적인 영향을 받으며 성장했으나 1760년 필립 멀키(Philip Mulky)라고 하는 분리침례교 목사의 가르침을 받고 침례교로 개종하였다.

203) Rogers, *Richard Furman: Life and Legacy*, 17.

204) Ibid.

> 고뇌를 안고 그(리차드)는 숲 속으로 들어갔고 자신의 몸을 땅 위에 굽히며 엎드려 하나님께 기도했다. 그는 하나님께서 자신을 사랑하여 감싸 안으신다는 느낌을 받았는데, 이러한 체험을 한 후 곧바로 숲을 빠져 나와 부흥집회 장소로 달려 갔다. 그는 침례 후보자로 자신을 헌신하였다. 바로 그때 그는 값없이 주시는 복음의 은혜를 기꺼이 받고자 손을 내밀었던 죄인으로서 하나님께 재헌신을 하였다.[205]

1771년 어느 날 리이즈 목사의 설교에 깊은 감동을 받았던 16살의 리차드와 그의 어머니는 시골 교회의 조그만 침례탕에서 침례를 받았고, 그것은 침례교 역사에서 새로운 지도자의 탄생을 예고하는 사건이었다. 그러나 영적인 성장과 성숙은 자연히 이루어지는 것이 아니었다. 개종과 침례가 있은 후 비록 짧은 기간 동안이긴 했지만, 리차드는 "혼동케 하는 유혹과 불신앙적인 의심으로 인해 고통을 겪기도 하였다."[206]

이 기간 동안 그는 기도하고 성경을 공부하고 그리고 경건 서적을 탐독하기 위해 적지 않은 시간을 투자하였다. 영적인 전투에서 승리했을 때, 이제 그는 주님을 위한 증인으로 다시 태어나게 되었으며 이웃 마을에서 열리는 부흥집회에까지 적극적으로 참여하였다. 그의 신실함과 열정이 주위 사람들에게 알려지면서 그는 서서히 하나님 나라의 예비 지도자로서 두각을 나타내기 시작하였다.[207]

하이 힐즈 침례교회는 1770년에 회중으로 모이기 시작했으며 2년 후인 1772년 1월 4일에 콩가리 침례교회로부터 독립된 교회로서 조직화되었다.[208] 1774년 5월, 리차드가 약관 19살 때에, 조셉 리이즈 목사와 에반 푸(Evan Pugh) 목사는 그를 침례교 목사로서 공식적으로 안수하였다.[209] 6개월 후에는 그 교회가 정식으로 그를 담임목사로 청빙하였고 그는 기꺼이 수락하였다.

같은 해 11월 달에 리차드는 엘리자베스 헤인즈워스(Elizabeth Haynsworth) 양과 결혼을 하였다. 그러나 엘리자베스는 리차드의 부인이 되었지만 아직 침례교인으로 전향하지는 않았다. 그녀는 영국 국교회의 신앙을 버리지 않았다. 그러나 리차드의 아내로서 그리고 세 명의 자녀들의 어머니로서의 책임을 매우 심각하게 여기고 있었고, 남편의 목회사역을 정성껏 돕는 것을 자신의 사명으로 간주하였다.[210]

---

205) Cook, *Biography of Richard Furman*, 5.
206) Ibid.
207) Ibid., 6 7.
208) Rogers, *Richard Furman: Life and Legacy*, 17.
209) Ibid., 21.
210) Ibid., 23.

3) 하이 힐즈에서의 사역

젊은 목사 리차드는 하이 힐즈(High Hills)에서 1774년에서 1787년까지 13년 동안 담임목사로서 목회사역을 감당하였다. 그의 사역은 담임목회에 한정되지 않았다. 사우스 캐롤라이나 주 전역을 왕래하며 전도활동과 부흥집회를 인도하였다. "다리가 놓여 있지 않는 강과 하천, 말 한 마리만 겨우 다닐 수 있는 좁은 길, 먼 길을 가야함에도 흔하지 않았던 숙박시설, 예배처소가 제대로 갖추어지지 않은 시골 등 여러 가지 어렵고 힘든 여건이었지만,"[211] 이러한 여건이 젊은 전도자요 부흥사의 활동을 방해할 수는 없었다.

하나님은 리차드 퍼만의 사역을 축복하셔서 새로 예수를 믿고 침례를 받는 사람을 더하여 주셨다. 서서히 그는 침례교단 내에서 그의 탁월한 목회로 인하여 좋은 명성을 얻게 되었고, 특히 당시의 교단 지도자였던 찰스턴의 올리버 하트(Oliver Hart) 목사와 뉴욕의 죤 가노(John Gano) 목사와 같은 인물들과 교제를 나누었다. 하이 힐즈 침례교회는 분리침례교회였는데, 그는 1778년에 그 교회를 찰스턴 침례교 지방회(Charleston Baptist Association)에 가입시켰다.[212]

퍼만이 하이 힐즈 침례교회를 담임하고 있던 시절은 미국 역사에 있어서 많은 갈등을 안고 있던 때였다. 미국 내의 식민지 지도자들과 영국정부 당국자들 간의 긴장의 골이 깊어가고 있었다. 퍼만은 미국이 영국으로부터 종교적으로는 말할 것도 없고 정치적으로도 독립하여야 한다는 입장을 견지하였다. 따라서 그는 종교의 자유, 그리고 이 자유의 완전한 보장을 위해서는 종교의 국가로부터의 분리를 강력하게 주장하였다. 이러한 그의 단호한 태도는 종교의 자유를 획득하기 위한 조치를 논의하기 위해 1776년에 영국 국교회 이외의 분파들의 대표자들의 모임을 자신의 교회에서 갖도록 유치한 것에서 잘 나타나 있다.[213] 이 회의에서 그가 어떤 역할을 했는지는 잘 드러나 있지 않으나 "어떠한 상황 속에서도" 종교의 자유는 보장되어야 한다는 것을 옹호하였다.[214]

1780년 5월 찰스턴이 영국군 대장 콘왈리스(Cornwallis)와 영국 군대에 의해 함락되었고, 8월에는 하이 힐즈에까지 침공해 들어와 캠던(Camden)에 진지를 구축하였다. 따라서 퍼만

---

211) H. A. Tupper, ed., *Two Centuries of the First Baptist Church of South Carolina, 1683-1883* (Baltimore, MD: R. H. Woodward and Company, 1889), 131.

212) Rogers, *Richard Furman: Life and Legacy*, 36. 당시 찰스턴 침례교지방회는 정규침례교회들(Regular Baptist Churches)이 주류를 이루고 있던 지방회였다. 정규침례교회는 기본적으로 부흥회식의 감정적인 신앙생활을 거부하고 예배를 보다 질서정연하고 엄숙하게 드리는 것을 선호했던 지성적인 교회였다. 제1차 대각성운동(The First Great Awakening Movement) 후에 침례교회는 이 운동에 적극적으로 참여했던 분리침례교회(Separate Baptist Churches)와 이에 반대하는 정규침례교회로 분열되었었다.

213) Zaqueu Moreira de Oliveira, "Richard Furman, Father of the Southern Baptist Convention," William R. Estep, ed., *The Lord's Free People in a Free Land* (Fort Worth, TX: Evans Press, 1976), 91.

214) Cook, *Biography of Richard Furman*, 10.

은 북쪽으로 피신하지 않을 수 없었는데, 마요(Mayo) 강 유역인 노스 캐롤라이나와 버지니아 접경지대에서 1782년까지 생활하였다.[215] 이 기간 동안 그는 그 지역에서 전투에 임하고 있던 독립군 민병대를 자주 심방하며 설교하였다.[216] 이 기간에 그는 버지니아 헨리 카운티의 레더우드(Leatherwood) 농장에 살고 있던 패트릭 헨리(Patrick Henry-"자유를 달라 자유가 아니면 죽음을 달라"고 외쳤던 초창기 정치지도자–필자 주)와 교분을 맺었으며, 그는 퍼만의 설교를 귀담아 듣고 은혜를 받았다.[217]

전쟁이 독립군의 승리로 끝나자 1782년 가을 퍼만은 하이 힐즈 교회의 사역지로 돌아왔다. 이제는 보다 성숙한 목회자로 그리고 "싸우스 캐롤라이나 침례교인들, 더 나아가서 남부 지방의 침례교인들의 인정과 존경을 한 몸에 받는 지도자"[218]로 자리매김을 하게 되었다. 그러나 13년 동안 함께 살아왔던 퍼만의 아내 Elizabeth가 수개월 동안 병 중에 있다가 1787년 6월 15일 세상을 떠났다. 1783년 2월 그의 아버지가 돌아가셨을 때와 같이 그는 아내의 장례식을 손수 집례했다.[219] 그녀는 세 자녀를 남기고 떠났다. 퍼만은 아내의 죽음이라는 부담을 안고, 담임목사로 초청하는 찰스턴 제일침례교회의 부르심에 순종해야 했다.

2. 찰스턴 제일침례교회 담임목사

리차드 퍼만이 다양한 사역과 책임을 수행했지만, 그는 무엇보다도 하나님께서 맡겨주신 양무리를 돌본 담임목사였다. 약 50년 동안 그가 담임목회를 감당했는데, 오직 두 교회뿐이었다. 하이 힐즈(High Hills) 침례교회에서 약 12년, 찰스턴(Charleston) 제일침례교회[220]에서 약 38년 동안 담임목사로 사역하였다. 그가 교단 차원의 여러 가지 책임을 수행할 수 있었던 기반은 바로 찰스턴 제일침례교회의 담임목사 직분이었다.

215) 애국자 퍼만의 적극적인 활동에 관한 이야기가 영국군 대장 콘왈리스(Cornwallis)의 귀에까지 들렸다고 하는데, 그는 퍼만을 생포하는 자에게 1,000파운드의 현상금을 걸었다는 전설적인 이야기가 있다. 콘왈리스 대장은 민병대 대장들인 프란시스 마리온(Francis Marion)과 토마스 섬터(Thomas Sumpter)의 군대보다도 퍼만의 기도를 더 두려워했다고 한다. Cook, 72; Rogers, 39.

216) Cook, *Biography of Richard Furman*, 12.

217) Ibid.

218) Rogers, 51; William J. McGlothlin, *Baptist Beginnings in Education: A History of Furman University* (Nashville: Sunday School Board, S.B.C., 1926), 28.

219) Rogers, *Richard Furman: Life and Legacy*, 55.

220) 이 교회는 1682년 윌리암 스크리븐(William Screven)에 의해 메인(Maine) 주의 키터리(Kittery, ME)에서 개척되었던 키터리(Kittery) 침례교회가 1696년에 사우스 캐롤라이나 주 찰스턴으로 집단 이주함으로써 이루어졌던 교회였다. 이 교회는 남부지방 최초의 침례교회가 되었으며, 미국 침례교 역사를 통해서 많은 지도자들을 배출하였다.

1) 찰스턴 제일침례교회로의 부르심

찰스턴 제일침례교회는 1780년 이후 담임목사가 공석 중이었다. 독립전쟁(Revolutionary War, 1775 83)이 종식된 이후, 담임목사였던 올리버 하트(Oliver Hart)는 다시 본 교회로 귀임해 달라는 부탁을 교회로부터 받았었다. 그러나 하트 목사는 찰스턴 제일침례교회에 편지를 써서 사임의사를 표하면서 리차드 퍼만 목사를 강력하게 추천하였다.[221] 따라서 1784년 3월 8일에 교회는 리차드 퍼만에게 담임목사로 와 달라는 청빙을 하였으나, 그는 그 제안을 거절하였다. 교회는 재차 올리버 하트 목사에게 귀임을 요청하였으나 효과를 거두지 못하였다.

하트 목사의 귀임이 사실 상 불가능한 것으로 확인되자 결국 리차드 퍼만은 1787년 10월 교회의 청빙을 수락하였다.[222] 아내를 먼저 하늘나라로 떠나보낸 퍼만은 어머니와 세 자녀들을 이끌고 같은 해 11월 달에 찰스턴 제일침례교회로 부임하였다. 이때 자신의 집에서 일하고 있던 흑인 남자 두 사람과 여자 한 사람, 즉 세 사람의 노예가 동행하였다.[223]

퍼만이 대도시의 가장 오래되고 큰 교회의 영적인 지도자로 취임을 하게 된 것은 그가 미국의 침례교회들과 침례교인들을 위해서 큰 일을 감당할 수 있게 된 중요한 계기가 되었다. 미국이 이제 독립된 자주국가로서 도약 발전하는 시기에 침례교단 역시 위대한 지도자의 출현을 기다리고 있었다.

2) 찰스턴 제일침례교회에서의 목회

찰스턴 교회의 교인들은 7년 동안 담임목사가 없었기 때문에 뿔뿔이 흩어져 버렸다. 더욱이 혁명전쟁(Revolutionary War, 1775-1783, 독립전쟁) 중에는 영국 군대가 찰스턴을 장악했었기 때문에 교회로서는 적지 않은 손상을 입었다. 실제로 영국 군인들이 교회 건물을 환자 치료를 위한 병원 시설로 사용하기까지 하였다.[224] 1787년 퍼만이 부임할 당시에 전 교인 수는 152명에 불과하였다.

---

221) 올리버 하트(Oliver Hart) 목사는 1749년 1780년, 약 31년간 찰스턴 제일침례교회를 담임하였다. 그는 영국으로부터 미국이 독립해야 한다는 입장을 강하게 견지하고 있었고, 영국군에 의해 찰스턴이 점령이 되었을 때 신변의 안전을 위해 뉴저지(New Jersey) 주에 피신을 하고 있었다. 피신 중에 그는 Hopewell에서 담임목회의 책임을 떠맡고 있었는데, 자신의 노령을 고려하면서 찰스턴 교회로의 귀임을 거절하고 젊은 목사 리차드 퍼만을 추천한 것으로 보인다. 하트 목사는 찰스턴 침례교지방회와 사우스 캐롤라이나 침례교주총회에서 지도자로 활동하였으며, 유능하고 젊은 청년들의 신학수업 장학기금이라고 볼 수 있는 "종교사회기금"(Religious Society Fund)를 조성하는 등 남부지방 초창기 지도자로서 큰 기여를 하였다.

222) Rogers, *Richard Furman: Life and Legacy*, 59.

223) Ibid.

224) Cook, *Biography of Richard Furman*, 19.

퍼만이 이곳에서 목회를 시작하면서 교회를 이끌어 가는데 중요한 변화를 주도하였다. 먼저 교회의 행정구조를 개혁하였다. 이전에는 "교회의 현실적인 문제들은, 심지어 담임목사를 초청하는 문제도 이사회(trustees)가 그 일을 주도하였고, 특별한 경우에만 전체 회중의 자문을 구하였다."[225] 1791년에 모든 교회의 사업들에 대해서 전체 회중이 주도권을 가지고 처리할 수 있도록 정책을 바꾸었다. 다시 말해서 대의정치에 의한 행정을 회중정치 체제로 변경한 것이다.

초창기 찰스턴 교회의 목회에서 또 다른 큰 변화는 리차드 퍼만의 재혼이었다. 1789년 34살이었던 퍼만은 찰스턴의 유지였던 찰스와 매리 맥도날드(Charles and Mary Glas Burn McDonald)의 딸인 16살의 도로시(Dorothea)와 결혼하였다.[226] 그들 사이에 첫 아이가 1790년 4월 2일에 태어났는데, 두 번째 결혼에서 그는 모두 13명의 자녀를 선물로 받았다.[227]

퍼만의 목회사역 가운데 큰 특징 가운데 하나는 어린 아이들과 질의 응답(catechism)을 통한 교육방법이었다.[228] 담임목사가 직접 어린이들과 일대일의 제자훈련을 했던 것이다. 이 방법은 어린이들의 영혼 속에 기독교 신앙의 기초 교리들을 주입하는데 매우 효과적이었음에 틀림없다.

퍼만은 자신의 회중을 섬기는 일에 정진했을 뿐만 아니라 지역교회를 넘어서서 자신의 활동범위를 넓혀갔다. 1790년 봄에는 주정부 헌법기초위원으로 위촉을 받아 활동을 함으로써 찰스턴 시민의 지도자 역할을 감당하기도 하였다. 또한 이러한 지위를 이용하여 사우스 캐롤라이나 주에서 종교의 자유를 확립하기 위해 노력하였으며, "과거의 국교체제의 유산이었던 배타적인 교구 구분(exclusive parochial distinction)을 철폐하는 동의안을 제출하여 통과시키기도 하였다."[229]

퍼만은 다른 목회자들과 교제의 폭을 넓혀가기도 하였다. 미국과 영국의 교회 지도자

---

225) Ibid.

226) Rogers, *Richard Furman: Life and Legacy*, 65.

227) 퍼만의 자녀들 가운데 사회와 교회에 큰 기여를 한 이들이 많다. Wood(1779-1840)은 찰스턴 침례교 지방회의 역사를 편찬함으로써 침례교 역사연구에 귀중한 공헌을 하였다. Richard II(1790-1846)는 상당히 유명했던 의사였다. Samuel(1792-1877)은 교회의 담임목사와 "퍼만 아카데미와 신학원"(Furman Academy and Theological Institution)의 교수로 봉사하였다. Charles M.(1797-1872)은 변호사, 주정부 재무장관, 은행장(South Carolina State Bank)을 지냈다. Henry Hart(1801-1841)는 면화 농장장과 뉴올리언즈 시의회 의원을 지냈다. John Gano II(1803-1830)는 미국 육군사관학교(United States Military Academy)를 졸업하고 고급장교가 되었다. 가장 탁월한 기여를 한 아들은 James C. Furman이었는데, 그는 담임목사, 교수 그리고 대학 총장을 역임했다. 그는 "퍼만 아카데미와 신학원"에서 가르쳤고, 말년에는 퍼만 대학교(Furman University, "퍼만 아카데미와 신학원"의 후신)에서 총장으로 봉직하였다. Rogers, *Richard Furman: Life and Legacy*, 253-86.

228) 이것이 오늘의 침례교회에서는 너무나 당연한 일인지 모르나 그 당시는 주일학교운동이 겨우 시작되고 있을 때였음을 상기할 필요가 있다.

229) Cook, *Biography of Richard Furman*, 21.

들과 광범하게 서신들을 주고 받았다.[230] 그는 다른 침례교 목사들은 물론 다른 교단의 목회자들과도 원만한 인간관계를 맺기 위해 힘썼으며, 장로교 목사들이나 회중교회 목사들을 자신의 강단에 기꺼이 초청하였고 자기 자신 역시 침례교가 아닌 교회에서 설교하는 것을 마다하지 않았다. 충실한 목회와 좋은 인간관계는 그에게 명예도 안겨 주었다. 1800년에는 프라비던스에 있는 로드 아일랜드 침례대학(Rhode Island Baptist College)에서는 그에게 명예신학박사(Doctor of Divinity)를 수여하였고 1808년에는 사우스 캐롤라이나 대학에서도 동일한 학위를 수여하였다.[231]

퍼만의 찰스턴 제일침례교회 사역 가운데 가장 괄목할만한 것은 새 교회당의 건축이었다. 교인수가 증가함에 따라 보다 큰 새로운 시설이 필요했다. 1805년 담임목사는 이러한 교회의 현실적인 필요를 교인들에게 인식시켜 나갔고, 당시 1,000불 상당의 땅을 기증받으면서 교회당 건축을 독려해 나갔다. 1817년에 건축위원회가 구성은 되었지만 1819년에 가서야 건축은 시작될 수 있었고, 드디어 1822년 1월 17일에 헌당예배를 드렸다.[232]

새로운 예배당이 완공되자 회중들 사이에서는 영적인 부흥의 분위기가 역력했다. "찰스턴에서의 퍼만의 목회사역 가운데 가장 폭발적인 부흥"은 1822 1823년 두 해 동안에 일어났다.[233] 교인수의 증가는 눈에 띄게 드러났다. 1787년 부임 당시 약 152명이던 교회가 1800년에는 270명으로 불어났고 퍼만이 이 세상을 떠났던 1825년에는 780명을 기록하였다. 성장도 주로 새신자에게 침례를 베풂으로써 이루어진 것이었다.[234]

또한 같은 기간 동안 139명이 교회를 떠났고 66명이 파문을 당했던 것을 고려할 때 교회가 권징(discipline)에도 게을리 하지 않았음을 짐작할 수 있다.[235] 당시로서는 남부지방은 물론 미국 전역에서도 찰스턴 제일침례교회는 큰 규모의 교회였고, 따라서 그 교회의 담임목사였던 퍼만은 침례교단을 이끌어 가기에 부족함 없는 강력한 지도자로 성장하였다.

3) 리차드 퍼만의 교회 신학

퍼만이 공교육의 혜택을 충분히 누리지는 못하였지만 그러나 고전문학과 헬라어 히브

230) Rogers, *Richard Furman: Life and Legacy*, 74-5. 그의 서신 교환 대상자들 가운데에는 프라비던스의 Dr. James Manning, 필라델피아의 Dr. Samuel Stillman, Dr. William Roger, Dr. Thomas Ustick, 영국의 Dr. John Rippeon, Dr. John Ryland, Samuel Pearce 목사, 그리고 뉴욕의 목사 Benjamin Foster 등이 있다.

231) Cook, *Biography of Richard Furman*, 26.

232) Rogers, *Richard Furman: Life and Legacy*, 219. 사우스 캐롤라이나 사람인 로버트 밀(Robert Mill)이 건축 설계사로 선정되었는데, 그는 Washington D.C.의 와싱턴기념비(Washington Monument)를 설계한 사람으로서 당시에 가장 탁월한 건축 설계사였다고 한다.

233) Cook, *Biography of Richard Furman*, 34.

234) Rogers, *Richard Furman: Life and Legacy*, 207.

235) Ibid.

리어 그리고 당대의 문학작품에 일가견을 가졌던 사람이었다. 비록 그가 자신의 믿음을 조직적인 방법으로 진술한 바는 없지만, 설교나 저술 등에서 어느 정도 상당 부분 자신의 신학을 피력하고 있음을 발견할 수 있다. 그는 전형적인 "목사인 신학자"(pastor theologian)였다. 그럼 당시에 퍼만에게 영향을 주었던 신학적인 배경은 무엇이었을까?

베이커(Robert A. Baker) 박사에 의하면 퍼만에게 안수를 베풀었던 두 목사들, 즉 에반 퓨(Evan Pugh)와 조셉 리이즈(Joseph Reese)의 신학적 전통이 퍼만에게서 합류하고 있다고 분석하였다:

> 이 두 사람이 퍼만을 안수했다는 것이 하나의 의미 있는 상징이 된다는 것을 누구나 공감하리라. 퓨(Pugh)는 정규침례교(Regular Baptist)의 배경을 가졌고… 리이즈(Reese)는 필립 멀키(Philip Mulkey)의 제자였는데 그는 사우스 캐롤라이나의 개척자요 분리침례교(Separate Baptist) 목사였다. 올리버 하트(Oliver Hart) 목사가 퓨(Pugh)와 리이즈(Reese), 이 두 사람을 안수하는 일을 도왔는데, 이들이 정규침례교와 분리침례교 양자의 강점들을 연합하여 사우스 캐롤라이나주의 새로운 신앙운동을 주도했던 대표적인 인물들이었다. 리차드 퍼만은 이 연합의 표본적인 인물인 것이다.[236)]

제1차 대각성운동 당시에 영국의 부흥사 조지 휫필드(George Whitefield)의 설교는 남부지방의 정규침례교인들 사이에서 따뜻한 환영을 받았었다. 물론 알미니안 신학을 강하게 가졌던 사람들은 그를 배척한 것도 사실이지만, 대체로 많은 침례교인들이 휫필드의 신학과 그의 영혼구원의 열정을 높이 평가하였다. 제1차 대각성운동의 휫필드식 개종주의(Whitefieldian Conversionism)가 퍼만의 신앙과 신학에 적지 않은 영향을 주었다.[237)]

찰스턴 침례교 지방회의 교리적인 진술들도 퍼민에게 영향을 주었을 것이다. 1767년에 찰스턴 지방회는 필라델피아 침례교 지방회가 그러했던 것처럼(1742년), 제2차 런던 신앙고백(1677년)을 공식적인 신앙진술로 채택하였다. 동시에 어린이들을 가정에서 교리적으로 훈련시키기 위한 방법으로 "침례교 교리문답"(Baptist Catechism)을 채택하였다. 이러한 교리적인 진술들은 그 당시 남부지방의 침례교회들에서 매우 심각하게 간주했던 것이었고 목사들의 설교나 교사들의 가르침에 신학적인 윤곽을 제공해 주었던 것이었다. 이러한 찰스턴 침례교지방회의 공식적인 신학적 문건들은 칼빈주의적인 색채를 농후하게 띠고 있었는데, 퍼만의 신학형성에 강한 인상을 남겼다.[238)]

---

236) Robert A. Baker and Paul J. Craven, Jr., *Adventure in Faith: The First 300 Years of First Baptist Church, Charleston, South Carolina* (Nashville, TN: Broadman Press, 1982), 188 9.

237) Thomas J. Nettle, "Richard Furman," *Baptist Theologians*, Timothy George and David S. Dockery, ed., (Nashville, TN: Broadman Press, 1990), 146.

퍼만의 교회론(ecclesiology)은 그의 설교, "기독교회의 헌장과 직제"(The Constitution and Order of the Christian Church)에 잘 나타나 있다. 퍼만은 지역교회(Local Church)는 물론 우주적 교회(Universal Church) 개념도 인정하고 있으며 그것을 이렇게 정의하고 있다: "그 이름들이 하늘나라에 기록되어 있는 구속받은 사람들의 전체 몸(the whole body of the redeemed), 그래서 이들은 결국 하나님과 어린 양의 보좌 주위를 둘러싸고 거대한 총회(that grand assembly)로 모이게 될 것이다. 그때 '드디어 하나의 목장과 하나의 목자'(one fold and one shepherd)가 있게 될 것이다."[239)]

이 교회는 "영화된 영혼들, … 지상에 존재하는 가시적인 성도들," 그리고 "아직 죄 가운데 있으면서 아직은 복음의 초청을 경험해 보지 못한" ('그러나 언젠가 예수를 믿어 구속받게 될' – 필자의 삽입) 수많은 사람들, 그리고 퍼만은 첨가하기를 "헤아릴 수 없이 많은 아직 태어나지 않은 자들"까지도 포함된다고 말하고 있다.[240)] 이러한 표현에서 볼 때 퍼만 신앙의 칼빈주의적 색채를 강하게 읽을 수 있다. 아래의 지역교회 개념을 고려할 때 위의 진술이 예수 믿지 않는 불신자들까지도 우주적 교회에 포함된다고 볼 수는 없을 것이다.

지역교회는 구속받은 개인들(redeemed individuals)로 구성되며 그 목적은 하나님의 영광을 드러내고 하나님 왕국을 확장시키는데 있다. 교회란 그리스도의 권위 아래 있음을 퍼만은 확신하였다. 왜냐하면 "교회의 권위는 원래부터 있던 것이 아니라 유래된 것(not original, but derived)이기 때문이며, 그것은 입법(legislation)의 능력을 가지고 있는 것이 아니라 단지 그리스도의 법을 집행할(enforcing) 능력만을 가지고 있기 때문이다."[241)]

퍼만은 침례교회의 일반적인 전통에 따라 교회에는 침례와 주의 만찬, 두 가지 의식이 있음을 주장하였다. 그러나 특이한 점은 이러한 의식의 의미를 설명함에 있어서 단순한 메마른 상징주의(a mere dry symbolism)에 머물고 있지 않다는 점이다. 침례를 받음으로써 "신자는 자신의 모든 죄를 버리고 존귀하신 삼위일체 하나님을 위한 봉사에 스스로를 헌신하는 것"이라고 말하였다.[242)]

주의 만찬 역시 단순한 기념이나 상징을 뛰어넘어 신자들이 하나님과의 피의 언약관계를 다시 확인함으로써 보다 성결하고 헌신된 삶을 살겠다고 하는 다짐이 있어야 함을 강조하였다. 주의 만찬을 준수함은 "성도들 간의 상호 사랑과 연합을 촉진시켜야 하며" 동시

---

238) Ibid.

239) Richard Furman, *The Constitution and Order of Christian Church* (Charleston, SC: Markland & McIver, 1791), 8. Nettles, "Richard Furman," *Baptist Theologians*, 159에서 재인용.

240) Ibid., 8 9.

241) Ibid., 11.

242) Richard Furman, *Rewards of Grace Conferred on Christ's Faithful People* (Charleston, SC: J. McIver, 1796), 9. Netttles, "Richard Furman," *Baptist Theologians*, 159에서 재인용.

에 "한 인간이 하나님과 맺었던 언약을 새롭게 하거나 강화시키는 계기가 되어야 하는 것이다"라고 퍼만은 주장하였다.[243)]

이렇게 볼 때 침례와 주의 만찬에 대한 퍼만의 견해는, 16세기 유럽대륙의 성서적 아나뱁티스트들(The Biblical Anabaptists)이 강조했었던 파격적인 헌신 그리고 한 신앙공동체 안에서의 사랑의 교제 개념과 매우 유사하다고 하겠다. 따라서 그가 폐쇄만찬(closed communion)의 입장을 취하였다는 것은 지극히 자연스러운 귀결이라고 볼 수 있다.[244)]

퍼만이 강조했던 교회의 기능 가운데 하나는 권징 혹은 징계였다. 이것은 오늘날 미국이나 한국의 침례교회에서 거의 사라지거나 무시되고 있는 기능 가운데 하나이다. "악평을 받고 있거나 방자한 죄인(notorious or presumptuous sinner)은 교회의 권징을 받아야 한다. 그리고 회개하지 않는 자들(the impenitent)은 종국에 가서는 성도들의 교제로부터 추방해야 한다"고 말하고 있다.[245)] 교회 내에 하나됨과 순결함을 보존하는 것이 권징의 목적이기 때문이다. 그러나 교회의 평화를 위해서는 권징을 결정하는 절차에 있어서 신중함과 온유함이 중요함을 간과하지 않아야 한다고 강조하였다.[246)]

교회의 행정은 자치적이고 민주적이고 독립적이어야 함(autonomous, democratic, and independent)을 퍼만은 확신하였다. 그러면서 동시에 그는 당시 어느 누구보다도 침례교회들 간의 협동(cooperation)을 강조하였다. 하나님의 왕국의 확장과 지역교회의 번영은 교회들 간의 협동에 의해서 촉진되어질 수 있음을 역설하였다.[247)] 이러한 그의 태도는 교단적인 지도자로서의 리더십을 행사할 수 있었던 원동력이었다.

3. 교단의 지도자

찰스턴 침례교지방회는 퍼만이 출생하기 4년 전에 결성되었다. 그런데 그는 이 지방회 회장 직분을 약 40년 동안 맡아 봉사하면서 지방회의 선교사역에 지대한 공헌을 하였다. 퍼만의 영향력은 지방회에 머물지 않고, 최초의 침례교 전국총회인 일반선교총회(General Missionary Convention, "3년차 총회" Triennial Convention)의 초대 총회장으로서 그리고 사우스 캐롤라이나 침례교 주총회의 총회장으로서 교단적인 정치를 이끌었다. 그의 이러한 활

243) Ibid., 11.

244) Ibid.

245) Furman, *The Constitution and Order of Christian Church*, 29.

246) Furman, *Unity and Peace* (Charleston, SC: Markland & McIver, 1794), 13. Nettles, "Richard Furman," *Baptist Theologians*, 159에서 재인용.

247) Ibid.

동은 간접적이나마 남침례교 총회의 형성에도 큰 영향을 미쳤다고 볼 수 있다.

1) 찰스턴 침례교 지방회 회장

찰스턴 침례교지방회는 1707년에 결성된 필라델피아 침례교지방회에 이어, 1751년에 전국에서 두 번째로 조직된 침례교지방회이다. 올리버 하트(Oliver Hart)의 주도 하에 조직이 되었다. 하트 목사가 사우스 캐롤라이나 주를 떠난 후에는 리차드 퍼만이 찰스턴 제일침례교회의 담임목사직과 함께 찰스턴 침례교지방회의 리더십을 떠맡지 않을 수 없게 되었다.

퍼만이 찰스턴지방회와 첫 접촉을 갖게 되었던 것은 1778년 퍼만의 사역지였던 하이힐즈 침례교회(High Hills Baptist Church)가 그 지방회에 가입하면서부터였다. 이듬해에 그는 24살의 나이에 지방회 일에 활동적으로 개입하게 되었다. 지방회의 연차총회 모임에서 설교를 하도록 부탁을 받기도 하였고 회람편지의 편집을 맡도록 위임받았으며 지방회 회무를 감당하기 위한 “일반위원회”(General Committee)의 위원으로 위촉받기도 하였다.[248)]

1800년에 퍼만과 그의 교회는 지방회가 선교사역을 위한 구심체가 되어야 할 것을 역설하였으며, 지방회에 속한 침례교회들이 서로 협력함으로써 개척지역의 주민들이나 인디언들에게 복음을 전해야 할 것을 주장하였다.[249)] 퍼만의 이러한 호소는 지방회에 속한 동역자들의 공감을 얻어낼 수 있었고, 1802년의 연차총회에서도 재차 지방회 차원의 협력선교 사역의 필요성을 역설하였다.[250)]

이에 지방회에서는 “일반위원회”에 중책을 위임하였는데, 선교사역을 감당할 일꾼을 선정하고 선교활동의 진행상황을 지휘 감독하는 책임이 지워졌다. 최초의 선교사로 슈가 크리크(Sugar Creek) 침례교회의 담임목사였던 존 루커(John Rooker)가 선정되어 우선 1년간 카타우바(Catawba) 인디언들에게 복음을 전하는 사역을 감당케 하였고, 이 일의 감독 책임이 리차드 퍼만에게 할당되었다.[251)] 이후 이와 같은 지방회 차원의 선교활동은 확산되어 갔다. 찰스턴 침례교지방회 내의 “일반위원회”를 통한 퍼만의 의욕적인 선교활동은 찰스턴 침례교지방회는 물론 남부지방의 여러 침례교회들에게 영혼구원을 향한 새로운 비전과 열정을 불러일으키는데 크게 기여하였다.

248) *Minutes of the Charleston Baptist Association*, 1779, 1 2. Rogers, *Richard Furman: Life and Legacy*, 118에서 재인용.
249) Ibid., 1800, 2.
250) Ibid., 1802, 3.
251) Ibid., 2 3.

2) 일반선교총회(General Missionary Convention) 총회장

미국에서 침례교회들의 전국적인 조직의 필요성에 관한 논의가 여러 차례 있었지만, 반즈(William W. Barnes) 교수는 1767년에 필라델피아에서 본격적인 제안이 있었다고 한다.[252] 그러나 전국적인 조직의 직접적인 촉매가 되었던 것은 루터 라이스(Luther Rice) 목사가 1813년에 선교지 버어마로부터 미국으로 귀환하여 선교사들의 선교후원의 필요성을 역설하면서부터라고 보아야 할 것이다.

결국 1814년 5월 18일, 11개 주와 Washington D.C.로부터 파견된 33명의 대의원들이 필라델피아의 제일침례교회에 모여 최초의 전국총회를 갖게 되었다.[253] 리차드 퍼만은 임시 사회자로 위촉을 받아 기도를 드림으로 창립총회를 개회하였고, 첫 날밤 그는 초대 총회장으로 선출이 되었다. 동시에 일반선교총회(General Missionary Convention)의 상설기관인 "미국 침례교 해외선교부"(Baptist Board of Foreign Missions for the United States)의 31명의 위원들 가운데 한 사람으로 선임되었다.

창립총회에서는 퍼만이 기대했던 만큼의 성과를 이룰 수는 없었다. 그가 가졌던 복안은 일반선교총회가 명실상부한 침례교회들의 전국조직으로서 "해외선교는 물론 목회자들의 교육과 국내선교 등 총회 전체의 선교를 촉진하는" 총회체제(Convention System)를 이루는 것이었다.[254] 그러나 일반선교총회는 북부지역 출신 침례교 지도자들의 반대에 부딪혀 오직 해외선교를 목적으로 하는 협회체제(Society System)로 구성되는데 그치고 말았다. 퍼만은 침례교회들이 단지 전국적인 조직을 이루었다는데 만족해야 했다. 그러나 창립총회를 통해서 미국의 침례교회들이 세계를 향한 비전을 가지게 되었고 그로서는 그 일에 요긴하게 쓰임받고 있음에 대해 긍지를 느끼지 않을 수 없었다.

두 번째 총회가 1817년 5월 7일 필라델피아의 샌선 스트리트(Sanson Street) 침례교회에서 모였다. 여기서 퍼만은 다시 총회장으로 연임이 되었다. 그는 일반선교총회의 활동범위를 국내선교와 교육에까지 확장시키기 위한 계획을 실현하기 위해 헌장의 일부 규정을 수정하는 등 많은 노력을 경주하였다. 그러나 여전히 북부 지도자들의 반응은 냉담하였고, 결국 퍼만은 1820년 총회에서 쓰디쓴 맛을 경험해야 했다. 세 번째 총회에서는 다시 국내선교와 교육이 일반선교총회의 주요사역으로부터 삭제되었고 총회의 고유 선교사역을 해

252) William W. Barnes, "Why the Southern Baptist Convention Was Formed" *The Review and Expositor*, 41 (January 1944), 4. 이 제안은 필라델피아 침례교 지방회의 총무였던 Samuel Jones가 뉴잉글랜드 지역에 Warren 침례교 지방회가 조직되어질 때, James Manning 목사에게 진지하게 의논을 했다고 한다. Jones는 지방회들을 한 데 묶는 방법으로 전국적인 조직을 구상하였다.

253) Rogers, *Richard Furman: Life and Legacy*, 152.

254) Robert A. Baker and Paul Craven, *Adventure in Faith: The First 300 Years of the First Baptist Church of Charleston, South Carolina* (Nashville, TN: Broadman Press, 1982), 401.

외선교로 한정한다고 하는 결정이 있었기 때문이다.[255]

더욱이 두 번째 부인인 도로시(Dorothea)가 1819년 3월 22일 46살의 나이로 세상을 떠나게 되었는데,[256] 퍼만은 이러한 개인적인 상처와 함께 북부지역 침례교 동역자들로부터 받은 비협조와 배신의 상처를 마음 속으로 삭이며 돌아와야 했고, 1820년 세 번째 총회를 끝으로 일반선교총회와의 관계는 소원해지게 되었다.

3) 사우스 캐롤라이나 침례교 주총회 총회장[257]

1819년에 열렸던 찰스턴 침례교지방회의 한 회의에서는 침례교회 지도자들 사이에 사우스 캐롤라이나 침례교 주총회 결성의 필요성에 관한 심도 높은 논의가 있었다.[258] 특히 하이 힐즈(High Hills) 침례교회의 대의원이 다음과 같은 질문을 던지면서 주총회 결성의 당위성을 호소하였다: "사우스 캐롤라이나의 여러 침례교지방회들에서 파송받은 대의원들로 주총회를 구성하는 것이 침례교단 전체를 위해서 그리고 구속주의 왕국 확장을 위해서 바람직하기도 하고 유익하지도 않겠습니까?"[259] 이러한 호소는 만장일치의 동의를 받았다. 리차드 퍼만과 존 로버츠(John Roberts), 그리고 조셉 쿡(Joseph B. Cook) 등으로 준비위원회를 결성하여, 주총회 모임의 날자 선정과 모임을 위한 제반 준비가 위촉되었다.[260]

결국 1821년 12월 4일, Columbia에서 세 지방회로부터 9명의 대의원들이 참석하여 사우스 캐롤라이나 침례교 주총회(State Convention of Baptists in South Carolina)의 창립총회가 개최되었다.[261] 이 총회에서 리차드 퍼만은 초대 총회장으로 선출이 되었고, 퍼만과 함께 윌리암 존슨(William B. Johnson), 존 랜드럼(John Landrum) 등이 새로운 주총회의 헌장을 마련할 기초위원회의 위원으로 위촉이 되었다. 헌장은 이듬해 1822년 총회에서 공식적으로 채택

---

255) Robert A. Baker, *Relations between Northern and Southern Baptists* (Fort Worth, TX: [n. n.], 1948), 15.

256) Rogers, *Richard Furman: Life and Legacy*, 184.

257) 사우스 캐롤라이나 주는 초창기 남부지역의 침례교 역사에 있어서 매우 중요한 주이다. 찰스턴(Charlston) 시는 식민지 시대 남부지역에서 가장 큰 무역항구였고, 상업 및 교역의 중심지였다. 남침례교의 초기 역사에서 교단적인 기관들이 처음으로 설립되었던 곳이 사우스 캐롤라이나 주였다. 신학교육, 국내선교, 여선교회, 주일학교 교육 등 교단적인 차원의 사역들이 사우스 캐롤라이나 주에서 시작되었다. 후대까지 많은 영향력을 미쳤던 인물들도 이 주에서 적지 않게 배출되었는데, 그 대표적인 인물이 리차드 퍼만(Richard Furman)이다.

258) 당시 사우스 캐롤라이나 주에는 다섯 개의 침례교지방회(Charleston, Bethel, Broad River, Saluda, Savannah River)와 약 130여 개의 침례교회가 있었고, 약 100여 명의 목회자들이 사역하고 있었으며, 전체 침례교인 수는 약 10,500명 정도였다고 한다. Zaqueu Moreira de Oliveira, "Richard Furman, Father of the Southern Baptist Convention," 94.

259) Ibid.

260) Ibid.

261) Rogers, *Richard Furman: Life and Legacy*, 236.

이 되었다. 이 헌장은 북부지역 침례교 지도자들의 반대나 간섭을 받을 필요가 없었기 때문에 퍼만이 의중에 가지고 있던 총회체제의 조직철학을 유감없이 발휘하여 작성된 것이었다. 어떤 의미에서는 사우스 캐롤라이나 침례교주총회는 미국에서 최초로 "총회체제"(convention system)다운 주총회로 탄생했다고 볼 수 있겠다.[262)]

퍼만은 시종일관 주총회든 전국총회든 총회(convention)라는 튼튼한 울타리 속에 모든 교회들이 적극적이고 자발적으로 참여하여, 총회가 "다양한 사역들"(multi benevolences)을 총체적으로 관리하는 조직철학을 견지하였으며, 비록 전국조직인 일반선교총회에서는 실패했지만 사우스 캐롤라이나 침례교주총회에서는 열매를 맺게 되었고, 이것이 씨앗이 되어 훗날 남침례교 총회(Southern Baptist Convention)가 구성될 때에는 퍼만의 철학이 그대로 반영되었다고 볼 수 있겠다.

4. 교육 촉진자

리차드 퍼만은 교육, 특히 목회자양성 교육에 남다른 관심을 가졌고, 따라서 그는 침례교 고등교육의 진흥을 위해서 귀한 공헌을 하였다. 그에게 있어서 무지나 무식은 결코 덕목이 될 수 없었다. 그는 자신이 관여했던 침례교 조직들을 통해서 자신의 교육적 열망을 실현시켜 나갔다.

1) 일반위원회(General Committee)

퍼만이 맨 먼저 교육을 위해서 수고했던 기관은 찰스턴 침례교지방회를 통해서였다. 퍼만의 전임자였던 올리버 하트(Oliver Hart)는 이미 젊음 목회자들의 교육을 도모하기 위해서 "침례교종교협회"(Baptist Religious Society)를 조직하고 그들을 위한 장학금인 "종교사회기금"(Religious Society Fund)을 조성하는 등 목회자 양성을 위한 가치 있는 사역을 시행하였었다.[263)] 이 협회는 올리버 하트의 지도력에 힘입어 수십 년 동안 활발한 활동을 했었으나 혁명전쟁(Revolutionary War, 1775-1783, 독립전쟁)을 치르는 동안 활동을 중단할 수밖에 없었다.

262) Robert G. Torbet 과 Albert H. Newman은 1802년에 조직된 메사츄세츠 침례교선교협회(Massachusetts Baptist Missionary Society)가 최초의 주총회라고 말하였다. 그러나 이 기관의 헌장은 스스로를 선교협회(Missionary Society)라고 규정하고 있기 때문에 엄밀한 의미에서 주총회(State Convention)라고 부르는 것은 적절하지 못한 것 같다. Robert G. Torbet, *A History of the Baptists*, 498; Albert H. Newman, *A History of the Baptist Churches in the United States*, 402.

263) Rogers, *Richard Furman: Life and Legacy*, 117.

1785년 찰스턴 침례교지방회가 하이 힐즈(High Hills)에서 모였는데, 여기서 퍼만은 교육적인 목적을 위한 기금조성과 재산형성을 위한 장학기관을 만들어 사우스 캐롤라이나 주정부에 공식적으로 등록할 것을 제안하였다. 이 제안은 1786년과 1789년에 다시 논의를 거듭한 끝에 드디어 1790년에 지난 해의 결의에 따라 기금조성을 위한 계획을 마련하기 위해서 한 위원회가 임명되었다. 이 위원회의 정식 명칭은 "찰스턴 침례교지방회 기금을 위한 일반위원회"(General Committee for the Charleston Baptist Association Fund)였다. 그 첫 모임이 1791년 지방회 연차총회 기간 동안 열리게 되었는데 이 모임에서 퍼만은 의장으로 선출이 되었고 그 후 생존해 있던 35년 동안 의장으로서 봉사하였다.

1792년 퍼만에 의해 제출된 일반위원회의 최종 헌장이 일반위원회와 지방회의 승인을 받았으며, 곧 이어 사우스 캐롤라이나 주의회도 일반위원회를 주정부에 등록된 장학단체로 인정하는 결의를 하였고, 따라서 일반위원회는 법적 권위가 뒷받침되는 기관으로 정착하게 되었다.

일반위원회는 그 사역의 범위를 확장하여 다른 일들도 취급하기도 했지만, 무엇보다도 목회자 교육이라는 분야에서 괄목할만한 성과를 거두었다. 퍼만이 세상을 떠날 당시만 해도 약 20명의 장학생들이 교육비와 도서비를 지급받으며 학업을 계속하고 있었다. 1791년부터 1810년까지 10년 동안 일반위원회가 교육목적으로 조성했던 기금이 7,450.81불이었다.[264] 매년 교육을 위한 지출과 투자가 이루어져 왔음에도 불구하고 1825년 현재, 기금으로 조성되어 있던 금액이 7,791.86불이었다.[265] 퍼만이 담임하고 있던 찰스턴 제일침례교회도 퍼만의 교육사역을 적극적으로 지원하여 일반위원회를 통한 교육촉진에 기여하였다.

일반위원회 의장으로서 퍼만은 1794년에 첫 장학생들 중의 두 사람, 조셉 쿡(Joseph B, Cook)와 존 로버츠(John M. Roberts)를 당시 동북부 지역의 침례교 목회자 양성 대학이었던 로드 아일랜드 침례교대학(Rhode Island Baptist College, 이것이 오늘날에는 Ivy League 가운데 하나인 Brown University가 되었다)에 유학까지 보냈다.[266] 그들은 사우스 캐롤라이나 침례교 목회자들 가운데에서는 최초로 대학교에 진학을 했던 사람들로 간주된다.

2) 콜롬비아 대학(Columbian College)

최초의 전국적인 침례교총회인 일반선교총회(General Missionary Convention)가 해외선교를 주목적으로 1814년에 창립이 되었는데, 최초의 총회장으로 선출되었던 퍼만은 결국은

264) Wood Furman, ed., *A History of the Charleston Association of Baptist Churches in the State of South Carolina* (Charleston, SC: J. Hoff, 1811), 51.

265) Ibid.

266) Rogers, *Richard Furman: Life and Legacy*, 124.

교육도 그 기관의 목적들 가운데 하나로 포함이 되어야 한다는 희망을 품고 있었다. 1817년 제2차 일반선교총회 석상에서 그는 총회장 연설을 하면서 "가장 편리하고 중앙에 자리잡은 곳에" 그리고 "충분한 기금이 이 목적을 위해서 모금되는 대로" 전국 규모의 신학대학원을 설립할 것을 제안하였다.[267]

총회장의 신학교육에 대한 열정은 총회에 참석했던 사람들에게 어느 정도 감동을 주었다. 퍼만은 7가지 항목으로 구성된 "교육계획"(Plan of Education)을 제시하기도 했다. 1817년에 필라델피아에서 퍼만의 교육촉진 방안은 일반적으로는 적지 않은 호응을 받았으나, 찰스턴으로 돌아올 때에는 그의 방안을 실천에 옮길 아무런 구체적인 조치를 약속받지는 못하였다.

반면에 1813년 이후부터 필라델피아 교육협회와 뉴욕 교육협회는 윌리암 스타우턴(William Staughton)의 지도 하에 필라델피아에서 작은 신학교를 운영해 오고 있었다. 1818년 8월에 이 협회들의 대표들이 뉴욕에서 모여서 이 신학교가 일반선교총회의 신학교로써 운영되도록 결의하였다. 총회 이사회의 투표를 거쳐서 이 신학교는 스타우턴(Staughton)을 학장으로 그리고 아이라 체이스(Ira Chase) 목사를 성서언어와 성서문학 교수로 하여 총회의 공식 신학교가 되었다.[268]

뒤늦게 이 사실을 알게 된 퍼만으로서는 경악하지 않을 수 없었다. 총회의 승인을 받지 않은 채 교단 신학교를 개설한다는 것은 그로서는 있을 수 없는 일이었다. 1817년 총회에서 총회는 교육촉진을 위한 어떠한 공식적인 결정도 하지 않았음을 천명하면서 실망의 뜻을 표명하였다. 퍼만과 그의 뜻에 동조하는 사람들의 반대에 부딪혀, 1819년 4월에 모였던 이사회는 신학교 설립과 관련한 결정을 차기 전국총회가 열리는 1820년까지 연기하기로 하였다.[269]

그러나 이사회의 연기 결정이 루터 라이스(Luther Rice)의 뜻을 꺾을 수는 없었다. 그는 자신의 계획을 단호하게 추진해 나갔다. 그는 워싱턴의 침례교 목사인 오바다 브라운(Obadiah Brown), 그리고 스펜서 콘(Spencer H. Cone), 에녹 레이놀즈(Enoch Reynolds) 등과 더불어 약 6,000불의 비용으로 Washington, D.C. 근교에 46 1/2 에이커의 땅을 구입하였고, 그 사실을 1820년 총회에 참석한 대의원들에게 보고하였다.[270] 대의원들은 루터 라이스(Luther Rice)가 제안했던 신학교 부지를 승인하기로 가결하였다. 그러나 콜롬비아 대학

267) Ibid., 179.

268) Ibid., 182.

269) Ibid., 185.

270) Ibid., 182. James B. Taylor, *Memoir of Rev. Luther Rice, One of the First Missionaries to the East* (Baltimore, MD: Armstrong and Berry, 1840), 185.

(Columbian College)로 명명된 그 학교는 지나치게 성급하게 추진된 계획이었다. 결국 그 학교는 엄청난 빚을 짊어지게 되었고 총회는 1826년에 그 학교와의 관계를 단절해야만 하는 지경에 이르게 되었다.[271)]

결국에는 침례교 전국총회는 콜롬비아 대학을 잃어버릴 수밖에 없게 되었고, 그 학교는 추후에 조지 와싱턴 대학교(George Washington University)가 되었다. 일반선교총회가 후원하는 전국적인 규모의 침례교 신학대학원을 설립하고자 했던 리차드 퍼만의 꿈은 실현되지 못하였다.

3) 퍼만 아카데미와 신학원

앞장에서 언급한 바대로 사우스 캐롤라이나 침례교주총회가 설립된 중요한 목적들 중의 하나가 "종교 교육을 통해 복음적이고도 유용한 지식을 촉진시키는" 것이었다.[272)] 이 목적의 수행을 위해 "학문의 장인 신학원"(Seminary of Learning)을 설립하는 것이었다. 퍼만으로서는 전국총회에서 이루지 못했던 교육에의 꿈을, 자신을 이해해 주고 협조해 주는 사우스 캐롤라이나 주에서만이라도 이루고자 하는 간절한 열망이 있었다. 그는 주총회 헌장에 교육, 특히 신학교육에 관한 조항을 명시하여 삽입하였고 그것을 실천할 수 있는 구체적인 절차와 방법을 제시하였다.[273)]

퍼만은 주총회가 후원하는 신학교육 기관의 설립을 위해 많은 수고를 하였지만, 정작 "퍼만 아카데미와 신학원"(Furman Academy And Theological Institution)이 설립된 것은 1826년, 그가 이 세상을 떠난 지 1년이 지나서였다. 이것은 그가 오랜 세월 동안 교육을 위해서 꿈꾸어 왔던 비전이 결실을 맺은 것이었다. 사우스 캐롤라이나 서부지역의 에쥐필드(Edgefield)에 위치했던 이 학교는 사우스 캐롤라이나 침례교주총회가 후원하는 목회자 양성기관으로 봉헌되었다. 북부지역에서 내려온 영국인 조셉 앤드류스 완(Joseph Andrews Warne) 목사가 만장일치로 초대 학장으로 선출이 되었다.[274)]

이 학교는 어려운 시련의 기간을 거친 후, 1851년에 설립자를 기념하여 남부지방의 유

---

271) 일반선교총회가 콜롬비아 대학(Columbian College)를 설립하기로 가결했을 때 선교기금으로부터 10,000불을 차입해야만 했었다. 1823년에 학교의 빚은 약 30,000불에 달해 있었다. 1826년에는 학교 빚이 너무나 불어서 루터 라이스(Luther Rice)는 총회의 선교기금을 사용하려 했는데, 그것은 선교기금 사용에 관한 총회의 헌장에 명백히 위배되는 행위였다. 결국 이 일로 인해서 루터 라이스(Luther Rice)와 콜롬비아 대학(Columbian College)의 추진자들은 총회적인 차원에서 적지 않은 비난을 받았다. Rogers, *Richard Furman: Life and Legacy*, 190.

272) Ibid., 237.

273) Ibid., 241.

274) Robert Norman Daniel, *Furman University: A History* (Greenville, SC: Furman University Press, 1951), 17 9: Alfred Sandlin Reid, *Furman University toward a New Identity, 1925-1975* (Duke, NC: Duke University Press, 1976), 6.

수한 침례교 종합대학인 퍼만 대학교(Furman University)로 탈바꿈하였고, 설립자의 비전을 실현하는 고등교육기관이 되었다.[275]

5. 에필로그

리차드 퍼만은 1825년 8월 25일, 70세를 1달 반 남겨 두고 이 세상을 떠났다. 1824년 가을부터 소장(小腸, intestines)에 생긴 질병이 그에게 통증과 함께 치명상을 주었다. 그는 찰스턴 제일침례교회의 묘원에 안장되었다. 교인들은 물론 찰스턴 지방회와 사우스 캐롤라이나 침례교주총회에 속한 모든 목회자들이 위대한 지도자를 잃은 슬픔에 마음 아파하였다.[276]

반세기 동안을 두 교회(High Hills of Santee, First Baptist Church in Charleston)를 섬긴 담임목사였던 퍼만은, 장기목회 그 자체가 능력과 성실함을 드러내 주는 지표라면 그는 탁월한 목회자라고 말할 수 있겠다. 양떼들의 지도자로서 그는 제자훈련과 권징을 통해 교회를 튼튼한 반석 위에 세우려고 하였다. 교회 의식에 대한 이해에 있어서 그는 메마른 상징주의를 뛰어넘는 따뜻한 마음을 가지고 있었다.

교단 지도자로서의 퍼만은 시종일관 교단 조직을 중앙집권적인 능률적인 체제로 구축하기를 원했다. 그렇다고 해서 그는 지역교회의 독립성과 자율성을 파괴할 의도는 전혀 없었다. 단지 보다 강력하고 효율적인 침례교회들의 연합을 통해 보다 거시적이고 원대한 교단행정의 전통을 세우기 원했던 것이다. 지역교회 자치주의(local church autonomy)의 한계와 약점을 보완하기 위한 침례교적 협력체제의 구축이 바로 퍼만이 바라던 바였다. 그는 지역교회의 자유를 침해하지 않으면서도 지방회나 주총회나 전국총회 차원에서 침례교회들이 협동(cooperation)할 가능성이 있음을 확신하고 있었던 것이다.

그러나 북부지역의 침례교 지도자들은 이러한 퍼만의 조직철학에 끝내 동의할 수 없었다. 그들은 퍼만이 옹호했던 중앙집권적인 총회체제(convention system)가 당연히 침례교 교회론의 기초인 지역교회의 독립과 자치를 위협할 것이라는 두려움을 가지고 있었다. 그러나 퍼만은 자치(autonomy)와 협력(cooperation)은 충분히 양립가능한 가치로 보았다. 이러한 확신은 퍼만의 젊은 동역자이자 새로운 지도자 울리암 존슨(William B. Johnson)에 의해 1845년 남침례교 총회(Southern Baptist Convention)의 조직을 통해 실현될 수 있었다.

침례교 고등교육의 촉진자로서의 퍼만은 교육이 없이는 침례교의 발전과 확산은 한계가 있음을 일찍이 깨달아 알고 있었다. 침례교인들이 교육에 진보를 이루지 못한다면 침례

275) Ibid.
276) Rogers, *Richard Furman: Life and Legacy*, 256.

교회는 별 영향력을 행사할 수 없는 미미한 분파(sect)로 전락해 버리고 말 것을 그는 확신하였다. 교육에 대한 그의 열망은 일반선교총회를 통해서는 가시적으로 열매를 맺지 못했지만, 찰스턴 침례교지방회의 일반위원회와 싸우스 캐롤라이나 침례교주총회를 통해서 실현될 수 있었다. 비록 "퍼만 아카데미와 신학원"(Furman Academy And Theological Institution)의 결실을 보지 못하고 세상을 떠났지만 고등교육을 향한 그의 비전이 오늘날 퍼만 대학교(Furman University)에서 미래를 준비하는 젊은 대학생들에게서 성취되고 있다고 하겠다.

미국의 침례교 역사, 특히 남부지역의 침례교 역사에서 리차드 퍼만이야말로 목회, 교단조직과 행정, 선교, 교육 등의 영역에서 초창기의 위대한 지도자였음을 어느 누구도 부인할 수 없을 것이다. 퍼만의 위대함은 단지 그가 생존 시에 이루었던 업적에 있는 것이 아니라, 그가 남침례교(SBC)의 미래를 형성하기 위해 준비해 놓은 것에 있다. 비록 그가 남침례교 총회가 태동되기(1845년) 전인 1825년에 이 세상을 떠났지만, 그는 "남침례교 총회의 아버지"(Father of the Southern Baptist Convention)[277]라고 불리울만큼 남침례교의 역사에 있어서 빼놓을 수 없는 인물이다. 그는 바로 남침례교 총회에 기초석(foundation rock)이 된 인물이었다.

III. 미국 최초의 침례교 전국총회

1. 일반선교총회(GMC)의 결성

미국에서 최초의 침례교회(First Baptist Church in America)가 세워진 것은 1639년이었고, 최초의 침례교 지방회(Philadelphia Baptist Association)가 결성된 것은 1707년이었다. 그런데 최초의 전국총회가 결성된 것은 1814년이었다. 최초의 교회가 세워진 지 175년만이었고, 최초의 지방회가 결성된 지 107년만이었다. 이런 면을 보더라도 침례교회는 개교회 자치를 강조하는 건전한 개인주의(sound individualism)에 기반을 두고 있는 교회인 것을 알 수 있다. 미국의 초창기 침례교회는 조직화되고 관료주의화된 기구의 결성에 별로 적극적이지 않았다는 점을 알 수 있다.

그런데 인도에서 사역하던 영국인 선교사 윌리암 캐리의 해외선교 사역의 열매들이 미

277) Zaqueu Moreira de Oliveira는 Robert A. Baker 박사를 위한 헌정 논문집에 "Richard Furman, Father of the Southern Baptist Convention"이라는 제목의 논문을 기고하였다. William R. Estep, ed., *The Lord's Free People in a Free Land* (Fort Worth, TX: Evans Press, 1976), 87.

국 침례교인들 사이에 알려지게 되면서, 미국 침례교인들은 세계선교라는 것에 대해 서서히 눈을 뜨기 시작하였다. 특히 미국해외선교위원회(American Board of Commissioners for Foreign Missions)로부터 해외선교사로 최초로 파송받은 회중교회 선교사 아도니람 저드슨 부부(Adoniram & Ann Judson)와 루터 라이스(Luther Rice)가 선교지인 버어마로 약 2개월 동안 태평양을 항해하던 중에 선상에서 성경을 연구하기도 하고 토론을 벌이기도 하였다. 그들은 특히 "뱁티즘"에 대해 심각하게 숙고하던 차에, 유아들에게 세례를 베푸는 것은 성경적이지 못하고 신자들(believers)에게만 뱁티즘을 배풀어야 하고, 뱁티즘의 방식도 침수례(immersion)를 베푸는 것이 신약성서의 가르침이라는 확신을 하게 되었다.[278]

따라서 이들은 인도 캘커타에 도착했을 때, 그곳에서 사역하던 세람포어 미션의 삼총사 가운데 한 사람인 윌리암 워드(William Ward)에게서 신앙고백에 근거한 침례(immersion by confession of faith)를 받았다. 결국 이들 일행은 캘커타에 있는 캐리침례교회(Carey Baptist Church) 교회당에서 침례를 받고 침례교인으로 전향하였다. 그들은 더 이상 회중교회로부터 후원을 받을 수 없는 상황에 이르게 되었고, 따라서 미국의 침례교회들로부터 버어마 선교의 후원을 받을 수 있는 길을 모색하게 되었다.[279]

이들과 동행했던 루터 라이스(Luther Rice)는 선교후원의 중요성을 깨닫고, 미국으로 귀환하여 여러 침례교회들을 방문하면서 해외선교의 후원을 역설하였다.[280] 이러한 상황 속에서 침례교 지도자들은 해외선교를 위한 전국적인 조직의 필요성에 대해 공감을 하게 되었다. 이윽고 33명의 침례교 지도자들이 1814년 5월 18일에 필라델피아 시에 소재한 제일침례교회(First Baptist Church) 교회당에 모여 최초의 침례교 전국총회를 결성하게 되었다.[281]

이 총회의 공식적인 명칭은 "해외선교를 위한 미국의 침례교단의 일반선교총회"(General Missionary Convention of the Baptist Denomination in the United States for Foreign Missions)였다. 이 총회는 당시 교통 통신 수단의 여건 상 3년에 한번씩 모였기 때문에 약칭으로는 "3년차 총회"(Triennial Convention)이라고 불리웠다. 또 다른 약칭으로는 "일반총회"(General Convention)이라고도 불렀다. 창립총회에서는 남부지방의 침례교 지도자요 사우스 캐롤라이나 주 찰스턴 시의 제일침례교회 담임목사였던 리챠드 퍼만(Richard Furman, 1755-1825)이 초대 총회장으로 선출이 되었다.[282]

278) Ibid., 345.
279) Ibid.
280) Ibid.
281) Leonard, *Baptist Ways: A History*, 165-6.
282) Ibid.

2. 협회체제와 총회체제

침례교회는 기본적으로 지역교회(Local Church, 개교회)의 독립성(independence)과 자치권(autonomy)을 강조하고 존중한다. 즉 하나 하나의 지역교회가 그리스도를 머리로 그리고 교회회원들을 지체들로 하는 하나의 독립된 몸이라는 뜻이다.[283] 따라서 교회들 간의 교제와 협동, 총회적인 차원의 능률적인 대규모 선교사업 등의 필요성을 절감하면서도, 침례교회가 지역적인 조직이나 전국적인 조직을 갖추고자 했을 때에는 이러한 지역교회의 독립성과 자치권이 침해받지 않을까 하는 우려가 항상 제기되었다. 지방회나 총회적인 차원의 조직의 필요성과 지역교회의 독립성과 자치권, 이 두 가지는 항상 미묘한 긴장관계를 내포하고 있었다.

침례교회를 조직화할 때 대체로 두 가지 체제가 고려되어 왔다. 협회체제와 총회체제가 그것이다. "협회체제"(society system)란 윌리암 캐리가 조직했던 침례교선교협회(Baptist Missionary Society)처럼 "개인들"의 자발적인 참여를 근거로 해서(individual-based) 특정한 선교목적을 위해 조직을 이루는 방법이다. 이 방법은 목적중심, 개인중심의 조직으로서 사업목적이 명료하고, 관심을 가진 개인들이 참여하기 때문에 그들의 헌신을 유발하기 좋다는 장점이 있다. 무엇보다도 지역교회들의 참여를 강요하지 않기 때문에 신약성서적인 침례교회의 이상, 다시 말해서 지역교회의 독립성과.자치권을 최대한 보장할 수 있다는 장점이 있다. 그러나 교단적인 일체감을 형성하기가 쉽지 않고 사업의 능률성과 효율성을 극대화할 수 없다는 약점도 없지 않다.[284]

이에 비해 "총회체제"(convention system 혹은 association system)란 "지역교회들"에 기반을 둔(church-based) 조직이다. 모든 지역교회들은 물론, 각종 선교기관들과 신학교들이 총회(convention)라고 하는 울타리 속에 포함되는 조직이다. 기독교한국침례회 총회가 총회체제의 대표적인 예가 될 것이다. 모든 교회들과 기관들이 총회 산하에 있기 때문에 교단적인 충성심을 유도하기 좋으며, 지역교회들과 침례교인들이 교단적인 선교사업에 긍지를 가지고 참여할 수 있다는 장점이 있다. 또한 각 기관들 간의 협조와 조정을 기하기가 보다 쉬우며, 궁극적으로는 총회 차원의 대규모적인 사업을 능률적으로 추진할 수 있는 장점이 있다. 그러나 자칫 조직이 중앙집권화 되면 총회가 권력다툼의 온상이 될 위험도 내포하고

283) 이것을 흔히 "개교회주의"라고 부르지만 이 용어는 개교회의 이기적인 고립 혹은 독선이라는 부정적인 의미를 내포하고 있어, "지역교회 자치주의"(Autonomy of Local Church) 혹은 "개교회 자치주의"라는 용어로 부르는 것이 보다 원래 개념을 충실하게 반영한다고 필자는 생각한다.

284) McBeth, *The Baptist Heritage*, 347-348.

있으며, 또한 지방회나 총회가 지역교회를 향해 권위를 행사함으로써 지역교회의 독립성과 자치권이 위협받기 쉽다는 단점도 없지 않다. 나아가서 개인이 아니라 교회의 이름으로 선교헌금이 드려지기 때문에, 비인격적(impersonal)인 예산집행이 이루어질 가능성도 배제할 수 없다는 약점이 있다.[285]

북부지역 침례교 지도자들은 협회체제(society system)를 선호하였는데, 대표적인 지도자들의 이름을 따서 볼드윈-웨일랜드 전통(Baldwin-Wayland Tradition)이라고 부르고, 남부지역의 침례교 지도자들은 총회체제(convention 혹은 association system)를 선호하였는데, 대표적인 지도자들의 이름을 따서 퍼만-존슨 전통(Furman-Johnson Tradition)이라고 부른다.[286]

미국에서 최초의 전국적인 침례교 총회인 일반선교총회(GMC, General Missionary Convention)가 조직되었을 때, 북부지방과 남부지방의 침례교 지도자들이 크게 견해의 차이를 드러내었던 부분이 바로 이 점이었다. 북부지방에서는 협회체제를, 남부지방에서는 총회체제를 선호하였다. 그것은 곧 북부와 남부의 정치적 경제적 사회적 배경의 차이이기도 했다. 북부지방은 일찍부터 지방분권적이고 개인주의적인 민주주의가 뿌리를 내리고 있었고, 도시화와 함께 노동 집약적 산업보다는 자본 집약적인 산업이 발달하고 있었다. 이에 비해 남부지방은 대규모 농경산업(plantation)이 주종을 이루고 있었고, 보다 중앙집권적이고 집단적인 문화가 자리를 잡고 있었다.

그런데 1814년 일반선교총회가 결성될 때에는 북부와 남부의 침례교 지도자들은 이 양자의 특성을 적절히 타협하고 양보하면서 전국총회를 구성하였다. 그러나 타협과 양보로 인한 문제점들은 총회 내에 잔존하고 있었다.

3. 협회체제로의 전환

1826년에 북부지방의 침례교 지도자들이 일반선교총회의 주요 지도부를 장악하게 되었는데, 그들은 총회 본부를 필라델피아(Philadelphia)로부터 보스턴(Boston)으로 더 멀리 북쪽으로 옮겼으며, 협회체제와 총회체제가 타협적으로 혼재해 있던 총회를 협회체제로 정비하는 작업을 단행하였다. 이러한 조치들이 결국 남부지방의 침례교 지도자들로서는 무시를 당했다는 인식을 갖지 않을 수 없었고 침례교의 남북분열의 내면적인 요인으로 작용하였다. 남부지방의 침례교회들이 1845년에 일반선교총회를 탈퇴하여 독자적인 교단(Southern Baptist Convention)을 이루게 된 데에는, 직접적인 원인은 물론 노예제도의 존폐문제 때문

285) Ibid.
286) Ibid., 390.

이었지만, 보다 근원적인 원인은 조직방법 상의 견해 차이 때문이었다.[287]

IV. 반선교운동

19세기는 예일대학교의 선교역사 교수인 케네스 라투레트(Kenneth S. Latourette) 박사가 명명한대로 "위대한 세기"(The Great Century)였다. 이 말은 미국의 프로테스탄트 교회들이 세계선교의 부담을 안고 해외선교에 주력했던 세기라는 의미이다. 기독교의 교단들이 전국적인 조직을 갖추면서 해외선교와 서부개척지대를 향한 국내선교에 박차를 가하고 있을 때, 일부에서는 이러한 선교운동에 찬물을 끼얹고 도리어 교단 차원의 선교활동을 방해하고 반대하는 운동이 일어나기도 하였다. 침례교회 내에서도 이와 같은 반선교운동(Anti-mission Movement)이라는 극단적인 네가티브 운동이 일부 지도자들에 의해 전개되었다.

1. 배경

반선교운동을 전개했던 주요 인물들은 한결같이 그 신학이 극단적인 칼빈주의(Hyper-calvinism) 색채를 띠었다. 극단적인 칼빈주의에서는 하나님께서 예정하시고 선택하신 영혼들은 결국 구원받게 되고, 그렇지 않은 영혼들은 결국 유기될 수밖에 없다는 숙명론 혹은 결정론(determinism)에 근거하고 있다. 따라서 인간적인 노력(human efforts)에 의한 선교는 부질없는 것이라는 신학을 가지고 있었다. 궁극적으로 인간을 구원하시는 분은 전지 전능한 하나님이신데, 인간들이 선교단체를 만들어서 선교를 위한 노력을 한답시고 몸부림을 치는 것은 하나님의 절대주권과 하나님의 예정에 대한 도전이라는 것이다.

또한 반선교운동을 주도했던 자들은 한결같이 성경을 지나치게 천진난만하게 이해하고 해석하였다. 그들의 성경해석은 경직된 성경주의(rigid biblicism)였다. 신약성서에 기록되지 않은 용어나 기관이나 선교방법은 모두 비성경적이라는 것이다. 그들은 천진난만한(naive) 성서해석자들이었다. 예를 들면 하나님께서 요나를 통해서 니느웨를 선교하고자 하셨을 때, 무슨 "니느웨선교협의회"같은 기구를 만들었느냐는 식이었다. 하나님께서 직접 요나를 니느웨로 파송하여 회개를 촉구했다는 것이다.

또한 신약성경 어디에 성가대가 있으며 주일학교가 있으며 구역이 있으며 대학부 청년

---

287) Ibid., 357-8.

부가 있느냐는 식이었다. 더욱이 신약성서 어디에 신학교가 있으며 선교단체들이 있느냐는 것이다. 하나님께서 직접 복음전파를 위해 일꾼들을 선택하셨고 세우셨고 파송하셨다는 것이다. 그래서 반선교운동가들의 선교방법과 철학을 "복음선교주의"(Gospel Missionism)라고 부르는데,[288] 이 말은 선교의 주체는 어디까지나 지역교회이어야지 선교단체나 선교기구가 되어서는 안 된다는 것이다. 이러한 것은 인간의 발명품이지 성경적인 방법이 아니라는 것이다.

반선교운동이 일어나게 된 보다 직접적이고 본질적인 배경은 지역적인 차별에 대한 불만과 질투 때문이었다.[289] 당시 거의 모든 선교단체의 본부는 대서양 연안의 동부 대도시에 위치하고 있었다. 뉴욕, 보스턴, 필라델피아 등의 대도시에 선교본부를 두고, 당시로서는 최고교육기관이라고 할 수 있는 "신학원"(Seminary)을 졸업한 도시물 먹은 화이트 칼라(White Collars)들이 책상 위에서 선교정책을 입안하고 선교사들을 선출하여 파견하고 있었다.

그러나 신학교육을 체계적으로 받지 못한 투박한 선교사들은 서부의 개척지대나 황무지에서 모래바람과 흙먼지를 뒤집어 쓰면서 고생하며 교회를 개척하곤 하였다. 이들은 선교현장(mission field)를 제대로 잘 알지 못하는 정책입안자들의 탁상공론적인 행정에 대해 불만과 원망 그리고 질투를 하고 있었던 것이다. 자연히 이들 개척지역의 국내선교사들의 눈에는 선교기관에 의한 선교가 너무나 인본주의적이고 비성서적으로 보였던 것이다.

2. 대표적인 지도자들과 사례들

19세기 당시 반선교운동을 주도했던 대표적인 인물들은 다니얼 파커(Daniel Parker, 1781-1844), 존 테일러(John Taylor, 1752-1835), 조슈아 로렌스(Joshua Lawrence, 1778-1843), 그리고 알렉산더 캠벨(Alexander Campbell, 1788-1866) 등이다.[290] 테네시 주에서 수년 동안 담임목회 사역을 감당하기도 했던 다니엘 파커는, 정규교육을 받지 못했던 자신의 교육적인 배경에 대해서 언제나 무의식적인 열등감을 가지고 있었다. 그래서 그는 신학교나 신학원에 대한 일종의 증오심을 가지고 있었다.

1815년에 콩코드 침례교지방회(Concord Baptist Association)의 총무로 봉사할 때에는 선교와 신학교육, 성서공회, 그 외에 복음을 위한 인간적인 노력에 대해서 노골적으로 저주를 퍼붓기도 하였다. 파커는 1817년에는 일리노이(Illinois) 주로, 1833년에는 텍사스(Texas) 주로

288) McBeth, *The Baptist Heritage*, 376.
289) Ibid.
290) Leonard, *Baptist Ways: A History*, 180-2.

사역지를 옮겼는데, 그는 가는 곳마다 선교에 대한 부정적인 견해를 피력하곤 하였다.

다니엘 파커는 1826년에 「두 씨앗에 대한 견해들」(*Views on the Two Seeds*)이라는 제목의 책을 출간했다. 창세기 3장 15절에 의하면 "두 가지의 씨앗이 있는데, 하나는 뱀의 씨앗이고 다른 하나는 여인의 씨앗이다"라고 하였다.[291] 여인의 씨앗은 그리스도와 그가 택하신 사람들을 가리키고, 뱀 즉 사탄의 씨앗은 선택받지 못한 사람들을 가리킨다고 하였다. 사탄의 씨앗은 행위의 언약(covenant of works)으로 대표되고, 여인의 씨앗은 은혜의 언약(covenant of grace)으로 대표된다고 하였다. 결국 은혜의 언약으로 선택받은 사람들은 구원을 받게 되고, 행위의 언약에 의해 지배를 받는 선택받지 못한 사람들은 구원을 받지 못한다는 것이다.[292]

파커는 극단적인 칼빈주의 사상에 함몰되어 있었고 결정론(determinism)과 운명론(fatalism)에 입각한 구원론을 개진하였다. 따라서 이미 하나님에 의해 구원받을 자들과 구원받지 못할 자들이 결정되어 있는 마당에, 인간들이 인간의 구원을 위해 인간적인 노력을 경주하는 것이 무슨 효과가 있겠느냐는 것이었다. 따라서 그는 선교단체들에 의한 선교노력은 부질없는 것이라고 비판하였다.

이와 같은 반선교적인 정서는 일부 침례교 지방회들의 헌장이나 성명서에서 구체적으로 표출되기도 하였다. 애플 크리크(Apple Creek) 침례교지방회에서는 헌장 속에 반선교적인 내용을 삽입해 넣었다: "19. 우리 지방회는 해외 및 국내 선교단체들과 성서공회들, 그리고 주일학교들과 소책자공회들 그리고 다른 모든 선교기관들과의 교제를 단절하는 것으로 선언한다…. 21. 어떤 선교사도 우리 지방회에서는 설교할 수 있는 특권을 갖지 못한다…. 23. 우리는 교회들이 선교기관들에 대항하여 항의할 것을 조언하며, 그러한 구걸하는 기관들(any such beggarly institutions)에 대해서는 헌금을 하지 말 것을 조언한다."[293]

1827년 10월에는 노스 캐롤라이나 주에 소재한 케후키(Kehuckee) 침례교지방회에서는 "현대의 선교운동과 다른 인간들의 기관들을 향한 선언서"(A Declaration against the Modern Missionary Movement and Other Institutions of Men)라는 성명서를 발표하였다.[294] 여기서 그 지방회의 지도자들은 "모든 선교단체들, 성서공회들, 신학원들과의 관계를 단절한다"고 선언하면서, 이러한 기관들을 좋아하는 사람들을 지방회에서 축출한다는 결의를 하였다.

또한 1832년에는 볼티모어(Baltimore) 침례교지방회의 교회 대표들이 메릴랜드 주 블랙 락

291) Daniel Parker, *Views on the Two Seeds* (Vandalia, IL: Robert Blackwell, 1826), 4-5.

292) McBeth, *The Baptist Heritage,* 373-4.

293) William Warren Sweet, ed., *Religion on the American Frontier: The Baptists 1783-1830,* "Chapter IV. The Rise of the Antimission Baptists: A Frontier Phenomenon," 64.

294) McBeth, *The Baptist Heritage,* 372.

(Black Rock)에 모여 성명서를 발표했는데, 각종 선교단체들, 신학교들, 주일학교들, 성서공회들 등은 성경에 없는 기관들임을 선언하고, 이것들은 "현대의 발명품들"(modern inventions)이기 때문에 성서적이지 않다는 사실을 확인한다고 발표하였다.[295]

3. 결과

"위대한 선교의 세기"에 한편에서는 국내 및 해외에 많은 선교사들을 파송하여 하나님 나라의 확장을 위해 애쓴 반면에, 다른 한편에서는 이러한 선교운동에 제동을 거는 이들이 없지 않았다. 그러나 좀 더 깊이 살펴보면 이들 반선교운동을 주도했던 자들도 선교 자체를 반대한 것은 아니었다. 이들은 선교의 방법에 있어서 교단의 주류세력의 선교정책과 선교방법에 반기를 들고 있었던 것이다. 이들은 대체로 외골수적으로 성경을 이해하였고 하나님의 절대주권과 예정론에 심취한 나머지 인간의 최선의 노력을 지나치게 부정적으로 바라보았던 것이다. 여하튼 이러한 일부 지도자들의 반선교운동(Anti-mission Movement)으로 인해 일반선교총회(GMC)는 교단 내부적으로 영적인 불화를 경험하게 되었다.[296]

그러나 이러한 불화로 인하여 도시지역에서 사역하던 선교정책 입안자들이나 목회자들은 개척지역의 목회자들과 선교사들의 불만과 필요를 이해할 수 있는 계기가 된 것도 사실이다. 선교현장(mission field)에 대한 관심과 현장사역자들의 현실적 영적 필요에 대한 이해가 더욱 커질 수 있는 기회가 된 것이다. 그래서 새로운 선교정책의 수립에 좋은 교훈이 된 점도 있다고 하겠다. 침례교단 내의 일부에서 일어났던 반선교운동이 결국 일반선교총회가 원래의 창립 취지에 따라 국내 및 세계 선교를 크게 감당하는 교단으로 크게 도약하는 계기가 되었다.[297]

295) Ibid., 373.
296) Ibid., 377.
297) Ibid.

제14장

미국의 침례교 신앙고백들

"책의 사람들"(People of The Book)이란 별명을 가진 침례교인들에게 붙어 있는 또 다른 별명은 "신앙고백의 사람들"(People of the Confession)이다.[298] 이 말은 17세기초 영국에서 침례교회가 탄생한 이후 여러 침례교인들이 그들이 처했던 시대와 상황에서 개인적으로든 단체적으로든 수많은 신앙고백들을 발표하거나 채택해 왔다는 사실을 암시하고 있다.[299] 그런데 침례교인들은 "신앙고백"이 "그 책"(The Book, 성경)의 수준에 이르는 것을 항상 경계해 왔다. 즉 신앙고백이 "신조"(Creed, 혹은 신경)가 되어 성경과 대등한 권위를 갖는 것을 배격해 온 것이다. 다른 말로 하면 침례교인들은 "비신조의 사람들"(Non-creedal People)이며, "신조주의를 배척하는 사람들"(People of Anti-creedalism)인 것이다.

298) 제14장은 「복음과 실천」 제22집 (1998년 여름)에 게재되었던 필자의 논문, "미국의 대표적인 침례교 신앙고백들"의 내용을 수정하고 보완한 것이다.

299) 침례교 신앙고백들을 취합하여 편찬해 놓은 책들이 몇 권 있다. 1854년 Edward Bean Underhill이 17세기에 영국에서 발표되었던 주요 침례교 신앙고백들을 수집하고 거기에 적절한 주석을 가하여 편찬하였다. 그 제목은 *Confessions of Faith and Other Public Documents Illustrative of the History of the Baptist Churches of England in the Seventeenth Century*이다. 그리고 남침례신학원 역사신학 교수였던 W. J. McGlothlin이 전 세계에서 발표되었던 신앙고백들을 수집하고 각 신앙고백들에 대한 역사적인 배경설명을 곁들여, 1910년에 Judson Press에서 발간한 *Baptist Confessions of Faith*이 있다. 최근에 출판된 것은 William L. Lumpkin이 1959년 Judson Press를 통해 간행했던 *Baptist Confessions of Faith*이다. 이 책은 1969년에 수정증보되어 1983년에 제5판이 출판되었다. Lumpkin은, 비록 침례교인은 아니지만 근대 자유교회 운동의 기수로 간주되는 아나뱁티스트들(Anabaptists)의 신앙고백도 제2장 "Forerunner Confessions"라는 제하에서 다루고 있으며, 영국과 미국의 침례교 신앙고백뿐 아니라 독일, 스웨덴, 불란서, 뉴질랜드, 호주, 카나다, 러시아 등 여러 나라의 침례교 신앙고백들까지 제시하고 있어 독자들에게 소중한 자료를 제공하고 있다.

1. "필라델피아 신앙고백"(1742)

1) 역사적 배경

미국에서 지방회 차원에서 최초로 발표되었던 신앙고백은 1742년에 채택된 필라델피아 신앙고백(Philadelphia Confession)이다. 이 신앙고백의 원본이 되었던 것은 영국의 특수침례교인들이 1689년에 런던에서 전국총회를 가지면서 채택했던 신앙고백인데, 일반적으로 "총회 신앙고백"(The Assembly Confession of 1689)이라 불리운다. 그런데 이 총회 신앙고백은 1677년 런던에 소재한 특수침례교회들이 채택했던 "제2차 런던신앙고백"(The Second London Confession)을 약간 수정하여 총회적인 차원에서 수용했던 것이다.[300] 그러니까 미국 최초의 신앙고백인 필라델피아 신앙고백은 그 내용과 형식 및 사상에 있어서 영국의 "제2차 런던신앙고백"을 계승하고 있다고 볼 수 있다.

식민지 시대 미국 중부지방의 중심 도시 필라델피아 근교에 페니펙(Pennepack) 침례교회가 세워진 것은 1688년이었으며, 그 교회의 개척자이자 담임목사는 엘리아스 키취(Elias Keach)이었다. 키취 목사는 전도와 교회개척에 큰 힘을 써, 필라델피아 근교의 트렌턴(Trenton), 피스카타웨이(Piscataway), 코한세이(Cohansey), 체스터(Chester) 등지에 지교회들을 세웠다. 결국 페니펙 침례교회와 이러한 지교회들이 중심이 되어 1707년에 미국 최초의 침례교지방회인 필라델피아 침례교지방회(Philadelphia Baptist Association)가 결성된 것이다.[301]

키취 목사는 1692년에 영국으로 돌아가서 런던에 소재한 탤로우 챈들러 홀(Tallow Chander's Hal) 교회의 담임목사로 부임하였다. 그는 호슬리다운(Horsleydown) 침례교회를 담임하고 있던 아버지 벤자민 키취(Benjamin Keach)와 함께 양 교회가 함께 쓸 목적으로 1697년에 신앙고백을 만들었는데, 이것은 1689년의 "총회 신앙고백"(Assembly Confession)에 두 가지 조항, 즉 "시편 찬송"과 "침례받은 신자에 대한 안수"에 관한 조항을 첨부하여 만든 것이었다.[302] 이것이 바로 키취의 신앙고백(Keach's Confession)이며, 이것이 결국 미국으로 건너가서 필라델피아 신앙고백이 되었다.

2) 특징

"필라델피아 신앙고백"의 신학과 신앙은 근본적으로 영국의 "제2차 런던신앙고백"의 그것과 별반 다르지 않다고 봄이 타당할 것이다, 즉 특수침례교인들의 신학과 신앙인 칼빈주

300) H. Leon McBeth, *The Baptist Heritage*, 67.
301) William L. Lumpkin, *The Baptist Confessions of Faith*, 348.
302) Ibid.

의를 그 기저로 하고 있는 것이다. 동시에 "제2차 런던신앙고백"이 그 내용과 형식에 있어서 1646년에 채택되었던 장로교의 웨스트민스트 신앙고백으로부터 적지 않은 영향을 받고 있기 때문에, 칼빈주의적 신앙이 지배적이었음을 부인할 수 없다.

"필라델피아 신앙고백"은 "제2차 런던신앙고백"과 같이 "성경"(Scripture)이란 항목을 제1장에 놓고 있는 것도 매우 신학적으로 의미 있는 구성이다. 이전의 신앙고백들이 "하나님"(God)을 맨 첫 자리에 놓는 경우가 많았는데 비해 "성경"을 맨 처음에 놓았다는 것은, 그만큼 신앙생활에서 차지하는 성경의 비중을 강조한 것이며, 성경에 계시된 하나님, 성경에 계시된 구원의 도리를 믿는다는 사실을 분명히 하고 있는 것이다.

또한 "성경은 모든 구원하는 지식과 믿음과 순종을 위한 유일하게 충분하고 확실하고 그리고 오류가 없는 규범이다"[303]라고 정의함으로써, 성경의 최종적인 권위(final authority)와 무오류성(Infallibility)을 강조하고 있다.

제18장 "성도들의 견인"에서도 특수침례교회의 칼빈주의 입장을 잘 설명해 주고 있다: "하나님께서 … 받으신 사람들은 은혜의 상태로부터 절대로 그리고 종국적으로 떨어질 수 없고, 확실히 끝까지 견인될 것이며 영원토록 구원받을 것이다. 왜냐하면 하나님의 은사와 부르심에는 후회하심이 없기 때문이다."[304] 즉, 성도들의 궁극적인 안전(Ultimate Security of the Saints)이 그들의 자유의지가 아니라 하나님의 선택의 불변성에 근거하고 있기 때문임을 강조하고 있다.[305]

또한 필라델피아 신앙고백은 제2차 런던신앙고백의 규정을 그대로 받아서 "그리스도인들의 신앙양심의 자유"(Christian Liberty of Conscience)를 규정하고 있다.

> 2. 하나님만이 양심의 주이시며 그것을 그 분의 말씀과 배치되는 일체의 교리와 사람의 명령으로부터 자유하게 하셨다. 그러한 교리를 믿거나 그러한 명령에 순종을 강요하는 것은 참 양심의 자유를 배반하는 것이며, 암시적으로 믿음을 강요하거나 절대적이고 맹목적인 순종을 요구하는 것은 양심의 자유와 이성을 파괴시키는 것이다.[306]

영국 왕실로부터 식민통치를 받고 있었고 동북부 지방의 회중교회(Congregational Church)와 남부지방의 영국국교회(Anglican Church)로부터 핍박을 받고 있던 침례교인들로서는 모든 교파들을 향해 신앙과 양심의 자유가 베풀어져야 함을 간절히 소망하고 있었을 것이다.

303) Ibid., 248. "The Holy Scripture is the only sufficient, certain, and infallible rule of all saving Knowledge, Faith, and Obedience."

304) Ibid., 272-3.

305) Ibid., 273.

306) Ibid., 279-80.

결코 신앙이란 강요받을 수 없으며, 그렇기 때문에 모든 백성들의 양심을 일정한 틀 속에 가두는 국교(State Church, Established Church)를 침례교인들은 용납할 수 없었던 것이다.

필라델피아 신앙고백은 우주적인 교회와 지역교회를 모두 규정하고 있다. "보편적 혹은 우주적 교회(The Catholic or Universal Church)는 (성령의 사역과 은혜의 진리로 말미암아) 눈에는 보이지 않으나 선택받은 많은 사람들로 이루어진다"[307]고 규정하고 있으며, 지역교회(Local Church)에 대해서는 "가시적인 성도들"(visible Saints), "특정한 회중들"(particular Congregations), "특정한 교회"(a particular Church)라는 표현을 쓰고 있다.[308]

필라델피아 신앙고백이 제2차 런던신앙고백과 내용 면에 있어서 가장 큰 차이는 "시편 찬송"과 "침례받은 자들에 대한 안수"에 관한 규정이 첨가되어 있다는 점이다. 그것은 앞에서도 언급한 것처럼 키취(Keach) 부자에 의해 그 두 항목이 부연되었기 때문이다. 제23장 "시편 찬송"(Of Singing Psalms, & C.)에서 "우리는 행 16:25, 엡 5:19, 골 3:16 등 하나님을 찬양하며 노래하는 것은 거룩한 그리스도의 의식(a holy Ordinance of Christ)이라고 믿지, 자연종교의 한 부분이거나 단지 도덕적인 의무라고만 생각하지 않는다"[309]고 규정하면서, 그리스도의 교회들은 시편, 찬송, 신령한 노래 등을 부르는데 적극적으로 참여해야 한다고 강조하고 있다.

침례받은 새 신자들에게 기도와 함께 안수를 해 주는 것도 그리스도의 의식임을 강조하고 있다. 그러나 이 의식의 목적은 성령의 특별한 은사를 위한 것이 아니라 약속의 성령을 더욱 충만히 받도록, 혹은 성령의 은혜와 그 영향력을 추가적으로 받도록 하기 위함이었다.[310]

그리고 주의 만찬에 참여하려고 하는 성도들에게는 그러한 안수를 받았어야 할 것을 요구하고 있기 때문에, 결과적으로 필라델피아 신앙고백은 매우 엄격한 폐쇄만찬(Closed Communion)을 규정하고 있다고 하겠다. 주의 만찬에 참여하기 위해서는 침례를 받아야 했을뿐만 아니라 침례를 받을 때 안수까지 받아야 했기 때문이다.

3) 역사적 의의

"필라델피아 신앙고백"은 그 당시의 침례교회들과 교인들을 하나로 연합시키는데 큰 역할을 하였다. 특히 제1차 대각성운동 이후 미국의 침례교회들은 부흥운동에 대해서 소극적인 태도를 취했던 정규침례교회(Regular Baptist Church)와 그것에 대해서 적극적인 태도를

307) Ibid., 285.
308) Ibid., 285-7.
309) Ibid., 351.
310) Ibid.

취했던 분리침례교회(Separate Baptist Church)로 나뉘어져 있었는데, 양 교회가 다시 연합할 때 연결고리 역할을 했던 것이 바로 필라델피아 신앙고백이었다. 원래 분리침례교회들은 성경의 최종적인 권위를 강조한 나머지 질서정연한 신앙고백의 채택을 달갑게 생각하지 않던 사람들이었다.

그러나 1787년 버지니아의 정규 및 분리 침례교회들이 그동안의 갈등과 분열의 아픔을 씻고 연합하기로 하면서, 서로 간의 신앙적인 공통분모를 "필라델피아 신앙고백"의 신앙진술에서 찾았던 것이다.[311] 그렇지만 각 개인은 그 신앙고백에 규정된 내용을 엄격하게 준수하지 않아도 된다고 하는 유보규정을 둔 것은 다분히 분리침례교회들을 염두에 둔 배려라 하겠다. 이렇듯 "필라델피아 신앙고백"은 식민지 시대에 다양한 배경을 가졌던 침례교회들과 침례교인들의 신앙을 위해서 표준화의 역할을 충분히 감당하였던 것이다.

"필라델피아 신앙고백"은 남침례교회에도 지대한 영향을 미쳤다고 봄이 타당하다. 1845년 남침례교 총회(Southern Baptist Convention)가 결성되었을 때, 새로운 신앙고백을 따로 채택하지 않았었기 때문에, 적지 않은 교회들과 지방회들은 필라델피아 신앙고백의 기초에 근거하였으며, 특히 버지니아와 캐롤라이너 주들에서는 분리침례교회의 칼빈주의적 신앙을 강하게 견지하였던 것이다. 맥글로슬린(W. J. McGlothlin)은 필라델피아 신앙고백이 남부지방의 모든 신앙고백들 가운데 가장 영향력이 컸을 것이라고 조심스럽게 결론을 맺고 있다.[312]

2. "뉴 햄프셔 신앙고백"(1833)

1) 역사적 배경

뉴 햄프셔 주에서 출생한 벤자민 랜달(Benjamin Randall, 1749-1808)은 1770년에 그리스도인이 되었고 6년 후에는 침례교인이 되었다. 1779년 그는 뉴 햄프셔 주 덜햄(Durham, New Hampshire)에서 자유의지 침례교회(Free Will Baptist Church)를 창립하였다.[313] 그의 교회와 목회는 꽤 성공적이어서 많은 추종자들을 얻게 되었고, 특히 뉴 잉글랜드 지방에서 큰 호응을 받았다. 그런데 그의 신학은 인간의 자유의지와 책임성을 강조하는 철저한 알미니우스주의(Ariminianism)였다.

311) James E. Carter, "American Baptist Confessions of Faith: A Review of Confessions of Faith Adopted by Major Baptist Bodies in the United States," William R. Estep, ed., *The Lord's Free People in a Free Land* (Fort Worth, TX: Evans Press, 1976), 59.

312) W. J. McGlothlin, *Baptist Confessions of Faith* (Philadelphia: American Baptist Publication Society, 1911), 298.

313) Lumpkin, *Baptist Confessions of Faith*, 360.

자유의지 침례교회의 급속한 성장은 1826년에 구성된 뉴 햄프셔 침례교 주총회에 큰 위협이 되었다. 칼빈주의적 색채를 비교적 강하게 띠고 있던 뉴 햄프셔 주의 침례교회들은 그에 대해 적절한 대응을 하지 않으면 안 되었다. 또한 많은 주민들이 알미니우스적인 신앙에 적극적으로 호응하고 있는 현실에 대해서도 심각한 고려를 해야만 했다. 이러한 제반 상황으로 말미암아 뉴 햄프셔 주 침례교인들은 그들의 칼빈주의 신앙을 재검토 혹은 수정하지 않으면 안 되었다.

"뉴 햄프셔 신앙고백"은 뉴 햄프셔 주 밖에서는 별로 알려지지 않았다. 약 20년 후인 1853년에 그 당시 미국침례교출판협회(American Baptist Publication Society)의 편집책임자였던 뉴턴 브라운(J. Newton Brown)이 수정증보작업을 한 이후에야 비로소 대외적으로 각광을 받기 시작하였다. 그는 1853년의 수정판 신앙고백에서 두 가지 항목, 즉 "회개와 믿음"(Repentance and Faith) 그리고 "성결"(Sanctification)을 첨가하여 18개 항목으로 보완하였고, 자신의 이름으로 저술한 『침례교회편람』(*Baptist Church Manual*)에 삽입하여 출판하였다.[314] 그래서 르무엘 반즈(Lemuel C. Barnes)는 뉴 햄프셔 신앙고백을 "J. Newton Brown의 신앙고백"이라고 부르는 것이 보다 정확할 것이라고 쓰고 있다.[315]

2) 특징

"뉴 햄프셔 신앙고백"은 그 주의 침례교회들이 현실적으로 겪고 있던 영적인 혼돈을 치유하고자 하는 필요에서 작성되었다. 인간의 자유의지의 중요성을 강조하는 무리의 등장과 그러한 자들에 대한 주민들의 호응에 대처하기 위한 현실적인 필요가 절실했던 것이다. 그 결과 이 신앙고백에 흐르는 신학적인 체질은 필라델피아 신앙고백에 비하면 훨씬 완화되어진, 보다 온건한 칼빈주의(more moderate Calvinism)라고 표현할 수 있다. 윌리암 반즈(William W. Barnes) 박사는 "그것이 너무나 온건하여서 칼빈주의와 알미니우스주의를 구분하는 다섯 가지 특징조차 무시된 신앙고백"이라고 말하고 있다.[316]

"뉴 햄프셔 신앙고백"의 가장 현저한 특징 중의 하나는 교회론(Ecclesiology)에 있다. "복음 교회에 관하여"(Of a Gospel Church)라는 항목에서 "그리스도의 가시적인 교회는 침례받은 신자들로서 구성된 회중이다"[317]라고 정의하면서, 그리스도의 의식들을 집례하고 그 분

314) Ibid., 360-1.

315) Lemuel C. Barnes and Others, *Pioneers of Light* (Philadelphia, PA: American Baptist Publication Society, n. d.), 56.

316) William W. Barnes, "The New Hampshire Confession of Faith, Its Origin and Use," *Review and Expositor*, vol. xxxix, no. 1 (January 1942): 5.

317) Lumpkin, "Of a Gospel Church," *Baptist Confessions of Faith*, 365.

의 말씀에 따라 부여된 은사와 권리와 특권을 행사하며, "유일하게 적절한 직원들은 감독 혹은 목사와 집사이며"(that its only proper officers are Bishops or Pastors, and Deacons), 그 자격과 권리 및 의무는 디모데 전후서와 디도서에 규정되어 있음을 밝히고 있다.[318]

뉴 햄프셔 신앙고백의 가장 큰 특징은 그것이 단지 "가시적인 교회"(Visible Church, 지역교회 Local Church)만을 규정할 뿐 "우주적인 교회"(Universal Church) 혹은 "비가시적인 교회"(Invisible Church)에 대한 언급은 일체 찾아 볼 수 없다는 점이다. 뉴 햄프셔 신앙고백 이전의 침례교 신앙고백들에는 대체로 이 양자를 모두 언급하고 있다는 점을 생각하면 이것은 역사적으로 상당히 의미 있는 사실이다. 세론 프라이스(Theron D. Price)는 이것은 역사적인 침례교 교회관으로부터의 일탈이라는 점을 강조하고 있다.[319]

아마도 지역교회만을 언급하였다는 것은 지역교회의 자치권(autonomy)과 독립성(independence)을 강조하고 교회가 중앙집권화 혹은 교권체제화 하는 것에 대하여 경계를 하였음에 그 의의가 있었을 것이라 사료된다. 우주적인 교회에 대한 침묵은, 지역교회만을 지나치게 강조했던 지계석주의(Landmarkism)의 신학적 정당성을 부여해 주는 결과가 되었고, 동시에 이 신앙고백이 결과적으로는 지계석주의의 확산에도 크게 기여하게 되었다.

3) 역사적 의의

앞에서 언급한 바와 같이 뉴햄프셔 신앙고백은 뉴턴 브라운(J. Newton Brown)이 그의 저서 「침례교회편람」(*Baptist Church Manual*)에 삽입하여 출판되었고, 또한 지계석주의(Landmarkism)의 지도자들 가운데 한 사람인 펜들턴(J. M. Pendleton)에 의해 1867년에 편찬된 「교회편람」(*Church Manual*)에 이 신앙고백이 포함되었다. 그렇게 때문에 "뉴 햄프셔 신앙고백"은 침례교 목회자들과 평신도 지도자들에게 무척 많이 알려지게 되었다.

"뉴 햄프셔 신앙고백"이 갖는 가장 큰 역사적 의의는 그것이 지계석주의자들(Landmarkists)의 외골수적인 신앙과 배타적인 교회론 신학에 정당성을 부여해 주는 결과가 되었다는 점이다. 19세기 중반에 지계석주의의 노선을 취했던 남부지방의 많은 교회들이 이 신앙고백을 신앙의 표준으로 수용하였고, 나아가서 지계석주의자들로 이루어진 지방회나 새로운 교파들이 앞다투어 이 신앙고백을 채택하였다.

특히 남침례교 최초의 신앙고백인 1925년판 "침례교인의 신앙과 메시지"(The Baptist Faith and Message, 1925)에는 비록 10개 항목이 새롭게 추가되어 있긴 하지만, 많은 부분에

318) Ibid.

319) Theron D. Price,"The Church and the Churches," *Review and Expositor*, vol. lii, no. 4 (October 1955): 446-9. Duke K. McCall, ed., *What Is the Church?* (Nashville: Broadman Press, 1958), 175.

서 "뉴 햄프셔 신앙고백"의 표현을 상당히 많이 재인용하고 있어 그 영향의 흔적을 엿볼 수 있다.

3. "침례교인의 신앙과 메시지"(1925)

1) 역사적 배경

미국 남침례교 총회(Southern Baptist Convention)에서 최초로 채택했던 "침례교인의 신앙과 메시지"(Baptist Faith and Message, 1925)는 1920년대에 격렬하게 대두되었던 근본주의자들과 근대주의자들 간의 논쟁(Fundamentalist-Modernist controversy)의 와중에서 잉태되었다. 근대주의자들은 주로 자유주의자들이었고 가장 치열했던 논쟁의 초점은 진화론(evolution theory)이었다.

1923년에 진화론에 관한 논쟁, 특히 공립학교에서 진화론을 가르치는 것에 관한 논쟁이 남침례교 총회의 뜨거운 감자로 등장하게 되었다. 그 당시 남침례신학원(Southern Baptist Theological Seminary)의 조직신학 교수이자 총장인 에드가 영 멀린스(Edgar Young Mullins, 1860-1928) 박사는 총회 연설에서 "과학과 종교에 관한 진술"(Statement on Science and Religion)을 발표했는데, 반진화론자들(Anti-evolutionists)에 의해 열렬한 지지를 받게 되었고 급기야는 그것이 진화론에 관한 교단의 공식입장으로 채택이 되기에 이르렀다. 그러나 총회가 끝난 이후에도 교단 내외에서 보수주의자들과 자유주의자들 간에 뜨거운 진화론 논쟁은 쉬 식지 않았다.

1924년 조지아 주 아틀란타(Atlanta)에서 모였던 연차총회에서는 새로운 신앙고백의 작성을 위한 기초위원회를 구성하도록 결의하였는데, 위원장에 멀린스(E. Y. Mullins), 위원들에 스카보로(L. R. Scarborough), 스틸리(C. P. Stealey), 맥글로스린(W. J. McGlothlin), 브라운(S. M. Brown), 다간(E. C. Dargan), 피트(R. H. Pitt) 등이었다.[320] 준비위원회는 신앙고백을 작성하여 다음 연차총회에 제출하도록 위임되었다.

1925년판 "침례교인의 신앙과 메시지"의 초안 작성을 위해서 가장 중요한 자료가 되었던 것은 "뉴 햄프셔 신앙고백"과 1923년 연차총회에서 채택되었던 멀린스(E. Y. Mullins) 박사의 "과학과 종교에 관한 진술"이었다. 기초위원회의 최종 모임에서 멀린스 박사는 "뉴 햄프셔 신앙고백"을 수정증보한 것을 토의안으로 제시하였고, 또한 서론 부분에서 신앙고백이 신조로 사용되어서는 안 된다고 하는 내용을 기재토록 제안하였다.

---

320) Ibid.

2) 특징

1925년판 "침례교인의 신앙과 메시지"가 채택된 가장 중요한 목적은, 진화론 논쟁으로 말미암은 불협화음을 제거하고 교단 내에서 신앙적인 일치를 이루기 위함이었다. 이 신앙고백이 채택된 이후에도 일 년 동안 논쟁과 갈등이 가라앉지 않았다고 하는 것은, 그 목적이 충분히 성취되지 못했음을 암시하고 있다. 또한 이 신앙고백이 남침례교인들에게 광범하게 인쇄 배포되었음에도 불구하고, 여전히 "뉴 햄프셔 신앙고백"이 남부지역에서는 많은 지역교회들과 침례교지방회들에 의해 사용되었다. 반즈(W. W. Barnes)는 이 신앙고백은 "남침례교회들에 의해 엄청난 침묵 속에 받아들여졌다"고 언급하고 있다.[321)]

"침례교인의 신앙과 메시지"(1925)는 크게 네 부분으로 분류하여 각 항목을 다루고 있으며 항목은 모두 26개이다. 첫째로, "서론"(Introduction)에서는 기초위원회가 이 신앙고백을 완성하기까지의 과정, 신앙고백과 신조와의 차이점, 신앙고백의 성격과 기능에 관한 역사적 침례교인들의 인식 등을 다루고 있다. 신앙고백이 당위성, 항구성, 권위성 등을 갖는 신조(信條, 신경 信經, Creed)로 오용되어서는 안 되며, 더욱이 침례교인들의 최종적인 권위인 성경을 대체해서는 안 된다는 점을 강조하고 있다.

둘째로, "신학적 항목들"(Theological Articles)은 교리적인 내용을 다루고 있다. 주로 뉴 햄프셔 신앙고백의 내용을 일부 수정하여 다루고 있고 그리스도의 부활과 재림에 관해서 부연해서 설명을 하고 있다.

셋째로, "방법적 항목들"(Methodological Articles)에서는 그리스도인의 삶과 사회적인 책임을 다루고 있다. 엄밀히 말하면 신앙고백적인 내용이라기보다는 목회와 사역에 있어서 침례교인들의 헌신을 강조하는 내용이다. "평화와 전쟁," "교육," "사회봉사," "협력," "전도와 선교," "청지기 직분" 등의 항목이 이 부분에 들어 있다.

그리고 마지막 네 번째 부분은 "과학과 종교"(Science and Religion)인데, 이것은 반진화론적 진술을 포함시켜야 한다고 주장하는 사람들을 만족시키기 위한 조처였을 것이다. 앞에서도 언급했듯이 이것은 멀린스(E. Y. Mullins)의 1923년 연차총회 연설내용 중 마지막 부분인데, 이 진술이 "침례교인의 신앙과 메시지"의 부록으로 첨부되어 있다.

3) 역사적 의의

1925년판 "침례교인의 신앙과 메시지"의 가장 큰 역사적 의의는 그것이 남침례교 총회 차원에서 채택 공포된 최초의 신앙고백이었다는 점이다. 자유주의적 근대주의(Liberalistic

321) William W. Barnes, *The Southern Baptist Convention: A Study in the Development of Ecclesiology* (Fort Worth: n.p., 1934), 8. Carter, "The American Baptist Confessions of Faith," 65에서 재인용.

Modernism)와 진화론(Evolutionary Theory)이 대두하여 기독교계가 소용돌이치는 상황에서, 기독교의 본질적인 진리들을 체계화하고 복음적인 신앙과 교리를 정립했다고 하는 점도 이 신앙고백이 이루어 낸 중요한 공헌이다. 또한 이 신앙고백은 단순한 교리적인 진술에 국한하지 않고 실제적인 그리스도인의 삶과 목회 및 선교에의 헌신에 관한 규정을 두고 있어 그리스도인의 전체적인 삶이 어떠해야 함을 잘 제시해 주고 있다.

그러나 이 신앙고백이 남침례교 총회에서 채택되었고 동시에 주일학교부에서 "침례교인의 신앙과 메시지"(Baptist Faith and Message, 1925)라는 제목으로 팜플렛 형식을 빌어 여러 차례 출판되었음에도 불구하고, 실제 지역교회들과 침례교인들 사이에는 별로 많은 활용이 되지 않았다고 하는 점은 아쉬운 일이었다. 그것은 "뉴 햄프셔 신앙고백"에 여전히 많은 교회들이 집착을 하고 있었기 때문이다.[322] 1920년대까지도 지계석주의(Landmarkism)의 영향이 남부지방의 침례교회들 사이에 여전히 남아 있었기 때문이라고 사료된다.

4. "침례교인의 신앙과 메시지"(1963)

1) 역사적 배경

1960년대초 남침례교 총회는 또 다른 문제로 소용돌이치게 되었다. 그것은 남침례교 신학이 지나치게 자유주의(Liberalism)로 흐르는 것에 대한 경계로 인한 것이었다. 문제의 발단은 당시 총회 산하의 미드웨스턴 침례신학원(Midwestern Baptist Theological Seminary)의 구약신학 교수 랄프 엘리옷(Ralph H. Elliot)의 책 「창세기의 메시지」(*The Message of Genesis*)가 침례교주일학교부(BSSB)의 출판사인 브로드만 출판사(Broadman Press)에서 출판되면서 일어나게 되었다.[323] 그 책이 출판되자 교단의 중진 목회자들로부터 즉각적으로 격렬한 비판과 항의가 쏟아져 나오게 되었다.

무엇보다도 당시 휴스턴 제일침례교회를 담임하고 있던 오웬 화이트(K. Owen White) 목사가 텍사스 주총회 주간지 "뱁티스트 스탠다드"(Baptist Standard)에 비판적인 글을 게재하였다. 그는 "현재 문제가 되고 있는 책은 '독약'(poison)이다. 이런 류의 이성주의적 비평학(Rationalistic Criticism)은 위대한 신약성서적인 교단을 더욱 혼란과 불신앙과 부패 그리고 종국에 가서는 분열로 이끌 따름이다"[324]라고 우려 섞인 혹평을 하였다.

---

322) Carter, "The American Baptist Confessions of Faith," 67.

323) 이 사건에 관한 상세한 내용은 Walter B. Shurden의 *Not a Silent People: Controversies That Have Shaped Southern Baptists* (Macon, GA: Smyth & Helwys Publishing, Inc., 1995), 69-81, 제6장 The "What about Genesis?" Controversy 참조.

324) K. Owen White, "Death in the Pot," *Baptist Standard*, 10 January 1962, 39.

1962년 7월 샌프란시스코(San Francisco)에서 남침례교 연차총회가 개최되었을 때까지도, 1년 동안 치루었던 홍역의 후유증이 가시지 않고 있었다. 당시 총회장이었던 오클라호마 제일침례교회 담임목사 허셸 홉스(Hershel H. Hobbs)는 "위기와 정복"(Crisis and Conquest)이라는 설교를 통해 논쟁을 종식시키고 교단적인 화합을 이루고자 각고의 노력을 기울였다. 허셸 홉스가 위원장으로 선출되었고, 주총회장들 가운데서 선임된 5명의 위원들로 구성된 신앙고백기초위원회에서 새로운 신앙고백을 작성하도록 위임되었다.

1962년 7월 12일 내쉬빌(Nashville, TN)에 있는 남침례교 총회 건물에서 첫 모임을 가진 지 약 7개월 후인 1963년 3월 1일에 새로운 "침례교인의 신앙과 메시지"(1963)가 완성되어 각 주총회의 기관지 편집인들에게 발송되었다. 여론과 평가를 겸허하게 받기 위함이었다. 1963년 5월 9일 캔자스 시티(Kansas City) 연차총회에 새 신앙고백이 제안되었고, "우주적 교회" 개념에 관해서만 유일하게 질의 토론이 있은 후 의결되었다. 남침례교 총회는 1963년에 총회 창립 118년만에, 그리고 첫 신앙고백 채택 후 38년만에 두 번째 공식적인 신앙고백을 채택, 공포하였다.

2) 특징

1963년판 "침례교인의 신앙과 메시지"의 우선적인 목적은 그 당시 남침례교 총회가 휘말렸던 신학적 논쟁을 해결하기 위함이었다. 신학의 자유주의화에 대한 교단 차원의 경계 조치였고, 동시에 대다수의 남침례교인들은 여전히 보수적인 노선을 견지하고 있음을 대내외적으로 선언한 조치였다.

신학적으로 이 신앙고백은 보수적이며 복음적인 입장을 견지하였다. 1925년판의 머리말(Peamble)과 서론(Introduction)을 거의 그대로 유지하였다. 신앙고백에 관한 침례교석인 이해를 다섯 가지로 설명한 것을 그대로 답습하였다. 각 항목의 신앙고백 다음에는 그와 관련된 성경귀절들을 제시함으로써 그러한 신앙이 성경 말씀에 근거하고 있음을 분명히 하였다. 항목의 수를 25개에서 17개로 줄이되 "하나님" 항목 안에 성부 하나님, 성자 하나님, 성령 하나님의 세부항목을 두었고, 따라서 하나님이 삼위일체 하나님이심을 더욱 분명히 하였다. "침례와 주의 만찬"을 한 항목으로 처리하였다.[325)]

325) 1963년판 "침례교인의 신앙과 메시지"의 17개 항목은 다음과 같다: 성경(The Scriptures), 하나님(God), 인간(Man), 구원(Salvation), 은혜에 대한 하나님의 목적(God's Purpose of Grace), 교회(The Church), 침례와 주의 만찬(Baptism and the Lord's Supper), 주일(The Lord's Day), 왕국(The Kingdom), 종말(Last Things), 전도와 선교(Evangelism and Missions), 교육(Education), 청지기직분(Stewardship), 협동(Cooperation), 기독교적 질서와 사회적 질서(The Christian and the Social Order), 평화와 전쟁(Peace and War), 종교의 자유(Religious Liberty). Hershel H. Hobbs, *The Baptist Faith and Message*, iv.

"성경" 항목을 맨 첫 자리에 넣은 것은 "제2차 런던신앙고백"(1677)과 그 후의 침례교 신앙고백들의 전통에 따른 것이었다. 특히 "성경" 항목에서 맨 마지막에 성경해석의 중요한 원리를 덧붙였다는 것이 1925년판과 다른 점이다: "성경해석의 기준은 예수 그리스도이다."[326]

"교회" 항목에서 우주적인 교회 개념에 관해서 더욱 구체적으로 부연설명을 하고 있는 것도 특징이다: "신약성서는 모든 세대에 걸친 모든 구속받은 자들을 포함하는 그리스도의 몸인 교회에 대해서도 말하고 있다."[327] 다시 말하면 교회 개념에 관해서 "오직 지역교회만"을 교회로 이해하는 지계석주의(Landmarkism)의 교회관을 명시적으로 배격하고 있는 것이다.

"구원" 항목도 세 개의 세부항목으로 나누어서 중생(Regeneration or New Birth), 성화(Sanctification), 영화(Glorification)로 설명하고 있다. 1925년판에서는 "구원의 길"(The Way of Salvation), "칭의"(Justification), "값없이 받는 구원"(The Freeness of Salvation), "중생"(Regeneration), "회개와 신앙"(Repentance and Faith), "성화"(Sanctification) 등 6개 항목이 있었는데, 1963년판 신앙고백에서는 그것들을 하나로 요약하였다.

3) 역사적 의의

1963년판 "침례교인의 신앙과 메시지"는 남침례교단이 신학적 자유주의(Theological Liberalism)로 좌경화되어 가는 것을 차단하고, 복음적이고 보수적이며 실천적인 침례교 신앙을 재정립했다는데 큰 역사적 의의가 있다고 하겠다. 1925년판 신앙고백을 1960년대의 새로운 환경에 맞도록 새롭게 진술했으며, 신앙고백의 항목들을 재조정하여 보다 체계적인 신앙고백으로 재탄생시켰다.

1969년 뉴올리언즈(New Orleans) 연차총회에서 이 "침례교인의 신앙과 메시지"(1963)를 총회 산하의 모든 기관에서 그들의 신앙진술로 채택토록 하자는 동의가 있었지만 부결되었다.[328] 그 이유는 그것은 어디까지나 각 기관이 자발적으로 결정할 문제이지, 총회의 결의로 강요할 수도 없고 강요해서도 안 된다는 여론이 거세었기 때문이었다. 신앙고백이 신조나 신경처럼 사용되어서는 안 된다고 하는 입장을 다시 확인한 것이었다.

그러나 그 후 많은 기관들에서 자발적으로 이 신앙고백을 자신들의 신앙적인 표준으로 수용하였다. 특히 사우스웨스턴(Southwestern), 미드웨스턴(Midwestern), 골든 게이트(Golden

326) Ibid., 19. "The criterion by which the Bible is to be interpreted is Jesus Christ."
327) Ibid., 64. "The New Testament speaks also of the church as the body of Christ which includes all of the redeemed of all the ages."
328) Hobbs, *The Baptist Faith and Message*, v.

Gate) 침례신학원에서는 교수 채용 시에 이 신앙고백에 근거하여 서명을 하는 것으로 결정하였고 그렇게 시행하였다.[329] 이만큼 이 신앙고백은 남침례교 총회 내의 지역교회들과 산하기관들의 신앙표준으로 광범하게 사용되었다. 그래서 일부 온건한 보수주의자들(Moderate Conservatives)은 "침례교인의 신앙과 메시지"(1963)가 실제에 있어서는(in reality) 신조나 신경처럼 사용되고 있음에 대해서 경고의 목소리를 높이기도 하였다.[330]

5. "가정" 항목의 첨가(1998)와 "침례교인의 신앙과 메시지"(2000)

남침례교 근본주의자들(Southern Baptist Fundamentalists)은 미국사회가 병들어 가고 있는 근본적인 원인이 가정의 붕괴에 있다고 생각하였다. 이혼율이 급증하고 미혼모가 많이 생겨나고 나이 어린 자녀들이 부모의 이혼과 가정의 파괴로 인하여 크나큰 정신적 상처를 받고 있는 것을 염려하였다. 그래서 그들은 기존의 1963년판 남침례교인들의 신앙고백인 "침례교인의 신앙과 메시지"(Baptist Faith and Message, 1963)에 "가정"(Family) 항목을 첨가(amendment)하기로 하였다. 그것이 1998년도 연차총회에서 18번째 항목으로 추가되었다.

그런데 "가정" 항목에서는, 가정 내에서 남편들은 아내를 사랑해야 한다는 내용과 함께, 아내들은 남편들에게 복종해야 할 의무를 강조하는 내용을 삽입하였다: "아내는 교회가 그리스도의 머리되심에 기꺼이 복종하듯이, 자신의 남편의 종된 리더십에 은혜스럽게 스스로 복종해야 한다."[331]

당시 남침례교 여성계에서는 이혼율의 급증과 가정파괴 현상의 두드러짐으로 인해서 "가정" 항목을 신앙고백 속에 추가한 것에 대해서는 용인하면서도, "아내가 남편에게 복종해야 한다"는 사실을 그처럼 강조해서 표현할 필요까지 있느냐며 격렬하게 항의하였다. 에베소서에서 아내들과 남편들에 관한 교훈(엡 5:22-33) 바로 직전에, "그리스도를 경외함으로 피차 복종하라"(엡 5:21)는 규정이 있음을 들어서, 그들은 아내와 남편뿐 아니라 모든 인간관계에서 "피차 복종해야" 한다는 사실을 주장하였다. 가정 항목의 내용을 인용하면 다음과

329) Ibid.

330) 이에 관해서는 남침례신학원의 학술논문집 *The Review and Expositor*, vol. lxxvi, no. 1 (Winter, 1979) 참조. "Creeds and Confessions in the Christian Tradition," "The Nature and Authority of Baptist Confessions of Faith," "Southern Baptists and Confessionalism," "Southern Baptist Response to the 1925 and 1963 Confessions," "Should Southern Baptists Have a Creed/Confessions? No!/Yes!" 등의 논문이 게재되어 있어 본 주제에 대해 추가적인 정보를 제공해 주고 있다.

331) "The Family," *Baptist Faith and Message* (2000), 20. "A wife is to submit herself graciously to the servant leadership of her husband even as the church willingly submits to the headship of Christ."

같다:

> 하나님께서는 가정을 인류사회의 기초적인 기관으로 제정하셨다. 그것은 결혼, 혈연 혹은 입양에 의해 상호 관계를 맺은 사람들로 구성된다. 결혼은 한 남자와 한 여자가 평생 동안 언약적인 헌신을 약속하며 결합하는 것이다. 그것은 그리스도와 그 분의 교회 간의 연합을 드러내 주고, 결혼을 통해서 친밀한 동료의식, 성서적인 기준에 따른 성적인 표현의 채널로, 그리고 인류 증식의 수단으로서 제공된, 하나님의 독특한 선물이다.
> 남편과 아내는 두 사람 모두 하나님의 형상에 따라 창조되었기 때문에 하나님 앞에서 동일한 가치를 지닌다. 결혼관계는 하나님께서 그 분의 백성과 관계하시는 방식을 모범으로 한다. 남편은 그리스도가 교회를 사랑하신 것처럼 자신의 아내를 사랑해야 한다. 그는 그의 가족들을 먹여살리고 보호하고 인도해야 할, 하나님이 부여해 주신 책임을 진다. 아내는 교회가 그리스도의 머리되심에 기꺼이 복종하듯이, 자신의 남편의 종된 지도력에 은혜스럽게 복종해야 한다. 아내는 자신의 남편이 그러한 것처럼 하나님의 형상을 가지고 있고 그렇기 때문에 남편과 동등하지만, 자신의 남편을 존중하고 가사일을 이끌어 가고 다음 세대를 양육하기 위하여 남편의 돕는 배필로서의 책임을 진다.
> 자녀들은 잉태의 순간부터 주님으로부터 받은 축복이자 유산이다. 부모는 그들의 자녀들에게 결혼에 대한 하나님의 패턴을 보여주어야 한다. 부모는 자신의 자녀들에게 영적인 가치와 도덕적인 가치를 가르쳐 주어야 하며, 일관성 있는 삶의 모본과 사랑이 깃든 훈육을 통해 성서적인 진리에 기초한 선택을 할 수 있도록 인도해야 한다. 자녀들은 자신의 부모를 존경하고 그들에게 순종해야 한다.[332]

남침례교인들은 2000년 연차총회에서 1963년판 신앙고백의 내용을 수정하거나 첨가하여 새로운 신앙고백서를 채택하였다. 2000년판 "침례교인의 신앙과 메시지"는 1979년부터 시작된 남침례교 내의 근본주의적 보수주의 운동(Fundamentalistic Conservativism)과 깊은 관계가 있다. 이 운동이 지향해 왔던 신앙의 내용을 신학적으로 정리한 것이 "침례교인의 신앙과 메시지(2000)"인 것이다.

이 신앙고백은 1963년판 신앙고백과 기본적으로는 거의 동일한 골격을 가지고 있다. 다만 "구원" 조항에서 "중생"(regeneration)과 "칭의"(justification)를 분리하고 있고, 1998년에 첨가(amend)되었던 제18조항 "가정"을 마지막 조항으로 그대로 삽입하고 있다. 그리고 10개 조항들에서 단어와 어귀를 수정하거나 새로 첨가하는 작업을 하였다. 거의 모든 수정과 첨가는 각 조항의 신앙고백의 의미를 더욱 선명하게 하기 위함이었고, 남침례교인들로 하여금 그 내용을 보다 쉽게 이해할 수 있도록 하기 위함이었다. 2000년판 "침례교인의 신앙과

332) Blount and Wooddell, ed., *Baptist Faith and Message* (2000), 227-9.

메시지"(Baptist Faith and Message, 2000)의 구체적인 내용에 대해서는 장을 바꾸어서 본서 제19장에서 자세히 살펴보도록 한다.

제15장

미국 침례교회의 남북분열과 남침례교 총회의 태동

1814년에 결성된 최초의 침례교 전국총회인 일반선교총회(General Missionary Convention)는 10번의 총회를 가진 후, 1845년에 남과 북으로 분열하는 비극을 맞았다. 미국 침례교인들 사이에서 최초로 큰 분열이 발생한 것이다. 이 분열은 하나님의 섭리에 의한 것이었는가? 아니면 인간들의 권모술수로 말미암은 것이었는가? 만약 이 분열이 불가피한 것이었다면 그 배경과 이유는 무엇이었는가? 남침례교 총회(SBC, Southern Baptist Convention)는 어떤 과정을 통해 조직되었는가? 그리고 그 대표적인 인물은 누구였는가? 침례교의 남북 분열이 하나님 나라의 확장에 어떻게 기여하였는가? 이와 같은 질문들을 제기하면서 미국 남침례교 총회의 형성 과정을 살펴본다.[333]

I. 19세기 초 미국 남부지역의 상황

침례교회의 남북 분열의 이유를 근원적으로 고찰해보면 미국 남부지역과 북부지역 간에는 현격한 문화적인 차이가 있었다. 문화라는 말을 간단히 정의할 수는 없지만, 인간사의 모든 요소들이 서로 연관되어 종합적으로 드러나는 성격을 갖는다.[334] 따라서 어떤 역사적인 사건의 참 의미를 알기 위해서는 그 사건의 배경을 이루고 있는 문화를 이해하는 것이 바람직하다.

---

333) 제15장은 「복음과 실천」 제19집 (1996년)에 게재되었던 필자의 논문, "미국 남침례교 총회의 형성과정"의 내용을 수정하고 보완한 것이다.

334) Wilson D. Wallis, *Culture and Progress* (New York : McGraw-Hill Book Co., 1930), 9.

1. 정치구조

미국에서 1800년대 초는 1789년에 연방헌법(Federal Constitution)의 채택으로 모든 지역들이 새 나라의 정착을 위해 적응을 해가던 시기였다. 그 당시 미국은 동부 13개 주(州)가 각 주의 독특성과 독립성을 존중하는 가운데 연방정부(聯邦政府, Federal Government)를 구성할 것을 동의하였다. 그렇기 때문에 미국은 처음부터 "지역주의"(Sectionalism)에 근거하여 출발하였다.[335]

일찍부터 남부지역은 강력한 중앙집권적인 정치체제를 갖추었다. 소수의 부유한 토지 소유자들과 엘리트 정치인들이 서로의 권익을 보장해 주면서 상호 정치적 경제적 안정을 누리고 있었다. 다시 말해서 북부지역과 비교할 때 남부지역은 반봉건적 사회(半封建的社會, Semi-feudal Society)를 기본적인 골격으로 하여 형성되었다.

이와 같은 세속 사회의 정치 구조는 자연히 교회의 행정 및 조직 개념에 영향을 미쳤다. 반즈(W. W. Barnes) 교수는 북부지역과 남부지역 간의 정치 구조의 차이는 교회에까지 큰 영향을 미쳤다고 진단하였다.[336] 즉, 북부지역의 정치 구조는 지방자치와 지방분권적인 민주주의 체제였고, 남부지역의 그것은 엘리트 재력가들과 명망가들에 의한 중앙집권적 반봉건적인 체제였다.[337] 따라서 교회와 교단의 행정 조직도 이와 같은 대조적인 체질을 반영하고 있었다.

2. 사회 및 경제체제

북부지역은 해안의 대도시들을 중심으로 하여 상업과 제조업이 일찍부터 발전하고 있었음에 비하여, 남부지역은 대형 농장을 소유한 대지주들이 소작인들과 노예들을 거느리고 주로 농업에 종사하고 있었다.[338] 특히 1792년 엘리 휘트니(Eli Whitney)에 의해 조면기(繰綿機, Cotton Gin)가 발명되면서 면화재배 농사가 높은 수익성을 가지게 되었다.[339]

결국 남부의 광활한 대형 농장은 면화 밭으로 뒤덮이게 되었고, 노동집약적인 농업 경

335) Thomas P. Abernethy, *The South in the New Nation 1789-1819, vol. 4 of A History of the South* (Baton Rouge, LA : Louisiana State University Press, 1961), 20-21.

336) W. W. Barnes, "Why the Southern Baptist Convention Was Formed," *Review and Expositor* 41 (January 1944): 1-17.

337) Ibid., 3.

338) Abernethy, *The South in the New Nation 1789-1819*, 1.

339) McBeth, *The Baptist Heritage*, 383.

영은 흑인 노예들의 노동력이 없이는 불가능하게 되었다. 그러나 북부지역에서는 노동집약적인 산업을 탈피하여 자본집약적 산업으로 빠르게 변모하고 있었으며, 많은 흑인들은 고등교육을 받으며 기술을 익혔고 일찍이 산업전선으로 뛰어 들고 있었다.

3. 종교적인 풍토

식민지 시대의 남부지역은 영국국교회(Anglican Church, 성공회 Episcopal Church)가 국교와 같은 지위를 누리며 주민들의 신앙생활을 주도하였다. 그러나 그 당시 남부지역의 종교적인 풍토는 소수의 지식인들이 이신론(Deism) 사상을 가지고 있었고 일반 대중은 영적인 문제에 별 관심이 없었다. 특히 남부지역의 부농(富農)이나 정치인들의 자녀들이 영국이나 프랑스로 유학을 가서 그 당시 유럽에서 유행하던 계몽주의(啓蒙主義), 이성주의(理性主義), 회의주의(懷疑主義) 등의 사상을 신대륙으로 수입하였다.[340] 따라서 일반 대중은 어떠한 형태의 종교에 대해서도 별로 큰 관심을 가지지 않았다.

그러나 두 차례에 걸친 대각성운동들(Great Awakening Movements)을 통해서 사정은 크게 변화하였다. 애버내시(Abernethy)는 "대각성운동들의 영향이 너무나 광범하게 확산되었기 때문에, 이제는 좋은 가문에서 태어나서 좋은 교육을 받았다는 것만으로 그 사람이 믿음직한 신사가 될 수 없었다…. 그는 크리스천 신사가 되어야 했다"[341]고 말하고 있다. 이턴(Eaton)은 미국 독립전쟁 이후의 시기는 남부지역의 역사에서 가장 종교적인 시대였다고 진단하였다.[342]

웨인 플린트(J. Wayne Flynt)는 북부지역의 침례교와 비교하여 남부지역 침례교 신앙의 특징을 다음과 같이 지적하였다.[343]

첫째는 개인주의적 신앙이었다.[344] 남부지역의 기독교 신앙은 개인 영혼의 구원을 강조하는 것이었다. 광활한 개척지에서 개척자들과 그 가족들의 생존과 안정 그리고 그들의 영혼구원 문제는 가장 절실하였다. 북부지역의 교회들은 산업사회의 제반 문제점들과 도시 빈민들 그리고 갓 이민 온 사람들의 현실적인 필요들에 부응하기 위한 목회에 치중하지

340) Clement Eaton, *The Freedom of Thought Struggle in the Old South* (New York : Peter Smith Publisher, 1951), 3.

341) Abernethy *The South in the New Nation 1789-1819*, 9.

342) Clement Eaton, *The Mind of the Old South* (Baton Rouge, LA : Lousiana State University Press, 1964), 158.

343) J. Wayne Flynt, "The Impact of Social Factors on Southern Baptist Expansion, 1800-1914," *Baptist History and Heritage*, vol. 17, no. 3 (July 1982): 20-31.

344) Ibid.

않을 수 없었지만, 남부지역의 교회들은 개인 영혼의 구원을 위해 복음의 메시지를 증거하는 것을 가장 우선적인 목표로 삼았다.

둘째는 대중적인 신앙이었다.[345] 남부지역의 침례교회들은 중·하류 계층의 일반 대중들에게 호소력을 가졌다. 또한 주로 농업에 종사하는 사람들이 많았기 때문에 성도들의 구성이 비교적 동질적(同質的, homogenious)이었다. 따라서 침례교회들은 평범한 사람들이 친화력을 느낄 수 있는 분위기를 가지고 있었다.

셋째는 부흥회식 신앙이었다.[346] 19세기 초반의 남부 교회들의 가장 큰 특징은 부흥운동(Revivalism)이었다. 특히 부흥사들이나 설교자들은 캠프 미팅(Camp Meeting, 천막집회)을 통해 통회와 자복, 중생, 심령부흥, 헌신 등을 성도들에게 강조하였다. 북부지역의 교회들이 대사회적인 책임과 대학을 중심으로 한 신학교육을 강조했던 것과는 무척 대조적이었다.

넷째는 백인우월주의적 신앙이었다.[347] 백인우월주의 혹은 인종차별주의는 남부지역 기독교의 약점이자 또한 특징이었다. 남부지역에서도 노예제도의 비인간성에 대하여 비판적인 주장이 없었던 것은 아니지만, 일반적으로 노예제도는 용인되는 분위기였다. 왜냐하면 앞에서도 지적하였듯이 그것은 남부지역의 경제 및 사회체제와 긴밀한 관련을 맺고 있었기 때문이었다.

따라서 남부지역의 침례교회들은 노예제도를 기정사실로 받아들였고, 노예제도에 대한 비판의 소리가 제기될 때에는 신약성서의 내용을 인용하면서 노예제도를 옹호하고 합리화하기까지 하였다. 그리고 남부지역에서는 일찍부터 백인들만 출석하는 교회들과 흑인들만 출석하는 교회들로 엄격히 나누어져 있었고, 목회자들까지도 백인들은 흑인 노예들을 소유하고 있는 경우가 적지 않았다.[348]

II. 노예문제와 남북의 분열

미국 침례교의 남북 분열의 원인을 명료하게 규명하는 일은 그리 간단하지 않다. 전장에서 살펴본대로 남북의 문화적인 차이가 배경이 되어 있었고, 그 외에 침례교 최초의 전국총회였던 일반선교총회(GMC, General Missionary Convention)가 내부적으로 안고 있던 문

345) Ibid.
346) Ibid.
347) Ibid.
348) McBeth, *The Baptist Heritage*, 384-5.

제들이 있었다. 로버트 베이커(Robert A. Baker)와 레온 맥베스(H. Leon McBeth) 교수는 분열의 간접적인 원인으로써 총회조직에 대한 기본 개념의 차이와 국내선교에 있어서의 불평등한 차별 대우를 들고 있다.[349]

남부에서는 지역교회(Local Church)가 기본 단위가 되어 총회를 구성하고 총회가 국내선교, 해외선교, 신학교육, 문서출판 등의 모든 목회 및 선교 사역을 중앙집권적으로 관장하는 것을 선호한 반면에, 북부에서는 지역교회의 독립성과 자치성을 보호하기 위해서 모든 목회 및 선교 사역이 각 사역의 주체 기관들에 의해 주관되고 개인들이나 단체들이 자원하여 헌금하고 참여하는 것을 선호하였다. 전자를 총회체제(Convention System)라고 부르고 후자를 협회체제(Society System)라고 부른다.[350] 그런데 일반선교총회는 이 양자를 적절히 타협하는 선에서 총회 조직을 이루었기 때문에 처음부터 갈등의 소지를 안고 있었던 것이다.

그런데 일반선교총회의 지도부를 장악한 북부지역 침례교 지도자들이 1826년도에 총회의 본부를 필라델피아에서 보스턴으로 이전하면서, 총회 구성을 전면적으로 협회체제(Society System)로 전환시켜 버렸다. 이러한 조치는 남부지역 침례교도들의 입장을 전혀 무시하는 것이었다. 남부지역 사람들이 볼 때에는 필라델피아도 무척 북쪽에 있는 것으로 느꼈을 텐데, 총회 본부를 거기보다 훨씬 북쪽에 있는 보스턴으로 옮겨버린 것은 남부지역 침례교인들로 하여금 총회로부터 소원해지도록 만들어 버렸다.

더 나아가서 국내 선교사의 파송이나 선교비 지급에 있어서 차별대우 현상이 발생하였다. 남부지역보다 북부지역 출신 선교사들이 우선적으로 선출되어 파송되었고, 자금 지원도 북부지역의 개척 교회들에게 더 많은 금액이 배당되었다. 총회에 선교기금을 정성껏 헌금했던 남부지역 교회들로서는 부당한 차별대우를 받고 있다는 불만이 생기지 않을 수 없었다.[351] 이와 같은 차별대우는 남부지역의 침례교인들에게 불만과 분노를 낳게 되었는데, 이것이 분열의 간접적인 원인이 되었다고 볼 수 있다. 그러나 침례교 남북 분열의 직접적인 도화선이 되었던 것은 그 당시 미국 사회 전체의 뜨거운 감자였던 노예제도(Slavery) 문제였다.[352]

---

349) Robert A. Baker, *The Southern Baptist Convention and its People 1607-1972* (Nashville : Broadman Press, 1974), 148-54 ; McBeth, *The Baptist Heritage*, 381.

350) McBeth *The Baptist Heritage*, 347-50.

351) Baker 교수에 의하면 1832-1841에 남부지방의 교회들이 국내선교를 위해 헌금했던 액수는 $28,149이었으나, 같은 기간에 남부 지방에 투자된 선교 헌금은 $13,646에 불과하였다고 한다. Robert A. Baker, *Relations between Northern and Southern Baptists* (Fort Worth, TX: Evans Press, 1948), 35.

352) McBeth 교수는 "노예제도가 남부 침례교도들이 그들 자신의 총회를 구성토록 한 최종적인 그리고 결정적인 요인이었다"(Slavery was the final and most decisive factor)고 진단하고 있다. McBeth, *The Baptist Heritage*, 381.

1. 노예문제의 초기 발단

미국의 초기 침례교도들 사이에서는 노예문제로 인하여 별다른 갈등이 생기지 않았다. 대체로 초기 침례교 지도자들은 노예제도는 사람을 짐승 취급하는 비인간적인 제도라고 비난하였다. 1637년경 미국 침례교의 창설자인 로저 윌리암스(Roger Williams)같은 사람은 피콧 인디안들(Pequot Indians)을 노예로 삼는 것에 대해서 격렬하게 항거한 적이 있었다.

1619년경 버지니아 주에서 니그로 노예(Negro Slave), 즉 아프리카에서 압송해 온 노예가 제도화되기 시작했는데, 이때부터 남부의 식민지 주들에서도 노예매매에 대해 격렬하게 비난하였다. 미국이 영국으로부터 독립을 하면서 침례교 지도자들 가운데 그들 소유의 노예들을 해방시켜 주는 사례들이 적지 않게 있었다. 특히 1789년 버지니아 주의 침례교 지도자였던 존 리랜드(John Reland) 목사는 버지니아 침례교회들의 일반위원회(The General Committee of Baptist Churches of Virginia)의 이름으로 노예제도를 반대하는 공식 성명서를 채택, 발표하기도 하였다:[353]

> 결의. 이 노예제도는 인간 본연의 권리를 무자비하게 박탈하는 것이며 공화국 정부의 이상에도 배치되는 것이다. 그러므로 우리는 이러한 극악을 이 땅에서 근절시키기 위해서 모든 법적인 조치를 취하도록 우리(침례교) 형제들에게 권면하는 바이며, 존경하는 국회의원들이 그들의 권한을 십분 발휘하여 이 땅에 위대한 희년을 제정, 공포하도록 전능하신 하나님께 기도하기를 권면한다.[354]

그러나 앞에서도 언급한 것처럼 미국 남부지역의 경제 환경이 노동집약적인 농업경제 체제로 전환되면서 사정은 급격히 달라지기 시작하였다. 침례교회의 집사들 가운데 대형 농장(plantation)에서 면화 재배를 하는 농장주들이 적지 않았으며, 그들에게 있어서 흑인 노예들의 노동력이 없이는 농장경영 자체가 불가능하였다.

2. 침례교 노예제도폐지 운동

노예제도 폐지운동(Abolition Movement)이 미국에서 본격적으로 전개된 것은 영국 침례

353) William Warren Sweet, *Religion on the American Frontier: The Baptists 1783-1830* (New York: Henry Holt and Company, 1931), 47.

354) William H. Brackney, ed. *Baptist Life and Thought: 1600-1980* (Valley Forge, PA: The Judson Press, 1983), 143.

교인들의 반노예주의(Anti-slavery, Abolitionism)의 영향으로 말미암았다. 1833년에 영국 의회는 1838년까지 영연방에 속한 모든 나라에서는 모든 형태의 노예제도를 폐지한다는 법안을 통과시켰다. 그 때 그 법안의 제정을 위해 헌신했던 의원들을 돕기 위해서 최전선에서 활동했던 사람들이 영국의 침례교 지도자들이었다.

이미 개인적으로 노예제도를 마땅하지 않게 여기고 있던 침례교 지도자들은 이러한 영국 침례교 지도자들의 권고에 찔림을 받고 술렁이기 시작했다. 그들은 노예제도 폐지운동이 성공적인 열매를 거두기 위해서는 무엇보다도 먼저 단체의 구성과 단체적인 행동의 필요성을 절실히 인식하였다. 그리하여 그들은 미국 침례교 노예제도반대 대회(American Baptist Anti-slavery Convention)를 개최함으로써 노예제도 폐지운동을 본격화 하였다. 1840년 4월 뉴욕에서 약 100여 명의 침례교 지도자들과 교인들이 회집하였다. 그 당시 일반선교총회의 부회장이었던 엘론 갈루샤(Elon Galusha)가 대회 회장으로 선출되었다.

이 대회에서는 2개의 선언문이 채택되었는데, 하나는 북부지역의 침례교인들을 향한 선언문이었고, 다른 하나는 남부지역의 침례교인들을 향한 선언문이었다. 전자의 글에서는 노예제도 폐지운동에 침례교인들이 적극적으로 협력해 줄 것을 호소했으며 모든 선교기관에서는 노예제도를 용인하는 듯한 언행이나 행정을 청산할 것을 요청하였다.

그런데 후자의 글에서는 노예를 소지하고 있거나 노예제도를 옹호하는 남부 침례교인들을 그 대상을 삼고 있으며, 매우 전투적이고 공격적인 용어를 사용해서 노예제도를 비난하였다. 이 두 번째 선언문은 북부지역 침례교인들이 노예제도와 그것을 옹호하는 남부지역 침례교인들에 대해서 얼마나 강렬한 적개심을 품고 있었는지를 잘 보여주고 있다. 이제 노예문제는 찬반 양론으로 사람들을 갈라놓게 되었고 점차 양극단을 향해 치닫게 되었다.

3. 중립을 지키려는 노력

노예 제도를 묵인하거나 옹호했던 남부 침례교회들과 그것을 철폐하고자 했던 북부 침례교회들 사이에서 일반선교총회(General Missionary Convention)와 미국침례교국내선교협회(American Baptist Home Mission Society)는 지도자들과 교회들 간의 분열에 개입하지 않고 중립을 견지하고자 노력하였다. 전자는 1840년 12월에 헌장에 근거한 중립을 선언하였고, 후자는 이듬해 2월 16일에 회람 공문을 발송하였다: "미국침례교국내선교협회 실행위원회는 그러한 문제에 대해 판단을 할 권리를 가지고 있지 않다고 믿습니다."[355)]

355) "Circular" of the Executive Committee of the American Baptist Home Mission Society, 16 February 1841. Baker, *A Baptist Source Book*, 95-7에서 재인용.

1841년 메릴랜드 주 볼티모어(Baltimore)에서 일반선교총회(General Missionary Convention)의 연차총회가 모였을 때, 남과 북의 침례교 지도자들은 침례교가 한 몸으로서의 단합된 모습을 견지하고 있음을 만방에 보여주기 위해 각고의 노력을 경주하였다. 이를 위하여 총회가 열리기 전에 남과 북의 대표 74인으로 구성된 소위원회가 "타협 조항"(Compromise Article)을 준비하고 서명하였다. 여기서는 노예제도 문제가 교단을 분열시키는 시험대가 되어서는 안 될 것을 확인하였다.[356)]

그러나 이미 주사위는 던져진 상태였다. 중립을 지키려던 노력은 별반 열매를 거두지 못하였다. 이 노예제도 문제는 침례교단만의 뜨거운 감자가 아니었다. 다른 기독교 교단들은 물론, 더 나아가서 미국 사회 전체가 앓고 있던 일종의 만성 종양이었다.

4. 분열의 위기

위기는 1844년에 찾아왔다. 조지아 주의 침례교인들은 미국침례교국내선교협회(American Baptist Home Mission Society, ABHMS)의 중립 선언을 문자 그대로 순수하게 수용할 수 없었다. 왜냐하면 국내선교협회의 지도부 인사들이 노예폐지운동과 관련된 여러 가지 활동에 꾸준히 참여하고 있었기 때문이었다. 또 그 당시 국내선교협회에서는 노예 소유자는 국내선교사로 파송될 수 없다는 소문이 파다하게 나돌고 있었다. 그래서 조지아 주 침례교인들은 그 소문의 진위를 확인할 방도를 찾았다.

1844년 4월에 조지아 주 침례교총회 실행위원회에서는 노예를 소유하고 있던 제임스 리이브(James E. Reeve) 목사를 조지아 주 탈라포사 침례교지방회(Tallapposa Baptist Association)의 선교사로 임명해 줄 것을 국내선교협회에 요청하였다. 그런데 국내선교협회 이사회는 이 요청에 대한 조치를 차일피일 미루다가 결국은 리이브(Reeve)의 임명에 관하여 심의하기를 거절하였다. 즉, 그 사안에 대하여 어떠한 결정도 하지 않은 채 내버려둔 것이다. 결과적으로 리이브(Reeve)는 국내 선교사로 임명을 받지 못하게 되었으며, 그를 추천했던 조지아 주 침례교인들은 당혹하지 않을 수 없었다.[357)]

또 다른 위기는 앨라바마 주에서 발생하였다. 앨라바마 주총회는 1844년 11월 25일에 해외선교와 관련하여 일반선교총회(GMC)에 몇 가지 가정적인 질문을 할 것을 결의하였다.[358)] 만약 이러한 질문에 대해 만족스러운 답변을 듣지 못하게 된다면, 총회로 보낼 그

---

356) "Compromise Article." Baker, *A Baptist Source Book*, 100-1에서 재인용.

357) McBeth, *The Baptist Heritage*, 386-7. 이 사건을 일반적으로 "조지아 주 시험 사례"(Georgia Test Case)라고 부른다.

들의 해외선교 헌금을 유보시키겠다고 결정하였다. 6가지 질문들 가운데 가장 핵심적인 두 번째 질문의 요지는, "노예를 소유하고 있는 성도도 노예를 소유하고 있지 않은 성도와 똑같은 자격으로 해외선교사로서 파송받을 수 있는가" 하는 것이었다.

1844년 12월 17일, 일반선교총회 이사회는 "앨라바마 결의"(Alabama Resolution)에 대한 회신을 보내 왔는데, 그 입장은 매우 단호하였다.[359]

> 이사회가 노예 소유주를 해외 선교사로 임명할 것인지의 여부에 관하여 우리의 입장을 분명히 밝힙니다. 지난 30여 년 동안 총회 이사회가 존재해 온 기간 중에, 우리가 알기에는 아직 한번도 노예 소유주가 해외선교사로 지원했던 적이 없었습니다. 그런데 노예를 소유하고 또 노예를 자신의 사유 재산으로 보유할 것을 고집하면서 선교사가 되기를 지원하는 사람이 있다면, 우리는 결단코 그를 임명하지 않을 것입니다. 한 가지 사실은 분명합니다. 우리는 노예제도를 인정하는듯이 암시하는 사람들의 편에 결코 설 수 없다는 사실입니다.[360]

남부 침례교인들이 볼 때에는 위에 인용한 마지막 문장은 북부지역의 침례교 지도자들이 스스로 견지하겠다고 하던 중립의 원칙을 깨뜨린 것으로 받아들일 수밖에 없었다. 일반선교총회의 지도부가 그와 같은 단호한 입장을 취하고 있는 한, 노예를 소유하고 있거나 노예제도를 묵인 혹은 옹호하고 있던 남부지역의 침례교인들로서는 그들이 가야 할 길이 분명해졌다. 그것은 그들 독자(獨自)의 길이었다.

III. 남침례교 총회 결성의 산파 윌리암 존슨[361]

노예 문제를 직접적인 원인으로 하여 남부지역의 침례교회들이 일반선교총회(GMC)로부터 분리되어 나왔는데, 새로운 총회 구성을 결행할 수 있었던 것은 강력한 지도력이 마련되어 있었기 때문이었다. 남침례교 총회(SBC, Southern Baptist Convention) 탄생의 산파역(産婆役)을 맡았던 사람은 윌리암 존슨이었다.

358) Ibid., 이 사건은 "앨라바마 결의"(Alabama Resolution)이라 부른다.
359) McBeth, *The Baptist Heritage*, 387-8.
360) McBeth, *A Sourcebook for Baptist Heritage* (Nashville : Broadman Press, 1990), 259.
361) 제15장의 III은 「복음과 실천」 제39집 (2007년 봄)에 실린 필자의 논문, "William B. Johnson의 생애와 사역"의 내용을 일부 수정하고 보완한 것이다.

1. 지도자로서의 준비

윌리암 존슨(William B. Johnson, 1782-1862)은 1782년 6월 13일 사우스 캐롤라이나 주 찰스턴 근처의 존즈 아일랜드(John's Island)에서 태어났다. 메인 주의 키터리 침례교회(Kittery Baptist Church)가 찰스턴으로 이주해 와서 1696년에 남부지방 최초의 침례교회인 찰스턴 제일침례교회가 세워졌는데, 존슨(Johnson)의 모계 조상(Bullein Family)이 개척 회원들 가운데 끼어 있었다.[362] 그에게 가장 큰 신앙적인 영향을 끼쳤던 사람은 어머니 메어리 불레인 존슨(Mary Bullein Johnson)이었는데, 그녀는 탁월하게 훌륭한 인격의 소유자였으며 지적인 면과 경건한 면을 겸비한 여인이었고, 독립적인 결단을 할 수 있는 성품을 가지고 있었다.[363]

윌리암의 나이 17세 되던 해에 어머니가 이 세상을 떠났기 때문에 그는 독학의 길을 걸어야 했다. 그가 대학교육을 어디에서 받았는지는 확실하지 않지만, 브라운대학교(Brown University, Providence, RI)의 역사 기록에 의하면, 그가 1814년에 A.M. 학위(Artium Magister, Master of Arts)를, 그리고 1833년에 명예신학박사 D.D.(Doctor of Divinity) 학위를 받은 것으로 나타나 있다.[364]

청년 윌리암은 한 때 법률공부에 몰두하기도 하였다. 그의 멘토였던 리차드 퍼만(Richard Furman)이 그에 관해 진술한 내용 중에 이러한 설명이 있다:

> 그의 머리는 탁월하게 법률에 조율되어 있다. 만약 그가 복음사역을 위하여 법률공부를 포기하지 않았더라면, 그는 유능한 법률가로서 명성을 날렸을 것이고, 그의 부패하지 않은 도덕적 인격과 영민한 두뇌와 능력으로 그의 고향 땅인 사우스 캐롤라이나 주의 법조계에서 큰 일을 감당하는 인물이 되었을 것이다.[365]

그가 22살 되던 해인 1804년 여름에 그는 예수 그리스도를 인격적으로 만나는 중생의 체험을 하고 신앙고백에 근거한 침례를 받았으며, 그 후 목회 사역에 소명을 받고 1806년 1월에 안수를 받았다. 그리고 1809년에 사우스 캐롤라이나 주 콜럼비아(Columbia)에서 제일침례교회를 개척하기도 하였고, 1811-1815년에는 조지아 주에 있는 사반나(Savannah, GA)

---

362) Hortense Woodson, *Giant in the Land : A Biography of William Bullein Johnson* (Nashville: Broadman Press 1950), 2.

363) Helen R. Johnson, "The Life and Work of Dr. William Bullein Johnson" (Th.M. thesis, Louisiana College, Pineville, Louisiana, 1938), 2-3.

364) Hortense Woodson, *Giant in the Land: A Biography of William B. Johnson* (Nashville: Broadman Press, 1950), 4.

365) Johnson, "The Life and Work of Dr. William Bullein Johnson," 4.

침례교회에서 담임 목사로서 목회를 하였다.[366] 1822년 이후에 그는 그린빌(Greenville, SC)로 이주하여 여기서 제일침례교회를 개척하여 목회하였다. 1830-1852년에 그는 그린빌 근교의 에쥐필드(Edgefield, SC)에서 빌리지(Village) 침례교회를 섬기면서 교단적인 지도자로서의 역할을 감당하였다.

1814년에 일반선교총회(General Missionary Convention)의 창립총회가 개최되었을 때, 존슨은 리챠드 퍼만(Richard Furman, 1755-1825)을 비롯한 남부지역 침례교 지도자들 틈에 끼여 필라델피아로 향하였다. 그 때 그는 32살의 청년이었다. 선배 목사인 퍼만이 초대 총회장으로 당선이 되고 총회의 회무를 이끌어가는 모습을 눈여겨 보면서 존슨은 침례교 지도자로서의 비전을 키워나갔을 것이다. 그는 미국 침례교역사에서 획기적인 전환점을 이루었던 두 총회, 즉 일반선교총회(GMC, 1814)와 남침례교 총회(SBC, 1845)의 창립총회에 모두 참석했던 인물이 되었다.

2. 교단 지도자

1) 교육에 대한 관심

어머니의 조기 소천으로 인해서 공적인 교육을 제대로 받지 못하고 독학을 했던 콜플렉스가 있었던 것일까? 윌리암 존슨은 한 인물의 정신적인 성장과 건전한 인격의 형성을 위해서 교육의 중요성을 뼈저리게 느꼈다. 1809년에 콜롬비아(Columbia, SC)에서 제일침례교회를 개척하여 섬기면서, 그는 같은 도시에 있던 사우스 캐롤라이나 대학(South Carolina College)에서 교목을 겸하여 섬김으로 청년들의 교육에 남다른 관심을 보였다.[367]

1822년에 그린빌(Greenville, SC)로 옮겨 목회할 때에도 1830년까지 그린빌여성아카데미(Greenville Female Academy)의 원장을 맡아 여성교육에도 깊은 관심을 가졌다. 특히 그린빌에서 자신의 멘토인 리차드 퍼만을 기리면서 "퍼만 아카데미 신학원"(Furman Academy and Theological Institute)를 개원하였다.

이 신학원은 1859년에 남침례교 최초의 목회자 양성교육기관인 남침례신학원(Southern Baptist Theological Seminary)으로 발전하였다. 그리고 남침례신학원이 1877년에 켄터키 주 루이빌(Louisville, KY)로 그 캠퍼스를 옮겨 가자, 그 자리에 침례대학교(Baptist University)인 퍼만대학교(Furman University)가 자리를 잡고 오늘에까지 이르고 있다.

에쥐필드(Edgefield, SC)에서 목회사역을 감당하며, 그는 에쥐필드 여자대학(Edgefield Female

366) Woodson, *Giant in the Land: A Biography of William B. Johnson*, 11-8.

367) William B. Willis, "William Bullein Johnson," *Baptist History and Heritage*, vol. I, no. 1 (August 1965): 24.

College) 학장을 일시적으로 맡았다. 그는 1852년에서 1858년까지는 존슨 여자대학교(Johnson Female University) 총장과 이사장을 역임하면서 여성교육에 남다른 관심을 보였다.[368] 교육에 대한 퍼만의 열정으로 인하여 남침례교 총회 최초의 신학원(SBTS)이 개교하게 되었고, 동시에 동남부 지역에서 유서깊은 침례대학교(Furman University)가 세워지게 되었다.

2) 사우스 캐롤라이나 주 침례교 총회장

남침례교 총회의 역사에서 사우스 캐롤라이나 주는 중요한 의미를 가진다. 남부지방 최초의 교회였던 찰스턴 제일침례교회는 메인 주에 있던 키터리(Kittery) 침례교회가 1696년에 집단이주해 옴으로써 시작되었다. 이 교회를 중심으로 남부지역에서 많은 침례교회들이 개척되어 1751년에 찰스턴침례교지방회가 결성되었는데, 이 지방회는 정규침례교 영성(Regular Baptist Spirituality)을 대변하였다.

사우스 캐롤라이나 주에는 남침례교 역사에서 "최초로" 기록되는 기구들과 사역들이 많이 있다. 최초의 주일학교, 최초의 여선교회연합회, 최초의 침례신학원, 최초의 주총회, 남부지역 최초의 교회 등이 그러하다. 그래서 윌리암 반즈(William W. Barnes) 박사는 사우스 캐롤라이나 주(state)는 남침례교인들의 "거룩한 땅"(holy ground)이라고 부르기도 하였다.[369]

특히 사우스 캐롤라이나 주는 남부지역에서 최초로 주총회(state convention)가 구성된 곳이었다. 올리버 하트(Oliver Hart)를 승계하여 1787년에 찰스턴 제일침례교회의 담임목사가 된 리차드 퍼만은 약 38년 동안 이 교회를 담임하였으며, 남부지역 침례교의 지도자로 부상하였고 사우스 캐롤라이나 주총회를 구성하는 일에 중추적인 역할을 하였다. 그 당시 그 주에는 다섯 개의 침례교지방회들(Charleston, Bethel, Broad River, Saluda, Savannah River)과 약 130여 개의 침례교회들이 있었고, 약 100여 명의 목회자들이 사역하고 있었고, 전체 침례교인들의 수는 약 10,500여 명 정도였다.[370]

결국 1821년 12월 4일, 주도(州都)인 콜롬비아(Columbia, SC)에서 세 지방회로부터 9명의 대의원들이 참석하여 사우스캐롤라이나 주총회의 창립총회가 개최되었다. 이 총회에서 리차드 퍼만이 초대 총회장으로 선출되었고, 윌리암 존슨이 부회장으로 지명이 되었으며, 존슨은 존 랜드럼(John Landrum)과 함께 새로운 주총회의 헌장 마련을 위한 기초위원회의 위원으로 위촉이 되었다.[371]

---

368) Ibid., 25.

369) Robert A. Baker, "The Contribution of South Carolina Baptists to the Rise and Development of the Southern Baptist Convention," *Baptist History and Heritage*, vol. xvii, no. 3 (July 1982): 2.

370) Zaqueu Moreira de Oliviera, "Richard Furman, Father of the Southern Baptist Convention," William R. Estep, ed., *The Lord's Free People in a Free Land* (Fort Worth, TX: Evans Press, 1076), 94.

윌리암 존슨이 사우스 캐롤라이나 침례교 주총회에서 새로운 지도자로 부상하게 된 것은 1825년에 리차드 퍼만이 소천하면서부터였다. 퍼만이 걸치고 있던 지도자의 망토가 그의 후배요 제자요 멘티였던 존슨의 이깨 위에 떨어진 것이다. 이 때로부터 28년 동안 존슨은 사우스 캐롤라이나 침례교 주총회를 이끌면서 남부지역의 침례교 선교사역의 핵심인물로 활동하게 되었다.

3) 남침례교 초대 총회장

미국의 침례교회가 1845년에 남과 북으로 분열하여 남침례교 총회가 결성된 배경에는 남침례교의 원죄(original sin of SBC)라고도 볼 수 있는 "노예제도"(Slavery)가 있었다. 노예제도의 철폐(abolitionism)를 주장했던 북부지역의 침례교 지도자들에 대항하여 남부지역의 침례교 지도자들은 노예제도의 전통과 관습을 옹호하였다. 로버트 베이커(Robert Baker) 박사에 의하면, 노예문제가 미국사회에서 첨예한 사회적 논쟁거리로 등장하게 된 데에는 다음과 같은 세 단계를 거쳤다고 한다:

> 노예제도가 1830년대 이전까지는 주로 "경제적인"(economic) 제도로 간주되었고, 1830년-1940년대에는 "도덕적인"(moral) 차원에서 노예제도의 비도덕성이 거론되었으며, 1840년대 이후부터는 "정치적인"(political) 양상을 띠면서, 결국 아브라함 링컨(Abraham Lincoln)이 대통령으로 취임하면서 남부전쟁(American Civil War, 1861-1865)으로까지 치닫게 되었다.[372]

1840년대에 들어서면서 일반선교총회(GMC) 내에서 노예제도의 비도덕성을 주장한 북부지역 침례교 지도자들과 대단위 농장과 목화산업에 의존하고 있던 남부지역의 특성을 고려하여 흑인 노예들의 노동력의 필요불가결성을 주장한 남부지역 침례교 지도자들 간에는 전운이 감돌 정도로 분위기는 험악해지고 있었다.[373]

이러한 상황 속에서 윌리암 존슨은 남부지역 침례교 목회자들의 열렬한 지원에 힘입어 1841년에 매릴랜드 주 볼티모어(Baltimore, MD) 연차총회에서 일반선교총회의 총회장으로 선출되었다. 폭넓은 대인관계와 사우스 캐롤라이나 침례교 주총회 총회장으로서의 경험이 고려되었고, 그리고 남과 북 사이의 갈등국면을 잘 조정해 줄 수 있는 인물로 인정을 받았던 것이다.

371) Ibid., 95.

372) Robert A. Baker, Relations between Northern and Southern Baptists (Fort Worth, TX: Evans Press, 1948), 18-25.

373) 김승진, 「침례교회와 역사」, 수정증보판 (대전: 침례신학대학교출판부, 2009), 315-41, "제10장 미국 남침례교 총회(SBC)의 형성 과정" 참조.

그러나 그의 재임기간이었던 1841년-1844년은 노예문제로 총회가 매우 시끄러웠던 시기였다. 존슨 총회장 자신도 노예를 몇 명 소유하고 있었는데, 북부지역 침례교 지도자들은 노예폐지운동(Abolitionist Movement)에 적극적으로 관여하고 있었으니, 총회장으로서의 그의 갈등은 충분히 짐작할만 하다. 그러나 노예제도에 관한 존슨 총회장의 입장은 단호하였다: 첫째로, 예수님의 비유 말씀이나 사도 바울의 서신서들 등 신약성서 자체가 기존의 주종관계인 노예제도를 인정하고 있을뿐 아니라 그것을 타파하지도 않고 있다는 점이었다. 둘째로, 남부지역의 현실적 상황이 노예제도를 갑자기 폐지할 수 없는 복합적인 요인들이 존재하고 있다는 점이었다.[374]

3년의 총회장 임기 동안 존슨은 총회 내에서 남과 북의 회해를 위해서 갖가지 노력을 경주했지만, 노예문제라는 중차대한 사회적 이슈의 파괴력을 감당하기에는 인간적인 한계를 절감하였다. 그는 일반선교총회의 총회장직을 한번 더 맡을 수도 있었겠지만, 1844년 일반선교총회 연차총회가 필라델피아(Philadelphia, PA)에 모였을 때, 결국 그는 건강 상의 이유를 들어 총회장 임기만료와 함께 재선 출마를 사양하였다.[375]

그리고 그는 남부지방의 침례교회들과 침례교 목회자들의 마음을 하나로 결집시켰다. 마치 초대교회 시절, 바울과 바나바가 서로 갈라섬으로써 두 팀이 되어 선교했던 것이 초대교회의 급속한 확장에 기여했던 것처럼, 미국의 침례교회가 남과 북으로 나누어짐으로써 보다 더 효과적으로 그리고 보다 더 능률적으로 하나님 나라를 확장시켜 나갈 수 있을 것이라고 확신하였다. 즉 "나누어져서 우리는 견고하게 선다"(Divided We Stand)는 것이었다.[376]

3. 존슨의 신앙과 총회조직에 대한 철학

1) 성경관

존슨에게 있어서 성경은 하나님의 말씀이었고, 동시에 하나님의 영감을 받은 오류없는 하나님의 말씀이었다. 기본적으로 그는 성경의 가치를 높게 생각(high view of the Bible)했던 사람이었다. 유럽대륙에서 일었던 계몽주의(Enlightenment, *Aufklaerung*) 사조가 미국 기독교계에 침투해 들어오는 것에 대해 그는 방어적인 입장을 취하였다. 당시에 계몽주의의 영향을 입은 학자들이 역사적 비평적 방법으로 성경을 분석하기 시작했음을 한탄하면서

374) McBeth, *The Baptist Heritage*, 383-4.

375) James M. Morton, Jr., "Leadership of W. B. Johnson in the Formation of the Southern Baptist Convention," *Baptist History and Heritage*, vol. v, no. 1 (January 1970): 6-7. 원래 이 말은 "연합하여 우리는 선다"(United We Stand)는 관용적인 말이 있는데, 이 말을 비틀어서 사용한 것이다.

376) Woodson, Giants in the Land, 114.

존슨은 "진리가 여러 방면에서 공격을 받고 있다. 여러 가지 형태의 사악한 공격이 이루어지고 있다. 조소, 불성실, 폭력의 영이 공격의 무기가 되고 있다. 부패한 마음의 소유자들이 복음의 계시를 전복시키려 하고 있다"고 비난하였다.[377)]

영감론에 있어서 존슨은 완전영감설(Plenary Inspiration Theory), 다시 말해서 축자영감설(Literal Inspirationism)의 입장을 취하였다. 그는 "하나님께서 거룩한 필자들(sacred penmen)을 통해서 무엇을 쓸 것이며 어떻게 쓸 것인가를 지시하셨다. 그들은 하나님께서 사용하도록 하셨던 언어로 하나님의 마음을 표현했다"고 주장하면서, 이들 필자들은 "하나님의 영의 특별한 통제 아래 있는" 사람들이라고 하였다.[378)] 본질에 있어서 성서의 필자들은 "비록 각자가 자기 자신의 자연적인 성품과 표현방법에 따라 표현을 했겠지만, … 그들은 하나님의 뜻을 받아 쓴 수동적인 도구들(passive instruments)이었다"고 설명하고 있다.[379)]

남침례교 총회를 창립했고 초창기 6년 동안 총회장을 지냈던 존슨은 침례교인들(Baptists)이 "그 책의 사람들"(people of The BOOK)이라는 별명이 붙여졌던 것과 무관하지 않게 성경의 권위와 가치를 소중하게 여겼던 지도자였다. 그는 성경의 신적인 영감성(divine inspiration)과 모오류성(inerrancy)을 확신하였다. 조 니드햄(Joe Needham)은 존슨이 성경을 "지나치게 순진하게 이해하는 문자주의자(naive biblicist)가 아니었으며, 동시에 상상력에 있어서 메마른 해석(unimaginative interpretation)을 하는 목사도 아니었다"고 평가하고 있다.[380)]

2) 교회관

윌리암 존슨은 교회란 기구나 조직이 아니라 하나의 생명체라고 믿었다. 그리스도 안에서 새로운 생명(영원한 생명, eternal life 영생)을 얻은 자들의 공동체이기 때문이었다. 다시 말해서 예수 그리스도를 믿고 따르는 신자들의 살아 있는 공동체가 신약성서가 가르치는 교회라는 것이었다. 그러나 존슨에게 있어서 교회란 단순히 지역교회(local church)만을 지칭하는 것이 아니었다. 신약성서에는 시간과 공간을 초월해서 존재하는 예수 믿는 신자들의 공동체, 다시 말해서 우주적 교회(universal church)에 대해서도 중요하게 언급하고 있다는 사실을 적시하였다. 윌리암 반즈(William W. Barnes) 박사는 이와같은 교회 이해 때문에 존슨은 침례교인들의 교단적인 조직인 총회 개념을 도출하고 있다고 진단하였다.[381)]

---

377) "Minutes of the South Carolina Baptist Convention," 1830, 23. McBeth, *The Baptist Heritage*, 373-80에서 재인용.

378) Ibid.

379) Ibid.

380) Joe Needham, "William B. Johnson and the Conservative Resurgence in the Southern Baptist Convention," *Faith & Mission*, vol. xvi, no. 1 (Fall 1998): 73.

381) Willaim Wright Barnes, The Southern Convention: A Study in the Development of Eccleolsiology (Seminary

존슨의 교회이해는 그 당시 남부지방의 문화와 정서로부터 적지 않게 영향을 입었다:

> 그 당시 남부지방의 특징은 비교적 동질적인(homogeneous) 주민들로 이루어진 사회였으며, 대형농장을 경영하는 반봉건적인(semi-feudal) 사회였고, 대다수가 가난하고 못 배운 피지배 계층을 이루었다. 다만 주류 지배계층은 주로 소수의 백인 귀족들로 이루어진 사회였으며, 흑인 노예제도가 용인되었던 사회였으며, 동시에 북부지방과 비교해 볼 때 무척 중앙집권적인 정부 형태가 선호되던 사회였다.[382)]

이러한 남부지방의 문화적인 특징에 대한 이해가 존슨의 교회관, 더 나아가 그가 가지고 있던 남침례교 총회의 조직철학에 큰 영향을 미친 것이다. 각각의 지역교회는 비록 그 독립성을 유지하면서도 독립적으로 존재할 수도 없고 존재해서도 안 된다는 것이 존슨의 생각이었다. 다시 말해서 지역교회는 "고립해서"(in isolation) 존재해서는 안 되고 언제나 그리스도의 전체 몸(the Whole Body, 우주적 교회-필자 주) 가운데 한 부분이어야 한다는 것이었다. 그래서 각 지역교회는 교제와 협동에 있어서 상호 긴밀하게 연관되어 있어야 한다고 생각하였다. 그리고 지역교회는 그리스도의 전체 몸인 우주적 교회 속의 한 부분으로서 존재할 때 참 의미를 갖는 것으로 존슨은 이해하였다.[383)]

이러한 이해를 가지고 있던 존슨으로서는 지방회나 총회 석상에서 주의 만찬과 침례식을 행하는 것이 별로 이상하거나 특이한 일일 수 없었다. 왜냐하면 그러한 모임은 우주적 교회의 한 부분을 이루는 것이었기 때문이다. 존슨은 특별히 그러한 "성례전적인 계절"(sacramental seasons)을 좋아하고 기대했다고 한다.[384)]

3) 총회조직에 관한 철학

침례교 총회를 구성하는 조직철학에는 기본적으로 두 가지 방식이 있었다. 이는 침례교 교회론에서 강조하는 지역교회의 독립성(independency)과 자치권(autonomy)을 어떻게 유

Hills, TX: n.p., 1934),11. Morton, "Leadership of W. B. Johnson in the Formation of the Southern Baptist Convention," 4에서 재인용.

382) Ibid.

383) Ibid., 4-5. 이러한 입장은 19세기 중반에 미국의 남부와 서남부 지역에서 한 때 유행하던 "지계석주의"(Landmarkism)의 교회개념과는 무척 상반되는 것이었다. 지계석주의자들은 우주적 교회 개념을 배제하고 교회는 어디까지나 지역교회만을 의미한다고 믿었다. 그리고 지역교회는 철저하게 독립성과 자치권을 가진다고 믿었고, 선교의 주체는 인간들이 만든 선교단체들(man-made missions)이 아니라 신적인 기관으로서의 지역교회(local church as a divine organ)가 되어야 한다고 믿었다.

384) W. B. Johnson, "Dr. W. B. Johnson's Reminiscence, A. D. 1782-1862," *Baptist Courier*, Greenville, SC, October 2, 1895, 1. Morton, "Leadership of W. B. Johnson in the Formation of the Southern Baptist Convention," 5에서 재인용.

지할 것인가 하는 점이며, 동시에 이러한 독립성과 자치권을 유지하면서도 지역교회들 간의 교제와 협력을어떻게 효과적으로 그리고 능률적으로 이룰 것인가 하는 점이다. 전자를 강조하는 조직철학을 협회체제(society system)이라고 부르고, 후자를 강조하는 조직철학을 총회체제(convention system 혹은 association system)이라고 부른다.

북부지방의 침례교 지도자들은 협회체제를 옹호했다. 그들은 신약성서적인 이상(ideal)을 추구하는 입장이었다. 이에 비해 리차드 퍼만과 윌리암 B. 존슨 같은 남부지방의 침례교 지도자들은 이상과 현실을 조화시켜 보려고 노력했던 사람들이다. 지역교회의 독립성과 자치권을 최대한 존중하면서도, 개교회가 혼자 힘으로 할 수 없는 대규모적인 사역을 위하여 총회적인 차원의 협력을 이끌어내어 효과적이고 능률적인 사역을 이루어 보자는 입장이었다. 윌리암 존슨은 그의 멘토였던 리차드 퍼만의 조직철학을 계승하여 그것을 총회 조직에 반영해 보고자 시도하였다. 이것은 우주적 교회에 대한 그의 강조를 현실에서 구체화한 것이라 볼 수 있다.

존슨은 협회체제가 갖는 문제점과 한계를 일반선교총회의 총회장 직분(1841-1844)을 수행하면서 뼈저리게 느끼고 있었다. 남부지방의 침례교회들이 독립적인 총회를 이룬다면 그는 당연히 총회체제에 근거한 조직을 이룰 것을 이미 마음속에 간직하고 있었다. 지역교회의 독립성과 자치권 그리고 지역교회들 간의 협력과 교제, 이 양자는 상호 충돌하는 배타적인 가치가 아니라 얼마든지 상호 보완적일 수 있음을 확신하였다. 자유(freedom)와 연합(union), 자치(autonomy)와 사역의 능률(efficiency)를 동시에 이루고자 하는 그의 의욕이 남침례 총회의 조직 속에 잘 반영이 된 것이다. 지역교회가 자유(freedom)를 추구하다가 소외(isolation)에 빠지는 우를 범해서는 안 되겠다고 하는 조직에 대한 그의 철학이, 남침례교 총회 조직에 구체화된 것이다.[385]

4. 에필로그

윌리암 B. 존슨의 가장 중요한 공헌이라면 멘토이자 동역자였던 리차드 퍼만이 가졌던 이상과 남부지역 침례교회들의 정서를 충분히 이해하고 그것들을 확장시켜서 결국 남부의 침례교회들을 결집하는 지도력을 발휘하여 전국적인 총회를 결성하였다는 사실이다.[386] 남부지역의 지역침례교회들과 주요 선교기관들과 신학원들과 기타 총회 산하의 각종 기구들을 남침례교 총회라고 하는 큰 울타리 속으로 영입하여, 교단 차원에서 상호 협력하고 조

385) Morton, "Leadership of W. B. Johnson in the Formation of the Southern Baptist Convention," 5-6.
386) Ibid., 55.

정하여 최대한의 선교적 능률을 기하고자 했다는 점에서, 남침례교 총회에 대한 그의 기여는 결코 과소평가할 수 없을 것이다.

그의 이러한 조직철학은 1925년 멤피스(Memphis, TN) 연차 총회에서 협동 프로그램(CP, Cooperative Program)을 교단의 공식적인 선교정책으로 채택하면서 더욱 큰 열매를 맺게 되었다.[387] 남침례교 총회에 속한 모든 지역교회들이 헌금수입 혹은 예산의 10%정도를 선교사업을 위해 주총회에 헌금함으로써, 강력하고도 원대한 국내 및 해외 선교와 신학교육과 구제 사역을 교단 차원에서 성취할 수 있게 된 것이다.

기독교한국침례회총회가 총회체제의 입장을 취하고 있는 남침례교 총회와 선교적 협력관계를 형성해 온 데에는 하나님의 특별하신 섭리가 있다고 필자는 생각한다. 총회체제가 가지고 있는 최대의 장점인 사역의 "능률화와 효율화"를 교단 차원의 선교사역에서 이루어 나가도록 하기 위하여, 한국의 침례교회들도 미국 남침례교가 시행하고 있는 협동 프로그램을 과감하게 도입하여 실천하여야 하겠다.

Ⅳ. 남침례교 총회의 결성

1. 버지니아 주 침례교인들의 제안

조지아 주 침례교인들과 알라바마 주총회가 제기했던 문제에 대한 미국침례교국내선교협회(ABHMS)와 일반선교총회(GMC) 지도부의 대응 처사는 남부 지역 침례교도들과 지도자들의 자존심에 큰 상처를 안겨 주었다. 이와 관련하여 총회 지도부를 향해 거센 항의와 비판을 가한 사람들은 버지니아 주 침례교인들이었다. 버지니아 침례교선교협회(Virginia Baptist Missionary Society, 오늘날 버지니아 침례교 주총회의 전신-필자 주)가 총회 지도부의 결정은 헌장 위반이요, 지난번 연차총회에서 채택했던 "타협 조항"(Compromise Article)을 명백히 위반한 행위요, 동시에 총회에 협력하고 있는 남부지역 침례교인들을 불공평하게 차별 대우하는 결정이라고 선언하였다.[388]

더 나아가서 동 협회는 남부지역의 침례교회들이 더 이상 북부지역 침례교 지도자들로부터 수모와 차별 대우를 받으며 하나님의 일을 할 것이 아니라, 서로 한 마음으로 협력할

387) 협동 프로그램에 관해서는 본서 제18장 "협동 프로그램(CP): 남침례교 사역들의 생명줄" 참조.
388) "Religious Herald," 13 March 1845. McBeth, *A Sourcebook for Baptist Heritage*, 262-3.

수 있는 교회들끼리 독립된 총회를 구성할 것을 결의하였다. 그리고 매우 구체적인 제안을 내어놓기를 서슴지 않았다: "우리 협회의 판단에 의하면 조지아 주 어거스타(Augusta)가 그러한 총회를 개최하기에 적합한 장소이며, 내년 5월 두 번째 주일 전(前) 목요일이 적합한 날이다."[389)]

버지니아 주 침례교인들의 항의와 결의는 많은 남부 침례교인들의 답답한 마음을 시원하게 해 주었고 그들의 공감을 얻기에 부족함이 없었다. 특히 그 당시 사우스 캐롤라이나 주총회장 직분을 가지고 있었던 윌리암 존슨(William B. Johnson)의 마음 속에도 점차 확신이 생기기 시작했다. 그가 전국 총회의 총회장 재선출마를 사양했던 것도 남부지역 침례교인들의 한 맺힌 마음을 이미 읽었기 때문인지도 모른다.

존슨은 사우스 캐롤라이나 주총회의 임시 총회를 1845년 5월 3-5일에 사우스 캐롤라이나 주 에쥐필드(Edgefield)에서 소집을 하고, 남부와 남서부 지역 침례교회들과 목회자들의 마음을 하나로 결집시켰다. 그 역시 새로운 총회의 필요성과 당위성을 역설하였다.[390)] 마치 초대교회 시절 바울과 바나바가 서로 갈라섬으로 한 팀이 아니라 두 팀이 되어 선교하였던 것이 교회의 급속한 확장에 기여했던 것처럼, 침례교회가 남과 북으로 나누어짐으로써 보다 효과적이고 능률적인 하나님의 왕국사업을 성취해 나갈 수 있다고 존슨은 확신하였다.[391)]

버지니아 침례교 선교협회가 제안했던대로 1845년 5월 8일, 새로운 총회의 발기 모임을 위해 남부지역의 침례교 지도자들과 목회자들 그리고 평신도들이 어거스타(Augusta, GA)에 모여들었다. 293명의 사신들(messengers)이 참석하였다. 존슨이 발기 총회의 사회자로 선출되어 회무를 인도하였다. 발기 총회는 새로운 총회의 헌장 전문과 헌장 내용을 작성하도록 위임하기 위해 16명의 헌장기초소위원회를 선출하였다.

그런데 에쥐필드(Edgefield) 사우스 캐롤라이나 임시 주총회를 마치자마자 어거스타로 달려온 존슨은 이미 새로운 총회의 조직과 헌장 등에 관하여 초안을 만들어 자신의 가슴에 품고 있었다. 헌장기초소위원회에서는 존슨이 이미 작성해 온 초안을 검토하며 토의하였고 약간의 수정과 보완을 거친 후 새 헌장을 작성하였다.[392)] 이렇게 볼 때 존슨이 제안했던 헌장안이 남침례교 총회 헌장의 기본 골격이 된 셈이다.

389) Ibid., 263-4.
390) Woodson, *Giant in the Land*, 114.
391) Ibid.
392) Jeremiah B. Jeter, *The Recollections of Long Life* (n. p.: Religious Herald Company, 1891), 236. Morton, "Leadership of W. B. Johnson in the Formation of the Southern Baptist Convention," 10에서 재인용.

2. 남침례교 총회의 태동

어떻게 지역교회들의 독립성(independence)과 자치권(autonomy)을 침해하지 않고도 효과적이고 능률적인 연합조직을 가질 것인가 하는 것은 오랜 세월 동안 침례교 지도자들이 고민해 온 문제였다. 리챠드 퍼만과 남부지역 침례교인들의 정서를 잘 이해하고 있던 존슨은 새로운 침례교총회를 총회체제(Convention System)를 근간으로 하여 구성하였다. 모든 지역교회들이 한 총회 산하에 회원교회들로서 상호 협력함으로써 목회 및 선교 사역에 능률성을 높이도록 하였다.

그러나 지역교회의 독립성과 자치권이 침해를 받지 않도록 다양한 장치들을 갖추었다. 그 중에서 가장 두드러진 장치는 총회 참석자(Constituency of the Convention)를 지역교회에 의해 파송받은 사자들(messengers)로만 한정하지 않고, 총회를 위해 헌금을 드린 개인이나 혹은 단체 대표들로 그 범위를 확대하였다. 즉, 총회가 회원 교회들로부터 파송만 받으면 자동적으로 구성되도록 한 것이 아니라, 일정한 헌금을 드린 개인이나 선교단체 파송자들로 구성되도록 하였다. 그렇게 함으로써 총회가 지역교회들을 함부로 구속할 수 없고 헌금을 드리는 개인이나 단체에 의해 견제를 받기 때문에 지역교회의 독립성과 자치권을 지키겠다는 것이었다.[393)]

이외에도 지역교회의 독립성과 자치권을 보장하기 위해 다음과 같은 안전핀을 두었다고 베이커(Baker) 교수는 분석하였다.

> 전국 총회에 권력이 집중되는 것을 견제하기 위해서 주총회(State Convention)의 역할을 강화했다는 점이다. 또 다른 보호 장치는 총회 구성원들의 성격이다. 새 총회를 구성하는 회원들은 또한 지역 교회의 구성원들이다. 새 총회가 지역 교회들의 권위를 침해할 수 없도록 한 또 다른 강력한 조치는 총회의 민주적 성격이다. 총회 참석자들의 결의가 최종 권위를 갖는 것으로 하였다. 그리고 국내선교부와 해외선교부의 본부 등 총회 산하 기관들을 서로 다른 대도시들에 분산하여 두었던 것도 지나친 권력 집중을 막기 위한 조치였다.[394)]

발기 총회의 제3일째 날인 5월 10일 토요일 오전에, 헌장기초소위원회가 제출한 전문(Preamble)과 13개조의 헌장(Constitution)이 총회에서 통과됨으로써 남침례교 총회는 정식

---

393) 총회 참석자의 범위를 이렇게 규정한 것은 사실상 협회체제(Society System)의 방식을 일부 도입한 것이다. 그러나 오늘날에는 헌금이나 헌금액의 과다에 상관없이 지역교회의 회원 수에 비례해서 사신들(messengers)을 파송한다. 즉 지역교회로부터 파송받은 자들이 총회에 등록함으로 총회를 구성한다. Baker, *Southern Baptist Convention and Its People 1607-1972*, 174.

394) Ibid.

출범을 하였다. 1845년에 남침례교 총회가 결성되었을 때, 새 총회 산하에는 4,126개의 침례교회와 351,951명의 침례교인들이 있었다. 그리고 그 해에 23,222명이 침례를 받았다.[395] 새 총회의 명칭을 서남침례교 총회(Southern and Southwestern Baptist Convention)로 하자는 제안이 제기되기도 했었지만, 결국 남침례교 총회(SBC, Southern Baptist Convention)로 확정되었다(헌장 제1조). 남침례교의 목적은 전체 총회의 에너지를 "유도해내고 연합시키고 인도하기 위하여"(to elicit, combine, and direct the energies of the whole denomination)라고 규정하였다.[396]

헌장이 채택된 직후, 새 총회를 구성하게 된 이유를 설명하는 "대외성명서"(Address to the Public)를 작성하여 발표하자는 동의가 있었다. 5월 12일자로 발표된 이 성명서는 "미국 침례교인들이 선교 사역을 감당함에 있어서 뼈아픈 분열(a painful division)이 있었다"고 고백하였다.[397] 그러나 이 성명서는 "우리는 이러한 균열(rupture)이 근본적인 원리에까지 확장된 것이 아니며, 북부지력의 형제들도 그렇게 간주하지는 않을 것이라고 생각한다…. 북침례교인들과 남침례교인들은 여전히 형제지간이다. 신앙고백에 있어서 다른 것이 전혀 없다"는 점을 강조하였다.[398]

"대외성명서"는 3가지 사실을 강조하였다. 첫째로, 분열은 북부지역 침례교인들이 일반선교총회의 헌장을 위반함으로 일어나게 된 것임을 명기하였다. 노예문제에 관한 한 중립을 지킨다는 헌장을 북부지역 침례교 지도자들이 위반하였다는 것이다. 둘째로, 성명서는 남부지역의 침례교인들은 침례교 선교사역의 본래적인 기초를 회복하고 있다는 점을 강조하였다. 셋째로, 새로운 조직의 목적은 노예제도를 방어하기 위한 것이거나 어떤 종류의 인간적인 정책을 옹호하기 위한 것이 아니며, 단지 메시야의 왕국을 확장하기 위한 것임을 선언하였다.

성명서는 남침례교 총회가 "노예제도를 옹호하기 위한 총회"(a slave convention)라는 오해를 불식시키기 위한 내용을 삽입한 것이다.[399] 동시에 새 총회는 일반선교총회의 원리에 따라 하나님의 사역을 감당할 것임을 천명함으로써 미국 침례교 전통의 계속성을 피력하였다.

5월 11일 주일날에 발기총회에 참석한 침례교인들은 어거스타 제일침례교회(First Baptist Church in Augusta)에서 주의 만찬을 나누며 예배를 드렸다. 그리고 월요일 아침 몇 가지

395) McBeth, *The Baptist Heritage*, 391.
396) Baker, *A Baptist Source Book*, 116-8.
397) Ibid., 122.
398) Ibid.
399) McBeth, *The Baptst Heritage*, 389-90.

결의 사항을 통과시킨 후, 다음 해 버지니아 주 리치몬드(Richmond)에서 다시 만날 것을 기약하였다. 참석자들은 발기총회를 성공적으로 마치고 각자의 사역지로 힘찬 발걸음을 내디뎠다. 미국 남침례교 총회의 태동은 침례교 역사에서 신기원을 이루었다.

제16장

지계석주의 운동과 그 신앙적 잔재

지계석주의(Landmarkism) 운동은 미국 남침례교 역사에서 가장 격렬했던 교리적인 논쟁들 중의 하나였고 남침례교 교회론 형성에 지대한 영향을 끼쳤던 사건이었다. 그것은 "19세기 남침례교인들의 가장 심각한 내부적인 위기"(Southern Baptists' greatest internal crisis of the nineteenth century)[400]였다. 그것은 침례교 고교회주의(Baptist High Churchism)를 대내외적으로 각인시키려 했던 운동이었으나,[401] 결국은 남침례교 교회들과 총회로부터 배척을 받은 운동이었다.

지계석이라는 말은 다음의 구약성경 구절들에 연원을 두고 있다: "네 선조의 세운 옛 지계석(Old Landmark)을 옮기지 말지니라"(잠 22:28); "어떤 사람은 지계표(Landmark)를 옮기며 양떼를 빼앗아 기르며"(욥 24:2). 지계석(地界石, Landmark)이란 농촌에서 토지의 경계를 표시하기 위한 돌로 만든 말뚝과 같은 것이다.

"네 선조의 세운 옛 지계석"이란 "침례교 선배들이 전통적으로 견지하고 있던 신앙체계"를 은유적으로 표현한 것이고, 이 보수적인 신앙체계를 후손들이 함부로 변개하거나 소홀히 해서는 안 된다는 경고를 지계석주의는 암시하고 있다. 지계석주의 운동은 일종의 침례교 보수주의 운동이었고, 침례교회만이 예수 그리스도께서 세우신 유일한 참 교회라고 하는 일종의 극단적인 배타주의 운동이었다.

---

400) Robert A. Baker, *The Southern Baptist Convention and Its People: 1607-1972*, 208.

401) James E. Tull, *Shapers of Baptist Thought* (Macon, GA: Mercer University Press, 1984), 129. Tull은 침례교 사상을 형성시킨 인물 가운데 한 사람으로 J. R. Graves를 다루면서 그의 별명을 "Champion of Baptist High Churchism"(침례교 고교회주의의 챔피온)이라고 소개하고 있다.

I. 시대적 배경[402)]

지계석주의 운동이 일어났던 19세기 중반은, 미국이 영국 식민지로부터 독립을 하고 새로운 공화국을 형성한 후, 서부지역으로 통치권의 영역을 확장시켜 나가고 있던 시기였다. 당시의 개척지대(pioneer area)였던 켄터키, 테네시, 알칸사, 텍사스 등의 주들(states)은 요즘 말로 하면 개발붐이 한창 일던 지역이었고. 따라서 동부지역의 사람들이 다양한 동기로 몰려오던 지역이었고, 동시에 기독교의 각 교파에서는 경쟁적으로 선교활동을 독려하며 새 교회들을 개척하던 지역이었다. 다시 말해서 미개척 서부지역은 각 교파의 세력확장을 위한 각축장이었다.

다른 교단들과의 교회개척 경쟁, 유아세례와 주의 만찬 등에 관한 교리논쟁, 그리고 다른 교파들과의 성장 및 확장 경쟁 등이 서부 개척지역에서 팽배해 있던 영적 분위기의 일면이었다. 이에 자연히 상대적인 약세에 있던 침례교회로서는 역사적인 정통성과 교단적인 자긍심을 고취할 필요가 있었고, 그러한 침례교인들의 정서에 불을 지른 것이 바로 지계석주의 운동이었다.[403)]

지계석주의 운동의 배경이 되었던 또 다른 사건은 "캠벨 논쟁"(Campbell Controversy)이었다. 한 때 침례교회의 교인과 사역자였던 알렉산더 캠벨(Alexander Campbell)과 그의 추종자들은 당시의 교회가 원시 기독교의 모습으로 환원되어야 한다는 환원주의(還元主義, Restorationism) 운동을 주도하면서 제2의 종교개혁을 부르짖었다. 환원주의자들은 이 운동에서 침수례(Immersion)의 교리를 매우 심각하게 여기면서, 침수례가 구원을 완성시키는 최종적인 필수 단계라는 주장을 하였다. 이에 그레이브스(J. R. Graves)를 위시한 지계석주의자들이 그들의 신학적인 오류를 지적하여 맞서 싸우면서, 지계석주의는 보다 전투적인 교리체계를 형성하게 되었다.[404)]

또한 19세기 중반의 미국 기독교계는 교리적인 다양성이 인정됨과 동시에 다양한 교리들에 대한 신학적인 논쟁이 매우 활발하던 시대이기도 했다.[405)] 이러한 때에 "지계석주의의 아버지"(The Father of Landmarkism)인 그레이브스가 "테네시 주 침례교인"(The Tennessee Baptist, 나중에는 "침례교인" The Baptist로 변경되었다-필자 주)라는 언론을 장악하게 되었

402) 제16장은 「복음과 실천」 제25집 (2000년 봄)에 게재되었던 필자의 논문, "지계석주의(Landmarkism) 운동과 그 결과"의 내용을 수정하고 보완한 것이다.

403) Robert A. Baker, "Factors Encouraging the Rise of Landmarkism," *The Baptist History and Heritage*, vol. 10, no. 1 (January 1975): 1-2, 18.

404) Ibid.

405) Ibid.

고, 당시 그것이 최다의 발행부수를 자랑하는 침례교 신문으로 발전하면서 자신의 신학체계를 침례교인들에게 대중화시킬 수가 있었던 것이다.

지계석주의 운동이 "공식적으로" 출범하게 된 것은 1851년 6월 24일에 그레이브스가 테네시 주 카턴 그로브(Cotton Grove)에서 자신의 신학적인 입장에 동조하는 침례교인들과 더불어 집회를 가지면서 "카턴 그로브 결의문"(Cotton Grove Resolutions)을 채택하면서부터다.[406] 이 결의문을 채택하기에 앞서 그레이브스는 다음과 같은 5가지의 질문을 제기하였다:

> 첫째로, 침례교인들은 예루살렘 교회의 패턴에 따라 조직되지 않고, 정치, 직분자, 교회회원, 의식과 교리와 신앙행습 등이 그것과 다른 종교적 사교단체(社交團體, fellowship groups))들을 그리스도의 교회라고 인정할 수 있는가?
>
> 둘째로, 그들을 복음적인 교회, 혹은 기독교적인 의미에서의 교회라고 부를 수 있는가?
>
> 셋째로, 우리는 그러한 변칙적이고 비성서적인 단체의 목회자들을 복음사역자(福音使役者, gospel minister)라고 인정할 수 있는가?
>
> 넷째로, 그들을 우리의 강단(講壇, preaching flatform)으로 초청하는 것은 실제로 그들을 공식적인 목회자로 인정하는 것이 되지 않는가?
>
> 다섯째로, 기독교를 인정은 하지만 그리스도의 교리를 가지지도 않고 그 분의 명령에 따라 행하지도 않는 사람들을 우리가 시종일관 형제(兄弟, brother)라고 부를 수 있는가?[407]

네 번째 질문을 제외하고는 모든 질문에 대해서 부정적인 답변으로 결의문은 채택되었다. 그레이브스는 이 "카턴 그로브 결의문"(Cotton Grove Resolutions)을 마르틴 루터의 95개조 이후 가장 영향력 있는 종교개혁적인 진술이라고 간주하였는데,[408] 이와 같은 아전인수격인 확신으로 말미암아 그는 자신의 신앙과 교리체계를 극단적인 방향으로 이끌어갔다.

406) James E. Tull, "The Landmark Movement: An Historical and Theological Appraisal," *The Baptist History and Heritage*, vol. 10, no. 1 (January, 1975): 3-4.

407) J. R. Graves, *Old Landmarkism: What Is It?* (Memphis: Baptist Book House, 1881), xi-xii.

408) McBeth, *The Baptist Heritage*, 455.

II. 대표적인 주창자들

지계석주의 운동의 "삼총사"(The Great Triumvirate)라고 불리우는 인물들은 그레이브스(J. R. Graves), 펜들턴(J. M. Pendleton) 그리고 데이턴(A. C. Dayton)이다. 반즈(W. W. Barnes) 박사는 그레이브스를 지계석주의 운동의 "전사"(warrior)로, 펜들턴을 "예언자"(prophet)로, 데이턴을 "무기소지자"(sword bearer)로 명명하였다.[409] 그레이브스가 이 운동의 대표적인 창시자요 신학적인 진술자라고 말할 수 있다.

1. J. R. 그레이브스

그레이브스(J. R. Graves, 1820-1893)는 뉴 잉글랜드 지역인 버몬트 주 체스터(Chester, VT)에서 1820년 4월 10일에 2남 1녀 중 막내로 태어났다.[410] 그는 아버지를 모른 채 성장하게 되었는데, 태어난 지 2-3주 지나지 않아 아버지가 세상을 떠났던 것이다. 어머니와 3남매는 일찍부터 혹독한 인생살이의 고달픔을 겪었으며, 이러한 경험이 그레이브스로 하여금 독립심, 야심, 강렬한 자기성취의 의지를 갖도록 하였으며, 동시에 타협할 줄을 모르는 외골수적인 성격을 갖게 하였다.

그레이브스는 어려서는 미국 동북부 지역의 대표적인 교단인 회중교회(Congregational Church)에서 신앙생활을 시작했다. 청소년 시기에 그는 버몬트 주의 스프링필드(Springfield)에 소재한 노스 스프링필드(North Springfield) 침례교회로 이적하였다. 그는 14살이 되던 때인 1834년에 예수 그리스도를 마음 속의 자신의 구주요 주님으로 영접을 하고 11월 9일에 침례를 받았다.[411]

그는 학교교육을 제대로 받을 수 없었다. 가난이 주된 이유였다. 그러나 그에게는 강렬한 향학열이 있어서 독학을 게을리 하지 않았다. 하루에 8시간씩 공부하며 대학교육에 필적할만한 실력을 쌓았다. 그의 신학이 권위적이고 독선적인 면이 강했던 데에는, 공교육의 부족에 대한 콤플렉스가 있었고 독학자로서의 자기 확신이 매우 강했기 때문일 것이다. "확실히 그는 스스로 배우고 스스로 만들어진 사람(a self-educated, self-made man)이다"라는

---

409) W. W. Barnes, The *Southern Baptist Convention: 1845-1953* (Nashville: Broadman Press, 1954), 103.

410) J. R. Graves의 생애에 관해서는 그의 사위인 O. L. Hailey가 쓴 *J. R. Graves, Life, Times and Teachings* (Nashville: n. p., 1925)이 있고, Harold S. Smith가 쓴 "The Life and Work of J. R. Graves (1820-1893)," *The Baptist History and Heritage*, vol. 10, no. 1 (January, 1975): 19-27; "J. R. Graves," *The Baptist Theologians* (Nashville: Broadman Press, 1990): 223-48 등이 있다.

411) Smith, "The Life and Work of J. R. Graves (1820-1893)," 20.

버네트(J. J. Burnett)의 표현은 그레이브스의 사람됨을 잘 설명해주고 있다.[412] 추후에 그가 남달리 교육의 중요성을 역설하며 모든 사람들을 위한 좋은 교육을 위해 열정을 가졌던 것도 이러한 데에 연유한 것이었다.

그가 침례교단에서 두각을 드러내기 시작한 것은 1845년 6월 테네시 주 내쉬빌(Nashville, TN)에 정착을 하면서부터였다. 1845년 6월 13일에 내쉬빌의 제일침례교회에서 이적증명서(移籍證明書, by Letter)에 의한 교적(敎籍, church membership)을 가지게 되었다. 당시 담임목사였던 하우웰(R. B. C. Howell)는 "테네시 주 침례교인"(The Tennessee Baptist) 신문의 편집장이었는데, 그레이브스는 1846년 11월부터 부편집장으로 봉사하였고, 1848년 6월 29일부터는 편집장으로서 침례교 언론을 장악하게 되었다.

사실 그레이브스가 지계석주의 운동을 통해 많은 침례교인들에게 큰 영향을 미칠 수 있었던 것은 이와 같은 언론매체를 가지고 있었기 때문이었다. 또한 그는 제일침례교회의 담임목사였던 하우웰(Howell)과 캠벨주의(Cambellism)을 놓고 격렬한 논쟁을 벌이기도 하였다. 결국 그 교회는 분열이 되어 그는 1845-1849년에 제이침례교회(The Second Baptist Church)를 담임하였다.

남북전쟁(1861-1865)으로 말미암아 지계석주의 운동의 영향력이 식어진 것은 사실이지만 그레이브스의 활동은 저술과 집필을 통해 여전히 활발하였다. 종전 후 그는 테네시 주 멤피스(Memphis, TN)로 이주하였고, 1867년 2월 1일에 "테네시 주 침례교인"(The Tennessee Baptist)를 "침례교인"(The Baptist)로 개명하여 재발행하였다.[413] 그는 탁월한 설교가요 거침없는 논쟁가였을 뿐 아니라 지칠 줄 모르는 저술가요 출판가였다.

1838년에 영국에서 출판되었던 G. H. Orchard의 「외국침례교인들의 약사」(*A Concise History of Foreign Baptists*)를 그레이브는 1855년에 미국에서 재발행하였다. 이 책은 그레이브스의 침례교 역사관과 지계석주의 교회관에 결정적인 영향을 주었던 책이었다. 그 외에도 수많은 글들이 발표되었지만 가장 대표적인 저술은 1880년에 출판된 「옛 지계석주의: 그것은 무엇인가?」(*Old Landmarkism: What Is It?*)라는 책이었다. 이 책은 그레이브스의 지계석주의를 집대성한 저술로 평가되고 있다.[414]

1884년 8월 17일에 그가 멤피스 제일침례교회에서 설교하던 중 뇌졸중으로 쓰러진 후 그의 활동은 많은 제약을 받게 되었고, 주로 의자에 앉은 채 설교나 강의를 하였다. 1893

412) J. J. Burnett, *Sketches of Tennessee's Pioneer Baptist Preachers* (Nashville: Marshall & Bruce Co., 1919), 184. Smith, "J. R. Graves," *The Baptist Theologians*, 224에서 재인용.

413) Smith, "The Life and Work of J. R. Graves (1820-1893)," 23.

414) Kenneth Vaughn Weatherford, "The Graves-Howell Controversy" (Ph.D. dissertation, Baylor University, 1991), 31-2.

년 6월 26일에 그는 자신의 격동적인 삶을 마감하였다. 그의 사위 헤일리(O. L. Hailey)는 자신의 장인을 이렇게 평가하고 있다: "그 분은 약 반세기 이상 남부지역의 침례교단에서 중요한 역할을 감당했던 분이었고, 이 세상에서 침례교 신앙을 가장 잘 설명한 유능한 해설가였다. 그 분은 진리를 위한 위대한 전사(a great warrior in the cause of truth)였다."[415]

자신의 유언에 따라 기록했는지 유족들이 기록했는지는 알 수 없으나, 그레이브스의 묘비에 남겨진 귀절은 후대의 침례교인들에게 시사하는 바가 적지 아니하다: "형제들이여, 내가 그대들과 함께 있을 때 그대들에게 드렸던 말씀들을 잘 기억하시오"(Brethren I will that ye remember the words that I spake unto you while I was present with you, [sic]). 그레이브스는 자신의 신앙과 신학, 특히 침례교 교회론과 침례교 역사인식에 대한 자신의 확신을 죽음의 순간까지도 흔들림 없이 간직하고 있었다.

2. J. M. 펜들턴

펜들턴(James Madison Pendleton, 1811-1891)은 1811년 11월 20일, 버지니아 주 스폿실베니아(Spottsylvania, VA)에서 11남매 중에서 4번째로 태어났다. 그가 태어나자마자 펜들턴 가족은 서부의 개척자로서 1812년에 켄터키 주의 크리스천 카운티(Christian County)로 이주하였다. 부모들은 약 300에이크의 큰 땅을 사고 3명의 노예들을 거느리며 농토를 개간하였다.[416] 개척지역에서 성장하다 보니 그 역시 공교육을 제대로 받을 기회를 가질 수 없었다. 자연히 집에서 독학을 했고 9살이 되어서야 비로소 학교에 진학할 수 있었으나 지속적으로 학업을 계속할 수는 없었다. 교회에서 운영하는 여러 아카데미들에서 공부했지만 라틴어와 희랍어에 관해서는 꽤 실력을 갖춘 것으로 알려져 있다.[417]

펜들턴은 어린 시절부터 부모의 신앙적인 가르침을 받고 성장을 하였으나, 청소년기에 영적인 방황을 적지 않게 하다가 18살이 되어서야 예수님을 믿고 그리스도인이 되었다. 1829년 4월 14일에 베델(Bethel) 침례교회에서 침례를 받고 교회회원이 되었다. 이듬해에 교회로부터 설교면허(preaching license)를 받았고 1833년에 베델 침례교회의 담임목사로 취임하며 목사안수를 받았다.[418]

---

415) Smith, "J. R. Graves," *The Baptist Theologians*, 227.

416) Bob Compton, "J. M. Pendleton: A Nineteenth Century Baptist Statesman (1811-1891)," *The Baptist History and Heritage*, vol. 10, no. 1 (January 1975): 29.

417) William C. Huddleston, "James Madison Pendleton: A Critical Biography" (Master's Thesis, Southern Baptist Theological Seminary, 1962), 16.

418) Compton, "J. M. Pendleton: A Nineteenth Century Baptist Statesman (1811-1891)," 30.

그 후 그는 켄터키 주 보울링 그린(Bowling Green, KY)에 소재한 제일침례교회로 부임하여 20년 동안(1836-1856) 목회를 하며 그레이브스와 함께 지계석주의 운동을 주도하였다. 1852년 2월 교회 부흥회에 그레이브스를 강사로 초청하여 하나님의 말씀을 들었는데, 이 때 그레이브스의 확신에 찬 지계석주의 교회론에 큰 은혜를 받았던 그는, 당시를 회고하며 "주님의 임재를 느끼며 영적인 갱신을 경험하였다"[419]고 기술하였다.

펜들턴은 그레이브스가 발행하던 "테네시 주 침례교인"(The Tennessee Baptist) 신문에 "침례교인들은 유아세례를 행하는 설교자들을 복음사역자(Gospel Minister)로 인정하여야 하는가?"라는 질문에 답하는 형식의 원고들을 기고하였고, 1854년에는 이 원고들을 모아 「옛 지계석 다시 세우기」(*An Old Landmark Re-Set*)이란 책을 출판하였다. 이 책의 제목에서 비로소 Landmarkism(지계석주의)이란 말이 유래하였으며, 이 책은 "폭탄과도 같았다. 곧 바로 이 책은 많은 사람들의 주목을 받게 되었고, 열띤 논쟁을 야기하였으며 지속적인 영향력을 미치게 되었다."[420]

펜들턴은 자신의 설교들을 묶어서 *Three Reasons Why I Am a Baptist with a Fourth Reason Added on Communion*라는 책을 1856년에 발간하였는데 이 책에서 그는 그레이브스의 지계석주의 냄새를 물씬 풍기는 신앙과 신학을 전개하였다. 특히 그는 1867년에 일종의 목회지침서라고 볼 수 있는 *Church Manual: Designed for the Use of Baptist Churches*를 발간하면서 지계석주의의 역사관 및 교회론의 내용을 그 책에 많이 삽입하였다. 이 책은 당시의 침례교 목회자들은 물론 상당히 많은 독자들을 가지고 있어서 지계석주의 신학과 신앙의 확산에 크게 기여하였다. 결국 펜들턴은 지계석주의를 침례교인들 사이에 대중화(大衆化)시키는데 큰 몫을 감당한 목회자가 된 것이다.

펜들턴은 1857년 1월 1일에 보울링 그린(Bowling Green, KY)의 목회지를 떠나, 테네시 주 머프리즈보로(Murfreesboro, TN)에 소재한 유니온 대학교(Union University)의 신학교수로 부임하였다. 비록 남북전쟁의 발발로 그 대학이 1861년에 문을 닫게 되었지만, 그는 교수 사역을 하면서 여성들에게도 교육의 기회가 균등하게 주어져야 할 것을 역설하였으며 특히 흑인들의 노예제도는 폐지되어야 한다는 입장을 견지하였다.[421]

남부지역이었던 테네시 주에서 노예제도 폐지를 주장했다고 하는 것은 인간미를 간직한 그의 일면을 보여주고 있다고 하겠다. 결국 그는 남부지방을 떠나 오하이오 주 해밀턴

---

419) J. M. Pendleton, *Reminiscences of a Long Life* (Louisville: Press Baptist Book Concern, 1891), 102. Compton, "J. M. Pendleton: A Nineteenth Century Baptist Statesman (1811-1891)," 31에서 재인용.

420) James E. Tull, "Á Study of Southern Baptist Landmarkism in the Light of Historical Baptist Ecclesiology" (Ph.D. dissertation, Columbia University, 1960), 328. Bob Compton, 31에서 재인용.

421) Smith, "J. M. Pendleton: A Nineteenth-Century Baptist Statesman (1811-1891)," 32.

(Hamilton, OH)에 소재한 제일침례교회를 약 3년간 목회한 뒤, 펜실베니아 주 업랜드(Upland, PA)에서 남은 생애 동안 약 18년간 목회사역을 감당하였다.

업랜드(Upland)로 이주한 뒤로는 남부지역의 침례교회와 직접적인 연관은 적어질 수밖에 없었지만, 자신의 저술활동과 개정작업을 통해 동료 목회자들에게 지속적인 영향을 미쳤다. 그러나 펜들턴의 지계석주의도 만년에 이르러서는 그레이브스의 그것에 비하여 비교적 온건한 입장(moderate stance)을 취하게 되었다.[422] 그는 우주적인 교회개념을 무시하지 않았으며 교회전승설적인 역사관만을 고집하지 않았고, 특히 여성교육과 노예문제에 관해서는 무척 진보적인 입장을 취했다는 점에서 다른 지계석주의자들과는 차별성을 갖고 있다.[423]

3. A. C. 데이턴

데이턴(Amos Cooper Dayton, 1813-1865)은 1813년 9월 4일 뉴저지 주 배스킹 릿지(Basking Ridge, NJ)에서 출생했으며, 이듬해 3월 4일 모리스타운(Morristown) 장로교회에서 유아세례를 받았다.[424] 1834년 22살 때에 뉴욕 시에 소재한 어느 의과대학을 졸업했고, 한 때 의사로 개업을 했다가 나중에는 치과의사가 되었다. 영적으로는 젊은 시절에 만인구원설(Universalism)을 믿는 유니테리안 신앙을 가진 적도 있으나, 심각한 질병을 앓는 중에 "성경이 하나님으로부터 온 것이고 만인구원설은 마귀로부터 온 것이다"[425]라는 확신을 가지게 되었다고 한다. 동시에 자신이 갓난아기 때 받았던 유아세례의 정당성 문제에 대해서 심각하게 고민하기도 했다.

29살 때 데이턴은 테네시 주 쉘비빌(Shelbyville, TN)로 이주하게 되었는데, 성서적인 침례의 의미를 깨닫고 쉘비빌(Shelbyville) 침례교회에서 침례를 받고 그 교회의 회원이 되었다.[426] 그는 그 곳에서 설교면허(Preaching Licence)를 받았고 1853년 1월 2일 30살의 나이에 침례교 목사로 안수를 받았다. 데이턴에게는 문필가로서의 은사를 가지고 있었다. 그는 그

422) 펜들턴의 지계석주의는 강단교류(pulpit affiliation) 문제에 집중하고 있었다. 즉 유아세례는 신약성서적인 의식이 아니기 때문에 유아세례를 베푸는 목회자들을 복음사역자(Gospel Minister)로 인정할 수 없고 따라서 그들과 강단교류를 해서는 안 된다는 주장이었다. 그런데 펜실베니아 주로 목회지를 옮긴 후 여러 교파의 교회들이 공존하고 있었고 일찍부터 종교적인 관용(religious toleration)이 관습화되어 있는 북부지방의 정서에 적응하다 보니 그의 지계석주의도 많이 온건해졌다고 볼 수 있다. Ibid., 31, 34-5. 56.

423) Ibid., 56.

424) James E. Taulman, "The Life and Writings of Amos Cooper Dayton (1813-1865)," *The Baptist History and Faith*, vol. 10, no. 1 (January 1975): 36.

425) Dayton, "Infidel's Daughter," *The Tennessee Baptist*, April 28, 1860. Taulman, Ibid.에서 재인용.

426) Ibid., 37.

레이브스가 편집장으로 있던 "테네시 주 침례교인"(The Tennessee Baptist) 신문에 침례교 신앙에 관한 글을 자주 기고하였고, 그레이브스와의 교제를 통해서 독단적이고 배타적인 지계석주의 신앙으로 물들어가게 되었다. 무엇보다도 그는 "다작(多作)의 문필가"였다.[427] 그 중에 가장 대표적인 작품이 *Theodosia Ernest, Or Heroine of Faith*라는 기독교 소설이었다.

이 소설은 순수문학이라기보다는 신앙적 혹은 신학적인 논쟁을 다루고 있는데, 아리따운 장로교인 소녀인 Theodosia Earnest가 친구들과 함께 참 신앙을 "진지하게"(earnestly) 추구하는 가운데, 교회란 어디까지나 독립적으로 조직된 그리스도인들의 모임, 즉 지역교회(local church)이며, 동시에 점차 침례교회만이 유일한 참 교회라는 결론에 이르게 된다고 하는 내용이었다. 즉 지계석주의 침례교 신앙을 소설이라는 형식을 빌어서 표현하였다. 많은 사람들은 이 소설이 데이턴 자신의 영적인 순례를 작품화한 자서전적인 글이라고 평가하고 있다.

맥베스(McBeth) 교수는 이 소설은 목회자들을 위한 교육의 위험성을 암시하고 있는 반지성주의(反知性主義, anti-intellectualism)에 호소하고 있는 작품이라고 비판하고 있다.[428] 그러나 이 소설은 당시의 독자들, 특히 침례교 독자들에게 적지 않은 반향을 불러일으킨 작품이었다. 데이턴은 소설이라는 형식을 빌어서 침례교 교리를 독자들에게 유포시킨 기발한 지계석주의자였다. 그래서 지계석주의에 반대하는 사람들은 데이턴에게 "교활한 서기관이며 용감무쌍한 인물"(a cunning scribe and a mighty man of valor)이라는 별명을 붙여주었다.[429]

III. 지계석주의의 역사관: 침례교회 전승설

지계석주의의 신앙과 신학이 교회론(ecclesiology)에 초점을 맞추고 있는데, 외골수적이고 배타적인 침례교 교회론을 고집했던 밑바닥에는 독특한 역사관이 자리를 잡고 있었다. 그것은 한 마디로 "침례교회 전승설"(Baptist Church Successionism)이다. 이것은 침례교의 기원, 즉 침례교는 언제부터 시작되었는가 하는 문제에 대한 학설인 것이다. 침례교회 전승설을 한 마디로 요약하면, 예수님이 세우신 교회가 바로 침례교회이고, 바로 이 교회가 비록 명칭은 다양하게 사용되었지만 기독교의 전체 역사 속에 실제로 존재해 왔다는 주장이다.[430]

---

427) Taulman, "The Life and Writings of Amos Cooper Dayton (1813-1865)," 41.
428) McBeth, *The Baptist Heritage*, 449.
429) Taulman, "The Life and Writings of Amos Cooper Dayton (1813-1865)," 42.

다시 말해서 침례교회의 기원을 원시 기독교까지 소급하는 주장이며, 따라서 침례교회는 개신교회(Protestant Church)라고 보아서는 안 된다는 것이다. 이러한 역사인식을 가지고 있기 때문에 지계석주의들의 눈에는 침례교회 이외의 교회들은 진정한 의미의 성서적인 교회로 보이지 않았고 단지 "인간적인 사교집단들"(human social fellowship groups)로밖에는 보이지 않았던 것이다.

물론 19세기 중반 무렵에 지계석주의자들만 침례교회 전승설을 주장했던 것은 아니다. 당시에 대다수의 침례교인들, 심지어 목회자들과 신학자들 사이에서도 침례교회 전승설은 일반적인 통설로서 받아들이고 있었다. 유독 지계석주의자들은 그 정도가 심했고 그것을 도그마화하여 침례교회 이외의 다른 교단들의 교회들을 향하여 배타적인 태도를 취했던 것이다.

"침례교회 전승설의 아버지"는 영국의 침례교 목회자 오처드(G. H. Orchard)였다.[431] 그는 1838년에 *A Concise History of Foreign Baptists*라는 책을 출판했는데, 이 책에서 그는 침례교회의 역사는 기독교회사 전 역사에 등장했던 분파들을 통해서 신약성서에까지 소급하게 된다고 주장했다.[432] 오처드(Orchard)의 작품은 그레이브스가 교회전승설에 입각한 역사관을 확신 혹은 맹신할 수 있는 신앙적인 근거를 제공해 주었다. 그레이브스는 1855년에 그 책을 미국에서 재출판하여 전승설적인 침례교 역사관을 미국의 침례교인들에게 유포시켰다.

그레이브스 역시 참 교회 즉 침례교회는 기독교 역사 속에서 결코 단절됨이 없이 이어져 왔다는 점을 강조했다: "그리스도는 '침례 요한의 시대에' 지상에 가시적인 왕국을 세우셨는데, 이 왕국은 한번도 '산산조각으로 부수어졌던' 적이 없으며, … 단 하루도 지상에서 '없어지거나' 혹은 끊어진 적이 없었고, 그리고 그리스도가 지상을 통치하기 위해 사적으로 재림하실 때까지 그러할 것이다."[433] 기독교의 전 역사에서 노바투스파, 바울파, 왈도파, 알비파, 아나뱁티스트들 등 핍박받았던 기독교 분파들은 그 명칭이 어떠했든지 간에 침례교인들이었으며 따라서 침례교인들은 신약성서의 참 상속자(the true heir to the New Testament)라는 것이다.[434]

이러한 주장에 대한 성서적인 근거를 그레이브스는 마태복음 16장 18절("또 내가 네게

430) 이 학설에 근거한 침례교회 전승설을 JJJ설이라고도 부른다. 즉 침례교회는 예수님(Jesus)이 요단강(Jordan River)에서 침례 요한(John the Baptist)에게서 침례를 받음으로써 시작되었다고 주장하는 학설이다. McBeth, *The Baptist Heritage*, 58-60.

431) Walter B. Shurden, *Not A Silent People* (Macon, GA: Smyth & Helwys Publishing Inc., 1995), 10.

432) Ibid., 11.

433) Graves, *Old Landmarkism: What Is It?* 122-3.

434) Ibid., 121.

이르노니 너는 베드로라 내가 이 반석 위에 내 교회를 세우리니 음부의 권세가 이기지 못하리라")과 다니엘서 2장 44절("이 열왕의 때에 하늘의 하나님이 한 나라를 세우시리니 이것은 영원히 망하지 아니할 것이요 그 국권이 다른 백성에게로 돌아가지도 아니할 것이요 도리어 이 모든 나라를 쳐서 멸하고 영원히 설 것이라")에서 찾고 있다.

그레이브스는 참 교회의 영원성을 이렇게 설명하고 있다: "영원성이란, 가시적인 그리스도의 왕국을 이루고 있는 이와 같은 교회들이 사도들의 시대로부터 지금까지 끊어지지 않고 부패되지 않고 존재해 왔어야 한다는 의미이며, 그렇기 때문에 종교개혁을 필요로 하지 않는다."[435]

그레이브스는 *The Trilemma*라는 책에서 로마가톨릭 교회를 "사악한 창녀"(the great whore), "매춘부들의 어머니"(the mother of harlots), "죄악의 사람"(man of sin) 등으로 부르면서, 프로테스탄트 교회들은 로마가톨릭 교회의 불법적인 후손들이어서 그 교회의 부패를 상속하고 있다고 비난하였다.[436] 로마가톨릭 교회와 프로테스탄트 교회들, 모두는 결국 죄악과 부패로 오염된 한 통속이며, 침례교회만이 하나님께서 의도하셨던 참 교회라는 것이다. 그리고 참 교회의 사료들은 로마 교황청에 의해 유폐 혹은 폐기되었다는 것이다.

확실히 침례교회 전승설에 입각한 침례교 역사관은 서부개척 시대 교파들 간의 경쟁이 치열했던 당시에는, 침례교의 역사적 정통성을 세워주고 침례교인됨의 긍지를 심어주는데 크게 기여했음임은 명약관하하다. 그러나 전승설은 증거(evidence)에 근거하지 않고 있다는 치명적인 약점을 가지고 있다. 지계석주의자들의 역사관은 그 기저에 있어서 편견과 오류를 안고 있다. 역사적인 사실(historical facts) 즉 사료에 근거하지 않고 억지와 바램에 근거하여 침례교회의 역사적인 정통성을 주장하고 있는 것이다. 따라서 그들의 교회관과 타 교파 교회들을 향한 태도가 근본적으로 삐뚤어져 있었다. 배타적인 자기 사랑, 자기 교파에 대한 아전인수(我田引水)적인 역사인식이 결과적으로는 신학에까지 건강하지 못한 부정적인 영향을 미쳤다.

435) J. R. Graves, *The New Great Iron Wheel: An Examination of the New M. E. Church South* (Memphis, TN: Baptist Book House, 1884), 103.
436) Tull, *Shapers of Baptist Thought*, 144.

Ⅳ. 지계석주의 교회론

1. 교회의 신적인 기원

지계석주의자들은 침례교회 전승설의 역사관과 관련하여 교회란 하나님으로 말미암은 신적인 기원(Divine Origin of the Church)을 갖는다는 점을 매우 강조하였다. 교회는 예수 그리스도에 의해 설립되었고 어떠한 인간적인 협력도 배제된 신적인 기관이기 때문에 교회의 운영을 위해서는 어디까지나 하나님께서 제정하신 법을 준수해야 한다고 주장하였다. 교회의 기초는 침례 요한의 사역으로 말미암아 놓아졌는데, 침례 요한은 그리스도에 의해 공적으로 사명을 위임받은 참 복음사역자(a true gospel minister)였음을 강조하였다. 따라서 교회에는 어떠한 인간적인 생각이나 인간적인 욕심이 게재되어서는 안 된다고 주장하였다.

그레이브스는 예루살렘 교회가 바로 신적인 권위에 근거하여 세워진 모범 교회(model church)이기 때문에 신적인 창설자의 권위와 성결함이 배어 있음을 강조하였고, 바로 그 교회가 침례교회였음을 암시하였다. 그 교회의 가르침을 무시하거나 거부하는 것은 그 교회를 창설하신 분을 무시하거나 거부하는 것이 되었다. 그레이브스에 의하면 그리스도께서는 사도들과 사역자들을 불러모아 모든 교회들을 "자신이 그들의 눈 앞에서 세우셨던 패턴과 모델대로" 조직하였다는 것이다.[437]

이러한 패턴과 모델대로 세워지지 않은 모든 종교단체들은 신적인 권위를 상실하고 있는 "사교단체"(societies)일 뿐이며 "인간적인 생각"에 근거한 인간적인 조직일뿐이라고 하였다.[438] 따라서 그레이브스에 의하면 로마가톨릭 교회를 비롯한 프로테스탄트 교회들은 교회라기보다는 종교적인 사교단체이며, 이런 기관들은 신적이지 않은 인간적인 기관들이며 그 기원이 인간들의 고안(human invention)에서 비롯되었다는 것이다.[439] 따라서 예수님이 세우신 침례교회만이 신적 권위를 갖는 참 교회이며 침례교 목회자만이 참 복음 사역자라는 것이다.

2. 지역교회만의 교회 개념

전통적인 침례교 교회관에 의하면 교회는 두 가지 개념이 있다. 첫째는 우주적인 교회

437) Graves, *Old Landmarkism: What Is It?* 30-31.

438) Ibid., 31.

439) Ibid.

(Universal Church)이고, 둘째는 지역교회(Local Church)이다. 우주적인 교회란 과거, 현재, 미래의 모든 구속받은 개인들로 구성된, 조직화되지 않고 기관화되지 않은 영적인 실체(an unorganized, uninstitutionalized spiritual entity)이다.[440] 즉 이것은 시간과 공간을 초월해서 존재해 온 예수 믿는 자들을 총괄하는 교회 개념이다. 이에 비해서 지역교회란 일정한 지역을 중심으로 모이는 신자들의 공동체로서 가시적이고 조직화된 회중을 가리킨다. 지역교회는 신자들의 교제(a fellowship of believers)이며 모인 공동체(a gathered community)이다.[441]

지계석주의는 우주적인 교회개념을 부인하였다. 지상의 첫번째 교회인 예루살렘 교회는 그것 자체로서 완전한 영적인 기관이며, 다른 종교적인 단체와는 독립적으로 그리스도의 모든 명령을 수행할 수 있는 기관으로 보았다. 그레이브스는 "지역교회란 지상에서 교회적인 권위를 가지는 최고의 원천이자 유일한 원천이다. 오직 그리스도에게만 순종하는 기관인데, 그리스도로부터 법을 받고 또한 그 법을 실행하는 기관이다"[442]라고 주장하였다.

지계석주의자들은 로마가톨릭 교회처럼 전 세계의 모든 지역교회들의 연합을 하나의 교회로 간주한다든지, 전국의 교회들을 한 교회로 묶어서 국가교회로 치리하는 것을 비성서적인 것으로 보았다. 신약성서가 말하는 *Ecclesia*는 "지역적이고 독립적인 몸으로서의 교회"(church as a local, independent body)를 가리킨다는 것이다. 그레이브스에 의하면 신약성서에는 *Ecclesia*란 말이 약 110번 정도 등장하는데, 적어도 98번은 지역적인 기관으로서의 교회 개념, 즉 지역교회의 개념으로 사용되었다는 것이다.[443] 10번 정도 등장하는 다른 개념도 그것이 우주적인 교회 개념이라기보다는 지역교회를 설명하기 위해 사용된 은유적인(figurative) 표현이라는 것이다.

그레이브스는 "신약성서의 *Ecclesia*는 한 장소에 모여야(assemble) 했고, 교회의식의 집례는 모인 교회(the assembled church)에 의해서 수행될 수 있었다"[444]고 주장하였다. 다시 말해서 우주적인 교회나 비가시적인 교회는 "모이라"고 하는 명령을 수행할 수가 없었다는 것이다. 그레이브스는 신약성서에 등장하는 교회는 항상 어느 지역이나 도시와 관련해서, 예를 들면 예루살렘, 안디옥, 고린도, 에베소 등의 도시 이름과 관련해서 사용되었다는 것이다. 동시에 누구 누구의 집에서 모였다고 하는 사실 자체가 *Ecclesia*는 어느 한 지역의 기관(a local institution)을 가리킨다는 것이다.

이와 같이 교회 개념을 지역교회로 한정해서 교리화한 데에는 1833년에 채택되었던 "뉴

440) Tull, *Shapers of Baptist Thought*, 142.
441) Ibid., 143.
442) Graves, *Old Landmarkism: What Is It?* 38.
443) Ibid., 39.
444) Ibid., 40.

햄프셔 신앙고백"(New Hampshire Confession)의 영향이 컸던 것을 부인할 수 없다. 이 신앙고백은 우주적인 교회개념을 전혀 언급하고 있지 않는데, 결과적으로는 지계석주의 신앙체계의 이론적 근거를 제공해 주게 된 것이다.

그레이브스에 의하면 지역교회 이외의 기관들, 예를 들면 지방회나 주총회 혹은 전국총회는 그 자체를 교회로 간주할 수 없기 때문에 교회적인 기능(churchly function)을 집행할 수도 없고 해서도 안 된다고 하였다. "비가시적인 교회의 개념을 상정하는 것은 비가시적인 난센스에 불과하다"[445]고 언급하면서 그는 이렇게 진술하고 있다.

> 우리에게 계시된 유일한 교회는 가시적인 교회이고, 우리가 해야 할 일을 감당하거나 우리가 수행해야 할 의무를 가지는 유일한 교회도 가시적인 몸이다…. 그리스도께서는 오직 하나의 왕국만 세우셨는데, 만약 이 왕국이 가시적인 것이라면 그 분은 비가시적인 왕국이나 교회를 갖지 않으신 것이다. 그러한 비가시적인 것은 천국이나 지상에서 실제적인 실존(a real existence)이 아니다. 그것은 오류 투성이의 교회론을 주장하기 위한 인간적인 고안에 불과한 것이다.[446]

3. 가시적인 교회와 하나님의 왕국

지계석주의자들은 일반적으로 지상의 가시적인 교회와 하나님의 왕국은 성경에서 "유사한 용어"로 사용하였으며, 이 두 개념은 상호 호환적으로 사용될 수 있는 용어라고 주장하였다.[447] 그는 "왕국이 첫번째 교회를 포용했고(embrace), 지금은 모든 교회들을 포용하고 있다. 그리스도의 교회들은 그리스도의 왕국을 구성한다"[448]고 말하고 있다.

참 교회는 침례교회밖에 없고 교회들은 왕국을 구성하기 때문에, 그리스도의 왕국이란 모든 침례교회들로 구성되어지는 것이라고 주장하였다. 그레이브스는 마태복음 16장 18절에서 사용된 "교회"라는 말은 "왕국"과 동의어이고 다니엘서 2장 44절의 예언이 성취되었다고 주장하였다.[449] 참 교회가 일어남으로써 왕국은 확장되기 시작했고, 결국 왕국은 모든 참 교회들을 포용하게 되었다는 것이다.

이러한 확신을 가지고 있던 지계석주의자들은 "종교적인 사교단체들"(religious societies)은 그리스도의 왕국의 일부가 될 수 없고, 이러한 "사교단체들"에 속한 회원들 역시 그리스

445) Ibid., 32.
446) Ibid.
447) McBeth, *The Baptist Heritage*, 451.
448) Graves, *Old Landmarkism: What Is It?* 33.
449) Ibid.

도인이든 비그리스도인이든 상관없이 그리스도의 왕국에서 일원이 될 수 없다고 보았다. 그레이브스에 의하면 그리스도는 오직 하나의 가시적인 왕국만을 가질 뿐이었다. 두 왕국 즉 가시적인 왕국과 비가시적인 왕국을 동시에 가질 수 없었다. 그리고 가시적인 왕국은 모든 참 복음적인 교회들, 즉 침례교회들의 집합체라는 것이다.[450]

그레이브스는 이 사실을 국가조직에 비유하여 설명하고 있다. 미국은 수십 개의 주들(states)로 구성이 되어 있는데, 어떤 사람이 어떤 주의 시민이 되지 않고서는 미국의 시민이 될 수 없다는 것이다. 마찬가지로 어떤 사람이 왕국에 들어가기 위해서는 그 왕국에 속해 있는 교회(물론 침례교회를 가리킨다-필자 주)에 먼저 들어가야 한다는 것이다. 왜냐하면 왕국은 오직 가시적인 교회들, 즉 침례교회들로 구성되기 때문이라는 것이다.[451]

여기서 지계석주의 교회관이 침례교 고교회주의(Baptist High Churchism)의 입장을 취하고 있음을 여실히 드러내고 있다. 그것은 마치 전 세계 로마가톨릭 교회들로 구성되는 하나의 로마가톨릭 교회 체제를 하나님의 왕국으로 이해하는 것과 별반 다르지 않은 것이다.

4. 지역교회의 행정

지계석주의의 교회론은 지역교회의 독립성(independence)과 자치권(autonomy)을 매우 강조하는 데서 그 특징을 발견할 수 있다. 모든 참 교회들은 예수 그리스도의 권위 아래에서 동일한 지위를 가지며, 각 교회는 "은유적으로 말해서 그리스도의 하나의 몸"(a body of Christ, figuratively)이라고 하였다.[452] 지역교회가 지방회나 총회에 가입하는 것은 어디까지나 자발적(voluntary)인 것이며, 지방회나 총회가 지역교회의 자치권을 침해해서는 안 된다는 입장을 견지하였다. 지역교회 밖으로부터 오는 외부적인 압력을 지역교회는 가능한 한 퇴치하여야 하며, 어떤 개인이나 단체도 지역교회의 자치적인 활동에 개입하거나 간섭하려 해서는 안 된다는 것이다.

따라서 지역교회는 권력이 국민들에게 있는 공화제적인 정부(a republican government)와 같아야 한다고 하였다. 그러나 그레이브스의 경우에 "국민들," 즉 "교회 회원들"의 범위가 수년간에 걸쳐서 변화가 있었다. 1855년경에는 사무처리와 관련해서 투표권이 연령과 성(性)에 관계없이 모든 교회회원들에게 있음을 언급하였다.[453]

450) Ibid., 32.
451) Ibid.
452) Graves, *The New Great Iron Wheel: An Examination of the New M. E. Church South*, 141.
453) Ibid., 311. 여기서 그레이브스는 "침례교회와 회중정치 체제를 갖는 교회에서는 투표권이 성별과 연령의 구분 없이 회중 전체(the whole body of members)에 있다"고 언급하였다. Stephen M. Stookey, "The

그러나 그레이브스는 1870년경에는 자신의 이러한 입장을 약간 수정하였다. 여자들과 21세 미만의 청소년들과 해방된 노예들은 투표권을 허용해서는 안 된다고 하였다. 왜냐하면 이들은 다른 사람들의 권위 아래에 있기 때문에 자신의 자유의사에 따라 투표하지 못할 가능성이 농후하기 때문이라고 하였다.

특히 그레이브스는 흑인들과 관련해서 백인 우월주의적인 태도를 가지고 있었다. 노예나 해방된 흑인은 근본적으로 하나님에 의해 열등한 존재로 만들어졌기 때문에 투표를 할 만큼 지성적인 능력을 갖추지 못하였다고 하였다. 흑인들은 함의 후손들이며 아직도 셈과 야벳 족속에게 복종해야 하고 저주 아래 있는 족속이라고 하였다.[454] 그레이브스는 회중정치의 이상을 견지하면서도 여자들과 청소년들과 흑인들에 대해서는 투표권을 유보하는 입장을 취하고 있었다.

5. 강단 교류

초창기부터 미국의 침례교회들은 다른 교파들의 교회들과 연합행사를 하는데 별로 인색하지 않았다. 예를 들면, "연합 부흥성회"를 함께 개최하면서 여러 교회 목사들이 돌아가며 설교를 하였고, 개종자가 나오면 그가 원하는 교회로 가입하도록 인도하였고, 특별한 경우에는 침례교 목사와 다른 교파 목사가 서로 강단을 교환하면서 설교하기도 하였고, 목사안수 시에는 공동으로 안수예배에 참여하기도 하였다.[455] 남침례교 총회가 결성된 후 약 10년 동안은 다른 교단의 형제들을 연차총회로 초청하는 것이 하나의 관례였다. 물론 그들에게 투표권을 허용하지는 않았지만 토론에는 기꺼이 참여하도록 격려하였다.[456]

그러나 지계석주의자들은 침례교 이외의 교파들에 속한 교회들의 목사들과 강단교류(Pulpit Affiliation)를 한다든지 그들을 침례교회의 설교단에 초청하는 것을 거부하였다. 이유는 간단했다. 그러한 교회들은 참 복음적인 교회(a true gospel church)가 아닌 "인간의 사교단체"에 불과하기 때문이었으며, 그러한 교회의 목사는 참 복음 사역자(a true gospel minister)로 볼 수 없기 때문이었다. 다시 말해서 그러한 목사들은 유효한(valid) 목사안수를 받았다고 볼 수 없으며 유효한(valid) 설교위임을 받았다고 볼 수 없기 때문이었다.

예수님이 유언으로 명령하신 성서적인 침수례(Immersion)도 행하지 않는 목사를 어떻게

Ecclesiology of J. R. Graves," (Paper of Ph. D. Seminar, Southwestern Baptist Theological Seminary, 1991), 44-5에서 재인용.

454) Ibid.

455) McBeth, *The Baptist Heritage*, 451.

456) Ibid.

목사로 볼 수 있으며 그러한 명령에도 순종하지 않는 목사에게 어떻게 강단을 맡겨 하나님의 말씀을 전하게 할 수 있단 말인가 하는 태도였다. 따라서 지계석주의자들은 타 교단이나 타 교파 목회자들에 대해서 매우 폐쇄적이고 배타적인 태도를 가졌으며, 심지어 같은 침례교회라고 하더라도 자신들의 신앙과 신학에 동조하지 않는 교회들이나 목회자들에 대해서도 비슷한 태도를 취하였던 것이다.

그레이브스는 "그리스도인의 교제"(Christian Fellowship)란 개념과 "교회의 교제"(Church Fellowship)란 개념을 구분하여 설명하였다. "그리스도인의 교제"란 교회와는 상관없이 어떤 신자가 사적으로 다른 교회들이나 다른 교단들의 신자들과 함께 기도모임이나 교제모임에 참석하는 것을 의미했다. 이것은 "영적인 교통이나 종교적인 즐거움"(a spiritual communion, or religious enjoyment)을 나누기 위한 교제이기 때문에 금지할 이유가 없다는 것이다.[457]

그러나 "교회의 교제"란 교회생활에 매우 중요한 활동에 참여하는 것을 말하는데, 예를 들면 침례와 주의 만찬과 같은 교회의식이나 설교 그리고 교회행정 등이다. 이러한 활동은 오직 지역교회의 회원들에게만 한정되어야 한다는 것이었다.[458] 그레이브스는 이와 같은 "교회의 교제," 특히 침례교 이외의 다른 교파 교회들과의 교제는 금지되어 마땅하다고 주장하였다.

6. 이방인 침례

침례는 지계석주의자들에게 매우 중요한 주제였다. 침례는 "오직 신자들에게만" 베풀어져야 했고 교회는 침례받은 신자들로 구성되어야 했기 때문이다. 그레이브스는 침례에 대해 상징적인 해석을 견지하였다. 그것은 이미 구원을 경험한 신자가 예수 그리스도를 믿었다고 하는 사실을 공적으로 선언하는 행위라는 점에서, 침례는 은유적이고(figurative) 상징적인(symbolic) 의식이라는 것이다.[459] 구원은 침례를 받기 위한 필수 요건이지만 침례가 구원을 위한 필수 요건은 아니라고 주장하였다.

이런 점에서 침례교 이외의 많은 종교단체들이 행하는 Baptism은 상징주의(symbolism)를 넘어서서 성례전주의(sacramentalism)에까지 이르고 있다고 비판하였다. 특히 알렉산더 캠벨(Alexander Campbell)에 의해 주도되었던 캠벨주의(Campbellism)[460]는 침례를 지나치게

457) Graves, *Old Landmarkism: What Is It?* 131-139.
458) Ibid.
459) J. R. Graves, *Christian Baptism, the Profession of the Faith of the Gospel* (Memphis: Baptist Book House, 1881), 18-19.
460) 켐벨주의는 그리스도의 교회(Church of Christ)나 크리스천 교회(Christian Church)나 제자교회(Disciples'

강조하여, 침례는 구원을 완성시키는 최종적인 단계라고 주장을 했는데, 그레이브스는 이러한 주장에 대해 격렬하게 비판하였다.

비록 침례가 상징적인 의미를 갖는다고 해서 그레이브스는 침례의 중요성을 과소평가하지는 않았다. 침례는 "더하는 행위"(the adding act)임을 강조하였다. 그리스도인이 교회회원에 더하여지고 더 나아가서는 왕국에 더하여지는 의식이 바로 침례라는 것이다.[461] 침례는 단순히 구원받는 믿음을 소유했음을 고백하는 의식에 그치지 않고, 참 복음적인 교회와 하나님의 왕국에 가입하는 하나의 절차라는 점에서 중요하다는 것이다. 따라서 침례를 받는 것은 신자가 개종 후 첫번째로 해야 할 순종이라는 것이다.

지계석주의자들에 의하면 침례가 다음의 조건을 갖출 때 유효한 의식이 된다고 하였다: (1) 수침자가 그리스도를 믿는 신자이어야 한다; (2) 방식은 삼위 하나님의 이름으로 베푸는 침수례(immersion)이어야 한다; (3) 침례자는 자신이 먼저 침례를 받았어야 하고 동시에 참 교회의 권위에 근거하여 침례를 베풀어야 한다.[462]

첫 번째 항목에 의하면 유아세례는 비성서적이고 불법적이었다. 성례전적인 의미를 갖는 켐벨주의도 용납될 수 없었다. 침례 의식으로 구원을 완성시키려는 의미의 침례는 성서적이지 못하다는 것이다.

두 번째 항목에 의하면 침수례(immersion) 이외의 형식들, 예를 들면 살수례(sprinkling), 관수례(affusion), 세례(washing) 등의 형식은 성경적이지 못하다고 하였다. 침례는 어디까지나 예수 그리스도의 죽음과 장사와 부활을 상징해 줄 수 있는, "물 속으로 혹은 물 밑으로 잠기는"(to dip in or under water) 방법만이 성경적이라는 것이다. 어떤 인간이나 인간적인 기관도 특정한 침례의식을 지정하신 그리스도의 명령을 변경할 권리가 없다는 것이다.[463]

세 번째 항목이 전통적인 침례교의 침례관과 구별되는 지계석주의의 특징이다. 침례는 예수님께서 지역교회에 위임하신 두 가지 의식들 가운데 하나이기 때문에, 정당한 교회의 권위 아래 행해져야 하며, 따라서 정당한 의식수행자에 의해 이루어져야 함을 강조하였다. 즉 오직 참 복음적인 교회인 침례교회만이 침례를 집례할 권위를 가지기 때문에, 침례교회 이외의 교회에서 행해진 뱁티즘(Baptism)은 정당한 침례라고 볼 수 없으며, 그러한 뱁티즘(Baptism)은 "이방인 침례"(Alien Baptism, 외계인 침례)이라는 것이다. 그렇기 때문에 이방인 침례를 받은 자는 자동적으로 침례교회의 회원이 될 수 없고, 침례교회에서 다시 정당한

Church)의 형태로 교단을 형성하게 되었다.

461) J. R. Graves, *John's Baptism: Was It from Moses or Christ?* (Memphis: Southern Baptist Book House, 1891), 102.

462) Stookey, "The Ecclesiology of J. R. Graves," 58-59.

463) Graves, *Christian Baptism, the Profession of the Faith of the Gospel*, 4.

침례를 받아야 회원으로 받아들일 수 있다는 것이다.

다시 말해서 유아세례를 받았다든지, 살수례나 관수례를 받았다든지, 침례교회가 아닌 교회에서 침수례를 받았다든지 하는 사람이 침례교회의 회원으로 가입하기 위해서는 침례교회에서 정당한 집례자, 즉 교회의 위임을 받은 자로부터 다시 침수례를 받아야 한다는 것이다. 다시 말해서 지계석주의자들은 침례받지 아니한 자에 의한 "물 의식"(water ceremony), 즉 "이방인 침례"(Alien Baptism)를 성서적인 참 뱁티즘(Baptism)으로 인정을 하지 않았던 것이다.[464]

7. 극단적인 폐쇄만찬

그레이브스는 개방만찬(Open Communion)에 대해서는 시종일관 반대하는 태도를 취하였다: "성서적인 침수례는 주의 만찬에 참여할 수 있는 전제 조건이다. 아무리 경건하다고 하더라도 침수례를 받지 않은 자는 이러한 거룩한 의식(주의 만찬)에의 참여가 허용되어서는 안 된다. 개방만찬은 올바른 침례교리에 대한 모독이다."[465] 그러나 그레이브스도 폐쇄만찬의 정도에는 시간의 흐름에 따라 약간의 변화가 있었다. 초창기의 글에는 침례교회 교인들간의 상호만찬(intercommunion between Baptists)을 허용하는 입장이었고, 1848년에는 콩코드 지방회에서 주의 만찬을 집례하는 것을 돕기까지 하였다. 그러나 1854년경부터 이러한 태도를 재평가하였고, 1874년경에는 극단적인 폐쇄만찬(Extreme Closed Communion)의 입장으로 선회하였다.[466]

그레이브스는 개방만찬이나 상호만찬(Intercommunion)은 지역교회의 독립성을 해칠 위험이 있다고 보았다. 주의 만찬은 그리스도의 몸인 교회에 위임된 의식이기 때문에 몸의 지체들, 즉 지역교회의 회원들만이 참여를 해야지 다른 교회나 다른 침례교회의 회원들이 참여하도록 해서는 안 된다는 것이다. 그렇게 허용하는 것은 그리스도의 몸을 더럽히는 결과가 되고 지역교회의 독립성과 자치권을 해치게 된다고 하였다. 따라서 주의 만찬은 지역교회의 회원들에게만(members of local church only) 제한해서 참여토록 해야 한다는 것이다.

이것을 McBeth 교수는 "이중 폐쇄만찬"(double closed communion)이라고 부르고 있다.[467] "극단적인 폐쇄만찬"(extreme closed communion)이라고도 명명할 수 있을 것이다. 비

464) McBeth, *The Baptist Heritage*, 452.

465) J. R. Graves, "The Lord's Supper, No. II," *The Tennessee Baptist*, 18 May 1848, 3. Stookey, "The Ecclesiology of J. R. Graves," 62.에서 재인용.

466) Tull, "A Study of Southern Baptist Landmarkism in the Light of Historical Baptist Ecclesiology," 226.

467) McBeth, *The Baptist Heritage*, 452.

록 다른 침례교회 회원이 교회를 방문하여 손님으로 예배에 참석을 하였다고 하더라도, 주의 만찬에 참여하는 것을 허용해서는 안 된다는 것이다.

이렇게 지역교회 회원들에게만 주의 만찬 참여를 제한한 데에는 주의 만찬이 성도들에 대한 권징의 수단이 되기 때문이라는 것이다. 교회 회원들 중에서 죄를 범한 자나 계속적으로 불법을 행하는 자를 징계하기 위해서 주의 만찬에 참여하는 것을 일정 기간 금지하는데, 만약 "이방인 만찬"(Alien Communion)을 허용하는 경우에는 징계나 권징의 효과를 기대할 수 없다는 것이다. 주의 만찬이 타 교회 성도들과의 교제를 위한 목적으로 제정되지는 않았다는 것이다.

이와 같이 극단적인 폐쇄만찬을 선호했던 그레이브스는 주의 만찬을 행할 때 "오직 한 개의 빵"(only one loaf of bread, 고전 11:17)과 "오직 한 잔의 포도주"를 사용할 것을 제안하였다.[468] 순수한 밀로 만들어진 "한 개의 빵"은 불순한 것이 제거된 하나의 지역교회를 상징하는 것이고, 이 지역교회만이 이 의식을 집례할 수 있는 권위를 부여받았다는 것이다. 발효된 포도주가 사용되어야 하는데, 발효 과정을 통해서 정화된 포도주는 예수 그리스도의 정결한 몸을 상징한다는 것이다. "한 잔의 포도주" 역시 그 의식에 참여하는 신자들의 한 몸을 상징한다는 것이다.[469]

V. 지계석주의 신앙의 잔재

이상에서 언급한 지계석주의 신앙을 이렇게 간단히 요약할 수 있다:

> 침례교회는 예수님이 세우셨고 기독교 전 역사를 통해서 계속적으로 존재해 왔다. 교회란 신자들이 일정한 지역을 중심으로 모이는 가시적인 지역교회만을 가리킨다. 침례교 이외의 "사교단체"에서 받은 "이방인 침례"(Alien Baptism)의 정당성을 인정할 수 없다. 침례와 주의 만찬은 예수님께서 지역교회에 위임하신 의식이기 때문에 지역교회의 권위 아래 시행되어야 하며, 침례는 교회회원의 요건이다. 그리고 주의 만찬은 오직 교회회원들에게만 베풀어져야 한다. 침례교회와 그리스도의 왕국은 동일선상에 있는 것이다. "사교단체들"과의 강단교류나 상호 협력은 바람직하지 못하다. 침례교회만이 하나님이 지상에 세우고자 의도하셨던 성서적이고 복음적인 교회다.[470]

---

468) Graves, *Old Landmarkism: What Is It?* 87-96.

469) Ibid.

470) McBeth 교수도 그의 저서에서 이와 유사한 내용을 언급하고 있다. Landmark Teachings라는 소제목 하에 여섯 가지 특징을 나열하고 있다: 1) 침례교회들은 이 세상에서 유일한 참 교회이다. 2) 참 교회는

이렇게 볼 때 지계석주의 운동은 "교회를 떠나서는 구원이 있을 수 없다"고 주장했었던 로마가톨릭주의(Roman Catholicism)와 여러 모로 유사한 점을 가지고 있다. 로마가톨릭 교회가 사도전승(apostolic succession)을 주장한데 비해, 지계석주의는 교회전승(church succession)을 주장하고 있고, 자신들만이 참 성례전(a true sacrament) 혹은 참 의식(a true ordinance)을 집행하고 있다고 믿고 있고, 다른 교단이나 교파에 대해 몰인정의 태도를 취하는 것도 매우 유사하다. 이런 의미에서 지계석주의는 19세기 침례교 고교회주의(Baptist High Churchism)라 요약할 수 있다.[471]

지계석주의 운동이 남침례교 총회에서 주도권을 잡는데는 실패했지만 그 신앙적인 잔재는 남침례교인들의 신앙행습에 알게 모르게 남아 있다. 물론 전통적인 침례교 신앙과 병리적인 지계석주의 신앙 간에 분별이 있어야 하겠지만, 일반적으로 지계석주의의 유산으로 간주되어지는 것은 다음과 같다: 지역교회의 자치권에 대한 지나친 강조, 유아세례는 말할 것도 없고 다른 교단에서 받은 세례 혹은 침례("이방인 침례")에 대한 불인정, 폐쇄만찬에 대한 일반적인 선호, 다른 교단들에 대해 예민한 의혹을 갖는 태도, WCC를 비롯한 제도화된 에큐메니칼 운동에의 참여 거부, 연차 총회 참석자들을 오직 지역교회들로부터 파송받은 사신들(messengers)로 제한하는 제도, 극히 일부이긴 하지만 침례교회 전승설의 역사관을 가진 목회자들과 교회 지도자들의 현존 등.[472]

그러나 지계석주의는 19세기 여러 교단들이 성장과 발전을 위해 상호 치열한 경쟁을 벌이고 있을 때, 침례교인들에게 침례교의 역사적인 정체성과 교단적인 충성심을 불러일으키는데 적극적인 기여를 했음도 간과할 수 없다. 그것은 "침례교인들의 혈관 속에 철분을 주사했다."[473] 그러나 전혀 역사적인 증거에 근거하지 않은 침례교회 전승설에 대한 확신은 역사에 대한 맹목적인 태도를 갖게 하였고, 따라서 침례교회에 대한 배타적이고 외골수적인 자기 사랑에 빠지게 하였다. 지계석주의는 반지성적이고(anti-intellectual), 비합리적인(unreasonable), 그리고 극단적인 침례교 사랑이 빚은 신앙적 착시현상이었다. 극단으로 치우치는 신앙은 항상 위험과 파탄을 낳는다는 사실을 역사적 교훈으로 일깨워 주었다.

지역적이고 가시적인 기관이다. 3) 교회들과 하나님의 왕국은 동일한 것이다. 4) 비침례교인들과의 "강단교류"(pulpit affiliation)는 있어서는 안 된다. 5) 오직 교회만이 교회적인 행사를 할 수 있다. 6) 침례교회들은 모든 세대에 걸쳐서 부단한 역사적인 연속성을 가지고 항상 존재해 왔다. McBeth, *The Baptist Heritage*, 450-3.

471) Ibid., 459.

472) Ibid., 461.

473) Ibid.

제17장

남침례교 총회와 여성목사 안수

다음의 인용문은 2005년에 교단의 연차총회를 앞두고, 국민일보에 광고의 형식을 빌어 발표한 총신대학교 신학대학원 여동문회의 성명서 내용이다:

> 우리는 총신대 신대원을 졸업한 여성 사역자들입니다. 현재 본 교단은 여성안수를 불허하므로 다음과 같은 문제들이 발생하고 있습니다.
> 첫째, 여성이 남성과 동등하게 하나님의 형상으로 창조되었고 또한 동등하게 예수 그리스도의 피로 구속받았지만 여성은 교회 내에서 심각한 성차별을 받고 있습니다.
> 둘째, 교회를 개척하거나 선교단체에서 헌신하고 있는 많은 여성 사역자들이 목사안수가 필요하여 교단을 옮기고 있습니다.
> 셋째, 목사가 아닌 본 교단 사역자들은 국내외 주요 여성 지도자회의에서 지도자 역할을 할 수 없고 보수신학에 대한 대변자 역할도 할 수 없습니다.
> 넷째, 이런 제약으로 여성들이 총신대 신대원에 오는 것을 기피하여 타 교단으로 가고 있어 본 교단의 유능한 여성 사역자 누수현상이 심화되고 있습니다.
> 이렇게 상황이 심각함에도 불구하고 본 교단은 70년 동안 1935년 24회 총회 결과(여성안수 금지)만을 고수하며 신학적 논의조차 외면해 오고 있으며 양성평등으로 나아가고 있는 현시대에 역행하여 여성 비하 발언을 여전히 하고 있습니다. 이에 우리는 총회가 성경을 더 이상 왜곡하지 않기를 바라며 다음과 같은 사항을 요구합니다.
>
> - 본 교단이 추구하는 성경적 여성관에 대한 공개적인 신학적 논의를 요구합니다.
> - 여성안수(목사, 장로, 집사)에 대한 구체적이고 심도 있는 신학적 연구를 요구합니다.
> - 여성안수를 요구합니다.
>
> 2005년 9월 23일
> 총신대 신대원 여동문 일동[474]

474) 국민일보, 2005. 9. 23, 30쪽.

총신대학교 신학대학원은 우리나라에서 보수신학을 견지하고 있는 대한예수교장로회(예장) 합동측 목회자 양성 기관이다. 2003년 11월 12일 총신대학교 채플에서 교단의 총회장이 설교 중에 "여자가 OOO를 차고 강단에 올라가? 안 돼!"라는 말을 했다가, 동교 총학생회와 여학생회는 물론, 한국여성신학회, 한국교회여성연합회, 한국여성민우회, 한국여성단체연합 등 여성기독단체 및 여성단체 31곳으로부터 총회장 사퇴 압력 등 혹독한 곤욕을 치른 바 있다.[475] 여성들에게 교육받을 수 있는 길이 이미 활짝 열려 있고 여성들의 사회참여가 활발하게 이루어지고 있는 우리나라에서, 여성교인들의 수는 60-70%에 이르지만 아직도 교회에서만은 여성들이 지도자로서 활동할 수 있는 공간은 많이 제한되어 있는 것이 사실이다.

한국교회의 교단들 가운데 여성들에게 목사 안수를 인정하고 있는 곳은 모두 7개로, 기독교대한감리회(기감)가 1933년에 처음으로 여성목사 안수와 여성장로 제도를 허용했다. 1957년에는 한국기독교장로회(기장)가 여장로제도를 허용했고 1974년에는 여목사제도를 도입했다. 대한예수교장로회 통합측도 1996년부터 여목사 제도와 여장로 제도를 도입했다. 그 외에 성결교, 기독교 하나님의 성회, 구세군, 성공회 등의 교단이 여목사 제도를 두고 있다.[476] 신앙과 신학에 있어서 보수성(conservativism)을 견지하고 있는 교단들이 여성안수에 대해 소극적인 입장 혹은 금지하는 입장을 견지하고 있다. 기독교한국침례회(기침) 역시 오랫 동안 여성안수를 공식적으로 인정하지 않고 있다가 2013년에 전남 순천에서 개최된 103차 총회에서 여성안수를 허용하는 결의를 하였다. 그렇지만 안수받은 침례교 여성목사들의 수는 지극히 적은 수에 불과하다. 현재 우리나라에서 활동하고 있는 전체 여성목사들은 1,000여명으로 대략 전체 목사들 가운데 약 1%에 불과한 실정이다.[477]

본 장에서는 기독교한국침례회와 긴밀한 선교적인 협력관계를 맺고 있는 미국 남침례교 총회(Southern Baptist Convention) 내에서 이루어졌던 여성 지도자들에 대한 안수 상황을 역사적으로 규명해 보고, 특히 최근 약 37년 동안 남침례교가 근본주의적 보수주의(Fundamentalistic Conservativism)로 크게 선회하고 있는 상황에서 여성안수 문제에 대한 남침례교의 정책과 이에 대한 뜨거운 찬반논란에 대해 살펴보고자 한다. 나아가서 여성 안수문제가 대두된 시대상황의 급격한 변화를 고찰하면서 한국의 침례교회와 개신교회에서는 여성들의 목회사역과 여성들에 대한 목사안수 문제에 관해 어떤 시각을 가져야 할 것인지를 모색하고자 한다.

475) 장동석, "하나님의 형상대로 남자와 여자를 창조하시다," 「빛과 소금」, 통권 194호, 2003. 12,
476) Ibid.
477) Ibid.

I. 최근 남침례교 내의 여성목사 안수[478]

1. 목사 안수를 받은 최초의 여성

미 남침례교의 최근 역사에서 큰 족적을 남겼던 사람들 가운데 한 사람은 애디 데이비스(Addie Davis) 자매이다. 그녀는 1964년 8월 9일에 노스 캐롤라이나 주의 덜햄(Durham,NC) 시에 소재한 와츠 스트리트(Watts Street) 침례교회에서 남침례교 역사 상 공식적으로는 최초로 목사안수를 받은 자매였다.[479] 버지니아 주 코빙턴(Covington,VA)에서 출생한 데이비스 자매는 침례교 대학인 메레디스 대학(Meredith College, NC)을 졸업한 후, 사우스이스턴(Southeastern) 침례신학원에 입학하여 1963년에 오늘날 M.Div. 학위에 해당하는 신학석사(B.D., Bachelor of Divinity) 학위를 받았다.

애디 데이비스는 안수를 받기 전에 이미 목회자로 여러 교회를 섬겼었다. 노스 캐롤라이나 주 엘킨즈(Elkins, NC) 시에 있는 제일침례교회에서 부목회자로 봉사했고, 웨스트 버지니아 주에 있는 앨더슨 브로더스(Alderson-Broaddus, WV) 대학에서 여학생들을 위한 목회자로 봉사했다. 특히 그녀는 고향 마을인 코빙턴에 있는 론 스타(Lone Star) 침례교회에서 담임목사 궐위 시에 임시 담임목회자로 목회활동을 하기도 하였다. 목사안수를 받은 후에는 뉴 잉글랜드 지역인 버몬트(Vermont) 주 리즈보로(Readsboro, VT) 시에 위치한 제일침례교회의 담임목사가 되었다.[480]

데이비스 자매를 안수했던 와츠 스트리트 침례교회의 담임목사 워런 카(Warren Carr)는 "데이비스 자매에 대한 목사안수는 그녀의 개인적인 간증에 근거해서 이루어졌다. 그녀가 하나님께서 자신을 목사로 부르셨다고 확신하였고, 그녀가 그러한 부르심에 응답하지 않을 수 없다고 말했을 때, 우리는 그녀를 진지한 태도로 대했다"[481]고 말했다.

당시에도 남침례교인들 사이에는 그녀의 안수에 대해 적지 않은 항의가 빗발쳤다. 그러나 그녀가 남침례교회들이 거의 없는 미국의 동북부 지역에서 목회사역을 떠맡았고, 또 교단 내에서 당분간은 여성목사 안수가 이루어지지 않았기 때문에 항의의 목소리는 점차 가라앉았다. 대다수의 침례교인들은 여성 안수에 대한 찬반을 떠나서 와츠 스트리트 침례교회의 자치권(autonomy)을 존중하는 입장을 취했다.

478) 제17장은 침례교신학연구소 편, 「교회와 여성의 리더십」 (대전: 침례신학대학교출판부, 2006)에 실린 필자의 논문, "남침례교 총회와 여성목사 안수"를 수정하고 보완한 것이다.

479) McBeth, *The Baptist Heritage*, 690.

480) H. Leon McBeth, *Women in Baptist Life* (Nashville: Broadman Press, 1979), 153.

481) *Home Missions*, May 1972, 26. McBeth, *Women in Baptist Life,* 153에서 재인용.

2. 목사안수를 받은 여성들

요엘 선지자는 "그 후에 내가 내 신을 만민에게(on all mankind) 부어주리니, 너희 자녀들(your sons and your daughters, 너희 아들들과 너희 딸들-필자 주)이 장래 일을 말할 것이며 너희 늙은이는 꿈을 꾸며 너희 젊은이는 이상을 볼 것이며, 그 때에 내가 또 내 신으로 남종과 여종에게(on the male and female servants) 부어 줄 것이며"(욜 2:28-29)라고 예언을 하였다. 그동안 남침례교인들은 아들들(sons)이 안수 받고 설교하는 것에는 익숙해 있었으나 딸들(daughters)이 그렇게 하는 데에는 익숙해 있지 않았다.

그런데 여성에 대한 첫 목사안수가 이루어진 후에는 점차 상황이 바뀌기 시작했다. 1964년부터 1978년까지 약 15년 동안 약 50명 이상의 여성들이 남침례교회에서 안수를 받았다.[482] 1977년 한 해에 남침례교 총회 산하에 있는 6개 침례신학원들에 약 1,600여 명의 여학생들이 재학하고 있었고, 이들 가운데 많은 여학생들이 졸업 후에는 목사로 안수받기를 희망하고 있었다.[483]

1964년 애디 데이비스의 안수가 있은 지 7년이 지난 후, 1971년에 가서야 두 번째 여성안수가 있었다. 사우스 캐롤라이나 주 콜럼비아(Columbia, SC) 시에 소재한 캐스우드(Kathwood) 침례교회에서 셜리 카터(Shirley Carter) 자매가 목사로 안수받았다. 그런데 이듬 해에 그 교회는 그녀에게 행했던 안수를 교회 사무처리회(Business Meeting-18세 이상의 성인 교회회원들 전체의 회의체, 사무총회라고도 한다-필자 주)에서 취소하는 결정을 내림으로써, 그녀는 안수를 받았다가 취소를 당한 유일한 여인이 되었다.[484]

남침례교 내에서 세 번째로 안수를 받았던 여성은 마조리 베일리(Marjorie Lee Bailey)였다. 6년 동안 버지니아 주의 산업현장에서 상담목회자로 봉사했던 경험을 가지고 있던 그녀는 1972년 2월에 리치몬드(Richmond, VA) 시에 있는 베인브리지 스트리트(Bainbridge Street) 침례교회에서 안수를 받았다.[485]

안수식에서 버지니아 주 군목담당 책임자였던 조지 리켓츠(George Ricketts) 목사는 "당신을 복음 사역자로서 부족함이 없는 일꾼으로 인정하는 이 안수식이, 이렇게 오랫 동안 지연된 것에 대해 우리(남성들)를 용서해 주시기 바랍니다"[486]라고 사과를 겸한 축사를 하였다. 그녀는 미시시피 주에 소재한 블루 마운틴(Blue Mountain) 대학을 졸업한 후 텍사스

482) McBeth, *Women in Baptist Life*, 154.
483) Albert McClellen, *Meet Southern Baptists* (Nashville: Broadman Press, 1978), 64.
484) McBeth, *Women in Baptist Life*, 155.
485) Ibid.
486) *Home Missions*, May, 1972, 26.

주 포트 워어스(Fort Worth, TX) 시에 있는 사우스웨스턴(Southwestern) 침례신학원에서 신학 수업을 받았다.

자신의 안수에 관해서 그녀는 "하나님께서 저를 부르시고 저에게 하라고 하시는 사역이 무엇인지 더 확실하게 깨닫는 계기가 되었습니다"라고 말하였다. 버지니아 주에서는 최초로 안수 받은 침례교 여성목사로서, 마조리 베일리는 1977년 버지니아 주 교도소 교목(chaplain)으로 승진을 하였는데, 미국 내에서 그러한 직위에까지 오른 최초의 여성 목사가 되었다.[487]

안수 받은 여성 목사로서 담임목사가 된 최초의 침례교인은 드루실라 포드햄(Druecillar Fordham)이었다. 그녀는 1942년에 흑인침례교 총회인 내셔날 침례교회(National Baptist Church)에서 안수를 받았고, 1963년에 뉴욕 시의 할렘(Harlem, NY)에 소재한 크라이스트 템플(Christ Temple) 침례교회의 담임목사가 되었다. 그런데 주로 흑인들로 구성된 그 교회가 1972년에 뉴욕 시의 남침례교지방회인 메트로폴리탄(Metropolitan) 침례교지방회에 가입을 하면서 남침례교 총회에 속한 교회가 되었다.[488]

포드햄 자매가 남침례교회에서 안수를 받았던 것은 아니었지만, 남편을 여윈 과부로서 남침례교회의 첫 번째 담임목사가 된 것이다. 그녀는 갈라디아서 3장 28절 말씀을 즐겨 인용하였다: "너희는 유대인이나 헬라인이나 종이나 자주자나 남자나 여자 없이 다 그리스도 예수 안에서 하나이니라."

여성 목사와 여성들에 의한 목회에 대한 반대에 직면할 때면, 그녀는 자신의 역할을 구차스럽게 변명하지 않았다고 한다: "저는 그러한 바보 같은 비난에 대해 개의치 않습니다. 그럴 시간이 없습니다. 저는 아무런 두려움이 없습니다. 저는 저에게 맡겨진 일을 할 뿐입니다. 각자는 각자 해야 할 일을 하면 되는 것입니다. 우리는 '지금의 시대'(the now age)를 살아가고 있는 것입니다."[489] 그녀는 메트로폴리탄 침례교지방회 목사들로부터 따뜻한 환영과 친절한 대우를 받았다고 한다.

안수 받은 여성 목사로서 남침례교 총회의 기관에서 사역했던 최초의 여성은 엘리자베스 허친스(Elizabeth G. Hutchens)였다. 그녀는 켄터키 주 루이빌(Louisville)에 있는 서던침례신학원(Southern Baptist Theological Seminary)의 교수가 되었다. 버지니아 주에서 안식년 연구휴가를 가지고 있을 때, 허친스 자매는 세인트 엘리자베스 병원(Saint Elizabeth's Hospital)에서 임시 원목으로 활동을 하였는데, 버지니아 주법에 의하면 그러한 사역은 안수받은 목

487) McBeth, *Women in Baptist Life*, 156.
488) Ibid.
489) *Home Missions*, May, 1972, 42.

회자들만 감당할 수 있었다. 그래서 그녀는 버지니아 주의 알렉산드리아(Alexandria, VA) 시에 위치한 뱁티스트 템플(Baptist Temple) 교회에서 안수를 받았고, 안식년 연구휴가를 마친 후에는 써든침례신학원(SBTS)의 기독교교육학 부교수로 복귀하였다.[490]

그 외에도 1970년대 이후 많은 여성들이 전문화된 목회사역을 감당하기 위해 목사 안수를 받았다. 또한 미국의 상황에서는 어떤 기관에서 교목이나 원목으로 봉사하기 위해서는 비록 여성이라 할지라도 안수를 받은 여성을 그 기관에서는 필요로 했다. 연방정부로부터 월급을 받거나 보조금을 지급받을 수 있는 자리는 안수 받은 목사를 요구하기도 했기 때문에, 이와 같은 현실적인 필요를 충족시키기 위해서도 안수(按手, ordination)가 필요했다.

3. 수잰 코일 목사의 안수

여성목사 안수로 인하여 수잰 코일(Suzanne M. Coyle) 목사의 경우[491]처럼 침례교지방회와 총회 차원에서 큰 논란이 되었던 사례는 별로 없었다. 수잰 코일 자매는 켄터키 주 그래블 스위치(Gravel Switch, KY)에서 출생하여 성장했다. 신실한 믿음의 가정에서 성장한 수잰은 초등학교 시절에 예수님을 믿고 고향 마을의 비치 포크(Beech Fork) 침례교회에서 침례를 받았다. 그녀는 고등학교 시절에 이미 목회사역에 관심을 갖기 시작했다. 하나님의 부르심에 대한 확신이 더 깊어 갔던 그녀는 대학시절에 자신의 전공을 음악학과 심리학에서 종교학으로 바꾸었다.

수잰 코일은 켄터키 주 댄빌(Danville)에 있는 센터(Centre) 대학을 졸업한 후에 프린스턴 신학원(Princeton Theological Seminary)에 입학했다. 그 곳에서 그녀는 목회신학(Pastoral Theology) 분야를 전공하여 신학석사(M.Div.) 학위를 받았는데, 학업성적이 뛰어나 교수들로부터 실력을 인정받았다. 그녀는 "교회사역에 헌신하는 탁월한 남침례교 여성들"(Church Commitment among Select Southern Baptist Women)이라는 제목의 석사학위 논문을 제출하였다.[492]

지역교회의 목회사역에 동참하면서 보다 효과적으로 쓰임받기 위해서는 목사안수를 받을 필요가 있음을 그녀는 실감하였다. 그래서 그녀는 모교회인 비치 포크 침례교회에 목사안수를 받도록 해 달라고 요청을 하였다. 담임목사와 성도들은 그러한 요청을 받고 심사숙고하며 기도하였으며, 남침례신학원의 교수들로부터도 자문을 받았다. 결국 그들은 수잰

---

490) McBeth, *Women in Baptist Life*, 157.
491) Ibid., 159-62.
492) Ibid., 160.

자매의 믿음과 목회사역에 대한 헌신의 신실함을 인정하여 그녀에게 목사안수를 할 것을 결의하였다. 그녀가 목회사역을 위한 다양한 은사들을 가지고 있었고, 목회를 위한 훈련도 웬만큼 받았고, 신학적인 지식도 충분히 소유했고, 그리고 목회자로서 하나님의 부르심에 대한 확신을 가지고 있다고 그 교회는 판단했다.

1977년 2월초, 비치 포크 침례교회는 코일 자매를 목사로 안수했다.[493] 그런데 그녀에 대한 안수는 즉각적인 반응을 불러 일으켰다. 비치 포크 침례교회가 회원으로 가입하고 있던 켄터키 주의 남부침례교지방회(South District Association of Baptists)의 임원단이 2월 14일에 그녀에 대한 안수에 대해 이의를 제기하고 나섰다. 1977년 4월에 모인 지방회의 임원회에서는 "만약 비치 포크 침례교회가 수잰 코일 자매의 목사 안수를 취소하지 않는다면, 그 교회는 지방회로부터 축출될 수도 있다"[494]는 사실을 심의하고 결의하였다. 임원회 회의에서는 19대 9로 결의하였다.

비치 포크 침례교회로서는 무척 당혹스러웠지만, 전체 교인들은 수잰 자매에 대한 안수와 관련한 교회의 조처는 정당한 것이었다고 믿었고, 또 이 문제는 지역교회 내부의 문제로서 침례교지방회가 지역교회(local church)의 결정사항에 개입하는 것은 타당하지 않다는 입장을 견지하였다. 담임목사인 마이클 재미슨(Michael Jamison)도 "우리는 또 다른 조치를 취할 계획이 없습니다. 우리는 수잰 코일 자매님에 대한 안수를 취소하지 않을 것입니다"[495]라고 진술하였다.

켄터키 주의 남부침례교지방회의 연차 총회가 1977년 10월 17-18일에 모였다. 비치 포크 침례교회의 평신도 지도자들이 총회 참석자들에게 교회의 합법적인 결정에 대해 설명을 하면서, 130년 된 교회를 지방회로부터 축출하지 말아 줄 것을 호소했다. 결국 여성에게 목사안수를 행했던 비치 포크 침례교회의 제명문제을 놓고 투표에 들어가게 되었는데, 98대 64로 제명(除名)이 다수결로 의결되었다.[496]

여성안수를 행했던 비치 포크 침례교회가 지방회로부터 제명을 당하자, 각처에서 찬반의 논란이 제기되었다. 한 편에서는 여성에게 목사안수를 행하는 것은 성서적이지 못하기 때문에 지방회의 조처는 적법했다고 하는 주장이 있었고, 다른 한 편에서는 국내선교부에 편지를 써서 지방회가 지역교회의 문제에 개입하는 것은 지역교회 자치주의(autonomy of local church)라고 하는 침례교회의 기본원리를 침해하는 조처였다며 항의하기도 하였다.

이에 국내선교부에서는 코일 자매가 하나님의 사역을 감당하기 위해서는 필수적으로

493) Ibid.

494) *Annual*, 1977, South District Association of Baptists in Kentucky, 15.

495) *Baptist Press*, 4 May 1977.

496) McBeth, *Women in Baptist Life*, 161.

안수를 받아야 하는 것은 아니었으며, 안수에 대한 책임은 안수를 행했던 지역교회에 있는 것이지 국내선교부에 있는 것은 아니라는 성명서를 발표하였다.[497]

이 사건은 여성 안수에 대한 다양한 의견들이 전국적으로 표출되는 계기가 되었다. 수잰 코일 목사는 안수받은 목사로서 교회 내에서 상담, 목회심방, 설교 등의 영역에서 담임목사를 보좌하며 사역하였다. 그녀를 잘 아는 사람들은 이구동성으로 목사로서의 그녀의 능력과 헌신을 인정하며 찬사를 보냈다.

II. 여성안수에 대한 남침례교 총회 내의 찬반논쟁

1964년 애디 데이비스(Addie Davis) 자매에 대한 최초의 공식적인 목사 안수가 시행된 후, 점차 남침례교 총회 내에서는 비록 지방회에 따라 여성안수 문제에 대해 시시비비의 논란이 있었지만, 일반적으로 지역교회의 필요성에 따라 여성 안수가 허용되는 분위기였다. 그러나 1979년 휴스턴(Houston, TX) 남침례교 연차총회에서 근본주의적 보수주의자들(Fundamentalist Consevatives)이 총회의 리더십을 장악하게 되면서, 점차 총회 내에서 여성들에 대한 안수는 금기시 되기 시작하였다.

1. 캔자스 시티 연차총회

특히 1984년 캔자스 시티(Kansas City, KS) 연차총회 시에는 "목회사역에 있어서의 여성안수와 여성들의 역할에 대하여"(On Ordination and the Role of Women in Ministry)라는 주제로 뜨거운 논쟁이 벌어졌고, 결국에는 그 연차총회에서 58%(4,793 표)대 42%(3,466 표)로 여성안수를 반대하는 결의가 이루어졌다.[498] 근본주의자들은 남성에 대한 여성의 복종적인 역할을 강조하면서 이렇게 선언하였다:

> 성경은 권위에 관한 하나님의 질서에 대해 증언하고 있는데(각 남자의 머리는 그리스도요, 여자의 머리는 남자요, 그리스도의 머리는 하나님이시라, 고전 11:3), 공중기도와 예언에 있어서

---

497) Ibid., 162.

498) "Resolution on Ordination and the Role of Women in Ministry," June 1984, [온라인자료] http://www.sbc.net/resolution/amResolution.asp?ID=1088, 2016년 7월 5일 접속, Walter B. Shurden, *Not a Silent People: Controversies that Have Shaped Southern Baptists* (Macon, Ga.: Smyth & Helwys Publishing, Inc., 1995), 97.

> 남자들과 여자들의 역할을 구분하고 있다(고전 11:2-5). 지역교회에 혼란이 발생하지 않도록 성경은 공적인 예배 시에 여자들이 남자들 위에 군림하는 권위의 역할(role of authority over men)을 떠맡아서는 안 된다는 사실을 가르치고 있다(고전 14:33-36). 바울이 다른 종류의 목회와 봉사 사역에 대하여 남자들과 여자들의 역할을 유사하게 말하고 있지만(딛 2:1-10), 목회적인 지도력(pastoral leadership)에 있어서는 여성들을 배제하고 있다(딤전 2:12). 창조 시에 남자가 먼저 만들어졌으며, 여자가 에덴 동산에서 먼저 타락했기 때문에, 하나님께서는 여자들에게 복종을 요구하시는 것이다(딤전 2:13 ff).[499]

총회의 결의는 이렇게 결론을 맺고 있다:

> 우리는 현대의 문화적, 사회적, 교회적인 추세나 감정적인 요인에 따라 기독교적인 교리나 실천을 결정하지 않는다. 우리는 신앙과 행위의 문제에 있어서 성경을 최종적인 권위로 여기는 침례교 신앙원리를 따른다. 우리는 목회적인 기능과 안수를 동반하는 리더십 역할을 제외하고는, 교회생활과 봉사활동에 있어서 여성들의 역할을 격려한다.[500]

온건한 보수주의자들(Moderate Conservatives)은 이 결의가 예수님의 정신과는 반대되는 것이고, 여성들을 비하하는 것이며, 제어되지 않은 남성중심적인 이기심(unbridled male ego)과 남성들의 죄악된 자기중심주의(sinful self-centeredness)를 강화하기 위해 이루어진 성서적 및 신학적 해석이라고 비판하였다.

당시 사우스웨스턴 침례신학원(SWBTS)의 러셀 딜데이(Russel Dilday) 총장, 남침례신학원(SBTS)의 로이 허니컷(Roy Honeycutt) 총장, 그리고 사우스이스턴 침례신학원(SEBTS)의 랜달 랄리(Randall Lolley) 총장 등은 신학원에서 신학공부를 하고 있는 많은 여학생들을 생각할 때, 총회의 그러한 결의가 여학생들의 목회 진출을 가로막는 장애가 될 것임을 예고하면서 그러한 총회의 결의를 격렬히 비난하였다.[501]

1991년에 온건한 보수주의자들은 갈라디아서 3장 27-28절의 말씀("누구든지 그리스도 예수와 합하여 침례를 받은 자는 그리스도로 옷 입었느니라. 너희는 유대인이나 헬라인이나 종이나 자주자나 남자나 여자 없이 다 그리스도 예수 안에서 하나이니라")을 인용하면서 이렇게 선언하였다:

---

499) Walter B. Shurden, "A Chronology," *The Struggle for the Soul of the SBC: Moderate Responses to the Fundamentalist Movement.* (Macon, Ga.: Mercer University Press, 1993), xiii.

500) "Resolution on Ordination and the Role of Women in Ministry," June 1984.

501) Shurden, "A Chronology," *The Struggle for the Soul of the SBC: Moderate Responses to the Fundamentalist Movement,* 98.

우리는 갈라디아서의 말씀을 교회의 질서를 세우는 실마리로 삼아야 한다고 믿는다. 우리는 여성들에 관한 성경귀절을 노예들에 관한 성경귀절에 대한 해석과 동일한 기준에 따라 해석해야 한다고 생각한다. 우리가 여성들에게 복종적인 역할을 교회에서 요구한다면 노예들에게도 동일한 역할을 교회에서 요구해야 한다.

갈라디아서에서 바울은 당시의 전통적인 지혜에 용기 있게 도전하셨던 예수님의 정신을 따르고 있다. 당시의 지혜란 종교적인 삶과 시민적인 삶에 있어서 남자들과 여자들 사이에는 견고한 장벽이 존재함을 인정하는 것이었다. 그런데 예수님은 그러한 장벽들을 과감하게 붕괴시켜 버린 분이시다. 예수님은 여인들에게 자신을 따라 오라고 부르셨다; 그 분은 거룩한 주제들을 다룸에 있어서 여인들을 남성들과 동일하게 유능한 존재로 인정하셨다. 신앙의 문제에 있어서 여성들의 역할에 대한 모델은 바로 주 예수님이시다.[502)]

2. 여성안수에 대한 찬반 논쟁

1988년 4월에 남침례교 총회 역사위원회(Historical Commission)와 남침례교 역사협회(Southern Baptist Historical Society)에서는 테네시 주 네시빌(Nashville, TN)에서 여성에 대한 목사안수에 관한 주제로 논문발표와 토론회를 가졌다. 도로시 패터슨(Dorothy Kelly Patterson) 자매는 "왜 나는 남침례교회들은 여성들에게 안수를 해서는 안 된다고 믿는가"(Why I Believe Southern Baptist Churches Should Not Ordain Women)라는 제목의 논문을 발표하였고,[503)] 이어서 잰 클랜턴(Jann Aldredge Clanton) 자매는 "왜 나는 남침례교회들은 여성들에게 안수를 해야 한다고 믿는가"(Why I Believe Southern Baptist Churches Should Ordain Women)라는 제목의 논문을 발표하였다.[504)]

1) 도로시 패터슨 자매의 주장

도로시 패터슨(도로시 자매는 현재 사우스웨스턴 침례신학원의 총장 페이지 패터슨 Paige Patterson 목사의 부인이다–필자 주)은 기본적으로 남침례교인들은 성서의 권위에 순복하는 사람들임을 전제하였다. 그렇기 때문에 오늘날의 세상적인 문화 추세나 세상 풍속을 따를 것이 아니라 여성들에 대한 하나님의 말씀에 착념해서 여성안수 문제를 바라보아야 한다고 주장하였다.[505)]

502) "CBF 운영위원회의 대외적 선언"(An Address to the Public from the Interim Steering Committee of the Cooperative Baptist Fellowship). Ibid., 312.

503) Dorothy Kelly Patterson, "Why I Believe Southern Baptist Churches Should Not Ordain Women," *Baptist History and Heritage*, vol. xxiii, no. 3 (July 1988): 56-62.

504) Jann Aldredge Clanton, "Why I Believe Southern Baptist Churches Should Ordain Women," *Baptist History and Heritage*, vol, xxiii, no. 3 (July 1988): 50-5.

성경이 강조하는 여성의 자리는 가정이요 어머니라는 것이며, 여성들은 교회에서는 잠잠해야 하고 남성들을 가르치려고 해서는 안 된다는 것이다. 여성들이 "부르심"(calling)을 받아, 가르치는 직분과 지배하는 직분(teaching/ruling office)을 갖는 것은 성경의 기본적인 가르침, 즉 교회가 그리스도에게 복종하듯이 아내들이 남편들에게 복종해야 한다고 하는 이미지를 전적으로 파괴하는 것이라고 주장하였다.[506]

그녀는 여성안수에 대해 부정적인 입장을 지지하는 성경구절들(창 2:15-17; 딤전 2:8-15; 고전 11:2-16; 14:33-35)을 인용하면서, 성경이 명시적으로 명령하거나 금지하는 교훈에는 여성들이 순종해야 한다고 주장하였다. 결론적으로 그녀는 논쟁의 초점은 안수에 있는 것이 아니라 성경의 권위에 있는 것이라며, 경건한 여인들은 가정에서나 교회에서나 남자들 위에 군림하는 권위(authority over men)의 직분을 떠맡으려 해서는 안 된다고 하였다.[507] 여성들이 가정이나 교회나 학교나 시장터에서 순종(subordination)의 자리에 있는 것이, 결코 남녀의 평등을 저해하는 것이 아니라고 주장하였다.

2) 잰 클랜턴 자매의 주장

이에 대해 잰 클랜턴은 남침례교 총회가 여성의 담임목회직을 금지하는 결정을 하였음에도 불구하고, 1983년에 약 200명이던 여성목사들이 5년 후인 1988년에는 약 500명으로 늘어났음을 상기하면서 남침례교인들은 여성안수의 제도를 뒤집어 엎을 수는 없다고 주장하였다.[508] 왜냐하면 여성에 대한 안수는 하나님으로부터 말미암은 것이기 때문이라는 것이다. 목사와 집사로서 여성들을 안수하는 것은 성서에 대한 올바른 해석과 침례교의 역사, 그리고 하나님의 형상대로 지음받았고 예수 그리스도에 의해 구속받은 인간에 대한 건강한 신학 등에 비추어 볼 때 너무나 당연한 결과라는 것이다.

열두 제자들 가운데 여성이 한 사람도 포함되지 않았다는 논거로 여성안수를 반대하는 것은 논리적인 오류를 범하고 있다고 클랜턴은 주장하였다. 열두 제자들 가운데 이방인이 한 사람도 포함되어 있지 않은데, 그렇다면 침례교회에서는 오직 유대인 남자들만(Jewish Men only) 안수받은 목회자로 봉사할 수 있느냐고, 이처럼 터무니 없는 논리가 어디 있느냐고 그녀는 항의하였다.[509]

---

505) Patterson, "Why I Believe Southern Baptist Churches Should Not Ordain Women," 57.

506) Ibid.

507) Ibid., 61.

508) 1987년 12월 현재 남침례교 총회 내에 안수받은 여성목사는 525명이라고 추산된다고 하였다. Jann Aldredge Clanton, "Why I Believe Southern Baptist Churches Should Ordain Women," 50.

509) Ibid., 52.

또한 그녀는 누가복음 15장의 비유들에서, 예수님은 하나님의 이미지를 한 마리의 잃어버린 양을 찾는 목자로 묘사하셨을뿐 아니라 한 드라크마의 잃어버린 동전을 찾는 여인으로 묘사하고 있고, 하나님의 왕국을 농부들이 밭에 뿌리는 겨자씨로 비유하실뿐 아니라 여인들이 밀가루 반죽에 넣는 누룩으로 비유하고 계심을 상기하면서, 예수님은 삶의 현장에서 그리고 안수에 있어서 남성과 여성의 평등(平等, equality)을 가르치고 있다고 주장하였다.[510]

그녀는 1984년 남침례교 총회가 디모데전서 2장 11-15절의 말씀[511]에 근거하여 여성안수를 금지하는 결의를 한 것에 대하여, 그것은 성경 해석에 치명적인 오류를 범했음을 다음과 같이 주장하였다. 여자가 조용해야 한다는 것을 "영원한 원리"(eternal principle)로 주장한다면, 이 구절 앞에 나오는 구절들, 예를 들면 2장 9절의 말씀, "또 이와 같이 여자들도 아담한 옷을 입으며 염치와 절정로 자기를 단장하고 땋은 머리와 금이나 진주나 값진 옷으로 하지 말라"는 교훈도 어느 때 어느 장소에서나 절대적으로 지켜야 할 명령으로 받아야 한다는 것이다. 교회에 출석하는 모든 여성들은 "땋은 머리"만을 해야 하느냐고 항변하였다.

이러한 구절들을 여성안수를 반대하는 근거로 삼는 것은 문자적 해석을 선택적으로 적용하는 결과가 되며 문맥적 역사적 성서해석의 원리를 침해하는 결과가 된다고 하였다.[512] 무엇보다도 그녀는 갈라디아서 3장 27-28절의 말씀("누구든지 그리스도 예수와 합하여 침례를 받은 자는 그리스도로 옷 입었느니라. 너희는 유대인이나 헬라인이나 종이나 자주자나 남자나 여자 없이 다 그리스도 예수 안에서 하나이니라")을 인용하면서, 그리스도 안에서는 성에 관한 한 모든 장벽은 허물어져 버렸다고 주장하였다.

클랜턴은 여성들을 집사와 목사로 안수하기를 거부하는 교회는 하나님을 제한하는 실수를 범하고 있다고 질책하였다.[513] 여자들과 남자들은 똑같이 동일하게 하나님의 형상을 반영한다는 것이다(창 1:27). 따라서 예배에서 여성들의 참여를 배제하는 교회는 단지 하나님의 형상을 제한적으로 반영하는 결과가 된다는 것이다. 여성들을 안수로부터 제외시키는 것은 하나님의 부르심에 제한을 가하는 것이고 성령의 은사들을 온전히 수용하지 않는 것이라고 주장하였다.

특히 그녀는 여성안수를 회피하는 것은 역사적인 침례교 신앙의 본질적인 특징들 가운

510) Ibid.

511) 딤전 2:11-15, "여자는 일절 순종함으로 종용히 배우라. 여자의 가르치는 것과 남자를 주관하는 것을 허락지 아니하노니 오직 종용할찌니라. 이는 아담이 먼저 지음을 받고 이와가 그 후며, 아담이 꾀임을 보지 아니하고 여자가 꾀임을 보아 죄에 빠졌음이니라. 그러나 여자들이 만일 정절로써 믿음과 사랑과 거룩함에 거하면 그 해산함으로 구원을 얻으리라."

512) Clanton, "Why I Believe Southern Baptist Churches Should Ordain Women," 53.

513) Ibid., 54.

데 하나인 "영혼의 유능성"(soul competency)과 "모든 신자들의 제사장의 원리"(priesthood of all believers)를 부정하는 결과가 된다는 점을 강조하였다. 모든 신자들이 하나님 앞에서 평등하다고 믿으며, 왕 같은 제사장들이라고 믿으며, 그래서 회중주의적 민주주의 행정을 행하는 침례교회에서 여성안수를 금지하는 것은 스스로 자가당착에 빠지는 결과가 된다고 역설하였다.[514]

3. 몰리 마샬 교수의 주장

남침례신학원(SBTS) 교수를 역임한 바 있는 몰리 마샬(Molly T. Marshall) 박사는 그녀의 논문 "목회사역에서 여성은 남성과 동등한 지위를 가진다"(Women's Status in Ministry Equals That of Men)[515]에서, 다음과 같은 세 가지 신학적 성서적 논거들을 제시하면서 목회사역에 있어서 여성이 남성으로부터 부당한 차별을 받아서는 안 된다는 것을 지적하였다:

> 첫째로, 부활하신 주님께서 부활의 첫 번째 선포자로 여성들을 택하셨고, 1세기의 남성 제자들은 그 부활의 메시지를 "허탄한 말"(idle tale, 별 대수롭지 않은 말-필자 주, 눅 24:11)로 치부했다는 점이다. 여성들에 의해 복음이 선포되었을 때, 여성들의 상대자들이었던 남성 성직자들(열두 제자들)은 복음의 수용도에 있어서 적지 않은 부족함(lack of receptivity)을 보였다. 여성들이 권위 있는 교회직분의 자리로부터 일반적으로 거부를 당해 왔던 것이 남성의 특권을 보존하기 위함 때문이었는가? 혹은 신학적 정통성을 보존하기 위함 때문이었는가? 틀림없이 두 가지 모두가 그 이유였을 것이다.
> 둘째로, 부활하신 그리스도의 영, 즉 성령께서는 목회사역을 위한 은사를 자유롭게 풍성히 부어주셨지, 성별에 따라서 혹은 문화적인 기대에 따라서 차별적으로 부어주시지 않았다는 점이다. "은혜를 따라 다양하게 주셨던 은사들"(롬 12:6)을 열거하자면 수를 다 셀 수 없을 것인데(롬 12:4-8; 고전 12:1-11, 27-31; 엡 4:7-12; 벧전 4:10-11), 성령께서는 이러한 은사들을 성별에 따라(along gender lines) 나누어 주시지 않았다. 오히려 성령의 역사로 인하여 은사를 받은 자들은 "하나님의 각양 은혜를 맡은 선한 청지기같이 서로 봉사하며"(벧전 4:10) 그들의 은사를 사용할 것을 권면하셨던 것이다.
> 셋째로, 예수님이 주인이신 새로운 가족에 속하는 예식이 침례인데, 이 침례가 구약성서의 할례, 즉 남성에게만 베풀어졌던 성배타적인 의식(gender-exclusive rite)을 대신하고 있다는 점이다. 기독교 운동은 남성만의 특권을 강조하는 전통적인 육체적 혈연족보에 근거하는 것이 아니라, 그리스도의 피로 말미암은 새로운 영적 혈연관계에 근거하고 있다. 여성들과 남성들은

---

514) Ibid.

515) Charles W. Deweese, 「21세기 속의 1세기 신앙」, 김승진 역 (대전: 침례신학대학교 출판부, 2005), 329-42.

> 상호 평등함에 관해서 "누구든지 그리스도와 합하여 침례를 받은 자는 그리스도로 옷 입었느니라. 너희는… 남자나 여자 없이 다 그리스도 안에서 하나이니라"(갈 3:27-28), "오직 주 예수 그리스도로 옷 입었고"(롬 13:14), "새 사람을 입었으니"(골 3:10)라고 침례의식과 관련을 지으면서 남녀관계의 평등성을 성경은 선언하고 있다. 이러한 성경구절들은 남성의 월권적인 지배로부터의 여성의 해방 선언(liberative pronouncement)을 메아리쳐 울리게 하고 있다. 새로운 사회적 신분을 획득하게 되었고 그에 따라 행동양식이 변화되었음을 이러한 침례의식을 통해 선언하였으며, 이것이 초대 기독교를 더욱 크게 고무시켰다. 침례의식이 이와 같은 신약성서적인 가르침에 따라 이루어져야 함을 확신하고 있는 침례교인들이, 성경의 가르침을 충실하게 따르며 살지 못하고 있는 것이 몹시 안타깝다.[516]

마샬 교수는 침례교인들이 "양심의 자유"(liberty of conscience) 혹은 "영혼의 자유"(soul freedom)를, 침례교 신앙의 본질인 자발적인 믿음(voluntary faith)에 필수적인 요소로 간주해 왔다고 하면서, 어떤 사람이 남자든 여자든 하나님과의 사적이고 종교적인 체험을 하였다면, 그것은 본인에게 매우 소중한 체험인 것이고 다른 그리스도인들에 의해 부인되거나 놀림감이 되어서는 안 되는 것이라고 하였다.[517] 각 사람은 자유와 능력을 가지고 있을뿐 아니라, 하나님을 향해 스스로 반응할 책임을 지고 있다는 것이다.

교회의 딸들 가운데 한 자매가 하나님께서 설교하라고 자신을 부르셨다고 간증한다면, 그녀의 거룩한 소명은 다른 남성 목회지원자들의 그것처럼 심각하게 수용되어야 마땅하다고 그녀는 주장하였다. 단지 여자라는 이유만으로 그녀의 거룩한 소명이 무시되어서는 안 된다는 것이다. 마샬 교수는 "목회사역에 있어서 남성들이 여성들에게 동등한 지위를 인정해 주는 것(affirming the equality with men of women's status in ministry)이야 말로 올바른 신학적 자세요 회중정치적인 입장이다. 동시에 오늘날의 침례교인들은 바로 이런 자세와 입장을 지지해야 한다"[518]고 결론 맺고 있다.

III. 급변하고 있는 세상

세상이 급변하고 있다. 특히 20, 21세기의 세상이 변화하고 있는 속도는 지난 세기들과는 비교할 수 없을 정도로 빠르다. 성경이 씌어졌을 당시의 1세기 세상과 21세기의 세상

516) Ibid., 331-2.
517) Ibid., 338-9.
518) Ibid., 340.

사이에는, 비록 인간의 본성 자체와 인간의 기본적인 삶 자체는 별로 변하지 않았다고 하더라도, 상상을 초월하는 "다름" 혹은 차이(差異, difference)가 있음이 사실이다. 그 중에서 여성에 대한 관점(여성관, 女性觀, view of women)이나 여성에 대한 이해, 여성의 신분과 여성의 역할에 대한 기대 등에 있어서도 엄청난 변화가 생겼다.

1. 고등교육을 받은 여성들이 많아졌다

여성들에게 균등하게 교육받을 기회가 헌법적으로 보장이 되면서, 많은 여성들이 대학교육은 물론 대학원과 신학대학원 교육을 받고 있다. 미국과 한국의 교육체계에 있어서 여학생들은 남학생들과 똑같은 학비를 내며 똑같은 조건에서 대등하게 공부하고 있고, 일부의 탁월한 여학생들은 남학생들에 비해 더 좋은 성적을 내고 있다.

2005년 9월 현재 침례신학대학교의 경우 여학생들의 비율이 학부에 57%(1468명 중 839명), 신학대학원에 12%(498명 중 58명), 일반대학원에 32%(65명 중 21명), 상담대학원에 46%(13명 중 6명), 사회복지대학원에 45%(33명 중 15명)를 차지하고 있다.[519] 이 통계에 나타나 있듯이 오늘날 여학생들의 향학열이 결코 남학생들에 비해 뒤떨어지지 않는다는 점은 확실하다.

신학교육을 받은 침례교 여성들이 남성들 이상으로 세상 사람들의 영적인 필요에 민감하게 반응하고 있고, 하나님의 부르심에 응답하여 기독교적인 사역에 자신의 삶을 드리고 있다. 여성들이 교회에서 지도자적인 리더십을 가질 수 있느냐에 대해 이론적인 논쟁을 할 수는 있지만, 남성들과 동등한 신학교육을 받은 여성들이 교회 내에 많이 있다는 사실은 더 이상 이론이 아니다.

목회사역을 위한 준비가 잘 갖추어진 여성들이 교계 내에 실제로 많이 존재한다는 사실은, 결과적으로 여성들의 목회, 여성들의 지도자적인 리더십, 여성들에 대한 안수 등의 논의를 더 이상은 회피할 수 없게 만들고 있는 것이다.

2. 다양한 영적인 필요는 다양한 목회를 기다리고 있다

과거의 목회는 예배와 설교와 심방과 전도 등이 주류를 이루었다. 그러나 시대가 급변하면서 세상 사람들과 성도들의 영적인 필요가 다양해졌다. 잃어버려진 영혼들의 필요는 말할 것도 없고, 이혼율의 증가로 인해 생긴 가정의 붕괴는 상담사역의 중요성을 일깨우고

519) 「2004-2005 요람」(대전: 침례신학대학교 출판부, 2004).

있고, 병원이나 군대, 해외주둔지 그리고 여성들만을 수용하고 있는 교도소 등지에서 외로움에 떨고 있는 사람들은 여성적인 따뜻한 보살핌을 필요로 하고 있다. 침체의 늪에 빠져 있는 교회에서는 양육과 교육, 찬양, 기도, 설교, 아가페 사랑의 교제 등을 간절히 필요로 하고 있다. 어떤 필요들은 남성 사역자들이 더 잘 충족시켜 줄 수 있을 것이고, 또 어떤 필요들은 여성 사역자들이 필요충족에 더 효과적일 수 있을 것이다.

영적인 추수의 때에 추수할 일꾼들이 부족한 것은 예수님의 때나 지금이나 마찬가지이다. 다양한 추수의 현장에 다양한 일꾼들이 필요하다. 하나님께서는 제한된 추수의 기간 동안에 남성이든 여성이든 추수를 위해 헌신한 일꾼들을 부르신다. 남성들이 감당할 수 있는 사역들이 있고, 동시에 여성들이 더 잘 감당할 수 있는 사역들이 있다. 하나님은 한편에서 힘 있고 우락부락한 남성의 팔을 사용하심과 동시에, 다른 한편에서 부드럽고 섬세한 여성의 손을 사용하신다.

현대사회에서 목회의 개념이 확대되고 있다. 한국에서도 서서히 목회가 다양화되고 전문화 되고 있다. 특히 대형교회에서는 담임목사의 목회와 교육목사의 목회, 심지어 음악목사의 목회가 서로 분화하고 있다. 환영할 만한 추세다. 청소년 목회, 노년 목회, 어린이 목회, 영아 유아 유년 목회, 상담과 심방 목회, 싱글들을 위한 목회, 미혼모나 임신부를 위한 목회, 환우들을 위한 목회, 심지어 재수생들을 위한 목회까지 목회가 세분화되고 있다. 오늘날 성도들은 자신들의 사소한 개인적인 필요에까지 하나님의 사랑을 기다리고 있다. 이러한 목회를 위해서는 전문화된 목회자들이 필요하고, 남성 목회자들뿐 아니라 여성 목회자들의 보살핌과 관심을 필요로 하고 있다.

3. 여권신장운동의 영향을 받고 있다

1960년대에 들어오면서 미국에서는 "여성해방운동"(Women's Liberation Movement)이 활발하게 전개되었다. 여성해방운동가들은 전통적인 가정 개념을 재정의하였고, 여성의 남성에 대한 종속적인 관계와 관행들에 대해 과감하게 도전하였다. 수많은 여성들이 더 이상 가정만이 그들이 있어야 할 유일한 자리로 생각하지 않고 있다.[520)]

직장에서도 여성들이 일할 수 있는 자리가 많이 생겨나기 시작했다. 고등교육과 전문화된 교육을 받은 여성들은 전문직업인으로서 남성들과 대등하게 근무하고 있다. 교사, 교수, 의사, 공무원, 변호사, 국회의원, 공무원, 군인, 컴퓨터 전문가, 회사 경영자 등의 직업

520) H. Leon McBeth, "The Ordination of Women," *Review and Expositor*, vol. lxxviii, no. 4 (Fall 1981): 519.

을 가진 여성들이 과거에 비해 더 많아졌다. 교회 밖 세상의 활동무대에서 남성과 여성 간의 차별의 선이 희미해져 가고 있다.

한국에서도 마찬가지다. 오늘날 혼기를 맞은 미혼여성들이 "결혼은 선택, 직업은 필수"라는 얘기를 공공연히 하고 있다. 그만큼 사회에서 여성들이 감당할 수 있는 역할이 많이 확대된 것이다. "현모양처"(賢母良妻)를 미래의 이상적인 자신의 모습으로 말하는 소녀들이 이제는 더 이상 많지 않다. 적지 않은 여성들이 가정이라는 울타리에 갇혀 있기를 거부하고 있다. 출산율 1.16명이라는 통계 자체가 현대 한국여성들의 사회적 욕구를 잘 설명해 주고 있다. 오늘의 기독여성들도 여성들이 보다 많은 자유와 기회를 누리고 있는 세상의 경향성에 큰 영향을 받고 있다. 기독 여성들 역시 일반 비기독 여성들처럼 삶의 자유와 독립, 그리고 균등한 고용의 기회를 얻기 위해 노력하고 있다.

교회 내에서 여성들은 여선교회 활동에 적극적으로 참여할뿐만 아니라, 일부 지도자들은 교단 차원의 전국여선교회 활동과 초교파적인 기독여성지도자들의 활동에도 왕성한 활동을 하고 있다. 혹자는 "일부 극소수의 여성해방론자들"(libbers)이 전통적인 교회질서를 문란케 하고 있다고 비판할지 모르지만, 이러한 비판적인 태도는 현실을 직시하지 못하고 있는 것이라고 말할 수 있다.[521] 오늘날의 기독 여성들도 이제는 더 이상 남성들에게 맹종(盲從)만 하도록 잘 길들여져 있는 "고분고분하기만 하는" 여인들이 아니다.

4. 여성목사 안수를 시행하는 다른 기독교 교단들의 영향을 받고 있다

"서론"에서 인용했듯이 총신대학교 신학대학원 여동문회 회원들은 예장 합동 교단이 여성목사 안수를 인정하지 않기 때문에 여성사역자들이 타 교단으로 빠져나가는 심각한 누수현상이 발생하고 있음을 지적하였다. 결국 여성목사 안수를 거부함으로 인해서 교단적인 차원에서 잘 훈련받은 좋은 인재들을 잃어버리고 있는 현실에 대해 위기감을 표출하고 있는 것이다. 미국이나 한국이나 진보적인 교단에서는 여성들에게 목사 혹은 장로로 안수를 하여 교회 내에서 여성지도자들을 배출하고 있다.

미국의 북부나 동북부 지방을 여행하며 주일예배에 참석을 해보면, 담임목회 사역을 남성 목사와 여성 목사가 공동으로 분담해서 감당하는 교회도 있고, 남성 담임목사와 함께 교육, 구제, 상담, 중보기도 사역 등에 안수받은 여성목사들이 동역하고 있는 교회들이 많이 있음을 심심찮게 목격할 수 있다. 한국에서는 안수받은 여성 목사들만으로 구성된 총회

521) Ibid., 520.

가 있는 것으로 알고 있다.

여성목사 안수를 제도적으로 인정하지 않는 보수적인 교단에 속한 여성 지도자들은 타 교단에서 안수받은 동료들로부터 상대적인 상실감을 느끼고 있고 신분 상의 불확실성과 불안감을 경험하고 있다. 비슷한 사역을 비슷한 수고로 감당을 하면서도, 목사라는 신분을 갖지도 못하고 경제적인 면에서도 상대적으로 열등한 대우를 받을 때 그들의 사기는 떨어질 수밖에 없는 것이다.

5. 변화된 콘텍스트가 기존의 성경해석에 도전을 주고 있다

성경은 불변하지만 성경에 대한 해석은 콘텍스트에 따라 변화할 수 있다. 이것이 기독교의 역동성(dynamism)이기도 하다. 교회 내에서 여성들이 지도력을 발휘하는 것에 대해 부정적이거나 소극적인 입장을 취하게 했던 대표적인 성경 구절은 다음과 같은 것들이다: "하나님은 어지러움의 하나님이 아니시요 오직 화평의 하나님이시니라. 모든 성도의 교회에서 함과 같이 여자는 교회에서 잠잠하라. 저희의 말하는 것을 허락함이 없나니 율법에 이른 것 같이 오직 복종할 것이요 만일 무엇을 배우려거든 집에서 자기 남편에게 물을지니 여자가 교회에서 말하는 것은 부끄러운 것임이라"(고전 14:33-35); "여자는 일절 순종함으로 종용히 배우라. 여자의 가르치는 것과 남자를 주관하는 것을 허락지 아니하노니 오직 종용할지니라. 이는 아담이 먼저 지음을 받고 이와가 그 후며, 아담이 꼬임을 보지 아니하고 여자가 꼬임을 보아 죄에 빠졌음이니라"(딤전 2:11-14).

침례교인들은 어느 누구보다도 성경을 하나님의 말씀으로 믿고 절대적인 권위로 받아드리는 사람들이다. 그런데 많은 침례교인들이 성경의 권위를 받아드리는 것과 성경을 정확하게 진실되게 해석하는 것은 다른 차원의 것임을 점차 깨닫게 되었다. 성경이 기록되었을 당시의 상황(then context)과 성경을 읽고 해석하고 적용해야 하는 지금의 상황(now context)에 대한 고려 없이, 성경 본문(text)을 대하는 것은 가능하지도 않고 가능해서도 안 된다는 사실을 깨닫기 시작한 것이다.[522] 아무리 성경의 (절대적인) 권위를 인정한다고 하더라도, 성경을 자의적으로 왜곡하여 해석한다면 그것은 성경을 통해서 계시하고자 하시는 하나님의 뜻을 제대로 분별하지 못하는 결과가 되는 것이다.

사실 성경, 특히 신약성경에는 여성에 대한 안수 문제에 관해 뚜렷하게 금지하는 명백한 성경구절도 없고 동시에 권장하는 명백한 성경구절도 없다. 결국 이 문제는 특정 성경

522) Ibid.

구절에 대한 해석 여하에 달려 있는 것이다. 입장에 따라 해석이 다름으로 인해서 여성안수를 반대하는 입장과 옹호하는 입장으로 나누어지고 있는 것이다. 한 가지 분명한 것은 성경은 여성들이라고 해서 기독교적인 섬김의 사역에 능동적으로 참여하는 것을 금지하지는 않고 있다는 점이다.

최근 들어 여성들의 사회참여가 권장되고 활발해지면서, 교회 내에서 기독여성들의 활동과 봉사에 긍정적인 힘을 실어주고 있는 것이 현실임을 외면해서는 안 될 것이다. 위의 두 성경구절에 대한 해석도, 여성들이 그 당시의 상황 속에서 교회 내에서 정숙하고 순종적인 태도를 가져야 한다는 점을 강조한 것이지, 여성들의 적극적인 봉사활동, 더 나아가 여성들의 지도자적인 지위 자체를 부정하고 있는 것은 아닌 것이다.

이상과 같은 세상의 급격한 변화는 교회 내에서의 여성의 역할에 대해 새로운 관심을 불러 일으킨다. 신학대학원에 입학하는 학생들은 누구나, 남성이든 여성이든, "하나님의 부르심을 받고 이곳에 왔습니다"라고 간증을 한다. 하나님의 부르심에 믿음으로 응답한 사람들에 대해 어느 누가 그 부르심과 그 응답의 진정성(眞正性, authenticity)에 의문을 제기할 수 있겠는가?

IV. 에필로그

최근 부산에서 개최되었던 아태경제협력체(APEC)의 정상회의에는 각국을 대표하는 최고통치권자들, 즉 대통령들과 국무총리들이 참석하여 회의를 하기도 하였고 외교활동을 하기도 하였다. 그런데 그들이 한국의 전통의상인 두루마기를 입고 기념촬영을 한 사진이 무척 인상적이었다. 그 사진 속에는 2명의 여성 국가원수들이 19명의 남자 정상들과 어깨를 나란히 하고 포즈를 취하고 있었다. 비록 여성용 두루마기를 입긴 했지만, 여성 국가원수들의 모습은 당당했다.

여성이 한 나라의 대통령이나 국무총리가 되는 것을 100년, 아니 50년 전에는 상상이라도 할 수 있었을까? 예수님 당시만 하더라도 유대인 사회에서 여성과 아이는 통계숫자에도 들 수 없는 것이 현실이었다("다 배불리 먹고 남은 조각을 열두 바구니에 차게 거두었으며 먹은 사람은 여자와 아이 외에 오천 명이나 되었더라," 마 14:20-21).

성경이 기록되었던 당시의 사회는 말할 것도 없고 20세기 초반까지도 서양에서조차 이 세상은 남성중심적인 사회였다. 여성들의 권리가 신장되기 시작했던 것은 제1차 세계대전(1914-1919) 중 인력의 부족으로 여성들이 경제활동에 참여하게 되면서부터였다. 그들이 군

수공장에 출근하여 근무를 하면서 여성들의 사회참여가 현실이 되었다.

민주주의가 발달했던 영국과 같은 서구국가에서도 1920년대에 와서야 비로소 여성들에게 투표권 행사가 허용되었다.[523] 그 이전까지는 여성들이 남성들과 동등한 정치적 인격체로 간주되지 못했음을 잘 입증해 주고 있다. 오늘날 유교적인 전통이 강한 우리나라에서 법규 상으로는 남녀평등과 기회의 균등이 보장되고 있지만, 인식과 실천 면에 있어서는 아직도 남녀 간에 불평등적인 요소가 사회의 각 분야에 만연해 있는 것이 사실이다.

오늘날 교회도 급변하고 있다. 미국이나 한국이나 교회에는 여성들이 수적으로 다수를 차지하고 있다. 성도의 대다수가 여성임에도 불구하고 교회에서의 지도력은 주로 남성들에 의해 장악되어 있고 여성들은 단지 남성들의 목회사역들을 보조하는 역할만을 감당하고 있다. 교회에서 설교, 교육, 행정, 재정, 장기발전을 위한 전략 등의 영역에 있어서 여성들의 참여는 극히 제한되어 있고, 단지 음식 준비, 친교, 청소, 보육, 전도, 심방 등의 영역에서만 여성들이 봉사를 하고 있다. 그러나 세상은 벌써 너무나 많이 변해 있다.

어떤 남침례교 남성 지도자가 여성의 목회사역에 관해 언급하면서 하나님의 절대주권을 염두에 두고 이렇게 말한 적이 있다: "인류 역사의 어느 시점에서 하나님께서는 자신이 원하시는 대로 남자든 여자든 상관없이 자신의 종들을 불러 사용하신다. 그리고 복음의 확산을 위해 하나님은 자신이 원하시는 대로 남녀를 구분하지 않고 그들의 은사들을 활용하신다."[524]

이 지도자가 여성 안수를 찬성하는지는 알 수 없으나 그의 말씀의 요지는 하나님의 절대주권(sovereignty)에 그리스도인들은 열린 마음으로 순종하고자 하는 자세를 가져야 함을 역설한 것이다. 그는 남침례교 산하의 침례신학원들에 많은 여학생들이 재학하고 있는 사실을 지적하면서, "전능하신 하나님의 대견스러운 여종들에 대해서 진지한 평가를 게을리하는 태도는 하나님을 기쁘시게 하지 못할 것이다"(any lack of serious assessment of these delightful handmaidens of Almighty God will not meet the smile of God)[525]라고 쓰고 있다.

여성들이 존엄한 인간으로서 대접받지 못하던 시대에 기록되어진 성경말씀을 문자적으로만(literally only) 해석하는 것은 천진난만한 성서주의(naive biblicism)라고 필자는 생각한

---

523) 제1차 세계대전을 전후하여 유럽의 주요국가에서는 여성들에게 참정권을 부여하였다. 특히 스칸디나비아 반도의 국가들은 이 점에서 매우 적극적이었는데, 핀란드는 1906년, 노르웨이는 1907년, 덴마크는 1917년, 스웨덴은 1919년 각각 여성 참정권을 인정하였다. 전쟁 후에 영국을 비롯해 독일과 오스트리아에서 여성 참정권이 실현되었다. 독일이 1919년 바이마르 공화국 헌법에서 여성 투표권을 허용하였다. 영국은 1918년 의회의 입법으로 여성 참정권을 제한적으로 확대 적용하였고, 1928년에 이르러 모든 여성들에게 투표권을 허용하였다. 차하순, 「서양사 총론 2」 (서울: 탐구당, 2003), 1036.

524) Charles H. Ashcraft, "I Must Say It," *Arkansas Baptist*, 4 December 1975, 2.

525) Ibid.

다. 인류의 역사는 성별, 신분계층, 종교, 국적, 나이의 장벽을 뛰어넘어서 더 많은 사람들에게 더 많은 권리와 자유가 확대되고 확산된 역사이다. 이런 의미에서 예수 그리스도는 기득권의 장벽을 허물고 여성들의 권리와 자유를 되찾아 준 해방자였다.

남성과 여성 사이에는 신체적인 차이와 함께 기능과 역할의 차이가 존재하는 것은 사실이지만, 기능과 역할은 상대적이면서 동시에 문화적이다. 결혼한 여성은 아내라는 고유한 신분을 가지며 자식을 키우는 어머니라는 고유한 신분을 가진다. 그러나 예수 그리스도 안에서 기본적으로 여성은 남성과 동등하다.

21세기는 전문화의 시대이며 다양성의 시대이다. 교회의 목회사역도 전문화 다양화 세분화 되고 있다. 그렇다면 필자는 목사안수도 성도들의 다양한 필요들을 충족시킬 수 있는 방향으로 이루어져야 한다고 생각한다. 현재 기독교한국침례회 총회에서는 다른 교단과 유사하게 한 종류의 목사안수만을 행하고 있다. 목사로 안수를 행하는 것은 담임목회(pastoring)를 하는 사역자로 안수하는 것이다. 아직 교단적으로 음악목사나 교육목사를 위한 안수제도가 정착되어 있지 않기 때문에, 교회음악이나 기독교교육을 전공했다고 해도, 음악목사(Minister of Music)나 교육목사(Minister of Education)로 안수받는 길이 제도적으로 열려 있지 않다. 음악목사가 되려고 해도 담임목사에 해당되는 목사로 안수받아야 하는 실정이다.

필자는 총회 차원에서 목회의 전문화와 다양성을 인정해서 음악목사, 교육목사, 상담목사, 레크리에이션 전문목사 등 기능별 전문사역자들에게 목사안수가 이루어져야 한다고 생각한다. 이렇게 될 때 여성목사 안수도 어렵지 않게 도입될 수 있으리라 생각된다. 남성들에 비해 여성들이 더 잘 할 수 있고 더 효과적으로 많은 열매를 맺을 수 있는 분야, 예를 들면 상담, 영유아 및 어린이 교육, 미혼모(未婚母)나 이혼녀(離婚女) 돌봄, 환자와 장애인 사역, 노인복지 사역 등 전문화된 영역에서 전문적인 지식과 목회경험을 가지고 사역할 수 있도록 여성들에게 길을 열어주어야 한다고 생각한다.

그러한 여성 사역자들에게 교회와 교단 차원에서 "공적인 인정"(public recognition)을 해주는 안수를 베풀어서, 책임감과 긍지를 가지고 일 할 수 있도록 제도를 마련해야 할 것이다. 하나님 나라의 확장을 위하여 남종들뿐 아니라 여종들까지도 유감 없이 쓰기를 원하시는 하나님의 심정을, 우리 인간들이 성적인 편견으로 인해 헤아리지 못한다면, 결국 하나님을 슬프게 하는 결과가 되고 말 것이다.

남침례교 총회는 1995년 아틀란타(Atlanta, GA) 연차총회 시에 교단 창립 150주년을 맞아 대외적으로 성명서를 발표한 적이 있다.[526] 1845년 침례교 전국총회인 일반선교총회

526) "남침례교 총회 150주년에 즈음한 인종화해를 위한 결의"("Resolution on Racial Reconcilliation on the 150th Anniversary of the Southern Baptist Convention," June 1995, [온라인자료] http://www.sbc.net/resolution/

(General Missionary Convention)를 탈퇴하여 새 총회를 구성했을 때, 흑인노예제도를 옹호했던 것과 1960년대 마르틴 루터 킹 목사의 민권운동(民權運動, Civil Rights Movement)에 적극적으로 참여하지 못했던 것 그리고 흑인들에 대한 인종차별을 암묵적으로 묵인해 왔던 것을 참회하는 내용이었다. 남침례교는 그 신학과 신앙의 보수성(保守性, consevativism)으로 인해서 당대의 심각한 현실문제에 대해 적극적인 대처를 하지 못했던 과오(過誤)를 자인한 것이다. 여성목사 안수문제도 이와 유사한 사례가 아닌가 싶다.

오늘날 남침례교 내의 근본주의적 보수주의자들이 여성목사 안수와 여성들의 리더십 역할에 대해 매우 소극적이고 부정적인 입장을 견지하고 있는데, 장차 수십 년 후에는 이러해 왔던 한 정책과 태도에 대하여 대외적으로 또 다른 회개의 성명서를 발표해야 할 날이 오지 않을까 필자는 염려된다. 단지 여성이라는 이유만으로 목사안수를 금하는 것은 명백한 성차별이다. 회개해야 할 죄악이다.

---

amResolution.asp?ID=899, 2016년 4월 20일 접속.

제18장

협동 프로그램(CP): 남침례교 사역들의 생명줄

1845년에 남침례교 총회가 형성되었을 때 남침례교 교인수는 351,951명이었는데, 1900년에는 1,657,996명으로서 침례교는 급속한 양적인 성장을 이룩하였다. 이 성장율은 그 당시의 미국의 인구증가율을 훨씬 능가하는 것이었다.[527] 또한 1846년 해외선교부와 국내선교부에 헌금된 액수는 $13,559이었고 1900년에는 $881,219이었다. 남침례교 총회에 속한 교회수도 1845년에는 4,123개 교회였는데 1900년에는 19,558개 교회였다.[528] 이러한 통계 숫자에서도 잘 나타나듯이, 17세기에 한 때는 핍박을 피해서 도망을 다니며 전도하고 예배를 드리던 침례교회가 1900년대에 들어와서는 대규모 교단으로 급부상하게 된 것이다.

이제 남침례교 총회는 양적인 성장에 부응해서 보다 능률적인 사역을 위하여 총회적인 차원에서 교단의 체제와 사역방법을 재정비할 필요가 있었다. 그것이 바로 1925년 5월 테네시 주 멤피스(Memphis, TN)에서 열렸던 연차총회에서 결의한 협동 프로그램(Cooperative Program)이었다. 이 제도의 채택은 남침례교 총회를 세계 최대의 프로테스단드 교단으로 그리고 매우 큰 규모의 선교사역을 감당하는 역동적인 교단으로 도약케 하는 획기적인 사건이었다. 그러나 그 과정은 그리 순탄하지만은 않았다.

527) Daniel Vestal and Robert A. Baker, *Pulling Together* (Nashville, TN: Broadman Press, 1987), 46.
528) Ibid.

I. 협동 프로그램의 기원[529)]

1. 협동에의 반발과 극복

초창기 남침례교 총회가 안고 있던 조직 상의 문제 외에도, 19세기 말과 20세기 초의 남침례교단 내에는, 총회적인 차원의 교회들 간의 협동(cooperation)에 대한 신학적인 반발이 강하게 대두되고 있었다. 즉 남침례교 총회가 주도하고자 했던 선교운동에 대해서 조직적인 반대운동이 있었던 것이다. 대표적인 반선교세력들(Anti-missionary Forces) 가운데에는 다음과 같은 것들이 있었다.

첫째로, 지계석주의 운동(Landmarkist Movement)이었다.[530)] 앞에서 살펴본대로 이 운동은 그레이브스(J. R. Graves)와 그의 추종자들에 의해 주도되었던 침례교 고교회운동(Baptist High-churchism)으로서 침례교회만이 이 지상에서 예수 그리스도가 세우신 유일한 참 교회임을 강조하였고, 지역 침례교회의 회중(Local Baptist Congregation)이 바로 신약성서적인 교회의 모습임을 주장하였다. 지역교회(Local Church)가 하나님의 왕국을 이루는 기본단위이며 예수를 믿고 신자의 뱁티즘(Believer's Baptism)과 침수례(Immersion)를 받은 자들만으로 구성된다고 주장하였다. 그리고 이러한 침례교회의 기원은 예수님께서 침례 요한에게서 요단강에서 침례를 받던 그 당시까지 소급한다는 것이다. 따라서 침례교회가 아닌 교회들은 성서적인 교회가 아닌 인간적인 사교단체들(human societies)에 불과한 것이라고 주장하였다.[531)]

이러한 배타적이고 독선적인 신앙을 가졌던 지계석주의자들(Landmarkists)은 당연히 지역교회를 초월하는 교단기관이나 선교단체, 신학교, 지방회나 총회 등에 대해서 매우 못마땅하게 생각하였다. 그들은 이러한 단체들이 불신앙적인 인간들의 육적인 야망을 이루기 위한 수단으로 이용되고 있다고 개탄하였다. 그 당시 이와 같은 지계석주의 신앙의 영향을 강하게 받고 있던 침례교회들은 지역교회들이 총회적인 차원에서 서로 협력하는 것에 대해서 적지 않은 반감을 가지고 있었다.

둘째로, 극단적인 칼빈주의(Hyper-calvinism)이다.[532)] 그 당시 적지 않은 침례교 지도자

---

529) 제18장 부분은 「복음과 실천」 20호 (1997년 여름)에 게재되었던 필자의 논문, "미남침례교 협동 프로그램(Cooperative Program)의 기원과 발전"을 수정하고 보완한 것이다.

530) Timothy George, "The Southern Baptist Cooperative Program: Heritage and Challenge," *Baptist History and Heritage*, vol. xx, no. 2 (April 1985): 5.

531) McBeth, *The Baptist Heritage*, 447-53.

532) George, "The Southern Baptist Cooperative Program: Heritage and Challenge," 6.

들은 하나님의 절대주권과 구원에 있어서 하나님의 일방적인 은혜 베푸심에 관하여 적어도 온건한 칼빈주의 사상을 가지고 있었다. 그런데 19세기 말에 가서는 극단적인 형태의 칼빈주의가 유행하기 시작하였다. 그 대표적인 인물이 다니엘 파커(Daniel Parker)였는데, 그는 사람들을 두 종류로 엄격하게 구분하여, 이미 하나님에 의해 구원받기로 예정되어 있는 사람들과 마귀에 의해 심판받기로 예정되어 있는 사람들이 있다고 하였다.[533]

파커는 창세기 3장 15절을 주석하면서 "두 종류의 씨앗들이 있는데 하나는 여인의 씨앗들이며 다른 하나는 뱀의 씨앗들이다"라고 하였다.[534] 즉 하나님은 자신의 절대주권과 예정에 의해 자신의 때에 자신이 선택한 사람들을 구원해 내신다고 주장하였다. 따라서 인간들이 선교단체나 총회나 신학교 등을 만드는 것은 부질없는 짓이요, 더욱이 선교를 위한 협동기관을 발족시킨다는 것은 하나님의 절대주권적인 권위에 도전을 하는 결과가 된다는 것이었다.

셋째로, 극단적인 개인주의(Extreme Individualism)이다.[535] 기본적으로 침례교인들은 개인주의자들(Individualists)인 것이 사실이다. 영국 분리주의자들로부터 시작된 침례교인들은 기득권을 가진 조직이나 기관이나 단체에 대해서 거부반응을 보여 왔다. 그러나 침례교인들은 협력을 전제로 하는 개인주의자들이다. 건전한 의미의 개인주의는 다른 사람들의 의견을 존중하고 필요하다면 기꺼이 협력을 하겠다는 개인주의이다.

그런데 극단적인 개인주의는 다른 사람들의 권익을 염두에 두지 않고 자신의 유익만을 추구한다. 또한 극단적인 개인주의는 이기적이면서 기꺼이 타인들로부터 고립되기를 선호하는 형태의 개인주의이다. 이러한 자기중심적인 이기주의(Egotism)가 그 당시 일부의 침례교인들 사이에서 만연하고 있었다. 특히 광활한 농촌지역이나 서부의 개척지역(western frontier areas)에 살고 있던 사람들 가운데는 환경적으로 서로 다른 지역의 사람들과 연합하여 협동을 하는 것에 대해 불편함을 느꼈던 사람들도 있었다.

2. 실행위원회의 발족과 7,500만불 모금운동

이와 같이 총회적인 차원에서의 협력을 전제한 선교운동에 대해서 반발하는 사조가 팽배해 있었지만, 남침례교 지도자들은 선교와 구제활동을 위해서 범교단적인 협동을 전개하였다. 그 가운데 대표적인 것은 라티 문 선교사와 그 녀의 선교사역을 돕기 위한 선교헌금

533) McBeth, *The Baptist Heritage*, 373-4.
534) Ibid.
535) George, "The Southern Baptist Cooperative Program: Heritage and Challenge," 6.

캠페인이었다.

라티 문(Lotte Moon, Charlotte Diggs Moon, 1840-1912) 선교사는 처녀의 몸으로 1873년 7월 중국 산동성(山東省)으로 선교사로 임명을 받아 중국인들의 영혼과 삶을 불쌍히 여기며 헌신적으로 선교사역을 감당했던 여인이었다. 1887년 말 그 녀는 버지니아(Virginia) 주의 여선교회 지도자에게 편지하기를 여성 침례교인들이 엄청난 자원을 소유하고 있음에도 불구하고 선교를 위해 크게 일하지 못하는 것은 조직이 없기 때문이라면서 여선교회원들의 전국적인 조직의 필요성을 강력하게 역설하였다.[536)]

그리하여 전국여선교연합회(WMU, Women's Missionary Union)가 남침례교 총회의 보조기구(Auxiliary)로서 결성이 되었고, 같은 해에 중국선교사역을 돕기 위한 크리스마스 특별선교헌금을 모금하였다. 이 때의 모금목표액은 $2,000이었으나 실제로 모금된 금액은 $3,315.26이었다.[537)] 이에 여선교회 지도자들은 회원들의 희생적인 헌신에 무척 고무되었고, 여선교회 회원들뿐 아니라 전국의 많은 남침례교인들이 선교를 향해 적지 않은 자극을 받게 되었다.

이렇게 미약하게 시작된 해외선교헌금이 오늘날에도 매년 계속적으로 시행되고 있는 해외선교를 위한 "라티 문 크리스마스 헌금"(Lotte Moon Christmas Offering)이 된 것이다. 그 외에도 1912년에 해외선교지에서의 교육사역을 위해 1백만불을 모금하자고 하는 Judson Centennial Movement가 전개되기도 하였고, 또한 남침례교 남자 평신도들이 헌금의 최소기준으로 수입의 십분의 일을 드리자고 하는 평신도선교운동(Laymen's Missionary Movement)이 시도되기도 하였다.[538)]

1900년 대에 들어오면서 남침례교 총회 내에서는 총회의 조직을 개혁해야 한다는 요구가 자주 제기되곤 하였다. 1913년에 총회조직의 효율화를 위해 7인으로 구성된 위원회를 구성하자는 권고안이 채택되었다. 이 권고안에 따라 구성된 것이 "능률위원회"(Committee on Efficiency)였다. 능률위원회는 남침례교 총회 산하의 제반 기구들의 실태를 연구 조사하여 조직의 효율성을 높이기 위한 제안을 하도록 위임되었다.

능률위원회의 제안 가운데에서 남침례교 총회의 조직 개편에 획기적인 전기가 되었던 것은, 1917년에 총회 직속의 "실행위원회"(Executive Committee)를 발족시킨 것이었다. 그 때까지 총회는 연차총회가 개최되는 몇일 동안만 존속할뿐이었다. 따라서 별도의 총회 사무실이나 상주하는 직원들이 필요하지 않았다. 이제 실행위원회는 연중무휴로 총회 전체의

536) McBeth, *The Baptist Heritage,* 462-3.

537) Ibid., 418.

538) George, "The Southern Baptist Cooperative Program: Heritage and Challenge," 6.

사역을 보살피는 일을 할뿐만 아니라 총회의 예산, 예산배정, 정책수립 등 남침례교 총회의 최고정책 입안 및 집행기관으로서의 권위를 갖게 되었다.[539]

제1차 세계대전이 마무리되면서 각 교단에서는 재건과 부흥을 위해 몸부림치고 있었다. 여러 교단에서 재정적인 핍절을 극복하기 위해서 범교단적인 모금운동을 전개하였다.[540] 남침례교인들은 1919년에 "7천5백만불 모금운동"(Seventy-five Million Campaign)을 벌였다. 그것은 1919-1924, 약 5년 동안 범교단적인 선교사역을 위해서 7천5백만불을 모금하자는 운동이었다. 오랫 동안의 기도와 준비 끝에[541] 승리의 주간(Victory Week)에 남침례교 전체 교회들에서 작정헌금액을 제출하도록 하였다. 그 결과는 대승리였다. 원래의 목표를 훨씬 상회하는 금액이 작정된 것이다. 목표는 7천5백만불이었는데 실제로 작정된 금액은 정확히 92,630,923불이었다.[542] 1천7백만불이나 상회하는 금액을 성도들이 작정을 한 것이었다. 남침례교지도자들은 물론이요 모든 침례교인들이 기쁨을 감출 수 없었다.

예상을 뛰어넘는 작정에 고무된 교단 지도자들은 해외선교부를 위시해서 총회 내의 각 기관들의 사업을 확대하였고, 동시에 은행들로부터 작정약속을 담보로 많은 금액의 돈을 대출받았다. 그러나 작정은 어디까지나 작정이고 실제로 헌금된 금액은 작정약속에 미치지 못하였다. 1924년까지 실제로 헌금된 액수는 58,591,713.69불이었다. 목표했던 금액보다도 훨씬 미치지 못하는 실적이었다.[543] 결국 교단 내의 거의 모든 기관들이 빚더미에 파묻히는 결과가 되고 만 것이다.[544]

그렇지만 7천5백만불 모금운동은 금액 상으로만 볼 때 결국 성공한 캠페인은 아니었지만, 이 운동은 남침례교 전체의 도약적인 발전에 획기적인 전기를 마련해 주었다는 점에서 그 역사적인 의의는 자못 크다고 하겠다. 맥클랜런(McClellan)은 "7천5백만불 모금운동"의

539) 1917년 당시에는 7인의 지도자들로 실행위원회가 구성되었는데, 1919년부터는 규모가 확대되어 총회장과 총무, 각 부(Board)의 총재들 그리고 각 주(state)를 대표하는 주총회장들로 구성되었다. McBeth, *The Baptist Heritage*, 612-4.

540) Ibid., 618. "Men and Million Movement" (제자들, 1913년, 6백만 불), "Methodist Centenary Fund" (감리교, 1916년, 1억1천5백만 불), "New Era Movement" (장로교, 1918년, 1천3백만 불), "The Progress Campaign" (개혁교회, 1918년), "New World Movement" (북침례교, 1919년, 1억 불).

541) Ibid., 618-9. 7월 Preparation, 8월 Information, 9월 Intercession, 10월 Enlistment, 11월 Stewardship, 11월 30일부터 12월 7일까지 Victory Week로 지정하여 범교단적으로 침례교회들과 침례교인들이 이 모금운동에 동참하도록 호소하였다.

542) Albert McClellen, "The Origin and Development of the Cooperative Program," *Baptist History and Heritage*, vol. x, no. 2 (April 1975): 72.

543) Ibid.

544) 결국 총회 내의 각 기관들은 은행 부채로 인해 해마다 적자예산을 운영하지 않을 수 없었고 설상가상으로 1930년 대의 경제대공황으로 인해 재정적인 어려움은 장기화되었다. 그 후 1943년에 "1943년까지 부채청산"(Debt Free by '43)이라는 표어를 내걸고 모금운동을 벌여 1944년부터 적자의 늪으로부터 조금씩 벗어나기 시작하였다. McBeth, *The Baptist Heritage*, 620.

역사적인 의의를 이렇게 묘사하고 있다:

(1) 7,500백만불 모금운동은 위대한 사역을 위하여 각 주총회들과 남침례교 총회가 서로 긴밀하게 협력할 수 있는 패턴을 제공해 주었다.
(2) 침례교인들이 함께 힘을 합치면 엄청난 금액의 자금도 모금할 수 있다는 자신감을 심어 주었다.
(3) 각 기관의 조직을 강화해 주는 결과를 가져 왔다.
(4) 침례교인들은 자신들이 진정으로 원하기만 한다면 위대한 사역을 위해 온전히 헌신할 수 있다는 것을 보여 주었다.
(5) 청지기의식을 고취하는 하나의 패턴을 형성하게 되었다.
(6) 협동 프로그램(Cooperative Program)의 개발을 의한 자극과 기초를 제공하였다.[545)]

침례교 지도자들은 "7천5백만불 모금운동"의 준비와 과정 그리고 그 결과를 통해 경험적으로 소중한 교훈을 받았다. 침례교 특유의 지역교회의 독립성(independence)과 자치권(autonomy)을 견지하면서도 교단적으로 대규모적인 큰 사역을 감당할 수 있으며, 앞으로 총회 산하의 각 기관들의 사역을 총회적인 차원에서 지원하고 운용해 나갈 수 있겠다고 하는 가능성을 분명히 체험적으로 알게 되었던 것이다. 이것은 금액의 다과를 떠나서 "7천5백만불 모금운동"이 가져다 준 커다란 경험적인 교훈이었다.

II. 협동 프로그램의 태동

"7천5백만불 모금운동"에서 그 작정금액이 목표액을 상회했을 때부터 남침례교 지도자들은 이와 유사한 전국적인 모금운동을 정례화하여 교단적인 선교사업의 기틀로 삼아야 하겠다는 기대가 팽배하였다. 이에 1923년 연차총회에서는 "7천5백만불 모금운동"의 지속적인 확대를 위해서 미래프로그램위원회(Committee on Future Program)를 설치하고 전국적인 헌금을 매년 정례화하는 방안을 연구 검토하도록 위임하였다. 1925년 테네시 주 멤피스(Memphis)에서 개최된 연차총회는 남침례교 역사에 있어서 두 가지 중요한 결정을 이끌어 낸 획기적인 연차총회였다.

첫째는 당시의 침례교인들의 신앙을 요약 정리한 남침례교 최초의 신앙고백의 채택이었다.[546)] 그것은 "침례교인의 신앙과 메시지"(Baptist Faith and Message)라는 이름으로 발표되었

545) McClellan, "The Origin and Development of the Cooperative Program," 72.

는데, 이 신앙고백의 초점을 한 마디로 요약하면 앞에서 언급했던 지계석주의(Landmarkism)의 신학을 차단하는 것이었다. 이 신앙고백의 채택은 발전과 확장을 위해 큰 기지개를 켜고 있던 전체 남침례교인들에게 신앙적 신학적 연대감을 갖도록 하였고, 더 나아가서는 그들로 하여금 침례교회가 영혼을 사랑하는 복음적인 기독교임을 확신케 하여 교단적인 자긍심을 갖도록 하였다.

둘째는 협동 프로그램(Cooperative Program)의 채택이었다.[547] 1925년 5월 13일 습기차고 무더운 날씨에 전국에서 모인 약 5,600여 명의 대의원들은 모종의 긴장감을 가지고 멤피스(Memphis)로 속속 모여 들었다. 둘쨋날 오후에는 미래프로그램위원회(Committe on Future Program)의 보고와 동의 순서가 기다리고 있었다. 위원장 도드(M. E. Dodd)의 연구보고와 제안이 있었는데 별다른 이의나 논쟁은 제기되지 않았다. 대의원들은 수정 없이 미래프로그램위원회의 동의를 원안대로 가결하였다.[548] 맥클랠런(McClellan)은 이 결정에 대해서 이렇게 설명하고 있다: "성령님께서 이 사람들을 인도하신 것이며 위원회가 오랫 동안 연구하여 내놓은 것은 하나님의 뜻이었음을 결론적으로 말할 수 있다."[549]

총회는 이것을 "남침례교인들의 협동 프로그램"(Cooperative Program of Southern Baptists)이라고 명명하기로 결정하였다. 이것은 "침례교인의 신앙과 메시지"에 담긴 지상명령의 내용을 해외와 국내에서 구체적으로 실현할 수 있는 채널을 채택한 역사적인 쾌거이었다. 총회는 협동 프로그램의 효율적인 운용을 위해서 협동 프로그램국(Commission on the Cooperative Program)을 발족시키고 위원장에 딜라드(J. E. Dillard)를 선출하였다.[550] 그 후 1927년에 협동 프로그램국은 해체되고 그 사역은 총회 직속의 "실행위원회"(The Executive Committee)로 이관되었다.[551]

1979년도 남침례교 연차보고서에 의하면 협동 프로그램이 나음과 같이 간략하게 정의되어 있다: "협동 프로그램(Cooperative Program)이란 주총회들과 남침례교 전국총회 간의 재정적인 협동채널이다. 이 프로그램을 통해 모든 침례교인들은 주총회와 전국총회가 펼치는 선교사업(Mission), 교육사업(Education), 그리고 각종 자선사업(Benevolence) 등을 지원하기 위해 그들의 소속교회를 통해서 비작정 헌금(undesignated gifts)을 드린다."[552]

546) Timothy George, "The Southern Baptist Cooperative Program: Heritage and Challenge," *Baptist History and Heritage*, vol. xx, no. 2 (April 1985), 4.
547) George, "The Southern Baptist Cooperative Program: Heritage and Challenge," 4.
548) 73.
549) McClellan, "The Origin and Development of the SBC Cooperative Program," 23.
550) Susan & Cecil A. Ray, 「협동: 길 잃은 세계를 향한 침례교 방식」, 황봉원, 박성화 역, n.p., n.d., 54.
551) George, "The Southern Baptist Cooperative Program: Heritage and Challenge," 8.
552) Vestal & Baker, *Pulling Together*, 55.

지역교회들이 각각 교회의 연간예산 안에 자발적으로 협동 프로그램을 위한 예산을 약 10% 전도씩 미리 책정하고 책정된 예산을 매달 주총회로 헌금하면, 주총회에서는 주총회의 사역을 위한 금액을 공제한 후 전국총회로 보낸다는 것이었다. 그리고 전국총회에서는 그 직속기관인 "실행위원회"(The Executive Committee)에서 각 기관에 대한 자금배분을 하여 예산안을 작성하고, 그리고 이듬해 연차총회에서 그 예산을 승인받는다는 것이 그 골자였다.

참고로 1926년 협동 프로그램 채택 첫 해의 통계에 의하면, 전국에 산재해 있는 남침례교회에서 평균적으로 헌금수입의 약 10.86%를 협동 프로그램의 헌금으로 드렸고, 1927년 이듬 해에는 11.02%로 그 비율이 상승하였다.[553] 또한 초창기에는 주총회와 전국총회가 거의 50 대 50의 비율로 협동 프로그램의 기금을 배분하여 사용하였다.[554] 이러한 비율들을 살펴볼 때 협동 프로그램을 발족시켰던 초창기 침례교지도자들과 성도들이 새로운 총회운영과 협동선교 사역에 대해서 얼마나 열정적으로 참여하였었나 하는 것을 엿볼 수 있다.

III. 협동 프로그램의 탁월성

남침례교 총회가 침례교회의 독립성과 자치권을 견지하면서도, 총회를 중심으로 모든 지역침례교회들(Local Baptist Churches)이 상호 협력하여 교단적인 큰 선교사역들을 감당할 수 있도록 협동 프로그램(Cooperative Program)을 창안해 낸 것은 확실히 천재적인 발상이었다. 지역교회 자치주의(Autonomy of Local Church)를 원칙으로 삼고 있는 침례교회로서는 교회들 간의 협동이 잘 안 된다는 것이 최대의 약점이자 문제점인데, 협동 프로그램은 교회와 교회, 기관과 기관 상호 간의 "협동"(cooperation)을 제도적으로 확보해 주고 있다.

다시 말하면 협동 프로그램은 신약성서적인 교회의 순수성(purity)을 유지하면서 동시에 하나님 나라의 확장을 위한 능률성(efficiency)을 제고하고 있다는 점에서 탁월한 제도이다. 비록 협동 프로그램에 대한 비판적 견해도 없지 않으나,[555] 다음과 탁월한 장점들이 있다.

첫째로, 협동 프로그램은 자발성(voluntarism)에 근거하고 있다는 점이다.[556] 이 프로그

---

553) Ibid., 11.

554) Ibid.

555) Susan & Cecil A. Ray, 「협동: 길 잃은 세계를 향한 침례교 방식」, 138-43. 저자들은 출처가 알려져 있지 않은, 협동을 손상시키는 신화(mythology)가 외부와 내부의 비판자들에 의해 제기되어 오고 있다면서 그 신화들을 열거하고 있다: (1) 목적별 헌금이 협동 프로그램보다 더 효율적이다. (2) 협동 프로그램은 비인격적이다. (3) 협동 프로그램은 너무 크다. (4) 침례교는 나의 협동이 없이도 협동의 힘을 누릴 수 있다. (5) 협동은 나의 자유를 위협한다. (6) 협동 프로그램과 같은 거대한 제도는 반응이 느리다. (7) 협동 프로그램은 너무나 많은 사람들을 고용하여 돈을 낭비한다.

램은 "사랑의 고리"(chain of love)라고 불리우기도 한다. 성도 한 사람과 지역교회와 주총회와 전국총회와 남침례교 총회 내의 각 기관들과 그리고 선교의 수혜 대상자들, 이 모두를 "사랑의 고리"로 엮어 하나님의 사랑을 자발적으로 이 땅 위에 펼치는 것이다.

둘째로, 협동 프로그램은 총회의 조직과 각 조직의 사업수행을 위한 예산이 일관성 있게 유지되도록 하고 있다.[557] 즉 조직의 흐름과 돈의 흐름이 따로 움직이는 것이 아니라 일관성이 있고, 또한 사전에 예산을 편성하기 때문에 사업수행의 가능성을 미리 예견하며 계획할 수 있다. 실행위원회가 작성한 전년도 결산과 내년도 예산을 연차총회에서 승인을 받도록 되어 있기 때문에, 협동 프로그램의 최종적인 권위는 연차총회에 참석한 사신들(messengers)에게 있다고 하는 것도 침례교 회중정치의 이상에 부응하고 있다.[558]

셋째로, 협동 프로그램은 지역교회와 주총회와 전국총회 그리고 각 기관들 사이를 묶어 주는 통합기능(unifying function)을 가지고 있다는 점이다.[559] 남침례교 총회의 창립자들이 소원했던 "전체 교단의 에너지를 유도해 내고(elicit) 결합시키고(combine) 그리고 활용하는(direct)" 것을 가장 효과적으로 성취할 수 있는 방법이 바로 협동 프로그램인 것이다. 협동 프로그램은 교단의 일체감과 교단에 대한 충성심을 형성하는데 지대한 기여를 해 오고 있음이 틀림없다.

넷째로, 협동 프로그램은 신뢰감(trust)을 촉진시켜 왔다.[560] 비록 대다수의 침례교인들이 연차총회에 참석하지는 않지만 총회에서 보고된 협동 프로그램의 결산과 예산을 신뢰하고, 그것이 예산대로 집행되어서 하나님 나라의 확장을 위해 요긴하게 사용된다는 신뢰감을 가지고 있다. 이 신뢰감을 바탕으로 책임 맡은 일군들은 신실하게 선교사업을 수행해 나가는 것이다.

다섯째로, 협동 프로그램은 지역교회니 소수의 몇 개 교회들로서는 감당할 수 없는 세계선교, 교회개척, 신학교육, 대규모 난민구세 등의 큰 사역들을 전체 침례교회들의 결집된

556) George, "The Southern Baptist Cooperative Program: Heritage and Challenge," 9.

557) Vestal & Baker, *Pulling Together*, 61.

558) 1931년 이전까지는 연차총회 참석자들을 "대의원"(delegate)이라고 불렀는데 이 개념 속에는 교회의 대표자라는 의미가 내포되어 있었다. 그런데 1931년 이후부터는 "사신"(messenger, 심부름꾼)이라는 단어를 사용하고 있다. 연차총회가 지역교회들의 상부기관이 아니고 또한 참석자들은 지역교회의 대표들이 아니다. 그들은 개인 자격으로 연차총회에 참석하고 개인 자격으로 투표를 한다. 그렇기 때문에 연차총회의 결정 그 자체가 자동적으로 지역교회를 직접 구속하지 못한다. 지역교회의 사무처리회(사무총회, Business Meeting)가 총회의 결정을 받아들이기로 결정을 해야 그 결정이 지역교회에 효력을 미치는 것이다. 총회 참석자를 "사신"(messenger)으로 이해하는 것은 지역교회의 자치권과 독립성을 견지하고 보존하는데 매우 중요하다.

559) Vestal & Baker, *Pulling Together*, 62.

560) Ibid., 65.

힘으로 능히 감당한다는 점이다. 이것은 협동 프로그램의 최대의 매력이다. 사실 상 오늘날 남침례교가 세계 최대의 교단으로서 계속적으로 성장하고 있는 것과 하나님 나라의 확장을 위한 선교사역에 큰 투자를 감행하고 있는 비결은, 바로 1925년부터 실시해 오고 있는 협동 프로그램에 있다고 해도 과한 말은 아닐 것이다.

IV. 협동 프로그램의 발전

남침례교 총회에서 협동 프로그램의 채택을 결의한 것만으로 모든 침례교회들이 자동적으로 교단적인 헌금에 동참하는 것을 보장하지는 않았다. 이 협동 프로그램이 실효를 거두기 위해서는 계속적인 홍보와 안내 그리고 동기유발을 위한 끊임없는 노력이 필요하였다. 초창기에는 주총회 총무들과 각 기관의 총무들 그리고 실행위원회 임직원들이 비공식적으로 자주 모여 "모금촉진대회"(Promotion Conference)를 가지곤 했다.

그 후 1931년에는 모금촉진국(Promotion Commission)을 만들어서 청지기의식 촉진사역을 실행위원회로부터 분리시켜 담당하도록 하였다. 그러나 협동 프로그램의 규모가 더욱 확대되면서 청지기의식의 고양과 헌신적인 헌금의 촉구에 대한 중요성이 더욱 깊이 인식되면서, 남침례교 총회는 1960년도에 총회 산하에 "청지기국"(Stewardship Commission)을 신설하고 그 업무를 실행위원회로부터 분리시켜 시행하였다.[561]

참고로 1990년-1995년 사이의 남침례교회들의 헌금액 총액과 비지정 헌금액 총액 그리고 협동 프로그램으로 드려진 헌금 총액을 살펴보면 아래와 같다.[562]

Year	Total Gifts	Undesignated Gifts	Total CP Offerings
1990-91	$4,704,986,720	$3,819,601,780	$363,987,833
1991-92	$4,899,015,605	$3,988,910,440	$369,415,439
1992-93	$5,054,436,650	$4,129,917,905	$367,718,831
1993-94	$5,572,451,828	$4,586,931,164	$378,251,968
1994-95	$5,635,014,266	$4,538,898,609	$394,620,128

561) McBeth, *The Baptist Hritage*, 660.

562) *The Cooperative Program at Work around the World 1997*, 8.

또한 이상 5년 동안의 남침례교 전국총회로 보내진 협동 프로그램 헌금 총액과 전체 협동 프로그램 헌금 총액에 대한 그것의 비율, 전체 헌금 총액에 대한 협동 프로그램 헌금 총액의 비율, 전체 비지정헌금 총액에 대한 협동 프로그램 헌금 총액의 비율을 살펴보면 다음과 같다.[563]

Year	SBC CP	SBC CP% of Total CP	Total CP% of Total Gifts	Total CP% of Undesignated Gifts
1990-91	$140,200,395	38.52%	7.74%	9.53%
1991-92	$138,234,735	37.41%	7.54%	9.26%
1992-93	$136,539,730	37.13%	7.28%	8.90%
1993-94	$141,629,127	37.44%	6.79%	8.25%
1994-95	$145,053,499	36.76%	7.00%	8.69%

또한 협동 프로그램 헌금 가운데에서 주총회에서 사용되는 금액과 전국총회에서 사용되는 금액의 비율을 살펴보면 아래와 같다.[564]

Year	State Causes	SBC Causes
1991	61.48%	38.52%
1992	62.59%	37.41%
1993	62.87%	37.13%
1994	62.56%	37.44%
1995	63.24%	36.76%

이상의 통계에서 볼 때 1995년도 총 헌금액 가운데 협동 프로그램으로 드려진 헌금액은 약 7%정도, 그리고 비작정 헌금액에 대한 비율은 약 8.69%정도가 된다. 이것은 지역교회 헌금액의 10%보다 적은 금액이 협동 프로그램으로 드려지고 있음을 보여준다. 이것은 협동 프로그램 출범 초기인 1926년의 10.86%, 1927년의 11.02%에 비하면 현저히 떨어지는 비율이다. 그리고 주총회에서 사용하는 금액과 전국총회에서 사용하는 금액도 1995년에는

563) Ibid.
564) Ibid., 15.

63.24%대 36.76%로 주총회 소요경비가 훨씬 많아진 것도 최근의 경향이다. 초창기에는 50% 대 50%의 비율이 제안되었었는데, 주총회의 사역들이 확대되었다고 볼 수도 있겠고 주총회들이 전국총회에 보내는 헌금액에 인색함을 보이고 있다고도 할 수 있겠다.

그리고 1996년도 통계에 의하면 전국총회에 보내진 헌금 가운데서 사역별 배분비율을 살펴보면 해외선교에 50%, 국내선교에 19.56%, 신학교육에 20.40%, 라디오와 텔리비전 등 방송매체 사역에 3.90%, 그리고 기타 6.14% 등이었다.[565]

1983년도에 남침례교 총회는 "협동 프로그램에 관한 연구위원회"(Cooperative Program Study Committee)의 보고서를 수용하여 채택한 바 있는데, 그 연구위원회의 제안사항이 현재 협동 프로그램의 문제점과 나아가야 할 방향에 관한 암시를 보여준다 하겠다:

> 첫째로, 청지기로서의 사명에 더욱 신실하게 헌신하자
> 둘째로, 각 교회는 협동 프로그램을 통한 헌금의 비율을 더욱 증가시키자
> 셋째로, 청지기의식의 고취를 위한 교육과 훈련을 보다 강화하자
> 넷째로, 교단적인 정치적 갈등에도 불구하고 선교헌금에 대한 헌신을 새롭게 하자
> 다섯째로, 남침례교단과 협동 프로그램의 활성화를 위해서 더욱 기도하자.[566]

V. 에필로그

협동 프로그램은 "남침례교 사역들의 생명줄"(the Life-line of Southern Baptist ministries)이다.[567] 협동 프로그램은 남침례교가 선교, 전도, 교육, 교회개척, 빈민과 난민구제 등의 사역에서 급성장을 이룬 가장 핵심적인 요인이다. 지역교회의 독립성과 자치권을 최대한 보장하면서 전국에 산재해 있는 지역교회들이 힘을 합쳐 교단적인 대규모 사역을 감당케 하는 원동력이다. 또한 협동 프로그램은 남침례교 총회에 속한 모든 교회들과 기관들 그리고 모든 남침례교 교인들을 하나로 묶는 "사랑의 고리"(chain of love)이다.

남침례교의 특징을 여러 가지로 설명할 수 있겠는데, 필자는 단연 협동 프로그램을 가장 중요하고 독특한 특징으로 들고 싶다. 남침례교를 협동 프로그램과 분리하여 생각하는 것은 마치 인간의 몸을 심장 및 혈액순환기관과 분리하는 것과 같다고 생각한다. 협동 프로그램은 20세기 초 남침례교지도자들이 고안해 낸 기발한 발명품이다. 남침례교 총회에

565) Ibid., 12.
566) George, "The Southern Baptist Cooperative Preogram: Heritage and Challenge," 13.
567) McBeth, *The Baptist Heritage*, 622.

속한 거의 모든 침례교회들과 침례교인들의 재능과 재력, 다른 말로 하면 교단의 모든 에너지를 총집결시키는 수단이다.

최근 들어 남침례교단 안에 극단적인 보수주의자들(Fundamental Conservatives)과 온건한 보수주의자들(Moderate Conservatives) 간에 정치적인 싸움이 과열되면서 적지 않은 교회들이 교단적인 사역들에 등을 돌리고 독자적인 선교사역이나 파당적인 선교사역에 치중하는 경향도 없지 아니하다. 그 대표적인 것이 온건 보수주의를 표방하는 교회들이 "협동침례교친교회"(CBF, Cooperative Baptist Fellowship)이란 조직을 만들어 협동 선교헌금을 그 쪽으로 보내고 또한 독자적인 해외선교사업을 수행하고 있기도 하다. 또한 최근 미국 기독교계에서는 Post-denominationalism이라고 해서 전통적인 교파주의를 초월 혹은 탈피하고자 하는 경향이 농후한 것도 사실이다. 어쩌면 요즘 협동 프로그램은 큰 위기를 맞고 있다고도 볼 수 있겠다. 이러한 시대적인 흐름에 대비해서 남침례교 총회 지도부에서는 각별한 노력을 경주하고 있지만 그 귀추가 주목된다 하겠다.

필자는 1996년 1월에 침례신학대학교에 역사신학 교수로 부임했는데, 신학기가 되자마자 학교분위기는 갑자기 어수선해져 버리고 말았다. 총학생회가 주도하는 등록금인하 투쟁운동이 시작된 것이었다. 새로운 각오로 새 학기를 맞아 학업에 정진해야 할 학생들이 등록금 문제로 학교당국과 줄당기기를 하느라 정신이 없었다. 타 대학교에 비하면 상대적으로 저렴한 등록금이지만 또한 가난한 신학생들로서는 결코 적지 않은 금액인지라 학생들은 투쟁을 벌이고 있었던 것이다. 이러한 난리는 다음 학기초에도 반복되지 않으리라는 보장은 없다.

필자가 이런 이야기를 하는 이유는 미국 남침례교 신학원들에서는 이런 불상사가 결코 없기 때문이다. 등록금의 3분의 2 혹은 4분의 3이 협동 프로그램에 의해 헌금된 장학금으로 모든 침례교 학생들에게 지불되어지기 때문이다. 다시 말해서 하나님의 종으로 부르심을 받은 신학생들은 학비의 부담 없이 마음껏 공부할 수 있어야 한다는 것을 제도적으로 보장하고 있기 때문이다. 그 제도적인 보장장치가 바로 협동 프로그램이다. 단순히 신학교육만이 아니다. 남침례교 사역들(Southern Baptist ministries)의 모든 영역에서 동일한 원리에 따라 협동 프로그램이 적용되어지고 있는 것이다.

물론 미국과 우리나라 그리고 남침례교와 한국 침례교는 같지 않다. 자연환경이 다르고 역사, 전통, 문화, 사고방식, 생활방식 등 서로 다른 점이 너무 많은 것이 사실이다. 그렇기 때문에 미국 남침례교가 시행하는 모든 제도를 그대로 한국 침례교에 적용하는 데에는 무리가 있을 것이다.

우리 교단은 "조직"에 있어서는 총회체제를 따르고 있다. 즉 모든 지역교회들과 기관들이 총회 산하에 들어와 있다. 심지어 교회재산까지도 총회재단에 귀속시킨 교회들도 많이 있는 것으로 안다. 그러나 총회가 주도하는 "사역"에 있어서는 협회체제적인 방법으로 운용되고 있다. 각 기관들이 자기 기관의 사역을 위해서 모금운동을 벌인다. 예를 들면 12월을 해외선교의 달로 정해서 해외선교를 위해 집중적인 모금활동을 벌이고 있고 6월 첫째주는 침례신학대학교 주일로 정해서 전국교회들에게 신학교를 위해 헌금해 줄 것을 요청하고 있다.

앞에서 살펴본 대로 미국 남침례교도 우리가 지금 행하고 있는 방법을 사용하며 시행착오를 겪었던 적이 있었다. 우리 한국 침례교가 다음 세기에 하나님에 의해 위대하게 쓰임받기 위해서는 우리도 우리 나름대로 범교단적인 에너지를 결집시킬 수 있는 방법을 모색해야 한다. 지역교회만 양적인 성장을 도모하여 대형교회가 되기 위해서 몸부림칠 것이 아니라, 기독교한국침례회 산하의 모든 크고 작은 교회들이 총회적인 차원에서 협력을 하여야 한다.

필자는 우리 기독교한국침례교 총회에서도 하루 빨리 이와 같은 협동 프로그램(cooperative program)을 도입하고 제도화하여, 지역교회나 지방회가 단독으로 할 수 없는 대규모의 교단적인 사역들, 예를 들면 해외선교, 국내 교회개척, 신학대학교에 대한 재정적인 후원과 신학생들에 대한 장학사업, 대규모 국내외 구제사역, 방송 및 인터넷 선교사역 등을 크게 그리고 과감하게 수행할 수 있게 되기를 간절히 염원하고 있다. 이러한 제도의 도입이야말로 21세기에 한국 침례교단이 국내 및 해외에서 하나님 나라를 크게 확장하는 일에 능률적이고도 효과적으로 쓰임받는 길이다. "우리 한국 침례교단에서는 미국 남침례교의 협동 프로그램(Cooperative Program)과 같은 방법을 채용하는 것이 전혀 불가능한 것인가?"

제19장

21세기 남침례교 신앙고백: "침례교인의 신앙과 메시지"(2000)

침례교 신앙은 다양성을 그 특징으로 하지만 동시에 일정한 시대에 일정한 지역에서 하나님과 교회를 섬겨오던 일정한 침례교인들이 신앙고백(confession)이라는 것을 만들어서 구성원들에게 신앙의 표준을 제공하는 것을 서슴지 않았다. 본장에서는 2000년도 미남침례교의 신앙고백인 "침례교인의 신앙과 메시지"(2000)(The Baptist Faith and Message 2000)을 1963년판의 그것과 비교하면서, 그 수정된 내용을 살펴보고, 21세기를 맞이하는 미국의 남침례교인들이 어떠한 신앙의 내용을 강조하고 있는지, 그들이 정의하고 있는 침례교 신앙의 정체성과 특징이 무엇인지를 검토해 보고자 한다. 또한 한국과 한국교회 그리고 한국의 침례교회라고 하는 콘텍스트(context)에서 그것들을 어떻게 해석하고 적용해야 할 것인지를 고민해 보고자 한다.

"침례교인의 신앙과 메시지"(2000)의 서문에서 침례교인들은 "신앙고백의 사람들"(People of Confessions)임을 다음과 같이 강조하고 있다:

> 침례교인들은 신앙고백의 사람들(People of Confessions)이다. 교회의 장구한 역사를 통해서 존재해 왔던 대다수의 크리스천들처럼, 침례교인들은 그들의 교리적인 신앙들과 헌신들을 요약하여 진술하는 것이 중요하다는 것을 믿었다. 남침례교인들 사이에서는 "침례교인의 신앙과 메시지"(The Baptist Faith and Message)라는 제목으로 출현하였는데, 현재 세 번째 판이 나왔다. 이러한 신앙고백적인 진술이 처음 등장했던 것은 1925년이었고, 두 번째 나온 것은 1963년이었는데, 가장 최근에 출현한 것이 2000년이었다.[568]

568) Blount, Douglas K. and Joseph D. Wooddell, ed. *The Baptist Faith and Message 2000: Critical Issues in America's Largest Protestant Denomination* (Lanham, Boulder, New York, Toronto, Plymouth, UK: Rowman & Littlefield Publishers, Inc., 2007), Preface, ix.

1. 성경

"성경"(The Scriptures) 조항에서 2000년판 "침례교인의 신앙과 메시지"에는 세 가지가 수정되었다. 첫째로, 1963년판에서 사용되었던 "성경은… 하나님의 계시의 기록(record of God's revelation)이다"라는 표현에서 "기록"이라는 말을 삭제하였다. 2000년판에서는 성경은 "하나님의 계시"(God's revelation)라고만 표현하였다: "성경은 신적으로 영감받은 사람들에 의해 씌어졌고 그 분 자신을 인간에게 드러내신 하나님의 계시이다."[569)]

"계시의 기록"이라는 표현은 자칫 성경과 하나님의 말씀을 이분법적으로 분리할 우려가 있는 것으로 생각했던 것 같다.[570)] 성경은 기록된 말씀인데, 이 성경이 바로 하나님의 말씀 그 자체임을 강조하기 위하여, 2000년판 신앙고백에서는 "성경은 하나님의 계시이다"라는 보다 직설적인 표현을 사용하였다.

둘째로, "모든 성경은 전적으로 올바르고 신뢰할만한 것이다"(all Scripture is totally true and trustworthy)[571)]라는 표현을 새롭게 삽입하였다. 전적으로 올바르다"(totally true)는 말은 성경의 무오성(inerrancy), 다시 말해서 모든 양상에 있어서 성경은 절대적으로 오류가 없다는 것을 의미하는 것이다.[572)] 1963년판에도 "어떤 오류의 섞임도 없이"(without any mixture of error)라는 표현이 있어서 성경의 무오류성을 강조하고 있지만, 2000년판에서는 상기의 문장을 삽입함으로써 그 사실을 더욱 명확히 하였다고 볼 수 있다. "신뢰할만 하다"(trustworthy)는 말은 성경을 대하는 독자의 태도가 어떠해야 함을 규정한 것이다. 성경의 무오류성에 대한 믿음은 성경의 저자이신 하나님에 대한 신뢰로부터 파생된 믿음이라는 것이다. 그것은 진리 그 자체이시고 실수가 있을 수 없는 하나님의 성품에 대한 신뢰를 바탕으로 하나님의 말씀인 성경이 무오류함(inerrancy, infallibility)을 강조하고 있는 표현인 것이다.

셋째로, 1963년판의 성경에 관한 마지막 문장인 "성경이 해석되어야 하는 기준은 예수 그리스도이다"(The criterion by which the Bible is to be interpreted is Jesus Christ)는 2000년판에서는 다음과 같이 수정되었다: "모든 성경은 스스로 신적인 계시의 초점이신 그리스도에 대한 증언이다."[573)]

---

569) Ibid., Appendix, "Comparison of 1925, 1963, and 2000 Baptist Faith and Message," 199. "The Holy Bible was written by men divinely inspired and is God's revelation of Himself to man."

570) James Leo Garrett, Jr., *Baptist Theology: A Four-Century Study* (Macon, GA: Mercer University Press, 2009), 506.

571) Blount, *The Baptist Faith and Message 2000,* 200.

572) Timothy C. Seal, "A Comparative Analysis of the Theological Heritage of the 2000 Revisions to the 'Baptist Faith and Message' in Relation to the 1963 and 1925 Confessions," Unpublished Ph. D. dissertation, Mid-America Baptist Theological Seminary, 2003, 29.

성경해석의 기준이 예수 그리스도가 되어야 한다는 진술에서 문제는 그 분을 어떻게 인식하는가 하는 것은 사람마다 다르다는 것이다. 따라서 사람마다 자기 나름대로의 예수 상(像)을 가지고 성경을 해석하게 될 수도 있다는 것이다. 다른 말로 하면 성경해석이 지나치게 주관주의적 해석(subjectivist interpretation)이 될 위험성이 있다는 점이다. 이것이 바로 신정통주의적 성경해석의 문제점이다.

성경해석의 합리적인 방법은 성경 그 자체이어야지, 각자가 가진 주관적인 예수상이나 해석자가 임의로 고안해 낸 예수상 혹은 해석자가 상상한 예수상에 의해 주관적으로 이루어져서는 안된다는 것이다. 인간의 상상력을 성경해석의 잣대로 사용하는 것은 얼마든지 성경을 오해하거나 왜곡시킬 위험이 있는 것이다.[574] 2000년판 신앙고백은 모든 성경은 계시의 초점되신 그리스도를 증언하고 있음을 강조하고 있다: "너희가 성경에서 영생을 얻는 줄 생각하고 성경을 연구하거니와, 이 성경이 곧 내게 대하여 증언하는 것이니라"(요 5:39).

슬레이던 야브로(Slayden A. Yarbrough)는 영감설에 관하여 다양한 견해가 있음을 전제하면서 남침례교인들의 대다수가 견지하고 있는 입장은 "역동적 영감설"(Dynamic Theory)이라고 말하고 있다.[575] 즉 하나님께서 성서기자에게 한 마디 한 마디 모든 말을 불러주어 받아 쓰게 했다는 "축자영감설"(Verbal Theory)보다는, 성서기자를 감동시키시고 그의 성격, 언어, 문장 스타일, 문화적인 환경, 체험, 가치관 등을 활용하셔서 하나님께서 의도하신 내용을 기록하도록 하셨다는 것이다. 글자의 정확성보다는 성경의 메시지와 내용에 하나님의 신령한 입김이 불어넣어졌음을 강조하고 있다.

그리고 성경이 "모든 인간의 행위, 신조, 종교적인 견해를 시험하는 최고의 표준이 된다."[576]는 점을 강조하고 있으며, 또한 "모든 성경은 스스로 신적인 계시의 초점이신 그리스도에 대한 증언이다."[577]라고 진술하고 있다. 즉 구신약성서의 해석이 기본적으로 기독론적으로(christologically) 이루어져야 함을 강조하고 있는 것이다.

남침례교인들이 성경에 대해서 가지고 있는 이러한 진지한 태도는 실제 그들의 교회생활 속에 잘 나타나고 있다. 또 예배 시에 사도신경(The Apostles' Creed)을 암송하지 않는

573) Blount, *The Baptist Faith and Message 2000*, 200. "All Scripture is a testimony to Christ, who is Himself the focus of divine revelation."

574) Clark H. Pinnock, *Biblical Revelation: The Foundation of Christian Theology* (Chicago: Moody Press, 1971), 37.

575) Slayden A. Yarbrough, *Southern Baptists: Who Are We?* (Oklahoma City: Historical Commission of Baptist General Convention of Oklahoma, 1984), 50-51.

576) Lumpkin, *Baptist Confessions of Faith*, 393. "The Bible is the supreme standard by which all human conduct, creeds, and religious opinions should be tried."

577) Blount, *The Baptist Faith and Message 2000*, 200. "All Scripture is a testimony to Christ, who is Himself the focus of divine revelation."

것도 그 내용 자체에 오류가 있어서라기보다는, 그것은 어디까지나 인간들에 의해 만들어진 것이기 때문에 신적인 영감성과 무오류성과 강제성을 가질 수 없으며, 따라서 시대와 장소를 초월해서 사용되어야 한다는 항구성을 가질 수 없다는 것이다. 비록 사도신경 자체가 복음의 내용을 잘 요약해서 정리해 주고 있기는 하지만, 침례교인들은 "요약된 인간들의 글귀"(summarized human writings)가 자유로워야 할 인간의 영혼을 구속하게 할 수 없다는 것이며, 오직 성경만이 하나님의 말씀이라는 신앙적인 확신을 가지고 있다.

2. 하나님

"하나님"(God) 항목에서도 2000년판 신앙고백은 1963년판 "침례교인의 신앙과 메시지"를 다음과 같이 수정하였다.

첫째로, 2000년 신앙고백에서는 하나님 조항의 서문에 "하나님은 전능하시고 전지하시며, 그 분의 완전하신 지식은 그 분의 자유의지를 가진 피조물들의 미래 결정들까지를 포함해서 과거, 현재, 미래의 모든 것들에까지 미친다"[578]라는 문장을 새롭게 삽입하였다.

이는 하나님의 전능성(omnipotence)과 전지성(omniscience) 그리고 절대주권성(sovereignty)을 강조한 표현이라고 하겠다. 종교다원주의(Universalism), "열린 신론"(Open Theism), "과정신학"(Process Theology)에 근거한 하나님 개념, 다시 말해서 상대화된 하나님 개념(relativized concept of God)을 부정하고 하나님의 절대유일성을 강조하려는 뜻에서 삽입된 문귀라고 생각된다.

둘째로, "영원하신 하나님"이라는 표현을 2000년판에서는 "영원하신 삼위일체의 하나님"(eternal triune God)[579]으로 수정하였다. 1963년판에서도 당연히 하나님의 삼위일체성을 전제하고 있지만, 2000년판에서는 "삼위일체의"(triune)라는 단어를 명시적으로 첨가함으로써 기독교의 전통적인 신관인 하나님의 삼위일체성(Trinity, Tri-unity of God)을 강조하고 있다.

셋째로, 성자 하나님 예수 그리스도를 진술함에 있어서 1963년판의 "십자가 상에서의 그 분의 죽으심"이란 구절에 "대속적인"(substitutionary)이란 단어를 새로 첨가하여 "십자가 상에서의 그 분의 대속적인 죽음"(His substitutionary death on the cross)[580]이란 표현을 사용하였다. 예수 그리스도의 속죄론에는 다양한 이론들이 존재하지만, 십자가 상(上)에서 이루신 예수 그리스도의 희생적인 피흘림, 죄인들이 흘려야 했던 피를 예수님이 대신하여(by

578) Ibid., 201. "God is all powerful and all knowledge; and His perfect knowledge extends to all things, past, present, and future, including the future decisions of His free creatures."

579) Ibid.

580) Ibid., 202.

substitute) 흘리시고 죽으셨다고 하는 속죄론이 없이는 만족스러운 속죄론이 될 수 없음을 단정하고 있는 것이다.

넷째로, 성령 하나님과 관련하여 "성령은 하나님의 영이시다"라는 첫 번째 문장에서, 2000년판 신앙고백은 "완전한 신성을 가지신"(fully divine)이라는 표현을 첨가하였다: "성령은 완전한 신성을 가지신 하나님의 영이시다"(The Holy Spirit is the Spirit of God, fully divine).[581] 이는 오순절 계통의 성령론에 대한 경계의 의미로 수정 및 첨가를 한 것으로 보인다. 인격이신 성령께서는 신성(deity of the Holy Spirit)을 가지고 있다는 사실을 강조했을뿐만 아니라, 성령은 단순히 능력(power)이나 영향력(influence) 혹은 적극적인 가능성(positive ability) 등 비인격적인 존재가 아님을 암시하고 있다.

다섯째로, "성령침례"(Spirit Baptism)라는 개념의 해석과 관련하여 오순절 성령신학을 단호하게 배격하는 내용의 문장을 첨가하였다: "그 분(성령-필자 주)은 중생의 순간에 신자 각자를 그리스도의 몸(교회-필자 주) 속으로 침례(성령침례-필자 주)를 베푸신다."[582] 은사주의적인 성령론에서는 구원을 받았어도 성령을 받지 않았을 수도 있고 따라서 구원을 받은 신자도 방언을 비롯한 성령체험을 통해서 성령침례를 받아야 한다고 주장하고 있다.[583]

그러나 2000년판 신앙고백에서는 어떤 죄인이 예수님을 진정으로 믿는 순간에 그 분의 피의 능력으로 죄사함받고 거듭나는 것(중생)이며, 거듭나는 순간에(at the moment of regeneration) 그 신자는 성령을 받게 되어 우주적 교회의 한 부분이 된다는 것이고, 그것이 바로 성령침례를 받는 것이라는 사실을 이 신앙고백은 명확하게 진술해 주고 있다. 후속교리(subsequent theory) 혹은 제2의 축복교리(the second blessing theory)를 단호히 배격하고 있다.[584]

여섯째로, "확신"(assurance)이란 단어를 2000년판에서는 "보증"(guarantee)으로 수정하여, "그리스도인 속에 임한 성령의 임재는 신자를 그리스도의 장성한 분량으로 인도하는 하나님의 보증이 된다"(His presence in the Christian is the guarantee that God will bring the believer into the fullness of the stature of Christ)[585]라는 문장으로 만들었다. 신자의 마음 속에 임재해 계신 성령은 단순히 구원받았음을 확신케 할뿐 아니라(assure), 그리스도를 닮은 성숙한 신앙인으로 성화시켜 나가는 것을 보증한다(guarantee)는 점을 강조해 주고 있다.

581) Ibid., 204.

582) Ibid. "At the moment of regeneration He baptizes every believer into the Body of Christ."

583) Seal, "A Comparative Analysis," 37.

584) 다음의 성경귀절들이 이 사실을 분명히 말씀하고 있다: 고전 12:3; 고전 12:13; 롬 8:9; 고전 3:16. 이미 성령을 받은 신자에게 남아 있는 한 가지 중요한 명령은 "(반복적으로 계속적으로) 오직 성령으로 충만함을 받으라"(엡 5:18)이다.

585) Blount, *The Baptist Faith and Message 2000*, 204.

남침례교인들의 2000년판 신앙고백에서는 제2장 하나님 항목 아래에 세 개의 소항목을 두어서, 아버지 하나님(God the Father, 성부), 아들 하나님(God the Son, 성자), 거룩하신 영 하나님(God the Holy Spirit, 성령)을 두고 있다. 하나님은 "지적이시고 영적이시고 인격적인 존재이시며 창조주, 구속주, 보존하시는 분, 그리고 우주의 통치자이심"[586]을 선언하고 있다. 침례교인들은 하나님의 전능성과 전지성을 믿고 있음을 이렇게 고백하고 있다:

> "그 분의 완전하신 지식은 그 분의 자유의지를 가진 피조물들의 미래 결정들까지를 포함해서 과거, 현재, 미래의 모든 것들에까지 미친다."[587]

성령은 하나님의 영이신데, 완전한 신성과 함께 인격성을 가지신 분으로 침례교인들은 믿고 있다. 특히 성령 하나님은 거룩한 하나님의 사람들로 하여금 하나님의 말씀인 성경을 기록하도록 영감을 불어넣으셨고, 66권의 성경을 지금까지도 보존해 오고 계시며, 동시에 주석가들과 설교가들로 하여금 그 성경을 하나님의 뜻에 합당하게 해석하도록 도우신다고 믿는다. 또한 성령 하나님은 사람들로 하여금 죄인임을 깨닫도록 하시며 사람들을 구주이신 예수님께로 인도하시어서 중생(거듭남, regeneration)을 경험하도록 하신다고 믿는다.

침례교인들은 제3위 하나님의 역사이신 "성령침례"(Spirit Baptism)라는 개념에 대해서 분명한 입장을 취하고 있다. 오늘날 우리나라 기독교계에서는 오순절계통의 영향으로 인해 "성령을 받는다"는 개념과 "예수님을 믿는다"는 개념을 동시적이지 않은 개념으로 생각한다든지, 성령침례와 성령충만을 구별하지 않고 사용하는 등 성령론과 관련하여 영적 신학적 혼란을 빚고 있다.

결론적으로 말하면, 침례교인들은 "예수님을 믿을 때" 예수님의 영이신 성령님을 마음속에 영접하는 것이고, 진정으로 예수님을 믿었다면 믿는 순간 성령님을 받은 것이라고 믿는다. 그리고 성령님을 모셔들이는 순간, 예수 믿은 신자는 성령의 강물에 풍덩 빠져서 성령의 침례를 받게 되는 것이다. 다시 말해서 예수님을 믿고 개종 혹은 회심하는 순간(at the time of conversion), 신자는 성령침례를 받게 된다는 것이다.

사도 바울은 이 사실을 이렇게 진술하였다: "몸은 하나인데 많은 지체가 있고 몸의 지체가 많으나 한 몸임과 같이 그리스도도 그러하니라. 우리가 유대이나 헬라인이나 종이나 자유인이나 다 한 성령으로 침례를 받아 한 몸이 되었고 또 다 한 성령을 마시게 하셨느

586) Ibd., 200. "He is an intelligent, spiritual, and personal Being, the Creator, Redeemer, Preserver, and Ruler of the universe."

587) Ibid., 201. "His perfect knowledge extends to all things, past, present, and future, including the future decisions of His free creatures."

니라"(고전 12:12-13). 바울 사도는 지체들의 다양성(diversity)과 몸의 통일성(unity)을 설명하면서 몸 즉 교회는 하나님을 강조하면서, 예수 믿은 신자들이 "다 한 성령으로 침례를 받아" 한 몸 즉 교회가 되었음을 진술하고 있는 것이다. 따라서 다양하게 다른 배경을 가진 죄인들이 예수를 믿음으로 "성령으로 침례를 받아" 그리스도의 몸인 교회가 되었음을 바울은 강조하고 있는 것이다.

성령으로 침례받는 것은 방언이나 진동을 하는 등 어떤 신비스러운 체험(experience)을 하는 것을 말하고 있는 것이 아니라, 영적인 체험 즉 죄인이 회개하고 예수를 믿어 구원받아 교회가 되는 사실(fact)을 말하면서 "성령으로 침례받았다"고 설명하고 있는 것이다.

3. 인간

"인간"(Man) 항목에서도 2000년판 신앙고백에는 1963년판의 내용을 수정하였다.

첫째로, 1963년판에서는 "인간은 하나님의 특별한 행위에 의해, 그 분 자신의 형상을 따라 피조되었다"(Man was created by the special act of God, in His own image)[588]라고 되어 있는데, 2000년판에서는 "인간은 그 분의 형상을 따라 지어진, 하나님의 특별한 피조물이다"(Man is the special creation of God, made in His own image)[589]라고 표현하였다.

인간의 피조성(createdness)을 직설적인 어법으로 진술하고 있다고 볼 수 있다. 침례교인들은 처음에는 인간이 죄 없는(innocent of sin) 존재였고 창조주에 의해서 "선택의 자유"(freedom of choice)를 부여받았음을 강조하고 있으며, 인간이 하나님을 대항하여 죄를 범한 것도 사탄의 유혹으로 인하여 "그의 자유로운 선택으로 말미암은"(by his free choice) 것이라고 믿고 있다.[590]

인간은 죄인이기 때문에 오직 하나님의 은혜로 말미암아서만이 하나님과의 거룩한 교제 속으로 들어갈 수 있으며 하나님의 창조의 목적을 성취시킬 수 있다고 믿는다. 하나님께서 인간을 자신의 형상대로(in His own image) 창조하셨고 그리스도께서 인간을 위해서 죽으셨기 때문에, "그러므로 모든 인간은 품위를 소유하고 있으며 존경과 기독교적인 사랑을 받을 가치를 지니고 있다"(therefore every person of every race possesses dignity and is worthy of respect and Christian love)[591]고 믿고 있다.

588) Ibid., 205.
589) Ibid.
590) Ibid.
591) Ibid., 206.

둘째로, 2000년판에서는 하나님이 인간을 최상의 작품(crowning work)으로 창조하시되, "남자와 여자"(male and female)[592]로 창조하셨다는 점을 강조하였다. 남자와 여자는 평등하고 동등한 관계에 있음을 규정한 것이고, 동시에 하나님은 인간을 성적인 존재(sexual being)로서 성(sex)을 남성(男性)과 여성(女性)으로 명확하게 구분하여 창조하셨음을 강조한 것이다. 이는 오늘날 세상에서 유행병처럼 만연하고 있는 동성애자(gay, lesbian)나 동성성관계, 더 나아가 동성결혼의 퇴폐적인 행태를 성서적인 관점에서 명백하게 정죄하여 차단하고자 하는 의도로 보인다.

셋째로, 2000년판에서는 "그렇기 때문에 성이라는 선물은 하나님의 창조행위의 선하심의 한 부분이다"(The gift of gender is thus part of the goodness of God's creation)[593]라는 문장을 추가로 삽입하였다. 성개념이 혼란해지고 타락해지고 있는 세태를 향해서 남성성(男性性)과 여성성(女性性)은 선하신 하나님께서 선하신 목적을 위하여 선하게 창조하신 하나님의 선물임을 명시한 것이다.

필자는 침례교 신앙의 많은 특징들 가운데서 가장 중요한 것들 중의 하나는 "인간에 대한 적극적인 이해"(positive understanding on man)라고 생각한다. 이 말은 인간이 자신의 선행으로 스스로 구원을 성취할 수 있는 존재라는 의미가 아니다. 인간이 다른 동물과는 달리 하나님의 형상대로 지어졌고, 수동적으로 무조건 따라 하거나 맹종하는 로봇이나 자동기계장치가 아니라 "자유의지"(free will)를 가진 존재로 창조되었다는 점이다. 더 나아가서 예수 그리스도의 보혈의 피로 말미암아 죄 용서를 받아 하나님의 아들 딸이 된 인간은 무한한 잠재력과 가능성을 지녔으며 인간으로서의 존엄성과 가치를 가지고 있다는 점이다.

또한 모든 인간은 복음 앞에서 예수 그리스도를 거부할 수도 있고 영접할 수도 있는 선택적인 결단을 할 수 있다는 것이다. 안 믿을 수도 있음에도 불구하고 믿는 결단, 이 믿음을 하나님께서는 기뻐 받으시는 것이다. 이것을 침례교 신학에서는 "영혼의 유능성"(the Competency of the Soul in Religion)이라고 부른다.

맥베스(H. Leon McBeth) 교수는 "하나님께서 모든 인간에게 결정할 수 있는 능력(the ability to decide)을 주셨다"는 표현으로 영혼의 유능성의 개념을 설명하고 있다.[594] 멀린스(E. Y. Mullins) 교수 역시 "하나님 아래에서 종교문제에 관하여 인간이 영혼의 유능성을 가진다는 교리는 침례교인들에게 있어서 역사적 의미를 갖는 특징이다"[595]라고 말하고 있다.

592) Ibid.

593) Ibid.

594) H. Leon McBeth, "God gives Soul Competency and Priesthood to All Believers," Charles W. Deweese (ed), *Defining Baptist Convictions: Guidelines for the Twenty-first Century* (Franklin, TN: Providence House Publishers, 1996), 63.

그것은 인간의 자만심에서 나오는 능력이 아니라 하나님께서 인간에게 부여하신 능력이다.

허셀 홉스(Hershel Hobbs)는 침례교 신앙에서 강조하는 예수 영접의 결단, 자발적인 (voluntary) 신자의 침례, 모든 신자들의 제사장의 원리, 성서적인 평신도운동, 민주주의적 행정, 다수결에 의한 의사결정, 중생한 자들로 말미암은 교회회원제, 종교의 자유, 성경해석의 자유, 정치와 종교의 분리 등의 모든 침례교의 기본교리 밑에는 "영혼의 유능성"이라는 원리가 기초를 이루고 있다고 주장하고 있다.[596]

월터 셔던(Walter Shurden) 교수 역시 침례교 신앙에 있어서 개인의 가치의 소중함을 이렇게 진술하고 있다: "침례교인들은 각 개인이 하나님의 형상을 따라 창조되었다고 주장한다. 그러므로 각 개인은 하나님 아래에서 도덕적인, 영적인, 그리고 종교적인 결정들을 할 수 있다. 개인은 이와 같은 결정들을 할 수 있는 특권이 있을 뿐 아니라, 바로 그 개인이 그러한 결정에 대해 책임을 져야 한다."[597] 인간은 복음을 들을 수 있고 복음의 내용을 이해할 수 있고, 나아가서 회개할 수 있고 예수 그리스도를 믿는 결단을 할 수 있는 존재로 그리고 예수 그리스도를 위해 남은 생애를 헌신하겠다고 결단할 수 있는 존재로 창조된 것이다.

이러한 주장들은 장로교의 영향을 많이 받고 있는 한국 침례교인들에게는 생소하게 들릴지 모른다. 소위 칼빈주의에서 말하는 "인간의 전적인 타락"(Total Depravity) 교리는 인간은 너무나 타락했기 때문에 스스로 예수를 믿을 수 있는 능력이 없고 오직 하나님의 예정과 선택을 받은 자들만이 하나님의 은혜로 "믿음이 주어져야" 비로소 믿게 된다고 가르친다. 믿음을 너무나 수동적인 것으로 이해하는 것이다.

그러나 침례교인들은 "회개"의 필요성을 강조하고 복음에 대한 충분한 "이해"를 강조하고 그에 근거해서 예수 그리스도를 영접하기로 그리고 그 분께 남은 생애를 맡기기로 "결단하고," 그래서 성경말씀의 약속에 근거해서 "구원받은 것을 확신하는" 등, 침례교인들의 믿음은 매우 적극적인 것이다. 그것은 인간에게 "영혼의 유능성"(Competency of the Soul)이 있다고 보기 때문이다.

595) E. Y. Mullins, *Axioms of Religion: A New Interpretation of the Baptist Faith* (Philadelphia: American Baptist Publication Society, 1908), 57.
596) Hobbs, *The Baptist Faith and Message*, 12-13.
597) Walter Shurden, 「침례교의 정체성」, 김태식 역 (서울: 서로사랑, 1999), 45.

4. 구원

"구원"(Salvation) 항목에서도 2000년판 "침례교인의 신앙과 메시지"는 다음과 같이 수정되었다.

첫째로, 1963년판에서는 중생, 성화, 영화 등 3개의 세부항목을 두었는데, 2000년판에서는 중생(A. Regeneration), 칭의(B. Justification), 성화(C. Sanctification), 영화(D. Glorification) 등 4개의 항목을 세부적으로 규정하고 있다는 점이다.[598] 전자에서는 중생 항목 속에서 칭의에 관하여 진술하고 있었는데, 후자에서는 그 내용을 칭의라는 별도의 세부항목을 두어 그 내용을 그대로 진술하고 있다.

16세기 종교개혁시대에 루터(Martin Luther)를 비롯한 종교개혁가들이 로마 가톨릭교회를 대항하여 "이신칭의"(Justification by Faith alone)의 가르침을 강조했는데, 2000년판 신앙고백에서는 이러한 종교개혁의 이상을 담아내고자 했던 것 같다. 예수를 믿는 순간에 신자에게 동시에 일어나는 영적인 체험이 중생이요 칭의인데, 그리스도 안에서 이루어지는 구원체험(중생)과 중생에 대한 신분적 인식체험(칭의)이 모두 강조될 필요가 있었던 것으로 보인다.

둘째로, 2000년판에서는 구원 조항의 서문 마지막에 "예수 그리스도를 주님으로 믿는 개인적인 믿음을 떠나서는 구원이 있을 수 없다"[599]라는 문장을 추가로 첨가하고 있다. 이것은 보편구원설(Universalism), 즉 예수 그리스도가 인류의 죄를 용서하시기 위해 십자가를 지셨으니 (믿음의 유무와 상관없이) 결국 모든 인류는 죄용서를 받고 구원을 받게 된다는 주장을 배척하고 있다. 동시에 종교다원주의 혹은 포용주의(inclusivism), 즉 모든 종교에는 나름의 구원교리를 가지고 있어서 결국 예수 그리스도를 믿지 않고서도 구원에 이를 수 있는 길이 있을 수 있다는 견해를 일축하고 있는 것이다.

신약성서의 기본적인 가르침이자 침례교의 구원교리의 기초인, "예수 그리스도를 개인적인 구주(Savior)요 주님(Lord)으로 믿는(영접하는) 자만이 구원받는다"는 점을 명확하게 제시한 것이다. 여기서 특별히 "구주"에 대한 언급이 없이 "주님"(Lord)만을 언급한 것은, 구주로 믿는 것은 너무나 당연한 것이고 주님으로까지 믿어서 예수 믿은 후 행동과 삶의 변화라는 열매를 맺는 "살아있는 믿음"(living faith)이 있어야 구원받는다는 것을 강조하였다.

셋째로, 성화(C. Sanctification)를 설명하면서 2000년판 신앙고백에서는 "완전"(perfection)이란 단어를 "성숙"(maturity)으로 바꾸었다: "성화란 … 신자 안에 거하시는 성령님의 임재와 능력으로 인해 도덕적 영적 성숙을 향해서 나아가도록 하는 체험이다."[600] "완전"이란

598) Ibid., 207-8.

599) Ibid., 207. "There is no salvation apart from personal faith in Jesus Christ as Lord."

단어가 "완전주의"(perfectionism) 혹은 "완전주의 신학"(perfectionist theology)를 의미하는 말로 오해되는 것을 피하고자 했던 것 같다.

일부 성결운동을 추구하는 사람들은 이 지상에서도 "완전성화"(perfect sanctification)의 단계가 있을 수 있음을 전제로 하면서, 이렇게 완전성화의 실현가능성을 전제할 때에 성화를 위한 인간의 노력이 의미가 있다고 주장한다. 그러나 침례교인들은 일반적으로 성화란 영화(glorification)의 상태에 이를 때까지 이 지상에서 영적인 성장과 성숙을 이루기 위해서 성령님의 도우심을 힘입어 끊임없이 몸부림쳐야 하는 과정(process)으로 이해한다.

구원이란 죄의 형벌로부터 구출받는 것(deliverance from the penalty of the sin)이다. 다른 말로 표현하면 죄값을 지불하고 사는 것(redemption by paying the wages of sin)이다. 그래서 그리스도와 함께 자유하게 되는 것(enjoying the freedom with Jesus)이다. 그런데 침례교인들은 구원이란 "오직 하나님의 은혜로"(sola gratia) 그리고 "오직 믿음으로"(sola fides) 받는다고 믿는다. 구원의 주체는 하나님이시니 하나님께서 일방적으로 사랑받을 자격이 없는 죄인인 인간에게 사랑을 베풀어 주신 것이 은혜(grace)이다.

그러나 모든 인간에게 베풀어진 은혜이지만 그것을 감사하며 능동적으로 받는 자, 다시 말하면 하나님의 은혜에 대해서 긍정적으로 반응하는 자만이 구원을 받는다고 침례교인들은 믿는다. 단순히 머리로만 끄떡끄떡하면서 지적으로 동의하는 것(지식적 동의, intellectual assent)으로는 구원받을 수 없고, 예수 그리스도를 인격적으로 만남으로(by encounter) 구원받는다고 믿는다. 그것은 영적인 체험인 것이다.

침례교인들은 구원(salvation)을 말할 때, 네 가지 차원에서 구원을 설명한다: 중생(regeneration), 칭의(justification), 성화(sanctification) 그리고 영화(glorification). "중생"은 거듭나는 것(born again)이고 새로 태어나는 것(newly born)이고 위로부터 태어나는 것(born above)이다. 니고데모가 한밤중에 예수님을 찾아갔을 때, 예수님께서 "진실로 진실로 네게 이르노니 사람이 거듭나지 아니하면 하나님 나라를 볼 수 없느니라"(요 3:3)고 했을 때, 육체적인 출생은 아래로부터, 즉 땅으로부터, 흙인 어머니로부터 육체적으로 태어나는 것이고, 영적인 출생은 위로부터, 즉 하늘로부터, 하나님으로부터 영적으로 태어나는 것임을 가르치셨다.

나의 죄인됨을 고백하며 진심으로 회개하고(repent), 예수 그리스도를 나의 구주요 나의 주님으로 믿는 자(believer), 다시 말해서 그 분을 나의 마음 속에 영접하는 자(요 1:12)는 하나님의 자녀가 되고 죄사함을 받게 되고 구원을 받게 된다. 그리스도 안에서 새로운 피

600) Ibid., 208. "Sanctification is the experience, ... which is enabled to progress toward moral and spiritual perfection through the presence and power of the Holy Spirit dwelling in him(believer-필자 주)."

조물이 되는 것(고후 5:17)이다: "회개란 하나님을 향하여 죄로부터 진심으로 돌아서는 것이며, 믿음이란 예수 그리스도를 영접하고 그 분을 주님과 구주로 인정하여 그 분께 전인격을 위탁하는 것이다."[601)]

"칭의"는 법정적인 개념이다. 회개하고 예수를 믿는 죄인을 향하여 "이제는 됐다. 옳다, 죄사함을 받았다, 그러니 이제는 죄 없다(not guilty)"는 하나님의 언도이다. 칭의는 신분이 변화되었음을 선언해 주고 있다. 그리스도인이 그리스도 안에서 이제는 죄인의 신분이 아니라 의인의 신분이 되었음을 하나님께서 선언해 주시는 것이다. 따라서 "칭의로 말미암아 그리스도 안에서 의롭게 된 신자는 하나님과의 화목과 호의의 관계를 맺게 되는 것이다."[602)]

"성화"란 그리스도 안에서 거듭난 영적인 갓난아이가 성장하고 성숙해 가는 과정을 의미한다. 침례교인들은 중생의 중요성을 매우 강조하지만 동시에 성화의 필요성과 절실성과 중요성을 동시에 믿는다. 갓난아이는 성장하여 "온전한 사람을 이루어 그리스도의 장성한 분량이 충만한 데까지"(엡 4:12) 이르러야 하기 때문이다. 우유와 같은 부드러운 음식만 먹는 어린아이가 아니라 단단한 식물을 먹음으로 성장하고 성숙해야 하기 때문이다(벧전 2:1-2). 영적으로 도덕적으로 인격적으로 성숙한 그리스도인으로 자라가야 하는 것이 성화이다: "성화란 … 신자 안에 거하시는 성령님의 임재와 능력으로 인해 도덕적 영적 성숙을 향해서 나아가도록 하는 체험이다."[603)]

"영화"란 신자가 이 땅에서의 육체적인 삶을 다하고 천국에 이르는 단계, 즉 "땅에 있는 우리의 장막집이 무너질 때"(고후 5:1) 하늘나라에서 하나님과 영원토록 함께 교제하는 단계를 의미한다. "영화는 구원의 절정이며 모든 구속받은 자들이 최종적인 축복을 누리며 함께 거하는 상태이다."[604)]

5. 은혜에 대한 하나님의 목적

은혜는 "받을 자격이 없는 자가 받게 되는 호의"(undeserved merit)이다. 죄인인 인간은 하나님의 사랑을 받을 자격이 없다. 그런데 하나님께서 사랑이시니까 그리고 그 사랑이 죄

601) Blount, *The Baptist Faith and Message 2000*, 207. "Repentance is a genuine turning from sin toward God. Faith is the acceptance of Jesus Christ and commitment of the entire personality to Him as Lord and Savior."
602) Ibid., 208. "Justification brings the believer unto a relationship of peace and favor with God."
603) Ibid., 208. "Sanctification is the experience, ... which is enabled to progress toward moral and spiritual perfection through the presence and power of the Holy Spirit dwelling in him(believer-필자 주)."
604) Ibid. "Glorification is the culmination of salvation and is the final blessed and abiding state of the redeemed."

인에게 일방적으로 베풀어졌으니까 그것이 은혜이다. 하나님의 은혜로 말미암아 그리스도인들은 선택(election)을 받았다. 선택은 하나님의 은혜로우신 목적(God's Purpose of Grace)인데, "죄인을 중생시키고 의롭게 하시고 성화시키고 영화롭게 하는 목적을 이루신다."[605) 그렇기 때문에 어느 인간도 자신에 대해 자랑할 수 없고 하나님의 은혜로 인해 겸손할 수 밖에 없다.

침례교인들은 한번 하나님의 은혜로 구원받은 신자는 끝까지 하나님께서 안전하게 지켜주신다고 믿는다. 요한 칼빈과 개혁교회에서는 "성도들의 견인"(perseverance of saints)이라고 부르는데, 침례교회에서는 "신자들의 안전"(security of the believers)이라고 부른다. 하나님의 목적에 따라 하나님의 은혜로 구원받은 신자들은 "결코 은혜의 상태로부터 떨어지지 않고 끝까지 보존된다"(will never fall away from the state of grace, but shall persevere to the end)[606)]고 믿는다. 침례교인들은 "한번 구원받았으면 항상 구원받은 것이다"(once saved, always saved)라고 믿는다. 왜냐하면 신자들은 예수님을 믿음으로 하나님의 은혜로 인하여 영생, 즉 영원한 생명(eternal life)을 받았기 때문이다. 3년, 5년, 10년의 생명이 아니라 영원한 생명을 소유하고 있는 것이다.

신자들도 실수하기도 하고 유혹을 받기도 하고 죄를 범하기도 한다. 그래서 성령 하나님의 마음을 근심시키기도 한다. 그러나 하나님의 은혜로 인하여 용서를 받음으로써 실수와 실패가 도리어 연단의 방편이 되어 신자들을 더욱 연단시킨다. 그들은 일시적으로 하나님과 불편한 관계에 있을 수 있지만 하나님의 은혜와 능력으로 회복되어 종국에는 하나님과의 관계를 회복하게 되고 영원한 구원에 이르게 된다.

6. 교회

2000년판 "침례교인의 신앙과 메시지"에서는 교회(Church)와 관련하여 다음과 같이 수정이 되었다.

첫째로, 신약성서적인 교회를 정의함에 있어서 1963년판에서는 "침례받은 신자들의 지역적인 몸이다"(a local body of baptized believers)라고 정의하였는데, 2000년판에서는 "자치적인"(autonomous)이란 단어를 첨가하였고, "몸"(body)을 "회중"(congregation)이란 단어로 교체하였다: "주 예수 그리스도의 신약성서적인 교회는 침례받은 신자들의 자치적이고 지역적인 회중이다."[607)]

605) Ibid., 210.
606) Ibid., 211.

2000년판 신앙고백에서는 지역교회(개교회)의 자치주의 원칙(autonomy of the local church)을 명문화하고 있다고 볼 수 있겠다. "몸"(body)을 "회중"(congregation)으로 바꾼 것은 지역교회의 개념을 보다 명확하게 제시하고자 하는 목적이 있었다. 즉 "몸"이란 단어는 우주적 교회의 개념을 상당히 내포하고 있는데, "회중"이란 단어는 지역교회의 개념을 명시하고 있는 것이다.

2000년판 신앙고백에서는 "교회란 일정한 지역에서 정기적으로 모여 예배를 드리고 교회의식들을 준수하고 그리스도의 명령을 수행하는, 예수를 믿고 침례를 받은 신자들의 지역적인 가시적인 모임"[608]이라는 사실을 명확하게 제시했다.

둘째로, 1963년판에서는 두 가지 교회의식을 준수함에 있어서, "그 분의 가르침에 헌신하여"(committed to His teachings)라고 표현했는데, 2000년판에서는 "그 분의 법에 다스림을 받아"(governed by His laws)라고 바꾸었다: "그 분의 법에 다스림을 받아 그리스도의 두 가지 의식을 준수한다"(observing the two ordinances of Christ, governed by His laws).[609] 앞에서 지역교회의 자치권을 강조했는데 그렇다고 해서 지역교회는 자기 마음대로 멋대로 교회의식을 집행해서는 안 된다는 것이다. 즉 지역교회는 성경에서 계시된 그리스도의 법이라는 규범 안에서 자치적으로 그 자유를 누릴 수 있다는 것이다.

셋째로, 1963년판의 문장, "이 교회는 자치적인 몸인데, 예수 그리스도의 주님되심(주권) 아래에서 민주적인 절차를 통해서 운영된다"(This church is an autonomous body, operating through democratic processes under the Lordship of Jesus Christ)가 2000년판에서는 경미하게 수정되었다: "각 회중은 그리스도의 주님되심(주권) 아래에서 민주적인 절차를 통해서 운영된다"(Each congregation operates under the Lordship of Christ through democratic processes).[610]

"민주적인 절차"라는 말을 단순히 사람들만의 다수결 투표(majority voting)에 따른 교회 운영이라고 해석하면 안 되고, 하나님이 함께 하시고 성령님의 인도를 받는 "신적 민주주의에 따른 회중정치"(Theo-democratic congregational polity)의 의미로 이해해야 한다고 필자는 생각한다. 이를 다르게 표현하면 "그리스도 중심적인 민주적 회중주의"(Christ-centered

607) Blount, *The Baptist Faith and Message 2000*, 212. 1925년판 "침례교인의 신앙과 메시지"에는 "자치적인" 이란 단어가 사용되지 않았는데 1963년판에는 교회론에 관한 진술 후반부에 "이 교회는 자치적인 몸이다"(This church is an autonomous body)라는 문장이 사용되고 있다. "회중"(congregation)이란 낱말은 1925년판에서 사용되었는데, 1963년판에서는 "몸"(body)이란 단어로 표현되었다. "A New Testament church of the Lord Jesus Christ is an autonomous local congregation of baptized believers."

608) Seal, "A Comparative Analysis," 47-8. "Church is a local visible gathering of baptized believers in Christ who meet regularly for worship, observance of the ordinances, and to carry out the commission of Christ."

609) Blount, *The Baptist Faith and Message 2000*, 212.

610) Ibid.

democratic congregationalism)라고 말 할 수 있다.

넷째로, 1963년판에서는 "그러한 회중에서 회원들은 평등하게 책임을 진다. 그것의 성서적인 직분자들은 목사들과 집사들이다"(In such a congregation members are equally responsible. Its scriptural officers are pastors and deacons)[611]라고 표현했는데, 2000년판에서는 "그러한 회중에서 각 회원은 책임을 지며 주님으로서의 그리스도께 책임을 진다. 그것의 성서적인 직분자들은 목사들과 집사들이다"(In such a congregation each member is responsible and accountable to Christ as Lord. Its scriptural officers are pastors and deacons)[612]라고 수정하여, "평등하게"(equally)라는 단어를 삭제하였다.

이에 대해 온건주의적 보수주의자들은 전통적인 침례교 신앙의 원리인 민주적 회중주의, 모든 신자들의 제사장의 원리 등에 배치되는 표현이라고 맹렬한 비판과 공격을 퍼부었다. 2000년판 신앙고백의 입안자들은 다분히 의도성을 가지고 "평등하게"라는 단어를 삭제하였고, 그 의도의 배경에는 담임목회직의 권위(pastoral authority)와 담임목회자의 지도력(pastor's leadership)을 강조하고자 하는 것이었다.[613]

다섯째로, 2000년판 신앙고백에서 새롭게 첨가된 문장으로서, 가장 큰 논란을 불러 일으켰던 문귀가 바로 여성의 담임목회직을 금지한 다음의 문장이었다: "남자들과 여자들은 모두 교회 내에서 봉사를 하도록 은사를 받았는데, 담임목사의 직분은 성경의 자격요건에 따라 남자들에게만 제한된다."[614]

이렇게 첨가된 문장을 문자적으로 해석하면, 여성사역자에 대한 안수(laying of hands) 자체를 금지한 것은 아니지만, 여성사역자는 안수 여부와 상관 없이 담임목회직을 맡을 수 없다는 것을 규정한 것이다. 2000년판 신앙고백서에서 여성목사 안수에 대해서는 침묵을 하고 있지만, 실제에 있어서는 근본주의적 보수주의자들이 교단의 리더십을 장악한 1979년 이후부터는, 남침례교단에서 여성사역자에 대한 안수가 거의 이루어지고 있지 않는 것이 현실이다.

여성사역자에 대한 안수문제[615]는 여전히 뜨거운 감자와 같은 논쟁거리이다. 여성사역자에 대한 안수를 반대하는 입장에서는 "여자들은 교회에서 잠잠하라"라든지, "교회에서 여자들은 남자들을 가르치려 하지 말라"라든지, "집에 가서 남편에게 조용히 물으라"라든지,

611) Ibid.
612) Ibid.
613) Seal, "A Comparative Analysis," 49.
614) Blount, *The Baptist Faith and Message 2000*, 212. "While both men and women are gifted for service in the church, the office of pastor is limited to men as qualified by Scripture."
615) 여성들의 목회사역과 그들에 대한 안수문제와 관련하여 다음의 저술을 참조하시오: 침례교신학연구소 편, 「교회와 여성의 리더십」 (대전: 침례신학대학교출판부, 2006).

예수님의 열두 제자들 가운데 여자는 한 사람도 없었다든지 하는 성경귀절들에 근거해서 주장하고 있다. 이에 반해 여성사역자에 대한 안수를 지지하는 입장에서는 "그리스도 안에서 남자나 여자가 평등하다"라든지, "여성들도 성경에 예언자나 집사로 쓰임을 받았다"는 성경귀절이 있다든지, "하나님께서 성령을 남종과 여종 모두에게 부어주겠다는 약속을 하셨다"든지, "구약에서 할례는 남아에게만 행했지만 신약에서 침례는 예수를 믿고 신앙고백을 하는 남녀 모두에게 베풀어졌다"든지 하는 점들을 지적하고 있다.

이 문제와 관련하여 필자는 성경본문(Text)뿐 아니라 콘텍스트(Conterxt)도 고려해서 이해해야 한다고 생각한다. 1세기 신약성경이 기록될 당시의 상황에서는 여성들이 사람이나 인격으로 대우를 받지 못하였다. 오병이어 사건에 대한 진술에서도 볼 수 있듯이, 사람의 수에도 헤아려지지(count) 못하는 것이 그 당시 여성의 신세였다[616] 1세기 당시 여자들은 사람으로조차도 여겨지지 않았는데, 예수님이 오셔서 여자 신자들에게도 침례를 베푸심으로 남녀 간의 성적인 차별(sexual discrimination)을 철폐하신 것이다.

여성들에 대한 남성들의 차별은 중세시대는 말할 나위가 없고 20세기초에 이르기까지도 계속되었다. 민주주의의 선두주자였던 영국에서조차도 제1차 세계대전(1914-1919) 후 1920년대에 와서야 비로소 여성들에게도 투표권이 주어졌으며 남성들과 대등한 참정권이 주어졌던 것이다. 오늘날 여성들의 교육수준이 남성들 못지 않게 높아졌고 신학대학원(Seminary)마다 여성신학도들이 하나님 나라를 위해서 쓰임 받고자 성실하게 준비를 하고 있는 마당에, 1세기적인 잣대를 가지고 여성사역자들에 대한 안수문제를 논하는 것은 현대라는 콘텍스트에 대한 고려가 전혀 없는 잘못된 성경해석이라고 생각한다.

남자가 하나님으로부터 소명을 받아 목사가 될 꿈을 가지는 것은 칭찬할만하며 하나님께 영광이 된다고 생각하고, 여자가 동일한 소명을 받아 목사가 될 꿈을 꾸고 있는 것은 불길하게 여기며 죄악시 한다면, 이는 참으로 시대착오적인 사고가 아닐 수 없다. 성경은 말씀하고 있다: "누구든지 그리스도와 합하여 침례를 받은 자는 그리스도로 옷 입었느니라. 너희는 유대인이나 헬라인이나 종이나 자유인이나 남자나 여자나 다 그리스도 예수 안에서 하나이니라"(갈 3:27-28).

여섯째로, 우주적인 교회(Universal Church)를 설명하는 마지막 부분에서, 2000년판에서는 "모든 부족과 언어와 백성과 국가로부터 온 신자들인"이라는 귀절을 부연하여 첨가하였다: "신약성서는 또한 모든 부족과 언어와 백성과 국가로부터 온 신자들인 모든 세대들의 모든

616) "먹은 사람은 여자와 어린이 외에 오천 명이나 되었더라"(마 14:21); "떡을 먹은 남자는 오천 명이었더라"(막 6:44), "이는 남자가 한 오천 명 됨이러라"(눅 9:14), "사람들이 앉으니 수가 오천 명쯤 되더라"(요 6:10).

구속받은 사람들을 포함하는 그리스도의 몸으로서의 교회에 대해서도 말하고 있다."[617]

우주적 교회(Universal Church)는 시대와 장소를 초월한 그리스도 안에 있는 모든 구속받은 신자들(all the redeemed believers in Christ)의 공동체를 의미하는데, "어떤 부족에 속해 있든, 어떤 언어를 사용하든, 어떤 백성이든, 어떤 나라 출신이든 상관 없이" 예수 그리스도를 믿는 신자라면 누구나 우주적 교회에 속한다는 것을 강조하고 있다. 이것은 어떠한 형태의 인종차별(racism)와 인종분리주의(segregation)도 그리스도 안에서는 있을 수 없다는 점을 강조한 것이다.

침례교 신앙이 다른 기독교 교단들의 그것과 특별히 구분되는 부분이 바로 교회론 분야이다. 침례교는 철저하게 신약성서적인 교회관을 견지하고 있다. 왜냐하면 교회란 신약시대의 산물이며 예수 그리스도의 죽음으로 말미암은 유산이기 때문이다. 창세 이후 하나님께서는 먼 장래에 죄인들을 구원하셔서 교회라는 공동체를 구성케 하여 그것을 통해 인류의 구원을 계획하셨기 때문이다.[618] 따라서 교회는 구약시대에는 감추어져 있던 하나의 신비인 것이다. 사도행전 2장에 언급되어 있는대로 성령님이 강림하심으로 지상에 교회가 탄생하였다. 신약성서적 교회란 "성령님을 모신 사람들," 즉 신자들의 공동체로서의 교회인 것이다.

침례교에서 말하는 교회는 철저하게 "믿는 자들의 공동체"(community of believers)라는 개념에서 출발한다. 그것은 개혁교회가 강조하는 "하나님의 예정과 선택을 받은 자들"이란 개념과는 구별된다. 교회란 어디까지나 신자들의 공동체요 침례로 신앙을 고백한 자들의 공동체요 성령을 모신 자들의 공동체요, 따라서 그것은 영적 출생을 경험한 자들의 공동체인 것이다. 따라서 지역교회(Local Church)를 가장 간단히 정의한다면 "침례 받은 신자들"(Baptized Believers)이라고 말할 수 있다. "침례교인의 신앙과 메시지"(2000)는 이렇게 표현하고 있다: "주 예수 그리스도의 신약성서적 교회는 침례받은 신자들의 자치적이고 지역적인 회중이다."[619]

특히 침례교인들은 교회란 "민주적인" 행정이 이루어지는 "자치적인" 기관임을 강조해서

---

617) Blount, *The Baptist Faith and Message 2000*, 213. "The New Testament speaks also of the church as the Body of Christ which includes all the redeemed of all ages, believers from every tribe, and tongue, and people, and nation."

618) 사도행전 7장에서 스데반 집사는 그의 설교 도중 "광야교회"라는 말을 사용하고 있긴 하지만, 그것은 비유적으로 사용한 말이지 신약성서적인 의미의 교회라는 뜻으로 사용한 말은 아니다. 영어성경에는 assembly in the desert라고 표현되어 있는데, "광야총회" 혹은 "과야회집"으로 번역 되어야 하는 것이 더 타당하다. 구약은 이스라엘 백성 공동체에 대한 하나님의 다루심을 설명하고 있는데, 그 공동체를 교회라고 말할 수는 없다. 지상에서 최초로 세워진 교회는 오순절날 설립된 예루살렘 교회(사도행전 2장)이다.

619) Blount, *The Baptist Faith and Message 2000*, 212. "A New Testament church of the Lord Jesus Christ is an autonomous local congregation of baptized believers."

믿고 있다: "각 회중은 그리스도의 주님되심(주권) 아래에서 민주적인 절차를 통해서 운영된다."[620] 침례로 자신의 신앙을 고백한 교회회원들은 균등한 책임과 의무를 진다. 미국에서는 대통령이나 국회의원 선거에서 18세 이상의 성인들에게 투표권이 주어지는데, 교회에서도 그 나이를 기준으로 하여 민주적인 다수결(democratic majority voting)의 원리에 따라 교회의 주요정책을 결정한다. 현재 한국에서는 19세의 성인에게 투표권이 주어지고 있다.

기독교는 신본주의(God-centeredness)이다. 하나님의 뜻에 따라 교회의 행정이 이루어져야 한다는 말이다. 그런데 그 하나님의 뜻을 어떻게 분별하는가? 목사 한 사람의 확신으로? 소수의 대표자들의 의견 합일로? 목사에게 임한 직통계시로? 아니다. 교회 전 회원들이 기도하며 하나님의 뜻을 찾고 그래서 투표를 통해 다수(majority)가 기쁨으로 동의하는 것, 그것이 참 하나님의 뜻이 아닌가? 보다 민주주의적인 교회행정이 한국침례교회에 요청된다고 하겠다. 필자는 이와 같은 민주주의 정치가 교회에서부터 제대로 이루어질 때 한국사회의 민주화도 조속히 이루어질 것이라 확신한다.

또한 남침례교회 내에 장로라는 직분을 가진 교회는 거의 없다. 신약성서의 가르침대로 장로 혹은 감독은 영적인 지도자(spiritual leader), 즉 오늘날 목회자를 가리키는 것으로 이해하고 있는 것이다. 성서의 장로와 오늘날 장로교회의 장로는 다르다. 장로교의 장로는 평신도 지도자이지만 성서의 장로는 영적인 지도자, 즉 목회자이다. 진정한 의미의 회중정치, 민주주의, 평신도운동, 전신자의 사역자화 운동이 일어나려면 조직 내에 여러 계층의 계급이 존재하면 안 된다. 누구와도 형제 자매로 통할 수 있는 평등한 신앙인들의 공동체에서만이 진정한 사랑의 교제와 협동이 이루어질 수 있는 것이다.

더 나아가서 직분을 계급이나 상하관계로 이해하는 의식을 탈피해야 한다. 물론 목사가 집사보다 더 많은 책임을 지고 있는 것은 사실이나 직분 그 자체가 계급은 아니다. 하나님의 일을 효과적으로 수행하기 위한 기능의 분화이지 높낮이가 아니라는 것을 먼저 목회자들부터 깊이 인식해야 한다. 교회의 직분은 하나님의 사역을 감당하기 위해 하나님께서 맡기신 것이지, 세속적인 명예욕을 채워주기 위해서 혹은 세상사를 성공적으로 이루기 위해서 있는 것이 아니다.

그리고 교회의 개념을 지역교회에 한정하지 않고 우주적인 교회(Universal Church)까지 언급하고 있다: "신약성서는 모든 부족과 언어와 백성과 국가로부터 온 신자들인, 모든 세대들의 모든 구속받은 사람들을 포함하는 그리스도의 몸으로서의 교회에 대해서도 말하고 있다."[621]

620) Ibid. "Each congregation operates under the Lordship of Christ through democratic processes."
621) Ibid., 213. "The New Testament speaks also of the church as the Body of Christ which includes all of the

우주적 교회(Universal Church)는 시대와 장소를 초월한 그리스도 안에 있는 모든 구속받은 신자들(all the redeemed believers in Christ)의 공동체를 의미하는데, "어떤 부족에 속해 있든, 어떤 언어를 사용하든, 어떤 백성이든, 어떤 나라 출신이든 상관 없이" 예수 그리스도를 믿는 신자라면 누구나 우주적 교회에 속한다는 것을 강조하고 있다. 이것은 어떠한 형태의 인종차별(racism)와 인종분리주의(segregation)도 그리스도 안에서는 있을 수 없다는 점을 강조한 것이다. 이는 19세기 중반 이후 20세기 초에 남침례교단 내에 유행했었던, 독선적이고도 배타적인 신앙운동이었던 지계석주의(Landmarkism) 신앙을 단호히 배제하는 규정이라 볼 수 있다.

7. 침례와 주의 만찬

침례교인들은 기본적으로 기독교적인 밥티스마는 침수례임을 확신하고 있다: "기독교적인 뱁티즘은 아버지와 아들과 성령의 이름으로 신자를 물 속에 잠그는 것이다."[622] 무엇보다도 "신자의 침례"(immersion of a believer)임을 강조하고 있다. 침례는 이미 예수를 믿은 자 혹은 예수 그리스도에 대한 확실한 신앙고백을 하는 자가 눈에 보이지 않는 영적인 신앙체험을 고백하고 선포하는 의식인 것이다.

따라서 침례교회에서는 믿음을 가졌다고도 볼 수 없고 믿음을 고백할 수도 없는 유아들(infants)에게 뱁티즘을 베푸는 것을 거부한다. 구약의 할례가 신약에 와서는 유아세례가 되었다고 유아세례론자들은 주장을 하지만, 그것은 복음에 대한 엄청난 오해이다. 성경에 그러한 언급이 한 군데도 없을 뿐 아니라, 구약의 할례가 하나님의 자녀로서의 증표로써 주어진 것이긴 하지만, 신약에서 하나님의 자녀가 되는 증표는 믿음, 즉 숭생(Regeneration)이지 형식이나 의식이 아닌 것이다. 예수 그리스도에 대한 인격적인 믿음으로 구원받아 하나님의 자녀가 되고, 그 사실을 고백하는 것이 신자의 침례인 것이다.

따라서 침례와 구원은 아무런 관계가 없는 것이다. 단지 믿음으로 구원받은 것을 고백하는 것이요 남은 생애 동안 예수님과 연합하여 살겠다고 하는 헌신의 표현인 것이다. 신자의 침례(Believer's Baptism)는 "눈에 보이지 않는 내면적 영적인 체험을 눈에 보이게 외면적으로 드러내 보이는 물리적인 표현인 것이다(a visible, outward, physical expression of the invisible, inward, spiritual experience). 앞으로 중생할 것을 전제해서 미리 유아세례를 베푼

---

redeemed of all ages, believers from every tribe, and tongue, and people, and nation."

622) Blount, *The Baptist Faith and Message 2000*, 213. "Christian Baptism is the immersion of a believer in water in the name of the Father, the Son, and the Holy Spirit."

다는 중생전제설 역시 너무나 인간적이고 감상적인 주장이다. 믿음에 가불이 있는가? "뱁티즘을 받으면 구원받는다"(Regenerational Baptism), 뱁티즘은 구원을 완성시킨다"라는 등의 주장을 침례교는 배격한다.

남침례교인들은 침례에 주로 다음과 같은 의미를 부여한다.

첫째, 그것은 순종(Obedience)이다. "가서 너희는 모든 족속으로 제자를 삼아… 침례를 주라"(마 28:19)는 예수님의 명령에 대한 순종이다. 침례는 신앙의 완성이나 성숙을 고백하는 것이 아니다. 예수를 처음 믿은 자의 첫 번째 순종이다. 영적인 순례의 출발점에서 치루어야 하는 신고식이다. 내용에 있어서도 순종해야 하고 형식에 있어서도 순종하는 것이 바람직하다.

둘째로, 그것은 예수 그리스도의 죽음과 장사와 부활에 대한 상징(Symbol)이다. 그 의식을 통해서 예수와 연합한 것을 고백하고 평생토록 연합한 상태에서 살 것을 헌신한다. 장사 죽음 부활이 그림처럼 상징되기 위해서는 침수침례가 되어야 한다. 세례(Sprinkling)로는 복음의 핵심인 예수 그리스도의 죽음과 부활이 제대로 상징되지 않는다. 기독교는 씻고 말리는 종교가 아니라 죽고 사는 종교이다.

셋째로, 그것은 교회회원이 되는 관문(Entrance to the Church Membership)이다. 이 점이 한국침례교회에서는 별로 인식되지 못하고 있는 부분이다. 앞에서 언급했듯이 침례교회는 "신자들"(Believers)의 공동체라고 했는데, 신자임을 어떻게 아는가? 눈으로 볼 수 있는 침례의식을 통한 신앙고백, 즉 "저도 여러분처럼 예수를 믿는 사람입니다"라는 선언을 침례를 받음으로써(By Baptism) 행한 사람이 교회회원이 되는 것이다.

한국침례교회에서 "교회회원 개념"(Church Membership Concept)이 없거나 희미한 것도 앞으로는 시정되어 마땅하다. 방문자가 예수를 믿든 안 믿든 교회만 찾아오면 등록시켜서 교회회원인 것처럼 간주하는데 그것은 침례교회의 교회개념과 맞지 않는 것이다. 민주적인 회중정치가 제대로 뿌리를 내리고 공정한 투표가 교회 내에서 이루어지기 위해서는 회원개념이 분명히 서야 한다. 누가 투표권을 갖는가에 대한 분명한 선을 그어야 하기 때문이다. 따라서 성서적인 침례를 받은 자가 교회회원이 되고 미국의 경우 만 18세 이상된 자가 투표권을 갖는다.

그래서 "침례교인의 신앙과 메시지"는 이렇게 진술하고 있다: "(침례는) 교회의 의식으로서, 교회회원의 특권과 주의 만찬에의 참여에 전제조건이다."[623] 성경은 "그 말을 받는 사람들은 침례를 받으매 이 날에 제자의 수가 삼천이나 더하더라"(행 2:41)고 말함으로써

623) Ibid., 214. "Being a church ordinance, it is prerequisite to the previleges of church membership and to the Lord's Supper."

예루살렘 교회의 회원이 침례를 받은 자들로 인하여 증가했음을 기록하고 있다.

주의 만찬(Lord's Supper) 역시 상징이요 기념이다. 침례교회의 주의 만찬관은 로마가톨릭 교회의 화체설(Transubstantiation), 루터란 교회의 공재설(Consubstantiation), 그리고 장로교회의 영적 임재설(Spiritual Presence)을 배격한다. 그것들은 모두 성례전적인(Sacramental) 의미, 즉 의식 그 자체가 하나님의 은혜의 전달 통로로 보는 신비적이요 미신적인 입장을 취하고 있기 때문이다. 이상의 학설들은 떡과 잔에 하나님 혹은 성령께서 어떻게 임재하시는가에 관해서 설명하고 있는데, 근본적으로 성령은 떡이나 포도주와 같은 물질에 임하는 것이 아니라 참예자의 심령에 임하는 것이다.

따라서 떡은 여전히 떡이요 잔은 여전히 잔인 것이다. 그것들은 예수님의 살과 피를 상징할뿐이며 참여자는 자신의 구원을 위해서 이루신 예수님의 구속사역을 기념할뿐이다. 참예자가 떡과 잔을, 자신을 위해서 십자가 상에서 찢기시고 흘리신 예수님의 살과 피로 "간주하여"(regard) 감사하는 것이다. 2000년 전에 있었던 예수님의 구속사건을 주의 만찬을 통해 재현하고 재음미하는 감격과 감사의 의식인 것이다: "주의 만찬은 순종의 상징적 행위이며… 구속주의 죽음을 기념하는 것이며 그 분의 재림을 기대하는 것이다."[624]

여기서 한 가지 지적하고 싶은 것은 한국 교회가 "성만찬," "성찬," "성찬식," "성만찬식"이라는 용어를 사용하고 있다는 사실이다. 적지 않은 한국의 침례교회들도 역시 마찬가지이다. 이상의 용어들은 위에서도 언급했던 성례전적인 개념(Sacramentalism)이다. 로마가톨릭적인 신비주의와 미신이 배어 있는 용어이다. 신약성경은 "주의 만찬"(Lord's Supper), 즉 주님께서 베푸신 식사, 주님이 주인이신 만찬이란 용어를 사용하고 있다(고전 11:20). 성경에서 사용된 좋은 말이 있는데 왜 인간이 만든 신학용어, 그것도 인간적인 미신이 포함된 용어를 사용하는가?

침례교인들은 일반적으로 신앙고백에서도 표현되어 있듯이 온건한 폐쇄만찬(moderate closed communion)의 입장을 취하고 있다고 생각한다.[625] 주의 만찬이 교회의 의식이요 침례가 교회회원권과 주의 만찬에의 참여에 전제조건임을 명시하고 있기 때문이다. 일반적으로 예수 그리스도를 진심으로 믿고 침례나 세례를 받은 자들에게 떡과 잔을 받도록 하고 있다.

624) Ibid. "The Lord's Supper is a symbolic act of obedience…, memorialize the death of the Redeemer and anticipate His second coming."

625) Ibid. 지계석주의자(Landmarkist)들은 침례가 교회에 위임된 의식이기 때문에 오직 교회회원들만이 참여할 수 있다고 주장하였다. 다시 말해서 침례를 받았다고 하더라도 다른 교회로부터 방문하여 예배에 참석한 자는 떡과 잔을 받아서는 안 된다고 하는 입장인데, 이것은 극단적인 엄격한 폐쇄만찬(extremely strict closed communion)이다.

8. 주일

“주일”(The Lord's Day)과 관련해서도 2000년판 신앙고백에서는 경미한 수정을 가하였다. 첫째로, 1963년판에서는 “(활동들)에 사용되어야 한다”(should be employed in)라는 문귀를 사용했는데, 2000년판에서는 “(활동들)을 포함시켜야 한다”(should include)로 변경하였다: “주일은 … 공적이든 사적이든 예배와 신령한 경건을 위한 활동들을 포함시켜야 한다.”[626] 두 표현 사이에 신학적인 차이는 크게 있어 보이지 않는다.

둘째로, 주일날을 어떻게 지낼 것인지를 규정하는 내용에 있어서, 1963년판에서는 “(주일날에는) 세속적인 행락들을 삼가고 꼭 필요한 일이거나 자비를 베푸는 일만을 제외하고는 세속적인 일들로부터 휴식을 취한다”(by refraining from worldly amusements, and resting from secular employments, works of necessity and mercy only being excepted)[627]라고 되어 있었는데, 2000년판에서는 “주일에 하는 활동들은 예수 그리스도의 주님되심(주권) 아래에서 그리스도인의 양심에 부합되게 해야 한다”(Activities on the Lord's Day should be commensurate with the Christian's conscience under the Lordship of Jesus Christ)[628]는 문장으로 교체하였다.

2000년판 신앙고백은 주일(Lord's Day)은 구약의 안식일(Sabbath Day)과는 다르며, 안식일을 지키듯이 주일을 지키는 것은 복음적인 태도가 아니라는 입장을 명문화했다고 볼 수 있다. 율법주의적인 태도로 “안식일 율법”(Sabbath laws)에 따라 주일을 지키는 것이 아니라, 그리스도인의 양심에 스스럼이 없고 동시에 예수 그리스도의 주님되심(주권) 아래에 순복하면서 양심에 거리낌이 없이 주일을 보내라는 것이다. 그렇다고 해서 예배출석이나 경건시간 갖는 것을 경시하거나 무시해도 좋다는 의미는 아니다.

주일날 예배를 드린 후 노상전도나 결석교인들 심방 등의 봉사사역을 할 수도 있지만, 건강을 위해 조깅을 하거나 자전거를 타거나, 취미생활을 위해 음악을 듣거나 독서를 하거나, 휴식을 위해 낮잠을 자거나 TV를 보거나, 어떠한 활동들도 각 그리스도인의 개인적인 양심에 따라 자유롭게 할 수 있다는 것이다. 활동의 다양성이 예수 그리스도의 주님되심 아래에서 각 개인에 따라 존중되어야 한다는 점을 강조하고 있는 것이다.[629]

요즈음 한국기독교계에서는 지극히 일부의 사람들이 “일요일”(Sunday)은 로마제국 당시

626) Ibid., 215. “It ... and should include exercises of worship and spiritual devotion, both public and private.”
627) Ibid.
628) Ibid.
629) Seal, “A Comparative Analysis,” 57-8.

태양숭배의 날이었기 때문에 일요일날 예배를 드리는 것은 우상숭배의 죄를 범하는 것이라고 주장하면서, 십계명 중 네 번째 계명인 "네 하나님 여호와가 네게 명령한대로 안식일을 지켜 거룩하게 하라"(신 5:12)는 명령을 따라야 한다고 말하고 있다.[630)]

안식일은 토요일에 해당되는 날이니 성도들이 토요일날을 구별하여 예배를 드리고 경건하게 지내야 한다고 주장하고 있다. 마치 제칠일안식일교회(안식교)에서 주장하듯이 성도들이 일요일날 모여 예배를 드리는 관습은 십계명을 범하는 것이라는 점을 강조하고 있다.

그러나 침례교인들은 이렇게 믿지 않는다. 그들은 초대교회 신자들이 "안식 후 첫날"(행 20:7) 혹은 "매주일 첫날"(고전 16:2), 즉 토요일(안식일) 다음 날인 일요일날을 "주의 날"(주일, Lord's Day, 계 1:10)로 정하여, 예수 그리스도의 부활하심을 찬양하고 기념하고 감사하여 예배를 드리는 날로 삼았다는 점을 강조한다. 토요일은 일주일 중 일곱 번째 날인데 하나님께서 천지만물 즉 물리적인 자연세계(physical natural world)를 만드시고 쉬신 날인데 비하여, 일요일은 일주일 중 첫번째 날로서 하나님께서 영적인 구원(spiritual salvation)을 완성하시고 쉬신 날인 것이다. 다시 말해서 안식 후 첫날 예수님께서 부활하셔서 죽음의 권세를 물리치시고 영원한 승리를 거두신 것이다.

예수님의 십자가 사건과 부활 사건으로 말미암아 구원을 받은 성도들은 "부활하신 날" 한 자리에 모여 찬양과 경배를 드리고 하나님의 말씀을 듣고 교제를 나누는 것이다. 일요일이 로마제국 당시 이교적인 우상숭배의 날이었던 것은 사실이지만, 동시에 주님이 부활하여 승리하신 날이기 때문에 기독교회에서는 그 날을 "주의 날"(Lord's Day)로 정하여 기념해 오고 있는 것이다. 다시 말해서 "주의 날"이 일요일을 정복해서(conquer) 그 날에 새로운 기독교적인 의미를 부여해 버린 것이다.

침례교인들은 주일(Lord's Day)은 구약의 안식일(Sabbath Day)과는 다르며 안식일을 지키듯이 율법적으로 주일을 지키는 것은 복음적인 태도가 아니라고 본다. 주일은 "지키는"(observe) 날이 아니라 "축하하는"(celebrate) 날인 것이다. 그래서 2000년판 남침례교 신앙고백에서는 "주일에 하는 활동들은 예수 그리스도의 주님되심(주권) 아래에서 그리스도인의 양심에 부합되게 해야 한다"[631)]라는 포괄적인 규정을 둚으로써 안식일 율법을 지키듯이 주일을 성수하는 것을 도리어 경계하고 있다.

율법주의적인 태도로 "안식일 율법"(Sabbath laws)에 따라 주일을 지키는 것이 아니라,

630) 이 주제와 관련하여 최근 번역 출간된 저술은 다음과 같다. Samuelle Bachiocchi, 「안식일에서 주일로」(*From Sabbath to Sunday*), 이국헌 역 (서울: 나무그루, 2012).

631) Blount, *The Baptist Faith and Message 2000*, 215. "Activities on the Lord's Day should be commensurate with the Christian's conscience under the Lordship of Jesus Christ."

그리스도인의 양심에 거리낌이 없고 동시에 예수 그리스도의 주님되심(주권) 아래에 순복하면서 양심에 거리낌이 없이 주일을 보내라는 것이다. 그렇다고 해서 예배출석이나 경건시간 갖는 것을 경시하거나 무시해도 좋다는 의미는 아니다. 주일날 예배를 드린 후, 어떠한 건전한 활동들도 각 그리스도인의 개인적인 양심에 따라 자유롭게 할 수 있다는 것이다. 활동의 다양성이 예수 그리스도의 주님되심 아래에서 각 개인에 따라 존중되어야 한다는 점을 강조하고 있는 것이다.[632]

9. 하나님의 왕국

모든 그리스도인들은 두 나라의 시민권(dual citizenship)을 가진다. 지상의 나라의 시민권과 천국의 시민권이다. 그래서 예수님은 "그런즉 너희는 먼저 그의 나라와 그의 의를 구하라"(마 6:33)고 말씀하셨다. 그의 나라 즉 하나님의 왕국(God's Kingdom)은 그리스도인들이 "먼저" 구해야 할 나라이다. 하나님의 왕국은 하나님의 통치가 미치는 영역이다. 그리스도인들은 지상의 나라에 살면서도 하나님의 왕국의 통치를 받고 사는 사람들이며, 동시에 그 왕국의 법, 즉 그 분의 의를 추구하며 따르며 살아야 하는 사람들이다.

침례교인들은 이 두 나라 사이에서 긴장을 느끼며 살면서도 하나님의 왕국의 백성으로서 하나님의 뜻과 목적과 가치를 우선시하며 사는 사람들이다. 2000년판 남침례교 신앙고백은 이렇게 진술하고 있다: "하나님의 왕국은 우주에 대한 그 분의 일반적인 통치와 동시에 그 분을 의지적으로 왕으로 모신 사람들에 대한 그 분의 특별한 왕권을 내포하고 있다."[633]

그리스도인들은 하나님의 왕국이 하늘에서 이루어지고 있는 것같이 이 땅 위에도 이루어지도록 그리고 하나님의 원대하시고 거룩하신 뜻이 이 땅에 이루어지도록 간절히 기도해야 한다. 하나님의 왕국이 완전한 절정을 이루게 되는 것은 예수 그리스도의 재림의 때와 이 세대의 종말의 때일 것이다.[634]

---

632) Timothy C. Seal, "A Comparative Analysis of the Theological Heritage of the 2000 Revisions to the 'Baptist Faith and Message' in Relation to the 1963 and 1925 Confessions," Unpublished Ph. D. dissertation, Mid-America Baptist Theological Seminary, 2003, 57-8.

633) Blount, *The Baptist Faith and Message 2000*, 215. "The Kingdom of God includes both His general sovereignty over the universe and His particular kingship over men who willfully acknowledge Him as King."

634) Ibid.

10. 종말

침례교인들은 여타의 그리스도인들처럼 부활하여 살아계신 예수 그리스도께서 언젠가 심판주로서 다시 재림하실 것이며 결국 종말(Last Things)의 때가 장차 다가올 것이라고 믿는다. 기독교인의 시간관은 시작이 있었고 언젠가 시간이 마무리될 날이 있음을 믿는 것이다. "그 날" 혹은 "그 때"에 역사의 끝이 있음을 믿는다.

그러나 침례교인들은 예수님의 재림과 관련해서 자세하게 학설들을 따지고 주장하지 않는다. 역사적 전천년설, 세대주의적 전천년설, 후천년설, 무천년설 등 어느 한 주장만을 진리라고 강조하지 않는다. 단지 예수 그리스도께서 장차 언젠가 오실 것이고 믿는 자들과 믿지 않는 자들에 대한 심판이 있을 것이고 역사가 마감될 것에 대해서만 언급한다. 2000년판 남침례교인들의 신앙고백은 이렇게 규정하고 있다:

> "하나님께서는 그 분 자신의 때와 그 분 자신의 방법으로 이 세상을 종말로 이끄실 것이다. 자신의 약속에 따르면 예수 그리스도는 개인적으로 가시적으로 영광스럽게 이 땅에 오실 것이다; 그래서 죽은 자들이 일어나고; 그리스도는 모든 사람들을 의로 심판하실 것이다."[635]

초림하신 예수님은 갓난 아기로 연약한 모습으로 마굿간에서 태어나셨지만, 재림하시는 예수님은 "호령과 천사장의 소리와 하나님의 나팔소리로 친히 하늘로부터"(살전 4:16) 강림하실 것이다. 불의한 자들(the unrighteous)은 영원한 형벌의 장소인 지옥으로 떨어지게 될 것이고, 의로운 자들(the righteous)은 부활한 영광스러운 몸으로 자신들의 공로에 따라 보상을 받게 될 것이고 영원토록 천국에서 주님과 함께 거할 것이다.[636]

11. 전도와 선교

"전도와 선교"(Evangelism and Missions) 항목에서도 2000년판 "침례교인의 신앙과 메시지"에는 1963년판의 그것에 수정을 가하였다.

첫째로, 전도와 선교와 관련하여 1963년판에서는 없던 한 문장이 2000년판에 새롭게 첨가되었다: "주 예수 그리스도께서는 모든 민족들에게 복음을 설교하라고 명령하셨다"(The

635) Ibid., 216. "God, in His own time and in His own way, will bring the world to its appropriate end. According to His promise, Jesus Christ will return personally and visibly in glory to the earth; the dead will be raised; and Christ will judge all men in righteousness."

636) Ibid.

Lord Jesus Christ has commanded the preaching of the gospel to all nations).[637] "침례교 성경 귀절"(Baptist phrases)이라고 불리우는 마태복음 28장 18-20절의 내용 중 "그러므로 너희는 가서 모든 민족을 제자로 삼아"라는 구절을 신앙고백 속에 포함시켰다고 볼 수 있다. "복음의 설교"(the preaching of the gospel)가 없는 전도와 선교는 "모든 민족을 제자로 삼는 일을 위해서" 불완전한 것임을 확인시킨 것이다. 특히 "전도"(evangelization)나 "선포"(proclamation)나 "선전"(propagation) 등의 용어가 아니라 "설교"(preaching)란 단어가 사용된 것도 관심을 끈다.

둘째로, 1963년판에서는 "개인적인 노력으로"(by personal effort)라는 표현을 2000년판에서는 "그리스도인의 삶의 양식으로 뒷받침되는 구두의 증언에 의하여"라는 표현으로 변경하였다: "그리스도인의 삶의 양식으로 뒷받침되는 구두의 증언에 의하여 언제나 잃어버린 자들을 구원시켜 그리스도께로 인도하는 것은 모든 하나님의 자녀의 의무이다."[638]

"구두의 증언"(verbal witness)이 한 영혼을 주님께로 인도하기 위한 필수적인 방법이어야 한다는 사실을 분명히 하였다. 왜냐하면 "믿음은 들음에서 나며 들음은 그리스도의 말씀으로 말미암기"(롬 10:17) 때문이다. 라이프스타일 전도(Lifestyle Evangelism)나 관계전도(Relational Evangelism)가 필요한 것은 사실이지만, 사람들은 전도인의 삶(evangelist's life)을 통해서가 아니라 그리스도의 죽음(Christ's death)과 부활(resurrection)에 관한 기쁜 소식, 즉 복음을 들음으로써 구원받는다는 사실을 강조한 것이다.[639]

그렇지만 구두의 증언이 효과적인 열매를 맺기 위해서는 복음전도인이 하나님의 자녀와 일꾼으로서 자신의 변화된 삶의 양식(changed lifestyle)을 생활화 해야 한다. 변화받은 삶의 양식으로 인해, 다시 말해서 그리스도 안에서 기뻐하고 행복해 하며 다른 사람들을 섬기고 사랑하는 것을 즐거움으로 여기는 삶의 양식(lifestyle)으로 인해, 전도대상자가 감동을 받을 때 결과적으로 복음전도의 열매가 잘 맺어지게 된다는 것이다.[640] 이러한 의미에서 복음전도인의 영혼구원 활동은 "그리스도인의 삶의 양식에 의해 뒷받침되는"(undergirded by a Christian lifestyle) 구두의 증언이 되어야 하는 것이다.

침례교인들에게는 "그 책의 사람들"(People of THE Book), "신앙고백의 사람들"(people of the confessions), "비신조의 사람들"(people of non-creeds) 등의 별명들이 붙어 있지만, 침례교인들을 특징짓는 가장 확실한 별명은 "영혼구원과 선교의 사람들"(people of soul-winning

637) Blount, *The Baptist Faith and Message 2000*, 219.

638) Ibid. "It is the duty of every child of God to seek constantly to win the lost to Christ by verbal witness undergirded by a Christian lifestyle."

639) Seal, "A Comparative Analysis," 59.

640) Ibid.

and missions)이라고 필자는 생각한다.

성경 가운데 많은 감동과 도전을 주는 성경귀절들이 많이 있지만, "침례교인들의 성경 귀절"(Baptist phrases)이라 불리우는 구절은 요한복음 3:16과 마태복음 28:18-20이다. 전자는 구신약 성경 전체를 통틀어 복음의 산봉우리들 가운데 최고봉에 해당한다고 볼 수 있는 귀절이다. 후자는 예수님께서 승천하시기 직전에 제자들에게 주신 유언의 말씀이고 그 말씀은 "주님의 지상명령"(the great commission)으로 불리우고 있다. 침례교인들은 "주님의 지상명령"을 실천하기 위해 헌신하는 그리스도인들이라고 감히 말할 수 있다.

침례교 역사에서 자랑스럽게 여기는 인물이 있다. 그는 "근대선교운동의 아버지"(Father of the Modern Missionary Movement)라는 별명을 가진 영국 침례교 목사 윌리암 캐리(William Carey, 1761-1834)이다. 그는 1792년 10월에 영국 케터링에서 최초의 해외선교를 위한 후원단체인 "침례교선교협회"(Baptist Missionary Society)를 조직하였고, 이듬 해(1793년)에 기족들과 함께 인도인들을 구원하기 위해 당시 영국식민지 인도의 수도인 캘커타를 향해 항해하는 배에 몸을 실었다. 그의 인도 선교사역이 영국과 미국에 알려지면서 많은 해외선교단체들이 결성되었고, 미국에서는 1814년에 해외선교를 일차적인 목적으로 하는 최초의 침례교 전국총회인 일반선교총회(General Missionary Convention)이 조직되었다.

그러면서 19세기에는 미국이 중심이 되어 전세계를 향해 복음을 선포하고 하나님의 사랑을 실천하는 개신교선교의 세기, 즉 "위대한 세기"(The Great Century)를 열리게 되었다. 그래서 윌리암 캐리에게 침례교 후배들이 자랑스러워 하는 별명이 붙여지게 된 것이다. 침례교인들이 자랑하는 많은 교리적인 정체성(doctrinal identity)도 있지만, 무엇보다도 침례교인들은 "영혼을 구원하는 사람들, 선교하는 사람들"이라는 별명에 큰 자부심과 함께 책임감을 가져야 할 것이다.

2000년판 남침례교인들의 신앙고백에서는 "모든 족속들을 제자삼는 일에 헌신하는 것은 그리스도를 따르는 모든 자들과 주 예수 그리스도의 모든 교회들의 의무이자 특권이다"[641] 라고 진술하고 있다. 전도와 선교는 그리스도인 개인은 물론 교회의 의무임과 동시에 특권이다. 예수님은 "모든 족속들"(all nations)이 자신의 제자들이 되기를 기대해서 제자들에게 지상명령을 내리셨다. 예수님의 제자가 된다는 것은 예수님을 믿어 그 영혼이 구원을 받고, 예수님께 배우는 자(learner) 그리고 예수님을 따르는 자(follower)가 된다는 의미이다.

침례교인들은 마태복음 28장 18-20절의 말씀이 오늘날에도 여전히 유효한 예수님의 마지막 유언의 말씀으로 받아들인다. 따라서 침례교인들은 입을 열어 복음의 비밀을 가르치

641) Ibid., 218. "It is the duty and privilege of every follower of Christ and of every church of the Lord Jesus Christ to endeavor to make disciples of all nations."

고 설교함으로 전도할뿐만 아니라, 변화된 인격과 변화된 삶의 축복을 주위 사람들에게 현실적으로 보여줌으로 전도해야 한다고 믿는다.

12. 교육

2000년판 신앙고백에서는 "교육"(Education)과 관련한 조항에서 앞머리 부분에서 네 문장을 첨가하였다. 이 문장들은 1925년판 신앙고백에 들어 있던 내용이었는데 1963년판 신앙고백에서는 삭제되었다. 2000년판에서는 그 내용을 고스란히 다시 첨가하여 삽입하였다:

> "기독교는 계몽과 지성의 믿음이다. 예수 그리스도 안에는 지혜와 지식의 모든 보물들이 거한다. 그렇기 때문에 모든 건전한 배움은 우리 기독교 유산의 한 부분이다. 신생으로 인해 인간의 모든 가능성이 열리며 지식탐구의 갈증이 잉태된다."[642]

성서적인 믿음과 신앙생활은 기독교교육과 무관하지 않다는 것이다. 진리이신 예수 그리스도와 기독교교육은 결코 분리할래야 분리할 수 없다는 점을 명시해 주고 있다. 성경은 하나님을 경외케 하는 교육의 필요성과 유용성에 대해 언급하고 있다(잠 2:3-6; 잠 9:9-10).

침례교인들은 교육을 믿는 사람들이다. 특히 성경 "교육"은 불신자를 구원시키는데 그리고 이미 구원받은 성도를 성숙되고 헌신된 예수님의 제자로 양육시키는데 가장 확실한 방법임을 믿고 있다. 남침례교회라면 주일학교(Sunday School)가 없는 곳이 없다. 그리고 주일학교라면 요람에서 무덤까지, 갓난아이에서부터 노년에 이르기까지 연령별로 성경공부반이 편성되어 있다. 대체로 주일 아침예배를 드리기 전에 약 1시간 정도 분반공부를 한다. 아이를 가진 부모들은 영아부나 유치부에 자기 아이를 맡기고 자기 반으로 들어간다. 미국 아이들은 태어나면서부터 그렇게 훈련되어 있기 때문에 보채거나 울지 않는다. 아이들을 맡긴 부모들은 방해받지 않은 상태에서 성경공부도 하고 예배도 드린다. 우리나라처럼 대형 유리로 칸막이 된 영아실은 없다.

주일학교는 전 교인들을 조직화하고 통계화하는 기본단위이다. 우리나라 교회가 구역예배 조직을 그렇게 하는 것과 유사하다. 교회 출석인원을 파악할 때에도 주일학교 출석부에 기재된 출석자수를 셈한다. 중대형 교회의 경우 주일학교반은 성도의 교제를 위한 기본

642) Blount, *The Baptist Faith and Message 2000*, 219-20. "Christianity is the faith of enlightenment and intelligence. In Jesus Christ abide all the treasures of wisdom and knowledge. All sound learning is, therefore, a part of our Christian heritage. The new birth opens all human faculties and creates a thirst for knowledge."

단위가 된다.

영아부에는 아기 양육의 경험이 많은 어머니나 할머니, 할아버지들이 교사가 된다. 기저귀를 갈아주며 "Jesus Loves Me This I Know"(예수 사랑하심은) 등의 찬양을 불러주기도 하고, 어린이들을 위한 성경 이야기들을 읽어주기도 하면서 알게 모르게 기독교 진리를 가르친다. 또 필자가 감명 깊게 경험했던 목회 중의 하나는 아내가 임신을 했을 때 출산 때까지 어느 중년 부인이 임산부와 태아를 위해서 각별한 관심을 가지고 돌보아 주고 조언과 기도를 해 주는 것이었다. 특히 첫 아기를 가진 임산부에게는 그러한 목회가 여간 큰 도움이 아닌 것이다.

결혼을 미루고 있거나 이혼을 했거나 부부 중 한 쪽과 사별을 한 성도들을 위한 목회(Ministry to the Singles)도 중형 이상의 교회에서는 필수적이다. 주일학교 독신자반은 서로의 아픔을 공감하며 상호 위로와 격려가 되기도 하며 건전한 남녀교제와 짝찾기의 장이 되기도 한다. 이혼율과 사고로 말미암은 죽음이 증가하고 있는 한국의 현실에서 독신자들을 위한 목회는 시급하다고 하겠다. 하나님은 이혼은 미워하시지만 이혼자들은 사랑하시는 분이니까.

주일학교 외에 중요한 훈련 프로그램은 주일 저녁예배 전에 갖는 "침례교훈련회"(BTU, Baptist Training Union)가 있다. 주일 저녁예배에는 기신자들이나 열심 있는 성도들이 오기 때문에 그들을 위한 제자훈련반이 제공된다. 청지기 사명, 침례교 집사와 집사사역, 기독교의 주요 교리, 교회역사, 성경책별 연구, 주제별 성경연구, 침례교 교리 등 성인 성도들이 보다 단단한 영의 음식을 먹는 시간이다.

이 시간에 어린이들은 생명길기독자원부(Lifeway Christian Resource)나 국제선교부(International Mission Board) 등에서 제공하는 교재로 선교공부(Mission Study)를 한다. 선교지의 역사 문화 종교 등이나 선교의 역사, 주요 선교사들의 삶 등에 관해서 배운다. 선교사들이나 그 자녀들(MK, Missionary Kids)에게 편지를 쓰기도 한다. 부활절이나 성탄절이 가까워 오면 국내선교와 해외선교에 대해서 배우고 특별선교 헌금 캠페인(국내선교를 위한 Annie Armstrong 부활절 선교헌금, 해외선교를 위한 Lottie Moon 성탄절 선교헌금)에 동참한다.

침례교 신앙에서 가장 중요한 덕목은 "자유"(freedom)인데, 교육과 관련해서 말하면 학문연구의 자유와 그 자유의 한계에 관한 문제가 필수적으로 뒤따른다. 자유로운 학문연구를 촉진시키는 침례교 정신이 있는데, 그것들은 모든 신자들의 제사장 직분(priesthood of all believers), 신조주의의 거부(rejection of creedalism), 인간의 죄성에 대한 현실적인 견해(realistic view of the nature of human sin) 등이다. 침례교의 신앙원리들과 학문의 자유는 함께 손을 맞잡고 있는 것과 같다.[643] 2000년판 남침례교 신앙고백은 진술하고 있다:

"기독교교육에 있어서 학문의 자유와 학문의 책임 간에는 적절한 균형이 필요하다. 인간의 삶에서 질서정연한 관계를 유지함에 있어서 자유는 항상 제한을 받게 되고 결코 절대적이지 않다. 기독교 학교와 대학, 혹은 신학원에서 가르치는 자의 자유는 예수 그리스도의 탁월성에 의해, 성경의 권위적인 성격에 의해, 그리고 학교가 존재하는 분명한 목적에 의해 제한을 받는다."644)

크리스천 학자는 죄성을 가진 연약한 인간임을 스스로 항상 염두에 두어야 한다. 인간의 지성은 성령 하나님의 통제를 받지 않는 한 언제나 타락할 수 있고 진리로부터 멀어질 수 있다는 깨달음이 필요하다. 그래서 크리스천 학자는 "겸손의 신학"(theology of humility)을 가져야 한다. 학자는 겸손해야 하며 언제나 수정과 성장을 향해 열려 있는 자세를 가져야 한다. 침례교 신앙과 신학은 학문의 자유가 최대한 보장되는 풍토 속에서 가장 활발하게 부흥할 수 있다. 우리 침례교의 유산은 창조성과 학문연구의 자유 그리고 학문연구의 책임성 등이 최대한 존중될 때 가장 잘 전승될 수 있다.645)

13. 청지기 직분

침례교인들은 하나님의 은혜를 입은 하나님의 자녀들은 누구나 청지기 직분(Stewardship)의 삶을 살아야 한다고 믿는다. 왜냐하면 크리스천이 소유하고 있는 모든 것들의 주인은 궁극적으로 하나님이시라고 믿고 있기 때문이다. 2000년판 남침례교 신앙고백은 이렇게 규정하고 있다:

"하나님은 일시적인 것이든 영적인 것이든 모든 축복들의 원천이며; 우리의 모든 소유와 모든 존재는 하나님으로부터 연유하고 있다…. 그러므로 그리스도인들은 자신들의 시간과 재능과 물질적인 소유를 가지고 하나님을 섬길 의무가 있고; 하나님의 영광을 위하여 그리고 이웃들을 돕기 위하여 이 모든 것이 자신들에게 위탁되어 있는 것으로 인식하여야 한다."646)

---

643) Charles W. Deweese, ed., *Defining Baptist Convictions*, 192.

644) Blount, *The Baptist Faith and Message 2000*, 220. "In Christian education there should be a proper balance between academic freedom and academic responsibility. Freedom in any orderly relationship of human life is always limited and never absolute. The freedom of a teacher in a Christian school, college, or seminary is limited by the pre-eminence of Jesus Christ, by the authoritative nature of the Scriptures, and by the distinct purpose for which the school exists."

645) Deweese, *Defining Baptist Convictions,* 195, 197.

646) Blount, *The Baptist Faith and Message 2000*, 221. "God is the source of all blessings, temporal and spiritual; all that we have and are we owe to Him..... They are therefore under obligation to serve Him with their time, talents, and material possessions; and should recognize all these as entrusted to them to use

따라서 하나님께서 필요로 하신다면 그리스도인들은 하나님 나라와 교회를 위하여 십일조를 비롯해서 감사헌금, 선교헌금, 건축헌금, 구제헌금 등 각종 명목의 헌금을 기도제목과 함께 하나님께 드려 청지기로서의 사명을 감당한다. 그것은 그리스도인의 의무이기도 하지만 하나님의 사랑을 크게 입은 자로서의 특권이다. 신앙고백은 이렇게 마무리하고 있다: "성경에 따라 그리스도인들은 이 땅에서 구속주의 목적을 성취하기 위하여 자신들의 물질수단을 기쁜 마음으로, 정기적으로, 조직적으로, 비율적으로, 그리고 후하게 드려야 한다."[647]

14. 협동

침례교인들은 기본적으로 개인주의자(individualist)이다. 신앙의 본질을 각 개인이 하나님을 개인적으로 만나고 체험하고 마음 속에 모셔들이는 것으로 이해하고 있다. 그래서 부모의 신앙이나 부모의 교회생활에 근거하여 베풀어지는 유아세례(infant baptism) 관행을 거부한다. 뱁티즘은 예수 그리스도를 개인적으로 경험하고 구원을 받은 신자 개개인이 신앙고백의 한 방편으로 받는 것으로 이해한다. 오직 신자에게만 침례를 베푸는 신자의 뱁티즘(believer's baptism)을 행하는 사람들이 침례교인들이다. 동시에 교회를 중생한 신자 개개인을 회원으로 삼는 교회(regenerate church membership), 즉 회원교회(membership church)로 이해하고 있다. 침례교인들은 개교회의 독립성(indepence)과 자치권(autonomy)을 침례교교회론에 있어서 매우 중요한 가치로 여긴다.

그러나 동시에 침례교인들은 협동하는 사람들(cooperative people)이다. 건전한 개인주의(sound individualism)는 협동(cooperation)을 전제로 한다. 교회와 교단은 개인성과 함께 공동체성을 갖는다는 점을 강조한다. 개교회가 감당하기에는 역부족일 수밖에 없는 교단 차원의 선교활동이나 구제사업, 교회개척 그리고 영적 지도자들의 배출을 위한 신학교육 등을 위해서는 기꺼이 협력하고자 하는 사람들이 침례교인들이다. 그래서 지방회(association), 주총회(state convention), 전국총회(convention) 등의 조직을 통해 협력하는 것이다. 남침례교 신앙고백은 이렇게 진술하고 있다:

> "그리스도의 사람들은, 필요한 경우에 따라서, 하나님의 왕국의 위대한 목적을 위해 최상의 협력을 이끌어 내기 위하여 지방회나 총회를 조직한다. 그러한 기관들은 기관들 상호간이나 교회들에 대하여 어떠한 권위도 가지지 않는다. 그것들은 우리 백성들의 에너지들을 가장 효

---

for the glory of God and for helping others."

647) Ibid. "According to the Scriptures, Christians should contribute their means cheerfully, regularly, systematically, proportionately, and liberally for the advancement of the Redeemer's cause on earth."

> 과적인 방법으로 이끌어 내고, 연합시키고, 지도하기 위하여 의도된, 자발적이고 보조적인 기관들이다."[648]

남침례교 사역의 가장 특징적이고 효과적인 것 가운데 하나는 협동 프로그램(Cooperative Program)이다. 이 제도는 1925년 테네시주 멤피스 연차총회 시에 총회적인 차원에서 결의하여 시행된 것인데, 남침례교 총회(SBC)가 20세기에 폭발적으로 부흥하여 개신교 최대의 교단이 되고 가장 많은 해외선교사들을 파송하는 교단이 될 수 있었던 것은 협동 프로그램의 도입에 있었다고 볼 수 있다.[649]

이 제도를 간단히 설명하면, 각 지역교회들이 예산 혹은 헌금수입의 10%정도씩을 자발적으로 주총회로 헌금하고, 주총회에서는 지역교회들로부터 받은 금액 중 약 50-60%정도를 주총회의 선교사역을 위하여 사용하고, 나머지 40-50%정도를 전국총회로 보내는 것이다. 전국총회에서는 그 금액 중에서 약 50%정도를 해외선교사역으로, 20%정도를 국내선교사역으로, 20%정도를 신학교육사역으로, 나머지 10%정도를 방송선교나 구제사역 등으로 예산을 배정하여 투자하는 것이다.[650]

필자는 남침례교인들의 신앙적인 특징이나 교리들보다도 그들의 영혼구령과 선교정신 그리고 이 사역들을 총회적인 차원에서 효과적으로 대규모적으로 감당하기 위한 협동 프로그램이 진정한 의미에 있어서 침례교 정체성(Baptist Identity)이라고 생각한다.

> 협동 프로그램은 "남침례교 사역들의 생명줄"(the lifeline of Southern Baptist Ministries)이다. 협동 프로그램은 남침례교가 선교, 전도, 교육, 교회개척, 빈민과 난민구제 등의 사역에서 급성장을 이룬 가장 핵심적인 요인이다. 개교회의 자치권과 독립성을 최대한 보장하면서 전국에 산재해 있는 개교회들이 힘을 합쳐 교단적인 대규모 사역을 감당케 하는 원동력이다. 또한 협동 프로그램은 남침례교 총회에 속한 모든 교회들과 기관들 그리고 모든 남침례교 교인들을 하나로 묶는 사랑의 고리이다…. 협동 프로그램은 20세기초 남침례교 지도자들이 고안해 낸 기발한 발명품이다. 전국 침례교회와 침례교인들의 재능과 재력, 다른 말로 하면 모든 에너지를 총집결시키는 수단이다.[651]

---

648) Ibid., 222. "Christ's people should, as occasion requires, organize such associations and conventions as may best secure cooperation for the great objects of the Kingdom of God. Such organizations have no authority over one another or over the churches. They are voluntary and advisory bodies designed to elicit, combine, and direct the energies of our people in the most effective manner."

649) 이와 관련해서는 본서 제18장 "협동 프로그램(CP): 남침례교 사역들의 생명줄" 참조.

650) 1996년 통계에 의하면, 해외선교에 50%, 국내선교에 19.56%, 신학교육에 20.40%, 라디오와 TV를 통한 선교사역에 3.90%, 그리고 기타 6.14% 등이었다. Ibid., 482.

651) Ibid., 483.

2000년판 남침례교 신앙고백은 이렇게 진술하고 있다:

> "신약성서적 교회들은 그리스도의 왕국을 확장시켜 나가기 위해서 선교적, 교육적, 구제적 사역을 수행함에 있어서 상호 협동하여야 한다. 신약성서적인 의미에 있어서 기독교적인 연합을 통해 다양한 그리스도인 그룹들이 공동의 목적을 위해 영적으로 조화를 이루고 자발적으로 협력하는 것이다."[652]

또한 남침례교인들은 필요하다면 다른 교단들과의 협동도 마다하지 않는다. 단지 기구나 조직을 통한 연합(organizational unity)에 대해서는 소극적이거나 부정적인 입장을 취하고 있고, 영혼구원이나 선교 혹은 구제 등 하나님 나라의 확장을 위한 신령한 목적을 위해서라면 다른 교단들과의 협동에도 적극적인 입장을 취하고 있다. 협동을 전제로 하는 건전한 개인주의 신앙, 이것이 침례교인들이 추구하는 참 신앙이다: "성취하려는 목적이 정당할 때라면, 협동으로 인해 양심에 반하는 일이 없고 신약성서에 계시된대로 그리스도와 그 분의 말씀에 대한 충성심에 타협을 해야 하는 일이 없을 때라면, 협동은 다양한 기독교 교단들 사이에서도 바람직한 것이다."[653]

15. 기독교 질서와 사회 질서

"기독교 질서와 사회 질서"(The Christian and the Social Order) 항목에서도 2000년판 신앙고백에는 신앙진술의 표현을 보다 구체화하고 있다.

첫째로, 이 조항에서 2000년판 신앙고백은 도덕적인 범죄행위와 세상적인 악을 첨가하여 진술하였다. 특히 "인종차별"(racism)과 현대사회에 만연해 있는 "모든 종류의 성적인 부도덕 행위들"을 새로 추가하였다: "그리스도의 정신으로 그리스도인들은 인종차별, 모든 종류의 탐욕, 이기심과 악, 그리고 간통, 동성애, 성적 외설물을 포함하는 모든 종류의 성적인 부도덕 행위들을 반대해야 한다."[654]

---

652) Blount, *The Baptist Faith and Message 2000*, 222-3. "Members of New Testament churches should cooperate with one another in carrying forward the missionary, educational, and benevolent ministries for the extension of Christ's Kingdom. Christian unity in the New Testament sense is spiritual harmony and voluntary cooperation for common ends by various groups of Christ's people."

653) Ibid., 223. "Cooperation is desirable between the various Christian denominations, when the end to be attained is itself justified, and when such cooperation involves no violation of conscience or compromise of loyalty to Christ and His Word as revealed in the New Testament."

654) Ibid., 224. "In the spirit of Christ, Christians should oppose racism, every form of greed, selfishness, and vice, and all forms of sexual immorality, including adultery, homosexuality, and pornography."

미국은 역사적으로 인종차별 문제로부터 자유할 수 없는 나라이다. 백인의 나라를 세우기 위해서 인디안들(American Indians)을 정복하여 서부의 광야로 내몰았고, 아프리카 흑인들(African Niggers)을 노예로 수입해 와서 강제 노역을 시켰고, 또한 다양한 민족적인 배경을 가진 이민자들을 받아들였기 때문에, 미국이 존속하는 한 인종문제는 사라지지 않을 것이다. 일부의 백인들은 다른 피부색을 가진 인종들을 경시하고 기피하는 백인우월주의 사상을 가지고 있어서 "인종차별"(racism)은 미국사회가 태생적으로 안고 있는 비인간적이고 비기독교적 범죄행위이다.

또한 오늘날 동성애적 성향(homosexual inclination)이 선천적인 것이냐 후천적인 것이냐에 대한 논란이 전개되면서, 불신 심리학계에서는 선천적인 것으로 용인하는 풍조도 만연하고 있는 것이 현실이다. 이에 2000년판 신앙고백에서는 성경말씀에 근거하여 간통, 동성애, 성적 외설물을 성적인 부도덕 행위 즉 죄악으로 단언하고 있는 것이다.[655]

둘째로, 정상적인 크리스천 가정을 파괴하는 범죄행위들에 대해서도 2000년판 신앙고백은 침묵하지 않는다. 1963년판의 진술에 더하여 "학대받는 자들," "태아들," "인간생명의 신성함" 등을 언급하면서 그리스도인들의 태도가 어떠해야 하는지를 추가적으로 진술하였다:

> "우리는 고아들, 도움이 필요한 자들, 학대받는 자들, 노인들, 스스로 어떻게도 할 수 없는 자들, 그리고 병자들에게 (도움의 손길을) 베풀기 위해 수고해야 한다. 우리는 태아들을 위해 목소리를 내야 하며 임신에서부터 자연사에 이르기까지 모든 인간생명의 신성함을 주장해야 한다."[656]

오늘날 한국사회에서 아동에 대한 성적인 학대, 학교 내의 육체적인 폭력과 성폭력, 집단따돌림, 동료나 후배 학생들에 대한 금품탈취 등이 심각한 학교문제로 대두되고 있다. "학대받는 자들"(the abused)이 법과 사회적 관심으로부터 보호받아야 하는데, 이들의 보호를 위해 그리스도인들도 앞장서야 한다는 것이다.

특히 임신중절 수술(낙태, abortion)이 법으로는 금지되어 있지만, 암암리에 많이 시행되고 있는 것도 현실이다. 생명의 근원이 하나님께 있음을 믿는 그리스도인들은 태아들의 생

---

655) 갈라디아서에서 언급하고 있는 "육체의 일"(갈 5:19-21)에 맨 먼저 등장하고 있는 죄악들이 "음행과 더러운 것과 호색"이다. 로마서에서도 성적인 범죄에 관해 언급하고 있다(롬 1:18-32). 디모데후서에서도 "말세에 고통하는 때"에 타락한 인간들이 저지르게 될 범죄에 대해 말하고 있는데(딤후 3:1-5), 바울은 "(사람들이) 쾌락을 사랑하기를 하나님 사랑하는 것보다 더한다"고 한탄하고 있다.

656) Blount, *The Baptist Faith and Message 2000*, 224. "We should work to provide for the orphaned, the needy, the abused, the aged, the helpless, and the sick. We should speak on behalf of the unborn and contend for the sanctity of all human life from conception to natural death."

명(life of the unborn)도 하나님께 속해 있음을 인정하고 생명의 신성함을 거부하는 행동을 해서는 안 된다는 것이다. 2000년판 신앙고백은 1963년 당시에는 별로 대수롭지 않게 여겼던 죄악들을 구체적으로 제시하며 침례교인들에게 기독교적인 도덕심을 가질 것을 촉구하고 있다.

모든 그리스도인들은 세상 안에(in the world) 살지만 세상에 속해서는(of the world) 안된다. 그래서 예수님은 "너희는 세상의 소금이니, 세상의 빛이니"(마 5:13-16)라고 말씀하셨다. 소금과 빛에 여러 가지 속성들이 있지만 가장 특징적인 것은 "침투해 들어가는"(penetrate into) 속성이다. 그리스도인들은 이 세상에서 기독교적인 질서뿐 아니라 사회적인 질서를 세우는데도 기여할 책임과 사명이 있다. 그리스도인들은 이 세상에서 그리스도의 뜻을 온전히 이루기 위한 노력을 경주해야 한다.

특히 예수 그리스도 안에서 하나님의 은혜를 힘입어 거듭난 그리스도인들은 죄사함을 받고 하나님의 의를 덧입게 되었는데, 이 세상에서 죄의 권세를 물리치고 하나님의 의가 유감없이 펼쳐지도록 하는데 기여할 책임이 있다. 개인적인 악이든 사회적인 악이든, 사적인 악이든 공적인 악이든 모든 악을 척결하고 이 땅 위에 하나님의 의를 세워나가야 할 것이다.

이러한 대사회적인 목적을 효과적으로 성취하기 위해서 남침례교 총회에서는 "윤리 및 종교자유국"(Ethics and Religious Liberty Commission)이라는 기구를 두고 있다. 국가나 비기독교적인 세력으로부터 그리스도인의 양심과 종교의 자유를 지켜내고, 세상을 향해서 성서적인 기독교 윤리를 천명하고 있는 것이다. 그리스도인들은 그리스도와 그 분의 진리에 대한 충성심에 대해서 타협함이 없이 사랑의 정신으로 이 세상에 하나님의 거룩하신 뜻을 펼치는 일에 매진하여야 할 것이다.

16. 평화와 전쟁

2000년판 "침례교인의 신앙과 메시지"에서 "평화와 전쟁"(Peace and War) 항목은 1963년판 신앙고백의 내용을 그대로 사용하고 있는데 단지 마지막에 한 문장만을 첨가하였다: "그리스도인들은 전세계에 걸쳐서 평화의 왕이 통치하시도록 기도해야 한다"(Christian people throughout the world should pray for the reign of the Prince of Peace).[657] 일반적으로 근본주의적 보수주의자들은 공격적이고 배타적이고 호전적이라는 오해를 받고 있다. 심지어는

657) Ibid., 225-6.

근본주의자들(Fundamentalists)은 때때로 전쟁광들(warmongers)이라는 비난을 받기도 한다.[658]

그러나 2000년판 신앙고백에서는 남침례교인들은 평화를 사랑하는 사람들이며 평화가 임하기를 간절히 사모하는 사람들이라는 사실을 선언하였다. 그런데 진정한 평화는 "평화의 왕"(사 9:6, "평강의 왕")이신 예수 그리스도의 통치를 통해서 이루어진다는 것이다. 이 문장은 종말론적인 기대를 담고 있기도 하다. 궁극적인 평화는 주 예수 그리스도께서 재림하셔서 그 분이 친히 통치하시는 때에 성취될 수 있다는 것이다.

313년 콘스탄틴 황제에 의해 선포된 밀라노 칙령을 통해 기독교가 공인되기까지 기독교인들이 군인이 되어 전쟁에서 싸우는 것은 적극적으로 권장되지 않았다. 기독교가 로마제국의 국교가 되면서 교회는 세속국가와 권력의 편이 되었고 권력행사의 수단인 군대 입대는 비로소 그리스도인들에게 출세할 수 있는 첩경이 되었다. 또한 어거스틴(Augustine of Hippo)은 "정당한 전쟁"(Just War) 개념을 주장하면서, 그리스도인들이 유럽 북방의 야만족들의 침공을 방어하는 전쟁에 참전하는 것을 독려하였다.[659]

더 나아가서 로마가톨릭 체제가 공고히 되고 교황체제가 뿌리를 내리면서, 교황청은 권력쟁탈의 장이 되면서 점차 교회는 평화보다는 갈등과 싸움으로 점철되었다. 각종 기독교적인 이단들을 섬멸하기 위하여 군대를 동원하기까지 하였다. 예루살렘 성지탈환을 위하여 교황과 교회 지도자들이 십자군을 조직하고 그리스도인들을 군인으로 징집하였고, 폭력과 전쟁에 동참하도록 독려하였다. 국교화된 기독교는 동시에 각종 종교전쟁을 정당화 하게 되었다.

로마가톨릭 교회가 세계선교에 본격적으로 관심을 기울였던 때는 16세기였다. 프로테스탄트 종교개혁운동이 일어나 유럽 땅에서 로마가톨릭 세력의 상당한 부분을 상실하게 되자, 반종교개혁(Counter-reformation)의 일환으로 유럽 밖으로 선교의 눈을 돌린 것이다. 그래서 프란시스코 교단(Franciscan Order), 도미니크 교단(Dominican Order), 예수회(Jesuits) 등의 선교단체를 동원하여, 아프리카, 아시아, 중남미 지역 등지로 그 세력을 확장하였다.

그 당시 로마가톨릭 선교사들은 무장을 한 정복자들(*conquistadores*)을 앞세우고, 토착 원주민들을 강제력과 무력을 동원하여 굴복시킴으로써 로마가톨릭화 하였다. 쉽게 굴복하지 않을 때에는, 토착민들의 마을을 불태우거나 지도자들을 대량 학살함으로써 그 목적을 성취하였다. 그래서 멕시코에서는 아즈텍크(Aztec) 문명을, 페루에서는 잉카(Inca) 문명을 진멸시키고, 유럽의 로마가톨릭 문명을 강압적으로 옮겨다 놓았다. 국교화된 교회가 국가권

658) Seal, "A Comparative Analysis," 63-4.

659) John Driver, 「초기 그리스도인들이 본 전쟁과 평화」(*How Christians Made Peace with War*), 이상규 역 (춘천: Korea Anabaptist Press, 2010), 126-35.

력과 군사력을 동원하여 피선교지역을 식민지화 했던 것이다.

19세기에 세계선교를 본격화한 프로테스탄트 교회 역시 비슷한 전철을 밟았다. 1800년대는 서구의 열강들이 아프리카와 아시아를 산업혁명을 위한 원료공급지로 여겨, 식민지(植民地, colony) 확보에 여념이 없던 시기였다. 프로테스탄트 교회의 제국주의적 선교(imperialistic mission)가 시작된 것이다. 근대 선교운동의 아버지 윌리암 캐리가 1793년 선교를 시작했던 곳도 영국의 식민지였던 인도였다. 영국 이외에도 네델란드, 벨기에, 스페인, 포루투갈, 프랑스, 미국 등 산업혁명을 통해서 경제적으로 군사적으로 강성했던 나라들에서는, 식민지 개척과 선교지 개척은 뗄래야 뗄 수 없는 관계에 있었다.

이들 나라의 교회들은 강성한 국가와 긴밀하게 제휴하고 있었다. 그들의 선교는 공격적이었고 정복적이었고 전투적이었다. 세계선교에 한한 한, 로마가톨릭 교회나 프로테스탄트 교회나 이 점에서는 유사했다. 세속권력과 결탁했던 교회는 권력자들의 편에서 하나님의 이름으로 피선교지 토착민들에게 폭력을 일삼았다. 그러나 예수 그리스도의 가르침과 모범은 전혀 그러하지 않았다. 예수님의 방법은 폭력이나 강제가 아니었다. 예수님의 방법은 사랑과 섬김이었다. 그리고 예수님의 방법은 평화(平和)였다.

예수님이 감람산에서 기도하시다가 로마 군병들에게 체포되었을 때, 수제자 베드로는 예수님을 위한답시고 대제사장의 종 말고의 귀를 칼로 쳐서 떨어뜨렸다. 이 때 예수님은 즉각적으로 베드로를 책망하시며, "이것까지 참으라"(눅 22:51)고 하시며, 그 귀를 만져 낫게 해 주셨다. 또 예수님은 "네 칼을 도로 칼집에 꽂으라. 칼을 가지는 자는 다 칼로 망하느니라"(마 26:52)고 말씀하시며 칼의 방법, 무력의 방법은 결국에는 상호 파멸적인 것임을 경고하셨다. 또한 예수님은 "칼을 칼집에 꽂으라 아버지께서 주신 잔을 내가 마시지 않겠느냐?"(요 18:11)고 하시며, 도리어 자신이 십자가 죽음을 받아드려야 할 것을 암시하셨다.

"정당한 전쟁"조차도 "정당한 결과"(Just Results)를 가져오지 못하였다. 피는 또 다른 피를 불렀다. 공격은 또 다른 공격을 불렀고, 보복은 또 다른 보복을 불렀다. 최근 들어서는 대량살상무기들이 개발되면서, 폭탄이나 미사일이 발사되면 도시 전체가 순식간에 폐허가 되어 버리는 끔직한 대량살육이 자행된다. 그리스도인들은 의의 원리에 입각해서 모든 사람들과 더불어 평화를 추구할 의무가 있다. 그리스도의 영과 가르침에 따라서 그리스도인들은 이 땅 위에서 전쟁을 종식시키고 평화를 정착시키기 위해 노력해야 한다. 남침례교 신앙고백은 다음과 같이 강조하고 있다:

> "전쟁의 영에 대한 참 치유는 우리 주님의 복음이다. 이 세상의 절실한 필요는 사람들과 국가들 사이에서 벌어지는 모든 갈등들을 해결하기 위해서는 그 분의 가르침을 받아들이고 그 분

의 사랑의 법을 실제적으로 적용해야 한다. 전 세계에 걸쳐서 그리스도인들은 평화의 왕의 통치를 위해서 기도해야 한다."[660]

17. 종교의 자유

침례교인들은 종교의 자유(Religious Liberty), 양심의 자유, 영혼의 자유, 신앙의 자유를 사랑한다. 이러한 자유를 쟁취하기 위해서 오랫동안 투쟁을 해 왔다. 콘스탄틴 황제의 밀란 칙령(313)에 의해 기독교가 공인이 되고 기독교와 로마 제국이 제휴(Constantine Symbiosis)를 이루게 된 이후, 교회는 국가의 지배를 받든가 국가권력을 지배하는 긴장관계를 이루어 왔고, 그 결과로 신자 개인의 종교의 자유는 많은 침해를 받아왔다.

침례교인들은 교회와 국가의 분리(Separation of the Church and State) 그리고 종교의 자유(Religious Liberty)를 위해서 오랫동안 투쟁해 왔다.[661] 그 이유는 "오직 하나님만이 양심의 주님이시고, 하나님은 하나님의 말씀에 반하거나 그 속에 포함되지 않은 인간들의 교리와 명령으로부터 양심을 자유케 하셨기 때문이다."[662]

인간의 양심의 자유 혹은 종교의 자유는 무엇보다도 하나님의 본성에 기초하고 있다. 하나님은 자유하시고, 자유하신 하나님이 인간을 자유한 존재로 창조하셨다. 따라서 종교의 자유는 국가의 헌법 이전에 존재하는, 하나님으로부터 연유한 자유다. 하나님의 형상으로 창조된 인간은 창조의 절정이었다. 왜냐하면 자유의지를 가진 존재, 자유를 행사할 수 있고 자유에 대해 책임질 수 있는 존재로 인간이 창조되었기 때문이다. 따라서 참된 신앙은 국가에 의해 강요되어서도 안 되고 거부되어서도 안 된다. 인간에게는 어떤 종교를 믿을 수도 있고 믿지 않을 수도 있는 자유가 법 이전에 이미 존재하는 것이다.[663]

개인에게 종교의 자유가 충분히 주어지기 위해서는 "교회와 국가는 분리되어 있어야 한다"(Church and State should be separated).[664] 어떤 종교단체도 국가로부터 편애를 받아서는 안 되고, 더욱이 국교(State Church)는 허용되어서는 안 된다. 물론 세속정부도 하나님의

---

660) Blount, *The Baptist Faith and Message 2000*, 225-6. "The true remedy for the war spirit is the gospel of our Lord. The supreme need of the world is the acceptance of His teachings in all the affairs of men and nations, and the practical application of His law of love. Christian people throughout the world should pray for the reign of the Prince of Peace."

661) Mcbeth, *The Baptist Heritage*, 85-86, 99-122, 252-83.

662) Blount, *The Baptist Faith and Message 2000*, 226. "God alone is Lord of the conscience, and He has left it free from the doctrines and commandments of men which are contrary to His Word or not contained in it."

663) Shurden, 「침례교의 정체성」, 81.

664) Blount, *The Baptist Faith and Message 2000*, 226.

섭리에 따라 세워진 기관이기 때문에 그리스도인들은 하나님의 계시된 뜻에 위배되지 않는 한, 시민으로서의 책임과 의무를 져야 한다. 하나님의 일을 하면서 국가권력을 이용하거나 도움을 입고자 해서도 안 된다. 하나님의 일은 성령의 도움을 힘입어 이루어야 하는 것이다. 세속정부는 세속의 일을 위해서 존재하고 교회는 영적인 일을 위해서 존재한다.

하나님의 일은 국가권력의 강요(coercion)나 조작(manipulation)에 의해 이루어져서는 안 되는데, 그 이유는 그렇게 하는 것은 성령의 능력을 무시하거나 부정하는 결과가 되기 때문이다.[665]

> "그리스도의 복음은 그 목적을 추구함에 있어서 영적인 수단만을 고려하여야 한다. 국가는 어떤 종류의 종교적인 견해에 대해서도 벌을 부과할 권리가 없다…. 자유로운 국가에서의 자유로운 교회는 기독교적인 이상이다."[666]

즉 교회와 국가와의 관계는 예수님의 말씀에 잘 집약되어 있다: "그런즉 가이사의 것은 가이사에게, 하나님의 것은 하나님에게 (바치라)"(마 22:21). 오늘날 극단적인 보수주의자들에 의해서 미국을 기독교 국가로 "환원"시켜야 한다는 주장들이 목소리를 높여가고 있는데, 미국은 기독교적 이상을 가지고 건설된 나라라기보다는, 자유와 평등과 공의와 행복을 목적으로 하는 민주공화정치의 이상을 가지고 건설된 나라이다.

18. 가정

이 "가정"(The Family) 항목은 1998년에 남침례교 연차총회에서 채택이 되어서 1963년판 "침례교인의 신앙과 메시지"에 증보된(amend) 내용인데, 2000년판에도 그대로 수록하였다.

하나님께서 인간을 남자와 여자로 창조하시고 두 사람을 통해서 인류 최초의 기관을 만드셨는데 그것이 다름 아닌 가정이다. 국가와 사회조직 그리고 교회 공동체 이전에 지상에 처음으로 만들어진 공동체가 바로 가정인 것이다. 국가나 사회를 구성하는 가장 기본적인 단위인 가정이 하나님을 경외하는 크리스천 가정이 되어 하나님의 뜻을 이루게 하는 것이 하나님께서 원래 의도하셨던 것이다. 그런데 오늘날 가정이 파괴되고 있다. 이혼하는

665) Norman Cavender, "Freedom for the Church in a Free State," *Being Baptist Means Freedom*, edited by Alan Neely (Charlotte, NC: The Southern Baptist Alliance, Publishers, 1988), 85.

666) Blount, *The Baptist Faith and Message 2000*, 227. "The gospel of Christ contemplates spiritual means alone for the pursuit of its ends. The state has no right to impose penalties for religious opinions of any kind... A free church in a free state is the Christian ideal."

부부가 적지 않고 자녀들이 부모의 보호를 받지 못하고 학대를 받고 있다.

더 나아가 부모와 자녀들로 이루어지는 정상적인 가정을 벗어나서 홀어머니나 홀아버지와 사는 자녀들, 할아버지나 할머니와 사는 자녀들, 심지어는 동성애자 부부 그리고 그들에 의해 입양된 자녀들을 비롯해서 성경적인 정상적인 가정과는 많이 동떨어진 형태의 가정들이 많이 생겨 나고 있다. 사회의 기강이나 자녀교육 문제 뒤에는 파탄된 가정문제가 도사리고 있는 것은 어느 한 나라만의 형편은 아닐 것이다. 이에 남침례교인들은 1998년도 연차총회에서 1963년판 "침례교인의 신앙 및 메시지"에 18번째 항목인 "가정"(The Family)을 첨가하기로 결의하였다.[667]

먼저 가정이 하나님으로부터 연유한 신적인 기원을 가지고 있음을 천명하고 있다: "하나님께서는 인류사회의 기초적인 기관으로서 가정을 제정하셨다. 가정은 결혼, 혈연 혹은 입양 등에 의해 서로서로가 관계를 맺게 된 사람들로 구성된다."[668]

하나님께서는 인간을 창조하시되 갓난 아기나 노인으로 만드신 것이 아니라, 결혼적령기의 남자로 아담을 만드시고, 그의 머리뼈나 발뼈가 아니라 몸 중앙에 있는 갈비뼈를 빼어서 하와를 만드셨다. 그리고 그들을 에덴동산에서 결혼하게 하심으로 인류 최초의 가정을 만드셨다. 그들은 상호 평등한 인격적인 관계를 맺으며 사랑하고 순종하고 돕는 관계로 살면서 자녀들을 생산(procreation)하고 평생 친구(companionship)가 되도록 하셨다.

결혼은 서로를 사랑하는 한 남자와 한 여자가 배타적이고 영원하고 일부일처제(monogamy)로 연합하는 헌신적인 언약이다. 신앙고백은 결혼을 이렇게 규정하고 있다:

> "결혼은 한 남자와 한 여자가 일생 동안 언약의 헌신을 통해 연합하는 것이다. 그것은 그리스도와 그 분의 교회 간에 맺어진 연합을 보여주고, 또한 결혼을 하는 남자와 여자가 절친한 동반자의식을 갖도록 하고, 성서적인 기준에 따라 성적인 표현을 하도록 하며, 그리고 후손의 출산을 위한 통로를 제공하는 하나님의 독특한 선물이다."[669]

남편과 아내의 관계를 규정하고 있는 표현에서 여성들의 권익을 옹호하는 사람들로부터 적지 않은 항의가 있었다. 아내의 순종적인 역할을 지나치게 강조한듯한 표현이 있었기 때문이었다. 그러나 "침례교인의 신앙 및 메시지"(2000)는 "남편과 아내는 두 사람 모두 하

667) Ibid., 183-5.

668) Ibid., 227. "God has ordained the family as the foundational institution of human society. It is composed of persons related to one another by marriage, blodd, or adoption."

669) Ibid., 228. "Marriage is the uniting of one man and one woman in covenant commitment for a lifetime. It is God's unique gift to reveal the union between Christ and His church and to provide for the man and the woman in marriage the framework for intimate companionship, the channel of sexual expression according to biblical standards, and the means for procreation of the human race."

나님의 형상대로 창조되었기 때문에 하나님 앞에서 동등한 가치를 가진다"(The husband and wife are of equal worth before God, since both are created in God's image)[670]고 규정하면서, 에베소서 5장의 내용 중에 있는 "남편의 사랑"과 "아내의 순종"을 균형감 있게 묘사하고 있다:

> "남편은 그리스도가 교회를 사랑하신 것처럼 그의 아내를 사랑해야 한다. 그는 그의 가족들에게 필요를 공급해 주고 보호해 주고 이끌어 가야 할, 하나님으로부터 받은 책임을 진다. 아내는 마치 교회가 그리스도의 머리되심에 기꺼이 순종하듯이 그 녀의 남편의 종된 지도력에 은혜스럽게 순종해야 한다. 그 녀의 남편이 그러하듯이 아내는 하나님의 형상대로 만들어져 있기 때문에 남편과 평등하며, 남편을 존경하고 집안일이나 다음 세대를 양육하는 일을 함에 있어서 남편의 배필로서 그를 섬겨야 할, 하나님으로부터 받은 책임을 진다."[671]

그리고 마지막으로는 부모와 자녀들이 서로를 향해서 져야 할 책임을 진술하고 있다. 자녀들은 잉태(conception)의 순간부터 하나님으로부터 받은 축복이요 유산임을 강조하였고, 부모들은 가정을 향하신 하나님의 뜻을 자녀들에게 모범으로 보여주어야 한다고 주장하고 있다.

> "부모들은 그들의 자녀들에게 영적 도덕적 가치들을 가르쳐야 하고, 변함없는 삶의 방식을 모범으로 보여주고 사랑어린 권징을 행함으로써 그들이 성서적인 진리에 입각한 선택을 할 수 있도록 인도해야 한다. 자녀들은 그들의 보모를 존경하고 순종해야 한다."[672]

---

670) Ibid.

671) Ibid. "A husband is to love his wife as Christ loved the church. He has the God-given responsibility to provide for, to protect, and to lead his family. A wife is to submit herself graciously to the servant leadership of her husband even as the church willingly submits to the leadership of Christ. She, being in the image of God as is her husband and thus equal to him, has the God-given responsibility to respect her husband and to serve as his helper in managing the household and nurturing the next generation."

672) Ibid., 229. "Parents are to teach their children spiritual and moral values and to lead them, through consistent lifestyle example and loving discipline, to make choices based on biblical truth. Children are to honor and obey their parents."

제20장

미국 내 주요 침례교단들과 침례교인들

1609년에 침례교회가 영국국교회로부터 뛰쳐나온 분리주의자들인 게인즈보로 교회의 담임목사 존 스마이드(John Smyth)와 교인들에 의해 네델란드 암스테르담에서 태동했지만, 토마스 헬위즈(Thomas Helwys)와 그를 따르던 교인들이 1611년/1612년에 런던 스피탈필드로 돌아와 일반침례교회를 이루었다. 1638년에는 유아세례 행습을 반대하며 오직 신자들에게만 뱁티즘을 베풀어야 한다는 주장을 했던 존 스필즈버리(John Spilsbury)와 그의 추종자들이 또다른 분리주의자들의 교회인 제이엘제이(JLJ) 교회로부터 갈라져 나와서 새로운 교회를 세웠는데, 이것이 특수침례교회가 되었다.

그런데 영국에서는 영국국교회(Anglican Church, 성공회)가 국가교회로서의 기득권(establishment)을 가지고 있었기 때문에, 침례교회를 비롯한 비국교도 교회들(Non-conformist Churches)은 성장과 발전에 적지 않은 제약을 받아야 했다. 따라서 침례교회는 영국 땅에서는 숫적으로 그리 크게 번성하지를 못했다.

침례교회는 미국 땅에서 화려한 꽃을 피웠고 풍성한 열매를 맺었다. 신생국 미국의 연방헌법(Federal Constitution, 1789)과 제1차 수정헌법(The First Amendment, 1791)에서 "교회와 국가의 분리"(Separation of Church and State)가 헌법적인 보장을 받고 교파형 기독교(Denominational Christianity)로 제도화되면서, 자유교회운동의 전통에 속해 있던 침례교회는 마치 제 물을 만난 물고기처럼 활기차게 번성하였다.

1639년에 로드 아일랜즈 주 프라비던스(Providence, RI)에서 로저 윌리암스에 의해 최초의 침례교회(The First Baptist Church in America)가 태동하였고, 1707년에는 필라델피아에서 최초의 침례교지방회가 결성되었다. 1814년에는 최초의 침례교 전국총회인 "일반선교총회"(GMC, General Missionary Convention, "3년차 총회" Triennial Convention)가 조직되었다. 1845년에 노예제도 문제로 격렬한 논란과 논쟁 끝에, 노예제도를 옹호하는 입장을 취하던 남부지방의 침례교회들이 일반선교총회를 탈퇴하여 남침례교총회(SBC, Southern Baptist Convention)를 결성하였다.

그런데 1845년 이후 이 두 개의 침례교단들(일반선교총회와 남침례교총회)로부터 수많은 침례교회들이 분열하여 새로운 군소 교단들이 형성되었는데, 미국에는 현재 적어도 약 60여 개의 침례교단이 존재하고 있다.[673] "침례교인들은 분열함으로써 번성한다"(Baptists multiply by dividing)는 옛 말이 공허한 말이 아님이 입증되었다. 노예제도가 철폐되면서 자유인이 된 사람들(freed men)이 흑인(African-American) 침례교회들을 개척하여 새로운 침례교단을 창립하기도 하였다.

본 장에서는 미국 땅에서 형성된 다양한 침례교단들과 교회들 중에서 그 규모나 역사 면에서 의미 있는 침례교단들과 침례교회들, 그리고 침례교인들에 관하여 살펴본다.

I. 미국침례교회들(ABCUSA)

1. 교단명칭의 변경

1845년에 남부지역의 침례교회들이 별도의 총회를 개최하여 남침례교 총회(SBC, Southern Baptist Convention)를 결성하자, 북부지역의 침례교회들은 "일반선교총회"(GMC, General Missionary Convention)의 명칭을 "미국침례교선교연맹"(ABMU, American Baptist Missionary Union)으로 바꾸고 새로운 출발을 도모하였다.[674] 북부지역의 침례교회들은 그 후에도 여러 차례 총회의 명칭을 변경하면서 교단발전을 모색하였다. 1908년에는 남침례교 총회와 대칭되는 명칭으로 "북침례교 총회"(NBC, Northern Baptist Convention)라고 하였고, 1950년에는 남과 북이라는 지역개념을 탈피하여 "미국침례교 총회"(ABC, American Baptist Convention)로 변경하였다.[675]

그리고 1972년부터는 "미국침례교회들"(ABCUSA, American Baptist Churches, U.S.A.)이라는 명칭으로 변경하여 지금까지 사용해 오고 있다.[676] 그러니까 American Baptist라는 말을 넓은 의미로 사용하면 "미국 침례교인"(일반명사)이 되기도 하고, 좁은 의미로 사용하면 "미국의 북부지역에 기반을 둔 침례교인"(고유명사)이 되기도 하는 것이다. "총회"(Convention)

673) Bill J. Leonard, *Baptists in America* (New York: Columbia University Press, 2005), 91.
674) Leonard, *Baptist Ways: A History*, 200.
675) McBeth, *The Baptist Heritage*, 563.
676) Ibid.

란 말 대신에 "교회들"(Churches)이라는 단어를 사용한 데에는 특별한 의도가 함축되어 있다. 그것은 지역교회의 독립성과 자치권을 매우 존중한다는 의미가 내포되어 있고, 총회가 중앙집권적인 권력기관이 아니라 지역교회들의 교제와 연합이라는 점을 강조하고 있는 것이다.

다시 말해서 오늘날 북부지역의 침례교회들은 총회라고 하는 강력한 울타리를 가진 총회체제(convention system)의 기구를 지양하고, 지역교회들과 선교기관들이 자발적으로 참여하여 이루어지는 협회체제(society system)의 보다 느슨한 조직을 지향하고 있다고 하겠다. 교제와 협력을 위한 조직(지방회와 총회)의 필요성은 인정하지만, 신약성서적인 교회의 이상인 "지역교회들의 독립성과 자치권"(Independence and Autonomy of Local Churches)을 강조하고 있는 명칭인 것이다.

2. 신학의 자유주의화

남북전쟁(American Civil War, 1861-1865) 이후 미국의 남부지방과 북부지방에는 무척 상이한 상황변화가 일어나게 되었다. 19세기 후반기와 20세기에 북부지역은, 농업이 주요 산업이었던 남부지역에 비해 많은 변화가 있었다. 유럽의 여러 나라들로부터 이민자들이 대거 유입이 되었고, 북부지역의 대도시들에는 대량 인구집중 현상이 현저하게 일어났다. 북부지방의 대도시들은 산업화와 상업화가 급격히 진전되었고, 따라서 도시빈민들이 대량으로 양산되었으며 자연히 각종 다양한 사회문제들이 발생하였다.

북부지역의 침례교회들은 개인전도를 통한 영혼의 구원보다는 이와같은 현실적인 문제들을 해결해 주는 "사회복음의 신학"(Theology of Social Gospel)이 더욱 필요하게 되었고, 제도개선, 체제정비, 사회봉사, 빈민구호 등의 목회가 개인영혼의 구원보다 우선시되었다. 북부지역의 침례교회들은 산업사회에서 발생하는 각종 현실적인 문제들에 대응하다 보니 자연히 그 신학과 목회가 자유주의적이고 현실참여적인 경향을 띠지 않을 수 없었다. 사회복음운동(Social Gospel Movement)이 북부지역의 침례교회에서 일어나게 된 것도 우연이 아닌 것이다.[677]

그래서 "사회복음운동"(Social Gospel Movement)이 북침례교의 신학자요 목회자였던 월터 라우센부쉬(Walter Rauschenbusch, 1861-1918)에 의해 전개되었다.[678] 그는 「기독교와 사회적 위기」(*Christianity and the Social Crisis*, 1907년), 「사회구조의 기독교화」(*Christianizing*

677) Ibid., 392.

678) Leonard, *Baptist Ways: A History*, 218.

the Social Order, 1912), 「사회복음의 신학」(*A Theology for the Social Gospel*, 1917) 등의 저술을 통해서 교회가 단순히 개인의 영혼만을 구원해서 천국 가게 하는 것만을 사명으로 생각해서는 안 되고, 현실의 구조적인 악을 제거해서 사람으로 하여금 인간다운 삶을 살도록 하는 것까지를 사명으로 생각해야 한다고 역설하였다.[679] 그는 교회가 예언자들보다는 제사장들을 양산하고 있으며 교회가 예수 그리스도의 진정한 메시지를 상실하고 있다고 미국의 기독교 현실을 비판하기도 하였다.

3. 근본주의 운동

이러한 신학의 자유주의화 흐름에 반대하여 20세기초에 북부지역의 침례교회에서 일어난 운동들 중의 하나가 근본주의 운동(Fundamentalist Movement)였다. 이것은 1920년대에 일어난 극단적인 보수주의 운동이었다. 찰스 다윈(Charles Darwin, 1809-1882)이 1859년에 「종의 기원」(*The Origin of Species*)라는 책을 저술하여 창조론에 도전하였는데, 이 책은 많은 과학자들뿐 아니라 신학자들의 신학방법에 대해서도 경종을 울렸다.

그래서 19세기말 독일 등의 유럽의 신학계에서는, 전통적인 신학을 비판적인 시각으로 재고하는 작업이 유행하여 자유주의 신학(Theological Liberalism)이 정립되기 시작하였다. 이러한 자유주의 풍조가 미국의 기독교계에까지 침투해 들어오자, 보수적인 학자들과 목회자들이 이러한 풍조에 적극적으로 대응했던 것이 근본주의 운동이었다.

당시 활발하게 저항했던 대표적인 침례교 근본주의자들 가운데에는 윌리암 라일리(William B. Riley), 존 스트래턴(John R. Stratton), 프랭크 굳차일드(Frank M. Goodchild), 매씨(J. C. Massee), 쉴즈(T. T. Shields), 그리고 프랭크 노리스(Frank Norris) 등이 있었다.[680] 특히 프랭크 노리스는 남침례교의 대표적인 근본주의자였는데, 그는 텍사스 주 포트 워스(Fort Worth, TX) 시에 소재한 제일침례교회를 담임했던 목사였다.

근본주의(Fundamentalism)란 말은 *Watchman-Examiner*라는 잡지의 편집장이었던 커티스 리 로(Curtis Lee Law)라는 사람이 보수적인 기독교 지도자들의 신학논문들을 편집하여 발행하면서, *The Fundamentals*라는 제목으로 출간하면서 유래하였다. 결국 이러한 보수적인 기독교 지도자들에게는 "근본주의자들"(Fundamentalists)이라는 별명이 붙여졌다.[681]

근본주의자들이 강조했던 신학적인 명제는 다음과 같았다: 1) 성경의 신적인 영감과 무

679) Ibid.
680) McBeth, *The Baptist Heritage*, 570.
681) Ibid., 570-1.

오류성(Divinely Inspired and Inerrant Scriptures), 2) 그리스도의 신성과 동정녀 탄생(Deity of Christ and Virgin Birth), 3) 예수 그리스도의 대속적인 죽음(Christ's Death of Substitutionary Atonement), 4) 그리스도의 육체적인 부활(Christ's Bodily Resurrection), 5) 그리스도의 사적인, 전천년설적인, 그리고 임박한 재림(Christ's Personal, Premillennial, and Imminent Second Coming).[682]

근본주의자들은 기독교적인 기본진리를 잘 요약하고는 있었으나, 이들의 태도는 지나치게 배타적이었고 독선적이었고 전투적이었고 획일적이었고 자기 중심적이었다. 자신들의 주장에 동조하지 않는 자들에 대해서는 적대적인 감정을 드러내었으며, 따라서 결국에는 다양한 신앙을 가진 그리스도인들 간의 교제를 훼손하였다. 이들의 배타적이고 독선적인 태도는 많은 적(敵)들을 만드는 결과를 낳고 말았다. 이들은 진리와 정의를 지나치게 강조하다가, 이보다 더 중요한 기독교적인 가치인 사랑과 관용을 상실하고 말았다.

그래서 이들은 북부지방의 침례교회들과 교단 내에서 소수의 분파들을 형성하게 되었다. 소수파인 근본주의자들은 북침례교총회(Northern Baptist Convention)에서 더 이상 발을 붙일 수 없게 되어, 독자적인 교단을 이루며 이탈해 나갔다. 동시에 북침례교 총회는 신학적으로 더욱 자유주의화의 길을 걸어가게 되었다.

4. 주요 기관들

"미국침례교총회"(ABC, American Baptist Convention)는 시대의 요구와 필요에 부응하기 위해 교단의 조직에 관한 전반적인 검토에 들어갔다. 교단 차원의 사역과 각 기관의 기능을 과감하게 통폐합하는 조치를 단행하기로 하였다. 그래서 1968년에 "교단조직연구위원회"(SCODS, Study Commission on Denominational Structure)라는 위원회를 구성하여, 비능률적이고 고비용이 소요되는 기구들을 정비하였다.[683] 총회의 명칭도 1972년에 "미국침례교회들"(ABCUSA, American Baptist Churches, U.S.A.)로 변경하였다.

총회 산하에 세 개의 부(Board)를 두었는데, 국제 및 해외 선교를 담당하는 기구인 "국제사역부"(BIM, Board of International Ministries), 국내선교 및 교회개척 그리고 각종 구제활동의 수행을 위한 "국내사역부"(BNM, Board of National Ministries), 신학교육과 교단 내의 교회들에서 수행되는 성경교육을 위한 "교육사역부"(BEM, Board of Educational Ministries)를 두었다.[684]

682) Torbet, *A History of the Baptists*, 425-7.
683) McBeth, *The Baptist Heritage*, 581-2.

또한 교단 내에 총회가 인정하는 신학원들을 두었다: 안도버 뉴턴 침례신학원(Andover Newton Baptist Theological Seminary, Newton Center, MA), 센트럴 침례신학원(Central Baptist Theological Semianry, Kansas City, KS), 노던 침례신학원(Northern, Baptist Theological Seminary, Chicago, IL), 이스턴 침례신학원(Eastern Baptist Theological Seminary, Philadelphia, PA), 콜게이트 로체스터 침례신학원(Colgate Rochester Baptist Theological Seminary, Rochester, NY), 서부 미국침례신학원(American Baptist Seminary of the West, Berkeley, CA) 등.[685]

2016년 현재 "미국침례교회들"(American Baptist Churches, U.S.A.) 교단에는 약 1,300,000 여명의 교회회원들이 있으며 5,200여 개의 교회들이 있고 34개 지역(Region)으로 구분하여 조직화되어 있다.[686] 교세는 남침례교 총회(SBC)에 비해 약 1/10 정도의 규모이며 미국 내에서 6번째로 큰 침례교단이다. 15개의 대학교들과 대학들, 6개의 침례신학원들, 약 122개의 병원들과 지역사회와 연관된 봉사기관들과 협력하고 있다. 교단 내에 둔 저드선 출판사(Judson Press)는 각종 도서 및 성경공부 교재 출판사역을 담당하고 있다.

1962년부터 지금까지 펜실베니아 주 밸리 포지(Valley Forge, PA)라는 도시에 미국침례교선교센터(American Baptist Churches Mission Center)라는 본부를 가지고 있다.[687] 미국침례교회들 교단의 홈페이지 주소는 www.abc-usa.org이다.[688]

II. 제7일 침례교인들(SDB)

"제7일 침례교인들"(Seventh Day Baptists)은 침례교회사에서 꽤 오랜 역사를 가지고 있는 교회들인데, 17세기 중반 영국에서 태동되었다. 이들은 침례교인들이 믿고 있는 신앙의 내용(신자의 침례, 중생한 신자들로 교회회원을 삼는 교회, 민주적 회중정치, 지역교회의 자치권, 종교의 자유 등)을 공유하면서도, 구약성서에 언급된 10계명 중 제4계명을 지켜야 한다고 믿으며, 제7일째 즉 유대인들의 안식일인 토요일날 예배를 드려야 한다고 믿고 있다. 최초의 안식일침례교회(Sabbatarian Baptist Church)는 1650년경에 영국 런던에서 태동한 밀 야드 회중(Mill Yard Congregation)이었다.[689]

---

684) Ibid., 583-93.

685) Ibid., 593-4. Leonard, *Baptists in America*, 95.

686) "10 Facts You Should Know about American Baptists," [온라인자료] http//www.abc-usa.org/resources/10facts.pdf. 2016년 4월 10일 접속.

687) Ibid.

688) Ibid.

이들은 콘스탄틴 황제가 321년에 제정하여 휴일로 선포한 일요일(Sunday)이 태양숭배를 위한 날이었다는 점을 강조하면서, 일요일인 주일날에 예배를 드리는 것은 우상숭배가 되고 구약의 십계명을 위반하는 것이 되기 때문에 하나님을 결코 기쁘시게 할 수 없다고 주장하였다. 제7일인 안식일날 즉 토요일날 예배를 드려야 한다고 주장했던 침례교 지도자는 제임스 오크포드(James Ockford)인데, 그는 1650년에 「교황제도에 의해 훼손되고, 원시적인 순수성으로 개혁되고 회복된, 제4계명의 교리」(*The Doctrine of the Fourth Commandment, Deformed by Popery, Reformed & Restored to Its Primitive Purity*)를 출판하였다. 그 당시 이 책은 영국 내에서 엄청난 반대와 논쟁을 불러일으켰는데, 심지어 의회에서는 이 책들을 몰수하여 불태워 버려야 한다는 결의까지 하였다.[690]

제7일 안식일 예배를 주장했던 스테판 멈포드(Stephen Mumford)가 1664년에 미국으로 이민을 와서 로드 아일랜즈 주 뉴 포트(New Port, RI) 시에 정착을 하였는데, 그는 종종 로저 윌리암스가 개척했던 최초의 침례교회인 제일침례교회(First Baptist Church, Providence, RI)에 출석하였다. 결국 그는 이 교회를 떠나 1671년에 미국 땅에서 최초의 제7일 침례교회를 창립하였다. 이 두 교회는 서로 좋은 관계를 유지하였으며, 20여 년 후에는 담임목사가 궐석이 되었을 때에는 설교자를 공유하기까지 하였다. 그 후 1705년에 뉴 저지 주 피스카타웨이(Piscataway, NJ)에 또다른 제7일 침례교회를 설립하였으며, 세 번째는 1728년에 펜실베니아 주 에프라타(Ephrata, PA)에서 독일인들에 의한 제7일 침례교회가 조직되었다.[691]

“제7일 침례교회들”이 전국적인 규모의 첫 총회(General Conference)를 조직한 것은 1802년이었다. 새 헌장은 “제7일을 안식일(Sabbath)로 지키지 않거나 침수례(Immersion)로 밥티즘을 받지 않은 자를 회원으로 받아들이는 교회는 우리 연합체의 교제에 영입될 수 없다”고 규정하였다.[692] 선교를 위한 다양한 노력이 경주되었는데, 1828년에는 교단의 선교기관으로서 “미국 제7일 침례교선교협회”(American Seventhday Baptist Mission Society)가 조직되었다.

1838년에는 또 다른 선교단체인 “유대인들에게 기독교를 장려하기 위한 미국 제7일 침례교협회(American Seventh Day Baptist Society for the Promotion of Christianity among the Jews)가 조직되었다. 이 선교단체는 ”안식일을 지키는 유대인들“을 ”안식일을 지키는 크리

689) Leonard, *Baptists in America*, 97.

690) Don A. Sanford, “Chapter 10, Seventh Day Baptists,” W. Glenn Jonas, Jr., ed. *The Baptist River: Essays on many Tributaries of a Diverse Tradition* (Macon, GA: Mercer University Press, 2006), 229.

691) Leonard, *Baptists in America*, 97.

692) Don A. Sanford, *A Choosing People: The History of Seventh Day Baptists* (Nashville: Boradman and Holman, 1995), 383.

스천들"로 개종시키기 위한 최초의 유대인 대상 선교기관이었지만, 괄목할만한 개종의 열매는 맺을 수가 없었다.[693] 1844년에는 *The Sabbath Recorder*라는 교단지를 발간하기 시작하였다.

1965년에는 제7일 침례교의 국제조직인 "제7일 침례교대회 세계연맹"(WFSDBC, World Federation of Seventh Day Baptist Conference가 조직되었는데, 1993년에는 17개의 교단들이 가입해 있었다.[694] 제7일 침례교회들은 1948년에 세계교회협의회(World Council of Churches)와 미국교회협의회(National Council of Churches)가 결성되었을 때 창립회원으로 참여하였으나, 지역교회 자치권에 위협을 받게 될 것을 우려해 1970년대에 탈퇴를 하였다. 제7일 침례교회들은 침례교세계연맹(BWA), 북미침례교교제(North American Baptist Fellowship), 공적인 사안들에 대한 침례교 연합회(Baptist Joint Committee on Public Affairs) 등에 회원으로 가입해 있다.[695]

제7일 침례교회에서는 여성 지도자들의 목회 및 선교 참여에 매우 적극적인 입장을 취하고 있다. 1885년에 페리 버디크(Perie Burdick) 자매가 최초로 담임목회 활동을 위해 안수를 받았고 그 이후 여성들에게도 전국총회에 참석할 대의원 권한을 부여하고 있다.[696]

III. 애팔라치아 산맥 주위의 침례교인들

미국 중동부 지역의 애팔라치아 산맥 주위에는 소규모의 침례교 분파들이 다양한 모습으로 존재해 왔다. 이들은 신약성서 시대로부터 전수되어 온 초대교회의 신앙을 가지고 있다고 스스로를 자부하는 침례교인들(Appalachian-Based Baptists)이다. 이들은 전국적인 규모의 총회 조직을 거부하고 지역교회로나 소규모의 지방회에 소속한 교회로 존재하고 있다.

1. 원시 침례교인들(Primitive Baptists)

"원시 침례교인들"도 특정 침례교 총회나 선교단체로부터 분리되어 나온 사람들이지만, 대체로 이들은 자신들이 초대 신약성서적 교회의 신앙공동체와 직접적으로 연결되어 있다

693) Sanford, "Chapter 10, Seventh Day Baptists," 98.
694) Ibid.
695) Albert W. Wardin, Jr., ed., *Baptist Around the World: A Comprehensive Handbook* (Nashville: Broadman and Holman, 1995), 383.
696) Sanford, "Chapter 10, Seventh Day Baptists," 98.

는 점을 강조한다. 다시 말해서 초대교회의 "원시적인"(primitive) 신앙과 삶을 이어가고 있다고 자부한다. 이들은 "사람이 만든"(man-made) 교단이나 총회는 신약성서의 가르침을 배도한 조직으로 생각한다. 이들은 과격한 회중주의(radical congregationalism) 정치를 주장하면서 "각 침례교회는 신약성서에서 발견되는 그리스도의 법에 따라 자치적으로 운영되어야 하며, 어떠한 목사나 지방회나 총회도 각 지역교회 위에 군림하는 권위를 가질 수 없다"는 점을 강조한다.[697)]

"원시 침례교인들"은 19세기 중반 반교파주의(anti-denominationalism)와 반선교운동(anti-mission movement)의 일환으로 기존 교단으로부터 파생되어 나온 분파이다. 1827년 노스 캐롤라이너 주의 서부에 있는 케후키 침례교지방회(Kehukee Baptist Association)는 총회 차원에서 이루어지는 선교나 교육이나 출판 사역에 반기를 들면서, 그러한 사역을 주관하는 교단의 기관들은 성경에 기반을 두었다고 볼 수 없는 인간의 발명품들(human inventions)이며 지역교회 회중의 자치권과 권위에 위협을 가하는 기구들이라고 주장하였다.

"원시 침례교인들"은 교단적인 성직계급제도는 결국 자신들의 양심과 지역교회들을 통제하려 한다고 경계하면서, "우리는 그러한 모든 인간적인 기구들(human institutions)과 모든 선교협회들과 후원을 강요하는 순회거지들(traveling beggars, 선교헌금 모금책들을 일컫는 표현이다-필자 주)로부터 절연(non-fellowship)을 선언한다. 우리는 그들이 적그리스도의 밀사들이며 첩자들이라고 믿으며 예수 그리스도의 참 왕국(true kingdom)을 대적하는 자들이라고 믿는다"고 주장하기도 하였다.[698)]

일반적으로 "원시 침례교인들"은 특별한 형태의 칼빈주의, 다시 말하면 하나님의 예정과 선택을 지나치게 강조하는 극단적 칼빈주의(Hyper-calvinism)의 신앙을 선호하고 있다. 모든 인간은 전적으로 타락했기 때문에 공의로우신 하나님으로부터 저주를 받을 수밖에 없었는데, 자비하신 하나님께서는 무조건적인 선택으로 특별한 사람들(particular persons)을 구원하신다는 것이다. 이 세상에 태어나는 모든 사람들은 결국 "택자들"(the elect)과 "비택자들"(the non-elect)로 나누이는데, 하나님으로부터 택함을 받은 사람들만을 위해 예수 그리스도께서 십자가 상에서 피를 흘리셨다는 것이다.[699)]

원시 침례교인들은 하나님만이 구원의 저자(author of salvation)이시기 때문에, 다른 사람들을 구원하려거나 개종시키려는 인간들의 어떠한 노력(any effort by human beings)도 결국에는 "공로 의"(works righteousness)가 된다는 것이고 죄인들이 자기 자신의 구원을 쟁취

697) Frank S. Mead and Samuel Hill, eds., *Handbook of Denominations in the united States*, 9th ed. (Nashville: Abingdon, 1992), 51.

698) John G. Crowley, *Primitive Baptists of Wiregrass South* (Gainsville: University Press of Florida, 1998), 60.

699) Leonard, *Baptists in America*, 104.

하게 한다는 것이다. 하나님만이 구원의 원천이신데, 선교단체들의 선교적인 노력 역시 또 다른 형태의 "공로 의"라는 것이다. 그래서 원시 침례교인들은 성서공회들, 주일학교들, 신학교들, 부흥회들 등 하나님의 간섭과는 무관하게 복음을 제시하는 수단들을 반대한다.[700]

이러한 신학을 가지고 선교반대운동을 펼쳤던 서부개척지역의 침례교 설교가로 다니엘 파커(Daniel Parker, 1781-1844)가 있었다. 그는 "두 종류의 씨앗"(Two Seeds)이라는 말을 사용했는데, 모든 사람들은 누구나 "구원의 씨앗"(seed of salvation), 아니면 "저주의 씨앗"(seed of damnation)을 품고 이 세상에 태어난다는 것이다. 결국 "구원의 씨앗"을 품고 태어난 사람들만이 하나님의 택함을 받아 구원을 받게 되는 것이고, "저주의 씨앗"을 품고 태어난 사람들은 하나님으로부터 유기되어 구원받지 못하게 된다는 것이다. 일종의 결정론(determinism)이요 숙명론적인 신앙(fatalistic faith)인 것이다. 이러한 극단적 칼빈주의 신앙을 가진 침례교인들을 "두 종류의 영적인 씨앗을 가진 예정론적인 침례교인들"(Two-Seed-in the-Spirit Predestinarian Baptists)라고도 불리웠다.[701]

"원시 침례교인들"은 총회 차원의 정치적인 조직이나 활동을 혐오하면서 지역교회나 소규모의 지방회 중심의 신앙생활을 영위하고 있다. 지역교회의 규모도 작은 편이고 주로 산간지대나 농촌지역에서 친척과 혈연을 중심으로 회중을 이루고 있다. 백인 중심의 원시 침례교인들은 100,000명이 넘지 않고 있으며, 주로 흑인들로 구성된 원시 침례교 전국총회인 National Primitive Baptist Convention of the USA에는 약 1,000,000명 이상의 침례교인들이 등록되어 있다.[702]

2. 옛정규 침례교인들(Old Regular Baptists)

애팔라치아 산맥 주위의 침례교인들에 대하여 집중적인 연구를 해 온 하워드 도르간(Howard Dorgan)은 "옛정규 침례교인들"을 침례교가족(Baptist family)의 한 분파로 정의하면서, "그들은 스스로를 특별한 사람들(special people)로 여기는데, 원시 침례교인들처럼 '특별하게 택함을 받았기'(partucularly elected) 때문이 아니라, '속량을 받았고'(redeemed), '선한 일에 열심을 품고 있고'(zealous of good works), '불경스러움과 세상적인 탐욕을 부인하고'(denying ungodliness and worldly lusts), '어두움으로부터 불려냄을 받았고'(called out of darkness), '깨어 있어 의롭게 그리고 거룩하게 살고 있기'(living soberly, righteously, and godly) 때문이다"

700) Ibid.

701) Wardin, ed., *Baptist Around the World: A Comprehensive Handbook*, 422.

702) Leonard, *Baptists in America*, 107.

라고 설명하고 있다.[703]

"옛정규 침례교인들"의 역사는 1825년에 동부 켄터키 주에서 태동한 뉴 살렘 침례교지방회(New Salem Baptist Association)로까지 소급한다. 이들의 신앙과 삶은 "원시 침례교인들"의 그것들과 별반 다르지는 않지만, 그들만의 역사와 신앙적인 특징들을 강조하고 있다. "옛정규 침례교인들"은 구원교리에 있어서는 매우 칼빈주의적이고, 침례는 교회당 바깥의 개울이나 강에서 행하며, 주의 만찬을 집례할 때는 세족례(feet washing)와 함께 행하며, 여인들이 설교를 하거나 교회모임에서 사회를 보는 것을 허락하지 아니하며, 그리고 성경은 오직 킹 제임스역 성경(KJV)만을 고집하며, 선교단체들이나 총회기관들이나 주일학교나 부흥회나 사람들이 구원받도록 강요하는 어떠한 "인간적인 노력"(human effort)도 부인한다.[704]

도르간에 의하면, "옛정규 침례교인들"은 원시 침례교인들에 비해 훨씬 감정적인 설교를 행한다고 한다. 설교를 할 때 설교노우트나 메모를 사용하지 않으며 성령님의 인도하심에 따라 즉흥적이고 열정적인 설교(spontaneous and exuberant sermon)를 한다. 설교자는 강단 위에서 앞뒤로 좌우로 움직이면서 설교를 하고 고함을 치기도 하고 울부짖기도 한다.[705] 또한 "옛정규 침례교회"에서는 권징을 매우 엄격하게 시행하는데, 회개하지 않는 교회회원에 대해서는 단호하게 교회출석을 금지하는 조치를 취한다. 그들은 예수님을 믿는 확실한 신앙고백에 근거하여 뱁티즘(신자의 침례)을 베푸는데, 30살 이하의 사람들에게는 좀처럼 침례를 베풀지 않는다고 한다.[706]

1999년 현재 약 19,257명의 옛정규 침례교인들이 있고, 아리조나, 플로리다, 메릴랜드, 와싱턴 주 등으로까지 확산되어 94개 군(county)에 326개의 옛정규 침례교회들이 있는 것으로 확인되고 있다.[707]

IV. 알미니안 침례교인들

"알미니안 침례교인들"(Arminian Baptists)이란 야코부스 알미니우스(Jacobus Arminius,

703) Howard Dorgan, *The Old Regular Baptists of Central Appalachia* (Knoxville: University of Tennessee Press, 1989), 5.
704) Leonard, *Baptists in America*, 108.
705) Dorgan, *The Old Regular Baptists of Central Appalachia*, 55-6.
706) Leonard, *Baptists in America*, 108.
707) Clifford A. Grammich, Jr., *Local Baptists, Local Politics* (Knosville: University of Tennessee Press, 1999), 79.

1560-1609)가 주장했던 구원신학을 믿는 침례교인들이다. 알미니우스는 쟝 깔뱅과 그의 추종자들이 하나님의 절대주권을 강조하면서 인간에게 허락된 자유의지를 무시하고 하나님의 예정과 선택만을 지나치게 강조한 것을 비판했던 네델란드 신학자였다. 알미니우스는 예수 그리스도가 "오직 택함받은 사람만을 위하여"(for the elect only)가 아니라 "모든 사람들을 위하여"(for all) 십자가를 지시고 피를 흘리셨다고 주장하였다. 그래서 누구든지 회개하고 예수 그리스도를 믿는 자들은 죄사함을 받아 구원을 받는다고 하였다.

대체로 16세기 당시 아나뱁티스트들이 이렇게 믿고 있었고, 17세기 최초의 침례교인들도 암스테르담에서 이러한 구원신학에 근거하여 침례교회를 태동시켰다. 그리고 이들 중 일부가 1611년/1612년에 영국 런던으로 되돌아가 복음을 증거하며 교회를 개척하였는데, 이 교회를 후대 사람들은 일반침례교회(General Baptist Church)라고 불렀다. 일반속죄설(general atonement)을 믿었기 때문이었다. 미국에서도 이러한 구원신학을 강하게 믿는 침례교인들이 등장하였다.

1. 자유의지 침례교인들(Free Will Baptists)

미국에서 "자유의지 침례교인들"의 역사는 폴 팔머(Paul Palmer, d. 1747) 목사가 노스캐롤라이나 주 초완 군 시스코(Cisco, Chowan County, NC)에서 최초의 침례교회를 세웠던 1727년으로까지 소급하는데, 이 교회는 인간의 자유의지를 강조하는 일반침례교회였다.[708] 그 후 이 교회는 조셉 파커(Joseph Parker, d. 1791?) 목사에 의해 인도함을 받았는데, 그는 그 지역을 중심으로 여러 개의 침례교회들을 창립하여 연합회를 구성하였다. 그는 1812년에 신앙고백을 작성하면서 연합회에 속한 교회 이름을 "자유의지 침례교회"(Free Will 혹은 Free Willer Baptist Church)라고 불렀다.[709]

이 침례교인들은 "그리스도가 택함 받은 사람들만을 위하여가 아니라 모든 사람들을 위하여 죽으셨다"(Christ died for all, not only for the elect)고 주장하며, 그리스도의 일반속죄설, 하나님의 구원하시는 은혜와 협력하는 인간의 자유의지의 중요성, 한번 구원받았어도 실족하면 구원을 상실할 수도 있는 가능성 등의 신앙을 진술하였다. 인간에게는 자유의지가 있기 때문에 인생의 어느 한 순간에 구원을 선택할 수도 있지만, 나중 어느 때에 구

708) William F. Davidson, "Chapter 6, The National Association of Free Will Baptist," W. Glenn Jonas, Jr., ed. *The Baptist River: Essays on many Tributaries of a Diverse Tradition* (Macon, GA: Mercer University Press, 2006), 134. "Paul Palmer (Minister)", Wikipedia, [온라인자료] https://en.wikipedia.org/wiki/Paul_Palmer_(minister), 2016년 4월 15일 접속.

709) Wardin, ed., *Baptist Around the World: A Comprehensive Handbook,* 424.

원을 거절할 선택을 할 수 있다는 것이다. 구원을 정의할 때에 칭의(justification)를 강조할 필요성이 있을뿐 아니라(믿음으로 들어감), 성화(sanctification) 역시도 강조할 필요성이 있다는 것이다(은혜 안에서 믿음을 지속적으로 견지함).[710]

"자유의지 침례교회"가 번성했던 또다른 지역은 미국 동북부 뉴 잉글랜드였는데, 여기서 활동했던 지도자는 벤자민 랜달(Benjamin Randall, 1749-1808)이었다. 그는 뉴 햄프셔 주 뉴 캐슬(New Castle, NH)에서 태어나서 조지 휫필드의 부흥회에서 은혜를 받고 1770년에 회심을 경험하였다. 그는 1780년 4월 5일에 뉴 덜함(New Durham, NH)에서 목사안수를 받은 후 침례교회를 개척하였는데, 이 교회가 뉴 잉글랜드 지역의 자유의지 침례교회들의 모체가 되었다.[711]

자유의지 침례교회는 남부지역의 팔머 진영과 동북부 지역의 랜달 진영에서 제각각 발전을 도모하였는데, 후자는 Free와 Will을 붙여서 Freewill Baptist Church라는 명칭을 선호하였다. 랜달 진영의 자유의지 침례교회는 1911년에 북침례교 총회(Nothern Baptist Convention, 오늘날의 American Baptist Churches, USA)과 연합하였다.

그런데 이 연합에 동참하기를 거부했던 교회들은 1917년에 텍사스, 미주리, 네브라스카, 캔자스, 오클라호마 주에 있는 교회들과 연합하여 "자유의지 침례교인들의 일반협동연합회"(General Co-operative Association of Free Will Baptists)를 결성하였다. 이 단체는 1935년에 테네시 주 내쉬빌(Nashville, TN)에서 남부지역의 자유의지 침례교회들과 또다시 연합하여 미국 내 최대의 자유의지 침례교 교단인 "자유침례교인들의 국내연합회"(National Association of Free Will Baptists)를 결성하였다. 이들은 철저한 알미니우스 구원론(일반속죄설, general atonement)을 믿고 있으며 침례와 주의 만찬과 세족례를 예수 그리스도께서 교회에 위임하신 의식들(ordinances)로 간주하고 있다. 이 교단에 속한 침례교인늘의 수는 약 230,000 명이다.[712]

2. 일반침례교인들의 일반연합회(GAGB)

알미니우스의 일반속죄 구원론을 강조하는 침례교단 중 하나는 "일반침례교인들의 일반연합회"(GAGB, General Association of General Baptists)인데, 19세기 미국의 중서부지역

710) Leonard, *Baptists in America*, 110-11.

711) "Benjamin Randall," Wikipedia, [온라인자료] https://en.wikipedia.org/wiki/Benjamin_Randall, 2016년 4월 15일 접속.

712) Wardin, ed., *Baptist Around the World: A Comprehensive Handbook*, 424-5.

(Midwest)에서 발생하였다. 베노니 스틴슨(Benoni Stinson, 1789-1869)은 켄터키와 인디애나 주에서 융성하고 있던 칼빈주의 신앙에 대해 반발하면서 일반침례교 운동을 주도하였다. 그는 인디애나 주 하우웰(Howell, IN)에 있는 리버티(Liberty) 침례교회를 담임하면서, "그리스도는 인간 한 사람 한 사람을 위하여 죽음을 맛보았다"(Christ tasted death for every human being)는 믿음으로 설교하였다.[713)]

그는 이 교회를 중심으로 중서부 지역에서 교회들을 개척해 나갔고, 결국 1870년에 일리노이 주 갤라틴 군(Gallatin County, IL)에 있는 하모니(Harmony) 침례교회에서 "일반침례교인들의 일반연합회"라는 교단적인 조직을 이루었다. 이 연합회는 이듬해인 1871년에 국내선교부를 발족했고 1903년에는 해외선교부를 만들어 사역의 범위를 해외로까지 확장하였다. 1891년에는 인디애나 주 오클랜드에 오클랜드 시 대학(Ockland City College)을 설립하였다.[714)]

현재 이 교단에는 약 60개의 지방회에 816개의 일반침례교회들이 소속해 있으며 회원수는 약 73,000명이다. 교단본부는 미주리 주 포플라 블럽(Poplar Bluff, MO)에 위치하고 있고, *General Baptist Messenger*라는 교단신문을 발행하고 있다. 이 교단은 현재 국제기구인 NAE(National Association of Evangelicals)와 BWA(Baptist World Alliance)에 정식회원으로 가입해 있다.[715)]

V. 독립 침례교인들

침례교인의 특징을 규정하는 낱말들 가운데에는 "개인주의자"(individualist), "자원주의"(voluntarism), "자유"(freedom), "신적인 민주주의"(theo-democracy), "자치"(autonomy), "독립"(independence) 등이 있다. 침례교인들은 기본적으로 "독립적인 사람들"(independent people)이다. 침례교인들은 예수님을 믿을 때 개인적으로 예수님을 마음 속에 영접해야 하고 개인적으로 그 분을 만나야 한다고 믿는다. 동시에 침례교인들은 침례교회란 지역교회의 "독립성"과 "자치권"을 존중하는 교회라고 믿고 있다. 신약성서의 사도행전과 서신서들에 묘사된 교회는 우주적 교회(universal church)와 지역교회(local church)이고, 오늘날처럼 지방회니 노회니 연회니 총회니 하는 교

713) Leonard, *Baptists in America*, 111.

714) Ibid.

715) "General Association of General Baptists," Wikipedia, [온라인자료] https://en.wikipedia.org/wiki/General_Association_of_General_Baptists, 2016년 4월 15일 접속.

단조직이나 총회조직이 존재하지 않았다는 것이다.

그러나 지역교회 혼자의 힘으로는 감당할 수 없는 대규모 선교사역이나 구제사역이나 신학교육사역 등을 효율적으로 수행하기 위하여 현실적으로 그러한 조직이 필요한 것을 부인할 수는 없다. 지역교회들과 교인들 간의 교제(fellowship)와 협력(cooperation)을 위해서 지역교회 차원을 넘어서는 조직이 필요한 것이다. 그런데 여러 교회들이 참여하는 조직이 생기면 자연히 정치성을 띠게 되는 것이고, 그렇게 되면 지역교회의 독립성 및 자치권과의 충돌은 피할 수 없게 된다.

"독립 침례교인들"(Independent Baptists)은 일반적으로 교단적인 기구들이나 선교단체들이나 공식적인 연결망(official connections)을 회피하고, 지역교회의 자치권을 확보하기 위해서 "독립"(independent)이라는 명칭을 사용하고 있다. 물론 그들도 사회적 동물인지라 조직을 전적으로 배제하지는 않는다. 그래서 독립 침례교회들도 나름대로 "교회들과 목회자들의 친교회"(fellowship)를 만들어 그것에 소속하고 그것을 통하여 교제하고 협력한다. 그들도 지역교회가 예수 그리스도의 지상명령에 충성스럽게 순종해야 한다는 사실을 알지만, 단지 선교단체나 교단이나 총회를 통하여 하려 하지 않고 개별회중(each congregation, 지역교회)을 통하여 선교헌금을 모금하고 선교사들을 파송하려고 한다.

일반적으로 "독립 침례교인들"은 반교단주의자들(anti-denominationalists)이다. 지역 교회 위에 존재하는 상부기관이나 상부의 권위를 인정하지 않는다. 지역교회의 머리는 예수 그리스도이지 지방회나 노회나 연회나 총회나 영향력 있는 대형교회 목사가 아니라고 믿는다. 지역교회 문제는 성령님의 인도하심에 따라 지역교회 스스로가 해결해야 한다고 믿는다. 지역교회의 사무처리회(Business Meeting, 예수 믿고 침례 받은 교회회원들 가운데 18세 이상된 회원들의 모임-필자 주)가 교회의 최고권위라고 믿는다.

또한 "독립 침례교인들"은 일반적으로 근본주의적인 보수주의 신앙(fundamentalist conservative faith)을 가지고 있다.[716] 그들은 신학적 자유주의(theological liberalism) 경향에 대하여 과민하게 반응한다. 독립 침례교인들은 "자유주의자를 아는 것은 자유주의자인 것이다"(to know a liberal is to be a liberal)[717]라고 생각하며 어떠한 형태의 에큐메니칼 운동이나 초교파적인 활동에 동참하기를 거부한다. 그들은 대체로 "성경을 믿는 크리스천"(Bible-believing Christan) 이라는 말을 선호한다. 그들은 예수 그리스도의 참 제자들은 "배도, 신학적인 타협, 그리고 세속주의"(apostasy, theological compromise, and worldliness) 등으로부터 성별되어 성서의 가

716) Leonard, *Baptists in America*, 115. 그들은 다음과 같은 기독교 근본주의 신앙에 집착한다: (1) 성경의 무오성, (2) 예수 그리스도의 처녀(동정녀) 탄생, (3) 그리스도의 대속적인 죽음, (4) 그리스도의 육체적 부활, (5) 세상을 심판하고 종말의 때를 도래케 하는 그리스도의 문자적인 재림.

717) Ibid.

르침에 전폭적으로 순종해야 한다는 점을 강조한다.[718]

1. 세계침례교친교회(WBF)

20세기 전반기에 남부지방을 대표하는 근본주의적 보수주의 침례교지도자로 텍사스 주 포트워스 제일침례교회(First Baptist Church, Fort Worth, TX)의 담임목사 프랭크 노리스(J. Frank Norris, 1877-1952)가 있었다. 노리스는 텍사스 주 웨이코 시에 있는 침례교대학교인 배일러대학교(Baylor University, Waco, TX)와 남침례신학원(SBTS)를 졸업하고, 1905년에는 댈러스 시에 위치한 맥키니 애비뉴 침례교회(McKinney Avenue Baptist Church)를 담임했다가 사임하고, 1907년에는 텍사스 주총회의 주간신문인 *Baptist Standard*의 편집장으로 취임하였다.[719]

언론기관을 장악한 노리스는 지방회와 주총회를 향하여 자신의 근본주의적 교회론 신학을 펼쳤고 자유주의 신학의 도전에 대한 응전을 시도하였다. 특히 자신의 모교인 배일러대학교에서 일고 있다고 알려진 진화론 논쟁에 의혹을 제기하며 논란을 일으키면서 동문들과 주총회 소속 침례교목회자들로부터 큰 반발을 사기도 하였다. 또한 그는 로마가톨릭교회와 공산주의에 대해서도 냉혹하게 비판하기도 하였다.

프랭크 노리스가 일으킨 바람이 얼마나 컸던지 그에게는 "텍사스 돌풍"(Texas Tornado)라는 별명이 붙여져 있다.[720] 그에게는 지역교회의 자치권과 독립성에 대한 믿음이 매우 강하게 자리잡고 있었고 그 당시 북부지방으로부터 내려오는 자유주의 신학사조에 대해 전투적으로 대응하고 있었다. 그는 지방회나 주총회나 전국총회와 같은 "교단적 기계장치"(denominational machine)가 지역교회의 자치와 독립을 훼손할뿐 아니라, 그러한 기계장치로 인한 정치가 신약성서적 교회로서의 침례교회 정체성과 순수성을 망가뜨린다고 확신하였다. 그래서 그와 그의 교회는 1923년에 남침례교 텍사스 주총회인 "텍사스 주 침례교 일반총회"(BGCT, Baptist General Convention of Texas)와 포트워스 지역의 지방회인 태런트 카운티 침례교지방회(Tarrant County Baptist Association)을 탈퇴하여 독립교회를 지향하였다.

노리스는 스테일리(C. P. Staley) 등의 추종자들과 함께 1933년에 포트워스에서 "전천년 선교침례교친교회"(PMBF, Premillenial Missionary Baptist Fellowship)라는 단체를 결성하였는

718) "Cedarville University Partners with Southern Baptist Convention," *Maranatha Baptist Watchman*, March 2003, 6.

719) "J. Frank Norris," Wikipedia, [온라인자료] https://en.wikipedia.org/wiki/J._Frank_Norris, 2016년 4월 14일 접속.

720) Leonard, *Baptists in America*, 115.

데, 5년 후인 1938년에는 "세계근본주의자침례교선교친교회"(WFBMF, World Fundamental Baptist Missionary Fellowship)로 개명하였고, 1950년에는 일부 회원들이 이 단체를 떠나 "국제침례교성서친교회"(BBFI, Baptist Bible Fellowship International)을 결성하자 "세계침례교친교회"(WBF, World Baptist Fellowship)로 그 이름을 바꾸어 현재까지 사용하고 있다.

노리스는 1939년에 근본주의 침례교지도자 양성을 위해서 텍사스 주 알링턴 시에 "근본주의 침례교 성서학원"(Fundamental Baptist Bible Institute)를 설립하였는데, 현재 이 학원은 알링턴침례대학(Arlington Baptist College, Arlington, TX)으로 발전하였다. "세계침례교친교회"(WBF)는 이 대학 캠퍼스를 단체의 본부로 사용하고 있으며, 이 단체에 속한 교회들은 텍사스, 플로리다, 오하이오 주 등에 분포되어 있는데, 1995년 현재 약 945개의 교회들이 회원으로 소속되어 있다.[721)]

2. 국제침례교성서친교회(BBFI)

프랭크 노리스 목사가 "세계침례교친교회"를 인도함에 있어서 독선과 독단을 일삼자, 이에 반발한 동역자들이 이 곳을 떠나 새로운 조직을 만들었다. 1948년에 WBF의 총재가 된 조지 보챔프 비크(George Beauchamp Vick)와 노리스 간에 지도력 분쟁이 발생하여, 결국 1950년에 비크는 WBF 총재직을 사임하고 노엘 스미스(Noel Smith), 다월 1세(W. E. Dowell, Sr), 우드워스(R.O. Woodworth) 등과 함께 텍사스 주 덴톤(Denton, TX) 시에 있는 센트럴(Central) 침례교회에서 "국제침례교성서친교회"(BBFI, Baptist Bible Fellowship International)를 창립하였다.[722)]

분열 당시에 약 100여 명의 침례교 목사들과 선교사들이 창립회원으로 참여하였으며, 미주리 주 스프링필드(Springfield, MO)에 본부를 두고 있다. 현재 북미지역에 4,500여 개 교회들이 소속되어 있으며 약 1,200,000여 명의 침례교회원을 가지고 있다. 추가적으로 10,000여 개 교회가 국제침례교성서친교회라는 국제조직에 참여하고 있다.[723)] "국제침례교성서친교회"는 우리나라에 "성서침례교회"(Bible Baptist Church)로 알려진 교단과 협력하고 하고 있는 국제적인 조직이다.

"국제침례교성서친교회"(BBFI)는 월간지 *The Baptist Bible Tribune*을 발간하고 있고 1950

---

721) "World Baptist Fellowship," Wikipedia, [온라인자료] https://en.wikipedia.org/wiki/World_Baptist_Fellowship, 2016년 4월 15일 접속.

722) "Baptist Bible Fellowship International," Wikipedia, [온라인자료] https://en.wikipedia.org/wiki/Baptist_Bible_Fellowship_International, 2016년 4월 17일 접속.

723) "한국성서침례친교회," [온라인자료] http://www.bbfk.kr/?r=home&c=1/7, 2016년 4월 18일 접속.

년에 비크를 학장으로 하여 스프링필드에 침례교성서대학(Baptist Bible College, Springfield)을 설립하였다.[724] 현재 이 단체에 속한 고등교육기관으로 동부침례교성서대학(BBC East), 서부침례교성서대학(BBC West), 태평양연안침례교성서대학(BBC Pacific Coast), 미국침례대학교(Baptist University of America) 등이 있다.[725]

그리고 특기할 사항은 버지니아 주 린치버거(Lynchburg, VA)에 위치한 토마스 로드(Thomas Road) 침례교회 담임목사였고 리버티대학교(Liberty University)의 설립자이자 총장이었던 제리 팔웰(Jerry Falwell, 1933-2007) 목사가 이 교단에 소속하고 있었다는 점이다. 한국에도 여러 차례 방문하여 부흥사경회를 인도했던 그는 1979년에 "도덕적 다수"(Moral Majority)라는 단체를 창립하여 성서적인 가치를 세상 속에서 구체화하는 작업을 시도하였고, 레이건 행정부에 깊이 개입하여 기독교적인 영향력을 행사하기도 하였다.

최근(2016년 3월 14일-17일)에 "한국침례교성서친교회"(KBBF, Korea Baptist Bible Fellowship) 주관으로 5년마다 열리는 국제성서침례회 선교대회를 일산 킨텍스에서 성공적으로 개최한 바 있다. "눈을 들어 바라보라"라는 주제를 내걸고, 전세계 82개국으로부터 온 3,000여 명의 성서침례교 지도자들이 교제와 격려, 그리고 복음의 열정을 회복하기 위한 헌신의 시간을 가졌다.[726]

한국에서 성서침례교회의 선교는 1954년에 미국선교사 아이작 포스터(Isaac Foster)가 한국전쟁 직후에 입국함으로 시작되었으며, 잭 배스킨(Jack Baskin), 온시 휘커(Onsy Whicker) 등과 같은 선교사들의 헌신으로 교회들이 개척되었다. 오늘날 약 200여 개의 성서침례교회들이 "한국침례교성서친교회"에 소속되어 있다.[727]

3. 남부지역침례교친교회(SBF)

테네시 주 챠타누가(Chattanooga, TN)에 있는 하이랜드 파크(Highland Park) 침례교회에서 40여 년간 담임목회 활동을 했던 리 로버슨(Lee Roberson)는 독립침례교 목사였으며 근본주의적 보수주의자였고 세대주의 종말론 신앙을 가진 사람이었다. 그의 동역자 존 라이스(John R. Rice, d. 1980)는 테네시 주 머프리스보로(Murfreesboro, TN)에서 「주님의 칼」(*Sword of the Lord*)이라는 기독교잡지를 편집 출판하여, 자유주의와 세속주의의 침투에 대

724) Leonard, *Baptists in America*, 116.
725) "한국성서침례친교회," [온라인자료] http://www.bbfk.kr/?r=home&c=1/7, 2016년 4월 18일 접속.
726) "전세계 성서침례교인들 한 자리에," [온라인자료] http://www.nocutnews.co.kr/news/4562801, 2016년 4월 18일 접속.
727) "한국성서침례친교회," [온라인자료] http://www.bbfk.kr/?r=home&c=1/7, 2016년 4월 18일 접속.

해서 격렬하게 비판하였고 근본주의 신앙을 옹호하고 확산시켰다. 이 두 지도자가 중심이 되어 뜻을 같이 하는 보수적인 독립침례교 목사들이 1956년에 "남부침례교친교회"(Southern Baptist Fellowship)를 만들었는데, 추후에 그 이름을 "남부지역침례교친교회"(SBF, Southwide Baptist Fellowship)으로 변경하였다.[728]

이 "친교회" 역시 교단이나 총회 조직이 아니고 독립 침례교회들의 교제와 협력을 위한 모임이다. 그런데 이 단체의 성격이 매우 보수적이어서, 소속교회의 회원들은 이 단체가 정한 행동규범(code of behaviors)을 따라야 한다. 예를 들면, 남자들은 단정한 단발머리를 할 것, 여자들은 바지를 입지 말고 치마를 입을 것, 목욕이나 온천을 할 때 남녀가 혼욕을 하지 말 것, 영화관 출입을 삼갈 것, 현대음악을 청취하지 말 것 등이다.[729] 소속교회들의 대부분은 세대주의적 전천년주의 종말론을 믿고 있으며, 특히 킹 제임스역(KJV, King James Version, Authorized Version) 성경만을 오류가 없는 권위있는 하나님의 말씀으로 여기고 있다.[730]

우리나라에서도 "말씀보존학회"(Word of God Preservation Society)라는 단체가 있어서, 킹 제임스역 성경만을 최고권위의 하나님의 말씀이라고 주장하며 신앙생활을 하고 있다. 최근에 이 단체는 킹 제임스역 영어성경을 한글로 번역하여 "한글 킹 제임스성경"을 만들었다. 이 성경이야말로 "바른 원문에서 번역된 바른 성경," "가장 정확하고 이해하기 쉬운 성경," "삭제되거나 첨가된 구절이 없는 성경," "종교개혁과 교회의 부흥을 가져 온 성경"이라고 설명하고 있다.[731] 또한 이 단체는 "성경대로 믿는 사람들"이라는 소식지를 발간하고 있고, 자신들의 교회를 "성경침례교회"라고 부르고 있다.[732]

VI. 북침례교로부터 연유한 근본주의 침례교인들

1920년대와 1930년대에 북부지역 침례교회들 사이에는 격렬한 신학적인 논쟁이 일었다. 유럽, 특히 독일로부터 유입된 자유주의(Liberalism)와 근대주의(Modernism) 신학사조가 침례신학원들과 침례교회들에 서서히 만연하게 되었고, 동시에 북부지역에서 도시화 산업화로

728) Leonard, *Baptists in America*, 116.
729) "Southwide Baptist Fellowship," [온라인자료] https://en.wikipedia.org/wiki/Southwide_Baptist_Fellowship, 2016년 4월 18일 접속.
730) Ibid.
731) "말씀보존학회"(Word of God Preservation Society), [온라인자료] http://www.biblemaster.co.kr/, 2016년 4월 18일 접속.
732) Ibid.

인한 주민들의 현실적인 필요를 충족시켜 줄 수 있는 자유주의적 목회신학이 대두하였다. 이에 대한 적극적인 반작용으로 근본주의 신학사조가 등장하여 서로 충돌하였다.

결국 근본주의 침례교지도자들이 북침례교 총회(Northern Baptist Convention, 현재의 American Baptist Churches, USA)의 주류로부터 소외되면서, 총회를 이탈했던 침례교지도자들은 소수파 근본주의자들의 교단들을 결성하였다.[733]

1. 정규 침례교회들의 일반연합회(GARBC)

북침례교 총회가 자유주의 신학의 경향을 기울어지자 이에 실망은 일단의 보수적인 침례교목회자들이 1923년에 총회를 떠나 "침례교성서연맹"(BBU, Baptist Bible Union)을 결성하였다. 또다른 일단의 근본주의적 보수주의 목회자들이 1932년에 일리노이 주 시카고(Chicago, IL)에서 창립모임을 갖고 "정규 침례교회들의 일반연합회"(GARBC, General Association of Regular Baptist Churches)를 결성하였다.[734] 이 때 "침례교성서연맹"에 참여해 왔던 목회자들 전원이 새롭게 결성된 모임에 합류하였다.

GARBC 역시 교단 모델(denominational model)이라기보다는 친교회 모델(fellowship model)을 전제로 조직하였다. 각 회원교회는 매사에 독립적이었고 자치적이었다. GARBC 본부가 회원교회들 위에 군림할 수도 없었고 지역교회 문제에 개입하거나 간섭할 수 없었다. "정규 침례교회들의 일반연합회"는 단지 비슷한 신앙과 실천을 추구하는 회원교회들 간의 교제와 친교를 목적으로 하였다.

GARBC를 창립하는데 앞장 섰던 인물은 로버트 케참(Robert T. Ketcham)이었다. 그는 이 연합회의 부회장과 회장을 역임하였고, 기관지 *Baptist Bulletin*의 편집인 직임을 맡았다.[735] GARBC는 전도와 선교 등 영혼구원 사역, 근본주의적 보수주의 신앙, 자유주의 신학 경향과의 "분리"(separatism) 등을 매우 강조하고 있으며, 따라서 "세계교회협의회"(WCC)에도, "복음주의자들의 국내연합회"(NAE, National Association of Evangelicals)에도 참여하지 않고 있으며, 빌리그래함 전도대회(Billy Graham Crusade)와의 관계도 거절하고 있다.

GARBC의 본부는 일리노이 주 알링턴 하이츠(Arlington Heights, IL)에 두고 있으며, 2005년 현재 1,383개 교회들과 132,900명의 침례교인들이 소속하고 있다. 회원교회들은 주로 인

733) McBeth, *The Baptist Heritage*, 577-8.

734) Leonard, *Baptists in America*, 117.

735) "General Association of Regular Baptist Churches," Wikipedia, [온라인자료] https://en.wikipedia.org/wiki/General_Association_of_Regular_Baptist_Churches, 2016년 4월 19일 접속.

디애나, 아이오와, 미시간, 오하이오 주 등 중서부지방(Midwest)에 분포하고 있다.[736]

2. 미국 보수주의 침례교연합회(CBAmerica)

북침례교 총회가 1920년대 이후 자유주의화 경향을 띠게 되자 일단의 근본주의적 보수주의 목회자들이 총회의 정책에 반대하며 1943년에 시카고에서 "보수주의 침례교 해외선교협회"(CBFMS, Conservative Baptist Foreign Mission Society, 오늘날은 WorldVenture라는 명칭으로 불리운다-필자 주)라는 해외선교단체를 만들었다. 이 단체에 참여했던 대부분의 교회지도자들과 적지 않은 동조자들이 북침례교 총회를 뛰쳐나와, 1947년에 뉴저지 주 아틀랜틱시티(Atlantic City, NJ)에서 새로운 교단조직으로 "미국 보수주의 침례교연합회"(CBAmerica, Conservative Baptist Association of America)를 창설하였다.[737] 이 연합회는 보수적인 성향의 신학을 추구하면서도 복음전도를 매우 강조하고 있는데, "복음주의자들의 국내연합회"(NAE, National Association of Evangelicals)와 다양한 복음전도단체들에서 활동적인 회원으로 참여하고 있다.

고등교육과 신학교육에도 힘을 써, 아리조나 기독대학교(ACU, Arizona Christian University, Phoenix, AR, Southwestern Bible College가 2011년에 명칭을 변경함), 덴버신학원(Denver Seminary, Littleton, CO), 서부신학원(Western Seminary, Portland, OR) 등이 있으며, 회원교회들이 미네소타, 아리조나, 오레곤 주 등에 산재해 있다. 2003년 현재 약 1,200개 교회들과 200,000여 명의 침례교인들이 회원으로 소속해 있다.[738]

VII. 남침례교로부터 연유한 지계석주의 침례교인들

지계석주의 운동(Landmarkist Movement)은 19세기 중반 남부지방의 남침례교인들 사이에서 한 때 유행했던 침례교 고교회주의(Baptist High-churchism) 운동이었다. 그레이브스(J. R. Graves, 1820-1893)와 펜들턴(J. M. Pendleton, 1811-1891) 등에 의해 시작된 이 운동은 침례교회 전승설에 입각한 역사관을 가지고 있었으며, 지역교회의 독립성과 자치권을 매우

736) Ibid.

737) Wardin, ed., *Baptist Around the World: A Comprehensive Handbook*, 379.

738) "Conservative Baptist Association of America," Wikipedia, [온라인자료] https://en.wikipedia.org/wiki/Conservative_Baptist_Association_of_America, 2016년 4월 19일 접속.

강조하였으며, 침례교회만이 예수 그리스도가 세우신 참 교회라고 확신하였다. 이들은 예수 그리스도의 유언인 "침수례"(immersion)를 행하지도 않는 교회는 단지 인간적인 사교모임일뿐 예수 그리스도의 교회라고 볼 수 없다고까지 생각하는 독선적이고 배타적인 성향을 보였다.

지계석주의자들은 선교활동의 주체가 지역교회들이 되어야지 총회나 총회 산하의 선교기관들이 되어서는 안 된다고 확신하였다. 그레이브스는 언론기관(*The Tennessee Baptist*)까지 장악하여 주총회나 전국총회의 리더십을 획득하고자 하였으나 소기의 목적을 성취하지 못했다. 지계석주의자들은 남침례교총회로부터 분리되어 나와 새로운 교단들을 결성하였다.

1. 미국침례교연합회(ABA)

"미국침례교연합회"(ABA, American Baptist Association)는 미국의 남부지방인 텍사스, 오클라호마, 알칸사, 플로리다 등의 주에 산재한 지계석주의 신앙의 교회들로 구성되어 있다. 20세기초에 남침례교 총회나 주총회로부터 탈퇴를 강요받은 지계석주의 교회들이 텍사스주 침례교선교연합회(Baptist Missionary Association of Texas), 알칸사 주 선교침례교회들의 연합회(State Association of Missionary Baptist Churches of Arkansas), 오클라호마 주 침례교일반총회(Baptist General Assembly of Oklahoma) 등의 조직들을 결성하였다. 1924년도에 이러한 조직들이 함께 모여 "미국침례교연합회"(ABA)를 조직하였다.[739] 이 때 앞장 섰던 지도자가 벤 보가드(Ben Bogard, 1868-1951)였다.

보가드 목사는 알칸사 주 리틀락(Little Rock, AR)에 소재한 안디옥선교 침례교회(Antioch Missionary Baptist Church)에서 담임목회를 하였는데, 1934년에는 자신의 교회당 건물에서 안디옥선교 침례신학원(Antioch Missionary Baptist Seminary)을 개교하였다. ABA의 본부는 텍사스 주 텍사카나(Texarkana, TX)에 두고 있는데, 기독교서점과 보가드출판사(Bogard Press)가 함께 하고 있다. 2009년 현재 ABA에 속한 교회들은 1,600여 개 회중들이며 회원수는 약 100,000명 정도 된다.[740]

739) Leonard, *Baptists in America*, 119.

740) "American Baptist Association," Wikipedia, [온라인자료] https://en.wikipedia.org/wiki/American_Baptist_Association, 2016년 4월 19일 접속.

2. 미국침례교선교연합회(BMAA)

"미국침례교연합회"(ABA)가 교회의 대표성 문제로 분쟁에 휩싸이자, 이 단체를 탈퇴한 교회들이 1950년에 알칸사 주 리틀락(Little Rock, AR)에서 새로운 조직, "북미침례교연합회"(North American Baptist Association)을 결성하였다. 이 단체가 1969년에 "미국침례교선교연합회"(BMAA, Baptist Missionary Association of America)로 개칭되어 지금까지 활동적인 선교기관으로 존속을 하고 있다.[741] BMAA는 침례교선교연합회 신학원(Baptist Missionary Association Theological Seminary)의 캠퍼스를 텍사스 주 잭슨빌(Jacksonville, TX)과 알칸사 주 콘웨이(Conway, AR)에 가지고 있다.

BMAA는 2006년 현재 미국 내에서 1,254개의 회중들과 225,723명의 침례교인들을 회원으로 가지고 있다.[742] 해외의 선교현장에서 BMAA와 협력하고 있는 단체들이 있는데, 아프리카 BMA와 필립핀 BMA가 그것이다. 필립핀 BMA는 자체에서 모집한 선교사들을 동남 아시아의 이웃 국가들로 파송하고 있다.

VIII. 아프리칸-아메리칸(흑인) 침례교인들

오늘날 미국에서 "흑인"(Black People)이라는 말은 학술적인 용어가 되지 못한다. "니그로들"(Negroes)나 "니거들"(Niggers)이란 말은 흑인들을 경멸적으로 부를 때 사용하는 용어이다. "유색인들"(The Colored)이란 말은 앵글로 색슨 "백인들"(The Whites) 이외의 다양한 피부색의 인종들을 가리키는 말로 사용되고 있다. "흑인"에 대한 학술적인 용어는 "아프리칸-아메리칸들"(African-Americans)이다. 본장에서는 "아프리칸 아메리칸(들)"을 피부색이나 인종적인 편견이 없이 "흑인(들)"이라는 말로 사용하고자 한다.

미국에서 "아프리칸-아메리칸(흑인) 침례교단들"(African American Baptist Denominations)에 속한 교인들은 전체 침례교인들 가운데 적어도 약 25%를 차지하고 있다.[743] 따라서 이제 흑인 침례교회는 미국 침례교가족들(American Baptist Families) 가운데에서 상당히 큰 비중을 차지하고 있다. 더 이상 백인 침례교회의 곁가지가 아니다. 그들 나름의 역사와 전통,

---

741) Leonard, *Baptists in America*,, 120.

742) "Baptist Missionary Association of America," Wikipedia, [온라인자료] https://en.wikipedia.org/wiki/Baptist_Missionary_Association_of_America, 2014년 4월 19일 접속.

743) Leonard, *Baptists in America*, 120.

신앙적인 특징, 기독교적인 문화가 "아프리칸-아메리칸(흑인) 침례교회"에 형성되어 있다. 그들 역시도 하나님 나라에서 큰 영역을 차지하고 있고, 그 나라의 확장을 위해 중요한 기여를 하고 있다.

그런데 미국이라는 나라에서는 흑인들에게는 슬프고 한 맺힌 가슴 아픈 역사가 있었다. 미국은 노예제도(slavery)라는 원죄를 안고 있다. 남북전쟁을 치른 후 노예해방이 선언되기 전까지는 노예들에게는 인격이 인정되지 않았었다. 그들은 마치 소유물처럼 사고 팔 수 있는 물건처럼 대우를 받았다. 그런데 그들도 하나님의 형상대로 창조된 인간이요 인격체인 것이다. 구원받아야 할 영혼이요 예수 그리스도 안에서 하나님의 가족이요 형제요 자매인 것이다. 따라서 아프리칸-아메리칸(흑인) 침례교회의 역사와 현주소를 이해하는 것은 역사를 통전적으로 바라보려고 하는 자들에게는 매우 의미있는 작업이다.

샌디 마틴(Sandy D. Martin)은 미국의 흑인침례교회 역사를 크게 3등분하고 있다: (1) 흑인들의 회심과 초창기 회중들(1619-1830), (2) 흑인 침례교지방회와 총회의 태동(1830-1865), (3) 국내적인 연합의 성취(1830-현재).[744] 최초의 흑인 침례교회가 어떤 교회이고 언제 시작되었느냐에 대해서는 아직도 논란이 많은 것 같다.[745] 마틴에 의하면, 1773년에서 1775년 어간에 조지아 주와 사우스 캐롤라이나 주 접경지대인 어거스타(Augusta, SC) 지역에서 설립된 실버 블러프(Silver Bluff) 침례교회를 최초의 조직화된 흑인 침례교회로 간주하고 있으며, 이 교회를 중심으로 초창기 흑인 침례교회들이 확산되어 간 것으로 보고 있다.

남북전쟁(American Civil War, 1861-1865) 이전인 1810년경에도 주인의 호의로 자유를 얻게 된 흑인 노예들로 이루어진 침례교회들이 존재해 있었다. 남북전쟁이 끝나고 링컨대통령에 의해 노예해방이 선언되자, 북부지방에 75개, 남부지방에 130여 개 등 약 200여 개의 흑인 침례교회들이 생겨나게 되었다.[746]

최초의 흑인 침례교지방회가 등장했던 곳은 오하이오 주였는데, 1834년에 프라비던스(Providence) 침례교지방회와 1836년에 유니언(Union) 침례교지방회가 태동하였고, 일리노이 주에서는 1839년에 우드 리버Wood River) 침례교지방회가 시작되었다. 동시에 흑인침례교회들은 1965년에 켄터키 주를 선두로 하여 각 주 단위로 주총회(state convention)를 설립하였다.[747] 흑인침례교회들의 전국총회가 처음으로 결성된 것은 1895년이었다.

---

744) Sandy D. Martin, "Chapter 4, National Baptists," W. Glenn Jonas, Jr., *The Baptist River: Essays on Many Tributaries of a Diverse Tradition* (Macon, GA: Mercer University Press, 2006), 69.

745) Ibid., 73-7. 최초의 흑인침례교회로 거론되고 있는 교회들은 다음과 같다: Bluefield 침례교회(1758, VA), First African 침례교회(1788, Savannah, GA), First Bryan 침례교회(Savannah, GA), Silver Bluff 침례교회(1773-1775경, Augusta, SC) 등.

746) Leonard, *Baptists in America*, 121.

747) Ibid.

1. 미합중국 국내침례교총회(NBCUSA)

아프리칸-아메리칸(흑인) 침례교 총회들 가운데 가장 오래 된 역사를 가지고 있고 가장 많은 회원들이 소속되어 있는 총회가 "미합중국 국내침례교총회"(NBCUSA, National Baptist Convention, USA, Inc.)이다. 전세계적으로 남침례교 총회(SBC)에 이어 두 번째로 큰 규모의 총회다. 침례교해외선교총회(Baptist Foreign Mission Convention, 1880), 국내침례교교육총회(National Baptist Education Convention, 1882), 미국국내침례교총회(American National Baptist Convention, 1886) 등 세 개의 흑인침례교 기관들의 대표들이 1895년 9월 24일에 아틀란타 프렌드십(Friendship) 침례교회당에 모여서 통합된 총회를 결성하고, 초대 총회장으로 엘리아스 모리스(Elias C. Morris) 목사를 선출하였다.[748]

자유인이 된 노예(freed slave)였던 모리스는 알칸사 주에서 목회를 하고 있었는데, 27년 동안 총회장에 재임하며 갓 출현한 총회를 단단한 터와 골격을 갖추는 일에 기여를 하였다. 1896년에 내쉬빌에서 출판사가 창립되었는데, 2년 후인 1898년에는 "국내침례교출판부"(NBPB, National Baptist Publishing Board)가 되었다. "미합중국 국내침례교총회"는 현재 테네시 주 내쉬빌(Nashville, TN)에 있는 침례교세계센터(Baptist World Center)에 본부를 두고 있으며, 약 31,000개의 흑인침례교회들과 7,500,000여 명의 침례교인들을 회원으로 가지고 있다.[749]

2. 미국 국내침례교총회(NBCA)

"국내침례교출판부"(NBPB)의 부장 직임을 맡고 있던 보이드(R. H. Boyd)는 출판부의 소유권 문제로 총회지도부와 갈등을 빚다가, 추종자들과 함께 출판사의 총회로부터의 독립을 주장하면서, "미합중국 국내침례교총회"(NBCUSA)를 탈퇴하여 1915년에 시카고에서 새로운 교단, "미국 국내침례교총회"(NBCA, National Baptist Convention of America, Inc.)을 창립하였다.

2000년 현재 NBCA는 약 8,000개 흑인침례교회들과 3,500,000여 명의 회원들로 구성이 되어 있는데, 미국 내에서 흑인 침례교단들 가운데에서 세 번째로 큰 규모를 가지고 있다., 루이지애나 주 쉬리브포트(Shreveport, LA)에 본부를 두고 있다.[750]

---

748) "National Baptist Convention, USA, Inc.," Wikipedia, [온라인자료] https://en.wikipedia.org/wiki/National_Baptist_Convention_of_America,_Inc., 2016년 4월 20일 접속.

749) Ibid.

750) "National Baptist Convention of America, Inc.," Wikipedia, [온라인자료] https://en.wikipedia.org/wiki/National_Baptist_Convention_of_America,_Inc., 2016년 4월 20일 접속.

3. 진보국내침례교총회(PNBC)

미합중국 국내침례교총회(NBCUSA, National Baptist Convention, USA, Inc.)의 조셉 잭슨(Joseph Jackson) 목사가 총회장 직분(1954-1982)을 장기간 맡고 있을 때, 벤차엘 부스(L. Venchael Booth), 가드너 테일러(Gardner Taylor), 마르틴 루터 킹 2세(Martin Luther King, Jr.)를 위시한 젊은 흑인 침례교목사들이 총회장을 비롯한 교단 일군들의 임기를 제한해야 한다는 목소리를 높이며 법에 호소하였다. 그러나 법정에서는 그동안의 관례를 존중하여 잭슨 총회장의 손을 들어 주었다.[751]

또한 이들 젊은 목사들은 흑인노예들이 100년 전에 해방이 되긴 했어도 미국사회에서 빈곤과 열악한 환경 그리고 격심한 인종차별을 받으며 여전히 노예와 같은 삶을 살고 있음을 개탄하며, 민권(civil rights)의 진작과 사회정의(social justice)의 실현을 위해 공개적인 항의집회와 시가행진을 추진하였다. 그러나 잭슨 총회장과 지도부에서는 이들의 과격한 행동노선에 제동을 걸며 잠잠할 것을 종용하였다.[752]

오하이오 주에서 오랫 동안 목회를 하던 벤차엘 부스(L. Venchael Booth, d. 2002) 목사는 이러한 NBCUSA 지도부의 조치에 거세게 항의하며 새로운 교단을 창립하는 운동을 벌였다. 그와 그를 추종하던 33명의 흑인침례교 목사들은 1961년에 오하이오 주 신시내티(Cincinnati, OH)에 있는 시온(Zion) 침례교회당에서 창립총회를 가졌다. 당시 교단이름은 "진보침례교총회"였으나 이듬해(1962)에 "국내"(National)라는 단어를 첨가하여, "진보국내침례교총회"(PNBC, Progressive National Baptist Convention, Inc.)로 최종 확정지었다. 초대 총회장에는 만장일치로 벤차엘 부스가 선출되었다.

PNBC는 정치적인 행동주의(political activism)의 노선을 걸었다. 사회적인 부조리에 대해 침묵하고 순응하는 것이 문제해결에 별 도움이 되지 않는다는 것을 몸으로 경험하였다. 그래서 그들은 "유색인종들의 진보를 위한 국내연합회"(NAACP, Natioanl Association for the Advancement of Colored People), 도시연맹(UL, Urban League), 남부기독교지도자협의회(SCLC, Southern Christian Leadership Conference) 등과 같은 단체들을 적극적으로 후원하며, 인종차별(racism)이나 인종분리(segregation) 정책에 행동으로 항의하였다.[753] 이러한 행동에 동참했던 대표적인 PNBC 목사들은 마르틴 루터 킹 2세, 벤자민 메이즈(Benjamin Mays), 랄프 데

---

751) Leonard, *Baptists in America*, 123.

752) "Progressive National Baptist Convention," Wikipedia, [온라인자료] https://en.wikipedia.org/wiki/Progressive_National_Baptist_Convention, 2016년 4월 20일 접속.

753) Leonard, *Baptists in America*, 124.

이비드 애버내시(Ralph David Abernathy), 와이어트 티 워커(Wyatt Tee Walker), 가드너 테일러(Gardener C. Taylor) 등이었다.

PNBC는 매년 8월달에 연차총회로 모이는데, 2011년 8월에는 와싱턴 D.C.에서 창립 50주년 행사를 성대하게 가졌다. 본부를 미국의 수도에 두고 있으며, 1970년부터는 북침례교 총회인 미국침례교회들(ABCUSA)과 협력관계를 맺고 있으며 WCC와 NCC의 회원이면서 침례교세계연맹(BWA, Baptist World Alliance)에도 소속되어 있다. 1995년 현재 PNBC에는 미국에서 741개 교회들과 2,500,000여명의 흑인침례교인들이 회원으로 참여하고 있으며, 카리비언 지역과 유럽 국가들에 있는 2000여개 교회들과 협력하고 있다.

IX. 최근 남침례교 총회 내에서 형성된 침례교인들

20세기 후반부에 들어서면서 남침례교 총회 내에는 온건한 보수주의자들(Moderate Conservatives)과 근본주의적 보수주의자들(Fundmentalistic Conservatives) 간의 갈등과 다툼이 점차 표면에 드러나기 시작하였다. 남부지방의 침례교인들은 기본적으로 보수적인 신앙 체질을 가지고 있다. 부흥회식의 집회를 선호하고 개인영혼의 구원에 주력하고 사회구원이나 사회체제의 변혁을 위한 노력에 있어서는 소극적인 태도를 취하고 있다. 그런데 일부 과격한 보수주의자들은 남침례교가 온건함을 넘어서서 자유함 쪽으로 경도되고 있다는 위기의식을 가지면서, 총회와 총회 산하의 기관들과 침례신학원들이 보다 견고한 보수주의 방향으로 나아가야 한다고 생각하였다.

그래서 댈러스 제일침례교회 담임목사 크리스웰(W. A. Criswell), 당시 그의 조력자이자 크리스웰 침례신학원의 학장이었던 페이지 패터슨(Paige Patterson), 휴스턴 제일침례교회 안수집사이자 판사였던 폴 프레슬러(Paul Pressler), 그리고 당시 멤피스에 있는 벨리뷰(Bellevue) 침례교회 담임목사 아드리안 로저스(Adrian Rogers) 등이 의기투합하여 자신들이 속해 있던 남침례교 총회를 보다 더 우향으로(rightward), 보다 더 보수적인 방향으로 전환시키고자 시도하였다. 그래서 1979년 휴스턴(Houston) 연차총회 때에 아드리안 로저스 목사를 총회장으로 선출되도록 하고, 이후에도 계속 연속적으로 그들과 유사한 신앙을 가진 보수적인 인사들이 총회의 지도력을 장악하도록 계획을 세웠다.

총회장은 남침례교 총회 산하의 6개 침례신학원들(Baptist Seminaries)의 총장과 이사들을 임명하는 권한이 있었기 때문에 먼저 총장과 이사들을 경질하고 각 신학원의 이사회에서는 자유주의적 신앙과 신학을 가진 교수들을 퇴직시키거나 조기 은퇴시키는 방법으로 개혁을 진행해 나갔다. 총회 산하의 부(Board)와 국(Commission)의 이사들도 보수적인 신앙을 가진 사람들로 교체시켰다. 이들에게 있어서 아군(근본주의적 보수주의자)과 적군(온건한 보수주의자)의 리트머스 시험지는 "성서의 무오성"(Inerrancy of the Bible)을 믿느냐의 여부였다. 결국 남침례교 총회 산하의 침례신학원들이나 기관들이나 선교사들 가운데에는 적으로 낙인이 찍혀 자리에서 쫓겨나는 인사들이 적지 않게 생겨나게 되었다. 40년 가까운 세월이 흐른 지금 남침례교 총회는 지상의 어떠한 기독교 교단들보다도 보수적인 집단으로 자리를 잡게 되었다.

그러자 이러한 근본주의적 보수주의 총회지도부로부터 소외를 당하거나 불이익을 당한 침례신학원 교수들과 목사들이 남침례교 총회 내에서 자기들만의 공동체와 친교회를 형성하여 독자적인 선교활동을 펼치기도 하였다. 동시에 기존의 주총회(state convention)가 기존의 역사적 침례교신앙(historic Baptist faith)을 고수하려 하자, 버지니아 주와 텍사스 주에서는 보수적인 목사들이 근본주의적 보수주의 신앙의 총회지도부를 옹호하기 위해서 기존의 주총회를 떠나 새로운 주총회를 조직하기도 하였다.

1. 침례교인들의 연맹(AB)

앞에서 언급한 바대로 1979년부터 남침례교 총회 지도부가 보수주의의 부활(conservative resurgence)과 근본주의 탈취(fundamentalist takeover) 정책을 실행에 옮기자, 이에 강력하게 반발한 23명의 목사들이 1986년 12월 2일에 노스캐롤라이나 주 샬롯(Charlotte, NC)에서 모여 남침례교동맹(Southern Baptist Alliance)라는 새로운 조직을 만들었다.[754] 이들은 다음과 같은 목적진술(purpose statement)을 채택 선언하였다: "이것은 역사적 침례교 신앙원리들과 자유와 전통에 그리고 남침례교 총회 내에서 계속 펼쳐나갈 목회와 선교에 헌신할 것을 다짐하는 개인들과 교회들의 동맹이다."[755]

1991년도에는 이 진술에서 "남침례교 총회 내에서"라는 구절을 삭제하였고, 1992년에는 조직의 명칭을 "침례교인들의 연맹"(AB, Alliance of Baptists)으로 변경하였다. 남미지역에서 사역했던 남침례교 선교사였고 사우스이스턴(Southeastern) 침례신학원의 선교학 교수였던 앨런 닐리(Alan Neely)가 임시총무로 선임되었다가, 1989년에 침례교역사가요 윤리학자인 스탠 헤이스티(Stan Hastey)가 상임총무가 되었다. 본부는 수도인 와싱턴 D.C.에 소재하고

754) Leonard, *Baptists in America*, 124-5.

755) G. T. Halbrooks, "Alliance of Baptists," Bill J. Leonard, ed., *Dictionary of Baptists in America* (Downers Grove, IL: InterVasity Press, 1994), 19.

있다.

"침례교인들의 연맹"은 자유교회 전통 속에 있는 다른 교단들, 예를 들면 미합중국 침례교회들(ABCUSA), 진보국내침례교총회(PNBC), 연합그리스도의 교회(United Church of Christ), 크리스천 교회(Christian Church, 그리스도의 제자들 Disciples of Christ) 등과 선교협력을 위하여 제휴하고 있다. WCC 산하의 국내교회협의회(NCC, National Council of Churches)에도 가입해 있는 것을 볼 때 그들의 진보성을 엿볼 수 있다. 여성들의 목회사역에 대하여도 열린 입장을 취하고 있다. 1992년 현재 2,331명의 개인 회원들이 있고, 133개의 교회들과 73,496명의 교회회원들이 소속하고 있다.[756)]

2. 협동침례교친교회(CBF)

남침례교 총회 내의 온건한 보수주의자들은 근본주의적 보수주의자들의 신앙이 "역사적 침례교신앙의 특징들"(historic Baptist distinctives)로부터 이탈하고 있다고 비판하였다. 침례교신앙의 가장 중요한 특징이 신자 각자의 "자유"(freedom)와 "자발성"(voluntarism)을 존중하는 것인데, 근본주의적 보수주의자들은 이러한 점을 무시하고 강제와 강요의 방법으로, 그리고 정치적인 목적과 수단으로 남침례교인들의 영혼을 옥죄고 있다는 것이다.

온건한 보수주의자들을 대표하는 월터 셔던(Walter B. Shurden)은 역사적 침례교신앙의 특징들을 다음의 네 가지 자유라고 말하고 있다:

(1) 영혼의 자유: 모든 신자들이 직접 하나님과 관계를 맺을 수 있는 능력을 말한다. 모든 신자들의 제사장 직분이 이러한 원리의 기초가 된다는 것이다.

(2) 성서의 자유: 모든 신자들이 성경의 권위를 인정하면서 성령님께서 인도하시는대로 신자 각자가 성경을 해석할 수 있다는 원리를 말한다. 인간이 만든 신조나 신학, 목회자의 개입, 세속국가의 간섭 등이 없이 신자 각자는 성령님께서 조명해 주시는대로 성경에서 하나님의 뜻을 발견할 수 있다는 것이다.

(3) 교회의 자유: 모든 지역교회는 자치적이어서 교회의 지도자들을 선출함에 있어서나 예배를 드림에 있어서나 교회의 일들을 도모해 감에 있어서 지역교회 회중이 "스스로 다스린다"(self-govern)는 생각이다.

(4) 종교의 자유: 교회와 국가는 분리되어야 한다는 원리이다. 다시 말해서 국교체제의 교회를 배척하는 것이다. "자유로운 국가에서 자유로운 교회"(A Free Church in a

756) Alan Neely, "The History of the Alliance of Baptists," Walter B. Shurden, ed., *The Struggle for the Soul of the SBC: Moderate Responses to the Fundmantalist Movement* (Macon, GA: Mercer University Press, 1994), 113.

Free Country)를 이룩하는 것이 침례교회의 이상이라는 것이다.[757]

이러한 침례교신앙의 특징들에 공감을 하던 온건한 보수주의자들이 1990년에 조지아 주 아틀란타(Atlanta, GA) 연차총회 시에, 지난 10여 년 동안 남침례교 총회 내에서 장악해 온 근본주의적 보수주의자들의 리더십을 더 이상 방관할 수 없어서 이를 저지하기 위한 대책을 세웠지만, 또 다른 근본주의자 총회장이 당선됨으로써 결과는 무위에 그치고 말았다. 이들이 가장 우려했던 것은 성경의 권위, 신학교육, 선교, 여성들의 목회사역 등에 관한 입장의 차이였다.[758]

결국 이듬해인 1991년에 이들은 아틀란타에서 다시 모여 "협동침례교친교회"(CBF, Cooperative Baptist Fellowship)라는 조직을 만들었는데, 새로운 교단조직이라기보다는 남침례교 총회 내의 온건한 보수주의자들의 교제와 협동을 위한 모임이었다. 그들은 이 조직의 목적을 다음과 같이 진술하고 있다: "CBF는 이 친교회를 통해서 하나님의 백성들이 예수 그리스도의 주님되심 아래에서 지상명령을 잘 수행할 수 있도록, 그리고 모든 그리스도인들이 각자 하나님으로부터 받은 은사들과 소명을 잘 행사할 수 있도록 하는 것이다."[759]

그 날의 모임에서 남침례교 목사로서 오랫 동안 지역교회를 섬겨온 세실 셔만(Cecil Sherman)이 초대 상임총무로 선출이 되었고, 1990년에 총회장으로 입후보했다가 뜻을 이루지 못한 휴스턴 탈로우드(Tallowood) 침례교회의 담임목사 다니엘 베스탈(Daniel Vestal)이 상임총무 직임을 이어받았다.[760]

조지아 주 아틀란타에 본부를 두고 있는 CBF의 소속 교회들은 SBC과 관련된 주총회와 전국총회에 협동헌금을 하는 것을 철회하고, CBF 자체가 만든 국내선교부와 해외선교부의 선교활동을 추진하기 위해서, 그리고 CBF와 협력관계를 형성하고 있는 신학원들에 헌금을 보내고 있다. SBC 산하에 존재하면서도 CBF 자체의 목적진술을 성취하기 위한 모금활동과 선교활동을 수행하고 있는 것이다.

김장환 목사가 침례교세계연맹(BWA) 총재로 재임 중(2000-2005)일 때인 2003년에, CBF는 BWA의 정식회원 교단으로 받아들여졌다. 그동안 여러 차례 CBF의 가입노력에 제동을 걸었던 남침례교 총회(SBC)는, 양 기관의 신학적 신앙적 간격이 컸기 때문이기도 했지만

757) Walter B. Shurden, *The Baptist Identity: Four Fragile Freedoms* (Macon, GA: Smyth & Helwys Publishing, Inc., 1993),4-5.

758) Daniel Vestal, "The History of the Cooperative Baptist Fellowship," Walter B. Shurden, ed., *The Struggle for the Soul of the SBC: Moderate Responses to the Fundmantalist Movement* (Macon, GA: Mercer University Press, 1994), 264-5.

759) Ibid., 269, 273.

760) Leonard, *Baptists in America*, 126.

직접적으로는 CBF를 가입시킨 BWA의 처사에 이의를 제기하며, 2004년도에 유일한 침례교 국제기구인 BWA를 탈퇴하였다.

현재 CBF에는 약 1,900여 개의 지역교회들과 700,000여 명의 소속교회 회원들이 참여하고 있으며, 윤리를 위한 침례교 센터(Baptist Center for Ethics), 종교의 자유를 위한 침례교연합위원회(Baptist Joint committee for Religious Liberty), BWA 등의 회원단체로 가입되어 있고, 네델란드 암스테르담에 소재한 International Baptist Theological Study Center를 비롯한 15개 침례신학원들을 재정적으로 후원하고 있다. 현재 CBF는 본부를 조지아 주 디케이터(Decatur, GA)에 두고 있다.

3. 버지니아 주 남침례교보수주의자들 주총회(SBCV)와 텍사스 주 남침례교인들 주총회(SBTC)

버지니아 주와 텍사스 주에는 다른 여타의 주들처럼 역사가 오래된 주총회(state convention)가 결성되어 있었다. 버지니아 주에서는 BGCV(Baptist General Association of Virginia, 버지니아 주 침례교일반연합회)가 1823년부터,[761] 그리고 텍사스 주에서는 BGCT(Baptist General Convention of Texas, 텍사스 주 침례교일반총회)가 1853년부터 존재해 왔었다.[762] 그런데 이 주총회들에 속한 침례교 목사들은 남침례교 총회가 근본주의적 보수주의 방향으로 경도되고 있는 것에 대해 의심의 눈초리를 가지고 있었고 그러한 운동을 주도하고 있던 총회 지도부의 처사에 비판과 비난을 서슴지 않았다. 특히 총회 지도부가 6개의 침례신학원들의 교수들을 자유주의자들로 단정하여 퇴출시키려는 조치에 대해 못마땅해 했다.

그러자 총회 지도부를 옹호하는 목사들이 새로운 주총회를 조직하여, 결과적으로 버지니아 주와 텍사스 주에서는 한 주(州, state) 안에 두 개의 주총회가 존재하게 되었다. 버지니아 주에서는 SBCV(Southern Baptist Conservatives of Virginia, 버지니아 주 남침례교보수주의자들)라는 주총회가 1996년에,[763] 그리고 텍사스 주에서는 SBTC(Southern Baptists of Texas Convention, 텍사스 주 남침례교인들)라는 주총회가 1998년에 출현하였다[764]. 이들 주총회

761) "Baptist General Association of Virginia," Wikipedia, [온라인자료] https://en.wikipedia.org/wiki/Baptist_General_Association_of_Virginia, 2016년 4월 21일 접속.

762) "Southern Baptist Conservatives of Virginia," Wikipedian, [온라인자료] https://en.wikipedia.org/wiki/Southern_Baptist_Conservatives_of_Virginia, 2016년 4월 21일 접속.

763) "Baptist General Convention of Texas," Wikipedia, [온라인자료] https://en.wikipedia.org/wiki/Baptist_General_Convention_of_Texas, 2016년 4월 21일 접속.

764) "Southern Baptists of Texas Convention," Wikipedia, [온라인자료] https://en.wikipedia.org/wiki/Southern_Baptists_of_Texas_Convention, 2016년 4월 21일 접속.

들에는 근본주의적 보수주의를 지향하는 목사들과 교회들이 동참하였고, 대체로 지역의 대형 침례교회들이 이에 가담하였다.

버지니아 주의 경우, 현재 온건한 보수주의 노선을 지지하는 BGAV에는 약 1,400여 개의 지역교회들이 소속해 있으며, 근본주의적 보수주의 노선 즉 SBC 전국총회를 지지하는 SBCV에는 670여 개의 지역교회들이 소속해 있다.[765] SBC가 2004년도에 BWA으로부터 탈퇴했을 때, BGAV는 탈퇴하는 것을 반대하며 BWA에 회원으로 남아 있다. 텍사스 주의 경우, BGCT에 소속되어 있는 교회들은 80여개의 텍사스 침례교지방회들에 가입하고 있는 5,700여 개 교회들이 있다. SBTC에는 2009년 현재 2,197개 교회들이 가입되어 있으며, 본부를 텍사스 주 그레이프바인(Grapevine, TX)에 두고 있다.[766]

한 주에 두 개의 주총회들이 존재하다보니 교회들 간의 교제와 화합에도 문제가 생겼고, 특히 지역교회들이 둘 중의 어느 한 쪽의 주총회로만 협동헌금을 보내다 보니, 자연히 협동헌금의 모금에 어려움도 생겼고 능률적인 주총회 선교사업에 지장을 초래하게도 되었다. 이렇듯 남침례교 총회 내의 신학적인 차이와 정치적인 분쟁은 협동프로그램의 성공적인 수행에 막대한 지장을 초래하고 있으며, 결과적으로 교단의 일체성을 위태롭게 하고 있다.

X. 남침례교 총회의 주요기관들: 21세기를 대비한 총회의 조직개편[767]

1. 조직개편의 배경

남침례교 총회(SBC)가 노예문제를 비롯한 갖가지 얽히고설킨 문제로 인하여 그 당시 침례교 전국총회였던 일반선교총회(General Missionary Convention)로부터 분리되어 독립했던 해는 1845년이었다. 같은 해 5월 조지아 주 어거스타(Augusta)에서 창립총회를 가졌을 당시, 남침례교 교회 수는 4,126개였으며 남침례교 교인 수는 351,951명이었다. 그리고 총회 산하의 기관은 해외선교부(Foreign Mission Board)와 국내선교부(Home Mission Board) 둘뿐이었다.

남침례교 총회 실행위원회(Executive Committee, 1917)에서는 지난 150년 동안의 남침례교

765) "Baptist General Convention of Texas," Wikipedia, [온라인자료] https://en.wikipedia.org/wiki/Baptist_General_Convention_of_Texas, 2016년 4월 21일 접속.

766) "Southern Baptists of Texas Convention," Wikipedia, [온라인자료] https://en.wikipedia.org/ wiki/Southern_Baptists_of_Texas_Convention, 2016년 4월 21일 접속.

767) 제20장 X는 남침례교단 내의 주요 언론매체인 "Baptist Standard," "SBC Life" 등과 남침례교 역사학술지인 *Baptist History and Heritage* 등에 게재되었던 글들을 필자가 참고하였음.

의 역사를 반성하고 방만한 조직으로 말미암은 낭비와 비능률은 없는지를 성찰하여, 서기 2,000년 새로운 세기를 보다 능률적인 체제로 맞이해야 할 것을 제안하였다. 그리하여 1993년 휴스턴 총회에서 "프로그램과 조직연구위원회"(Program and Structure Study Committee: PSSC)를 구성하였고 21세기를 대비하는 혁명적인 체제정비 계획을 동 위원회에 위임하였다. 마크 브리스터(Mark Brister)를 위원장으로 한 7명의 위원들은 약 2년에 걸쳐서 다양한 교단 및 교회 지도자들과의 인터뷰와 집중적인 연구를 통해, "새로운 세기를 위한 언약"(Covenant For A New Century)이라 이름한 조직개편안을 완성하였다.

1995년 2월, 이 조직개편안은 총회 실행위원회에서 64대 3이라는 절대다수로 채택이 되었고, 같은 해 6월 조지아 주 아틀란타(Atlanta, GA) 남침례교 연차총회에서 1차 인준을 받았다. 이 개편안은 1996년 루이지애나 주 뉴 올리안즈(New Orleans, LA) 연차총회에서 두 번째 인준을 받아 채택이 되었으며, 약 3년 동안의 준비와 조정의 과정을 거친 후 서기 2,000년부터 조직개편이 효력을 발휘하게 되었다.

1949년부터 남침례교 해외선교부와 긴밀한 협력관계를 맺고 있는 한국의 침례교회들은 이와 같은 남침례교 총회의 변모에 무관심할 수 없다. 개편된 미남침례교 총회 산하기관의 명칭 및 기능의 변화를 미리 숙지하고 적절한 대비책을 강구하여야 하겠다. 이미 21세기의 여명이 밝은 지도 16년이 지났는데, 우리 기독교한국침례회 교단 역시 우리 실정에 맞는, 보다 능률적이고 효율적인 조직이 어떠해야 할 것인지를 모색해 보아야 한다. "프로그램과 조직연구위원회"(PSSC)가 제안한 조직개편의 기본 뼈대를 요약 정리해 보면 다음과 같다.

2. 5대 사역들

먼저 "프로그램과 조직연구위원회"(PSSC)에서는 그동안 남침례교 총회 산하에 너무나 방만한 기관들이 프로그램 위주로 발생 존립해 왔으며 부처 이기주의로 말미암아 업무의 중복과 혼선이 상당히 많이 있어 왔음을 솔직히 시인하였다. 그래서 기관(Institution) 중심이 아니라 사역(Ministry) 중심으로 남침례교 목회 및 선교사역을 5가지로 구분하였다. 그것은 세계선교사역, 교회비옥사역, 신학교육사역, 기독교윤리 및 종교자유사역 그리고 목회촉진사역 등이다.

새로운 남침례교 체제는 많은 기관들을 해체하기도 하고 통합하기도 하였으며, 기관들 간에 기능적인 협력이 가능토록 하였다. 그리고 무엇보다도 지역교회들을 돕고 지역교회들의 선교 및 목회사역을 촉진시킨다는 목적을 전제하였다.

1) 세계선교사역(World Mission Ministries)

지금까지 해외선교부와 국내선교부에서 관장해 오던 선교사역이 보다 역동적인 협력관계를 갖게 되었다. 그리고 해외선교부(Foreign Mission Board)의 명칭이 "국제선교부"(IMB, International Mission Board)로 바뀌게 되었다. 지금까지 미국이 중심이 되어 "해외"선교를 주도해 왔는데, 이제는 전 세계에 흩어져 있는 선교현장과 동족그룹(People Groups)에 보다 많은 비중이 놓여진 것이 분명하다. 국제선교부에서는 해외에서 사역할 선교사들을 훈련시키고 파송하고 관리하는 역할을 감당하며, 선교현장의 목소리를 듣고 선교정책을 수립 집행한다. 본부는 버지니아 주 리치몬드(Richmond, VA)에 있다.

동시에 국내선교부(Home Mission Board)는 "북미선교부"(NAMB, North American Mission Board)로 그 명칭이 바뀌었다. 지금까지는 캐나다 지역을 해외선교부에서 관장해 왔는데, 지리적으로 가까이 인접해 있을뿐만 아니라 언어나 습관 그리고 생활방식 등 여러 가지 면에서 유사한 캐나다 지역의 선교를 미국 내의 선교와 함께 북미선교부에서 관장하게 되었다. 이를 위하여 이미 결성되어 있는 캐나다침례교 총회와 유기적인 협력관계를 유지하도록 각별한 노력이 요구되었다. 본부는 조지아 주 애틀란타 북쪽에 있는 알파레타(Alpharetta, GA) 시에 있다.

기존의 "라디오 및 TV국"(Radio and Television Commission)과 "형제국"(Brotherhood Commission)이 해체되어 북미선교부의 조직 속에 들어와서, 캐나다를 포함한 북미 전지역의 전도, 선교, 구제, 선교교육, 그리고 개척교회 협조 등의 사역에 총력을 기울이게 되었다.

특히 괄목할만한 것은 국제선교부와 북미선교부 간에 선교사역의 효과적인 수행과 업무의 조정 협력을 위해서 "지상명령협의회"(Great Commission Council)를 두었다는 것이다. 선교정책의 입안이나 선교자원의 효율적인 분배 등을 논의하기 위하여 두 기관의 대표들로 구성된 협의회를 정례화하게 되었다. 대표의 수는 두 기관의 회장을 포함하여 각 7명씩이다. "지상명령협의회"는 북미선교와 국제선교에 관한 제반 중요사항에 관하여 총회 실행위원회와 남침례교 총회에 보고하고 협력을 구한다.

2) 교회비옥사역(Church Enrichment Ministries)

이 사역은 "침례교주일학교부"(BSSB, Baptist Sunday School Board)의 고유한 업무이다. 침례교주일학교부(Baptist Sunday School Board, 1889)는 2000년부터 "생명길 크리스천 자원부"(Lifeway Christian Resources)라는 이름으로 새 출발을 하였다. 지역교회의 성경교육을 위해 출판, 훈련, 교사양육 등의 사역을 담당한다. 기존의 6개 주요사역, 즉 성경교육, 제자훈련, 교회음악, 교회행정, 교회미디어와 도서관, 그리고 교회오락 등의 사역이 상호협력 하에 이루어져, 지역교회들의 목회사역을 비옥하게 하는데 목적이 있다.

주일학교부는 가정사역을 위한 세미나 개최에 더욱 많은 노력과 투자가 요망되었다. 그래서 "청지기국"(Stewardship Commission)이 해체되고 그 기능이 주일학교부에 귀속되었다. 그리고 교회개척사역과 교회성장사역을 구분하여, 전자는 북미선교부에서, 후자는 주일학교부에서 관장하게 되었다. 본부는 테네시 주 내쉬빌(Nashville, TN)에 있다.

3) 신학교육사역(Theological Education Ministries)

남침례교 총회 산하의 6개 침례신학원들이 이 사역에 포함된다, 즉 서던(Southern), 사우스웨스턴(Southwestern), 뉴 올리안스(New Orleans), 골든 게이트(Golden Gate), 사우스이스턴(Southeastern), 그리고 미드웨스턴(Mid Western) 침례신학원이 그것이다. 남침례교 총회가 후원하는 이들 6개의 침례신학원들은 최양질의 신학교육을 통해 지역교회들과 기관들이 요구하는 신실한 하나님의 종들을 배출하는데 최선을 다할 것이 요망되었다. 협동프로그램(Cooperative Program)을 통해 모금된 기금이 각 침례신학원의 경상비와 장학금으로 배정되기 때문에, 남침례교신학원들에서는 학생들이 다른 사립 신학원들보다 훨씬 적은 금액(약 1/3)으로 등록을 할 수 있다.

특히 주목할 것은 6개 침례신학원 총장들로 구성하는 "신학원총장협의회"(Council of the Seminary Presidents)를 두어 정례적인 회의를 갖고, 신학교육에 관한 정보교환, 남침례교 신학교육정책의 설정, 신학교들 간의 상호협력체제의 구축 등의 사역을 감당하게 되었다.

그리고 남침례교 총회에서는 1924년 이래 아프리칸-아메리칸(흑인) 침례신학교인 American Baptist Theological Seminary (National Baptist Convention에 소속된 침례신학원)에 대해 연례적으로 재정지원을 해 왔었는데 그 지원을 중단하기로 하였다. 그 이유는 6개의 남침례교 신학원들에 상당수의 아프리칸-아메리칸(흑인) 학생들이 자유롭게 진학하여 공부하고 있고, 또한 이제 NBC 총회가 자체적으로 신학원을 운영할만큼 성장하였기 때문이었다. 그래서 Commission on the American Baptist Theological Seminary는 폐지시켰다.

그리고 1951년 이후 존속해 온 "역사편찬국"(Historical Commission)을 "남침례교 역사도서관 및 문서보관소"(Southern Baptist Historical Library and Archives)로 개칭하여 내쉬빌에 소재한 남침례교 총회 본부 건물에 두도록 하였다. 이 기관은 "신학교총장협의회"의 지휘감독을 받도록 되어 있으며, 역사관계 자료 및 도서과 논문집의 출판업무는 주일학교부와 협력토록 하였다.

동시에 1915년에 창립된 "교육국"(Education Commission)은 해체되면서 그 주요업무가 "남침례교 대학 및 학교연합회"(Association of Southern Baptist Colleges and Schools)로 귀속

하게 되었다. 전국에 산재해 있는 50여 개의 침례대학들(Baptist Colleges)과 각종 학교들이 이 기관과 협력관계를 갖게 되었으며, 각 학교의 독립성과 자치성을 보장하면서 교육정책 수립과 교육행정 일반에 관하여 이 기관과 상호 협조하도록 되어 있다.

4) 기독교윤리 및 종교자유사역(Christian Ethics and Religious Liberty Ministries)

"윤리 및 종교자유국"(Ethics and Religious Liberty Commission)은 기존의 "크리스천생활국"(CLC, Christian Life Commission)을 개칭한 것인데, 기독교 진리를 실제의 도덕적인 삶에 적용시키고 침례교의 오랜 전통 중의 하나인 종교의 자유를 촉진시켜 나가는 것을 주요 임무로 삼고 있다. 본 기관의 사역은 세상을 향하여 성서적인 가치관이 무엇인지를 일깨우며, 정치, 경제, 행정, 교육, 가정, 여성 등 사회 각 부문의 부조리와 불합리성을 비판하고 교정하는 것이다. 본부는 내쉬빌 총회 본부 건물에 있다.

5) 목회촉진사역(Facilitating Ministries)

이 사역은 남침례교 총회와 산하 교회들의 목회사역을 격려하고 목회자들의 권익과 은퇴 후의 생활보장을 장려하기 위한 것이다. 이 사역에는 총회의 실행위원회와 연금부의 업무가 포함되었다.

"총회 실행위원회"(Executive Committee of SBC, 1917)는 전국총회가 개최되는 기간 이외에도 총회업무의 계속성을 유지하는 상설기관이다. 사무실은 내쉬빌에 소재한 남침례교 총회 건물 안에 두었다. 총회장과 총회 주요기관들의 책임자들과 총회장이 연차적으로 임명하는 위원들로 구성되며, 총회의 주요정책 결정, 장단기계획 수립, 협동선교헌금의 관리와 배정, 총회 산하 주요기관의 책임자 선정, 연차총회의 성공적인 수행을 위한 준비 등 총회적인 차원의 주요 안건들을 심의하고 결정한다.

특히 이번 조직개편에서 강조된 새로운 업무는 실행위원회가 전국 침례교회들을 향하여 "협동프로그램"(CP, Cooperative Program)을 적극적으로 홍보하고, 각 교회들이 총회적인 차원의 선교헌금에 자발적으로 참여하도록 유도하는 것이었다. 왜냐하면 협동프로그램은 남침례교 선교사역의 수도관(Pipeline) 역할을 감당하고 있기 때문이다. 또한 실행위원회는 협동선교의 활성화와 협동선교헌금의 극대화를 위해 각 주총회 지도자들과 지속적인 협력 관계를 형성하도록 각별한 노력을 경주할 것이 요망된다.

연금부(Annuity Board, 1918)는 2005년도에 "가이드스톤 재정 자원부"(Guidestone Financial Resources)로 명칭이 바뀌었는데, 남침례교 목회자들과 사역자들의 보험, 은퇴 후 연금, 그리고 목회자들과 그 가족들의 재난구조 등의 업무를 관장한다. 본부는 텍사스 주 달라스

(Dallas, TX)에 있다.

그리고 끝으로 "전국여선교연합회"(WMU, Women's Missionary Union)는 종전과 마찬가지로 남침례교 총회 산하의 직속기관이 아니고 보조기관(Auxiliary to the SBC)으로서 존재하며, 국제선교부와 북미선교부의 선교활동을 적극 지원하고, 협동프로그램(Cooperative Program)의 수행에 앞장서며, 지역교회의 선교교육과 선교활동을 다양한 방법으로 돕는다. 본부는 앨라바마 주 버밍햄(Birmingham, AL)에 있다.

3. 에필로그

"새로운 세기를 위한 언약"(Covenant For A Century)의 내용을 요약하면, 남침례교 총회를 조직(Organization)이나 프로그램(Program) 중심으로 기관화하지 말고 하나님의 사역들(Ministries)을 보다 능률적이고 효과적으로 수행하기 위해 기능분화를 하자는 것이었다. 그래서 남침례교 총회의 목회 및 선교사역을 세계선교사역(World Mission Ministries), 교회비옥사역(Church Enrichment Ministries), 신학교육사역(Theological Education Ministries), 기독교윤리 및 종교자유사역(Christian Ethics and Religious Liberty Ministries), 목회촉진사역(Facilitating Ministries) 등 다섯 가지로 대별하였다.

또한 7개로 산만하게 존재해 왔던 국들(Commissions)을 과감하게 혁파하고 국제선교부, 북미선교부, 침례교주일학교부("생명길 크리스천 자원부"), 연금부("가이드스톤 재정 자원부") 등 4개의 부(Board)와 "윤리 및 종교자유국" 1개의 국(Commission)를 두며, 최소한의 필요부서를 위원회(Committee), 협의회(Council) 등의 이름으로 두었다.

특히 이번 조직개편안에서 현저하게 눈에 띄는 것은 각 기관 간의 협력 조정기능을 강화했다는 점이다. 지상명령협의회, 신학교총장협의회, 남침례교 대학 및 학교연합회, 그리고 총회 실행위원회 등이 그 예이다.

2007년 현재, 남침례교총회(Southern Baptist Convention)에는 약 1천6백만여 명의 교회회원들이 있고 4만2천여 개의 지역교회들이 있으며, 1,221개의 지방회와 41개의 주총회가 있다. 약 5천여 명의 해외선교사들이 전세계 153개국에서 선교활동을 감당하고 있으며, 국내선교를 위해서도 약 5천여 명의 선교사들이 교회개척, 구제사업, 대도시빈민선교, 인디안선교 등의 사역을 감당하고 있다.[768] 남침례교 총회의 인터넷 홈페이지는 www.sbc.net이다.

768) "Southern Baptist Convention," [온라인자료] http://www.sbc.net/aboutus/default.asp., 2007년 3월 22일 접속.

제4부

한국 침례교회사

제21장 말콤 C. 펜윅 선교사와 엘라 씽 기념선교회

제22장 대한기독교회 시대(1906-1921)

제23장 동아기독교회 시대(1921-1933)와
동아기독대 시대(1933-1940)

제24장 동아기독교 시대(1940-1949)

제25장 해방 직후의 한국 침례교회:
대한기독교침례회 시대(1949-1952)와
대한기독교침례회연맹 총회 시대(1952-1959)

제26장 총회 분열 시대(1959-1968): 포항총회와 대전총회

제27장 한국침례회연맹 총회 시대(1968-1976)

제28장 기독교한국침례회 시대(1976-현재)

제29장 기독교한국침례회 산하기관들의 발전

제30장 침례교회 400여 년의 역사: 회고와 전망

제21장

말콤 C. 펜윅 선교사와 엘라 씽 기념선교회

"기독교한국침례회"(기한침, 기침)라는 교단명칭을 가지고 있는 한국의 침례교회는 그 역사를 최초의 선교사인 말콤 C. 펜윅(Malcolm C. Fenwick, 1863-1935)으로까지 소급한다. 그가 한국땅에 발을 디딘 때가 1889년이었으니까, 1884년에 한국에 들어온 호레이스 알렌(Horace N. Allen) 의사보다는 5년 후에, 1885년에 우리나라에 들어온 최초의 직업선교사(career missionary)인 장로교의 언더우드(Horace G. Underwood)와 감리교의 헨리 아펜젤러 선교사 부부(Mr. & Mrs. Henry G. Appenzeller)보다는 4년 후가 되는 것이다.

펜윅은 한국에서 선교활동을 위해 한국말 습득을 비롯한 여러 가지 준비를 한 끝에 1906년에 "대한기독교회"(Church of Christ in Corea)라고 하는 교단을 창립함으로써 본격적인 복음전도사역과 교회개척을 시작하였다. 그런데 펜윅 선교사가 교단을 창립할 수 있었던 것은 엘라 씽 기념선교회라는 침례교선교단체에 의해 1896년에 충청도 강경, 칠산, 공주 등지에 침례교회들이 세워져 있었고, 이 선교단체가 1901년에 한국으로부터 철수를 하게 되자 자신의 한국순회전도회에서 이 교회들과 교인들 그리고 교회재산들을 합병하였기 때문에 가능하였다.

이 세 교회들(공주침례교회는 "공주 꿈의 교회"라는 이름으로 개칭되었고, 현재 공주와 유성과 세종에 multi-churches를 이루고 있다)은 기독교한국침례회에서 최초의 침례교회들로 인정을 받고 있다. 올해 2016년을 맞아 교회창립 120주년을 기념하고 축하하는 행사를 하고 있다.

남북의 분단과 전쟁의 폐허 속에서도 한국의 침례교회는 장족의 발전을 거듭하여 오늘날에는 약 3천여 지역교회들을 헤아리고 있고, 이제는 해외에 잃어버려진 영혼들까지도 구원하기 위한 선교하는 교회로 발돋움하였다. 한국에서의 침례교회 발전은 일제 식민지 시대에 동아기독교 교인들의 헌신적인 수고와 희생 위에 이루어졌지만, 궁극적으로는 전지전능하신 하나님께서 이루신 기적과도 같은 역사였다.

I. 말콤 펜윅의 생애와 사역

1950년도 2월에 남침례교선교사 애버내티 부부가 한국땅을 밟으면서 시작된 한국에서의 남침례교 선교사역은 진공상태에서 태동한 것이 아니었다. 이미 60여 년 전부터 시작된 "동아기독교"라고 하는 복음전도적이고 선교지향적인, 초대교회 성도들과 같은 순박한 그리스도인들이 한반도와 만주 등지에서 그리스도의 증인으로서 활동하고 있었다. 동아기독교의 최초 전신인 "대한기독교회"(Church of Christ in Corea)를 창립하고 한국 땅에 복음의 씨앗을 뿌렸던 하나님의 종은 캐나다로부터 온 청년 선교사 말콤 펜윅이었다.

1. 선교사로서의 준비

말콤 펜윅(Malcolm C. Fenwick, 1863-1935)은 1863년에 캐나다 토론토 북동쪽에 있는 마크햄(Markham)이라는 마을에서 스코틀랜드 혈통의 가문에서 태어났다. 그는 아버지 아치발드 휴 펜윅(Archibald Hugh Fenwick, 1813-1868)과 어머니 바바라 앤 라담(Barbara Ann Latham, 1823-1903) 사이에서 태어난 11자녀들 가운데 10번째로 출생하였다.[1] 아버지가 53세의 이른 나이에 세상을 떠났을 때 말콤은 겨우 5살이었다. 그에게 인생이란 결코 순탄한 여정일 수 없었다. 11명의 자녀들을 먹이고 양육하는 무거운 삶의 짐은 홀로 남은 어머니에게 놓였다. 그래서일까. 어머니 바바라는 자녀들에게 철저한 신앙교육을 시켰고 생활태도에는 엄격한 규율을 요구했다. 말콤은 제대로 된 정규적인 교육을 받을 기회도 없었고 신학교육도 받은 적이 없었다.[2]

말콤은 학교생활의 추억이나 낭만을 가질 겨를도 없이 일찌기 생존과 생업을 위한 취업의 길을 걷지 않을 수 없었다. 18살이 되던 해에 그는 집과 가족들을 떠나 온타리오의 프라이즈 시범농장(Prize Model Farm, Ontario)에서 농사일을 배우게 되었다. 그가 한국에 정착하여 선교본부를 원산에 두었을 때, 그의 집 주위에는 상당한 넓이의 정원이 있었고 이곳에서 원예와 채소 재배를 했다고 하는데, 아마도 이 시범농장에서 익힌 농사일의 경험이

1) 안희열, 「말콤 펜윅: 시대를 앞서 간 선교사」 (대전: 침례신학대학교출판부, 2010), 26-7.

2) Malcolm C. Fenwick, *The Church of Christ in Corea: A Pioneer Missionary's Own Story* (New York: Hodder & Stoughton, 1911), 13.

큰 도움이 되었을 것이다. 또한 그는 법률사무소에서 변호사나 법무사를 돕는 일을 한 적도 있었고, 가게에서 일을 하며 회계의 경험을 쌓기도 하였다.

예수 그리스도를 만나기 전에 가졌던 이러한 직업적인 경험들이 그로 하여금 세상사에 눈을 뜨게 하였을 것이다. 그는 그의 자서전에서 이렇게 고백하고 있다:

> 나는 하나님이 나를 가르치고 계심을 믿는다. 그는 나를 흙 가까이 두시고 농사와 원예, 상업을 가르치셨다. 그렇게 한 연후에 그는 북서쪽으로 나를 보내셨고, 그곳에서 나는 개척지의 생활을 배웠다. 다음에는 법률사무실에서 법절차를 배웠으며, 상점에서 실제적인 회계법과 금융을 배우게 하셨다. 이 모든 일들은 내가 하나님의 권속으로 태어나 그리스도의 몸의 일부로서 주 예수의 제자가 되기 전에 일어난 일이었다. 그런 후에 나는 사람을 다루는 일과 나의 사업을 체계화하는 일에 전념했다. 이 마지막 두 일은 내가 생각하건대 실제 전선-외국선교사업에 있어서 경제적인 결실을 거두는 요인들-에서 나를 가르친 가장 위대한 요소들이라 생각된다.[3)]

위의 인용문에서 "나의 사업"이란 예수 그리스도를 체험적으로 만날 당시에 경영했던 철물상 도매업과 창고관리인으로서의 사업일 것이다. 그는 이렇게 적고 있다: "하나님이 나를 흑암에서 생명의 놀라운 빛으로 부르시던 때에 나는 철물상 도매업에 종사하고 있었으며 40명을 거느린 창고관리인이었다. 그리고 추후에 해변가의 한 도시에서 지점장과 판매장의 경영인으로 승진되었다."[4)] 펜윅이 적고 있듯이 이러한 사업적인 경험과 대인관계의 체험이 쌓여서 훗날 그가 한국의 척박한 환경 속에서도 선교의 결실을 거두게 되었을 것이다.

2. 펜윅의 개종체험과 신앙

펜윅이 구체적으로 언제 어디서 어떤 신앙적인 방황 끝에 회심(conversion, 개종)을 경험하게 되었는지에 대해서는 자세하게 알 수는 없다. 단지 그가 1911년에 쓴 자신의 자서전, 「대한기독교회사: 펜윅 선교사의 자서전적 이야기」(*The Church of Christ in Corea: A Pioneer Missionary's Own Story*)에서 간단하게 진술하고 있는 내용을 보면 예수 그리스도를 체험적으로 만났던 모습을 생생하게 전해 주고 있다. 때는 1886년, 그의 나이 23살 때였다.

3) Malcolm C. Fenwick, 「대한기독교회사: 펜윅 선교사의 자서전적 이야기」, 허긴 역 (대전: 침례신학대학교 출판부, 1989), 33-4..

4) Ibid., 31.

펜윅은 토론토의 한 모퉁이 길가에서 예수 그리스도의 얼굴을 눈으로 보았고 그 분의 음성을 귀로 듣는 체험을 하였다고 고백하고 있다:

> 토론토의 한 모퉁이 길가, 어느 지점-그 어느 날 내가 그곳을 방문했었던-오래 전에 그 영적 번민에 처해 있었던 시절, 나의 주님이시며 구주이신 예수님께서 나를 만나 주셨고 내가 주님의 화목에 넘치는 얼굴빛을 응시하였을 때, "너는 보잘 것 없지만 나는 그렇지 않아. 내가 너를 살리기 위해 죽었단다" 하시는 주님의 음성을 들었다. 그리고 나서 나는 내가 구원받은 것을 알았다. 나는 "흠 없이 아름다운" 그 얼굴을 뵈었다. 나는 거룩한 목자의 음성을 들었으며 그리고 주님이 예언하신대로 (요한복음 10장 3절, "문지기는 그를 위하여 문을 열고 양은 그의 음성을 듣나니 그가 자기 양의 이름을 각각 불러 인도하여 내느니라." 성경본문은 필자가 삽입함-필자 주) 나는 주님을 따랐으며 25년 동안 "하나님의 은총과 영광을 찬양하며" 부족하지만 그 길을 계속 걸어 왔다.[5)]

펜윅의 개종체험과 신앙인격의 형성에 가장 직접적인 영향을 끼친 사람들은 바로 그의 부모였을 것이다. 다만 부친은 그가 5살 때 돌아가셨기 때문에 그리 큰 영향을 주지는 않았겠지만, 주위 사람들에게 호인이라는 평가를 받았던 인물이었고 자녀들에게는 아버지로서의 권위를 잃지 않았던 인물이었던 것 같다. 그는 이렇게 적고 있다:

> 그 때 (부친이 세상을 떠났을 때-필자 주) 5살의 어린 나이였던 나는 아버지의 보살핌을 거의 기억하지 못했다. 그러나 아버지의 옛 이웃들과 친구들이 나를 만나면 아버지에 대한 칭찬을 아끼지 않았다. 그것은 나의 생활에 큰 즐거움이었는데, … 아버지는 또한 공공사업에 앞장섰으며 또한 가정의 규율은 대단히 엄격하였고 구식이며 준엄했지만, 지금 그의 자식들인 우리 모두는 성장하여 아버지께 언제나 감사하고 있다.[6)]

무엇보다도 펜윅의 인격과 신앙에 가장 큰 영향을 준 사람은 어머니였을 것임이 틀림없다. 5살난 말콤과 막내 아들 윌리엄(William)을 비롯하여 11명의 자녀들을 뒷바라지해야 했던 어머니는 하나님을 의지하는 신앙의 힘이 아니었더라면 험악한 인생을 헤쳐나갈 수 없었을 것이다. 펜윅은 그의 자서전에서 모친과 그녀의 신앙에 대해서 자세한 언급을 하고 있지는 않지만, 18살 때에 취업을 위해 집과 그녀를 떠나야 했던 말콤에 대해 어머니는 신앙적인 조언을 아끼지 않았다. 모친은 펜윅을 비롯해서 자녀들을 위해 기도를 게을리 하지 않았다:

5) Ibid., 26-7.
6) Ibid., 23-4.

개척지역에서 3년을 보낸 뒤 내가 어머니를 뵈러 갔을 때, 어머니께서는 심한 사고를 당하셨다. 내가 집으로 돌아오기 1년 전에 캐나다의 한 명문가에 속하는 친한 친구가 나에게 성경을 매일 한 장씩 읽으라고 당부하였었다. 내가 어머니께 두 번째 작별인사를 하고 나서야 비로소 내 영혼에 화살이 하나 꽂힌 것을 느낄 수 있었는데 그 화살은 나 때문에 상처를 입으신 주님의 손길이 아니면 결코 뽑힐 수 없는 것이었다. 나는 어머니께서 많은 충고를 하실 때에도 견딜 수 있었는데 그러나 어머니께서 눈물을 흘리실 때, 더군다나 "예야, 네가 마음을 오직 예수님께만 드린다면 집에서 얼마나 멀리 떨어져 있든지 나는 걱정하지 않을테다"라고 간곡하게 말씀하셨을 때 나는 도저히 견딜 수 없었다. 나는 돌아오는 가차 안에서 내가 주님을 만날 때까지 주님을 찾겠노라고 결심했던 것을 기억한다. 분명한 확신을 얻기까지 2년의 세월이 흘렀다.[7]

펜윅의 신앙 여정에서 결정적으로 중요한 역할을 했던 사람은 스코틀랜드 출신의 목사(Scottish Minister) 도날드 맥킨토시(Donald M. McIntosh)였다. 어떤 연유였는지는 확실치 않으나 그가 펜윅의 집에서 일정 기간 동안 기거하며 펜윅의 가족들과 함께 살았던 것 같다. 펜윅이 이렇게 적고 있다: "그는 여러 해 동안 우리 집에서 살았는데 주위의 많은 사람들로부터 존경 받았다…. 이러한 사람과 한 지붕 아래 살도록 특권을 부여받았다는 것은, 내가 생각할 때 나의 구속자 하나님이 나의 이삭줍기를 위해 떨어뜨려 놓은 가장 큰 목적들 가운데 하나였다고 생각한다."[8]

"나의 이삭줍기를 위해"라는 표현은 "구원받은 하나님의 자녀인 이삭으로 나를 추수하기 위해"라는 의미로 해석해도 별 무리는 없을 것이라고 생각한다. 아마도 말콤을 비롯해서 모든 가족들이 맥킨토시 목사로부터 설교를 들었을 것이며 기독교적인 기본진리들에 관해서 가르침을 받았을 것이다. 그가 스코틀랜드 출신이었다면, 그 나라는 존 낙스(John Knox, c.1513-1572)의 종교개혁 이래로 장로교회가 국교가 된 나라이기 때문에 그는 장로교회 즉 개혁교회(Reformed Church)의 신앙을 가졌던 목사였을 가능성이 많다. 말콤도 이러한 신앙으로 가르침을 받았을 것이다. 말콤은 자서전에서 그에 관해 이렇게 설명하고 있다:

맥킨토시 (목사)는 글래스고우 대학을 우등생으로 졸업하였고 시인들의 말을 자연스럽게 인용할 수 있을만큼 뛰어난 사람이었다. 그는 대단한 두뇌의 소유자였다. 하지만 그의 학식과 성숙한 지혜, 문학적 재능보다 높이 인정될 것은 무엇보다도 그는 예수 그리스도의 소박하고 어린 아이 같은 제자였다는 것이다. 그의 예수님 닮은 모습으로 인하여, 동네의 모든 사람들이 "저기 그 어느 누구에게도 손해를 입힌 적이 없는 착한 사람이 지나간다"라고 입을 모아 말하곤 했다.[9]

---

7) Ibid., 25-6.
8) Ibid., 24, 25.
9) Ibid., 24-5.

펜윅이 18살에 집을 떠날 때에 맥킨토시 목사와도 작별을 고하게 되었는데, 그 순간의 기억을 그는 생생하게 기록으로 남기고 있다:

> 나는 내가 집을 떠나던 그 날의 일을 결코 잊을 수 없다. 그는 나를 그의 서재로 데리고 가서 책 한 권을 고른 다음 내 이름을 써 주었다. 그리고 무릎을 꿇고 나를 위하여 기도를 했다. 그의 기도의 내용은 기억할 수 없지만 나에게 작별인사를 하면서 두드려 주던 손의 감촉을 아직도 내 어깨 위에 생생하게 남아 있다. 작별할 때 그가 한 말은 내 일생 동안 크나 큰 영향을 끼쳤기에 지금도 잊을 수가 없다. "안식일을 기억하여 거룩하게 지켜라. 말콤(Malcolm), 그리하면 만사가 순조로울 것이다. 나는 많은 젊은이들을 지켜 보았는데 보통 실패하는 자들은 그 실패가 언제나 안식일을 기억하지 않은 데서 비롯된다." 나로 하여금 정규적으로 교회에 출석하도록 한 것도, 교회학교의 사서직분을 맡게 한 것도, 성가대의 자리와 각종 위원회에 참여하게 만든 것도 그가 내게 준 말의 영향이었다. 한 마디로 말하여 그 말은 나로 하여금 그 나라에서 최상의 사람들 속에서 생활하도록 만들었다.[10]

3. 선교사로의 부르심

펜윅이 하나님으로부터 한국에서 일할 선교사로 부르심을 받은 것은 1889년 7월이었다. 그는 자신의 자서전에서 이렇게 적고 있다:

> 1889년 7월에 한국으로 가라는 강한 부르심을 받고 있을 당시 나는 출처를 알 수 없는 한 소문을 듣게 되었다. 나의 사랑하는 친구 헤론 박사(Dr. J. W. Heron)의 부인이-당시는 모르는 사이였다- 복음을 증거한 죄로 한국에서 감옥에 갇혀 있으며, 곧 처형될 것이라는 이야기였다. 얼마 후, 한국의 신문들을 통해 이 소식은 널리 알려졌다.[11]

"당시는 모르는 사이였다"는 말은 펜윅이 한국에 도착한 이후 비로소 헤론 박사와 그의 부인을 알게 되었다는 의미로 해석된다.[12] 헤론 박사의 부인이 복음을 증거했다는 이유로

10) Ibid., 25.

11) Ibid., 28.

12) 헤론(John W. Heron, 1856-1890) 박사는 1885년 6월 21일에 제물포에 도착한 미국인 의료선교사였다. 사실 그는 29세 때에 미국장로교 해외선교부로부터 최초로 한국땅으로 가라는 파송을 받은 인물이었는데, 일본에 도착하여 이수정으로부터 한국말을 더 많이 배우기 위해 체류하였다가, 호레이스 언더우드(Horace Underwood)보다 늦게 한국땅에 도착하여 장로교선교사로는 두 번째로 이 땅을 밟은 선교사가 되었다. 호레이스 알렌(Horace Allen)에 의해 시작된 제중원에서 의사로서 함께 환자를 돌보다가, 알렌이 1887년 9월에 미국정부로부터 외교관으로 임명을 받아 미국으로 돌아가자, 제2대 제중원 원장이 되었다. 그러나 안타깝게도 한국에 온 지 5년만에 이질에 걸려 고생하다가 1890년 7월 26일에 34살의 나이로 세상을 떠났다. 그는 양화진 외국인묘지에 최초로 매장된 외국인이고 서양의사 선교사다. 민경배,

투옥되고 처형될 위기에 처해진 것이 역사적 사실인지는 확인되지 않으나, 하여튼 그러한 소문으로 인해서 해외선교에 관심이 컸던 미국인 그리스도인들 사이에서는 무척 긴박하고 간절한 기도제목이었던 것 같다. 펜윅도 이 기도를 하며 조선(Chosun, Corea)이라고 불리우던 한국을 자신이 가야 할 선교지로 여겼을 가능성이 있다.

그런데 그 당시 펜윅은 Corea에 대해서 처음 들었을 때 그것이 어디에 있는 나라인지에 대해서 확실히 잘 모르고 있었던 것 같다. 그는 자서전에서 이렇게 말하고 있다: "일반 사람들과 마찬가지로 나도 Corea에 대해 처음 들었을 때 지중해에 있는 한 섬이라고 생각했다. 지도를 얻어서 확인한 후에야 그 섬은 코르시카(Corsica)이고, Corea는 아시아에 있으며 러시아 끝에 붙어 있는 반도이며 북위 33°도에서 43° 사이에 있으며 한 면은 황해, 다른 한 면은 동해에 둘러싸여 있는 것을 알았다."[13]

또한 그는 처음에는 선교에 대해서도 무지했다고 고백하고 있다. 선교사와 관련해서는 단지 아프라카에서 사역하였던 리빙스턴(David Livingston)에 대하여 들은 적이 있었고 그를 선교에 있어서 자신의 영웅이라고 생각했다고 한다:

> 선교에 대하여 나는 아무 것도 몰랐었다. 다만 하나님께서 그 이방의 땅에 복음을 전하길 원하신다는 어렴풋한 생각만 가지고 있었다. 선교에 있어서 나의 영웅은 리빙스톤(David Livingston)이었다. 리빙스톤의 사진은 매우 인상적이었다. 선교사라는 말이 언급될 때마다 내 머리 속에는 한 손에 성경책을 들고 검게 탄 얼굴이 무서우리만치 엄숙한 모습을 하고 종려나무 아래에 서 있는 한 사람이 그려졌다. 그 옆에는 한 원주민이 이상하게 생긴 양산을 그의 머리 위에 드리우고 있고 주위에는 원주민 무리들이 둘러서서 그의 설교를 듣고 있는 모습의 그림이었다. 물론 나는 선교사가 가는 나라는 모두 무더운 나라라고 생각했다.[14]

펜윅이 "선교에 대하여 나는 아무 것도 몰랐었다"는 말에는 겸양의 미덕이 서려 있는듯하다. 선교사로의 부르심을 받았던 1889년 7월에, 그는 17일-24일에 열렸던 "나이아가라 성경사경회"(Niagara Bible Conference)에 참석하였다. 그의 나이 26살 때였다. 그는 자서전에서 "나이아가라 사경회에서 하나님께서는 먼 곳에 있는 믿지 않는 자들에게로 나아가라고 부르셨으나 나는 앞에서 말한 것처럼 변명을 하기 시작했다"고 적고 있다.[15]

선교사로의 부르심 앞에 주저할 수밖에 없었던 펜윅에게는 두 가지 열등감이 도사리고 있었다. 정규학교교육 특히 대학교육을 받지 못했다는 것과 신학교육을 받은 적이 없었다

「한국기독교회사」, 신개정판 (서울: 연세대학교출판부, 1998), 128, 252.

13) Fenwick, 「대한기독교회사: 펜윅 선교사의 자서전적 이야기」, 28-9.

14) Ibid., 29.

15) Ibid., 31.

는 것이었다. 그런데 그 "나이아가라 성경사경회"에서 프린스턴 대학교를 졸업한 학생자원 운동의 지도자 로버트 와일더(Robert P. Wilder)의 선교간증을 듣는 순간, 펜윅은 자신의 열등감이 봄눈 녹듯이 사라지는 경험을 하였다고 한다:

> 그 날 저녁예배 때, 인도에 있는 와일더 형제(Brother Wilder)로부터, 사막에서 물을 구하다가 갈증으로 죽어가는 사람의 이야기를 들었다. 그는 말하기를 만약 당신이 훌륭한 유리병에 물을 담아 와 유리잔에 부어서 그에게 준다면 그는 감사할 것이다. 하지만 당신이 낡고 녹슨 찌그러진 깡통밖에 없어서 그 속에 물을 담아 준다고 하더라도 그는 그 물을 마시고 살아날 것이다. 그가 필요로 하는 것은 물이다. 그 간단한 예화가 나로 하여금 의욕을 갖게 만들었다. 그 예화는 내가 지금까지 변명해 왔던, 정규교육을 받지 못한 것과 신학교를 나오지 못한 것을 말하는 것 같았다. 최소한 나는 "녹슬고 찌그러진 깡통"이긴 해도 생명을 구할 물을 나를 수 있음을 깨달았다.[16)]

펜윅은 그 날 그 예배에서 와일더 선교사의 또 다른 이야기를 듣고 큰 감동을 받아 선교사로 부르시는 하나님의 음성에 굴복하여 헌신하였다고 한다:

> 그(와일더 선교사–필자 주)는 말했다. "어떤 사람이 배를 타고 노를 한참 저었는데도 아직도 배가 기슭을 벗어나지 못한 것을 알고 배의 뒤쪽으로 가보았을 때 기슭에는 아직도 배가 묶여 있었음을 발견하였다. 그러므로 그의 수고는 헛된 것이었다. 그는 칼을 들어서 밧줄을 끊었다. 그리고 다시 노를 젓자 배는 기슭을 벗어났다." 이 이야기는 바로 나의 경우였다. 그래서 내가 먼저 밧줄을 끊었으며 누가복음 5장의 '선장'은 출항하여 넉달 후에는 완전하게 나를 한국에 입항시킨 것이다. 세상의 선장들은 승객들과 뱃전에서 작별인사를 나누고 좋은 행운을 빌며 헤어졌을 것이다. 그러나 하나님은 그렇게 하지 않으셨다. "내가 너와 함께 갈 것이며 결코 너를 떠나지 않으리라. 나는 너의 목자가 되어 한국의 산과 계곡으로 너를 인도하리라" 하고 말씀하셨다.[17)]

4. 한반도 입국과 정착

펜윅은 1889년 7월에 "나이아가라 성경사경회"에서 한국선교의 비전을 확인하였고, 일본을 경유하여 같은 해 12월 8일에 한국에 도착하였다. 캐나다 국적의 26살 총각의 혈혈단신이었다. 한국선교 초창기에 입국했던 선교사들은 거의 모두가 미국 장로교나 감리교의 해

16) Ibid., 32.
17) Ibid., 33.

외선교부로부터 파송을 받았지만, 펜윅은 아무런 교단적인 배경을 가지고 있지 않았다. 그는 그의 자서전에서 이렇게 적고 있다:

> 오대호 연안의 나이아가라에서 사경회의 거장들과 함께 여러 해 동안 성경공부를 하였으나 그 사경회에 참가한 사람들은 그 성경강사들이 어느 교단에 속해 있는지 몰랐으며, 선교에 대한 교단적인 특색 또한 나에게는 별로 중요하지 않았다. 다만 나에게는 모든 창조물에 대한 하나님의 증인라는 생각과 승천하신 주님의 재림이 임박했다는 생각이 기독교인으로서 나의 주된 관심사였다.[18]

펜윅은 그 당시 "나이아가라 성경사경회"에서 여러 강사들이 강조해서 가르치던 세대주의적 전천년설적인 종말론 사상에 물들어 있었고, 예수 그리스도의 임박한 육체적 재림을 믿는 근본주의 신앙을 가지고 있었다.[19] 따라서 그에게는 세상종말이 가까왔으니 서둘러 복음을 증거하여 잃어버려진 영혼을 구원하는 일이 가장 급선무라고 생각했다. 그에게는 교단이나 교파나 특정인의 신학이 중요한 것이 아니었다. 회개하고 예수 그리스도를 믿어 죄사함 받고 구원받으라는 복음의 선포만이 중요한 것이었다. 그가 한국에 첫발을 내디뎠을 때에는 아무런 교단적인 배경을 가지고 있지 않았다.

그렇지만 그에게는 전혀 아무런 배경이 없지는 않았다. 펜윅이 선교사로 헌신하기 1년 전인 1888년 10월에 토론토의 몇몇 실업인들이 중심이 되어 조직한 "한국연합선교회"(CUM, Corea Union Mission)라는 선교단체가 있었다.[20] 토론토 YMCA 선교위원회 회장이기도 한 헨리 고든(Henry B. Gorden)이 회장을 맡았었는데, CUM에서 파송한 최초의 선교사 로버트 하크니스(Robert Harkness)가 개인 사정에 의해 한국에서의 선교활동을 사임하였기 때문에 다른 수혜자를 물색하던 중 펜윅을 찾게 된 것이었다. 펜윅 선교사는 초교파적인 해외선교 단체라고 할 수 있는 "한국연합선교회"의 재정지원을 약속받고 한국에 들어 온 것이다.

그러나 채 3년도 못 되어 펜윅은 일종의 필화사건에 연루되어 "한국연합선교회"로부터의 재정적인 지원도 끊어지게 되었다. 사연인 즉, 언더우드 선교사가 1891년과 1892에 안식년을 가지면서 미국과 캐나다 지역의 교회들을 순회하며 선교보고 활동을 하였는데, 펜윅은 언더우드의 선교보고가 지나치게 부풀려 있다는 점을 비판하는 편지를 나이아가라 성경사경회 회장인 제임스 브룩스(James H. Brooks)에게 보낸 것이다. 이 일로 펜윅과 언더우드 선교사의 부인 사이에도 다툼이 일어나기도 했고, 이로써 한국 내에서 선교사들 사이에

18) Ibid., 31.
19) 김용국, 「한국침례교사상사, 1889-1997」(대전: 침례신학대학교출판부, 2005), 56-61, 96-9, 120-136.
20) 안희열, 「말콤 펜윅: 시대를 앞서 간 선교사」, 38.

갈등이 빚어지기도 했다.

이 사건을 접한 "한국연합선교회"는 언더우드 선교사 편을 들었고, 펜윅에 대해서는 동료선교사를 모함한 사람으로, "반드시 소환해야 할, 화 잘 내는 어리석은 사람"으로 비판하며 그에 대한 선교후원을 중단해 버리고 만 것이다.[21] 결국 펜윅은 교단이나 선교단체의 재정적인 지원을 받지 못하게 되었고, 믿음선교(faith mission) 즉 하나님만을 의지하며 하나님의 공급하시는 손길만을 바라보며 선교에 임하게 되었다.

한국에 들어온 펜윅이 가장 급선무로 생각했던 것은 한글공부였다. 그는 서울에서 처음 10개월 동안 한국어 습득에 전념하였다. 암기력에는 자신이 있었던 펜윅이었지만, 자고 일어나면 전날 공부한 내용을 모두 잊어버리고마는 자신의 모습을 보며 안타까와하기도 하였다. 서울에 있으면 선교사들과 접촉이 잦아져 한글공부에 오히려 방해가 된다고 생각한 그는 1890년 가을에 한글선생 서경조와 함께 황해도 소래로 갔다.

소래는 한국 개신교의 요람이었다. 1886년에 서상륜을 비롯한 20여 명의 신자들이 예배처소를 마련하여 예배를 드리고 있던 곳이었다.[22] 소래에서 펜윅은 안씨 성을 가진 사람의 집에 숙소를 정했는데, 이 안씨가 바로 훗날 펜윅 선교사의 양자가 된 안대벽이었다. 펜윅은 한글공부와 관련해 이렇게 적고 있다:

> 한국의 산들은 바로 나의 앞에 가로놓여 있던 선교사역의 산들에 대한 상징적인 의미를 지니고 있었다. 내 앞에 닥친 첫 번째 산은 언어문제였다. 이 산이 너무나 컸기 때문에 그 산 너머에 있는 더욱 험난한 산들을 보지 못한 것은 나에게 큰 행운이었다. 한국에서 처음 십 개월 동안 나는 한국어를 통달할 양으로 무모하게 교과서와 입문서를 무조건 외웠다. 꽤 좋은 암기력 덕택에 뜻도 없는 통용어를 두 쪽씩 외웠고 다양한 방법으로 정확하게 반복할 수 있을 때까지 연습하곤 했으나, 다음날 아침이 되면 모두 잊어버리고 말았다….
> 나는 모든 인습들과 교과서, 영어로 말하는 사람들과 그들의 조언을 벗어나서 단지 한국인들 가운데 섞이기 위해 몇몇 한국인 친구들과 함께 소래로 떠났다. 소래는 서울로부터 약 260킬리미터 떨어진 마을이었다….
> 우리 집 주인인 안씨와 서씨 두 사람은 서로 친밀하게 지냈으며 두 사람 모두 양반이었다. 그러나 그들은 이 나라의 관습을 지나치게 엄격히 지켰기 때문에, 부인들끼리 서로 친했고 수 년 동안 서로 왕래하며 지냈음에도 불구하고, 상대방의 부인과는 결코 말을 주고 받지 않았다….
> 그날 밤 50세 가량의 이 두 여인은 서양 사람과 난생 처음 말을 했을뿐 아니라 생전 처음으로 외간 남자와 대화하게 되었다.[23]

21) Ibid., 39-40.
22) 허긴, 「한국침례교회사」 (대전: 침례신학대학교출판부, 1999), 29.
23) Fenwick, 「대한기독교회사: 펜윅 선교사의 자서전적 이야기」, 35, 38.

한글을 어느 정도 익힌 펜윅은 1891년 가을에 함경도 원산으로 이사를 하여 그곳에 정착을 하였다. 이곳에서 그는 편위익(片爲益)이라는 한국식 이름을 만들어 썼다. 원산을 본부로 정한 가장 중요한 이유는 아직 거기는 개신교 선교사들의 선교회나 본부가 없었기 때문이었다.[24] 펜윅은 바다와 해변가가 내려다 보이는 구릉지역을 동산(東山, East Mountain)이라고 불렀다. 그는 원산의 동산에 자리를 잡고 토지를 구입하여 과수원을 비롯하여 일종의 시범농장을 만들었다. 그는 미국의 지인들이 보내준 좋은 씨앗을 심어 보기도 하고 한국의 풍토애 맞는 품종으로 개량도 해 보았다.

펜윅 선교사는 한국인들의 농사짓는 모습을 유심히 관찰하면서 영농법 개선에도 큰 관심을 기울였다. 그는 훗날에 *The Korean Repository* 지(誌)에 "한국의 농법"(Korean Farming)이라는 글을 기고하여, "나는 아직 한국인에게 권장할만큼 성공을 거두지는 못하였지만, 원산에서 대단위 농법(Large land Farming)에 대한 시험을 해 왔다"고 보고하였다.[25]

펜윅은 아직도 한글이 충분히 익숙치 못한 상황에서 쪽성경 번역이라는 큰 산에 도전하였다. 한국인들에게 하나님의 말씀을 직접 대할 수 있도록 하기 위함이었다. 펜윅은 1891년에 원산에서 「요한복음」을 독자적으로 번역하였는데 한글과 한문을 병기하였다.[26] 이는 서민들과 양반들 모두로 하여금 "예수께서 하나님의 아들 그리스도이심을 믿게 하려 함이었고, 믿고 그 이름을 힘입어 생명을 얻게 하려 함이었다"(요 20:31). 펜윅은 앞으로 자신이 수행할 자립적인 선교사역의 토대를 구축하는 일에 전념하였다. 그는 초기 원산사역을 통해서 경제적인 자립의 한 방책으로서 시범농장을 조성하였고, 복음전도 사역을 위한 준비로 요한복음을 번역했던 것이다.[27]

5. 캐나다와 미국 방문 및 선교사훈련학교 재학

펜윅의 한국선교 사역에서 매우 중요한 전기가 되었던 사건은 그가 약 3년 동안(1893-1896, 봄) 한국을 떠나 캐나다와 미국을 방문한 것이었다. 이 기간에 그는 보스톤에 있는 클래런던 스트리트(Clarendon Street) 침례교회의 담임목사 아도니람 저드슨 고던(Adoniram Judson Gordon, 1836-1895) 목사를 만났는데, 침례교 목사와 침례교회를 처음으로 접하게 되었다. 뿐만 아니

24) Ibid., 52.

25) Fenwick, "Korean Farming," *The Korean Repository*, vol 5 (August 1898), 288-93. 허긴, 「한국침례교회사」, 34에서 재인용.

26) 도한호, "펜윅이 우리말 성경에서 사용한 언어의 특징," 「한국침례교와 신앙의 특성」, 침례교신학연구소 편 (대전: 침례신학대학교출판부, 2000), 50-1.

27) 허긴, 「한국침례교회사」, 35.

라 그는 그 교회에서 자체적으로 운영하는 보스톤선교사훈련학교(Boston Missionary Training School)에 입학하여 훈련을 받았다. 이 일은 펜윅이 침례교회와 침례교 신학과 신앙을 접할 수 있었던 절호의 기회가 되었다.

이곳에서 그는 북부지역 침례교회들(당시의 공식적인 교단명칭은 ABMU, American Baptist Missionary Union, "미국침례교선교연맹"이었다-필자 주)에서 상당한 영향력이 가지고 있었던 지도자인 고던 목사와 교제하며 침례교목회 현장을 견학할 수 있었고 그의 목회와 선교 철학을 배울 수 있었으며, 그 학교에서 함께 선교훈련을 받았던 학생들과 인간적인 동역자 관계를 형성할 수 있었다. 펜윅은 그 학교의 졸업생 명단에 이름이 올라가 있지 않은 것을 볼 때, 청강생 신분으로 1년 미만의 기간 동안 재학하며 선교훈련을 받았던 것 같다.[28]

펜윅은 이 기간 동안 클래런던 스트리트 침례교회에서 목사안수를 받았다. 1895년에 한국으로 파송된 엘라 씽 기념선교회(Ella Thing)의 최초 선교사 에드워드 폴링(Edward C. Pauling)과 함께, 그는 아도니람 고던 목사와 한국에 피어선기념성경학원을 세운 아서 피어선(Arthur T. Pearson) 목사로부터 안수를 받았다.[29] 아마도 펜윅은 그 교회에 출석하며 폴링을 만나 교제했거나, 보스톤선교사훈련학교에서 함께 공부하며 그를 알고 지냈을 가능성이 있다.

한국연합선교회(CUM)로부터의 재정후원이 끊어진 상황에서, 1894년에 펜윅은 앞으로의 한국선교사역을 위해서 캐나다에서 "한국순회선교회"(CIM, Corea Itinerant Mission)라는 독립 선교회를 조직하였다. 이 선교회는 본부를 토론토에 두었고, 펜윅이 회장을, 조셉 더글라스(Joseph Douglas)가 명예총무 겸 재무를 맡았다.[30] 펜윅은 이 선교회에서 파송받은 최초의 선교사이자 최후의 선교사였다. 그가 한국에서의 선교사역을 자급자족의 정신으로 믿음선교(faith mission)의 방식으로 행했던 것을 고려해 볼 때, "한국순회선교회"가 펜윅과 그의 한국선교를 위해 물질적인 후원 등에 있어서 큰 역할을 하지는 못했던 것 같다.

펜윅에게 있어서 3년간에 걸친 캐나다와 미국 방문은 앞으로의 한국 선교사역에서 매

28) 안희열, 「말콤 펜윅: 시대를 앞서 간 선교사」, 153. "고던대학 동창회 주소록, 1889-1979"에 의하면 적어도 1년간 전임학생(full-time student) 신분을 가졌어야 동창회 명부에 이름이 올라갈 수 있는데, 펜윅의 이름은 동창생 명단에도, 카나다 동창생 명단에도, 고인이 된 동창생 명단에도 기록되어 있지 않다고 한다. 펜윅의 아내가 된 페니 하인즈(Fenny Hinds) 여사도 한국에 도착(1898)하기 전에 보스톤선교사훈련학교에서 공부했지만, 고던대학의 동창생으로 등록되어 있지 않다고 한다. 그녀 역시 청강생이었을 것이라고 안희열 교수는 추론하고 있다.

29) 허긴, 「한국침례교회사」, 37.

30) Timothy Hyo-hoon Cho (조효훈), "A History of the Korea Baptist Convention: 1889-1969" (Ph.D. dissertation, Southern Baptist Theological Seminary, 1972), 54.

우 중요한 전환점이 되었다. 무엇보다도 고던 목사와의 만남과 클랜런던 스트리트 침례교회에의 출석을 통해서 침례교회를 처음으로 경험하게 되었고, 보스톤선교사훈련학교에서의 재학과 훈련, 그리고 "한국순회선교회"(CIM)로부터의 파송을 통해서 어렴풋이나마 침례교선교사로서의 정체성을 가지게 되었을 것이다.

그러나 그는 생존 기간 동안 공식적인 명칭으로 "침례교회"라는 이름을 사용한 적은 없었는데, 주위의 타 선교사들이 유아들을 제외하고 신앙을 고백하는 신자들에게만 뱁티즘(Believer's Baptism)을 베풀고, 또한 침수례 방식으로 뱁티즘(Immersion Baptism)을 베푸는 모습을 보고 그를 "뱁티스트"(Baptist)로 여기곤 했다고 한다. 그는 1896년 봄에 침례교신앙에 대한 어느 정도의 이해를 가지고 자신의 선교현장인 한국으로 돌아왔다.

II. 엘라 씽 기념선교회

한국의 침례교회 역사에서 결코 간과할 수 없는 내용들 가운데 하나는 엘라 씽 기념선교회(Ella Thing Memorial Mission)와 그 활동이다. 왜냐하면 한국 최초의 침례교회들이 이 선교회에서 파송한 미국 선교사들에 의해 개척되었기 때문이다. 펜윅의 선교사역도, 그가 창립한 교단인 "대한기독교회"(Church Of Christ in Corea)도 이 교회들에 근거하여 이루어졌기 때문이다. 비록 약 6년에 걸친 짧은 선교 및 교회개척 사역이었지만 엘라 씽 기념선교회 선교사들이 개척한 교회들이 올해(2016년)로 120주년을 맞는 가장 오래된 교회들(강경침례교회, 칠산침례교회, 꿈의 교회-옛 이름은 공주침례교회)이다.

엘라 씽 기념선교회는 펜윅 선교사가 1893-1896년에 캐나다와 미국을 방문했던 기간 동안 예배에 참석했었고 선교사로 훈련받았던 클래런던 스트리트 침례교회에서 발족하였다. 그 교회는 무척 선교지향적인 교회였다. 담임목사인 아도니람 고던(Adoniram Judson Gordon, 1836-1895)은 교인들에게 "선교적인 크리스천(a missionary Christian)이 아닌 사람은 상급을 수여하는 큰 날이 올 때 잃어버려진 크리스천(a missing Christian)이 될 것이다"라고 말하곤 했다.[31]

클래런던 스트리트 침례교회에 사무엘 씽(Samuel. B. Thing, 1833-1900)이라는 안수집사가 있었는데, 교회에서는 헌신적인 크리스천이었고 사회에서도 꽤 성공을 이룬 사업가였다. 그런데 어린 나이에 세상을 떠나게 된 그의 외동딸 엘라 씽(Ella Thing)이 임종을 앞두

31) Ernest B. Gordon, *Adoniram Judson Gordon* (New York: Fleming H. Revell Company, 1896), 222.

고 아버지와 심각한 대화를 나누었다고 한다:

> 씽 자매가 하나님께서 자신의 손을 그녀에게 놓은 것을 보았을 때 (죽음이 임박했음을 느꼈을 때라는 의미-필자 주) 그리고 그녀가 이 땅에서 더 이상 그녀의 주님을 섬기도록 허락되지 않은 것을 알았을 때, 그녀는 자신의 부친께 "저에게 돌아올 유산을 어떻게 사용하실 거예요?"라고 여쭈었다. 그녀는 아버지께 "이 돈을 아직 그리스도를 모르는 사람들에게 복음을 전하는 일에 사용한다면 기쁘시지 않겠어요?"라고 말했다. 그 때 그곳에서 엘라 씽 기금이 하나님께 헌정되었다. 이것은 1895년 2월 이전에 있었던 일이었다.[32]

씽 집사는 일찍 세상을 떠난 사랑하는 딸의 유언과도 같은 제안을 받아들여 담임목사와 상의한 후에 엘라 씽 기념선교회를 만들었다. 아마도 그는 당시 한반도 땅에서 개신교 선교가 시작되고 있다는 소식을 듣게 되어서 그 선교기금을 한국 사람들의 영혼을 구원하는 일에 집중적으로 사용하기로 계획하였던 것 같다.

그래서 1895년에 엘라 씽 기념선교회로부터 최초로 파송되었던 선교사들은 그 전 해에 펜윅과 함께 안수를 받았던 에드워드 폴링 목사와 그의 부인(Rev. and Mrs. Edward C. Pauling)이었고 아만다 가들라인 자매(Miss Amanda Gardeline)가 동행하였다. 그리고 이듬해인 1896년 4월에 프레더릭 스테드만(Mr. Frederick W. Steadman), 세이드 애클즈(Sade Ackles) 자매와 아르마 엘머(Arma Ellmer) 자매가 추가로 파송되었다.[33] 스테드만 선교사는 독신으로 한국에 들어왔다가 1897년 9월 29일에 서울에서 아그네스 브라이든(Agnes Taylor Bryden) 자매와 결혼하였다.

이들은 처음에는 서울의 서북지역에 자리를 잡고 전도용 소책자들을 나누어 주는 등 노방전도와 개인전도를 하였다. 첫 번째 구령의 열매로 서울에서 침례를 받은 이는 지병석이라는 사람이었는데, 그는 인천 태생으로 서울에서 포목상을 하고 있었고 서울과 충청도 강경을 배편으로 오가며 장사를 하던 사람이었다. 지병석, 천성녀 부부는 폴링 선교사 부부와 가들라인 선교사와 함께 강경 옥녀봉 중턱에 있던 그들의 집에서 1896년 2월 9일에 첫 예배를 드림으로써 한국 최초의 침례교회인 강경침례교회를 세우는데 기틀이 되었다.

당시 서울은 장로교와 감리교 선교사들이 본거지로 확보하고 있었기 때문에 엘라 씽 기념선교회 선교사들은 사역의 중심지를 충청도 지역으로 옮기게 되었다. 폴링 선교사 부

32) E. C. Pauling, "Our Work in Korea," *The Baptist Missionary Magazine* 84 (October 1905): 388. 이 대화는 엘라 씽 기념선교회로부터 파송된 최초의 선교사 폴링(E. C. Pauling)이 선교보고서에서 소개하고 있는 내용이다.

33) 허긴, 「한국침례교회사」, 42-3. 이정수, 「한국침례교회사」, 기독교한국침례회 역사편찬위원회 편저 (서울: 침례회출판사, 1990), 48.

부와 가들라인 자매는 강경 북옥동에서, 스테드만 선교사 부부와 엑클즈와 엘머 선교사는 공주 반죽동에서 자리를 잡고 선교활동을 펼쳤다.[34)]

폴링 선교사 부부가 일신 상의 사정으로 한국에서의 선교사역을 접고 미국으로 돌아가자, 스테만 선교사 부부는 강경으로 사역지를 옮겨 칠산을 비롯한 금강 강변의 마을들을 두루 다니며 전도하였다. 당시 최초의 신자들은 지병석, 홍국진, 김치화, 고내수 등이었는데, 이들이 주축이 되어 전도활동을 하였다. 그 후 칠산에서 장교환, 장기영, 나오미, 이화춘, 이화실 등의 새신자들이 나왔다.[35)]

신앙고백을 하고 침례를 받을 신자들이 생겼지만 침례를 베풀 사람이 없었다. 스테드만 선교사는 아직 안수받은 목사가 아니었기 때문에, 고민 끝에 궁여지책으로 군산에서 사역하고 있던 남장로교 선교사 불 윌리암(Bull William, 부위렴) 목사를 초청하여 1899년 8월에 금강에서 침례식을 거행하였다. 이 때 침례를 받았던 수침자들은 홍봉춘, 장교환, 김치화, 고내수, 김도정, 최춘명 등 여섯 사람이었는데, 이들은 칠산침례교회의 개척교인들이 되었다.[36)]

그러나 아도니람 고던 목사가 1895년에 세상을 떠나고 엘라 씽 기념선교회의 창설자인 사무엘 씽 안수집사마저 1900년에 눈을 감자, 선교회는 심각한 재정난을 겪게 되었다. 결국 마지막 남은 스테드만 선교사 부부도 1901년 4월에 한국을 떠나므로, 엘라 씽 기념선교회의 한국선교사역은 공식적으로 6년만에 마감이 되었다. 비록 6명의 선교사들에 의해 6년이라는 짧은 기간에 이루어진 사역이긴 했지만, 그 열매는 결코 과소평가될 수 없다. 이들 선교사들은 미국의 침례교회 출신이었고 한국 땅에 들어와 신앙고백을 분명하게 하는 신자들에게 신자의 침수례(Believer's Immersion Baptism)를 행했던 침례교선교사들이었다. 이들이 사역했던 강경, 칠산, 공주 등지에는 오늘날까지 명맥을 유지하고 있는 오랜 역사의 침례교회들이 지역사회의 등불로서 존재하고 있다.

1901년 4월에 도미했던 스테드만 선교사는 1902년에 "미국침례교선교연맹"(ABMU, American Baptist Missionary Union, 오늘날의 공식적인 명칭은 American Baptist Churches, USA, "미국침례교회들"이다-필자 주)으로부터 해외선교사로 파송되어 일본에 주재하게 되었다. 그는 세 차례(1902년 3월, 1903년 11월, 1905년)에 걸쳐서 강경, 칠산, 공주 지역을 방문하여 자신이 뿌린 복음의 씨앗으로 인해 결신한 신자들에게 침례를 베풀었고 교회들이 튼튼한 반석 위에 설 수 있도록 배려하고 격려하였다.[37)]

---

34) 이정수, 「한국침례교회사」, 48.
35) Ibid., 48-9.
36) Ibid., 49.
37) 허긴, 「한국침례교회사」, 47-8.

III. 펜윅 선교사의 초기사역

한편, 1896년 4월에 한국으로 돌아온 펜윅 선교사는 2년 전에 캐나다에서 조직했던 "한국순회선교회"의 목적에 따라 사역에 임했다. 그러나 사역의 열매를 지속적으로 맺어가는 것은 결코 쉬운 일이 아니었다. 한국인들 가운데 예수님을 믿었나 싶었지만 삶이 변화되지 않는 모습을 보고 그는 실망에 빠지기도 하였다. 실패를 겪으면서 그는 자신에게도 한국의 토착민들을 무시하는 백인우월주의의 편견이 있는 것을 깨달았다. 그는 자서전에서 이렇게 고백하였다:

> 한국에 도착한 후 하루 이틀 사이에 있었던 첫 예배에 7명을 그리스도에게 인도했다. 당시 나는 그들이 모두 구원받은 줄로 생각했다. 그러나 지금은 그들이 구원받지 못했음을 안다. 그들 중의 한 사람은 신앙을 버렸고 다른 사람들도 주님의 자녀로서 선행을 조금도 보이지 않았다. 얼마 지나지 않아 다시 나는 많은 사람들을 모았으며 설교하고 또 했으며 간청하고 또 간청했다. 그들 가운데 많은 사람들이 죄의 고백을 하였으나 그들은 잘 씻은 돼지와 같이 다시 진흙탕에서 뒹굴었다. 이런 가슴 아픈 일이 있고 난 뒤에 몇 년이 지나서야 희미한 불빛이 보이기 시작했다.[38]

펜윅은 1897년초에 소래에서 두 주간에 걸쳐 부흥회를 인도하였는데, 온 동네 사람들이 자기들의 죄를 자백하고 그리스도를 구주요 주님으로 영접하여 구원받는 체험을 하였다. 허긴 박사는 1907년 평양대부흥이 있기 10년 전에 펜윅이 주도했던 영적 부흥이 소래에서 있었다고 밝히고 있다:

> 두 주일 동안 계속된 펜윅의 소래교회 집회는 이 땅에서 일어난 최초의 오순절 체험이요 성령의 역사였다. 성령의 역사에 압도된 순박한 소래 성도들의 심령에 하나님은 회개와 변화의 놀라운 열매를 맺게 했다. 그들은 형제를 미워했던 자신들의 죄를 낱낱이 회개하며 그리스도의 사랑으로 형제자매들을 감싸고 성령의 뜨거운 체험으로 그들의 믿음을 굳게 다졌다. 이것은 놀라운 영적인 대각성이었으며 회개의 역사였다. 이 소래부흥회는 한국 땅에서 일어났던 최초의 영적인 회개운동이었으며 심령대부흥회였다.[39]

펜윅 선교사의 인생에서 1903년은 매우 의미있는 해였다. 줄곧 독신으로 사역해 오던 40살의 노총각이 신부를 만나 원산에서 결혼을 한 것이다. 신부는 페니 하인즈(Fannie Hinds,

---

38) Fenwick, 「대한기독교회사: 펜윅 선교사의 자서전적 이야기」, 73-4.
39) 허긴, 「한국침례교회사」, 54.

1864-1933) 양이었는데, 미국 남감리교선교회(Methodist Episcopal Mission, South)로부터 파송받은 감리교 선교사였다.[40] 그런데 그녀도 클래런던 스트리트 침례교회에서 운영하던 보스톤선교사훈련학교에서 훈련받은 자매였다.

페니 하인즈 양은 1898년 12월 3일에 내한하여 송도에 정착하였는데, 미션스쿨인 호수돈 여학교 교사로 재직하고 있었다. 펜윅의 자서전에는 그의 아내에 관해서는 아무런 언급이 없어 잘 알 수 없으나, 아마도 하인즈 자매가 펜윅이 인도하는 사경회에 참석을 했다가 그의 올곧은 신앙과 열정적인 선교정신에 감동이 되어 서로 가까워진 것으로 짐작된다:

> 개성 호스톤 [sic] 여학교 초대 여교사 한 분이 펜위익 목사의 명성을 듣고 와서 하늘나라의 덮으시고 오묘하신 이치를 밝히 증거하시는 펜위익 목사의 말씀을 듣고, 과거 자기 신앙관의 그릇됨을 절실히 깨닫고 과연 당시 교계에서 찾아보기 어려운 복음이라 하여 그를 높이 존경하고 친교하여 오던 중, 두 분은 하나님의 뜻으로 백년가약의 결혼을 하였으며 특히 복음이 일치되는 가운데서 그들은 일심동체로 복음전파에 뜻과 마음을 봉헌하였다….[41]

하인즈 자매는 원산으로 옮겨 신혼살림을 시작하였고, 남편과 함께 이 땅에 하나님 나라를 건설하고 확장해 나가는 일에 헌신하였다. 그녀는 1933년 1월 20일에 하나님의 부르심을 받을 때까지 펜윅의 선교사역에 돕는 배필의 소임을 다하였다.

펜윅 선교사 부부는 원산에서 "성경학원"을 개설하고 한국의 토착민 소년들을 모아서 집중적인 훈련을 시켰다. 단순히 성경과 기독교교리를 가르치기만 한 것이 아니라 농장에서 육체적인 노동을 하게도 하고 거리에 나가서 불신자들을 만나 전도도 하게 하는 등 이론적 및 실천적 교육과 훈련을 겸하였던 것이다. 그는 이렇게 고백하고 있다: "우리는 우리들이 옳은 길을 가고 있다고 믿었다. 이 소년들을 보호하고, 은혜의 새 언약의 유능한 목회자로 성장할 가장 좋은 기회를 이들에게 주기 위하여 생각할 수 있는 모든 예방책을 취하고 있다고 믿었다."[42]

그러나 그들이 약 4년에 걸쳐 소년들을 훈련시켰는데, 원산 성경학원에서 행했던 교육과 훈련은 실패로 끝나버리고 말았다. 펜윅은 자서전에서 이렇게 적고 있다:

> 총명한 보조교사는 그의 지식을 이용하여 그의 동료사회에서 쉽사리 지도자가 되었다. 그는 세상으로 나가서 그의 지식으로 돈을 버는데 이용하였다. 첫 번째와 두 번째 학생은 4년 간

40) Ibid., 55.
41) 김용해, 대한기독교침례회사 (출판지 불명: 성청사, 1964), 51. 이정수, 「한국침례교회사」, 105-6.
42) Fenwick, 「대한기독교회사: 펜윅 선교사의 자서전적 이야기」, 83.

> 의 훈련을 마친 후에 제칠일안식일 예수재림교 선교사의 꿰임에 빠져 제칠일을 지키라는 명령에 순종하지 않으면 버림받는다는 것으로 설득당해 안식일을 지키며 더 많은 보수를 받기로 하고 그 곳으로 넘어갔다. 보다 나이가 어린 세 번째 소년은 우리가 영어를 가르쳐 주지 않는다고 뛰쳐나가 버렸고, 네 번째 학생은 쉬 싫증을 느껴 나쁜 길로 빠져 버렸다….
> 이것은 또 하나의 힘든 교훈이었다. 우리의 베개는 여러 번 눈물로 적셔야만 했고 우리의 가슴을 더욱 찢어지게 만든 것은 한 사람의 데마 때문만이 아니었다. 이곳에서도 다른 나라에서 온 외국인은 이곳에 필요한 사업을 수행하기에 가장 적합한 일꾼이 아니라는 사실을 여실히 깨달을 수 있었기 때문이었다.[43)]

이는 피부색과 외모가 많이 다른 외국인 선교사가 토착민들을 제자로 삼는다는 것이 현실적으로 얼마나 힘든 일이었는가를 잘 이해할 수 있는 간증이다. 또한 20세기초의 한국 사회는 서양의 문화와 문물이 물밀듯이 들어오고 있던 일종의 근세 개화기의 이른 바 "한국의 르네상스"(Korean Renaissance) 시대였다.[44)] 양식 있는 소년들과 젊은이들은 근대문화와 문명을 일찍 체득한 선진외국을 향한 동경심을 가지고 있었고, 그래서 기회가 닿는대로 영어를 배워 외국의 정보를 접할 수 있기를 기대하던 시대였다. 적지 않은 젊은이들이 이러한 세속적인 동기와 목적을 가지고 외국 선교사에게 접근하기도 했던 것이다.

그런데 펜윅은 그의 초창기 사역에서 가장 괄목할만한 선교의 열매를 맺을 수 있었다데, 바로 신명균이라는 제자를 얻게 된 것이었다. "상복을 입은 남루한 한 조그마한 사람"[45)]이 주일예배에 참석을 했는데, 펜윅은 첫 눈에 그가 범상치 않은 사람이라고 생각했다:

> 주일날 상복을 입은 남루한 차림으로 교회에 왔던 사람, 그가 바로 신씨였다. 그는 조상의 3년 상을 끝내고 묘에서 마지막 제사를 드리고 집으로 돌아오던 중이었다. 이 의식은 옷이 헝클어지고 헤어질수록 상을 잘 치른 것이라고 하는데 신씨의 초라한 외모는 상을 잘 치루었음이 분명했다. 우리와 같이 무릎을 꿇고 기도함으로 "사망에서 생명을" 얻었다. 마귀숭배의 남루한 옷을 예수님의 의의 흠없는 흰 세마포로 갈아 입었다. 그 흠없는 옷은, 그리스도께서 인간의 비천한 몸으로 오셔서 타락한 인간의 적들을 하나하나 정복하신 사람으로 오신, 완전한 생명의 실로 짠 옷이었다….
> 이 신씨는 어린 아이와 같은 순박함을 지니고 있었다. 그리스도를 영접한 후 10일 정도 되었을 때 그는 주님 앞에 무릎을 꿇고 기도하기를 스스로 자신의 삶을 다룰 수 없습니다라고 했다. 그리고 자신의 삶을 주님께 드리기를 원했으며 주님의 좋으실대로 주님을 위하여 자신의 삶을 주관하시도록 요청했다.[46)]

---

43) Ibid., 84.
44) 허긴, 「한국침례교회사」, 79.
45) Fenwick, 「대한기독교회사: 펜윅 선교사의 자서전적 이야기」, 74.
46) Ibid., 75-6.

신명균은 서울 태생으로 평산 신씨 문중의 행세하던 영반이었고 한학자였다. 당시 한국 최고의 일어학원과 군관학교를 졸업한 지성인이었다.[47] 펜윅은 신명균 형제에게 일정 기간 일대일로 성경말씀과 기독교의 기본교리들을 집중적으로 가르쳤다. 어느 정도 준비가 되었다고 생각되었을 때, 펜윅은 신명균 형제에게 중요한 사명을 부여해 주었다. 마침 그 때가 엘라 씽 기념선교회가 한국에서의 사역을 접고 철수를 하던 때였다. 펜윅은 1901년 4월경에 엘라 씽 기념선교회를 한국순회선교회로 흡수통합하였다.

펜윅은 신명균을 충청도 지역으로 파송하여 선교회의 재산들을 관리하게 하고 남겨져 있던 교회들을 목회하게 하였던 것이다. 펜익은 그의 자서전에서 그 때의 상황을 이와 같이 간략하게 기술하고 있다:

> 이때 내가 미국에서 방문한 바 있는 어떤 선교단체(엘라 씽 기념선교회를 가리킴-필자 주)에서 한국에 온 어떤 선교사들이 실망하게 되어 본국으로 돌아간 후, 이 선교회의 책임자(스테드만 선교사로 간주됨-필자 주)가 그들의 재산을 나에게 넘겨 주었다. 이와 같은 시기에 상복을 입은 남루한 한 조그마한 사람이 그리스도를 영접했고 자신의 신앙을 증거하는 훌륭한 고백을 하였다. 나는 그에게 이 선교사들의 남긴 일을 맡겼다. 그 곳은 내가 사는 곳으로부터 480킬로미터 떨어진 곳이었다.[48]

신명균은 1902년에 공주로 내려와 자리를 잡았고, 엘라 씽 기념선교회의 재산을 적절히 관리함과 동시에 공주와 강경 그리고 칠산 등지에 흩어져 있던 신자들을 잘 양육하였다. 신명균은 1903년초에 펜익 선교사로부터 교사 직분을 받았고, 2월 10일에는 공주 반죽동에 교사를 신축하고 "성경학원"을 개원하였다. 후일에 동아기독교의 지도자들이 된 이종덕, 장석천, 황태봉, 고문중 등이 이 성경학원의 첫 입학생으로 입학하였다.[49] 펜윅은 1906년에 신뢰하는 토착민 제자(native disciple) 신명균을 최초의 목사로 안수하였다:

> 첫 대화회(Conclave, 1906년에 강경에서 개최된 대한기독교회의 첫 창립모임-필자 주)에서는 성서적 자격 요건을 갖추었으며 또한 그의 목회로 충분한 증거를 보여온 신씨를 "하나님이 이방인 중에서 자기 이름을 위할 백성을 취하시려고 모으신" 이 사람들의 최초의 목사로 안수했다(사도행전 15장 14절).[50]

---

47) 허긴, 「한국침례교회사」, 59.
48) Fenwick, 「대한기독교회사: 펜윅 선교사의 자서전적 이야기」, 74.
49) 허긴, 「한국침례교회사」, 61.
50) Fenwick, 「대한기독교회사: 펜윅 선교사의 자서전적 이야기」, 74.

제22장

대한기독교회 시대(1906-1921)

19세기말과 20세기초의 한반도는 풍전등화 그 자체였다. 500여 년을 이어온 조선왕조는 몰락의 길을 걷고 있었다. 한반도는 세력확장을 도모하는 열강들의 각축장이 되었다. 청일전쟁과 노일전쟁 등 외국군인들이 한국땅에서 전쟁을 벌였기 때문에 백성들의 삶은 피폐해질 수밖에 없었다. 이름은 그럴듯했지만 힘을 잃어버린 대한제국의 고종황제는 러시아공관에 몸을 피해야 하는 상황(아관파천, 俄館播遷, 1896년, 건양 1년)에까지 이르렀다.

결국 1905년 11월 15일 일본 제국주의자들은 을사보호조약(乙巳保護條約)을 체결하여 조선은 더 이상 중국에 예속되지 않은 자주적인 국가라고 선언하여 결국 일본의 보호를 받아야 하는 국가, 자주적인 외교권을 박탈당한 나라가 되었다. 마침내 1910년 8월 22일에는 한일합방조약이 체결되어 한반도 전역은 일본의 식민지 통치를 받는 지역이 되고 말았다. 이러한 암울한 시대에 교단으로서의 대한기독교회가 탄생하였고, 이 교회는 일제시대의 가혹한 한민족말살 정책과 교회탄압 정책 하에서 험난한 형극의 길을 몸부림치며 걷게 되었다.

I. 대한기독교회의 태동

앞에서 언급했듯이 엘라 씽 기념선교회의 충청지역 선교활동은 비록 6년 동안의 짧은 기간에 이루어졌던 사역이었지만, 한국에서 침례교회들이 우뚝 세워지는 견고한 토대가 되었다. 강경, 칠산, 공주 등지에 세워졌던 교회들이 2년 후에는 12개의 교회들이 되었고 1906년에 이르러서는 무려 31개로 증가되었다. 이러한 교세의 진보 뒤에는 펜윅 선교사가 신뢰할만한 제자로 여겼던 신명균의 역할이 컸다.

펜윅은 1905년부터 교단조직의 필요성을 느끼고 있었지만 모든 여건이 무르익을 때까지 기다리며 준비하였다. 그는 하나님께서 준비해 주시고 보내주신, 조직적 두뇌를 소유하고 있던 군관학교 출신의 신명균에게 교단조직이라는 큰 일을 맡겼다.[51] 펜윅은 교단을 조직하는 일이 신약성경의 가르침에 근거하여 이루어져야 한다는 점을 강조하면서 자서전에 이렇게 기록하고 있다:

> 31개 교회가 설립되자, 우리는 전체의 사업을 하나로 통합하는 일과 모든 사람들에게 일을 분담해 주어야 하는 과업에 당면하게 되었다. 이를 조직화하는 일은 "너희 가운데 성령과 지혜가 충만하여 칭찬을 듣는 사람들을 택하라"(사도행전 6장 3절)는 사도의 명령을 준행하기에 더 이상 손색이 없을 때까지 지연되었다. 우리는 하나님께 기도로 간구하며 바울의 목회서신들을 참조하는 가운데 좋은 가르침을 발견했는데, 이 교훈은 바울이 감독으로 임명한 디모데에게 쓴 편지로서 "내가 너희에게 이것을 씀은 너희로 하여금 하나님의 집에서 어떻게 행하여야 할 것을 알게 하려 함이니 이 집은 살아계신 하나님의 교회요 진리의 기둥과 터이니라"(디모데전서 3장 15절)라는 말씀이었다. 또한 그가 임명한 다른 감독인 디도에게 편지하기를, "내가 너를 그레데에 떨어뜨려 둔 이유는 부족한 일을 바로 잡고 나의 명한대로 각 성에 장로들을 세우게 하려 함이니"(디도서 1장 5절)라고 말씀했다….
> 목사 위에는 감목, 혹은 감독목사의 직분이 있으며 영어로 말한다면, 오히려 회장(Director)이라 부른다. 실제로 감목과 목사, 성도들은 이 교회의 모든 일이 성령으로 주관됨을 믿고 임명에 동의했으며, "대한기독교회"(Church of Christ in Corea)는 주님이 은혜를 찬양하는 가운데 "성령님께서 내가 불러 시키는 일을 위하여 바나바와 사울을 따로 세우라"(사도행전 13장 2절)고 하신 주님의 음성을 늘 들어온 것이었다.[52]

여기서 "바울이 감독으로 임명한 디모데," "그가 임명한 다른 감독인 디도"라는 표현과 "목사 위에는 감목, 혹은 감독목사의 직분이 있으며"라는 표현에서, 새로운 교단을 창립함에 있어서 펜윅은 상하위계질서가 뚜렷한 감독정치 혹은 감리교적인 교회정체를 염두에 두지 않았나 싶다. 오늘날 침례교회에서 강조하는 지역교회의 독립성, 지역교회자치주의, 자원주의, 그리스도 중심적인 민주적 회중주의 등의 행정원리는 찾아보기 힘들다.

1906년 10월 6일, 펜윅과 당시의 교회 사역자들과 신자들은 강경 교회당에서 첫 대화회(大和會)[53]로 모여서 모두 14장 46조로 이루어진 "대한기독교회 교규"를 채택하면서, 외국

---

51) Ibid., 95.

52) Fenwick, 「대한기독교회사: 펜윅 선교사의 자서전적 이야기」, 91, 92.

53) "대화회"(大和會)는 크게 화목하는 모임이라는 뜻인데, 펜윅은 교단을 조직하면서 사도행전에서 초대교회가 보여주고 있는 신앙정신을 계승하기를 원했고 조직의 이념을 화목에 두었다(고후 5:19-21). 그리스도께서 죄인과 하나님 사이를 화목케 하시려고 이 세상에 오셨는데, 그러한 화목의 목적과 교훈을 널리 펴야 한다는 정신을 강조하여 연차총회의 명칭을 "대화회"라고 정했다. 이 대화회는 1906년에 첫 모

의 선교기관이나 후원기관과 연계되지 않은 토착적인 새로운 교단, "대한기독교회"(Church of Christ in Corea)를 창립하였다. 초대 감목으로 펜윅 선교사가 추대되었고, 교단본부를 원산에 두고 원산총부라 칭하기로 하였고, 신명균에게 첫 목사안수를 하였고, 입포의 홍봉춘, 칠산의 장기영을 감로로, 장석천(장기영의 아들)을 교사로 임명하였다.[54)]

또한 첫 대화회에서 이미 대한기독교회 사역의 지역적인 범위를 한반도만이 아니라, 남만주와 북만주 그리고 러시아 영토인 시베리아로까지 확장하였다. 이는 1892년에 한국의 장로교와 감리교 선교회가 쌍방 간에 맺었던 "선교지 분할협정"(Comity Arrangement)을 염두에 두고, 대한기독교회는 다른 사람들의 터 위에서 일하는 것을 지양하고, 한반도 내에서의 오지선교(The Regions-beyond Mission)와 동북아시아 지역의 해외선교(Foreign Mission)를 사역의 범위로 정하였다.[55)]

II. "대한기독교회 교규"의 주요내용

제1장 총칙, 제1조는 대한기독교회가 지향하는 목적을 이렇게 규정하고 있다:

> 본 교회는 주 예수님의 가르치신 성지(聖志)에 따라 주 예수님 십자가의 속죄(로마서 10장 4절)에 의한 것에 대하여 성령으로 말미암은 중생, 주 예수님의 부활의 역사적 사실의 신앙 및 신자의 종말에 있어서의 부활, 만기되면 주 예수님의 재림, 말일에 있어서의 심판 등의 모든 교리를 선포하여 구령을 다 받고 각 성도로 하여금 성지에 따른 생활을 영위하고 신도의 의무를 다 하도록 함을 목적으로 한다.[56)]

목적진술에 의하면 예수 그리스도의 십자가 속죄, 성령으로 말미암는 거듭남, 부활의 역사적 사실에 대한 믿음과 이미 죽은 성도들의 부활에 대한 믿음, 예수님의 재림과 심판 등의 교리를 강조하고 있으며, 구원받은 성도들이 성지 즉 하나님의 거룩하신 뜻에 따라 순종의 생활을 할 것을 강조하고 있다. 펜윅이 "나이아가라 성경사경회"에서 강사들이 가르친 근본주의적 신앙과 세대주의적 종말론 사상이 많이 포함되어 있다. 임박한 그리스도의

임을 가진 후 1940년에 제35회 모임을 마지막으로 가지고서 중단되었다. 해방 후 교단재건회의를 거친 끝에 1946년에 노재천 대리감목이 제36차 대화회를 강경에서 소집하였다. 이정수, 「한국침례교회사」, 55-6.

54) Ibid., 57.

55) 허긴, 「한국침례교회사」, 103-4.

56) 이정수, 「한국침례교회사」, 57.

육체적 재림 신앙이 강조되어 있다.

제2장 교역 및 그 직무, 제2조부터 제11조까지는 교회의 공적인 직분자들과 그들의 임무를 규정하고 있다. 교단의 공적인 직분자들은 감목, 목사, 감로, 당원이 있는데, 감로 산하에 교사, 총찰, 전도, 예비전도가 있고, 당원 산하에 통장, 총장, 반장이 있었다. 목사의 반열에 속한 위계에 원로교우와 안사라는 방계직분이 있었다:

> 감목은 대한기독교회의 최고의 수반이며 임기는 10년이다. 감목은 교단 안의 모든 포교사무를 관장 감독하며 모든 임직원을 선임하고 담당구역 지정과 직원을 파송하며 대화회를 소집한다. 안수식을 관장하며 교단을 순회 독려한다….
> 목사는 감목의 명을 받들어 해당 구역의 당회장이 되며 구역 내의 교회와 신도들을 순방하고 포교업무를 담당하며 대화회와 임원회의 임원이 된다. 침례와 주의 만찬 예식, 장례식과 결혼예식을 주관한다. 따라서 목사는 결코 한 교회를 독자적으로 담임하여 목회사역을 감당하는 개교회의 담임목사가 아니다. 목사와 교사는 국내외를 상대로 한 순회선교사이며 순회사역자였다. 임명을 받은 기간 동안 해당 구역 전체를 보살피는 구역 전담 순회목사이다.
> 감로는 목사의 지도 아래 해당 구역의 교회들과 신도들을 심방하여 신앙을 권장하며 교회의 재정과 당원들을 관장하고 당회의 임원이 된다. 침례식과 주의 만찬식 때 목사를 보좌하며 목사 부재 시에는 장례와 결혼식을 주관한다. 해당 구역의 교회사역에 교사, 총찰, 전도, 예비전도, 당원들을 관장하고 보조한다….
> 당원은 임기가 1년이지만 재임도 할 수 있다. 당원도 한 교회의 직원이라기보다는 오히려 그가 속해 있는 당회(구역)의 직원인 성격을 띠고 있다. 당원들은 해당 구역의 감로의 지도 아래 감로의 교회행정을 보좌한다. 당원은 자동적으로 당회의 임원이 되며 당원인 통장, 총장, 반장은 각기 100명, 50명, 10명의 교인들을 통솔하는 직분으로 당원의 천거도 개교회가 아닌 당회(구역회)에서 추천을 받아 감목이 임명한다.[57]

대한기독교회의 창립(1906)으로부터 강제해체(1944)까지 감목을 역임했던 지도자들과 재임기간은 다음과 같다: 말콤 펜윅(1906-1914), 이종덕(1914-1924), 전치규(1924-1934), 김영관(1934-1939), 이종근(1939-1944).

대한기독교회에는 대화회와 당회라는 두 개의 정규적인 공식대회가 있었고, 임원회와 원로교우회라는 두 개의 비정규적인 회의가 있었다:

> 대화회는 매년 1회씩 9월경에 지정된 장소에서 감목이 소집하는 교단의 정기총회이다…. 대개 회기는 1주일 간 계속되며 주의 만찬 예식과 더불어 개회했으며 폐회 때는 언제나 침례식과 결혼예식 등으로 끝을 맺었다. 처음 5일 간은 언제나 전체 신도들이 함께 참석하는 사경

57) 허긴, 「한국침례교회사」, 96-7.

> 회와 은혜스러운 말씀 증거와 성도 간의 사랑의 교제로 화목을 이루는 잔치가 되도록 대회를 진행시켰다…. 마지막 이틀간은 교단의 공적인 사무처리회였다….
> 당회는 오늘날의 지방회에 해당하는 구역대회였다. 각 구역은 1년에 세 차례의 당회를 회집했는데 주로 농번기를 벗어난 3월, 8월, 12월에 회집했다. 당회의 사무와 성격도 대화회와 비슷했으나 회기가 4일이나 5일이었으며 회의소집은 당회장인 해당 구역의 목사가 소집했다. 처음 2-3일간은 목사님의 설교를 듣기 위해 하루에 오전, 오후, 밤 등 세 번 은혜받는 시간으로 모였다. 이 때는 복음전도와 성경공부를 위한 집회도 가졌다.... 마지막 하루는 사무처리와 더불어 폐회했다…. 이 당회는 1926년(?)부터 대안회(待安會)로 명칭이 변경된 것으로 보인다.
> 원로교우회는 다년간 교단에서 목사의 직분을 역임한, 신앙과 덕망이 있는 소수의 목사들로 구성되었다. 원로교우회의 기능은 감목과 안사를 선출하고 교단의 중대사를 논의하는 자문기관이었다. 원로교우회가 실제로 구성되어 교단생활에서 그 기능을 수행하기 시작한 것은 펜익이 감목직을 사임한 이후인 1915년의 제10회 대화회부터였다.
> 임원회는 교단행정의 실행위원회로서 각 구역의 당회장(목사)과 감로 이상의 상임 위원들로 구성되며 의장인 감목이 회의를 주관했다. 임원회는 필요에 따라 수시로 개최했으며 대화회의 준비나 교단의 행정업무 수행에 국한된 사무를 처리하기 위한 하나의 소총회같은 것이었다.[58)]

제5장 침례법, 제21조와 제22조에서는 유아세례(infant baptism)를 배제하고 신앙고백을 분명하게 하는 신자에게만 침례(believer's baptism)를 베풀어야 한다고 강조하고 있다. 침수례를 명시하지는 않았으나 "침례"라는 표현에서 침수례(immersion baptism)를 당연시하고 있는 듯 하다: "제21조, 침례는 중생의 경험을 받은 자에게 행한다. 제22조, 침례 지원자는 성령의 계시에 따라 성령을 체험한 자에게 행한다."[59)] "성령을 체험한 자"란 진정으로 회개하고 예수 그리스도를 나의 구주요 주님으로 영접한 자, 다시 말하면 마음 속에 내적인 변화를 경험한 자, 영적인 출생을 경험한 자, 성령침례를 받은 자를 의미하는 것으로 해석할 수 있다.

앞에서 여러 계층의 상하 위계 교단조직이나 다양한 직분자들을 보면 대한기독교회는 감독정치적인 행정을 하는 교회로, 그래서 침례교회의 민주적 회중주의 정치와는 많이 차이가 나는 교회로 보인다. 그러나 신자의 침례(Believer's Immersion Baptism)를 행하고 그렇게 침례를 받은 신자들(Baptized Believers)로 교회를 이루었던 모습을 보면 오늘날의 침례교회와 매우 유사한 면이 있음도 부정할 수 없다.

또한 대한기독교회는 첫 대화회 때부터 만주와 시베리아를 선교의 대상지역으로 간주하였음을 볼 때 전도와 선교를 강조한 초대교회적인 복음전도적 교단이었다고 볼 수 있다.

---

58) Ibid., 99-100.
59) 이정수, 「한국침례교회사」, 59.

이런 점에서 필자는 대한기독교회 역시 "자유교회"(Free Church) 전통 속에 있는 교회였다고 보아도 무방하리라고 생각한다.

III. 대한기독교회 시대의 국내외 선교사역

1. 국내지역 선교사역

1906년 첫 대회회에서는 원산을 교단총부로 정하고, 대한기독교회 산하에 원산, 공주, 강경, 영동 등 4곳을 구역으로 설정하였다. 허긴 박사에 의하면 각 구역에는 다음과 같이 사역자들이 파송되었다:

> 장석천 교사는 공주구역과 강경구역으로 파송되었다가 이후에는 영동구역으로 파송되어 활약하였다. 손필환 교사는 영동구역의 울진과 통천 지방으로 파송되었고, 박노기 전도는 경상도의 상주와 밀양 지방으로 파송되었다. 신명균 목사는 공주의 성경학원을 맡아 사역자 양성에 주력하면서 공주와 강경구역의 사역자들을 지휘 감독하였다.[60]

장석천은 공주 성경학원에서 신명균 목사에게서 훈련을 받고 첫 대화회에서 교사로 임명을 받은 인물이다. 그의 부친 장기영은 1902년 3월 16일날 엘라 씽 기념선교회의 스테드만 선교사에게서 침례를 받았고 첫 대화회에서 홍봉춘과 함께 초대 감로로 안수받았다.[61]

장석천은 1885년 11월 19일 충남 부여군 임천면 칠산리에서 태어났다. 그는 어린 시절에 "판순이"로 불리웠는데, 홍봉춘 감로의 딸과 결혼을 한 후부터는 장석천으로 불리우게 되었다. 그는 1909년 9월에 용안에서 열린 대화회에서 목사안수를 받았다. 그는 탁월한 전도자요 설교가요 부흥사였다. 전국을 순회하며 집회를 인도했던 장석천 목사의 전도집회에는 수많은 사람들이 모여들었다. 장 목사의 전도집회를 통해 이종덕, 손필환, 노재천 등이 회개하고 하나님 품으로 돌아 왔다.[62]

펜윅도 그의 자서전에서 장석천 목사를 "걸어다니는 성구색인"이라고 부르며, 그의 인물됨과 활동에 대하여 적고 있다:

---

60) 허긴, 「한국침례교회사」, 101.

61) 김갑수, 「한국침례교 인물사」 (서울: 요단출판사, 2007), 49.

62) Ibid., 107-8.

> 한국의 풍습에 따라 판순이는 결혼과 동시에 그의 이름이 석천으로 바뀌었고 성인이 된 이후 장석천 씨로 불리웠다….
> 그는 신약에 있어서 실제적인 지식을 많이 알고 있었고 모든 장의 요절을 찾아낼 수 있었고 4복음서와 사도행전의 주요 절수를 암송하고, 신약에 있는 어떤 절도 다 찾아낼 수 있었기 때문에 이러한 방문 때에는 그는 "걸어다니는 성구색인"으로서 나에게 도움을 주었다….
> 근자에 와서 사람들 간에 질투가 매우 심하였으므로 낯선 사람이 설교하는 것이 좋을 것 같아서 장씨에게 설교를 하도록 요청했다. 항상 태도가 점잖고 그의 뺨과 턱에 세 개의 깊은 보조개까지 있는 생글생글 웃는 젊은이가 과연 이 거친 북부지역 사람들에게 강하게 영향을 줄 수 있을지 걱정스러웠다. 하지만 동양에서는 만사가 서양의 생각과 다르듯이 그는 그 장합에 꼭 부합하게 "우뢰의 아들"로 변모했다. 거의 8일 어간에 전 도시는 복음화되었고 많은 사람들이 예수님께로 돌아오게 되었다.[63]

손필환 교사는 영동구역의 울진 지역에서 활발한 전도사역을 펼쳤다. 그는 전치규, 전치주, 남규연을 비롯해서 여덟 사람의 새신자들을 결신시켜 자신의 전도사역에 동참시켰고, 그 결과로 행곡과 척동에 새로운 교회가 개척되었다. 그도 장석천과 함께 1909년 9월 용안 대화회에서 목사로 안수를 받았다. 펜윅 선교사의 자서전에서 언급되고 있는 인물들 가운데에서 장석천과 함께 비교적 자세하게 진술되고 있는 인물이 손필환이다:

> 5년 전에 나는 손씨에게 침례를 주는 특권을 누렸었다. 그의 외모는 그렇게 호감을 주는 인상은 아니었지만 태도는 매우 점잖고 예의 바르며 면접시험을 치룰 때는 아주 정확하고 간결하게 답변했다. 더욱이 영적인 사람이었으므로 나는 그에게 상당한 매력을 느꼈고 전도유망한 미래의 가능성을 지닌 사람으로 생각했다. 1년 후 그 지역의 사경회에 참석했을 때, 나는 신 목사에게 서기 한 명을 부탁했다. 신 목사는 필재가 좋은 손씨를 소개해 주었다….
> 몇 달 후에 우리는 다시 모임을 가졌으며 손씨는 다시 간증을 하게 되었다. 30초 간의 명료하고 간결하며 영적인 간증이었는데, 이 간증은 그 집회가 마치 전기에 감전된 것처럼 전율을 느끼게 했다. 나는 손씨의 유용한 삶의 핵심과 그의 능력의 비결을 알고 있다. 이 이전에는 나는 신 목사를 크게 생각하고 있었지만 손씨가 그렇게 확실하고 훌륭한 대답을 할만큼 성화된 지각을 지니고 있음을 알았을 때, 나는 이 때처럼 그를 자랑스럽게 여긴 적은 없었다.[64]

1906년에 31개의 교회와 4개의 구역으로 출발한 대한기독교회는 1911년에 이르러서는 14개 구역에 무려 162개 교회로 증가했으며 전도사역자의 수는 135명으로 급증하였다. 1914

63) Fenwick, 「대한기독교회사: 펜윅 선교사의 자서전적 이야기」, 100-2.
64) Ibid., 94-8.

년에는 구역이 16개로 확장되었다[65]. 국내에서의 교세확장과 함께 북만주, 간도, 시베리아 등 해외지역에서도 희생을 무릅쓴 전도인들의 헌신적인 노력으로 대한기독교회의 선교영역은 더욱 넓게 확장되고 있었다.

2. 북방지역 선교사역

펜윅의 선교철학 가운데 중요한 요소는 "오지선교"(奧地宣校, Regions-beyond Mission)였다. 그것은 믿음선교(Faith Mission)와도 맥을 같이 하는 것이었고, 그의 근본주의적 세대주의적 전천년주의 종말론과도 깊은 관계가 있었다. 기존의 장로교나 감리교 선교사들이 확보하고 있던 큰 도시들에 교회를 세우는 것이 아니라, 이러한 교단들이 관심을 갖지 않고 버려둔 듯한 인적 드문 "산골과 빈들"에 있는 영혼들을 찾아가서 복음을 전하고자 하였다. 이러한 전도사역을 감당할 사람들은 "권서순회전도자들"(colporteurs)이었다.

이들은 한글로 번역된 쪽복음들과 기독교 진리를 설명한 소책자들(tracts)을 등에 짊어지고 다니면서, 시골이나 산골 마을에 들어가서 그것들을 팔면서 복음을 전하는 자들이었다. 이들은 "불고가사"(不顧家事) "불고처자"(不顧妻子)를 생활의 모토로 삼았다. 대한기독교회에서는 "오지선교" 정책을 실천할 수 있는 지역으로 북방지역(남만주와 시베리아)을 주요선교대상으로 삼았고, 이러한 지역에 전도인들과 권서순회전도자들을 파송하였다.

1895년 을미사변, 1905년 을사보호조약, 1910년 한일합병조약 등으로 인해 일본 제국주의자들에 의해 나라를 빼앗긴 상황에서, 망국의 설움과 고통을 가진 적지 않은 한국인들이 한반도를 떠나 북방지역으로 망명 이주하였다. 어떤 이들은 나라를 잃어버린 치욕의 역사에 비분강개하여 의병활동을 하거나 항일투쟁에 동참하기 위해 국경을 넘기도 하였다. 격동의 시기에 남만주지역(오늘날의 연변지역)에는 한국인들이 청운의 꿈을 안고 거친 땅을 개간하여 새로운 삶의 터전을 개척하고 있었다.

1906년 첫 대화회에서 대한기독교회에서는 교단의 창립과 거의 동시에 남만주 간도지역 선교를 위해 강경구역의 용안교회 성도들인 한태영, 유내천, 이자삼, 장봉이, 이장운 등 5인을 함경도와 간도로 파송하였다.[66] 함경도 경흥에서 전도사역을 감당하고 있던 김재형과 김경춘이 1907년에 사역지를 간도로 옮겼고 이 지역에서 그들은 김영진과 김규면을 전도하였다. 펜윅 선교사 자신도 1908년 2월에 원산교회 교인인 정상봉을 대동하고 함경도의 경흥과 간도지역을 답사하였다. 펜윅의 전도로 인해 경흥에는 1908년 봄에 고읍교회가 개

65) 허긴, 「한국침례교회사」, 123.
66) Ibid., 102, 127.

척되었는데, 이 교회는 한 때 교인들의 수가 700명이 넘는 큰 교회로 부흥하였다. 펜윅 선교사는 약 2개월 동안 간도지역을 순회하면서 최성업, 이종근, 이종만, 장진규 등을 전도하였다.

대한기독교회의 러시아지역 선교에서 탁월한 기여를 한 사람은 최성업이었다. 그는 1888년 3월 25일 함경북도 경성에서 유교사상에 철저했던 최응선 씨의 둘째 아들로 태어났다.[67] 어린 나이에 부모를 따라 러시아로 가서 그곳에서 교육을 받으며 성장했기 때문에 러시아어에 능통하였다. 펜윅의 전도를 받고 회심을 한 그는 기독교에 대해 부정적인 선입관을 가지고 있던 부모들을 설득하여 교회로 인도했다. 그는 1909년 2월에 러시아의 연추(煙秋) 지역에 달미교회를 처음으로 개척하였다. 그 후 그는 포세트 교회, 태이성 교회, 지이재 교회, 외나무정 교회, 자서재 교회, 연다우재 교회 등 여섯 개의 교회를 개척하였다.[68]

1910년에 박노기 교사와 김재형 교사가 러시아로 파송되었는데, 이들은 최성업 전도를 대동하고 수청지역에서 복음을 증거하다가 김창호와 정천일을 주님께로 인도하였다. 그들은 1910년에는 홍치미 교회, 새재헌 교회, 니영구 교회를 개척하였고, 1911년에는 남흥 교회를, 1912년에는 그분에쓰 교회를 개척하였다.[69]

1918년은 대한기독교회에서 최초의 순교자가 생긴 해였다. 박노기 목사, 김희서 교사, 전영태 총찰, 최응선 감로 등 네 사람들이 러시아 수청과 연추 지역으로 파송이 되었다. 그런데 안타깝게도 1918년 10월 20일에 항해를 하던 중, 그들이 탔던 선박이 보시엘 해 모커우 지점에 이르렀을 때 거센 풍랑을 만나 파선하여 네 사람이 모두 해상에서 목숨을 잃었다. 이들을 기다리며 환영행사를 준비하고 있던 수청과 연추 지역의 교인들은 비보를 듣고 아연실색하였다. 최성업 전도는 교인들을 인솔하여 조난 현지로 가서 4구의 시신을 인양하여 정성껏 장례를 치루었다.

네 명의 선교사들은 선교지에 당도하지도 못했고 선교사역을 실행하지도 못했지만, 이들의 순교로 인해 동러시아에서는 많은 영혼들이 주님께로 돌아오는 큰 부흥이 일었다고 한다. 박성래 감로에 의하면, "네 분의 선교사들이 살아서 전도했을지라도 이처럼 많은 교인들을 얻지는 못했을 것이다"라는 말이 교인들 사이에 전해졌다고 한다.[70]

북방선교와 관련하여 매서운 추위와 배고픔을 이겨내며 장거리를 걸어다니며 전도했던 "삼인의 전도기"가 많은 사람들을 감동시켰는데, 그 주인공들은 신성균, 박기양, 노재천이었다.[71] 신성균은 1897년에 경북 점촌에서 출생하였는데, 18살 되던 1915년에 기독교신앙에

67) 김갑수, 「한국침례교 인물사」, 203.
68) 최성업, "만주, 간도, 러시아의 교회개척(1909-1927)," 허긴, 「한국침례교회사」, 131에서 재인용..
69) 허긴, 「한국침례교회사」, 132.,
70) 이정수, 「한국침례교회사」, 80-1.

입문하여 만주와 간도의 북방지역 선교사역자로 헌신하였다. 그는 단벌옷으로 과동(過冬)하며 시베리아의 수청과 연추 지역에까지 전도활동을 하였다. 강도의 위험과 공산당원들의 위험 그리고 때로는 독립군들에게 오해를 받는 위험 속에서 전도활동을 펼쳤다.[72]

박기양은 1894년 경북 예천에서 출생했는데, 1916년 예천 구역 새원 교회에서 개최된 대화회에서 이종덕 감목의 설교를 듣고 크게 감동하여 전도사역에 헌신하였다. 그는 1929년부터 1935년까지 평북 운산과 초산 지방을 거쳐 자성 구역의 산간벽지를 누비며 전도사역에 전념하였다.[73]

노재천은 1884년 1월 21일에 경북 예천군 용궁에서 한학자인 노성우 씨의 차남으로 출생하였다. 1915년 10월 노재천은 포항 구역 조사리 교회에서 개최된 대화회에서 교사 직분을 받았고, 1917년 10월 간도의 종성동 교회에서 개최된 대화회 때에 목사 안수를 받았다. 이 대화회에서 노재천은 만주의 임강현과 집안현 지역을 임지로 파송을 받았다.[74]

이 세 사람의 전도자들은 1942년 6월 10일에 일제가 본 교단의 32인 지도자들을 투옥한 이른 바 원산사건 때에 원산감옥에 투옥이 되어 1944년 5월 15일에 출옥하기까지 약 2년 동안 혹심한 심문을 받으며 함께 옥고를 치루었다.

3. 울릉도지역 선교사역

2015년 여름에 필자와 한국침례교 역사에 큰 관심을 가지고 있는 동역자들은 울릉도 지역의 침례교회들을 탐방할 기회를 가졌는데, 저동 항에서 여객선에서 내려 입도수속을 하기 위해 걸어가는데 바로 전면에 큰 글씨로 쓴 교회 이름 "저동 침례교회"라는 글귀가 눈에 쏙 들어 왔다. 울릉도라는 섬에 침례교회가 우뚝 서 있는 것을 보고 침례교인으로서 필자는 남다른 감회를 느낀 적이 있었다.

1999년 통계에 의하면 울릉도에는 모두 36개의 교회들이 있는데, 침례교회가 17개, 장로교 통합측 교회가 9개, 장로교 합동측 교회가 4개, 장로교 고신측 교회가 3개, 감리교회가 2개, 순복음교회가 1개로 구성되어 있다.[75] 울릉도에는 절반 이상의 교회들이 침례교회이고 그 지역의 기독교계를 선도하고 있다. 이렇게 된 데에는 "오지선교"를 중요한 선교정

71) Ibid., 78.

72) Ibid.

73) 허긴, 「한국침례교회사」, 191.

74) Ibid., 193.

75) 조용호, 「기독교가 울릉도에 미친 영향: 현포교회를 중심으로」 (대전: 한국침례교회역사연구회, 2014), 59.

책으로 세웠던 대한기독교회가 20세기초에 울릉도 선교에 각별한 힘을 쏟았기 때문이다.

대한기독교회의 울릉도 선교는 1892년에 입도했던 경북 영천 출신의 김창규로부터 연유하였다. 1905년 을사보호조약 체결 후 일본인들의 횡포에 시달리던 김창규는 경북 울진으로 나와 당시 대한기독교회의 전도인이었던 김종희를 만나 복음을 듣고 결신하였다. 경북 예천이 고향인 김종희는 김창규의 사연을 들은 후, 1910년 5월 10일에 그와 함께 울릉도에 들어와 그의 집에서 첫 예배를 드림으로 울릉도 최초 교회인 저동교회가 개척되었다.[76)]

또한 1910년 강경에서 개최된 대화회에서 전도인으로 임명받은 최인희가 울릉도 북면 석포동으로 들어가 그곳에서 서당선생을 하던 이종우에게 복음을 증거하였고, 1911년 2월에 석포교회를 개척하였다.[77)] 1924년에 이종우가 홍문동으로 이사하였고 김시용, 남건우, 양계연 등의 가정과 함께 홍문동교회를 설립하였다.[78)]

1910년에 강덕삼이 북면 평리에 있는 자택에서 친지 몇 사람과 함께 예배를 드림으로써 평리교회가 개척이 되었는데, 1918년에 최인희 감로 가정이 이곳으로 이사를 와서 함께 전도함으로 평리교회는 더욱 활기를 띠게 되었다. 1911년 4월 5일에 서면 태화동에서 정치경, 박두화 성도의 가정에서 첫 예배를 드림으로 서달교회(오늘날 서달제일교회)가 개척되었다. 경북 송라의 화진교회를 개척한 오요한 전도인이 서달제일교회 최초의 전도인으로 헌신하였다.[79)]

1915년 경북 조사리에서 개최된 대화회에서는 울도구역을 별도로 설치하였다. 그 후 원산총부에서는 울진 구역의 목사인 손필환, 김경춘, 박노기, 한봉관 등을 울릉도로 파송하여 사경회를 개최하였고, "만민됴흔긔별" 소책자를 배포하며 전도활동을 하였다.[80)] 저동교회, 석포교회, 홍문동교회, 평리교회, 서달제일교회 등은 울릉도에서 100년 이상의 역사를 가진 침례교회들이다.

4. 2대 감목의 임명과 교권파동

선교사역에 있어서 외국인 선교사(foreign missionary)가 토착인 지도자(native leader)에게

---

76) 허긴, 「한국침례교회사」, 144-5.
77) 울릉도목회자향우회 역사편찬위원회, 「울릉도침례교발전사」(출판지 미상: 남강문화사, 1999), "서론," 23.
78) Ibid.
79) 허긴, 「한국침례교회사」, 145-6.
80) Ibid., 146.

최고지도력을 이양할 때에는 위기상황이 닥칠 수 있다. 토착인 지도자들 사이에 갈등이 생길 수도 있고 서로 간에 시기와 분쟁이 일어날 수도 있다. 대한기독교회도 비슷한 위기를 맞이 하였다. 펜윅 선교사는 대한기독교회가 자신이 기대했던 것보다도 더 많이 활성화되고 성장하는 모습을 보면서 또 교회가 한국 토착인들의 지도력으로 인해 더욱 자립적인 발전을 할 수 있기 위해서는 한국인을 최고지도자로 삼아야 할 때가 되었다고 생각했던 것 같다. 자신은 뒤로 물러나 고문격으로 후원하고 지도하는 것이 교단의 발전을 위한 지혜로운 선택이라고 생각했던 것 같다. 1914년 제9차 대화회가 원산에서 개최되었는데, 펜윅 선교사는 9년 동안 재임해 오던 감목직을 사임하고 제2대 감목직을 한국인에게 이양하였다.[81]

그런데 누구에게 최고지도권인 감목직을 맡길 것인가 하는 것이 문제였다. 상식 선에서 판단하면 당연히 펜윅에게서 최초로 목사안수를 받고 활발하게 활동을 해 온 신명균 목사에게 감목직이 돌아가야 했다. 아마도 대한기독교회 교단에 속한 목사들과 지도자들과 일꾼들도 대체로 그렇게 생각했을 것이다. 그러나 펜윅의 의중은 달랐다. 그로서는 후계 감목직을 계승할 지도자는 무엇보다도 자신에게 순종하며 자신의 뜻을 잘 따를 수 있는 사람이어야 한다고 생각했던 것같다. 그래서 그는 이종덕 목사를 제2대 감목으로 지목하여 발표하였다. 이종덕 목사는 신명균 목사가 운영하던 공주 성경학원에서 수학했던 신 목사의 제자였다.

이종덕 목사에게 감목직이 수여되자, 감목직 계승을 은근히 기대하고 있던 신명균 목사와 그와 가까이 지내던 손필환 목사와 김규면 목사가 크게 반발하였다. 앞에서 언급했던 것처럼 신명균은 펜윅 선교사로부터 최초로 목사안수를 받았고 엘라 씽 기념선교회가 충청도 지역에 남긴 재산과 교회들을 관리하도록 맡길만큼 신뢰를 했던 토착민 지도자였다. 그러나 두 사람 간에는 함께 사역을 하는 동안에 신앙 면에서나 복음전도 사역의 수행 방법 상에 이견이 있었다.

무엇보다도 신명균은 펙윅의 지나치게 독재적인 행정과 조직 운영에 대해서 불만이 있었고, 그리고 세속교육에 대한 병적인 기피와 편견이 교단의 미래를 어둡게 할 것이라는 우려를 가지고 있었다. 지성적이고 총명했던 신명균의 눈에는 펜윅에게서 아직도 완전히 탈피하지 못한 백인우월적인 자부심과 독선이 보였던 것이다.[82]

손필환은 한학자였으며 관립 측량학교 출신의 기술인이었다. 그는 세상적인 출세의 길이 열려 있던 사람이었으나 펜윅과 신명균을 만난 이후 복음사역자의 길로 들어섰다. 그는 학식과 필재와 화술이 뛰어난 사람이었다. 공주지역에서 신명균, 이정화, 김규면과 사역하

81) Ibid., 73.
82) 이정수, 「한국침례교회사」, 74.

다가, 1909년 제4차 대화회에서 목사안수를 받고 경북 울진과 포항 지역에서 교회들을 순회하며 전도하였다. 그도 역시 신명균과 같은 불만을 가지고 있었다.[83]

김규면은 함북 경흥의 아오지 출신인데, 굴욕적인 을사보호조약(1905)이 체결되자 서울에서의 학업을 중단하고 항일구국의 길에 자신의 운명을 맡긴 독립운동가였다. 그가 펜윅을 만나 복음을 듣고 결신을 하였고 1911년에 목사안수를 받았다. 그는 뛰어난 지도력으로 추종자들을 얻었고 이를 기반으로 선교활동과 독립운동을 병행하였다.[84]

교단 내의 많은 사역자들의 기대와는 달리, 제1대 감목 펜윅은 토착인에 의한 교단의 자립(自立)과 자급(自給)의 기틀을 다지기를 원하기는 했지만 아직 자치(自治)까지는 생각하지 않았던 것 같다. 그는 자립적 정신이나 진취적인 지성 그리고 탁월한 지도력을 갖춘 인물보다는 그에게 순복하는 인품과 덕을 지닌 심복지인(心腹之人)을 원했던 것이다.[85] 다시 말하면 비록 그가 감목직에서 은퇴는 하지만 계속해서 후방에서 쉽게 수렴청정(垂簾聽政)을 할 수 있는 인물인 이종덕을 후계자로 지명한 것이다.

제2대 감목의 지명으로 인한 후폭풍은 예사롭지 않았다. 지금까지 한반도와 북방지역에서 전도활동이 순조롭게 확장되어 상승일로에 있던 대한기독교회는, 엄청난 파고의 교권파동을 겪게 되었고 이 때로부터 교세는 지리멸렬(支離滅裂)의 하향곡선을 그을 수밖에 없는 상황이 되었다. 결국 위의 세 지도자들은 교단을 떠났을뿐 아니라 수년 동안 교단 내의 다른 교회들과 지도자들을 선동하여 혼란에 빠뜨렸다. 허긴 박사는 이들의 행적을 다음과 같이 요약해 주고 있다:

> 신명균은 묵묵히 기다리며 꿈꾸던 기회와 소망이 좌절되자 펜윅과 대한기독교회를 이탈하여 기호지역의 교인들과 추종세력을 규합하여 조합교회(組合教會)를 조직하였다….
> 교권의 이양문제에 내재된 펙윅의 처사에 대한 불만과 교단의 장래에 소망을 기대할 수 없게 된 손필환도 교권파동이 일어난 지 2년 후에는 교단을 떠나고 말았다. 1916년에 일제에 의한 포교계 제출문제로 이종덕 감목과 의견이 대립되자, 손필환은 대한기독교회를 떠나 기호와 영남 일대의 교인들과 추종세력을 규합하여 대동교회(大同教會)를 조직하였다….
> 김규면도 펜윅의 의중을 간파한 이후 손필환과 마찬가지로 교단의 장래에 대한 부정적인 시각을 지녔고, 1916년의 포교계 제출사건으로 이종덕 감목과 의견이 상충되자 함경도·간도·시베리아 일대의 교인들을 선동하여 추종세력을 규합하고 대한성리회(大韓聖理會)를 조직하여 대한기독교회에서 분리해 나갔다. 신앙을 구국의 한 방편으로 내세운 민족주의자였던 김규면은 성리회(聖理會)를 기반으로 전도활동과 독립운동을 동시에 추진하였다. 그는 1919년

83) Ibid.
84) 허긴, 「한국침례교회사」, 155.
85) Ibid., 155.

3월 12일에 북간도의 왕청현에서 정치적인 구국운동을 펼친 대한신민당을 조직하고 단장으로 활약하였고, 나중에는 상해임시정부로 진출했으며 종국에 가서는 공산주의 운동에 투신하고 말았다.[86]

5. 원산역 "신약젼셔," "복음찬미," "만민됴흔긔별"의 발간

한국에서의 개신교 선교의 여러 특징들 가운데 하나는 1885년 4월 5일에 미국으로부터 들어온 최초의 직업적인 선교사들(career missionaries, 장로교의 언더우드 Horace Underwood, 감리교의 아펜젤러 부부 Rev. & Mrs Appenzeller)이 입국하기 전에 이미 한반도에는 한자로 된 중국성경과 한글로 번역된 쪽복음들이 들어와 있었다는 사실이다.[87] 1885년 1월에 일본에 도착한 언더우드 선교사는 약 2개월 동안 체재하면서, 한국인 이수정을 만나 한국어를 학습하는 등 교제를 두텁게 하다가, 인천으로 향할 때에는 이미 이수정이 번역한 마가복음 쪽복음을 들고 들어 왔던 것이다.[88]

언더우드, 아펜젤러, 알렌, 스크랜턴, 헤론 등 다섯 명의 선교사들이 한글성서 번역의 체계적인 착수를 위해 1887년 2월 한국성서번역위원회(The Committee for Translating the Bible into the Korean Language)를 조직하였다.[89] 펜윅도 1890년에 본 번역위원회의 번역위원으로 참여하였는데,[90] 용어 사용의 견해 차이(예를 들면 Baptisma를 침례로 번역하는 문제)로 인하여 이 위원회를 탈퇴하여 독자적으로 성경번역을 도모하였다. 펜윅이 소래에 가서 집중적으로 한글공부를 할 때 그의 어학선생이 되어 준 사람은 서경조였다. 서경조는 로스 선교사와 함께 성경번역 작업을 했던 서상륜의 동생이었다. 펜윅은 성경을 자신의 한국어 공부의 교재로 사용하였는데, 이미 한글을 익히면서부터 성경을 한국말로 번역하는 것을 염두에 두었던 것 같다.

---

86) Ibid., 158.

87) 민경배, 「한국기독교회사」, 신개정판 (서울: 연세대학교출판부, 1998), 131-42. 네델란드 선교회로부터 중국으로 파송된 독일인 선교사 칼 구츨라프(Karl Friedrich August Gutzlaff)는 1832년에 보령시 근처의 서해 섬 고대도에서 "침통하고 무표정한 얼굴을 한 한국인을 만나 성서를 주었다." 제너럴 셔먼 호를 타고 대동강으로 들어 온 로버트 저메인 토마스(Robert Jermain Thomas)는 1866년 병인교난 시기에 "평양의 대동강에서 칼을 들고 달려드는 한국인 병사에게 성서를 내어 주면서 아깝게 세상을 떠났다." 만주 목단 주재의 스코틀랜드 선교사 존 로스(John Ross, 1842-1915)와 존 매킨타이어(John McIntyre)는 "한국말 성서번역과, 또 그들과 관련되었던 한국인의 전도자들이야말로, 한국교회사 최초의 페이지에서 길이 빛날 공헌을 남겼던 것이다."

88) L. H. Underwood, *Underwood of Korea* (New York: Fleming H. Revell Co., 1918), 37-8.

89) 민경배, 「한국기독교회사」, 255. 1900년 9월에 신약성서의 개역 수정판이 햇빛을 보게 되었는데, 번역에 힘쓴 사람들은 레이놀즈, 게일, 언더우드, 그리고 김정삼, 김명준, 이창식 등이었다.

90) H. G. Underwood, *The Call of Korea* (New York: Fleming H. Revell Co., 1908), 20.

펜윅은 1891년에 「요한복음전」을 인쇄하여 출판하였다. 여기서 그는 "세례"를 "밥테례"로, 신(상제, 上帝)을 "하나님"으로 번역하였고, 띄어쓰기는 제대로 되어 있지 않았으나 절수 표시는 되어 있었다. 펜윅은 1893년에 「요한복음전」을 수정하여 원산에서 「약한의 긔록한대로 복음」이라는 제목으로 출간하였다. 여기서는 다시 "밥테례"를 "세례"로 번역하였으며, "하나님"을 "샹데님"으로, "처음에"를 "원래" 등의 한문표현으로 되돌려 놓았으며, "예수"를 "예수씨"로 "크리쓰도"를 "크리쓰도씨"로 수정하였다.[91] 1899년에는 빌립보서를 번역하여 요한복음과 빌립보서를 합본으로 발간하였다. 1913년에 펜윅은 일본의 요코하마 인쇄소에서 「요한」, 「빌립비 가라셔」, 「가랍태, 이불소」 등 신약성서의 단편 서신들을 번역 발간하였다.[92]

펜윅은 1907년에 경북 울진에서 사역하고 있던 전치규를 원산총부로 불러서 자신의 성서번역 작업의 조력자로 삼았다. 원래 한학자였던 전치규는 용어의 번역, 언어 수정, 원고 작성 및 교정작업을 하였는데, 펜윅 번역 성경에 한자어가 많이 사용된 이유는 아마도 전치규의 영향이 컸기 때문일 것이다. 펜윅은 전치규, 안대벽, 장데부라의 도움을 받으며 독자적인 신약성서의 번역에 박차를 가하였다. 허담 교사도 가세하여 펜윅은 1915년 10월에 마침내 신약전서 27권을 완역하였다.

출판경비가 마련되지 못하여 출판을 연기하다가, 1919년 10월 18일에 일본의 요코하마 인쇄소에서 「신약젼셔」라는 제목으로 발간하였다. 이것이 바로 원산역 성경이다.[93] 1925년에는 원산역의 개역판이 출판되었고, 1935년에는 원산인쇄소에서 제7판이, 1938년에는 동아기독대에서 제8판이 발간되었다.

1919년에 출판된 원산역 「신약젼셔」는 가능한대로 한글을 사용하고자 노력을 하였다. 펜윅은 서문에서 조선 사람들이 많이 이용하는 말을 사용했다고 언급하고 있다. 그래서 언어가 서민적이고 친근감을 준다. 그리고 중요한 어휘는 헬라어 원문을 음역하였고, 밥티스마를 다시 "침례"로 표기하였다.[94] 허긴 박사는 원산역 「신약젼셔」는 "펜윅의 근본주의 신앙에 바탕을 둔 그의 축자영감 사상과 성서 원어에 철저한 성서관 그리고 철저한 토착선교 정신을 생생하게 보여주고 있다"고 평가하고 있다.[95]

또한 펜윅은 한국 사람들이 한국말로 찬송하기를 원했고 그렇게 할 수 있도록 찬송가

---

91) 도한호, "펜윅이 우리말 성경에서 사용한 언어의 특징," 「한국 침례교와 신앙의 특성」, 침례교신학연구소 편 (대전: 침례신학대학교출판부, 2000), 52.

92) 허긴, 「한국침례교회사」, 207.

93) Ibid., 170-1.

94) 도한호, "펜윅이 우리말 성경에서 사용한 언어의 특징," 53-4.

95) 허긴, 「한국침례교회사」, 209.

집을 만들기 위해서도 노력하였다. 그는 1899년에 14곡으로 된 「복음찬미」를 처음으로 발간했는데, 손수 작사를 하였고 어떤 것은 자신이 직접 작곡까지 하였다고 한다. 「복음찬미」는 계속 증보 발간되었는데, 1900년에 20곡으로 제2판이, 1912년에는 모두 25곳으로 제3판이 발간되었다. 1913년에 발간된 제4판은 현존하는 것이 없고, 1921년에는 75곡으로 제5판이, 1925년에는 252곡으로 제6판이 증보 발간되었다. 1935년에는 256곡으로 증보 수록되어 제7판이 발간되었다.[96)]

「복음찬미」에 실린 가사는 주로 예수 그리스도의 십자가 죽음과 부활 그리고 하나님의 은혜에 대해 감사하는 내용이었다. 예수님이 곧 재림하실 텐데, 성도들은 곤란과 핍박 속에서도 주님만을 바라보며 인내하고 헌신하자는 내용이 주류를 이루고 있다. 「복음찬미」는 「신약젼셔」와 함께 대한기독교회 성도들의 신앙을 진작시켜 주는 훌륭한 하나님의 도구였다.

"만민됴흔긔별"은 5-6쪽의 얇은 전도용 소책자인데 1913년에 초판이 발간되었고, 1924년부터는 만주와 몽고 지역에 사는 중국인들을 전도하기 위해 "만민적 호신식"(萬民的 好信息)이라는 표제로도 발행되었다.[97)] 이 소책자의 서문에서 펜윅은 "이 글은 사람 글이 아니라 지극히 높으신 하나님의 묵시로 하신 말씀이라"고 적고 있으며, 불신자들에게 전도하기 위해 구원의 도리를 간략하게 요약해 주고 있다. 오늘날의 "사영리"나 "하나님과 화목하는 길"과 유사한 목적과 내용을 가진 소책자였다.

"만민됴흔긔별"은 당시의 화폐로 2전(錢)의 현찰을 받고 팔았다고 한다. 무료로 배포하면 하나님의 말씀의 가치가 폄하될까 염려한 때문이었다. 대한기독교회의 권서순회전도자들은 한 달에 5원 분량의 "만민됴흔긔별" 250권과 성경책들을 등에 짊어지고 한국의 오지인 "빈들과 산골"을 찾아다니며 주민들에게 복음을 증거하였다. 이 전도용 소책자가 1925년도에 제6판이 발행되었고 1935년 2월 20일에는 제7판이 발간되었다.[98)]

또한 펜윅 선교사는 1911년에 자신의 일대기를 자서전 형식으로 써서 *The Church of Christ in Corea: A Pioneer Missionary's Own Story* (「대한기독교회사: 펜윅 선교사의 자서전적 이야기」)[99)]라는 제목으로 출간하였으며, 1915년에는 자신의 한국에서의 선교사역을 배경으로 하여 기술한 자전적인 소설 *Life in the Cup* (「잔 속의 생명」)[100)]을 출판하였다.

---

96) Ibid., 211.

97) 이정수, 「한국침례교회사」, 83, 93.

98) 허긴, 「한국침례교회사」, 213.

99) Malcolm C. Fenwick, *The Church of Christ in Corea: A Pioneer Missionary's Own Story* (New York: Hodder & Stoughton, 1911).

100) Malcolm C. Fenwick, *Life in the Cup* (Mesa Grande, CA: Church of Christ in Corea Extension, 1915).

6. 일제의 포교계 제출 강요와 교단의 대응

일제의 조선총독부에서는 교회의 발전과 보호를 위한다는 미명 하에 1915년 8월에 전문 19개조로 된 "포교규칙"을 발표하였다. 그리고 1915년 10월 1일부터 모든 기독교 교단들은 "포교규칙"이 정한대로 시행하도록 지시를 하였다.[101] 이 "포교규칙"은 포교계, 포교원, 포교자명단, 포교관리자, 설치계, 포교소설치원, 신도교계 등 여러 양식을 제정하여 교회와 교인들의 생활을 조직적으로 규제하고 감시하기 위한 방편으로 활용되었다. 이것은 종교의 자유를 인정한다는 조선총독부의 공식적인 태도와 명분 아래, 실제로는 교회를 탄압하고 교인들의 삶을 통제하기 위한 일제의 합법적인 수단이었다.[102] 이러한 포교계 제출 강요에 대한 각 교단의 반응은 제각각이었다.

대한기독교회의 감목인 이종덕 목사는 포교계 제출 강요에 대해 완강하게 반대하는 입장을 고수하였다. 그는 하나님의 교회가 세상정부의 일방적인 명령에 굴복할 수는 없다는 반대입장을 취하면서, 포교계 제출을 단호하게 반대하였다. 그는 정교분리를 주장하면서 대한기독교회는 천국에 등록을 하였다고 주장하였다. 포교계 제출에 거부하던 이종덕 감목은 투옥되어 고초를 겪었다.

당시 교권파동을 겪을 때부터 교단지도부의 처사에 불만을 품고 있었던 손필환 목사와 김규면 목사는 신앙문제가 아닌 법적인 절차문제로 일제와 대립하는 것은 어리석은 자살행위와 다름없다고 주장하며 이종덕 감목과 각을 세웠다. 이들은 교단과 교회들을 살리기 위해서는 다른 교단들처럼 포교계를 제출할 것을 주장하였다.[103] 결국 이 두 사람은 1916년에 대한기독교회를 이탈하고 말았다. 대한기독교회는 신명균 목사에 이어 손필환 목사와 김규면 목사까지 잃어버리는 아픔을 겪어야 했고 지도자들의 이탈로 인해 교세는 급격히 약화되었다.

101) 안상훈, 「민족운동총서: 종교교육투쟁」(서울: 민족문화문고간행사, 1982), 54-5.
102) 허긴, 「한국침례교회사」, 172.
103) Ibid., 173-4.

제23장

동아기독교회 시대(1921-1933)와 동아기독대 시대(1933-1940)

1907년에 평양 대부흥운동으로 말미암아 많은 한국인들이 예수 그리스도 안에서 삶의 목적과 의미를 발견하게 되었고 동시에 일제 치하의 암울한 현실 속에서도 내세의 천국을 바라보며 소망 가운데 살게 하였다. 선교사들이 1907년 평양 대부흥을 지도하고 결실하게 된 원리와 목표는 한국교회의 "비정치화"(非政治化)였다.[104] 한국교회는 이 때를 계기로 "부흥회적인 열정"으로 특징짓게 된다. 미국의 제1차 대각성운동이 그러하였듯이, 그리스도 안에서 참 영혼의 자유를 체험했던 한국의 그리스도인들은 일제의 식민지 지배의 굴레로부터 벗어나고자 하는 자의식을 가지게 되었다. 그것이 12년 뒤인 1919년에는 일제에 항거하는 3·1 만세운동으로 폭발하였다.

전국적으로 확산된 만세운동으로 인해서 가장 놀란 곳은 조선총독부였다. 한민족의 단합된 저력과 교회들의 조직적인 활동을 목도한 조선총독부는 식민통치의 전술을 무단정치에서 문화정치로 전환하였다. 그렇다고 해서 한국인들에게 충분한 종교의 자유를 보장해 주지는 않았다.

또한 러시아에서는 1917년 11월에 레닌을 지도자로 하여 일어난 볼셰비키 혁명은 제정 러시아와 러시아 정교회(Russian Orthodox Church)를 무너뜨리고, 공산주의의 붉은 군대가 성속(聖俗)을 가리지 않고 온 세상을 장악하였다.[105] 러시아 땅에서 하나님의 자리는 인본주의적인 공산사회를 향한 허황된 꿈으로 대치되었고 무력을 동원한 치열한 계급투쟁과 폭력이 만연한 사회가 되어 버렸다.

---

104) 민경배, 「한국기독교회사」, 276.
105) 허긴, 「한국침례교회사」, 216.

I. 동아기독교회 시대(1921-1933)

1. 교단 명칭의 변경

대한기독교회의 제16차 대화회가 경북 포항구역의 광천교회에서 개최되었다. 포교계 법령이 신고제로 완화되면서 대한기독교회는 1920년에 일제의 명령에 순응하여 포교계를 제출했기 때문에 일제의 박해는 어느 정도 완화되었다. 그러나 일제는 교단 이름을 가지고 트집을 잡았다. "대한"이라는 용어가 은연 중에 한국인들에게는 민족의식을 심어주는 말이라는 것이었다. 펜윅을 비롯하여 한국인 지도자들도 그들의 선교영역이 한반도에 머물지 않고 만주와 시베리아 지역까지 확장되어 있고, 복음으로 회심한 중국인들까지도 포함하는 교회를 이루고 있는 만큼, 굳이 "대한"이라는 망국의 단어를 고집할 필요는 없다고 생각하였다. 제15차 대화회 때부터 교단명칭 변경에 관한 논의가 있었지만, 결국 1921년 제16차 대화회에서 교단의 이름을 "대한기독교회"(Church of Christ in Corea)에서 "동아기독교회"(Church of Christ in East Asia)로 변경하기로 결의하였다.[106)]

이현태 교사가 만주 길림성에서 사역하면서 1918년에 중국인 어머니와 아들을 대한기독교회로 입교를 시키면서 중국인 신자들을 얻게 되었다.[107)] 이에 대한 대책으로 교단에서는 중국인을 교회로 인도하기 위한 전도단을 조직하였고, 이후 이 전도단은 중국인 전도자들까지 확보하여 파송함으로써 10여 개의 중국인 교회들을 개척하는 성과를 올렸다. 새로 변경한 교단명칭에 상응하는 사역이 이루어진 셈이다.

이종덕 감목은 1921년에 간도 종성동교회에 성경학원을 개설하여 제자양육에 힘을 쏟고자 하였다. 이 감목이 원장이 되고, 김재형, 백남조 목사 그리고 정빈, 최천국, 최병학을 교사로 선발하였다.[108)] 1921년 10월에 박기양 전도사가 이 학원에 입학하여 1학기 동안 공부한 후, 1922년 5월에 김재형과 함께 시베리아 연추지역으로 파송을 받았다. 1923년 봄에 울릉도에서 온 청년 김해용과 이종우, 그리고 울릉도 서달교회 정진신 총장의 쌍둥이 딸들(정진화, 정차화)도 이 학원에 입학하여 공부하였으나, 정차화의 불미스러운 사건으로 인해 종성동 성경학원은 3년만에 문을 닫아야 했다.[109)]

106) 이정수, 「한국침례교회사」, 84.
107) 허긴, 「한국침례교회사」, 218-9.
108) 정빈은 1907년에 김상준과 함께 오늘날의 한국 성결교회를 창설했던 인물인데, 김상준과의 의견충돌로 1914년 9월에 "복음전도관"을 떠나 북간도 지역으로 갔는데, 이곳에서 대한기독교회와 접촉이 되어 성경학원의 교사로 봉사하였다. Ibid., 219-20.
109) Ibid., 221.

펜윅 선교사 부부는 1917년부터 1923년까지 6년 동안 선교지 한국을 떠나 캐나다와 미국에 체류하였다. 가장 중요한 목적은 자신의 선교사역을 위한 재정적인 후원자들을 찾고 후원금을 모금하는 것이었다. 그러나 캐나다와 미국은 제1차 세계대전을 치룬 후라 재정적인 여유가 없는 상황이었다. 특히 1920년대는 각 가정과 기업이 장기적인 불황에 대비하기 위하여 재정적인 긴축을 행하던 시기였다.

기대했던 선교후원을 이끌어내지 못하고 한국으로 돌아온 펜윅은 1923년 8월 30일부터 15일 동안 동아기독교회의 사역자들을 원산으로 불러 모았다. 그는 사역자들의 수고를 위로하고 격려하는 "대안회"(待安會)를 개최하였다. 부흥사경회와 사역자들의 간증과 교제로 은혜를 나누며 휴식을 취하는 기회가 되었다. 대안회를 마치고 9월 14일은 펜윅 선교사의 회갑일이어서 참석자들은 그를 위해 조출한 잔치상을 차려드리고 그 동안의 노고에 감사를 표하였다.[110]

펜윅 선교사는 이듬해인 1924년에 북방지역의 "빈들과 산골"을 순회하며 사역자들을 만나 격려하는 마지막 전도여행을 하였다. 원산에서 웅기로, 웅기에서 함북의 경흥으로, 그리고 간도지역과 시베리아지역을 순방하고 원산으로 귀임하였다. 특히 경흥지역의 고읍교회와 증산교회를 방문하여 사역자들과 교인들을 말씀으로 위로하고 격려하였다. 펜윅은 증산교회에서 임시 임원회를 소집하여 이종덕 전임 감목에게 그 동안의 노고를 치하하며 안사(安師) 직함을 수여하였다. 시베리아 지역에서 사역하고 있던 김재형 목사, 간도지역에서 수고하고 있던 최성업 감로와 재천국 총장 등을 만나 격려하고 함께 순방길에 동행케 하였다.[111]

2. "달편지"의 발행과 배포

"달편지"는 대한기독교회의 감목이 교단의 교회들과 사역자들에게 "매달 배포하는 편지"라는 의미에서 붙려진 이름이다. 그러나 한 달에 한번 배포하는 것이 원칙이긴 했지만 특별한 경우에는 두 번 이상 보낸 때도 없지 않았다. 이것은 일종의 월보(月報)로서 교단 내에서 이루어지고 있는 사역들을 알리고 동시에 교회들과 교인들이 활용할 수 있는 성경공부 자료들을 수록해 주고 있다. "8절지 크기의 한지에 등사판에 철필로 쓴 내용을 등사하여 16절지로 접어 편지형식으로 전 교회에 발송했다. 이는 월간이어서 '달편지'라는 명칭이 주어졌고 원산의 교단 총본부에서 감목의 명(名)으로 발송했다."[112]

110) Ibid., 227.
111) Ibid., 228.
112) 허긴, "9. 대한기독교회와 달편지," 최봉기 · 펜윅신학연구소 편, 「말콤 C. 펜윅: 한국기독교 토착화의

"달편지"는 대한기독교회가 살아온 가장 생생한 역사요 권위 있는 공문서요 귀중한 사료이다. 그것은 한국개신교의 초기역사에 있어서 대한기독교회만이 간직하였던 최초의 독특한 홍보용 월보였으며 성경공부 자료였고 은혜와 체험의 편지였다.[113] 그러나 1944년 5월 10일에 동아기독교 교단이 신사참배를 거부한다는 이유로 강제해체를 당하면서, 교단의 모든 문서들이 일경에 의해 압수되어 소각되었기 때문에 교단총부에서 보관하고 있던 전체 달편지들도 모두 사라지고 말았다. 현존하고 있는 것들은 "달편지"의 수령자들이 단편적으로 보관해 오고 있는 것들뿐이며, 그것도 남북분단과 한국전쟁의 와중에 잔존해 있던 달편지들도 많이 소실 되었다. 따라서 그것이 안타깝게도 정확하게 언제부터 그리고 언제까지 발행되었는지도 분명하게 알 수 없다.

허긴 박사는 "달편지"의 내용을 다음과 같이 네 가지로 분류하고 있다: (1) 교단의 행정업무 집행에 관한 보고 및 지시사항, (2) 감목과 임원의 직분 임면에 관한 공고사항, (3) 성경공부 자료, (4) 펜윅과 감목들의 설교와 서신 등.[114] "달편지"의 내용을 묵상하다 보면 초대교회 당시 사도 바울이 각 지역교회에 보낸 서신들과 유사하다는 생각이 들곤 한다.[115] 펜윅 감목이나 후대 감목들이 사도행전적인 초대교회의 교회생활을 대한기독교회 안에서 구현시키려 했던 그 신앙정신이 그대로 달편지들에 반영되어 있는 것이다. 이정수는 "이 달편지는 펜윅의 발상에서 시작되었으며 흠모해 오던 사도 바울의 서신에서 착상된 것으로 여겨진다"고 기술하고 있다.[116]

대한기독교회의 교회들에는 한 교회를 책임지고 담임하는 오늘날의 담임목사가 존재하지 않았고, 목사 직분을 가진 자들과 말씀 사역자들이 여러 교회들을 순회하면서 예배를 인도하고 말씀을 가르치곤 했는데, 달편지에 실린 감목의 설교들과 서신들이 예배인도와 성경공부의 지침으로서 중요한 역할을 하였던 것이다. 또한 만주나 몽고나 시베리아 지역에서 고난을 당하고 순교를 당한 동역자들에 대한 보고기사가 실리기도 했는데, 그러한 기사는 교단 내의 모든 교회들과 교인들을 비탄에 젖게도 했으면서 동시에 곧 재림하실 예수 그리스도만을 바라보며 기도 중에 더 큰 믿음으로 마음의 옷깃을 여미게도 하였다.

그런데 달편지에 게재되어 있는 학교공교육 거부에 관한 내용에 의하면, 펜윅과 대한기독교회가 가지고 있던 신앙이 세속교육을 전혀 배제한 철저한 성서주의의 근본주의적 신

거보」(서울: 요단출판사, 1996), 265.

113) Ibid., 266.

114) 허긴, 「한국침례교회사」, 251.

115) 최봉기 박사는 "달편지"들 중 일부를 자신이 편저한 책에서 제시해 주고 있다. 최봉기 · 펜윅신학연구소 편, 「말콤 C. 펜윅: 한국기독교 토착화의 거보」(서울: 요단출판사, 1996), 125-46.

116) 이정수, 「한국침례교회사」, 93.

앙이었던 것을 짐작할 수 있으며, 여기에다 성령의 능력과 역사에만 전폭적으로 자신들을 맡기고 순복하는 자세를 엿볼 수 있다. 이들의 신앙은 거듭남(중생)에 대한 확신, 세상으로부터의 철저한 성별의식, 임박한 주님의 재림사상, 세상과 마귀를 대적하는 근본주의 신앙, 성서지상주의(biblicism), 성령님의 능력과 위로를 통한 은혜의 체험 등을 강조하고 있음을 보게 된다.[117]

소장자들이 단편적으로 보관해 오고 있는 달편지들이 더 많이 발굴되고 수집되어서 발행되었던 거의 모든 달편지들이 복원 된다면, 그것들은 일본 식민지 시대 한국 침례교회의 역사에 관한 연구와 기술에 제1차 자료로서 소중한 사실(史實, historical facts)이 될 것이다.[118]

3. 교회의 수난과 순교자들

1917년 무산대중에 의한 공산주의 혁명이 일어나자 한국에서도 사회주의 사상을 가진 사람들이 등장하게 되었고, 한국의 기독교계에는 두 가지 상이한 영성이 교인들의 심령을 지배하기 시작하였다. 첫 번째 영성은 부흥회를 통한 심령의 변화와 앞으로 가게 될 저 쪽의 천국을 대망하는 신앙이었다. 길선주, 김익두, 이용도 목사들이 주도했던 개인주의적이요 신비주의적이요 내세지향적인 신앙운동이었다.[119] 두 번째 영성은 사회주의 사상의 영향으로 말미암아 이 땅에서 천국을 이루고자 하는 것이었는데, 교육을 통해 민중들을 계몽시키고 그들에게 독립의식과 민족의식을 고취시키는 신앙운동이었다.

1920년대와 30년대에는 농촌계몽운동, 여성계몽운동, 문맹퇴치운동, 야학운동, 절제운동 등을 진보적인 성향의 교회들이 앞장 서서 주도하였다. 다른 한편 공산주의 사상에 도취되었던 젊은이들은 기독교를 배척하는 반기독교운동을 펼치기도 하였다.[120]

1) 시베리아 지역 교회들의 수난

러시아 혁명의 여파는 동시베리아 지역으로까지 확산되었다. 1920년대부터 시베리아 지역에 있던 러시아 공산당은 기독교 세력을 축출하기 위해서 혈안이 되어 있었다. 1930년대 당시 시베리아 지역의 동아기독교회 교세는 이러하였다: "수청구역에 18개 교회, 해삼위구

117) 허긴, "9. 대한기독교회와 달편지," 275-6, 8.
118) Ibid., 285.
119) 민경배, 「한국기독교회사」, 394-401, 434-44.
120) Ibid., 375-84.

역에 5개 교회, 연추구역에 16개 교회, 도빙허구역에 4개 교회, 도합 43개의 교포 교회가 있었다."[121]

시베리아에 존재했던 이들 교회들이 결국 공산주의자들의 반기독교 정책으로 인하여 축출되기 시작했고, 1930년대 말에는 간도지역이나 함북의 웅기지역으로 철수하지 않을 수 없었다. 그 당시 웅기지역으로 피난온 가족들은 임장춘 감로, 김봉순, 윤응순, 전학선, 전봉춘, 손윤근의 가족들이었다. 시베리아 지역에 파송되어 사역하던 한봉관 목사는 원산총부에 이들 피난민들에 대한 구호대책을 세워달라고 호소하는 내용의 공문을 발송하였고, 총부에서는 "달편지"를 통해 전체 교회들을 향해 구호운동을 전개하였고 응급대책을 세웠다.[122] 이로써 1930년대말 이후에는 동아기독교회의 시베리아 선교는 막을 내릴 수밖에 없었다.

2) 손상열 목사와 6인 전도인들의 순교

1919년 전국적인 만세운동과 일제의 진압 이후, 독립운동에 뜻을 두었던 지사(志士)들은 더 이상 국내에서 활동하는 것이 힘들다는 것을 체득하고 해외로 활동의 근거지를 옮겼다. 항일투쟁과 무장운동을 이끌었던 김좌진과 이범석 등 독립군 지도자들은 간도지역을 중심으로 애국지사들에 대한 군사교육과 전투훈련을 실시하였다. 일본군 역시도 독립군들을 섬멸하기 위한 전투작전을 펼쳤다. 러시아 공산당 빨치산들도 간도지역에서 그 세력을 넓혀가고 있었다.

손상열 목사는 동아기독교 교인으로서 전도에 힘쓰던 중, 1919년에 간도의 종성동교회에서 개최된 대화회에서 교사로 임명을 받았고 이듬 해 경북 광천교회에서 열린 대화회에서 목사안수를 받았다.[123] 그가 목사안수를 받은 후 발령을 받은 곳은 평북 자성군 일대였다. 그는 이곳을 중심으로 만주의 임강현과 압록강 연안의 한국인 마을들을 찾아다니며 주민들에게 복음을 전하였고 교회를 개척하였다. 그는 원산총부의 재정상태가 좋지 않은 것을 알고 여러 교회들을 방문하면서 모금활동을 하기도 하였다. 독립군들을 토벌하던 일본군들은 이렇게 하나님 나라의 확장을 위해 분주하게 왕래하던 손상열 목사를 독립군의 밀정이나 자금책으로 오인을 하였다.[124]

1921년 어느 주일날, 손상열 목사가 자성구역의 오수덕(烏首德)에 있는 오봉산(五峰山) 교회에서 예배를 인도하고 있는데, 일단의 일경들이 그를 체포하여 어디론가 압송하였

121) 허긴, 「한국침례교회사」, 233.
122) Ibid., 261-2.
123) 이정수, 「한국침례교회사」, 85-6.
124) 허긴, 「한국침례교회사」, 236.

다. 행방불명이 된 그가 시신으로 발견된 것은 2년이 지난 후 어느 깊은 골짜기에서였다. 그가 지니고 있던 유품들과 함께 발견된 그의 시신은 일본군인들로부터 총격을 받고 순교한 것으로 밝혀졌다. 한적한 골짜기에서 외롭게 쓸쓸히 최후를 맞이했던 것이다.

그러나 하나님 품에 안겼을 손상열 목사의 죽음은, 선교사역을 위해 시베리아로 항해하다가 해상에서 죽음을 맞이했던 박노기 목사와 3인들(김희서 교사, 전영태 총찰, 최응선 감로)의 순교 이후 두 번째로 당한 순교였다. 자성구역의 성도들은 그가 순교의 제물이 된 것을 알고 비통해 했지만, 그의 순교적인 죽음으로 인해 그 지역에서는 큰 신앙의 부흥이 일어나게 되었다.[125]

1925년 제20차 대화회는 만주 관두구교회에서 개최되었다. 이 대화회에서는 북만주의 길림성, 목단강, 화전현 일대와 남만주의 봉천지역의 한인들에게 집중적으로 전도할 계획을 세웠다. 일제의 관헌들과 한국의 독립군들 그리고 공산당의 빨치산들이 출몰하는 지역이었고 무력충돌도 심심치 않게 발생하는 지역이었다. 목숨을 건 희생을 각오한 전도자들이 자원하였는데, 김상준 교사와 안성찬 전도, 그리고 이창희, 박문기, 김이주, 윤학영이었다.[126] 이들이 1925년 3월에 오지선교를 위해 장도에 올랐지만 소식이 두절되었다.

그래서 원산총부에서는 1925년 9월 하순에 주병권, 박청숙, 정용운을 길림성으로 파송하여 6인의 전도인들의 소식을 탐문하도록 하였다.[127] 이들이 돌아와 보고한 내용에 의하면, 김상준 교사와 안성찬 전도는 북만주의 화전현에서 일본군의 밀정이라는 누명을 쓰고 동족인 독립군 빨치산에 체포되어 온갖 고문을 당한 후 서거했다는 것이고, 또한 이창희, 박문기, 김이주, 윤학영은 일제의 밀정들로 오해를 받아 공산당 빨치산에게 처형되었다는 것이었다. 이들 모두는 떠난 지 한달 후인 1925년 4월경에 순교를 당하였다. 그런데 우리의 마음을 더욱 아리게 하는 섯은 이들의 시신들은 다른 유물들과 함께 털모자로 확인이 되었다고 하는데, 그 털모자는 그들이 원산총부를 떠날 때 펜익 선교사의 부인이 손수 양털실로 정성껏 짜준 모자였다고 한다.[128]

3) 이현태 교사, 김영진 목사와 김영국 감로, 정춘보 집사의 순교

이현태 교사는 동아기독교회로부터 파송을 받아 몽고 지역에서 선교활동을 했던 인물이었다. 그는 1897년에 전북 익산군 망성면 신작리에서 출생하였는데, 용안교회에서 신앙생활을 하다가 일찍이 중국으로 건너가 중학교와 침례회신학교를 졸업했고, 따라서 중국어

125) Ibid., 237.
126) Ibid., 238.
127) Ibid.
128) 이정수, 「한국침례교회사」, 91.

를 자유자재로 구사할 수 있었다.[129] 1918년에 교사 직분을 받은 그는 중국 길림성에 파송되어 영혼구원 사역을 감당하였다. 그리고 1924년에 이현태 교사는 중국어를 잘 하는 방사현 교사와 이충신 전도와 함께 몽고 지역으로 파송을 받았다. 이 때 그는 집에서 가르던 가축들을 팔아서 선교비에 충당하였다고 한다.

동아기독교회와의 관계가 소원해진 이현태 교사는 독립선교사로서 1936년에 조남현(兆南縣)으로 옮겨 사역을 한 결과, 400여 명의 신자들을 얻었고 45개 처에 교회들을 개척하였다. 그의 몽고 개척선교는 굶주림을 참아내야 하는 고난의 연속이었다. 그는 전도여행 중에 여러 차례 도적들의 위협과 공격으로 시달려야 했는데, 1939년의 어느 날 야만적인 토족의 습격을 받아 치명적인 상해를 입었는데, 병원으로 옮겨졌으나 출혈이 너무 심해 생사의 기로에서 회복되지 못하고 죽음을 맞았다.[130] 이현태 교사가 순교한 이후에도 그의 유족들은 수년 동안 계속 몽고에 남아 그가 다하지 못한 구령사역을 감당하였다.

김영진 목사와 그의 형 김영국 감로는 함북 종성에서 태어났는데, 1907년에 간도 선교에 나선 김재형과 김경춘의 전도로 예수님을 믿게 되었다. 김영진은 1919년에 종성동교회에서 개최된 제14차 대화회에서 목사로 안수 받았으며 김영국은 감로로 안수 받았다.[131] 1930년대에 만주지역에서는 공산당 빨치산들이 자주 출몰하여 방화와 살인을 자행하곤 했는데, 특히 무신론자들인 그들이 교회와 교인들을 향해 격심한 횡포를 부렸다.

1928년 9월 14일 밤에 공산당 빨치산들의 만행이 종성동교회에서 일어났다. 30여 명의 공산당 유격대원들이 교회당에 난입하여 모든 주민들을 몰아넣고 신자들과 불신자들을 나누어 앉혔다. 교인들이 김영진 목사와 김영국 감로를 교회당의 은밀한 곳에 숨겼는데, 이들은 제 발로 걸어나와 간곡한 말로 그들의 폭력을 제지하고 도리어 그들을 전도하려고 하였다. 결국 그들은 김 목사 형제를 결박하고 매질을 하며 고문을 가했는데, 그 참혹한 광경을 참다못해 제지하는 정춘보 집사를 향해 총을 쏘아 절명케 하였다.[132]

김영진 목사와 김영국 감로도 잔혹한 고문을 이기지 못하고 비참한 죽음으로 최후를 맞았다. 이와 같은 충격적인 소식이 원산총부에 전해지자 총부에서는 달편지를 통해서 이 사실을 전국에 산재해 있는 교회들에 알렸다. "그리스도인의 순교의 피는 교회의 온상이다"라고 했던 초대교회 교부 터툴리안(Tertullian)의 말처럼, 종성동교회에서 일어난 순교사건은 전국적으로 열화와 같은 심령부흥의 도화선이 되었다.

129) 허긴, 「한국침례교회사」, 242.
130) 김용해, 「대한기독교침례회사」, 34-47.
131) 허긴, 「한국침례교회사」, 240.
132) 이정수, 「한국침례교회사」, 100-1.

4. 학교공교육 거부조치

1919년 만세사건 이후 일제 조선총독부는 무단정치로부터 문화정치로 정책의 기조를 바꾸면서 내선일체(內鮮一体) 황국신민화(皇國臣民化) 등을 목표로 어린이들과 청소년들에 대한 학교교육을 강화하였다. 학교에서 한글사용이나 한국의 역사교육을 금지시키고 일본어 교육과 일본말 사용을 강제하였다. 조선의 역사는 중국에 대한 사대주의와 유학자들에 의한 붕당정치로 인해 후진성을 면치 못하였으며, 따라서 선진화된 일본의 지도와 도움을 받아야 마땅하다는 논리를 학교교육을 통해 가르쳤다. 소위 말하는 조선에 대한 식민통치를 정당화하는 식민사관(植民史觀)에 입각한 교육을 펼쳤다.

또한 1917년-1923년, 6년 동안 캐나다와 미국에 체류했던 펜윅 선교사는 당시 첨예한 논쟁이 일었던 자유주의-근본주의 논쟁(Controversy of Liberalism and Fundamentalism)을 몸으로 겪었을 것이다. 다윈의 「종의 기원」(*The Origin of Species*)이 출간된 1859년 이후, 기독교적 세계관인 창조론이 지배하고 있던 유럽 교육계와 기독교계에서는 마치 대형폭탄을 맞은 것과 같았다. 진화론이 생물학 분야는 물론 다른 사회과학이나 인문학의 분야에서도 영향를 미치게 되었다.

진화론이 신학계에 이르러서는 신학적 자유주의(theological liberalism) 사조를 낳게 되었다. 19세기말 독일지역에서 유행했던 자유주의 사상이 미국에 유입되자, 1920년대에 미국에서는 자유주의에 반대하는 근본주의적 보수주의 운동이 일어나게 되었다. 북침례교의 경우 일부 근본주의자들이 교단을 떠나 독립된 군소교단(정규침례교회들의 일반연합회-GARBC, General Association of Regular Baptist Churches, 미국보수주의침례교연합회-CBAmerica, Conservative Baptist Association of America)을 형성하기도 하였다.

펜윅은 이러한 논쟁과 혼란을 겪고 1923년에 다시 한국으로 귀환하였다. 이 당시에 한국에서도 진화론이 일부 지식인들에게나 세속 공교육기관에 소개되고 있었는데, 선교사들 사회와 한국의 기독교계에서는 이러한 조짐이 한국의 그리스도인들에게 미칠 악영향에 대해 우려를 하였다. 근본주의적 세대주의 전천년설의 종말론 신앙을 가졌던 펜윅은 황국신민화와 진화론을 가르치는 일본식 세속학교교육을 학생들에게 불신앙을 조장하는 교육으로 생각하였다. 그래서 1926년 경북 점촌에서 개최된 제21차 대화회에서 동아기독교회에 속한 사역자들의 자녀들에게 학교공교육 거부조치를 내리게 되었다.

이미 1916년 1월 20일에 원산총부에서 소집된 교단임원회에서는 일제와의 마찰을 피한다는 명목으로 교단 산하에 있는 학당들과 학원들을 모두 폐쇄조치하는 것으로 결정한 바 있었다.[133] 이 일로 인해서 일부 사역자들과 교인들로부터 불평과 불만이 터져 나오기도

하였다. 그런데 1926년의 학교공교육 거부조치는 동아기독교회에 속한 모든 교역자들과 교인들의 자녀들을 학교로부터 자퇴시키라는 것이었다. 일부의 부모들은 이러한 조치에 항의하며 교단을 떠나기도 하였지만, 대다수는 펜윅의 명을 거역할 수 없었고 신앙을 지킨다는 명분으로 눈물을 머금고 자녀들을 학교에 못 가게 하였다.

펜윅은 달편지를 통해 이러한 조치를 전국 교회들에 시달하였다. 1926년에 발행한 달편지에 "우리 높은 사람, 곧 대학 졸업장 받은 사람이 이치 잘 설명 아니하면 다른 사람 알아듣지 못 하겠다오… 아는 바는 교만케 하고," "아는 바 열매는 교만케 하는 것이요(창 3:22), 의심은 죽게 하는 것이니(고후 3:6)," "지식이 많은 사람 중에 고맙게 믿는 사람이 많지 않다"[134]는 등의 표현에서, 세속교육과 세속지식에 대한 펜윅 선교사의 부정적인 시각을 읽을 수 있다. 펜윅은 먼저 교단의 임원들과 교역자들의 자녀들이 세속학교의 공교육을 받지 못하도록 하였고, 계속 학교에 보내는 자들에 대해서는 책벌을 하고 그 직책을 박탈하기까지 하였다.

사실 장로교와 감리교 교단의 선교사들은 일찌기 이 땅에서 선교활동을 시작하면서부터 기독교적인 학교교육을 권장할 목적으로 미션스쿨들(mission schools)을 설립하여 미래의 인재들을 육성하는데 앞장 섰다.[135] 그들은 일제의 문화정책을 역이용하여 기독교사립학교들을 더욱 탄탄하게 발전시켜 나가기 위한 방책을 강구하였다. 그러나 동아기독교회에 속한 자녀들이 학교공교육을 받지 못하도록 한 펜윅의 조치는 시대를 역행하는 것이었으며 미래세대를 위한 준비에 아무런 대처를 하지 못한 것이었다. 허긴 박사는 이렇게 탄식하고 있다:

> 결국 상식과 시대를 망각한 펜윅의 학교교육 폐지조치는 동아기독교회를 인재부재의 불모지로 전락시킴으로써 교단의 앞 날에 씻을 수 없는 회한과 비극을 초래했다. 펜윅이 자녀들의 학교교육을 금지시키자 그렇지 않아도 인재육성이나 교육에 대한 관심이 희박하였던 교단의 목회자들과 임원들은 자녀들을 모두 퇴학시키거나 아니면 교단을 떠날 수밖에 없었다….
> 그들은 눈물을 머금고 자녀들의 교육을 단념하고 펜윅이 강조하는 임박한 주님의 재림만을 고대하는 신앙으로 위안을 삼았다. 이처럼 동아기독교회의 수많은 사역자들과 그들의 자녀들은 시대를 외면하고 역류하는 길을 택해야 했다. 일제의 갖은 민족말살 교육정책에도 불구하

133) 허긴, 「한국침례교회사」, 254-5.

134) 달편지에 실린 내용들. Ibid., 258에서 재인용.

135) 미북감리회 소속의 아펜젤러가 세운 배재학당(1885), 미북장로회 소속의 월슨이 세운 경신학교(1886), 미북감리회 소속의 스크랜턴이 세운 이화학당(1890), 정신여학교(1895), 숭실학교(1897), 배화학당(1898) 등. "미션 스쿨," 두산백과, [온라인자료] http://terms.naver.com/entry.nhn?docId=1096397&cid=40942&categoryId=31575, 2016년 5월 5일 접속.

고 한반도 전역에 이화학당과 배재학당을 비롯하여 수다한 중·고등학교와 전문학교를 설립하여 교단의 인재양성과 교육입국의 기치를 높이 들고 적극적으로 교육선교 사역에 박차를 가하던 한국의 장로교와 감리교 선교사들의 사역에 반하여, 펜윅은 시대를 역행하면서 역사의 수레바퀴를 후퇴시키고 말았다.[136]

II. 동아기독대 시대(1933-1940)

1. 교단 명칭의 변경과 일제의 침략야욕

1933년에 원산에서 모인 제28차 대화회에서는 교단 명칭을 "동아기독교회"에서 "동아기독대"(East Asia Christian Flock)로 변경하기로 결의하였다. 이번 명칭 변경은 다소 성급하게 이루어진 것 같은데, 펜윅 선교사의 개인 의사가 강하게 작용한 것으로 보인다.[137] 펜윅은 1930년대에 들어 와서 "교회"(教會)라는 말이 한반도에서 너무나 세속화되고 있다고 보았고 동아기독교회는 다른 교단들의 교회들과는 차별화되고 성별된 기관이 되어야 한다고 생각했다. 특히 천도교(天道教)에서조차 자신들의 모임을 교회라고 부르는데 대해 분노했으며, 성경이 말하는 에클레시아(ecclesia)는 "하나님의 성별된 양의 무리"(separated flock of God's sheep)로서, 목자되신 예수 그리스도만을 따르는 양들(양떼, 양무리)이라는 의미로 "대"(隊) 자를 써서 동아기독대라는 명칭을 썼으리라 생각된다. 이는 또한 유아들이나 불신자들(장차 택함 받게 될 자들, 장차 믿게 될 자들)에게도 뱁티즘을 베푸는 장로교회와 감리교회와는 구별되는 용어를 사용하고 싶은 마음도 있었으리라 생각된다.

또한 당시 일제는 중국대륙으로의 침략전쟁을 도모하면서 한반도 내 곳곳에 신사들(神祠)을 세우고 교회 지도자들과 교인들에게 신사참배를 강요하고 있었다. 이에 항거하거나 마지못해 억지로 순응하는 기독교 진영과 교회에 대해서 일제가 탄압을 가중하고 있었기 때문에, 교회라는 용어를 약간 비틀어서 대(隊)라는 용어를 쓰고자 한 것이 아닌가 생각된다. 이정수는 "펜윅의 주장으로는 '우리 교회는 신약성경에 근원을 둔 신약성경의 교회다. 그러므로 교파운동(장로교·감리교를 의식한 듯함)이나 세속화되어가는 교회들과는 교제를 끊으라'고까지 하였다"고 진술하고 있다.[138]

1930년대에 들어서면서부터 일본 제국주의자들은 전쟁 준비와 수행에 광분하였다. 1931

136) 허긴, 「한국침례교회사」, 258-9.
137) 이정수, 「한국침례교회사」, 102.
138) Ibid.

년에 만주지역 침략, 1932년에 괴뢰정부인 만주국 설립과 상하이 침공, 1937년에 중일전쟁 선전포고, 1937년 12월-1938년 2월에 난징대도살(南京大屠殺), 1941년에 미국을 향한 태평양전쟁 개전 등 패전하기까지 15년 동안 일제는 한반도를 대동아공영권 체제 수립을 위한 전쟁의 전진기지로 활용하고 있었다. 이러한 때에 한반도의 산하는 전쟁물자와 인력의 수탈을 위한 착취대상이 되었고, 일제는 전시동원체제 구축과 식민통치의 영구화 작업을 추진하였으며 민족말살정책을 수행하였다.

1936년 8월에 미나미(南次郎) 총독은 총독부령 제76호 "신사규칙"을 발표하였다. 이에 따라 1936년에는 경성신사를 서울에, 용두산신사를 부산에 건립하였고, 1937년에는 대구신사와 평양신사를, 1941년에는 광주신사와 강원신사를 세웠다.[139] 신사에서 참배를 하도록 강요한 것은 조선인들을 일본인으로 개조하는 황국신민화 정책(민족동화 정책, 내선일체 정책)이었고, 이는 달리 표현하면 조선민족말살 정책이었던 것이다. 일본의 왕을 천황(天皇)으로 신격화하였으며, 신사참배, 황궁요배, 황국신민선서 제창, 창씨개명, 일본어 사용 등을 강요하였다. 이를 거부하는 교회들과 교인들은 일제의 조직적인 박해를 당해야 했으며 동아기독대의 교세는 날로 쇠퇴하게 되었다.[140]

1890년대와 1900년대를 한국 땅에서의 침례교회의 발아기라고 한다면, 1910년대는 대한기독교회의 출범기요, 1920년대는 동아기독교회의 발전기요 북방선교의 확장기요, 1930년대는 동아기독대 교단의 쇠퇴기라고 보아야 하겠다.[141]

2. 신사참배의 강요와 교회의 수난

1) 만주 소재 교회들의 수난

일본제국은 1931년에 만주를 침공하기 시작하여 1933년에 일본의 괴뢰정권인 만주국을 설립하고, 청나라의 마지막 황제(The Last Emperor)였던 부의왕(傅儀王, 1907-1912)을 만주국의 왕(1934-1945)으로 봉하였다. 선통제(宣統帝)라고 불리웠던 부의왕은 1911년에 손문(孫文)이 신해혁명을 일으켜 이듬해(1912년 2월 12일)에 재위에서 물러나게 했었다.[142] 일제는 관동군사령관을 앞세워서 중국대륙 전체를 정복하기 위하여 만주지역을 군사기지화하였다. 이러한 상황에서 가장 극심한 피해를 입은 사람들은 망국의 한을 품고 만주지역으

139) 허긴, 「한국침례교회사」, 268.

140) Ibid., 268-9.

141) 이정수, 「한국침례교회사」, 101.

142) "선통제," 중국역대인명사전, [온라인자료] http://terms.naver.com/entry.nhn?docId=1703267&cid=42981&categoryId=42981, 2016년 5월 6일 접속.

로 집단 망명하여 살았던 한국의 이주민들과 기독교인들이었다.

그 당시 만주국의 일본관헌이 조사한 한국인 기독교계의 보고서에는 동아기독대의 만주지역 분포와 교세 현황이 잘 나타나 있다:

> 북만주에는 길림, 연길, 훈춘, 왕청 지역에 동아기독대의 교회들이 있었다. 간도 지역에는 연길기독대, 길림기독대, 훈춘기독대, 왕청기독대, 간도기독대, 노두구(老頭溝)기독대, 흥인(興人)기독대 등 9개의 기독대(教會)가 있었으며, 지역의 관리자는 시베리아에서 철수하여 이곳으로 온 최성업 감로였다.
>
> 또 남만주에는 봉황성, 임강현, 매하구(梅河溝), 강밀봉(江密峰), 반석현(盤石縣), 안산(鞍山) 지역에 봉황성기독대, 임강현기독대, 매화구기독대, 강밀봉기독대, 반석현기독대, 안산기독대 등 6개의 기독대(教會)가 있었으며, 지역 관리자는 이종덕 안사였다.[143]

동아기독대의 교인들은 한편으로는 중국인들로부터 "일제의 앞잡이"로 오해를 받아 박해를 받았고, 다른 한편으로는 일본군경들로부터 은밀히 "독립운동을 하는 투사"로 오해를 받아 박해를 받았다. 일제는 만주사변과 공산당 토벌작전에서 희생된 일본군 전몰장병 위령탑을 건립하고 위령제를 지낼 때, 교인들에게 제례와 참배를 강요하였다. 이에 불응하는 교회들과 교인들은 혹독한 시련을 당해야 했다.[144]

2) 한반도 내 교회들의 수난

1935년에 일제는 한국인들에게 황궁요배(皇宮遙拜)와 신사참배(神社參拜)를 강요하였다. 조선총독부는 경성의 남산 중턱에 조선신궁(朝鮮神宮)을 세우고 일본의 조국신인 아마데라스 오미가미(天祖大神)에게 제사를 드리도록 했으며 한국인들의 영혼 속에 신도(神道) 사상과 천황숭배 의식을 강제로 주입시키려 하였다. 신사참배를 가장 먼저 강요했던 곳은 학교와 교회였다. 이러한 조치에 대해 동아기독대는 분연히 항거하였다. 1934년 제29차 대화회에서 김영관 감목이 취임을 하였는데, 그는 종성동교회에서 공산당원들로부터 순교당한 김영진 목사와 김영국 감로의 막내동생이었다.

김영관 감목은 "달편지"를 통해 교단 산하의 모든 교회들을 향하여 황궁요배와 신사참배의 부당성을 역설하며 일제의 강압에 항거할 것을 호소하였다:

143) 民生部厚生司, "종교조사자료 기독교보고서" (1937. 1), 제7집(康(德,, 7, 12), 411-8. 허긴, 「한국침례교회사」, 299에서 재인용.

144) 허긴, 「한국침례교회사」, 270.

> 어떤 구역에는 관청 당국에서 황제에게 요배를 하라고 시켰사오나 그것에 대하여 결코 응할 수 없는 것은 가령 황제님 앞에서 절한다는 것은 옳지만 멀리서 보이지 않는 데서 절하는 것은 헛된 절이며, 곧 절반은 우상의 의미를 가졌으니 이것은 성경에 위배되는 것으로 우리 믿는 사람은 못할 일입니다. 이것을 하지 않는다고 황제께 불경한 죄라고 할 수 없는 것은 믿는 사람이 복음을 어기고 황제께 공경한다면 진정한 복음이라고 할 수 없고 따라서 복음을 어기고 자기를 공경하라고 명하실 황제님이라고 저희는 생각할 수 없습니다. 그래도 불경죄라고 책임을 지운다면 그 은혜 베푸시는 대로 핑계없이 감당하기를 원하며…[145]

조선총독부에서는 1936년 8월에 국체명징(國體明徵)을 주장하며 신사규칙을 전면 개정하여 다시 신사참배를 강제하였다. 이에 동아기독대의 김영관 감목은 다시 "달편지"를 써서 전국에 산재한 교단 소속의 교회들에게 황궁요배와 신사참배에 순응하지 말고 거부할 것을 통보하였다. 신사참배에서 절을 하는 행위는 우상에게 절을 하는 것과 다름이 없으며 십계명의 가르침을 위반하는 행위임을 분명히 했다. 만약 황궁요배와 신사참배를 거부했다는 이유로 일제가 불경죄를 적용하여 치죄한다면, 동아기독대의 교회들과 교인들은 성령님의 이끄심에 따라 순교를 각오해야 할 것이라고 비장한 표현까지 쓰고 있다.[146]

비록 대한기독교회가 1919년 3·1 만세운동과 무력이나 폭력을 동원한 독립투쟁에 적극적으로 가담했던 것은 아니지만, 1930년대에 동아기독대는 황궁요배와 신사참배에 있어서만은 교회와 국가의 분리 원칙에 입각하여 국가적인 행사와 종교적인 의식을 뒤섞는 조치에 대해서 단호한 태도를 취하였다. 이것은 동시에 하나님으로부터 말미암은 인간의 천부적인 권리인 양심과 신앙의 자유를 쟁취하기 위하여 핍박과 순교의 각오로 분연히 일어선 것이었다.

김영관 감목이 쓴 "달편지"가 함북 웅기교회에서 일제 관헌의 손에 들어가자, 일본 경찰은 동아기독대의 지도자들을 체포 구금하였다. 김영관 감목, 백남조 목사/원산총부 서기, 이종덕 전 감목/안사, 전치규 전 감목/안사, 노재천 목사 등 5인의 지도자들은 원산경찰서로 잡혀가 격심한 고문을 당해야 했다. 이들은 원산형무소에서 5개월 동안 구금되었다가 김영관 감목과 백남조 원산총부 서기는 3년 집행유예로, 나머지 3사람은 기소유예로 석방되었다.[147] 교회지도자들이 수개월 동안 영어의 몸이 되어 고통을 당하는 모습을 보았던 동아기독대의 교회들과 교인들은 말로 표현할 길이 없는 불안과 공포에 떨어야 했다. 그래서 일부는 일본 당국의 협박과 회유에 굴복하여 신사참배에 응하기도 하였지만, 대다수는

145) 김영관, "달편지," 1935년 10월 5일, 광고. 허긴, 「한국침례교회사」, 280-1에서 재인용.
146) 허긴, 「한국침례교회사」, 281.
147) 이정수, 「한국침례교회사」, 109.

동아기독대의 신사참배 거부방침을 따라 우상숭배에 굴하지 않았다. 이들은 예배당이 폐쇄당하는 고통도 당했지만 가정에서 예배를 드리기도 하였다. 그러나 이 때로부터 일본 관헌들의 동아기독대를 향한 박해는 날로 극심해졌고 교회는 하나 둘 폐쇄되기에 이르렀다.

3. 펜윅 선교사 부부의 서거

1) 패니 하인즈 사모의 서거

펜윅 선교사의 부인인 패니 하인즈(Fannie Hinds, 1864-1933) 사모가 1933년 1월 19일에, 35년 동안의 한국 선교 사역에 헌신했던 삶을 마감하고 하나님 품에 안겼다.[148] 하인즈 사모는 원산 자택의 뜰에서 실족하여 골절상을 입은 후, 그것이 악화되어 회복하지 못하고 4주간의 투병 끝에 세상을 떠나고 말았다. 하인즈 여사는 펜윅 선교사가 안식년 휴가 중에 다닌 바 있던 보스턴선교사훈련학교에서 공부하였다. 그 후 미국 남감리회선교부 소속 선교사로 한국으로 파송되었는데, 황해도 송도에 있는 호수돈여학교에서 교사로 여학생들을 가르쳤다.

하인즈 선교사는 펜윅이 인도하는 말씀집회에서 은혜를 받고 서로 가까워졌다고 한다. 1903년에 펜윅과 결혼하여 원산에 신혼살림을 시작하였다. 펜윅의 나이 만 40세, 패니 하인즈 나이 39세 때였다. 만혼이어서일까? 그들 사이에 육친의 자녀들은 생기지 않았는데, 그들은 한국에서 수많은 영적인 자녀들을 낳고 길렀다.

패니 하인즈 사모는 교사로서의 경험이 있어서인지 한국어 성서학습반 지도를 통하여 부녀자들과 어린이들에게 하나님의 말씀을 가르쳤다. 한글공부도 열심히 하여 한국어 사용에도 능통했다. 하인즈 여사는 펜윅 선교사의 내조자로서 헌신적인 아내 역할을 잘 감당하였고, 또한 영문서신들을 받고 보내는 비서 역할을 훌륭하게 수행하였다. 남편의 선교정책이나 전도방법에 대해 말없이 순종하였으며, 경제적인 궁핍이나 일제의 핍박에 처해서도 의연함을 잃지 않았다. 그녀는 남편과 함께 충청도 강경, 임천, 전라도 익산, 성당, 남포, 용안 일대를 도보로 다니면서 전도하였고, 강원도 일대에도 전도하였다.[149]

또한 하인즈 사모는 "때로 전도인들의 여비조달을 위하여 손이 달아서 유혈(流血)이 되도록 편물(編物)을 하였든 [sic] 눈물어린 공적도 있다."[150] 이역만리 떨어진 한반도에서

148) 김용해, 「대한기독교침례회사」, 51. 이정수, 「한국침례교회사」, 106. 허긴, 「한국침례교회사」, 271. 김용해 목사와 이정수 목사는 패니 하인즈 사모의 서거일을 1933년 1월 19일로 적고 있다. 그런데 허긴 박사는 1933년 1월 20일로 기록하고 있다.

149) 김용해, 「대한기독교침례회사」, 51.

150) Ibid.

35년 동안 선교사 남편의 내조자로서 교단 소속 목회자들의 어머니로서 헌신했던 하인즈 여사는 향년 69세의 나이에 하나님 품에 안겼다. 원산 앞바다가 내려다보이는 동산 양지 바른 곳에서 많은 애도자들과의 헤어짐을 뒤로 한 채 평장으로 안장되었다.[151]

펜윅은 아내를 잃은 슬픔을 이런 말로 애도했다고 한다: "부인이여, 그대는 잠시 그늘 아래 쉬고 있지만 영광으로 오실 주님 날에 이별이 없는 기쁜 상봉 기억하오니 아브라함의 품에서 평안히 거하시리이다"[152] 20여 년 동안 하인즈 여사를 보필해 온 양녀 안덕가는 하인즈 여사를 이렇게 회상하며 묘사하고 있다: "하인즈 여사는 어떠한 경황에 처하더라도 한번도 당황해 하는 모습을 본 적이 없었다…. 편 부인에게는 언제나 주님의 은혜의 음광(陰光)이 늘 풍겨나고 있었다."[153]

2) 말콤 펜윅 선교사의 서거

말콤 펜윅 선교사는 아내를 천국으로 환송한 후 약 3년만에 자신도 하나님의 부르심을 받고 원산 자택에서 영면함으로 이 땅에서의 삶을 마쳤다. 김용해 목사는 "편공부께서 1935년 12월 6일, 72세를 일기로 원산 자택에서 별세하여 그 부인의 묘지 옆에 평장(平葬)으로 이 나라에 묻치시었다 [sic]"[154]고 기록하고 있다. 1889년 12월 8일에 약관(弱冠) 26세의 나이로 독립선교사로 이 땅에 들어온 지 약 46년만이었다. 그리고 그 분은 유서 한 통과 두 가지 유언을 남겼다.

첫번째 유언은 "먼저 내가 세상을 떠난 뒤에도 우리 교회는 세상에 있는 교회들과 갈라 놓으라. 그들에게 물들지 말라"는 것이었고, 두 번째 유언은 "그리고 내 무덤은 봉분(封墳)하지 말고 평장으로 하라"는 것이었다.[155] 그는 동아기독대에 속한 교회는 신약성서적 교회로서 세상적인 풍조가 만연해 있는 다른 교단들의 교회들로부터 성별되어야 할 것을 염원한 것이고, 동시에 자신이 대한기독교회의 설립자로서 영웅시 되거나 우상시 되는 것을 경계해야 할 것을 부탁한 것이다.

펜윅의 유서는 영국 대사와 조선 판사와 공증인들의 입회 하에 개봉이 되었는데, 동아기독대에 속한 토지를 비롯한 부동산과 가재도구들을 적절히 처분하여 복음전파 사역을 위하여 쓰고 측근들에게 나누어 줄 것을 부탁하였다. "이 모든 권한(재산을 처분하고 사용할 권한-필자 주)을 안대벽, 김재형, 전치규 세 분께 담당케 하나이다"라는 마지막 문귀에

151) 허긴, 「한국침례교회사」, 273.
152) 이정수, 「한국침례교회사」, 106.
153) 허긴, 「한국침례교회사」, 271.
154) 김용해, 「대한기독교침례회사」, 54.
155) 이정수, 「한국침례교회사」, 110.

서, 그를 도왔던 세 사람을 신뢰하여 재산처분의 일을 위임하셨던 것을 알 수 있다.[156]

캐나다 출신의 또다른 독립선교사였던 영재형(榮在馨, L. L. Young) 선교사는 펜윅의 서거를 애도하며 이렇게 회고하고 있다:

> 그의 죽음에서 주님과 한국 사람들에게 그렇게도 헌신적이었던 참으로 위대한 한 사람이 가버린 것을 나는 느꼈다. 나에게 있어 그는 내가 만날 수 있는 특권을 누렸던 가장 위대한 한 사람의 그리스도인이었다…. 그는 널리 독학한 사람이었으나 누구 못지 않은 지식의 소유자였으며 그의 문장력은 깊고 예리했다. 그는 특히 하나님의 말씀에 해박한 학도였으며… 대화를 영적인 말씀의 방향으로 이끌어 가는 그의 솜씨는 참으로 놀라웠다. 그는 세속적인 대화로 시간을 낭비하는 일이 없었으며 사람을 만나는 순간 그의 대화는 주님에 관한 이야기로 번져가곤 했다.[157]

3) 펜윅 선교사의 신앙과 한국 교회를 위한 그의 공헌 및 과실

펜윅 선교사의 사진을 보면 그는 외모 면에서도 비범한 면모를 보이고 있다. 한복과 갓을 즐겨 입고 썼던 그는 마치 한 사람의 걸출한 성격배우와 같은 인상을 풍긴다. 영재형 선교사는 "그는 마치 엘리야나 침례 요한을 연상케 하는 인물이다"[158]라고 표현했는데, 확실히 펜윅은 범인이 함부로 범접하지 못할 위엄과 귀족적인 기품이 풍기는 풍채와 걸출한 체구를 지녔다. 사진 속의 그의 눈빛은 사람을 강하게 끌어 당기는듯한 매력을 발산하였다.

무엇보다도 펜윅은 신앙의 거인이었다. 그는 어떤 선교단체로부터도 아무런 재정적인 후원을 사전에 약속받지 않고, 하나님만을 바라보는 믿음으로, 당시 조선의 잃어버려진 영혼들을 주님께로 인도하고자 하는 일념으로, 혈혈단신 한반도를 찾아온 믿음선교(Faith Mission)의 대변인이었다. 또한 사도 바울의 고백처럼, "또 내가 그리스도의 이름을 부르는 곳에는 복음을 전하지 않기를 힘썼노니 이는 남의 터 위에 건축하지 아니하려 함이라"(롬 15:20)는 말씀을 몸소 실천한 선교사였다. 그래서 이미 다른 교단의 선교사들이 사역하고 있던 도시지역이나 인구밀집지역을 피해서 "빈들과 산골"을 찾아 다니는 오지선교를 개척하였다.

또한 그는 한국인 토착민들을 직접 훈련하여 제자로 삼고 그들로 하여금 손수 "불고가사(不顧家事) 불고처자(不顧妻子)하는 권서순회전도자들"이 되게 하였다. 그는 한국에서 사역했던 다른 교단들에서는 찾아볼 수 없는 독특한 "토착민들에 의한 오지선교"를 몸소 실천하였다. 72년의 그의 생애는 한국인들을 주님께로 인도하고자 하는 열정으로 충만했던

156) Ibid., 112.

157) L. L. Young, "The Passing of Rev. Malcolm C. Fenwick," *The Korean Mission Field* (1936. 6.), 62. 허긴, 「한국침례교회사」, 283-4에서 재인용.

158) Ibid.

삶이었다.

그는 한반도에 들어와서 사역했던 선교사였지만, 그가 생각하고 있던 선교의 범위는 한반도나 한국 사람들에게 한정되지 않았다. 잃어버려진 영혼이 있는 곳이면 국경을 초월하고 인종을 초월해서 어디에나 찾아가는 예수 그리스도의 마음을 가졌던 선교사였다. "인자의 온 것은 잃어버린 자를 찾아 구원하려 함이니라"(눅 19:10)는 말씀에 순종하여, 만주, 시베리아, 심지어 몽고에까지 전도인들을 파송하여 복음을 전하고 잃어버린 자들을 구원하였다.

그러나 펜윅 선교사에게도 인간적인 약점들도 있었고, 따라서 한국교회를 향한 그의 선교에 과오도 없지 않았다. 무엇보다도 그는 공적인 학교교육을 제대로 받지를 못했고, 오늘날에는 상상할 수 없는 면인데 신학교에서 정식으로 신학교육을 받을 기회를 갖지를 못했다. 그가 받은 신학적인 훈련이나 선교사로서의 교육은 아도니람 고던 목사의 클래런던 스트리트 침례교회에서 운영하던 보스턴선교사훈련학교에서 1년 미만 동안 받은 훈련이 전부였다. 물론 하나님께서는 많이 배운 사람들만을 사용하시는 것은 아니지만, 교육의 부재, 특히 신학교육의 부재는 일평생 펜윅을 따라 다니던 아킬레스 힘줄이었다. 그의 신앙도, 한국교회를 향한 그의 기여 여부도 이 약점으로 말미암은 것이었다.

허긴 박사는 펜윅 선교의 과실을 이렇게 요약하고 있다: (1) 교회론이 부실한 교회와 신학이 부실한 교인의 배출, (2) 개교회의 성장발전과 강단목회자 육성에 실패한 교단, (3) 인재육성 부재와 반문화(反文化) 반역사(反歷史)의 교단 유산.[159)]

첫째로, 신약성서적인 교회론이 부실한 교회와 신학이 부실한 교인을 배출한 점은 펜윅의 큰 과실이었다. 펜윅에게는 그리스도를 머리로 하고 교인들이 지체들로서 활발하게 움직이는 몸으로서 건강하게 기능하는 지역교회 개념이 희박하였다. 대한기독교회라고 하는 교단을 만들기는 했지만, 그것은 실제에 있어서는 교단이라기보다는 선교단체와도 같았다. 개교회(個敎會, 지역교회 Local Church라는 의미이다-필자 주)는 "그리스도의 몸으로서 교회의 기능과 본질이 원천적으로 결여된 선교역참(宣教驛站, Mission Point)과 같은 가정교회였다."[160)]

성도들은 독경운동이나 부흥사경회에 의존하는 신앙생활을 했지, 신학적 소양을 키워주거나 체계적인 성경교육이 거의 없는 신앙생활을 영위하였다. 간구하는 기도생활이나 헌금생활을 별로 강조하지도 않았다. 허긴 박사는 "대한기독교회의 이러한 교회생활과 교인들의 신앙생활은 성서적인 교회관, 경건훈련과 경건생활 및 기도생활의 약화를 가져와 교회

159) 허긴, "대한기독교회와 펜윅 선교사: 펜윅 선교사역의 공과," 허긴 박사 은퇴기념논문집 발간위원회 편, 「한국침례교회와 역사: 회고와 성찰」, 해송 허긴 박사 은퇴기념논문집 (대전: 침례신학대학교출판부, 2010), 230-4.

160) Ibid., 230.

성장과 교인들의 신앙성장을 원천적으로 부실하게 만들었다"고 비판하고 있다.[161)]

둘째로, 교단을 대표할만한 건강하고 성장하는 큰 지역교회를 생산해 내지 못했으며 교육과 훈련과 설교에 있어서 탁월한 능력을 발휘하는 목회자들을 육성해 내지 못한 것도 펜윅 선교사의 선교적인 과오였다. 대한기독교회의 목사는 지역교회를 전담하는 목사(담임목사, Pastor)가 아니었다. 그는 여러 구역의 교회들을 일정 기간 맡아 감리 감독하며 순회목회를 하는 무보수의 순회선교사였다. "개교회는 나의 목자가 없는 양떼들이었으며, 목자는 매주 설교할 수 있는 자기 강단과 자기 양떼가 없는 목자였다!"[162)]

그러니 목자(목사)와 양들(교인들) 사이에 인간적이고 인격적인 관계가 제대로 형성될 수 없었다. 교회는 산간벽지나 빈들의 오지에 파송할 권서순회전도자를 발굴하고 공급하는 역할을 했을뿐이다. 한 때 펜윅 한 사람의 역량과 열정으로 15년 동안 200여 개의 교회들과 250여명의 사역자들을 배출하기도 했지만, 교단을 대표할만한 건강하고 튼튼한 중·대형교회들이 별로 없었고 강단에서 탁월한 설교를 할 수 있는 강단목회자들이 별로 없었기 때문에, 1920년대부터는 대한기독교회가 쇠퇴와 몰락의 길을 걷게 된 것이다.[163)]

셋째로, 펜윅은 반교육, 반문화, 반역사의 문화풍토를 교단에 유산으로 남겨주었다는 비판을 받지 않을 수 없다. 이것은 앞에서 언급한대로 본인이 탄탄한 (신학)교육적인 배경을 가지고 있지 못했던 약점의 당연한 귀결일 것이다. 펜윅은 자신의 섭리주의 신앙(하나님께서 성도들의 필요를 따라 공급해 주시고 섭리해 주신다는 믿음-필자 주)과 임박한 주님의 재림 신앙으로 인해서 인간의 이성이나 지성이나 지식을 대수롭게 생각하지 않았고, 세속교육과 인간능력에 대한 신뢰를 거부하였다.[164)]

이에 따라 1916년 제11차 대화회에서는 학교공교육 거부조치를 내려 대한기독교회의 지도자들과 목사들과 교인들에게 그 자녀들을 학교에 보내지 말라는 조치를 내렸던 것이다. 학교교육의 봉쇄는 대한기독교회의 미래를 암울하게 만들었으며 제대로 교육받은 걸출한 지도자들의 배출을 스스로 막아버린 결과가 되었던 것이다.

1928년 제23차 대화회부터 1940년 제35차 대화회까지는 13년 동안 매년 원산총부에서 연례 대화회 모임을 가졌다. 제35차 대화회에서는 교단의 명칭을 "동아기독대"에서 "동아기독교"(East Asia Christianity)로 변경하였다. "대"(隊)라는 말이 "양떼"(양무리)를 의미하기도 했지만 동시에 "군대"(軍隊)를 뜻하기도 했기 때문에, 일본의 황군(皇軍)에 대항하는 군대라는 쓸데없는 오해를 받지 않기 위해서 바꾼 것이 아닌가 생각된다. 또한 동아기독대라는

161) Ibid.
162) Ibid., 231.
163) Ibid., 232.
164) Ibid., 233.

명칭은 펜윅 선교사의 일방적인 결정에 의해 변경된 것이었기 때문에, 대다수의 동아기독대 교회들과 사역자들이 그 명칭을 별로 선호하지 않아서 7년만에 동아기독교로 변경한 듯 하다.

동아기독교 시대(1940-1949)에는 일제의 신사참배 강요와 동아기독교의 항거, 32명의 교단지도자들이 옥고를 치른 원산사건, 교단의 강제적인 해체, 제2차 세계대전의 종전과 조국의 해방, 남북의 분단, 동아기독교 지도자들의 교단 재건을 위한 노력, 미남침례회 해외선교부와의 제휴, 한국전쟁 등 한국침례교회의 역사에서 매우 격동적인 시대였고 역사적으로 의미있는 중요한 사건들이 연속적으로 전개되었던 시대였기 때문에, 장을 바꾸어 살펴보도록 한다.

제24장

동아기독교 시대(1940-1949)

동아기독교 시대(1940-1949)를 세분하여 구분하자면 (1) 교단 박해기(1940-1944), (2) 교단 해체기(1944-1946), (3) 교단 재건기(1946-1949)로 나눌 수 있다. 1944년 5월 10일에 일제에 의해 동아기독교가 강압적으로 해체되었고, 해방된 후 1946년에 강경에서 제36차 대화회를 개최함으로 약 2년 동안 해체되었던 교단을 재건하였는데, 여기서 대화회를 보다 민주적인 "총회"(convention) 체제로 바꾸고 목회자도 파송제에서 청빙제로 변경하였다. 1948년 점촌에서 개최된 제38차 총회에서는 미국의 개신교 선교회나 교단과 제휴할 것을 결의하고 이 일을 위해 전권위원회를 구성하였다. 그리고 1949년 강경에서 개최된 제39차 총회에서 교단을 "침례교"로 바꾸기로 결의하고, 교단의 명칭을 "대한기독교침례회"로 변경하였다.

2010년도는 최초의 남침례교 선교사들이 한국 땅에 들어온 지 60년이 되는 해였다. 그래서 기독교한국침례교총회에서는 "미남침례교 한국선교 60주년 기념: 은퇴선교사 초청 감사위로 행사"[165]를 추진하였다. 한 때 한국 땅에서 선교사역을 감당했던 은퇴한 남침례교 선교사들을 초청하여 그들의 수고와 봉사에 감사를 표하고 노년에 접어든 그들을 위로하였으며, 교단의 각 기관을 방문토록 하여 자신들의 사역의 열매들을 확인하고 보람을 느끼도록 하였다.

1952년 2월 남침례교 선교사인 존 애버네티 선교사 부부(John & Jewell Abernathy)가 한반도 땅에 입국함으로써 동아기독교[166]와 미남침례교 총회(Southern Baptist Convention)와의 교

165) "미남침례교 한국선교 60주년 기념: 은퇴선교사 초청 감사위로 행사안내" 광고,「침례신문」, 5면, 2010년 7월 2일.

166) Timothy Hyo-hoon Cho (조효훈), "A History of Korea Baptist Convention," Ph. D. dissertation (Southern Baptist Theological Seminary, 1970), 46-50, 57-62. 본서의 저자는 말콤 펜윅 선교사가 창립한 "대한기독교회"(1906)는 오늘날의 "기독교한국침례회"(1975-현재)의 전신으로서 동일한 역사적 연결고리를 갖는 교단으로 보며, 한국 침례교의 역사는 말콤 펜윅 선교사의 입국(1889)으로까지 소급해야 한다고 본다.

단적인 협력이 본격적으로 시작되었다. 동아기독교가 미남침례교 해외선교부(Foreign Mission Board)를 통해 양 총회 간의 교단적인 협력 제휴을 이룬 데에는 하나님의 특별한 섭리가 있었다고 필자는 생각한다.

해방 후 동아기독교 지도자들이 해외에 있는 선교단체나 교단과 손을 잡고 재정적인 핍절을 극복하고자 했는데, 무수히 많은 해외의 기관들 가운데 세계 최대의 개신교 교단인 미남침례교와 제휴하게 되었다고 하는 것은, 하나님께서 동아기독교와 현 기독교한국침례회에 주신 큰 복이라고 생각한다. 한국 침례교회가 비록 짧은 기간 동안(60년, 1950-2010)에 영적으로 숫적으로 폭발적인 성장과 부흥을 이루게 되었는데, 남침례교 총회와 제휴하여 초창기에 많은 영적 재정적 도움을 받고 양 교단 간에 상호 협력을 해 온 것이 가장 중요한 요인들 가운데 하나였다고 필자는 생각한다.[167)]

본장에서는 해방 후 남북분단으로 말미암아 겪었던 동아기독교의 피폐한 상황을 살펴 보고, 남침례교 해외선교부(Foreign Mission Board, SBC)를 방문하여 선교적인 협력을 이끌어낸 우태호 목사의 활동과 그에 대한 평가에 관해 검토하고, 남침례교 해외선교부가 동아기독교 지도자들의 신앙과 삶을 탐색한 후 교단 간 협력제휴를 결정했던 상황 그리고 최초의 남침례교 선교사들이 한국 땅에 들어와 선교사역을 시작하게 된 과정 등에 관해 탐구하고자 한다.

I. 동아기독교와 미국 남침례교 간 협력제휴의 배경[168)]

1. 신사참배에 대한 동아기독교의 격렬한 항거와 교단해체

1) 일제의 신사참배 강요와 한국교회의 대처

1940년대의 동아기독교의 상황은 한 마디로 암울했다. 1933년 1월 19일 펜윅 선교사의 부인 패니 하인즈(Fannie Hinds) 사모가 69세의 일기로 세상을 떠났고, 약 3년 후인 1935년 12월 6일에는 펜윅 선교사도 원산 자택에서 향년 72세의 나이로 하나님의 부르심을 받았다.[169)] 동아기독교 교단 내의 모든 교회들과 교인들은 대한기독교회의 창설자요 약 46년

---

167) Seung Jin Kim, "A History of Southern Baptist MIssion Work: Its Impact on the Korean Baptist Church Growth," Ph. D. dissertation, (Southwestern Baptist Theological Seminary, 1995), iii.

168) 제24장은 허긴 박사 은퇴기념논문집 발간위원회, 「한국침례교회와 역사: 회고와 성찰」, 해송 허긴 박사 은퇴기념논문집 (대전: 침례신학대학교출판부, 2010)에 실린 필자의 논문, "동아기독교와 미남침례교와의 교단 간 협력제휴의 배경과 과정"의 내용을 수정하고 보완한 것이다.

동안 초대교회적인 신앙과 삶의 본을 보여준 지도자를 잃은 상실감에 시달려야 했다.

펜윅 선교사의 서거 당시 시국은 전운이 감돌기 시작했다. 일본 제국주의자들은 1932년에 만주지역을 정복하고 청 나라의 마지막 왕(The Last Emperor) 부의왕(傅儀王, 선통제 宣統帝)을 만주국의 왕으로 봉하였다. 1937년에는 대동아공영권(大東亞共榮圈) 건설의 꿈을 실현하고자 중일전쟁을 터뜨렸다.[170] 일제는 한국 백성들에게도 황궁요배(皇宮遙拜)와 신사참배(神社參拜), 창씨개명(創氏改名)과 일본어 사용을 강요하였다.

일제의 마수는 기독교계에까지 손을 뻗혔다. 1938년 2월에 "기독교에 대한 지도대책"이란 것을 세워 교회 지도자들과 일반 신도들에게 신사참배를 강요하였고 더 나아가 개교회는 물론 노회나 총회 차원에서 신사참배를 결의하도록 요구하였다.[171] 결국 천주교, 감리교, 안식교, 구세군, 성공회 등 대부분의 교파들이 일제의 강압에 못 이겨 신사참배에 응하였고, 1938년 9월에는 장로교마저 총회결의로 신사참배는 애국심을 표현하는 국민의례에 불과하다는 입장으로 선회하면서 신사참배에 굴복하고 말았다.

2) 신사참배에 대한 동아기독교의 항거

당시 동아기독교의 김영관 감목은 1935년에 지역교회들에 보낸 "달편지"를 통해서 신사참배와 황궁요배는 하나님께서 가증히 여기시는 우상숭배의 죄를 범하는 것이기 때문에 교단적으로 결코 받아들일 수 없다는 신앙적인 입장을 표명하였다. 그는 교단 내외로부터 상당한 압력을 받았지만, 신사참배 수용을 거부하면서 감목직까지를 사임하였다.

1940년에 새롭게 제5대 감목직을 맡게 된 이종근 감목은 예상되는 어려움에도 불구하고 앞 일을 오직 하나님께만 맡기고 살신성인(殺身成仁)의 각오로 임하였다. 그는 "철석같은 의지와 불굴의 신앙으로 교단이 직면하였던 모든 난관을 헤쳐 나가는데 솔선수범함으로써 지도자의 참 모습을 보여 주었다."[172]

1940년 중반에 일본 식민지 정부는 동아기독교의 교규와 신조를 일본어로 번역하여 제출하도록 원산 총부에 통보하였다. 당시 동아기독교는 동아기독대(東亞基督隊)라는 명칭을 사용하고 있었는데, 교회라는 말 대신 "대"(隊)라는 군대용어를 사용해 온 것이 하나의 빌미가 되었고, 또한 신사참배와 황궁요배를 거부하고 있었기 때문에 요시찰 기관으로 분류되어 있었다. 일본 관헌의 추상같은 통보를 접한 교단총부는 교규를 15장 36조로 작성을 한 후 일본어로 번역을 하여 1940년 9월 9일에 제출하였다.[173]

---

169) 이정수, 「한국침례교회사」, 105-6, 110-2.
170) Ibid., 107.
171) 허긴, 「한국침례교회사」, 300.
172) Ibid., 303.

3) 동아기독교 지도자 32인을 구속한 원산사건

1941년 12월 8일 하와이 주 진주만을 불시에 공격함으로 태평양전쟁을 일으킨 일본제국주의자들은 교회의 공식적인 집회 때마다 일장기 배례, 황궁요배, 출정 장병의 무운장구(武運長久)를 위한 묵념, 황국신민(皇國臣民) 선서를 강요하였다. 1942년 6월 10일에 원산 헌병대는 교단총부를 불시에 검문 수색하였고, 같은 날 이종근 감목을 체포 구금하였다. 그 해 9월 11일에 가서야 구속이 종결되었다.

결국 일본 관헌들은 1942년 9월에 전국에 산재해 있던 동아기독교 지도자들에 대해 구인장을 발부하며 대대적인 검거에 들어 갔다. 이 사건이 바로 32명의 동아기독교 지도자들을 원산구치소에 구속시킨 "원산사건"이다. 성직별로 분류하면 안사 1명, 감목 1명, 목사 11명, 감로 16명, 교사 2명, 평신도 1명, 도합 32인이었다.[174]

이들은 황궁요배나 신사참배를 우상숭배로 여겨 거부한 것밖에 없으나 구속되어 고문과 취조로 고통을 당해야 했다. 이들은 1943년 5월 1일에 관련서류들의 이체과 함께 원산구치소에서 함흥형무소로 이감되었다. 15일간의 함흥형무소의 재판 결과, 32명 가운데 이종근 감목을 비롯한 9명은 예심에 회부되어 투옥되었고, 나머지 23명에 대해서는 기소유예 처분을 받아 1943년 5월 15일에 석방되었다.

4) 전치규 안사의 옥중순교

투옥된 지도자들 중 전치규(1878-1944) 안사는 모진 고문과 혹독한 추위에 시달려 중병을 앓게 되어 결국 1944년 2월 13일에 차디찬 감방에서 향년 66세로 순교하고 말았다.[175] 전치규 안사는 1878년생으로서 32세되던 1910년에 펜윅을 만나 기독교 신앙에 입문하였다. 그는 원산에서 6년간 펜윅의 수하에서 훈련을 받아 신약성서 번역에 큰 역할을 하며 펜윅 선교사의 사역을 부지런히 도왔다. 1916년에 경북 새원교회에서 개최된 제11차 대화회에서

173) Ibid., 310.

174) Ibid., 315-6. 이정수, 「한국침례교회사」, 142-3. 구속된 32인의 동아기독교 지도자들을 구속 날짜별로 살펴보면 다음과 같다. 6월 10일: 이종근 감목(함남 원산)/, 6월 11일: 전치규 안사(함남 원산), 김영관 감목(함남 원산)/, 9월 4일: 김용해 목사(전북 익산)/, 9월 5일: 노재천 목사(경북 상주)/, 9월 6일: 박기양 목사(경북 점촌), 신성균 목사(경북 점촌), 김주언 감로(경북 점촌), 이덕여 감로(충남 예산), 이덕상 교사(경북 점촌)/, 9월 7일: 장석천 목사(충남 임천), 이상필 감로(전북 용안), 김만근 감로(충남 임천)/, 9월 8일: 백남조 목사(경북 광천), 정효준 감로(경북 영일), 박병식 감로(경북 조사리), 박두하 감로(경북 영양)/, 9월 10일: 문규석 목사(경북 울진), 전병무 감로(경북 울진), 김해용 감로(경북 울도), 문재무 감로(경북 울진), 안영태 감로(강원 구산), 남규백 감로(경북 울진)/, 9월 11일: 방사현 목사(평북 자성), 박성도 목사(함북 경흥), 김재형 목사(함남 원산), 한기훈 감로(평북 자성), 박성은 감로(함북 경흥), 한병학 감로(함북 나진), 박성홍 감로(함북 경흥), 위춘혁 교사(평북 자성), 강주수(함남 원산) 등이다.

175) 김갑수, 「한국침례교인물사」, 72-83.

목사 안수를 받았고, 1924년에 제3대 감목으로 취임하여 10년간 교단의 최고지도자로 교단 발전을 위해 봉사하였다. 1934년에 안사로 봉직되었는데, 슬하에 2남 3녀의 자녀들을 남기고 순교자의 반열에 오르게 되었다. 그의 유해는 원산 동산의 묘지에 안장되었다.[176]

이 당시 동아기독교의 지도자들 가운데에는 구속을 면한 이들도 있었다. 이종덕 안사와 최성업 목사는 만주국조선기독교연맹에 소속된 목사였기 때문에, 한기춘 목사는 평양장로교신학교에서 신학공부를 하러 가서 동아기독교 교단을 떠나 있는 상태였기 때문에, 안대벽 교사는 당시에 교회사역을 담당하지 않고 있었으며 재산이 있는 지역유지의 입장에 있었기 때문에, 윤종우 감로와 이종만 감로는 주소가 불명확했기 때문에 구속의 화를 면하게 되었다.[177] 안대벽 교사는 수감된 사역자들을 위한 옥바라지에 적지 않은 힘을 썼다.

5) 동아기독교 교단 강제해체

드디어 올 것이 오고 말았다. 1944년 5월 10일에 함흥재판소에서 동아기독교에 대하여 교단 해체령을 내렸다. 교단 해체령의 요지는 동아기독교가 신사참배와 황궁요배를 거부함으로써 일본국과 일본천황을 모독했으며 교단의 교규 내용이 일본국의 국체명징(國體明徵)에 위배되는 불온사상을 지녔다는 죄목에 대한 판결이었다.[178]

초법적인 교단 해체령으로 인해 동아기독교 원산총부는 강제 폐쇄되었고, 모든 서류들과 역사적인 자료들과 도서들은 압수를 당하여 소각되었다. 전국에 산재해 있던 동아기독교 교회들은 예배와 집회를 금지당하였다. 1940년의 교규서 제출로부터 시작된 동아기독교에 대한 탄압이 마침내 1944년 5월 10일에 내려진 교단 해체령으로 극에 달하였다.[179]

한 순간에 교회당들을 빼앗기고 지도자들을 잃어버린 동아기독교 교인들은 어찌할 바를 모르고 천지사방으로 흩어졌다. 동아기독교는 역사상 최대의 암흑기를 맞은 것이다. 1946년 제36차 강경 대화회가 열리기까지 동아기독교라는 교단은 약 2년 4개월 동안(1944년 5월 10일-1946년 9월 9일) 해체상태에 있었고, 교인들은 뿔뿔이 흩어져 각 가정에서 예배를 드려야 했다.

각 교단마다 일부 목회자들이 개인적으로 신사참배를 거부하다가 투옥되어 고문을 받거나 순교한 경우는 있었지만, 동아기독교 교단만은 유일하게 교단 차원에서 신사참배와 황궁요배를 거부하였기 때문에 교단 자체가 해체를 당하였다. 장로교를 비롯한 여타의 기독교 교단들은 신사참배를 애국의 의식으로 간주하여 총회적으로 순응하는 결정을 하였지

176) Ibid.
177) 허긴, 「한국침례교회사」, 317.
178) Ibid., 320.
179) 이정수, 「한국침례교회사」, 148.

만, 동아기독교는 시종일관 끝까지 신사에 참배하는 행위는 성경이 금하는 우상숭배로 간주하여 거부하였다. 일본 제국주의자들에 의한 동아기독교 교단의 강제해체는 한국기독교회사에서 결코 가볍게 평가되어서는 안 될 사건이었고, 자기희생적인 십자가신앙의 본(本)이 되는 사건이었다.

2. 해방 후 교단재건을 위한 노력

그러나 암흑의 턴널은 그리 길지 않았다. 교단이 해체를 당한 후 15개월만에 일본 군국주의자들은 나가사끼와 히로시마에 원자폭탄을 얻어맞은 후 연합군에 항복을 했다. 1945년 8월 15일에 한민족의 숙원이었던 해방이 하나님의 선물로 우리 민족에게 주어진 것이다. 그러나 그 선물은 반쪽짜리 선물이었다. 38선 이북지역에는 소련군이 김일성을 앞세우고 진주하였고, 이남지역은 미군정에 의한 통치가 시작되었다. 남북의 분단은 일제시대 원산에 본부를 두었던 동아기독교의 역사에 단절을 가져왔고, 이북에 존재하던 대부분의 교회들을 상실하는 비운을 겪어야 했다.

이러한 와중에서 충남 강경에 있던 김용해 목사가, 경북 점촌에서 교회를 추스리고 있던 노재천 목사에게 연락하여 교단재건 문제를 의논했다. 이들은 칠산에 있던 장석천 목사를 찾아가 강제 해체되었던 동아기독교의 재건을 위하여 교단재건회의를 소집하자고 합의하였다. 마침내 1946년 2월 9일에 충남 부여군 칠산에 있는 칠산교회에서 교단재건회의가 개최되었다. 9개 구역 대표 17명과 방청회원 5명 등 22명이 참석하였다.[180] 참석자들의 명단은 다음과 같다: 노재천, 신성균, 이종만, 김주언, 이덕상, 김용해, 장석천, 이상필, 김순오, 김만근, 최종석, 오경환, 이헌구, 박기양, 이종학, 윤상순, 이덕여 등 17명이다. 박봉석, 홍갑덕, 이건창, 장순길, 강석오 등 5명은 방청회원으로 참석하였다.[181]

김용해 목사가 임시의장으로 피선되어 회의를 주재하였다. 이 회의에서 몇몇 대표들은 상황이 너무나 어려우니 동아기독교를 재건하기보다는 차라리 유력한 타교단으로 들어가는 것이 어떻겠느냐는 의견이 제기되기도 했지만, 대부분의 참석자들은 약 40여 년 동안 순교의 피로 지켜온 동아기독교 교단을 포기할 수도 없고 포기해서도 안 된다는데 뜻을 모아 교단재건을 결의하였다. 노재천 목사를 임시 대리감목으로 추대하였고 김용해 목사를 서기로 선임하였다.[182] 교단재건회의에서는 다음과 같은 5개 조항의 결의문을 채택하였다:

180) Ibid., 150.
181) Ibid.
182) 허긴, 「한국침례교회사」, 327.

1. (각 교회는) 자립 존속하기로 하되, 교역자를 청빙제로 하고, 개 교회나 구역에서 생활비를 부담키로 하다.
2. (교단) 총부 사무실은 강경교회에 두고 (교단) 유지비는 자원거출금으로 하기로 하다.
3. 남한 각 구역 기성임원 및 교역자는 자진하여 산재한 교회 재건에 노력하기로 하다.
4. 교회 연합기구가 생길 때에는 합동하되 교리, 신조 등 탐지하는 문제는 대표 노재천, 김용해, 김주언 제씨에게 일임키로 하다.
5. 당년에 대화회를 소집한다.[183]

칠산교회에서 모였던 교단재건회의는 가사상태에 있던 동아기독교를 다시 살려낸 획기적인 모임이었다. 당시 남한의 교회는 약 42여개, 교인수는 350여 명에 불과했는데, 이들이 그루터기가 되어 싹을 틔우고 가지를 뻗칠 수 있도록 생명을 불어넣은 회의였다. 동아기독교라는 교단이 법적으로 강제해체가 된 것은 1944년 5월 10일이었지만, 1941년부터 1945년까지는 일제의 방해와 감시와 박해로 인해 대화회를 개최할 수가 없었다.[184]

일제의 탄압과 교단 해체로 인해 1941년부터 1945년까지 5년 동안 다섯 번 모일 수 없었던 대화회를 1946년 가을에 강경에서 개최하여 동아기독교 역사의 연결고리를 다시 잇고자 결의했다는 점에서, 칠산교회에서 개최되었던 교단재건회의는 위대한 새 출발의 결단을 한 것으로서 그 역사적 의의는 결코 작지 않다고 하겠다.

3. "역사적인" 제36차 강경 대화회

노재천 대리감목은 칠산 교단재건회의의 결의에 입각하여 1946년 9월 9일에 "역사적인" 제36차 대화회를 강경교회에서 개최하였다. 1906년 강경에서 대한기독교회가 교단으로서 창립된 지 꼭 40년만의 일이었다. "역사적인"(historic)이라는 표현을 쓰는 이유는 1940년에 제35차 대화회를 가진 이후 6년만에 열리는 대화회였기 때문이기도 하고, 해방 후 처음으로 일본 제국주의자들의 간섭과 압력 없이 자유로이 치루어진 대회였기 때문이다. 또한 본 대화회에서 교단의 정체를 감독정치 체제로부터 회중정치 체제로 변경하였고, 연차총회의 명칭도 "대화회"에서 "총회"로 바꾸었으며 교단지도자들의 호칭도 많이 변경하였기 때문이다.[185]

그렇지만 제36차 대화회는 아쉬움이 컸던 모임이었다. 왜냐하면 38선 이북지역과 만주지역에 산재해 있던 동아기독교 형제 자매들이 참석할 수 없었기 때문이다. 1940년에 동아기독

183) 이정수, 「한국침례교회사」, 150-1.
184) Ibid., 257.
185) Ibid., 151.

교에 소속된 교회들은 모두 254개였다.[186] 그런데 1946년, 제36차 대화회에 참석했던 사람들은 오직 이남지역에 존재했던 대의원들이었고, 교회 숫자는 42개 교회였고 이들 교회들에 속한 교인들을 다 합해도 약 350명 정도에 불과했다. 단지 교단해체령이 내려지자 만주 봉황성으로 망명의 길에 올랐던 제2대 감목 이종덕 목사가 본 대화회에 참석할 수 있었다는 것이 큰 위로가 되었다. 제36차 대화회는 해방을 계기로 동아기독교의 교단 체질을 근본적으로 변혁시키고자 하는 결의안을 도출해 내었다. 그 중에서 가장 중요한 내용은 다음과 같다:

1. 체제변경/대화회를 총회제로 변경하고 종전의 감독체제를 회중체제로 한다.
2. 총회임원은 정, 부회장 각 1인, 서기와 부서기 각 1인으로 하고 부서로는 서무부, 전도부, 재무부 이상 3부로 정하고 각 부에 부장 1인씩 둔다.
3. 상임위원회를 구성하고 위원으로는 총회에서 선출되는 정, 부회장과 서기 그리고 원로목사로 장석천, 박기양, 신성균 목사 6인으로 정하고 필요 시에는 총회를 대리하기로 한다.
4. 성직제 변경/종전의 임원, 당원제를 대폭 변경하여 안사를 목사로, 감로를 장로로, 통장은 권사로, 총장과 반장은 집사로, 각기 개칭하기로 한다. 단 교사직은 그대로 존속한다….
8. 교역자는 종전의 파송제를 청빙제로 변경하여 전도비는 해 교회의 자담으로 하고 총회 유지비는 각 구역에서 책임지고 조달하기로 한다. (순회목회는 보류되어짐).[187]

허긴 박사는 제36차 대화회가 동아기독교로서는 펜윅 선교사의 독단적이고 획일적인 신앙으로부터 탈피할 수 있는 계기가 되었고, 교단이 민주주의적인 의회체제로 전환하는 계기가 되었으며, 더 나아가서 이러한 변화는 침례교회의 지역교회자치주의(autonomy of the local church)의 기틀을 마련하는 계기가 되었다고 진단하고 있다.[188] 허긴 박사 역시 제36차 대화회를 "역사적인 총회"로 규정하며 다음과 같은 평가를 내리고 있다:

> 강경교회에서 소집되었던 제36차 대화회는 몇 가지 측면에서 매우 중대한 변화와 개혁을 가져 온 역사적인 총회라 할 수 있다. 본 대화회는 40여 년 동안 지속되어 온 대한기독교회의 교단의 기틀을 해체시켜 펜윅의 옛 체제에 종지부를 찍고 역사적인 대혁신의 전환을 가져왔다. 대화회를 민주주의적인 총회체제로 바꾸고 목회자도 파송제에서 청빙제로 바꾼 것은 펜윅의 선교지향적인 순회선교회의 단체에서 목회지향적인 개교회 중심의 교단조직으로 개편한 것으로서 교단체제의 일대 혁신이라 할 수 있다. 이제 동아기독교회도 한국의 다른 개신교단처럼 목회자가 자신의 교회를 갖는 교단으로 새로 출발하게 된 것이다. 엄밀하게 말하면 하나의 선교단체가 아니라 교단을 형성하게 된 것이다.[189]

186) Ibid.
187) Ibid., 152.
188) 허긴, 「한국침례교회사」, 330.

4. "대한기독교회"의 분립과 이탈

1946년 제36차 강경 대화회에서 대화회 체제를 보다 민주적인 총회 체제로 변경을 하고, 감목을 정점으로 하는 감독체제를 중단하고, 담임목사도 파견제가 아니라 청빙제로 변경하여 지역교회에 어느 정도의 자치권을 부여하였다. 이렇게 결정하자 오랜 역사를 가지고 있던 경북 예천구역에 속한 교회지도자들이 반발하고 나섰다. 윤종두 감로, 박성래 감로, 임윤창 전도 등이, 펜윅 선교사가 세웠고 지난 40년 동안 이어온 감목과 대화회 체제를 폐지하는 것은 대한기독교회의 역사와 전통을 스스로 저버리는 것이라 하여 반대하였다. 이들은 국내 전역은 물론 만주와 시베리아에서 전도활동에 헌신했던 교단의 원로들이었으며 펜윅 선교사를 사랑했고 존경했고 순종했던 사람들이었다.[190]

예천구역에 속한 교회지도자 약 10여 명은 1947년에 공주에서 개최된 첫 번째 총회(제37차 대화회)에서 지난번 강경 대화회의 결정에 불복하며 재의를 요청하였다. 그들은 정식으로 교단 명칭 및 체제와 담임목사 결정의 방식 등을 과거로 환원할 것을 제의하였다. 그러나 공주 총회가 그들의 제의를 부결시키자 그들은 이에 불복하고 자기들끼리 따로 모여 교단을 구성하였다.

그들은 펜윅 선교사가 처음에 세웠던 교단명칭을 그대로 사용하기로 했고 동아기독교 교단으로부터 분리되어 이탈하였다. 그들은 "우리는 편 공부께서 성슌님으로 세운 교회를 버릴 수 없다"는 비장한 각오로 총회를 규탄하였다.[191] 총회에서는 그 해 여름에 사태수습을 목적으로 장일수 목사를 파송하여 교단체제와 성직제의 변경에 대해 그들을 이해시키고 설득시키려 했지만 오히려 그 관계는 더욱 악화되었다.

1947년 9월 14일에 10여 명의 예천구역 지도자들이 중심이 되어 헌평(憲平)교회에서 별도로 대화회를 개최하였다. 10명의 중심인물은 헌평교회의 장진규, 김성기, 새원교회의 노성하, 등금교회의 이종배, 지촌교회의 박성래, 서동교회의 윤종두, 윤종성, 마전교회의 임윤창, 김재덕, 옥동교회의 박맹춘 등이다.[192] 이들은 교단명칭을 원래대로 "대한기독교회"라 하였고 동아기독교의 행정체제와 전통을 그대로 고수하였다. 그들은 김재덕 총장의 제안에 따라 임윤창 전도를 새로운 감목으로 선출하였다.

1949년에 서동교회에서 모인 회의에서는 박성래 감로의 제안에 따라 펜윅 선교사가 만

189) Ibid., 329-30.
190) 이정수, 「한국침례교회사」, 153.
191) 허긴, 「한국침례교회사」, 331.
192) 이정수, 「한국침례교회사」, 153. 허긴, 「한국침례교회사」, 331.

들었던 대한기독교회의 교규를 모본으로 하여, 새로운 교단으로서 체제를 갖추기 위해 15장 45개조의 교규를 만들었다.[193] 1950년 5월 14일에 서동교회에서 다시 대회를 개최하여 그것을 제32차 대화회로 규정하고 대한기독교회의 전통을 이어가는 것으로 결정했다. 비록 10여명의 적은 수가 교단을 이탈하였지만, 동아기독교는 또다시 타격을 입었으며 교세는 더욱 약화되었다.

5. 해방 후 북한지역의 동아기독교

해방! 해방은 하나님께서 36년 동안 일본 제국주의자들에게 모든 국권을 빼앗기고 피식민지 백성으로서 노예와도 같은 삶을 살았던 한민족에게 은혜로 주신 선물이었다. 의식 있는 선각자들에 의한 독립운동이 다양하게 전개되었음을 부인할 수 없지만, 해방은 제2차 세계대전의 연합국들이 구축국(驅逐國)들을 물리쳐 승리함으로써 주어진 선물이었다. 히로시마와 나가사끼에 떨어진 원자탄, 그로 인한 일본천황의 항복선언으로 말미암아 3천만의 한국백성의 가슴에 목멘 감격의 눈물을 흘리게 했다. 해방은 한민족이 쟁취해 낸 것이라기보다는 한민족에게 베풀어진 선물이었다. 그러나 그 선물은 반쪽짜리 해방이었다. "38선(남북)의 양단이 그것이다. 북쪽에 있는 교회는 해방을 반기던 손길로 다시 공산당에 의해서 창살로 끌려가는 엄청난 설움을 겪어야 했다. 북한의 교회는 다시 신음하기 시작했다."[194]

1906년 펜윅 선교사가 강경에서 대한기독교회라는 단체를 창립할 때부터 그에게는 한반도의 "빈들과 산골"인 오지(奧地)뿐만 아니라 만주와 시베리아와 몽고 지역의 잃어버려진 영혼들을 구원할 비전을 가지고 있었다. 그는 함경도 원산을 본부로 삼아 북방선교에 주력하였다. 그래서 교단명칭을 변경해야 했을 때 펜윅과 그의 후예들은 동아기독교회, 동아기독대, 동아기독교라는 명칭을 사용하면서 명실상부하게 그들이 꿈꾸었던 선교영역이 "대한"(Korea)만이 아니라 "동아"(East Asia)임을 다짐했던 것이다. 그 당시 적지 않은 한국인들이 새로운 삶의 터전을 찾아 그리고 독립운동에 가담하기 위해 간도 지역으로 이주해서 개척자로서의 삶을 살고 있었다. 그들에게 복음을 전하고 교회를 세우는 사역에 동아기독교 지도자들은 헌신을 했던 것이다.

앞에서 언급한대로 러시아에서 1917년에 볼세비키(무산대중) 혁명이 일어나자, 무신론자들의 박해로 인해 시베리아 지역에서 신앙생활을 하던 동아기독교 교인들이 1938년 이후 간도지방과 함경북도 지역으로 내려왔다. 러시아는 미국의 원자탄 투하로 인해 전의를 상

193) 허긴, 「한국침례교회사」, 332.
194) 민경배, 「한국기독교회사」, 512-3.

실한 일본에 대해 1945년 8월 9일에 선전포고를 선언하였다.[195] 그리고 블라디보스톡 군항에 있던 러시아의 태평양 함대를 동원하여 웅기, 나진, 청진 등을 급습하여 점령하였다. 이러한 도시에 정착했던 동아기독교 교인들은 8·15 해방과 함께 러시아 공산치하에 들어가게 되었다.

1944년 5월 10일, 일제에 의해 교단해체를 강요당한 북한의 동아기독교 교회들과 지도자들은 교단의 재건을 위해 힘을 쓸 수가 없었다. 교회를 수습하고 교단을 다시 일으켜 세울 교역자들이 없었다. 이종근 감목은 해방 후 경제적인 어려움 때문에 원산총부에 계속 머무를 수 없어서 만주로 이주했으며, 원산총부에서 그를 도왔던 안대벽은 남한으로 월남하였고, 김영관 목사와 김일재 목사만이 원산에 남아 있었으나 무력하였다.[196] 1946년 10월경에 김영관 목사는 나진으로 이사했는데, 만주에서 사역하던 박형순 목사도 중공군의 만주 진주를 피해 나진으로 이주했다. 함경북도 나진이 동아기독교 지도자들이 집결하기 용이한 도시가 되었다.

1947년초에 나진교회를 중심으로 임원회가 소집이 되었다. 임원회에서는 교단의 재건문제가 논의가 되었고 남북한의 통합이 현실적으로 이루어지기가 쉽지 않다는 정세판단에 따라 북한지역의 동아기독교 교회들 단독으로 총회를 구성하기로 하였다. 북한의 교회들도 1946년 "역사적인" 제36차 강경 대화회의 결정에 따라, 대화회를 총회체제로, 감목을 총회장으로, 임원회는 부장제로 변경하였다.

제1대 총회(제37차 대화회)에서 이종근 목사를 총회장으로, 박형순 목사를 부총회장으로 선출하고, 김영관 목사를 고문으로 추대하였다.[197] 1948년 2월에도 이종근 총회장은 나진에서 제2차 총회를 소집하였다. 본 총회에서 총회장에 최성업 목사, 부회장에 박형순 목사, 고문에 이종근 목사를 선임하였고, 각 부장을 선임하여 구역들을 순회하게 하였다.[198]

그러나 북한지역에서 조선민주주의 인민공화국 정부의 수립을 위한 총선거가 1946년 11월 3일 주일에 실시될 것이 공고되었다. 이 때 장로교의 "이북 5도 연합노회"에서 "주일에는 예배 이외의 어떠한 행사에도 불참한다는 것, 정치와 종교의 엄격한 구분, 교회당은 예배 이외의 목적에 사용할 수 없다는 것" 등을 결의하여 항거하였다.[199] 이를 기화로 북한의 무신론 공산주의자들은 교회들과 기독교인들에 대한 탄압과 박해를 강행하였다.

이후 북한의 동아기독교도 다른 기독교 교단들과 단체들과 마찬가지로 북한 공산정권

195) 허긴, 「한국침례교회사」, 340.
196) Ibid., 341
197) 이정수, 「한국침례교회사」, 155.
198) Ibid.
199) 민경배, 「한국기독교회사」, 515.

의 3단계 기독교 박멸정책인 제한, 탄압, 말살의 수순을 거치면서 지하로 잠복하였고, 한국전쟁으로 말미암아 순교를 당하거나 남쪽으로 월남하였다. 어느 교단들보다도 북한지역의 원산에 본부를 두고 있던 동아기독교는 남북분단으로 말미암아 그 피해가 가장 컸었다고 말할 수 있다.

펜윅 선교사가 본격적으로 약 15년 동안 사역했던 대한기독교회의 황금시기(1900-1915)에 남북한 통틀어 약 200여개 교회에 250여명의 동아기독교 사역자들(지도자들)이 있었는데,[200] 해방과 남북분단 후 1946년경에 남한에는 약 42개 교회에 350여명의 교인들이 남아 있을뿐이었다. 역사의 단절이 너무나 혹독하였다.

II. 남침례교 해외선교부와의 접촉

1. 접촉의 배경

1948년 9월에 경북 점촌에서 개최된 제38차 총회는 동아기독교의 발전과 도약을 위해 매우 중요한 족적을 남긴 총회였다. 남한지역에 남아 있던 소수의 교회들로서는 제대로 교육받은 지도자들의 부족과 재정적인 핍절로 인해 생존 자체도 힘들었는데, 이러한 난국을 타개하고자 하는 제안이 있었다. 그것은 다른 교단들이 그러했던 것처럼 외국의 교단이나 선교단체와 제휴를 맺자고 하는 제안이었다. 이러한 제안을 했던 사람은 한기춘 목사였다.

한기춘 목사의 제안을 긍정적으로 받아들인 총회는 한기춘, 김용해, 안대벽 등 3사람을 전권위원으로 임명하여 외국의 교단이나 선교단체와 제휴하는 문제를 위임하였다. 그런데 한기춘 목사는 "이종덕 총회장과 장석천 목사를 설득하여 전권위임장을 받아내어, 총회가 끝난 직후 다른 위원들과는 전혀 상의도 없이 교단 임원들이 달가워 하지 않던 인물인 우태호 목사를 만나, 동아기독교와 미국 남침례교총회와의 교단 제휴 및 선교사 파송 문제를 교섭하도록 미국으로 보내는 일련의 일을 독단적으로 추진했다."[201]

이와 관련하여 김용해 목사는 자신의 저서, 「대한기독교침례회사」에서 이렇게 기술하고 있다:

200) 허긴, "대한기독교회와 펜윅 선교사: 펜윅 선교사역의 공과," 232. 식민지 시대 동아기독교의 전체 교인수에 대해서는 정확한 통계를 찾을 수 없다.
201) 허긴, 「한국침례교회사」, 335.

> 한기춘 목사가 미국침례교회와 연락을 취해 보는 것이 어떠한가 하는 제의를 하게 되어 한기춘, 김용해, 안대벽 이상 3인 목사가 고려하여 추진해보라는 정도로 끝났으나, 한 목사는 우태호라는 인물을 통하여 미국 남침례회 외국선교부에 공문을 보내는 등 단독으로 연락을 취한 바 있어, 즉시 총회 간부회의를 개최하고 외국 연락을 취하되 우태호는 과거 우리 교단을 박해한 주모자의 한 사람이니만큼 이런 중대한 일에 같이 할 수 없다는 것을 밝히고 우씨를 제외할 것을 결의하였다.[202]

우태호 목사를 미국 남침례회 해외선교부(FMB, Foreign Mission Board)에 파송한 일로 인해 총회 지도자들 간에 불화와 갈등이 빚어졌다. 그렇지만 동아기독교와 미남침례교 해외선교부와의 제휴를 성공적으로 성취시킨 인물은 바로 우태호 목사였고, 그의 헌신적인 노력으로 인해 최초의 남침례교 선교사 부부가 이 땅에 들어오게 되었다. 동아기독교가 영적으로 재정적으로 핍절한 상황 속에 있을 때 발전과 부흥의 불씨를 지필 수 있게 된 것이 미국 남침례교와의 교단적 협력체제 구축이었다고 볼 때, 필자는 한국 침례교 역사에서 우태호 목사의 공로는 결코 과소평가 되어서는 안 된다고 생각한다.

2. 우태호 목사와 "원산사건"

우태호(1903-1955) 목사와 관련한 정보나 자료는 극히 제한적이다. 허긴 박사는 "우태호(禹泰浩)는 평양장로교신학교 출신인 우기모(禹琦謨) 목사의 장남으로 1903년 2월 19일에 평남 강서군 강서리의 거부(巨富) 가정에서 태어났다"[203]고 적고 있다. 그는 1920년에 그의 나이 17살 때에 미국 유학길에 올랐다. 당시 상황에서 그 나이에 혈혈단신 미국 유학을 떠났다는 것은 결코 예사로운 일이 아니었을 것이다.

우태호는 미국에서 고등학교를 마치고, 유학을 간 지 10년만인 1930년에 로스앤젤레스에 소재한 패사디나 대학(Pasadena College)에서 문학사(B.A.) 학위를 받았고, 1932년에는 애틀란타에 있는 오글쏘르프 대학교(Oglethorp University)에서 문학석사(M.A.) 학위를 받았다. 그 후 1932년-1933년에 테네시주 내쉬빌에 소재한 밴더빌트 대학교의 종교학과 대학원(Graduate School of Religion, Vanderbilt University)에서 수학을 하였다.[204]

그 후 우태호는 하나님의 부르심을 받고 남침례신학원(Southern Baptist Theological Seminary)에 입학을 하였다. 기록에 의하면 그는 1940년 5월 20일에 한국인으로서는 최초로 미국 남침

202) 김용해, 「대한기독교침례회사」, 79.
203) 허긴, 「한국침례교회사」, 310.
204) Timothy Cho (조효훈), "A History of Korea Baptist Convention," 90-92.

례신학원을 졸업하면서 신학석사(M.Div., 당시 학위명으로는 B.D.) 학위를 받았다.[205)]

우태호는 내쉬빌에 있는 벨몬드 하이츠(Belmond Hights) 침례교회의 회원으로서 교회봉사를 하였고, 1939년 11월에 복음사역자(gospel minister)로 목사안수를 받았다.[206)] 1940년 5월에 남침례신학원을 졸업한 후, 그는 벨몬드 하이츠 침례교회의 후원을 받아 선교사로서 한국으로 파송되었다. 그가 미국시민권을 가진 사람이 아니었기 때문에 해외선교부의 파송을 받은 것은 아니고, 자기가 몸 담고 있던 지역교회로부터 개인자격의 선교사로 파송을 받아 모국으로 귀국을 하였다.[207)]

침례교 신학을 공부하고 침례교회로부터 파송을 받아 20년만에 귀국한 우태호 목사는 부친의 교단인 장로교회로 돌아가지 않았다. 당시 장로교회는 총회에서 신사참배에 굴복하는 결정을 한 상태였고, 그에게는 "신자의 뱁티즘"(believer's baptism)에 대한 확신이 있었을 것이기 때문에, 그는 자신의 침례교 신앙과 근접한 동아기독교에 문을 두드렸을 것이다. 그는 1941년 9월 이전에 동아기독교의 본부가 있는 원산으로 찾아갔다.[208)] 그는 자신을 소개하며 펜윅 선교사의 제자들과 동역하기를 원했다.

그러나 동아기독교 지도자들은 생면부지의 우태호 목사에 대해 경계하지 않을 수 없었다. 그들은 우태호 목사가 외국에서 목사안수를 받았고 영어를 능수능란하게 잘 할뿐만 아니라 많은 교육을 받은 자였기 때문에 강한 거부감을 느꼈을 것이다. 특히 우태호 목사를 받아 들이는데에 적극적으로 반대하고 나섰던 사람은 안대벽 교사였다.[209)] 당시 동아기독교 지도자들 사이에서는 펜윅 선교사의 유산처리 문제를 놓고 은밀한 암투가 벌어지고 있었는데, 안대벽 교사는 우태호 목사가 교단의 재산을 노리고 교단에 접근하고 있다고 생각하였던 것 같다.[210)]

안대벽은 1894년 1월 16일 황해도 장연군 대구면 송천리에서 태어났다. 펜윅 선교사가 안대벽의 부모집에서 하숙을 한 적이 있었는데, 부친이 일찍 세상을 떠나자 모친은 14살의 안대벽을 양아들처럼 펜윅 선교사에게 맡겼다. 그는 펜윅 선교사 아래에서 신앙훈련을 받았고 그에게서 영어도 익혔다. 사업수완도 뛰어나서 원산에서 많은 재물을 모으기도 했다. 해방 후 공산주의자들에게 재산을 몰수당한 후 1946년 가족들과 함께 월남하였다. 서울에서 생활에 안정을 찾자 같은 해 9월에 자신의 집에서 교회를 개척했는데, 이것이 오늘날

205) 허긴, 「한국침례교회사」, 311.
206) Timothy Cho (조효훈), "A History of Korea Baptist Convention," 90-92
207) Seung Jin Kim, "A History of Southern Baptist Mission Work," 63.
208) Timothy Cho (조효훈), "A History of Korea Baptist Convention," 91-92.
209) 허긴, 「한국침례교회사」, 312.
210) Ibid.

서울침례교회의 모체가 되었다.

안대벽은 교사의 직분으로 교단을 섬기다가 1950년에 목사안수를 받았다. 대인관계가 원만하여 교단의 지도자들과 폭넓은 교제를 하였고, 다섯 번이나 총회장직을 맡아(1952-1953, 1957, 1961-1962), 한국전쟁으로 인해 폐허가 된 교회들과 교단을 중흥시키는데 크게 기여하였다. 나중에는 미남침례교 한국선교부와 자신이 몸 담고 있던 포항 총회로부터 불신임을 받아 쓸쓸히 미국 이민길에 올랐다. 그는 1987년 93세를 일기로 미국에서 세상을 떠났다.[211]

김용해 목사가 자신의 저서에서 "우태호는 과거 우리 교단을 박해한 주모자의 한 사람이니만큼"[212]이라는 표현을 사용한 것은, 우 목사가 "원산사건"의 주모자이고 그로 인해 32인의 동아기독교 지도자들이 구금을 당하는 등 엄청난 핍박을 받았음을 말하고 있는 것이다. 그러나 이에 관해서는 단정적으로 말하기 곤란한 측면이 없지 않다. 사실 우태호 목사를 일본관헌에 먼저 고발한 사람은 안대벽 교사였다. 20년 동안 미국생활을 하고 들어 온 우태호 목사는, 미국을 공격할 것을 계획하고 있던 일본으로서는 첫 번째 요주의 인물이었을 것이다. 그래서 안대벽 교사는 일본관헌의 고등계 주임에게 우 목사를 신원불명의 수상한 자로 고발을 하고 조사를 의뢰하였다.[213]

우태호 목사는 고등계 경찰이 자신을 검거하려고 하자, 같은 목사를 경찰에 고발하는 동아기독교의 임원들의 뜻밖의 처사에 놀라움과 함께 심한 의혹을 품고, 서둘러 상경하여 원산 헌병대에 동아기독교의 정체를 조사하여 달라고 친구를 통하여 요청했다. 여기서 말하는 "친구"는 당시 성서공회의 총무로 활동하던 오문환이었는데, 우태호 목사는 자신이 동아기독교 지도자들에게 당한 수모에 대해 이야기하였을 것이다. 평소 오문환은 동아기독교가 성서공회에 가입하지도 않았고 독자적으로 성경을 번역 발행하여 판매하는 것에 대해 좋지 않은 감정을 가지고 있던 터에, 우 목사의 이야기를 듣고 일을 저지르고 말았다.

오문환은 동아기독교에서 발간한 「신약젼서」와 「복음찬미」를 불온문서로 총독부 경무국에 고발을 하였다. 그는 특히 복음찬미의 가사내용 가운데, "대왕님 예수씨"라는 표현과 "재림주 예수씨"와 관련한 가사들이 일본천황을 모독하는 것이며 불온한 사상의 표현이라고 적시하였다. 이로 인해 「신약젼서」 6,500여 권과 「복음찬미」 찬송가들이 압수를 당하고 "만민됴흔긔별"들과 "달편지"들을 비롯한 원산총부의 모든 중요 서류들이 소각을 당하게 되었고, 32인의 동아기독교 교단의 지도자들이 체포 구금을 당하게 된 것이다.

"원산사건"에 우태호 목사가 어떻게 관여되어 있는가에 관해서는 평가자에 따라 판이하

211) 김갑수, 「한국침례교인물사」, 260-5.
212) 김용해, 「대한기독교침례회사」, 79.
213) 허긴, 「한국침례교회사」, 312.

게 다르다. 당시 우태호 목사의 영입을 반대했던 동아기독교의 지도자들, 특히 안대벽 교사와 김용해 목사같은 이들은 우태호 목사를 원산사건의 주모자요 동아기독교 지도자들에게 큰 해를 입힌 인물로 보고 있다. 김용해 목사는 "우태호의 작난"이라는 소제목 하에 우태호를 "양피를 입은 이리의 심산을 버리지 않은" 사람이라고 표현하며 그의 행적을 맹렬히 비난하였다:

> 1941년 한번은 원산 총부에 부지초면인 자로 소위 목사라고 자칭하면서 찾아온 인물이 있었는데, 그는 우태호라는 자다. 그는 자기가 미국 침례회신학교 출신이라면서 본 교단에 와서 교역할 것을 요구한 바 있었으나 신원불명한 사람을 속단적으로 허락할 수는 없었다. 그는 내용적으로는 야심을 품고 원산 장노교 몇 목사와 공모하여 결국은 우리 재산을 침해하려는 꿈을 꾸고 시국을 빙자하여 당시 경찰당국에 모해할 것을 종용해 봤으나 자기 욕망을 채우기는 용이한 일이 아니었다. 그러나 그는 양피를 입은 이리의 심산을 버리지 않고 제2단계로 돌입했다.
>
> 감언이설로 우리 출판물인 신약전서와 복음찬미 각 1권씩 구독하기를 요함으로 총부 직원은 그 분이 은혜 받기 위한 선의에서 제공하였던 것이다. 그러나 우씨는 그 책자를 가지고 상경하여 장노교 총회 출판권을 가지고 있는 오문환이라는 사람과 공모하여 총독부 경무국에 불온문서처럼 모략하여 그 책자를 제출하니 그 후 원산 총부에 적재하여 있던 성경 6,500권을 경찰국에 압수당하게 되고 당국자들은 여러 모로 수사망을 펼치고 어떤 단서를 포착키 위하여 혈안이 되어 급급했다. 이것이 비상시국에 유달리 박해를 더 받게 된 동기요 실마리가 된 것이다. 이리하여 총부에 비치한 문서 일절과 보존 비품 등 전부를 몰수당하기에 이르렀다…. 오문환이는 자파에서도 친일적인 외교에 비상한 수단을 쓰던 사람이었고 우태호는 개인적인 야욕을 이루지 못한 발악의 소치로 중대한 사태를 야기시켜 사건은 날로 확대일로로 초래했고 그로 인한 고통은 여지 없이 전 교단에 번져 갔다.[214]

그러나 조효훈 박사는 다음과 같은 몇 가지 이유에서 우태호 목사에 대한 일방적인 무차별적 비난에 대하여 경계하며 다음과 같은 이유로 우태호 목사를 변호하였다:

> (1) 우태호는 죽은 지 오래 되어서 스스로를 변호할 수 없기 때문이다; (2) 그의 인격적인 성품에 대한 증거들이 확실하기 때문이다; (3) 가장 신랄하게 비난하는 자들 스스로가 성품에 있어서 많은 문제점을 지니고 있기 때문이다; (4) 그 당시에는 우태호의 개입이 없었다고 하더라도 일본 제국주의자들의 핍박이 이 교회와 직원들에게 임하였을 것이기 때문이다.[215]

214) 김용해, 「대한기독교침례회사」, 61-2.

215) Timothy Cho (조효훈), "A History of Korea Baptist Convention," 92-3.

우태호 목사는 당시 동아기독교 교단 내에서 실권을 장악하고 있던 안대벽 교사를 비롯한 교단의 지도자들로부터 철저하게 외면을 당하게 되었다. 비록 그가 남침례교 해외선교부와 접촉하여 교단 간의 협력제휴를 성사시키는 큰 업적을 쌓았지만 남침례교 선교사들과의 접촉은 철저하게 배제를 당하였다. 그렇기 때문에 우태호 목사가 남침례교 선교사들과의 선교협력 사역에 참여하거나 관여했다는 기록이나 흔적을 별로 찾아볼 수 없다.

다만 우태호 목사는 자신의 탁월한 영어 실력을 바탕으로 해방 이후 미군정 치하에서 미국관리들을 도와 초창기 대한민국의 건설을 위해 큰 기여를 하였다. 1946년-1947년에 군정청의 인사과장, 인천적산 관재처장, 서울 및 경기도 관재처장 그리고 대한민국 과도정부의 공보부 차장 등을 두루 역임하면서 크리스천 신앙인으로서 대한민국 수립의 기초작업에 적극적으로 참여하였다.[216)]

3. 양 교단 간의 협력제휴를 위한 모색

한기춘 목사로부터 남침례교 해외선교부와의 협력체제를 구축할 것을 위임받은 우태호 목사는, 1949년 초에 리치몬드(Richmond, VA) 시에 소재한 해외선교부(FMB, Foreign Mission Board)를 찾아갔다. 그는 해외선교부의 동양총무(Secretary for the Orient)인 베이커 제임스 코덴(Baker James Cauthen)을 만나 남한에 140여 개의 "침례교회들"과 17,000여 명의 "침례교인들"이 있다고 보고하였다.[217)]

또 그는 해외선교부의 격월간지인 *The Commission*이라는 1949년 7월호 잡지에 "무궁화의 나라"(Land of Hibiscus, by Tai-Ho Woo)라는 제목으로 기고를 하였다. 기사의 상단에는 북부 중국과 한반도의 지도가, 하단에는 측은지심을 자아내는 4명의 불쌍한 고아들이 눈을 감고 기도하는 모습을 찍은 사진이 게재되어 있었다.

우태호 목사는 한국의 역사를 간단히 언급하면서, 약 35년 동안 일본 제국주의자들의 침략을 받아 한국인들이 식민통치 하에서 많은 고난을 당해 왔다고 썼다. 해방 후 미국 군인들이 들어와서 헐벗은 어린이들을 보살펴 주었으며, 특히 미군 군목들이 대민사업으로 한국인들에게 위생, 건강습관, 농사짓는 법 등을 가르치며 기독교적인 사랑을 실천하고 있다고 썼다. 해방 후 남과 북이 분단되어 있지만 남한지역에는 복음이 왕성하게 증거되고 있다고 하면서, 남침례교인들(Southern Baptists)이 한국 선교에 적극적으로 동참해 줄 것을 호소하였다.[218)]

---

216) 허긴, 「한국침례교회사」, 336.
217) Seung Jin Kim, "A History of Southern Baptist Mission Work," 73.

> 오늘날 군인들(크리스천 미군들과 군목들을 의미함-필자 주)이 도왔고 일정 기간 동안 수행해 왔던 복음증거를 교회들이 떠맡아야 합니다. 우리는 꽃피고 있는 사역에서 열매를 거두어 들여야 합니다. 수십년 전에 선교사들이 (복음의) 씨를 심었습니다. 군인들(크리스천 미군들과 군목들)이 꽃피게 하였습니다. 이제 우리가 열매를 거두어 들여야 합니다. 이전에는 선교사들의 사역이 (일본의) 군국주의 통치자들에 의해 방해를 받았습니다. 이제는 그러한 장애물은 더 이상 존재하지 않습니다.
> 대한민국은 전 역사를 통해서 민주주의의 원리들 아래에서 살아본 적이 없었습니다. 그리고 50여 년 이상 이 나라는 군사적인 압제를 받아 왔습니다. 군목들과 그 외의 사람들이 기초를 놓았고 민주주의의 골격을 세웠고 대한민국에 기독교를 정착시켰습니다. 이러한 시작들에 기초하여 추수 할 준비를 합시다.[219]

우태호 목사는 한국의 동아기독교 교인들과 교회들을 위해서 남침례교인들이 영적 및 재정적 지원을 해 줄 것을 강청하였다. 해외선교부에서는 그에게 용기를 불어넣어 주었으며 재정적인 지원과 함께 "친절한 충고"(kind advices)를 해 주었다.[220] 우 목사는 6월에 "남침례교 구제위원회"(Southern Baptist Relief Committee)의 지도에 따라 구제사역의 임무를 위임받고 6월에 한국으로 돌아왔다.[221] 우태호 목사의 양 교단 간 협력제휴의 노력은 일단 성공적인 결실을 맺었다.

한편 우태호 목사는 미국에서 양 교단 간의 제휴를 위한 교섭이 성공적으로 이루어지고 있으며 해외선교부에서 조사위원들을 한국으로 곧 파송하게 될 것이라는 편지를 1949년 4월에 보냈는데, 이 편지를 받은 동아기독교 총회의 임원들은 무척 당황했다. 그들은 상임위원회를 소집하여, 다른 위원들과 상의도 하지 않고 우 목사를 미국으로 파송한 한기춘 목사를 총회에서 제명하기로 하고, 우 목사가 추진해 온 양 교단 간의 협력제휴를 위한 교섭을 전면 거부하기로 결정하였다.[222]

허긴 박사는 총회의 상임위원들이 우태호 목사의 미남침례교와의 교단 간 협력제휴 교섭을 강력하게 반대하고 나선 이면에는 안대벽 교사의 정치적인 막후작업이 있었다고 진단하고 있다.[223] 동아기독교 교단 내에서 유일하게 영어를 어느 정도 구사할 수 있었던 안대벽 교사는, 우태호 목사의 활발한 외교적인 활동과 업적에 대해 못마땅해 하고 있었고, 김용해 목사로부터 적극적인 지원을 받고 있던 안대벽 교사는 우태호 목사의 양 교단 간

218) Tai-Ho Woo, "The Land of Hibiscus," *The Commission,* July, 1949 (vol. xii, no. 7), 5.
219) Ibid.
220) Tai-Ho Woo, "Letter to Baker J. Cauthen, Secretary for the Orient, Foreign Mission Board," 14 May 1949.
221) Seung Jin Kim, "A History of Southern Baptist Mission Work," 74.
222) 허긴, 「한국침례교회사」, 337.
223) Ibid.

의 협력제휴를 위한 활동들은 근본에 있어서 출발이 잘못되었다고 평하하였다.

동아기독교 내에서 인간적인 유대관계가 별로 없었던 우태호 목사는, 이후 남침례교 선교사들이 방한했을 때에도 그들과의 접촉에서 철저히 배제되었다. 양 교단 간의 협력을 위한 제휴는 우태호 목사가 성사시켰음에도 불구하고, 남침례교 선교사들과의 실제적인 선교협력의 과정에서는 우태호 목사의 활동이 정치적으로 제약을 받게 되었다고 하는 것이, 한국 땅에서의 남침례교 선교에 불행의 씨앗이 되었다.[224]

애버내티 선교사도 후에 한국에서의 선교사역을 회고하면서, 자신이 동아기독교 지도자들에 휩싸여서 우태호 목사를 제대로 알지 못했고 그와 함께 사역하지 못했던 것에 대해 큰 아쉬움을 토로하였다: "우태호는 질투심으로 가득 찬 그의 적들로부터 모든 면에서 너무나 심한 중상모략을 당했다. 나는 나쁜 사람들의 말에만 귀를 기우렸고 우태호의 말을 듣지 않았던 것을 심히 큰 유감으로 생각한다."[225]

남침례신학원(SBTS)에서 신학수업을 받고 남침례교 교단에 몸을 담았던 적이 있던 우태호 목사가, 적극적으로 남침례교 선교사들과 손을 맞잡고 그들의 선교사역에 동참했었더라면, 오늘날의 한국 침례교회의 모습은 어떻게 달라졌을까 자문해 본다. 침례교 신앙과 신학으로 잘 갖추어져 있던 한 인물이 인간들의 정치적인 모략으로 인해 한국에서의 하나님 나라 건설과정에서 배제되었다고 하는 사실은 큰 아쉬움으로 남는다.

III. 동양총무 제임스 코텐의 방한

1. 제임스 코텐의 방한과 제휴가능성 타진

미남침례교 해외선교부로부터 지시를 받고 한국과 동아기독교의 상황을 살펴보기 위해 한국 땅에 들어온 사람은, 동양총무 베이커 제임스 코텐(Baker James Cauthen, 1909-1985)이었다. 코텐 선교사는 남침례교 해외선교부(FMB)의 파송을 받고 중국 선교사(1939-1945)로 사역하다가 홍콩 주재 동아시아 지역 선교책임자인 동양총무(Secretary for the Orient, 1945-1953)로 봉사하였다. 그는 본부로 귀임하여 오랫 동안 남침례교 해외선교부 상임총무(Executive Director of FMB, 1954-1979) 직임을 맡아 25년 동안 남침례교 해외선교정책을 주도하였고 1985년에

224) Ibid.

225) "Letter of John A. Abernathy to Timothy H. Cho," 16 May 1970. Timothy Cho (조효훈), "A History of Korea Baptist Convention," 117에서 번역 재인용. 허긴, 「한국침례교회사」, 354.

타계하였던 사람이다.[226)]

코덴은 1949년 8월에 일본에서 사역하던 에드윈 도지어(Edwin B. Dozier) 선교사를 대동하고 한국을 방문하였다. 코덴은 한국방문의 소감을 "찾았습니다: 10,000명의 침례교인들을!"(Found: 10,000 Baptists!)이란 제목으로 해외선교부 격월간지인 *The Commission*에 기고를 하였다.[227)] 3페이지에 달하는 기사에서 코덴은 이렇게 적고 있다:

> 1949년 봄에 본인은 상하이 사무실에서 데론 랜킨(M. Theron Rankin) 박사님으로부터 편지 1통을 받았습니다. 한국의 침례교인들을 도와달라고 하는 요청이 해외선교부에 접수되었다는 것입니다. 그들의 상황에 대한 정보가 부족하기 때문에 랜킨 박사님은 본인이 한국으로 들어가서 탐색을 해 보라는 것이었습니다.
> 그 해 8월에 일본에서 사역하는 도지어(Edwin B. Dozier) 선교사님과 함께 본인은 서울로 들어가게 되었습니다. 그 곳에서 우리는 해외선교부에 도움을 요청했던 교단 지도자들과 이 목사님(이종덕 총회장을 가리킴-필자 주), 안대벽, 우태호 등으로부터 따뜻한 환대를 받았습니다.[228)]

동양총무 코덴이 입국하리라는 소식을 접한 이종덕 총회장은 상임위원회를 소집하여 대책을 숙의하였다. 상임위원들은 안대벽 교사의 막후 교섭으로 우태호 목사가 코덴 총무 일행에 접근하는 것을 차단하려 하였고, 전병무 감로와 이덕여 감로는 남침례교와의 교단적인 제휴 자체를 완강하게 반대하였다. 이종덕 총회장과 김용해 총무의 간곡한 만류로 우여곡절 끝에 상임위원회는 이들을 영접하기로 하였다. 이종덕 총회장, 장일수, 안대벽, 우태호 등이 코덴 총무 일행을 영접하고 서울 돈암장에 여장을 풀도록 하였다.[229)]

안대벽 교사는 구 황실의 별장인 돈암장의 관리인으로 일하고 있었고, 그의 부인 이순도 여사는 낙선재에 거처하는 윤비의 영어 교사 및 비서로 일하고 있었다. 안대벽 교사가 남침례교 선교사들의 거처를 호텔이 아닌 돈암장으로 인도한 것은 우태호 목사의 접근을 막기 위한 목적도 있었을 것이다.

코덴 일행은 동아기독교의 지도자들로부터 펜윅 선교사와 그의 사역, 엘라 씽 기념선교회의 활동, 일본 식민지 치하에서 동아기독교 지도자들이 겪었던 고난과 핍박, 원산사건을 통한 투옥과 순교, 해방 후 북한지역 교회들과의 단절과 재정적인 핍절, 해외선교단체와의 협력제휴 필요성에 대한 의견, 미국 남침례교에 몸 담았던 한 분이 해외선교부를 찾아가서 도움을 요청했던 일 등에 관해 이야기를 들었다.[230)]

---

226) Jesse C. Fletcher, *Baker James Cauthen: A Man for All Nations* (Nashville: Braodman Press, 1977).
227) Seung Jin Kim, "A History of Southern Baptist Mission Work," 75.
228) Baker James Cauthen, "Found: 10,000 Baptists!" *The Commission*, March 1952, 12.
229) 허긴, 「한국침례교회사」, 348.

이 모든 이야기를 듣고 난 코덴은 자신의 마음 속에 큰 감동이 꿈틀거렸음을 이렇게 묘사하였다:

> 이러한 감동적인 이야기를 듣자 저의 마음은 이상스럽게 따뜻해져 왔습니다. 저는 이 영웅적인 그룹에 대해서 더 많이 알기를 기대하게 되었습니다. 며칠 후 공양(Kong-yang, 아마 강경을 잘못 표기한 것 같다-필자 주)에서 열린 총회에 갔을 때 이러한 기대는 충족이 되었습니다.[231]

코덴 총무에게는 무엇보다도 "이 사람들이 어떤 그리스도인들이며 그들이 무엇을 믿고 있는가?"(who are these people, and what do they represent?) 하는 것이 가장 큰 관심사였다. 그래서 그들에게 질문을 했더니, 즉석에서 어떤 형제가 일어서서 코덴 총무에게 "침례교인들은 무엇을 믿으며 전세계 침례교인들에 관해 우리에게 말씀해 주실 수 있습니까?"(Would you kindly tell us what Baptists believe and something about Baptists throughout the world?)라고 되물었다. 코덴 총무는 신바람이 나서, 침례교 신앙과 침례교 역사 그리고 침례교인들은 어떤 그리스도인들인가에 관해서 설명을 해 주었다.[232] 코덴 총무가 말하고 있을 때 그들의 눈에는 총기가 흘러넘쳤고 그들의 얼굴에는 미소가 가득했다고 한다:

> 제가 설명을 마치자마자 그들은 즉시로, "그것이 바로 우리가 믿는 바이요"(That is exactly what we believe)라고 대답하였습니다. 저는 그들에게 이렇게 대답했습니다. "친구 여러분, 지금은 아무런 결정을 하지 마십시오. 도지어 선교사도 일본으로 돌아가고 저도 홍콩으로 돌아갈 것입니다. 우리가 떠난 후에, 여러분들이 진정으로 침례교인들과 같은 신앙적인 확신을 가지고 있는지, 여러분들이 침례교 교단이 되기를 원하는지 여러분들 가운데서 토론을 하십시오. 그것이 여러분들이 목적하는 바라면, 그러면 저에게 연락을 주십시요. 그러면 우리가 여러분들에게 도움을 줄 수 있는, 보다 진척된 단계에 관해서 어떤 가능성이 있겠는지 검토해 보겠습니다."[233]

2. 대한기독교침례회로의 명칭 변경

코덴 총무는 홍콩으로 돌아왔는데, 며칠이 지나지 않아 전보가 한 통 도착하였다: "대한기독교침례회가 조직되었습니다. 우리에게 선교사들을 보내 주십시오"(Korean Baptist

230) Cauthen, "Found: 10,000 Baptists!" 12-3.
231) Ibid., 13.
232) Ibid.
233) Ibid.

Convention organized. Send us missionaries).[234] 1949년 충남 강경에서 개최된 제39차 총회에서는 교단을 "침례교"로 변경하기로 결의하여 교단명칭을 "대한기독교침례회"로 바꾸었던 것이다. 그리고 며칠 후 이종덕 총회장은 코덴 동양총무에게 공식적인 서신을 보냈다:

> 본 총회(제39차 총회)에서 우리는 다음과 같은 결의를 하였습니다.
>
> 1. 우리는 교단명칭을 동아기독교에서 대한기독교침례회(Korea Baptist Convention)로 변경하였습니다. 이 결정은 모든 대표들(all the representatives)이 한 것인데, 이들은 각자의 교회로부터 완전한 권위를 부여받았기 때문입니다.
> 2. 우리는 미남침례교 해외선교부에게 우리 한국 총회를 돕기 위해 선교사를 파송해 줄 것을 요청하기로 결의하였습니다. 가능하다면 우리는 조만간에 애버내티 선교사 부처를 환영할 기회를 가지고 싶습니다.
> 3. 우리는 해외선교부와 협력할 목적으로 다음 세 사람을 임명했습니다: 김용해, 안대벽, 신혁균 목사.
> 4. 우리는 이들이 선교사들과 접촉하도록 임명했습니다.[235]

코덴 총무는 협력제휴 문제가 시간을 두고 매우 신중하게 지도자들 사이에서 충분한 토의를 거쳐 이루어지기를 기대했지만, 동아기독교 지도자들은 무척 성급하게 제39차 총회 석상에서 모든 것을 결정하였고 또 결정사항을 신속하게 통보하였다. 이러한 사실로부터 동아기독교 지도자들은 미남침례교와의 제휴를 통해 하루 빨리 재정적 물질적 후원을 받기를 간절히 기대하고 있었다는 것을 짐작할 수 있다.

여기서 한 가지 아쉬운 것은 양 교단 사이의 협력제휴를 한다면, 신앙적 영적인 차원의 공통분모를 확인하는 작업이 있어야 하는데 전혀 그러한 과정이 없었다는 것이다.[236] 양 교단 간에 신앙고백이나 신앙의 원리 혹은 신앙 진술 등을 공유하는 절차가 있었어야 하는데, 전혀 그러한 것이 없었다. 막스 윌락스(Max Willocks, 우락수) 선교사는 이 점을 매우 안타까와 하며, "확인된 바에 의하면 그 당시 어떤 신학적인 진술이나 신앙진술이 채택되지 않았다"(As far as can be ascertained, no statement or beliefs were adopted at the time)[237] 라고 술회하였다. 이로 말미암아 후에 기독교한국침례회 내에 신학적 교리적인 통일이 이루어지지 못하고 침례교 정체성이 확고하게 정립되지 못하는 결과를 낳았다.

---

234) Ibid.

235) 이종덕, "베이커 J. 코든에게 보낸 편지," 1949년 9월 17일. Timothy Cho, "A History of Korea Baptist Convention," 110-1에서 번역 재인용.

236) Seung Jin Kim, "A History of Southern Baptist Mission Work," 78.

237) R. Max Willocks, "Christian Mission in Korea, with Special Reference to the Work of Southern Baptists," Th.M. thesis (Golden Gate Baptist Theological Seminary, 1962), 151.

제25장

해방 직후의 한국 침례교회: 대한기독교침례회 시대(1949-1952)와 대한기독교침례회연맹 총회 시대(1952-1959)

제임스 코덴 동양총무가 방한하여 동아기독교의 지도자들을 만난 후 홍콩으로 귀임하자, 동아기독교 지도자들은 1949년 충남 강경에서 개최된 제39차 총회에서 교단을 "침례교"로 변경하고 교단명칭을 "대한기독교침례회"로 바꾸었다. 미남침례교 해외선교부(FMB)와 선교협력을 위한 제휴가 이루어졌지만, 동아기독교 지도자들의 입장에서 가장 시급했던 것은 남침례교 선교사들을 파송받는 것과 재정적인 후원을 받는 것이었다.

아마도 그들은 중국에서 사역하던 남침례교 선교사들이 1949년에 공산당 정권에 의해 강제추방된 사실을 알고 있었던 것 같고, 특히 존 애버내티 선교사 부부를 지목하여 한국으로 파송해 달라고 요청했던 것을 볼 때 그 부부에 관해서도 기본적인 인적 사항과 중국에서의 선교활동에 대해서 알고 있었던 것 같다. 1950년도는 남침례교 선교사 부부가 입국함으로써, 1906년에 대한기독교회로 시작되었던 동아기독교가 남침례교와 손을 잡고 본격적인 침례교회를 이 땅에 세워가는데 매우 중요한 전환점이 된 해였다.

I. 대한기독교침례회 시대(1949-1952)

1. 최초의 남침례교 선교사 존 애버내티 부부

1950년 2월 27일은 최초의 남침례교 직업선교사들(career missionaries)이 한국 땅을 밟은 날이다.[238] 약 24년 동안 중국에서 선교활동을 했던 존과 쥬얼 애버내티(John Arch & Jewell

Abernathy) 선교사 부부가 내한한 것이다. 그러나 이들도 처음에는 한시적으로 (약 1년 동안) 한국에 체류하면서 동아기독교 신자들의 교리와 신앙행습을 관찰하며 미남침례교 신앙과 잘 부합할 수 있을지 여부를 탐색하기 위해 파송된 것이었다.

"나요한, 那約翰"이라는 한글 이름과 한자어 이름을 가진 존 A. 애버내티(John Arch Abernathy, 1896-1973) 선교사는 1896년에 미국 노스 캐롤라이나 주 스테이츠빌(Statesville, NC)에서 태어났다. 그는 노스 캐롤라이나대학교(University of North Carolina), 시카고대학교 통신과정, 사우스웨스턴침례신학원, 뉴올리언즈경영대학(New Orleans Business College), 침례교성서학원(Baptist Bible Institute) 등에서 수학하였다.[239] 14살 때에 중국선교사로 부름을 받았고 결국에는 1920년-1924년에는 중국직접선교회(CDM, China Direct Mission)을 통해 중국에서 사역하였다. 1925년에 남침례교 해외선교부로부터 중국선교사로 임명을 받아 1949년 중국이 공산화 될 때까지 다양한 분야에서 선교사역을 감당하였다. 약 3년 동안(1944-1946) 그는 소령 계급장을 달고 장개석 군대에서 연락장교 및 군목으로 봉사하기도 하였다.[240]

부인 쥬얼 애버내티(Jewell Abernathy, 1895-1977)는 알칸사 주 헌팅턴(Huntington, AR)에서 태어났다. 원래 이름은 쥬얼 레오나르드(Jewell Leonard)였다. 그녀는 East Central Oklahoma Teachers' College (B.A., 1920), 무디신학원, 침례교성서학원에서 수학하였다.[241] 그녀는 대학생 때에 중국선교사로서의 소명을 받아 그녀 역시 중국직접선교회(CDM)를 통해 중국선교사역을 감당하였다. 그녀는 서안(西安, Tsinan)에 있는 침례교여학교(Baptist Girls' School)의 교장으로 섬기다가 1928년에 남침례교 선교사로 임명을 받았다.[242] 두 사람은 1925년에 결혼을 하였고 1961년에 은퇴하였다. 나요한 선교사는 1973년에, 부인 쥬얼 선교사는 1977년 2월 17일에 세상을 떠났다.[243]

애버내티 선교사 부부는 한국 "침례교" 친구들을 처음 만났을 때의 상황을 이렇게 회상하였다:

238) 이들의 도착 날자에 대해서도 이견이 있다. 김용해 목사는 「대한기독교침례회사」에서 1950년 2월 15일로 기록하고 있다. "호텔(조선호텔을 가리킨다-필자 주)에서 2주간을 보낸 후에 매우 추운 겨울날인 3월 11일에 그들(안대벽 교사 부부-필자 주)의 집으로 갔다"는 애버내티 선교사 부부의 기사내용으로 미루어 볼 때, 한국 도착일은 1950년 2월 27일이 정확한 날자라고 필자는 생각한다. John and Jewell Abernathy, "Korean Welcome," *The Commission*, June 1950, 7.

239) Genevieve Green, comp., *Missionary Album* (Nashville: Convention Press, 1954), 11. Mary M. Hunter, comp., *Southern Baptist Foreign Missionaries* (Nashville: Boradman Press, 1940), 67. Majorie E. Moore and Inez Tuggle, comp., *Missionary Family Album* (Richmond: Foreign Mission Board, SBC, 1958), 13.

240) Ibid.

241) Ibid.

242) Ibid.

243) "Former Missionary to Orient Died as Result of Heart Attack," *Foreign Mission News*, 17 February 1977, 30.

> 전보가 연착을 했기 때문에 서울에 약 25명의 침례교 목사가 있음에도 불구하고 우리를 맞이하기 위해 공항에 나온 사람은 아무도 없었다…. 우리는 전화를 걸어 그들과 접촉하였는데 그들이 나타났다. 그들이 교회당에서 마련한 첫 환영예배에 우리를 초대했는데 그들의 얼굴은 빛이 나고 행복해 보였다. 각자 발언을 했고 우리도 통역자를 통해 응답하였다. 내 기억에 분명히 남는 사람은 김 집사였다. 하나님께서 기도를 응답해 주셔서 선교사들을 보내어 주셨음에 하늘에 계신 하나님께 감사한다는 말을 했을 때 그의 얼굴에는 광채가 났다. 또 그는 이어서 말했다. "우리가 선교의 영을 가지고 있지 않았다면 하나님께서는 선교사들을 보내어 주시지 않았을 것입니다. 한 때 우리는 140여 명의 한국선교사들을 가지고 있었습니다. 그들은 북한과 남한, 만주, 시베리아, 몽고 등지로 가서 복음을 증거했습니다. 이런 지역들에서 교회들을 세웠습니다…."[244]

공항에 마중나온 사람들이 아무도 없음을 알았을 때 애버내티 선교사 부부는 아마 실망감이 컸으리라 생각되는데, 그러나 추후에 그들은 한국의 "침례교" 지도자들로부터 큰 환영을 받았다. 일설에 의하면 애버내티 선교사는 동양총무 코덴으로부터 동아기독교 지도자들 간에 갈등과 알력 그리고 파벌이 있다는 사실을 사전에 들어서 알게 되어, 어느 한 쪽의 환영을 받는 것을 피하기 위해 비밀리에 입국하여 조선호텔에 여장을 풀었다고 한다.[245] 무엇보다도 애버내티 선교사 부부는 한국 땅에서의 선교사역을 완전한 진공상태에서 개척하는 것이 아님을 인해 하나님께 감사를 드렸다.[246]

2. 제40차 점촌 총회와 남침례교 선교사역의 시작

"침례교"로 교단명칭을 변경한 후 처음으로 대한기독교침례회는 1950년 4월 7일-13일에 경북 점촌에서 제40차 총회를 개최하였다.[247] 애버내티 선교사 부부가 총회 석상에서 소개되었고 대의원들은 큰 박수로 환영하였다. 동시에 총회 대의원들은 남침례교 해외선교부(FMB)를 향해 다양한 사역 프로젝트들, 예를 들면 각종 학교들, 병원, 신학교, 교회건물의 보수 개축 등에 소요되는 경비를 지원해 줄 것을 요청하였다. 무엇보다도 교육과 의료 사역을 시작할 것을 결의하였고 가능한 한 많은 선교사들을 파송해 줄 것을 요청하였다. 나요한 선교사는 한국이라는 선교현장에 대한 자신의 관찰내용을 해외선교부에 다음과 같이

244) John and Jewell Abernathy, "Personal Report to the Foreign Mission Board," 10 March 1950.
245) 이정수, 「한국침례교회사」, 165.
246) John and Jewell Abernathy, "Korean Welcome," *The Commission*, June 1950, 7.
247) 이정수, 「한국침례교회사」, 166. 원래 총회는 9월에 개최해 왔는데 최초의 남침례교 선교사들이 2월에 입국을 했기 때문에 이들에 대한 환영을 겸해서 당시 이종덕 총회장이 총회를 조금 앞당겨 4월에 소집을 하였다.

보고하였다:

> 우리가 발견한 것들. 침례교 사역이 시작된 이후 55년 동안 한국 전역에 150개 교회와 회중이 있고 교인수는 약 10,000명 정도가 있습니다. 그들은 정례적으로 조직화된 침례교 총회를 개최해 왔고 바울이 구상했던 교회의 모습으로(like Pauline churches) 사역을 해 왔다는 것을 발견하게 되었습니다. 그들은 신약성경을 철저하게 따르고 있어서 그들의 교회들에는 장로들과 전도인들과 함께 목사들과 집사들이 있었습니다. 장로들은 집사들에 비해 높은 지위를 가졌습니다. 이들은 교회에서 설교를 할 수도 있었고 지도자가 될 수도 있었습니다. 십일조를 가르치고 있었고 모든 교회들은 자급자족(self-supporting)하고 있었습니다. 또한 그들은 수십년 전에 복음을 전하기 위해 시베리아로 선교사들을 파송했다는 사실을 알았습니다. 거의 모든 교회들이 주일학교를 가지고 있었습니다. 정규적인 침례교 교재에 관해서는 아는 바가 없었으나 그들은 오직 성경만을 교과서로 사용하고 있었습니다. 모든 지역에서 비록 작은 집에서 모이기는 했지만 교회들이 성장하고 있는 모습을 보았습니다. 예배를 드리기 전에 성도들은 주일학교 성경공부를 하기 위해서 가정집에서 모였습니다. 제가 한번은 150여 명의 성도들 앞에서 설교를 한 적이 있는데, 그곳은 도토리 고목나무 그늘 아래였습니다. 그들은 교회 건물을 가지고 있지 않았습니다.[248]

제40차 점촌 총회는 최초의 미남침례교 선교사들이 참석을 했고 그들에게 총회적인 차원에서 공식적인 선교협력을 요청했다는 점에서, 한국 땅에서의 본격적인 남침례교 선교사역의 시작이었다고 볼 수 있다. 그러나 두달 후 1950년 6월 25일, 북한 인민군이 38선을 넘어 침공해 내려옴으로써 나요한 선교사 부부는 일시적으로 한국 땅을 떠나 필립핀으로 피신하여 체류할 수밖에 없었다. 북한의 인민군들의 기습적인 남침으로 남한의 국군은 남으로 남으로 후퇴하여 낙동강을 경계로 대치하게 되었고 이승만 정부는 부산에 임시정부를 설치하였다. 대한민국은 절체절명의 위기를 맞이 하였다.

3. 남침례교 선교사들의 초창기 사역

1) 한국전쟁 난민구제사역

한국전쟁(6·25 사변, 6·25 동란, Korean Civil War)은 한반도 내에서 일어난 공산주의 대 자본주의 간의 이념전쟁이었으며 또 다른 세계대전이었다.[249] 소련과 중공을 등에 업은

248) John A. Abernathy, "Korea," *SBC Annual,* 1951, 160. Seung Jin Kim, "A History of Southern Baptist Mission Work: Its Impact on the Korean Baptist Church Growth," 82에서 재인용.

249) 이정수, 「한국침례교회사」, 167.

공산주의자 김일성이 6월 25일 주일 새벽에 기습적으로 남침을 감행하였다. 전세는 파국지세 그 자체였다. 전쟁이 발발하리라고는 꿈에도 생각하고 있지 않던 이승만 정부는 속수무책이었다. UN에서는 자본주의 국가를 향한 공산주의자들의 무력침공을 묵과할 수 없어서, 국제적 평화를 위해 안전보장이사회를 소집하고 미국을 위시해서 16개국이 남한정부를 위해 파병을 하기로 결정하였다.

전쟁이 발발한 지 불과 40여 일이 지난 1950년 8월에는 낙동강 동남지역을 제외한 남한 전역이 인민군에 의해 장악되자, 대구와 부산 지역으로 피난을 온 약 200만 명의 사람들은 식량을 비롯해 모든 생활필수품이 부족한 난민신세에 빠지게 되었다. 치열한 전란으로 인해 약 337만 명의 사상자가 생겨났으며 300만 명의 북한 동포들이 남하하였으며, 강제납북된 남한의 수많은 기독교계 인사들은 행방불명이 되었다.[250] 많은 군인들과 양민들이 죽거나 큰 부상을 입어 후송되었고 적지 않은 교회당들은 훼파되었다.

최초의 남침례교 선교사 부부가 한국 땅에 들어온 지 4개월만에 발생한 엄청난 재앙이었다. 그들은 잠시 필립핀으로 피신했다가 한국선교의 방향과 전략을 숙고한 뒤, 나요한 선교사가 1951년 3월에, 그리고 Jewell 선교사가 1952년 9월에 전투 중인 한국 땅으로 다시 돌아 왔다. 나요한 선교사는 1951년 4월부터 본격적인 남침례교 한국선교사업을 시작하였다. 그는 부산 충무로에 충무로 침례교회(이 교회는 오늘날 부산침례교회가 되었다-필자주)를 개척하고 그 교회당에 잠정적으로 선교회 사무실을 개설하여 구호선교 사업에 착수하였다.

중국에서 사역하면서 많은 경험을 쌓았던 렉스 레이(Rex Ray) 선교사와 넬슨 브라이언(Nelson A. Bryan), 요컴(A. W. Yocum) 의료선교사가 1951년 12월에 한국으로 들어와 나요한 선교사와 합류하였다.[251] 의사인 브라이언과 요컴 선교사는 1951년 12월부터 부산 남포동에서 한국인 의사 한 명과 두 명의 간호사들과 함께 천막을 치고 진료소를 개설하였고 1955년부터는 영도 영선동에서 부상병들과 민간인 환자들을 치료하였다. 당시에는 영양실조로 인한 질병으로 인해서 많은 아이와 노인 환자들이 진료소를 찾았다. 의료선교사들은 고단위 종합비타민과 영양제와 우유 그리고 아스피린을 다량으로 제공하며 무료진료를 하였다.

이들 초창기 남침례교 선교사들은 우선 헐벗고 참혹한 전쟁피난민들을 위한 구호활동과 의료선교활동에 주력하였다. 남침례교 선교사들에 의한 구호사업은 독자적인 교단으로서 존립이 거의 불가능한 상태에 빠져 있던 한국의 침례교회들에 하나님께서 적기에 베푸

250) 허긴, 「한국침례교회사」, 356.

251) Seung Jin Kim, "A History of Southern Baptist Mission Work," 87-98. "Chapter Five, Development of Southern Baptist Mission Work I: Pioneering Period (1950-1958)" 참조.

신 도움의 손길이었다. 나요한 선교사는 1951년 5월 15일에 7인으로 구성된 구호위원회를 조직하였다. 위원장인 나요한 선교사는 김용해, 장일수, 안대벽, 신혁균, 최성업, 김주언 등을 위원으로 임명하였다.[252)]

구호위원회는 한국의 총회와는 무관한 별도의 기관이었고, 위원장이 중심이 되어 초창기 남침례교의 모든 한국선교활동의 구심점 역할을 하였다. 구호위원회는 몇 년 동안 매월 정기적으로 절실하게 도움을 필요로 하는 교회들에 지급하는 구호금, 교역자들의 생활보조금, 훼파된 교회당의 수리비와 교회당 신축경비 보조금, 교역자 자녀들의 학자금 보조금 등 구호 및 교회들의 필요를 채워 주는 일체의 사업을 관장하였다.

1951년 4월부터 시작된 구호위원회의 활동은 1952년말에 이르러서는 약 2년 동안 10만 달러에 해당하는 식량, 의류, 약품, 구호금 등을 한국교회에 투입하였다. 그 외에도 남침례교인들이 모금한 헌금과 수집한 구호물품들이 사적인 경로를 통해서 헐벗고 굶주린 불쌍한 한국인들에게 지급되었다.[253)] 특히 중국에서 선교사역을 해 왔던 렉스 레이(Rex Ray, 아들 Daniel Ray 역시 한국에서 선교사역을 감당하였고 침례신학대학의 협동학장을 역임하였다–필자 주) 선교사는 구호품을 실은 트럭을 몰고 수많은 교회들을 순회하며 구호물자들을 나누어 주었다.

필자가 박사학위 논문을 쓰던 중에 남침례교의 한국선교 관련 자료들을 구하기 위해서 1992년 여름에 해외선교부(Foreign Mission Board, Richmond, VA)의 문서역사자료실(Archives)을 방문했던 적이 있었다. 수많은 자료들 가운데 엽서 한 장을 발견하게 되었는데, 텍사스주 어느 시골마을의 침례교회 여전도회장이 해외선교부 총재에게 보낸 엽서였다. 내용인즉, "회장님, 지금 한국에서 전쟁이 터져서 많은 피난민들이 헐벗고 굶주리고 추위에 떨고 있다는 소식을 들었습니다. 그래서 우리 시골교회 여전도회에서 옷이랑 통조림이랑 신발이랑 각종 구호품을 수집해 놓았는데요, 그것들을 어떻게 한국사람들에게 전달할 수 있지요? 그 방법을 좀 알려 주세요…"라는 짤막한 글이었다.

그 글을 읽던 필자는 저도 모르게 눈물이 핑 돌았다. 한국전쟁 당시 다른 교단들의 미국 성도들도 그러했겠지만, 미국의 남침례교인들이 우리나라 사람들을 영적으로는 물론 물질적으로도 얼마나 많은 사랑을 베풀었던가를 그 엽서 한 장을 보면서 절실히 느낄 수 있었다. 남침례교 선교사들은 전쟁 통에 우선 구호사업과 의료선교 사역을 통해서 고난과 고통 중에 있던 한국인들과 한국의 크리스천들을 도왔던 것이다.

코덴 동양총무는 1953년 미남침례교 연차총회 연감에 당시의 한국선교 현황을 이렇게

252) 허긴, 「한국침례교회사」, 358.
253) Timothy Cho (조효훈), "A History of Korea Baptist Convention," 125.

보고하였다:

> 한국에서의 침례교 사역은 수많은 사람들의 가슴에 기쁨과 축복의 원천이 되어 왔습니다. 대한기독교침례회는 크게 튼실해졌으며, 복음설교와 의료선교사역과 구호사업이 가져다 준 놀라운 축복에 대해서는 영원토록 이야기해도 부족할 것입니다. 1952년 한 해 동안 브라이언(N. A. Bryan) 선교사와 그의 조력자들은 53,000명의 환자들을 진료하였습니다. 렉스 레이(Rex Ray) 목사는 남한에 있는 여러 교회들을 방문하면서 수백톤의 구호의복들을 나누어 주었습니다. 존 애버내티 선교사 부부는 그들에게 그리스도의 복음 이야기를 들려주고 한국 침례교 지도자들의 사역을 조직화 하는데 그들을 격려해 줌으로써, 대한기독교침례회에 큰 격려가 되도록 해 주었습니다.[254)]

2) 주한미군 남침례교인들과 군목들

한국전쟁 당시 연합군 가운데에는 미국에서 파견된 남침례교인들과 군목들이 적지 않았다. 이들은 인민군을 대항한 전투를 수행하면서, 틈틈이 피난민들에게 구호활동을 하며 복음을 증거하였고 또 그들의 영어예배에 한국인들을 초청하여 함께 예배를 드렸다. 그들로 인해 시작된 교회들이 종전 후에는 그 지역의 유서 깊은 교회들로 발전하기도 하였다.

전쟁이 치열하던 1951년에 피난민들로 우글거리던 부산 충무로 거리에서 예배가 시작되었다. 미남침례교 출신의 군목인 루이스 프리위트(Rev. Louis L. Prewitt)가 군용천막을 제공하여 천막교회가 개척되었는데, 그것이 충무로교회가 되었다. 오늘날 부산침례교회의 전신이었다. 또 하나의 교회가 전쟁 중에 남침례교 미군들에 의해 개척되었는데 범일동침례교회였다. 특히 부산에서 개척된 두 교회에 미군병사 버네트(F. C. Burnett)와 토마스 풀리암(Thomas A. Pulliam)이 미국 남침례교회의 청소년 프로그램인 "왕의 사신단"(RA, Royal Ambassador-미국 남침례교회에 청소년들에게 성경과 선교를 가르치는 프로그램-필자 주)을 도입하여 청소년 교육과 훈련을 시도하였다.[255)]

원주에서는 미국기병대 소속의 침례교 군목인 데이비드 위버(David Weaver)가, 주둔하고 있던 지역에서 교회당을 세워 피난민들을 도왔으며 어린이들을 위한 교육의 장소로 활용하였다. 전후에 그가 떠난 뒤에는 교회당과 재산이 침례교 소유가 되었다.[256)] 수원에서는 공군기지에서 복무하던 군목 데이비드 쉘톤(David K. Shelton)이 기지 주위에서 복무하던 한국인의 노무자들의 열악한 생활환경에 대해 안타까와 하며 그들의 영혼에 관심을 기우렸다. 그는 그들에게 복음을 증거하며 신앙을 분명히 고백하는 자들에게 침례를 베풀었

254) Baker J. Cauthen, "Report on the Orient," *SBC Annual*, 1953, 155.
255) 이정수, 「한국침례교회사」, 173.
256) Ibid.

다. 그가 한국을 떠난 후 그 교회는 오늘날 수원중앙침례교회가 되었고 수원을 대표하는 침례교회로 크게 부흥하였다.[257]

한국전쟁 중에 주한 미군 침례교인들이 이룬 큰 업적들 중 하나는 서울 충무로에 세워진 서울침례교회다. 1953년 말에 나요한 선교사와 미남침례교 한국선교부(Korea Baptist Mission) 그리고 교단 본부는 서울로 이전하였다. 서울로 돌아온 피난민들은 폐허가 된 불교 절에서 예배를 드렸는데, 이를 안타깝게 여긴 미군들과 군목들이 서울에 침례교회당을 하나 짓기로 하고 15,000달러 모금운동을 전개하였다. 이 소식을 전해 들은 미남침례교 해외선교부와 미공군부대 장병들이 협력하여 50,000달러를 조성하여, 1954년 7월 27일에 화강암 석조건물로 지어진 아름답고 전형적인 침례교회당을 준공하였다. 이 교회가 바로 주한 미군 침례교인들의 기념교회(memorial church)로 세워진 서울침례교회당이다.[258]

3) 순교자들 추도예배와 제41차 원당 총회

맥아더 장군의 인천상륙작전이 성공함으로써 전쟁의 양상은 돌변하였다. 인민군들은 북으로 패퇴하였고 수도 서울은 1950년 9월 28일에 수복이 되었다. 그리고 연합군은 북진을 계속하여 개성과 평양을 평정하였다. 1951년 4월에 충남 원당에서 대한기독교침례회 제41차 총회가 노재천 부총회장의 사회로 개최되었다.[259]

이 총회는 전쟁 중에 40여개 교회에서 파송한 대의원들로 개회하였다. 총회의 내한요청서한을 받고 나요한(John Abernathy) 선교사도 필립핀에서 돌아와 이 연차총회에 참석하였다. 먼저 총회 개최 직전에 참석자들은 한국전쟁 중에 공산주의자 인민군들에 의해 순교한 이종덕 목사와 61명의 침례교인들에 대한 추도예배를 드렸다.[260]

이종덕 목사(1884-1950)는 펜윅 선교사에 이어 두 번째로, 그리고 한국인으로서는 최초로 감목직(1914-1924)을 수행했던 목사였다. 그는 1884년 5월 2일 충남 공주군 탄천면 신영리에서 부친 이세영의 독자로 출생하였다. 그는 "언제나 사람들을 거느리는 대장부가 되라"는 어머니의 교훈을 받으며 성장하였다. 그는 19세의 어린 나이에 의병대에 가담하여 일제에 항거하다가 쫓기는 몸이 되기도 했다. 1907년 23세 때에 칠산에서 장기영과 장석천 부자의 전도를 받고 기독교에 입문하였다.

이종덕은 1907년에 공주 성경학원에 입학하여 신명균의 제자로 수학하였다. 성경학원을 졸업한 후 1910년 4월에 원산총부로 올라가서 펜윅으로부터 집중적으로 성경을 배웠고 철

257) 허긴, 「한국침례교회사」, 361.
258) Ibid., 361-2.
259) 이정수, 「한국침례교회사」, 170.
260) Ibid.

저하게 순종하는 신앙훈련을 받았다. 그는 1912년에 경북 산점에서 개최된 대화회에서 목사안수를 받았고, 2년 후인 1914년 원산 대화회에서 펜윅 선교사로부터 감목직을 인계받아 제2대 감목으로 추대되었다. 그의 나이 30살 때였다.

일제의 박해가 극심했던 1940-1946년경에는 만주에 이주하여 사역하고 있었기 때문에, 원산사건으로 동역자들이 옥고를 치르고 전치규 감목이 옥중순교를 당했을 때, 그는 그러한 동역자들의 고난에 동참하지 못했음을 언제나 안타까와 하며 일종의 죄책감을 느꼈다고 한다. 해방 후 그는 귀국하여 강경침례교회에서 담임목회 활동을 하였는데, 9·28 서울수복이 이루어진 날인 1950년 9월 28일에 북으로 후퇴하던 인민군이 쏜 총에 절명하였다. 강경을 철수하던 날 저녁에 그들은 이종덕 목사와 김요한 집사를 데리고 금강변의 갈대밭으로 끌고 갔다. 이종덕 목사도 탈주할 기회가 없지 않았지만 김요한 집사만을 도피시키고 자신은 공산군의 총탄을 받고 순교자의 반열에 오르게 되었다. 마지막 순간까지 공산군에게 복음을 증거하고 하나님의 사랑을 가르치다가 총살형을 당함으로 힘들고 어려웠던 43년의 사역과 66년의 삶을 마감하였다.

1951년 원당 총회에서는 총회장에 노재천 목사가, 부총회장에는 신혁균 목사가, 그리고 총무에는 장일수 목사가 선출되었다. 본 총회에서는 두 가지 중요한 결정이 이루어졌다. 아마도 나요한 선교사의 조언과 주장이 많이 작용하였던 것같다. 그것은 동아기독교의 수직적이고 하향적인 행정체계와 직분 전통을 청산하고 남침례교 신앙을 받아들인 조치였다.

첫째는 교회의 공식적인 직분으로 목사와 집사만을 두기로 한 것이다. 전도사라는 직분은 사용하되, 기타 다른 직분과 명칭은 사용하지 않기로 하는 결정을 하였다. 둘째로 대한기독교침례회가 한국의 대표적인 침례교단이니만큼 침례교세계연맹(BWA, Baptist World Alliance, 1905)에 가입하기로 결정한 것이었다. 이제 한국의 침례교회들도 진세계 침례교회들과 어깨를 나란히 하여 교제하고 협동하기 위한 첫걸음이었다.[261)]

또한 당시 한국정부인 문공부에 교단으로서 승인을 받기 위해 법인을 설립하기로 하였다. 법인이사로는 나요한 선교사, 노재천, 안대벽, 장일수 목사를 선임하였고, 재단이사장에는 안대벽 목사를 추대하였다.[262)] 대한민국 정부로부터는 법적인 지위를, 침례교국제조직인 침례교세계연맹(BWA)으로부터는 한국을 대표하는 침례교단으로서의 영적인 동역자 지위를 얻기 위한 조치였다.

261) 허긴, 「한국침례교회사」, 362-3.
262) Ibid., 363.

4. 남침례교 총회와의 선교적인 제휴가 갖는 의의

8.15 해방이 한국인들에게 주신 하나님의 선물이었다면, 동아기독교가 미남침례교와 교단 간의 협력제휴를 이룬 것은 한국의 침례교인들에게 주신 하나님의 선물이었다. 세계 최대의 개신교 교단인 남침례교총회(Southern Baptist Convention)는 풍부한 역사적인 자산과 함께 영적 재정적인 잠재력을 가지고 있던 교단이다. 특히 북침례교와는 달리 강력한 중앙 집권적인 정체를 가지고 있어서 교단적인 차원의 선교협력을 적극적으로 능률적으로 추진하고 있던 교단이었다. 해방과 전쟁의 소용돌이 속에서 허덕이고 있던 동아기독교가 남침례교와 제휴함으로써 새로운 발전을 위한 활로를 찾게 된 것이다. 동아기독교가 "침례교"(Baptist)라는 명칭을 사용함으로써 세계침례교도들의 일원으로서 하나님 나라 확장에 기여하게 되었다.

그러나 물질적인 구호와 의료혜택에 급급한 나머지 남침례교의 신학과 신앙에 대한 충분한 이해가 없이 지나치게 속단적으로 제휴가 이루어졌던 것은 큰 아쉬움으로 남는다. 교회나 교단이 "신앙고백이 같은 자들의 공동체"라고 본다면, 양 교단의 제휴 당시 신학적 교리적 진술을 남기지 않았다고 하는 것은, 후대에 와서 침례교 정체성 확립에 적지 않은 혼란을 가져온 하나의 요인이 되었다.

양 교단의 협력제휴의 과정 속에서 우태호 목사와 관련된 내용은 더 많은 연구를 필요로 한다. 그가 "원산사건"에 대해 어떤 책임이 있는지 객관적인 증거에 의해 충분히 규명되어야 한다. 그가 남침례교와의 선교협력 제휴를 이루어낸 일등공신이면서도 추후 남침례교 해외선교부의 한국선교활동에서 철저히 배제되었는데, 이에 대한 원인 규명과 함께 우태호 목사에 대한 역사적인 재평가가 이루어져야 하겠다.

이제 기독교한국침례회는 선교를 받는 교단에서 선교하는 교단으로 발돋움하였다. 우리가 해방과 남북분단 그리고 한국전쟁의 와중에서 미국의 남침례교 형제 자매들로부터 너무나 많은 사랑의 빚을 진 자들이다. 이제는 우리보다 더 힘들고 더 어려운 상황 속에 처한 사람들에게 복음과 사랑으로 섬겨야 할 책임이 우리에게 있다. 가까이에는 북한과 중국, 멀리에는 서남아시아의 이슬람국가들과 아프리카, 중남미 지역의 잃어버려진 영혼들에게 "빚진 자"의 심정을 가지고 영혼구원과 선교에 박차를 가하는 사람들이 되어야 하겠다.

II. 대한기독교침례회연맹 총회 시대(1952-1959)

1. 제42차 칠산 총회와 교단 명칭의 변경

제42차 총회는 한국전쟁 중인 1952년에 총회장 노재천 목사의 소집과 사회로 충남 칠산에서 개최되었다. 이 총회에서는 나요한 선교사와 함께 동양총무 코덴이 참석하여 남침례교 해외선교부(FMB)가 한국과 한국교회에 대해 가지고 있는 선교의 방침과 계획을 참석자들에게 설명해 주었다. 또한 코덴 동양총무는 총회 임원들과의 회담을 통하여 동아기독교의 전통을 남침례교적인 신앙으로 수정해 나갈 필요성에 대해 역설하였다. 그는 또한 3일 동안의 부흥사경회에서 남침례교 신앙이 어떠한 것인지를 보다 구체적으로 청중들에게 설명해 주었다. 이 총회에서는 새로운 규약을 제정하고 총회의 명칭을 "대한기독교침례회연맹 총회"로 변경하기로 결의하였다.[263]

제41차 원당 총회에 이어 제42차 칠산 총회에서는 동아기독교의 조직과 관행을 대폭 수정하여, 침례교 신앙이 강조하고 있는 지역교회(Local Church, 개교회)의 독립성과 자치권에 관한 조항들을 새로운 규약에 삽입하였다. 이 작업을 위해 안대벽으로 하여금 미남침례교의 헌장을 번역하여 한국실정에 맞게 적용하도록 하려고 하였으나 그가 제 때에 번역작업을 하지 않아서, 결국 일본침례교연맹 헌장을 번역하기 위한 위원회를 조직하였다. 총회에서는 신혁균, 김용해, 김주언, 한태경, 장일수를 번역위원 및 규약초안위원으로 선정하여 신속하게 작업을 하게 하였다. 본 총회에서는 교회론과 행정체계를 침례교적인 기초 위에 세운 새로운 규약을 통과시켰고 이 규약에 따라 총회의 조직을 개편하였다.

"대한기독교침례회연맹 총회"는 지역교회들로 구성된 총회임을 명시하였고, 지역교회자치주의(Autonomy of the Local Church)에 기초한 민주적인 회중주의(democratic congregationalism)의 원리를 한국침례교회에 도입하게 되었는데, 이는 칠산 총회가 갖는 중요한 역사적 의의라고 말할 수 있다.[264] 아직도 전쟁 중에 있는 상황이었기 때문에 총회사무실을 부산 충무로에 있는 부산침례교회 내에 두기로 하였고, 침례교목회자 양성을 위한 성경학원을 대전에 세우기로 하였으며, 남침례교의 관행에 따라 부인전도회(WMU)를 두기로 하였고, 대한성서공회가 간행한 성경과 UN 찬송가를 사용하기로 하였고, 침례교신앙을 담은 전도지들(tracts)을 제작하기로 결의하였다.

그 동안 동아기독교 교인들은 펜윅이 번역했던 원산역 「신약전서」와 「복음찬미」를 주

263) 이정수, 「한국침례교회사」, 177.
264) 허긴, 「한국침례교회사」, 366.

로 사용해 왔는데, 대한성서공회가 간행한 성경을 읽고 UN 찬송가에 들어있는 찬송가들을 부르게 되었다는 것은, 자기들만의 아성(牙城)으로부터 벗어나서 한국 기독교계의 범교단적인 신앙행습을 받아들이고 동참하게 되었다는 것을 의미한다.[265] 이제 침례교인들은 한국의 개신교(프로테스탄트) 기독교의 일원이 되어 다른 교단들의 교인들과 더불어 신앙생활을 공유하게 된 것이다.

본 칠산 총회에서는 23개 교회들이 개척되었음이 보고되었고, 39명의 새로운 개척 전도인들이 파송되었다. 새로운 총회장으로 안대벽 목사를, 부총회장으로 신혁균 목사를, 총무로 김용해 목사를 선출하였으며, 전도부장에 노재천, 교육부장에 장일수, 사회부장에 최형근, 출판부장에 한태경, 재무부장에 김주언을 선임하여 명실공히 임원회를 제대로 갖춘 총회장단이 탄생하게 되었다.[266]

2. 한국침례교선교회(KBM)의 결성

1952년 1월 11일자로 동양총무 코덴은 애버내티 선교사에게 보낸 편지에서 한국에 남침례교 선교사들의 조직이 필요하다는 사실을 적시하였다.[267] 1월 중에 세 사람의 남침례교의 한국 개척 선교사들인 렉스 레이, 존 애버내티, 넬슨 브라이언(N. A. Bryan)이 최초의 선교사 모임에 참석하여 한국침례교선교회(KBM, Korea Baptist Mission)을 결성하였다. 2시간에 걸친 회의는 "완전한 조화 속에서 목적에 대해 만장일치를 이룬"(of complete harmony and unanimity of purpose)[268] 것으로 묘사되었다. 레이 선교사가 회장으로, 애버내티 선교사가 회계로 선임되었다.

1952년 1월 24일자로 애버내티에게 보낸 편지에서 코덴은 한국의 침례교인들에 대한 해외선교부의 계획을 이렇게 표현하였다: "이 형제들에게(한국의 침례교인들을 의미함-필자 주) 남침례교인들은 그들의 땅에서 이루어질 침례교 선교사역이 장기적인 프로그램에 기반을 두고 한국의 침례교인들과 협력하여 실행할 것임을 확인시켜 주기를 바랍니다."[269] 다시 말해서 현재 전쟁 중에 이루어지고 있는 구호사업만이 아니라 장차 전쟁 후에도 구호사업을 포함한 본격적인 남침례교 선교사역 즉 한국인들의 영혼을 구원하고 침례교회와

265) Ibid., 367.

266) Ibid.

267) Baker J. Cauthen, Secretary for the Orient, Letter to John A. Abernathy, 11 January 1952.

268) Rex Ray, Letter to Baker J. Cauthen, 5 February 1952.

269) Baker J. Cauthen, Letter to John A. Abernathy, 24 January 1952. "Please assure these brethren that Southern Baptists have in mind to work with Korean Baptists on a long-range program of developing Baptist work in their land."

하나님의 나라를 한국 땅에 세우는 사역을 계속해 나갈 것임을 한국의 침례교지도자들에게 확인시켜 줄 것을 기술한 것이다.

초창기에는 대한기독교침례회 총회(KBC)와 한국침례교선교회(KBM) 간에는 매우 우호적이고 협조적인 관계를 유지하였다. 선교사들은 이미 중국에서 많은 선교경험을 쌓았고 동양인들의 사고방식이나 삶이나 문화를 어느 정도 잘 이해하고 있었기 때문에 한국인 지도자들과 어떻게 협력해야 할 것인지를 잘 인지하고 있었다. 특히 선교사들이 아직 한국말에 능통하지 못했기 때문에 한국침례교선교회는 한국 총회의 지도자들과 충분한 의사소통을 하면서 사역을 추진하려고 노력하였다. 선교회-총회 연석회의를 가진 후 애버내티 선교사가 코덴에게 이런 편지를 발송하였다:

> 총회 임원회는 만약 해외선교부가 현재의 위기를 극복하기 위해서 내년에 그리고 아마도 2-3년 후까지 그들을 도와 준다면 그들은 일반적인 전도사역을 위해서 미국으로부터의 재정적인 지원이 없다고 하더라도 능히 감당할 수 있을 것이라고 느끼고 있습니다. 이 참혹한 전쟁 전에 한국의 침례교인들은 토착적인 선교를 수행했었고, 자신들 스스로 재정적으로(financially) 전도사역을 잘 수행해 나갈 수 있다는 자부심을 가지고 있다는 사실을 우리는 잘 알고 있습니다.[270]

한국 총회의 임원들도 무작정 남침례교 해외선교부(FMB)로부터 재정적인 도움만을 받고자 하는 것은 아니라는 것을 선교사들에게 피력했던 것같다. 동시에 선교사들도 한국과 한국인들이 겪고 있는 위기에 대해서 측은지심(惻隱之心)을 가지고 성심껏 돕고자 하는 마음이 있었던 것같다. 1950년대말 새로 파견되어 온 젊은 선교사들이 선교업무를 인계받을 때까지는 이러한 상호 존중과 사랑의 관계가 지속되었다.[271]

1952년 9월에는 나요한 선교사의 아내 쥬얼 애버내티(Jewell Abernathy)도 필립핀에서 돌아왔고, 1953년에는 아이린 브래넘(Irene Branum), 루비 휘트(Ruby Wheat), 시어도르 다우월(Theodore H, Dowell, 도월태) 부부, 댄 레이(Dan Ray) 부부를 포함한 8명의 선교사들이 한국에 도착하였다. 전쟁 후 정치적인 안정이 어느 정도 이루어졌을 때인 1953년 가을에는 애버내티 선교사는 서울 충무로 5가에 있는 집을 하나 구입하였고, 1953년 12월 23일에 한국침례교선교회 사무실을 개설하였다. 애버내티 선교사는 수년 동안 그 집에 살면서 선교회 일을 수행하였다.

1954년 7월에 한국침례교선교회 연차총회가 열렸는데, 이 때 선교회의 헌장과 규정을 처음

270) John A. Abernathy, Letter to Baker J. Cauthen, 19 August 1952.
271) Seung Jin Kim, "A History of Southern Baptist Mission Work," 91.

으로 채택하였다. 선교회의 공식적인 명칭은 "남침례교 해외선교부의 한국선교회"(Korean Mission of the Foreign Mission Board of the Southern Baptist Convention)이었고, 선교부의 주목적은 "한국 침례교 총회와 협력하여 한국에서 복음을 전파하는 일에 관하여 토의하고 계획하고 기획하기 위하여, 그리고 선교회 회원들(한국 주재 미남침례교 선교사들–필자 주) 간에 상호 격려와 영감을 주입하기 위하여"라고 기술하고 있다.[272] 선교회는 실행위원회(Executive Committee), 언어위원회(Language Committee), 의료위원회(Medical Committee) 등 세 위원회를 두었는데, 한국에서의 효과적인 선교사역의 수행을 위한 조직을 제대로 갖추게 되었다.

한국 땅에서 남침례교 선교가 본격적으로 시작되자 저명한 침례교 부흥사들과 지도자들이 전쟁의 참화로 인해 고달파 하고 있던 한국인 영혼들을 위로하고 전도하기 위해 부흥집회를 인도하였다. 세계적인 부흥사인 남침례교 목사 빌리 그래함(Billy Graham, b.1918)이 1952년에 서울에서 대전도집회(Billy Graham Crusade)를 인도하였는데, 남침례교 선교사들이 이 집회의 준비와 성공적인 개최를 위해서 많은 수고를 하였다. 애버내티 선교사는 이 집회와 관련하여 해외선교부(FMB)에 이렇게 보고하였다:

> 많은 청중을 수용할 수 있는 강당이나 대형 텐트가 없었기 때문에 우리는 옥외공원(open-air park)에서 집회를 가질 수밖에 없었습니다. 북으로부터 그리고 근처 눈에 쌓인 산으로부터 불어오는 삭풍은 모래 공원을 흙먼지로 뒤덮었습니다. 그러나 수천명의 한국인들과 미군들과 선원들은 집회장소로 몰려 들었습니다. 마지막 날 밤에는 1만여 명의 청중이 모인 것으로 추정됩니다. 사람들은 가마니 위에 앉거나 앉은 청중들 뒤편에 서서 예배를 드렸습니다. 미군복장을 한 빌리는 "십자가의 옛 옛 이야기"(the old, old story of the Cross)를 설교하면서 자신의 마음을 토해 냈습니다.[273]

또한 남침례신학원(SBTS)의 총장 듀크 맥콜(Duke K. McCall, 1914-2013) 박사가 1953년 부활절에 한국인 영혼들을 위해 부흥사경회를 인도하였으며 미군병사들을 하나님의 말씀으로 위로하고 격려하였다.[274] 또한 전쟁 중에는 약 50여 명의 남침례교 종군 군목들이 헌신적으로 대민봉사활동을 감당하였다. 이러한 활동들로 인해 다소 생소하게 느껴졌던 침례교가 한국인들과 한국기독교인들에게 널리 알려지게 되었고 좋은 인상을 남기게 되었다.

---

272) Ibid., 92. "Constitution and By-law," Minutes of the Korean Baptist Mission, Executive Committee, Korea Baptist Mission, July 1954. "discussing, planning, and projecting of the work of furthering the gospel in Korea in cooperation with the Korea Baptist Convention, and instilling the mutual encouragement and inspiration of the members of the Mission."

273) John A. Abernathy, "Baptist Mission in Korea," *SBC Annual*, 1953, 165.

274) Timothy Cho (조효훈), "A History of Korea Baptist Convention," 137.

3. 타교단 목회자들의 전입

1946년 2월 칠산에서 개최된 동아기독교의 교단재건회의에 참석했던 사람들은 모두 9개 구역 대표 17명(이 외에 방청회원 5명)이었다.[275] 이들 중에는 아직 목사안수를 받지 않은 분들도 있었다. 그리고 1951년에 대한기독교침례회에는 약 50여 개의 교회에 안수받은 목사는 11명에 불과하였다. 남북분단으로 인한 역사의 단절과 공교육 거부로 인하여 제대로 된 교육을 받은 영적 지도자들이 부족했던 교단은 지도자 인력의 극심한 결핍이라는 사태를 맞이하였다. 남침례교 선교사들이 들어온 후, 전쟁 중에 많은 구호물품들이 공급되고 교회당 수리비와 목회자 생활비 그리고 그들의 자녀들에 대한 교육비 등이 지원될 수 있었지만, 정작 동아기독교 출신의 목회자들은 극소수에 불과하였다. 그런데 1951년에 11명이었던 목사의 수가 1953년에는 57명, 1954년에는 96명으로 증가하였다.[276]

대전에 남침례교 선교사들에 의해 성경학원이 개설된 것이 1953년이고 침례신학대학이 설립된 것이 1954년임을 감안할 때, 안수받은 목사들의 숫자가 이렇게 급속하게 증가하게 되었다는 것은 다른 교단들에서 사역하던 목사들이 침례교단으로 많이 전입하여 들어왔다는 사실을 여실히 보여주고 있는 것이다. 이들 전입목사들은 한 때 "유월절 목사들"(Passover Pastors)라고 불리우기도 하였는데, 이들이 침례교단으로 들어오게 된 이유와 배경은 다양하였다. 가장 큰 동기는 한국침례교선교회(KBM)에서 제공하는 재정적인 지원이었을 것이다. 당시 한국전쟁으로 인한 사회의 무질서와 호구지책(糊口之策)에 허덕이던 경제의 궁핍과 실직 등으로 인해서 어떤 교단에 속해 있든지 간에 많은 목회자들이 생활은 커녕 생존도 힘들었던 시절이었다. 이러한 때에 남침례교 해외선교부로부터 쏟아져 들어온 구호물품들과 목회보조금은 다른 교단들에 속해 있던 목회자들에게는 큰 관심거리였을 것이다.

당시 침례교회에서는 목사가 되기 위해서는 엄격한 자격요건들을 조건으로 내세우지 않았다. 침례교회에는 인재들이나 지도자들이 고갈되어 있던 상황에서, 침례교단으로 넘어와서 일하겠다는 다른 교단 출신의 목사들에 대해서 엄격한 기준을 정하여 선별한다는 것은 불가능에 가까운 일이었을 것이다. 전입조건도 까다롭지 않았고, 침례교로 전입하면 교회도 알선해 주었고, 목회자들의 생활비와 목회경비도 보조되었고, 교회건축이나 수리비도 지급되었으니 전입목회자가 급증하는 것은 시간문제였다. 결국 전입목회자들의 수가 원래 침례교인이었던 목회자들의 수에 비해 몇 배나 더 많아졌기 때문에 사태는 더욱 심각한

275) 허긴, 「한국침례교회사」, 327.
276) 대한기독교침례회 제8차(1953) 및 제9차(1954) 총회회의록. 김용해, 「대한기독교침례회사」, 85에서 재인용.

문제로 발전하였다.

물론 긍정적으로 해석할 수 있는 부분도 있었다. 남침례교 선교사들이 한국 땅에서 하나님 나라의 확장을 위해 의욕적으로 일하고자 했을 때, 전입목회자들은 그 당시 교단이 필요로 하는 인력을 보충해 줄 수 있었고 그들의 수고로 인해 침례교회들이 더 많이 개척되고 안정될 수 있었음을 부인할 수는 없을 것이다. 그런데 문제는 타교단 출신의 목회자들을 무분별하게 영입함으로써 침례교단 안에 목회자의 질적인 저하와 도덕적 아노미 현상을 초래하게 된 것이다.[277]

이들 "유월절 목사들" 가운데에는 자신이 속해 있던 교단으로부터 배척을 당했거나 도덕적인 흠결이 있었기 때문에 그리고 교육경력이나 학력이 미흡했기 때문에 침례교회로 자리를 옮긴 목사들도 적지 않았다. 무엇보다도 침례교 신학을 공부하지 않은 타교단 목회자들이 침례교회로 넘어와 사역할 때 신학적인 혼란을 겪었을 것은 자명하다. 침례교 신앙원리를 따른다고 하면서도 실제 목회현장에서는 자신이 해오던 목회경험과 자신이 배운 신학에 따라 침례교회를 운영하는 우를 범하기도 하였다.

특히 소수의 침례교 목사들이 "유월절 목사들"을 영입하면서 그들을 자신의 정치세력화의 수단으로 삼아 정치적인 인맥을 형성하였다. 또한 "유월절 목사들"도 점차 인원이 많아지다 보니까 침례교 신학을 하지 않았음에도 불구하고 침례교단 내에서 입지를 든든히 굳히기 위해서 자기들끼리 똘똘 뭉치는 현상을 보이기 시작하였다. 순진무구했던 동아기독교의 후예들을 뿌리로 둔 침례교회에서 비로소 "교단정치"의 악습이 배태되기 시작했던 것이다.

전입 목회자들은 교단 내의 교권주의자들의 세력구축의 대상이 되었고 목회자들에게 지급되는 선교보조금은 새력구축의 미끼로 활용되면서 교단 안에 세상적인 정치풍토가 조성되기 시작한 것이다. 그래서 10여 년 후에는 침례교단 내에 세 부류의 인맥들이 형성되었다: 동아기독교 후예 목사들(stem bloc), 침례신학대학을 졸업한 젊은 침례교 목사들(seminarian bloc), 그리고 "유월절파"로 불리던 타교단 전입 목사들(proselyte bloc). 결국에는 이러한 정치적인 인맥들로 인해 침례교단의 분열(1959-1968)이라는 큰 아픔을 겪게 되었다.

---

277) 허긴, 「한국침례교회사」, 375.

4. 대한기독교침례회연맹 총회 당시의 선교사역들

1) 신학교육

한국전쟁과 함께 시작된 남침례교 한국선교는 빈민과 전쟁난민을 위한 구호사업이 급선무였지만, 초기부터 남침례교 선교사들은 토착민인 한국인지도자들을 양성하여 세우는 것이 장기적인 관점에서 볼 때 가장 중요한 사역이라는 사실을 절실히 느끼고 있었다. 그래서 아직 한국에는 침례교신학교가 없는 상황이었기 때문에 그들은 코덴의 제안에 따라 한태경, 김장배, 김광택, 김승학 등 네 젊은이들을 일본의 후쿠오카에 있는 일본 침례교신학교로 유학시켜 공부를 하도록 하려는 조치를 취하였다.[278]

그러나 그 당시에 아직도 한국과 일본 간에는 국교정상화가 이루어져 있지 않아서 서로 불편한 관계에 있었기 때문에, 이들의 유학계획은 수포로 돌아가게 되었다. 이렇게 되자 한국 땅에 침례교신학을 위한 교육기관을 설립하는 계획이 신속하게 추진되었다. 코덴 동양총무는 남침례교 총회에 그러한 필요를 보고하였다: "새로운 선교사들이 평생사역을 위해 한국에 임명되고 있습니다. 가장 먼저 추진되어야 할 프로젝트들 가운데 하나는 한국인 설교자들을 양성하기 위한 교육의 기회를 제공하기 위하여 성경학원을 설립하는 것입니다."[279]

1953년 5월 1일에 제43차 총회가 경북 점촌침례교회에서 개최되었는데, 가장 중요한 결정들 가운데 하나는 목회자 양성을 위한 신학교육기관의 설립이었다. 이미 1952년 칠산총회에서도 이 문제가 거론되어 성경학원을 설립하기로 하였고 같은 해 11월 30일에 집행위원회에서 이사회를 조직하였다. 이사장은 당시 교육부장을 맡고 있던 장일수 목사가 선임되었다.[280]

드디어 1953년 6월에 이사회에서는 한기춘의 주선으로 대전역 근처 중동에 있는 일제시대에 음식점(요정)으로 사용되던 적산가옥(敵産家屋)을 마련하여 침례교 성경학원을 개설하였다. 약 200여명의 지원자들 가운데 50명을 선발하여 6월 15일에 개원하였다. 초대원장에 애버내티(나요한) 선교사, 교무주임에 한기춘 교수, 교수에 한기춘, 한태경, 최형근이 선임되었다.[281]

이듬해에는 본격적인 신학교 설립을 서둘러서, 1954년 4월 8일에 예과 3년과 본과 3년의 6년 정규과정과 3년 과정의 별과와 특수과를 설치하였다. 예과 40명, 별과 48명, 특수과

---

278) Baker J. Cauthen, Letter to John A. Abernathy, 11 January 1952. Seung Jin Kim, "A History of Southern Baptist Mission Work," 94. Timothy Cho (조효훈), "A History of Korea Baptist Convention," 135-6.

279) Baker J. Baker, "Report on the Orient," *SBC Annual*, 1953, 155.

280) 대한기독교침례회 제8차 총회회의록, 24. 허긴, 「한국침례교회사」, 378에서 재인용.

281) Seung Jin Kim, "A History of Southern Baptist Mission Work," 94.

43명이 입학함으로 본격적인 신학교가 개교하였다. 특히 예과 3년은 학부과정의 교육으로서 대전에 있는 타대학교에서 위탁교육형식으로 이수하는 인문학 학사과정(B.A.)이었고, 본과 3년은 오늘날 신학대학원 목회학 석사과정(B.D. 혹은 M.Div.)이었다. 학부과정을 1년 단축한 과정이긴 했지만, 침례신학교에서 시행했던 6년에 걸친 신학교육 과정은 그 당시 한국에서는 최초로 시도된 학제였다.

이 신학교는 1954년 7월 7일(이 날이 오늘날 침례신학대학교의 개교기념일이 되었다-필자 주)에 당시 문교부로부터 정식 신학교로 인가를 받아 명실상부한 침례교단의 신학교(seminary)가 되었다. 교장에 애버내티 선교사, 교무과장에 조응철, 교수에 한기춘, 한태경, 최형근, 강사에 박대화, 조규암, 시오도르 다우월(Theodore Dowell, 도월태) 선교사, 다니엘 래이(Daniel Ray, 이대복, Rex Ray 선교사의 아들) 선교사가 선임되었다.[282]

2) 의료선교사역

한국에서의 남침례교 의료선교사역은 중국에서 오랫 동안 선교사로 활동했던 넬슨 브라이언(Nelson A. Bryan) 박사가 1951년 12월에 내한함으로써 시작되었다. 그는 한국전쟁 중에 부산 남포동에서 천막진료소를 개설하여 병약한 피난민들의 돌보았다. 1953년 2월에는 두 간호사 선교사들인 아이린 브래넘(Irene Branum)과 루비 휘트(Ruby Wheat)가 한국으로 파견을 받고 들어와 브라이언 의사를 도왔다. 1953년 5월에 브라이언 박사가 안식년 휴가차 귀국하자 알프레드 요큼(Alfred W. Yocum) 의사가 의료선교 사역을 계속 이어 갔다.[283]

천막진료소에서는 하루에 600-700여 명의 환자들이 내왕하여 진료를 받았는데, 남침례교 선교사들의 무료 혹은 저가 진료는 피난민들은 물론 부산시민과 한국정부로부터 좋은 호응을 받으며 나날이 활기를 더하여 갔다. 안식년을 마치고 돌아온 브라이언 박사는 1954년에 해외선교부(FMB)로부터 병원설립을 위한 허락을 받았고 동시에 병원건물의 건축을 위한 자금공급을 약속받고 귀국하였다.

그는 부산 영도구 영선동에 "왈레스기념 침례병원"(Walles Memorial Baptist Hospital)을 건축하는데 진력하였다. 왈레스는 중국에서 남침례교 의료선교사로 사역을 하다가 순교를 당했던 의사였다. 1955년 11월 15일에 진료소가 새로 지어진 건물로 이전을 하였고, 1956년 4월에 사임을 한 브라이언 진료소장의 뒤를 이어, 로버트 라이트(Robert M. Wright) 박사가 초대원장으로 취임하였다.[284]

---

282) 허긴, 「한국침례교회사」, 378-9. 2014년 7월 7일이 침례신학대학교 개교기념 60주년이 되는 해였기 때문에, 1학기 기간 동안 「침례교회 정체성: 역사·신학·실천」의 출판 및 논문발표회를 갖는 등 각종 기념행사를 치루었다.

283) Seung Jin Kim, "A History of Southern Baptist Mission Work," 95.

침례병원은 (1) 환자치료(Healing), (2) 복음전도(Preaching), (3) 의료요원 교육(Teaching)을 주요 목적으로 하여 설립되었다. 단순히 육체적인 연약함이나 질병만을 치료하는 것이 아니라 인간의 근본적인 영적 질병인 죄(罪) 문제를 해결하고 치료하기 위하여 설립된 것이다. 이 병원의 머릿돌에는 이런 글귀가 새겨져 있었다:

> 이 건물은 육체적 및 정신적 질병으로 고통당하는 모든 생명들에게 헌정된 것으로서, 하나님의 영광을 위해 중국의 선교사로 일생을 살며 봉사하다가 죽은 윌리암 L. 왈레스 박사님을 기념하기 위하여 세워졌습니다.[285)]

3) 출판사역

남침례교 선교사들이 한국전쟁 중에 부산에 세운 충무로침례교회와 범일동침례교회를 비롯해서 침례교회들은 성도들을 교육하고 훈련시킬 공과들과 성경공부 자료들을 간절히 필요로 하였다. 특히 침례교인들이 무엇을 믿으며 어떻게 그 믿음을 삶 속에서 실천할 것인가 하는 문제를 속 시원하게 알려줄 교재가 필요하였다. 1954년에 브래넘 선교사와 휘트 선교사는 간호사로서 진료소 업무를 감당하면서도 교육자료들의 번역과 출판 업무까지를 겸하였다.[286)]

1958년에는 한국침례교선교회(KBM) 산하에 침례회출판부(Baptist Publication Department)를 두었으며 굳윈(J. G. Goodwin, Jr., 구명철) 선교사가 초대 출판부장으로 선임되었고, 1959년에 최초로 주일학교 분기별 공과들(quarterly lessons)이 출판되었다. 1960년에 침례회 출판부는 대전에서 사역하고 있던 막스 윌락스(Max Willocks, 우락수) 선교사가 부장직을 맡으면서 대전으로 이전하여 "침례회서관"을 개설하였다.[287)]

1955년 8월 21일에는 침례교 교단지인 "뱁티스트"(Baptist, 침례회보) 제1호가 창간되었다. 본 월보는 국내에 있는 침례교회들과 침례교인들에게 배포되었고, 그것의 영문판이 발간되어 한국침례교선교회에 보내졌다. 또한 그것은 미남침례교의 주요 간행물에도 게재되어 한국에서의 남침례교 선교사역의 내용이 남침례교인들에게 알려지게 되었다.[288)]

---

284) Ibid.
285) 이정수, 「한국침례교회사」, 182.
286) 허긴, 「한국침례교회사」, 388.
287) Ibid.
288) 이정수, 「한국침례교회사」, 182. 이 "뱁티스트"가 오늘날 주간지 "침례신문"으로 발전하였고, 오늘날의 격월간 잡지인 「뱁티스트」는 1992년에 굳윈(J. G. Goodwin, Jr., 구명철) 선교사가 미국남침례회 해외선교부(FMB)에서 자금을 조성하여 이정수 목사의 전적인 헌신과 도움으로 창간되었다.

4) 부인전도회(W. M. U)

오늘날의 전국여선교연합회는 1953년에 부산에서 침례교 "부인전도회"가 발족함으로써 시작되었다. 의료선교사로 파송받은 브래넘 선교사와 휘트 선교사 그리고 뒤이어 들어온 라이트 선교사는 충무로침례교회와 범일동침례교회를 중심으로 교회 내에 부인전도회가 조직되도록 도왔다. 이들은 미국 남침례교의 여전도회(WMU) 훈련프로그램을 한국말로 번역하여 부인들을 교육하고 훈련시켰다.[289]

1954년 4월에 제44차 총회가 대전 대흥침례교회에서 개최되었을 때, 각 지역교회의 부인전도회 대표들과 선교사들이 여전도회 설립을 위한 규약을 채택하였다. 규약에 따라 임원들을 선출하였고 초대회장에 안대벽 목사의 부인인 이순도 여사를 선임하였다. 1955년 10월에 입국한 루시 와그너(Lucy Wagner, 왕은신) 선교사가 여전도회 사역을 전담하여 지방강습회 · 전국강습회 등을 개최하며 교회 내의 여성일꾼들을 활성화하는 일에 진력하였다.[290]

5) 성애원과 시온공민중학교

전쟁은 가정들을 파괴하고 특히 부모를 잃어버린 어린 아이들을 양산한다. 또한 전쟁은 소년들로 하여금 교육받을 기회를 상실하게 만들기도 한다. 한국전쟁 중에도 수많은 아이들이 길과 집을 잃었고 부모를 잃었다. 남침례교 선교사들은 구호사업을 하면서 고아원과 무료교육시설의 필요성을 절감하였다. 1951년에 장일수 목사는 남침례교 미군군목의 알선으로 인천시 경동(京洞) 소재의 고아원을 돕고 있었는데, 1953년 6월에는 총회가 세우고 선교부가 후원하는 고아원으로서 성애원(聖愛院, Holy Love Orphanage)으로 개칭하고 총회의 기관이 되게 하였다. 왕은신 선교사에 의하면 1956년에 이곳에는 2명의 남자 선생님들과 7명의 여자 선생님들이 103명의 어린아이들을 돌보았다.[291]

또한 전쟁 중에 학업의 기회를 잃어버린 극빈의 소년·소녀들을 위한 교육을 위해서 총회와 선교회는 1953년에 인천에 있던 시온공민중학교(Zion Junior High School)을 인수하여 총회의 교육기관으로 삼았다. 1956년에는 9명의 교사에 399명의 학생들이 이 학교에 재학하고 있었다.[292] 그리고 총회는 1953년에 대전에 있던 한 고아원과 원주에 있던 한 양로원을 인수하여 교단적인 재정지원을 하였다. 그러나 종전 후 사회가 안정되면서 이러한 사역

---

289) 허긴, 「한국침례교회사」, 389.

290) Seung Jin Kim, "A History of Southern Baptist Mission Work," 95.

291) "Incheon Baptist Orphanage," *Minutes of the Executive Committee of the Korea Baptist Mission*, Seoul: Executive Committee, Korea Baptist Mission, August 1956, 22-5.

292) "Baptist Zion School," Ibid.

에 대한 필요는 점차 없어지게 되었다.

5. 남침례교회의 청소년기관들의 도입

한국전쟁 중에 부산에 주둔하고 있던 남침례교 병사들인 프레드 버네트(Fred C. Burnette, Jr.)와 토마스 풀리엄(Thomas A. Pulliam)은 간호사인 브래넘과 휘트 선교사와 함께 1953년에 부산 충무로침례교회에 남침례교회의 선교교육기관을 도입하였다. "왕의 사신단"(RA, Royal Ambassadors), "소녀회"(GA, Girls in Action), "신훈회"(BTU, Baptist Training Union) 등이 그것이었다.[293] 명칭이 다소 생소했지만 미국 남침례교회의 제도를 한국교회에 도입하여 어린이들에게 선교교육과 청년들에게 제자훈련을 시키겠다는 좋은 의도에서 시작되었다. 그러나 종전 후에는 한국적인 상황에 맞게 명칭이 변경되어 "소년회," "소녀회," "청년회" 등으로 변경되었다.

선교부에서는 1956년 8월부터 서해 바다가 내다보이는 무창포에 넓은 땅을 구입하여 교단 차원의 캠프장을 설치하였다. 교단 산하의 기관들과 교회들이 각종 수양회나 캠프활동, 교사들과 평신도 지도자들의 훈련 등을 할 수 있도록 시설을 갖추었다. 아마도 남침례교의 주일학교부(Baptist Sunday School Board)에서 운영하는 릿지크레스트 훈련센터(Ridgecrest Conference Center, NC)나 글로리에타 훈련센터(Glorietta Conference Center, NM)에서 행하는 교육 및 훈련 사역을 감당하기 위해, 서해안에 일종의 퇴수회 센터(Retreat Center)을 조성한 것이다.[294]

293) 허긴, 「한국침례교회사」, 382.
294) "SBC Plodder," http://sbcplodder.blogspot.kr/2012/07/lifeway-glorieta-conference-center-and.html, 2016년 5월 15일 접속.

제26장

총회 분열 시대(1959-1968): 포항총회와 대전총회

한국 침례교회의 역사에도 한 때 교단분열(1959-1968)의 아픔이 있었다. 1959년 이후 약 9-10년 동안 포항파(Pohang-side)와 대전파(Daejeon-side)라는 이름으로 나누어져 있다가 1968년에 다시 합동을 이루었다. 그것은 동아기독교의 신앙유산의 터 위에 남침례교의 한국선교가 시작되었기 때문에 두 전통 사이에 내재해 있던 갈등, 다시 말하면 펜윅 선교사로부터 훈련받은 동아기독교의 연로한 후예들과 남침례교 해외선교부로부터 파송받은 젊은 선교사들 간에 누적되어 왔던 신앙적인 강조점과 교단행정 및 선교철학의 차이로 말미암은 갈등이 표면화 한 것이었다.

포항총회는 대한기독교침례회(Korean Christian Baptist Convention)라고 불리웠고, 대전총회는 기독교대한침례회(Christian Korean Baptist Convention)라고 불리웠다.[295] 결국 "대한기독교"(Korean Christian)와 "기독교대한"(Christian Korean) 간의 분쟁이었다.

10년 동안 겪었던 분열의 아픔은 한국의 침례교회와 총회를 더욱 견고하게 세우기 위한, 하나님이 허락하신 연단이었다. 양 총회는 다시 합동을 이루어 새로운 교단명칭, "한국침례회연맹 총회"(1968-1976)로 재탄생하게 되었다. 합동을 이룬 후 한국 총회와 한국침례교 선교회는 상호 긴밀한 협력 하에 각종 선교사역의 수행과 교회의 안정과 부흥과 성장을 이루었는데, 한국의 침례교회는 한국의 기독교계에서 가장 빠르게 급성장하는 교단들 중의 하나가 되었다.

295) 이러한 명칭들은 1963년 9월 23일에 문교부의 중재로 양측이 재산분할을 합의했을 때, 재산등기의 필요 상 포항측은 "대한기독교침례회로," 대전측은 "기독교대한침례회"로 정했다. 허긴, 「한국침례교회사」, 483-4.

I. 총회분열의 과정

1. 세 부류의 목회자들

약 3여 년에 걸쳐 치열하게 싸웠던 동족상잔의 이념전쟁인 한국전쟁은 마침내 1953년 7월 27일에 판문점에서 연합군 대표와 북한군 대표 간의 휴전협정이 체결됨으로써 종결되었다. 북이나 남이나 전쟁은 폐허만을 남겼다. 북에는 중국과 러시아의 공산주의 노선, 즉 반기독교적인 정권이 확고한 자리를 잡으면서 수많은 기독교인들이 핍박을 받거나 신앙의 자유를 찾아 남하하였다. 남에는 미국의 자본주의 노선, 즉 친기독교적인 정권이 견고한 토대를 형성하면서 기독교회는 신앙의 자유 속에서 발전의 기틀을 마련하였다.

전쟁 후에 조직을 더욱 견고하게 정비한 한국침례교선교회(KBM)는 남침례교 신학원들을 졸업하고 새로이 파송된 젊은 선교사들로 채워지게 되면서 서서히 리더십의 변화가 이루어지게 되었다. 1951년에 남침례교 선교사의 수는 3명에 불과하였는데, 1959년에는 38명으로 증가하였다.[296] 한국의 침례교회도 숫적으로 급성장을 하였다. 1951년-1959년 어간에 교회수와 목회자수가 급증하였다. 1951년도에 약 51개에 불과하였던 침례교회들이 1959년에는 147개로 증가하였으며, 1951년에 안수받은 목사가 겨우 10여 명에 불과했던 교단이 1959년에는 142명으로 급증하였다.[297]

앞에서 언급했던대로 안수받은 목사의 수가 급증하게 된 것은 다른 교단들로부터 넘어온 "전입목회자들"(proselyte bloc, pass-overs "유월절파")[298]이 많았기 때문이었다. 선교회의 구호사업으로 목회자의 생활비와 교회당의 수리 및 건축 경비, 자녀 양육 및 교육비 등이 제공되었기 때문에 다른 교단으로부터 침례교로 전향한 목사들이 적지 않았다. 이들에게는 풍부한 목회경험은 있었지만 침례교 신앙과 교리 및 침례교 목회에 대해서는 무지하였다.

펜윅의 영향을 크게 받은 동아기독교의 "연로한 후예 목사들"(stem bloc)[299]도 선교부가 제공하는 풍부한 물질적인 도움으로 인해서, 동아기독교 시절에 체질화 되어 있었던 자급·자립·자족 정신을 망각하고 무척 물질적인 필요에 민감한 목회자들로 바뀌게 되었다. 한국침례교선교회가 제공하는 지원금에 의존하는 타성이 자신도 모르게 순진무구했던 목회자들의 마음 속에 자리잡게 되었다. 1958년도의 총회 회의록에 의하면 전국의 99%의 목회자들이

296) Seung Jin Kim, "A History of Southern Baptist Mission Work," Appendix 1, 244.
297) Ibid., Appendix 2, 246.
298) Ibid., 101.
299) Ibid.

선교회로부터 전액 혹은 부분적인 목회자 사례금을 지급받고 있었고,[300] 1958년 7월에는 전국 14개 구역의 전도부장들이 선교부의 목회자 사례금의 증액을 요청하고 있었다.[301]

대전 침례신학교를 졸업했거나 재학하고 있던 목회자들과 신학교 교수들도 새롭게 부상하는 "신학교 출신 목회자들"(seminarian bloc)[302]로 분류될 수 있다. 이들은 새로 파송된 젊은 선교사들의 가르침을 받아 남침례교의 교회론과 행정철학을 어렴풋이나마 알게 된 자들이었고, 한국침례교선교회에 밀착하여 남침례교 선교사들에게 협조적이거나 순종적인 부류였다.

젊은 선교사들은 미국의 남침례교 신학원들(Southern Baptist Seminaries)을 갓 졸업한 신참들로서 선교현장에서 하나님 나라를 확장시키고자 하는 의욕과 열정을 가지고는 있었으나 선교경험이나 동양인들을 대하는 관계 기술이 부족하였다. 그들은 자신들이 신학원들에서 배운 남침례교 신앙과 행습을 한국인들의 심령에 하루 빨리 주입시켜 한국의 침례교회를 미국의 남침례교회와 닮은 교회로 변모시켜 나가기를 열망하였다. 초창기에 파송받은 연로한 선교사들은 이미 오랫 동안 중국에서 동양사회와 동양인들을 상대해 본 노련한 베테랑들이었는데, 젊은 선교사들은 이러한 노련미를 갖추고 있지 못하였다. 이들에게는 동아기독교의 후예들인 "원줄기 목사들"(stems)과 다른 교단들로부터 넘어온 "전입목회자들"(proselytes)을 보다 효과적으로 다룰 지혜가 부족하였다.

2. 안대벽 목사에 대한 한국침례교선교회의 불신임

한국 총회(Korean Convention)와 한국침례교선교회(KBM) 간의 갈등의 핵심인물은 안대벽 목사였다. 한국침례교선교회에서는 안대벽 목사를 불신임하였고, 총회에서는 그를 불신임한 선교회를 향해서 비난을 쏟아내면서 총회와 선교회 간에는 갈등의 골이 더 깊어가게 되었다. 안 목사는 원산에서 펜윅 선교사를 가까이에서 모시면서 마치 그의 양자처럼 사랑을 입었다. 또한 그에게는 재물을 관리하고 증식시키는데 탁월한 은사를 가지고 있어서 상당한 부를 축적하기도 하였다. 코덴 동양총무나 애버내티 선교사 부부가 처음 한국에 들어왔을 때, 안 목사는 동아기독교가 남침례교 해외선교부와 협력하고 제휴하는 일에 일등공신으로 활약했던 우태호 목사의 접근을 원천적으로 차단해 버리고 그들을 독점하다시피 감싸 안았다.

300) 대한기독교침례회 제48차 총회회의록(1958), 47-72. 허긴, 「한국침례교회사」, 393에서 재인용.
301) 침례회보, 1958년 8월 1일.
302) Seung Jin Kim, "A History of Southern Baptist Mission Work," 101.

한국전쟁 중에 안대벽은 부산으로 피난을 하였는데, 필립핀에서 대피 중에 있던 애버내티 선교사가 조속하게 귀환할 수 있도록 노력하였다. 1951년 4월 20일에 애버내티 선교사가 부산에 도착하였다. 그와 안대벽은 12명의 피난민들에게 침례를 베풀어서 6월 24일에 충무로침례교회를 개척하는데 앞장을 섰다.

교인들은 1952년 8월초에 충무로에 있는 적산가옥을 구입하여 충무로 쪽 1층은 교회당으로, 남포동 쪽은 의료선교사들의 진료소로, 2층은 애버내티 선교사와 안대벽 목사의 사택으로 개조하여 1952년 12월 28일에 입당예배를 드렸다.[303] 피난생활을 하며 애버내티 선교사와 안대벽 목사는 한 건물 안에 살면서 함께 충무로침례교회를 개척했고 서로 절친한 사이가 되었다.

그런데 1953년에 안대벽이 미국으로 유학을 떠나면서 영어를 어느 정도 구사할 줄 아는 조웅철을 애버내티 선교사에게 소개시켜 주었다. 조웅철은 애버내티 선교사를 보좌하며 그를 헌신적으로 도왔기 때문에 두 사람 사이에는 돈독한 신망관계가 형성되었다. 그래서 애버내티 선교사가 침례교신학교에서 초대 학장직을 맡았을 때 조웅철을 교무과장으로 발탁을 하기까지 하였다.

유학에서 돌아온 안대벽은 장로교단에서 넘어온 조웅철이 애버내티의 후광을 입으며 각종 선교활동에서 막강한 힘을 과시하고 있는 것을 차마 보고만 있을 수 없었다. 안대벽은 침례교단 안에 뿌리를 내리고 있던 깊은 인맥을 활용하여 조웅철을 견제하였고 종국에는 신학교 교무과장직은 물론 신학교로부터도 그를 축출해 버렸다.[304]

인재의 부족으로 안타까와 하고 있던 애버내티 선교사는 안대벽이 먼저는 우태호에게 그리고 이제는 조웅철에게 비인간적인 처사를 행하는 것에 대해 큰 실망감과 함께 배신감을 느꼈다. 또한 1955년에 안식년 휴가로 미국에 간 애버내티 선교사는 안대벽 목사 부부가 유학 중에 온당하지 않은 방법으로 모금활동을 한 사실을 알게 되었고 또 그들에게 지원된 선교후원금과 구호물품들이 올바르게 사용되지 않고 사사로이 유용되었다는 사실을 알게 되면서, 이들 부부를 향해서 과거와는 전혀 다른 시각으로 바라보게 되었다.[305]

막스 윌락스(R. Max Willocks, 우락수) 선교사는 안대벽 목사 부부에 대하여 그의 논문에서 이렇게 적고 있다:

303) 허긴, 「한국침례교회사」, 403.
304) Ibid., 405. 이정수, 「한국침례교회사」, 187.
305) 이정수, 「한국침례교회사」, 184-5.

> 그는 미국에서 여러 지역들을 여행했는데, 한국에서의 선교활동을 위해 사용하라고 피아노, 현금, 자동차를 포함해서 많은 선물들을 받았다. 그가 1956년초에 한국으로 돌아왔을 때, 선물로 받은 이러한 물품들이 기부자들이 지정했던 교회의 목적을 위해서 사용되고 있지 않았다는 것이 분명해졌다. 선교사들은 이 문제에 대해서 그와 상의를 했는데, 그는 선교사들의 지적을 이해하는듯 했고 상황을 개선하겠다는 진지한 바램을 가지고 있었다. 그러나 성급하게 그는 선교사들이 자신을 함부로 홀대하고 있다고 한국인들에게 말하였다. 그는 선교사들과 함께 있을 때에는 자신의 잘못을 인정하고 사과하고 다시는 이러한 짓을 하지 않겠다고 말하고서는, 한 시간 후에는 자기가 언제 그런 말을 했느냐고 변명하며 그런 말을 했던 것을 기억할 수 없다고 주장하기까지 했다.[306]

애버내티 선교사와 안대벽 목사 사이에 금이 가게 된 또 다른 사건은 부동산 재산소유 문제였다. 해방 후 안대벽이 원산을 떠나 서울로 이주했을 때, 그는 조선 왕가의 적산가옥(서울시 필동 2가 101번지)의 사용권을 획득했고 1946년 9월부터 그곳에서 거주해 왔다. 1954년에 안대벽 목사 부부가 유학을 떠나 미국에서 살고 있을 때, 한국정부는 그 적산가옥을 불하처분하려고 했는데 사용자가 한국에 체류하고 있지 않은 상태여서 불하를 받을 수 없게 되었다.

그 때 애버내티 선교사는 우선 선교회 예산을 사용하여 불하대금(拂下代金)을 지불하였다. 약 2,230,000환으로 적산가옥을 취득하여 선교회 유지재단에 등기를 해 놓았다. 안대벽은 귀국 후에 선교회에 그 재산에 대한 명의이전을 요구했는데, 선교회에서는 불하대금을 지불하면 등기를 이전해 주겠다고 했으나 안대벽은 막무가네로 등기이전을 요구하였다. 이러면서 두 사람 간에는 심각한 오해와 갈등이 생기게 되었다.[307]

총회와 선교회가 반목하게 된 결정적인 계기는 1957년 7월에 홍콩에서 개최되는 아시아침례교선교대회(Asia Baptist Mission Conference)에 참가할 한국대표단의 선정문제 때문이었다.[308] 같은 해에 제47차 연차총회가 서울 충무로교회(오늘날 서울침례교회)에서 개최되었는데, 이미 총회장에 안대벽, 부회장에 노재천과 한기춘, 총무에 김용해가 선출되어 의장단이 구성되어 있었다. 그런데 한국침례교선교회의 실행위원회는 증경총회장인 장일수 목사를 한국대표로 선정하였다. 총회에서는 새로 선출된 총회장인 안대벽 목사가 당연히 한국의 공식적인 대표가 되어야 한다면서, 선교회가 총회를 무시하고 독단적으로 선교대회 참석자대표를 지명하였다고 비난하였다.

306) R. Max Willocks, "Christian Mission in Korea, with Special Reference to the Work of Southern Baptists" (Th.M. thesis, Golden Gate Baptist Theological Seminary, 1962), 159.
307) 허긴, 「한국침례교회사」, 404.
308) Ibid., 413.

그러나 이미 안대벽 목사에 대한 신뢰감을 놓아버린 선교회에서는 홍콩 선교사대회에 장일수 목사를 한국대표로 파송하고 말았다. 선교회는 안대벽을 비롯한 총회임원들에 대해 강한 불신감과 거부감을 표출한 것이었고, 총회는 선교회의 독단적인 행동을 규탄하였다. 총회와 선교회는 서로 감정적으로 대립하면서 파국의 길로 치닫고 있었다.

3. 총회와 한국침례교선교회 간의 공방

제48차 연차총회가 1958년 5월 12일에 안대벽 총회장의 소집과 사회로 경북 점촌에서 개최되었다. 이 총회에서는 총회장에 신혁균, 부회장에 노재천과 김용해, 총무에 장일수가 선출되었고, 전도부장에 안대벽이 선임되었다. 전도부장은 매년 한국침례교선교회로부터 오는 교회보조금(약 30,000달러)을 관장하는 직이었다. 전도부장은 선교회와 업무적으로 매우 긴밀한 협력관계를 맺어야 하는 자리인데, 선교회로부터 불신임을 받고 있던 안대벽이 전도부장을 맡았으니 선교회는 난감함과 당혹감을 가지지 않을 수 없었다.

드디어 한국침례교선교회의 실행위원회(Executive Committee of KBM)가 1959년 3월 18일에 대전 대흥침례교회당에서 모였다. 실행위원회 석상에서는 안대벽 목사가 몇몇 선교사들을 한국으로부터 축출하기 위해서 총회지도자들 사이에서 물밑 접촉을 하고 있다는 정보가 입수되었다. 결국 선교회에서는 전도부장직을 맡고 있는 안대벽 목사와는 함께 일할 수 없다는 결론을 내리고 만장일치로 두 가지 동의안을 통과시켰다. 그리고 선교회 총무를 맡고 있던 굳윈(Goodwin, 구명철) 선교사는 그 날 오후 한미합동전도부 연석회의 벽두에 선교회의 두 가지 결정사항을 발표하였다:

> 한국침례교선교회 실행위원회는 대전에서 3월 18일 수요일 오전에 선교전도위원회 회의 직후에 두 가지 동의안에 대한 결의를 위하여 잠시 모였습니다.
> 첫 번째 동의안 - 우리는 데이비드 안(안대벽)을 신뢰할 수 없으며, 그렇기 때문에 한국에서의 주님사역을 감당함에 있어서 그에게는 어떠한 공적인 권한이 있다는 것을 인정하지 않을 것임과, 그에게는 어떠한 재정적인 지원도 하지 않을 것임을 동의하였는데, 결의가 되었습니다. 이 결의는 결정 즉시 효력을 발휘합니다.
> 두 번째 동의안 - 우리는 총회의 재무부장에게 선교부로부터 받은 모든 기금들 중 소지하고 있는 모든 금액을 즉시 선교회의 재무부장에게로 재분배를 위해 반납할 것을 동의하였는데, 결의가 되었습니다.[309)]

309) "Minutes of the Executive Committee of the Korea Baptist Mission," Executive Committee, Korea Baptist Mission, March 1959, 9.

이튿날인 1959년 3월 19일에는 안대벽 목사의 부인인 이순도 여사에게도 동일한 불신임에 대한 동의와 결의가 이루어지게 되었다: "동의안 – 우리는 안대벽 목사의 부인에 대해서도 불신임하기로 하며, 그렇기 때문에 한국에서의 주님사업과 연관된 어떠한 직책 상의 권한에 있어서 그녀를 인정하지 않을 것임과 그녀에게 어떠한 재정적인 지원을 어떠한 방법으로라도 허용하지 않을 것임에 대한 동의안이 제출되었는데, 결의가 되었습니다."[310]

결국 선교회에서는 안대벽 목사와 그의 부인인 이순도 여사에 대한 신뢰를 저버렸으며 따라서 그들에게는 어떠한 재정적인 지원도 하지 않을 것임을 결의한 것이었고, 결국 남침례교 선교사들은 그들과는 함께 일할 수 없고 함께 일하지도 않겠다는 결의를 한 것이었다. 이러한 결의에 대해 총회 내의 모든 한국 침례교회들과 담임목사들과 설교자들이 오해를 하지 않도록, 당시 한국침례교선교회의 회장 파커스 말러(L. Parkes Marler)와 총무 군원(J. G. Goodwin, Jr.)은 자신들의 이름으로 1959년 3월 20일날 편지를 발송하였다:

> 선교회는 귀하께서 이 문제에 관한 선교회의 입장을 잘 이해할 수 있도록 설명할 필요가 있다고 느낍니다.
> 첫째로, 우리의 결의는, 데이비드 안 목사와 그의 부인에 대하여 더 이상 신뢰감을 가질 수 없고 그들을 인정하지 않겠다는 것은 다른 사람들을 향해서 그렇다는 것이 아님을 의미합니다. 우리는 그들의 행동들이 총회에 덕이 되지도 않고 한국에서의 주님사역에 도움이 되지 않기 때문에, 그들과 더 이상 함께 일할 수 없다는 사실을 말하고 있는 것입니다.
> 둘째로, 선교회는 지금까지 총회의 여러 위원회들과 함께 일해 온 것과 동일한 방법으로 총회와 계속 함께 일할 것입니다. 우리는 선교회 차원에서 단순히 데이비드 안 목사 부부와는 함께 일할 수 없다는 것이고 이러한 조치는 총회와의 관계에 있어서 어떠한 변화도 없다는 것입니다. 우리가 자신과의 교제를 거두어들이는 것은 총회와의 교제를 거두어들이는 것이라고 데이비드 안은 말해 왔습니다. 이 말처럼 진실로부터 동떨어진 진술은 없습니다. 그와 그의 아내만이 우리의 행동이 적용되는 유일한 두 사람입니다.
> 데이비드 안과의 교제를 끊는다는 것은 총회를 향해서 하는 말이 아니고 우리 스스로에게 하는 말입니다. 선교회는 총회가 누구를 임원들로 선출을 해야 한다고 말한 적도 없고 지금 그렇게 말하고 있는 것이 아닙니다. 총회가 제 기능을 발휘하기 위해서는 임원선출을 결정함에 있어서 완전한 자유의 분위기 속에서 이루어져야 합니다. 데이비드 안은 그러한 결정의 자유를 촉진하는 것이 아니라 오히려 방해하고 있다는 것이 우리 선교회의 믿음입니다. 총회의 권위는 항상 총회를 구성하고 있는 사람들의 다수결 결정에 근거하고 있어야 합니다. 직접적이든 간접적이든 어떤 개인이나 단체가 총회를 지배하려고 시도하는 것은 잘못된 것입니다…. 지금부터 총회는 성령님의 인도하심에 따라 완전한 민주주의의 방법으로 기능해야 한다는 것이 우리 선교회의 간절한 바램이요 기도입니다….[311]

310) Ibid. 10.

다소 길어 보이는 이 편지는 안대벽 목사 부부에 대한 선교사들의 불신을 표현한 것이었을뿐 아니라, 총회가 비민주적인 절차에 따라 운영되고 있음을 넌지시 지적한 것이기도 하였다. 그들은 동아기독교의 연로한 지도자들이 권력을 독점하고 있으며 총회를 독재적인 방법으로 운영하고 있다는 점을 우회적으로 비판하였다. 선교회의 이러한 행동은 총회를 분란으로 몰아 넣었다. 총회의 대응이 실행위원회로부터 나왔다. 총회 실행위원회는 선교회의 도전에 한 마음이 되어 한국인의 민족정서에 호소하며 안 목사 부부를 옹호하였다.

1959년 3월 31일에 총회 실행위원회는 "선교회의 행동은 총회를 향해서 민족적인 자존심에 상처를 주었다"[312]며 총회 산하의 교회들과 목회자들을 상대로 성명서를 발표하였다:

성명서

> 교회의 머리이신 우리 주님 예수 그리스도로 말미암아 우리 교단 각 교회에 주님의 위로와 승리가 충만하기를 축원하나이다. 1959년 3월 18일 재한 침례회선교회 회장 말러 선교사와 총무 구명철 선교사의 명의로 각 교회에 발송한 성명서는 각 교회가 이미 받아 보시고 이것이 우리 교단에 있어서 한 가지 불상사인 것을 느끼시며 모든 성도들은 이 일로 간절한 기도 중에 있는 줄로 믿습니다. 우리 실행위원회는 이 일에 대하여 신중한 검토를 한 후 그 견해와 비판을 좌기와 여히 만장일치로 결의하여 성명하는 바입니다.
>
> 1. "제1동의 – 안대벽 목사에 대한 불신임과 그의 직책 상 여하한 기능도 인정치 않으며…" 안대벽 목사가 사무적으로 선교사와 상대하는 것은 그의 개인적 신분으로서가 아니고 전도부에 있어서 총회를 대표한 공인으로 대하는 것이니, 안대벽 목사를 불신임하는 것은 곧 총회를 불신임하는 것으로 간주한다.
> 2. 총회 전도부장인 안대벽 목사에게 만일 여하한 문제되는 사건이 있다면 선교회로서는 의당히 그를 선출한 총회를 상대하여 문제해결을 도모하는 것이 합법적인 것임에도 불구하고 이러한 방도를 취하지 아니한 것은 그것이 불합법적인 동시에 총회를 무시한 것으로 간주한다.
> 3. "제2동의 – 총회 재무에게 넘겨준 금액을 무조건 선교회 재무에게 즉시 반환하라"고 한 것은 이것이 총회 재무의 신임성을 부인하는 일인 동시에 총회를 멸시한 행위로 간주한다.
> 4. 안대벽 목사 부인에 대한 불신임도 이상 안대벽 목사에게 대한 불신임과 같은 불합법적이니 부인회 총회를 멸시한 것으로 간주한다.
> 5. 안대벽 목사가 선택의 자유를 방해한다고 하는 말은 이것이 안 목사를 모독하는 것보다 총회 회원 전체를 무시하며 모독하는 것으로 간주한다….

---

311) Executive Committee of the Korea Baptist Mission, "Letter to All Churches, Pastors, and Preachers of the Korea Baptist Convention," 20 March 1959.

312) 김용해, "성명서," 1959년 3월 31일.

6. 선교부가 안 목사 부부에게 대한 불신임의 구체적인 내용을 그들의 성명서에서 찾아 볼 수 없고 그들이 이러한 방법을 취하는 것은 명백한 불법이다. 이 일은 일치단결로 나가는 침례교단에 파란을 일으키고 분열을 시키는 결과를 빚어놓은 행위인 것이니, 이 책임은 전혀 선교사들에게 있다는 것을 명백히 말해 주는 것이다.
7. 우리는 선교사들의 구두 민주주의를 불신용하는 것이며 민족적으로 인권무시하는 여러 가지 행동을 규탄하는 바이다.

사랑하는 교우 여러분, 우리는 금번 대전에서 소위 전도부 실행위원 연석회의라는 장소에서 그들의 무례한 결의 선포는 빈약한 우리 민족적 서러움을 통감케 한 바이어니와 이런 행위가 지방 각 교회와 소년·소녀들에게까지 계속적 선전을 감행하는 것을 볼 때에 흐르는 눈물을 금치 못하는 바입니다. 끝으로 각 교회의 평안을 기도하오며 선교사들의 성명에 대한 성도 여러분의 현명한 견해와 비판의 소리를 보내 주시기 바랍니다. 이상과 같은 우리 교회의 정황 때문에 정기총회는 당분간 연기하오니 해량하여 주시기 바라나이다.

1959년 3월 31일
대한기독교침례회 총회 실행위원장 대리 김용해
위원: 노재천, 이원균, 한기춘, 안대벽, 김주언[313)]

총회 실행위원회는 같은 날에 당시 홍콩에 주재하고 있던 해외선교부(FMB)의 동양총무 윈스턴 크롤리(Winston Crawley)에게 위의 성명서와 유사한 내용으로 질문사항들과 함께 공문을 발송하였다:

금년도 한국침례회 정기총회를 앞두고 재한 선교회 실행위원회에서 3월 18일, 19일에 한국 총회 전도부장인 안대벽 목사와 부인회 총회장 이순도 씨를 불신임한다는 결의를 하고 한미전도 실행위원회 연석회의 개회 벽두에 구명철 선교사는 그 사실을 선언하고 안대벽 목사를 파면, 또는 절교한다 하며, 재무부장 김주언 집사에게는 주어진 잔여금을 즉시 반환하라고 하고는 회의조차 중단 폐회하였습니다. 그리고 선교회 회장 말러 및 총무 구명철 선교사 명의로 각 교회와 교회기관(심지어는 소년·소녀회까지)에 한국 총회를 경유하지 않고 직접 성명서를 발송하였음은 비합법적입니다. 이는 안대벽 목사 개인문제가 아니고 한국민족을 멸시하는 것이며 총회 및 실행위원 전체를 불신임하는 것으로 인정하고 피선교지 신도들의 심정을 현혹케 선동하여 금년도 정기총회 역원 선거를 방해하는 내정간섭으로 보는 것입니다. 그래서 우리는 더 이상 참을 수 없다는 의미에서 하기 조건에 대한 이유를 설명해 줄 것을 요청하는 동시에 우리 실행위원회는 재한 선교회 집행위원들의 반성을 촉구하니 미국 남침례교 총회는

313) 대한기독교침례회 총회 실행위원회, "성명서," 1959년 3월 31일. 허긴, 「한국침례교회사」, 427-9에서 재인용.

한국민족과 한국침례회 총회에 대하여 이와 같은 비합법적인 일이 없도록 책임지고 선처해 줄 것을 기대하며 경고하는 바입니다. 우리가 믿는 것은 하나님의 교회는 복음적 신앙으로 나아가지 않고는 여하한 방법이나 물질의 권위로도 그 발전이 불가능하다는 것을 강조하며 하기와 여하한 질문을 하는 바입니다:

(1) 1957년 7월 한미 연석회의에서 결의한 약속을 실천하지 않는 것.
(2) 한국교회가 안수하여 다년간 목회하고 있는 목사들을 목사가 아니라고 선전하는 것.
(3) 총회에서 선출된 역원을 불신임하는 것과 명예 훼손하는 것.
(4) 한국 총회에 정당히 주어진 금액 잔여금을 즉석에서 반환하라고 하는 것.
(5) 선교회로서 국내외에 근거 없는 선전을 하는 것.
(6) 교회 또는 총회를 분열 조장하는 것.
(7) 한국교회 재산을 합의 없이 선교회 재단에 편입시킨 것.
(8) 한국 총회 전도부장 없이 부원 일부와 한미전도부 실행위원회를 집행하였다는 것.

1959년 3월 31일
대한기독교침례회 총회 실행위원장 대리 김용해
위원: 노재천, 이원균, 한기춘, 안대벽, 김주언
*총회장인 신혁균 목사는 3월 31일 실행위원회에 병고로 불참했으며
장일수, 한태경은 불참했음.[314)]

1959년 4월 8일자 크롤리 총무의 회신내용은 지극히 사무적이었다. 그는 몇몇 선교사들과 한국인들 사이의 불화로 인하여 총회와 선교회 간의 우정에 금이 생긴 사건은 매우 유감스럽게 생각하나, 그 사태는 한국침례교선교회의 권한과 결정에 관한 사건이기 때문에 자신이 직접 개입하기는 심히 어렵다는 요지의 회신이었다.[315)] 사태는 더욱 악화되었다.

김장배 목사("전국교회에게," 1959년 3월 25일), 김주언 집사("성명서," 1959년 4월 27일), 박경배 목사("성명서," 1959년 4월), 전국여전도회 회장 이순도와 임원 일동("성명서," 1959년 4월 22일) 등이 성명서를 발표하면서 선교회를 비판하였다. 실제로 총회는 한국침례교선교회와 "전쟁 상태에"(at war) 돌입하였다.[316)]

314) Yong Hai Kim, Letter to Dr. Crawley, Secretary for the Orient, 31 March 1959.
315) 허긴, 「한국침례교회사」, 431.
316) Seung Jin Kim, "A History of Southern Baptist Mission Work," 108.

4. "총회수습대책위원회"의 결성과 위원회 모임

이러한 걷잡을 수 없는 소용돌이 속에서도 한국침례교선교회의 입장을 두둔하는 사람들이 있었다. 이들은 평소에 안대벽 목사 부부의 독단적인 교단 운영과 전횡적인 처사에 대해 불만을 가지고 있던 사람들이었고, 그 당시까지도 총회의 권력과 지도력을 여전히 장악하고 있는 동아기독교의 연로한 후예들(stem bloc)에 대하여 악감을 품고 있던 사람들이었다. 이들은 총회 내에서 새롭게 부상하고 있던 일부 "신학교파"(seminarian bloc)와 다른 교단에서 넘어온 일부 "전입목회자들파"(proselyte bloc)에 속한 목사들이었다.

이들의 입장을 대변하는 지도자는 당시 대전 대흥동침례교회를 담임하고 있었고 총회의 총무를 맡고 있던 장일수 목사(칠산교회 장석천 목사의 아들)였다. 그는 총회 내의 진보적인 목사들과 적지 않은 전입목회자들을 은밀히 설득하고 특히 선교사들의 지지를 획득하고 또한 당시 교단기관지 「침례회보」의 편집자인 한태경의 지원을 받아내는데 성공하였다. 그는 전국의 모든 지역을 대표하는 22명의 목회자들을 위원으로 하는 "총회수습대책위원회"를 결성한 후 1959년 4월 2일에 성명서를 발표하였다:

성명서

> 반세기의 청사에 빛나는 49회 총회를 목첩에 맞이하여 주야로 교회를 받들고 물심양면으로 주의 사업에 헌신하는 친애하는 교역자 및 교우 여러분! 여러분의 주를 위한 노고에 깊은 경의를 표하는 바입니다….
>
> 그러나 4, 5년 전부터 우리의 존경하는 실행위원들의 왜곡된 판단과 편파적 견해로서 오늘의 교회는 교권쟁탈의 도구로 화하고 선교회와의 불목은 교회발전을 저해하고 총회사업을 걷잡을 수 없는 궁지에 빠지게 하는 결과를 초래한 것입니다. 우리들은 오랫 동안 총회운영을 맡아 온 그 분들에게 전적인 협조와 순종을 아끼지 않았던 것입니다. 그러나 동일인물이 10년간이나 부서만 바꾸어 일하여 왔던 결과는 침례교회의 이상과 주장인 개교회 주권을 짓밟고 실행위원회의 독재만을 조성하였던 것입니다. 따라서 우리의 기대는 어긋나서 몇몇 실행위원들은 쇠퇴하여 가는 교회들을 발판으로 교권확장에 급급한 나머지 각기 강력한 내적 세력을 가짐으로써 오늘의 총회위기를 초래한 것입니다. 교회는 실의낙담 중에 전도의 의욕은 감퇴, 해이되고 피차 협조 단결할 수 있는 선교회와의 관계는 만성적이며 타성화한 불화반목을 조장하여 온 결과, 개교회들은 최악의 곤경에 이르러 그 존속을 위태롭게 할 지경에 이르게 되었습니다. 따라서 현 실행위원들은 이같은 결과의 책임을 지고 자진 사퇴함이 교회 앞에 의리와 덕을 세우는 일이요 분열의 위협을 모면할 기회임에도 불구하고, 도리어 자신들의 정당성을 운위하며 그 주장을 합리화하기를 주저치 않으니 이 얼마나 통탄할 일이겠습니까? …
>
> 한편 총회사업의 가장 중요한 위치에 있는 전도부장 안대벽 목사는 그의 부인 이 여사와 더

불어 재한 선교부의 불신임을 받게 되는 유감스러운 결과를 나타냈습니다.
이 일을 계기로 총회와 선교회를 격리시키려는 운동이 노골화되며 교회는 혼란 속에 빠지게 되었으며 분열의 위기에 직면하게 되었습니다. 이같은 불신임의 원인의 소재는 오랫 동안 선교사들과 개인적인 감정의 대립으로 분쟁을 계속하여 온 그 분 개인에게 있는 것임으로, 실행위원회는 선교회의 성명을 규명할 수 있으나 선교회에 대항하여 성명서를 전국교회에 발표함으로써 개인문제를 총회에 연결시킴으로, 총회의 분열 및 선교회와의 반목을 공공연히 선언 또는 조장한 3월 31일부의 소위 실행위원회 명의로 된 7개 항목에 달하는 6인 명의의 성명서 및 크롤리 박사에게 보내는 성명서는 월권행사이며, 여하한 중대한 성명서 발표는 반듯이 총회 결의를 거친 전체 교회의 의사반영이 되어야 함에도 불구하고 이는 총회를 무시한 독단행위가 아니겠습니까? …
그러므로 우리는 신앙을 같이 하며 뜻과 주장을 함께 하는 여러분과 더불어 대전시 대흥동교회에서 내 4월 28일(화) 오후 7시부터 4월 30일까지 총회수습대책위원회를 개최할 것을 선언하며, 아울러 교역자와 그의 교회 대표 2인씩을 필히 파견하여 주시기를 요망하는 바입니다.

1959년 4월 일

한국침례회 제49회 총회수습대책준비위원회

위원(무순): 장일수(대전), 조효훈(대전), 한태경(영서), 이덕수(강호), 이덕여(강호), 최완식(천안), 민영호(대전), 이창송(영서), 진홍상(전북), 강성주(서울), 유영근(충북), 임정일(천안), 김승학(전북), 곽효정(전남), 박성태(전남), 장시정(영서), 최영선(전북), 김선춘(경북), 유태근(충북), 조영하(경중), 김기석(경기), 윤덕훈(충남)[317)]

교단이 성명전의 공방으로 분열의 위기에 처하게 되자 와병 중에 있던 신혁균 총회장은 사태수습을 위한다는 충정을 가지고, 사전에 실행위원들과 상의를 하지 않은 채 총회장 명의로 "총회개최 무기연기"라는 공문을 전국교회에 발송하였다. 차기 총회의 일시와 장소는 제48차 점촌 총회에서 이미 결정되었는데, 1959년 5월 25일에 포항침례교회당에서 개최하기로 되어 있었다.

"총회수습대책준비위원회"의 성명서를 받고 가장 많이 놀란 사람은 신혁균 총회장이었을 것이다. 만약 그 위원회가 소집이 된다면 총회의 분열은 불 보듯이 뻔한 노릇일 것이라고 생각한 그는, 총회장의 명의로 전국교회에 대전에서 개최될 총회수습대책위원회의 모임에 참석하지 말 것을 간절히 권고하는 서한을 발송하였다. 그러나 이미 주사위는 던져진

317) 총회수습대책준비위원회, "성명서," 1959년 4월 2일. Timothy Cho (조효훈), "A History of Korea Baptist Convention," 202.

상황이었다. 총회 실행위원회는 1959년도 총회를 예정했던대로 포항침례교회당에서 개최한다는 공고문을 4월 19일 날짜로 전국 교회에 발송하였다.

제49차 총회 수습대책준비위원회 22명의 위원들은 신혁균 총회장의 권고에도 불구하고 이미 공고한대로 1959년 4월 27일 오후 2시에 대전 대흥동침례교회당에 모였다. 의사봉은 장일수 목사가 잡았다. 경건예배를 드린 후에 "총회수습대책위원 총회"에서 채택할 선언서 문안, 총회 회의진행, 참가자격, 임원선거방법, 총회규약 개정안 등을 토의하고 정회하였다.[318] 이튿날 4월 28일 오전 9시에 속개한 회의에서 총회 실행위원회 6인 위원들에 대한 불신임안, 제49차 총회 소집 청원건, 동양총무 크롤리에게 보내는 메시지, 제49차 총회의 개최를 청원하는 청원서 등에 관해 결의를 하고 1시에 폐회하였다.[319]

5. 제49차 대전총회

교단분열의 서막이 된 제49차 대전총회는 "총회수습대책위원 총회"의 속개 형식으로 1959년 4월 29일 오후 3시에 같은 장소인 대흥침례교회당에서 장일수 목사의 사회로 개최되었다. 본 총회는 전국의 196개 교회 가운데 140개 교회로부터 228명이 대의원으로 등록을 했으며 당일 출석한 대의원의 수는 모두 198명이었다. 장일수 목사가 총회를 사회했는데, 경건회가 끝난 후 한국침례교선교회(KBM) 회장인 파크스 말러(L. Parkes Marler)가 등단하여 본 총회에 대한 선교회의 입장을 설명하였는데 그 입장의 요지는 이러했다:

(1) 본 총회는 대다수의 교회들(majority of the churches)을 대표하고 있다고 선교회는 이해하고 있기 때문에 선교회는 본 총회에서 선출되는 임원들을 동해서 총회와 협력하여 일할 것이다.
(2) 1959년 5월 1일부터 선교회는 다른 남침례교 선교지역들에서 실행하고 있는 방식과 같이 지역교회들과 직접 협력하여(directly with local churches) 일할 것이다.[320]

해외선교부의 동양총무인 윈스턴 크롤리(Winston Crawley)도 1959년 5월 7일에 보낸 서신에서 말러 선교사가 설명했던 것과 유사한 내용을 담아 대전총회를 지지하였다:

318) 허긴, 「한국침례교회사」, 436.
319) Ibid.
320) "Minutes of the Korea Baptist Convention," Executive Committee, Korea Baptist Convention (Daejeon-side), 1959, 13-4. Baptist Press, 15 May 1959.

> 최근 대전에서 개최된 한국침례교 총회는 침례교회들의 대다수를 대변하였기 때문에 우리는 자연스럽게 그 모임의 총회에서 선출된 임원들과 함께 일할 계획입니다. 우리는 총회 내에서 일어난 오해들에 대해서 심판자가 될 수 없습니다. 우리는 한국의 모든 침례교회들과 행복한 협력관계 속에서 계속해서 함께 일할 바램이 있음을 다시 한번 더 진술하기를 원합니다.[321]

제49차 대전총회는 추후에 소집된 포항총회에서 불법적이고 무효인 총회로 정죄되었지만, 한국침례교선교회(KBM)로부터는 합법적인 총회로 권위를 부여받았다. 본 총회에서는 총회의 고문에 애버내티 선교사와 장일수, 총회장에 강성주, 부회장에 이덕여와 김기석, 총무에 김승학, 재무부장에 박종록, 전도부장에 존스 선교사, 교육부장에 조효훈, 사회부장에 말러 선교사, 출판부장에 장시정을 선출하였다. 선출된 임원명단에서 발견되는 특징은 선교사 2사람(말러, 존스)이 포함되어 있는데, 그들이 선교회의 자금을 가장 많이 쓰는 자리인 전도부장과 사회부장을 맡았다는 점이다.

대전총회에 참여하고 임원으로 선출된 사람들은 그 동안은 총회에서 비주류로 분류된 사람들이었다. 이들은 총회의 진보적인 신진들과 전입교역자들로서 이념적으로 동아기독교의 전통과 관습을 깨뜨리고자 했고 한국침례교회의 개혁을 주창해 왔던 사람들이었다. 이들은 선교회의 선교사들을 적극적으로 지지하며 선교사들과 함께 협력하여 일할 사람들이었다. 허긴 박사는 대전총회의 의의를 이렇게 진술하고 있다: "대전총회의 결성은 교단의 비주류파와 선교회의 젊은 세대 선교사들이 총회와 교회를 개혁하려는 그들의 개혁이념과 정신이 의합함으로써 형성된, 총회 내에 새로운 개혁운동의 세력 결집이었다."[322]

6. 제49차 포항총회

동아기독교의 연로한 후예들은 이전 해에 결정된대로 제49차 총회를 1959년 5월 25일에 포항침례교회당에서 개최하였다. 267명의 대의원들이 등록을 했고 264명의 대의원들이 출석을 하였다. 대전총회의 참석자 수인 226명보다 더 많은 수의 대의원들이 등록을 했다. 그들은 "60년 한국침례교회의 전통을 회복하여 주님께 영광을 돌리자"라는 구호를 앞세우고 펜윅 선교사와 대한기독교회의 전통을 이어온 총회임을 주장하였다. 신병을 앓고 있었던 총회장 신혁균 목사는 부회장인 김용해 목사에게 사회권을 양도하였다.

신임원 선출에서 김용해 목사가 총회장으로, 이원균 목사와 김장배 목사가 부총회장으

321) "Minutes of the Called Meeting of the Korea Baptist Mission," Executive Committee, Korea Baptist Mission, May 1959, 25.

322) 허긴, 「한국침례교회사」, 440.

로, 총무에 이종철, 전도부장에 이덕흥, 재무부장에 김주언, 출판부장에 이봉래, 사회부장에 안대벽이 선임되었다. 다음 날 새로이 총회장으로 선출된 김용해 목사의 사회로 다음과 같은 안건들이 의결되었다:

(1) 대전 불법집회를 주도했던 9명의 책임자들(장일수, 한태경, 민영호, 조효훈, 김기석, 이덕수, 전홍상, 유영근, 윤덕훈)에게는 5년 동안 총회 회원권을 박탈한다.
(2) 나요한(John A. Abernathy), 구명철(J. G. Goodwin, jr.), 말러(Parkes Marler), 우락수(R. Max Willocks) 등 4명의 선교사들에 대해서는 불신임 결의를 하고, 본국으로 소환조치를 하도록 요청하는 연판장을 해외선교부(FMB)에 발송하기로 한다.
(3) 침례회보의 사장과 주필을 파면 조치한다.
(4) 침례병원 원장 라이트 선교사와 차도우 선교사에게 감사장과 선물을 증정하기로 한다.[323]

이상의 결의된 네 가지 안건들은 어느 하나도 실제로 실행되지는 않았으나, 남침례교 선교사들과 이들을 초청했던 동아기독교 후예들 사이에는 불편한 감정의 골이 깊게 파이게 되었다. 제49차 포항총회에 참석을 했던 사람들은 안대벽 목사를 비롯해서 교단의 주류라고 자처했던 목사들이었다. 그들은 동아기독교 전통을 이어 온 교단의 원로들이었고 60년의 신앙전통의 맥을 지켜온 산 증인들이었다. 또한 침례신학교 별과 3년 과정을 1회와 2회로 졸업한 목회자들이 포항총회에 속하였다. 이들은 혈연과 지연과 인연으로 엮어진 인간관계를 형성하고 있었고, 그들의 명분과 역사적 정통성은 펜윅 선교사와 대한기독교회(Church of Christ in Corea) 및 동아기독교의 역사를 이어가고 있다는 점이었다.[324]

II. 분열 이후의 포항총회

1. 해외 선교단체들과의 제휴

포항측의 지도자들은 한국침례교선교회 회장인 파크스 말러 선교사가 대전총회에서 했던 다음의 말을 전해 듣고 무척 고무되었다: "본 총회는 대다수의 교회들(majority of the churches)을 대표하고 있다고 선교회는 이해하고 있기 때문에 선교회는 본 총회에서 선출

323) "Minutes of the Korea Baptist Convention," Executive Committee, Korea Baptist Convention (Pohang-side), 1959, 24. 김용해, 「대한기독교침례회사」, 118.
324) 허긴, 「한국침례교회사」, 445.

되는 임원들을 통해서 총회와 협력하여 일할 것이다." 그러니까 포항총회에 더 많은 대의원들이 모인다면 선교회는 자신들과 손을 잡고 일을 할 것이라고 하는 순진한 기대 때문이었다. 그래서 그들은 더 많은 대의원들을 끌어 모으기 위해서 많은 노력을 기울였다. 그리고 실제로 대전총회(등록 226명, 출석 198명) 때보다 포항총회(267명 등록, 264명 출석) 때 더 많은 대의원들이 등록을 했고 출석을 했다.[325]

그러나 선교회의 입장에는 변화가 없었다. 선교회로서는 대전총회에 속하지 않은 목회자들과 교회들에 대해서는 일체의 재정적인 후원을 끊어버렸다. 포항총회에 가담했던 약 50여개의 교회들은 당장 6월부터 교회운영비는 커녕 목회자의 기본적인 생계조차 막막한 상황에 처하게 되었다. 포항측 지도자들은 선교사들의 이러한 처사에 대하여 비난하고 성토했지만, 이미 선교회는 대전총회와 손을 잡고 그 동안 해 왔던 선교사역을 계속 밀고 나갔다. 분열의 골은 더욱 깊어만 갔다.

이러한 상황에서 포항측에서는 자신들을 도와줄 수 있는 해외의 새로운 구호단체나 선교단체를 찾지 않을 수 없었다. 한국전쟁 후 고아들과 가난한 개척교회 목회자들을 후원하는 사역을 감당하고 있던 에버레트 스완슨(Everette Swanson) 목사가 있었는데, 포항측 지도자들은 이 분을 경북 김천침례교회당에서 개최된 제50차 총회의 개회설교자로 초청하였다.[326] 그들은 우선 그 분이 운영하고 있던 "에버레트 스완슨 복음전도협회"(ESEA, Everette Swanson Evangelistic Association)로부터 재정적인 후원을 받는 길을 모색하였다. 이 복음전도협회는 추후에 "컴패션"(Compassion)이라는 국제적인 구호단체로 발전하였는데, 당시 포항측의 상당수 교회들(a considerable number of churches)이 이 단체로부터 도움을 받은 것으로 알려졌다.[327]

포항측의 제51차 총회가 1961년 4월 18일에 서울 종로침례교회에서 개최되었는데, 안대벽 목사가 총회장으로 선출되었다. 그는 "에버레트 스완슨 복음전도협회"(ESEA)로부터는 단지 목회자의 생계문제만 도움을 받는 정도였기 때문에 보다 큰 규모의 해외선교단체와 제휴를 할 필요성을 절감하였다. 1960년대초에 한국의 기독교계에서는 세계교회협의회(WCC, World Council of Churches)에 가입하느냐 마느냐 하는 문제로 개신교 교단들마다 분란이 일어나고 있었다. 그런데 WCC에 반대하는 입장에 있던 미국의 장로교 목사요 근본주의자인 칼 맥킨타이어(Carl Curtis McIntire, Jr., 1906-2002)가 창설한 국제기독교회협의회(ICCC, International Council of Christian Churches)가 한국에서도 활동을 하며 그 세력을 규합하고

325) Timothy Cho (조효훈), "A History of Korea Baptist Convention," 209.
326) 대한기독교침례회(포항총회), 제50차 총회회의록(1950), 1.
327) Timothy Cho (조효훈), "A History of Korea Baptist Convention," 211.

있었다.[328]

안대벽 총회장의 주장에 따라 포항총회는 ICCC에 가입하였다. 그는 맥킨타이어 목사와 함께 미국과 남아메리카의 여러 도시들에 소재한 교회들을 방문하여, 한국의 침례교단(포항총회)이 영적 재정적 곤란을 겪고 있다는 사실을 알리면서 무엇보다도 재정적인 후원을 호소하였다. ICCC는 포항총회의 유력한 재정적인 후원단체가 되었다. 그러나 총회의 분열이 일시적인 사태이며 2-3년 후에는 재결합하게 될 것이라는 낙관적인 견해를 가지고 있던 사람들에게는, 포항총회가 ESEA와 ICCC로부터 상당한 재정후원을 받게 되자 분열이 고착되어 버리는 것이 아닌가 하는 의구심이 들게 되었다.[329] 포항총회 측은 더 이상 남침례교 해외선교부(FMB)나 한국침례교선교회(KBM)로부터 도움을 받을 수 없는 상황에서, 궁여지책의 수단으로 ESEA와 ICCC와 제휴를 맺어 재정적인 지원을 받았던 것이다.

총회 분열 이후 교단의 재산분할 문제는 시급히 해결해야 할 난제들 가운데 하나였다. 대전총회 측과 포항총회 측의 대표들이 문교부의 중재를 받으며 1963년 9월 23일에 한 자리에서 만났다. 지역교회의 재산은 지역교회가 어느 쪽 총회에 가입하느냐에 따라 그 총회에 재산등기를 하기로 하였고, 무창포 수양관이 있던 부동산 토지재산은 포항총회에 양도하였다.

교단의 명칭도 서로를 구별할 수 있도록 다른 명칭을 사용할 필요가 있었다. 결국 포항총회는 "대한기독교침례회"로, 대전총회는 "기독교대한침례회"로 명칭변경을 하였다. 재산의 분할과 함께 교단의 분열상태는 현실로 고착되어 가고 있었다.

2. 대한침례회신학교

해외의 선교후원단체들로부터 재정적인 지원을 받게 된 포항총회의 지도자들은 목회자 양성을 위한 신학교를 세울 필요성에 모두 공감을 하였다. 그래서 1962년에 서울 종로침례교회당에서 개최된 제52차 총회에서 신학교 설립을 결의하였는데, 같은 해 6월 18일에 안대벽 목사가 담임목사로 시무하고 있던 종로침례교회당 안에 "대한침례회신학교"를 개교하였다.[330] 안대벽 목사를 교장으로, 한기춘 목사를 부교장으로 선임하였고, 교무과장에 박경

328) "Carl McIntire," Wikipedia, [온라인자료] https://en.wikipedia.org/wiki/Carl_McIntire, 2016년 5월 16일 접속. 칼 맥킨타이어 목사는 WCC의 에큐메니칼 운동에 치열하게 반대하는 ICCC 조직을 창립하여 오랜 기간 동안 회장을 역임했고, 그레샴 메이천(J. Gresham Machen)이 Princeton Theological Seminary를 뛰쳐나와 Westminster Theological Seminary를 창립할 때 그를 적극적으로 도왔고, 성서장로교회(Bible Presbyterian Church)의 목사로 활동했으며 미국에서 방송설교자로서 복음전파에 진력하였다.

329) 허긴, 「한국침례교회사」, 483.

330) 대한기독교침례회(포항총회), 제52차 총회회의록(1962), 21.

배, 교수에 이원균이 임명되었다.

대한침례회신학교는 첫 해에는 38명의 학생들이, 이듬 해인 1963년에는 23명의 학생들이 입학하였다. 학생수가 증가함으로 교수진도 보강이 되었는데, 부산 충무로침례교회의 이상모 목사를 교수로 채용하였고, 당시에 대한신학교 교장 김치선, 조용찬과 마두원(Morgan) 선교사 등이 강사로 초빙되었다.[331] 안대벽 목사가 1964년 1월 14일에 포항 총회에서 불신임을 당하게 되자 교장직에서 해임이 되었고, 후임에 신혁균 목사가 교장서리로 임명되었다. 1965년에 다시 한기춘 목사가 교장서리로 임명되었다.

1965년도에 대한침례회신학교는 인천의 성애원 건물로 수업장소를 옮겼다. 1968년에 양 총회가 합동을 이루게 되었을 때, 1968년 9월 7일부로 대전에 있는 침례회신학교로 합병이 되었다. 대다수 학생들은 대전의 침례회신학교에 편입되었고, 졸업생들도 침례회신학교의 동문회에 그 이름을 올리게 되었다. 대한침례회신학교에서 교수로 봉사했던 이상모 목사와 이덕근 목사는 자신들의 의사에 따라 목회현장으로 나갔으며, 김갑수 협동총무는 침례회신학교의 서무과장으로 영입되었다.[332]

3. 안대벽 목사에 대한 포항총회의 불신임

교단 분열 10년 동안에 포항총회 내에서 일어난 사건들 가운데 가장 가슴 아프고 슬픈 사건은 제54차 포항총회가 안대벽 목사를 불신임하여 교단 내의 모든 공직으로부터 해임시킨 사건일 것이다. 결국 안 목사와 그의 부인 이순도 여사는 더 이상 한국 땅에 살 수 있는 형편이 되지 못하여 쓸쓸히 미국으로 이민의 길을 떠나야 했다. 한국침례교선교회와 총회 간에 갈등이 생겼을 때에도, 그리고 교단이 대전 측과 포항 측으로 분열할 때에도, 분란의 중심에 서 있던 인사가 포항총회에서마저도 불신임을 받게 되었으니 그 불행은 개인만의 것이 아니라 침례교단 전체의 것이었다.

결국 돈 문제였다. 안대벽 목사는 1961년과 1962년에 연이어 총회장직을 맡게 되었는데, ICCC로부터 오는 보조금을 투명하게 사용하지 않았고 총회에 사용내역을 제대로 보고하지 않은 것이었다.[333] 자신의 노력과 수고로 해외로부터 끌어들여 온 자금이라고 생각해서인지 안대벽 목사는 자기 호주머니에 있는 자기 돈처럼 선교자금을 사용했던 것 같다. 자연히 포항총회의 실행위원회는 총회장의 독단적이고 자의적인 재정운영에 대해 의구심

331) 허긴, 「한국침례교회사」, 491.
332) Ibid.
333) Ibid., 484.

을 갖지 않을 수 없었고 결국 서로 간에 불신과 마찰이 생길 수밖에 없었다.

대한침례신학교의 운영에 있어서도 안대벽 교장은 독단적인 행정을 자행하였다. 안대벽 교장은 1964년에 개최된 제54차 포항총회가 선임하여 추천한 이사들을 받아들이기를 거부하고 자신이 좋아하는 인사들로 기성회를 조직하였다. 규정과 원칙에 입각한 학교행정을 한 것이 아니라 교장 자의대로 편법적으로 학교를 운영했던 것이다.

총회 실행위원회는 1963년 5월 21일에 안대벽 교장의 신학교 편법운영 문제에 대한 진상조사를 위해서 신학교 이사들과 함께 연석회의를 개최하였다.[334] 이들은 안 목사가 자신의 불찰에 대해서 진심어린 사과를 하거나 재발방지를 위한 약속을 하기를 기대했으나 자기 변명만 늘어놓는 안 목사에 큰 배신감을 느꼈다. 특히 총회가 추천한 이사들을 받아들이지 않은 것에 대한 분명한 해명이 없었다.

결국 해외선교자금에 대한 불투명한 관리와 신학교의 파행적 운영이라는 이유로, 총회 실행위원회는 1964년 1월 14일에 안대벽 목사에 대해 불신임을 결의했고 2월 5일자로 공고를 했다.[335] 안대벽 목사를 옹호하기 위해서 한국침례교선교회에 대항하기까지 했고 그의 편에 서서 교단분열까지도 불사했던 포항파 총회와 총회 실행위원회는, 안타까운 마음이 없지 않았겠지만 총회장을 다섯 번이나 역임했던 그를 포항총회의 모든 공직으로부터 잘라내 버린 것이다.

안대벽 목사는 펜윅 선교사를 측근에서 섬기고 도왔으나 펜윅 생존 당시에는 그 분에게서 목사안수를 받지 못했었다는 점과, 영어에 능통했던 우태호와 조응철과 같은 탁월한 인물들을 배제해 버렸던 점과 그리고 처음에는 그토록 가까이 지내며 도움을 주고 받았던 초창기 남침례교 선교사들로부터도 불신임을 받았다는 점과, 교단분열에 생사고락을 같이 했었던 동역자들과 후배 목사들로부터도 불신임을 받았다는 점에서, 그에게는 하나님으로부터의 소명감에 있어서나 성품과 인격에 있어서 상당한 흠결이 없었다고는 볼 수 없을 것이다.

334) Ibid.
335) Ibid., 485.

III. 분열 이후의 대전총회

1. 반쪽 총회와의 선교협력

포항총회가 네 사람의 선교사들(나요한 Abernathy, 구명철 Goodwin, 말러 Marler, 우락수 Willocks)을 본국으로 소환 조치하라고 하는 결의를 했을 때, 이미 선교회는 더 이상 포항총회와는 함께 할 수 없었다. 선교회는 대전총회에 속한 교회들과 목회자들만을 상대로 자금지원을 해 주고 그들과 선교협력을 할 수밖에 없는 상황이 되었다. 한국총회가 분열되는 비극을 겪었지만 1960년대 한국에서의 남침례교 선교활동은 해를 거듭하면서 확장되었다.

1961년 연차보고에 의하면 대전총회에 속한 교회의 수는 111개였으며 이 중에서 78개 교회는 자립이 가능하였다. 한국인 담임목사는 152명이었고, 한 해 동안 672명이 침례를 받았고 총 침례교인수는 4,793명이었다. 1961년도 여름성경학교에는 10,673명이, 주일학교에는 13,626명이, 여전도회에는 2,324명이 등록을 하였다.[336)]

1960년 봄에는 "침례교시간"(Baptist Hour)이라는 라디오방송사역이 시작되었는데, 인천에서 5월 1일에, 부산에서 5월 22일에, 서울에서 6월 19일에 방송이 송출되었다.[337)] "침례서관"(Baptist Book Store)이 대전에서 처음 개관되어 간헐적으로 문을 열었는데, 1969년에 침례교센터(Baptist Center)가 대전에 세워지면서 그 이후로 계속 개점할 수 있었다. 선교회에서는 군인들을 위한 쉼터를 1966년에 논산과 원주와 대전에 개설하여 군선교의 기틀을 마련하였다.[338)]

1960년대 초반 때만 해도 아직 침례회신학교 출신자들이 본격적인 사역을 감당할 수 없는 상황이었기 때문에, 한국침례교선교회(KBM)의 젊은 선교사들은 침례교 신학과 신앙으로 잘 훈련되고 갖추어진 한국인 지도자들이 부족하여 안타까와했던 것 같다. 1963년도 연례 선교보고서의 내용을 보면 그들의 그러한 심정을 읽을 수 있다:

> 한국에서의 우리 침례교 사역에서 가장 큰 문제들 중의 하나는 우리가 함께 동역하는 목회자들과 관련된 일입니다. 이 사람들 중 많은 이들은 하나님의 거룩한 소명을 체험적으로 받지도 않은 채, 담임목사의 강요에 의해 설교자가 된 사람들입니다. 우리 한국인 목회자들 모두가 미심쩍은 열정가들이라고 말할 수는 없습니다. 진실하고 믿음직한 하나님의 종이라는 증

336) *SBC Annual (1962)*, 139. Willocks, "Christian Mission in Koera," 166-7.

337) Research and Program Design Committee, comp., *Program Base Design* (Seoul: Korea Baptist Mission, 1973), B-7.

338) Ibid.

거를 가진 분들도 더러 있지만, 슬프게도 대다수가 그렇지는 않다는 것입니다. 다른 교단들로부터 넘어온 전입목회자들과는 지역교회들을 통해서 효과적인 침례교사역을 수행할 수 없습니다. 그들은 단지 침례를 받았다는 이유만으로 침례교 사역자라고 주장합니다. 한국에서의 침례교사역은 이곳에 있는 침례교회들이 마음 깊숙한 곳에서 변화 받은 체험을 하고 침례교신앙원리를 믿으며 목회사역에 하나님의 거룩한 소명감을 가진 젊은이 세대를 배출할 때까지는 계속해서 어려움을 겪게 될 것입니다. 그러한 날이 하루 빨리 올 수 있기를 기대합니다.[339]

교단분열의 시기(1959-1968)에 한국침례교선교회와 한국침례교 대전총회와의 관계는 그리 썩 매끄럽거나 협조적이지 않았다. 선교사들은 자신들에게 상대적으로 호의적이었던 대전총회 목회자들에게도 충분한 신뢰를 가질 수 없었다. 그래서 선교사들은 한국교회를 돕기 위한 선교기금을 일괄적으로 총회에 넘겨주지 않고 자신들이 직접 지역교회들과 목회자들과 기관들을 상대하면서 그러한 기금을 자신들이 스스로 관리하며 사용하였다. 그들은 이것을 이름하여 "직접전도사업"(Direct Evangelism)이라고 불렀다.[340]

"직접전도사업"은 선교회가 총회의 전도부에 선교지원금을 전달해 주고 총회 실행위원회의 전도부장이 그것을 필요에 따라 한국교회들에 지급해 주던 종래의 방식을 바꾸어서, 선교회가 "직접"(directly) 지역교회들이나 지방회들 그리고 기관들을 상대로 선교지원금을 지급하는 전도사업 추진 방식이었다. 선교회는 직접전도사업을 추진하면서 서울, 대전, 부산, 광주 등에 지역선교부(Station)를 설치하고, 그러한 지역선교부에 파송된 직접전도선교사들(Direct Evangelistic Missionaries)이 책임자가 되어 그 지역의 교회들과 목회자들을 관리하고 통제하며 지원하였다.[341]

"직접전도사업" 방식은 결국 선교회가 파송한 직접전도선교사들과 지역교회 목사들을 주종관계(主從關係)에 서게 만들었다. 선교사들은 선교자금을 제공하는 시혜자(施惠者)들이요 지역교회 목회자들은 선교자금을 받아 쓰는 수혜자(受惠者)들의 입장이 되게 하였다. 평등한 관계에서 서로 협력하는 관계가 아니라, 한쪽(선교사들)은 일방적으로 도움을 베푸는 위치에 있고, 다른 한쪽(한국인 목회자들)은 일방적으로 도움을 받는 위치에 서게 되어 눈칫밥을 먹으며 비굴한 자세를 취할 수밖에 없는 상황이 된 것이다. 이러한 상황이 지속되자 한국인 목회자들 가운데에는 선교사들에 대해 악감정을 가지고 선교사들을 비방

339) "Annual Narrative Report to the Foreign Mission Board, SBC," Korea Baptist Mission, 1963, 2.

340) 허긴, 「한국침례교회사」, 456.

341) Ibid. 1959년 6월 현재, 각 지역선교부(Station)에 파송된 직접전도선교사들(Direct Evangelistic Missionaries)은 다음과 같다: Max Willocks-전북, 강호, 대전; Don Jones-대전, 충남, 울도; Dan Ray-천안, 충북, 충서; Parkes Marler-천안, 경기, 영동; Louis O'conner-영동, 영서, 경북; J. G. Goodwin-경남, 경중, 경동; Albert Gammage-경서.

하기까지 하는 사태가 일어났다.

1963년 대전총회의 회의장에 익명의 필자가 쓴 "선교사 반대 성토문"이 살포되었다:

> 우리는 우리들과 협동사업을 한다고 주장하는 소위 선교사들의 냉소를 받고 있습니다. 우리는 그들의 마음이 우리들로부터 떠났고 그들은 우리 교단에 암울한 미래밖에는 준 것이 없다는 사실로 더 이상 고통을 당할 수는 없습니다. 도처에 우리의 연약하고 흐트러지고 있는 교회들은 목회자가 없으며 적지 않은 교회들은 문을 닫았고 목회자들은 계속 양떼를 버리고 다른 교단으로 넘어가고 있습니다. 실로 한심스런 사태가 아닐 수 없습니다. 이러한 사태에 대하여 그것을 이해하려고조차 하지 않는 선교사들(실은 그들은 선교사도 아니다)의 태도에 대해서는 놀라지 않을 수 없습니다.
> 신사 숙녀 여러분! 이제는 우리가 우리 총회의 힘을 키우고 우리의 체면을 살려야 합니다. 이제부터는 그러한 무용한 선교사들로부터 더 이상 부끄러움을 당하고 비웃음을 사고 모욕을 당하고 속지 맙시다. 그러므로 우리가 죽든지 살든지 간에 이러한 해롭고 부도덕한 사람들과는 협동적 과제를 단절하고 우리의 순수한 총회사업을 추진하도록 힘씁시다. 우리와 접촉을 하지 않는 그런 선교사들과는 우호관계를 단절하도록 결의하고 이 사실을 미국의 외국선교부에 알립시다. 이것이 우리 한국침례교회가 사는 길이요 발전하는 길이므로 우리는 우리의 뜻과 힘을 모아 이 결정을 합시다.[342]

비록 익명으로 작성되고 살포된 성토문이기는 하지만, 당시 한국의 침례교회들과 침례교 목회자들이 선교회와 선교사들에 대해 가지고 있었던 황폐화된 감정을 충분히 반영해주고 있다. 예수 그리스도가 하늘나라의 보좌를 버리고 이 땅으로 인간의 몸을 입고 성육신하셨듯이, 선교사들은 미국의 부유하고 발전된 보좌를 버리고 전쟁의 참화가 아직도 남아 있는 비참한 한국 땅으로 와서 한국인의 몸을 입고 성육신(incarnation)하여 선교사역을 감당해야 하는데, 익명의 필자는 그러하지 못한 선교사들의 모습을 보며 울분을 터뜨린 것 같다. 선교회와 총회 간에 상호신뢰(mutual trust)가 상실된 가운데에서는 참다운 기독교적인 선교의 열매를 맺기는 쉽지 않았던 것이다.

2. 새로운 세력으로 부상한 신학교파

동아기독교의 후예들 가운데 한 사람이었지만 안대벽 목사에 대해 비판적인 입장에 서 있었던 장일수 목사는 대전총회 쪽에 속하였다. 그는 교단이 분열(1959)된 후 1960년(제50

342) "Minutes of the Executive Committee of the Korea Baptist Mission," Executive Committee, Korea Baptist Mission, 13-14 May 1963, 15. 허긴, 「한국침례교회사」, 494-5에서 재인용.

차 총회)과 1961년(제51차 총회)에 총회장으로 선출되어 대전총회를 이끌었다. 다른 교단으로부터 전입해 온 강성주 목사와 차광석 목사가 각각 1963년과 1964년에 총회장으로 선출되었다. 그리고 대전총회의 총무도 전입목사인 김승학 목사(1959-1962, 1964-1965)와 신정호 목사(1962-1964)가 맡았다.[343] 1962년-1965년에는 전입목사가 총회장을, 1959년-1965년에는 전입목사가 총무를 맡은 것이다. 침례교 신앙과 신학으로 훈련받은 적이 없는 사람들이 교단의 실세가 되어 총회를 운영하였던 것이다.

그런데 1965년 4월 20일에 제55차 총회가 대구의 대명침례교회당에서 개최되었는데, 이 총회는 침례교단 내에 새로운 지도자들이 등장하는 계기가 되었다. 이제 타교단으로부터 전입해 온 목회자들의 시대를 마감하고, 침례회신학교에서 침례교 신앙과 신학으로 훈련받은 젊은 세대의 목회자들이 총회 지도력을 맡아 전면에 나서게 된 것이다. 앞에서 언급한 대로 침례회신학교 별과 3년 과정을 마친 1기와 2기의 졸업생들은 거의 모두 포항총회에 속하였지만, 1960년도에 제1기로 졸업한 B.D. 학위 소지자들(학부 예과 3년과 신학대학원 정과 3년, 모두 6년의 신학수업을 마친 졸업생들-필자 주)은 거의 대전총회에 속하였다.

1965년도 총회를 앞두고 계속해서 교권을 장악하기 위해 전입목회자들은 합심하여 선거운동을 펼쳤다. 동시에 침례회신학교를 졸업한 젊은 목회자들은 이제 교단이 제대로 침례교신학을 한 목사들에 의해 인도되어야 한다는데 마음이 모아지고 있었다. 그래서 그들은 그 당시 침례회신학교의 학생과장으로 있던 조효훈 교수를 총회장 후보로 옹립하며 선거운동을 전개하였다. 제55차 총회는 전입목회자들 진영과 신학교 출신의 신세대 목회자들 진영 간의 교권쟁취를 위한 각축장이 되었다.[344]

선거의 결과는 조효훈 교수 측의 승리였다. 담임목사가 아닌 신학교 교수 신분을 가진 조효훈 목사가 총회장으로 당선이 된 것이다. 총무를 비롯해서 총회 실행위원회의 위원들이 30대의 젊은 일군들로 채워졌을 때 아마도 전입목회자들 진영은 깜짝 놀랐을 것이다. 비로소 침례교 총회가 침례교 신학을 본격적으로 공부한 젊은 신세대 목사들이 교권을 장악한 교단이 된 것이다. 허긴 박사는 조효훈 교수의 총회장 당선이 한국침례교 역사에서 갖는 의의를 이렇게 요약하고 있다:

> 아무튼 조효훈의 총회 등장은 매우 중요한 의미를 내포하고 있다. 그것은 한국 침례교단의 정화작업을 의미했다. 지금까지 선교회 아래서 선교자금의 온상에서 서식해 온 교단 내의 비침례교적 요소와 세력을 말끔히 도태시키고 이 교단에 침례교의 계절을 앞당기는 작업의 시

343) 허긴, 「한국침례교회사」, 496.
344) Ibid., 497.

> 작을 의미했다. 이것은 또한 선교회와 보다 긴밀한 협조와 정상적인 관계를 회복하여 한국침례교의 주권을 회복하자는 개혁정신과 바람의 진작이었다. 조효훈 총회장은 취임인사에서 "신바람나고 자유롭게 일하는 총회"로 총회의 면모를 쇄신시킬 것을 공약했으며, 직전 선교회장 말러 선교사와 선교회장 서달수 선교사는 축사에서 선교회가 총회와 적극적으로 협력하여 일할 것을 약속했다….[345)]
>
> 그렇지만 제55차 연차총회는 60년의 한국침례교단의 역사에 지나간 시대를 청산하고 침례교의 새 시대를 본격적으로 여는 역사의 전환을 가져온 것은 분명했다. 침례교회의 신앙원리와 신학으로 무장되고 훈련받은 침례회신학교 출신의 참신한 젊은 총회 임원진은, 선교회와 함께 전국 교회에 침례교의 신앙원리와 교회행습의 기틀을 정착시키는 혁신적 교육훈련과 사업들을 추진해 갔다….[346)]

조효훈 총회장과 젊은 신세대 침례교목사들로 짜여진 실행위원회가 교권을 장악하여 총회적인 활동을 시작하자 전입목회자들의 저항이 적지 않았다. 일부는 침례교회를 떠나 다시 자신이 과거에 몸담았던 교단으로 돌아가기도 하였다. 전입목사인 이덕수 목사와 조동하 목사는 장로교로, 최완식 목사는 성결교로 회귀하였다.[347)] 특히 경기지방회와 충북지방회에 전입목회자들이 많이 있었는데, 이들은 총회의 실행위원들에 대한 불신임안을 결의하고 이 결의안을 총회로 발송하기도 하였다.[348)]

이러한 사태를 맞아 총회 실행위원회는 정면승부의 방법을 취하여 임시총회를 개최하기로 하였고 총회장과 실행위원들에 대한 신임을 묻기로 하였다. 1965년 7월 7일에 대전 대흥동침례교회당에서 개최된 임시총회에서 총회장과 실행위원회 위원들의 총사퇴문제는 표결 결과 전원 재신임을 하는 것으로 결정되었다.[349)] 7월의 임시총회는 약 3개월에 걸친 전입목회자들과 침례회신학교를 졸업한 신세대 목회자들 간의 교권투쟁에 종지부를 찍었다. 그리고 대전총회 안에 새롭게 떠오른 젊은 침례교목사들이 주도권을 쥐고 침례교 총회를 이끌어갈 수 있는 정당성을 부여받았다.

---

345) Ibid., 498.

346) Ibid., 502.

347) Ibid.

348) 불신임의 사유는 이러하였다: (1) 총회 임원선거에 부정이 있었다, (2) 실행위원들이 신학교 이사들을 불법적으로 해임했다, (3) 침례교세계대회 한국대표 차광석을 실행위원회가 승인하지 않았다, (4) 신학생들이 데모를 하도록 선동했다, (5) 신학교 교수들이 총회정치에 개입하는 것을 허용했다. Ibid., 500.

349) 기독교한국침례회 연맹, 제1회 임시총회회의록(1965), 1-3. Ibid., 501에서 재인용.

3. 침례교 부흥사들의 등장

"그는 흥하여야 하겠고 나는 쇠하여야 하리라"(요 3:30)라고 말한 침례 요한의 말은 해외선교사역을 감당하는 선교사들이 꼭 명심해야 할 말이다. 선교사들은 자기 자신들이 높아지고 그래서 권력을 쟁취하고 그것을 휘두르는 것이 목적이 아니다. 피선교지의 지도자들을 세우고 그들이 흥하는 모습을 보고 그들이 세운 교회들이 부흥 발전하여 그 땅에 하나님의 나라가 확장되어가는 모습을 보는 것이 목적이 되어야 한다. 선교사들은 스스로 기꺼이 쇠하기로 결심하여야 한다. 피선교지 목회자들과 교단이 영적으로나 재정적으로 자급자족하게 되어서 더 어려운 지역의 영혼들을 위해 선교사들을 파송할 때까지, 선교사들은 "종된 리더들"(servant leaders)로서 피선교지 목회자들과 교단을 섬기고 도와야 한다.

1960년대의 한국은 전쟁 후 어느 정도 안정을 찾아가고 있었지만 여전히 현실은 암울하였다. 1960년 4월 19일, 학생들의 의거로 인해 장기집권을 도모하던 이승만 대통령이 물러나 망명의 길을 떠났다. 민주국가를 이루고자 하는 과도기의 혼란상태에서 1961년 5월 16일에는 군사혁명이 일어나 박정희 소장이 권력을 장악하였다. 반공산주의, 부정부패 척결, 폭력집단 소탕, 장기적인 경제개발계획을 통한 보다 잘 사는 나라 건설 등의 혁명공약을 내세우며 백성들에게 미래를 향한 희망의 불소시개를 지피며 제3공화국을 열었다. 일부 진보적인 기독교계에서는 군사정권에 항거하기도 하였고 민주화운동을 주도하는 대열에 동참하기도 하였다. 이 당시 침례교단에서는 침례회신학교를 졸업한 젊은 목사들 사이에서 한국의 현실문제보다도 개인 심령의 변화를 강조하는 영성운동이 일어나게 되었고, 이것이 1960년대 침례교단의 영적 부흥과 숫자적인 교회성장을 가져온 요인이 되었다.

침례회신학교는 1954년에 개교를 하여 3년 후인 1957년에 첫 졸업생을 배출하였다. 48명의 학생들이 3년 과정의 별과에 입학을 했었는데 39명이 졸업을 하였다. 6년 과정(3년 예과, 대전 소재 타 대학교나 침례회신학교에서 공부하는 학부과정; 3년 정과, 침례회신학교에서 공부하는 기초신학과정, 그 당시에는 Bachelor of Divinity 학위를 수여했는데, 오늘날 Master of Divinity 학위와 대등한 것이었다-필자 주)에는 1954년에 52명이 입학하였는데, 1960년에 졸업한 정과 1기생들은 모두 8명이었다. 그 명단은 오관석, 안종만, 정진황, 노영식, 황영호, 박영록, 김용대, 노창우 등이다.[350] 그리고 1958년도의 제2기 별과 졸업생은 모두 6명이었으며, 1955년에 무려 50명이 입학하였던 정과 2기생들은 1961년에 단지 6명만 졸

350) 필자와 안종만 목사님과의 전화통화, 2016년 7월 20일. 정과 제1기 졸업생 8분들 가운데 현재 노창우 목사는 타계하셨고, 노영식, 황영호, 박영록, 김용대 목사는 미국에서 이민목회를 하시다가 은퇴하셨고, 정진황 박사님은 침례신학대학 초대 한국인 학장직을 수행하신 후 현재 미국에 체류하신다. 오관석, 안종만 목사는 한국에서 오랜 기간 동안 담임목회를 하신 후 은퇴하시고 한국에 살고 계신다.

업을 하였다.[351]

신학교 입학생들과 졸업생들의 수가 미미했던 현실은 1973년 12월에 침례회신학교가 문교부로부터 대학으로 인가를 받아 침례신학대학으로 승격이 될 때까지 계속되었다. 그러나 침례회신학교에서 3년 혹은 6년 과정의 신학수업을 받았던 졸업생들은 남침례교 신학과 신앙에 입각한 훈련을 받은 하나님의 종들이었다. 한국침례교회의 미래가 이들과 이들의 후배들 어깨 위에 놓여 있었다. 이들 졸업생들이 중심이 되어 1965년 제55차 (대전)총회에서 침례회신학교의 교수이자 학생과장인 조효훈 목사를 총회장으로 당선시킨 것이다.

이들 초창기 침례회신학교 졸업생들의 목회상황은 여전히 암담하였다. 농촌이나 시골 지역의 교회로 부임해 갔거나 교회개척을 시작했던 젊은 목회자들은 맨 땅에 머리를 부딪히듯이 몸으로 현실의 어려움을 감당하며 목회하였다. 그나마 다행이었던 것은 한국침례교 선교회(KBM)가 갓 신학교를 졸업한 젊은 일군들을 위해 "목회실습보조비"를 지급하는 프로그램(Post-graduate Field Work Program)을 가동하였다는 것이다.[352] 침례회신학교 졸업생들에게만 지급되는 목회활동 보조비였기 때문에 전입목회자들의 입장에서 볼 때는 자신들은 선교회로부터 상대적인 박탈감을 느꼈던 것은 당연한 일이었다.

1960년대의 암담했던 현실상황 속에서 한국의 대형교단에서는 에큐메니칼 운동의 문제와 국제적 조직에의 가입여부 문제로 인해 큰 분열을 경험하였다. 기독교 장로회와 예수교 장로회가 진보 보수의 대결로 분열하였고, 예수교 장로회 내에서는 WCC 가입여부를 놓고 예장합동 측과 예장통합 측으로 분열하였다.[353] 성결교회에서도 NAE(National Association of Evangelicals)와 ICCC(International Council of Christian Churches)에의 가입문제로 혼란을 겪더니 예수교대한성결교회(예성)과 기독교대한성결교회(기성)로 분열하였다.[354]

이러한 분열의 혼란 속에서 한국의 기독교계에서는 성령체험을 통한 인간심령의 변화를 부르짖는 영성운동이 일어나게 되었는데, 정택진 목사의 재침례운동, 조용기 목사의 오순절주의적 성령의 은사운동, 정영문 목사의 성경의 영적인 해석운동, 그리고 산상기도운동, 철야기도운동 등이 하나의 유행처럼 번지기 시작하였다.[355]

침례회신학교를 갓 졸업한 젊은 침례교목사들도 어렵고 힘든 목회상황에서 궁극적으로 의지할 곳은 선교부가 제공하는 그리 많지 않은 목회보조비가 아니라 우주만물의 창조주

351) 허긴, 「한국침례교회사」, 471.

352) "Recommendations from Meeting of Direct Evangelism Missionaries," Minutes of the Executive Committee of Korea Baptist Mission, 1963.

353) 민경배, 「한국기독교회사」, 신개정판, 544-5.

354) Ibid., 546-7.

355) 허긴, 「한국침례교회사」, 504.

요 소유주이신 하나님이라는 인식 아래 기도에 힘썼다. 오관석 목사, 지덕 목사, 김충기 목사, 고승혁 목사같은 분들이 용문산이나 계룡산 기도원을 찾아 하나님께 부르짖어 기도하면서 하나님의 전지전능하신 능력을 구하였다. 이들의 기도는 선교회를 의지하던 태도를 바꾸어 한국침례교회의 미래는 하나님으로부터 능력과 자원을 공급받아 스스로 자급자족해야 한다는 신앙적인 독립의지의 표현이었다.

1960년대 초반에 침례교단 안에 불기 시작한 심령부흥운동은 개인의 영성회복은 물론 교회의 숫적인 성장에 기여하였고, 그것이 교단발전에 적지 않은 기여를 하였다. 1960년대 후반에는 강원희, 전홍상, 최도식, 강성찬 목사, 1970년대에는 안중모, 이흥관, 유광석, 유흥태, 최보기, 강풍일, 최이식, 장영순, 주광석 등과 같은 부흥사 목사들이 등장하여 침례교단의 부흥운동과 영적 쇄신운동을 일으키고 교회성장운동을 촉진시키는데 큰 역할을 하였다.

제27장

한국침례회연맹 총회 시대(1968-1976)

1959년 제49차 총회를 대전과 포항 두 곳에서 따로 개최하면서 대한기독교침례회연맹 총회는 대전파와 포항파로 분열하였다. 한국침례교선교회와 총회와의 갈등, 동아기독교의 연로한 후예들과 신진 남침례교 선교사들과의 갈등, 전입목회자들과 침례회신학교 졸업자들 간의 갈등 등 복잡한 요인들에 의해 분열이 일어났다.

그러나 분열의 일차적인 이유는 신학적인 문제나 신앙노선의 문제가 아니었다. 동아기독교 후예들인 주류파와 선교회와 전입목회자들 그리고 침례회신학교 출신 젊은 목회자들 간의 인간적인 불신임과 정책적 갈등에서 비롯된 것이었고, 결국 교권을 장악하고자 했던 몇몇 인사들의 과욕이 빚어낸 분열이었다. 따라서 많은 침례교 목사들은 분열은 일시적인 현상이고 2-3년 내에 치유되리라고 기대하였다.

1961년 2월에 부산 충무로침례교회에서 포항 측과 대전 측의 실행위원들이 모여 합동을 위한 회의를 개최했고 4월 11일-13일에 재소집 모임을 가졌으나, 4월 18일에 있었던 제51차 총회에서 안대벽 목사가 총회장으로 선임되자 합동운동은 무위로 돌아갔다.[356]

교단 통합을 위한 준비위원회 모임이 1961년 11월 28일에 천안침례교회에서 개최되었는데, 아무런 조건 없이 분열된 교단을 합동하기로 만장일치로 의결하고 1962년 1월 15일에 서울 충무로에 있는 서울침례교회당에서 합동총회를 개최하기로 합의하였지만, 포항 측의 거부로 또 다시 무위에 그치고 말았다.[357] 또한 대전 측의 침례회신학교 정과 출신 젊은 목회자들이 주축이 되고 충청지역의 4개 지방회들이 합세하여 합동총회의 개최를 선언하

356) 포항측 실행위원들은 이원균, 유흥만, 이원도, 박경배, 이덕근, 김갑수, 박춘복 목사 등이었고, 대전 측 실행위원들은 장일수, 김기석, 유영근, 조효훈, 한태경, 김병욱 목사 등이었다. 허긴, 「한국침례교회사」, 448.

357) 교단통합을 위한 포항 측 준비위원들은 신혁균, 이원균, 최성업, 김용해, 박경배 목사 등이었고, 대전 측 준비위원들은 장일수, 김기석, 유영근, 조효훈, 한태경, 김병욱 목사 등이었다. Ibid., 450.

고 나섰지만, 아직 합동을 위한 때가 무르익지 않았다.

I. 총회합동을 위한 모색과 추진

1961년도에 교단합동을 위한 2-3차례의 시도가 있었지만 일부 인사들이 아직은 시기상조라는 주장으로 인해 지지부진하다가, 1967년 8월에 이르러서야 합동을 위한 불씨가 발화하기를 시작하였다. 포항총회 총무 김갑수 목사와 전도부장 남용순 목사가 대전총회 총무 우성곤 목사와 법인사무장 정인도 목사와 회동하여 교단합동을 위한 진지한 대화를 하였다. 이 때는 교단 분열에서 핵심적인 위치에 있었던 안대벽 목사와 조효훈 목사 두 사람이 미국에 체류하고 있었던 상황이었다. 안대벽 목사는 포항 측 총회로부터 불신임을 받아 미국으로 이민을 떠난 상태에 있었고, 조효훈 목사는 미국으로 유학을 떠나 남침례신학원(SBTS) 박사과정에서 학업을 수행하고 있었다.

1968년 3월 1일에 부산 충무로침례교회가 속해 있던 경남지방회가 "무조건적 교단통합을 위한 성명서"를 전국 침례교회들에 발송하였다.[358] 이 당시 대전 측은 구두서 부총회장이 조효훈 목사를 대신하여 총회장직을 수행하고 있었고, 포항 측은 김용해 목사가 재단이사장을 맡고 있었다. 특히 이 때 괄목할만한 사실은 교단의 분열상태에 대해서 가슴 아프게 생각하고 있던 평신도 지도자들이 앞장서서 교단합동을 적극적으로 도모하였다는 사실이다. 영안침례교회의 안경선 안수집사, 충무로침례교회의 전인칠, 김무길, 장후택 안수집사 등이 합동을 위한 사전조율을 위해 예배회담을 주선하였다.

드디어 1968년 3월 25일에 대전총회 측의 구두서 부총회장, 우성곤 총무, 정인도 법인사무장과 포항총회 측의 이덕흥 총회장, 김갑수 총무, 김용해 재단이사장, 남용순 전도부장 등이 합동 실행위원회 모임을 위한 예비회담을 가졌다. 이튿날인 3월 26일에는 양 총회의 실행위원들 연석회의가 부산 충무로침례교회당에서 모여서 교단통합을 위하여 좋은 분위기 속에서 진지하게 토의하였다. 이 때 이미 포항총회 측 김용해 재단이사장이 제시했던 "7개의 전제조건들"을 중심으로 토의하면서 원만한 양해와 합의를 이루어 낼 수 있었다.[359] 이 회의에서 양측은 "합동원칙"(The Principle of Unification)을 채택하였다:

---

358) "성명서," 대한기독교침례회 경남지방회, 1968년 3월 1일. Seung Jin Kim, "A History of Southern Baptist Mission Work," 116.

359) 김용해 목사가 제시했던 "7개의 전제조건들"은 (1) 합동의 명분, (2) 합동총회의 명칭, (3) 임원선출 방법, (4) 합동총회 소집 방법, (5) 재단이사장 문제, (6) 대 한국침례교선교부 문제, (7) 신학교 문제 등이었다. 허긴, 「한국침례교회사」, 512.

1. 양 총회, 대한기독교침례회(포항 측)과 기독교대한침례회(대전 측)는 교단의 역사(뿌리)가 동일하다.
2. 양 총회는 침례교회적인 복음이나 체제가 달라지지 않았다.
3. 양측 총회 산하의 교회들이 교단합동을 염원하고 있다.
4. 양 총회는 지금 재산문제로 법적 싸움을 하고 있는데, 이것은 주의 뜻이 아님을 깨달아 합동함으로 싸움을 종식시켜야 한다.
5. 양 총회는 합동으로 화해하고 보다 큰 교단으로 발전할 수 있다.
6. 1969년도 포항 측 총회와 미국 중앙침례회 외국선교부가 제휴됨으로, 1968년도 내에 합동 기회를 잃지 않아야 한다.[360]

양 총회의 실행위원들은 교단합동추진위원회의 위원들이 되고, 위원장에 구두서 목사와 이덕흥 목사가 추대되었다. 본 위원회에서는 1968년 4월에 서울 충무로에 있는 서울침례교회당에서 제58차 총회를 교단합동 총회로 개최할 것을 결정하였다.

II. 역사적인 제58차 교단합동 총회

역사적인 제58차 교단합동 총회가 1968년 4월 16일에 서울침례교회당에서 개최됨으로써 약 9-10년에 걸친 교단의 분열과 갈등을 청산하였다. 총회 회무를 다루기에 앞서서, 오후 8시에 교단합동을 감사하는 경건예배를 드렸다. 교단합동추진위원회 대전측 위원장인 구두서 목사가 사회를 보았고, 신혁균 목사가 대표기도를, 이지성 집사가 특송을 하였으며, 포항 측 위원장인 이덕흥 목사가 "우리의 기도가 막히지 않는 생활을 하자"는 제목으로 설교를 하였다. 핸더슨(Henderson) 선교회 회장의 축도로 경건예배를 은혜스럽게 마쳤다.[361]

합동총회에는 대전총회 측 18개 구역의 139개 교회에서 281명의 대의원들이 참석했고, 포항총회 측 9개 구역의 85개 교회에서 130명의 대의원들이 참석했다. 도합 27개 구역의 224개 교회로부터 온 411명의 대의원들이 한 자리에 모인 것이다.[362] 참석 대의원들 전원은 교단합동추진위원회가 성안한 "합동원칙"에 기립박수를 보냄으로 총회 회의장 분위기를 고조시켰다. 총회명칭을 "한국침례회연맹 총회"(League of Korean Baptist Churches)로 변경하였고, 재단의 명칭도 "한국침례회연맹 유지재단"으로 개칭하였다.

360) "합동원칙," 포항총회와 대전총회의 실행위원들 연석회의, 1968년 3월 26일. 이정수, 「한국침례교회사」, 231. "The Principle of Unification." Seung Jin Kim, "A History of Southern Baptist Mission Work," 116.
361) 허긴, 「한국침례교회사」, 514.
362) Ibid.

양 총회의 합동에 따른 규약(Constitution)과 규칙들(By-laws)의 개정을 위해 위원들을 선정하였다.[363] "한국침례회연맹"의 총회장에는 김용해 목사가, 부총회장에는 구두서 목사와 오관석 목사가, 총무에는 우성곤 목사가, 협동총무에는 김갑수 목사가 선출되었고, 각 부의 부장들과 감사들이 선임되었다.[364]

한국침례교선교회(KBM)로서도 양 총회의 합동에 격려의 박수를 보냈지만, 선교사들은 기존의 직접전도방식과 기관중심의 선교정책을 그대로 고수하였다. 선교회에서는 한국계 선교사 쌤 초이(Sam Choy, 최삼열) 목사를 1968년부터 한국의 총회 사무실에 파송하여 근무하게 함으로써 선교회와 한국침례회연맹 총회와의 업무상의 가교 역할을 하도록 하였다. 쌤 초이 선교사의 노력으로 선교회와 총회 간의 업무협력과 유대관계가 점차 원활하게 형성되기 시작하였다.

포항측에서 운영해 오던 대한침례회신학교의 재학생 20명은 대전의 침례회신학교로 편입이 되어 침례회신학교의 학생수는 89명의 늘어나게 되었다.[365] 1967년에 다우월(Theodore Dowell, 도월태) 학장이 사임하고 앨버트 게미지(Albert Gammage, Jr.) 선교사가 새로운 학장으로 취임하였고, 같은 해에 조효훈 교수도 학교를 떠나 목회현장으로 나가게 되면서 교수진은 6명으로 줄어들게 되었다: 게미지(Gammage, 지대명) 학장, 정진황, 안형직, 허긴, 고재봉, 서달수 선교사. 1969년 2월 1일에 노윤백 교수가 전임강사로 교수진에 합류하였다.

이 당시만 해도 학교의 재정은 한국침례교선교회가 거의 전적으로 후원을 하고 있었기 때문에, 침례회신학교는 선교회가 운영하는 교육기관이었다. 문교부의 교육법에 따라 "침례학원"이라는 재단을 갖추게 되었고, 한국인 이사 5명과 선교회 이사 4명으로 학교법인을 구성하였다.[366]

호사다마(好事多魔)라고 했던가? 양 총회의 합동이라는 경사에 함께 기뻐하며 동참하지 못하는 불행한 일이 하나 생겼다. 포항총회에 속해 있던 일부 동아기독교 후예 목사들이 총회 합동의 불법성을 제기하고 나선 것이다. 총회 합동을 반대한 38명의 대의원들이 1969년 4월 28일에 서울 하월동 동북제일침례교회당에 모여 제59차 대한기독교침례회 총회를 개최하였다. 이 총회에서 이덕흥 목사가 총회장에, 서주갑 목사가 부총회장에, 이태준 목사가 총무에 선출되었다.[367] 그 이후 이들 중 대부분이 "한국침례회연맹" 총회로 옮겨 왔

363) 규약개정위원으로 우성곤, 남용순, 김갑수, 정인도 목사 등이 선임되었다.

364) 각 부 부장으로는 재무부장에 이건기, 전도부장에 남용순, 교육부장에 안종만, 사회부장에 김종률, 출판부장에 박영록, 청년부장에 정태진, 재단관리부장에 정인도 목사 등이 선임되었고, 감사에는 임병찬과 김순갑 목사가 맡게 되었다.

365) 한국침례회연맹 제59차 총회 회의록(1969년), 61.

366) 허긴, 「한국침례교회사」, 519.

367) 허긴, 「한국침례교회사」, 514. 이상모 목사가 전도부장에, 이덕근 목사가 교육부장에, 한성진 목사가

지만, 경북 김천에 있는 동산침례교회의 이태준 목사를 비롯하여 10여 개 교회들은 이전의 이름을 고수하여 대한기독교침례회에 남아 있었다.[368]

III. 총회합동 이후의 한국침례회연맹 총회

1. 정과 1기 졸업생 총회장의 등장

총회 합동 후 1년만에 열린 제59차 총회는 1969년 4월 22일에 서울침례교회당에서 열렸다. 양측 총회의 재단해체 문제를 비롯해서 총회와 선교부가 준비해 왔던 교회확장운동과 상호 협력체제의 구축, 1970년에 일본 동경에서 개최될 예정인 침례교세계대회(BWC)에의 참가문제 등 교단발전을 위한 중요한 잇슈들이 기다리고 있었다. 전국 292개 침례교회들로부터 파송받은 591명의 대의원들이 참석하였다. 총회장 김용해 목사의 개회선언, 글로드 레아(Glaude H. Rhea) 박사의 특송, 남침례교 동양총무 빌로드 박사의 설교, 신혁균 목사의 축도로 경건회를 은혜스럽게 마쳤다.

회의 벽두에 우성곤 총무가 교단 합동의 과정과 양측간 재산분규의 현안들을 보고하고 총회 대의원들의 결의를 거쳐 재단통합이 온전히 이루어지게 되었다. 한국침례교선교회의 게이틀리(Gateley, 게도리) 회장이 이례적으로 총회 석상에서 선교회의 전도부 사업보고를 비교적 상세하게 함으로써 선교회와 총회 간의 신뢰와 협력정신을 고양시켰다.

제58차 총회 총회장과 임원회가 총회합동 후의 과도기 지도부였다면, 제59차 총회의 주된 관심사는 누가 총회장이 되어 새로운 지도력으로 총회를 발전적으로 이끌 것이냐 하는 것이었다. 새로운 총회장에 침례회신학교 제1기 정과 졸업생인 오관석 목사가 선출되었다. 부회장에 유태근, 신혁균 목사가 선출되었고, 총무에 우성곤, 협동선교사에 쌤 초이(Sam Choy, 최삼열)가 선임되었다.[369]

동아기독교의 후예들을 부회장에 선출함으로써 대전파와 포항파의 조화와 협조를 도출하였다. 40대 총회장으로 등장했던 오관석 목사는 1970년에 개최된 제60차 총회에서도 총회장으로 연이어 당선이 되었다. 그는 그 당시 한국의 개신교 총회들 가운데에서 가장 젊

재무부장에, 정덕영 목사가 청년부장에, 김유도 목사가 사회부장에 선임되었고, 김장배 목사와 유흥만 목사는 고문으로 추대되었다.

368) Ibid.

369) 전도부장에 임경철, 교육부장에 남용순, 출판부장에 고광현, 사회부장에 김인봉, 청년부장에 정인도, 재무부장에 박경배 목사가 선임되었다. 허긴, 「한국침례교회사」, 524.

고 활기찬 교단의 지도자가 되어 희만찬 1970년대를 열었다.

1970년대의 한국은 박정희 대통령의 강력한 지도력으로 경제개발과 새마을운동 등으로 "잘 살아보세"라는 구호를 내걸고 조국의 근대화와 산업화를 위해 매진하고 있던 때였다. 한국침례회연맹 총회도 침례교 신학을 제대로 공부하고 뜨거운 성령체험을 한 부흥사 출신의 총회장이 등장하여 총회의 영적인 분위기를 한층 젊고 역동적으로 변모시켰다. 무엇보다도 오관석 총회장은 전입목회자들을 아우르는 노력을 게을리 하지 않았고 총회와 선교회와의 원활한 관계를 도모하기 위하여 최선을 다하였다. 그러나 80여 년의 역사와 전통을 가진 교단이었고 동아기독교 후예들이 아직도 활동을 할 수 있는 나이에 있었기 때문에, 40대의 젊은 침례회신학교 출신자로서는 강력한 지도력을 발휘하기에는 한계가 있었고 여전히 각 파벌 간에는 눈에 보이지 않는 오해와 갈등이 잠재해 있었다.

2. 교단비상대권과 "교단발전위원회"

1971년 제61차 총회에서는 동아기독교의 후예 유영근 목사가, 1972년 제62차 총회에서는 다시 조효훈 목사가 총회장으로 선출되었다. 그 당시 조효훈 총회장은 미국 남침례신학원(SBTS)에서 철학박사 학위를 받았고 특히 미국 유학 중에 미남침례교의 신앙과 행정을 몸으로 체험하고 귀국한 상태였다. 그가 보기에는 한국의 침례교회는 펜윅 선교사의 세대주의적이고 근본주의적인 신앙 전통을 여전히 간직하고 있어서 침례교다운 침례교회를 제대로 이루고 있지 않은 안타까움이 있었다. 그래서 총회장으로 당선된 이후 그는 보다 강력한 방법을 동원하여 한국침례회연맹 총회를 변혁시키기를 원했다. 조효훈 총회장이 담임목사로 섬기고 있던 서울침례교회당에서 제63차 총회가 1973년 4월 19일에 개최되었는데, 이 때 일어난 "교단비상대권"의 발동이 바로 그것이었다.

조효훈 총회장은 긴급동의의 형식으로 교단의 쇄신과 변혁을 위하여 "교단발전위원회"를 설치하고, 1973년 6월 25일 임시총회가 개최될 때까지 헌장을 비롯한 총회의 모든 규정들과 조직들과 관습들을 개정할 비상대권을 위임받고자 하였다. 그는 "본 교단의 현 분위기는 침례교회의 이상과 주장에서 거리가 먼 분위기임으로 무엇보다도 침례교 본연의 자세로 돌아가는 것이 긴급한 문제인 줄 알아, 이에 본인은 아래와 같은 교단비상대권 수임요강에 따른 비상대권을 요청한다"는 긴급동의를 제출하였다.[370]

370) 한국침례회연맹, 제63차 총회회의록(1973).

〈교단비상대권 수임요강〉:

(1) 본인과 본인이 지명하는 인물들로 하여금 "교단발전위원회"를 구성하여 교단운영을 임시 대행케 한다.

(2) 본 교단의 현행 규약들을 전면 폐지하고 새로 제정하여 공포한다.

(3) 본 교단의 실정을 전면적으로 분석 검토하여 시대적 요청에 따라 전면적으로 제도를 개선한다.

(4) 본 교단의 주체성을 회복시켜 대선교회 관계를 쇄신한다.

(5) 본 교단의 교리를 정립하고 기강을 확립시킨다.[371)]

총회 석상에서 대의원들은 조효훈 총회장의 제안에 만장일치의 박수로 화답하면서 그에게 비상대권을 부여하였다. 이것은 마치 박정희 대통령이 1972년도에 "10월 유신"을 발표하면서, 유신헌법에 근거한 제4공화국을 열고자 자신에게 강력한 영도자로서의 리더십을 국민들로부터 수임받은 사건과 무관치 않아 보인다. 조효훈 총회장은 그 당시의 사회여건을 감안하여 한국의 침례교회를 크게 변혁시킬 하나의 방도로 교단비상대권을 활용하고자 했던 것이다. 또한 그것은 그 동안 한국침례교선교회가 주도해 온 한국교회에 대한 선교방식에 대한 도전이기도 했으며 한국 침례교인들에 의한 한국 침례교인들을 위한 총회운영을 위한 독립선언이기도 했다.

교단비상대권을 수임받은 조효훈 총회장은 그 당시의 총회규약을 전면 폐지하고 동시에 총회의 임원회도 해체하였다. 그는 자신을 위원장으로 하는 "교단발전위원회"를 1973년 4월 28일에 가동시켰다. 침례회신학교 정과 2기 졸업생인 정태진 목사를 부위원장으로 하고, 강성찬, 임종호, 박승환, 안중모, 곽지영, 이홍관, 장광석, 쌤 초이(Sam Choy, 최삼열), 유정식 등 총 11명을 위원으로 하는 교단발전위원회를 구성하였다. 이 위원회는 6월 25일 임시총회가 개최될 때까지 시한부로 총회를 운영하면서 새로운 규약의 제정과 함께 교단기구들의 재편성 작업을 감당해야 했다.[372)]

3. 변혁을 위한 몸부림

약 2달에 걸친 짧은 기간 동안 교단발전위원회는 새로운 총회규약을 만들었고 그에 따라 총회의 기구들을 개편하였다. 1973년 6월 25일에 서울침례교회당에서 개최된 임시총회에서는 상기 위원회가 준비해 온 새로운 총회규약을 수용하기로 의결하였다. 동시에 새 규

371) Ibid.

372) 허긴, 「한국침례교회사」, 533.

약에 따라 새로운 총회 의장단이 선출되었다: "총회장에 구두서 목사, 부총회장에 임경철, 조병진, 박선제 목사, 사무국장에 우성곤 목사."[373]

또한 새로운 기구개편안에 따라 부장제도를 없애고 위원회 제도를 도입하였다: 중앙위원회, 전도위원회, 교육위원회, 고시위원회, 대여보조위원회, 진흥위원회, 의료사회위원회.[374] 그러나 교단발전위원회가 제시한 총회규약과 교단기구 개편안은 비록 임시총회의 의결을 거치기는 했지만, 어떤 이들에게는 여전히 지나치게 급진적이고 과격한 개혁의 내용을 담고 있었다고 생각되었기 때문에, 총회의 변혁을 위해서는 치루어야 할 댓가가 기다리고 있었다.

구두서 총회장은 제64차 총회를 1974년 5월 28일-29일에 자신이 시무하고 있던 이리침례교회당에서 개최하는 것으로 소집하였다. 그런데 새로운 총회규약에 의하면 총회 개최 20일 전에 대의원 등록을 마쳐야 하는데, 이러한 절차를 숙지하지 못했던 총회 의장단의 불찰로 인해 총회는 무기 정회되고 말았다. 결국 우여곡절 끝에 8월 12일-13일에 영등포침례교회당에서 속계된 그 해의 총회에서 개회벽두에 구두서 총회장이 갑자기 의장단 사임 선언을 하고 하단해 버렸다. 사태의 수습을 위해 우성곤 사무국장이 나서서 임시의장을 선출해 놓고는 본인도 사무국장직을 사임하였다. 임시의장의 사회로 총회규약 개정위원 7인을 선정하여 다음날 13일에 규약개정안을 통과시켰다.

이 개정안에 따라 교단발전위원회가 제시했던 총회규약을 전면 폐지하고 이전의 총회규약으로 회귀하였다. 결국 안타깝게도 1973년도의 비상대권수임에 따른 변혁의 시도는 물거품이 되고 말았고, 교단발전위원회에 의한 교단의 개혁을 위한 노력은 헛수고의 해프닝이 되고 말았다. 제64차 총회에서는 새로운 총회규약에 따라 새로운 의장단을 선출하였다: 총회장에 임경철 목사, 부총회장에 이용철, 지덕 목사, 총무에 김용도 목사.[375]

1975년도 제65차 총회는 9월 15일에 대전 대흥침례교회당에서 개최되었다. 2년에 걸친 교단비상대권 파동, 이리 총회와 영등포 총회에서 빚어진 해프닝 등으로 인해서 총회의 앞날에 대해 암담함을 느끼고 있던 침례교 목사들이, 제65차 총회에서는 혼란과 시련을 극복하고 뭔가 새로운 돌파구를 찾고자 하는 마음과 화합을 도모하고자 하는 마음을 가지고 총회에 참석을 하였다. 본 총회에서는 중도적인 인물인 지덕 목사를 총회장으로 선출하였다.

지덕 총회장은 전입목회자들과 나이든 동아기독교 후예들과 젊은 침례회신학교 졸업생들 모두에게 수용될 수 있는 인간관계를 형성하고 있었다. 특히 남침례교 선교사들과의 관

373) Ibid.
374) Ibid., 533-4.
375) Ibid., 535.

계에 있어서 상호 이해하고 협력할 수 있는 분위기를 조성할 수 있었다. 제65차 총회를 기점으로 한국침례회연맹 총회는 선교회와의 긴장과 대립을 해소하면서 화합의 관계를 이루게 되었다. 제65차 총회에서 총회장으로 선출된 지덕 목사는 1980년대에 장차 도래할 "침례교의 계절"을 준비할 수 있었던 한국침례교 역사의 한 분기점의 주역이 되었다.[376)]

IV. 한-루이지애나 연합전도대회(1970-1975)

총회가 합동이 된 후, 한국침례교선교회(KBM)와 한국침례회연맹 총회 사이에 화해와 협력이 어느 정도 형성되었을 때, 선교회에서는 루이지애나 남침례교 주총회와 협력하여 미국인 자원봉사자들이 한국으로 나와서 한미연합전도대회(Korean-American Evangelistic Crusade)를 개최하도록 알선하였다. 이 프로젝트는 1966년 5월에 선교회와 교회진흥원이 공동으로 뉴올리언즈침례신학원의 교수인 윌리엄 사우더(William. H. Souther) 박사를 초청하여 "교회학교 확장운동"을 전개하였을 때 이미 계획되고 있었다.[377)]

루이지애나 주 베이턴 루지(Baton Rouge) 출신의 보즈만(O. K. Bozman Jr., 민봉수) 선교사가 열정을 가지고 앞장서서 한-루이지애나 연합전도대회의 개최를 위한 가교역할을 하였다. 또한 이 전도대회는 1970년에 일본 동경(Tokyo)에서 개최된 침례교세계대회(Baptist World Congress)와의 연계 속에서 준비되었다. 1970년 7월 5일-12일에 81명의 미국 남침례교 목사들과 평신도 지도자들이 한국의 약 20여 개 전략도시들로 흩어져서 전도집회를 인도하였다. 유명한 미국인 성악가들도 참여하여 은혜스러운 특송을 부르기도 하였다. 1970년 한-루이지애나 연합전도대회에서 루이지애나 침례교인들은 한국에서 수천명의 결신자들을 얻었을뿐 아니라 한국인들에게 침례교인들(Baptists)에 대한 좋은 인상을 심어주는데도 큰 기여를 하였다.[378)]

설교자로 참여했던 빌리 스미스(Billy K. Smith) 목사는 그가 쓴 기고문, "인상과 평가"(Impressions and Evaluations)에서 한-루이지애나 전도집회에 대하여 이렇게 썼다:

> 통계는 전체 이야기를 설명해 주지는 않는다. 그러나 한국에서의 전도집회 이야기는 숫자에 대한 언급이 없이는 제대로 설명이 되지 않는다. 사람들이 없는 곳이 없었다. 내가 섬겼던 서

---

376) Ibid., 536.

377) Timothy Cho (조효훈), "A History of the Korea Baptist Convention, 1889-1969," 237.

378) "Korean Crusade Wrap-up," John Green, *Baptist Message*, 85 (July 1970), 4.

울은 개미집(ant colony)을 연상시켰다. 각자 여기저기 분주하게 다녔다…. 전도집회 기간 동안에 전국에서 보고된 회심자들의 숫자를 생각해 보면 한국인들의 마음은 복음을 향해 활짝 열려 있었다…. 전도집회 장소에서 신앙을 고백했던 사람들에 더해서, 학교나 공장에서 수백 명의 새신자들이 예수를 자신의 구주로 영접하는 결단을 하였다.

루이지애나 침례교인들은 한국침례교선교회와 한국침례교 총회와 해외선교부(FMB)로부터 한국에서 전도대회를 인도하라는 초청을 받았을 때, 그들은 이미 탁월한 선교체험에 돌입하였다.

그런데 지금 나의 관심은 양육에 있다. 만약 많은 수의 개종자들이 지역교회들에 등록이 되었고 효과적인 봉사를 위해 그들이 훈련을 받는다면, 가장 어려운 난제는 아직 남아 있다. 아마도 루이지애나 침례교회들은 한국 전도대회의 결과를 지속적으로 보존함에 있어서 (만약 한국인들이 원한다면) 추가적인 도움을 베풀 것을 고려하여야 할 것이다.[379]

7월 전도대회 이후 양육을 위한 교재들이 번역되어 결신자들에게 전달되었고, 추가적인 자료들이 20여개 전략도시들의 침례교회들에 분배되어 각 교회 단위로 양육이 이루어졌다. 6개 지역모임에서 양육을 위한 세미나가 개최되기도 했다.[380]

루이지애나 주 침례교 목사들과 평신도지도자들은 1970년부터 약 5년에 걸쳐서 매년 연속적으로 자비량하여 한국의 지역교회들을 방문하여 전도집회를 개최하였다. 한미연합전도대회는 참여했던 미국 루이지애나 주 남침례교회들에도 선교의식과 신앙의 역동성을 불러일으키는데 기여하였고, 특히 선교회와 총회가 서로 협력하고 유대를 강화하는 데에 큰 기여를 하였다. 또한 한-루이지애나 연합전도대회는 1970년대말과 1980년대에 후속적으로 개최되었던 한미연합전도대회들을 위한 보람있는 실험이었고 좋은 경험이었다.

V. "프로그램 기초기획"(Program Base Design)

한국침례교선교회가 주도적으로 전개해 왔던 직접전도사역(Direct Evangelism)은 별 성과를 거두지 못하였다. 당시 한국은 산업화와 도시화를 지향하며 경제개발계획을 연차적으로 수행하고 있던 때였는데, 선교회는 농촌지향적인 직접전도사역을 펼치고 있어서 시대에 역행을 하고 있었다. 그리고 직접전도사역은 기본적으로 한국의 침례교총회와 한국의 침례교 지도자들에 대한 선교사들의 불신이 그 기저에 깔려 있었다. 선교회에서는 총회를 불신하여 총회의 전도부에 전도자금을 맡기지 못하고 선교사들이 직접 자금을 관리하고 사용하

379) "Impression and Evaluation – Korean Crusade," Billy K. Smith, *Cooperative Program Bulletin* 18 (September 1970), 5.

380) Seung Jin Kim, "A History of Southern Baptist Mission Work," 122.

는 방식이었기 때문이다.

1959년 교단이 분열될 당시의 침례교회수가 208개였는데, 1968년 교단이 합동될 당시의 침례교회수는 겨우 16개가 증가한 224개였다. 그리고 1978년에는 275개에 불과하였다.[381] 1960년대와 1970년대 초반에 적지 않은 전도자금이 투자되었음에도 불구하고, 침례교회의 숫자가 큰 폭으로 증가지 못하고 답보상태에 빠져 있었던 것은 선교회의 농촌중심 선교정책에 심각한 문제가 있었음을 보여 준다. 그래서 선교회에서도 이 사실을 뒤늦게 깨닫고 직접전도사역보다는 각 도시에 침례교 기관들을 세워서 선교사들을 책임자로 세우고 한국인 사역자들을 협력자로 배치하여 사역케 하는 간접선교사역으로 전환하게 되었다.

1970년 7월에 개최된 한국침례교선교회의 연차총회에서는 그 동안의 한국에서의 남침례교선교 사역에 대해 진지하게 돌아보고 반성하는 기회를 가졌으며, 앞으로 한국에서의 침례교선교를 어떠한 목표와 방향성을 가지고 전개할 것인지를 논의하였다. 선교회에서는 "연구 및 프로그램 기획위원회"(Research and Program Design Committee)를 구성하고 지금까지의 선교정책이나 선교방법, 그리고 장래의 선교의 계획과 목표 등에 관해 검토하고 재평가하여 새로운 선교전략을 세우도록 결정하였다. 위원회의 목적을 이렇게 진술하고 있다:

1. 한국침례교선교회가 후원했던 각종 부서들과 기관들과 사역들을 회고하면서 선교회가 주관하고 있는 현재의 모든 전략들을 재검토한다.
2. 각 영역의 선교사역들을 진술된 목적과 목표들에 비추어서 평가한다.
3. 각 영역의 사역들과 관련해서 선교회의 전체적인 미래 전략을 1971년도 연차총회에 추천한다. 각 영역의 선교활동을 평가하면서 우선적인 일, 필요한 자금과 운영예산, 필요한 인원, 목표와 방법 등을 추천한다.[382]

"연구 및 프로그램 기획위원회"는 시오도르 다우월(Theodore H. Dowell, 도월태) 선교사를 위원장으로, 굳윈(J. G. Goodwin, Jr., 구명철), 돈 존스(Don C. Jones, 최희준), 클로이스 스탄스(H. Cloyes Starnes)를 위원으로, 루시 와그너(Lucy Wagner)를 서기로 선임하여 구성되었다.[383] 1971년초에 남침례교 주일학부 교육부장 하우즈(W. L. Howse) 박사가 동아시아 지역을 방문하여 각 나라의 침례교선교회의 장기계획 수립에 대한 자문을 해 주었다.

한국침례교선교회도 하우즈 박사의 자문을 받아가며 1973년 11월에 "프로그램 기초기획"(Program Base Design)을 마련하였다. 이것은 먼저 한국침례교선교회의 기본적인 존재이

381) Ibid., 539-40.
382) "Minutes of the Executive Committee of the Korea Baptist Mission," Executive Committee, Korea Baptist Mission, July 1970, 11.
383) Ibid.

유를 이렇게 진술하고 있다:

1. 복음을 직접 사람들에게 선포함으로써 그들을 구원과 영적인 성장으로 인도하는 일에 하나님으로부터 쓰임받기 위하여
2. 그리스도의 사랑으로 사람들의 필요에 따라 잘 섬기기 위하여
3. (한국의) 침례교회들 및 그들의 협력기관들과 상호 협력함으로써 새 회심자들을 교회회원으로 인도하고 성장하도록 하기 위하여, 그리고 (한국의) 침례교회들이 스스로 복음을 증거하고(self-expressing), 스스로 다스리고(self-governing), 스스로 지탱하고(self-supporting), 스스로 기능하도록(self-functioning) 그 교회들을 정착시키고 발전시키기 위하여[384)]

"프로그램 기초기획"(Program Base Design)에 의하면 한국침례교선교회는 모두 7가지 프로그램을 기본골격으로 하여 선교사업을 수행하는 것으로 되어 있다: 1) 협동선교 프로그램(Program of Cooperative Mission), 2) 의료사역 프로그램(Program of Medical Ministry), 3) 신학교육 프로그램(Program of Theological Education), 4) 지역교회 프로그램(Program of Local Church0, 5) 발전 및 봉사 프로그램(Program of Development and Services), 6) 기독교 가정사역 프로그램(Program of Christian Home Ministries), 7) 선교사자녀교육 프로그램(Program of Education for Missionary Children).[385)]

이러한 7가지 프로그램들 가운데 선교회가 한국의 침례교 총회와 상호 협력해서 운영해야 할 중요한 사역들을 세 가지로 적시하고 있는데, (1) 침례회신학교에서 행하는 신학교육 사역, (2) 대여보조정책위원회를 통해서 행하는 개척자금의 장기대여와 보조 사역, (3) 교회행정출판부를 통해서 행하는 출판 및 교회개발 사역 등이다.[386)] 1974년 6월 한국침례교선교회의 제21차 연차총회에서는 "프로그램 기초기획"에 따라 선교회의 모든 사역들을 새롭게 개편했으며, 굳윈(J. G. Goodwin, Jr., 구명철) 선교사를 사무총장으로 선임하였고 그가 선교회와 한국 총회 간의 협력의 통로가 되어 활동하도록 하였다.[387)]

384) "Basic Intentions," *Program Base Design*, E-2.
385) "Program Structure," *Program Base Design*, F-1 through F-6.
386) "Mission in Transition," J. G. Goodwin, Jr., *The Commission*, March 1975, 17.
387) Seung Jin Kim, "A History of Southern Baptist Mission Work," 134.

제28장

기독교한국침례회 시대(1976-현재)

1975년 제65차 총회에서 총회장으로 선출된 지덕 목사는 침례교단 안에 존재해 온 다양한 분파들을 아우르며 화합하는 분위기를 조성하기 위해서 각별한 노력을 기울였다. 동시에 한국침례교선교회(KBM)는 시혜자요 총회와 한국 침례교회들은 수혜자가 되어 온 일종의 주종관계를 청산하고 서로 대등하게 협력하는 관계로 발전되도록 노력하였다. 또한 1976년의 제66차 총회에서는 "한국침례회연맹 총회"라는 교단명칭을 "기독교한국침례회"(KBC, Korea Baptist Convention)로 변경하였다.

제66차 총회에서 총회장으로 선출된 박경배 목사는 침례교회들이 영적으로나 재정적으로 자립과 자급을 이룰 수 있는 기틀을 마련하기 위해 노력하였다. 무엇보다도 산기도나 철야기도를 통해서 하나님으로부터 영력을 얻은 목사들이 부흥사로 활약하기도 하였고 그들이 농촌지역을 떠나 서울을 비롯한 도시지역으로 나아가 침례교회들을 개척하기 시작하였다.

선교회에서도 총회와 한국 침례교회들을 향해서 교단의 발전을 위한 노력을 경주하였다. 남침례교 해외선교부(FMB)와 협력하여 한미연합전도대회를 매년 시행함으로써 한국 땅에 침례교의 부흥을 촉진시켰다. 1980년대에 들어오면서 일부 기관들에서는 기관의 리더십이 점차 선교사들로부터 한국인 지도자들에게로 넘어오고 있었다. 1980년대 들어 한반도 남쪽에 "침례교의 계절"이 찾아오고 있었다.

I. "침례교의 계절:" 대도시지역에서의 활발한 교회개척

필자가 1980년에 당시 침례신학대학 정과(오늘날 침례신학대학교 신학대학원, M.div.과정)에 입학했을 때, 학생들 사이에서 "침례교의 계절," "침례교회의 계절이 오고 있다." "침례교의 계절이 오게 하자"는 등의 말이 유행하고 있었다. 필자가 처음 그 말을 들었을 때에는 그 의미를 잘 알지 못했었다. 그 때만 해도 장로교를 비롯한 다른 교단들에서는 침례교를 무척 생소하게 생각하였다. 어떤 지역에서는 "침례교는 이단이 아니냐?" 하고 의심의 눈초리를 보내기도 하였다.

침례교 신앙에 대한 이해부족으로 침례교회를 "침례"(침수례, Immersion Baptism)를 행하는 교회로만 생각하였고, 어떤 이단단체에서 침례를 행하니까 침례교도 이단일지 모른다는 생각을 했던 것 같다. 장로교 감리교가 한국 기독교에서 대다수를 차지하고 지배적인 영향력을 행사하던 때이었으니 침례교에 대한 이해부족과 편견이 있었던 것이다. 그 당시 필자는 침례교회의 수가 전국적으로 약 700개 정도 된다고 들었다.

1970년대에 있었던 한미연합전도대회(한-루이지애나 침례교 연합전도대회, 1970-1975)를 통해서, 그리고 1974년 한국대학생선교회(당시 대표 김준곤 목사)가 주최했던 초교파적인 부흥집회 "엑스폴로 '74"(Expolo '74, 1974년 8월 13일-18일)가 여의도광장에서 개최되었는데, 세계적인 침례교부흥사인 빌리 그래함(Billy Graham) 목사가 설교를 하고 수원중앙침례교회 담임목사인 김장환(Billy Kim) 목사가 통역을 했던 일이 언론을 통해서 보도되면서 침례교가 한국기독교계는 물론 일반대중에게 어느 정도 알려지게 되었다.

앞에서 언급했던대로 펜윅 선교사와 대한기독교회의 한국인 지도자들은 "오지선교," 즉 농촌이나 산골 그리고 만주 등 변경지역에서 복음을 증거하는 일에 주력하였다. 큰 도시들에는 이미 장로교 감리교 교회들이 자리를 잡고 있어서 기득권 세력을 형성하고 있었기 때문이었다. 초창기 남침례교 선교사들도 처음에는 대도시들보다는 중소도시들이나 농어촌 지역에 교회를 세우는 일에 관심을 가지고 있었다. 그러다가 분열되었던 총회들이 합병을 한 것을 계기로 한국침례교선교회(KBM)에서는 선교의 관심을 서울을 위시한 대도시들로 돌리기 시작하였다. 또한 소도시나 농촌지역에서 목회를 하며 사역의 꿈을 키우던 목사들이 그 꿈을 어장이 넓은 대도시에서 펼쳐보고자 하는 열망을 가지게 되었다.

허긴 박사는 몇 가지 사례들을 이렇게 요약해 주고 있다:

> 70년대의 침례교단의 부흥은 성령운동을 통하여 뜨거운 영적 체험과 능력으로 무장한 부흥사들이 서울을 중심으로 한 도시지역으로 목회지를 옮겨 교회를 새롭게 하면서 시작되었다. 1966년 3월에 오관석 목사는 그가 능력을 받고 놀라운 교회성장을 이룩한 충남의 태성교회를 떠나 서울로 자리를 옮겼다. 믿음의 큰 환상을 가지고 서울로 올라온 오 목사는 서울 회현동의 남산 끝자락에 가정집을 얻어 남산제일교회를 개척했다. 1968년에는 강원희 목사가 울산에서 서울로 자리를 옮겼으며, 1975년에는 지덕 목사가 대구에서 서울로 자리를 옮겨 개척을 시작했다. 1976년에는 김충기 목사가 대구에서 서울 강남으로 자리를 옮겨 개척목회를 시작했

다. 이후 이들을 뒤이어 농촌목회에서 뜻을 이루지 못한 많은 목회자들이 대거 도시지역으로 목회지를 옮겨 개척하는 현상이 교단 안에 일기 시작했다.[388]

1970년대는 우리나라에서 산업화, 도시화, 탈농촌화가 급격하게 이루어지던 시기였다. 농촌의 젊은이들은 도시에 있는 학교나 공장이나 직장으로 대거 몰려나왔다. 인구가 대도시에 집중하고 있었다. 이러한 추세를 눈치챈 한국침례교선교회(KBM)에서도 기존의 소도시와 농촌 중심의 사역을 도시중심의 사역으로 점차 전환해 나갔다. 선교사들은 이 때로부터 소도시나 농촌지역을 중심으로 한 직접전도사역(Direct Evangelism Ministry)을 뒤로 하고, 큰 도시에 세운 선교기관들을 중심으로 한국인 개척목사들을 후원하였다. 그런데 대도시에서 교회를 개척하기 위해서는 예배처소 임대비, 교회당 대지구입비, 교회당 건축비 등 적지 않은 비용이 소요되었다. 그래서 선교회에서는 교회개척을 뒷받침하고 지원할 협동선교의 방안을 마련하였는데, 그것이 바로 "한미대여보조정책위원회" 사역이었다.

"한미대여보조정책위원회"는 1969년 9월에 발족하게 되었는데, 이 위원회 산하의 기금위원회에서는 일체보조, 대지 및 건축보조, 예배당 전세보조 등 세 가지 방식으로 도시지역에 교회를 개척하고자 하는 지원자들에게 자금을 지원해 줌으로써 실제적인 도움을 주었다. 1970년에 9개 교회에 기금을 대여해 줌으로써 시작한 기금위원회의 한미대여보조정책은 약 20년 후인 1989년에는 무려 1,182개 교회들에 3,089,185,161원에 이르는 기금을 대여 혹은 보조해 줌으로써, 1970년-1980년대에 침례교회들의 숫적인 성장과 교단의 발전에 초석을 놓는 역할을 감당하였다.[389]

서울특별시의 경우, 1975년도에 침례교회의 숫자는 3개 지방회 산하에 총 111개 교회였다: 한북지방회(34개), 서울지방회(33개), 한남지방회(44개). 1980년에 이르면, 6개 지방회 산하에 190개로 증가하였다: 한북지방회(30개), 수도지방회(31개), 서울지방회(29개), 서울중앙지방회(25개), 한남지방회(40개), 강남지방회(35개). 그런데 5년 후인 1985년에는 모두 12개 지방회로 확장되었고 교회 수는 모두 416개로 불어났다: 한북지방회(33개), 수도지방회(42개), 서울지방회(41개), 서울중앙지방회(46개), 새서울지방회(34개), 강남지방회(38개), 서울동지방회(38개), 한남지방회(31개), 남서울지방회(37개), 영등포지방회(22개), 강서지방회(27개), 성남지방회(27개).[390]

1975년-1985년, 약 10여 년 동안에 서울특별시에 침례교회의 교회개척은 무려 4배로 증가하였으며 도시개척 집중화 현상이 일어나고 있었다. 이러한 고무적인 현상이 일어날 수

388) 허긴, 「한국침례교회사」, 554-5.
389) Ibid., 557.
390) 기독교한국침례회 제66차, 제71차, 제76차 총회 회의록. 허긴, 「한국침례교회사」, 556에서 재인용.

있었던 것은 교회개척 지원자들의 헌신과 함께 선교회의 적극적인 재정적인 지원으로 말미암은 것이었다.

분열되었던 총회가 하나로 합동된 이후, 한국의 침례교회는 영적으로뿐만 아니라 숫적으로도 빠르게 성장하고 있었다. 한국의 개신교회들 가운데에서 가장 빠르게 급성장하는 교단들 가운데 하나가 침례교회였다: 1951년(42개), 1955년(146개), 1960년(123개), 1965년(160개), 1970년(403개), 1975년(454개), 1980년(708개), 1985년(1,018개), 1990년(1,654).[391] 1980년대에는 한국 땅에 "침례교의 계절"이 성큼 다가오고 있었다.

II. 1980년대의 한미연합전도대회

한국 땅에 "침례교의 계절"이 오게 한 중요한 견인차 역할을 한 것은 한미연합전도대회였다. 한국침례교선교회(KBM)와 한국 총회(KBC) 그리고 남침례교 해외선교부(FMB)는 한-루이지애나 연합전도대회(1970-1975)를 성공적으로 치룬 이후, 그 성과에 대한 평가와 반성이 있었다. 1970년 한미연합전도대회의 공동의장을 맡았던 최희준(Don C. Jones) 선교사는 해외선교부에 제출한 보고서에서 다음과 같이 진술하고 있다:

> 침례받은 신자들에 관한 정확한 보고는 1971년초까지는 보내드리도록 하겠습니다만, 한국의 침례교회들에서 예전에 비해서 훨씬 더 많은 수침자들이 있었다는 것은 의심할 수 없습니다. 다른 교단들에서도 (우리의 전도대회로 인해서) 전도의 열매들을 많이 수확했을 것입니다. 한국 전역에서 침례교 목사들은 다른 교단의 그리스도인들뿐 아니라 불신사회로부터도 새로운 인식과 명성을 얻게 되었습니다. 의심의 여지가 없이 한국의 침례교인들과 남침례교인들을 통해서 하나님의 영이 역사하심으로 나라 전체가 좋은 감동을 받게 되었습니다. 구체적인 평가가 이루어져야 하겠습니다. 우리는 우리가 목격했던 것으로 인해서 감사를 드립니다. 많은 수고와 많은 기도와 많은 시간과 많은 선교자금이 이 한미전도대회에 투자되었는데, 하나님께서는 풍성하게 축복해 주셨습니다.[392]

한-루이지애나 연합전도대회는 선교회와 한국 총회 간의 갈등과 상처를 해결하고 치유해 주었으며, 교단 분열로 인해 생겼던 한국의 침례교인들 사이에서도 화합과 협력의 장을

391) Seung Jin Kim, "A History of Southern Baptist Mission Work," 146. Appendix 2. Yearly Trend of the Korean Baptist Church Growth, 246-7.

392) Don C. Jones, "1970 Korea Baptist Crusade Report," Report to the Foreign Mission Board, 3 February 1971, 3-4.

만들어 주었던 것이다. 이러한 좋은 전례와 경험을 바탕으로 선교부에서는 1977년에 한-플로리다 연합전도대회(Korean-Floridan Crusade)를 기획하면서 해외선교부로부터는 13,000불의 예산을 확약받았다. 1978년부터 1980년까지 5개 주요도시(서울, 대전, 대구, 부산, 광주)에서 3년에 걸친 연속적인 장기기획으로서 "한국의 주요도시 전도프로그램"(Korean Major Cities Evangelization Program)으로 명명하였다.[393]

첫 해인 1978년은 "청지기의 해"(Year of Stewardship)로, 1979년은 "훈련의 해"(Year of Training)로, 그리고 마지막 해인 1980년은 "전도의 해"(Year of Evangelism)로 정했다.[394] 매년마다 강조점을 달리하여 플로리다 주에서 온 남침례교 목사들이 5개 도시에서 한국의 침례교목사들과 평신도지도자들을 훈련시켰다.

1980년 1월에 개최된 전도대회는 3년 동안의 수고와 노력을 총결산하는 집회였다. 미국에서 온 부흥강사는 명설교가 제임스 폰더(Rev. James A. Ponder)였다. 5개 도시들에서는 5월과 6월에 부흥집회가 계획되어 있었다. 124개의 한국 침례교회들이 적극적으로 참여하였고, 플로리다 주에서 온 남침례교인들은 모두 244명이었다. 3년에 걸친 한-플로리다 연합전도대회에서 결신한 신자들은 모두 21,473명이었다.

아니타 바우덴(Anita Bowden) 자매는 "해외선교뉴스"(*Foreign Mission News*)에 다음과 같이 기고하였다:

> 대한민국 서울 (BP) - 처음에는 폭동(1980년 광주 5·18사태를 가리킨다-필자 주)으로 인하여 어려움을 겪었지만, 한미 주요도시 전도집회(Korean-American Major Cities Crusade)에는 수많은 사람들이 넘치도록 동참하였으며 6,500명 이상의 사람들이 그리스도를 따르기로 결신하였습니다. 한국의 침례교인들과 남침례교 선교사들은 전도집회를 통해서 이 극동의 나라에서 침례교인들에 대한 인식을 높이게 되었다는 데에 동의했습니다. 서울에서 개최된 저녁 부흥집회에서는 2,000석의 대강당(이화여자고등학교 유관순기념관-필자 주)에 평균 2,400여 명이 참석을 하였습니다. 서울에서는 6월 중순에 부흥회와 축호전도와 심방이 계속되었습니다.[395]

한미연합전도대회는 참여자들 모두가 윈-윈(win-win)하는 감동을 느낄 수 있었다. 미국에서 온 자비량 목사들과 평신도지도자들도 자신들이 세계선교활동에 참여하고 있다는 자긍심을 가지게 하였고 그들을 후원하는 미국의 침례교회들도 영적으로 고양되는 경험을 갖게 되었다. 한국의 침례교인들도 미국의 형제·자매들과 함께 동네 골목길들을 거닐고 가

393) Seung Jin Kim, "A History of Southern Baptist Mission Work," 123.
394) Ibid., 124.
395) Anita Bowden, "6,500 Make Decisions in Korean Crusades," *Foreign Mission News*, 6 June 1980, 28.

정집들을 심방하면서 전도지와 소책자를 나누어 주면서 구령의 열정을 회복할 수 있었다. 침례교단의 한미연합전도대회는 다른 교단의 목회자들까지도 부러워하는 프로그램으로 자리잡게 되었다. 1980년대에도 거의 매년마다 한미연합전도대회가 개최되어서 미국에서 자비량하여 온 남침례교인들이 한국침례교회들을 복음사역으로 섬겨 주었고 한국의 침례교인들은 그들과 따뜻한 협력관계를 형성하였다.[396]

한국의 기독교계와 일반 한국인들에게 침례교가 더욱 많이 알려지고 그 위상이 크게 제고가 된 사건이 있었다. 그것은 1979년 미국의 지미 카터(Jimmy Carter) 대통령이 한국을 국빈으로 방문하여 주일날인 7월 1일에 여의도침례교회(당시 담임목사 한기만-필자 주)에서 주일예배를 드렸다. 그는 미국 조지아주의 독실한 남침례교 안수집사였으며 주일학교 교사로 봉사했던 것으로 잘 알려져 있었다.

미국 대통령의 한국에서의 행적은 극비에 해당하는 것이었으나 침례교 안수집사로서 주일날 어느 교회에서 예배를 드릴 것이냐 하는 것은 모든 이들의 관심사였다. 그가 국회가 가까이에 있는 여의도침례교회에서 수행원들과 함께 예배를 드렸다고 하는 것은 결코 작지 않은 뉴스였다. 이 뉴스가 전세계에 매스컴을 타게 되자 자연스럽게 한국의 침례교회가 전세계에 알려지는 계기가 되었고, 한국인들도 침례교회를 더 잘 이해하게 되는 계기가 되었다. 미국의 서민 대통령 지미 카터가 소속한 교단이 남침례교총회(SBC)였고 그가 다닌 교회가 바로 침례교회였기 때문이었다.[397]

III. 1980년대 "침례교 계절"의 주요 사건들

1. 올림픽 경기대회 기간 동안의 전도활동

한반도의 남쪽 절반의 작은 나라에서, 그것도 동족상잔의 피비릿내나는 전쟁을 겪은 지 겨우 30여 년이 지난 후에 아시아경기대회(Asian Olympic Games, 1986년)와 세계하계올림픽경기대회(World Summer Olympic Games, 1988년)를 개최하여 성공적으로 치루었다고 하는 것은 기적같은 사건이었으면서 동시에 한국인들의 저력을 세계만방에 드러낸 쾌거였다.

396) 1981년 한미전도대회(1981년 10월 4일-15일), 1982년 제1차 한미전도대회(1982년 5월 23일-31일), 1982년 제2차 한미전도대회(1982년 10월 17일-27일), 1983년 제1차 한미전도대회(1983년 3월 13일-23일), 1983년 제2차 한미전도대회(1983년 10월 13일-28일), 1984년 한미전도대회(1984년 10월 18일-25일), 한-루이지애나 연합전도대회(3년 프로젝트, 1987년-1989년) 등. 허긴, 「한국침례교회사」, 566-70.

397) 허긴, 「한국침례교회사」, 571.

전세계로부터 수많은 선수들과 코치들과 경기임원들은 물론이요 셀 수 없이 많은 관람객들과 여행객들이 한국 땅을 방문한다는 것은, 비록 길지 않은 기간이기는 하지만 영적으로 생각하면 영혼구원을 위한 절호의 기회가 되는 것이다. 그래서 한국침례교선교회(KBM)와 기독교한국침례회(KBC) 총회는 경기대회가 열리는 기간에 아직도 예수 그리스도를 모르거나 만나지 못한 영혼들을 그리스도께로 이끌기 위해서 두 차례의 아시아와 세계 올림픽 경기대회를 전도의 기회로 삼고 만반의 준비를 하였다.

선교회에서는 1984년 7월 8일에 열린 한국침례교선교회 연차총회에서 "1986-1988 하계경기대회 사역위원회"(1986-1988 Summer Games Ministries Committee)라는 특별위원회를 조직하였다. 위원장을 맡은 데이비드 비숍(David Bishop) 선교사는 1985년에 이 사역을 준비하면서 이렇게 말하였다:

> 우리가 하기를 원하는 주된 것은 운동선수들에 대한 관심을 전도를 위한 도약판으로 삼는 것입니다. 할 일이 많이 있지요… 우리가 노력을 기울여야 하는 첫 번째 열쇠는 목회자들과 선교사들과 평신도들에게 올림픽 사역은 단기간에 교회회원수를 늘리느냐 그렇지 않느냐에 있는 것이 아니라, 장기간에 걸쳐서 풍성한 영적인 유익을 수확할 수 있다는 것을 확신시키는 것입니다. 한국의 그리스도인들이 올림픽 경기대회들을 단지 국가의 엄청난 사회적 경제적 진보만을 상징하는 것으로 치부해 버린다면, 궁극적으로 국민적인 영적인 대각성은 큰 상처를 입을 수 있을 것입니다.[398]

"1986-1988 하계경기대회 사역위원회"(SGM Committee)는 1986년에 선교회 위원 5명과 기독교한국침례회 총회 위원 4명으로 합동위원회를 재구성하였다. 본 위원회에서는 부산에서 서울까지 한미우정달리기(Korean-American Friendship Run)를 주최하였다. 국제적인 명성을 가진 마라톤 선수 스탠 코트렐(Stan Cotrell)이 초대되었다. 그와 한국인 마라톤 선수들이 함께 하루에 55km 정도씩을 달렸다.

코트렐 선수는 저녁에는 교회나 학교나 미군부대에서 연설이나 설교를 하였다. 그는 14개 침례교회들에서 간증을 하였고, 54차례나 라디오와 텔레비전에 출연해 인터뷰를 하였다. 그와 일행이 서울에 당도하였을 때에는 여의도침례교회의 안수집사였던 박세직 서울올림픽조직위원회 위원장의 영접을 받기도 하였다. 한미우정달리기는 하계경기대회 사역(Summer Games Ministry)을 범국가적으로 홍보하는 효과를 이끌었다.

---

398) Erich Bridges, "The '88 Olympics: Glory Overdue," *The Commission*, October-November 1985, 28-9.

2. 1989년 한국에서의 침례교선교 100주년 기념사업

1989년은 말콤 펜윅 선교사가 26세의 나이에 혈혈단신으로 한국 땅을 밟은 지 100년이 되는 해였다. 구한말 스러져 가던 조선(대한제국)이 끝내 국권을 상실하였고, 이어서 일본에 의한 36년 동안의 식민지 통치가 이어졌다. 제2차 세계대전의 종전과 함께 해방이라는 선물을 받기는 했지만 북쪽엔 소련군이 남쪽엔 미군이 진주하면서 남북의 분단이라는 민족적인 슬픔을 당하였다. 뒤이어 약 3년에 걸친 동족상잔의 비극을 겪었으며, 설상가상으로 4·19 학생의거와 5·16 군사혁명이 일어나 한국사회는 무질서와 혼란을 겪어야만 했다.

1906년 "대한기독교회"(Church of Christ in Corea)로부터 시작된 한국의 침례교회 역사는 형극의 길을 걸어 왔다. 해방 후 미남침례교 해외선교부와 선교적인 제휴를 하게 된 이후, 여러 차례의 시행착오 속에서도 한국의 침례교회는 이제 "받는 교회"에서 "주는 교회"로 발전하였다. 2013년 9월 현재 한국침례교인 해외선교사들은 64개국에 682명이 파송되었다.[399]

선교 100주년 기념대회를 위한 준비는 이미 2년전부터 시작되었다. 1987년 제77차 총회에서 총회장으로 선출된 우제창 목사는 임원들과 함께 기본계획안을 마련하였다. 이듬 해인 1988년 제78차 총회 시에 유광석 총회장은 100주년 기념을 위한 12개항의 사업계획안을 확정하여 발표하였다. 총회는 1989년 한 해 동안 침례교선교 100주년을 기념하는 다양한 사업들을 연중행사로 진행하였다.

첫 사업으로서 교회진흥원 주관으로 1989년 2월 21일-25일에 "평신도전도학교 세미나"를 개최하여 침례교선교 100주년 기념대회 행사의 서막을 올렸다.[400] 전국의 10개 침례교회들로부터 630명의 목회자들와 평신도지도자들이 이 세미나에 참석하였다. 5명의 국내 강사들과 5명의 미국인 강사들이 복음전도와 교회개척을 위해 전도의 정예요원들을 육성하고 훈련시켰다. 또한 선교회와 총회가 공동으로 개최한 "선교 100주년 기념음악회"가 1989년 4월 2일-9일에 전국의 11개 도시를 순회하면서 개최되었다.[401] 미국 루이지애나 침례교주총회의 덴월더 찬양선교단원 5명과 프라이스 남성중창단원 3명이 내한하여 여러 지역의 교회당과 콘서트 홀에서 침례교인들의 연합찬양예배를 인도하며 선교 100주년을 자축하였다.

1989년 5월 14일-25일에는 한미전도위원회 주관으로 "전국침례교 동시전도대회"를 실시하였다. 미국 루이지애나 침례교주총회 산하의 111개 교회로부터 온 170명의 전도인들과 재미 한인침례교회로부터 온 15명의 전도인들과 한국의 침례교인들이 연합하여 개인전도활

---

399) 103차 총회회의록, 기독교한국침례회, 2013년 9월.
400) 허긴, 「한국침례교회사」, 611.
401) Ibid., 612.

동을 하였다. 5월 14일-17일, 5월 18일-21일, 두 차례에 걸쳐서 전국 312개 교회에서 동시전도가 시행되어, 3,615명의 새로운 결신자들을 얻었으며 1,908명의 재결신자들을 얻었다.[402]

기독교한국침례회 총회는 선교 100주년을 기념하기 위한 사업으로 1989년에 대한성서공회와 협의하여 침례교성경을 발간하였다.[403] 기존의 한글성경들은 거의 모두 Baptism이 "세례"로 표기되어 있었는데, 그것을 "침례"로 표기한 성경을 약 10만권 발행하여 침례교인들에게 보급하였고 동시에 전국 기독교서점에서 판매될 수 있도록 배포하였다. 1989년 4월 14일-18일에는 총회 산하의 각 기관별로 "선교 100주년 기념 세미나"를 개최하였다. 4월 14일-16일에는 청년대회와 교사대회가 강남중앙침례교회에서, 4월 15일-16일에는 형제회 성장대회가 기독교 100주년 기념관에서, 4월 17일-18일에는 전국여전도회 수련회가 C.C.C. 훈련원에서 개최되었다.[404]

선교 100주년 기념대회의 절정은 8월 14일-16일에 서울중앙침례교회당에서 총회 교육부 주관으로 실시된 "목회자 성장대회"였다. 남침례교 해외선교부 총재 키스 팍스(Keith Parks) 박사와 루이지애나 침례교주총회 교육부장 찰스 라우리(Charles Lowry) 박사가 강사로 나서서 설교하였는데, 한국의 침례교 역사 100년을 돌아보고 다음 세기를 향한 세계선교비전을 공유하는 의미있는 목회자 성장대회였다. 허긴 박사는 이 행사의 역사적 의미를 이렇게 요약해 주고 있다:

> 유병문 총회장의 주관으로 진행된 본 성장대회에는 550명의 (침례교)목회자들이 참석하여 선교 100주년을 자축하며 동역자 상호 간의 친목과 우의를 다지고 앞으로 교단의 발전과 증진을 다짐하는 뜻깊은 모임이었다. 교단발전대회의 마지막 날 저녁시간은 "전국침례교인대회"로 정하고 100주년 준비위원회 주관으로 이 대회를 진행했다. 8월 16일 오후 7시 서울 잠실체육관에서 개최된 전국침례교인대회는 전국의 침례교회들에서 참여한 약 2만명의 목회자들과 평신도들이 한 자리에 모여 한국의 침례교가 걸어온 지난 날의 역사의 자취를 되새기고 선교 100주년의 의미를 다짐하면서 하나님께 감사하는 예배를 드렸다. 전국침례교인대회는 처음으로 전국의 침례교인들이 한 자리에 모여 침례교인의 긍지와 자부심을 새롭게 다지고 교단의 단합된 힘과 침례교의 신앙정신으로 선교 2세기를 향하여 전진하는 결의를 함께 다짐하는 뜻깊은 축제였다.[405]

402) Ibid., 612-3.
403) Ibid., 613.
404) Ibid., 614.
405) Ibid., 614-6.

3. 1990년 제16차 침례교세계대회 개최

1986년 아시아 올림픽경기대회와 1988년 세계하계올림픽경기대회가 범국가적인 행사로 성공적으로 치루어졌고, 기독교한국침례회 총회에서는 1989년에 침례교 선교 100주년 기념 사업이 알차게 은혜롭게 치루어졌다. 1990년에는 "침례교세계연맹"(BWA, Baptist World Alliance)의 제16차 "침례교세계대회"(BWC, Baptist World Congress)[406]를 서울에서 개최함으로써 한국 침례교회의 국제적 위상을 더욱 크게 드높혔다.

침례교세계연맹(BWA)은 영국침례교연맹(BUGB, Baptist Union of Great Britain)이 중심이 되어서 전 세계 침례교인들과 침례교단들과 침례교 단체들을 아우르는 국제적인 조직이다. 침례교세계연맹은 1905년에 21개국으로부터 온 침례교지도자들과 침례교인들이 참석하여 "한 주님, 한 믿음, 한 침례"(One Lord, One Faith, One Baptism)라는 기치를 내걸고 런던에서 결성되었다. 이 국제조직의 사명진술(Mission Statement)에 의하면 "그리스도를 위해 세상에 영향을 끼치기 위하여 침례교 가족들을 연결하는 것"(networking the Baptist Family to impact the world for Christ)이다.[407]

침례교세계연맹은 2014년 12월 31일 현재, 121개국에 속한 232개 교단들과 단체들이 회원으로 가입해 있으며, 회원침례교회들의 수는 164,352개이고 회원침례교인들의 수는 36,692,191명이다.[408] 개신교 기독교(Protestant Christianity)에서는 세계 최대의 회원수를 가진 국제적인 조직이다.

제16차 침례교세계대회(BWC)가 1990년 8월 14일-19일에 서울에서 개최되었다. 86개 국가로부터 파송받은 10,687명의 침례교인들과 수만명의 한국의 침례교인들이 "그리스도 안에서 함께"(Together in Christ)라는 주제로 한 마음이 되고 한 몸이 되었던 축제였다. 이것은 또 다른 "종교적인" 세계올림픽경기대회였다.

그 당시 종교자유의 물결이 동유럽 국가들과 구 소련에 불고 있던 때이어서, 불가리아, 루마니아, 유고슬라비아, 체코슬로바키아, 소비에트 유니온, 구 동독 등으로부터 파송받은 203명의 침례교지도자들과 침례교인들이 서울의 자유스러운 공기를 만끽하였다. 특히 171명의 소비에트 유니온 참석자들은 50,000여 명의 한국 침례교인들의 환호 속에서 서울올림픽 주경기장(Seoul Olympic Stadium)을 행진하였다. 과거 어떤 침례교세계대회에서도 소비에

---

406) "침례교세계연맹"(BWA, Baptist World Alliance)은 전 세계 침례교인들과 교단들과 모임들을 아우르는 국제조직의 명칭이고, "침례교세계대회"(BWC, Baptist World Congress)는 매 5년마다 일정한 장소에서 일정한 기간 동안 모이는 침례교인들의 선교축제 혹은 선교대회 그 자체를 가리키는 말이다.

407) "Baptist World Alliance," [온라인자료] https://www.bwanet.org/about-us2/affirmations, 2016년 6월 8일 접속.

408) "Baptist World Alliance," [온라인자료] https://www.bwanet.org/about-us2/stats, 2016년 6월 8일 접속.

트 유니온 침례교인들이 6명 이상 참석했던 대회는 없었었다.[409)]

전세계 언론들의 주목을 받았던 행사는 두 번에 걸친 대중침례식(two mass baptisms)이었다. 1988년 세계하계올림픽경기대회 때 조정경기장(rowing venue)으로 사용되었던 한강 미사리(Misari at Han River)에서 10,000여 명의 새신자들이 각 지역교회의 담임목회자들에 의해 "신앙고백에 근거한 신자의 침례"(Believer's Baptism based on the confession of faith)를 받은 사건이었다. 참석자들은 수만명의 한국 침례교인들이 외쳤던 "복음을 가지고 세상으로 가자"(Go to the world with the Gospel)라는 함성을 결코 잊을 수 없었을 것이다.[410)]

제16차 침례교세계대회에서는 마지막 날인 1990년 8월 19일에 "서울언약"(Seoul Covenant)이라는 역사적인 선언문을 채택함으로써 서울대회를 마감하였다. 7개 항목으로 구성된 서울언약은 복음전도의 최우선성을 강조하면서 이번 세기 동안 이 세상의 모든 사람들에게 복음을 제시하자고 도전하는 내용이었다. 서울언약 그 자체는 신앙고백도 아니요 신조도 아니었지만, 침례교세계연맹(BWA)의 지도자들은 전 세계침례교인들을 향해서 그것을 복음전도를 촉진하기 위한 진술로 받아들이도록 요망하였다:

서울언약(1990)

1. 우리는 우리가 개입하고 있는 선교가 하나님께 속한 것임을 고백한다. 십자가에 못박히시고 부활하신 주님 예수 그리스도를 성령의 영감을 받아 세상을 향해 증언하는 것은 우리의 기쁨이요 우리의 책임이다.
2. 침례교인들은 하나님의 전 가족의 일원이기 때문에, 우리는 그러한 증언을 제대로 감당하기 위해서는 기도해야 하며 이 큰 사명을 위해 다른 그리스도인들과 협력해야 한다.
3. 모든 사람들이 하나님의 심판 아래 있기 때문에, 예수 그리스도기 재림하실 때까지 우리는 모든 세대를 향해 복음을 선포하고 제시해야 한다고 믿는다. 우리 모두가 죄인이었지만 은혜로 구원을 받았기 때문에 우리는 이 일을 겸손하게 감당해야 한다. 그러나 동시에 사람들은 하나님의 능력으로 구원받는 것이기 때문에 우리는 이 일을 담대하게 감당해야 한다.
4. 예수 그리스도에 대한 개인적인 믿음은 그의 몸인 교회를 향한 헌신을 포함하는 것이라고 믿기 때문에, 우리는 세상에서 하나님의 왕국을 드러내는 효과적인 표지인 신앙공동체를 형성하는 것을 우선적인 목적으로 삼아야 한다고 믿는다.
5. 우리는 하나님의 백성이 세상을 위해 일을 해야 한다는 것이 복음 속에 내재해 있다고 믿기 때문에, 세상에서는 평화와 정의가 추구되어야 하고 환경은 보존되어야 한다.
6. 침례교 가족의 일원으로서 우리는 희생적인 드림에 헌신해야 한다고 믿으며, 모든 사람들이 그들 자신의 문화와 언어로 구원의 복음을 나눌 수 있도록 그들에게 우리가 가진 자원

409) Seung Jin Kim, "A History of Southern Baptist Mission Work," 152.
410) "Baptist World Alliance," *SBC Annual*, 1991, 266-72.

들을 제공해야 한다고 믿는다.

7. 예수 그리스도는 세상의 소망이시다. 그 분은 우리의 삶이 돌아가는 중심이시다. 그 분은 우리가 살고 일하는 왕국에서 절대주권을 가지고 임재해 계신 분이시다. 그 분의 진리는 영원하며, 그 분의 사랑은 불변하며, 그 분의 은혜는 충분하다. 우리는 우리의 삶을 전적으로, 기쁘게, 조건 없이 그 분께 드리자.

하나님께 영광을![411]

1990년 당시 기독교한국침례회에 속한 침례교회들의 수는 1,654개(자립을 한 교회수는 1,345개), 침례교인들의 수는 145,525명에 불과한 작은 교단이었지만,[412] 전 세계침례교인들과 침례교 교단들과 단체들을 아우르는 국제적인 대회(침례교세계대회, BWC)를 성공적으로 치루어냈다고 하는 것은, 이 땅 위에 확실히 "침례교의 계절"이 이미 임했다는 것을 스스로 입증한 것이었다. 전세계를 향해서뿐만 아니라 국내에서도 기독교계는 물론 학계와 언론계와 타종교인들에게도 침례교회가 성서적이고 복음적이고 건전한 신앙공동체임을 만방에 알리는 계기가 되었고, 기독교한국침례회 총회의 위상을 굳건하게 세우는데 기여하였다.

이웃 나라 일본보다 정확하게 20년 후에 개최한 침례교세계대회였지만, 제16차 서울 대회는 공산권에 속한 침례교지도자들까지 대거 참석한 의미있는 행사였다. 이 때 채택된 "서울언약(1990)"은 예수 그리스도의 지상명령(The Great Commission)은 초대교회의 사도들뿐만 아니라 20세기말과 21세기초를 살아가는 그리스도인들에게도 여전히 유효한 유언적인 명령임을 대내외에 선포한 문서가 되었다.

411) Seung Jin Kim, "A History of Southern Baptist Mission Work," 153. "Seoul Covenant (1990)," [온라인자료] http://nswactbaptists.org.au/where-we-stand/the-seoul-covenant-1990/, 2016년 6월 7일 접속.

412) Seung Jin Kim, "A History of Southern Baptist Mission Work," 247, "Appendix 2, Yearly Trend of the Korean Baptist Church Growth."

제29장
기독교한국침례회 산하기관들의 발전

본 장은 2016년 현재 기독교한국침례회 산하에 있는 교단의 기관들(총회 홈페이지에 게재된 기관들)에 관해서 살펴보고자 한다. 각 기관이 어떻게 시작되었으며 어떻게 발전해 왔는지를 검토하면서 각 기관의 약사(略史, a brief history)와 현황에 관하여 기술한다.

1. 침례신학대학교

1) 초창기 시대(1954-1957)

거의 모든 선교현장에서 선교사들이 우선적으로 고려하는 것은 현지인 지도자들을 세우는 사역이다. 펜윅 선교사도 최초로 신명균에게 목사로 안수하여 맡긴 사역이 공주에 성경학원을 세워 운영하도록 한 것이었다. 펜윅은 원산과 남만주의 종성동에서도 성경학원을 세워 토착민들에게 신학교육을 시키려고 노력하였다.

처음으로 한국 땅을 밟은 남침례교 선교사들도 한국전쟁 중에 구제활동과 의료사역을 급선무로 시행하기는 했지만, 그들 역시도 하루 빨리 침례교성경학교나 침례교신학교를 세워 현지인 지도자들을 세우는 일에 깊은 관심을 가지고 있었다. 1952년 1월에 남침례교 해외선교부 극동총무 베이커 코덴(Baker James Cauthen)은 한국으로 파송받고 입국준비를 하고 있던 애버내티(John Abernathy) 선교사에게 다음과 같은 내용의 편지를 보냈다:

> 나는 우리가 다음 단계의 사역들 중 하나로서 성경학교 사역을 고려해야 하지 않을까 생각합니다. 우리 모두가 동의하는 것처럼, 현장에서 훈련받은 토착인 지도자들을 훈련을 위해 미국으로 보내는 것보다는, 그들이 적응을 위한 보다 나은 기회(a better chance for adjustment, 현지인을 위한 신학교육기관을 설립하여 훈련받게 하는 것을 암시하고 있다-필자 주)를 갖도록 하는 것이 필요하다고 나는 믿습니다.[413]

1953년초에 필리핀으로부터 다시 귀국한 애버내티와 초창기 선교사들은 신학교육사역을 시작하기 위해 서둘렀다. 선교사들은 총회 지도자들의 동의와 협력으로 1953년 6월 15일에 대전 중동에서 침례교성경학원(Baptist Bible School)을 개설하였다. 약 200여명의 지원자들 중에서 50명의 신입생들을 뽑았다.[414] 원장에 애버내티(나요한) 선교사, 교무주임에 한기춘 목사, 교수에 한태경, 최형근 목사를 선임하였다.

많은 학생들이 지원을 한 사실로 인해 크게 고무된 애버내티 원장은 학교이름을 한국침례회신학교(Korea Baptist Seminary)로 개칭하고, 1954년 4월 8일에 6년 과정의 정과(예과 3년, 본과 3년)와 3년 과정의 별과와 특수과를 개설하였는데, 예과 52명, 별과 48명, 특수과 43명의 신입생이 입학하였다. 그 당시 신학교의 정규과정으로서 예과 3년(학부 과정)과 본과 3년(신학대학원 과정) 도합 6년의 이수과정을 제도화한 신학교는 전국에서 한국침례회신학교가 유일하였다.[415]

한국침례회신학교는 1954년 7월 7일에는 대한민국 정부(당시 문교부)로부터 정식 신학교로 승격인가를 받아 미국의 성서대학(Bible College)에 준하는 자격을 갖추게 되었다. 이 날이 침례신학대학교의 개교기념일로 정해졌다. 1954년 7월 9일에 애버내티 초대학장(1954-1957)의 취임을 축하하는 감사예배를 드렸다. 교무과장에 조응철, 교수에 한기춘, 한태경, 최형근, 강사에 박대화, 조규암, 시오도르 다우월(Theodore Dowell, 도월태) 선교사, 대니엘 레이(Daniel Ray, 이대복) 선교사가 선임되었다.

애버내티 학장은 감개무량했던지 다음과 같은 내용의 편지를 "형제" 에드윈("Brother" Edwin)에게 보냈다:

> 한국의 침례교역사에서 가장 흥분되는 발전들 가운데 하나는 (1954년-필자 주) 4월 8일에 우리 침례회신학교를 대전에 개설한 것입니다. 주님의 부르심을 받고 첫 해 신입생으로 입학을 한 140명의 훌륭한 학생들의 얼굴들을 바라보며 그들에게 축하인사를 했을 때 우리의 가슴은 크게 흥분되었습니다. 우리는 잘 훈련된 설교자들과 담임목사들을 더 많이 배출할 필요를 느껴 왔고 그리고 느끼고 있습니다. 이번 여름에 4명의 우수한 젊은이들을 미국으로 보내서 우리 (남침례교-필자 주) 신학원들에 입학시키려고 합니다. 그래서 그들이 우리 침례회신학교의 교수로서 훈련을 받도록 할 것입니다.[416]

413) Baker James Cauthen, Secretary for the Orient, Letter to John Abernathy, 11 January 1952.
414) Seung Jin Kim, "A History of Southern Baptist Mission Work," 204. John A. Abernathy, Letter to Baker J. Cauthen, Secretary for the Orient, Foreign Mission Board, 10 January 1954.
415) 허긴, 「한국침례교회사」, 378.
416) John A. Abernathy, Letter to "Brother" Edwin, 23 May 1954.

한국침례교선교회에서는 1954년에 미래의 교수진을 갖추기 위해서 최형근과 김광훈을 남침례신학원(SBTS)으로, 조규암을 뉴올리언즈침례신학원(NOBTS)으로, 그리고 이보배를 골든게이트침례신학원(GGBTS)으로 유학을 보냈다.[417]

그런데 초창기 신학교의 교육적인 환경은 전혀 교육적이지 않았다. 대전역 근처 중동에는 유흥가가 자리잡고 있었다. 일본식 음식점(요정)인 적산가옥을 불하받아 사무실과 강의실과 기숙사 방으로 개조해서 사용하였다. 남자기숙사 방의 창문을 통해 젊은 신학도들은 음식점과 술집 그리고 호객하는 거리의 여인들의 모습을 목격하지 않을 수 없는 여건이었다.

대전시 목동 언덕 위에 12,000평의 대지에 캠퍼스를 조성하여 1,200평의 2층 본관건물을 완공하여 1957년에 학교를 이전했지만, 기숙사 생활을 해야 했던 학생들은 1961년 봄까지 계속해서 중동의 기숙사를 이용해야 했다. 학생들은 적지 않은 수가 중도에 학업을 포기하고 탈락하기도 했는데, 1957년에 신학교 캠퍼스가 목동으로 이전했을 때 학생들의 수는 135명이었다.[418] 3월 29일에는 신축한 본관건물에서 제1회 별과 졸업생 39명을 배출하는 졸업식을 거행하였다.

2) 목동 캠퍼스 시대(1957-1992)

1957년 4월 1일에 시오도르 다우월(Theodore Dowell, 도월태) 선교사가 애버내티 선교사의 후임으로 두 번째 학장(1957-1967)으로 취임하여 10년 동안 신학교의 지도자로 봉사하였다. 1960년 3월에는 역사적인 사건이 있었는데, 52명이 입학했던 6년 과정의 정과 1기가 졸업생 8명을 배출해 낸 것이다. 남침례교 선교사들의 초창기 신학교육 사역에서 첫 결실을 맺은 것이다. 1963년 7월 1일에 정과 1기 졸업생인 정진황과 제2기 졸업생인 인형직이, 1966년 4월에는 정과 제2기 졸업생인 허긴과 제3기 졸업생인 고재봉이 전임강사로 채용되었다.[419]

1959년에 한국침례회신학교는 아시아침례교신학대학원(ABGTS, Asia Baptist Graduate Theological Semianry)의 8개 분원들 가운데 하나가 되었다. 이 신학대학원은 남침례교 해외선교부(FMB)와 8개 동남아시아 국가들의 침례회신학교들로부터 후원을 받는 대학원이었다.[420] 그러나 한국의 경우에는 자격을 갖춘 교수진의 부족으로 인해서 1980년대까지는 아

417) 허긴, 「한국침례교회사」, 386.
418) Seung Jin Kim, "A History of Southern Baptist Mission Work," 206.
419) 허긴, 「한국침례교회사」, 473.
420) 필립핀, 인도네시아, 홍콩, 말레이시아, 태국, 대만, 한국, 일본(세이난 가쿠인 대학교의 신학부)의 침례회신학교들이며 주 캠퍼스는 필립핀에 두고 있었다. Seung Jin Kim, "A History of Southern Baptist

시아침례교신학대학원의 한국분원에 입학을 지원하는 학생들이 없었다.

1960년대와 70년대에 한국침례회신학교 교수들의 학적인 수준은 M.Div.와 Th.M. 학위를 가지고 있는 정도였다. 1964년에 다우월 학장은 골든게이트침례신학원과 자매관계를 맺어 교수들의 학문적인 수준을 끌어올리고자 하는 노력을 시도하긴 했지만 별 성과를 얻지 못했다. 그 당시 한국에 나와서 활동을 하던 남침례교 선교사들 가운데 박사학위를 가진 분들이 거의 없었기 때문에, 그들은 한국인 교수들의 학적 질적 향상을 위한 노력에는 큰 관심을 갖지 않았다.

세 번째 학장직(1967-1977)을 맡은 분은 앨버트 게미지(Albert Gammage, Jr., 지대명) 선교사였다. 그는 조직신학을 가르쳤으며 학구적인 자질을 갖춘 교수였다. 게미지 학장은 1971년에 "신학교 전략에 대한 실험적 보고서"(Tentative Paper on Seminary Strategy)를 한국침례교선교회에 제출했는데, 이것은 신학교를 향한 학장으로서의 자신의 비전을 제시한 것이었다.[421] 당시 신학교가 당면하고 있던 현실과 상황 그리고 앞으로 신학교가 나아가야 할 방향과 목적을 설명한 것인데, 허긴 박사는 그 내용을 이렇게 요약하고 있다:

> 이 보고서에 의하면 지대명 교장은 교육의 토착화, 교육시설의 확충, 기독교교육과와 종교음악과를 포함한 교육내용의 다양화, 재정적인 자립을 위한 한국교단의 책임, 행정권의 이양문제 등 당시 학교가 당면하고 있던 현안들을 예리하고 솔직하게 분석하여 지적하고 있다. 여기에서 특히 주목하여야 할 것은 한국사회의 급격한 발전 추세에 따라 신학대학의 "서울 이전"을 검토하여야 한다는 지적이다.[422]

확실히 게미지 학장에게는 당시 한국사회를 바라보는 혜안을 가지고 있었던 것 같다. 교수진의 과감한 확충과 질적인 향상을 도모하는 조치, 신학대학의 서울 이전의 당위성, 학교의 재정적인 자립을 선교회나 해외선교부에만 의존하지 말고 총회와 한국교회들이 책임을 져야 한다는 주장, 대폭적인 학교시설의 개선 등은 한국침례회신학교가 추구해야 할 중장기 계획이었다. 1973년초에 게미지 학장은 교수들에게 신학교의 서울이전 문제를 교수회의의 안건으로 제시하기도 하였고, 또한 실제로 교수들을 대동하고 서울의 강남지역을 둘러보며 캠퍼스 이전을 위한 부지를 물색하기도 하였다.[423]

그러나 일부 교수들은 게미지 학장의 비전에 소극적이고 부정적인 태도를 취하였다.

Mission Work," 207.

421) "Tentative Paper on Seminary Strategy," Minutes of Executive Committee Meeting, Korea Baptist Mission, 1971.

422) 허긴, 「한국침례교회사」, 587.

423) Ibid., 588.

일부 교수들의 반대를 타개하기 위한 정면승부였을까? 게미지 학장은 대전지역 목회자들에게 비공개설문지를 통해 캠퍼스 서울 이전에 관한 가부의견을 물었다. 놀랍게도 학장의 기대와는 달리 대다수의 대전 목회자들은 반대의사를 표명하였다. 게미지 학장은 일부 한국인 교수들과 대전지역 목회자들의 몰이해로 인해 마음 속으로 통곡을 하며 눈물을 삼켜야 했다.

결국 게미지 학장의 캠퍼스 서울 이전의 비전은 몇몇 교수들의 소극적인 태도와 대전지역 목회자들의 지역이기주의로 말미암아 물거품이 되고 말았고, 이것은 장기적인 교단발전에 큰 암초가 되어 버리고 말았다. 신학교가 지방에 있다고 하는 것은 서울에 캠퍼스를 둔 타 교단 신학교들과의 경쟁에서 낙후를 면치 못하는 결과를 낳았다.

한국침례회신학교는 1973년 12월 22일에 문교부로부터 4년제 정규대학으로 승격이 되어 학교이름을 "한국침례교신학대학"으로 개칭하였다.[424] 적지 않은 선교사들이 미국적인 상황만을 염두에 두고 신학교가 신학대학이 되면 한국정부(문교부)로부터 통제와 지휘감독을 받게 될 터인데, 그렇게 되면 침례교의 자유정신이 크게 훼손을 받게 될 것을 염려하였다.

그러나 게미지 학장은 한국적인 상황을 먼저 생각하며 과감하게 신학대학으로의 승격을 시도하였는데, 그러한 조치는 장기적인 관점에서 볼 때 학교의 발전에 큰 기여를 한 그의 공로라고 평가할 수 있다. 신학교가 신학대학이 되고 문교부 인가 대학으로 승격하자, 더 많은 학생들이 지원을 하게 되었고 학교는 새로운 활기를 띠게 되었다. 한국침례교신학대학은 학생들의 수요에 맞추어 더 많은 강의실들을 확충해야 했고 도서관, 학생관, 강당, 남녀기숙사, 부부기숙사 등을 확장하거나 신축해야만 했다.

1977년도는 침례신학대학교의 역사에서 중요한 분기점을 이루는 해였다. 교단 유일의 목회자 양성 교육기관의 리더쉽이 선교사로부터 한국인으로 넘어온 것이다. 정과 1기 졸업생들 중 한 사람이요 1963년부터 구약학 학자로 학교를 섬겨 오던 정진황 교수에게 최초의 한국인 학장이라는 중책이 맡겨진 것이다. 정진황 학장의 취임식 예배가 1977년 12월 19일, 한 해가 거의 저물어 가던 날에 대학강당에서 드려졌다.[425]

제4대 학장(1977-1984)에 취임한 정진황 목사는 1978년 1월에 교육목회자 양성을 목표로 하는 기독교교육학과를 신설하였다. 그리고 1980년 10월 2일에는 학교명을 "침례신학대학"으로 변경하였다. 1980년 11월에는 타교단의 신학대학들과 함께 문교부로부터 "침례신학대학 대학원"(M.A. 과정과 Th.M. 과정)과 "침례신학대학 신학대학원"(M.Div. 과정)의 신설인가를 받아 이듬 해(1981년)부터 신입생을 모집하였다.

424) Ibid., 589.
425) Seung Jin Kim, "A History of Southern Baptist Mission Work," 210.

평신도들의 교육수준이 점차 높아져 가고 있던 한국의 실정에서, 목회자 양성을 위한 신학교육도 이제는 미국처럼 학부 과정이 아니라 신학대학원 과정에서 본격적으로 이루어져야 한다는 시대적인 요청에 적절하게 대응하고 있었던 것이다. 1983년 9월에는 종교음악과가 신설되어, 지역교회가 필요로 하는 담임목사, 교육목사, 음악목사를 배출하는 교육시스템을 갖추게 되었다. 종교음악과는 후에 교회음악과로 과명을 바꾸었다.[426)]

한국인 학장 시대를 맞아 침례신학대학은 미국 소재 침례대학교와의 협력과 자매관계 형성을 위해 노력하였다. 1982년 2월 16일에 침례신학대학은 당시 남침례교 형제국(Brotherhood Commission)에서 일하던 문대연(Daniel Moon) 박사의 주선으로 미주리 주 볼리바르(Bolivar, MO)에 있는 서남침례대학교(SBU, Southwest Baptist University)와 자매결연을 맺었다.

그 일차적인 목적은 문교부로부터 정식학위를 받을 수 없었던 교역과 학생들이 침례신학대학에서 3년을 공부한 후, 미국으로 가서 서남침례대학교에서 제공하는 장학금으로 1년을 공부하면 그 대학교의 학사학위(B.A.)를 받도록 하기 위함이었으나, 교역과 학생들 가운데 미국유학을 갈 형편에 있는 학생들은 별로 없었다. 결국 신학과 학생들이나 침례교 목사 자녀들이 그 대학교에서 공부를 한 후 미국에 있는 침례신학원들(Baptist Seminaries)로 진학하였다. 이 자매결연으로 인해서 침례신학대학의 학생들이 미국유학의 꿈을 꿀 수 있게 되었고 그 꿈을 성취할 수 있었다.

1984년 11월 12일에는 한국인으로서는 두 번째로 침례신학대학의 제5대 학장(1984-2004)으로 허긴 교수가 취임하였다. 허긴 학장은 무엇보다도 신학교이면서 동시에 대학교인 침례신학대학이 영성 면에서뿐 아니라 학문성 면에 있어서도 그 수준을 높혀야 한다는 생각을 하였다. 다시 말해서 학문적인 자격을 갖춘, 다시 말하면 공인된 대학교나 신학원으로부터 박사학위를 받은 교수들로 교수진을 확충하는 일에 몰입하였다. 그가 당시 해외선교부의 극동총무였던 조지 해이즈(George H. Hays)에게 보낸 편지에서 그가 얼마나 교수들의 질적 학문적 수준의 향상을 위해 고심하였나 하는 것을 읽을 수 있다:

> 우리의 대화에서 해외선교부가 우리 학교 교수들이 박사과정에 재학하지 않고도 미국의 침례신학원들에서 연구와 학업을 계속할 수 있는 방법에 대한 가능성 여부를 확인해 달라는 저의 질문을 기억하실 것입니다. 귀하는 이러한 제안에 대해 자세한 설명을 요청하셨습니다. 동봉한 별지에 그러한 프로그램이 어떻게 작동할 수 있을 것인지에 대해 설명을 하였습니다. 저는 귀하가 저의 제안을 남침례교의 6개 신학원들의 총장들에게 전달해 주시고 함께 고민할 수 있기를 바랍니다. 만약 우리가 우리 학교 교수들에게 그러한 기회를 제공해 줄 수만 있다

426) "침례신학대학교," 기독교한국침례회, [온라인자료] http://www.koreabaptist.or.kr/home/kbtus/, 2016년 6월 8일 접속.

면, 한국에서 우리 신학교 사역을 크게 활성화시키게 될 것입니다.[427]

6개 침례신학원들 가운데 서던침례신학원(SBTS)과 사우스웨스턴침례신학원(SWBTS)에서 매우 긍정적인 반응을 보내왔다. 허긴 학장은 1985년에 서던침례신학원의 로이 허니커트(Roy L. Honeycutt) 총장과 협약을 체결하여 교수진 육성지원을 약속받았고 침례신학대학 출신의 유능한 인재를 교수후보자로 내정하여 서던침례신학원에서 박사학위를 취득하도록 하는 길을 열었다.[428] 허긴 학장은 신학대학원을 졸업한 유능한 인재들을 독려하여 미국 유학의 길에 오르게 했으며, 그리하여 10여 명에 불과했던 한국인 교수진을 4-5년 후에는 유학에서 돌아온 새로운 교수들을 영입하여 20여 명의 교수진으로 크게 확충하였다.

또한 허긴 학장이 학교의 캠퍼스를 대전 중구 목동에서 유성구 하기동으로 이전한 것은 학교를 위한 그의 가장 괄목할만한 기여들 가운데 하나였다. 그는 1984년부터 벌써 학교의 장기계획 속에 캠퍼스 이전작업을 포함시키고 있었다. 그는 오관석 이사장, 아놀드 피터슨(Arnold Peterson) 협동학장, 양승태 법인사무국장 등을 비롯해서 이사들과 교직원들의 협력을 이끌어 내어 캠퍼스 이전작업을 진행시켰다.

유성구 하기동에 12,000평의 현대식 교육시설을 7년만에 완공함으로써 그는 대역사를 성공적으로 성취하였다. 목동 땅을 아파트 부지로 매각하였고 해외선교부로부터 싼 이자로 2,000,000불의 자금 대여를 받았던 것이 큰 도움이 되었다. 1992년 7월에 침례신학대학은 새로 신축한 유성 캠퍼스에서 희망찬 새로운 시대를 열게 되었다.[429]

3) 유성 캠퍼스 시대(1992-현재)

침례신학대학이 유성 캠퍼스 시대에 새롭게 시작한 사역은 세계선교훈련원(WMTC, World Missionary Training Center)을 설치하여 선교사후보자들을 집중적으로 훈련시키는 것이었다. 세계선교훈련원 건물은 1994년에 착공을 하여 1998년에 완공되었다. 이곳은 세계선교에 관한 각종 자료들을 비치하고 있을뿐 아니라, 장기훈련생들과 그 가족들을 위한 생활시설을 갖추었고, 각종 훈련에 필요한 교육시설이 구비되었다. 기독교한국침례회의 해외선교회와 유기적인 협력을 통해 선교사로 나갈 후보자들을 조직적으로 훈련시키는 기관이 되었다.

허긴 학장은 학부와 대학원에 다양한 전공과정을 신설하여 대학교로서의 면모를 갖추는 데에도 진력하였다. 1992년에는 학부 과정에 사회복지학과를 신설하여 장차 교회가 필요로

427) Kin Huh, President of the Korea Baptist Theological College/Seminary, Letter to George H. Hays, Director for East Asia, Foreign Mission Board, 28 November 1984.
428) 허긴, 「한국침례교회사」, 593.
429) Ibid.

하는 사회복지 사역자를 양성하는 길을 열기도 하였다. 1998년에는 유아교육과를, 1999년에는 기독교상담학과를 신설하였고, 교회음악대학원과 외국어교육원을 설치하여 보다 전문화되고 다양한 교육욕구를 충족시킬 수 있는 체제를 구비하였다. 2000년에는 사회복지대학원, 2002년에는 목회신학대학원이 교육부로부터 인가를 받아 신입생을 모집하였다.[430]

1999년에는 "알찬 내실, 힘찬 도약"이라는 기치를 내걸고 "침신비전 2002년"을 제정하고 교육과 행정 분야에서 각각 10개 과제를 수립하여 새 천년을 대비하는 우수한 교육여건 마련을 위해 총력을 기울였다. 그리하여 예수 그리스도의 지상명령인 "너희는 가서 모든 민족을 제자로 삼으라"는 세계복음화의 선교적인 명령에 순종하는 침례신학대학이 되기 위하여 노력하고 있다.[431]

4) 수도침례신학교와의 합병

대전에 있던 신학대학을 서울로 옮기고자 하던 게미지 학장의 비전이 좌절되었을 때, 다른 한편 서울지역의 목회자들에게는 신학대학이 대전에 있기 때문에 신학생들을 파트타임 주말 사역자로 활용할 수 없는 불편함과 불만이 쌓여 있었다. 그래서 1976년 2월에는 서울침례신학교가 총회의 결의에 의해 충무로에 있는 서울침례교회당 안에 새로 설립되었다. 서울침례신학교는 초대교장에 지덕 목사, 교무과장에 정태진, 학생과장에 이덕근, 서무과장에 엄원식 등이 맡고 있었다. 강사진으로는 정인도, 신동성, 허윤기, 박경배, 차광석 목사 등이었다.[432]

그러나 한 교단 안에 두 개의 신학교가 존재한다는 것은 교단갈등과 분열의 원인이 될 수 있다는 우려도 제기되었다. 또한 그 당시 교육부에서는 "무인가신학교 정비 및 육성방안"이라는 공문서를 각 신학교에 내려 보냈는데, 난립하고 있던 무인가신학교들을 정비하는 일에 단호한 태도를 취하고 있었다. 서울침례신학교도 교단이 운영하는 무인가신학교(교육부로부터 인가를 받지 못한 신학교-필자 주)였기 때문에 교단 내에서 모종의 조치가 필요하였다. 결국 게미지 학장은 서울침례신학교 교장인 지덕 목사와 합의를 하여, 1976년 9월 1일부로 서울침례신학교를 침례교신학대학이 인수하는 것으로 하고 서울침례교회당에는 대전에 있는 침례교신학대학의 서울분교를 설치하여 운영하는 것으로 결정하였다. 서울침례신학교에서 행정실무를 맡고 있던 엄원식 목사를 침례교신학대학의 교수로 영입하고,

430) "침례신학대학교," 기독교한국침례회, [온라인자료] http://www.koreabaptist.or.kr/home/kbtus/, 2016년 6월 8일 접속.

431) Ibid.

432) 김갑수, 「은혜의 발자취: 한국 침례교회 · 총회 · 신학교의 역사와 회고」 (대전: 침례신학대학교출판부, 2013), 280.

충무로에 있는 뱁티스트 빌딩을 선교회로부터 인수하여 "침례교신학대학 서울분교"의 교육 시설로 활용하였다.

그런데 문제가 발생하였다. 양교합병으로 인해 서울침례신학교 학생들 전원이 대전의 침례교신학대학으로 내려 왔으면 큰 문제가 되지 않았을 텐데, 적지 않은 학생들이 대전으로 내려갈 수 없게 된 것이다. 그 당시 상황을 김갑수 목사는 이렇게 회고하였다:

> 나는 일단 학장의 조치에 협조했다. 서울 학생들에게 상황을 설명하고 모든 학생들이 대전으로 내려갈 수 있도록 최선을 다했다. 그래서 학생들 2/5가 대전으로 내려갔고 교직원들도 거의 대전으로 합류했다. 그러나 이런 노력에도 학생들 3/5는 서울을 떠날 수 없는 형편이었다. 많은 학생들과 교직원들이 대전으로 내려갔지만, 아직 남아 있는 학생들에 대해서는 아무런 대책을 마련하지 못한 상태였다…. 누군가는 남아 있는 학생들에 대해 책임을 져야 했다. 나는 사명감을 가지고 학교에 입학했던 학생들에 대한 책임감을 깊이 느꼈다…. 내 몸 하나를 위해 100여 명의 학생들을 포기하고 떠날 수는 없었다…. 나는 기도 중에 대전 침례교신학대학으로 복귀하는 것을 포기하고 서울에 남아 있는 학생들과 운명을 같이 하기로 결심했다. 학생들에게 내 뜻을 밝혔더니 남은 학생들은 기뻐했다.[433]

서울에 남게 된 학생들은 침례교신학대학의 "서울분교"에 일단 교적을 두었다. 대전 침례교신학대학의 교수들이 서울로 올라와서 강의를 맡았다. 그런데 정진황 학장 당시인 1980년 10월에 침례교신학대학은 "서울분교"를 다시 총회에 반환하는 조치를 취하였다. 이로써 양교통합의 의의는 사라져 버렸고, 결과적으로 기독교한국침례회 교단 안에 두 개의 신학교육 기관이 존재하게 되었다. 허긴 박사는 침례교신학대학이 서울분교를 포기해 버린 일은 신학대힉의 서울이전을 반대했던 일과 함께 역사에 큰 과오를 범한 것이라고 평가하고 있다.[434]

서울침례신학교는 1976년 9월에 대전의 침례교신학대학과 합병되었으나 1980년에 다시 분리되었다. 당시 침례교단 안에 11개의 무인가 군소신학교들이 난립하고 있었는데, 이들 가운데 수원에 있던 경기신학교(책임자 김장환 목사), 서울에 있던 은혜신학교(책임자 이성우 목사), 그리고 포항에 있던 영남신학교(책임자 백화기 목사) 등과 통합을 이루어 학교이름을 "수도침례신학교"로 변경하였다. 이러한 통합의 과정에서 당시 침례교신학대학의 서울분교장을 맡고 있던 김갑수 목사가 주도적인 역할을 하였다.[435]

1981년 2월에 초대교장으로 오관석 목사가 취임하였고 1982년 5월에는 김장환 목사를

433) Ibid., 287-8.
434) 허긴, 「한국침례교회사」, 591.
435) 김갑수, 「은혜의 발자취: 한국 침례교회 · 총회 · 신학교의 역사와 회고」, 298-9.

교장으로 영입하였다. 1982년 12월 27일에는 문교부로부터 학교법인 수도침례신학원으로 설립인가를 받게 되었고 강원희 목사가 이사장으로 취임하였다. 1984년 5월 20일에는 3대 교장으로 김갑수 목사가 취임했는데, 그는 1986년 1월 18일에 교육부로부터 4년제 대학학력 인정 각종학교(各種學校)로 인가를 받는 일에 중요한 역할을 하였다. 그는 대학과 같은 수준의 각종학교인 수도침례신학교의 제1대 학장으로 임명되었다.

수도침례신학교는 경기도 안성에 5,400여 평의 캠퍼스 부지에 4층 건물을 신축하여 안성캠퍼스 시대를 열었다. 안성캠퍼스에는 주간 4년제 학부과정을 설치 운영하였고, 서울 충무로 뱁티스트 빌딩에는 종전의 야간학부 과정을 운영하였다. 기독교한국침례회 총회의 결의와 양교 이사진들의 합의에 의해 수도침례신학교는 2006년에 대전에 있는 침례신학대학교와 합병을 이루었다. 학생들은 침례신학대학교의 교적으로 편입이 되어 학업을 계속하였고, 직원들과 교수들은 침례신학대학교로 영입이 되었다. 그리하여 침례신학대학교는 목회자들과 선교사들과 기독교지도자들을 양성하는 기독교한국침례회 산하의 유일한 고등교육기관이 되었다.

2. 국내선교회

침례교 전도학의 특징들 가운데 하나는 단순히 불신자에게 예수 그리스도의 복음을 전하고 그로 하여금 회개하고 예수 믿어 죄사함받고 영생을 얻도록 하는 데 그치는 것이 아니라, 그로 하여금 신앙고백에 근거한 뱁티즘(Believer's Baptism)을 받도록 해서 그를 신자들의 교회(Believers' Church)인 지역교회 공동체로 인도하여 교회의 회원(Church Member)이 되게 하는 데까지 이르러야 한다는 것이다. 다시 말해서 "회심자를 교회로 인도하는 전도"(evangelism which leads the convert into the church)이어야 한다는 것이다. 그런 의미에서 침례교회에서는 지역교회(local church)를 매우 중시하며, 그러한 지역교회들을 개척하고 세우는 것(church planting)을 선교의 중요한 목적으로 삼고 있다.

한국침례교선교회(KBM)도 "프로그램 기초기획"(Program Base Design)에서 교회를 세우는 것의 중요성을 강조하고 있다:

> 해외선교부(FMB)의 목적은 다른 나라(우리의 경우는 한국)에서 모든 사람들을 가능한대로 신속하게 예수 그리스도의 구원하는 지식에 이르도록 하기 위해 그리고 그들이 토착적인 교회의 회원으로서 성장하고 봉사하도록 하기 위해 최선의 노력을 경주하는 데 있다. 이러한 포괄적인 목적을 이루기 위해서 우리는 구체적인 목표들을 다음과 같이 진술한다: (1) (한국에 사는) 모든 사람들에게 구원에 이르도록 예수 그리스도의 복음을 효과적으로 제시한다. (2)

> 모든 그리스도인들의 교제와 사역을 위한 기본단위인 신약성서적 교회들(New Testament Churches)을 설립한다. (3) 전도와 교회진흥의 입증된 원리들과 방법들을 적용하여 (한국의 현실에) 필요한 적응(adaptation)을 한다. (4) 침례교회들을 격려하여 그들 자신의 왕국 책임을 수행할 수 있도록 교단적인 조직을 이루어 연합하게 하여 상호 협동하게 한다.[436]

한국침례교선교회(KBM)는 한국 땅에서 초창기 남침례교 선교사역을 시작할 때부터 교회, 특히 토착교회(indigenous church)를 세우는 사역을 그들의 선교활동의 우선적인 일로 삼았다. 한국전쟁 중에 그리고 전후에 남침례교 선교사들은 쓰러져 있고 쓰러져 가는 한국 교회들을 위해 많은 자금을 쏟아 부었다. 그래서 많은 한국의 침례교 목회자들은 한국침례교선교회가 제공하는 재정적인 후원에 알게 모르게 길들여져 있었다.

분열된 총회가 합동을 이룬 이후, 1969년 4월에 총회로 파송된 협동총무인 한국계의 쌤 초이(Sam Choy, 최삼열) 선교사는 총회 임원회에 "한미대여보조정책위원회"를 설치하는 안을 제시하였다. 이제는 선교회가 지역교회들에게 베푸는 "무상보조" 정책을 폐지하고 "대여보조" 정책을 채택하겠다는 제안이었다. 다시 말하면 교회개척자금을 대여받은 교회가 몇 년 후 어느 정도 안정이 되고 성장을 하게 되면 그 대여금을 상환하도록 하는 정책이었다. 총회 임원들 간에는 상이한 의견들이 있었지만 임원회에서는 쌤 초이 선교사, 정인도 목사, 임경철 목사 등 3인에게 전권을 위임하였다. 결국에는 1970년 4월 연차총회에서 인준을 받아 "한미대여보조정책위원회"가 발족하게 되었고 업무가 시작되었다.[437]

"한미대여보조정책위원회"는 "한미기금위원회"(Korean American Church Loan and Aid Committe)라는 약칭으로 주로 불리웠고 1976년부터는 "교회기금위원회"(Church Capital Fund Committee)로 불리웠다. 사무실은 대전 중동에 있는 침례회관 2층에 자리잡고 있었다.[438] 초대 총무는 김인봉 목사(1971-1977)가 맡았으며 초대 협동총무는 리 니콜스(Lee Nichols, 이환익, 1971-1977) 선교사였다. 이어서 윤일현 목사(1977-1985)가 총무를 맡았고, 아놀드 피터슨(Arnold Peterson, 배태선) 선교사와 데니스 브라더톤(Dennis Brotherton) 선교사가 협동총무를 맡았다. 위원회는 총회(한국 측)와 선교회(미국 측) 양측에서 각각 4명씩의 위원들로 구성되었으며 임기는 2년이었는데, 교회기금위원회의 모든 실무는 한국 측 총무가 담당하였다. 1989년에는 백철기 목사(1989-2000)가 제3대 총무를 맡았다.

교회기금위원회는 교회의 개척을 돕고, 교회의 대지 확보와 교회건축을 장려하기 위해서 조성된 기금을 대여해 주는 사역을 감당하였다. 이러한 일을 위하여 (1) 일체 보조, (2)

---

436) "Philosophy," *Program Base Design*, C-1 through C-2.
437) 허긴, 「한국침례교회사」, 579.
438) Seung Jin Kim, "A History of Southern Baptist Mission Work," 181.

대지 및 건축 보조, (3) 예배당 전세금 보조 등을 위해 기금을 신청한 지역교회들에 보조 혹은 대여를 해 주는 일종의 금융업무를 하였다. 돈을 다루는 일을 하다보니 업무 수행 상 애로와 갈등이 없지 않았으나 총무와 위원들의 헌신으로 한국 땅에 침례교회들을 세우는 일에 큰 몫을 담당하는 기관이 되었다.

1970년에 9개 교회들에 기금을 대여했던 교회기금위원회는 1992년 12월에 이르러서는 대여 대상 교회들이 무려 1,270개에 이르게 되었다. 1982년에 교회기금위원회는 네 가지 프로그램을 가지고 있었다: (1) 교회개척을 위한 1:1 매칭펀드(Matching Loan for New Work), (2) 교회개척을 위한 기금대여(Lease Loan for New Work), (3) 교회당 대지대금 대여(Land Loan), (4) 교회당 건축을 위한 건축비대여(Building Loan).[439] 1986년부터 교회기금위원회는 신학교 졸업생들을 위한 실무보조와 교회개척자들을 위한 생활비보조 업무를 실시하여, 매달 160여명의 개척교회 목회자들에게 생활비보조를 해 주기도 하였다.

1987년 9월에는 교회기금위원회의 명칭을 "국내선교부"(Home Mission Board)로 변경하였고 백철기 목사가 초대 회장을 맡아 2000년까지 섬겼으며, 데니스 브라더턴(Dennis Brotherton) 선교사가 공동회장(co-president)을 맡았다., 국내선교부에는 기금국, 전도국, 개척국 등 3개의 국을 두었다. 기금국은 국내외에서 교회개척을 위한 기금을 모금하는 일과 기존에 적치되어 있던 기금을 잘 관리하여 증식시키는 일을 취급하였다. 전도국은 효과적인 전도 프로그램을 연구하고 개발하여 지역교회에 보급하는 일과 한미전도대회를 주선하고 추진하고 개최하는 일을 취급하였다. 개척국은 전국에 침례교회가 세워져 있지 않은 지역들을 조사하여 교회개척의 필요성을 탐색하고, 교회개척에 대한 계획과 전략을 세우는 일을 취급하였다.[440]

1990년에 국내선교부에서는 696,492,438원의 기금을 조성하였다. 이 중에 약 35%에 해당하는 243,508,000원은 한국침례교선교회(KBM)로부터 기부받은 기금이었으며, 약 65%에 해당하는 453,984,438원은 기독교한국침례회(KBC)에 속한 교회들과 기타 한국의 기업들이나 개인들로부터 기부받은 기금이었다.[441] 리 니콜스(Lee Nichols, 이환익) 선교사는 교회당 대지와 건축을 위한 재정적인 지원 사역은 한국침례교회의 성장에 지대한 영향력을 끼쳤다며 다음과 같이 말하였다:

---

439) Ibid., 182.

440) 허긴, 「한국침례교회사」, 581-2.

441) "국내선교부 보고서," 기독교한국침례회 제81차 총회회의록, 1991년, 91. Seung Jin Kim, "A History of Southern Baptist Mission Work," 183에서 재인용.

요약하면, 침례교회들을 위한 대여기금은 재정적인 위기를 극복할 수 있도록 한국침례교회의 약 절반 이상에게 지원됨으로써, 한국침례교회의 성장과 발전에 큰 기여를 하였음을 쉽게 알 수 있습니다. 필자는 대여기금은 해외선교부(FMB)가 한국선교를 위해서 최선의 투자를 했던 사역들 가운데 하나라고 느낍니다. 우리는 교회대여기금(Church Loan Fund)으로 인해서 하나님께 감사를 드립니다.[442]

1991년 9월에는 "국내선교부"를 "기독교한국침례회 국내선교회"로 그 명칭을 바꾸었다. 제7대 회장에 최춘식 목사가 봉사했으며, 2015년 현재 제8대 회장으로 유지영 목사가 섬기고 있다. 총회 홈페이지에는 국내선교회의 사명선언문(Mission Statement)을 "기독교한국침례회 국내선교회는 대한민국을 중심으로 동북아시아에 침례교회를 지원함으로 주님의 지상명령을 수행한다. 침례교회가 전략적으로 세워지고 건강한 교회로 성장하도록 기금과 선교비를 지원하고 목회자와 성도를 훈련하며 자료와 정보를 제공한다"라고 진술하고 있다.[443]

또한 핵심가치로는 "(1) 주님의 몸인 교회를 중심으로 복음을 전한다, (2) 협동선교 정신으로 기금과 선교비를 모금한다, (3) 공평과 정직으로 기금과 선교비를 운용한다, (4) 건강한 교회성장을 위해 프로그램과 자료들을 제공한다, (5) 다음 세대를 위해 지도자 양성에 힘쓴다"라고 되어 있다.[444] 국내선교회에서는 장기적인 관점에서 남·북한의 통일을 대비하여 북한지역에 교회를 세우는 등 북한선교를 위한 전략을 세우는 일에도 정진하고 있다.

3. 해외선교회

한국의 침례교회들이 해외선교에 관심을 갖게 된 것은 1970년대에 침례교회들이 영적으로 그리고 물질적으로 어느 정도 성장을 하고 안정을 누리게 되면서부터였다. 1976년은 미국독립 200주년이 되는 해였는데, 이를 계기로 미남침례교 총회의 초청을 받아 한국 침례교지도자들 15명이 미국의 여러 도시들을 순방하며 부흥집회를 인도하고 돌아 왔다. 이들은 이 여행을 통해서 미국을 비롯하여 세계 여러 나라의 잃어버려진 영혼들을 향해 눈을 뜨게 되었다.[445] 1978년에 기독교한국침례회 총회에서는 해외선교에 관심을 가진 목회자들을 중심으로 선교위원회를 조직하였다.[446] 또한 1979년에는 최충렬 목사가 아프리카의

442) Nichols, "The Baptist Church Loan Fund and Church Growth among Korean Baptist Churches," n.p.

443) "국내선교회," 기독교한국침례회, [온라인자료] http://www.koreabaptist.or.kr/home/kmb/. 2016년 6월 10일 접속.

444) Ibid.

445) 허긴, 「한국침례교회사」, 595. 이 때 미국을 순방하며 부흥집회를 인도했던 목사들은 백화기, 안종만, 오관석, 김충기, 곽지영 목사 등이었다.

라이베리아(Liberia)를 방문하여 현지인들의 삶의 정황을 살피고 돌아 왔다.

1979년 8월 7일에 서울과 그 인근지역을 중심으로 14개 침례교회들이 중심이 되어 "한국침례교 해외선교회"가 조직되었다. 10월 29일에 모인 첫 회의에서 임원을 선출하였는데, 초대회장에 부산 영안침례교회의 남용순 목사를, 부회장에 서울중앙침례교회의 오관석 목사를, 총무에 여의도침례교회의 한기만 목사를 선출하였고, 문대연(Daniel Moon) 박사와 빌 퍼지(Bill Fudge, 허진) 선교사를 자문위원으로 위촉하였다.[447] 본 해외선교회에서는 사모아 섬으로 최초의 선교사를 파송하기로 결의를 하였고, 침례회보에 공고를 내어 선교사 지원자들을 공개 모집하였다. 6명의 지원자들을 면접한 후에 최상근 목사를 최종적으로 결정을 하여 1980년 11월에 침례교목사로서는 최초의 해외선교사로 그를 사모아 섬에 파송하였다.

한편, 1982년 9월 기독교한국침례회 총회에서는 "동남아선교회"를 인준하였다. 15개의 침례교회들이 중심이 되어 동남아시아 지역의 선교를 목적으로 창립되었는데, 회장으로 신림침례교회의 이원희 목사가 선임되었으나 사임 후에 이덕근 목사가 그 뒤를 이었다. 부회장에 대흥침례교회의 안종만 목사와 영안침례교회의 이재순 목사가, 총무에 성광침례교회의 유병기 목사가 선임되었다.

동남아선교회에서는 태국, 싱가포르, 필립핀, 홍콩, 대만 등 5개국을 1983년 2월 8일-2월 27일에 방문하여, 현지의 선교적 상황을 살피고 조사하였다. 동남아선교회 회원들은 현지 방문을 통해 현장의 필요를 알게 되었고 선교사 파송이 긴급함을 절실히 느끼게 되었다. 본 선교회에서는 1985년에 대만의 대북현 지역에 김학천 선교사를 파송하였으며, 필립핀 바기오 북쪽지역에서 사역하고 있던 필립핀 목사 로오미 미구엘(Rohmi Miguel)과 다니로 알마리오(Daniro Almario)를 지원하였다.[448]

동남아선교회가 설립된 때와 거의 같은 시기에 이창송 목사를 회장으로 "중국선교회"가 태동되었다. 본 선교회에서는 장순흥 목사를 지역교회 차원에서 파송하여 중국선교의 길을 모색하였다. 1985년에 대만지역의 원주민들을 대상으로 선교사역을 시작하였는데, 중국 본토가 열리면서 1988년에는 대만의 박태선 선교사와 합류하여 동북 삼성의 연변 조선족을 대상으로 선교활동을 시작하였다.[449]

한국침례교의 해외선교 역사에서 1987년도는 큰 획을 긋는 해가 되었다. 1987년 9월 28일에 소집된 제77차 연차총회에서 해외선교회, 동남아선교회, 중국선교회와 지역교회(성일

---

446) Ibid. 선교위원회에 동참했던 목회자들은 최충렬, 정태진, 김용문, 정인도 목사 등이었다.

447) 유병기, 「침례교 선교의 발자취: 1988-2005 기독교한국침례회 해외선교회의 시작과 선교역사」(서울: 기독교한국침례회 해외선교회, 2014), 22-3.

448) Ibid., 24.

449) Ibid., 25.

침례교회)에서 개별적으로 파송했던 선교사들을 하나로 통합하여 "기독교한국침례회 해외선교회"를 창립하게 된 것이다. 본 해외선교회는 총회적인 차원에서 전 교단의 선교역량을 집약하여 모든 침례교회들이 가장 바람직하고 효과적인 선교사역을 감당하기 위하여 조직되었다. 1988년 3월 14일에 총회에서는 해외선교회 이사 28명을 추대하여 교단의 공식적인 해외선교기관으로서의 조직을 갖추게 되었는데, 1988년 4월 11일에 개최된 이사회에서 이사장에 오관석 목사를, 1988년 5월 20일에 개최된 이사회에서 초대회장에 유병기 목사를 선임하였다. 1988년 6월 30일에 개최된 이사회에서는 오관석 목사의 사임으로 인하여 한기만 목사가 이사장에 선임되었다.[450] 1988년 9월, 제78차 연차총회에서 인준된 선교사들은 12가정에 이르렀다.[451]

갓 출범한 기독교한국침례회 해외선교회(FMB, Foreign Mission Board)에서는 1988년 8월 29일-31일에 이태웅 목사와 남침례교 해외선교부의 동남아지역 책임자인 샘 제임스(Sam James) 선교사를 강사로 하여 제1회 선교세미나를 개최하였다. 이 세미나는 창립과 함께 참석자들이 해외선교를 위해 마음을 모으고 선교에 대한 비전을 새롭게 하는 중요한 계기가 되었다. 해외선교회의 초대회장으로 선출된 유병기 목사는 1988년에서 2005년까지 18년 동안 침례교단의 해외선교사역을 위한 초석을 놓았고, 수많은 침례교선교사들이 세계 방방곡곡에서 복음을 선포하고 제자훈련에 집중하고 결국에는 훈련받은 토착인들에 의해 많은 토착교회들이 세워지도록 하였다.[452]

해외선교회의 사명선언문과 목적진술은 다음과 같다:

> 우리의 사명:
> 우리는 한국의 침례교회가 주님의 명령을 따라 우리 당대에 주님이 다시 오시기를 소망하며, 미전도 종족이 있는 한 가서(마 28:18-20; 막 16:15) 침례교단뿐 아니라 세계의 모든 자원과 함께(행 1:8; 요 20:21) 복음을 전하며 성경적 교회를 세우고, 그들로 하여금 그 지역을 복음화하고, 미전도 종족을 향한 선교적 사역(마 9:35-38)을 감당케 함으로 주님의 재림을 준비(마 24:15; 딤후 4:1-8)하는 사역을 진행한다.
>
> 우리의 목적:
> 복음전파/교회개척/제자훈련을 통한 세계선교 확장[453]

450) 허긴, 「한국침례교회사」, 596.
451) 유병기, 「침례교 선교의 발자취」, 27. 대만의 김학천, 황인정, 박태선; 피지의 이재경; 파라과이의 고광철; 필립핀의 박도연, 이대원; 가나의 이용학; 멕시코의 신금석; 일본의 김두표; 프랑스의 이상구; 파푸아 뉴기니아의 김학청 선교사 가정이다.
452) Ibid., 36-8.
453) "해외선교회," 기독교한국침례회, [온라인자료] http://www.koreabaptist.or.kr/home/fmb/, 2016년 6월 30일

2015년 7월 30일 현재, 기독교한국침례회 해외선교회에서는 모두 66개국에 687명의 선교사들을 파송하고 있다: 동북아시아지역 4개국에 147명, 동서남아시아지역 13개국에 214명, 중앙아시아와 중동지역 12개국에 103명, 대양주지역 4개국에 11명, 아프리카지역 9개국에 32명, 유럽지역 13개국에 81명, 중남미지역 10개국에 24명, 기타 국내 및 파송준비 57명, 한국본부 18명 등이다.[454]

4. 침례병원

인간의 기본적인 필요들을 채우는 것이 한국에서의 남침례교 선교사역의 출발점이었다. 한국전쟁의 참화 속에서 고통받던 한국인들은 먹을거리와 입을거리 그리고 육체적인 질병과 상처의 치유라고 하는 인간의 기초적인 기본필요들을 가지고 있었다. 남침례교 선교사들은 이러한 필요들을 채워주는 것을 수단으로 궁극적인 필요인 한국인들의 영적인 허기짐을 채워주려고 하였다. 부산에서 시작된 의료선교사역은 단순히 의료적인 치유만을 위해서가 아니라 한국인들의 영혼을 복음으로 만져주기 위한 수단이었다. 월레스기념침례병원의 사역을 통해서 말(word)과 행함(deed)이 함께 가는 것임을 보여주었다.[455]

침례병원의 역사는 병원 위치의 이전에 따라 크게 네 시대로 나눌 수 있다: 1) 남포동 시대(1951-1955), 2) 영도 시대(1955-1968), 3) 초량동 시대(1968-1992), 3) 남산동 시대(1992-현재).

1960년대에 침례병원에서 시행했던 사역들 가운데 하나는 원목과(院牧課)를 통한 이동의료사역(Mobile Medical Ministry)이었다. 의사 선교사들, 병원 직원들, 한국인 목회자들 그리고 여전도사들이 팀을 이루어 매주 토요일 오후에 부산 근교의 마을이나 무의촌 농촌지역을 찾아가 봉사 및 전도 활동을 하는 사역이었다. 팀 중의 일부는 교회당에 간이진료소를 개설해 놓고, 주민들의 건강을 검진해 주기도 하고 건강상담을 해 주기도 하고 상처부위를 치료해 주기도 하고 고통을 호소하는 증상에 따라 주민들에게 적절한 약을 제공하기도 하였다. 그리고 팀 중의 다른 일부는 직접 마을 주민들의 집을 방문하여 복음을 증거하는 일을 하였다.

원목(院牧) 제도를 도입하여 병원에 상주하는 목사가 입원환자들과 직원들을 위해 매주 예배를 인도하였고, 환자들을 상담하며 복음을 증거하기도 하였고 방송설교, 전도지 배

접속.

454) "해외선교회 보고,"「기독교한국침례회 제105차 정기총회 의사자료」, 436-8.

455) Seung Jin Kim, "A History of Southern Baptist Mission Work," 187.

부, 전화기를 통한 자동응답설교 등 다양한 매체를 통하여 복음전도 활동을 하였다.[456] 이러한 침례병원의 봉사 및 전도 활동은 부산시민들은 물론 부산 근교의 중소도시들이나 농촌마을에까지 좋은 소문이 나게 되어, 지역사회 주민들에게 침례교회에 대한 좋은 인상을 줄 수 있게 되었다.

한국침례교선교회에서는 침례병원을 통한 의료선교와 전도활동이 활성화되는 것을 보고, 병원장소의 이전과 확장된 새 병원의 건립 문제를 심도있게 검토하였다. 결국 1968년 11월에 부산역 근처 초량동에 6층 건물을 건축하였는데, 침례병원은 현대적인 시설을 겸비한 종합병원으로 도약할 수 있는 하드웨어를 갖추었다. 1974년에는 비로소 정부로부터 종합병원 개설 허가를 받았다.

그리고 초대원장 로버트 라이트(Robert Wright, 1956년 4월-1963년 1월) 선교사와 제2대 원장 찰스 위그스(Charles Wiggs, 1963년 1월-1978년 6월) 선교사를 이어 침례병원의 원장직이 1978년 6월에 최초로 이경수 박사(1978년 6월-1988년 9월)에게 이양되어 한국인 원장 시대가 열리게 되었다. 1982년 9월에는 "종합건강검진센터"를 개설하여 부산시민들의 건강한 삶을 정기적으로 체크할 수 있는 길을 열었고,[457] 1987년 4월에는 흉부외과에서 첫 심장수술을 성공적으로 수행하였다.

1988년 9월 23일에는 제4대 병원장으로 김성진 박사(1988년 9월-1999년 2월)가 취임하였다. 그의 취임으로 월레스기념 침례병원은 합리적인 병원 경영을 제도화하는 일에 힘을 쏟았다. 1991년 5월에는 "암센터"를 신축하여 개원했으며, 병상의 규모(1968년 80개, 1971년 140개, 1973년 155개 병상)를 495개로 크게 확대하였다.[458] 1992년 11월에는 응급의료센터를 개설하였다.

1993년 3월에는 독립된 의료법인으로 전환하여 한국침례교선교회로부터 완전히 분립하여 기독교한국침례회 산하의 의료법인 병원이 되었다. 김성진 원장의 원대한 비전에 따라 1997년 7월에는 병원 이전 및 신축을 위하여 새로운 병원부지(부산시 금정구 남산동 산 4-1)를 매입하였고, 1995년 11월 21일에는 연건평 약 16,852평의 남산동 침례병원 신축을 위한 기공예배를 드림으로 초현대식 종합병원 건축공사를 시작하였다.[459]

1999년 2월에는 제7대 병원장으로 이병철 박사(1999년 2월- 2003년 1월)가 취임하여, 같은 해 12월 1일에 남산동 신축 종합병원의 준공 및 이전 감사예배를 드림으로 새로운 도약

456) 허긴, 「한국침례교회사」, 585.
457) Ibid.
458) "침례병원," 기독교한국침례회, [온라인자료] http://www.koreabaptist.or.kr/home/wmbh/, 2016년 7월 1일 접속.
459) 허긴, 「한국침례교회사」, 586.

의 발걸음을 시작하였다. 병원동은 대지 14,467평에 건평 17,760평, 지하 2층에 지상 12층의 건물이고 주차동은 1층-지상 8층(총 주차대수 503대)의 건물이 건축되었다. 400병상으로 시작된 병원이 2000년 2월에는 550병상으로 확장하였고, 같은 해 6월에는 장례식장을 개설하기도 하였다. 2001년 11월 22일에는 침례병원 개원 50주년 기념예배를 드렸다.[460)]

병원의 사명문에 의하면 "월레스기념 침례병원은 의료를 통하여 복음을 전하고 사회에 봉사하는 의료기관이다"라고 간단명료하게 천명함으로써, 처음부터 사람들의 영혼과 육체를 치유하는 전복음(Whole Gospel)을 증거하고 실천하는 기관임을 명시하고 있다.[461)] 침례병원은 "설립 이후 50여 년간 일반진료, 의료요원 교육, 복음전도 사업과 함께 극빈자 무료진료, 무의촌 진료, 구호사업, 개척교회 지원사업 등을 활발하게 전개하여 의료선교 및 공익 비영리 의료기관으로서 지역사회의 발전은 물론 국민보건의 향상을 위하여 노력하고 있다."[462)]

2014년 한 해 동안 환자진료 면에서 살펴보면, 재원환자가 121,768명, 외래환자가 344,073명, 응급환자가 22,195명, 수술건수가 4,372건이었고 분만건수는 0건으로 집계되었고, 복음전도 면에서는 전도지 배부수가 16,656매, 성경배부수가 138권, 결신자수가 150명으로 집계되었고, 2015년까지 33개 교회를 개척한 것으로 보고되었다.[463)]

5. 교회진흥원

1) 초창기 출판사역

2014년에 교회진흥원에서는 「교회진흥원 60년사: 21C 교회성장과 축복의 통로」라는 책을 출간하였다.[464)] 남침례교 선교사인 간호사 아이린 브래넘(Irene Branum)과 루비 휘트(Ruby Wheat)가 피난시절인 1954년에 부산에서 침례교신훈회(Baptist Training Union), 형제회(Brotherhood), 여전도회(Women's Missionary Union)에서 회원들의 훈련을 위한 교재들을 출간했던 때를 교회진흥원 사역의 기원으로 잡고 있는 것이다.[465)]

이들은 장년과 청년 그리고 중고등학생들의 신앙훈련 자료들과, 왕의 사신단(Royal

460) "침례병원," 기독교한국침례회, [온라인자료] http://www.koreabaptist.or.kr/home/wmbh/, 2016년 7월 1일 접속.
461) Ibid.
462) Ibid.
463) "의료재단 침례병원 보고," 「기독교한국침례회 제105차 정기총회 의사자료」, 380-1.
464) 교회진흥원 60년사 편찬위원회, 「교회진흥원 60년사: 21C 교회성장과 축복의 통로」 (서울: 요단출판사, 2014).
465) "Church Development Board," *Program Base Design*, B-15.

Ambassadors), 소녀회(Girls in Action), 여청년회(Young Women's Auxiliary) 공과들을 번역 출간하였다. 그리고 「그리스도인의 생활의 성장」(*Progress in the Christian Life*), 「여전도회를 조직해야 할 8가지 이유」(*Eight Reasons for W.M.U.*) 등의 미남침례교 교회에서 사용 중인 소책자들을 출판하여 전쟁 중에 피난지역에 있던 한국의 침례교회들에 보급하였다.[466)]

1958년에 굳윈(J. G. Goodwin, Jr., 구명철) 선교사를 부장으로 침례회출판부가 발족하였다. 1959년 1월에는 처음으로 주일학교에서 사용할 공과 교재들이 출판되었다. 이듬 해 1월에는 침례회출판부가 대전으로 이전하면서 맥스 윌락스(Max Willocks, 위락수) 선교사가 부장 직책을 맡았다. 1961년 1월에는 출판사역이 서울로 이전하였고 니타 존스(Nita Jones, 최희신, Don C. Jones 최희준 선교사의 부인-필자 주) 선교사가 부장으로 임명되었다. 장년부 주일학교 공과 교재가 1961년 7월에 출판되었다.

주일학교와 신학교 학생들을 위한 다양한 교재들도 번역 출간되었다: 「바울의 생애」(1955), 「이렇게 기록되었다」(1963), 「선한 청지기」(1965), 「모범 교회학교」(1962), 「디모데서 연구」, 「표준주일학교」, 「신약교회교리」, 「기본전도학」, 「기독교교리」 등.[467)] 1962년 4월에는 베티 헌트(Betty Jane Hunt, 현복자) 선교사가 침례회출판부 부장을 맡았고, 같은 해에 문화공보부에 "침례회출판사"로 등록을 하였다.

2) 출판부와 교회행정국

1962년 봄에 돈 존스(Don C. Jones, 최희준) 선교사 부부가 안식년 휴가를 가지려고 했을 때, 대전 침례회신학교의 알 게미지(Al Gammage) 교장과 시오도르 다우월(Theodore Dowell, 도월태) 교수가 그들을 만나 특별한 당부를 하였다. 현재 출판사역과 교회행정 및 훈련사역이 분리 운영되고 있기 때문에 효율 면에서 부족함이 있다고 지적하면서, 그들이 내쉬빌에 있는 침례교주일학교부(BSSB, Baptist Sunday School Board)를 방문하여 그 기관을 견학하기도 하고 그 기관의 사역에 대해 집중적으로 특별훈련을 받고 오라는 것이었다.[468)]

이들 부부는 약 열흘 동안 내쉬빌에 머물며 주일학교부의 와시번(A. V. Washburn) 박사로부터 출판사역과 교회훈련사역을 어떻게 통합할 수 있을지 그리고 한국에서도 침례교주일학교부와 같은 기관을 설립하여 교회진흥(church development)을 도모할 수 있을지에 관해서 조언도 듣고 도전을 받기도 하였다. 그들이 안식년을 마치고 1963년 12월에 돌아왔을 때, 존스 선교사는 교회행정국(Department of Church Administration Promotion)의 국장 직책

466) Don C. Jones, "Beginnings of Publications and Church Development among Korean Baptists," n.d., 1. Seung Jin Kim, "A History of Southern Baptist Mission Work," 220.

467) Seung Jin Kim, "A History of Southern Baptist Mission Work," 220.

468) Don C. Jones, "Beginnings of Publications and Church Development among Korean Baptists," 2-3.

을 맡았다. 1964년도 한국침례교선교회 실행위원회 회의에서는 침례회출판부와 교회행정국을 통합하는 결의를 하였고, 존스 선교사를 출판 및 교회행정국의 국장으로 결정하였다.[469] 이 기구가 1973년에 "교회진흥원"(Church Developement Board)으로 발전하게 되었다.

1964년도에 출판 및 교회행정국은 청지기훈련을 위한 세 번의 집회들을 주최하였다. 호레이스 해메트(Horace Hammett) 박사, 아치 엘리스(Archie Ellis) 박사, 제임스 레키(James Lackey) 박사가 내한하여 서울, 대전, 대구에서 훈련을 시행하였다. 서울에서는 서울침례교회당에서, 대전에서는 대흥동침례교회당에서, 대구에서는 대명동침례교회당에서 열렸는데, 200여 교회에서 약 1,000여명의 침례교인들이 참석하여 청지기 직분의 중요성과 그 책임을 각성하는 계기가 되었다.[470] 한국침례교선교회에 다음과 같은 보고서가 제출되었다:

> 이 청지기직분 훈련 강습회에는 한국의 침례교총회 소속 200여 교회로부터 약 1,000여 명의 침례교인들이 참석하여 수강하였다. 서울 충무로에서 이틀 간 강습회가 열렸다. 서울침례교회, 대전 대흥동침례교회, 대구 대명침례교회에서는 약 500명의 신자들이 십일조를 드리기로 작정하였다. 서울에서 개최된 강습회에서는 십일조 결심자의 수가 숫자 상으로 표시되지는 않았으나, 수많은 사람들이 마음 속으로 결심을 한 것이 확실하다. 전국 침례교회에서 온 소식은 많은 교회들의 경제적인 사정이 좋아졌다는 것이다. 그러나 이보다 더 중요한 것은 한국침례교 역사 상 최초로 온 교회가 청지기의 사명을 확신하게 되었다는 사실이다. 어떤 지방회장은 "청지기직분 훈련 강습회가 있기 전에 우리 지방회에서는 청지기라는 말의 뜻을 제대로 알고 있는 사람이 아무도 없었습니다. 그러나 지금은 어린이들까지도 '주님, 선한 청지기가 되도록 도와 주세요' 하면서 기도하게 되었습니다"라고 말했다.[471]

또한 1963년초에 남침례교 해외선교부(FMB)에서는 동아시아 지역의 여러 나라에서 주일학교(Sunday School) 사역을 활성화하기 위한 캠페인을 벌일 것을 촉구하였다. 1964년 1월에 한국침례교선교회(KBM)의 전도위원회에서는 1966년에 아시아주일학교 캠페인(Asian Sunday School Campaign)을 개최할 것을 결정하고 준비위원회를 구성하였다.

선교회에서는 돈 존스 선교사, 굳윈 선교사, 시오도르 다우월 선교사, 그리고 한국총회에서는 안형직 목사, 노영식 목사 등 5명이 준비위원으로 참여하였다.[472] 1964년부터 1966년까지 네 차례에 걸친 준비모임을 가지면서, 캠페인의 표어로 "모두 와서 배우고 모두 가

469) Ibid.
470) "Church Development Board," *Program Base Design*, B-15.
471) Don C. Jones, "Beginnings of Publications and Church Development among Korean Baptists," 3.
472) Chang U Noh and Don C. Jones, "Report and Evaluation of the Korean Church School Enlargement Crusade," 21 November 1980, 1. Jones, "Beginnings of Publications and Church Development among Korean Baptists," 4.

서 전하자"(Let us all come and learn; let us all go and proclaim) 그리고 "요람에서 무덤까지 가르치고 전하자"(From the cradle to the grave, let us teach and proclaim)라고 정하였다.[473]

한국에서는 1966년 4월 10일-5월 15일에 전국에서 12개의 교회에서 교회학교(Church School, 한국에서는 교회당 시설의 부족으로 인해 주일학교 Sunday School를 주일날에만 가질 수 없어 주 중에도 모여서 성경공부를 했기 때문에 교회학교라고 명명하였다-필자 주) 확대를 위한 강습회를 개최하였다. 주교재는 바네트(J. N. Barnett) 박사가 쓴 「교회학교를 통해 일하는 교회」(*A Church Working through Its Sunday School*)의 번역본을 사용하였다. 교재 가운데 5개 장들은 남침례교 강사들이 맡아 강의하였고 나머지 5개의 장들은 한국인 강사들이 맡았다. 마지막 날에는 심방과 전도 활동을 하였다.[474]

노창우 목사와 돈 존스 선교사는 이 캠페인에 대한 전반적인 평가를 이렇게 보고하였다:

> 주일학교 확대를 위한 강습회는 이미 2년 전에 준비를 시작했고 올해 5월에 절정에 이르렀는데, 우리들(한국인들-필자 주)의 교회생활에 많은 변화를 가져 왔다. 변화 중 몇 가지를 지적하면 다음과 같다.
>
> (1) 교회학교에 대한 새로운 이해. 최근까지도 주일학교는 어린이들만을 위한 신앙교육이라는 인식이 일반적이었는데, 이러한 인식이 "요람에서 무덤까지" 모든 연령에 걸친 성경공부라는 인식으로 대체되었다.
>
> (2) 교회학교를 통한 모든 교인들의 봉사참여. 모든 교회회원들이 심방을 해야 했다. 이전에는 심방은 담임목사 혹은 전도사들이나 집사들의 사역으로만 인식하였는데, 이제는 모든 교인들이 심방에 참여해야 한다는 인식을 가지게 되었다.
>
> (3) 주일활동에 대한 인식의 변화. 이전까지는 주일은 단지 교회에 출석하여 예배를 드리는 날로 생각을 해 왔는데, 이제는 주일날에는 먼저 교회학교에 출석하여 성경공부를 하고 그리고 예배를 드리는 것으로 인식이 바뀌게 되었다.
>
> (4) 교회학교 교사들에 대한 훈련의 중요성에 대한 새로운 이해.[475]

돈 존스 선교사는 이 캠페인의 열매를 이렇게 요약하고 있다: "(교회학교 확대를 위한) 강습회에서 배운 많은 것들이 예산의 부족, 교회당 시설의 부족, 충분히 훈련된 교사들과 지도자들의 부족 등으로 제대로 실천되거나 유지되지는 못한다고 하더라도, 필자로서는 많은 참석자들이 삶의 변화를 가져온 경험들을 했으며 한국과 해외의 침례교인들 사이에서

473) Jones, "Beginnings of Publications and Church Development among Korean Baptists," 6.
474) Ibid.
475) Noh and Jones, "Report and Evaluation of the Korean Church School Enlargement Crusade," 21 November 1980, 13-4.

지도자들의 삶 속에 계속해서 열매를 맺고 있다고 확신합니다."[476]

1960년대 출판 및 교회행정국의 사역에서 빠뜨릴 수 없는 열매들 가운데 하나는 「교회행정」(*Church Administration*)이라는 잡지의 발간이다. 제1판이 1964년 1월-2월에 발간되었는데, 격월간으로 10년 이상 지속되었다. 이 잡지의 출간 목적은 한국의 침례교인들에게 침례교신앙의 특징들을 일깨워 주고 침례교인으로서의 자부심을 갖도록 하는 것이었다. 교회사역의 "어떻게"(How-to's, 방법들)에 대해서 담임목회자들과 부목회자들에게 실제적인 도움을 주기 위한 것이었다.

전도, 청지기, 교회조직, 지도력, 교회의식들, 목회자와 집사의 임무, 교회의 기능 등 다양한 영역에 관한 글들이 게재되었다. 남침례교 주일학교부에서 발간하는 격월간지 *Church Administration*에 실린 내용을 번역하여 게재하기도 하였다.[477] 이 잡지는 특히 침례교 목회자들에게 침례교인됨의 정체성(Baptist Identity)을 심어주는데 많은 기여를 하였다.

1960년대에 침례교와 관련한 책들이 많이 출판되었는데, 대다수가 영어로 저술된 책을 번역한 수준의 책들이었다. 딜라드(Dillard)의 「선한 청지기」, 헤스터(Hester)의 「책 중의 책」, 어트리(Autry)의 「기본전도학」, 바네트(Barnett)의 「교회학교를 통해 일하는 교회」, 소책자 「침례교인의 이상」, 터너(Turner)의 「신약교회교리」와 「구원의 교리」, 안종만의 「교회입문」, 다빈스(Dobbins)의 「교회보전」, 펜윅(Fenwick) 선교사의 「대한기독교회사」, 프라이스(Price)의 「선생 예수」, 플레처(Fletcher)의 「중국의 빌 왈레스」, 베이커(Baker)의 「침례교발전사」 등 침례교 신앙, 신학, 역사, 교회생활에 관련한 책들이 번역 출간되어 목회자들과 신학생들 그리고 평신도지도자들에게 도움을 주었다.

3) 교회진흥원의 발족과 사역의 확대

1970년에 출판 및 교회행정국을 새롭게 개편하기 위한 규정이 한국침례교선교회와 한국 총회에 제출되었다. 이 규정은 양 기구에서 파견하는 이사들로 이사회를 구성하도록 되어 있었다. 이 제안은 1970년 4월에 한국 총회에서 승인이 되었고 선교회에서도 통과되었다. 1972년에 총회와 선교회로부터 파송받은 이사들로 이사회를 구성하였는데, 초대 이사장에 노영식 목사가 선출되었다. 1973년에 돈 존스 선교사 부부가 두 번째 안식년을 떠나면서 이 사역을 쌤 초이(Sam Choy, 최삼열) 선교사에게 위임하였다. 1973년에 출판 및 교회행정국을 "한국침례교 교회진흥원"(Korea Baptist Church Development Board)으로 개칭하고 새로운 시대를 열었다. 초대 원장에 샘 초이 선교사가 취임하였다.[478]

476) Jones, "Beginnings of Publications and Church Development among Korean Baptists," 7.
477) Seung Jin Kim, "A History of Southern Baptist Mission Work," 225.

교회진흥원에서는 먼저 1973년에 침례회출판사에 더하여 요단출판사(Jordan Press)를 새로 개업하여 등록하였다. 침례회출판사는 침례교 독자들을 대상으로 하는 침례교 관련 책들을 출판해 왔다면, 요단출판사는 한국의 기독교인 전체를 대상으로 하는 다양한 주제의 책들을 출판하는 것을 목적으로 하였다. 매년 3월달을 "교회진흥원의 달"을 제정하여 지역교회들과 침례교인들이 교회진흥원을 위해 집중적으로 기도하고 헌금할 수 있게 하였다.

1976년에는 교회음악부를 교회진흥원 산하에 두었다. 1971년에 최초의 음악선교사로 파송된 해롤드 핸코크(Harold Hancock)와 1973년에 한국에 들어온 메이저 맥다니엘(Major McDaniel, Jr.) 선교사가 이 부서의 사역을 담당하였다. 1976년에는 충북 옥천에 약 3만평의 땅을 확보하여 1978년에 옥천수양관(Okchun Retreat Center)을 완공하여 침례교인들의 영적인 휴식과 함께 제자훈련 및 지도자훈련의 장소로 사용하였다.

제2대 원장 보즈만(O. K. Bozeman, 민봉수, 1974-1978)에 이어, 1978년에 최초의 한국인 원장으로 제3대 노창우 원장(1978-1986)이 취임하였다. 선교사 원장 시대를 마감하고 한국인 원장 시대가 열리면서 교회진흥원은 한국인 침례교 목회자들의 의견과 침례교회의 교육과 훈련의 필요성에 보다 민감하게 대응하였다. 교육의 교단이라고 할만큼 침례교단의 교육열과 자료보급은 질적인 면에서뿐 아니라 양적인 면에서도 다른 교단들의 선망의 대상이 되었다.

이는 남침례교의 주일학교부(Baptist Sunday School Board, 현재의 명칭은 Lifeway Christian Resources, 생명길기독자원부-필자 주)와 협력관계를 맺고 각종 교육자료들을 공급받았기 때문에 가능한 일이었다. 특히 한국 침례교 목회자들의 공동집필로 탄생하게 된 「새신자훈련총서」(전 6권)가 출판됨으로써, 지역침례교회 내에서 새신자들의 양육과 교회정착 사역에 큰 도움이 되었다.[479]

그 후 제4대 이상대 원장(1986-2006)이 20년 동안 그리고 제5대 안병창 원장(2006-2016)이 10년 동안 교회진흥원의 발전을 위해 헌신하였다. 교회진흥원은 그 존재의 목적을 다음과 같이 진술하고 있다:

478) Ibid., 227-8. 1972년 여름에 구성된 이사회는 선교회로부터 추천된 Harold Gateley, Don McMinn, O. K. Bozeman, Jr., Norma Nichols 선교사와 총회로부터 추천된 노영식, 안중모, 최병산, 이요한 목사 등이 이사로 참여하였다.

479) 김용성, "제2부 교회진흥원의 발전과 사역감당," 교회진흥원 60년사 편찬위원회, 「교회진흥원 60년사: 21C 교회성장과 축복의 통로」, 102. 김용성은 교회진흥원의 역사를 다음과 같이 시대구분하여 서술하였다: 진흥원 사역의 인프라 구축의 시대(1973-1980), 진흥원 사역의 확장시대(1981-1996), 진흥원 변화와 자립경영의 시대(1997-2014).

(교회진흥원의 목적): 교회의 선교, 목회, 교육활동에 관한 실제적인 연구와 프로그램과 자료의 개발 진흥 및 기독교 정보와 자료의 출판 그리고 도서와 용품의 보급과 기타 해당 분야의 국내외 간 협력과 교류증진을 통해 한국교회가 신약성서적 모범교회로 성장, 발전하여 그 사명과 역할을 다 할 수 있도록 지원한다."[480]

또한 교회진흥원은 비전진술을 통하여 투철한 사명감과 책임감을 가지고 미래를 내다보며 탁월한 교육문서 사역을 감당하겠다고 다짐하고 있다:

(교회진흥원의 비전): 우리 시대의 침례교 신앙정신과 행습을 선도하는 영성과, 통찰력이 탁월한 양질의 교회 프로그램, 자료 및 기독도서를 엄선하여 교육, 출판, 보급함으로써 침례교회의 성장과 독자들의 사랑과 신뢰를 받는 침례교회 진흥 및 국내 일류 교육문서선교기관이 된다.[481]

5대 사역정신을 1) 하나님을 위하여 교회를 위하여(For God & Church), 2) 오직 기도(Prayer Only), 3) 교회성장과 축복의 통로(Way to Church Growth & Blessings), 4) 프로정신(Professionalism), 5) 선한 청지기(Good Stewardship)로 요약하면서 교회진흥원 직원들은 하나님과 지역교회들을 충성스럽게 섬기겠다고 다짐하고 있다.[482]

교회진흥원의 사역을 크게 7개 사역으로 대별하여 관장하고 있다: 1) 교육 목회지원 사역, 2) 성경교육 프로그램 사역, 3) 교회음악 프로그램 사역, 4) 제자훈련 프로그램 사역, 5) 도서자료 출판 사역, 6) 도서 및 용품 보급 사역, 7) 부설기관으로서의 옥천수양관 사역.[483]

교회진흥원에서는 1985년에 요단기독교서적센타를 서울 강남 고속버스 터미널 근처에 개점을 하였으며, 1987년에는 대전 침례서관을, 1997년에는 교회진흥원 부산센터를, 1998년에는 대전 둔산에 침례서관을 개관하여 운영하고 있다.

6. 군경선교회

복음은 위기의 상황에 처한 사람들에게 호소력을 가지고 침투해 들어갈 수 있다. 남자들에게 집이나 직장이나 학교를 떠나 군부대에서 군복무를 하는 기간은 일종의 삶의 위기

480) "교회진흥원의 목적," 기독교한국침례회 교회진흥원, [온라인자료] http://www.holylife.co.kr/company/company_02.asp, 2016년 6월 20일 접속.

481) Ibid.

482) Ibid.

483) "교회진흥원," 기독교한국침례회, [온라인자료] http://www.koreabaptist.or.kr/home/holylife/, 2016년 6월 20일 접속.

의 때이다. 군대는 많은 젊은이들을 예수 그리스도께로 인도할 수 있는 황금어장이다. 남침례교 선교사인 가이 헨더슨(W. Guy Henderson)은 1963년에 처음으로 대구에서 군인들을 위한 전도사역을 시작하였다.484)

헨더슨 선교사는 남침례교 해외선교부(FMB)의 격월간지인 *The Commission* 잡지에 이렇게 보고하고 있다:

> (1963년) 5월에 우리는 한국군인들을 위해서 대구전도센터(Daegu Evangelism Center)를 개설했습니다. 대한민국 국군의 수는 약 60만 명이 되는데, 대다수가 아직 그리스도인이 아닙니다. 그들은 집을 떠나 와 있기 때문에 강한 불교의 영향으로부터도 떠나 있는 상태이고 복음을 향해 마음이 열려 있는 상태입니다. 이 전도센터에서 우리는 젊은이들이 편히 쉬기도 하고 라디오를 듣거나 축음기로 음악을 듣기도 하고 편지를 쓰기도 하는 장소를 제공할 것입니다. 우리는 거기서 새신자들을 상담하고 그들을 우리 (침례)교회들로 인도할 것입니다. 하나님께서 이 센터를 통해서 많은 영혼들을 우리에게 보내 주실 것을 본인은 확신합니다.485)

1965년 12월에는 대전 침례회신학교 자리(대전직할시 중동 77)에서 침례교 군인복지회관이 설립되었고 한국인 사역자로 양승태 집사가 채용되었다. 그 후 원주군인센터(1966. 3.), 논산군인봉사회관(1966. 9.), 춘천군인센터(1967. 2.), 공군군인센터(1967. 10.) 등이 설립되었다. 1969년 9월 1일에는 대전역 앞에 침례회관 4층 건물(대전직할시 중동 21-27)이 완공되어 군인전도부가 그 건물에 입주하여 사무실을 개설하면서 군인들을 위한 전도사역은 더욱 활기를 띠게 되었다. 1층에는 "침례서관"을 개업해서 기독교서적들을 판매하였고 그 수익금으로 군인전도사역과 군인 휴게실 운영을 하면서 본격적인 궤도에 오르게 되었다.

1988년부터는 사역의 범위를 경찰들에게까지 확대하여 4월 22일에 중앙경찰학교 경목실 개관 감사예배를 드렸고, 1989년 7월 7일에는 군인전도부를 "군경전도부"로 개칭하였다.486) 1993년 1월에는 "군경특수선교회"로 명칭을 변경하였다가, 2001년 9월 28일에 "군경선교회"로 개칭하였다. 군경선교회를 섬겼던 역대회장들은 다음과 같다: 양승태 안수집사(1965. 12.-1984. 11.), 양회협 목사(1984. 12.-1995. 3.), 류재열 목사(1995. 4.-1997. 6.), 하진오 목사(1997. 6.-2004. 2.), 한일정 목사(2004. 3.-현재) 등.

한일정 현 군경선교회 회장은 군경선교사역을 위하여 협조해 줄 것을 모든 침례교회들과 침례교인들을 향해 이렇게 호소하고 있다:

---

484) "Military Evangelism Ministry," Program Base Design, B-17.

485) W. Guy Henderson, "Growth Sought by Various Ways: Army Center Opens," *The Commission*, June 1963, 21.

486) Seung Jin Kim, "A History of Southern Baptist Mission Work," 175.

> 기독교한국침례회 군경선교회는 이 나라의 국방을 담당하고 있는 65만 국군장병들과 치안을 담당하고 있는 15만 경찰들의 복음화를 위하여 활동하고 있는 기관입니다. 장차 이 나라와 사회 및 교회를 짊어지게 될 청년들에게 예수 그리스도의 복음을 전하여 저들이 거듭난 그리스도인들로서 하나님의 귀히 쓰임받는 그릇들이 되기를 간절히 기도하고 있습니다.
> 이 귀한 사명을 감당하고자 논산 훈련소, 춘천 102 보충대와 자운대, 대둔산 창공센터 및 중앙경찰학교에 센터를 두고 있으며, 단의 부름을 받아 군에 파송된 군목단들과 함께 군경 복음화 사업에 힘쓰고 있습니다. 이 사역의 원활한 활동을 위하여 전국 교회들의 관심과 후원을 절실히 바라고 있습니다. 전국 교회들의 끊임없는 사랑과 협력을 기대합니다.[487]

2015년 현재 침례교군목단은 육군군목 8명, 공군군목 2명, 해군군목 3명 등 모두 13명으로 구성되어 있으며, 군종사관 후보 합격생들은 침례신학대학교 신학과 4명, 기독교교육학과 1명 등 모두 5명인데, 이들은 졸업 후 군목으로 임관되기 위하여 실력과 영력을 쌓으며 준비하고 있다.[488]

7. 전국여선교연합회

한국의 침례교회에서 전국여선교연합회(WMU, Women's Missionary Union)가 최초로 결성된 것은 1954년도에 대전 대흥동침례교회에서였고, 이 때 안대벽 목사의 부인인 이순도 여사가 최초의 회장으로 선출되었다. 그 이전까지는 남침례교 여성 선교사들에 의해 지역교회에서 여전도회, 소녀회(GA, Girls in Action), 소년회(RA, Royal Ambassadors), 여청년회(YWA, Young Women's Association) 등의 기관들이 설립되었지만, 이러한 기관들은 미국 남침례교 교회의 기관들을 그대로 이식해 놓은 것이어서 한국의 침례교인들에게는 용어부터 어색하고 생소하게 느껴졌다.

1954년 여름에는 부산의 한 해변가에서 최초의 여성들을 위한 캠프가 개최되었다. 간호사 선교사인 루씨 와그너(Lucy Wagner)가 협동 총무로서 한국여성들의 전국적인 조직이 뿌리를 내릴 수 있도록 협조하였다.[489] 1958년 1월부터는 전국여선교연합회의 기관지 「성광」(*Holy Light*)을 월간지로 발간하였다.

그동안은 총무들이 무급으로 봉사하였는데(방호선 1년, 양신옥 1년, 임세관 1년, 김추일

---

487) "군경선교회," 기독교한국침례회, [온라인자료] http://www.koreabaptist.or.kr/home/baptist_military/, 2016년 7월 1일 접속.

488) "군경선교회 보고," 「기독교한국침례회 제105차 정기총회 의사자료」, 417-22.

489) "Korean Women's Missionary Union," Program Base Design, B-16. Seung Jin Kim, "A History of Southern Baptist Mission Work," 176.

3년, 한정희 2년), 1969년에 윤옥석 자매(1969-1975)가 제6대 총무로 선출되면서부터는 유급 총무 시대가 열리게 되었다.[490] 1970년에 제5대 회장으로 김한희 선생이 선출되었다. 1970년 7월에는 일본 동경에서 개최된 침례교세계대회(BWC)와 침례교세계여선교대회에 회장을 비롯해서 20여명의 회원들이 참석하여 한국침례교 여선교회의 위상을 크게 드높이는 계기로 삼았다.

1972년 8월 10일에 전국여선교연합회는 대구에서 여선교회 실행위원회를 개최하고, 루씨 와그너(Lucy Wagner) 선교사를 위원장으로 하고 김한희, 방호선, 윤옥석, 진저 맥민(Ginger McMinn), 아이린 브래넘(Irene Branum)을 위원으로 하는 장기계획위원회를 조직하였다. 이 위원회에서는 1974년 5월에 전국여선교연합회의 프로그램기초기획안(Program Base Design of Korean Women's Missionary Union)을 작성하였다.[491] 이 기획안에 따라 전국여선교연합회는 매년 총회와 수양회 때에 국내외에서 특별강사를 초빙하여 여선교회 회원들의 신앙과 영성을 심화시키는 강습회를 실시하였다. 이 기획안에서 전국여선교연합회의 존재목적을 분명히 하였다:

> 조직의 목적은 회원들로 하여금 전국의 각 지역교회에서 하나님의 동역자들로서 교제를 촉진하는데 있고, 그리스도의 복음을 편만하게 증거하는 일에 상호 협력하고 소녀들과 여성들을 위한 기관들을 진흥시키고 발전시키는데 있다.[492]

1975년 4월에는 조혜도 「성광」지 편집장이 제7대 총무(1975-1996)로 선출되어 여선교회 활동을 활성화하는데 큰 몫을 감당하였다. 조혜도 총무가 중심이 되어 전국여선교연합회는 1978년 5월 2일-6일에 제5차 아시아침례교여선교대회를 서울 세종호텔에서 주최하였는데, 아시아 12개국으로부터 216명의 외국회원들이 참석하였고, 국내에서도 약 600여 명의 여선교회 회원들이 동참하여 큰 성황을 거두었다. 이 역사적인 대회에서 조혜도 총무는 제6대 아시아침례교여선교회 회장으로 선출되어 중책을 맡았다. 1996년 4월에는 조혜도 총무가 은퇴를 하고, 제8대 총무(1996-현재)로 이숙재 부총무가 선출이 되어 현재까지 전국여선교연합회에서 실무책임자로 봉사하고 있다.

1978년 7월에 전국여선교연합회는 창립 25주년 기념 감사예배를 드리면서, 회원들의 염원이었던 침례교 여선교회관을 건립할 것을 결의하였다. 그들의 간절한 기도는 어느 헌신

490) 허긴, 「한국침례교회사」, 582.

491) Seung Jin Kim, "A History of Southern Baptist Mission Work," 177-8.

492) "Basic Intentions," Program Base Design of the Korean Women's Missionary Union, Committee of Long Range Planning, W. M. U., 1974, E-2.

적인 침례교 평신도 독지가의 대지 헌납(강남구 포이동 239번지 16호)으로 응답되었고, 외국기관들의 도움 없이 여선교회 회원들 자체의 기도와 헌금과 헌신으로 1990년 4월 23일에 5층 여선교회관 건립 및 개관 감사예배를 드리게 되었다.[493] 한국침례교선교회(KBM)에서는 1991년 9월에 미남침례교 해외선교부(FMB)에 다음과 같이 보고하였다:

> 한국의 전국여선교연합회(Korean W.M.U.)는 선교의식을 깨우침에 있어서 한국의 침례교회들을 효과적으로 이끌고 있습니다. 전국여선교연합회는 서울 강남지역에 소재한 5층짜리 새 건물에 위치하고 있습니다. 한국에서의 여선교회 사역은 한국의 여성들이 함께 힘을 합쳐 동역함으로 이룩해 낸 빛나는 실례(a shining example)입니다. 한국에서는 거의 모든 침례교회들에서 여선교회 모임이 매월 정기적으로 개최되고 있습니다.[494]

전국여선교연합회는 "시작부터 선교와 선교교육에 힘썼으며, (침례)교단의 여성들이 '개교회의 좋은 일꾼이 되도록' 성장을 위한 교육과 훈련을 계획하고 시행하고 있습니다"라고 진술하면서 홈페이지에서 다음과 같이 기관소개를 하고 있다:

> 한 알의 씨앗이 땅에 떨어져 싹이 나고 뿌리가 내려지고 자라서 열매를 맺기까지는 많은 세월의 풍상을 겪어야 합니다. 1954년에 조직된 전국여선교연합회는 그 시작은 미약하였으나 발족 이후 오늘에 이르기까지 여성들을 자신의 일꾼으로 부르신 하나님의 은혜와 오직 주님이 주신 사명을 감당하기 위해 희생적으로 수고하신 침례교 여선교회원들의 뜨거운 눈물의 기도와 헌신으로 성장에 성장을 거듭해 왔습니다. 그동안 전국여선교연합회는 많은 꿈과 비전을 마음에 품고 복음전파를 위해 정진하였던 신앙의 선배여성들의 수고로 말미암아 교제, 선교, 교육, 지도자양성, 사회봉사의 교단 선교기관으로 그 자리를 견고히 다져가고 있습니다. (침례)교단에 국내선교회나 해외선교회가 발족하기 이전부터 전국여선교연합회는 국내선교사를 파송하고 해외선교기도주간을 지킴으로 선교에 힘썼으며, 교단의 여성들이 개교회의 좋은 일꾼이 되도록 성장을 위한 교육과 훈련을 계획하고 시행하는 일도 결코 소홀히 하지 않았습니다….
>
> 12년간의 많은 눈물의 기도와 희생 가운데 여선교회관이 세워졌습니다. 우리가 이루어야 할 꿈을 마음에 품고 하나님께 지혜를 간구하며 신앙선배들의 발자취를 따라갈 때 하나님께서 우리를 도우신 것입니다. 이제 우리는 이 여선교회관을 토대로 전국여선교연합회의 사역의 지평을 더욱 넓혀주시는 하나님께 감사와 찬양을 드립니다. 전여회 창립 50주년인 2004년에는 아산에 외국인선교교회를 개척하는 축복을 주셨고 X국 조선족 여선교연합회 조직을 지원하고 그 곳의 여성지도자들을 위한 세미나를 개최하는 특권도 주셨습니다….

---

493) Seung Jin Kim, "A History of Southern Baptist Mission Work," 178-9.

494) "Annual Narrative Report to the Foreign Mission Board, SBC," Korea Baptist Mission, 4 September 1991, 7.

> 하나님의 영광을 위해 주의 복음이 침례교단과 교회들을 통해 이 나라와 땅끝까지 전파되도록 우리 모두 계속적으로 성경의 여인들과 우리 믿음의 선배들을 본받아 앞으로 나아갈 것입니다. 하나님께서 각 교회들에게 선교의 사명을 주셨듯이 여성도들에게도 부활의 증인이 되는 사명을 주셨습니다. 바라기는 모든 침례교 여인들이 이 사명을 자각하고 기도로 물질로 연합하여 교단의 국내외 선교사역을 지원하는 일에 계속적으로 헌신하기를 기도합니다.[495]

8. 전국남선교연합회

전국남선교연합회는 전국여선교연합회에 비하면 그 역사가 일천하고 아직은 그 활동도 다양하지 못한 것이 사실이다. 전국남선교연합회는 1982년 12월 21일에 약 40여 명의 지역교회 남전도회(Men's Missionary Union) 혹은 형제회(Brotherhood) 회원들이 모여 조직되었다. 1999년 4월 16일에 서울 영등포구 오류동 소재 기독교한국침례회 총회건물에 사무실을 갖게 되었고, 2013년 12월 27일에 여의도 총회회관 11층으로 사무실을 이전하였다.

전국남선교연합회의 설립목적은 세 가지이다: 1) 개교회의 부흥발전에 기둥 역할을 하는 것, 2) 교단발전에 기여하는 것, 3) 선교사역의 중추적인 역할을 감당하는 것.[496] 전국남선교연합회는 침례교단의 국내 및 해외 선교사업에 적극적으로 협력하고, 침례신학대학교 학생들을 위한 장학사업에 동참하고, 각종 총회행사 및 기관사업에 협력을 하며, 각 지역 남선교연합회 및 각 지역교회에서 남선교회를 조직하고 그 활동을 활성화하는 일을 돕고, 협력사업 추진을 위해 연합하는 일을 하고 있다. 총회 홈페이지에는 다음과 같이 전국남선교연합회 소개를 하며 남선교회원들의 협조를 당부하고 있다:

> 2012년으로 설립 30주년을 맞이하는 장년으로서 든든한 조직 활성화를 위해 전국교회에 산재해 있는 일꾼 발굴, 사업계획의 실행을 위한 재정 확보, 침례교단의 발전과 하나님 나라 확장에 꼭 필요한 연합회로 거듭나기 위해 3,000여 전국교회 남선교회원들의 기도와 협력을 기다리고 있다.[497]

495) "전국여성선교연합회," 기독교한국침례회, [온라인자료] http://www.koreabaptist.or.kr/home/whole_woman_baptalliance/, 2016년 7월 2일 접속.

496) "전국남선교연합회," 기독교한국침례회, [온라인자료] http://www.koreabaptist.or.kr/home/whole_man_bataptlliance/, 2016년 7월 2일 접속.

497) Ibid.

9. 교역자복지회

교역자복지회는 1990년 1월 8일에 당시 총회장이었던 유병문 목사와 총무 노창우 목사 그리고 사회부장 이대식 목사 등이 침례교단 목회자들을 위한 복지정책이 시급히 필요한 시점에 와 있다는 것을 깊이 인식하고, 의기투합하여 그 해 연차총회에서 만장일치로 가결하여 탄생하였다. 초대 회장에 이대식 목사, 초대 이사장에 우제창 목사가 선임되었다.[498] 2015년 현재 회장에는 황인정 목사가, 이사장에는 윤석전 목사가 봉사하고 있다.

총회 홈페이지에는 교역자복지회가 현재 수행하고 있는 일을 다음과 같이 요약하여 설명해 주고 있다:

1. 본 교단에서 30년-40년 목회하시다가 체력의 한계를 느끼고 일선 목회에서 물러나 외로이 기도하며 살아가시는 현재 복지회에 가입된 목사님들 중에서 질병과 생활의 어려움을 겪고 있는 분들을 각 후원기관 및 교회와 자매결연을 맺어 후원하는 일을 하고 있다.
2. 미망인 사모 및 자녀 장학금을 지원하고 있다.
3. 침례교목회자 성장대회에 참석하시는, 복지회에 가입되신 은퇴하신 목사님들에 여비 및 숙식을 제공하고 있다.
4. 매년 5월 중에 복지회에 가입된 은퇴 목사님 부부를 초청하여 위로잔치를 개최하고 있다.
5. 총회에 참석하시는 원로목사님들(목회경력 30년 이상, 70세 이상)께 여비 및 숙식을 제공하고 있다.[499]

10. "침례신문"과 「뱁티스트」

1) "침례신문"

오늘날 기독교한국침례회의 대표적인 언론인 "침례신문"은 많은 우여곡절 끝에 폐간(廢刊)과 복간(復刊)을 거듭하면서 정상적인 주간(週刊) 기독교신문으로 자리를 잡게 되었다. 맨 처음에는 교단의 기관지로 "뱁티스트"라는 이름으로 추진되었다. 1953년에 주성범 집사가 편집책임을 맡았으나 곧 중단되었다. 1955년에 서울 종로침례교회의 안병국 전도사가 정부의 공보실에 교단기관지 인가신청을 하였는데, 1955년 8월 16일자로 허가를 받게 되어 8월 20일에 "뱁티스트" 창간호를 발간하였다. 9월 20일에 제2호를 발간함으로 월간신문이

498) 허긴, 「한국침례교회사」, 598.
499) "교역자복지회," 기독교한국침례회, [온라인자료] http://www.koreabaptist.or.kr/home/bapt_religiousworker/, 2016년 7월 2일 접속.

되었다.[500] 아마도 "뱁티스트"(Baptist)라는 영문이름을 사용한 것은 한국전쟁 후 미남침례교 선교사들이 물질적인 후원을 하였기 때문에 그들의 입김이 작용한 것이라 사료된다. 그 당시 영문판으로도 2,000부가 발간되어 남침례교 주요기관들과 교회들에 배부되었으나 4개월 후에 영문판 발간은 중단되었다.

1956년에 발행자 겸 편집자가 한태경 목사로 바뀌면서 그 명칭이 "침례회보"로 변경되었다. "침례회보"는 교단분열의 파란을 겪으면서도 월보로서의 명맥을 유지했으나 한태경 목사가 이민목회를 위해 미국으로 떠나면서 발행이 중단되었다. 장시정 목사가 편집과 발행의 책임을 떠맡아 고군분투하였으나 결국 운영난으로 폐간되었다.

1964년 1월 1일에 장일수 목사를 발행인으로 하고 장시정 목사를 편집인으로 하여 "침례회보" 명칭으로 문화공보부에 등록(동록번호 라 122호)하여 재발간을 개시하였다. 그러나 1970년 7월에 "침례회보"는 제169호를 마지막으로 재정적인 운영난을 끝내 견디지 못하고 자진 폐간하였다.[501]

1977년에 이르러 총회 지도부에서는 침례교단의 소식들을 대내외에 알릴 필요성에 공감을 하면서, "침례회보"의 복간 필요성을 거론하며 여론을 형성하였다. 당시 기독교한국침례회 총회본부(서울시 용산구 동자동 18-7)에 사무실을 개설하고 1977년 4월 14일에 "침례회보" 명칭으로 다시 문화공보부에 등록(등록번호 라 2221호)을 하였다. 드디어 5월 7일에 박경배 목사를 발행인으로, 김용도 목사를 편집인으로 하여 복간 제1호를 발간하였다. 1979년 5월 2일에는 "침례회보" 이사회를 구성하여 지속적인 발간을 위해 후원하였는데, 제1대 이사장 겸 사장에 송종호 안수집사가 취임하였다.[502]

"침례회보"가 침례교 기독교언론으로서 뿌리를 내리고 안정적인 발간을 할 수 있었던 것은 윤응식 목사의 헌신 때문이었다. 1981년 7월 7일에 윤응식 목사가 편집국장으로, 이준영 목사가 업무국장으로 취임하면서 "침례회보"는 신문다운 신문으로 자리를 잡기 시작하였다. 1983년 10월 17일에 최보기 목사가 제2대 이사장에 취임하면서 "침례회보"는 활기를 띠기 시작하였고, 1987년 9월 27일에 김충기 목사가 제3대 이사장에 취임하여 1988년 2월부터는 월간을 1달에 2번씩 격주간으로 발간하였으며, 1990년 1월부터는 지면도 늘려 4면에서 8면으로 확대하였다.[503]

1991년 5월 27일에는 윤응식 목사가 "침례회보"의 대표이사 겸 사장으로 취임하였다.

---

500) 대한기독교침례회 제46차 총회회의록, 1956년. 허긴, 「한국침례교회사」, 383에서 재인용.

501) "침례신문," 기독교한국침례회, [온라인자료] http://www.koreabaptist.or.kr/home/bapt_news/, 2016년 7월 3일 접속.

502) Ibid.

503) 허긴, 「한국침례교회사」, 597-8.

1991년 9월 총회장 출마로 이사장직을 사임하였던 김충기 목사가 같은 해 10월 29일에 다시 제4대 이사장으로 선출되었다. 1992년 5월 12일에는 "침례회보"의 명칭을 "침례회신문"으로 변경하고 공보처에 명칭변경 내용을 등록(등록번호 35284-1729)하였으며, 1995년 9월 15일에는 복간 후 지령 제300호 발행을 기념하여 감사예배를 대전침례교회(이홍관 목사)에서 드렸다.[504]

1998년 4월 3일에 발행된 "침례회신문" 제358호부터는 주간으로 발행하기를 시작하면서, 4월 23일에 서울침례교회(한명국 목사)에서 주간승격 감사예배를 드렸고, 미주판을 발행하여 침례회신문의 독자층을 미국에 있는 한인교포들에게까지 확대하였다. 1999년 5월 19일에는 정인도 목사가 사장으로, 신철모 목사가 총무국장으로 취임하였고, 같은 해 8월 30일에는 그 명칭을 "침례신문"으로 변경하여 오늘에 이르고 있다. 문화관광부에 제호변경 등록(등록번호 '문화 다 05632')을 하고 오류동 총회회관에 사무실을 이전하였다. 2004년부터 신철모 목사가 침례신문사 사장으로 취임하여 활동하면서 "침례신문"은 다른 교단의 교단지들과 비교해 볼 때도 손색이 없는 침례교단의 정론지로서 자리를 잡고 있다.

"침례신문"의 사무실은 현재 여의도 총회빌딩에 위치해 있으며, 웹사이트는 http://www.baptistnews.co.kr이다. 기독교한국침례회 홈페이지에서는 "침례신문은 기독교한국침례회 총회 기관지로서 교단 내 소식 외에 기독교 정보와 소식을 전해 드리고 있습니다. 더 알차고 좋은 소식을 전해 드리고자 노력하겠습니다"라고 다짐하면서, 침례신문사를 이렇게 소개하고 있다:

> 21세기 침례신문: 교단 정론지로서, 교단의 얼굴로서, 교단의 부흥과 발전을 위해서 목회를 돕고 평신도 지도자를 양성하는 신문으로서, 침례교인의 바른 목소리를 대변하기 위해서 침례신문의 질적 성장을 도모하고 책임성을 강화합니다.[505]

2) 「뱁티스트」

「뱁티스트」 지(誌)는 격월간으로 발간되는 침례교 교단지다. 1992년에 미남침례교 군원(J. G. Goodwin, Jr., 구명철) 선교사가 미국남침례회 해외선교부(FMB)에서 자금을 조성하여 이정수 목사의 전적인 헌신과 도움으로 탄생하게 되었다. 3년간의 재정 지원으로 군원 선교사는 초대 발행인으로 그리고 이정수 목사는 초대 편집인으로 활동하였는데, 이정수 목사의 성실한 노력으로 결실을 보게 되었다.

---

504) "침례신문," 기독교한국침례회, [온라인자료] http://www.koreabaptist.or.kr/home/bapt_news/, 2016년 7월 3일 접속.

505) Ibid.

「뱁티스트」 지는 "침례교단의 정체성, 역사, 교육, 교단 내에 바른 정론을 이루어가는 일에 그 설립목적을 두고 있다. 명실공히 교단의 정론지로서 교단의 정체성, 역사, 교육, 목회에 관련된 자료를 보급하며 교단의 필진들을 발굴하여 보다 우수한 침례교단의 문화를 선도하는 것"을 목적으로 삼고 있다.506)

2015년 현재 「뱁티스트」 지 사장에는 모영국 목사가, 이사장에는 김종포 목사가 섬기고 있으며, 송수자 편집국장이 원고청탁, 원고모집, 교정, 편집, 발행, 배부 등 일체의 실무를 감당하고 있다. 현재 발간부수는 한 번에 2,500부씩이며 전국의 침례교회 목사들과 기관 사역자들에게 무료로 배부하고 있는데, 경비는 후원이사들과 자발적으로 돕는 침례교지방회들과 침례교 지역교회들의 후원헌금으로 충당하고 있다. 여의도 총회빌딩에 사무실을 두고 있다.507)

506) "뱁티스트," 기독교한국침례회, [온라인자료] http://www.koreabaptist.or.kr/home/baptist_publication/, 2016년 7월 2일 접속.

507) Ibid.

제30장

침례교회 400여 년의 역사: 회고와 전망

본서의 제1장과 제2장에서 강조했던 바와 같이 침례교회는 16세기 전반기에 시작된 종교개혁운동의 일환으로 17세기초에 발생한 새로운 프로테스탄트 기독교운동이었다. 영국국교회를 뛰쳐나온 분리주의자들(Separatists)의 교회로부터 연유한 교회였다. 일반침례교회는 1609년에 분리주의자들의 교회였던 게인즈보로 교회(Gainsborough Church)로부터 시작되었고, 특수침례교회는 1638년에 또다른 분리주의자들의 교회였던 제이엘제이 교회(JLJ Church)로부터 시작되었다.

최초의 침례교회는 네델란드 암스테르담에서 "신자의 뱁티즘"에 입각한 "신자들의 교회"(Believers' Church by Believer's Baptism)를 이상으로 하여 1609년에 게인즈보로 교회의 담임목사였던 존 스마이드에 의해 창립되었고, 1611년/1612년에는 토마스 헬위즈와 그의 추종자들에 의해 영국 런던 스피탈필드로 돌아와 새로운 출발을 하였다. 특수침례교회는 쟝 깔뱅의 특수속죄론(제한속죄설) 구원론에 입각하여 1638년에 유아세례 전통을 반대하며 제이엘제이 교회를 뛰쳐나온 존 스필즈버리에 의해 창립되었다.

I. 종교개혁운동의 일환으로 발생한 침례교회: "침례교회 전승설"의 극복

1525년 1월 21일날 취리히의 개혁가 쯔빙글리의 제자들이 유아세례를 부정하며 최초로 신자의 뱁티즘(Believer's Baptism, 이 때 행했던 뱁티즘의 방식은 관수례 Affusion였다-필자 주)을 베풀며 스승의 개혁운동으로부터 결별을 하였는데, 이 날은 자유교회운동(Free Church Movement)이 시작된 날이었다. 이들에게는 "다시 뱁티즘을 베푸는 자들"이라는 의미로 "아나뱁티스트들"(Anabaptists, *Wiedertaeufer*)이라는 모욕적인 별명이 붙여졌다. 그런데 이들은 자기들이 "두 번째 뱁티즘"을 받는 것이 아니라, 갓난 아기 때 자신도 모르게 받았던 뱁티즘은 의미없는 뱁티즘이었고 이제 예수 그리스도를 향한 분명한 신앙고백을 하며 뱁티즘을 받는 것은 이제 비로소 신약성서의 가르침에 따라 "처음으로 받는 참 뱁티즘"이라고 주장하였다.

성서적 아나뱁티스트들이 침례교인들의 직접적이고 역사적인 조상이라고는 볼 수 없다고 하더라도, 그들의 신자의 뱁티즘과 교회론은 초창기 침례교인들의 그것들과 별반 다르지 않았다. 그러나 침례교인들은 1641년에 신앙고백을 분명히 하는 신자들에게 침수례에 의한 뱁티즘(Immersion)을 베풀었고,[508] 세상과 세속정부에 대해서 부정적이고 적대적이고 은둔적인 아나뱁티스트들의 신앙을 극복하였다. 자유교회운동의 분수령(원천)은 성서적 아나뱁티스트들이었고, 그러한 운동의 흐름을 크게 확대시키고 확장시킨 사람들은 침례교인들이었다. 성서적 아나뱁티스트들과 뱁티스트들(침례교인들)은 시교회나 국가교회를 배격하며 교회와 국가의 분리를 주장했던 신앙인들이었다.

그런데 침례교회의 기원과 관련하여 "침례교회 전승설"(Succession of Baptist Church Theory, Successionist Theory)이 20세기초까지도 영국과 미국의 침례교계에서 통설이었다. 특히 침례교 목회자들이 그렇게 믿었다. 예수님이 지상에 세우신 교회가 바로 침례교회였고, 이 침례교회가 중세시대 로마가톨릭 교회 밖에서 끊임없이 이어져 왔다고 믿었다. 특히 침수례(Immersion Baptism)가 침례 요한으로부터 그 당시까지 전승되어 왔다고 믿었다(Succession of Immersion).

그래서 고대교회나 중세교회에 등장했던 복음적인 분파들, 로마가톨릭 교회로부터 핍박받고 순교당했던 분파들이 비록 침례교회라는 이름을 사용하지 않았어도 이들 분파들이 모두 침례교인들이었다고 믿었다. "피흘린 발자취"(Trail of Blood)를 따라갔던 사람들이 모두 침례교인들이었다는 것이다. 그러나 침례교회 전승설은 "믿음"이고 "바램"이고 "억지"고 "당위"이지, 문헌적 증거나 합리적인 사고와 판단에 의한 "학설"이 아니다.

오늘날도 침례교 목회자들과 성도들 가운데 침례교 전승설을 "믿고 있는 사람들"이 없지 않은 것 같다. 이들은 침례교회 이외의 다른 교회들은 예수 그리스도의 교회라고 보지 않는다. 예수님이 유언하신 "침수례"(Immersion)를 베풀지도 않는 교회들은 인간적인 친교모임일뿐 교회라고 볼 수 없다고 생각한다. "유언"에도 순종하지 않는 교회는 예수 그리스도의 참 교회가 아니라는 것이다.

특히 이들은 침례교회는 16세기 종교개혁으로 말미암은 프로테스탄트 교회가 아니라고

508) 키핀원고(Kiffin's Manuscript)의 원고에 의하면 특수침례교인들이 최초로 침수례(Immersion)의 방식에 의한 뱁티즘을 베풀었던 것은 1641년이었고, 일반침례교인들도 자신들이 발표한 신앙고백("30개 회중들의 신앙과 실천," 1651)의 표현들을 보면 1650년대부터 침수례의 방식으로 뱁티즘을 베풀었던 것으로 짐작된다. Lumpkin, *Baptist Confessions of Faith*, 171-88.

주장한다. 이들은 예수님 당시부터 종교개혁운동 이전까지도 지상에 침례교회가 존재해 왔다고 믿는다. 이들은 유아세례 전통을 견지했던 관료후원적 종교개혁(주류종교개혁) 운동으로 말미암은 교회들도 로마가톨릭 교회와 다름 없는 거짓 교회라고 믿는다. 이들은 자연히 침례교회만이 예수님이 세우셨던 참 교회이고(마 16:18a, "너는 베드로라 내가 이 반석 위에 내 교회를 세우리니"), "음부의 권세가 이기지 못하리라"(마 16:18b)고 했으니 예수님이 세우신 침례교회는 음부의 권세를 이기고 꿋꿋이 살아남아 왔다는 것이다.

특히 19세기 중반에 미국 남부지방의 침례교회들 가운데 일어난 지계석주의자들(Landmarkists), 예를 들면 그레이브스(J. R. Graves)나 펜들턴(J. M. Pendleton) 등이 침례교회 전승설의 역사관에 입각해서 자신들의 신앙과 신학을 형성하였는데, 그들이 그 당시에 남침례교 총회에 속한 침례교회들에 상당한 영향력을 끼치기는 했지만, 결국 그들은 남침례교 총회로부터 배척을 당해 교단을 떠났고 독립된 군소교단들을 만들었다.

본서에서 필자는 시종일관 침례교회는 17세기초에 지상에 등장했고, 핍박을 피해 네델란드로 피신한 영국의 분리주의자들(존 스마이드와 그의 게인즈보로 교회 교인들)에 의해 1609년에 암스테르담에서 창립되었다고 주장해 왔다. 초창기 침례교인들은 신약성서에서 발견할 수 있는 교회, 신약성서에 등장하는 교회, 즉 신약성서적 교회(New Testament Church)를 이상적인 참 교회로 보았고, 그러한 교회를 지상에 세우고자 하는 비전을 가졌던 사람들이었다.

초창기 침례교인들은 로마가톨릭 교회를 "개혁"(reform)하거나 영국국교회를 "정화"(purify)하려고 한 사람들이 아니었다. 신약성서에 계시된 교회를 "회복"(restitute)하거나 그러한 교회로 "환원"(restore)하려고 한 사람들이었다. 이런 점에서 침례교인들은 16세기 관료후원적 종교개혁가들(루터, 쯔빙글리, 깔뱅, 영국국교회 지도자들)이 지상에 세웠던 시교회나 국가교회와는 전혀 다른 교회를 꿈꾸고 있었다. 세속권력이나 세속정부의 개입이나 간섭이 없었던 초대교회, 즉 313년 밀라노 칙령 이전의 순수한 그리스도의 신부로서의 교회, 다시 말하면 신약성서적 교회를 지상에 세우고자 했던 것이다.

그러면 신약성서적 교회는 어떤 특징을 가지고 있는가?

첫째로, 신약성서적 교회는 영적인 출생을 경험한 신자들의 공동체였다. 모든 살아 있는 인간은 육체적인 출생(physical birth)을 한다. 육체적인 출생을 하면 국가의 행정관청에 "출생신고"를 함으로 국가의 일원이 되고 국가에 속하게 된다. 그러나 교회는 영적인 출생(spiritual birth)을 한 신자들로 이루어진 영적인 공동체이다. 신약성서에서는 교회당을 교회라고 말한 적이 없다. 아니 교회당이라는 말 자체가 신약성서에서는 사용되고 있지 않다. 신약성서가 말하는 교회는 "영적 유기체"(생명체, spiritual organ)이다.

"한번 태어난 사람은 두 번 죽고, 두 번 태어난 사람은 한번 죽는다"는 말이 있다. 육체적 출생만을 한 사람은 육체적인 죽음과 영적인 죽음을 맞이한다는 말이고, 육체적 출생만이 아니라 영적인 출생까지도 한 사람은 육체적인 죽음만을 맞이하고 영적인 죽음을 맞이하지 않는다는 말이다. 신약성서적 교회는 교회당 안에 들어와 있는 사람들을 가리키지 않고, 교회가 된 거듭난 신자들(born-again believers)을 가리킨다. 육체적인 혈연관계가 영적인 출생을 보증해 주지 못한다.

목사의 아들이나 딸이라고 해도 "거듭나지 아니하면"(위에서 나지 아니하면, 영적으로 나지 아니하면, 하늘로부터 나지 아니하면) 하나님 나라에 들어갈 수 없다. 회개하고 예수님을 믿어야, 다시 말해서 예수님을 영접해야 영적인 출생을 할 수 있다. 사도 요한이 영적인 출생의 비밀을 정확히 말씀해 주고 있다: "영접하는 자 곧 그 이름을 믿는 자들에게는 하나님의 자녀가 되는 권세를 주셨으니, 이는 혈통으로나 육정으로나 사람의 뜻으로 나지 아니하고 오직 하나님께로부터 난 자들이니라"(요 1:12-13)

둘째로, 신약성서적 교회는 자원하여 "신자의 침례"를 받은 신자들의 공동체였다. "신자의 뱁티즘"(Believer's Baptism)과 대칭되는 말은 "중생의 뱁티즘"(Regenerational Baptism)이다. "중생의 뱁티즘"이란 뱁티즘 받으면 중생한다는 의미다. 뱁티즘 의식 그 자체에 거듭나게 하거나 속죄하거나 구원하는 능력이 있다고 보는 것이다. 이러한 입장을 "성례전주의"(sacramentalism)라고 부른다. 성례 그 자체에 신비한 능력이 있거나 하나님의 은혜가 전달되는 통로로 보는 것이다. 유아세례가 처음 생겼을 때에도 성례전주의적인 의미를 부여했을 것이다.

그러나 "신자의 뱁티즘"은 이미 예수 그리스도를 믿은 신자에게 신앙고백의 한 방법으로 베푸는 뱁티즘을 말한다. 뱁티즘을 받아야 신자가 되는 것이 아니라 신자가 된 자에게 뱁티즘을 베푸는 것이다. 이러한 입장을 "성례형식주의"(sacramentarianism)이라고 부른다. 성례는 형식일뿐이라는 것이다. 성례 그 자체는 성례로 나타내고자 하는 내용의 본질을 상징해 주고 기념해 준다는 것이다. 이렇게 뱁티즘을 받은 신자들로 교회를 이루었던 것이 신약성서적 교회였다.

성서적인 침례에는 세 가지 중요한 의미가 있다: 1) 처음 예수 그리스도의 제자가 된 자가 해야 할 첫 번째 순종이다(마 28:18-20; 행 8:36); 2) 예수 그리스도의 죽음과 장사와 부활의 상징이고, 또한 신자가 예수 그리스도와 함께 옛 사람이 죽고 장사지낸 바 되었다가 예수 그리스도의 부활과 연합했다는 상징이다(롬 6:3-5; 골 2:12); 3) 교회로 들어가는 관문 즉 교회회원이 되는 통로이다(행 2:41-42).

사도행전 2장에서 초반부에는 오순절날 성령님이 강림하는 사건(행 2:1-13)이 기록되어 있고, 후반부에는 수제자 베드로가 행했던 오순절 설교(행 2:14-36)가 기록되어 있다. 그의 설교에 은혜를 받은 사람들이 "마음에 찔림"을 받아 회개했는데, "너희가 이 패역한 세대에서 구원을 받으라"고 베드로가 외치니까, "그 말을 받은 사람들은 침례를 받으매 이 날에 신도의 수가 삼천이나 더하더라"(행 2:41)고 기록되어 있다. 여기서 "사람들이 그 말을 받았다"는 말은 베드로가 설교했던 복음을 듣고 예수님을 믿어 죄사함을 받고 구원을 받았다고 해석해도 무방할 것이다. 여기서 "신도의 수"란 예루살렘 교회 교인들의 수, 다시 말해서 제자들의 수 혹은 신자들의 수라고 해석해도 무방할 것이다.

예수님을 믿어서 죄사함을 받고 구원을 받았던 사람들이 "침례를 받아서" 그 날 예루살렘 교회 교인들의 수가 3,000명이 더해졌다는 말이다. 다시 말해서 침례가 예루살렘 교회라고 하는 지역교회에 들어가는 관문과 같은 역할을 하였음을 보여주고 있는 것이다. 신약성서적 교회는 "침례받은 신자들"의 공동체, 다시 말해서 "침례로 신자임을 신앙고백한 사람들"의 공동체였던 것이다.

셋째로, 신약성서적 교회는 그리스도 중심적인 민주적 회중정치(Christ-centered Democratic Congregationalism)를 행하는 교회였다. 신약성서에는 에베소서같은 곳에서 우주적 교회(Universal Church) 개념을 말하고도 있지만, 사도행전이나 서신서들에서 대다수는 지역교회(Local Church)를 가리키고 있다. 신약성서가 말하는 지역교회는 "침례받은 신자들"인데, 하나의 "독립되고"(independent) "자치적인"(autonomous) 그리스도의 몸으로 비유되고 있다.

지역교회는 하나의 독립된 그리스도의 몸이었다. 1,000명 모이는 교회나 10명 모이는 교회나 책임과 사명에는 차이가 있을 수 있겠지만, 본질에 있어서는 하나의 그리스도의 몸인 것이다. 또한 각 지역교회는 예수 그리스도를 머리로 하고 성령님의 인도함을 받으며 교회회원들(회중)에 의해 민주적인 방법으로 자치적으로 운영되었다.

그리스도 중심적인 민주적 회중정치가 이루어졌던 실례들을 열거하면 다음과 같다: 죄를 반복적으로 범한 형제에 대한 치리(마 18:15-20), 교회일꾼들의 선택과 안수(행 6:1-7), 세계선교사역의 결정과 선교사들의 파송(13:1-3), 예루살렘 회의(행 15:1-35), 고린도 교회를 향한 바울 사도의 책망(고전 5:1-5), 다수결에 의한 결정(고후 2:5-7) 등.

엄밀하게 말하면 신약성서에는 지방회니 노회니 연합회니 연회니 총회니 하는 기관이 존재하지 않았다. 지역교회들 간의 교제와 협력을 위해서 그러한 기관들의 필요성을 부정할 수는 없겠으나, 그러한 기관들이 지역교회 위에 군림하거나 지역교회의 일에 간섭하거나 통치하는 것은 신약성서적이지 않다. 그러한 기관들은 지역교회들의 자발적인 교제와 협력을 위해서 존재해야 하고, 종된 리더십으로 지역교회를 섬기기 위해서 존재해야 하는 것이다.

신약성서적 교회는 "독립적"(independent)이고 "자치적"(autonomous)인 그리스도의 몸이었지만, 동시에 다른 지역교회들이 핍박을 받거나 고난을 당하거나 경제적인 핍절을 겪을 때에는 그러한 교회들을 "협동함"(cooperation)으로 도왔다. 마게도니아 지방의 교회들이 예루살렘 교회가 경제적인 어려움에 처해 있다는 소식을 듣고 모금한 금액을 사도들 편으로 전달하였다. 신약성서적 교회는 상호 독립적인 지역교회(local church)이었으면서도 지역교회들 간에 서로를 위해서 기도해 주고 협동하는 교제의 끈을 가지고 있었다.

넷째로, 무엇보다도 신약성서적 교회는 세속권력과는 무관한 교회였다. 교회는 성령공동체였고, 예수 믿는 신자들로 이루진 순수한 그리스도의 신부였다. 국가권력의 비호를 받거나 세속국가로부터 편애를 받는 교회가 아니었다. 시교회(市教會)나 국교회(國教會)라는 개념 자체가 없던 교회였다. 오히려 그 당시 로마제국으로부터 핍박을 받던 교회가 신약성서적 교회였다. 국가권력으로부터 자유한 교회, 국가교회(국교)이기를 거부했던 자유교회(Free Church)였다.

그런데 313년에 콘스탄틴 황제가 밀라노 칙령을 선포하여 그리스도인들에게 신교와 전도의 자유를 허용했는데, 거기에는 다분히 정치적인 음모가 숨겨져 있었다. 황제는 그 당시 확산되고 있던 기독교세력과 결탁하여 자신의 정치적인 야망, 즉 분열되었던 로마제국을 재통일하고자 하였다. 국가와 교회가 공생(symbiosis), 결혼(marriage), 종합(synthesis), 심지어 합금(amalgamation)한 것이다. 이제 교회는 국가권력을 등에 입고 다른 종교들을 불법적인 종교들로 간주하여 핍박을 하기까지 하였다. 380년에 이르러서는 데오도시우스 황제에 의해 기독교는 로마제국의 국교로 선포되었고 오직 유일하게 기독교만이 합법적인 종교가 된 것이다.

16세기에 와서 종교개혁운동이 일어났지만, 그 당시 주류를 형성했던 관료후원적 종교개혁가들(대표적으로 루터, 쯔빙글리, 깔뱅, 영국국교회 지도자들) 역시도 세속권력가들의 후원을 입으며 개혁을 이루어갔기 때문에 그들이 세운 교회 역시 시교회나 국교회의 모습을 띠게 되었다. 이런 점에서 그들의 개혁은 불완전했고 미완성적이었다. 관료후원적 종교개혁가들은 신약성서적 교회를 충분히 회복하지 못했고 신약성서적 교회로 온전히 회귀하지 못했다. 다시 말해서 그들은 세속권력과는 무관했던 신약성서적 교회를 16세기에 재현해 내지 못했다. 그들은 오히려 그러한 신약성서적 교회를 세우고자 했던 성서적 아나뱁티스트들과 뱁티스트들을 이단시 했고 핍박했다.

초창기 침례교 지도자들은 이상에서 살펴본대로 예수 그리스도께서 의도하셨던 교회인 신약성서적 교회를 참 교회의 모본으로 생각해서 그러한 이상적인 교회를 이 땅에 세우고자 꿈을 꾸었고 동시에 그러한 교회를 이루어 가고자 분투 노력하였다. 신약성서적 교회가 예수님 당시로부터 끊임없이 이어져 온 것이 아니라, 17세기초에 그러한 꿈을 꾸고 그러한 꿈을 실현하고자 했던 영국인 침례교인들(이들도 영국국교회 체제에 도전했던 일종의 개혁가들이었다-필자 주)에 의해 침례교회가 지상에 세워지게 된 것이다.

II. 16세기 주류종교개혁운동의 한계[509)]

많은 사람들로부터 공감을 받았던 루터의 개혁사상은 새로 발명된 인쇄술로 인해 유럽의 각 도시 주민들에게 신속하게 확산되었다. 인문주의적인 의식을 가지고 있던 성직자들과 신학자들은 물론 상당한 영향력을 행사하던 정치지도자들도, 성직계급제도와 관료주의적인 교권체제의 타락한 교회에 대하여 개혁의 필요성을 절실히 느끼고 있었다. 그래서 교회개혁에 공감하고 있던 일부 크리스천 정치인들은 은밀히 혹은 경우에 따라서는 공공연히 개혁적인 사상을 가진 선각자들을 후원하였다.

교회사학자들은 이처럼 세속권력가들의 후원을 입은 종교개혁을 "관료후원적 종교개혁"(Magisterial Reformation)이라고 부른다. 이는 16세기 당시의 주류적인 개혁의 흐름을 형성하고 있었기 때문에 "주류 종교개혁"(Mainstream Reformation)이라고도 불리운다. 루터와 루터교회(Lutheran Church), 깔뱅 및 존 낙스와 개혁교회(Reformed Church), 영국왕 헨리 8세가 영국에 있는 교회들을 교황청으로부터 분리 단절시킴으로 인해 생긴 영국국교회(Anglican Church, 성공회 Episcopal Church) 등이 관료후원적 종교개혁으로 말미암은 대표적인 교회들이다. 그런데 이러한 교회들은 중세 1,000여 년의 전통을 가진 로마가톨릭 교회를 상당 부분 개혁하기는 했시만 여전히 미완성이었다.[510)] 예수 그리스도께서 이 지상에 세우고자 하셨던 신약성서적인 교회(New Testament Church)의 모습을 충분히 회복하지 못한 교회였다. 신약성서적 관점에서 볼 때, 16세기의 관료후원적 종교개혁가들이 내재적으로 지니고 있었던 개혁의 한계를 몇 가지 지적하면 다음과 같다.

첫째로, 관료후원적 종교개혁가들은 16세기 당시의 기득권 세력이었던 세속권력가들의 후원을 입으며 개혁활동을 했기 때문에, 태생적으로 교회가 국가(혹은 시) 권력과 결탁을 이루고 있었던 한계를 지니고 있었다. 마르틴 루터는 삭소니 주의 현자 프레드릭(Frederick the Wise)과 헷세 주의 필립(Philip of Hesse)의 후원을 입었다. 특히 현자 프레드릭은 자신

509) 제30장 II 부분은 김승진, 「종교개혁가들과 개혁의 현장들: 아직도 미완성인 종교개혁」 (서울: 나침반출판사, 2015)의 마지막 장(제9장 아직도 미완성인 종교개혁)의 내용 중 일부를 수정하고 보완한 것이다.

510) Williams, *The Radical Reformation*, "Introduction," xxvi.

이 세운 비텐베르크 대학에 루터를 교수로 채용하였고, 그가 보름스 제국의회(Diet of Worms)에서 자신의 입장을 변증한 후 곤경에 처했을 때에는, 약 10개월 동안 바르트부르크 성(Wartburg Castle)의 한 방(*Lutherstube*)에서 칩거할 수 있도록 그를 은밀히 보호해 주었다.

울리히 쯔빙글리는 세속적인 문제뿐 아니라 영적인 문제에 있어서도 취히리 시의회를 최종적인 권위로 여겼고 시의회 의원들의 눈치를 보며 그들의 후원을 입고자 하였다. 쟝 깔뱅은 처음에는 그의 개혁조치들이 너무 과격해서 제네바 시의회의 의원들로부터 배척을 당하여 쫓겨난 적도 있었지만, 3년 동안의 스트라스부르크 사역(1538-1541) 이후에는 새로 구성된 시의회 의원들로부터 강력한 후원을 받으며 제네바 시를 개혁해 나갔다.

초대교회(Early Church) 혹은 신약성서적인 교회(New Testament Church)는 세속국가나 세속권력과는 무관한 교회였다. 오히려 그 당시에는 로마제국이나 그것의 식민정부와 통치자들로부터 핍박을 당하는 교회였다. 그런데 관료후원적 종교개혁가들은 16세기 당시의 로마가톨릭 교회의 영적인 타락과 성직자들의 비행에 비판을 가하며 당시의 교회를 "개혁"(*reformatio*, reform)하기는 했지만, 신약성서에 등장하는 교회, 즉 세속권력과 무관하거나 분리되어 있었던 교회를 "회복"(*restitutio*, restitute)해 내지는 못하였다.

다시 말해서 그들은 313년 로마제국의 황제 콘스탄틴에 의해 선포된 "밀라노 칙령"(Edict of Milan) 이전의 교회를 재현해 내지 못한 태생적 한계를 가지고 있었다. 여전히 교회는 국가권력이나 시권력에 종속되지 않을 수 없었고, 교회는 국가와 공생(Symbiosis)을 하지 않을 수 없었다. 영적이든 세속적이든 모든 권위는 세속권력가들과 그들과 연대하여 협력한 주류 종교개혁가들에게 집중되었다.

따라서 16세기 당시 관료후원적 종교개혁가들의 교회는 국가교회(State Church)나 시교회(City Church) 체제를 견지하였다. 그 이후 루터교회는 독일과 덴마크 그리고 노르웨이, 스웨덴, 핀란드 등 스칸디나비아 반도의 국가들에서 국교적 지위를 가졌다. 개혁교회는 제네바와 취리히에서는 시교회가 되었고 그리고 스코틀랜드에서는 국가교회가 되었다. 1534년 이후의 영국 교회는 영국의 왕이 머리(수장, Head of the Church)가 되는 영국국교회(Anglican Church, 성공회 Episcopal Church)가 된 것이다. 이것은 로마가톨릭 교회가 중세시대에 유럽 내에서 모든 국가들의 국교였던 것과 별반 다르지 않았다.

영적인 권위와 세속적인 권위가 혼연일체가 되어 있던 중세시대를 특징짓는 표현들 가운데 하나는 "그리스도의 몸"(*corpus christianum*)이라는 말이다. 유럽 주민들 모두가 교황을 머리(정점)로 하는 로마가톨릭 교회라는 몸의 지체들이라는 뜻이다. 이를 달리 표현하면 유일한 목자 교황 아래에 모든 유럽의 주민들이 하나의 양떼라는 개념인 "한 목자 아래 한 양떼"(One Flock under One Shepherd)라는 말과 유사하다.[511] 관료후원적 개혁가들 역시 범위나 규모는 많이 축소되었지만, 이러한 중세적인 이념의 연속선 상에 서 있었다.

1555년 9월 25일에 아우그스부르크 평화협정(Peace of Augsburg)이 체결되었는데, 이는 로마가톨릭 진영과 루터교 진영 간의 종교전쟁인 쉬말칼덴 전쟁(Schmalcaldic War, 1546-1547) 후에 체결된 협정이었다. 이 평화협정의 주요내용을 요약해 주는 문귀가 "통치자의 종교를 주민들의 종교로!"(*Cujus regio, ejus religio!*)였다.[512] 비록 다른 지역으로 이주할 수 있는 자유는 부분적으로 허용되긴 했지만, 일정 지역의 주민들은 그 지역을 다스리는 통치자(세속 권력가)가 로마가톨릭 신자냐 루터교 신자냐에 따라 자신들의 신앙을 그의 신앙에 종속시켜야 했던 것이다. 그래서 루터교회는 민족교회(*Volkskirche*, National Church) 혹은 영역교회(영방교회, *Landeskirche*, Territorial Church)의 모습을 띠게 되었다.

제네바 시에서는 그 도시의 개혁가 쟝 깔뱅의 개혁사상에 입각한 교회가 시교회(City Church)가 되었고, 여타의 교회들은 그 도시에서 발을 붙일 수 없었다. 깔뱅의 사상이나 가르침에 반대하거나 도전하는 자들은 이단으로 정죄되거나 제네바로부터 추방을 당했다. 제네바 시는 "성시"(聖市, Sanctified City, Holy City)라고 일컬어지게 되었고, 쟝 깔뱅은 "제네바의 교황"(Genevan Pope)이라고 비난하는 사람들도 생겼다.[513] "성시"란 거룩한 도시(Holy City), 다른 말로 하면 기독교 도시(Christian City)를 의미한다.

그런데 진정한 복음화는 도시나 국가를 기독교화하는 것이 아니라 그 주민들을 그리스도인과 그리스도의 제자가 되도록 하는 것이다. 국가나 도시를 기독교 국가(Christian Country)나 기독교 도시(Christian City)로 만들고자 하는 것은 16세기 종교개혁기에는 가능한 말이었지만, 요즈음에는 적절치 못한 말이다. 다양한 종교인들과 불신자들이 공존하며 살고 있는 다원주의적인 사회에서는 그러한 말은 다른 종교인들이 볼 때에는 무척 공격적이고 정복적이고, 그래서 많이 오만하고 무례한 말로 들릴 것이다.

대한민국을 기독교 국가화한다거나 서울이나 대전을 기독교 도시화하는 것은, 신약성서적이지 못할뿐 아니라 종교와 정치의 분리를 규정한 민주주의 헌법에 대한 명백한 위반이다(대한민국헌법 제20조 2항: "국교는 인정되지 아니하며 종교와 정치는 분리된다"). 서울이나 대전과 같은 대한민국의 도시에서는 그리스도인들도 자유롭게 살아야 하지만, 불교인들도, 무슬림들도, 유림들도, 무종교인들도 자유롭게 그리고 나름대로 행복을 추구하며 살 수 있어야 한다. 모든 국민은 양심의 자유(대한민국헌법 제19조: "모든 국민은 양심의 자유를 가진다")와 종교의 자유(대한민국헌법 제20조 1항: "모든 국민은 종교의 자유를 가진다")를

511) 김승진, 「근원적 종교개혁: 16세기 성서적 아나뱁티스트들의 역사와 신앙과 삶」, 34.
512) Estep, *Renaissance and Reformation*, 288.
513) George, *Theology of Reformers*, 166-8.

가지기 때문이다. 자유민주주의 국가에서 종교의 자유는 "우리들만을 위한 자유"(Freedom for Us Alone)가 아니라 "모든 사람들을 위한 자유"(Freedom for All)를 의미한다.

둘째로, 관료후원적 종교개혁가들은 공통적으로 로마가톨릭 교회의 전통이었던 유아세례(Infant Baptism) 행습을 견지하였다. 유아들에게 뱁티즘을 베풀기 시작했던 것이 언제부터인지는 확실히 알 수 없다. 그런데 신약성경 어디에도 갓난 아기나 어린 아이에게 뱁티즘을 베풀었다는 분명한 기록이 없다. 예수 그리스도께서 어린 아이들을 사랑하셨고 그들에게 안수를 베푸셨고 어린 아이와 같은 믿음(이 말은 어린 아이와 같은 순수하고 깨끗한 마음, 부모나 어른에게 전적으로 의존하는 마음을 비유적으로 표현한 것이다-필자 주)을 가지라고 권면하셨지만, 성경 어디에도 인지능력도 없고 신앙고백을 할 수도 없는 갓난 아기(영아)나 어린 아이(유아)에게 뱁티즘을 베푸셨다는 기록이 없다. 예수님이 어린이들에게 "안수"하셨다는 내용이 성경에 기록되어 있는데, 만약 안수보다 더 중요하고 복잡한 절차를 요하는 "뱁티즘"을 그들에게 베푸셨다면, 왜 그 사실이 네 복음서들에 기록되지 않았겠는가?

단지 유아세례를 옹호하는 신학자들과 종교개혁가들은 구약의 할례(Circumcision)가 신약에 와서는 유아세례가 되었다고 주장해 왔다. 그러나 성경 어디에도 그러한 말이 없다. 유대인 부모들은 아들이 태어나면 8일만에 그에게 할례를 행했다. 그리고 이방인 남자들이 유대교로 개종하여 유대인이 되고자 할 때 할례를 받았다. 구약성경에서 할례란 "육체적인"(physical) 이스라엘 민족공동체에 들어가기 위한 의식이었다. 그리고 중요한 것은 남자들에게만 행해졌던 의식이었다는 점이다.

그러나 신약성경에서 뱁티즘이란 교회라는 "영적인"(spiritual) 새 이스라엘 믿음공동체, 즉 하나님의 가족 공동체에 들어가기 위한 의식이다. 이 공동체는 남녀 상관없이 오직 거듭난 사람(요 3:3)만이 들어갈 수 있는 공동체이고, 따라서 위로부터, 성령으로 말미암아, 믿음으로 중생한 사람만이 들어갈 수 있는 공동체이다. 그리고 중요한 것은 남자와 여자를 구별하지 않는다는 점이다.

그러니까 할례는 구약적인 의식이고 유대교적인 의식인 반면에, 뱁티즘은 신약적인 의식이고 기독교적인 의식인 것이다. 구약의 할례가 신약에서 유아세례로 이어져 오고 있다는 주장은 전혀 성서적인 근거가 없으며 인간의 발명품(고안, Human Invention)일뿐이다. 만약에 구약의 할례가 신약에 와서 유아세례가 되었다면, 유아세례를 받아야 하는 대상은 남자 아기나 남자 아이이어야 할 것이다. 왜냐하면 할례는 남자에게만 행한 의식이기 때문이다.

신약성서에서 말하는 교회는 영적인 유기체(Spiritual Organism)다. 영적인 출생(spiritual birth) 즉 회개하고 예수 믿어 구원얻는 체험을 한 자만이 회원이 될 수 있다. 크리스천 부모로부터 단순히 자연적인 출생(natural birth 혹은 육체적인 출생 physical birth)을 했다고 해서 교회의 회원(church member)이 되는 것이 아니다. 크리스천 부모의 자녀라고 하더라도 영적인 출생, 즉 회개하고 예수님을 믿는 결단을 하지 않고서는 교회의 회원이 될 수는 없는 것이다. 신약성서적인 뱁티즘은 영적인 출생을 경험한 자, 그래서 교회(의 회원)가 되고자 하는 자에게 베푸는 의식인 것이다.

성경을 공부하는 주일학교(Sunday School)에서는 불신자들이나 전도대상자들이 있을 수 있다. 그들이 성경을 공부함으로써 예수 그리스도를 체험적으로 만나도록, 그래서 죄사함받고 구원받도록 인도하는 곳이 주일학교이다. 아직 예수 그리스도를 믿지 않는 자는 비록 교회당에 출석을 해서 예배를 드리고 기독교적인 봉사활동에 참여한다고 하더라고, 그는 여전히 불신자이고 전도대상자이다. 그러한 자는 주일학교의 회원일 수는 있어도 아직 교회의 회원은 아닌 것이다.

뱁티즘은 죄를 알고 죄사함의 필요를 느끼고, 예수 그리스도와 그 분의 십자가 죽음의 의미를 깨닫고, 그 분을 믿음으로써 죄사함받고 구원받은 사람에게만 베풀어야 하는 의식인 것이다. 그렇기 때문에 신앙고백을 분명하게 할 수 없는 불신자나 갓난 아기나 어린 아이에게 뱁티즘을 베푸는 것은 아무런 의미가 없는 것이다. 유아세례는 대표적인 "대리종교"(Proxy Religion, 본인이 아니라 다른 사람이 대신하는 종교행위를 가리킨다. 고해성사도 또 다른 대리종교 행습이며, 목회자를 지나치게 의존하는 신앙도 그러하다-필자 주) 가운데 하나이다. 갓난 아기나 어린 아이에게 믿음이 있어서가 아니라 교회에 교적을 두고 있는 그들의 부모를 보고 그들에게 뱁티즘을 베푸는 것이다.

신약성경이 강조하는 신앙은 대리종교를 배격하고 있다. 예수 그리스도를 믿어 하나님의 자녀가 된 신자 각자는 오직 예수 그리스도만을 중보로 하여 아버지 하나님께 직접 나아가는 것(direct access to God the Father)이다. 성경의 하나님은 "아버지 하나님"(God the Father)이시지 "할아버지 하나님"(God the Grandfather)이 아니시다. 목사의 아들이나 딸이라고 해서, 그 혹은 그 녀가 예수 그리스도를 인격적으로 체험적으로 믿기까지는 하나님과의 부자관계 혹은 부녀관계가 형성되었다고 볼 수 없다. 유아세례라는 의식 그 자체가 죄를 사하는 것도 아니요 거듭나게 하는 것도 아니요 구원을 주는 것도 아니다. 그것은 사람들이 만들어 낸 인간적인 전통일뿐이다.

유아세례 제도가 생기게 된 데에는 유아들의 높은 사망률과 밀접한 관련이 있었을 것이다. 유아들이 조기에 죽기 전에, 그들에게 뱁티즘을 베풀어서 원죄를 사함받게 하여 그들의 영혼을 천국으로 인도하는 것으로 하자는 목회적인 배려가 있었을 것이다. 뱁티즘 의식 그 자체에 죄사함과 구원의 능력을 부여하는 "성례전주의"(Sacramentalism) 사상이 가미

된 것이다. 그러나 죄사함과 구원은 믿음으로 얻는 것이지 어떤 교회의식에 참예함으로 얻는 것이 아님은 명백한 신약성서의 가르침이다.

필자는 주류종교개혁가들이 "오직 믿음!"(*sola fides!*), "오직 은혜!"(*sola gratia!*), "오직 성경!"(*sola scriptura!*)을 부르짖었으면서도, 중세적인 유아세례 전통을 타파하지 못하고 그 행습을 그대로 견지했다는 점에서, 그들의 개혁은 불완전했으며 미완성적이었다고 본다. "오직 믿음!"을 주창하면서도 신앙고백을 할 수도 없는 갓난 아기들과 어린 아이들에게 뱁티즘을 베풀었다는 것은 신앙적인 자가당착이었다.

루터는 어린 아이에게도 믿음이 있는데 그 믿음이 잠을 자고 있다고 주장하면서 유아세례를 합리화하였다. 깔뱅은 하나님의 절대주권과 예정 및 선택의 교리에 입각하여 교인 부부의 어린 자녀들도 택함받은 하나님의 백성일 것으로 간주하여 유아세례를 베풀었고 그들을 교회로 받아들였다. 사실 유아세례 의식과 원죄의 사함은 아무런 관련이 없다. 유아세례를 행치 않는 자유교회 전통에서도 유아들의 구원문제에 대해서는 대체로 긍적적인 입장을 취하고 있다.

엄격하게 신분적으로 말하면 갓난 아기들이나 어린 아이들은 죄인의 신분으로 태어난다. 그러나 그들에게는 인지능력도 없고 의지적인 결단을 할 능력도 없다. 자신이 죄인인 사실도 모르고 죄용서의 필요를 느끼지도 못한다. 예수 그리스도가 누구시며 왜 십자가 상에 피흘려 죽으셨는지도 모른다. 다시 말해서 갓난 아기들이나 어린 아이들은 자신들의 영혼문제에 있어서 스스로 책임(Accountability)을 질 수 있는 상태에 있지 않는 것이다. 사랑의 하나님께서 책임을 질 수도 없는 그들에게 죄인됨의 책임을 물어 그들을 지옥으로 보내시겠는가? 그러니까 유아세례를 받았기 때문에 구원받는 것도 아니고 유아세례를 받지 않았기 때문에 구원받지 못하는 것도 아니다. 오직 회개하고 예수님을 믿어야 구원을 받는 것이 신약성서의 가르침이다.

결국 "정치적인 이유에서" 국가교회 혹은 시교회를 지향했던 관료후원적 종교개혁가들은 유아세례 전통을 수용하였고 그것을 당연한 것으로 받아들였다. 갓난 아기가 태어나면 행정관청에 "출생신고"를 하였고, 동시에 그 행정관청과 긴밀히 연계되어 있던 교구교회(Parish Church)에서 유아세례를 받도록 함으로써 "교적신고"를 하였던 것이다. 유아세례는 교회와 국가 및 시를 이어주는 연결고리의 역할을 했던 것이다.

자유교회 전통에서는 유아세례를 행하지 않고 헌아례를 한다. "헌아례"(Child Dedication Service)란 갓난 아기나 어린 아이의 부모에게 하나님을 경외하는 믿음과 하나님의 말씀으로 그를 키우겠다고 다짐하게 하는 헌신의식이다. 헌아례의 대상은 아기의 부모나 아이의 부모이지 아기나 아이가 아니다.

오늘날 유아세례를 행하는 교회에서도 실제로는 헌아례적인 의미로 유아세례를 행하고 있다. 부모로 하여금 그 아이를 믿음으로 키우겠다고 다짐하게 하는 것이다. 그런데 유아세례 의식의 대상은 부모가 아니라 그들의 갓난 아기나 어린 아이다. 아기나 아이가 스스로 하나님을 향해 헌신할 수 있는가? 그에게 믿음이 있는가? 헌아례적인 의미로 유아세례를 행하는 것이라면, 아기나 아이를 하나님께 드리는 부모를 대상으로 해야지, 왜 아무런 지적인 혹은 영적인 의식도 없는 아기와 아이를 대상으로 하여 세례를 베푸는가? 유아세례는 유아에게 세례를 베풀면 원죄가 사함받는다는 로마가톨릭적인 성례전주의(Sacramentalism)의 잔재요 관습이다. 이는 결코 신약성서적인 신앙이 아니다.

셋째로, 관료후원적 종교개혁가들은 "믿음으로 의롭다함을 받는다"는 이신칭의(以信稱義, Justification through the Faith)의 개념을 지나치게 신분적인 변화에만 초점을 맞추어 이해하였다. 16세기 당시 로마가톨릭 교회에서는 면죄부를 사는 행위를 비롯해 인간적인 공로를 쌓는 것이 구원얻는 조건이 된다는 생각이 만연해 있었기 때문에, 루터를 비롯한 개혁가들은 "오직 믿음으로만"(through the Faith alone) 하나님 앞에서 죄인이 "옳다"(You are Justified, You are Right)는 인정을 받는다는 것을 강조하였다.

마치 법정에서 재판관이 엄청난 죄를 범했던 사형수 그러나 예수 그리스도를 믿은 사형수에게 이제는 "죄 없다"(not guilty), "무죄다"(innocent), "더 이상 죄인이 아니다"(no longer sinner)라는 "무죄선언"의 언도를 하는 것으로 이해하였다. 이신칭의 개념을 지나치게 "법정적인 체계"(Juridical System)로만 해석했던 것이다.[514] 따라서 죄인인 인간이 예수 그리스도를 믿는 순간, 하나님의 심판석에서 "더 이상 죄인의 신분이 아니고 이제는 의인의 신분을 얻게 되었다"는 것이다. 이를 달리 설명하면 칭의의 개념을 성화의 개념과는 무관한 듯이 예수 그리스도를 믿었을 때 경험했던 과거적 구원의 사건으로만 이해했다는 점이다.

그러나 이신칭의의 개념에는 법정적인 체계만이 아니라 "관계적인 체계"(Relational System)도 있음을 간과해서는 안 된다.[515] 예수를 믿었기 때문에 "죄사함을 받았다"는 면뿐만 아니라, 이제는 "예수님이 나의 새로운 주인이 되었다"는 면도 강조되어야 하는 것이다. 예수 그리스도와의 새로운 관계, 즉 "나에 대한 예수 그리스도의 주님되심(Lordship)과 그 분에 대한 나의 종됨(Servanthood)"의 관계도 강조되어야 하는 것이다. 그래서 예수 믿은 신자는 육신의 장막을 벗는 영화(Glorification)의 순간에 이르기까지, 이 세상에서 예수 그리스도를 따르며 성화(Sanctification)의 과정을 살아가야 하는 것이다.

이신칭의를 단순히 예수 믿는 순간 얻게 되는 신분의 변화로만 이해해서는 안 되고, 변

514) 김세윤, 「칭의와 성화」(서울: 두란노서원, 2013), 15-6.
515) Ibid.

화된 신분을 가진 신자가 예수 그리스도를 새로운 주인으로 모시고 지속적으로 변화된 행동을 하고 변화된 삶을 사는 것까지를 강조해야 하는 것이다. 한번 거듭난 신자는 계속적으로 반복적으로 거듭나야 하기 때문이다.

이미 잘 알려진 바와 같이, 루터의 경우에는 "믿음"을 지나치게 강조한 나머지 "행함"을 강조하는 야고보서를 "지푸라기 서신"(Straw Epistle)이라 부르며 하찮게 여겼던 때가 있었다.[516] 야고보서가 강조한 "행함"은 "믿음으로 말미암은 행함, 믿음의 열매로서의 행함"이었음을 간과한 것이다. 깔뱅도 하나님의 절대주권과 구원받을 자들에 대한 하나님의 예정과 선택을 강조하다보니, 믿음을 매우 소극적인 의미로 해석하였다.

관료후원적 종교개혁가들은 대체로 인간의 자유의지(Free Will)에 대해서 부정적인 입장을 취하였다.[517] 따라서 그들에게 믿음은 인간의 자유의지에 따른 "의도적이고 적극적인 결단"(intentional and positive decision)이라는 개념이 희박하였다. 다른 말로 하면 예수 그리스도를 대면하여 그 분을 인격적으로 만나는 "체험적이고도 실존적인 믿음"(experiential and existential faith)의 개념이 희박하였다. 구원과 마찬가지로 믿음 역시도 하나님의 선물이라고 보았고, 하나님께서 은혜를 베푸시면 (택함 받은 자들은) 그 은혜에 항거할 수 없다고 보았다. 따라서 그들은 믿음을 무척 수동적이고 소극적인 의미로 해석하였다.

그러나 신약성경이 말하는 믿음은 마음의 문 앞에서 노크하시는 예수님께 마음문을 여는 결단을 하고 그 분을 마음 속으로 영접해 드리는 결단을 하는 것이다(계 3:20, "볼지어다 내가 문 밖에 서서 두드리노니, 누구든지 내 음성을 듣고 문을 열면 내가 그에게로 들어가 그와 더불어 먹고 그는 나와 더불어 먹으리라"). 더 나아가서 믿음이란 단순히 지적인 동의(*Assensus*, intellectual assent)에 머물지 않고, 예수 그리스도를 따라가는 것(*Fides*, following after Jesus Christ)이다.

예수 그리스도를 따라가기 위해서는 "모든 것을 버리는 결단"(눅 5:11, "저희가 배들을

---

516) Gonzalez, *The Story of Christianity*, vol. II, 30-1.

517) "On the Bondage of the Will," 온라인자료, Wikipedia, http://en.wikipedia.org/wiki/On_the_Bondage_of_the_Will, 2014년 7월 15일 접속. 구원에 대한 인간의 자유의지의 역할에 대해서는 에라스무스와 루터의 논쟁에서 촉발되기 시작하였다. 에라스무스는 1524년 9월에 "자유의지론"(On Free Will, *De libero arbitrio diatribe sive collatio*)을 발표하면서 루터를 비판하였다. 그가 비록 로마가톨릭 교회의 비리에 대해서는 비판적이었지만 루터를 향해서도 성서의 가르침을 넘어서 멀리 가 버렸다고 하였다. 자유의지는 하나님께서 인간에게 주신 선물인데, 루터와 개혁가들의 예정론은 성경에 부합하지 않는 사상이라고 피난하였다. 이 글에 대하여 루터는 1525년 12월에 "노예의지론"(On the Bondage of the Will, De Servo Arbitrio)을 발표하여, 인간의 죄는 인간을 무능케 하여(incapacitate) 자신을 하나님께로 인도할 능력을 완전히 상실해 버렸고, 죄의 영향력으로 인해 인간의 의지는 노예화되었다고 주장하였다. 따라서 구원은 무능한 죄인들을 향한 하나님의 절대주권적인 일방적인 긍휼로 말미암는 것이라고 주장하였다.

육지에 대고 모든 것을 버려두고 예수를 좇으니라")이 선행되어야 한다. "모든 것"보다 예수 그리스도가 더 가치있는 분이라는 믿음이 있어야 그 분을 따라갈 수 있는 것이다. 요한복음 21장에는 예수님과 베드로의 마지막 대화장면이 나온다. 예수님은 베드로로 하여금 세 번씩이나 자신을 향한 사랑의 고백을 하게 하시고 베드로 개인에게 최후의 유언으로 명령하셨다: "나를 따르라"(요 21:19); "너는 나를 따르라"(요 21:22). 이 명령은 오늘날 우리 각자에게도 주시는 예수 그리스도의 유언이다.

믿음이란 예수 그리스도의 초청에 "긍정적으로 반응하는 것"(positively respond)하는 것이요, 그 분께 나의 인격과 삶 전부를 "맡기는 것"(trust)이요, 그 분만을 바라보며 그 분을 "따라가는 것"(follow)이다. "이신칭의"를 강조했던 관료후원적 종교개혁가들은 인간의 자유의지에 기초한 믿음의 "적극적인 면"을 간과하였음을 부인할 수 없다. 이신칭의의 개념을 법정적이고 과거적인 의미로만 해석하고 관계적이고 현재적인 의미로 해석하지 않으면, 믿음과 행함, 믿음과 실천, 믿음과 삶은 심각한 괴리현상을 낳게 될 것이다. 오늘날 한국 개신교회 교인들이 불신자들로부터 비난받고 조롱당하는 주된 이유가 바로 여기에 있다.

예수 그리스도는 우리를 죄와 죄의 형벌로부터 건져주신 "구주"(Savior)이심과 동시에 우리의 인격과 삶의 모든 영역에서 새로운 주인이 되시는 "주님"(Lord)이시다. 예수 그리스도의 십자가 속죄사역을 통해서 의인의 신분을 얻게 된 그리스도인들은, "작은 그리스도"로서 변화된 신분에 걸맞는 의로운 삶, 즉 "그리스도를 따르는 삶"(*Nachfolge Christi*, Following after Christ)을 살아야 한다. 이 양자는 분리할 수 없는 것이다. 예수 그리스도의 십자가 죽음 사건과 부활 사건은 별개의 두 사건들이 아니라 연속된 하나의 사건이다. 이신칭의의 개념을 현재적이고 연속적인 성화와 분리할 수도 없고 분리해서도 안 된다.

넷째로, 관료후원적 종교개혁가들은 "오직 성경!"(*sola scriptura!*)을 부르짖었지만, 구약과 신약의 연속성(Continuity)과 함께 불연속성(Discontinuity) 혹은 차별성(Difference)을 충분히 인식하지 못하였다. 구약은 옛 약속이고 신약은 새 약속이다. 인간사회에서도 옛 약속과 새 약속 간에는 권위에 차이가 있다. 100년 전에 했던 약속과 10년 전에 한 약속이 있다면, 어느 약속이 더 우선적인 권위를 가질까? 당연히 10년 전에 한 약속이 100년 전에 했던 약속보다 더 우월적인 권위를 가진다.

구신약 성경(Old Testament and New Testament)에는 연속성이 존재하는 것을 부인할 수 없다. 구신약 성경 66권은 하나님 자신과 인간들을 향해 가지고 계신 하나님의 뜻의 계시이다. 구신약 전체 계시의 주제는 인간들에 대한 하나님의 사랑(Agape) 혹은 구속(Redemption)이다. 구약과 신약의 저자는 공히 하나님이시고, 그 주인공은 공히 예수 그리스도시다. 구약은 오실 예수에 대하여, 신약은 오신 예수와 다시 오실 예수에 대하여 묘사해 주고 있다. 하나님께서는 장차 지상에 존재하게 될 교회를 염두에 두시고 그 교회를 이스라엘 민족공동체를 통해 암시적으로 모형적으로 상징적으로 계시하셨다.

그러나 구약과 신약 사이에는 불연속성과 차별성도 존재한다. 하나님이 인간의 몸을 입고 이 땅에 오신 성육신(Incarnation) 사건은 너무나 획기적이어서, 인류의 역사는 BC(*Before Christ*, "그리스도 이전")와 AD(*Anno Domini*, "주님 이후")로 구분되었다. 구약의 마지막 책인 말라기서에는 "공의로운 해"(Sun of Righteousness, 말 4:2)가 떠올라서 치료하는 광선을 비출 것이 예언되어 있다. 예수 그리스도가 해와 같은 존재라면, 구약의 주요 등장인물들은 밤의 어두움을 밝히는 외등들과 같은 존재다. 둥글고 밝은 해가 떠올라 어두움을 몰아내면, 외등들은 비록 켜져 있어도 더 이상 빛을 발하지 못한다.

이런 점에서 신약은 구약과는 뚜렷이 구별되는 불연속성과 차별성을 가진다. 따라서 성경해석자는 성령님의 조명하심을 힘입어 신약적 관점에서 구약을 보아야 한다. 성취된 약속의 관점에서 예언된 약속을 보아야 하는 것이다. 다시 말하면 예수 그리스도의 십자가의 창을 통해서 기독론적인 구원사적 관점에서 구약을 보아야 구약성경을 올바르게 해석할 수 있다. 많은 이단사설들과 성경해석의 오류가 이 사실을 제대로 인식하지 못함으로써 생긴다.[518)]

무엇보다도 교회는 신약의 산물이다. 사도행전 2장에서 오순절날 성령님이 지상에 강림하심으로 역사적으로 하나님의 교회가 예루살렘에서 최초로 탄생했다. 사도행전은 그 교회가 지상에서 발전되고 확산되어 간 초창기의 역사를 기록해 주고 있다. 엄밀히 말하면 구약에는 교회가 없다.

사도행전 7장에서 스데반 집사의 설교 가운데 "광야교회"(행 7:38, the assembly in the desert, "광야교회"라는 번역에 문제가 없지 않고, "광야총회" 혹은 "광야회집"이 더 정확한 번역이 될 것이다-필자 주)라는 표현이 나오기는 하지만, 그것은 40년 동안 유리방황하며 광야생활을 하던 이스라엘 민족공동체에 대하여 상징적인 의미로 그렇게 표현을 한 것이지, 그것이 지상에 존재했던 신약성서적인 교회(New Testament Church)였다는 의미는 아니다.

교회시대를 사는 그리스도인들에게 우선적인 권위를 갖는 책은 신약성경이다.[519)] 성경은 결코 "평평한 책"(Flat Book)이 아니다. 필자는 성경에는 수많은 높고 낮은 봉우리들이 있는데 그 중에서 최고의 봉우리는 요한복음 3장 16절이라고 생각한다. 그렇기 때문에 신약의 산물인 교회에 관한 이론(교회론, Ecclesiology)을 전개해 감에 있어서, 구약에 일차적인 비중을 두어서도 안 되고 구약과 신약의 연속성에 지나치게 집착을 해서도 안 된다. 유

---

518) Kiwiet, *Pilgram Marpeck,* 121; Estep, *The Anabaptist Story,* 126.

519) 김승진, 「근원적 종교개혁: 16세기 성서적 아나뱁티스트들의 역사와 신앙과 삶」, 355.

대교 신학자가 보는 구약과 기독교 신학자가 보는 구약이 같을 수가 없다. 유대교 신학자는 아직도 메시야를 기다리고 있는 사람이지, 이미 오신 메시야 즉 예수 그리스도 안에서 생명(영원한 생명)을 얻은 사람이 아니기 때문이다.

앞에서 언급한 바대로 구약의 할례가 신약에 와서 유아세례가 되었다는 신학(Theology of Infant Baptism)은 구약과 신약의 불연속성과 차별성을 이해하지 못해 생긴 것이다. 또한 구약에서는 신정정치(Theocracy)에 의한 통치와 행정이 이루어졌었다. 이스라엘 민족공동체는 정치공동체이면서 동시에 종교공동체였다. 구약시대에는 정치와 종교가 두리뭉실 혼재해 있었다.

그러나 신약시대의 교회는 "예수 그리스도를 믿는 신자들의 영적인 공동체"(Spiritual Community of Believers)였다. 신약성경에 등장하는 초창기 교회들은 세상과 세상권력으로부터 분리되어 있었다. 교회와 국가는 상호 무관하였고, 유아세례를 행하는 국교회(State Church)나 시교회(City Church)라는 개념은 처음부터 존재하지도 않았다.

유아세례 전통은 인간들이 고안해 낸 발명품(Human Invention)이지 하나님으로부터 말미암은 계시(Divine Revelation)가 아니었다. 그런데 관료후원적 종교개혁가들은 수백년 혹은 천년 동안 이어온 로마가톨릭 교회의 잔재인 이러한 인간적인 전통을 끊어내지 못하였다. "오직 성경!"을 주창하면서도 그들은 구약적인 사고에 머물러 있었고 구약과 신약의 불연속성과 차별성에 대한 인식이 부족하였다.

다섯째로, 관료후원적 종교개혁가들은 예수 그리스도의 지상명령, 즉 땅끝까지 이르러 복음을 전하라는 세계선교의 명령에 대해 충분한 이해와 실천이 부족했다. 그들의 일차적인 관심은 로마가톨릭 교회가 1,000여 년 이상 지배하고 있던 유럽 내의 지역(*Land*, Territory)과 주민들(*Volk*, People)을 자신들의 개혁사상에 입각한 지역과 주민들로 바꾸는 일이었다. 그리고 새롭게 확보한 지역과 주민들에게 자신들이 주창한 개혁적인 신앙을 주입시키고 그것에 입각한 사회체제를 이루고 견고하게 지키는 일이었다. 그들은 시교 혹은 국교 형태의 기독교를 도모했기 때문에 세속권력과의 연계 속에서 자신들의 새로운 기독교왕국 건설에 집중하였던 것이다. 이 일은 로마가톨릭 당국과의 영적, 정치적, 군사적 갈등과 투쟁을 동반하지 않을 수 없었다.

무엇보다도 관료후원적 종교개혁가들의 신학에 의하면, 예수 그리스도의 지상명령(마 28:18-20)은 예수님께서 열두 제자들에게 주신 것이요 그것은 사도시대에 이미 성취된 것으로 이해하였다.[520] 사도 바울이 그 당시 땅끝으로 간주되던 서바나(스페인)까지 가서 복음

520) J. Herbert Kane, *A Concise History of the Christian World Mission: A Panoramic View of Missions from Pentecost to the Present* (Grand Rapids, MI: Baker Book House, 1978), 73.

을 증거했다고 생각했기 때문이다. 따라서 그들에게는 유럽 밖에 살고 있던 잃어버려진 영혼들(lost souls)에 대한 관심이 부족했거나 없었다. 특히 루터와 깔뱅이 가지고 있던 하나님 절대주권 사상 및 선택과 이중예정의 교리에 의하면, 영혼구원과 선교를 위한 인간의 노력은 부질없는 것으로 여겨졌다. 구원받을 자들을 하나님께서 이미 예정을 해 놓으셨다고 생각했기 때문이다.

이와는 대조적으로 로마가톨릭 교회에서는 프로테스탄트 운동으로 인해 유럽 땅에서 잃어버린 영향력을 회복하기 위해, 아프리카, 아시아, 아메리카 대륙 등 해외를 향해 선교의 눈을 떴다. 16세기 중반 로마가톨릭 교회와 교황청은 반종교개혁(Counter-reformation)의 일환으로 해외 선교에 박차를 가하였다. 전통적인 로마가톨릭 선교단체였던 프란시스칸 수도회(Franciscan Order)와 도미니칸 수도회(Dominican Order), 그리고 종교개혁기에 새로 생긴 예수회(*Jesuits*, Society of Jesus) 등이 서로 선의의 경쟁을 벌이며 교황청에 충성하였다. 그들은 무장을 한 정복자들(*Conquistadores*)과 함께 수도사 선교사들(Missionaries)을 파송하여 식민지 확보를 도모했을뿐 아니라 유럽 밖의 세계를 로마가톨릭화 하는데 박차를 가했다. 대형범선들을 소유하며 운행했던 포르투갈과 스페인과 같은 해양강국들이 급부상하여 교황청의 해외선교를 위한 동반자들이 되었다. 16세기 중반부터 교황청의 후원을 힘입어서 로마가톨릭 국가들에 의한 제국주의적 선교(Imperialistic Mission)가 이루어진 것이다.

반면에, 프로테스탄트 교회들은 유럽 내에서의 영향력 확보에 집중하였고, 그리고 각 개신교 교파들은 자신들의 개혁적인 신앙과 교리들을 체계화하고 신학화하는 일에 주력하였다. 그래서 16세기 후반부터 17세기까지를 "프로테스탄트 스콜라주의"(Protestant Scholasticism) 시대라고 부르는 것이다.[521] 그 당시 프로테스탄트 개혁가들과 그 후계자들은 유럽 밖의 세계를 향한 선교에 대해서는 신경을 쓸 여력이 거의 없었다.

프로테스탄트들 가운데에서도 해외선교를 위한 노력들이 전혀 없었던 것은 아니지만 단지 간헐적으로만 이루어졌다. 독일 경건주의 운동의 일환으로 필립 스페너(Philip Spener, 1635-1705)와 아우구스트 프랑케(August Francke, 1663-1727) 등이 할레대학교를 중심으로 그린랜드(Greenland)의 에스키모인들과 캐리비안 해역의 주민들에게 복음을 전하는 사역을 하였고, 진젠도르프 백작(Count Nicolaus L. Zinzendorf, 1700-1760)과 모라비아 교회에 의한 선교의 노력이 있었지만, 후대의 전세계적인 선교운동과 연결되지는 못하였다.[522]

프로테스탄트 교회가 세계선교를 본격적으로 감행했던 것은 "근대선교운동의 아버지"라는 별명을 얻은 윌리암 캐리의 인도 선교사역부터였다. 그에 의해 1792년에 「질문서」(*An*

521) Cairns, *Christianity through the Centuries*, 349-53.
522) Ibid., 383-4.

Enquiry into the Obligation of Christians to Use Means for the Conversion of the Heathen)라는 일종의 선교지침서가 출간되었고, 같은 해 가을에는 최초의 해외선교단체인 "침례교선교협회"(Baptist Missionary Society)가 조직되었다.

이듬해인 1793년에 윌리암 캐리(William Carey, 1761-1834)가 인도를 향해 출발하여 캘커타 지역을 중심으로 선교활동을 하면서부터, 그 사실이 널리 알려지면서 영국과 미국에서 많은 해외선교단체들이 결성되었다. 그래서 19세기가 "개신교 세계선교의 위대한 세기"(The Great Century of Protestant World Mission)이 된 것이다. 프로테스탄트 종교개혁가들과 그 후계자들은 16세기 당시의 로마가톨릭 교회의 선교활동과 비교해 볼 때, 유럽 밖의 잃어버려진 영혼들을 위한 선교에는 별로 적극적이지 못했던 것이다.

여섯째로, 관료후원적 종교개혁가들은 예수 그리스도께서 교회에 위임하신 두 의식들(Two Ordinances: Baptism과 Lord's Supper)에 대해서 로마가톨릭 교회의 성례전주의(Sacramentalism) 전통을 완전히 탈피하지 못하였다. 로마가톨릭 교회에서는 "화체설"(Transubstantiation)을 믿었고 그에 따라 미사를 드렸다. 화체설은 일찍이 코르비(Corbi) 수도원 원장인 파스카시우스 라드베르투스(Paschasius Radbertus, c.785-860)가 자신의 저술 「주님의 몸과 피에 관하여」(*On the Body and Blood of the Lord*, 831)에서 주장했었던 내용인데, 교황 이노센트 3세(Innocent III, 1161-1216)가 주재했던 "제4차 라테란공의회"(1215)에서 로마가톨릭 교회의 공식적인 교리로 채택되었고 "트렌트공의회"(1545-1563)에서 재확인되었다.

이 교리는 예배 시에 사용하는 떡과 포도주가 성직자의 축복기도를 통해서 예수 그리스도의 피와 살로 "실제로" 변한다는 주장이었다. 무지몽매한 평신도들의 눈에는 보이지 않겠지만 말이다. 그래서 떡은 십자가 상에서 찢기신 예수님의 살로 변하고 포도주는 십자가 상에서 흘리신 예수님의 피로 변해서, 그것들을 먹고 마시면 영의 양식을 공급받게 되고 구원을 받게 된다는 것이었다. 다시 말해서 성례 그 자체에 신비하고 기적적인 능력이 있어서 그것이 하나님의 은혜가 전달되는 통로가 된다는 것이었다. 이 교리는 성직계급제도와 함께 로마가톨릭 성직자들의 권위를 드높이는데 크게 기여하였다.

종교개혁가들은 이러한 로마가톨릭 교회의 화체설을 비판하며 화체설에 입각한 교회의 미사를 개혁하려고 하였다. 그러나 그 비판과 그 개혁은 미진하였다. 마르틴 루터는 화체설을 비판하면서 "공재설"(Consubstantiation)을 주장하였다. 그는 성도들이 주의 만찬에 참여하면서 예수 그리스도를 체험해야 한다는 점에 주목하였다. 떡과 포도주가 실제로 예수 그리스도의 살과 피로 변하는 것은 아니지만, 그 속에 그 분이 "실제로" 임재(Real Presence)하시고 "육체적으로" 임재(Physical Presence)해 있어야 한다고 생각했다. 그래서 성도들이 떡과 포도주를 먹고 마시면서 예수님을 체험적으로 만나야 한다는 것이었다. 이에 비해 쟝 깔뱅은 "영적 임재설"(Spiritual Presence)을 주장하였다. 예수 그리스도께서 실제적으로나 육체적으로 임재하는 것이 아니라 "영적으로" 임재하는 것이라고 주장하였다.

루터나 깔뱅이나 모두 육체적이든 영적이든 예수 그리스도가 떡과 포도주에 임재해 있다고 주장했다는 점에서, 실제에 있어서는 로마가톨릭의 화체설과 별반 다르지 않았다. 육체적이든 영적이든 예수님이 임재해 있는 떡과 포도주에는 하나님의 신비스럽고 마술적인 능력이 있다고 보았다는 점에서, 그리고 떡과 포도주 그 자체를 통해서 하나님의 은혜가 전이된다(Transfer of God's Grace)고 보았다는 점에서, 루터와 깔뱅은 모두 주의 만찬을 "성례전주의"(Sacramentalism)의 관점에서 해석을 한 것이다.[523]

인격체이신 성령님께서 인격이 없는 무생물인 떡과 포도주에 역사하시고 임재하시는가? 성령님께서는 인격을 가진 신자들의 마음 속에 임재하시고 역사하시는 것이 아닌가? 떡과 포도주에 화학적 변화가 일어나는 것이 아니라, 여전히 동일한 떡과 동일한 포도주이지만 성령님으로부터 감동을 입은 신자(참예자)가 바로 그 떡과 포도주를, 십자가 상에서 자신을 위해서 찢기시고 흘리신 예수님의 살과 피로 바라보는 것이 아닌가? 다시 말해서 신자가 믿음으로 떡과 포도주를 예수님의 찢기신 살과 흘리신 피로 "간주"(regard)하는 것이다.

신자(참예자)가 떡을 먹고 포도주를 마시면서 2,000년 전에 십자가 상에서 자신을 위해 돌아가신 예수 그리스도의 고난을 회상하고 기념하는 것이며, 주의 만찬에 참예하는 그 시점과 그 현장에서 그 분을 영적으로 체험적으로 만나는 것이다. 떡과 포도주는 단지 죄인들을 위해 십자가 상에서 찢기시고 흘리신 예수 그리스도의 살과 피를 상징하고(symbolize) 기념할(memorialize)뿐인 것이다.

다시 말해서 성례란 단지 형식이고 상징일뿐이라는 "성례형식주의"(Sacramentarianism)의 입장이 진정 신령한 것이고, 그것이 또한 신약성경의 가르침인 것이다. 무생물인 떡과 포도주에 예수 그리스도가 실제적이든 영적이든 임재해 있다고 믿는 것은 신앙을 가장한 일종의 미신(Superstition)이다.

개혁교회의 전통에서는 성찬식 후에 남은 떡과 포도주를 땅에 파묻는다고 하는데, 성령님께서 영적으로 임하여 거룩하게 된 떡과 포도주이기 때문이라고 한다. 성만찬 이전의 떡과 포도주 그리고 성만찬 이후의 떡과 포도주 사이에, 성직자가 축사나 기도를 한다고 해서 화학적이든 물리적이든 영적이든 어떤 변화가 일어나는 것일까?

한국의 개신교회에서는 예수 그리스도께서 교회에 위임하신 두 가지 의식인 Baptism과 Lord's Supper의 용어를 성서적으로 올바르게 사용하고 있지 않다. Baptism의 성서적인 용어는 "침례"인데, 한국교회에서는 주로 "세례"라는 용어를 사용하고 있다. 한글로 번역된 거의

523) Estep, *Renaissance and Reformation*, 150.

모든 성경에 "세례"라는 말이 사용되고 있다.

그러나 "바프티조"(*baptizo*)라는 단어는 1세기 당시의 로마제국에서는 "배가 바다에 침수되다, 어떤 물건을 물 속에 빠뜨리다, 옷감을 물 속에 집어넣어 염색하다"는 의미로 사용되었다. 로마서 6장 3-5절과 골로새서 2장 12절에서 묘사된 것처럼, 예수 그리스도의 "죽음과 장사와 부활" 그리고 신자들의 그 분과의 연합을 설명하기 위해 "바프티조"(*baptizo*)라는 낱말이 사용되었다. 그 당시에 "씻는다"는 의미의 단어는 "루오"(*luo*)나 "피프토"(*pipto*)가 주로 사용되었다.

그러니까 바프티조(*baptizo*, 동사)나 바프티스마(*baptisma*, 명사)라는 말은 전신이 물 속에 잠겨서 죽고 장사지낸 바 되고 새 생명으로 다시 살아나는 것을 "상징하는"(Symbolize) 것이다. 침례를 통해서 상징하고자 하는 원뜻은 "죽음과 장사와 부활"인 것이다. 세례를 약례(略禮)라고 하는데, 상징한 것을 약식화 하면 원뜻이 파괴되거나 왜곡되어 버린다.

Lord's Supper의 성서적인 용어는 "주의 만찬"인데, 우리나라 기독교계에서는 "성찬, 성만찬, 성찬식" 등의 신학적인 용어를 사용하고 있다. 아마도 개혁교회 전통에서 영적 임재설의 입장을 취하다 보니, 예수님이 떡과 포도주에 영적으로 임했기 때문에 그 떡과 포도주가 거룩하게 되었다고 생각하여, "거룩할 성"(聖) 자를 덧붙인 것 같다.

성도들의 교제 시에 음식을 함께 나누는 것을 유다서에서는 "애찬"(유 1:12, Agape Feast)이라고 하였고 고린도전서에서는 "자기의 만찬"(고전 11:21)이라고 하였다. 그런데 성만찬에 해당하는 용어는 신약성경에서 "주의 만찬"(고전 11:20), "주의 잔"(고전 10:21), "주의 떡이나 잔"(고전 11:27), "주의 몸과 피"(고전 11:27)라는 표현이 사용되고 있다.

그러니까 한국의 개신교회에서는 "죽음과 장사와 부활"의 의미를 가지는 침례(Baptism)는 그 의미를 축소시켜서 죄씻음의 의미를 가지는 "세례"라는 용어를 사용하고 있고, 주의 만찬(Lord's Supper)은 원래의 신약성서적인 의미보다 더 많이 확대시켜서 거룩(성, 聖)이라는 의미를 추가하여 "성찬, 성만찬, 성찬식"이라는 용어를 사용하고 있는 것이다. 또 많은 교회에서 주의 만찬 의식을 집례할 때 담임목사와 장로들 혹은 집사들이 흰 장갑을 끼곤 하는데, 이것도 한국교회만의 특징인 것 같다. "거룩한" 성찬을 집례하기 때문에 흰 장갑을 끼는 모양인데, 어느 누가 밥을 먹을 때 장갑을 끼고 먹는가?

필자는 예수 그리스도께서 교회에 위임하신 두 가지 의식에 대하여 "신학적인 용어"가 아니라 "성서적인 용어"를 사용해야 한다고 생각한다. 두 가지 의식에 대한 성서적인 용어는 "침례"와 "주의 만찬"이다. "주의 만찬"(Lord's Supper)이란 주님께서 베푸시는 저녁식사, 주님이 주인이신 저녁식사라는 의미이다.

일곱째 마지막으로 이상의 내용을 종합적으로 검토해 볼 때, 관료후원적 종교개혁가들은 당시의 로마가톨릭 교회를 개혁하기는 했지만, 동시에 여전히 그 교회의 잔재를 가지고 있었음을 알 수 있다. 그들은 "16세기의 아들들"(Sons of the 16th Century)로서의 한계를 가지고 있었다. 16세기는 로마가톨릭 교회의 전통과 영향력이 여전히 강력하게 지속되고 있던 시대였고, 200여 년 후에 등장하게 되는 계몽주의(Enlightenment) 시대의 정신을 소유하지 못했던 시대였다. 16세기는 인간의 존엄성과 주권재민 사상에 입각한 시민혁명들(1688년 영국의 명예혁명, 1776년 미국 혁명, 1789년 프랑스 혁명)을 아직 경험하지 못했던 시대였다. 사상적으로는 다름과 다양성(Difference and Diversity)을 인정하지도 존중하지도 못하는 불관용의 시대(The Age of Intolerance)였다.

거듭 강조하지만 관료후원적 종교개혁가들이 개혁하여 이루어 내었던 교회는, 교회와 국가가 결탁하기 이전의 초대교회 모습으로 온전히 돌아가지는 못했다. 따라서 그들의 개혁은 "반혁명적"(半革命的, Half-revolutionized)이며 "과도기적인"(過渡期的, Transitional) 성격을 띠고 있는 것이다.[524] 필자가 보기에 그들의 교회는 16세기의 로마가톨릭 교회와 1세기의 신약성서적 교회 사이에서 어정쩡한 타협을 맺고 있는 것처럼 보인다. 그들이 이 땅위에 세운 교회는 "충분히 신약성서에 계시된 초대교회로 돌아가지 못한 교회"였으며 "충분히 신약성서적이지 못한 교회"였다고 진단할 수 있다.

그들의 교회론 속에는 중세 로마가톨릭 교회의 신앙적인 전통과 구약성서적인 정교일치의 신정정치(Theocray) 이념이 여전히 잔재해 있다. 흔히 하는 말 가운데 "개혁된 교회는 계속적으로 개혁되어야 한다"(Ecclesia semper reformanda est)는 표현이 있는데, 개혁해야 할 모델교회를 어디에서 찾아야 할 것인가? 특정 신학자나 탁월한 개혁가가 창안해 낸 교회를 모델로 할 것인가? 예수 그리스도께서 의도하셨고 신약성경에서 보여주고 있는 교회를 모델로 할 것인가?

프로테스탄트 교회사학자들이나 역사학자들이 즐겨 사용하는 용어들 가운데 "애드 폰테스"(ad fontes)라는 말이 있다. "원천 혹은 분수령을 향하여 돌아가자"(back toward the Fountain)는 의미다. 교회의 원천 혹은 분수령은 어디에 있는가? 바로 예수 그리스도께서 "내가 이 반석 위에 내 교회를 세우리라"(마 16:18)고 말씀하셨을 때 그 분이 지상에 세우고자 의도하셨던 교회이다. 이 교회는 신앙고백("주는 그리스도시요 살아계신 하나님의 아들이시니이다," 마 16:16)에 근거한 교회였으며, 세속적인 국가권력이나 시권력과는 무관한 교회였고, 오직 예수 믿는 신자들의 영적인 몸으로서의 공동체(Community as Spiritual Body of Believers)였다. 예수 그리스도에 대한 분명한 신앙고백을 하는 자들에게만 뱁티즘을 베풀고 그렇게 뱁티즘을 받은 신자들로 이루어지는 교회였으며, 세상이나 세속권력과 결탁하

524) 김승진, 「침례교 신앙의 관점에서 본 요한 칼빈: 그의 교회론은 신약성서적인가?」, 234.

지 않은 순수한 그리스도의 신부로서의 교회(Church as Bride of Christ)였다.

분명한 신앙고백이 불가능한 갓난 아기나 어린 아이들에게 뱁티즘을 베푸는 전통(유아세례 전통, Tradition of Infant Baptism)을 견지했고 세속권력가들의 후원을 입어 시교회 혹은 국가교회 체제의 교회를 이루었던 주류종교개혁가들(관료후원적 종교개혁가들)은 이런 점에서 충분히 "애드 폰테스"를 이루지 못한 한계를 가지고 있었다.

Ⅲ. 침례교 정체성의 확립

아직까지도 기독교한국침례회내의 목회자들과 신학생들 사이에서 "장침"(장로교적인 침례교회)이니 "감침"(감리교적인 침례교회)이니 "순침"(순복음교회적인 침례교회)이니 하는 자조적인 용어가 사용되고 있는 현실이 우리를 부끄럽게 한다. 침례교회의 신앙과 신학에는 다른 개신교 교단의 목회자들과 신학자들이 부러워하는 내용이 너무나 많다. 최근 양식 있는 장로교 목사들이 목사와 장로들에게 너무나 많은 권위와 사역이 집중되어 있음을 개탄하면서, 평신도의 잠재력을 재발견하고 활용하여 교회의 체질을 개혁하자는 절규의 목소리를 내고 있다.[525]

그들은 비록 장로교단에 몸을 담고 있으면서도 침례교회의 평신도 사역이나 제자훈련, 민주적인 교회행정, 만인제사장 원리의 실천 등을 부러워하며 그들의 목회에 적용하려고 하고 있다. 그런데 왜 침례교 목회자들은 오히려 장로교나 다른 교단의 신앙 및 목회행습을 모방하려고 하는지 필자는 가슴이 저리도록 안타깝다.[526]

바로 앞에서 우리는 16세기 주류종교개혁가들, 즉 루터, 쯔빙글리, 깔뱅, 영국국교회 지도자들 등 관료후원적 종교개혁가들이 이룩한 종교개혁이 미완성적(imperfect)이었고 반혁명적(half-revolutionized)이었고 과도기적(transitional)이었음을 살펴 보았다. 그들이 그 당시의 로마가톨릭 교회의 신학과 행습과 제도를 상당 부분 개혁한 것을 부정할 수 없지만, 그러

525) 그 대표적인 저서들은 다음과 같다: 김동호, 「생사를 건 교회개혁」(서울: 규장, 1999); 김명혁, 「한국교회 쟁점진단」(서울: 규장, 1998); 옥한음, 「다시 쓰는, 평신도를 깨운다: 제자훈련의 원리와 실제」(서울: 두란노서원, 1999).

526) 최근 들어 침례교단 내에서도 침례교 정체성 확립에 도움이 되는 저서와 번역서들이 출간되었다: 노영식, 「한국인 교회정치, 무엇이 문제인가?」(대전: 침례신학대학교출판부, 1999); Walter B. Shurden, 「침례교의 정체성」, 김태식 역 (서울: 서로사랑, 1999); Herschel H. Hobbs, 「침례교인들은 무엇을 믿는가?」 김태식 역 (서울: 서로사랑, 1997); Paul Basden 편, 「침례교 신학의 흐름」, 김용복 외 역 (대전: 침례신학대학교출판부, 1999); 최봉기 편, 「침례교회: 신앙/고백/전통/실천」, 펜윅신학연구소 역 (대전: 침례신학대학교출판부, 1997).

나 그들의 개혁은 세속권력의 후원과 비호에 근거하고 있었기 때문에 시교 혹은 국교 체제의 교회를 지상에 세울 수밖에 없었다. 그들이 세운 교회들은 세속권력과는 무관했던 순수한 그리스도의 신부로서의 교회인 신약성서적 교회와는 본질에 있어서 큰 차이가 있었다.

무엇보다도 한국의 침례교회는 신약성서적인 교회(New Testament Church)의 모습을 회복하여야 한다. 1520년대에 대륙의 성서적인 아나뱁티스트들(Biblical Anabaptists)은 루터나 칼빈이나 쯔빙글리의 종교개혁이 세속 권력자들의 지원을 힘입으면서 로마가톨릭적인 잔재를 너무나 많이 간직하고 있음을 비판하면서 신약성서적인 교회로의 회복을 부르짖었다.[527] 또한 한 세기 후에는 영국국교회(Anglican Church)가 "중도노선"(*via media*, middle way)을 취하면서 로마가톨릭 교회도 아니고 대륙의 프로테스탄트 교회도 아닌 어정쩡한 타협을 이루고 있었을 때, 침례교의 조상들인 영국의 분리주의자들(English Separatists)은 신약성서적인 교회로의 과격한 회복을 부르짖었다.

신약성서적인 교회(New Testament Church)는 예수를 믿고 그 믿음을 침례로 고백한 신자들의 영적인 공동체이다(Spiritual Community). 유아세례나 불신자에 대한 뱁티즘을 부인하고 오직 믿음을 고백하는 신자에게만 침례를 베푼다(Believers' Baptism). 그리고 뱁티즘은 신약성서의 방법대로 침수례(Immersion)이다. 그 교회는 독립성과 자치권을 갖는다. 즉 지역교회 그 자체가 예수 그리스도를 머리로 하는 독립된 몸이며 자치적인 몸이다(Independent and Autonomous Body of Christ).

그리고 그 공동체를 이끌어 가는 정치원리는 모든 회원들이 동등한 권리와 의무를 갖는다는 것을 전제로 한 회중들의 다수결에 의한 민주정치이다(Congregational Polity by the Majority Voting). 그래서 오직 중생한 신자들로 교회회원을 구성한다(Regenerated Church Membership). 그리고 모든 구원받은 신자들은 제사장이다(Priesthood of All Believers). 따라서 직분은 계급이 아니다.

신약성경이 제시하는 직분은 영적인 지도자들인 감독 혹은 장로와 평신도의 지도자들인 집사가 있는데, 그러한 직분들은 명예직이나 감투직이나 특권직이 아니라 하나님과 교회를 섬기기 위한 봉사직분이다(Servanthood). 각 신자는 양심의 자유(Freedom of Conscience), 성

527) Harvard 대학교의 역사신학 교수인 George H. Williams 박사는 루터, 칼빈, 쯔빙글리, 영국 국교회의 종교개혁을 "관료후원적 종교개혁"(Magisterial Reformation)이라 불렀다. 그들은 Frederick the Wise나 Geneva 시의회, Zurich 시의회, 영국왕실 등의 정치적 후원을 힘입어 개혁을 성취했기 때문이다. 그들은 종교개혁의 우파(Right Wing of Reformation)에 해당되는 것이다. 이에 비해 종교개혁의 서자(the Step-children of the Reformation) 취급을 받았던 좌파들(Left Wings)인 성서적인 아나뱁티스트들(Biblical Anabaptists)이나 신령주의자들(Spiritualists)이나 이성주의자들(Rationalists)의 개혁을 "근원적 종교개혁"(Radical Reformation)이라고 명명하였다. George H. Williams, *The Radical Reformation* (Philadelphia: Westminster Press, 1962).

서해석의 자유(Freedom of Private Interpretation of the Bible)를 갖는다. 종교와 정치, 교회와 국가는 분리되어야 한다(Separation of the Church and State). 이 말은 교회가 시교회나 국교회가 아닌 세속권력으로부터 자유한 자유교회(Free Church)여야 한다는 말이다. 성례전주의나 성직자 중심주의를 배격한다(Anti-sacramentalism, Anti-sacerdotalism). 신자 한 사람 한 사람은 예수 그리스도만을 중보로 하여 하나님께 직접 나아갈 수 있다, 즉 신앙은 어디까지나 개인적인 것이다(personal religion). 어떠한 인간이나 종교단체나 성직자도 신자와 하나님 사이에 중보자가 되어서는 안 된다. 즉 종교적인 대리(religious proxy)[528]를 배격한다.

그리고 건전한 개인주의(sound individualism)를 사랑하지만 하나님의 나라의 확장을 위해서는 기꺼이 협력(cooperation)하고자 한다. 또한 하나님의 형상에 따라 지으심을 받은 인간은 자유의지를 부여받은 존재이며, 비록 아담의 범죄로 타락하였어도, 복음을 들을 수 있고 이해할 수 있으며, 복음에 대면하여 "예" 혹은 "아니오"라고 대답할 수 있는 능력을 가지고 있으며 따라서 죄를 회개하고 복음을 받아들이고자 하는 결단을 할 수 있다(영혼의 유능성, competency of soul in religion)고 믿는다. 그리고 구원받은 영혼은 하나님의 존귀한 자녀로서의 존엄성을 가지며, 하나님의 도우심을 힘입을 때 무한한 잠재력과 가능성을 갖는다. 우리 한국침례교회는 이러한 신약성서적인 신앙과 교회관을 회복하여야 한다.

그러기 위해서는 먼저 목회자들의 의식전환이 급선무이다. 담임목사만이 제사장이라는 생각을 버려야 한다. 신약성경은 담임목사를 비롯해서 부목사, 전도사, 집사, 평신도 등 모든 구원받은 하나님의 자녀들이 제사장이라고 말하고 있다. 동시에 그들은 하나님 나라를 위해 그리스도처럼 제물이 되어야 한다. 이를 위해 무엇보다도 목사는 인간적인 권위주의 의식을 타파해야 한다. 목사직은 섬김을 받는 특권직이 아니라 섬겨야 하는 봉사직임을 다시 한번 상기해야 한다. 예수님도 섬기러 오셨고 자신의 목숨까지 대속물로 주시기 위해 오셨는데, 그 분 덕분에 영생을 누리며 새로운 삶을 살게 된 목회자들이 섬김을 받으려고만 해서 되겠는가? 성직 그 자체가 예수를 대신하는 자리가 되어서는 안 된다.

필자는 침례교회를 포함해서 우리나라 기독교계에 구약의 유대교적인 요소와 동양의 유교적인 요소가 많이 내재해 있다고 생각한다. 교회는 신약의 산물이다. 교회가 오순절날

528) "종교적인 대리"(Religious Proxy)란 한 사람의 신자와 하나님 사이에 중보자는 오직 한 분 예수 그리스도밖에는 없는데, 그 분을 대신하여 중보자로서 개입하는 것을 의미한다. 예를 들면 하나님을 향한 신자의 회개기도에 성직자가 개입하는 고해성사라든가, 부모의 믿음에 근거하여 갓난 아이에게 베푸는 유아세례라든가, 국교체제에서 국가가 개인과 교회의 영적생활에 개입하는 것 등이다. 종교적인 대리란 하나님과의 일대일의 대면에 인간이나 종교단체나 성직자나 국가가 신자나 하나님을 대리하여 개입하거나 간섭하는 것을 가리킨다.

성령이 강림함으로 이 지상에 처음으로 세워졌다. 그리고 교회의 머리는 예수 그리스도이다. 그렇다면 "침례교인의 신앙과 메시지"(1963)에도 언급되어 있듯이 성경이 해석되어야 하는 기준은 예수 그리스도이다(The Criterion by which the Bible is to be interpreted is Jesus Christ).[529] 신·구약을 막론하고 성경을 해석하거나 설교할 때 "구주이며 주님"(Savior AND Lord)이신 예수 그리스도를 밝히 드러내야 한다. 머리되신 예수 그리스도가 존귀함을 받아야 하며 인간이 그 자리를 대신하려고 해서는 안 된다.

교회에서 유대교적인 전통이나 용어를 사용하는 것도 경계해야 한다. 교회당(Church Building)을 제단이나 성전으로 묘사한다든지 목사나 부흥사가 제사장인 것처럼 행세해서는 안 된다. 그와 동시에 동양의 유교적인 요소들 가운데 비민주적인 요소, 즉 연령, 성별, 민족, 지역 등에 의한 차별적인 요소도 배제되어야 한다. 지상의 교회가 비록 완전한 곳은 아닐지라도, 하나님의 사랑을 입은 하나님의 자녀들이 미래의 영원한 천국을 맛보고 누리는 곳이 되어야 한다.

필자는 한국에서도 앞으로의 세대들이 위와 같은 이상을 실천하는 침례교회를 기다리고 있다고 확신한다. 선배 목사님들은 열악한 환경에서 침례교가 이단이라는 모욕까지 받아가면서, 수적인 열세 속에서 서러움을 참아가면서, 큰 고생 끝에 이 땅 위에 침례교회의 터를 닦아 놓으셨다. 우리는 그 분들의 피땀어린 노고를 잊지 말아야 한다. 힘들고 어렵다 보니 타교단의 행습을 모방도 해보고 부분적으로 타협도 하셨을 것이라 생각한다.

이제 젊은 세대는 선배 목사님들의 순교자적인 고난의 터 위에, 보다 신약성서적인 교회, 보다 민주적이고 보다 평등한 교회, 보다 풍성한 하나님의 사랑과 공의의 말씀의 꼴이 제공되는 교회를 이루어가야 하겠다. 21세기에는 타교파의 신앙행습을 모방하거나 타협하는 것이 아니라 신약성서적 침례교회의 정체성을 이 땅에 펼쳐나가는 시대가 되어야 한다. 이제부터는 "장침," "감침," "순침"이란 말은 없어지고, "기침," 문자 그대로 기독교한국침례회가 한국의 기독교계, 더 나아가서는 세계의 기독교계에서 큰 소리로 기침할 수 있는 시대를 이루어가야 하겠다.

IV. 앞으로 해결해야 할 과제들

본서에서 영국과 미국과 한국에서의 침례교회 역사를 조망하였는데, 신약성서적 교회를

529) Lumpkin, *Baptist Confessions of Faith*, 393.

추구하는 침례교신앙의 본질에 있어서는 세 나라의 침례교인들 사이에는 유사점이 많이 있지만, 각 나라의 고유한 영성과 문화와 콘텍스트로 인해서 한국의 침례교회는 영국이나 미국의 침례교회가 똑같을 수는 없는 것이 현실이다. 한국의 침례교회는 나름대로의 독특성을 가지고 있음을 부인할 수 없다. 한국과 한국기독교라는 콘텍스트에서 한국의 침례교회들이 하나님의 나라 확장을 위해서 더 크게 쓰임받고자 한다면 아직 해결되지 못한 과제들을 해결하고 밝은 미래를 내다보며 정진해야 할 영역들이 있는데, 그 가운데 몇 가지를 제시하면 다음과 같다.

첫째로, 침례교 기원문제를 논함에 있어서 유럽대륙의 성서적 아나뱁티스트들(Biblical Anabaptists)과 그들의 신앙이 영국의 침례교회, 특히 영국의 일반침례교회에 끼친 영향이 어느 정도인가에 관한 것이다. 영국에서 활동했던 아나뱁티스트들에 관한 문헌적인 기록물들이 부족하기 때문에 그들의 역사적 신앙적 유산을 제대로 평가하기가 쉽지 않다. 네델란드와 영국 사이에는 그리 먼 거리가 아닌 도우버 해협(Dover Strait)이라는 바다가 놓여 있는데, 네델란드의 아나뱁티스트들인 메노나이트들(Mennonites)이 핍박을 피해서 혹은 선교의 목적으로 영국의 이스트 앵글리아(East Anglia) 지방으로 들어갔다. 그래서 그 지역의 중심도시였던 노르위치(Norwich)에서 최초의 분리주의 교회가 로버트 브라운(Robert Brown)에 의해 태동하였다.

그리고 1534년에 발표된 헨리 8세(Henry VIII, 1491-1509-1547)의 수장령(Act of Supremacy)에는 대륙으로부터 섬나라로 넘어온 전염병과 같은 이단들을 경계해야 한다는 내용이 포함되어 있는 것을 볼 때, 아나뱁티스트들의 유입이 그리 적지 않았던 것같다. 영국에서의 아나뱁티스트들의 흔적은 주로 그들이 이난자로 체포되어 재판을 받았던 기록들을 통해서 간접적으로만 알 수 있을뿐, 그들이 적극적으로 글이나 책으로 자신의 신앙이나 활동상황을 기록으로 남기고 있지 않기 때문에, 그들의 영국에서의 활동에 관해서 제대로 평가하기는 쉽지 않은 것같다. 특히 영국의 청교도운동(Puritanism)이나 분리주의운동(Separatist Movement)이 대두하게 된 배경에 성서적 아나뱁티스트들이 어떻게 어느 정도로 깊숙이 역할을 했는지를 규명하는 노력이 앞으로 더 필요하다고 생각한다.

둘째로, 영국의 일반침례교회는 일반속죄론(General Stonement, 무제한 속죄설 Unlimited Atonement)에 근거하여 세워졌지만, 영국의 특수침례교회는 칼빈주의적 구원론인 특수속죄론(Particular Atonement, 제한속죄설 Limited Atonement)을 수용해서 오직 하나님의 예정과 선택을 받은 자들만을 위해서 예수님이 십자가에 피흘려 돌아가셨고 그들만이 구원받게 된다는 입장을 취하였다. 그런데 이러한 구원관은 침례교의 기본적인 교회론, 다시 말하면 교회는 오직 신자들만으로 구성되고 교회회원이 되기 위해서는 신앙고백에 근거한 신자의 침례(Believer's Baptism)를 받아야 한다는 입장과 피치 못할 갈등을 빚고 있다.

영국은 물론이고 미국의 침례교회 역사 속에서 특히 다양한 침례교 신앙고백들에는 신학의 두 흐름, 즉 칼빈주의 전통과 알미니안 전통이 공존해 오고 있다. 필자가 미국에서 남침례교 교회에서 목회사역을 하면서 경험한 바에 의하면, 대체로 남침례교인들은 예수 그리스도의 속죄의 범위를 꽤 넓게 이해하는 것 같다. 누구든지 진심으로 회개하고 진심으로 예수님을 믿으면 구원받는다고 믿는 것 같다. 이것은 알미니안 구원론인 셈이다.

그런데 동시에 남침례교인들은 한번 진심으로 예수님을 믿었으면 하나님의 은혜로부터 떨어질 수 없고 한번 받은 구원을 상실할 수 없다고 믿는 것같다. 이를 침례교회에서는 "신자들의 궁극적 안전"(Ultimate Security of the Believers)이라고 부르는데, 이것은 칼빈주의에서 말하는 "성도들의 궁극적 견인"(Ultimate Perseverance of the Saints)과 그리 다르지 않다. 단지 후자는 하나님께서 택하신 백성을 결코 놓치지 않는다는 의미이지만, 전자는 예수님을 믿어서 하나님의 양자·양녀로 입양(adoption)이 되었기 때문에 한번 입양된 자녀들은 하나님께서 포기하지 않으신다는 의미이다. 결과는 유사한 것이다. 이렇듯 침례교 신앙에는 칼빈주의적 요소와 알미니우스주의적 요소가 함께 공존하고 있다.

그렇다면 영국의 특수침례교인들이 가지고 있었던 칼빈주의 신앙과 쟝 깔뱅을 따르는 개혁교회(Reformed Church) 교인들이 가지고 있었던 칼빈주의 신앙 사이에는 어떠한 유사점과 차이점이 있는지에 대해서 보다 구체적으로 규명할 필요가 있다. 동시에 개혁교회에서는 기본적으로 가지고 있는 구원론 체계는 TULIP인데, 성경에는 TULIP의 다섯 가지 입장을 지지해 주는 성경귀절들도 많이 있지만, 그러한 입장을 반대하는듯한 성경귀절들도 많이 있는 것을 부인할 수 없다. 그렇다면 어떤 것이 성경에 부합하는 교리체계인지를 규명하는 일도 중요한 숙제들 가운데 하나일 것이다.

셋째로, 미국 기독교계에서 오늘날 일부 근본주의자들(Fundamentalists) 사이에서 기독교 국가로서의 미국을 회복하자는 운동이 일어나고 있는데, 미국 연방헌법(Federal Constitution, 1789)과 제1차 수정헌법(The First Amendment, 1791)의 근본적인 취지는 무엇이었으며 침례교회가 강조하는 "교회와 국가의 분리"(Separation of the Church and the State) 원칙은 어떻게 정의되어야 하는가 하는 점이다.

복음에는 개인성(Individuality)이 있음과 동시에 사회성(Sociality)과 정치성(Politicality)도 있음을 부정할 수 없다. 개인영혼의 구원만을 지나치게 강조하는 것도 전복음(Whole Gospel)의 한쪽만을 믿는 것이 될 터인데, 이 양자 간의 조화를 어떻게 찾을 것인가 하는 것도 중요한 과제이다. 일반적으로 침례교회에서는 "사회구원"(social salvation)이라는 말을 그리 즐겨 쓰지 않는 것같다. 이 말보다도 교회의 "사회적 책임"(social responsibility)이라는 말을 많이 쓴다. 이를 다른 말로 표현하면 "변화받은 사람이 세상을 변화시켜야 한다"는 말이다. 그렇다면 그리스도인들은 "변화된 세상"을 위하여 어느 정도까지 정치적인 개입을 해야 할 것인지도 궁금해진다. 그리스도인과 교회의 정치참여의 한계는 무엇이며 공적인 직분을 가지고 있는 그리스도인 지도자들의 정치적인 발언의 한계는 무엇인지도 진지하게 고민할 필요가 있다.

넷째로, 한국 침례교회의 경우에 미남침례교와의 제휴(1949)를 통하여 그들의 선교적인 노력에 많은 도움을 입었는데, 이제 기독교한국침례회 총회는 미남침례교 총회와 어떤 관계를 설정해야 할 것인지도 중요한 과제이다. 1990년 이전까지만 해도 교회개척과 교단의 부흥발전을 위해 한국침례교선교회(KBM, Korea Baptist Mission)의 역할이 컸었고, 한국은 미남침례교 선교사들이 대거 입국하여 물심양면으로 많은 후원을 받은 피선교 국가였다고 해도 과언이 아니다.

그런데 이제 21세기가 전개되면서 한국의 침례교회는 기독교한국침례회 산하의 해외선교회(FMB)를 통해 수많은 나라들에 해외선교사들을 파송하는 또 다른 선교국으로 발돋움하였고, 현실적으로 선교지역에 따라서는 미남침례교 국제선교부(IMB)와 선교협력까지 하고 있는 상황이 되었다. 그렇다면 한국의 침례교회는 신학 면에 있어서나 관계 면에 있어서 미남침례교와 독립적이며 자주적인 입장을 가지고 있는가 그리고 그들과 대등한 동반자적인 위치를 가지고 있는가를 진지하게 물어보아야 하겠다. 이제는 일방적으로 도움을 받는 관계일 수는 없는 것이고, 양 교단 간에 대등한 입장에서 도움을 주고 받는(give and take) 관계로 발전하여야 할 것이다.

다섯째로, 특히 미남침례교 총회가 2004년에 침례교세계연맹(BWA, Baptist World Alliance)을 탈퇴한 마당에 그들과 어떠한 협력체제를 형성해야 할 것인지, 또한 1979년부터 이어져 온 그들의 근본주의적 신학성향에 대해 한국의 침례교회는 무조건 맹종만 해야 할 것인지에 대해서도 진지하게 고민하고 자문해 보아야 할 때가 되었다고 생각한다. 현재 남침례교 총회는 지나치게 우경화되어 있다. 대표적인 예가 바로 여자를 하나님의 종으로 안수하는 문제와 안수받은 여자목사를 지역교회의 담임목사로 세우는 문제이다. 근본주의적 보수주의자들이 지도력을 장악하고 있는 남침례교 총회의 현상황에서는 여자목사에 대해 매우 비판적이고 부정적인 입장을 취하고 있다.

그런데 기독교한국침례회 총회에서는 2009년도 연차총회에서 여성안수를 의결하였고, 그 이후 여성목사들이 배출되고 있다. 몇일 전에 지난 한 해 동안 안수받은 목사들을 총회가 인준하기 전에 그들에 대한 재교육 세미나가 열렸는데, 전체 150명의 새내기 목사들 가운데 약 20명이 여성목사들이었다. 이제 한국에서는 매우 보수적인 교단으로 알려진 대한 예수교장로회 합동 측과 고려 측을 제외하고는 거의 모든 교단에서 여성에게 안수를 하고 동시에 여성목사가 담임목회를 하는 시대로 접어들었다. 여성담임목회와 관련하여 남침례교와 한국침례교가 가장 큰 입장의 차이를 보이고 있다.

동시에 한국침례교가 지금까지는 주로 남침례교와만 선교적인 협력관계를 맺어 왔는데, 침례교세계연맹에 속한 다양한 나라들과 그 나라들의 침례교단들과의 협력문제도 이제 진지하게 고려해야 할 때가 되었다고 생각한다. 특히 최초의 침례교회를 태동시킨 영국침례교연맹(BUGB)은 침례교세계연맹(BWA)의 배후에 있는 가장 강력한 교단이고, 네덜란드 암스테르담으로 최근에 이전하여 새로운 명칭으로 문을 연 국제침례신학원구원(International Baptist Theological Study Center)은 유럽을 대표하는 침례신학대학원이 되었다.

기독교한국침례회도 남침례교 총회와만 독점적이고 배타적인 관계를 맺고 있을 필요는 없다고 생각한다. 영국의 침례교회들을 비롯한 유럽침례교연맹(Federation of European Baptist Churches)에 속한 침례교회들과도 교제와 협력의 문을 열어야 할 때가 되었다고 생각한다. 또한 우리 침례신학대학교도 국제침례신학연구원과 학적인 교류와 인적인 교제를 도모하여 신학의 폭을 넓혀갈 필요가 있다고 필자는 생각한다.

다시 말해서 기독교한국침례회가 피선교국이라는 의존적인 태도를 이제 청산할 때가 되었다. 이제 미국 남침례교 총회 다음으로 많은 해외선교사들을 파송하고 있는 기독교한국침례회는 이제 침례교국제사회에서 당당하게 독자적인 목소리를 낼 수 있는 위상을 정립하는 것도 앞으로의 중요한 과제라고 생각한다.

여섯째로, 1925년도 멤피스 총회(Memphis, TN)에서 결의하여 시행하고 있고 이제는 "남침례교 사역의 생명줄"(Lifeline of Southern Baptist Ministries)이 되어 있는 협동프로그램(Cooperative Program)을 한국의 침례교회에 도입하여 정착시키는 방안에 대해 심도 깊은 논의가 있어야 하겠다. 기독교한국침례회에서 총회 차원의 협력체제를 구축하여 국내 및 해외선교와 신학교육과 대규모적인 구제사역을 위해 한국 침례교회들의 자원을 최대한 활용할 수 있는 방안을 적극적으로 검토하여 시행할 때가 되었다고 본다. 교단 차원의 공감대가 형성되고 총회와 지역교회들 그리고 목회자들 사이에 신뢰(trust)를 구축하는 것이 급선무일 것이다.

마치 지역교회에서 목회자들이 성도들에게 십일조 헌금생활을 강조하듯이, 각 지역교회에서도 예산의 약 10% 정도씩을 "자발적으로"(voluntarily) 협동하는 마음으로 총회에 헌금을 한다면, 총회가 시행하고 있는 각종 사역들(해외선교, 국내 교회개척, 신학교육, 구제활동 등)은 얼마나 큰 능력을 발휘할 것인가? 한국 침례교회에서도 서서히 그러나 꾸준히 한국적인 상황 속에서 우리 나름의 협동선교체제를 만들어갈 필요가 있다고 필자는 생각한다.

일곱째로, 미국 남침례교 총회에서는 1925년 멤피스 총회에서 협동프로그램을 채택하면서 동시에 최초의 남침례교 신앙고백인 "침례교인의 신앙과 메시지"(Baptist Faith Message, 1925)를 채택하였다. 신앙고백의 채택은 대규모적이고 국제적인 사역들을 시행하기 이전에 남침례교 총회에 속한 전체 침례교회들의 신앙적인 공통분모를 형성하는 역할을 하였다. 동일한 신앙고백을 하는 크리스천들이, 동일한 신앙으로, 하나님께서 허락하시는 동일한 목표를 바라보며, 하나님의 일을 한다는 것은 큰 축복이 아닐 수 없었다.

기독교한국침례교 총회도 신앙고백이 없는 것은 아니다. 연차총회 회의록에 실려 있는 한국 침례교인들의 신앙진술인 "침례교회의 이상과 주장"은 다음과 같다:

1. 교회는 예수 그리스도께서 창설하셨고 친히 머리가 되시며 그 입법자이다.
2. 교회의 교리와 생활에 대한 유일하고 권위 있는 표준은 성경뿐이다.
3. 교회의 의식은 침례와 주의 만찬으로서 상징적 기념일뿐 구원의 조건은 아니다.
4. 교회의 직분은 목사와 집사로서 이들은 교회를 섬기는 이들이다.
5. 교회의 정체는 민주정치로서 행정만 할뿐 입법은 하지 않는다.
6. 교회의 회원은 하나님의 말씀과 성령으로 거듭난 신자들의 모임으로 구성된다.
7. 교회 회원의 의무는 신앙고백으로 침렐르 받고 신약성서의 모든 명령에 순종하는 것이다.
8. 모든 교회는 행정적으로 독립적이나 복음전도 사업은 협동한다.
9. 교회와 국가는 상호 분리되어 있다.
10. 신앙의 자유는 절대적이다.[530)]

한국의 침례교회가 믿고 가르치고 고백하는 신앙의 내용을 10가지로 아주 간략하게 진술하고 있다. 그러나 신앙의 골격은 갖추었으나 구체성에 있어서 많이 부족하고 항목에 있어서도 조직신학적인 주제에 따라 질서 있게 진술된 신앙고백이 아니다. 기독교한국침례회 총회에서도 남침교총회에서 발표한 신앙고백인 "침례교인의 신앙과 메시지"(1925, 1963, 2000)[531)]와 같은 체계적이고 질서정연한 신학적인 진술을 갖춘 신앙고백을 대내외적으로 공표할 때가 되었다. 목회자들과 침례신학대학교 교수들로 구성된 한국의 침례교신앙고백 기초위원회(가칭)와 같은 위원회를 만들어서 신앙고백의 초안을 만들게 하고, 총회 임원회와 각 지방회에 회람하여 의견을 수렴하고, 그리고 완성된 신앙고백을 연차총회에서 결의하면 될 것이다.

참고로 럼프킨(William L. Lumpkin)에 의해 편찬된 「침례교 신앙고백」(*Baptist Confessions of Faith*)라는 책에는 아나뱁티스트들의 신앙고백들과 영국과 미국의 다양한 신앙고백들 외에도, 독일, 스웨덴, 프랑스, 뉴질랜드, 오스트랄리아(호주), 캐나다, 브라질, 네델란드, 러시

530) 기독교한국침례회총회 편, 「기독교한국침례회 제105차 정기총회 의사자료」, 2015년 9월 21일.
531) 본서 제14장과 제19장 참조.

아 등과 같은 나라의 침례교 신앙고백을 영어로 번역하여 제시하고 있다.[532] 한국의 침례교인들도 제대로 체계적으로 진술된 신앙고백을 조만간에 가질 수 있기를 기대한다.

여덟째로, 1950년 2월에 최초의 선교사 부부(John & Jewell Abernathy)가 입국함으로 한국 땅에서의 남침례교 선교사역이 시작되었으나, 4개월 후에 한국전쟁(Korean Civil War)이 발발함으로 사역은 일시 중단되었다. 결국 이듬 해인 1951년부터 낙동강 동남부 지역인 대구와 부산을 중심으로 주로 전쟁난민들을 위한 구호사역으로 남침례교 선교가 시작되었다. 인천상륙작전의 성공과 9·28 서울수복 이후 어느 정도 전쟁이 소강상태로 접어들면서, 남침례교 선교사들은 피선교지 지도자 양성이라는 목표를 내걸고 신학교육 사역을 시작하였다. 침례교성경학원이 1953년에 대전에서 개원하였고, 이듬해인 1954년에 문교부의 허가를 받아 정식 신학교로 개교하였다. 전쟁 직후에 이루어진 결정이었기 때문에 선교사들도 한반도에 대한 지정학적인 지식이 결핍되었기 때문이었을까? 신학교를 서울이 아닌 대전에 세운 것이다.

대한민국은 "서울공화국"이라고 일컬어질 정도로 정치 경제 사회 문화 스포츠 등 모든 활동들이 수도인 서울에 집중해 있다. 기독교 각 교단의 신학교도 서울에 위치하고 있어서 신학교육도 서울을 중심으로 이루어지고 있는 것이 현실이다. 그런데 침례교의 경우에는 대전에 신학교가 위치하고 있다 보니, 타 교단들의 신학교들과 비교해 볼 때 경쟁력에 있어서 상당히 떨어져 있는 것이 사실이다.

앞에서 살펴본 것처럼 신학교의 서울진출에 대한 시도가 몇 차례 있었다. 알 게미지(Al Gammage) 선교사가 대전 침례회신학교의 학장으로 재직하고 있었을 때에, 신학교의 서울이전이라는 비전을 가지고 오늘날 말죽거리 지역을 교수들을 대동하고 시찰했을 정도로 그 계획은 구체적이었다. 그러나 대다수 교수들이 그의 비전에 적극적인 호응을 해 주지 않았고 대전 지역 목회자들로부터도 반대에 부딪혀 게미지 학장은 그 꿈을 접어야 했던 것이다. 두 번째 한국인 학장을 역임했던 허긴 박사에 의해 꺼져가던 불씨를 살려내듯이 신학교 서울이전의 꿈을 다시 일깨우려 했으나 성공하지 못했다. 그는 대전 소재 침례신학대학교와 수도침례신학교를 합병함과 동시에, 서울에 본격적인 대학원대학교로서의 침례신학원(Baptist Seminary)을 설립하고자 했으나 그 꿈을 접어야 했었다.

필자는 기독교한국침례회 내에 고등교육기관으로서 침례대학교(Baptist University)와 침례신학원(Baptist Seminary)을 두어야 한다고 생각한다. 이제 한국에서도 평신도들의 교육수준이 많이 높아져서 목회자들에 대한 영적, 지적, 교육적 기대가 무척 높아져 있는 것을 부인할 수 없다. 목회자 혹은 설교자는 성도들의 다양한 필요들과 욕구들을 충족시켜 주어

532) William L. Lumpkin, ed., *Baptist Confessions of Faith* (Valley Forge, PA: Judson Press, 1983).

야 할 책임이 있다. 물론 하나님의 말씀과 아가페의 사랑으로 목회사역을 감당해야 하겠지만 무엇보다도 목회자 혹은 설교자가 기도와 성령충만으로 준비되어야 하고 장기적으로는 교육적으로 준비되어야 한다.

필자는 우리나라에서도 미국처럼 본격적인 신학교육은 대학원 과정에서 이루어져야 한다고 생각한다. 학부 과정에서는 학생들로 하여금 앞으로 받게 될 신학교육을 위해서 다양한 지식을 획득하고 목회현장과 선교현장에 대한 풍부한 경험을 하게 하고, 본격적인 신학수업은 대학원에 와서 받도록 할 필요가 있다고 생각한다. 그렇다면 서울에 대학원대학교인 침례신학원을 세워 풍부한 인적 자원들을 지도자로 세우는 사역을 해야 한다고 생각한다. 학부과정의 침례대학교는 그 저변을 조금씩 넓혀가서 종합대학교로서의 면모를 갖추어 갈 필요가 있다. 사회가 필요로 하는 크리스천 지도자들 그리고 해당 분야의 크리스천 전문가들을 배출하여 하나님 나라뿐 아니라 세상나라에서도 빛과 소금이 되는 일꾼들을 배출하여야 한다고 생각한다.

현재 총회가 운영하고 있는 서울목회연구원이 여의도 총회빌딩에서 운영되고 있는데, 이 연구원이 서울에 위치한 침례신학원의 발판이 될 수 있으리라 생각한다. 한국 정부와의 협의를 거쳐서 합법적인 대학원대학교를 교통이 편리한 서울 시내나 근교에 세워서, 서울에 있는 다른 교단들의 신학원들과도 선의의 경쟁을 하고 서울에서 개최되는 각종 학회나 세미나에도 침례교 학자들이 적극적으로 참여하여 영향력을 끼칠 수 있어야 한다. 신학교의 서울이전이라는 불씨는 아직도 완전히 꺼져 있지 않다고 생각한다. 그 불씨를 살려내서 침례신학원이 국내는 물론 국제사회에서도 인정받는 세미나리(Seminary)가 되도록 하는 것이 가까운 미래에 풀어야 할 숙명과도 같은 중요한 과제이다.

아홉째로, 한국 침례교 신학의 정립이란 문제도 중요한 과제로 남아 있다. 한국의 침례교 신앙과 신학은 어떠한 특징을 가지고 있는지를 규명하는 것도 중요한 과제이다. 무엇보다도 영혼구원을 위한 신학, 세상을 향해 사회적 책임을 온전히 감당하는 신학, 세계선교를 위한 신학을 형성하는데 한국의 침례교 신학자들이 책임감과 사명감을 가져야 할 것이다. 신학교에서 어떤 신학을 가지고 있고 어떤 신학을 강조하느냐에 따라 그 신학교가 속한 교단의 교회들의 모습이 결정된다.

침례교인들의 신앙적 정체성을 다양하게 정의할 수도 있겠지만, 무엇보다도 침례교인들은 "선교하는 사람들"(People of Missions, Missionary People)이다. 근대 개신교 선교역사를 처음으로 개척하였고, 그래서 "근대선교운동의 아버지"(Father of Modern Missionary Movement)라는 영광스러운 별명을 얻은 사람이 영국인 침례교 목사가 아닌가? 19세기 중반에 독일에서 함부르크에 최초의 침례교회를 세웠고 유럽 여러 나라에 침례교운동을 일으켰던 요한 게르하르드 옹켄(Johann Gerhard Oncken)은 "침례교인 각자는 선교사이다"(*Jeder Baptisten Ein Missionar*, Every Baptist A Missionary)라는 유명한 말을 남겼다.

하나님께서 북한의 문을 언제 기적적으로 열어 주실지는 아무도 예측할 수 없다. 한때 평양은 "동방의 예루살렘"이라는 별명을 가졌을 정도로 한반도에서 기독교의 중심지 역할을 하였다. 그러나 북한에 공산주의 무신론자들이 정권을 장악하면서부터 지금까지 북한의 주민들은 영적인 암흑 가운데 살고 있다. 남한에서 종교의 자유를 누리면서 마음껏 하나님을 찬양하며 신앙생활을 하고 있는 우리 침례교인들은 북한선교를 위해서 여러 모로 준비하고 있어야 한다. 현재 국내선교회에서도 통일시대를 대비해서 북한주민들을 복음화하는 사역을 위한 청사진을 이미 만들어 놓고 있는 것으로 알고 있다. 우리 침례교인들은 해방이 그러하였듯이 도둑처럼 임할지 모르는 통일을 대비하여, 같은 언어를 사용하는 동족인 북한주민들을 주님께로 인도하기 위해 기도하며 준비하여야 하겠다.

한국의 침례교인들로 하여금 잃어버려진 영혼들을 찾아서 구원해 내는 일에 온전히 헌신하게 할 수 있는 신학을 가르치고 개발하여야 하겠다. 사도 요한이 요한복음을 기록한 목적을 되새기며 그 목적이 우리 침례교인들을 통해서 성취될 수 있도록 해야 하겠다: "오직 이것을 기록함은 너희로 예수께서 하나님의 아들이심을 믿게 하려 함이요, 또 너희로 믿고 그 이름을 힘입어 생명을 얻게 하려 함이니라"(요 20:31). 불신자들로 하여금 "믿게 하고 생명을 얻게 하는 것"이 우리 침례교인들의 첫 번째 우선순위가 되도록 해야 하겠다.

예수 그리스도의 짧지만 단호한 사명선언이 한국의 침례교인들(Korean Baptists)의 것이 되도록 해야 하겠다: "인자가 온 것은 잃어버린 자를 찾아 구원하려 함이니라"(눅 19:10). 예수님이 이 땅에 오신 가장 중요한 목적이 예수님을 따르는 한국의 침례교인들의 삶에서도 가장 중요한 목적이 되어야 하겠다.

참고자료

단행본: 1차 자료

Backus, Isaac. *A History of New England with Particular Reference to the Denomination of Christians Called Baptists.* 2 vols. Newton, MA: Backus Historical Society, 1871.

________. *An Abridgment of the Church History of New England from 1602 to 1804.* Boston, MA: n.p., 1804.

________. A Letter to a Gentleman, n.p., 1771.

________. *Isaac Backus on Church, State, and Calvinism: Pamphlets, 1754-1789.* William G. McLoughlin, ed. Cambridge: Belknap Press, 1968.

________. *Policy as Well as Honesty Forbids the Use of Secular Force in Religious Affairs.* Boston: n.p., 1779.

Baker, Robert A., ed. *A Baptist Source Book.* Nashville: Broadman Press, 1966.

Brackney, William H., ed. *Baptist Life and Thought: 1600-1980.* Valley Forge: Judson Press, 1983.

Dillenberger, John, ed. *John Calvin: Selections from His Writings.* Ann Arbor, MI: Edwards Brothers, Inc., 1975.

Estep, William R., Jr., ed. *Anabaptist Beginnings (1523-1533): A Source Book.* Nieuwkoop, Netherland: B. De Graaf, 1976.

Fenwick, Malcolm C. *The Church of Christ in Corea: A Pioneer Missionary's Own Story.* New York: Hodder & Stoughton, 1911.

________. 「대한기독교회사: 펜윅 선교사의 자서전적 이야기」. 허긴 역. 대전: 침례신학대학교출판부, 1989.

________. *Life in the Cup.* Mesa Grande, CA: Church of Christ in Corea Extension, 1915.

Gaustad, Edwin S., ed. *A Documentary History of Religion in America since 1965.* Grand Rapids: William B. Eerdmans Publishing Company, 1983.

Gill, John. *A Body of Doctrinal Divinity.* 3 vols. London: Printed for the author, 1769.

Grantham, Thomas. *Christianismus Primitivus.* London: n.p., 1678.

Graves, J. R. *Old Landmarkism: What Is It?* Texarkana, Ark.: Baptist Sunday School Committee, 1928.

Greene, L. F., ed. *The Writings of the Late Elder John Leland, Including Some Events in His Life, Written by Himself, with Additional Sketches.* New York: G. W. Wood, 1845: Reprint ed. New York: Arno Press & New York Times, 1969.

Hayden, Roger, ed. *Baptist Union Documents, 1948-1977*. London: Baptist Historical Society, 1980.

Helwys, Thomas. *A Short Declaration of the Mistery of Iniquity*. London: n.p., 1612. Reprinted by Kingsgate Press, London, 1935

Lumpkin, William L., ed. *Baptist Confessions of Faith*. Valley Forge: Judson Press, 1983.

________., ed. 「침례교 신앙고백서: 침례교의 역사와 교리 연구를 위한 안내서」. 김용복, 김용국, 남병두 역. 대전: 침례신학대학교출판부, 2008.

McBeth, H. Leon, ed. *A Sourcebook for Baptist Heritage*. Nashville: Broadman Press, 1990.

McGlothlin, W. J., ed. *Baptist Confessions of Faith*. Philadelphia, PA: American Baptist Publication Society, 1911.

McLoughlin, William G., ed. *Issac Backus on Church, State, and Calvinism: Pamphlets, 1754-1789*. Cambridge, MA: Harvard University Press, 1968.

Offor, George, ed. *The Hanserd Knollys Society for the Publication of the Works of Early English and Other Baptist Writers*. n.p., n.d.

Pendleton, J. M. *An Old Landmark Re-Set*. Fulton, KY: National Baptist Publishing House, 1899.

Shurden, Walter B., ed. *The Life of Baptists in the Life of the World*. Nashville: Broadman Press, 1985.

Sweet, William Warren, ed. *Religion on the American Frontier: The Baptists 1783-1830*. New York: Cooper Square Publishers, Inc., 1964.

Wenger, John Christian, ed. *The Complete Writings of Menno Simons (c.1496-1561)*. Trans. Leonard Verduin. Scottdale, PA: Herald Press, 1956.

White, B. R., ed. *Association Records of the Particular Baptists of England, Wales and Ireland to 1660*. London: Baptist Historical Society, 1974.

Williams, George H. and Angel M. Mergal, ed. *Spiritual and Anabaptist Writers*. Philadelphia: Westminster Press, 1957.

Williams, Roger. *The Bloudy Tenent* [sic] *of Persecution for the Cause of Conscience Discussed in a Conference between Peace and Truth*. London: n.p., 1644. Edited and reprinted by Edward Bean Underhill. London: J. Haddon, 1848.

________. *The Bloudy Tenent* [sic] *Yet More Bloudy*. London: Printed for Giles Calvert, 1652.

단행본: 2차 자료

개교60주년기념 학술논문집 편집위원회. 「침례교회 정체성: 역사 · 신학 · 실천」. 대전: 침례신학대학교출판부, 2014.

______. 「침례교회 목회 매뉴얼: 조직 · 예전 · 봉사」. 대전: 침례신학대학교출판부, 2014.

교회진흥원 60년사 편찬위원회. 「교회진흥원 60년사: 21C 교회성장과 축복의 통로」. 서울: 요단출판사, 2014.

기독교한국침례회총회 편. 「기독교한국침례회 제105차 정기총회 의사자료」. 2015년 9월 21일.

기준서, 역/해설. 「환원운동의 3대 문서: 선언과 제언문, 스프링필드 장로회의 최후 유언과 증언, 율법에 관한 설교」. 서울: 그리스도신학대학교 출판국, 2002.

김갑수. 「한국침례교 인물사」. 서울: 요단출판사, 2007.

______. 「은혜의 발자취: 한국 침례교회·총회·신학교의 역사와 회고」. 김용복 정리. 대전: 침례신학대학교출판부, 2013.

김기련. 「종교개혁사」. 서울: 한들출판사, 2011.

김남수. 「침례교 찬송가: 복음과 찬미」. 대전: 침례신학대학교출판부, 2005.

김명혁. 「한국교회 쟁점진단」. 서울: 규장문화사, 1998.

김병권. 「침례교 교회윤리학 모색」. 대전: 침례신학대학교출판부, 2016.

김승진. 「침례교 신앙의 관점에서 본 요한 칼빈: 그의 교회론은 신약성서적인가?」. 대전: 침례신학대학교출판부, 2007.

______. 「침례교회와 역사: 침례교회사의 주요논제들」. 수정증보판. 대전: 침례신학대학교출판부, 2009.

______. 「근원적 종교개혁: 16세기 성서적 아나뱁티스트들의 역사와 신앙과 삶」. 대전: 침례신학대학교출판부, 2011.

______. 「종교개혁가들과 개혁의 현장들: 아직도 미완성인 종교개혁」. 서울: 나침반출판사, 2015.

김안기. 「영국교회의 역사와 신학사상」. 서울: 대한기독교출판사, 1986.

김영재. 「기독교 교회사」. 서울: 도서출판 이레서원, 2002..

______. 「한국기독교의 재인식」. 서울: 도서출판 엠마오, 1994.

______. 「기독교 신앙고백: 사도신경에서 로잔협약까지」. 수원: 도서출판 영음사, 2011.

______. 「되돌아보는 한국기독교」. 수원: 합신대학원출판부, 2008

김용국. 「한국침례교사상사, 1889-1997」. 대전: 침례신학대학교출판부, 2005.

______. 「미국침례교회사」. 대전: 침례신학대학교출판부, 2014.

김용복. 「침례교신학: 침례교인의 신앙과 신학 유산」. 수정판. 대전: 침례신학대학교출판부, 2009.

김용해. 「대한기독교침례회사」. 서울: 대한기독교침례회총회, 1964.

김장배. 「한국침례교회의 산 증인들」. 서울: 침례회출판사, 1987.

김재성. 「칼빈과 개혁신학의 기초」. 수원: 합동신학대학원출판부, 1997.

김해연. 「기독교 종교개혁사」. 서울: 도서출판 은성, 1994.

______. 「한국교회사」. 서울: 성광문화사, 1997.

남궁원, 강석규. 「연표와 사진으로 보는 세계사」. 서울: 도서출판 일빛, 2005.

남병두. 「침례교회 특성 되돌아보기: 신약성서적 교회 회복을 위하여」. 대전: 침례신학대학교출판부,

2015.

노영식. 「한국인 교회정치 무엇이 문제인가?」. 대전: 침례신학대학교출판부, 1999.

______. 「침례와 세례, 무엇이 다른가?」. 서울: 요단출판사, 2006.

메노나이트 신앙고백 편찬위원회. 「메노나이트 신앙고백」(*The Confession of Faith in a Mennonite Perspective*). 김경중 역. 춘천: Korea Anabaptist Press, 1995.

민경배. 「한국기독교회사」. 신개정판. 서울: 연세대학교출판부, 1998.

______. 「교회와 민족」. 서울: 대한기독교출판사, 1981.

______. 「글로벌시대와 한국, 한국교회: 민족교회에서 글로벌교회로」. 서울: 대한기독교서회, 2011.

민경배 박사 고희기념논문집 출판 편집 후원위원회. 「교회 민족 역사」. 솔내 민경배 박사 고희기념논문집. 서울: 한들출판사, 2004.

박영돈. 「일그러진 한국교회의 얼굴: 한국교회 무엇이 문제인가」. 서울: IVP, 2013.

박영철 박사 정년퇴임기념논문집 발간위원회. 「사랑에 목숨을 걸고: 복음과 교회의 영광을 위하여」. 선목 박영철 박사 정년퇴임기념논문집. 대전: 침례신학대학교출판부, 2014.

박용규. 「한국기독교회사」 1, 2권. 서울: 생명의말씀사, 2006.

______. 「세계부흥운동사」. 서울: 생명의말씀사, 2014.

손두환. 「종교개혁사」. 서울: 도서출판 씨토스, 1999.

신광은. 「천하무적 아르뱅주의: 한국교회가 만들어낸 거대한 괴물」. 서울: 포이에마, 2014.

신성남. 「꼴보수 공학박사 신 집사의 어쩔까나 한국교회」. 서울: 아레오바고, 2014.

안상훈. 「민족운동총서: 종교교육투쟁」. 서울: 민족문화문고간행사, 1982.

안희열. 「말콤 펜윅: 시대를 앞서 간 선교사」. 개정증보판. 대전: 침례신학대학교출판부, 2010.

오덕교. 「종교개혁사」. 수원: 합동신학대학원출판부, 1998.

울릉도목회자향우회 역사편찬위원회. 「울릉도침례교발전사」. 출판지 미상: 남강문화사, 1999.

유동식. 「한국신학의 광맥: 한국신학사상사 서설」. 서울: 전망사, 1983.

유병기. 「침례교 선교의 발자취: 1988-2005 기독교한국침례회 해외선교회의 시작과 선교역사」. 서울: 기독교한국침례회 해외선교회, 2014.

이만열. 「한국기독교와 민족의식: 한국기독교사 연구논고」. 서울: 지식산업사, 2000.

이상현. 「역사, 그 지식의 즐거움」. 서울: 일송미디어, 2002.

이장식. 「기독교 사관의 역사」. 서울: 대한기독교서회, 1992.

이정수. 「한국침례교회사」. 기독교한국침례회총회 역사편찬위원회 편. 서울: 침례회출판사, 1990.

이정희. 「기독교예식 매뉴얼」. 서울: 침례회출판사, 2000.

이주형. 「교인, 교회, 교단, 모두 혁신하라: 한국교회, 누구를 위한 곳인가」. 고양: 도서출판 상상나무, 2014.

이형기. 「세계교회사 (I), (II)」. 서울: 한국장로교출판사, 1994.

임도건. 「종교개혁의 역사와 신학」. 서울: 기독교문서선교회, 1995.

장수한. 「그래도, 희망의 역사: 나와 세상을 바꾸는 역사 읽기」. 파주: 도서출판 동녘, 2009.

전경연. 「칼빈의 생애와 신학사상」. 서울: 한신대학출판부, 1982.

정수영. 「신약교회 사관에 의한 종교개혁사」. 서울: 쿰란출판사, 2012.

_____. 「부흥의 역사」. 대전: 도서출판 명현, 2001.

_____. 「역사와 신학」. 대전: 도서출판 명현, 2000.

조용호. 「기독교가 울릉도에 미친 영향: 현포교회를 중심으로」. 대전: 한국침례교회역사연구회, 2014.

주재용. 「역사와 신학적 증언」. 서울: 대한기독교출판사, 1981.

차하순. 「새로 쓴 서양사총론 1, 2」. 서울: 탐구당, 2002.

차하순 편저. 「사관의 현대적 조명」. 서울: 청람문화사, 1978.

최덕성. 「신학충돌: 기독교와 세계교회협의회」. 서울: 본문과 현장 사이, 2012.

최봉기 편. 「침례교회: 신앙/고백/전통/실천」. 대전: 침례신학대학교출판부, 1997.

최봉기 · 펜윅신학연구소 편. 「말콤 C. 펜윅: 한국기독교 토착화의 거보」. 서울: 요단출판사, 1996.

침례교신학연구소 편. 「다문화시대에 다시 보는 한국침례교회」. 대전: 침례신학대학교출판부, 2009.

_____. 「교회와 여성의 리더십」. 대전: 침례신학대학교출판부, 2006.

_____. 「하나님의 주권과 인간의 자유」. 대전: 침례신학대학교출판부, 2003.

_____. 「침례교회예전: 침례와 주의 만찬」. 대전: 침례신학대학교출판부, 2008.

_____. 「한국침례교의 신학적 특성」. 대전: 침례신학대학교출판부, 2003.

_____. 「한국침례교와 신앙의 특성」. 대전: 침례신학대학교출판부, 2000.

_____. 「한국침례교의 실천적 특성」. 대전: 침례신학대학교출판부, 2001.

_____. 「신학의 순례자를 위한 신학입문」. 개정증보판. 대전: 침례신학대학교출판부, 2015.

_____. 「종교개혁 그 이전: 종교개혁의 중세후기 배경」. 대전: 침례신학대학교출판부, 2016.

침례교신학총서 집필위원회. 「침례교 신학총서」. 서울: 요단출판사, 2016.

한국기독교역사연구소 편. 「한국 기독교의 역사 I, II, III」. 서울: 기독교문사, 2000.

한국사특강편찬위원회, 편. 「한국사특강」. 개정신판. 서울: 서울대학교출판부, 2008.

허긴. 「한국침례교회사」. 대전: 침례신학대학교출판부, 1999.

허긴 박사 은퇴기념논문집 발간위원회. 「한국침례교회와 역사: 회고와 성찰」. 해송 허긴 박사 은퇴기념논문집. 대전: 침례신학대학교출판부, 2010.

홍치모 외. 「급진종교개혁사론」. 서울: 도서출판 느티나무, n.d.

Abernethy, Thomas P. *The South in the New Nation 1789-1819.* Vol. 4 of *A History of the South.* Baton Rouge, LA: Louisiana State University Press, 1961.

Alley, Reuben Edward. *A History of Baptists in Virginia.* Richmond: Virginia Baptist General Board, 1973.

Anderson, Stanley E. 「침례의 중요성」. 이요한 역. 서울: 침례회출판사, 1975.

Armitage, Thomas. *A History of the Baptists: Traced by Their Vital Principles and Practices from the Time of Our Lord and Saviour Jesus Christ to the Year 1886.* New York: Bryan, Taylor and Co., 1887.

Assefa, Hizkias. 「평화와 화해의 새로운 패러다임」 (*Peace and Reconcilliation as a Paradigm*). 이재영 역. 춘천: Korea Anabaptist Press, 2005.

Austin, Bill. *Austin's Topical History of Christianity.* Wheaton, IL: Tyndale House Publishers, Inc., 1987.

Bacon, Ernest W. *Spurgeon, Heir of the Puritans.* Grand Rapids: William B. Eerdmans Publishing Company, 1968.

Bachiocchi, Samuelle. 「안식일에서 주일로」 (*From Sabbath to Sunday*). 이국헌 역. 서울: 나무그루, 2012.

Baergen, Rudy. 「메노나이트 이야기」 (*The Mennonite Story*). 김복기 역. 춘천: Korea Anabaptist Press, 2005.

Bagchi, David and David C. Steinmetz, ed. *The Cambridge Companion to Reformation Theology.* Cambridge, Uk: Cambridge University Press, 2004.

Bainton, Roland H. *The Travail of Religious Liberty.* New York: Harper & Brothers Publishers, 1958.

Baker, Robert A. *A Summary of Christian History.* Nashville: Broadman & Holman Publishers, 1994.

________. *The Southern Baptist Convention and Its People 1607-1972.* Nashville: Broadman Press, 1974.

________. *Relation between Northern and Southern Baptists.* Fort Worth, TX: Evans Press, 1948.

________. 「침례교발전사」 (*The Baptist March in History*). 허긴 역. 서울: 침례회출판사, 1968.

________ and Paul J. Craven, Jr. *Adventure in Faith: The First 300 Years of First Baptist Church, Charleston, South Carolina.* Nashville, TN: Broadman Press, 1982.

Barnes, Lemuel C. and Others, *Pioneers of Light.* Philadelphia, PA: American Baptist Publication Society, n.d.

Barnes, William Wright. *The Southern Baptist Convention: 1845-1953.* Nashville: Broadman Press, 1954.

________. *The Southern Baptist Convention: A Study in the Development of Ecclesiology.* Fort Worth: n.p., 1934.

Basden, Paul A., ed. *Has Our Theology Changed?: Southern Baptist Thought since 1845.* Nashville: Broadman & Holman Publishers, 1994.

Baugh, John F. *The Battle for Baptist Integrity.* Austin, TX: n.p., 1996.

Bauman, Michael & Martin I. Klauber, ed. 「전통을 지켜온 기독교 역사가들」 (*Historians of the Christian Tradition*). 라은성 역. 서울: 도서출판 이레서원, 2002.

Beasley-Murray, George Raymond. 「성서적 침례론」 (*Baptism in the New Testament*). 임원주 역. 서울:

검과 흙손, 2006.

________. *Radical Believers: The Baptist Way of Being the Church*. Didcot, Oxfordshire: Baptist Union of Great Britain Press, 1992.

Bebbington, David W. *Baptists through the Centuries: A History of a Global People*. Waco, TX: Baylor University Press, 2010.

________. *Patterns in History: A Christian Perspective on Historical Thought*. Grand Rapids, MI: Baker Book House, 1979.

________. 「역사관의 유형들」. 천진석, 김진영 역. 서울: 두란노서원, 1988.

Becker, Palmer. 「아나뱁티스트 크리스천」 (*What Is an Anabaptist Christian?*). 김복기 역. 춘천: Korea Anabaptist Press, 2009.

Benedict, David. *A General History of the Baptist Denomination in America and Other Parts of the World*. 2 vols. Boston: Lincoln and Edmands, 1813.

Blount, Douglas K. and Joseph D. Wooddell. *Baptist Faith and Message 2000: Critical Issues in America's Largest Protestant Denomination*. Langham, MD: Rowman & Littlefield Publishers, Inc., 2007.

Bochenski, Michael I. *Theology from Three Worlds: Liberation and Evangelization for the New Europe*. Macon, GA: Smyth & Helwys Publishing, Inc., 1997.

Brackney, William H. *A Genetic History of Baptist Thought with Special Reference to Baptists in Britain and North America*. Macon, GA: Mercer University Press, 2004.

Briggs, J. H. Y. *The English Baptists of the Nineteenth Century*. Didcot, Oxfordshire, UK: Baptist Historical Society, 1994.

Broadbent, E. H. 「순례하는 교회: 신약교회 원리에 충실한 교회들의 역사」 (*The Pilgrim Church*). 전도출판사 편집부 역. 고양: 전도출판사, 1999.

Brooks, Oscar S. *The Drama of Decision: Baptism in the New Testament*. Peabody, MA: Hendrickson Publishers, 1987.

Brown, Raymond. *The English Baptists of the Eighteenth Century*. London, UK: Baptist Historical Society, 1986.

Burgess, Walter H. *John Smyth the Se-Baptist, Thomas Helwys and the First Baptist Church in England*. London: James Clarke & Co., 1911.

Bush, L. Russ and Tom J. Nettles. *Baptists and the Bible*. Chicago: Moody Press, 1980.

________. 「침례교인과 성경」 (*Baptists and the Bible*). 노창우 역. 서울: 요단출판사, 1986.

Butterfield, Herbert. *Christianity and History*. New York: Charles Scribner's Sons, 1950.

Cairns, Earle E. *Christianity through the Centuries: A History of the Christian Church*. The 3rd Edition. Revised and Expanded. Grand Rapids, MI: Zondervan Publishing House, 1996.

Callen, Barry L. 「급진적 기독교」 (*Radical Christianity*). 배덕만 역. 대전: 도서출판 대장간, 2010.

Carey, S. P. *William Carey*. Philadelphia: Judson Press, 1923.

Carr, Edward H. 「역사란 무엇인가」 (*What Is History*). 황문수 역. 서울: 범우사, 1982.

Carroll, J. M. *The Trail of Blood*. Lexington, KY: Ashland Avenue Baptist Church, 1931.

Cauthen, Baker James. *Advance: A History of Southern Baptist Foreign Missions*. Nashville: Broadman Press, 1970.

Clements, K. W., ed. *Baptists in the Twentieth Century*. London: Baptist Historical Society, 1983.

Clendenin, Daniel B. 「동방정교회 개론」 (*Eastern Orthodox Christianity: A Western Perspective*). 김도년 역. 서울: 도서출판 은성, 1996.

Clouse, Bonnidell and Robert G. Clouse, ed. *Women in Ministry: Four Views*. Downers Grove, Il.: InterVarsity Press, 1989.

Coggins, James R. *John Smyth's Congregation: English Separatism, Mennonite Influence, and the Elect Nation*. Waterloo, Ontario: Herald Press, 1991.

Cole, Edward B. 「침례교의 유래」. 임성택 역. 서울: 생명의 말씀사, 1986.

Combs, James O., ed. *The Roots and Origins of Baptist Fundamentalism*. Springfield: John the Baptist Press, 1984.

Cook, Harvey T. *Biography of Richard Furman*. Greenville, SC: Baptist Courier, 1913.

Cothen, Grady C. *What Happened to the Southern Baptist Convention?: A Memoir of the Controversy*. Macon, GA: Smyth and Helwys Publishing, Inc., 1993.

Criswell, W. A. *The Doctrine of the Church*. Nashville: Convention Press, 1985.

Crowley, John G. *Primitive Baptists of Wiregrass South*. Gainsville, FL: University of Florida Press, 1998.

Dallimore, Arnold A. *Spurgeon: A New Biography*. Edinborough: Banner of Truth, 1985.

Davidson, William F. *The Free Will Baptists in America 1727-1984*. Nashville: Randall House Publications, 1985.

Dawson, Joseph M. *Baptists and the American Republic*. Nashville: Broadman Press, 1956.

Deweese, Charles W., ed. *Defining Baptist Convictions: Guideline for the Twenty-first Century*. Franklin, TN: Providence House Publishers, 1996.

________., ed. 「21세기 속의 1세기 신앙: 침례교 신앙 정의하기」 (*Defining Baptist Convictions*). 김승진 역. 대전: 침례신학대학교출판부, 2007.

Dilday, Russel H., Jr. *The Doctrine of Biblical Authority*. Nashville: Convention Press, 1982.

Dockery, David S., ed. *Southern Baptists & American Evangelicals*. Nashville: Broadman & Holman Publishers, 1993.

Dorgan, Howard. *The Old Regular Baptists of Central Appalachia*. Knoxville: University of Tennessee Press, 1989.

Draper, James T., Jr. *Authority: The Critical Issue for Southern Baptists*. Old Tappan, NJ: Fleming H. Revell Company, 1984.

________. *Bridges to the Future: A Challenge to Southern Baptists*. Nashville: Convention Press, 1994.

Driver, John. 「초기 그리스도인들이 본 전쟁과 평화」(*Early Christian Understandings of War*). 이상규 역. 춘천: Korea Anabaptist Press, 2010.

Drummond, Lewis A. *Spurgeon: Prince of Preachers*. Grand Rapids: Kregel Publications, 1992.

Duesing, Jason G., Thomas White, and Malcolm B. Yarnell III. *Upon This Rock: The Baptist Understanding of the Church*. Nashville: B & H Publishing Group, 2010.

Durnbaugh, Donald F. *The Believers' Church: The History and Character of Radical Protestantism*. Scottdale, PA: Herald Press, 1985.

________. 「신자들의 교회: 영광스러운 교회의 권위」(*The Believers' Church*). 최정인 역. 대전: 도서출판 대장간, 2015.

Dyck, Cornelius J. 「아나뱁티스트 역사: 메노나이트를 중심으로」(*An Introduction to Mennonite History*). 대전: 도서출판 대장간, 2013.

Eaton, Clement. *The Freedom of Thought Struggle in the Old South*. New York: Peter Smith Publisher, 1951.

________. *The Mind of the Old South*. Baton Rouge, LA: Lousiana State University Press, 1964.

Edge, Findley B. *The Doctrine of the Laity*. Nashville: Convention Press, 1985.

Estep, William R. *The Anabaptist Story: An Introduction to Sixteenth-Century Anabaptism*. 3rd edition. Revised and enlarged. Grand Rapids: William B. Eerdmans Publishing Company, 1996.

________. 「재침례교도의 역사」(*The Anabaptist Story*). 정수영 역. 서울: 요단출판사, 1987.

________., ed. *The Lord's Free People in a Free Land: Essays in Baptist History in Honor of Robert A. Baker*. Fort Worth, TX: Evans Press, 1976.

________. *Whole Gospel, Whole World: The Foreign Mission Board of the Southern Baptist Convention 1845-1995*. Nashville: Broadman & Holman Publishers, 1994.

________. *Revolution within the Revolution: The First Amendment in Historical Context 1612-1789*. Grand Rapids: William B. Eerdmans Publishing Company, 1990.

________. *Renaissance and Reformation*. Grand Rapids, MI: William B. Eerdmans Publishing Company, 1986.

________. 「르네상스와 종교개혁」(*Renaissance and Reformation*). 라은성 역. 서울: 도서출판 그리심, 2002.

________. 「왜 침례교인인가?: 침례교인의 신앙과 역사적 유산」(*Why Baptist?: A Study of Baptist Faith and Heritage*). 김승진 역. 서울: 요단출판사, 2014.

Farley, Gary. *The Doctrine of God*. Nashville: Convention Press, 1977.

Fickett, Harold L., Jr. 「침례교인의 신앙」(*A Layman's Guide to Baptist Beliefs*). 도한호, 정익환 역. 서울: 침례회출판사, 1975.

Fiddes, Paul S. *Baptist Identity in Church and Theology*. Tracks and Traces, Vol. 13. Carlisle, UK: Paternoster Press, 2003.

Finger, Thomas N. *A Contemporary Anabaptist Theology: Biblcal, Historical, Constructive*. Downers

Grove, Il: InterVarsity Press, 2004.

Finnie, Kellsye. 「윌리암 캐리」 (*William Carey*). 서울: 죠이선교회출판부, 1986.

Fish, Henry C. *The Price of Soul-Liberty and Who Paid It*. Rochester, NY: Backus Book Publishers, 1983.

Fitts, Leroy. *A History of Black Baptists*. Nashville: Broadman Press, 1985.

Fletcher, Jesse C. *Baker James Cauthen: A Man for All Nations*. Nashville: Broadman Press, 1977.

________. *The Southern Baptist Convention: A Sesquicentennial History*. Nashville: Broadman & Holman Publishers, 1994.

Friesen, Abraham. *Erasmus, the Anabaptists, and the Great Commission*. Grand Rapids, MI: William B. Eerdmans Publishing Company, 1998.

Foshee, Howard B. 「교회행정편람」. 이정희 역. 대전: 침례신학대학교출판부, 1987.

Friedmann, Robert. *The Theology of Anabaptism*. Scottdale, PA: Herald Press, 1973.

Frost, J. M. *Pedobaptism: Is It from Heaven or of Men*. Reprinted. Paris, AR: Baptist Standard Bearer, Inc., 2006.

Furman, Wood, ed., *A History of the Charleston Association of Baptist Churches in the State of South Carolina*. Charleston, SC: J. Hoff, 1811.

Gardner, Robert G. *Baptists of Early America: A Statistical History, 1639-1790*. Atlanta: Georgia Baptist Historical Society, 1983.

Garrett, James Leo, Jr. *Baptist Theology: A Four-Century Study*. Macon, GA: Mercer University Press, 2009.

________ and E. Glenn Hinson. *Are Southern Baptists "Evangelical"?* Macon, GA: Mercer University Press, 1983.

George, Timothy. *Theology of Reformers*. Nashville: Broadman Press, 1988.

________. 「개혁자들의 신학」 (*Theology of Reformers*). 이은선, 피영민 역. 서울: 요단출판사, 1994.

George, Timothy and David S. Dockery, eds. *Baptist Theologians*. Nashville: Broadman Press, 1990.

________., eds. *Theologians of the Baptist Tradition*. Nashville: Broadman & Holman Publishers, 2001.

________., 편집. 「침례교신학자들, 상, 하」 (*Baptist Theologians*). 김용복, 역. 대전: 침례신학대학교출판부, 2007.

Goen, C. C. *Revivalism and Separatism in New England, 1740-1800*. New Haven: Yale University Press, 1962.

Goertz, Hans-Juergen, ed. *Profiles of Radical Reformers*. Scottdale, PA: Herald Press, 1982.

Gonzalez, Justo L. *The Story of Christianity*. Volume I, II. San Francisco: Harper & Row, Publishers, 1984.

________. *A History of Christian Thought*. Volume I, II, III. Nashville: Abingdon Press, 1989.

_______. *Christian Thought Revised: Three Types of Theology*. Nashville: Abingdon Press, 1989.

_______. *A Concise History of Christian Doctrine*. Nashville: Abingdon Press, 2005.

Good, Merle and Phyllis. *20 Most Asked Questions about the Amish and Mennonites*. Intercourse, PA: Good Books, 1995.

Goodwin, Everett C. *The New Hiscox Guide for Baptist Churches*. Valley Forge, PA: Judson Press, 1995.

Gordon, Ernest B. *Adoniram Judson Gordon*. New York: Fleming H. Revell Company, 1896.

Graham, Billy. *The Holy Spirit*. Dallas: Word, 1988.

Grenz, Stanley J. *Isaac Backus-Puritan and Baptist*. Macon, Ga.: Mercer University, 1983.

Grammich, Clifford A., Jr. *Local Baptists, Local Politics*. Knoxville: University of Tennessee Press, 1999.

Green, Genevieve. comp. *Missionary Album*. Nashville: Convention Press, 1954.

Haller, William. *The Rise of Puritanism*. Philadelphia, PA: University of Pennsylvania Press, 1984.

Harrison, Paul M. *Authority and Power in the Free Church Tradition*. Princeton: Princeton University Press, 1959.

Hayden, Roger. *English Baptist History and Heritage*. Didcot, Oxfordshire, UK: Baptist Union of Great Britain Press, 1990.

Heimert, Alan. *Religion and the American Mind: From the Great Awakening to the Revolution*. Cambridge, MA: Harvard University Press, 1966.

Hendricks, William L. *The Doctrine of Man*. Nashville: Convention Press, 1977.

Hershberger, Guy F., ed. *The Recovery of the Anabaptist Vision: A Sixtieth Anniversary Tribute to Herold S. Bender*. Scottdale, PA: Herald Press, 1962.

Hinson, E. Glenn. *Religious Liberty: The Christian Roots of Our Fundamental Freedoms*. Louisville, KY: Glad River Publications, 1991.

_______. *The Integrity of the Church: A Study of New Testament Concepts Interpreted through Christian History into Our Era of Rapid Social Change*. Nashville: Broadman Press, 1978.

Hobbs, Herschel H. *The Baptist Faith and Message*. Revised. Nashville: Convention Press, 1996.

_______. 「침례교 신앙과 메시지」. 김용민, 임형모 역. 대전: 엘도론, 2011.

_______. 「침례교인들은 무엇을 믿는가?」 (*What Baptists Believe?*). 김태식 역. 서울: 서로사랑, 1997.

Hobbs, Herschel H. and E. Y. Mullins. *The Axioms of Religion*. Revised edition. Nashville: Broadman Press, 1978.

_______. 「기독교신앙의 6대 공리: 침례교의 신학적 유산」. 김용복 역. 대전: 침례신학대학교출판부, 2005.

Hofer, John. 「후터라이트 공동체의 역사」 (*The History of the Hutterites*). 김복기 역. 춘천: Korea Anabaptist Press, 2008.

Hogue, C. B. *The Doctrine of Salvation*. Nashville: Convention Press, 1978.

Hood, Roland P. *Southern Baptist Work in Canada*. Portland: Baptist General Convention of Oregon-Washington, 1968.

Hostetler, John. 「후터라이트 사람들, 그 삶의 이야기」 (*Hutterite Life*). 김복기 역. 춘천: Korea Anabaptist Press, 2007.

Hovey, Alvah. *A Memoir of the Life and Times of the Rev. Isaac Backus*. Boston: n. p., 1859.

Howe, Claude L. *Glimpses of Baptist Heritage*. Nashville: Broadman Press, 1981.

Hudson, Winthrop S., ed. *Baptist Concepts of the Church*. Chicago: Judson Press, 1959.

Humphreys, Fisher. *The Way We Were: How Southern Baptist Theology Has Changed and What It Means to Us All*. Revised edition. Macon, GA: Smyth & Helwys Publishing, Inc., 2002.

James, Rob and Gary Leazer, 「미국 남침례교 현대사: 근본주의자들의 남침례교단 장악 약사」. 정양숙 역. 대전: 침례신학대학교출판부, 2001.

Jeter, Jeremiah B. *The Recollections of Long Life*. n.p.: Religious Herald Company, 1891.

Jewett, Paul K. *The Ordination of Women: An Eassay on the Office of Christian Ministry*. Grand Rapids: William B. Eerdmans Publishing Company, 1980.

Jonas, W. Glenn, Jr., ed. *The Baptist River: Essays on Many Tributaries of A Diverse Tradition*. Macon, GA: Mercer University Press, 2006.

Jones, Keith G. *A Believing Church: Learning from Some Contemporary Anabaptist and Baptist Perspectives*. Didcot, Oxfordshire, UK: Baptist Union of Great Britain, 1998.

Kirkwood, Dean R. *European Baptists: A Magnificent Minority*. New York: Houghton Mifflin Company, 1972.

Kreider, Alan. *Journey towards Holiness: A Way of Living for God's Nation*. Scottdale, PA: Herald Press, 1987.

________. 「초대교회의 예배와 전도」 (*Worship and Evangelism in Pre-Christendom*). 허현 역. 춘천: Korea Anabaptist Press, 2003.

________. 「회심의 변질」 (*The Change of Conversion and the Origin of Christendom*). 박삼종, 신광은, 이성하, 전남식 역. 대전: 도서출판 대장간, 2012.

________ and Eleanor. 「평화교회는 가능한가?」 (*Is A Peace Church Possible?*). KAP 편집부 역. 춘천: Korea Anabaptist Press, 2003.

Latourette, Kenneth Scott. *The 19th Century in Europe*. vol. I & II. *The 19th Century Outside Europe*. vol. III. Grand Rapids, MI: Zondervan Publishing House, 1958.

Leavell, Landrum P., II. *The Doctrine of the Holy Spirit*. Nashville: Convention Press, 1983.

Lee, Jason K. *The Theology of John Smyth: Puritan, Separatist, Baptist, Mennonite*. Macon, GA: Mercer University Press, 2003.

Leonard, Bill J. *Baptist Ways: A History*. Valley Forge, PA: Judson Press, 2003.

________. *God's Last & Only Hope: The Fragmentation of the Southern Baptist Convention.* Grand Rapids, MI: William B. Eeerdmans Publishing Company, 1990.

________., ed. *Dictionary of Baptists in America.* Downers Grove, IL: InterVarsity Press, 1994.

________. *Baptists in America.* New York: Columbia University Press, 2005.

________. *The Challenge of Being Baptist: Owning a Scandalous Past and an Uncertain Future.* Waco, TX: Baylor University Press, 2010.

Littell, Franklin Hamlin. *The Anabaptist View of the Church: A Study in the Origins of Sectarian Protestantism.* Beacon Hill, Boston: Starr King Press, 1958.

Lohse, Bernhard. *Martin Luther: An Introduction to His Life and Work (Martin Luther-Eine Einfuhrung in Sein Leben and Sein Werk).* Trans. Robert C. Schultz. Philadelphia: Fortress Press, 1986.

Lord, F. Townley. *Achievement: A Short History of the Baptist Missionary Society, 1792-1942.* London: Carey Press, 1942.

Lumpkin, William L. *Baptist Foundations in the South.* Nashville: Broadman Press, 1961.

________. *A History of Immersion.* Nashville: Broadman Press, 1962.

________. 「침례의 역사」. 노윤백 역. 서울: 침례회출판사, 1976.

MacArthur, John F. Jr. *Ashamed of the Gospel: When the Church Becomes Like the World.* Wheaton, IL: Crossway Books, 1993.

Mangalwadi, Vishal & Ruth Mangalwadi. 「윌리엄 캐리와 성경의 문명개혁 능력」(*William Carey and the Civilizing Power of the Bible*). 김정훈 역. 서울: 예영커뮤니케이션, 1997.

Marsden, George M. *Fundamentalism and American Culture: The Shaping of Twentieth-century Evangelicalism, 1870-1925.* Oxford, UK: Oxford University Press, 1980.

________. *Understanding Fundamentalism and Evangelicalism.* Grand Rapids, MI: William B. Eerdmans Publishing Company, 1991.

Maston, T. B. *Ethical and Social Attitudes of Isaac Backus.* New Haven: Yale University Press, 1939.

________. *Isaac Backus: Pioneer of Religious Liberty.* Rochester, NY.: American Baptist Historical Society, 1962.

McBeth, H. Leon. *The Baptist Heritage: Four Centuries of Baptist Witness.* Nashville: Broadman Press, 1987.

________. 「침례교회의 역사와 유산, 상」. 김용국, 남병두, 장수한 역. 대전: 침례신학대학교출판부, 2013.

________. *English Baptist Literature on Religious Liberty to 1689.* New York: Arno Press, 1980.

________. *Women in Baptist Life.* Nashville: Broadman Press, 1979.

McCall, Duke K., ed. *What Is the Church?* Nashville: Broadman Press, 1958.

McClellen, Albert. *The Executive Committee of the Southern Baptist Convention 1917-1984.* Nashville: Broadman Press, 1985.

________. *Meet Southern Baptists.* Nashville: Broadman Press, 1978.

McDow, Malcolm & Alvin L. Reid. *Fire Fall: How God Has Shaped History through Revivals.* Nashville: Broadman & Holman Publishers, 1997.

McGlothlin, William J. *Baptist Beginnings in Education: A History of Furman University.* Nashville: Broadman Press, 1926.

McLoughlin, William G. *New England Dissent 1630-1833: The Baptists and the Separation of Church and State.* 2 vols. Cambridge, MA: Harvard University Press, 1971.

________. *Isaac Backus and the American Pietistic Tradition.* Boston: Little, Brown and Company, 1967.

Mead, Frank S. and Samuel Hill, eds. *Handbook of Denominations in the United States.* The 9th Edition. Nashville: Abingdon, 1992.

Miller, Glenn T. *Religious Liberty in America.* Philadelphia: Westminster Press, 1976.

Moody, Dale. *Baptism: Foundation for Christian Unity.* Philadelphia: Westminster Press, 1967.

Moore, John Allen. *Anabaptist Portraits.* Scottdale, PA: Herald Press, 1984.

Morris, Henry M., III. *Baptism: How Important Is It?* Denver, CO: Accent-B/P Publications, Inc., 1978.

Mueller, W. *Church and State in Luther and Calvin.* Nashville: Broadman Press, 1954.

Muller, Richard A. 「16세기 맥락에서 본 진정한 칼뱅신학」 (*The Unaccommodated Calvin*). 이은선 역. 성남: 나눔과 섬김, 2003.

Mullins, E. Y. *The Christian Religion in Its Doctrinal Expression.* Nashville: Sunday School Board of the Southern Baptist Convention, 1917.

________. *Axioms of Religion: A New Interpretation of the Baptist Faith.* Philadelphia: American Baptist Publication Society, 1908.

Murray, Stuart. 「아나뱁티스트 성서해석학」 (*Biblical Interpretation in the Anabaptist Tradition*). 문선주 역. 대전: 도서출판 대장간, 2013.

________. 「이것이 아나뱁티스트다」 (*The Naked Anabaptist*). 강현아 역. 대전: 도서출판 대장간, 2011.

Nash, Ronald H. *The Meaning of History.* Nashville: Broadman & Holman Publishers, 1998.

Neely, Alan, ed. *Being Baptist Means Freedom.* Charlotte, NC: Southern Baptist Alliance, 1988.

Nettles, Tom J. *The Baptists: Key People Involved in Forming a Baptist Identity.* Fearn, Scotland: Christian Focus Publications, 2005.

________. 「종교개혁신학의 회복: 개혁주의 전통과 침례교 신학」. 이한상 역. 대전: 엘도론, 2010.

________ and Russel D. Moore, ed. *Why I Am a Baptist.* Nashville: Broadman & Holman Publishers, 2001.

Newman, A. H. *A History of Baptist Churches in the United States.* Philadelphia: American Baptist Publication Society, 1898.

Newman, Stewart A. *A Free Church Perspective: A Study in Ecclesiology.* Wake Forest, NC: Stevens

Book Press, 1986.

Niebuhr, Helmut Richard. 「그리스도와 문화」 (*Christ and Culture*). 홍병룡 역. 서울: IVP, 2007.

Noll, Mark A. *Turning Points: Decisive Moments in the History of Christianity*. Grand Rapids, MI: Baker Books, 1997.

Norman, R. Stanton. *The Baptist Way: Distinctives of a Baptist Church*. Nashville: Broadman & Holman Publishers, 2005.

________. *More than Just a Name: Preserving Our Baptist Identity*. Nashville: Broadman & Holman Publishers, 2001.

________. 「개혁주의 입장에서 본 침례교의 정체성」. 김태식 역. 서울: 서로사랑, 2010.

Oliver, Robert W. *History of the English Calvinistic Baptists 1771-1892*. Edinborough, UK: Banner of Truth Trust, 2006.

Orr, Robert A. *Being God's People: A Southern Baptist Church on Bold Mission*. Nashville: Convention Press, 1987.

Ozment, Steven, ed. *Reformation Europe: A Guide to Research*. St. Louis, MO: Center for Reformation Research, 1982.

________. *The Age of Reformation, 1250-1550: An Intellectual and Religious History of Late Medieval and Reformation Europe*. New Haven, CT: Yale University Press, 1980.

Parker, G. Keith. *Baptists in Europe*. Nashville: Broadman Press, 1982.

Parker, T. H. L. *John Calvin: A Full-scale Life of the Controversial Reformation Leader and Influential Theologian*. Tring, UK: Lion Publishing Corporation, 1975.

Patterson, Morgan W. *Baptist Successionism*. Valley Forge: Judson Press, 1969.

Payne, Ernest A. *The Baptist Union: A Short History*. London: Carey Kingsgate Press Limited, 1959.

________. *The Free Church Tradition in the Life of England*. London: SCM Press, Ltd., 1951.

Pearse, Meic. *The Great Restoration: The Religious Radicals of the 16th and 17th Centuries*. Carlisle, UK: Paternoster Press, 1998.

Pelt, Owen D. and Ralph L. Smith. *The Story of National Baptists*. New York: Vantage Press, 1960.

Pinnock, Clark H. *Biblical Revelation: The Foundation of Christian Theology*. Chicago: Moody Press, 1971.

Pinson, J. Mathew. 「자유침례교핸드북: 그 역사, 신앙, 사역」. 정학봉 역. 서울: 도서출판 동서남북, 2000.

Pinson, William M., Jr. *The Biblical View of the Family*. Nashville: Convention Press, 1981.

Randall, Ian M. *Communities of Conviction: Baptist Beginnings in Europe*. Schwarzenfeld, Germany: Neufeld Verlag, 2009.

Rauschenbusch, Walter. *A Theology for the Social Gospel*. Nashville: Abingdon Press, 1945.

Ray, Susan & Cecil A. 「협동: 길 잃은 세계를 향한 침례교 방식」. 황봉원, 박성화 역. n.p., n.d.

Reid, Alfred Sandlin. *Furman University toward a New Identity, 1925-1975.* Durham, NC: Duke University Press, 1976), 6.

Research and Program Design Committee, comp. *Program Base Design.* Seoul: Korea Baptist Mission, 1973.

Rippon, John. *A Brief Memoir of the Life and Writings of the Late Rev. John Gill.* London: John Bennett, 1838.

Daniel, Robert Norman. *Furman University: A History.* Greenville, SC: Furman University Press, 1951.

Robinson, H. Wheeler. *Baptists in Britain.* London: Baptist Union Publication Department, 1937.

________. *The Life and Faith of the Baptists.* London: Kingsgate Press, 1946.

Rogers, James A. *Richard Furman: Life and Legacy.* Macon, GA: Mercer University Press, 1985.

Ross, Bob L. *Old Landmarkism and the Baptists.* Pasadena, TX: Pilgrim Publications, 1979.

Russell, C. Allyn. *Voices of American Fundamentalism.* Philadelphia: Westminster Press, 1976.

Ruth, Merle. 「나는 그리스도와 함께 십자가에서 죽었습니다: 그리스도와 동행하는 삶의 원리」 (*Dying to Live with Christ*). 김경중 역. 춘천: Korea Anabaptist Press, 2010.

Rutledge, Arthur B. *Mission to America: A Century and a Quarter of Southern Baptist Home Missions.* Nashville: Broadman Press, 1969.

Ryland, Garnett. *The Baptists of Virginia, 1699-1926.* Richmond: Virginia Baptist Board of Missions and Education, 1955.

Sandeen, Ernest R. *The Roots of Fundamentalism: British and American Millenarianism 1800-1930.* Chicago: University of Chicago Press, 1970.

Sanford, Don A. *A Choosing People: The History of Seventh Day Baptists.* Nashville: Boradman and Holman, 1995.

Schwarz, Reinhard. 「마르틴 루터」 (*Luther*). 정병식 역. 서울: 한국신학연구소, 2007.

Semple, Robert Baylor. *History of the Rise and Progress of the Baptists in Virginia.* Richmond: John O'Lynch, Printer, 1810.

Shakespeare, J. H. *Baptist and Congregational Pioneers.* London: Kingsgate Press, 1906.

________. *The Churches at the Crossroads: A Study in Church Unity.* London: Williams and Norgate, 1918.

Shelley, Bruce L. *Church History in Plain Language.* Updated 2nd Edition. Dallas, TX: Word Publishing, 1995.

________. *Conservative Baptists: A Story of Twenty-Century Dissent.* Denver, CO: Conservative Baptist Theological Seminary Press, 1960.

Shurden, Walter B. *Associationalism among Baptists in America, 1707-1814.* New York: Arno Press, 1980.

________. 「성서적 제사장론」 (*The Doctrine of the Priesthood of Believers*). 이상훈 역. Nashville:

Convention Press, 1988.

________. *The Baptist Identity: Four Fragile Freedoms.* Macon, GA: Smyth & Helwys Publishing, Inc., 1993.

________. 「침례교의 정체성: 신앙 안에서 지켜져야 할 네 가지 자유들」. 김태식 역. 개정판. 서울: 서로사랑, 2012.

________. *Not a Silent People: Controversies That Have Shaped Southern Baptists.* Macon, GA: Smyth & Helwys Publishing, Inc., 1995.

________. 「침례교 신학논쟁: 침묵하지 않은 사람들의 이야기」. 김용복, 김태식 역. 서울: 침례회출판사, 2000.

________., ed. *The Struggle for the Soul of the SBC: Moderate Responses to the Fundmantalist Movement.* Macon, GA: Mercer University Press, 1994.

________., ed. *Proclaiming the Baptist Vision: The Church.* Macon, GA: Smyth & Helwys Publishing, Inc., 1996.

Snyder, C. Arnold. 「재세례신앙의 씨앗으로부터: 재세례신앙의 정체성에 관한 역사적 핵심」 (*From Anabaptist Seed: The Historical Core of Anabaptist-Related Identity*). 김복기 역. 춘천: Korea Anabaptist Press, 2003.

Sorrill, Bobbie. *Annie Armstrong: Dreamer in Action.* Nashville: Broadman Press, 1984.

Spitz, Lewis W. *The Protestant Reformation, 1517-1559: The Rise of Modern Europe.* New York: Harper & Row, Publishers, 1985.

________. 「종교개혁사」 (*The Reformation*). 서영일 역. 서울: 기독교문서선교회, 1983.

Stacy, R. Wayne, ed. *A Baptist's Theology.* Macon, GA: Smyth & Helwys Publishing, Inc., 1999.

Stagg, Frank. *The Doctrine of Christ.* Nashville: Convention Press, 1984.

Stanley, Charles. *The Wonderful Spirit-Filled Life.* Nashville: Thomas Nelson Publishers, 1992.

Sullivan, James L. *Baptist Polity as I See It.* Nashville: Broadman Press, 1983.

Sutton, Jerry. *The Baptist Reformation: The Conservative Resurgence in the Southern Baptist Convention,* Nashville: Broadman & Holman Publishers, 2000.

Sweet, William Warren. *Religion on the American Frontier: The Baptists 1783-1830.* New York: Henry Holt and Company, 1931.

Taylor, Adam. *The History of the English General Baptists.* 2 vols. London: T. Bore, 1818.

Taylor, James B. *Memoir of Rev. Luther Rice, One of the First Missionaries to the East.* Baltimore, MD: Armstrong and Berry, 1840.

Torbet, Robert G. *A History of Baptists.* Valley Forge: Judson Press, 1973.

________. 「침례교회사」. 허긴 역. 대전: 침례신학대학교출판부, 1994.

Tuck, William Powell. *Our Baptist Tradition.* Macon, GA: Smyth & Helwys Publishing, Inc., 1993.

Tull, James E. *Shapers of Baptist Thought.* Valley Forge: Judson Press, 1972.

Turner, J. Clyde. *These Things We Believe*. Nashville: Convention Press, 1988.

________. 「신약교회교리」. 이요한 역. 서울: 침례회출판사, 1967.

Tupper, H. A., ed. *Two Centuries of the First Baptist Church of South Carolina, 1683-1883*. Baltimore, MD: R. H. Woodward and Company, 1889.

Underwood, A. C. *A History of English Baptists*. London: Carey Kingsgate Press, 1956.

Underwood, H. G. *The Call of Korea*. New York: Fleming H. Revell Co., 1908.

Underwood, L. H. *Underwood of Korea*. New York: Fleming H. Revell Co., 1918.

Vedder, H. C. *A Short History of the Baptists*. Philadelphia: American Baptist Publication Society, 1907.

Vestal, Daniel and Robert A. Baker. *Pulling Together: A Practical Guide to the Cooperative Program*. Nashville: Broadman Press, 1987.

Walker, Michael. *Baptists at the Table*. Didcot, Oxfordshire, UK: Baptist Historical Society, 1992.

Walker, Williston and Richard A. Norris, David W. Lotz, Robert T. Handy. *A History of the Christian Church*. 4th Edition. New York: Charles Scribner's Sons, 1985.

Wallis, Wilson D. *Culture and Progress*. New York: McGraw-Hill Book Co., 1930.

Wardin, Albert W., Jr. *Baptist Atlas*. Nashville: Broadman Press, 1980.

________. *Baptist Around the World: A Comprehensive Handbook*. Nashville: Broadman and Holman, 1995.

Wayland, Francis. *Notes on the Principles and Practices of Baptist Churches*. Boston: Gould and Lincoln, 1856.

Weaver, J. Denny. *Becoming Anabaptist: The Origin and Significance of Sixteenth-Century Anabaptism*. Scottdale, PA: Herald Press, 1987.

Westin, Gunnar. *The Free Church through the Ages*. Nashville, TN: Broadman Press, 1958.

White, Barrington R. *The English Separatist Tradition*. Oxford: Oxford University Press, 1971.

________. *The English Baptists of the Seventeenth Century*. London: Baptist Historical Society, 1983.

Whitsitt, William Heth. *A Question in Baptist History*. Louisville, KY: Charles T. Dearing, 1896.

Williams, George Huntston. *The Radical Reformation*. London: Weidenfeld and Nicolson, 1962.

Willis, Avery T., Jr. *The Biblical Basis of Missions: Your Mission as a Christian*. Nashville: Convention Press, 1984.

Wood, James E., Jr., ed. *The First Freedom: Religion and the Bill of Rights*. Waco, TX: J. M. Dawson Institute of Church-State Studies at Baylor University, 1990.

Woodson, Hortense. *Giant in the Land: A Biography of William Bullein Johnson*. Nashville: Broadman Press 1950.

Yarbrough, Slayden A. *Southern Baptists: Who Are We?* Oklahoma City: Historical Commission of Baptist General Convention of Oklahoma, 1984.

Yarnell, Malcolm B., III. *The Formation of Christian Doctrine*. B & H Publishing Group, 2007.

Yeh, Aleen and Chris Chun, ed. *Expect Great Things, Ateempt Great Things: Willaim Carey and Adoniram Judson, Missionary Pioneers*. Eugene, OR: WIPF & STOCK, 2013.

Zeman, Jarold K. *Baptists in Canada: Search for Identity amidst Diversity*. Burlington, Ont.: G. R. Welch Company, Ltd., 1980.

논문

김동복. "미국의 침례교가 종교자유 전통에 끼친 공헌: Isaac Backus를 중심으로." 신학석사 학위논문, 침례신학대학교 대학원, 2000.

김승진. "칼빈의 사상과 침례교 신앙의 비교연구: 그의 교회론을 중심으로." 신학석사학위논문. 침례신학대학교 신학대학원, 1984.

______. "미국 남침례교 총회의 형성과정." 「복음과 실천」 제19집 (1996년 봄): 90-113.

______. "미남침례교 협동 프로그램(Cooperative Program)의 기원과 발전." 「복음과 실천」 제20집 (1997년 봄): 160-97.

______. "미국의 대표적인 침례교 신앙고백들." 「복음과 실천」 제22집 (1998년 여름): 121-58.

______. "지계석주의(Landmarkism) 운동과 그 결과." 「복음과 실천」 제25집 (2000년 봄): 351-93.

______. "한국 침례교와 미국의 남침례교." 침례교신학연구소 편. 「한국 침례교와 신앙의 특성」. 대전: 침례신학대학교출판부, 2000.

______. "리차드 퍼만(Richard Furman)의 생애와 사역." 「복음과 실천」 제27집 (2000년 가을): 333-65.

______. "논찬: 김익진 교수님의 '그리스도의 교회의 한국 선교 - 동석기와 강명석을 중심으로'를 읽고." 〈한국복음주의 역사신학회 제6회 논문 발표회〉, 그리스도교신학대학교. 2002.

______. "Roger Williams와 종교의 자유를 위한 그의 기여." 「복음과 실천」 제31집 (2003년 봄): 59-83.

______. "근대선교운동을 위한 복음적 신학의 제공자 앤드류 풀러(Andrew Fuller)." 침례교신학연구소 편. 「하나님의 주권과 인간의 자유」. 대전: 침례신학대학교 출판부, 2003.

______. "논찬: 도한호 교수의 '한국 침례교의 구원관'에 대하여." 침례교신학연구소 편. 「한국 침례교의 신학적 특성」. 대전: 침례신학대학교출판부, 2003.

______. "근대선교운동의 아버지 William Carey: 선교를 위한 준비." 「복음과 실천」 제33집 (2004년 봄): 59-84.

______. "스튜어트 왕조시대 영국 침례교 지도자들의 종교의 자유를 위한 투쟁 (I)." 「복음과 실천」 제35집 (2005년 봄): 99-129.

______. "자유교회 전통의 관점에서 본 종교개혁사 개관." 「복음과 실천」 37집 (2006년 봄): 105-28.

______. "논평" 주도홍 교수의 "통일독일의 청소년 신앙교육에 관한 연구 - 통일 후 한국교회를 생각하며." 백석대학교. 2006년 3월 18일.

______. "남침례교 총회와 여성목사 안수." 침례교신학연구소 편. 「교회와 여성 리더십」. 대전: 침례신학대학교출판부, 2006.

______. "William B. Johnson의 생애와 사역." 「복음과 실천」 제39집 (2007년 봄): 193-218.

______. "논찬: 김병태 박사의 '어거스틴의 사상적 갈등을 통한 회심'에 관한 논평." 〈한국복음주의 역사신학회 제16차 논문발표회〉. 침례신학대학교. 2007년 9월 15일.

______. "Isaac Backus와 종교의 자유를 위한 그의 기여." 「복음과 실천」 제41집 (2008년 봄): 119-45.

______. "John Leland와 종교의 자유를 위한 그의 기여." 「복음과 실천」 제43집 (2009년 봄): 135-66.

______. "James M. Pendleton과 그의 온건한 지계석주의 교회론." 「복음과 실천」 제45집 (2010년 봄): 237-67.

______. "동아기독교와 미남침례교와의 교단 간 협력제휴의 배경과 과정." 허긴 박사 은퇴기념논문집 발간위원회 편. 「한국침례교회와 역사: 회고와 성찰」. 해송 허긴 박사 은퇴기념논문집. 대전: 침례신학대학교출판부, 2010.

______. "William Carey의 인도 선교사역." 「복음과 실천」 제47집 (2011년 봄): 139-67.

______. "남침례교 신앙고백 '침례교인의 신앙과 메시지'(2000년): 1963년판으로부터의 수정 및 첨가 내용과 그 신학적 의미." 「복음과 실천」 제49집 (2012년 봄): 155-80.

______. "논찬: 배덕만 교수의 '교회개혁의 빛과 그림자: B. T. Roberts의 자유감리교회를 중심으로.' 〈한국교회사학회 제113차 정기학술대회〉〈한국복음주의 역사신학회 제26차 논문발표회〉, 2012. 3. 31. 서울신학대학교 우석기념관.

______. "영국침례교의 대표적인 칼빈주의자 John Gill: 그의 생애와 신학사상." 「복음과 실천」 제51집 (2013년 봄): 131-56.

______. "Charles Spurgeon과 하강논쟁." 「복음과 실천」 제53집 (2014년 봄): 127-55.

______. "영국의 일반 및 특수 침례교회 개척자들." 선목 박영철 박사 정년퇴임기념논문집 발간위원회. 「사랑에 목숨을 걸고: 복음과 교회의 영광을 위하여」. 대전: 침례신학대학교출판부, 2014.

______. "Johann Gerhard Oncken과 19세기 유럽침례교운동을 위한 그의 기여." 「복음과 실천」 제55집 (2015년 봄): 163-92.

______. "침례교연맹의 태동과 전개." 「복음과 실천」 제59집 (2016년 봄): 151-73.

______. "제1장 중세후기의 교황청과 그 추락된 권위." 「종교개혁 그 이전: 종교개혁의 중세후기배경」. 침례교신학연구소 편. 대전: 침례신학대학교출판부, 2016.

김용국. "신앙의 자유와 17-18세기 미국침례교회." 「역사신학논총」 제5집 (2003): 323-41.

도한호. "펜윅이 우리말 성경에서 사용한 언어의 특징." 「한국침례교와 신앙의 특성」. 침례교신학연구소 편. 대전: 침례신학대학교출판부, 2000.

허긴. "9. 대한기독교회와 달편지." 최봉기 · 펜윅신학연구소 편. 「말콤 C. 펜윅: 한국기독교 토착화의 거보」. 서울: 요단출판사, 1996.

______. "대한기독교회와 펜윅 선교사: 펜윅 선교사역의 공과." 허긴 박사 은퇴기념논문집 발간위원회 편. 「한국침례교회와 역사: 회고와 성찰」. 해송 허긴 박사 은퇴기념논문집. 대전: 침례신학대학교출판부, 2010.

Amant, C. Penrose St. "Sources of Baptist Views on Ordination." *Baptist History and Heritage*, vol. xxiii, no. 3 (July 1988): 3-15.

Baker, Robert A. "The Contribution of South Carolina Baptists to the Rise and Development of the Southern Baptist Convention." *Baptist History and Heritage*, vol. xvii, no. 3 (July 1982): 1-12.

Barnes, William W. "Why the Southern Baptist Convention Was Formed." *Review and Expositor* 41 (January 1944): 1-17.

________. "The New Hampshire Confession of Faith, Its Origin and Use." *Review and Expositor*. vol. xxxix, no. 1. (January 1942): 5.

Blevins, Carolyn DeArmond. "Reflections: Baptists and Women's Issues in the Twentieth Century." *Baptist History and Heritage*, vol. xxxv, no. 3 (Summer/Fall 2000): 53-66.

Carter, James E. "The Southern Baptist Convention and Confessions of Faith, 1845-1945." Th.D. dissertation, Southwestern Baptist Theological Seminary, Fort Worth, Texas, 1964.

Cavender, Norman. "Freedom for the Church in a Free State," Alan Neely, ed., *Being Baptist Means Freedom*, Charlotte, NC: Southern Baptist Alliance, Publishers, 1988.

Cho, Timothy Hyo-hoon (조효훈). "A History of Korea Baptist Convention." Ph.D. dissertation, Southern Baptist Theological Seminary, Louisville, Kentucky, 1970.

Clanton, Jann Aldredge. "Why I Believe Southern Baptist Churches Should Ordain Women." B*aptist History and Heritage*, vol, xxiii, no. 3 (July 1988): 50-5.

Creed, J. Bradley. "John Leland, American Prophet of Religious Individualism." Ph.D. dissertation. Southwestern Baptist Theological Seminary, Fort Worth, Texas, 1986.

Davidson, William F. "Chapter 6, The National Association of Free Will Baptist." W. Glenn Jonas, Jr., ed. *The Baptist River: Essays on many Tributaries of a Diverse Tradition*. Macon, GA: Mercer University Press, 2006.

Drummond, Lewis A. "Charles Haddon Spurgeon." *Theologians of the Baptist Tradition*. Timothy George and David S. Dockery, eds. Nashville: B & H Publishers, 2001.

Flynt, J. Wayne. "The Impact of Social Factors on Southern Baptist Expansion, 1800-1914." *Baptist History and Heritage*, vol. 17, no. 3 (July 1982): 20-31.

Gaustad, Edwin S. "The Backus-Leland Tradition." *Foundations: A Baptist Journal of History and Theology*, vol. 2, no. 2 (April 1959): 127-138.

George, Timothy. "The Southern Baptist Cooperative Program: Heritage and Challenge." *Baptist History and Heritage*, vol. xx, no. 2 (April 1985): 2-12.

Grenz, Stanley J. "Isaac Backus." Timothy George and David S. Dockery, ed. *Baptist Theologians*. Nashville: Broadman Press, 1990.

Halbrooks, G. T. "Alliance of Baptists." Bill J. Leonard., ed. *Dictionary of Baptists in America.* Downers Grove, IL: InterVasity Press, 1994.

Hinson, E. Glenn. "The Church: Liberator or Oppressor of Women?" *Review and Expositor*, vol. lxxii, no. 1 (Winter 1975): 19-29.

Hostetler, Michael J. "Liberty in Baptist Thought: Three Primary Texts, 1614-1856." *American Baptist Quarterly*, vol. xv, no. 3 (September 1996): 240-255.

Johnson, Helen R. "The Life and Work of Dr. William Bullein Johnson." Th.M. thesis, Louisiana College, Pineville, Louisiana, 1938.

Kim, Seung Jin. "A History of Southern Baptist Mission Work in Korea: Its Impact on Korean Baptist Church Growth." Ph.D. dissertation, Southwestern Baptist Theological Seminary, Fort Worth, Texas, 1995.

________. "Development of Protestant Theologies in Korea, 1960-1984." Th.M. thesis. Southeastern Baptist Theological Seminary, Wake Forest, North Carolina, 1986.

Lee, O. Max. "Daniel Parker's Doctrine of the Two Seeds." Th.M. thesis, Southern Baptist Theological Seminary, Louisville, Kentucky, 1962.

McBeth, H. Leon. "The Role of Women in Southern Baptist History." *Baptist History and Heritage*, vol. 12, no. 1 (January 1977): 3-25.

________. "The Changing Role of Women in Baptist History." *Southwestern Journal of Theology*, vol. 22, no. 1 (Fall 1977): 84-96.

________. "The Ordination of Women." *Review and Expositor*, vol. lxxviii, no. 4 (Fall 1981): 515-26.

________. "God gives Soul Competency and Priesthood to All Believers." Charles W. Deweese, ed. *Defining Baptist Convictions: Guidelines for the Twenty-first Century.* Franklin, TN: Providence House Publishers, 1996.

McClellen, Albert. "The Origin and Development of the Cooperative Program." *Baptist History and Heritage*, vol. x, no. 2 (April 1975): 68-77.

Melton, Donnie Gerald. "The Seventy-Five Million Campaign and Its Effects upon the Southern Baptist Convention." Th.D. dissertation, Southwestern Baptist Theological Seminary, Fort Worth, Texas, 1975.

Morton, James M. Jr. "Leadership of W. B. Johnson in the Formation of the Southern Baptist Convention." *Baptist History and Heritage*, vol. v, no. 1 (January 1970): 2-13.

Needham, Joe. "William B. Johnson and the Conservative Resurgence in the Southern Baptist Convention." *Faith & Mission*, vol. xvi, no. 1 (Fall 1998): 68-79.

Neely, Alan. "The History of the Alliance of Baptists." Walter B. Shurden., ed. *The Struggle for the Soul of the SBC: Moderate Responses to the Fundmantalist Movement.* Macon, GA: Mercer University Press, 1994.

Neely, H. K. "The Territorial Expansion of the Southern Baptist Convention 1894-1959." Th.D. dissertation, Southwestern Baptist Theological Seminary, Fort Worth, Texas, 1963.

O'Kelly, Steve. "The Influence of Separate Baptists on Revivalistic Evangelism and Worship." Ph.D. dissertation, Southwestern Baptist Theological Seminary, Fort Worth, Texas, 1978.

Oliveira, Zaqueu Moreira de. "Richard Furman, Father of the Southern Baptist Convention." William R. Estep, ed., *The Lord's Free People in a Free Land.* Fort Worth, TX: Evans Press, 1976.

Patterson, Dorothy Kelly. "Why I Believe Southern Baptist Churches Should Not Ordain Women." *Baptist History and Heritage*, vol. xxiii, no. 3 (July 1988): 56-62.

Patterson, T. A. "The Theology of J. R. Graves and Its Influence on Southern Baptist Life." Th.D. dissertation, Southwestern Baptist Theological Seminary, Fort Worth, Texas, 1944.

Price, Theron D. "The Church and the Churches." *Review and Expositor.* vol. lii, no. 4 (October 1955): 446-9.

Romo, Oscar. "Toward a Strategy of Ethnic Missions: A Southern Baptist Perspective." D.Min. project, Austin Presbyterian Seminary, Austin, Texas, 1982.

Martin, Sandy D. "Chapter 4, National Baptists." W. Glenn Jonas, Jr., ed. *The Baptist River: Essays on Many Tributaries of a Diverse Tradition.* Macon, GA: Mercer University Press, 2006.

Sanford, Don A. "Chapter 10, Seventh Day Baptists." W. Glenn Jonas, Jr., ed. *The Baptist River: Essays on many Tributaries of a Diverse Tradition.* Macon, GA: Mercer University Press, 2006.

Seal, Timothy C. "A Comparative Analysis of the Theological Heritage of the 2000 Revisions to the 'Baptist Faith and Message' in Relation to the 1963 and 1925 Confessions." Ph.D. dissertation. Mid-America Baptist Theological Seminary, Memphis, Tennessee, 2003.

Shurden, Walter B. "A Chronology." *The Struggle for the Soul of the SBC: Moderate Responses to the Fundamentalist Movement.* Macon, GA: Mercer University Press, 1993.

Smith, Harold Stewart. "A Critical Analysis of the Theology of J. R. Graves." Ph.D. dissertation, Southern Baptist Theological Seminary, Louisville, Kentucky, 1966.

Speliopoulos, Elke. "To Pursue Union at the Expense of Truth Is Treason to the Lord Jesus: The Downgrade Controversy and Charles Haddon Spurgeon." A Paper Submitted to Dr. A. J. Smith, Liberty Baptist Theological Seminary, Lynchburg, Virginia, 2012.

Tull, James E. "A Study of Southern Baptist Landmarkism in the Light of Historical Baptist Ecclesiology." Ph.D. dissertation, Columbia University, New York, New York, 1960.

________. "Roger Williams: Apostle of Religious Liberty." *Shapers of Baptist Thought.* Macon, GA: Mercer University Press, 1984.

Vestal, Daniel. "The History of the Cooperative Baptist Fellowship." Walter B. Shurden., ed. *The Struggle for the Soul of the SBC: Moderate Responses to the Fundmantalist Movement.* Macon, GA: Mercer University Press, 1994.

Wamble, G. Hugh. "Baptist Contributions to Separation of Church and State." *Baptist History and Heritage*, vol. xx, no. 3 (July 1985): 3-13, 34.

Wardin, Albert W. Jr. "Contrasting Views of Church and State: A Study of John Leland and Isaac Backus." *Baptist History and Heritage*, vol. xxxxiii, no. 1 (Winter 1998): 12-20.

Washington, James M. "The Origins and Emergence of Black Baptist Separatism, 1863-1897." Ph.D. dissertation, Yale University, New Haven, Connecticut, 1979.

Weatherford, Carolyn. "Shaping of Leadership among Southern Baptist Women." *Baptist History and Heritage,* vol. xxii, no. 3 (July 1987): 12-20.

Willis, William B. "William Bullein Johnson." *Baptist History and Heritage*, vol. I, no. 1 (August 1965): 19-27.

Willocks, R. Max. "Christian Mission in Korea, with Special Reference to the Work of Southern Baptists." Th.M. thesis, Golden Gate Baptist Theological Seminary, Mill Valley, California, 1962.

Yarbrough, Slayden A. "Henry Jacob, A Moderate Separatist, and His Influence on Early English Congregationalism." Ph.D. dissertation, Baylor University, Waco, Texas, 1972.

신문과 잡지 기사, 서신, 보고서, 회의록, 총회자료, 기타

"국내선교부 보고서." 「기독교한국침례회 제81차 총회회의록」. 1991년.

"군경선교회 보고." 「기독교한국침례회 제105차 정기총회 의사자료」. 2015년.

권대익 기자. "개신교와 천주교의 화합에 나서겠다." 창립 90주년 한국기독교교회협의회 김영주 총무와의 대담 기사. 2014년 1월 8일자 한국일보 제25면.

기독교한국침례회 연맹. 제1회 임시총회회의록(1965).

김영관. "달편지." 1935년 10월 5일, 광고. 허긴. 「한국침례교회사」. 대전: 침례신학대학교출판부, 1999, 280-1에서 재인용.

김용해. "성명서." 1959년 3월 31일.

대한기독교침례회 제46차 총회회의록. 1956년.

대한기독교침례회 총회 실행위원회. "성명서." 1959년 3월 31일.

대한기독교침례회(포항총회). 제52차 총회회의록. 1962년.

"미남침례교 한국선교 60주년 기념: 은퇴선교사 초청 감사위로 행사 안내" 광고. 「침례신문」 5면, 2010년 7월 2일.

"성명서." 대한기독교침례회 경남지방회. 1968년 3월 1일.

신상묵. "교회는 여성의 전문성 개발에 나서야 합니다." 「빛과 소금」, 통권 194호, 2003년 12일.

"의료재단 침례병원 보고." 「기독교한국침례회 제105차 정기총회 의사자료」. 2015년.

이정숙. "남녀는 함께 하나님의 뜻을 이루는 존재." 「빛과 소금」, 통권 194호, 2003년 12월.

이종덕. "베이커 J. 코든에게 보낸 편지." 1949년 9월 17일.

장동석. "하나님의 형상대로 남자와 여자를 창조하시다." 「빛과 소금」, 통권 194호, 2003년 12월.

총회수습대책준비위원회. "성명서." 1959년 4월 2일.

필자와 안종만 목사님과의 전화통화. 2016년 7월 20일.

"한국크리스천신문." 제114호. 2015년 10월 29일.

"합동원칙." 포항총회와 대전총회의 실행위원들 연석회의. 1968년 3월 26일,

"해외선교회 보고."「기독교한국침례회 제105차 정기총회 의사자료」. 2015년.

Abernathy, John A. "Personal Report to the Foreign Mission Board." 10 March 1950.

________. "Korea." *SBC Annual*. 1951.

________. Letter to Baker J. Cauthen. 19 August 1952.

________. "Baptist Mission in Korea." *SBC Annual*. 1953.

________. Letter to Baker J. Cauthen. Secretary for the Orient, Foreign Mission Board. 10 January 1954.

________. Letter to "Brother" Edwin. 23 May 1954.

________. Letter to Timothy H. Cho." 16 May 1970.

________ and Jewell. "Korean Welcome." *The Commission*. June 1950.

"Annual Narrative Report to the Foreign Mission Board, SBC." Korea Baptist Mission. 1963.

"Annual Narrative Report to the Foreign Mission Board, SBC." Korea Baptist Mission. 4 September 1991.

Ashcraft, Charles H. "I Must Say It." *Arkansas Baptist*. 4 December 1975.

"Baptist World Alliance." *SBC Annual*. 1991.

"Basic Intentions." Program Base Design of the Korean Women's Missionary Union. Committee of Long Range Planning, W. M. U. 1974. E-2.

Bowden, Anita. "6,500 Make Decisions in Korean Crusades." *Foreign Mission News*. 6 June 1980.

Bridges, Erich. "The '88 Olympics: Glory Overdue." *The Commission*. October-November 1985.

Cauthen, Baker James, Secretary for the Orient. Letter to John A. Abernathy, 11 January 1952.

________. Letter to John A. Abernathy. 24 January 1952.

________. "Found: 10,000 Baptists!" *The Commission*, March 1952.

________. "Report on the Orient." *SBC Annual*, 1953.

"Cedarville University Partners with Southern Baptist Convention." *Maranatha Baptist Watchman*. March 2003.

"Church Development Board." *Program Base Design*. B-15.

"Constitution and By-law." Minutes of the Korean Baptist Mission. Executive Committee, Korea Baptist Mission. July 1954.

Executive Committee of the Korea Baptist Mission. "Letter to All Churches, Pastors, and Preachers of the Korea Baptist Convention." 20 March 1959.

Fenwick. "Korean Farming." *The Korean Repository*, vol 5. August 1898.

"Former Missionary to Orient Died as Result of Heart Attack." Foreign Mission News. 17 February 1977.

Goodwin, J. G. Jr. "Mission in Transition." *The Commission*. March 1975.

Green, John. "Korean Crusade Wrap-up." *Baptist Message*, 85. July 1970.

Henderson, W. Guy. "Growth Sought by Various Ways: Army Center Opens." *The Commission*. June 1963.

Huh, Kin, President of the Korea Baptist Theological College/Seminary. Letter to George H. Hays, Director for East Asia, Foreign Mission Board. 28 November 1984.

"Incheon Baptist Orphanage." *Minutes of the Executive Committee of the Korea Baptist Mission*. Seoul: Executive Committee, Korea Baptist Mission, August 1956.

Jones, Don C. "1970 Korea Baptist Crusade Report." Report to the Foreign Mission Board. 3 February 1971.

________. "Beginnings of Publications and Church Development among Korean Baptists." n.d., 1.

Kim, Yong Hai. Letter to Dr. Crawley, Secretary for the Orient. 31 March 1959.

"Korean Women's Missionary Union." Program Base Design. B-16.

"Military Evangelism Ministry." Program Base Design. B-17.

"Minutes of the Called Meeting of the Korea Baptist Mission." Executive Committee. Korea Baptist Mission. May 1959.

"Minutes of the Executive Committee of the Korea Baptist Mission." Executive Committee, Korea Baptist Mission. March 1959.

"Minutes of the Executive Committee of the Korea Baptist Mission." Executive Committee. Korea Baptist Mission. 13-14 May 1963.

"Minutes of the Executive Committee of the Korea Baptist Mission." Executive Committee. Korea Baptist Mission. July 1970.

"Minutes of the Korea Baptist Convention." Executive Committee. Korea Baptist Convention (Daejeon-side). 1959.

"Minutes of the Korea Baptist Convention." Executive Committee. Korea Baptist Convention (Pohang-side). 1959.

Noh, Chang U and Don C. Jones. "Report and Evaluation of the Korean Church School Enlargement Crusade." 21 November 1980.

Pauling, E. C. "Our Work in Korea." *The Baptist Missionary Magazine*, 84. October 1905.

"Philosophy." *Program Base Design*. C-1 through C-2.

"Program Structure." *Program Base Design*. F-1 through F-6.

Ray, Rex. "Letter to Baker J. Cauthen." 5 February 1952.

"Recommendations from Meeting of Direct Evangelism Missionaries." Minutes of the Executive Committee of Korea Baptist Mission. 1963.

SBC Annual, 1962.

Smith. Billy K. "Impression and Evaluation-Korean Crusade." *Cooperative Program Bulletin*, 18. September 1970.

"Tentative Paper on Seminary Strategy." Minutes of Executive Committee Meeting. Korea Baptist Mission. 1971.

White, K. Owen. "Death in the Pot." *Baptist Standard*. 10 January 1962.

Woo, Tai-Ho. "Letter to Baker J. Cauthen, Secretary for the Orient, Foreign Mission Board." 14 May 1949.

________. "The Land of Hibiscus." *The Commission*. July 1949.

Young, L. L. "The Passing of Rev. Malcolm C. Fenwick." *The Korean Mission Field*. June 1936.

온라인자료

"교역자복지회." 기독교한국침례회. [온라인자료] http://www.koreabaptist.or.kr/home/bapt_religiousworker/. 2016년 7월 2일 접속.

"교회진흥원의 목적." 기독교한국침례회 교회진흥원. [온라인자료] http://www.holylife.co.kr/company/company_02.asp. 2016년 6월 20일 접속.

"교회진흥원의 비전" 기독교한국침례회 교회진흥원. [온라인자료] http://www.holylife.co.kr/company/company_02.asp. 2016년 6월 20일 접속.

"교회진흥원의 사역." 교회진흥원. 기독교한국침례회. [온라인자료] http://www.koreabaptist.or.kr/home/holylife/. 2016년 6월 20일 접속.

"국내선교회." 기독교한국침례회. [온라인자료] http://www.koreabaptist.or.kr/home/kmb/. 2016년 6월 10일 접속.

"군경선교회." 기독교한국침례회. [온라인자료] http://www.koreabaptist.or.kr/home/baptist_military/. 2016년 7월 1일 접속.

"대한민국헌법." [온라인자료] http://www.koreahouston.org/laws/law-basic.htm. 2006년 1월 15일 접속.

"말씀보존학회"(Word of God Preservation Society). [온라인자료] http://www.biblemaster.co.kr/. 2016년 4월 18일 접속.

"미션 스쿨," 두산백과. [온라인자료] http://terms.naver.com/entry.nhn?docId=1096397&cid=40942 &categoryId=31575, 2016년 5월 5일 접속.

"뱁티스트." 기독교한국침례회. [온라인자료] http://www.koreabaptist.or.kr/home/baptist_publication/. 2016년 7월 2일 접속.

"선통제." 중국역대인명사전. [온라인자료] http://terms.naver.com/entry.nhn?docId=1703267&cid=42981&categoryId=42981. 2016년 5월 6일 접속.

"전국남선교연합회." 기독교한국침례회. [온라인자료] http://www.koreabaptist.or.kr/home/whole_man_bataptlliance/. 2016년 7월 2일 접속.

"전국여성선교연합회." 기독교한국침례회. [온라인자료] http://www.koreabaptist.or.kr/home/whole_woman_baptalliance/. 2016년 7월 2일 접속.

"전세계 성서침례교인들 한 자리에." [온라인자료] http://www.nocutnews.co.kr/news/4562801. 2016년 4월 18일 접속.

"침례병원." 기독교한국침례회. [온라인자료] http://www.koreabaptist.or.kr/home/wmbh/. 2016년 7월 1일 접속.

"침례신문." 기독교한국침례회. [온라인자료] http://www.koreabaptist.or.kr/home/bapt_news/. 2016년 7월 3일 접속.

"침례신학대학교." 기독교한국침례회. [온라인자료] http://www.koreabaptist.or.kr/home/kbtus/. 2016년 6월 8일 접속.

"한국성서침례친교회." [온라인자료] http://www.bbfk.kr/?r=home&c=1/7. 2016년 4월 18일 접속.

"해외선교회." 기독교한국침례회. [온라인자료] http://www.koreabaptist.or.kr/home/fmb/. 2016년 6월 30일 접속.

"American Baptist Association." Wikipedia. [온라인자료] https://en.wikipedia.org/wiki/American_Baptist_Association. 2016년 4월 19일 접속.

"Baptist Bible Fellowship International." Wikipedia. [온라인자료] https://en.wikipedia.org/wiki/Baptist_Bible_Fellowship_International. 2016년 4월 17일 접속.

"Baptist General Association of Virginia." Wikipedia. [온라인자료] https://en.wikipedia.org/wiki/Baptist_General_Association_of_Virginia. 2016년 4월 21일 접속.

"Baptist General Convention of Texas." Wikipedia. [온라인자료] https://en.wikipedia.org/wiki/Baptist_General_Convention_of_Texas. 2016년 4월 21일 접속.

"Baptist Missionary Association of America." Wikipedia. [온라인자료] ttps://en.wikipedia.org/wiki/Baptist_Missionary_Association_of_America. 2014년 4월 19일 접속.

"Baptist World Alliance." [온라인자료] https://www.bwanet.org/about-us2/affirmations. 2016년 6월 8일 접속.

"Baptist World Alliance." [온라인자료] https://www.bwanet.org/about-us2/stats. 2016년 6월 8일 접속.

"Benjamin Randall." Wikipedia. [온라인자료] https://en.wikipedia.org/wiki/Benjamin_Randall. 2016년 4월 15일 접속.

"Carl McIntire." Wikipedia. [온라인자료] https://en.wikipedia.org/wiki/Carl_McIntire. 2016년 5월 16일 접속.

"Conservative Baptist Association of America." Wikipedia. [온라인자료] https://en.wikipedia.org/wiki/Conservative_Baptist_Association_of_America. 2016년 4월 19일 접속.

"First Amendment to the United States Constitution." Wikipedia. [온라인자료] https://en.wikipedia.org/wiki/First_Amendment_to_the_United_States_Constitution. 2015년 11월 7일 접속.

"General Association of General Baptists." Wikipedia. [온라인자료] https://en.wikipedia.org/wiki/General_Association_of_General_Baptists. 2016년 4월 15일 접속.

"General Association of Regular Baptist Churches," Wikipedia, [온라인자료] https://en.wikipedia.org/wiki/General_Association_of_Regular_Baptist_Churches, 2016년 4월 19일 접속.

"J. Frank Norris." Wikipedia. [온라인자료] https://en.wikipedia.org/wiki/J._Frank_Norris. 2016년 4월 14일 접속.

"National Baptist Convention, USA, Inc." Wikipedia. [온라인자료] https://en.wikipedia.org/wiki/National_Baptist_Convention_of_America,_Inc. 2016년 4월 20일 접속.

"National Baptist Convention of America, Inc." Wikipedia. [온라인자료] https://en.wikipedia. org/wiki/National_Baptist_Convention_of_America,_Inc. 2016년 4월 20일 접속.

"Paul Palmer(Minister)." Wikipedia. [온라인자료] https://en.wikipedia.org/wiki/Paul_Palmer_(minister). 2016년 4월 15일 접속.

"Progressive National Baptist Convention." Wikipedia. [온라인자료] https://en.wikipedia.org/wiki/Progressive_National_Baptist_Convention. 2016년 4월 20일 접속.

"Resolution on Ordination and the Role of Women in Ministry." June 1984. [온라인자료] http://www.sbc.net/resolution/amResolution.asp?ID=1088. 2016년 7월 5일 접속.

"Resolution on Racial Reconcilliation on the 150th Anniversary of the Southern Baptist Convention." June 1995. [온라인자료] http://www.sbc.net/resolution/amResolution.asp?ID=899. 2016년 7월 5일 접속.

"SBC Plodder." [온라인자료] http://sbcplodder.blogspot.kr/2012/07/lifeway-glorieta-conference-center-and.html. 2016년 5월 15일 접속.

"Seoul Covenant (1990)." [온라인자료] http://nswactbaptists.org.au/where-we-stand/the-seoul-covenant-1990/. 2016년 6월 7일 접속.

Shindler, Robert. "The Down Grade." *The Sword and the Trowel*. March 1887. [온라인 자료] http://www.spurgeon.org/s_and_t/dg01.htm. 2013년 12월 15일 접속.

________. "The Down Grade." *The Sword and the Trowel*. April 1887. [온라인 자료] http://www.spurgeon.org/s_and_t/dg02.htm. 2013년 12월 15일 접속.

"Southern Baptist Conservatives of Virginia." Wikipedian. [온라인자료] https://en.wikipedia.org/wiki/Southern_Baptist_Conservatives_of_Virginia. 2016년 4월 21일 접속.

"Southern Baptist Convention." [온라인자료] http://www.sbc.net/aboutus/default.asp. 2007년 3월 22일 접속.

"Southern Baptists of Texas Convention." Wikipedia. [온라인자료] https://en.wikipedia.org/wiki/Southern_Baptists_of_Texas_Convention. 2016년 4월 21일 접속.

"Southwide Baptist Fellowship." [온라인자료] https://en.wikipedia.org/wiki/Southwide_Baptist_Fellowship.

2016년 4월 18일 접속.

Spurgeon, H. Charles. "Another Word Concerning the Down Grade." *The Sword and the Trowel*. August 1887. [온라인자료] http://www.spurgeon.org/s_and_t/dg03.htm. 2013년 12월 15일 접속.

________. "Our Reply to Sundry Critics and Enquirers." *The Sword and the Trowel*. September 1887. [온라인자료] http://www.spurgeon.org/s_and_t/dg04.htm. 2013년 12월 15일 접속.

________. "The Case Proved." *The Sword and the Trowel*. October, 1887. [온라인자료] http://www.spurgeon.org/s_and_t/dg05.htm. 2013년 12월 15일 접속.

________. "A Fragment Upon the Down Grade Controversy." *The Sword and the Trowel*. November 1887. [온라인자료] http://www.spurgeon.org/s_and_t/dg06.htm. 2013년 12월 15일 접속.

Swanson, Dennis M. "The Down Grade Controversy and Evangelical Boundaries: Some Lessons from Spurgeon's Battle for Evangelical Orthodoxy." [온라인자료] http://www.namia3.com/articles/ETS%202001.pdf. 2014년 1월 9일 접속.

"10 Facts You Should Know about American Baptists." [온라인자료] http//www.abc-usa.org/resources/10facts.pdf. 2016년 4월 10일 접속.

"United States Constitution." Wikipedia. [온라인자료] https://en.wikipedia.org/wiki/United_States_Constitution. 2015년 11월 7일 접속.

"Victorian Era." Wikipedia. [온라인자료] http://en.wikipedia.org/wiki/Victorian_era. 2014년 1월 11일 접속.

"World Baptist Fellowship." Wikipedia. [온라인자료] https://en.wikipedia.org/wiki/World_Baptist_Fellowship. 2016년 4월 15일 접속.

"오직 우리 주 곧 구주 예수 그리스도의 은혜와 그를 아는 지식에서 자라 가라
영광이 이제와 영원한 날까지 그에게 있을지어다"
(벧후 3:18)

영(英) · 미(美) · 한(韓) 침례교회사

A History of Baptist Churches
in England, America and Korea

지 은 이 김 승 진
발 행 인 배 국 원
초판발행 2016년 9월 20일
등록번호 출판 제6호(1979. 9. 22)
발 행 처 침례신학대학교 출판부
주 소 대전광역시 유성구 북유성대로 190 (34098)
전 화 (042)828-3255, 3257
팩 스 (042)828-3256
홈페이지 http://www.kbtus.ac.kr
이 메 일 public@kbtus.ac.kr

값 35,000원

ISBN 978-89-93630-74-9 93230